MAX-PLANCK-INSTITUT
FÜR AUSLÄNDISCHES UND INTERNATIONALES PRIVATRECHT

# Sammlung der deutschen Entscheidungen zum interzonalen Privatrecht 1945–1953

Im Institut bearbeitet
von
ULRICH DROBNIG

*Sonderveröffentlichung der Zeitschrift für*
*AUSLÄNDISCHES und INTERNATIONALES PRIVATRECHT*

I. Halbband (Nr. 1–352)

1956

WALTER DE GRUYTER & CO.
BERLIN

J. C. B. MOHR (PAUL SIEBECK)
TÜBINGEN

**Satz: Walter de Gruyter & Co., Berlin W 35 — Druck: Berliner Buchdruckerei Union GmbH., Berlin SW 29 — Archiv-Nr. 28 11 56 —** 

# VORWORT

Infolge der abweichenden Rechtsentwicklung in den drei westlichen Besatzungszonen und in der Sowjetzone ist in Deutschland nach dem 2. Weltkrieg ein interzonales Recht entstanden, das eine schmerzliche Bedeutung erlangt hat. Dieses Recht ist ohne Anleitung des Gesetzgebers fast ausschließlich durch die Rechtsprechung der Gerichte entwickelt worden. Daher schien es geboten, die einschlägigen, in weiter Streuung veröffentlichten Entscheidungen zu sammeln, um dem Juristen zu jeder Einzelfrage ein Bild über Entwicklung und Ergebnis der interzonalen Rechtsprechung bieten zu können. Das Institut hofft, daß diese Sammlung nicht nur dem Praktiker als Arbeitsmittel dienen, sondern auch die Grundlage für eine theoretische Durchdringung dieses neuartigen Rechtsgebietes abgeben wird. Das deutsche Internationale Privatrecht, dessen Grundsätze bei der Lösung interzonaler Rechtsfragen immer wieder entlehnt wurden, dürfte jedenfalls durch die interzonale Praxis befruchtet worden sein.

Wegen dieser Wechselwirkung zwischen dem interzonalen Recht und dem deutschen Internationalen Privatrecht darf der Bericht wohl die Aufmerksamkeit der juristischen Fachwelt auch jenseits der Grenzen Deutschlands erwarten. Darüber hinaus ist die Sammlung ein erschütterndes Dokument des Zusammenpralls der beiden heute am schärfsten geschiedenen Lebensordnungen; die politischen, wirtschaftlichen und sozialen Folgen sowie die rechtlichen Auswirkungen dieses Konfliktes innerhalb eines Staates und einer Rechtsordnung werden belegt.

Anregung und Beginn dieser Sammlung verdankt das Institut Herrn Professor Dr. *Bernhard C. H. Aubin.* Ohne die Unterstützung der deutschen Gerichte wäre die Zusammenstellung nicht möglich gewesen; ihre Mitarbeit durch Einsendung von Entscheidungen wird auch in Zukunft dankbar begrüßt werden.

Tübingen, im Frühjahr 1956 *Hans Dölle*

## ZUR EINFÜHRUNG

Einem ganz knappen Überblick über die Rechtsprechung zu den einzelnen Fragen sollen die Vorbemerkungen dienen, die den umfangreicheren Abschnitten vorangestellt sind. Die Entscheidungen sind grundsätzlich ohne Kommentar und nur insoweit wiedergegeben, als sie sich auf interzonalrechtliche Fragen beziehen. Entscheidungen, die dem Institut im Original vorlagen, sind hinter dem Rubrum durch einen Stern * bezeichnet; die Texte der übrigen wurden der ersten der jeweils angegebenen Fundstellen entnommen. Die Rechtsprechung zur steckengebliebenen Banküberweisung sowie steuerrechtliche Entscheidungen konnten nicht berücksichtigt werden; verzichtet wurde ferner auf den Abdruck solcher Urteile, deren Begründung sich in der Wiedergabe des Gesetzeswortlautes erschöpft oder die mit anderen Entscheidungen des gleichen Gerichts übereinstimmen.

Der Bearbeiter durfte sich der tatkräftigen Mithilfe von Fräulein *Gisela von der Trenck* erfreuen und möchte ihr dafür auch hier seinen aufrichtigen Dank ausdrücken.

*Ulrich Drobnig*

Zitierweise: IzRspr. 1945—1953 Nr. ...

# INHALT*

## I. Halbband


**I. Allgemeines** Nr.

1. Feststellung von Rechtsverschiedenheiten . . . . . . . . . . 1
2. Bestimmung des anzuwendenden Rechts . . . . . . . . . . 2
3. Ordre public . . . . . . . . . . . . . . . . . . . . . . . 3—10
4. Beschränkte Wirkung von Hoheitsakten . . . . . . . . . . 11—20
5. Revisibilität lokalen Rechts . . . . . . . . . . . . . . . 21—22a
6. Gerichtsbarkeit gegenüber der DDR . . . . . . . . . . . 23—25

**II. Personenrecht**

1. Geschäftsfähigkeit und Ehemündigkeit . . . . . . . . . . 26—35
2. Verschollenheit . . . . . . . . . . . . . . . . . . . . . 36—37
3. Ehegüterrecht . . . . . . . . . . . . . . . . . . . . . . 38—42
4. Rechtsstellung des Kindes . . . . . . . . . . . . . . . . 43—48
5. Unterhalt . . . . . . . . . . . . . . . . . . . . . . . . 49—68
6. Abwesenheitspflegschaft . . . . . . . . . . . . . . . . . 69
7. Testamentsvollstreckung . . . . . . . . . . . . . . . . . 70—74

**III. Gesellschaftsrecht**

1. Bestand und Untergang von Gesellschaften . . . . . . . . 75—107
2. Insbes. juristische Personen des Landesrechts . . . . . . . 108—109
3. Sitz von Gesellschaften . . . . . . . . . . . . . . . . . 110—118
4. Pflegschaften für Gesellschaften . . . . . . . . . . . . . 119—127
5. Aufspaltung öffentlich-rechtlicher Körperschaften . . . . . 128—130
6. Sowjetzonale Entscheidungen . . . . . . . . . . . . . . . 131—137

**IV. Schuldrecht**

1. Verjährung . . . . . . . . . . . . . . . . . . . . . . . 138—142
2. Schadensersatz . . . . . . . . . . . . . . . . . . . . . 143—145
3. Haftung für Ostverbindlichkeiten . . . . . . . . . . . . . 146—153
4. Versicherungsrecht . . . . . . . . . . . . . . . . . . . . 154—169b
5. Eisenbahnrecht . . . . . . . . . . . . . . . . . . . . . 170—174a
6. Postrecht . . . . . . . . . . . . . . . . . . . . . . . . 175

**V. Arbeitsrecht** . . . . . . . . . . . . . . . . . . . . . . 176—187

**VI. Währungsrecht**

1. Fremdwährungsklausel . . . . . . . . . . . . . . . . . . 188
2. Eintragungen in fremder Währung . . . . . . . . . . . . 189—191
3. Urteile auf Leistung in fremder Währung . . . . . . . . . 192—193
4. Ersetzungsbefugnis in westdeutscher Währung (§ 244 BGB) 194—202b
5. Ersetzungsbefugnis in fremder Währung . . . . . . . . . 203—204

5a. Aufrechnung . . . . . . . . . . . . . . . . . . . . . . 204a

6. Umstellung und Währungsstatut von Forderungen . . . . 205—220
7. Besondere Schuldverhältnisse . . . . . . . . . . . . . . 221—234
8. Unterhaltsansprüche . . . . . . . . . . . . . . . . . . . 235—287
9. Gerichtskosten und Gebührenforderungen . . . . . . . . 288—308b
10. Gerichtliche Titel . . . . . . . . . . . . . . . . . . . 309—325
11. Sowjetzonale Entscheidungen . . . . . . . . . . . . . . 326—330

**VII. Devisenrecht**

1. Westdeutsches Devisenrecht . . . . . . . . . . . . . . . 331—342
2. Sowjetzonales Devisenrecht . . . . . . . . . . . . . . . 343—344
3. Beachtung fremden Devisenrechts . . . . . . . . . . . . 345—352


---

* Jede Entscheidung ist nur einmal aufgenommen, und zwar im Rahmen der hauptsächlich von ihr behandelten Materie; vgl. im übrigen das Sachregister.

## II. Halbband

**VIII. Enteignungsrecht** (Belegenheit von Rechten) Nr.
1. Bewegliche Sachen . . . . . . . . . . . . . . . . . . . . 353–354
2. Ungesicherte Forderungen . . . . . . . . . . . . . . . . 355–368
3. Wechselforderungen . . . . . . . . . . . . . . . . . . . 369–370
4. Bürgschaftsforderungen . . . . . . . . . . . . . . . . . 371–373
5. Hypotheken und hypothekarisch gesicherte Forderungen:
a) Im allgemeinen . . . . . . . . . . . . . . . . . . . . 374–388
b) Zahlung an einen Nichtberechtigten . . . . . . . . . . 389–400a
6. Durch Sicherungsübereignung gesicherte Forderungen . . . 401
7. Forderungen gegen einen Gesellschafter . . . . . . . . . 402
8. Wertpapierrechte . . . . . . . . . . . . . . . . . . . . 403–413
9. Firma, Warenzeichen und Patente . . . . . . . . . . . . 414–423
10. Sowjetzonale Entscheidungen . . . . . . . . . . . . . . 424–427c

**IX. Rückerstattungsrecht**
1. Anwendungsbereich der Zonengesetze:
a) Amerikanische Zone . . . . . . . . . . . . . . . . . . 428–433
b) Britische Zone . . . . . . . . . . . . . . . . . . . . 434–438
c) Französische Zone . . . . . . . . . . . . . . . . . . 438a–440
d) West-Berlin . . . . . . . . . . . . . . . . . . . . . 441–448a
2. Auslegung der Anknüpfungspunkte . . . . . . . . . . . . 449–461

**X. Zivilprozeßrecht**
1. Gerichtsstand des Vermögens (§ 23 ZPO) . . . . . . . . . 462–476
2. Sicherheitsleistung für die Prozeßkosten (§ 110 ZPO) . . . . 477–482
3. Bewilligung des Armenrechts (§ 114 ZPO) . . . . . . . . 483–486
4. Rechtshängigkeit (§ 274 ZPO) . . . . . . . . . . . . . 487–489a
5. Verweisung (§ 276 ZPO) . . . . . . . . . . . . . . . . 490–496
6. Anerkennung von Entscheidungen:
a) Interzonales Recht . . . . . . . . . . . . . . . . . . 497–505a
b) Westberliner Gesetz vom 31. 5. 1950 . . . . . . . . . 506–520
c) Interlokales Recht . . . . . . . . . . . . . . . . . . 521–522
7. Zuständigkeit in Ehesachen (§ 606 ZPO) . . . . . . . . . 523–534
8. Vollstreckungsschutz (§ 765a ZPO) . . . . . . . . . . . 535
9. Ersatzgerichtsstand — Ersatzklage . . . . . . . . . . . 536–541

**XI. Sonstiges Verfahrensrecht**
1. Zuständigkeit im Rechtsmittelzug . . . . . . . . . . . . 542
2. Örtliche Zuständigkeit in der freiwilligen Gerichtsbarkeit:
a) Vormundschaftssachen . . . . . . . . . . . . . . . . . 543–546
b) Insbes. Abwesenheitspflegschaft . . . . . . . . . . . 547–548
c) Erbscheinerteilung (§ 73 FGG) . . . . . . . . . . . . 549–558
3. Örtliche Zuständigkeit in Sonderfällen . . . . . . . . . 559–561
4. Rechtshilfe . . . . . . . . . . . . . . . . . . . . . . 562
5. Vorlagepflicht gemäß § 28 FGG . . . . . . . . . . . . . 563–563a
6. Konkursrecht (§ 237 KO) . . . . . . . . . . . . . . . . 564–573

**XII. Registerrecht**
1. Sitzverlegung . . . . . . . . . . . . . . . . . . . . . 574–585
2. Verlegung des Heimathafens . . . . . . . . . . . . . . . 586
3. Wirkung sowjetzonaler Eintragungen . . . . . . . . . . . 587–589
4. Eintragungen im Bundesgebiet auf Grund sowjetzonaler Maßnahmen . . . . . . . . . . . . . . . . . . . . . . . . . 590–593

**Entscheidungsregister**

**Gesetzesregister**

**Sachregister**

# ABKÜRZUNGEN

| | |
|---|---|
| a. A. | = anderer Ansicht |
| ABl | = Amtsblatt |
| abl. | = ablehnende Anmerkung von... |
| a. F. | = alter Fassung |
| AG | = Amtsgericht |
| AG. | = Aktiengesellschaft |
| AGB | = Allgemeine Geschäftsbedingungen der Banken |
| AGg. | = Antragsgegner |
| AHK | = Alliierte Hohe Kommission |
| AktG | = Aktiengesetz vom 30. 11. 1937 (RGBl I 107) |
| ALB | = Allgemeine Versicherungsbedingungen für die Lebensversicherung |
| a. M. | = anderer Meinung |
| amerik. | = amerikanisch (-e Besatzungszone) |
| ao. | = außerordentlich |
| AO | = Anordnung |
| AOG | = Gesetz zur Ordnung der nationalen Arbeit vom 20. 1. 1934 (RGBl I 45) |
| AP | = Arbeitsrechtliche Praxis |
| ArbG | = Arbeitsgericht |
| ArchCivPr. | = Archiv für die civilistische Praxis |
| Art. | = Artikel |
| ARSt. | = Arbeitsrecht in Stichworten |
| ASt. | = Antragsteller |
| AVO | = Ausführungsverordnung |
| AVW | = Amt für Vermögenskontrolle und Wiedergutmachung |
| AZGB | = Rundschreiben des Ausschusses zonenmäßig getrennter Betriebe, Hamburg C 1, Fölschblock |
| BAnz. | = Bundesanzeiger |
| BayObLG | = Bayerisches Oberstes Landesgericht |
| BayObLGZ | = Entscheidungen des Bayerischen Obersten Landesgerichts in Zivilsachen |
| BB | = Der Betriebsberater |
| BdL | = Bank Deutscher Länder |
| Bekl. | = Beklagter |
| Beschl. | = Beschluß |
| Beuck | = Beuck, Interzonales Privatrecht (Köln 1951) |
| BG | = Bezirksgericht (sowjet. Zone) |
| BGB | = Bürgerliches Gesetzbuch |
| BGBl | = Bundesgesetzblatt |
| BGH | = Bundesgerichtshof |
| BGHZ | = Entscheidungen des Bundesgerichtshofs in Zivilsachen |
| BJM | = Bundesjustizministerium |
| Bl. f. PMZ | = Blatt für Patent-, Muster- und Zeichenwesen |
| BoR | = Board of Review (für Rückerstattungssachen in der britischen Zone) |
| BRG | = Betriebsrätegesetz vom 4. 2. 1920 (RGBl I 147) |
| brit. | = britisch (-e Besatzungszone) |
| Clunet | = Journal de Droit international privé, begründet von Clunet |
| CoRA | = Court of Restitution Appeals (für Rückerstattungssachen in der amerikanischen Zone) |

| | |
|---|---|
| DAVorm. | = Der Amtsvormund (bis 1952: Rundbrief des Deutschen Instituts für Jugendhilfe) |
| DB, auch DfBest. | = Durchführungsbestimmung |
| DDR | = Deutsche Demokratische Republik |
| DepG | = Depotgesetz vom 4. 2. 1937 (RGBl I 171) |
| DfBest., auch DB | = Durchführungsbestimmung |
| DfVO, auch DVO | = Durchführungsverordnung |
| DJ | = Deutsche Justiz |
| DM | = Deutsche Mark |
| DMBilG | = D-Mark-Bilanzgesetz vom 21. 8. 1949 (VOBl brit. Zone 419) |
| DNotZ | = Deutsche Notarzeitung |
| DRiZ | = Deutsche Richterzeitung |
| DRsp. | = Deutsche Rechtsprechung (Loseblatt-Sammlung) |
| DRZ | = Deutsche Rechtszeitschrift |
| DVO, auch DfVO | = Durchführungsverordnung |
| DWK | = Deutsche Wirtschaftskommission in der sowjet. Zone |
| EGBGB | = Einführungsgesetz zum Bürgerlichen Gesetzbuch |
| eGenmbH | = eingetragene Genossenschaft mit beschränkter Haftpflicht |
| EheG | = Ehegesetz (Kontrollratsgesetz Nr. 16 vom 20. 2. 1946) |
| EHFV | = Erbhof-Fortbildungs-Verordnung vom 30. 9. 1943 (RGBl I 549) |
| EJF | = Entscheidungen aus dem Jugend- und Familienrecht |
| EntschBayObLG | = Entscheidungen des Bayerischen Obersten Landesgerichts |
| ErgGesWBG | = Ergänzungsgesetz zum Wertpapierbereinigungsgesetz vom 29. 3. 1951 (BGBl I 211) |
| Erl. | = Erlaß |
| e. V. | = eingetragener Verein |
| EVO | = Eisenbahnverkehrsordnung vom 8. 9. 1938 (RGBl II 663) |
| FGG | = Gesetz über die Freiwillige Gerichtsbarkeit |
| Frankenstein, IPR | = Frankenstein, Internationales Privatrecht I (1926) |
| französ. | = französisch (-e Besatzungszone) |
| Frenkel | = Frenkel, Handbuch des Wiedergutmachungsrechts |
| G, auch Ges. | = Gesetz |
| GBl | = Gesetzblatt |
| GBO | = Grundbuchordnung |
| GenG | = Gesetz über die Genossenschaften vom 20. 5. 1898 (RGBl 810) |
| GG | = Grundgesetz der Bundesrepublik Deutschland |
| GKG | = Gerichtskostengesetz vom 5. 7. 1927 (RGBl I 152) |
| GmbH | = Gesellschaft mit beschränkter Haftung |
| GmbH-Rdsch. | = Rundschau für GmbH |
| GRUR | = Gewerblicher Rechtsschutz und Urheberrecht |
| GS | = Gesetzes-Sammlung |
| GUG | = (Westberliner) Gesetz über die Umstellung von Grundpfandrechten und über Aufbaugrundschulden vom 9. 1. 1951 (VOBl Berlin I 71) |
| GVOBl | = Gesetz- und Verordnungsblatt |
| GVVB | = Gesetz über die Vermögensverhältnisse der Deutschen Bundesbahn vom 2. 3. 1951 (BGBl I 155) |
| h. A. | = herrschende Ansicht |
| HannRpfl. | = Hannoversche Rechtspflege |
| HansJVBl | = Hanseatisches Justizverwaltungsblatt |
| HansOLG | = Hanseatisches Oberlandesgericht Hamburg |
| HEZ | = Höchstrichterliche Entscheidungen in Zivilsachen |
| HGB | = Handelsgesetzbuch |
| h. M. | = herrschende Meinung |
| HO | = Hinterlegungsordnung vom 10. 3. 1937 (RGBl I 285) |

| | | |
|---|---|---|
| HRR | = | Höchstrichterliche Rechtsprechung |
| HuW | = | Haus und Wohnung |
| i. d. F. | = | in der Fassung |
| internat. | = | international |
| IPR | = | internationales Privatrecht |
| IPRspr. | = | Die deutsche Rechtsprechung auf dem Gebiete des internationalen Privatrechts |
| IÜG | = | Internationales Übereinkommen über den Eisenbahnpersonen- und Gepäckverkehr vom 23. 11. 1933 |
| i. V. (m.) | = | in Verbindung (mit) |
| JFG | = | Jahrbuch für freiwillige Gerichtsbarkeit |
| JMBl NRW | = | Justizministerialblatt für Nordrhein-Westfalen |
| JR | = | Juristische Rundschau |
| JuV | = | Justiz und Verwaltung |
| JW | = | Juristische Wochenschrift |
| JWG | = | Jugendwohlfahrtsgesetz vom 9. 7. 1922 (RGBl I 633) |
| JZ | = | Juristenzeitung |
| KG | = | Kammergericht (Oberlandesgericht in Berlin) |
| KG. | = | Kommanditgesellschaft |
| KGJ | = | Jahrbuch der Entscheidungen des Kammergerichts |
| Kl. | = | Kläger |
| KRGes. | = | Kontrollratsgesetz |
| KrJA | = | Kreisjugendamt |
| KRProk. | = | Kontrollratsproklamation |
| KWB | = | Kammer für Wertpapierbereinigung |
| LAG | = | Landesarbeitsgericht |
| LAGes. | = | Lastenausgleichsgesetz |
| LG | = | Landgericht |
| LM | = | Lindenmaier-Möhring, Nachschlagewerk des Bundesgerichtshofs |
| LVA | = | Landesversicherungsanstalt |
| LZ | = | Leipziger Zeitschrift für Deutsches Recht |
| MDR | = | Monatsschrift für Deutsches Recht |
| MilReg. | = | Militärregierung |
| MilRegGes. | = | Militärregierungsgesetz |
| Mittlg.BdL | = | Mitteilungen der Bank deutscher Länder |
| MKSchG | = | Gesetz über den Mutter- und Kinderschutz und die Rechte der Frau vom 27. 9. 1950 (GBl DDR 1037) |
| Mot.BGB | = | Motive zum BGB |
| MSchG | = | Mieterschutzgesetz vom 1. 6. 1923 (RGBl I 353) in der Fassung vom 15. 12. 1942 (RGBl I 712) |
| ND | = | Nachrichtendienst des Deutschen Vereins für öffentliche und private Fürsorge |
| NdsRpfl. | = | Niedersächsische Rechtspflege |
| n. F. | = | neuer Fassung |
| NJ | = | Neue Justiz |
| NJW | = | Neue Juristische Wochenschrift |
| NJW/RzW | = | Neue Juristische Wochenschrift, Beilage: Rechtsprechung zum Wiedergutmachungsrecht |
| Nußbaum, IPR | = | Nußbaum, Deutsches Internationales Privatrecht (1932) |
| o. a. | = | oben angeführt |
| OG | = | Oberstes Gericht der DDR |
| OGH Köln | = | Oberster Gerichtshof für die britische Zone in Köln |
| OGHZ | = | Entscheidungen des Obersten Gerichtshofes für die Britische Zone in Zivilsachen |
| OHG | = | Offene Handelsgesellschaft |

| | |
|---|---|
| OLG | = Oberlandesgericht |
| OLGE | = Rechtsprechung der Oberlandesgerichte |
| PStG | = Personenstandsgesetz vom 3. 11. 1937 (RGBl I 1146) |
| Raape, IPR | = Raape, Deutsches Internationales Privatrecht[2] (1945), [3](1950) |
| RAG | = Rechtsprechung des Reichsarbeitsgerichts |
| RAGebO | = Gebührenordnung für Rechtsanwälte vom 7. 7. 1879 (RGBl 176) |
| RdA | = Recht der Arbeit |
| Rdbf. | = Rundbrief des Deutschen Instituts für Jugendhilfe (seit 1952: Der Amtsvormund) |
| RdErl. | = Runderlaß |
| RE | = Rückerstattung |
| REAO | = Anordnung der Alliierten Kommandantur (in West-Berlin) über die Rückerstattung vom 26. 7. 1949 (VOBl Groß-Berlin I 221) |
| rechtskr. | = rechtskräftig |
| REG | = Gesetz Nr. 59 der amerik. MilReg. vom 10. 11. 1947 (VOBl Hessen 113) und der brit. MilReg. vom 12. 5. 1949 (VOBl brit. Zone 152) |
| RegBl | = Regierungsblatt |
| RG | = Reichsgericht |
| RGBl | = Reichsgesetzblatt |
| RGRK, auch RGR-Komm. | = Kommentar zum BGB von Reichsgerichtsräten |
| RGZ | = Entscheidungen des Reichsgerichts in Zivilsachen |
| RHG | = Reichshaftspflichtgesetz vom 7. 6. 1871 (RGBl 207) |
| RJGG | = Reichsjugendgerichtsgesetz vom 6. 11. 1943 (RGBl I 635) |
| RJM | = Reichsjustizministerium |
| RK | = Rückerstattungskammer |
| RM | = Reichsmark |
| Rpfl. | = Der deutsche Rechtspfleger |
| RTO | = Reichstarifordnung |
| RuWirtP | = Rechts- und Wirtschaftspraxis, herausgegeben vom Forkel-Verlag |
| S. | = Satz, Seite |
| SaarlRuStZ | = Saarländische Rechts- und Steuerzeitschrift |
| SaBl | = Sammelblatt für Gesetze, Verordnungen und Bekanntmachungen des Bundes, der Länder und der Besatzungsmächte |
| SchlHolAnz. | = Schleswig-Holsteinische Anzeigen |
| SchlHolOLG | = Schleswig-Holsteinisches OLG in Kiel |
| SchRegO | = Schiffsregisterordnung vom 19. 12. 1940 (RGBl I 1951) |
| SJZ | = Süddeutsche Juristenzeitung |
| SMA (D) | = Sowjetische Militär-Administration (in Deutschland) |
| sowjet. | = sowjetisch (-e Besatzungszone) |
| StA | = Staatsanwalt |
| StAnz. | = Staatsanzeiger |
| Staudinger | = Staudinger, Kommentar zum BGB (EGBGB in der 9. Aufl. [1932] bearbeitet von Raape) |
| StAZ | = Zeitschrift für Standesamtswesen, seit 1949, Nr. 2: Das Standesamt |
| UEVO | = (Westberliner) Umstellungsergänzungsverordnung vom 20. 3. 1949 (VOBl Groß-Berlin I 88) |
| UG, auch UmstG | = Umstellungsgesetz vom 27. 6. 1948 (VOBl brit. Zone 149) |

| | |
|---|---|
| UmstVO, auch UVO | = (Westberliner) Umstellungsverordnung vom 4. 7. 1948 (VOBl Groß-Berlin I 374) |
| Urt. | = Urteil |
| VA | = Veröffentlichungen des (Reichs-) Bundesaufsichtsamtes für das Versicherungs- und Bausparwesen |
| VAG | = Versicherungsaufsichtsgesetz vom 6. 6. 1931 (RGBl I 315) |
| Verf. | = Verfügung |
| Verkl. | = Verklagter |
| VerschÄndG | = Gesetz zur Änderung von Vorschriften des Verschollenheitsrechts vom 15. 1. 1951 (BGBl I 59) |
| VerschG | = Verschollenheitsgesetz vom 4. 7. 1939 (RGBl I 1186) |
| VersR | = Versicherungsrecht |
| VersW | = Versicherungswirtschaft |
| VHG | = Vertragshilfegesetz vom 26. 3. 1952 (RGBl I 198) |
| VHV | = Vertragshilfe-Verordnung vom 30. 11. 1939 (RGBl I 2329) |
| VOBl | = Verordnungsblatt |
| VOLRV | = 2. VO über die Lebens- und Rentenversicherung aus Anlaß der Neuordnung des Geldwesens vom 27. 7. 1948 (VA 1948, 51) |
| VRS | = Verkehrsrechtssammlung |
| VVG | = Gesetz über den Versicherungsvertrag vom 30. 5. 1908 (RGBl 263) |
| VVO | = Versicherungsverordnung (3. DVO zum UG) vom 27. 6. 1948 (VOBl brit. Zone 1948, 167) |
| WB | = Wiedergutmachungsbehörde |
| WBG | = Wertpapierbereinigungsgesetz vom 19. 8. 1949 (VOBl brit. Zone 443) |
| WestdtArbRsp. | = Westdeutsche Arbeitsrechtsprechung |
| WEVO | = (Westberliner) Währungsergänzungsverordnung vom 20. 3. 1949 (VOBl Groß-Berlin I 86) |
| WG | = Wechselgesetz vom 21. 6. 1933 (RGBl I 399),: in Nr. 210 |
| | = Währungsgesetz (Erstes Gesetz zur Neuordnung des Geldwesens) |
| WK | = Wiedergutmachungskammer |
| WM | = Wertpapier-Mitteilungen |
| Wolff, IPR | = Martin Wolff, Deutsches Internationales Privatrecht[2] (1949) |
| WRV | = Weimarer Reichsverfassung vom 11. 8. 1919 |
| WVO | = (Westberliner) Währungsverordnung vom 24. 6. 1948 (VOBl Groß-Berlin I 363) |
| WZG | = Warenzeichengesetz vom 5. 5. 1936 (RGBl II 134) |
| ZAA | = Zentral-Anmeldeamt |
| ZAkDR | = Zeitschrift der Akademie für Deutsches Recht |
| ZBlJR | = Zentralblatt für Jugendrecht |
| ZFG | = Zeitschrift für Freiwillige Gerichtsbarkeit |
| ZHR | = Zeitschrift für das gesamte Handels- und Konkursrecht |
| ZJBl | = Zentraljustizblatt für die britische Zone |
| ZK | = Zivilkammer |
| ZPO | = Zivilprozeßordnung |
| ZS | = Zivilsenat |
| zust. | = zustimmende Anmerkung von ... |
| ZustErgGes. | = Zuständigkeitsergänzungsgesetz vom 7. 8. 1952 (BGBl I 407) |
| ZVOBl | = Zentralverordnungsblatt für die sowjetische Besatzungszone |
| ZZP | = Zeitschrift für Zivilprozeß |

# I. ALLGEMEINES

## 1. Feststellung von Rechtsverschiedenheiten

**1. Die Vorschriften des deutschen internat. Rechts sind auf das deutsche interlokale Recht sinngemäß anzuwenden, soweit eine Rechtsverschiedenheit zwischen einzelnen Teilen des deutschen Rechtsgebietes besteht. — Auf dem Gebiet der Ehelichkeitserklärung besteht eine Rechtsverschiedenheit zwischen der Bundesrepublik und der Ostzone nicht. — Es ist nicht zu vermuten, daß eine Ehelichkeitserklärung, deren gesetzliche Voraussetzungen mangelhaft waren, von einer Behörde in der Ostzone bewußt gesetzwidrig vorgenommen wurde.**

BGH, Urt. v. 20. 11. 1952 — IV ZR 35/52: EJF 1953, 39; LM, Nr. 7 zu Art. 7 EGBGB.

Der Kl. mit Wohnsitz in L. (Ostzone) klagt auf Herausgabe eines von ihm außerehelich erzeugten Kindes, das auf seinen Antrag durch Beschluß des OLG-Präsidenten in D. (Ostzone) für ehelich erklärt worden war. Die Bekl. sind die Eltern der inzwischen verstorbenen Mutter des Kindes und haben dieses in ihren Haushalt in X. (Bundesgebiet) aufgenommen. Sie halten den Legitimationsbeschluß für unwirksam. Beide Vorinstanzen haben die Klage abgewiesen, der BGH gab ihr statt.

Aus den Gründen:

„Das Kind ist durch Beschluß des OLG-Präsidenten in Dresden, einer Behörde außerhalb des Gebietes der Deutschen Bundesrepublik, für ehelich erklärt worden. Die Bekl. wollen hieraus die Folge gezogen haben, daß die Frage der Rechtswirksamkeit der Ehelichkeitserklärung nach deutschem interlokalem Recht zu beurteilen sei, infolgedessen der in Art. 22 EGBGB enthaltene Rechtsgedanke zur Anwendung kommen müsse und, da der Vormund des Kindes für dieses seine Einwilligung nicht in der in den §§ 1726, 1730, 1729 BGB vorgeschriebenen Form erteilt habe, die Legitimation gemäß Art. 22 II EGBGB unwirksam sei.

Diese Ansicht ist rechtsirrig. Zwar bestehen keine rechtlichen Bedenken, die Vorschriften des deutschen internationalen Rechts sinngemäß auf Kollisionsfälle des deutschen interlokalen Rechts anzuwenden. Voraussetzung hierfür ist aber, daß ein Kollisionsfall gegeben ist, d. h. daß eine Rechtsverschiedenheit in einzelnen Teilen des deutschen Rechtsgebietes besteht. Dies ist jedoch für eine Ehelichkeitserklärung nicht der Fall; in der Bundesrepublik wie in der DDR gelten sowohl in sachlichrechtlicher als auch in verfahrensrechtlicher Beziehung dieselben Rechtsnormen. Entscheidend ist daher allein, ob nach den Vorschriften der §§ 1723ff., insbesondere des § 1735 BGB die Ehelichkeitserklärung des OLG-Präsidenten in Dresden rechtswirksam ist. Das Berufungsgericht ist bei der Prüfung der Rechtswirksamkeit der Ehelichkeitserklärung von der

Bestimmung des § 1735 BGB ausgegangen und hat ausgeführt, daß nach dieser Vorschrift die Wirksamkeit der Ehelichkeitserklärung dadurch nicht berührt werde, daß die Behörde irrtümlich das Vorliegen der gesetzlichen Voraussetzungen angenommen habe; dagegen könnten nach § 1735 die Fälle durch die Ehelichkeitserklärung nicht geheilt werden, in denen bewußt über das Fehlen einer oder mehrerer der gesetzlichen Voraussetzungen hinweggegangen sei.

Trotzdem kann das angefochtene Urteil keinen Bestand haben. Die Revision rügt mit Recht, das Berufungsgericht habe es an jeder Begründung für seine Ansicht fehlen lassen, der OLG-Präsident in Dresden habe sich bewußt über den Mangel der gesetzlichen Voraussetzungen der Ehelichkeitserklärung hinweggesetzt. Es könne, so führt das Berufungsgericht aus, ‚keinem Zweifel unterliegen', daß der Mangel der in § 1730 für die Einwilligungserklärung des gesetzlichen Vertreters vorgeschriebenen Form nicht übersehen worden sei. Die Bedeutung dieser Erklärung und der dafür vorgeschriebenen Form sei dem OLG-Präsidenten und den seine Entscheidung vorbereitenden Mitarbeitern ‚ohne Zweifel' bekannt gewesen, zumal ihnen Anträge gleicher Art häufig vorgelegen hätten. Daher könne ‚nur angenommen werden', daß über die Nichteinhaltung der Form des § 1730 BGB bewußt hinweggegangen worden sei. Da weder der Tenor des Beschlusses noch dessen Begründung aus sich heraus, noch die beigezogenen Akten des AG St. (Ostzone) irgendeinen Anhalt dafür ergeben, daß die Nichtbeachtung des § 1730 BGB bewußt erfolgt ist, hätten Tatsachen festgestellt werden müssen, die die Auffassung des Berufungsgerichts rechtfertigen können."

## 2. Bestimmung des anzuwendenden Rechts

**2. Ist ein Rechtsverhältnis nach den beiden in Betracht kommenden Rechtsordnungen gleich zu beurteilen und sind diese beiden Rechte durch das gleiche Gericht revisibel, so kann das Revisionsgericht dahingestellt sein lassen, welches der beiden Rechte anzuwenden ist.**

BGH, Urt. v. 30. 4. 1952 — II ZR 133/51: VersR 1952, 196; LM, Nr. 6 zu § 549 ZPO.

Der Sachverhalt stimmt mit dem Sachverhalt des Urteils des BGH vom gleichen Tage in der Sache II ZR 124/51 (s. u. Nr. 22) überein.

Aus den Gründen:

1. „Die Frage, ob für die Beurteilung des Rechtsstreits das Bundes- oder das Westberliner Umstellungsrecht maßgebend ist, bedarf keiner Entscheidung. Wie der erkennende Senat in dem Urteil v. 30. 4. 1952 — II ZR 124/51[1] — ausgeführt hat, stimmen das für die Entscheidung in Betracht kommende Bundes- und das Westberliner Recht der Umstellung von Versicherungsansprüchen inhaltlich völlig überein. Wenn hiernach das streitige Rechtsverhältnis nach den beiden in Frage kommenden Umstellungsrechten gleich zu beurteilen ist, so kann es dahingestellt bleiben, welches dieser Rechte anzuwenden ist (*Wolff*, IPR² 74 sowie die

[1] Siehe unten Nr. 22.

neuere Rechtsprechung des RG in RGZ 113, 38 [42]; 124, 146 [148]; 167, 274 [280]). Da die für die Entscheidung in Betracht kommenden Vorschriften des Westberliner Umstellungsrechts aus den in jenem Urteil dargelegten Gründen vom Revisionsgericht ebenfalls nachprüfbar sind, und da auch Ziff. I b der erst nach Verkündung des angefochtenen Urteils erlassenen DB Nr. 14 zur UEVO bei der Revisionsentscheidung noch beachtet werden kann, können auch hieraus keine Bedenken dagegen hergeleitet werden, daß dahingestellt bleibt, welches Recht anzuwenden ist."

## 3. Ordre public

*Vorbemerkung: Die Vorbehaltsklausel wird in Enteignungsfällen nur selten angewendet, da die räumliche Beschränkung der Enteignungswirkungen auf den Territorialitätsgrundsatz gestützt wird (Nr. 11ff). Umstritten bleibt es, ob der frühere Eigentümer in der Sowjetzone enteigneter beweglicher Sachen, die nachträglich nach Westdeutschland gelangt sind, deren Herausgabe unter Berufung auf den ordre public verlangen kann (bejaht in den Fällen Nr. 5—6, verneint bei Nr. 7—9). Zur Anwendung der Vorbehaltsklausel bei der Anerkennung fremder Entscheidungen siehe Nr. 497 ff.*

**3. Ein Enteignungsgesetz Ost-Berlins ist durch ein West-Berliner Gericht schon dann nicht anzuwenden, wenn es dem Ost-Berliner Verfassungsrecht nicht entspricht. — Auch im interlokalen Recht ist die Vorbehaltsklausel des Art. 30 EGBGB anwendbar. — Die Anwendung eines Gesetzes, das eine entschädigungslose Enteignung ausspricht, außerhalb des enteignenden Landes verstößt gegen Art. 30 EGBGB. — Das Eingreifen der Vorbehaltsklausel wird nicht schon dadurch ausgeschlossen, daß die verhängte entschädigungslose Enteignung auf Grund eines Enteignungsgesetzes der lex fori in concreto ebenfalls zulässig wäre; in diesem Fall liegt der Verstoß gegen den ordre public darin, daß der Rechtsmittelweg des beanstandeten auswärtigen Gesetzes nicht den rechtsstaatlichen Prinzipien der lex fori entspricht.**

LG Berlin (West), Urt. v. 25. 4. 1951 — 10 O 354/50: *unveröff.

Der Bekl., der bis Oktober 1949 in Ost-Berlin, seitdem in West-Berlin wohnt, stand im Geschäftsverkehr mit dem „Verein für H." mit Sitz in Ost-Berlin. Infolge einer Fehlbuchung bei dem Verein konnte der Bekl. vor der Währungsreform sein Konto bei dem Verein um etwa 10000 RM überziehen. Im Februar 1949 wurde das Vereinsvermögen in Ost-Berlin entschädigungslos enteignet. Der in Ost-Berlin eingesetzte Rechtsnachfolger macht die Forderung des Vereins, umgestellt nach ostdeutschem Währungsrecht, gegen den Bekl. geltend. Das LG wies die Klage ab.

Aus den Gründen:

„Der Kl. ist jedenfalls nicht befugt, die Klageforderung geltend zu machen, da sie, soweit sie bestand, zum Vereinsvermögen gehörte, dessen Übergang in Volkseigentum nicht anerkannt werden kann. Zwar hatte der Bekl. im Einziehungszeitpunkt, dem 9. 2. 1949, seinen Wohnsitz im sowjet. Sektor Berlins, so daß eine gegen ihn gerichtete Forderung gemäß dem Enteignungsgesetz vom 8. 2. 1949 von der Enteignung erfaßt worden wäre. Diese Enteignung ermangelt aber schon nach den im Ostsektor geltenden Bestimmungen der Rechtswirksamkeit, da das Enteignungsgesetz vom 8. 2. 1949 lediglich durch Magistratsbeschluß zustande gekommen ist (vgl. Beschluß des demokratischen Magistrats von Groß-Berlin über die Durchführung des Gesetzes zur Einziehung von Vermögenswerten der Kriegsverbrecher und Naziaktivisten vom 8. 2. 1949, VOBl Ost I 33), Enteignungen aber nach dem im Ostsektor Berlins maßgeblichen Verfassungsgesetz der DDR, Art. 23 S. 1, nur durch Gesetz erfolgen dürfen, das der Beschlußfassung durch die Volksvertretung bedarf, vgl. Art. 81, 63. Die Bezugnahme auf die Grundsätze des am 27. 3. 1947 angeblich von der Stadtverordnetenversammlung angenommenen Gesetzes zur Einziehung usw., das infolge des Vetos der westlichen Besatzungsmächte nicht in Kraft getreten sei, vermag zwei Jahre später eine Abstimmung der Volksvertretung über den maßgebenden Wortlaut nicht zu ersetzen.

Jedenfalls verbietet der auch im Rahmen interlokalen Rechts geltende Vorbehalt des Art. 30 EGBGB die Anwendung des Enteignungsgesetzes vom 8. 2. 1949 durch das angerufene Gericht, weil die auf Grund dieses Gesetzes angeordnete Vermögenseinziehung des Vereins als solche und als Teil der 465 in der Liste 1 angeordneten Einziehungen gegen die Grundlagen rechtsstaatlicher Ordnung verstößt. Zwar kennt auch das für das angerufene Gericht maßgebende Recht die Vermögenseinziehung als Maßnahme gegen politisch Belastete, vgl. z. B. Art. VIII, Ziff. II b und Art. IX Ziff. 2 der Direktive Nr. 38 des Kontrollrats (ABl des Kontrollrats 1946, 62). Jedoch ist gesetzlich gewährleistet, daß diese Maßnahme nur von unabhängigen Kammern in einem das rechtliche Gehör gewährleistenden, mit den Sicherungen eines Rechtsmittels versehenen Verfahrens verhängt werden kann, vgl. z. B. Art. 24, 27 und 33 des Gesetzes zur Befreiung vom Nationalsozialismus und Militarismus vom 5. 3. 1946 (GVOBl Groß-Hessen 1946, 57).

Der dem Betroffenen nach dem Enteignungsgesetz (§ 8) zustehende Einspruch verbürgt dieses Recht nicht, da über ihn die Einziehungsbehörde endgültig entscheidet. Es handelt sich bei dieser Verschiedenheit der Handhabung nicht nur um einen Gradunterschied in der Behandlung politisch Belasteter, sondern um deren Entrechtung schlechthin. Die Anerkennung des Rechtsübergangs von dem betroffenen Verein auf den Kl. würde die Hinnahme dieser ostsektoralen Maßnahmen in sich schließen. Sie würde zu einer Erschütterung der rechtsstaatlichen Gesinnung führen und damit die Grundlage staatlicher Ordnung im Gebiet des angerufenen Gerichts unmittelbar angreifen. Es kann nicht darauf ankommen, ob die gegen den Verein verhängte Vermögenseinziehung im Ergebnis auch nach den für das angerufene Gericht maßgebenden Säuberungsgesetzen gerechtfertigt wäre. Ganz abgesehen davon, daß das angerufene Gericht hierauf schon deshalb nicht abstellen könnte, weil eine Nachprüfung insoweit ausgeschlossen wäre, würde in diesem Fall die Verletzung rechtsstaatlichen Prinzips nicht aufgehoben werden."

**4. Die in der Ostzone enteigneten Unternehmen bestehen auch ohne handelsregisterliche Eintragung in den Westzonen fort, wenn sie hier Vermögenswerte haben. — Art. 30 EGBGB ist im interlokalen Recht entsprechend anwendbar. — Die Anwendung der Vorbehaltsklausel setzt eine**

**Inlandsbeziehung voraus derart, daß die Anwendung des anstößigen Rechtssatzes gegen den „inländischen" ordre public verstößt. — Soll eine entschädigungslose Enteignung auch das in den Westzonen belegene Vermögen einer Person ergreifen, so liegt darin für ein westdeutsches Gericht ein Verstoß gegen den westdeutschen ordre public. — Eine Mitwirkung bei der Einbeziehung in den Westzonen belegener Forderungen zugunsten des aus der Enteignung Berechtigten ist eine objektiv rechtswidrige Handlung. — Ein Bewohner der Ostzone, der bei einer derartigen Einziehung mitwirkt, handelt jedoch nicht schuldhaft.**

OLG Nürnberg (amerik. Zone), Urt. v. 22. 1. 1952 — 3 U 215/51: *unveröff.

Die Kl. ist eine GmbH mit früherem Sitz in St. (sowjet.), deren Sitz sich heute in H. (brit.) befindet. Der Betrieb der Kl. in St. wurde 1946 entschädigungslos enteignet und wird jetzt unter der neuen Firma „L." als volkseigener Betrieb fortgeführt. Beklagt ist eine Firma mit Sitz in St., deren früherer Inhaber als Steuerberater der „L." tätig war. Die bekl. Fa. hatte seit Ende 1945 ein Konto bei einer westdeutschen Bank eingerichtet, über das der volkseigene Betrieb „L." seit dem Jahre 1946 Forderungen der Kl. aus der Zeit vor der Enteignung gegenüber Schuldnern in den Westzonen eingezogen und an sich gebracht hat. Die Kl. fordert nach §§ 823 II, 826, 249 BGB Schadenersatz wegen unerlaubter Handlung. LG und OLG wiesen die Klage ab.

Aus den Gründen:

„II. Die Aktiv-Legitimation der Kl. ist gegeben. Die in der Ostzone enteigneten Unternehmungen bestehen für die Westzone fort, wenn sie dort Vermögenswerte besitzen. Dabei ist der zeitweise Nichtbetrieb in der Westzone ohne Bedeutung. Auch eine Eintragung im Handelsregister braucht in der Westzone nicht vorhanden sein. Wenn eine solche später erfolgt, hatte sie nur deklaratorische Bedeutung (*Baumbach*, HGB § 22, Anm. 3 B; § 17 Anm. 2 B, Ueb. 1 E v. § 17 und die dort angeführte Rechtsprechung und Literatur). Daß Vermögenswerte der Kl. in der Westzone vorhanden waren, beweist gerade der gegenwärtige Rechtsstreit . . .

a) Die hier in Rede stehende Enteignung des Betriebes der Kl. in der Ostzone ist entschädigungslos erfolgt. Eine solche Enteignung widerspricht der in den Westzonen herrschenden Sittenauffassung. Dies ist in Art. 14 GG deutlich zum Ausdruck gekommen.

b) Nach ostzonalem Recht erstreckte sich die Enteignung auch auf die Forderungen des Enteigneten (Richtlinien Nr. 1 zur Ausführung des SMAD-Befehls Nr. 64 vom 28. 4. 1948, ZVOBl 1948, 141). Es ist nicht zu bezweifeln, daß damit auch das außerhalb der Ostzone befindliche Vermögen getroffen werden sollte.

c) Nach Art. 30 EGBGB ist die Anwendung eines ausländischen Gesetzes ausgeschlossen, wenn die Anwendung gegen die guten Sitten oder gegen den Zweck eines deutschen Gesetzes verstoßen würde. Dieser Grundsatz muß auch für den interlokalen Verkehr, in dem Verhältnis zwischen der Bundesrepublik und der DDR entsprechend gelten, vgl. *Palandt*, Vorbem. vor Art. 7 EGBGB Anm. 14. Die Anwendung der Vorschrift des Art. 30 setzt freilich die Erfordernis voraus, daß eine enge Inlandsbeziehung besteht und infolgedessen die Anwendung des anstößigen

Rechtssatzes dem ‚inländischen', d. h. hier westdeutschen ordre public widerspricht. Eine solche enge Beziehung besteht aber hinsichtlich des in der Westzone gelegenen Vermögens eines Enteigneten sicherlich. Dies hat zur Folge, daß die Enteignung insoweit nicht als rechtswirksam anerkannt werden kann.

d) Damit steht aber nur fest, daß derjenige, der zur Verwirklichung nach der Ostzonengesetzgebung in der Westzone enteignete[r] Forderungen mitgewirkt hat, objektiv rechtswidrig und in einer gegen die guten Sitten verstoßenden Weise gehandelt hat (§§ 823, 826 BGB). [Das Gericht prüft sodann die subjektiven Voraussetzungen.]

e) Der verstorbene R. war Bewohner der Ostzone. Es konnte von ihm nicht verlangt werden, daß er die Rechtsgültigkeit der dort bestehenden Gesetzesbestimmungen auf ihre Wirksamkeit in der Westzone nachprüfte. Es konnte aber auch nicht von ihm verlangt werden, daß er auf Grund allgemeinsittlicher Anschauungen zu der Überzeugung gelangte, daß diese Gesetzgebung sittenwidrig sei. Sittliche Anschauungen sind nicht überall die gleichen. Sie werden durch die Umgebung eines Menschen bestimmt und beeinflußt. Im allgemeinen muß der einer bestimmten Staatshoheit unterstehende Bürger annehmen, daß die Gesetzgebung seines Landes mit dem Sittengesetz in Einklang steht. Nur bei allergröbsten Verstößen gegen dieses Sittengesetz, die allerdings auch eine Gesetzgebung begehen kann und auch schon begangen hat, kann ihm diese Erkenntnis zugemutet werden. Daß ein Angehöriger der Ostzone die Sittenwidrigkeit der dortigen Enteignungsgesetzgebung erkennen mußte, kann von ihm nicht beansprucht werden. Damit aber scheidet das Bewußtsein der Rechtswidrigkeit seines Tuns aus."

**5. Ein Gericht der Westzonen hat nicht die grundsätzliche Rechtsgültigkeit der Enteignungsmaßnahmen in der Ostzone nachzuprüfen, sondern hat lediglich über ihre Rechtswirksamkeit im Gebiet der Westzonen zu entscheiden. — Hoheitsakte eines Staates wirken grundsätzlich nur innerhalb des Machtbereiches dieses Staates. — Eine Handelsgesellschaft besteht, auch wenn sie nach dem Recht ihres Sitzortes untergegangen ist, in den Westzonen weiter, wenn sie hier Vermögen besitzt; weder eine Sitzverlegung noch die Fortführung der Firma in den Westzonen sind erforderlich. — Das durch entschädigungslose Enteignung erworbene Eigentumsrecht des enteignenden Landes an beweglichen Sachen, die sich im Zeitpunkt der Enteignung in dem enteignenden Lande befanden, später aber in ein anderes Land gelangen, wird hier gemäß Art. 30 EGBGB nicht anerkannt.**

OLG Nürnberg (amerik. Zone), Beschl. v. 19. 9. 1949 — W 541/49: NJW 1950, 228 (abl. *Möhring*); SJZ 1950, 277 (abl. *Raiser*); AZGB Nr. 122, No. 527; Auszug in DRsp. I (181) 14b.

Die ASt. hatte ihren Sitz in Sachsen (sowjet.) und wurde dort entschädigungslos enteignet. Das Werk, das als landeseigener Betrieb fortgeführt wird, liefert Warenbestände aus der Zeit vor der Enteignung an eine Firma in den Westzonen zur weiteren Auslieferung. Die ASt. begehrt den Erlaß einer einstweiligen Verfügung zur Sicherstellung dieser Waren bei der westdeutschen Firma. Das OLG wies die hiergegen erhobene Beschwerde zurück.

Aus den Gründen:

„Im gegenwärtigen Verfahren handelt es sich um die Frage, in welchem Umfang das Gericht die Gültigkeit oder Wirksamkeit der Verfügung der Landesregierung Sachsen nachprüfen kann. Zu entscheiden ist dabei nicht, ob diese Verfügung überhaupt rechtswirksam ist, sondern nur, welche Rechtswirkungen dieser Maßnahme des Landes Sachsen in den Westzonen zukommen. Zu dieser Prüfung ist das ordentliche Gericht befugt.

Daß Hoheitsakte eines Staates grundsätzlich nur innerhalb des Machtbereiches dieses Staates wirken, ist nach internationalem Recht anerkannt. Aus dieser territorialen Wirkung der Enteignung folgt, daß Enteignungsmaßnahmen, die in der Ostzone erfolgen, in den Westzonen keine Wirkung haben (vgl. OLG Hamburg, SJZ 1948, 605[1]; ferner *Friedrich*, SJZ 1948, 26; *Benkard*, DRZ 1947, 356; *Ulmer*, SJZ 1948, 674). Nach dem Recht, das am Sitz der ASt. in Sachsen gilt, besteht zwar die ASt. nicht mehr. Die Gerichte der Ostzone vertreten die Auffassung, daß mit der Enteignung des Betriebes die Gesellschaft nicht etwa nur aufgelöst, sondern durch Eingriff der Staatsgewalt im öffentlichen Interesse vernichtet wird (so OLG Gera, DRZ 1948, 493[2]). Trotzdem besteht die Handelsgesellschaft, die ihren Sitz im Osten hatte, im Bereich der Westzonen weiter, soweit sie im Westen Vermögen besaß. Gelangen nun Vermögensstücke, die im Osten waren, nach der Enteignung in den Westen, so ist zu prüfen, ob die im Osten enteignete Handelsgesellschaft im Westen noch als Eigentümerin dieser Vermögensstücke angesehen werden kann. Die Ungültigkeit der Entziehung ihres im Enteignungslande belegenen Vermögens kann die ASt. nur unter Berufung auf den ordre public, auf die Vorbehaltsklausel des Art. 30 EGBGB geltend machen. In Betracht kommen kann nur die zweite Alternative dieser Bestimmung, nämlich der Verstoß gegen den Zweck eines deutschen Gesetzes. Nach RGZ 60, 296 liegt ein derartiger Verstoß nur vor, wenn ‚der Unterschied zwischen den staatspolitischen oder sozialen Anschauungen, auf welchen das fremde Recht und auf welchen das konkurrierende deutsche Recht beruht, so erheblich ist, daß die Anwendung des ausländischen Rechts direkt die Grundlagen des deutschen staatlichen oder wirtschaftlichen Lebens angreifen würde'. Enteignungen sind nun nach Art. 153 WRV und jetzt nach Art. 14 III GG für die Bundesrepublik Deutschland v. 23. 5. 1949 grundsätzlich nur gegen Entschädigung zulässig. Das Gesetz, das sie anordnet oder auf Grund dessen sie erfolgen, muß Art und Ausmaß der Entschädigung regeln. Entschädigungslose Enteignungen der Art wie der ASt. greifen die Grundlagen des staatlichen und wirtschaftlichen Lebens in den Westzonen an. Sie können daher nicht als Recht in den Westzonen anerkannt werden, mit der Folge, daß sich der Enteignete innerhalb der Westzone auch auf die Ungültigkeit der Entziehung seines im Enteignungsstaat belegenen Vermögens berufen kann und als Eigentümer der Vermögensstücke gilt, die nach der Enteignung in die Westzone gelangen. Das ist bei den Gegenständen, deren Sicherstellung begehrt wird, der Fall. Die Tatsache, daß die ASt. ihren Sitz nicht in den Westen verlegt und die

[1] Siehe unten Nr. 414b. [2] Siehe unten Nr. 134.

alte Firma hier nicht weiterführt, steht nicht ihrer Aktivlegitimation für Ansprüche entgegen, die sich aus ihrem Eigentum an Vermögensstücken ergeben, die nach der Enteignung in die Westzone gelangen."

**6. Eine Partei mit Sitz in Ost-Berlin kann sich in einem Rechtsstreit vor dem LG Berlin-West nicht auf die Zuständigkeit des LG Berlin-Ost berufen, da dieses Gericht nicht auf legalem Wege errichtet wurde. — Rechtsnormen, die der Magistrat von Berlin-Ost gesetzt hat, sind wegen der Illegalität dieses Gesetzgebers nicht verbindlich. — Dennoch wird die Parteifähigkeit einer durch VO des Magistrats von Berlin-Ost geschaffenen juristischen Person auf Grund ihrer tatsächlichen Bedeutung auch vor einem West-Berliner Gericht anerkannt. — Die Anordnung einer treuhänderischen Verwaltung eines Betriebes durch eine Ost-Berliner Behörde kann vor einem West-Berliner Gericht hinsichtlich eines Streitgegenstandes, der sich in West-Berlin befindet und von einem Bewohner West-Berlins beansprucht wird, wegen Verstoßes gegen den Zweck der westdeutschen Rechtsordnung nicht beachtet werden. — Die Vorbehaltsklausel ist im Interzonenrecht anwendbar. — Die Einsetzung eines Treuhänders für einen Betrieb kommt einer entschädigungslosen Enteignung gleich. — Die Anwendung eines die entschädigungslose Enteignung aussprechenden Rechtssatzes durch ein westdeutsches Gericht widerspricht dem westdeutschen ordre public. — Ein West-Berliner Gericht kann die Rechtsgültigkeit der Verfügung einer Ost-Berliner Behörde nachprüfen. — Die Anwendung der Vorbehaltsklausel setzt eine Inlandsbeziehung des zu beurteilenden Sachverhalts voraus. — Gelangt eine bewegliche Sache, die sich zur Zeit der Enteignung im Gebiet des enteignenden Hoheitsträgers befunden hat, später in ein Gebiet, in das der Enteignete nach der Enteignung geflüchtet war, so ist eine ausreichende Inlandsbeziehung gegeben und daher die Vorbehaltsklausel anwendbar.**

LG Berlin (West), Urt. v. 16. 6. 1952 — 7 O 99/52: *z. T. BB 1952, 841 und 868 und AZGB Nr. 163/164, No. 740.

Der Kl. betrieb unter der Firma R. einen Gewerbebetrieb in Ost-Berlin. Zum Betriebsvermögen gehörte ein Lieferwagen. Im Februar 1951 entzog der Magistrat von Berlin-Ost die dem Kl. erteilte Gewerbeerlaubnis gemäß § 4 II der VO über die Zulassung zum Gewerbebetrieb v. 20. 9. 1949, da der Kl. wiederholt Waren ohne Warenbegleitschein nach West-Berlin geliefert habe und gegen ihn eine Ordnungsstrafe von 1000 DM verhängt worden sei, woraus sich die persönliche Unzuverlässigkeit des Kl. ergebe. Gleichzeitig wurde gemäß § 5 der genannten VO für den Betrieb ein Treuhänder bestellt (der Bekl. zu 2). Dieser vermietete den streitigen Lieferwagen an die Bekl. zu 1, eine Vereinigung volkseigener Betriebe.

Der Kl. war inzwischen nach West-Berlin geflüchtet. Hier entdeckte er im Februar 1952 den streitigen Lieferwagen, der sich gerade in West-Berlin befand, und ließ ihn sicherstellen. Der Kl. beantragt nunmehr, die Bekl. zur Einwilligung in die Herausgabe des Wagens zu verurteilen. Das LG gab der Klage statt.

Aus den Gründen:

„Das angerufene Gericht ist zuständig. Die Ansicht der Bekl., der Kl. hätte ein im Sowjetsektor Berlins tätiges Gericht anrufen müssen, weil sie dort ansässig seien und ihren allgemeinen Gerichtsstand hätten, ist unzutreffend, denn das Landgericht des Sowjetsektors Berlins ist nicht auf gesetzliche Weise errichtet worden, so daß das erkennende Gericht das einzige legale Landgericht für ganz Berlin ist; der Kl. hat es zu Recht angerufen.

Das Gericht hat auch die Parteifähigkeit der Bekl. zu 1 bejaht. Zwar kann sie sich hinsichtlich der für sich in Anspruch genommenen Eigenschaft als Körperschaft des öffentlichen Rechts nicht wie die Vereinigungen der Volkseigenen Betriebe der sowjet. Zone berufen auf den Befehl Nr. 76/48 der SMA, sondern lediglich verweisen auf die 2. DVO v. 30. 4. 1949 (VOBl Berlin-Ost 1949, 97) zum ‚Gesetz' vom 8. 3. 1949 zur Einziehung von Vermögenswerten von Kriegsverbrechern und Naziaktivisten. Die wegen des Fehlens der Legalität des ‚Magistrats' von Berlin-Ost nicht vorhandene Verbindlichkeit dieser VO kann auch nicht daraus hergeleitet werden, daß der ‚Ost-Magistrat' sie lediglich als Vollzieher des Willens der sowjet. Besatzungsmacht, der in dem Befehl 76/48 eindeutig zum Ausdruck gekommen ist, erlassen hat. Denn abgesehen von der Frage, ob eine Befugnis dazu im Gebiet von Berlin überhaupt bestand, hätte die Entschließung der Besatzungsmacht, um verbindlich zu sein, sich in der Form des ausdrücklichen Befehls äußern müssen, wie es für das Gebiet der sowjet. Zone geschehen ist. Bei der Beurteilung interzonaler und intersektoraler Verhältnisse zwingt jedoch die Macht der Tatsachen dazu, die Existenz der Bekl. zu 1 als juristische Person anzuerkennen, weil sonst vor Gerichten der Bundesrepublik Deutschland und West-Berlins Ansprüche gegen die Vereinigungen volkseigener Betriebe — zu denen auch unfreiwillig Rechtsbeziehungen entstehen können — nicht durchsetzbar wären. Es kann auch nicht darüber hinweggesehen werden, daß diese Vereinigung und andere Rechtsgebilde, die in ähnlicher Weise in der sowjet. Zone und im Sowjetsektor Berlins entstanden sind, dort eine beherrschende Funktion im Wirtschaftsleben einnehmen, in jeder nur denkbaren Weise als Träger von Rechten und als Verpflichtete in Erscheinung treten und dabei auch Vertragspartner im Interzonenhandelsverkehr werden. Hiermit steht nicht im Zusammenhang die im jeweiligen Einzelfall zu entscheidende Frage, ob ein streitiges Recht einer derartigen Vereinigung zusteht.

Die Berechtigung des mit der Klage geltend gemachten Anspruchs war gegen beide Bekl. auf Grund Eigentums des Kl. zu bejahen (§ 985 BGB). Der Kl. war und ist Eigentümer des streitigen Fahrzeuges. Die Bekl. haben nicht geltend gemacht, daß sein Eigentum irgendwie — sei es durch Hoheitsakt, sei es durch Rechtsgeschäft — untergegangen sei, sondern berufen sich lediglich auf die Treuhandverwaltung und den zwischen dem Treuhänder und der Bekl. zu 1 abgeschlossenen, ein Recht zum Besitz gewährenden Mietvertrag, das nach ihrer Ansicht auch der Kl. gegen sich gelten lassen müsse. Die Bekl. zu 1 ist, nachdem ihr die Polizei den Wagen zur Sicherstellung weggenommen hat, nicht mehr unmittelbare, sondern nur mittelbare Besitzerin . . .

Ein Recht zum Besitz (§ 986 BGB) steht weder der Bekl. zu 1 noch dem Bekl. zu 2 zu. Beide berufen sich nicht darauf, daß der Kl. selbst ihnen ein Besitzrecht verschafft habe. Der Bekl. zu 2 leitet dieses vielmehr allein aus der Anordnung der Treuhandschaft her, wogegen die Bekl. zu 1 sich beruft auf den Mietvertrag, den der Treuhänder für den Betrieb des Kl. mit ihr abgeschlossen habe ... In jedem Falle setzt somit ein Recht zum Besitz die Rechtsgültigkeit der Treuhandschaft voraus ...

Die Anordnung der sog. treuhänderischen Verwaltung über den Betrieb des Kl. durch die Abteilung für Wirtschaft des ‚Magistrats' in Berlin-Ost vom 13. 2. 1951 kann von einem West-Berliner Gericht hinsichtlich eines Streitgegenstandes, der sich in West-Berlin befindet und von einem Bewohner West-Berlins in Anspruch genommen wird, nicht beachtet werden. Denn dies würde gegen den Zweck der in West-Berlin und der Bundesrepublik Deutschland geltenden Gesetze verstoßen.

Es ist in Rechtsprechung und Literatur anerkannt (s. u. a. *Marquordt* in MDR 1949, 125; OGH Köln, MDR 1949, 419[1]), daß der im IPR geltende Grundsatz des sogenannten ordre public (Art. 30 EGBGB) auch im Verhältnis zwischen den Zonen Deutschlands anzuwenden ist. Dies wird selbst dort nicht verneint, wo gegen die entsprechende Anwendung der Regeln des IPR schlechthin auf interzonale Verhältnisse Bedenken erhoben werden (*Beitzke*, JR 1952, 4). Das gleiche muß gelten im Verhältnis zwischen den Sektoren Berlins, denn tatsächlich und rechtlich unterscheiden sich die Verhältnisse hierbei seit der Spaltung Berlins nicht weniger als die zwischen der sowjet. Zone und der Bundesrepublik Deutschland.

Die erste Voraussetzung für die Anwendung der Vorbehaltsklausel (ordre public) ist es, daß ein Rechtssatz oder seine praktische Anwendung aus dem fremden Rechtsgebiet mit den fundamentalen Gesetzen und Rechtsanschauungen des Gebietes, dem das angerufene Gericht angehört, in Widerspruch steht. Dies ist hier der Fall, denn die Anordnung der treuhänderischen Verwaltung ist, wie noch dargelegt wird, einer entschädigungslosen Enteignung gleichzusetzen, widerspricht somit dem im deutschen Rechtsleben seit langem selbstverständlichen Grundsatz, daß eine Enteignung nur gegen angemessene Entschädigung erfolgen darf (Art. 14 GG, 153 WRV, 15 Berliner Verfassung). Hierüber kann eine andere Ansicht ernsthaft nicht vertreten werden, was auch, soweit bekannt ist, nicht geschieht. Es ist nur hinzuweisen auf die Ausführungen des KG (VersR 1951, 56[2]), wonach ‚eine derartige Enteignung mit den Grundsätzen des Rechtsstaats schlechterdings nicht in Einklang zu bringen ist', so daß z. B., wenn ein sowjetzonales Gericht gegen einen in West-Berlin ansässigen Schuldner ein Urteil erlassen würde, das auf entschädigungsloser Enteignung beruht, diesem Schuldner der Schutz des Gesetzes vom 31. 5. 1950 über die Vollstreckung von Entscheidungen auswärtiger Gerichte nicht versagt werden könnte.

Selbst wenn zugunsten der Bekl. davon ausgegangen wird, daß die ‚VO' vom 20. 9. 1949 des Ost-‚Magistrats' selbst, auf Grund derer die Treuhandverwaltung angeordnet worden ist, beachtliches Recht ist und die sie anwendenden Behörden des Ost-‚Magistrats' als existent gewertet

[1] Siehe unten Nr. 365. [2] Siehe unten Nr. 397b.

werden müssen, ist gleichwohl die Anordnung der Treuhandverwaltung im vorliegenden Fall unbeachtlich. Sie kann zwar auch im Gebiet der sowjet. Zone und des Sowjetsektors einmal eine Maßnahme sein, die die Rechte des Inhabers eines Betriebsvermögens nur vorübergehend beeinträchtigt, so daß im Endergebnis sein Eigentum nicht so berührt wird wie durch eine Enteignung. Die Bekl. wollen ersichtlich die gegen den Kl. ergriffenen Maßnahmen in diesem Sinne gewertet wissen, wenn sie betonen, daß sein Konto noch bestehe und Einnahmen aus Verkäufen, Verpachtungen und Vermietungen diesem Konto zugeführt würden. Selbst wenn aber, was füglich bezweifelt werden muß, seitens der ‚Behörden' des Sowjetsektors überhaupt daran gedacht werden würde, dem Kl. trotz seiner Flucht nach West-Berlin jemals seinen Betrieb oder einige der ihm entzogenen Werte zurückzugeben, so müßte es bei der Beurteilung als Enteignung bleiben. Denn richtig verstanden gehen auch die Ausführungen der Bekl. dahin, daß der Betrieb des Kl. praktisch aufgelöst worden ist und in seinem Zusammenhang nicht mehr besteht. Damit ist der Hauptwert, der einem Betriebe dieser Art innewohnt, bereits vernichtet. Ob es für den Treuhänder nicht möglich war, den Betrieb fortzusetzen, ist dabei ohne Belang. Die dafür gegebene Begründung, daß dies nur mit Hilfe von Überpreisen möglich gewesen wäre, kann im übrigen nicht ernsthaft gemeint sein, da der Betrieb Jahrzehnte bestanden hat und die Bekl. nicht werden behaupten wollen, daß der Kl. während dieser ganzen Zeit stets mit Überpreisen gearbeitet hat. Die Anordnung der Treuhandverwaltung ist nach Überzeugung des Gerichts somit auch im vorliegenden Falle eine der Maßnahmen im Zuge der Ausschaltung von Privatunternehmern mit größeren Betrieben aus der Wirtschaft der von den sowjet. Streitkräften besetzten mitteldeutschen Zone und Ost-Berlins. Es ist offenkundig, daß die ‚Behörden' des Sowjetsektors und der sowjet. Zone, um dieses Ziel zu erreichen und dabei den Anschein eines Rechts an Stelle Ausspruchs entschädigungsloser Enteignung zu setzen, unmäßig hohe Ordnungsstrafen aussprechen bei Verstößen insbesondere gegen die Preisstopvorschriften, deren Befolgung in erster Linie verlangt wird zum Nutzen der staatskapitalistischen Einrichtungen und von Reparationsleistungen, die jedoch vielfach zu so wirtschaftsfremden Ergebnissen führen, daß auch gewissenhafte und korrekte Geschäftsleute sich nicht an alle Preisvorschriften halten können, wenn sie nicht zugrunde gehen wollen.

Selbst wenn aber die Maßnahmen gegen den Kl. nicht in dieser Weise gewertet werden, so kann die Anordnung der Treuhandverwaltung nicht als rechtsgültig angesehen werden, weil sie nicht in Einklang steht mit den Vorschriften, auf welche sich die Abteilung für Wirtschaft berufen hat. Denn die Verfügung vom 13. 2. 1951, mit welcher dem Kl. die Gewerbegenehmigung entzogen und die Treuhandverwaltung für seinen Betrieb angeordnet wurde, stützt sich auf die ‚VO' über die Zulassung von Gewerbebetrieben des ‚Magistrats' von Berlin-Ost vom 20. 1. 1949 (VOBl I, 298). Danach (§ 4) kann einem Gewerbetreibenden die Gewerbegenehmigung entzogen werden, wenn sich herausstellt, daß er nicht die nötige fachliche oder persönliche Zuverlässigkeit besitzt. § 5 VO lautet:

'Liegen die Voraussetzungen für den Widerruf nach § 4 vor, so ist die Fortführung des Betriebes durch einen von der Wirtschaftsverwaltung einzusetzenden Treuhänder anzuordnen, wenn die Fortführung im öffentlichen Interesse erforderlich erscheint.'

Die Anordnung der Treuhandverwaltung ist also keine Strafmaßnahme. Dies gilt auch im vorliegenden Fall. Wenn der Kl. wirklich wegen mehrerer Wirtschaftsstraftaten verurteilt worden ist, kann dies nur die Entziehung der Gewerbeerlaubnis wegen persönlicher Unzuverlässigkeit als polizeiliche Maßnahme, nicht aber als Strafmaßnahme die Anordnung der Treuhandverwaltung rechtfertigen, da sonst gegen den Grundsatz, daß niemand wegen desselben Deliktes zweimal bestraft werden kann, verstoßen würde. Auch als polizeiliche Maßnahme zur Verhinderung weiterer Straftaten des Kl. ist die Intreuhandnahme nicht gerechtfertigt. Dazu war die Entziehung der Gewerbeerlaubnis ausreichend. Die Treuhandverwaltung hätte somit ein öffentliches Interesse an der Fortführung des Betriebes vorausgesetzt. Der Betrieb ist jedoch nicht fortgeführt, sondern aufgelöst worden. Es ist also der § 5 VO benutzt worden, um den Kl. daran zu hindern, nach Entziehung der Gewerbeerlaubnis den Betrieb oder seine einzelnen Werte zu veräußern. Im Zusammenhang mit der Unbeschränktheit der Treuhandverwaltung auch in zeitlicher Hinsicht kann sie somit auch hiernach nur als entschädigungslose Enteignung angesehen werden.

Weitere Voraussetzung für die Anwendung der Vorbehaltsklausel ist das Bestehen eines ausreichenden Interesses daran, im zu beurteilenden Falle aus Gründen der Erhaltung und Sicherung der eigenen Rechtsordnung den fremden Rechtssatz nicht zu beachten, sogenannte Inlandsbeziehung (*Beitzke*, JR 1952, 5 mit Nachweisen). Es ist bereits im IPR eines der umstrittenen Probleme, wann eine solche Beziehung vorliegt (*Beitzke* aaO.; *Raiser*, SJZ 1950, 277 mit Erwähnung des nach dem ersten Weltkrieg viel behandelten Problems, ob die Anerkennung des staatlichen Eigentums der Sowjets an den russischen Kronjuwelen gegen den ordre public verstößt, wenn sie im Ausland veräußert wurden — bejahend nur die französischen Gerichte. *Arndt*, SJZ 1948, 143 mit Hinweis auf die Anerkennung von Arisierungen, als Verstoß gegen ordre public angesehen von Frankreich und Schweden. KG in JW 1928, 1232 für die in Deutschland belegenen Forderungen früherer russischer Banken, die nach dem ersten Weltkrieg von den Sowjets geltend gemacht wurden). Der Streit über die Frage, wann eine Inlandsbeziehung gegeben ist, besteht in gleicher Weise im ILP [interlokalen Privatrecht], wo die Problematik wegen der engeren Verflechtung der zumeist deutsche Interessen betreffenden Verhältnisse mit Recht für weitaus schwieriger als im IPR gehalten wird (*Beitzke*, JR 1952, 5). Er wird besonders diskutiert für die frühere Volljährigkeit in der sowjet. Okkupationszone (KG, DRsp. I [181] 22 c; LG Hannover, aaO. 18 b). Er ist in Literatur und Rechtsprechung aber auch erörtert worden für das hier entscheidende Problem, ob eine ausreichende Inlandsbeziehung anzunehmen ist, wenn eine von entschädigungsloser Enteignung erfaßte Sache oder Forderung das Gebiet der Enteignung verlassen hat und Eigentum daran geltend gemacht wird.

Dabei ist zu erwähnen, daß die Lösung der hier streitigen Frage nicht, wie verschiedentlich erwogen worden ist (*Bieringer*, DRsp I [181] 21 a; *Würdinger*, aaO. 14a), von der allgemein anerkannten Lehre über die territoriale Begrenzung von Enteignungsmaßnahmen erreicht werden kann, indem das ‚Aufleben' des Eigentums des Enteigneten in dem Augenblick angenommen wird, in welchem die Sache das Territorium der Enteignung verläßt (*Bieringer*). Dadurch würden die Eigentumsverhältnisse unübersehbar werden. Diese Versuche haben auch, soweit ersichtlich, keinen Beifall gefunden.

Zu der vorliegenden Streitfrage liegen der Kammer die nachfolgenden Entscheidungen und Äußerungen der Literatur vor:

LG Hildesheim verneint Inlandsbeziehung für Sachen, die im Zuge der polnischen Ausnahmegesetzgebung gegen Deutsche ‚enteignet' worden sind. Schärfste Ablehnung dieses Urteils durch *Arndt* (beide SJZ 1948, 143[1]). AG Waiblingen bejaht Inlandsbeziehungen für den Fall der Enteignungsmaßnahmen der Tschechoslowakei gegen Deutsche. Zustimmende Besprechung durch *v. Laun* (beide MDR 1949, 163ff.[2]). LG Kassel vertritt dieselbe Ansicht für den gleichen Sachverhalt (NJW 1948, 628[3]). OLG Nürnberg bejaht Inlandsbeziehungen für den Fall, daß eine im sowjet-‚deutschen' Machtbereich enteignete Firma in der Bundesrepublik Deutschland Eigentum an ihrem Warenbestand geltend macht, der vom Nachfolgebetrieb in der von sowjet. Streitkräften besetzten Mittelzone Deutschlands nach Westdeutschland zum Verkauf gebracht wurde. Streng ablehnende Kritik durch *Raiser*, der befürchtet, die Unordnung würde nur größer werden, und meint, die Reichweite der Vorbehaltsklausel finde ihre Grenze an der normativen Kraft des Faktischen (beide SJZ 1950, 277[4]). OLG Hamburg verneint in einem Beschluß die Inlandsbeziehung für einen Fall mit ähnlicher Sachlage, wie ihn das OLG Nürnberg zu beurteilen hatte. Dieser Beschluß wiederum wird stark kritisiert von *Blomeyer* (beide MDR 1951, 560ff.[5]).

Die Kammer schließt sich der Ansicht über das Bestehen einer Inlandsbeziehung an aus den Gründen, die insbesondere *Blomeyer* in der Kritik zu dem Beschluß des OLG Hamburg in überzeugender Weise niedergelegt hat. Ihnen ist lediglich folgendes hinzuzufügen:

Auch das OLG Hamburg würde, wie nach seinen Ausführungen angenommen werden muß, die Inlandsbeziehung für den Fall bejahen, daß der durch die Enteignung in der sowjet. Zone Begünstigte an der im Westen befindlichen Sache als Kl. Eigentum geltend machen würde. Es würde sich dabei der wohl allgemein vertretenen Ansicht bei aktivem Vorgehen des neuen Rechtsinhabers hinsichtlich im Westen hinterlegter Gelder anschließen (KG, VersR 1951, 56[6]; OLG Köln, DRsp. I [181] 26f; AG Fürth, aaO. 26e[7]). Dabei drängt sich jedoch die Frage auf, wie eine unterschiedliche Beurteilung der Enteignung allein mit dem Umstand begründet werden soll, daß der betroffene Bewohner des Bundesgebiets oder West-Berlins auf sein wahres Recht einmal als Bekl., dann aber als Kl. hinweist.

[1] IPRspr. 1945—1949 Nr. 3.
[2] IPRspr. 1945—1949 Nr. 13.
[3] IPRspr. 1945—1949 Nr. 2.
[4] Siehe oben Nr. 5.
[5] Siehe unten Nr. 7a.
[6] Siehe unten Nr. 397b.
[7] Siehe unten Nr. 588.

Bei den nach dem Zusammenbruch erfolgten Enteignungsmaßnahmen der polnischen und tschechischen Behörden gegen Deutsche wird eine Inlandsbeziehung allgemein bejaht. Das LG Hildesheim ist zu einer anderslautenden Entscheidung, wie *v. Laun* dargelegt hat, offensichtlich nur infolge Verkennung der Regeln des ordre public gekommen. Auch das OLG Hamburg betont ausdrücklich, daß bei diesen Enteignungen es eine Inlandsbeziehung bejahen würde. Auch hierbei sieht die Kammer keinen Grund für eine unterschiedliche Beurteilung. Sowohl bei den Enteignungen in den von Polen besetzten Ostgebieten Deutschlands und in der Tschechei, wie auch bei denen in der Sowjetzone sind Deutsche betroffen. Das OLG Hamburg ist der Ansicht, im Falle der polnischen und tschechischen Enteignung müsse deswegen eine Inlandsbeziehung angenommen werden, weil die Maßnahmen sich nur gegen einen Teil der Bevölkerung gerichtet haben und eine Ausnahmegesetzgebung nicht anerkannt werden könne, wogegen im Falle der sowjetzonalen Enteignungen alle Bewohner gleichmäßig betroffen würden. Diese Ansicht ist unzutreffend. Denn die Enteignungsmaßnahmen richten sich keineswegs gegen die gesamte Bevölkerung, sondern allein gegen die Kreise, die nach dem Willen der sowjet. Besatzungsmacht und der als ihr Werkzeug dienenden, jedoch nicht vom Volke berufenen ‚Regierung' als Hindernis auf dem Wege zum Staatskapitalismus ausgeschaltet werden sollen. Diese stehen letztlich nicht weniger unter Ausnahmegesetzgebung als seinerzeit die Deutschen in den unter polnischer Verwaltung stehenden Gebieten Deutschlands und in der Tschechoslowakei. Es bliebe somit allein der Unterschied in der Methode der Enteignung. Diesem jedoch Beachtung zu schenken, hieße, sich der inzwischen Allgemeingut gewordenen Erkenntnis zu verschließen, daß die Aushöhlung und Beseitigung westlichen Rechtsdenkens seitens der ‚Regierungen' der sowjet. Zone und des Sowjetsektors mit den äußeren Mitteln früherer staatlicher Ordnung betrieben wird.

Es reichen auch die Befürchtungen von *Raiser*, der wegen der im sowjet-‚deutschen' Machtbereich vollzogenen Tatsachen eine heillose Verwirrung aus der Anwendung der Vorbehaltsklausel erwartet, nicht aus, um die Inlandsbeziehung zu verneinen. Auch die Kammer befürwortet mit der allgemeinen, übrigens auch von *Blomeyer* geäußerten Ansicht Zurückhaltung bei der Anwendung der Vorbehaltsklausel und Prüfung ihrer Voraussetzung je nach Lage des Einzelfalles. Wird dies beachtet, so kann es sich, wie auch die geringe Zahl der bisher bekannt gewordenen Entscheidungen beweist, immer nur um Ausnahmefälle handeln, so daß eine Verwirrung der Verhältnisse mindestens für die Dauer der strengen Trennung der Zonen, die sich sogar verschärft hat, und durch die ein Verbringen von Sachen, die von der Enteignung erfaßt worden sind, außerordentlich erschwert wird, wohl nur theoretische Bedeutung erlangen kann. Wenn aber der uneingeschränkte Austausch von Waren innerhalb Deutschlands wieder einmal möglich wird, und sich dann eine Verwirrung der Eigentumsverhältnisse ergibt, ist es Sache des Gesetzgebers, in dem von ihm für notwendig erachteten Rahmen Rechtsfrieden zu schaffen, wie es zum Beispiel geschehen ist aus Anlaß der zahlreichen Streitigkeiten über das Eigentum von Kraftfahrzeugen, über welche die Berliner Bergungsämter nach dem Zusammenbruch verfügt hatten (sog. Silvesteranordnung). Daß dem Gesetzgeber West-Berlins der Gedanke durchaus vertraut ist, daß die Unterwerfung der Einwohner seines Gebiets unter Hoheitsakte der sowjet. Zone und des Sowjetsektors im Einzelfall unerträglich sein kann, ergibt sich bereits aus der Schaffung des Gesetzes v. 31. 5. 1950 über die Vollstreckung von Entscheidungen auswärtiger Gerichte ...".

**7. Die Grundsätze des internat. Privatrechts sind auch auf das interzonale Recht anzuwenden. — Hoheitsakte eines Staates sind jedenfalls für sein Gebiet rechtswirksam. — Der Erwerb dinglicher Rechte richtet sich nach der lex rei sitae zur Zeit des Erwerbs. — Ein Eigentumserwerb an beweglichen Sachen, die sich zum maßgebenden Zeitpunkt im enteignenden Lande befanden, kraft entschädigungsloser Enteignung ist auch dann anzuerkennen, wenn diese Sachen später in enteignungsfreies Gebiet gelangen. — Eine Anwendung der Vorbehaltsklausel auf diesen Tatbestand ist abzulehnen, da Enteignungen auch in den Westzonen zulässig sind.**

LG Mannheim (amerik. Zone), Urt. v. 12. 10. 1950 - 1 O 125/50: *unveröff.

Der Kl., ein Einzelkaufmann, war vor Kriegsende Inhaber einer Firma in X. (heute: sowjet.), die auf Grund eines Auftrages der im Gebiet der heutigen Westzonen ansässigen Bekl. Bremstrommeln für diese herstellte und bei sich lagerte. Nach der entschädigungslosen Enteignung der Vermögenswerte der kl. Firma in der Ostzone verkaufte der landeseigene Nachfolgebetrieb die auf Bestellung der Bekl. angefertigten und eingelagerten Erzeugnisse an die Bekl. Die Produkte wurden in die Westzonen geliefert, während die Bekl. den Kaufpreis an den landeseigenen Nachfolgebetrieb entrichtete.

Der Kl. beantragt, die Bekl. zur Entrichtung des Kaufpreises an ihn zu verurteilen, da sein Eigentum an den enteigneten Sachen im Augenblick ihrer Verbringung in die Westzonen wieder aufgelebt sei. Das LG wies die Klage ab.

Aus den Gründen:

„Es ist nach internat. Recht anerkannt, daß Hoheitsakte eines Staates innerhalb des Machtbereiches dieses Staates ihre Rechtswirkung haben. Nach der herrschenden Meinung sind die Prinzipien des Internat. Privatrechts auch auf das Interzonale Privatrecht anzuwenden (OLG Braunschweig 3. 6. 1947[1]).

Nach der herrschenden Rechtsanschauung (RGZ 103, 31; 149, 93) gilt die lex rei sitae im internat. Privatrecht für alle dinglichen Rechte (*Palandt*, Vorbem. vor Art. 13 EGBGB, S. 1930). Danach wird von der Enteignung das gesamte Vermögen des Enteigneten erfaßt, soweit es sich im Zeitpunkt der Enteignung innerhalb des Machtbereichs des enteignenden Staates befindet. Dies bedeutet, daß auch die Bremstrommeln, die sich unbestritten zur Zeit der Enteignung in der Ostzone befanden, enteignet wurden. Nach dem in der Ostzone gültigen Recht ist somit der landeseigene Betrieb mit dem Augenblick der Enteignung Eigentümer der Bremstrommeln geworden.

Derartige ostzonale Enteignungen sind nach der herrschenden Meinung und den meisten Entscheidungen der Gerichte insofern anzuerkennen, als auch im Westen der enteignete Unternehmer nicht mehr als Eigentümer des ihm entzogenen Ostvermögens angesehen werden kann. Denn die Enteignungen von Sachen, die im Gebiet des enteignenden Staates liegen, hat

[1] Siehe unten Nr. 11.

jeder andere Staat als gültig anzuerkennen (*M. Wolff*, IPR Deutschlands 151). Der Kl. hat somit sein Eigentum an den Bremstrommeln im Sommer 1946 verloren.

Die Anwendung des Art. 30 EGBGB ist in diesem Falle abzulehnen. Der gegenteiligen Auffassung des OLG Nürnberg (SJZ 1950, 277ff.[1]) kann nicht zugestimmt werden. Enteignungen als Eingriff der Staatsgewalt in die Rechte bestimmter Personen sind den Rechtsordnungen aller Kulturstaaten bekannt. Wenn auch die Enteignungen in der Ostzone wegen der Entschädigungslosigkeit in diesem Punkt der in Art. 14 III GG niedergelegten Rechtsauffassung, daß Enteignungen nur gegen Entschädigungen zulässig seien, widersprechen, so bedeutet dies doch im Grund nur einen Gradunterschied. Für den Enteigneten ist die Entschädigungslosigkeit selbstverständlich ein erheblicher Verlust. Dies ändert jedoch nichts an der Rechtsnatur der Enteignung als Entziehung von Gegenständen, die zum öffentlichen Zweck gebraucht werden (*M. Wolff* aaO.). Nach der herrschenden Rechtsprechung (RGZ 60, 296) liegt ein Verstoß gegen den Zweck eines Gesetzes und damit die Voraussetzung zur Anwendung des Art. 30 EGBGB nur dann vor, ‚wenn der Unterschied zwischen den staatspolitischen und sozialen Anschauungen, auf welchen das fremde Recht und auf welchen das konkurrierende deutsche Recht beruht, so erheblich ist, daß die Anwendung des ausländischen Rechts direkt die Grundlagen des deutschen staatlichen und wirtschaftlichen Lebens angreifen würde‘. Da aber die Enteignung als oben dargelegter Rechtsbegriff auch den Grundlagen des staatlichen und wirtschaftlichen Lebens Westdeutschlands angehört, ist ein ‚Verstoß gegen den Zweck eines Gesetzes‘ — hier eines Enteignungsgesetzes — nicht ersichtlich. Das Merkmal der Entschädigungslosigkeit ist in diesem Zusammenhang von sekundärer Bedeutung, ausschlaggebend ist der Rechtsbegriff der Enteignung als solcher.

Dieses Ergebnis entspricht auch der herrschenden Lehre (*Beitzke*, Festschrift für Raape 95; *Lewald*, IPR [1931] 27 und 35; *Raape*, Dt. IPR² [1945] 64 und 390; *M. Wolff* aaO. 56 und 151; *Melchior*, Grundlagen des dt. IPR [1932] 333 und 340ff.; vgl. SJZ 1950, 277, 81; NJW 1950, 228)."

**7a. Ist infolge der Enteignung des Vermögens einer KG. in der Ostzone die Geschäftstätigkeit der Gesellschaft völlig beendet, so besteht die Gesellschaft hinsichtlich einzelner nichtenteigneter Vermögensstücke in den Westzonen nur als Liquidationsgesellschaft fort. — Das Eigentumsrecht an beweglichen Sachen beurteilt sich nach der lex rei sitae im jeweiligen Zeitpunkt. — Der in der Ostzone bestehende Rechtszustand ist jedenfalls für das Gebiet dieser Zone anzuerkennen. — Die Vorbehaltsklausel ist auch im interzonalen Recht anwendbar, wenn auch mit großer Zurückhaltung. — Die Anwendung eines auswärtigen Gesetzes verstößt nur dann gegen Art. 30 EGBGB, wenn der Tatbestand eine enge Inlandsbeziehung aufweist. — War eine enteignete Sache schon in dem enteignenden Land an Dritte veräußert worden, so schaffen die nachträgliche Verbringung der Sache in ein anderes Land und die Anrufung eines Gerichts in diesem Gebiet nicht die erforderliche Inlandsbeziehung. — Eine Inlandsbeziehung wäre erst da**

[1] Siehe oben Nr. 5.

**zu bejahen, wo ein westdeutsches Gericht zur Herstellung des mit der Enteignung beabsichtigten Rechtserfolges in Anspruch genommen würde. — Eine Inlandsbeziehung liegt auch dann vor, wenn deutsche Gerichte gezwungen werden sollten, einseitig gegen deutsche Staatsangehörige in einem ausländischen Staat ergriffene Enteignungen hinzunehmen.**

OLG Hamburg (brit. Zone), Beschl. v. 8. 5. 1951 — 1 W 50/51: JZ 1951, 444; MDR 1951, 560 (abl. *A. Blomeyer*); GmbH-Rdsch. 1951, 95; AZGB Nr. 149, No. 665; BB 1951, 853; Betrieb 1951, 484; Auszug in DRsp. I (181) 23a; Clunet 81 (1954) 972.

Eine KG. mit Sitz in Thüringen (Ostzone) hatte dort eine Druckerei betrieben. 1946 wurde das Vermögen der Gesellschaft in der Ostzone entschädigungslos enteignet. Während die Kommanditisten der Gesellschaft nach wie vor ihren Wohnsitz in der Ostzone haben, verzog der persönlich haftende Gesellschafter in die Westzonen. Mit der Klage beantragt er namens der Gesellschaft die Herausgabe einer Rotationsmaschine der Druckerei, die zunächst der volkseigene Nachfolgebetrieb in der Ostzone übernommen, aber später an Dritte in der Ostzone veräußert hatte. Schließlich gelangte die Maschine in die Westzonen. Das Armenrechtsgesuch für eine auf § 985 BGB gestützte Klage gegen den jetzigen Besitzer wurde abgewiesen.

Aus den Gründen:

„Nach Änderung des Aktivrubrums (zunächst hatte der Komplementär persönlich klagen wollen) ist zwar die Aktivlegitimation der ASt. für den beabsichtigten Herausgabeprozeß gegeben; der KG. fehlt jedoch die ordnungsmäßige Vertretung. Durch die im Jahre 1946 angeordnete Sequestrierung und die sich daran anschließende Enteignung aller Vermögensgegenstände ist ihr die wirtschaftliche Grundlage entzogen und ihre gesamte Organisation tatsächlich vernichtet worden, ohne daß es hierbei auf die rechtliche Wirksamkeit dieser Maßnahmen ankäme. Die Firma wird im Westen nicht fortgeführt. Die ASt. hat auch nicht behauptet, daß sie, abgesehen von der strittigen Rotationsmaschine, anderes Vermögen im Westen besitzt, mit dessen Hilfe eine Weiterführung oder ein Wiederaufbau stattfindet. Die Geschäftstätigkeit der ASt. ist vielmehr durch die Entziehungsmaßnahmen tatsächlich in vollem Umfang beendet worden. Dann kann aber nicht mehr von einer werbenden Gesellschaft gesprochen werden. Soweit noch einzelne Teile des früheren Gesellschaftsvermögens, das im gesamthänderischen Eigentum aller Gesellschafter steht, vorhanden sind, befindet sich die ASt. im Stadium der Liquidation (vgl. *Raiser*, SJZ 1950, 279). Dann genügt aber eine Vertretung durch den persönlich haftenden Gesellschafter nicht, vielmehr müßte der Anspruch auf die Rotationsmaschine von den Liquidatoren der Gesellschaft verfolgt werden. Hierzu sind mangels anderweitiger Vereinbarung gemäß §§ 146, 161 II HGB sämtliche Gesellschafter, also auch die Kommanditisten, nicht aber nur der persönlich haftende Gesellschafter berufen.

Abgesehen von der fehlenden Vertretung der ASt., bietet die Rechtsverfolgung auch aus sachlichen Gründen keine Aussicht auf Erfolg. Die ASt. ist nicht mehr Eigentümerin der Rotationsmaschine, deren rechtliches Schicksal sich auf Grund der auch im interzonalen Privatrecht anerkannten lex rei sitae nach thüringischem Recht beurteilt, da sich die Maschine im Zeitpunkt der Enteignung in G. (Thüringen) befunden hat.

Auf Grund des thür. Gesetzes v. 24. 7. 1946 (RegBl I 111) ist das Vermögen der ASt. und damit auch die Rotationsmaschine durch die thür. Landesregierung enteignet worden ... Es besteht auch kein Zweifel, daß sowohl die thür. Landesorgane als auch die dortigen Gerichte die in dieser Form vorgenommene Enteignung als rechtswirksam ansehen (vgl. OLG Gera DRZ 1948, 262). Dieser Umstand muß von dem westdeutschen Gericht als gegebene Tatsache hingenommen werden. Die Enteignungsmaßnahmen in den ostdeutschen Ländern haben so tief und nachhaltig in die Lebensverhältnisse eingegriffen, daß der dadurch geschaffene Zustand nicht als ungeschehen angesehen werden kann. Auch wird das interzonale Privatrecht ebenso wie das internat. Privatrecht von dem Prinzip beherrscht, daß fremde Rechtsordnungen und Staatshoheitsakte — allerdings beschränkt auf das jeweilige Staatsgebiet und das darin befindliche Vermögen — gegenseitig anerkannt werden (*Raape*, IPR³ 12).

Eine Ausnahme von diesem Grundsatz kann dann in Betracht kommen, wenn das fremde Recht gegen den eigenen ordre public verstößt. Dem thür. Enteignungsakt könnten demnach die Wirkungen in Westdeutschland im Hinblick auf Art. 30 EGBGB versagt werden. Die Vorbehaltsklausel findet auch im interlokalen bzw. interzonalen Privatrecht Anwendung, wenngleich ihr Ausnahmecharakter hier noch mehr als im internat. Privatrecht Beachtung verdient. Entscheidend für die Anwendung des Art. 30 EGBGB ist nicht allein der Umstand, daß das thür. Enteignungsgesetz mit Grundprinzipien der westdeutschen Rechtsordnung, die insbesondere in Art. 14 III GG ihren Ausdruck finden, unvereinbar ist, weil es eine entschädigungslose Enteignung vorsieht. Sondern es kommt vor allem darauf an, ob eine enge Inlandsbeziehung besteht und infolgedessen die Anwendung des anstößigen Rechtssatzes dem westdeutschen ordre public widerspricht (*Staudinger-Raape*⁹, Art. 30 D I und II; *Lewald*, IPR 27; *Raiser* aaO. 280). Diese Frage läßt sich nicht allgemein, sondern nur nach den Umständen des Einzelfalles beurteilen. Das OLG Nürnberg (SJZ 1950, 277[1]) hat in einem ähnlichen Fall Art. 30 EGBGB für anwendbar erklärt und einem sächsischen Enteignungsakt für Westdeutschland jegliche Wirkungen abgesprochen. Es hat sich damit in Widerspruch zu der bisher herrschenden Auffassung in Rechtsprechung und Lehre gesetzt, daß Enteignungsmaßnahmen, auch wenn sie entschädigungslos erfolgt sind, anzuerkennen sind, soweit sie sich auf das Inlandsvermögen erstrecken, und daß enteignete Vermögensstücke, die später ins Ausland verbracht werden, von dem früheren Eigentümer nicht zurückverlangt werden können (*Beitzke*, Festschrift für Raape, 95 mit weiteren Hinweisen; *Raape* aaO. 390; *Raiser* aaO. 280; AG Berlin-Schöneberg, IPRspr. 1928, Nr. 16; ebenso ein Londoner Gericht in RabelsZ 1930, 821; anders die französische Gerichtspraxis ebenda 144). In dem vorliegenden Fall besteht keine Veranlassung, von dieser Praxis abzuweichen. Denn es fehlt bereits die für die Anwendung des Art. 30 EGBGB erforderliche Inlandsbeziehung. Die Enteignung betrifft einen Gegenstand, der sich während des Entziehungsaktes und noch eine Zeit danach in Thüringen befunden hat. Die

[1] Siehe oben Nr. 5.

ASt. ist eine in Thüringen beheimatete Gesellschaft, deren Gesellschafter bis auf den Komplementär, der nach der Enteignung nach Westdeutschland verzogen ist, auch heute noch in Thüringen wohnen. Der Umstand, daß die Maschine inzwischen nach Westdeutschland verbracht worden ist und ein westdeutsches Gericht angerufen wird, reicht allein nicht aus, um eine enge Inlandsbeziehung zu begründen. Es handelt sich überhaupt bei der Beurteilung der Wirksamkeit der Enteignung nur um eine Vorfrage. Nach der Entziehung ist die Maschine in der Ostzone an Dritte weiterveräußert worden. Der Enteignungsakt selbst war völlig abgeschlossen. Die Nacherwerber hatten eine gefestigte Position auf Grund der Übereignungen, die entsprechend den Bestimmungen des BGB vorgenommen worden waren, erworben, bevor die Sache auf westdeutsches Gebiet gelangte. Durch die Aufrechterhaltung des bestehenden Zustandes werden unter diesen Umständen die Grundlagen der westdeutschen Rechtsordnung nicht in dem Maße erschüttert, daß Art. 30 EGBGB, der im interzonalen Privatrecht nur mit großer Zurückhaltung herangezogen werden kann, um ein Auseinanderentwickeln des ostdeutschen und westdeutschen Rechts möglichst hintanzuhalten, angewendet werden müßte.

Etwas anderes könnte vielleicht dann gelten, wenn ein westdeutsches Gericht zur Herstellung des mit der Enteignung beabsichtigten Erfolges in Anspruch genommen werden sollte, indem etwa der durch die thür. Enteignung Begünstigte vor einem westdeutschen Gericht eine enteignete Sache von dem bisherigen Eigentümer, der das entzogene Objekt vor dem Zugriff der thür. Behörden auf westdeutsches Gebiet verbracht hat, herausverlangt. Ein solcher Tatbestand steht hier aber nicht zur Entscheidung. Der zu beurteilende Sachverhalt ist auch nicht mit den Enteignungsmaßnahmen des polnischen und tschechischen Staates nach 1945 vergleichbar (vgl. LG Kassel, NJW 1948, 628; AG Waiblingen, MDR 1949, 163). Diese richteten sich ausschließlich oder doch vorwiegend gegen Deutsche, und es kann einem deutschen Gericht nicht zugemutet werden, einseitige Maßnahmen gegen eigene Staatsangehörige hinzunehmen, zumal die in derartigen Maßnahmen liegende Diskriminierung des Ausländers gegen das Völkerrecht verstößt (*Beitzke* aaO. 95). Die thür. Enteignungen richten sich aber nicht ausschließlich gegen in Westdeutschland wohnende, sondern lediglich gegen in Thüringen ansässige und damit der thür. Gesetzgebungskompetenz unterworfene natürliche und juristische Personen."

**8.** **a) Es widerspricht nicht dem westdeutschen ordre public, wenn die in der Ostzone belegene Sache eines Eigentümers mit Wohnsitz in Westdeutschland enteignet wird. — Bei einer späteren Verbringung der enteigneten Sache nach Westdeutschland ist die erfolgte Enteignung grundsätzlich auch in Westdeutschland anzuerkennen, es sei denn, daß besondere Umstände vorliegen. — Das Eingreifen der Vorbehaltsklausel würde insbesondere bei einer entschädigungslosen Enteignung gerechtfertigt sein. — In der Einsetzung eines Treuhänders für einen Betrieb liegt keine entschädigungslose Enteignung, und zwar selbst dann nicht, wenn im Einzelfall diese Einsetzung zum Zwecke einer entschädigungslosen Enteignung**

**mißbraucht würde. — Devisenrechtliche Verfügungsbeschränkungen widersprechen nicht dem westdeutschen ordre public. — Die Vorbehaltsklausel schützt nur vor der unmittelbaren Durchsetzung eines anstößigen Rechtssatzes mit Hilfe inländischer Gerichte. — Dagegen kann die Vorbehaltsklausel nicht mehr gegenüber den Rechtsnachfolgern geltend gemacht werden, die kraft Rechtsgeschäftes von der durch den anstößigen Rechtssatz berechtigten Person Sachen erworben haben. — Die Einsetzung eines Treuhänders bei „wirtschaftlicher Gefährdung" eines Betriebes durch seinen Inhaber verstößt nicht in einer nach Art. 30 EGBGB beachtlichen Weise gegen das Grundrecht der Berufsfreiheit.**

LG Oldenburg (brit. Zone), nicht rechtskr. Urt. v. 20. 11. 1951 — 8 O 5/51: NJ 1952, 139; z. T. in AZGB Nr. 163/164, No. 736.

Die Kl. betrieb ein Schmelzwerk in Ost-Berlin. Im Mai 1950 teilte sie dem Ministerium für innerdeutschen und Außenhandel mit, daß sie nicht in der Lage sei, die zur Erfüllung der ihr auferlegten Produktionsauflage notwendigen Mittel aufzubringen. Ende Mai 1950 setzte daraufhin der Magistrat von Ost-Berlin auf Grund des § 5 der Ost-Berliner VO über die Zulassung zum Gewerbebetrieb v. 20. 9. 1949 ein Organ der volkseigenen Wirtschaft als Treuhänder des Betriebes ein. Seit dieser Zeit führt die Kl. ihren Betrieb in West-Berlin fort.

Die aus dem Betrieb der Kl. abfallende und seit 1944 auf einem Lagerplatz in Ost-Berlin gesammelte Zinkasche hatte die Kl. noch vor der Treuhändereinsetzung im Dezember 1949 freiwillig dem Magistrat von Ost-Berlin gemeldet. Der Treuhänder verkaufte diese Zinkasche auf Grund einer Ost-Berliner VO vom Februar 1950 an eine volkseigene Aufkaufsstelle. Über diese Zinkasche schloß dann im August 1950 die volkseigene Außenhandelsorganisation „DANA" mit einer westdeutschen Firma einen vom ostdeutschen Ministerium und von einem westdeutschen Wirtschaftsministerium genehmigten Lohnveredelungsvertrag ab. 17 Waggons Zinkasche wurden an die westdeutsche Bekl. geliefert, die das gewonnene Rohmetall nach dem Vertrag an die DANA zurückliefern sollte. Die auf § 985 BGB gestützte Klage auf Herausgabe der Zinkasche bzw. des gewonnenen Zinks wies das LG ab.

Aus den Gründen:

„. . . Die Kl. trägt weiter vor, das erkennende Gericht müsse der Einsetzung des Treuhänders und der durch diesen vorgenommenen Veräußerung der Zinkasche gemäß Art. 30 EGBGB die rechtliche Anerkennung versagen, denn es liege eine entschädigungslose Enteignung vor . . . Das trifft nicht zu. Daß eine im Ostsektor belegene Sache eines in West-Berlin oder in der Bundesrepublik seßhaften Eigentümers enteignet wird, widerspricht an und für sich noch nicht dem ordre public der Bundesrepublik. Die Enteignung ist daher von dem westdeutschen Gericht anzuerkennen, auch wenn die enteignete Sache später in das Bundesgebiet gelangt. Die umstrittene Frage, ob das westzonale Gericht der erfolgten Enteignung gemäß Art. 30 EGBGB die Anerkennung zu versagen habe, wenn besondere Umstände vorliegen, insbesondere wenn die Enteignung ohne Entschädigung erfolgt ist, kann dahingestellt bleiben, denn solche besonderen Umstände sind nicht erwiesen.

1. Nicht erwiesen ist insbesondere, daß die Treuhändereinsetzung als Ganzes den Zweck gehabt und auch erfüllt habe, das Unternehmen samt dem Betriebsvermögen der Kl. in wirtschaftlichem Sinne entschädigungslos zu enteignen, wie schon vorher dargelegt ist. Aber auch wenn das der

Fall wäre, so würde Art. 30 gegen den Mißbrauch eines an sich nicht zu beanstandenden Gesetzes keinen Schutz gewähren.

2. Die Treuhändereinsetzung als solche stellt keine dem ordre public der Bundesrepublik widerstreitende entschädigungslose Enteignung insofern, als dem Betriebsinhaber die Betriebsleitung entzogen wird, dar. Die zwangsweise Einsetzung eines treuhänderischen Vermögensverwalters ist in unserer Rechtsordnung seit altersher und mehrfach verwandt zur Sicherung fremder Interessen an dem betreffenden Vermögen.

3. Da keine Umstände nachgewiesen sind, denen zufolge die Einsetzung der Treuhänderin nach ostzonalem Recht als unwirksam anzusehen wäre oder im Sinne des Art. 30 EGBGB gegen die guten Sitten oder gegen den Zweck eines Gesetzes der Bundesrepublik verstößt, so ist davon auszugehen, daß die Treuhänderin über das im Ostsektor vorhandene Betriebsvermögen der Kl. rechtswirksam verfügen konnte, insbesondere also auch über die dort lagernde Zinkasche. Die Kl. meint zu Unrecht, auch in diesem Falle habe die Veräußerung den wirtschaftlichen Charakter einer entschädigungslosen Enteignung, weil sie zu einem unangemessen niedrigen Kaufpreis erfolgt sei und die Kl. keinen Zugriff auf den Erlös habe. Abgesehen davon, daß die Angemessenheit des Entgelts durch den üblichen Inlandspreis bestimmt wird, im vorliegenden Falle also gegeben ist, und daß die Verfügungsbefugnis der Kl. nur während der Dauer der Treuhandverwaltung, demnach nur infolge der bestehenden devisenrechtlichen Schranken, in beiden Fällen also aus gesetzlichen Gründen, die dem ordre public nicht widerstreiten, ausgeschaltet war, bietet Art. 30 EGBGB auch nur Schutz gegenüber den unmittelbaren Auswirkungen von Gesetzen, nicht dagegen gegenüber den auf der freien Willensentschließung einer Person beruhenden Auswirkungen von Rechtsgeschäften, die auf Grund nicht zu beanstandender gesetzlicher Bestimmungen abgeschlossen werden.

Die Treuhändereinsetzung verstößt auch nicht in einer nach Art. 30 EGBGB beachtlichen Weise gegen den Grundsatz der Berufsfreiheit in Art. 12 GG. Zu prüfen sind insoweit nur die hier in Betracht kommenden §§ 5, 3 II VO v. 20. 9. 1949. Die in diesen Bestimmungen vorgesehene Einsetzung eines Treuhänders zu dem Zwecke, die Fortführung eines Gewerbebetriebes, der unter seinem Inhaber wirtschaftlich gefährdet ist, zu sichern, wenn diese Fortführung im öffentlichen Interesse liegt, findet ein Gegenstück in der Einsetzung eines Treuhänders zur Verwaltung eines landwirtschaftlichen Betriebes, wenn die ordnungsmäßige Bewirtschaftung dieses Betriebes durch den Inhaber gefährdet ist (Ges. Nr. 45 des Kontrollrates, Art. VII, und VO Nr. 84 der brit. MilReg.), steht also nicht im Gegensatz zu den sozialen und wirtschaftlichen Grundanschauungen der Bundesrepublik.

Die Entziehung der Verwaltung und Einsetzung eines Treuhänders bei einem Wirtschaftsbetriebe, dessen gedeihliche Fortführung im öffentlichen Interesse liegt, gründet sich auf den in Art. 153 III WRV und jetzt in Art. 14 II GG ausgesprochenen Grundsatz, daß das Eigentum des Einzelnen auch dem Wohl der Allgemeinheit dienen solle. Dieser Grundsatz bildet eine Schranke der in Art. 12 verbürgten Berufsfreiheit.“

Das Berufungsgericht bestätigte dieses Urteil:

**b) Die Vertretungsbefugnis der Liquidatoren einer Handelsgesellschaft kann nicht gegen ihren Willen durch die Einsetzung eines Treuhänders in der sowjetischen Zone beeinträchtigt werden. — Ein westdeutsches Gericht kann die Gültigkeit einer Ost-Berliner Verordnung nachprüfen. — Eine in Ost-Berlin bei dem Erlaß von Rechtsnormen geübte Verfassungspraxis, die durch die tatsächlichen Verhältnisse erzwungen und durch eine bestimmte Rechtsüberzeugung getragen wird, ist in Westdeutschland anzuerkennen. — Art. 30 EGBGB ist nicht nur auf fremde Normen des Privatrechts, sondern auch auf solche des öffentlichen Rechtes anwendbar. — Die Anwendung der Vorbehaltsklausel setzt eine Inlandsbeziehung derjenigen Vorgänge voraus, durch die in dem fremden Rechtsgebiet eine Rechtsänderung erfolgt ist. — Eine derartige Inlandsbeziehung liegt nicht vor, wenn eine enteignete Sache nach Abschluß des Eigentumswechsels in ein enteignungsfreies Gebiet verbracht wird oder wenn die Gesellschafter der ursprünglichen Eigentümerin ihren Wohnsitz in West-Berlin haben. — Ist infolge fremder preisrechtlicher Bestimmungen der Erlös für eine Ware aus einem in jenem Rechtsgebiet abgewickelten Geschäft geringer als ihr Marktwert im Gebiet der lex fori, so berechtigt dieser Unterschied nicht schon zur Anwendung der Vorbehaltsklausel. — Ergreift ein staatlich eingesetzter Treuhänder Besitz von einem Betriebe, so sind die Warenbestände dem ehemaligen Eigentümer nicht „abhanden gekommen" (im Sinne des § 935 BGB). — In der Einsetzung eines Treuhänders für einen Betrieb liegt keine entschädigungslose Enteignung, es sei denn, daß die Einsetzung für diesen Zweck mißbraucht würde.**

OLG Oldenburg (brit. Zone), nicht rechtskr. Urt. v. 30. 11. 1953 — 4 U 88/53: * unveröff.

Der Sachverhalt des Berufungsurteils enthält ergänzend noch folgende tatsächliche Feststellungen: Die Verfügung des Magistrats von Ost-Berlin über die Einsetzung des Treuhänders für den Betrieb der Kl. gab dieser die Möglichkeit, gegen den Bescheid ein Rechtsmittel einzulegen. Die Kl. hat kein Rechtsmittel eingelegt und hat die Übernahme des Geschäftsbetriebes durch den Treuhänder widerspruchslos hingenommen. Die Kl. hat ihre Firma nach Einsetzung des Treuhänders in das Handelsregister von West-Berlin eintragen lassen, ohne aber dort Handelsgeschäfte vorzunehmen. Die Kl. befindet sich nunmehr in Liquidation.

Aus den Gründen:

„. . . Die Befugnis der Kl., den Anspruch auf Herausgabe des Zinks durch ihre gesetzlich berufenen Liquidatoren geltend zu machen, wird auch nicht dadurch beeinträchtigt, daß in Ost-Berlin für den Betrieb der Kl. ein Treuhänder eingesetzt worden ist. Auch wenn man mit der Bekl. davon ausgeht, daß diese Treuhändereinsetzung wirksam ist, so beschränkt sich doch der Wirkungsbereich des Treuhänders auf das Gebiet der sowjet. Besatzungszone, da die Einsetzung auf Grund einer — wenn überhaupt — nur dort gültigen Bestimmung erfolgt ist und nach dem in der Bundesrepublik geltenden Recht die Befugnis der Liquidatoren zur Geltendmachung von Rechten der hier noch fortbestehenden Liquidationsgesellschaft nicht durch Bestellung eines Treuhänders gegen deren Willen ausgeschlossen oder beschränkt werden kann.

Dem LG ist darin beizutreten, daß die Kl. bei Klagerhebung nicht mehr Eigentümerin der Zinkasche war. Es kommt hierbei nicht auf die gesetzlichen Vermutungen des § 1006 BGB an, da zwischen allen Prozeßbeteiligten unstreitig ist, daß die Kl. bis zum Sommer 1950 Eigentümerin der Zinkasche war und daß die DAHA ihr Eigentumsrecht aus einer Verfügung des für den Betrieb der Kl. bestellten Treuhänders herleitet. Ob die Kl. durch diese Verfügung des Treuhänders das Eigentum verloren hat, hängt davon ab, ob der Treuhänder wirksam bestellt war und ob ihm seine Bestellung das Recht gab, über das Eigentum der Kl. zu verfügen. Wäre das zu verneinen, so könnte als Rechtsgrund für einen Eigentumsverlust der Kl. höchstens ein gutgläubiger Eigentumserwerb der DAHA von der Staatlichen Handelszentrale Schrott in Betracht kommen . . .

Daß der Treuhänder, wenn seine Bestellung wirksam war, kraft seines Amtes auch über das Eigentum der Kl. verfügen durfte, ist von der Kl. selbst nicht in Zweifel gezogen worden . . . [wird ausgeführt].

Die Wirksamkeit der Treuhänderbestellung wird von der Kl. zunächst deshalb bezweifelt, weil die VO v. 20. 9. 1949 nicht gültig sei. Diese Frage unterliegt der Nachprüfung durch das Gericht. Es ergibt sich aus der Natur der Sache, daß Rechtsnormen aller Art einer Entscheidung nur dann zugrunde gelegt werden dürfen, wenn sie zu der maßgebenden Zeit an dem entscheidenden Ort für das streitige Rechtsverhältnis anwendbar waren. Dazu gehört nicht nur die Prüfung, ob die Rechtsnorm inhaltlich für den gegebenen Fall paßt, sondern auch die Prüfung ihrer Gültigkeit. Diese Erkenntnis hat sich allgemein durchgesetzt. Von ihr geht auch Art. 100 GG aus. Hier ist nur für den Ausspruch der Ungültigkeit eines Gesetzes die ausschließliche Zuständigkeit der Verfassungsgerichte bestimmt, um einer solchen Entscheidung wegen ihrer Tragweite über die sonst auf die Prozeßparteien begrenzte Rechtskraftwirkung hinaus allgemein Gültigkeit zu verschaffen. Da das aber nur für formelle Gesetze der Bundesrepublik und ihrer Länder gilt, die nach dem Inkrafttreten des GG ergangen sind, bleibt es für alle übrigen Rechtsnormen dabei, daß jedes Gericht ihre Gültigkeit prüfen muß und gegebenenfalls auch verneinen darf. Nun könnte allerdings eine Rechtsordnung bestimmen, daß ordnungsgemäß verkündete Gesetze als gültig zu behandeln sind, und in diesem Falle wäre das Prüfungsrecht auf die Ordnungsmäßigkeit der Verkündung beschränkt. Eine solche Regelung besteht aber nicht im Bereich der Bundesrepublik und, soweit ersichtlich, auch nicht in Ost-Berlin. Die Frage, ob die VO des Ost-Berliner Magistrats vom 20. 9. 1949 gültig ist, unterliegt also hier der Prüfung durch das Prozeßgericht.

Die Gültigkeit der VO ist aber entgegen den Ausführungen der Kl. zu bejahen. Das ergibt sich allerdings nicht schon daraus, daß die Gültigkeit der VO bisher in Ost-Berlin anscheinend noch nicht bezweifelt worden ist. Es ist auch sonst schon vorgekommen, daß Rechtsnormen als gültig verkündet worden sind, die tatsächlich nicht gültig waren . . . Wenn aber die Nichtigkeit erkannt wurde, dann hat man daraus, daß die Norm in Unkenntnis des Mangels bisher angewandt worden war, nicht den Schluß gezogen, daß sie dadurch gültig geworden sei. Aber der von der Kl. gerügte Formmangel bei der Erlassung der VO v. 20. 9. 1949 liegt in Wahrheit nicht vor. Zwar gilt an sich auch in Ost-Berlin noch die im VOBl der Stadt Berlin v. 4. 9. 1946 (S. 295) verkündete vorläufige Verfassung von Groß-Berlin, die bisher nicht förmlich aufgehoben oder abgeändert worden ist und in der von ihr selbst vorgeschriebenen Form auch gar nicht mehr geändert werden könnte, seit infolge der Spaltung der Gebietskörperschaft Groß-Berlin im Jahre 1948 ein gemeinschaftlicher Magistrat und eine gemeinschaftliche Stadtverordneten-Versammlung, die nach der vorläufigen Verfassung an der Gesetzgebung mitwirken müßte, nicht mehr bestehen. Es ist aber nicht zu übersehen, daß durch die Spaltung zwei selbständig nebeneinander bestehende staatsrechtliche Gebilde entstanden sind, die ein staatliches Eigenleben führen, und daß dadurch die Vorschriften der vorläufigen Verfassung, die eine Mitwirkung von Organen der gesamten Stadt vorsehen, mindestens zeitweise tatsächlich unanwendbar geworden sind. So gut wie West-Berlin daraus die Folge gezogen hat, die in der vorläufigen Verfassung vorgesehenen Organe durch eigene zu ersetzen, muß auch dem Ostsektor dieses Recht zugebilligt werden. Hier aber ist durch die Spaltung die Stadtverordneten-Versammlung ersatzlos weggefallen, da die Groß-Berliner Stadtverordneten-Versammlung nicht mehr zur Mitwirkung berufen ist und die Bildung einer eigenen Stadtverordneten-Versammlung für den Ostsektor von der Besatzungsmacht nicht genehmigt wird. Daraus kann nur der Schluß gezogen werden, daß der Ost-Berliner Magistrat als das allein übriggebliebene Organ auch alle die Befugnisse hat, die bisher dem Magistrat und der Stadtverordneten-Versammlung gemeinschaftlich zustanden. Dieser Schluß ist auch in Ost-Berlin allgemein gezogen worden, und diese Rechtsüberzeugung hat sich tatsächlich durchgesetzt. Ihr kann deshalb die Anerkennung nicht versagt werden. Die VO ist also formrichtig zustande gekommen.

Die Nichtigkeit der VO ergibt sich, wie schon das LG zutreffend ausgeführt hat, auch nicht daraus, daß die VO, wie die Kl. meint, mit den Bestimmungen der Gewerbeordnung oder mit dem Grundrecht der freien Berufsausübung unvereinbar sei.

Im übrigen aber würde selbst eine Nichtigkeit der VO aus formellen oder inhaltlichen Gründen noch nicht dazu führen, daß auch der auf Grund dieser VO vorgenommene Verwaltungsakt der Treuhänderbestellung nichtig wäre. [Das Gericht begründet diesen Satz aus dem westdeutschen Recht.] Daß in Ost-Berlin in dieser Frage eine andere Auffassung gelten könnte, ist nicht anzunehmen.

... Das Ergebnis der Prüfung ist also, daß der Verwaltungsakt, durch den der Treuhänder bestellt wurde, auf jeden Fall wirksam war. Daraus ergibt sich dann aber auch folgerichtig, daß die Verfügung des Treuhänders über das Eigentum der Kl. wirksam war und daß die Kl. dadurch ihr Eigentum an der Zinkasche verloren hat.

Auch die von der Kl. begehrte Anwendung des Art. 30 EGBGB kann zu keinem anderen Ergebnis führen. Zwar ist nicht, wie mitunter angenommen wird, davon auszugehen, daß Art. 30 EGBGB, weil diese

Vorschrift dem internat. Privatrecht angehört, nur auf fremde Privatrechtsnormen angewandt werden könne. Diese Einschränkung ist im Gesetz selbst nicht enthalten. Die Grenzen zwischen öffentlichem und Privatrecht sind auch nicht überall klar erkennbar, und namentlich in totalitären Staaten und in Staaten mit staatlich gelenkter Planwirtschaft ist es die Regel, daß Normen des öffentlichen Rechts auch privatrechtliche Wirkungen haben. Art. 30 EGBGB würde an sich ermöglichen, diesen Wirkungen die Anerkennung zu versagen, wenn sie mit den guten Sitten oder dem Zweck eines Gesetzes der Bundesrepublik unvereinbar wären. Aber Voraussetzung für eine Anwendung des Art. 30 EGBGB auf Vorgänge, durch die sich in einem fremden Rechtsgebiet eine Rechtsänderung vollzogen hat, wäre immer eine inländische Beziehung dieser Vorgänge. So erstreckt sich eine im Auslande vorgenommene Enteignung nicht auf Sachen, die sich im Inlande befinden und dadurch einer Vollziehung der Enteignung entrückt sind, und so endet die Vertretungsmacht eines Vertreters, der in einem anderen Rechtsgebiet aus Gründen eingesetzt ist, die unserer Rechtsordnung nicht entsprechen, an den Grenzen des Rechtsgebiets, in dem die Einsetzung verfügt ist. Aber die für die Anwendung des Art. 30 EGBGB notwendige Inlandsbeziehung wird nicht schon dadurch hergestellt, daß eine Sache, die im Auslande einmal Gegenstand einer vollzogenen und schon völlig abgeschlossenen Rechtsänderung war, nachträglich ins Inland gelangt. Die Tatsache, daß die früher der Kl. gehörige Zinkasche nach West-Deutschland verbracht worden ist, ermöglicht es also nicht, einem in Ost-Berlin schon vorher abgeschlossenen und nach dortigem Recht wirksamen Eigentumswechsel nun auf Grund des Art. 30 EGBGB hier die Anerkennung zu versagen.

Die für die Anwendung des Art. 30 EGBGB notwendige Inlandsbeziehung wird auch nicht dadurch hergestellt, daß die Inhaber der Kl. schon zur Zeit der Treuhänderbestellung in West-Berlin wohnten. Die Kl. war eine OHG mit dem Sitz in Ost-Berlin und als solche Trägerin eigener Rechte und Inhaberin eines selbständigen Eigenvermögens. Sie war also in Ost-Berlin auf jeden Fall als inländische Gesellschaft anzusehen, und wenn in Ost-Berlin für eine OHG, die dort ihren Sitz hatte, ein Treuhänder nach dortigem Recht zulässigerweise und wirksam bestellt wurde, so verstieß das weder gegen die guten Sitten noch gegen den Zweck eines westdeutschen Gesetzes. Das gilt um so mehr, als die in § 5 der VO v. 20. 9. 1949 vorgesehene Einsetzung eines Treuhänders zur Sicherung einer im öffentlichen Interesse liegenden Fortführung des Betriebes an sich, wie schon das LG zutreffend ausgeführt hat, nicht gegen grundlegende Vorschriften des westdeutschen Rechts, insbesondere weder gegen das Grundrecht des Eigentums noch gegen das Grundrecht der freien Berufswahl verstieß.

Die Anwendung des Art. 30 EGBGB kann auch nicht, wie die Kl. will, damit begründet werden, daß der Höchstpreis, der ihr in ostdeutscher Währung für die Zinkasche gutgeschrieben werden soll, vor allem im Hinblick auf den Kursunterschied der beiden deutschen Währungen auch nicht annähernd dem Wert entspreche, den das Material in West-

Deutschland gehabt hätte. Die Zinkasche befand sich in Ost-Berlin, und die Kl. hätte keine Möglichkeit gehabt, sie auf erlaubte Weise in West-Deutschland zu verwerten. Sie hätte, da sie die Zinkasche selbst nicht verarbeiten konnte, auch nichts anderes tun können, als sie an die Staatliche Handelszentrale Schrott zu veräußern, und sie hätte dafür auch keinen höheren Preis erzielen können als der Treuhänder. Daß durch preisrechtliche Vorschriften der Preis für eine Leistung auf einen geringeren Betrag begrenzt wird, als er im freien Verkehr zu erzielen wäre, ist auch in unserer Rechtsordnung nicht ungewöhnlich. Die Berücksichtigung des Währungsunterschiedes bei einem in Ost-Berlin vollständig abgewickelten Geschäft ist schließlich auch nicht angängig. Wollte man der Kl. in der Anwendung dieser Methode folgen, so müßte man nahezu alle Verkäufe in den Ländern als nichtig ansehen, in denen, wie das oft der Fall ist, der innere Wert der Währung höher ist als ihr Auslandkurs.

[Das Gericht weist hilfsweise darauf hin, daß der Herausgabeanspruch der Kl., selbst wenn der Eigentumserwerb der DAHA gemäß Art. 30 EGBGB im Bundesgebiet nicht anzuerkennen wäre, an dem gutgläubig erworbenen Unternehmerpfandrecht der Bekl. (§§ 647, 1257 BGB) scheitern würde.] Die Möglichkeit des gutgläubigen Pfandrechtserwerbs könnte auch nicht mit der Begründung verneint werden, daß die Zinkasche der Kl. abhanden gekommen sei. Die Kl. hat den Besitz an der Zinkasche dadurch verloren, daß sie gegen die wirksam verfügte Bestellung des Treuhänders kein Rechtsmittel eingelegt und die Übernahme und Fortführung ihres Betriebes durch den Treuhänder geduldet hat. Damit aber ist es ausgeschlossen, in diesen Vorgängen ein Abhandenkommen der Zinkasche zu erblicken.

... Rechtlich erheblich ist von dem Vorbringen der Kl. hiernach nur noch ihre Behauptung, der Verwaltungsakt, durch den ein Treuhänder eingesetzt worden sei, sei deshalb nichtig, weil er sich nur zum Schein auf § 5 der VO vom 20. 9. 1949 gestützt, in Wahrheit aber bezweckt habe, auf dem Umwege über die Verfügungen des Treuhänders eine selbst nach dem Ost-Berliner Recht nicht zulässige entschädigungslose Enteignung durchzuführen. Der Kl. ist zuzugeben, daß manches für die Richtigkeit dieser ihrer Behauptung spricht. Es ist schon darauf hingewiesen worden, daß die Beweisaufnahme vor dem Berufungsgericht die Behauptungen der Kl. bestätigt hat, daß der Treuhänder, der nach der Verfügung vom 16. 5. 1950 zur Fortführung des Betriebes bestellt worden war, in Abweichung von diesem Auftrag den Betrieb stillgelegt und ausgeschlachtet hat. Auch der Umstand gibt zu Bedenken Anlaß, daß die Nebenintervenientin DAHA schon in ihrem ersten Schriftsatz ... die Behauptung aufgestellt hatte, die Firma ... existiere nicht mehr, sie sei liquidiert worden, was nach dem Sprachgebrauch der sowjet. Besatzungszone nur dahin verstanden werden konnte, daß die Firma ohne besonderes Verfahren tatsächlich vernichtet worden sei. Allerdings hat die Nebenintervenientin diese Behauptung später als einen bloßen Informationsirrtum bezeichnet; es fällt aber auf, daß der durch die Beweisaufnahme nunmehr festgestellte tatsächliche Sachausgang die

Behauptung nachträglich in ziemlichem Umfange gerechtfertigt hat. Es muß weiter auffallen, daß die von der Bekl. und den Nebenintervenienten benannten Zeugen D., L., R. u. M. den Versuch gemacht haben, die Bestellung des Treuhänders damit zu rechtfertigen, daß der Betrieb der Kl. ohne Leitung gewesen sei, obwohl nicht nur die Aussage des Zeugen Rü. glaubhaft ergibt, daß für eine Leitung des Betriebes Sorge getragen war, sondern vor allem der Wortlaut der Verfügung vom 16. 5. 1950 klar erkennen läßt, daß ein Treuhänder nur deshalb bestellt worden ist, weil die Inhaber der Kl. die ihrer Firma gemachte Produktionsauflage als unerfüllbar bezeichnet hatten . . . Andererseits ergibt aber auch die Aussage des von der Kl. benannten Zeugen Rü., der ein Angestellter der Kl. war und von dem nicht anzunehmen ist, daß er einen Grund haben könnte, zum Nachteile der Kl. von der Wahrheit abzuweichen, und des ebenfalls von der Kl. selbst benannten Zeugen T., der von Juni 1950 bis Ende 1950 als Beauftragter der Treuhänderin den Betrieb geleitet hat, in Übereinstimmung mit den Aussagen der übrigen Zeugen doch immerhin soviel, daß der Betrieb auch nach Bestellung des Treuhänders jedenfalls noch mindestens bis Ende 1950 weiter gearbeitet hat. Unter diesen Umständen ermöglicht das Beweisergebnis nicht die Feststellung, daß der Treuhänder nicht zum Zwecke der Weiterführung des Betriebes, sondern von vornherein nur zum Zwecke seiner Liquidierung bestellt worden sei. Hierfür fehlt es trotz gewisser Verdachtsgründe an einer ausreichenden tatsächlichen Grundlage.

Dabei kann auch nicht außer acht gelassen werden, daß der wertvollste Teil des Warenlagers der Kl. anscheinend der Bestand an Zinkasche war, der den Gegenstand des Rechtsstreits bildet, und daß die Bestellung eines Treuhänders nicht notwendig gewesen wäre, um der Kl. diesen Bestand an Zinkasche zu entziehen, weil diese Zinkasche bereits durch die VO des Oberbürgermeisters von Ost-Berlin über den Verkehr mit Abfallmetallen vom 22. 2. 1950 (VOBl f. Gr. Berlin 31) beschlagnahmt war und deshalb ohne weiteres ihre Ablieferung erzwungen werden konnte. Die Kl. hat gegen die Gültigkeit dieser VO dieselben Einwendungen erhoben wie gegen die Gültigkeit der VO vom 20. 9. 1949. Aus denselben Gründen aber, aus denen oben die Gültigkeit der VO vom 20. 9. 1949 festgestellt worden ist, muß auch die VO vom 22. 2. 1950 als gültig angesehen werden . . .

Unter diesen Umständen kann der Nachweis dafür, daß die Bestellung des Treuhänders nur unter mißbräuchlicher Anziehung der VO vom 20. 9. 1949 verfügt worden sei, um eine nicht zulässige verkappte Enteignung der Kl. durchzuführen, nicht als erbracht angesehen werden, so daß die Bestellung des Treuhänders auch nicht aus diesem Grunde als nichtig bezeichnet werden kann.

Auch die Behauptung der Kl., die Bestellung eines Treuhänders stelle hier, wie stets im Gebiet der sowjet. Besatzungszone, nur eine auch nach dortigem Recht nicht mehr zulässige entschädigungslose Enteignung dar (so auch *Seidl-Hohenveldern* BB 1953, 837ff.), hat durch die Auskünfte des Senators für Wirtschaft und Ernährung in West-Berlin (Bl. 283) und der dortigen Industrie- und Handelskammer (Bl. 284), auf die sich die Kl. zum Nachweis hierfür berufen hatte, keine ausreichende Bestätigung gefunden.

Die Klage ist hiernach mit Recht abgewiesen worden."

**9. Nach internationalem Privatrecht beziehen sich Enteignungsgesetze nur auf die im Gebiet des enteignenden Staates belegenen Gegenstände. — Dieser Grundsatz gilt auch im interzonalen Recht. — Fremdes Recht ist nicht anzuwenden, wenn seine Anwendung im Inland im gegebenen Falle gegen die guten Sitten oder gegen den Zweck eines deutschen Gesetzes verstoßen und dadurch das Rechtsgefühl grundlegend verletzen würde. — Dieser Grundsatz des internationalen Rechts gilt im interzonalen Recht entsprechend. — Jener Grundsatz bedeutet insbesondere, daß inländische Gerichte nicht an der Herstellung eines von einem anstößigen fremden Rechtssatz geforderten Rechtszustandes mitwirken dürfen, daß sie dagegen die bereits eingetretenen Rechtsfolgen zu beachten haben. — In der sowjetischen Zone vorgenommene Verwaltungsakte unterliegen nicht der Nachprüfung durch westdeutsche Gerichte, es sei denn, daß sie auf Grund eines Gesetzes erlassen sind, dessen Anwendung gegen den westdeutschen ordre public verstoßen würde. — Die Vorbehaltsklausel ist auch gegenüber den privatrechtlichen Wirkungen eines anstößigen Satzes des ausländischen öffentlichen Rechtes anwendbar. — Die Anwendung eines entschädigungslos enteignenden Gesetzes verstößt nicht gegen den westdeutschen ordre public, wenn in der enteignenden Zone befindliche und dort enteignete bewegliche Sachen nachträglich nach Westdeutschland verbracht werden und schon mehrere rechtsgeschäftliche Verfügungen über sie vorgenommen worden sind. — Die Enteignung einer in der Sowjetzone befindlichen beweglichen Sache ist einer „freiwilligen Besitzaufgabe" im Sinne des § 1007 III BGB gleichzuachten; daher kann der von der Enteignung Betroffene die Herausgabe der enteigneten Sache auch nicht von einem unredlichen Besitzer verlangen.**

OLG Nürnberg (amerik. Zone), Urt. v. 10. 7. 1953 — 4 U 218/51: *unveröff.

Der Kl., der jetzt in den Westzonen ansässig ist, verlangt die Herausgabe von Rundstrickmaschinen, die zu seiner früher von ihm in Ch. (sowjet.) betriebenen Wirkwarenfabrik gehörten und 1947 mit diesem Betrieb entschädigungslos enteignet wurden. Nach Abschluß der Enteignung veräußerte der staatliche Treuhänder des Betriebes die streitigen Maschinen an die Firma B. in A. (sowjet.); diese verkaufte sie an die Firma S. in O. (Bundesgebiet), worauf sie durch Vermittlung der Nebenintervenientin, der Firma H. in I. (Bundesgebiet) an die jetzige Besitzerin, die bekl. Firma J. in C. (Bundesgebiet), weiterveräußert wurden. Der Kl. stützt seinen Anspruch auf Herausgabe der Maschinen auf sein Eigentum (§ 985) und auf früheren Besitz (§ 1007 BGB). LG und OLG wiesen die Klage ab.

Aus den Gründen:

„I. . . . Das LG hat die Klage auf Herausgabe mit Recht abgewiesen.

1. Die Kl. kann die Herausgabe der Maschine auf Grund ihres angeblichen Eigentums schon nach ihrem eigenen Vorbringen nicht ver-

langen (BGB § 985). Denn sie ist nicht mehr Eigentümerin, ihr Eigentum ist durch die Enteignung in Sachsen untergegangen. Diese Enteignung ist auch in der Bundesrepublik zu beachten. Die Anwendung der sächsischen Enteignungsgesetze verstößt nicht gegen die guten Sitten oder den Zweck eines in der Bundesrepublik bestehenden Gesetzes (EGBGB Art. 30).

2. Die Kl. kann die Herausgabe auch nicht auf Grund ihres früheren Besitzes verlangen (BGB § 1007). Denn die Kl. hat den Besitz an den Maschinen aufgegeben, d. h. sie hat ihn durch die Enteignung in einer Weise verloren, welche dem freiwilligen Besitzverlust gleich steht (BGB § 1007 III)....

II. Die Wirkung der Enteignung. (Der Anspruch aus Eigentum: BGB § 985.)

1. Es ist davon auszugehen, daß die Kl. im Jahre 1947, vor der Veräußerung der Maschinen an die Firma B., in Sachsen durch Verwaltungsanordnung entschädigungslos enteignet worden ist.

2. Die von der Kl. behauptete Enteignung beruht nach ihrem Vortrag auf den sächsischen Enteignungsgesetzen. Als solche kommen in Betracht: Der SMA-Befehl v. 3. 5. 1945 und das weitere Gesetz der sächsischen Landesregierung betreffend die Überführung dieser Betriebe in Staatseigentum. Daß auf Grund dieser Gesetze in Sachsen zahlreiche industrielle Betriebe enteignet worden sind, ist nicht streitig und im übrigen allgemein bekannt. Es ist, wenn die Kl. von einer Enteignung im Verwaltungswege spricht, anzunehmen, daß auch ihr Unternehmen in dieser Weise auf Grund dieser Gesetze enteignet worden ist.

Es ist nun richtig, daß nach internat. Privatrecht solche Enteignungen sich nach feststehender Rechtsprechung nur auf diejenigen Vermögensgegenstände beziehen, welche innerhalb des Gebiets des Enteignungsstaates liegen. Auch das genannte sächsische Gesetz geht davon aus, daß nur die „in Sachsen gelegenen Werte“ von der Enteignung ergriffen werden. Auch wenn dies nicht der Fall wäre, gilt der gleiche Grundsatz des internat. Privatrechts auch im Verhältnis der verschiedenen Besatzungszonen. Schon von jeher war es anerkannt, daß Enteignungen innerhalb eines deutschen Bundesstaates auf Grund von Landesgesetzen das Vermögen des Enteigneten außerhalb des Bundesstaates unberührt ließen (RGZ 102, 251). Es kann dies aber im vorliegenden Fall dahingestellt bleiben; denn hier handelt es sich nicht um Vermögen der Kl., welches sich zur Zeit der Enteignung außerhalb des enteignenden Landes Sachsen befand. Die Maschinen lagen vielmehr im Zeitpunkt der Enteignung in Sachsen und wurden erst später aus diesem Gebiet entfernt und gelangten in die Bundesrepublik.

3. In diesem Fall erhebt sich die Frage, ob der sächsischen Enteignung ihre Wirkung für das Gebiet der Bundesrepublik deswegen zu versagen sei, weil sie entschädigungslos erfolgt ist, und ob eine entschädigungslos enteignete bewegliche Sache abhanden gekommen ist, so daß auch Gut-

gläubige in der Bundesrepublik nicht Eigentümer werden können (EGBGB Art. 30, BGB § 935). Diese Frage ist von den Gerichten bisher verschieden beantwortet worden.

Der BGH hat dazu noch nicht Stellung genommen. Er hat vielmehr in einem Fall, welcher die Enteignung von Sudetendeutschen in der Tschechoslowakei betraf, diese Frage nicht entschieden, weil die deutsche Gerichtsbarkeit durch das AHK-Ges. Nr. 63 für eine Eigentumsherausgabeklage ausgeschlossen ist (BGHZ 8, 378). Auch in anderen Fällen hat der BGH diese Frage nicht beantwortet, weil er über Vermögen zu entscheiden hätte, welches sich zur Zeit der Enteignung in der sowjetisch besetzten Zone befunden hat und sich zur Zeit der Entscheidung noch dort befand (NJW 1952, 420[1], 540[2], 384[3]).

Dagegen haben einige Oberlandesgerichte zu dieser Frage Stellung genommen. Das OLG Nürnberg (SJZ 1950, 277[4]) hat ausgeführt, daß Vermögensstücke, welche in der Ostzone enteignet sind und nach der Enteignung nach Westdeutschland gelangen, vom bisherigen Eigentümer herausverlangt werden könnten. Der Enteignete könne sich innerhalb der Westzone auf die Ungültigkeit der Enteignung seines im enteignenden Staat befindlichen Vermögens berufen. Diese Enteignungen verstießen, wenn sie entschädigungslos erfolgt seien, gegen den Zweck eines deutschen Gesetzes. (Ebenso KG[West] v. 20. 10. 1950[5]; KG[West] v. 15. 12. 1950[6].) Diese Auffassung wird im Schrifttum gebilligt von *Blomeyer* in der Anmerkung zu einer Entscheidung des OLG Hamburg (MDR 1951, 560). Auch das OLG München (MDR 1952, 425[7]) hat vor Erlaß des AHK-Ges. Nr. 63 unter Berufung auf den ordre public der Bundesrepublik die allgemeinen Enteignungen der Sudetendeutschen auf Grund der Dekrete des Präsidenten der CSR v. 19. 5. 1945 für unwirksam erklärt und der Klage auf Herausgabe eines nach diesem Dekret einem anderen zugewiesenen und von diesem in die Westzone verbrachten Gegenstandes stattgegeben. (Ebenso angeführte Entscheidungen JR 1952, 57 Note 4.) Diese Entscheidung des OLG München kann aber keinen Anhaltspunkt für die hier aufgetauchte Frage geben. Denn das OLG hält die Anwendung der tschechoslowakischen Enteignungsdekrete in der Bundesrepublik deswegen für sittenwidrig, weil sie sich ausschließlich mit dem Zweck der Diskriminierung gegen Deutsche richten. Dagegen hält es selbst die Auffassung für bedenklich, daß die Anwendung allgemeiner, jeden treffender Enteignungsmaßnahmen in der diesseitigen Besatzungszone gegen die guten Sitten oder den Zweck der hier geltenden Gesetze verstoßen sollte. Eine solche allgemeine, jedermann treffende Enteignungsmaßnahme enthalten aber die sächsischen Enteignungsgesetze. Gerade diesen Standpunkt vertritt das OLG Hamburg: Daß nämlich die Enteignungen in der sowjetisch besetzten Zone anzuerkennen seien, soweit sie Vermögensstücke betreffen, welche sich zur Zeit der Enteignung dort befanden und erst nachher in die Bundes-

[1] Siehe unten Nr. 384b. [2] Siehe unten Nr. 402b. [3] Siehe unten Nr. 499d.
[4] Siehe oben Nr. 5. [5] Siehe unten Nr. 507. [6] Siehe unten Nr. 397b.
[7] IPRspr. 1950–1951 Nr. 5.

republik gelangten, daß sie weder gegen die guten Sitten noch gegen den Zweck eines deutschen Gesetzes verstoßen (MDR 1951, 560[1]). Auch hierzu finden sich zustimmende Äußerungen im Schrifttum (*Raiser*, SJZ 1950, 280; *Würdinger*, SJZ 1950, 81).

Im internat. Rechtsverkehr wird fremdes Recht im Inland nicht schon dann unanwendbar, wenn das fremde Recht an sich gegen die guten Sitten oder gegen den Zweck eines deutschen Gesetzes verstößt. Es muß vielmehr die weitere Voraussetzung dazukommen, daß die Anwendung des fremden Rechts im einzelnen Fall einen solchen Verstoß begründen würde (*Staudinger*[9], EGBGB Art. 30, S. 806). Das bedeutet, daß die Anwendung im Inland Wirkungen auf den Einzelfall hervorrufen und zu Ergebnissen führen müßte, welche von uns als sittenwidrig empfunden werden oder gegen den Zweck eines deutschen Gesetzes verstoßen und dadurch unser Rechtsgefühl grundlegend verletzen würden (*Staudinger*[9], EGBGB Art. 30, S. 807). Dieser Grundsatz gilt aber nicht nur im internat. Rechtsverkehr. Er ist im interzonalen Rechtsverkehr im Verhältnis zwischen den derzeitigen deutschen Besatzungszonen untereinander entsprechend anzuwenden. Hiervon gehen auch die angeführten Entscheidungen und Stimmen des Schrifttums aus (*Staudinger*[9], EGBGB Art. 30, S. 823). Im allgemeinen wird man dabei von folgenden Grundsätzen ausgehen können (*Staudinger*[6/7], EGBGB Art. 30 Anm. I B 3):

a) Ein in der angegebenen Weise schriftlich nach Maßgabe fremden Rechts in Deutschland abgeschlossenes Geschäft darf nicht als gültig behandelt werden. Aus einem solchen Kaufvertrag kann in Deutschland nicht geklagt werden.

b) Ein Anspruch auf Grund eines unsittlichen oder gegen den Zweck eines deutschen Gesetzes verstoßenden ausländischen Gesetzes darf in Deutschland nicht verwirklicht werden.

c) Ein auf Grund eines solchen ausländischen Gesetzes beruhendes Rechtsverhältnis äußert fortdauernde Wirkungen, welche sich ständig erneuern. Derartige Wirkungen dürfen in Deutschland nicht anerkannt werden.

d) Andererseits können im Ausland endgültig abgeschlossene Rechtsverhältnisse in Deutschland nicht ohne jede Beachtung bleiben. Sie erhalten ihre Kraft des Bestehens aus der reinen Tatsache, daß sie eingetreten sind, und können nicht ohne weiteres rückgängig gemacht werden. Man muß sich mit den einmal eingetretenen Rechtswirkungen abfinden, wenn der ihnen entsprechende Zustand hergestellt ist. Das ist durchaus verschieden von der etwaigen Mitwirkung zu ihrer Durchsetzung, wenn der ihnen entsprechende Zustand noch nicht hergestellt ist. Wenn auch die inländischen Gerichte ihre Hand nicht dazu bieten sollen, um die Wirkung solcher Rechtsfolgen sicherzustellen, so folgt daraus noch nicht, daß sie bereits eingetretene Rechtsfolgen unbeachtet lassen oder gar wieder aufheben könnten.

---

[1] Siehe oben Nr. 7a.

Für die Frage, wie entschädigungslose Enteignungen in Sachsen — sowjet. Besatzungszone — innerhalb der übrigen Besatzungszonen zu behandeln seien, ergibt sich hieraus folgendes:

1. Die Enteignungen sind Verwaltungsakte. Sie sind, soweit sie nicht absolut nichtig sind, der Nachprüfung durch die Gerichte entzogen (*Fleiner*, Grundzüge des deutschen Verwaltungsrechts[4] 194). Das gilt auch für ausländische Verwaltungsakte, insbesondere Verwaltungsakte in der sowjetisch besetzten Zone. Diese sind aber dann nichtig, wenn sie auf Grund eines Gesetzes erlassen sind, welches in den anderen Besatzungszonen nicht angewendet werden darf, weil seine Anwendung gegen die guten Sitten oder gegen den Zweck eines in diesen Zonen geltenden deutschen Gesetzes verstößt (EGBGB Art. 30). Zwar soll durch diese Vorbehaltsklausel in erster Linie sittenwidriges und dem deutschen ordre public widerstrebendes Privatrecht abgewehrt werden. Sie ist aber auch dazu berufen, solche schädlichen privatrechtlichen Wirkungen abzuwehren, welche unmittelbar auf der Anwendung ausländischen öffentlichen Rechts beruhen und sich als dessen weitere Rechtsfolgen darstellen würden (*Staudinger*[9] EGBGB Art. 30, S. 805), die sich in der Bundesrepublik schädlich auswirken.

2. Die entschädigungslose Enteignung verstößt gegen den Zweck eines deutschen Gesetzes. Das Bonner Grundgesetz schützt das Privateigentum (GG Art. 14). Es erklärt Enteignungen nur auf Grund von Gesetzen und gegen angemessene Entschädigungen für zulässig. Der Grund dieser Regelung ist die Absicht, in der westdeutschen Bundesrepublik das Privateigentum aufrecht zu erhalten und die Wirtschaftsordnung der Bundesrepublik auf dem Privateigentum aufzubauen. Dem steht nicht entgegen, daß auch hier unter dem Einfluß sozialistischer Gedankengänge und Zielsetzungen das Bestreben besteht, das Privateigentum an den Produktionsmitteln wenigstens im Bereich der wichtigsten Grundstoffindustrien durch Sozialisierung zu beseitigen. Allein auch die damit verbundenen Enteignungen werden nicht entschädigungslos erstrebt. Die darüber gemachten Vorschläge sehen einerseits eine angemessene Entschädigung vor, andererseits aber Mittel und Wege, welche den Rückerwerb derartiger Produktionsmittel durch den Enteigneten verhindern sollen. Abgesehen von dem Ziele der Sozialisierung einiger Grundstoffindustrien soll aber die Wirtschaftsordnung der westdeutschen Bundesrepublik auf dem Privateigentum aufgebaut werden. Diesem Zweck würde jede entschädigungslose Enteignung widersprechen. Sie steht in einem so scharfen Gegensatz zu der hier herrschenden Rechtsauffassung, daß sie von jedermann als Unrecht empfunden würde.

Dagegen kann nicht allgemein gesagt werden, daß entschädigungslose Enteignungen, wenn sie allgemeiner Natur sind und nicht bloß einzelne Personenklassen, Angehörige bestimmter Rassen, Berufe oder Volkstumseinheiten betreffen, gegen die guten Sitten verstoßen. Was unsittlich ist, wird zu verschiedenen Zeiten und an verschiedenen Orten jeweils anders beurteilt. Das GG verbietet entschädigungslose Enteignungen auch nicht deswegen, weil sie für unsittlich gehalten werden, sondern weil sie der hier herrschenden Wirtschafts- und Sozialordnung widersprechen.

3. Wenn nun allerdings das sächsische Enteignungsgesetz gegen den Zweck westdeutscher Gesetze verstößt, so fragt es sich weiter, ob im hier vorliegenden Fall seine Anwendung ebenfalls gegen diesen Zweck verstoßen würde. Das setzt die Prüfung der Frage voraus, ob und wann von einer Anwendung eines solchen Gesetzes gesprochen werden kann.

a) Ein Rechtssatz wird nicht nur dann angewendet, wenn aus ihm unmittelbare Folgerungen abgeleitet werden, sondern auch dann, wenn daraus anderweitig und anderwärts entstandene Folgerungen anerkannt werden (*Staudinger*[9] EGBGB Art. 30, S. 810). Danach wird allerdings ein der westdeutschen Rechtsordnung widersprechender Satz angewendet, wenn der Verlust des Eigentums der Kl. an den Maschinen als Folge ihrer Enteignung in Sachsen anerkannt wird.

b) Es fragt sich jedoch weiter, ob auch diese Anwendung auf den hier vorliegenden Fall in Westdeutschland gegen den Zweck der hier bestehenden Gesetze verstößt, welche die Aufrechterhaltung des Privateigentums als Grundlage der Wirtschafts- und Sozialstruktur zum Ziele haben. Gerade das aber ist nicht der Fall. Der dem Einzelnen als Eigentümer gewährte Schutz und das Verbot entschädigungsloser Enteignung (GG Art. 14) ist nicht Selbstzweck. Der Zweck dieses Gesetzes ist vielmehr erst das gerade durch diesen Schutz und durch dieses Verbot verfolgte Ziel. Dieses Ziel aber ist die Sicherung und Aufrechterhaltung der auf dem Privateigentum beruhenden Wirtschafts- und Sozialordnung. Nicht um seiner selbst willen, sondern um dieses Zieles willen wird das Privateigentum des einzelnen in dieser Weise geschützt, weil in der Bundesrepublik die Auffassung vorherrscht, daß nur durch eine solche Wirtschafts- und Sozialordnung die Befriedigung der allgemeinen Bedürfnisse am besten gewährleistet ist. Der Schutz des Privateigentums ist nicht der Zweck des Gesetzes, sondern das Mittel zu dem vom Gesetz verfolgten Zweck. Wenn der sächsische Staat die Maschinen als durch die Enteignung Begünstigter und nunmehriger Eigentümer veräußerte und sie in die Westzone an dort ansässige Personen weiter veräußerte, so stört das die hier geltende, auf dem Privatrecht beruhende Wirtschafts- und Sozialordnung in keiner Weise. Diese Veräußerungen setzen gerade eine auf dem Privateigentum beruhende Wirtschaftsordnung voraus. Dafür aber ist es gleichgültig, ob die Kl. Eigentümerin war oder das Land Sachsen. Die Maschinen sind hier nicht allgemein dem Privateigentum entzogen worden, sondern waren vorher lediglich der Kl. entzogen worden. Die Maschinen gelangten in den privaten Wirtschaftsverkehr, wurden hier Privateigentum und dienen in gleicher Weise der bestehenden, auf dem Privateigentum beruhenden Wirtschaftsordnung. Es ist ohne Bedeutung, in wessen Hand sie diese Aufgabe erfüllen. Selbst wenn aber der Schutz des Einzelnen und damit der Kl. als näheres Ziel der Zweck des westdeutschen Gesetzes wäre, so wäre dieser Zweck wiederum begrenzt auf ihr in Westdeutschland befindliches Vermögen oder auf den Schutz ihres auswärtigen Vermögens gegenüber der westdeutschen Regierung. Dagegen kann sich die Garantie des Eigentums nicht erstrecken auf das im Ausland befindliche Vermögen gegenüber dem ausländischen Staat. Das gilt aber auch im internat. Verhältnis zwischen den verschiedenen Besatzungszonen Deutschlands. Es würde vor allem umgekehrt die in den Westzonen herrschende, auf dem Privateigentum beruhende Wirtschafts- und Sozialordnung gerade im vorliegenden Fall empfindlich stören, wollte man die Enteignung der Maschinen in Sachsen nicht anerkennen. Denn inzwischen waren die Maschinen im privaten Rechtsverkehr durch mehrere Hände gegangen, über die Firmen B., S. und die Nebenkl. [gemeint wohl: Nebenintervenientin] Firma H. Es spielt keine Rolle, in welcher Eigenschaft jede dieser Firmen über die Maschinen verfügte, ob sie von ihr im eigenen Namen oder im fremden Namen, mittels Eigengeschäfts oder auf fremde Rechnung weitergegeben wurden. Denn auf jeden Fall würde eine oder die andere Firma irgendwelche Ansprüche gegenüber ihrem Rechtsvorgänger auf Grund einer Haftung für Mängel im Recht erheben können (BGB §§ 439, 440). Wenn man die Enteignung nicht anerkennen und die Maschinen als durch die Enteignung abhanden gekommen ansehen wollte (BGB § 935), dann würde das dazu führen, daß der bereits abgelaufene, auf dem privaten Güterumlauf beruhende Vorgang nach rückwärts wieder aufgerollt werden müßte. Ob das Ergebnis nicht dann anders [wäre] und die Kl. die Herausgabe verlangen könnte, wenn das Land Sachsen die Maschinen nicht veräußert und der Erwerber sie nach dem Westen weiter veräußert hätte, sondern wenn ein in den Westzonen befindlicher Bevollmächtigter des sächsischen Staates im Besitz der Maschinen wäre, kann dahingestellt bleiben.

Im Ergebnis die gleiche Auffassung ist auch im Anschluß an den ersten Weltkrieg von den Gerichten verschiedener Nationen in bezug auf die damals in Rußland durchgeführten Enteignungen vertreten worden. Die meisten Gerichte — mit Ausnahme von Frankreich — haben sowohl den ausgewanderten Russen als auch den Angehörigen anderer Staaten den Anspruch auf Herausgabe der in Rußland enteigneten, inzwischen in ihr Gebiet gelangten Gegenstände versagt. Auch in Deutschland wurden solche Klagen abgewiesen. Allerdings können gerade die deutschen Urteile keinen Anhaltspunkt für die Lösung der Frage bieten, weil sich Deutschland im Vertrag von Rapallo verpflichtet hatte, die russischen Enteignungen anzuerkennen (*Staudinger*$^{9}$, EGBGB Art. 30, S. 827; *Wolff*, IPR$^{2}$ 100, 151). Ebenso haben in letzter Zeit nach Berichten der Tagespresse mehrere europäische Gerichte es abgelehnt, die Enteignungen der englischen Ölgesellschaften in Persien als unwirksam zu betrachten.

III. Der Anspruch aus früherem Besitz (BGB § 1007). Die Kl. war früher Besitzerin der Maschinen. Sie hat aber keinen Anspruch auf Herausgabe, weil sie den Besitz aufgegeben hat (BGB § 1007 III). Das geschah, als ihr die Maschinen enteignet wurden. ...

2. Diesen ... Besitz hat die Kl. mit der Enteignung aufgegeben. Unter Aufgabe des Besitzes ist jede freiwillige Entäußerung zu verstehen und jeder sonstige Vorgang, welcher dem freiwilligen Besitzverlust gleichsteht. Ein solcher Vorgang ist die Enteignung. Durch sie sind die Maschinen der Kl. nicht etwa abhanden gekommen. Der dadurch einge-

tretene Besitzverlust entsprach zwar nicht dem Willen der Kl. Trotzdem aber ist dieser Verlust einem freiwilligen Verlust gleichzusetzen. Denn die Enteignung war ein Verwaltungsakt, welchem die Kl. sich fügen mußte (BGHZ 4, 10ff., 33, 34). Unfreiwillig verloren und daher nicht aufgegeben hätte die Kl. den Besitz an den Maschinen nur dann, wenn die Enteignung als absolut nichtig anzusehen wäre. Denn dann hätte sich ihr die Kl. nicht zu fügen brauchen. Daß die Enteignung vom Standpunkt der sächsischen Gesetze aus nicht nichtig war, darüber herrscht zwischen den Parteien kein Streit. Allerdings könnte sie nichtig sein, wenn sie in den Westzonen in gleicher Weise unter Verstoß gegen die Garantie des Eigentums (GG Art. 14) durchgeführt worden wäre. Allein das führt nicht dazu, die in Sachsen nach dortigem Gesetz wirksam ausgesprochene Enteignung hier als nichtig zu behandeln (EGBGB Art. 30).

3. Es kommt daher nicht darauf an, ob die Bekl. beim Besitzerwerb im schlechten Glauben war; denn die Kl., welche überhaupt in keinem Verhältnis zu den Maschinen mehr steht, welche den Besitz daran in einer dem freiwilligen Verlust gleichstehenden Weise verloren hat, kann die Herausgabe auch von einem unredlichen Besitzer nicht verlangen (*Staudinger*$^{6/7}$ BGB § 1007 Anm. IV A 3)."

**10.** **Die Erteilung eines Erbscheins an einen westdeutschen Erben zum Zwecke des Lastenausgleichs ist unzulässig.**

Justizverwaltungsstelle des Bezirks Leipzig (sowjet. Zone), Beschl. v. 11. 11. 1953 — TN 26/53: NJ 1954, 184.

Der Beschwerdeführer, dessen Wohnsitz sich in W. (Bundesgebiet) befindet, hat die Erteilung eines Erbscheins nach seiner in L. (sowjet.) verstorbenen Mutter beantragt mit der Begründung, daß er Ansprüche nach dem Lastenausgleichsgesetz wegen einer in Ostpreußen gelegenen Apotheke geltend machen wolle. Das Staatliche Notariat in L. lehnte die Ausstellung eines Erbscheins ab. Die Beschwerde des ASt. blieb erfolglos.

Aus den Gründen:

„. . . Dieses LAGes. soll in erster Linie dazu dienen, die Machtposition des wiedererstandenen westdeutschen Imperialismus und Großgrundbesitzes zu stärken und ihnen Entschädigungen für Vermögenswerte zu verschaffen, die auf Grund des Potsdamer Abkommens gerade zum Zwecke der Entmachtung des Imperialismus unter die Enteignung gefallen sind. Das LAGes. ist nicht dazu geeignet, der westdeutschen Bevölkerung, insbesondere den umgesiedelten Bürgern, eine wirkliche Hilfe zu bringen. Dazu sind andere Maßnahmen erforderlich, die die Regierung der westdeutschen Bundesrepublik bewußt nicht herbeiführt. Um die westdeutschen Bürger ihren aggressiven Zielen gefügig zu machen und den Revanchegeist zu schüren, verspricht sie ihnen Schadensersatzleistungen für verlorengegangene ehemalige Vermögenswerte, die nach dem Potsdamer Abkommen zugunsten der Staaten, zu denen die früheren deutschen Gebiete jetzt gehören, eingezogen worden sind . . .

Weiterhin sind die zurückgelassenen ehemaligen Vermögenswerte durch Verordnungen und Gesetze der betreffenden Staaten in deren Eigentum übergegangen. Das nunmehrige Eigentum dieser Staaten ist unantastbar, so daß die Geltendmachung irgendwelcher Ansprüche aus diesem Grunde und nach den Bestimmungen des Potsdamer Abkommens unmöglich ist ...

Die Erblasserin hat mit Inkrafttreten des Potsdamer Abkommens kein Eigentum mehr im früheren deutschen Gebiete Ostpreußen besessen, und die Erben können auf derartige frühere Vermögenswerte weder zurückgreifen noch einen Schadensersatzanspruch daraus herleiten.

Die Einwendungen des Beschwerdeführers hinsichtlich seiner Erbscheinssache können nicht losgelöst vom LAGes. betrachtet werden. Die Verwirklichung einzelner Ansprüche würde die Anerkennung des LAGes. im vollen Umfange zur Folge haben. Dazu besteht, wie sich aus den vorstehenden Ausführungen ergibt, keine Veranlassung."

## 4. Beschränkte Wirkung von Hoheitsakten

*Vorbemerkung: Über das Verhältnis des Grundsatzes der territorial beschränkten Wirkung von Hoheitsmaßnahmen zum ordre public siehe Vorbemerkung vor Nr. 3.*

**11. Die rechtliche Zulässigkeit einer in der sowjet. Zone angeordneten Enteignung ist von einem Gericht in der brit. Zone nicht nachzuprüfen. — Die Enteignung ist eine Verwaltungsmaßnahme, deren Auswirkungen nach lokalem Verwaltungsrecht, nicht nach interlokalem (Privat-)Recht zu beurteilen sind. — Eine Enteignung vermag über die Grenzen des enteignenden Landes nicht hinauszuwirken; sie ist außerhalb des enteignenden Landes nur als Rechtstatsache zu beachten, soweit sie innerhalb dieses Landes Rechtswirkungen gehabt hat. — Die Enteignung eines landwirtschaftlichen Betriebes ergreift daher nicht solches Betriebsvermögen, das auf einem Bankkonto außerhalb des enteignenden Landes geführt wird. Insbesondere geht durch die Enteignung des Betriebes die Verfügungsbefugnis über dieses Betriebskonto nicht auf den eingesetzten Treuhänder über.**

OLG Braunschweig (brit. Zone), Urt. v. 3. 6. 1947 — 1 U 44/47: BB 1947, 227; NiedersRpfl. 1947, 56; MDR 1948, 55; AZGB Nr. 60, No. 213.

Der Kl. war Eigentümer des Gutes S. in der Prov. Sachsen (jetzt: sowjet.). Bei einer Zweigkasse der bekl. Bank im Gebiet der heutigen brit. Zone unterhielt er ein Privatkonto sowie ein Konto mit der Bezeichnung „Rentamt S., Wirtschaftskonto"; über letzteres sind Zahlungen und Empfänge aller Art gelaufen, auch solche, die das Gut S. nicht unmittelbar betrafen. Im September 1945 wurde das Gut S. im Zuge der von der sowjet. Besatzungsmacht angeordneten Bodenreform durch die Prov. Sachsen enteignet und unter Treuhandverwaltung gestellt. Der Treuhänder teilte der Zweigkasse der Bekl. im September 1945 mit, daß er als amtlich eingesetzter Treuhänder über das fragliche Wirtschaftskonto allein verfüge. Der Kl. zog die Berechtigung dieser „Sperre" des Kontos in einem Schreiben v. 28. 10. 1945 an die Bekl. in Zweifel und bat diese um Nachprüfung der Wirksamkeit. Am 17. 12. 1945 ersuchte der Kl. die Bekl., einen sachlich näher gekennzeichneten Betrag von RM 3500 von dem Wirtschaftskonto auf sein Privatkonto zu übertragen, weil „dieser Geldbetrag nicht zum Betriebsvermögen gehöre, also nicht zum Vermögen, das der Enteignung unterlag". Die Bekl. ersuchte daraufhin den Treuhänder, ihr insoweit einen im Entwurf beigefügten „Überweisungsauftrag" zu geben. Diesen hat der Treuhänder nicht ausgestellt, dagegen hat er von dem fraglichen Konto persönlich insgesamt RM 18500 abgehoben.

**Der Kl. fordert von der Bekl. Ersatz des Schadens, der ihm dadurch entstanden sei, daß die Bekl. den Treuhänder als über das Wirtschaftskonto verfügungsberechtigt behandelt habe. Das LG sprach dem Kl. nur einen Teilbetrag zu. Das OLG gab der Klage in vollem Umfange statt.**

Aus den Gründen:

„Dem LG ist darin beizutreten, daß die Enteignung des Gutes S. des Kl., deren rechtliche Zulässigkeit hier nicht zur Entscheidung steht, weder geeignet war, den Kl. in der Verfügungsbefugnis über das strittige Konto bei der Bekl. zu beschränken, noch auch, den Treuhänder in irgend einem Zeitpunkt zur Verfügung über dieses Konto zu ermächtigen.

Zugunsten der Bekl. kann unterstellt werden, daß die sächsische Bodenreform neben der Enteignung der betroffenen Bodenflächen auch die des zu den einzelnen Gütern gehörigen landwirtschaftlichen Betriebsvermögens bezweckt und rechtlich ermöglicht hat, ferner, daß die gegen den Kl. verfügte Enteignung das zum Gute S. gehörige Betriebsvermögen auch tatsächlich erfaßt hat.

Dennoch ist der Kl. auch nach der Enteignung seines Gutes S. allein verfügungsberechtigt über das strittige Konto geblieben. Denn die Enteignung im Zuge der sächsischen Bodenreform vermag als Verwaltungsmaßnahme über die politischen Grenzen der Provinz Sachsen nicht hinauszuwirken. Jenseits dieser Grenzen ist sie, soweit sie innerhalb der Prov. Sachsen Rechtswirkungen gehabt hat, als Rechtstatsache zwar zu beachten, jedoch hat sie außerhalb dieser Grenzen keine Beschlagnahmewirkung. Die Ausführungsverfügung der zuständigen Enteignungsbehörde war deshalb rechtlich selbst dann nicht geeignet, das von der Bekl. in der brit. Zone geführte Konto des Kl. zu enteignen und der Verfügungsmacht eines Treuhänders zu unterstellen, soweit dieses Konto Betriebsvermögen des Gutes S. enthalten hat. Die Verfügungen des Treuhänders waren deshalb rechtlich unbeachtlich und daher ungeeignet, die Bekl. von ihrer Verbindlichkeit aus laufender Rechnung dem Kl. gegenüber zu befreien. Interlokalrechtliche Grundsätze kommen für die Anwendung lokalen Verwaltungsrechts nicht in Betracht."

[Das OLG prüft anschließend die Frage, wieweit die Organe der Bekl. diese Rechtslage im Januar 1946 hätten beurteilen können, und kommt zu dem Ergebnis, daß die Verfügungsbefugnis des Treuhänders den Organen der Bank „zumindest höchst zweifelhaft" hätte erscheinen müssen. Jeder berechtigte Zweifel aber habe sie von Zahlungen an den Treuhänder abhalten müssen. Das Verhalten der Organe, für das die Bank nach § 278 BGB einzustehen habe, sei daher schuldhaft gewesen.

Schließlich untersucht das Gericht, wieweit die Bekl. etwa durch das Schreiben des Kl. v. 17. 12. 1945 entlastet worden ist. Auf Grund einer Auslegung dieses Schreibens unter Berücksichtigung aller Umstände und namentlich auch des Schreibens des Kl. v. 28. 10. 1945 kommt das OLG zu dem Schluß: „Nach alledem konnte die Bekl. dem Schreiben v. 17. 12. 1945 nicht entnehmen, daß der Kl. mehr Rechte aufzugeben gewillt sei, als die Enteignung ihm von Rechts wegen entzog".]

**12. Die Enteignung des Vermögens eines Einzelkaufmanns erfaßt nicht die Vermögenswerte seiner Firma außerhalb des enteignenden Landes. — Daher hat der Treuhänder der enteigneten Firma keine Verfügungsbefugnis über Vermögenswerte des Enteigneten außerhalb des enteignenden Landes.**

Der Kl., ein Einzelkaufmann mit Sitz in B. (sowjet.), unterhielt unter seiner Firma bei mehreren Firmen in W. (brit.) Garnlager, aus denen die bekl. Firmen Waren für den Kl. herstellten. Nachdem der Kl. im November 1945 seinen Wohnsitz aus politischen Gründen nach S. (brit.) verlegt hatte, wurde ihm mitgeteilt, daß sein Vermögen in B. enteignet worden sei. Für die Firma wurde der Treuhänder J. eingesetzt. Der Kl. benachrichtigte die bekl. Firmen von diesen Vorgängen und bat, die Garne für ihn dort weiter lagern zu lassen, da er über sie persönlich verfügen wolle. Die bekl. Firmen benachrichtigten den Kl. ihrerseits davon, daß sie gleichzeitig von dem Treuhänder in B. in Anspruch genommen würden, und sagten zu, bis zu einer Klärung der Rechtslage keine Verfügungen zu treffen. Im Juni und August 1947 lieferten sie jedoch auf Anweisung des Treuhänders die Garne an Firmen in W. aus. Der Kl. drang in allen drei Fällen mit seiner Klage auf Herausgabe bzw. Schadenersatz durch.

a) AG Wuppertal (brit. Zone), Urt. v. 23. 2. 1949 — 13 C 737/48: *unveröff.

Aus den Gründen:

„Es ist in feststehender Rechtsprechung anerkannt und wird auch von der Bekl. nicht in Abrede gestellt, daß die in der sowjet. besetzten Zone getroffenen Enteignungsmaßnahmen dasjenige Vermögen der Enteigneten, das sich in den westlichen Besatzungszonen befindet, nicht ergreifen. Die Bekl. bestreitet nicht, daß der Kl. bis zur Enteignung Inhaber der Firma F. in B. war. Der Kl. war mithin Eigentümer des Betriebsvermögens auch nach der Enteignung geblieben. Das bei der Bekl. lagernde Material gehörte also dem Kl., diesem stand als Berechtigtem aus den z. Z. seiner Inhaberschaft der Firma geschlossenen Verträgen auch der vertragliche Anspruch auf Herausgabe gegen die Bekl. zu.

Die Herausgabe der Garne ist durch deren Versand nach Berlin für die Bekl. unmöglich geworden. Die Unmöglichkeit ist von der Bekl. zu vertreten. Nach der unstreitig zwischen den Parteien geführten Korrespondenz wußte die Bekl., daß das Material auch von dem Kl. beansprucht wurde. Sie wußte ferner, daß die Rechtslage zweifelhaft war und sagte folgerichtig in ihrem Schreiben v. 11. 2. 1946 dem Kl. zu, sie werde die Ware beiden Parteien vorenthalten, bis durch gesetzliche Maßnahmen entschieden sei, wer darüber verfügen dürfe, und sie werde den Kl. über den weiteren Schriftverkehr mit B. unterrichten. Diese Zusage hat die Bekl. nicht eingehalten. Die Vorlegung der Bestallung des Treuhänders war keine gesetzliche Maßnahme, sie besagte insbesondere nichts über das in anderen Zonen befindliche Vermögen. Die Bekl. hat den Kl. über die weiteren Vorgänge nach ihrem letzten Schreiben vom 11. 2. 1946 nicht mehr unterrichtet und ohne seine Kenntnis die Ware versandt. Durch diese Abweichungen von den übernommenen Verpflichtungen hat es die Bekl. dem Kl. unmöglich gemacht, eine Klärung der Rechtslage mit dem Erfolg der Abwendung der Ansprüche der Firma in B. herbeizuführen, und sie hat die Unmöglichkeit der Herausgabe verschuldet. Auf eine „Gutgläubigkeit“, wenn dieser Rechtsbegriff in diesem Zusammenhang überhaupt eine Bedeutung hätte, kann sich die Bekl. schon deshalb nicht berufen, weil der Inhalt ihres Schreibens v. 11. 2. 1946 klarstellt, daß der Bekl. durchaus bewußt war, daß die Ansprüche der Firma in B. zweifelhaft seien, sie also nicht gutgläubig war. Die Bekl. hat zudem durch die im gleichen Schreiben übernommene Unterrichtungsverpflichtung eine Berufung auf gutgläubiges Handeln ohne vorherige Einholung der Stellungnahme des Kl. ausgeschlossen. § 366 HGB betrifft den vorliegenden Fall nicht; denn eine Veräußerung der Waren steht hier nicht in Frage.

Die Bekl. beruft sich nun auf ein Verschulden des Kl., das darin liegen soll, daß er seit dem letzten Schreiben bis zur Versendung der Waren 16 Monate lang keine Nachricht gegeben habe ... Das Schweigen des Kl. kann ihm nicht zum Vorwurf gemacht werden, da der Kl. sich darauf verlassen konnte, die Bekl. werde ihn entsprechend ihrer im Schreiben v. 11. 2. 1946 ihm gegebenen Zusage über ihre Schritte unterrichten.

Die Bekl. hat demnach die Unmöglichkeit der Herausgabe der Waren fahrlässig herbeigeführt und ist dem Kläger nach § 280 BGB zum Schadenersatz verpflichtet. Sie kann sich gegenüber dem Schadenersatzanspruch nicht darauf berufen, die Firma in B. habe ihre Forderungen auf das Verarbeitungsentgelt bezahlt. Unstreitig ist diese Bezahlung aus dem Vermögen des Kl., das sich in den Westzonen befand, erfolgt, so daß sich die Bekl. so behandeln lassen muß, als hätte der Kl. selbst die Zahlung veranlaßt."

**b)** AG Wuppertal (brit. Zone), Urt. v. 15. 9. 1949 — 15 C 749/49: *unveröff.

„Die Bekl. war nicht berechtigt, auf Grund der Anweisung des Treuhänders J. über die bei ihr lagernden Garne des Kl. zu verfügen, da dieser zur Verfügung über die in den Westzonen lagernden Vermögenswerte nicht berechtigt war.

Es ist in der Rechtsprechung und Rechtslehre seit längerer Zeit anerkannt, daß die Enteignung von Vermögen in der Ostzone die in den Westzonen befindlichen Vermögenswerte des Enteigneten nicht ergreift. Selbst wenn diese Frage zunächst zweifelhaft gewesen sein sollte, so war doch im Laufe der Jahre 1946 und 1947 auch für die Bekl. erkennbar eine Klärung insoweit erfolgt. In diesem Zeitpunkt mußte auch der Bekl. klar sein, daß sie die Anweisung des ostzonalen Treuhänders bezügl. der in den Westzonen lagernden Waren nicht zu erfüllen verpflichtet war. Die Verfügung über die bei ihr lagernden Garne des Kl. mußte die Bekl. insbesondere auch deshalb unterlassen, weil der Kl. von vornherein seit dem 27. 11. 1945 schriftlich und auch mündlich davon Kenntnis gegeben hatte, daß er selbst die Garne für sich beanspruchte und beabsichtige, hierüber zu disponieren. Aus dem überreichten Schriftwechsel und den überreichten Unterlagen ergibt sich auch nicht, daß der Kl. zu irgendeinem Zeitpunkt auf die Geltendmachung seiner Rechte und die Geltendmachung seiner Ansprüche verzichtet hat. Selbst wenn man aber unterstellen wollte, daß die Bekl. wegen der Rechtsstellung des ostzonalen Treuhänders Zweifel hätte, dann hätte sie keinesfalls, jedenfalls nicht mehr am 14. 8. 1947. über die bei ihr lagernde Ware des Kl. auf Anweisung des Treuhänders disponieren können, sondern wäre allenfalls berechtigt gewesen, die Ware zu hinterlegen. Es kommt hinzu, daß die Bekl. nicht einmal behauptet oder dargetan hat, daß ihr durch den Treuhänder irgendwelche Zwangsmaßnahmen angedroht worden wären.

Nach alledem hat die Bekl. auf Anweisung eines Nichtberechtigten über die Ware des Kl. verfügt. Dem Kl. gegenüber ist sie daher von ihren Verpflichtungen nicht frei geworden."

c) LG Wuppertal (brit. Zone), Urt. v. 23. 12. 1949 — 8 O 262/49: *unveröff.

„Mit der herrschenden Lehre und Rechtsprechung (vgl. *Benkard*, DRZ 1947, 356ff.; 1948, 127ff.; OLG Hamburg, MDR 1948, 283ff.[1]; OLG Braunschweig, NJW 1947/48, 486[2]; ZJBl 1949, 17 und 120, die dort angeführte Rechtsprechung) ist die Kammer der bereits wiederholt vertretenen Auffassung (vgl. 8 O 115/48, 8 T 2/49, 8 T 7/49), daß die Enteignung von Betrieben in der Ostzone auf das dort befindliche Vermögen beschränkt ist. Vermögenswerte, die sich außerhalb des enteignenden Landes befinden, sind von der Maßnahme nicht berührt und stehen nach wie vor dem alten Firmeninhaber zu. Der Kl. hatte bereits im November 1945 seinen Wohnsitz in die Westzonen verlegt. Er war nach wie vor befugt, über sein früheres außerhalb der Ostzone befindliches Eigentum zu verfügen. Die Rechtslage hinsichtlich der Vermögenswerte enteigneter Ostbetriebe war den Beteiligten nach Kriegsende zunächst zweifelhaft. wie aus dem Schriftwechsel ersichtlich ist. Der Kl. hat jedoch niemals sein Recht an der Ware aufgegeben. In dem ersten Schreiben v. 27. 11. 1945 erklärt er, die Bekl. möge die Ware in W. auf Lager halten, er beabsichtige demnächst, darüber zu disponieren. Eine solche Disposition ist zunächst nicht erfolgt. Die folgenden Schreiben des Kl. an die Bekl. und an den Bergischen Bleicher- und Färberverband bringen jedoch zum Ausdruck, daß der Kläger mit allen Mitteln sein Eigentum an dem Garn erhalten wollte. Wenn auch in dem Schreiben an den Verband alle Zweifel erörtert werden, die der Kl. hinsichtlich seiner Verfügungsbefugnis hatte, so wird aber andererseits nicht eine Zustimmung zu einer Verfügung durch den Treuhänder J. erklärt. Entgegen der Auffassung der Bekl. ist eine solche Zustimmung auch nicht in dem Schreiben des Kl. v. 2. 1. 46 enthalten. Der Kläger hebt in diesem Schreiben hervor, daß — in bezug auf die Garne — eine auf ‚rechtlicher oder gesetzlicher Grundlage' beruhende Beschlagnahme nicht erfolgt sei und man von dem kommissarischen Leiter eine ausreichende Legitimation verlangen solle, die ihn berechtige, über sein (des Kl.) Eigentum zu verfügen. Aus dieser Formulierung kann man in Verbindung mit dem Gesamtverhalten des Kl. nicht den Schluß ziehen, daß dieser sich einer Verfügung des Treuhänders allgemein nicht widersetzen wollte. Die Legitimation, die J. später vorlegte, war nur eine Bestallung zum Treuhänder. Diese ergab aber keine Verfügungsberechtigung über das Westvermögen des Kl."

---

[1] Siehe unten Nr. 414b. [2] Siehe unten Nr. 358a.

**13. Die Vertretungsbefugnis eines durch eine ostdeutsche politische Instanz eingesetzten Treuhänders, für dessen Einsetzung und Rechtsstellung sich keine gesetzlichen Grundlagen nachweisen lassen, wird in Westdeutschland nicht anerkannt. — Die Einziehung der Anteile eines Gesellschafters an einer GmbH durch ein ostdeutsches Strafurteil stellt eine entschädigungslose Enteignung dar, deren Wirkungen auf die Zone beschränkt sind, in der das Strafurteil ergangen ist. — In einer anderen Zone Deutschlands besteht dagegen das Anteilsrecht und die Alleinvertretungsmacht des verurteilten Geschäftsführers fort.**

LG Düsseldorf (brit. Zone), Urt. v. 11. 8. 1950 — 4 Q 31/50: *unveröff.

Die ASt. ist eine (Familien-)GmbH mit Sitz in E. (sowjet.). Auch der AGg. ist Gesellschafter der GmbH und alleinvertretungsberechtigter Geschäftsführer. Nachdem er die Ostzone verlassen hatte, erging das Strafurteil eines ostdeutschen Gerichts, das zugleich auf die Einziehung seiner Anteile an der Firma erkannte. Gleichzeitig setzte der Kreisrat für den Betrieb in der Ostzone einen Treuhänder ein. Der AGg. richtete in den Westzonen Warnschreiben an verschiedene Abnehmer der ASt., in denen er das von der ASt. benutzte Warenzeichen „X" für sich in Anspruch nahm, Lizenzforderungen erhob und den Weitervertrieb der von der ASt. bezogenen Waren verbot. Die ASt., vertreten durch ihren Treuhänder, beantragt den Erlaß einer einstweiligen Verfügung, durch die dem AGg. untersagt werden soll, Warnschreiben mit dem bezeichneten Inhalt zu versenden. Das LG lehnte den Erlaß der einstweiligen Verfügung ab.

Aus den Gründen:

„... III. Die Kammer war nicht in der Lage festzustellen, ob der von dem Kreisrat eingesetzte Treuhänder überhaupt zur Vertretung der ASt. befugt ist. Nach deutschem Reichsrecht gibt es keine Möglichkeit für eine Verwaltungsbehörde, die satzungsmäßigen Geschäftsführer einer GmbH abzusetzen und dafür einen Treuhänder einzusetzen. Wohl gab es auf Grund des Potsdamer Abkommens vorübergehend kraft Besatzungsrecht die Möglichkeit, daß die jeweilige MilReg. Treuhänder (Custodian) für die Verwaltung beschlagnahmter Vermögen einsetzte. Um eine derartige Treuhänderbestellung kann es sich im vorliegenden Falle ebenfalls nicht handeln, da der angebliche kommissarische Geschäftsführer sich selber nicht auf eine Einsetzung durch die SMA, sondern durch eine ostdeutsche politische Instanz, nämlich den Kreisrat beruft.

Die Rechtsstellung und Befugnisse des Kreisrates sind der Kammer unbekannt und konnten ihr auch auf Befragen durch den Prozeßbevollmächtigten der ASt. nicht erläutert werden. Gemäß § 293 ZPO ist das Gericht nicht verpflichtet, inländisches Recht, welches nicht im eigenen Bezirk des Richters gilt, zu kennen; das gilt auch für das Recht einer anderen Zone (vgl. *Baumbach*, Anm. I b zu § 293 ZPO; *Riezler*, SJZ 1947, 239). Wohl muß das Gericht das ihm unbekannte inländische Recht von Amts wegen ermitteln. Die Kammer hat daraufhin das ihr zugängliche Zentralverwaltungsblatt für die sowjet. Zone, sowie das Gesetzblatt der DDR und die Zeitschrift ‚Neue Justiz', durchgesehen. Eine Rechtsgrundlage für die Einsetzung eines vertretungsberechtigten Treuhänders durch den Kreisrat konnte dort jedoch nicht ermittelt werden.

Es kommt hinzu, daß Parteien kraft Amtes, wie etwa der Konkursverwalter, Vormund, Pfleger oder Testamentsvollstrecker, sich nach geltendem Prozeßrecht durch einen amtlichen Ausweis, die sog. Bestallung, ausweisen müssen (vgl. §§ 81 KO, 1791, 1915, 2368 BGB). Auch ein derartiger amtlicher Ausweis ist für den kommissarischen Treuhänder nicht vorgelegt worden. Wohl liegen zwei Registerauszüge des Handelsregisters E. vor . . . Diese Eintragung im Handelsregister erbringt jedoch nicht den vollen Beweis für die Richtigkeit der darin mitgeteilten Tatsache. Gemäß § 15 HGB begründet die Eintragung im Handelsregister im Gegensatz zum Grundbuchrecht weder eine Vermutung der Richtigkeit der angegebenen Tatsache noch einen positiven Gutglaubensschutz . . .

IV. Der AGg. ist Mitgesellschafter und Geschäftsführer der ASt. Diese Eigenschaft hat er nach westlicher Rechtsauffassung auch dadurch nicht verloren, daß er durch Urteil der Strafkammer in E. zu einer Gefängnisstrafe von 3 Jahren und zur Einziehung seiner Firmenanteile verurteilt worden ist. Denn diese Einziehung der Firmenanteile stellt eine entschädigungslose Enteignung dar. Ihre Auswirkungen sind ebenso wie die der in der Ostzone ausgesprochenen Enteignungen ganzer Werke und Betriebe nach einem anerkannten Grundsatz des internat. Rechts territorial begrenzt und können sich nicht für die Westzonen auswirken. Für den Bereich der Westzonen gilt der AGg. also noch als Mitgesellschafter und Mitgeschäftsführer.

Im vorliegenden Falle besteht die alte GmbH in der Westzone noch weiter, ohne daß zuvor eine Sitzverlegung erfolgen brauchte; denn im Gegensatz zu den bisher von der Kammer und anderen Gerichten entschiedenen Ost-West-Fällen hat im vorliegenden Falle gar keine Betriebsenteignung im ganzen und keine Löschung der GmbH im Handelsregister stattgefunden. Aus diesem Grunde kann die GmbH ihre Tätigkeit im Westen, vertreten durch ihren früheren Geschäftsführer, ohne die Notwendigkeit einer Sitzverlegung fortführen.

Der AGg. konnte seine fortbestehende Vertretungsmacht als Geschäftsführer dazu benutzen, um den Gebrauch des Warenzeichens ‚X' in den Westzonen zu unterbinden. An dieser Rechtslage ändert sich nichts, wenn in der Ostzone die Rechtsauffassung herrschen sollte, daß der dort möglicherweise eingesetzte kommissarische Treuhänder das alleinige Benutzungs- und Verwertungsrecht aus den Warenzeichen besitze.

Die von dem AGg. ausgesprochenen Verwarnungen wegen Warenzeichenverletzung sind also der Sache nach zu Recht erfolgt. Zwar hat er in diesen Warnschreiben nicht den Namen der GmbH erwähnt, sondern sich selbst als Zeicheninhaber ausgegeben. Dadurch wurden seine Verwarnungen jedoch noch nicht rechtswidrig oder irreführend im Sinne des § 3 UWG. Denn für die erwähnten Großabnehmer der ASt. kam es entscheidend nur auf die Frage an, ob sie sich einer Warenzeichenverletzung schuldig machten oder nicht; nicht aber auf die rein formelle Frage, ob sie wegen der begangenen Warenzeichenverletzung durch den AGg. persönlich oder durch die GmbH, vertreten durch den AGg., haftbar gemacht werden könnten."

**14. Die Rechtsfrage bleibt dahingestellt, inwieweit gesetzliche Vertreter eines Unternehmens, das seinen Sitz aus der Ost- in die Westzonen verlegt hat, an Erklärungen gebunden bleiben, die sie früher in der Ostzone mit Wirkung für ihren Betrieb abgegeben haben, wenn dieser Betrieb in der Ostzone jetzt durch einen Treuhänder verwaltet wird. — Einer Enteignung gleichzusetzen ist die Bestellung eines Treuhänders in der Ostzone. — Nach der ostzonalen Enteignung der Vermögenswerte eines Unternehmens, das seinen Sitz in die Westzonen verlegt hat, stehen die Warenzeichenrechte dieses Unternehmens allein der in den Westzonen befindlichen Gesellschaft zu.**

LG Hamburg (brit. Zone), Urt. v. 31. 8. 1950 — 27 Q 49/50: *unveröff.

Die ASt., die L.-GmbH, hatte früher ihren Sitz und Betrieb in D. (sowjet.) und stellte dort die C.-Präparate her, die durch das Warenzeichen „C" geschützt waren. Im Juli 1950 verlegte sie ihren Sitz nach F. (amerik.), während der Betrieb in D. unter Treuhandschaft gestellt wurde. Noch vor dieser Sitzverlegung hatte die L.-GmbH in D. mit der „Daha" in der Ostzone Verhandlungen über den Kauf von C.-Tuben geführt, die die Daha im Rahmen eines interzonalen Kompensationsgeschäfts für den Bezug von Erzeugnissen der in den Westzonen ansässigen AGg. in die Westzonen liefern wollte. Nach der Sitzverlegung der L.-GmbH von D. nach F. ist ein Geschäft ähnlicher Art über den Austausch von Würfeln der AGg. gegen die Lieferung von C.-Tuben durch den inzwischen unter Treuhandschaft gestellten ostzonalen Betrieb der ASt. in D. genehmigt worden. Die AGg. hat ihre Lieferung ausgeführt und hat sich verpflichtet, den Absatz der ihr zu liefernden C.-Tuben in den Westzonen selbst zu übernehmen. Daher bot die AGg. verschiedenen westdeutschen Firmen die Lieferung von C.-Tuben aus der Ostzone an. Die ASt. erwirkte zunächst eine einstweilige Verfügung des AG H. auf Unterlassung dieses Vertriebs. Der Widerspruch der AGg. gegen diese einstweilige Verfügung blieb erfolglos.

Aus den Gründen:

„Die unter Berücksichtigung der besonderen Verhältnisse, wie sie durch die Trennung von West- und Ostdeutschland eingetreten sind, immerhin nicht unzweifelhafte Frage, wieweit gesetzliche Vertreter eines Unternehmens, das von der Ost- in die Westzone verlegt worden ist, an Erklärungen festgehalten werden können, die sie früher in der Ostzone für den damals noch dort befindlichen Betrieb mit Wirkung für den jetzt im Osten durch einen Treuhänder übernommenen Betrieb abgegeben haben, kann nach den Umständen des hier vorliegenden Falles dahingestellt bleiben. Mit Recht weist nämlich die ASt. darauf hin, daß das Geschäft, auf das die AGg. sich zur Entkräftung der ihr vorgeworfenen Warenzeichenverletzung berufen will, von ihren gesetzlichen Vertretern, die derzeit den Betrieb in der Ostzone leiteten, nicht abgeschlossen worden ist und ihr infolgedessen nicht entgegengehalten werden kann. Selbst wenn man unterstellen will, was die ASt. bestreitet, nämlich, daß sie bei ihren Verhandlungen auf der Leipziger Messe mit der Daha von den Kompensationsabsichten der Daha mit dem Würfel-Geschäft gewußt hat, so lag diesen Verhandlungen ein Geschäft über 16 345 Dutzend C.-Tuben im Werte von rund 100 000 DM gegen Würfel in Höhe des gleichen Betrages zugrunde. Dieses Geschäft ist aber, wie sich schon daraus ergibt, daß später die Lieferung von 20 955 Dutzend C.-Tuben zum gleichen Preis gefordert und später sogar die Lieferung von Würfeln im Betrage von 33 333 DM gegen Lieferung von C.-Tuben im Werte von 100 000 DM zur Verhandlungsgrundlage zu machen versucht worden ist, ganz offensichtlich nicht genehmigt worden. Die Bezugnahme der Daha auf eine bereits erteilte Genehmigung ist daher eine rechtlich nicht haltbare Konstruktion. Ganz abgesehen hiervon ergibt auch die eidesstattliche Versicherung des Geschäftsführers F., daß die Genehmigung für das bei der Leipziger Messe abgeschlossene Geschäft mit der Daha ausdrücklich abgelehnt worden ist. Die später erteilten Genehmigungen betreffen also eindeutig neue Geschäfte, die nicht mehr mit den früher noch für den Ostbetrieb Vertretungsberechtigten, sondern bereits mit dem Treuhänder des heutigen Ostbetriebs abgeschlossen worden sind. Auf diese Geschäfte kann sich die AGg. aber nicht gegenüber der ASt. berufen.

Die ASt. kann sich vielmehr mit Recht dagegen wehren, daß die AGg. versucht, Erzeugnisse des Ostbetriebes unter dem auch nach einer Enteignung in der Ostzone dem nach dem Westen verlagerten Betrieb allein zustehenden Warenzeichen in den Verkehr zu bringen. Einer Enteignung gleichzusetzen ist aber die Einsetzung eines Treuhänders für den in der Ostzone verbliebenen Betrieb, wie die praktische Handhabung der Treuhänderschaft in einer ganzen Reihe von vor diesem Gericht bereits verhandelten Fällen ergibt. Wenn diese formell auch damit begründet wird, daß der von den bisherigen Betriebsleitern verlassene Betrieb unter Obhut genommen werden müsse, so ist es dem Gericht ebenso bekannt, daß die bisherigen Betriebsleiter dadurch zum Verlassen des Betriebes veranlaßt wurden, daß unter dem Vorwand von Steuer- und Wirtschaftsvergehen Strafverfahren mit drohender Verhaftung eingeleitet wurden.“

**15. Die alleinige persönlich haftende Gesellschafterin einer KG. mit Sitz in der Ostzone, die dort unter Treuhandschaft steht, kann Wertpapiere aus dem Gesellschaftsvermögen für die unter der Firma verbundenen Gesellschafter anmelden. — Den in der Ostzone angeordneten Verfügungsbeschränkungen ist in den Westzonen die Anerkennung ebenso zu versagen wie Enteignungen.**

OLG Düsseldorf (brit. Zone), Beschl. v. 18. 6. 1951 — 6 W Wp 57/51: WM 1951 IV B, S. 437.

Frau O., die seit 1940 alleinige persönlich haftende Gesellschafterin der R. & O. — KG. in V. (sowjet.) ist, meldete Aktien der Z.-AG. in W. (brit.) zur Wertpapierbereinigung an. In der Anmeldung ist auch der Treuhänder F. genannt, der seit Juli 1950 über das ostzonale Vermögen der KG. eingesetzt ist. Frau O. selbst wohnt nicht mehr in V., sondern ist nach West-Berlin verzogen. Das OLG erkannte die Anmeldung an.

Aus den Gründen:

„Das LG geht davon aus, daß die KG. seit dem 13. 7. 1950 unter Treuhandverwaltung stehe. Daraus folgert sie ‚nach den bisher gemachten Erfahrungen‘, daß dies in der Ostzone der Anfang der Überführung des Unternehmens in Staatseigentum sei. Sie meint, daß deshalb die Anmeldung zurückgewiesen werden müsse. Diese Rechtsauffassung entbehrt der gesetzlichen Grundlage.

Die Anmeldung des Rechts ist erfolgt durch Frau O., die seit 1940 persönlich haftende Gesellschafterin der KG. ist, und als solche noch am 3. 7. 1950 im Handelsregister eingetragen stand. Nach den lückenhaften

Angaben in der Anmeldung muß angenommen werden, daß Frau O. seit dem 13. 7. 1950 durch die Einsetzung der Treuhandverwaltung von der Geschäftsführung ausgeschlossen worden ist. Nach der Auffassung des LG ist diese Treuhandverwaltung mit dem Ziele angeordnet worden, das Unternehmen zu enteignen. Frau O. wohnt nicht mehr in V. (Ostzone), sondern in Berlin-West. Diese Umstände hätten der KWB Anlaß geben sollen, die Frage zu prüfen, ob Frau O. das Recht für die von der Enteignung bedrohte ostzonale KG., vertreten durch den Treuhänder F., anmelden wollte, oder ob sie nicht vielmehr die Anerkennung des Rechts für die unter der Firma verbundenen Gesellschafter erstrebt, die die wahren Inhaber des Gesellschaftsvermögens und Depotberechtigten sind. Zu einer solchen Anmeldung war Frau O. nach § 15 WBG befugt. Annehmbar hatte die Angabe des Treuhänders F. in der Anmeldung nur den Zweck, eine möglicherweise bevorstehende Verfügungsbeschränkung anzugeben (§ 16 III WBG). Die KWB wird dies klarzustellen haben und gegebenenfalls die Bezeichnung des Anmelders berichtigen müssen.

Bei der erneuten Entscheidung darf die KWB die ostzonale Anordnung der Treuhandverwaltung über die KG. nicht beachten. Auf Grund welcher gesetzlichen Vorschrift diese Treuhandverwaltung verfügt und von welcher behördlichen Stelle sie verhängt worden ist, hat die KWB zwar nicht ermittelt. Es bestehen indessen keine Bedenken gegen die Annahme, daß die Treuhandverwaltung in der Regel die Vorstufe zur Enteignung des Betriebsvermögens bildet und diese vorbereiten und sichern soll. Nun ist es unbestritten, daß einer ostzonalen Enteignung von Wertpapiervermögen, das nach dem WBG zu bereinigen ist, im Bundesgebiet die rechtliche Anerkennung zu versagen ist. Das ergibt sich deutlich aus dem § 21 I Nr. 3 und III des Gesetzes. Dann aber erscheint es nur folgerichtig, einer ostzonalen Maßnahme, die, wie die Anordnung einer Treuhandverwaltung, eine solche nach dem WBG nicht rechtswirksame Enteignung vorbereiten und sichern soll, für das WB-Verfahren als rechtlich bedeutungslos zu behandeln.

Die Richtigkeit dieser Auffassung zeigt § 9 ErgGesWBG einwandfrei. Nach dieser Vorschrift wird mit rückwirkender Kraft (§ 14 II) der Erwerb von dinglichen Rechten aus Maßnahmen nicht anerkannt, die im Sinne des § 21 I und III WBG im Bundesgebiet nicht rechtswirksam sind. Dasselbe muß von einer Verfügungsbeschränkung gelten, die auf der Anordnung einer im Bundesgebiet nicht rechtswirksamen Treuhandverwaltung beruht."

**16. Forderungen sind am Sitz des Schuldners belegen. — Die Wirkungen von Enteignungsmaßnahmen enden an den Grenzen des Landes, von dem sie ausgegangen sind, auch wenn eine weitere räumliche Wirkung beabsichtigt war. — Dieser völkerrechtliche Grundsatz gilt auch im Verhältnis zwischen einzelnen Bundesstaaten sowie im Verhältnis zwischen den deutschen Besatzungsgebieten. — Die behördliche Einsetzung von Betriebsleitern und Treuhändern kann nach den Umständen des Falles einer Enteignung gleichkommen. — Die Genehmigung von Verfügungen des Treu-**

**händers über Betriebsvermögen in den Westzonen macht solche Verfügungen jedenfalls gegenüber dem Enteigneten wirksam.**

BGH, Urt. v. 4. 1. 1952 — I ZR 67/51: *unveröff.

Die Kl. betrieben die OHG. G. mit Sitz in D. (sowjet.). Nachdem Verhandlungen über eine Auslagerung von Waren in Gebäude der bekl. GmbH mit Sitz in C. (brit.) eingeleitet, aber noch nicht abgeschlossen worden waren, sandte die OHG. im September 1947 Waren im Werte von rund 45000 RM nach C. Auf Grund einer „Volkskontrolle" wurde der Kl. zu 1 im Januar 1948 für ein halbes Jahr verhaftet. Darauf setzte der Kreisrat in D. (sowjet.) den Kaufmann Sch. zunächst als „Betriebsleiter", dann als „Treuhänder" ein, bestätigt durch den Industrieminister der Landesregierung Sachsen-Anhalt. Sch. teilte während der Haft des Kl. zu 1 der Bekl. seine Bestallung als Betriebsleiter mit, bevollmächtigte sie, die eingelagerte Ware zu bestimmten Preisen zu verkaufen, und ließ den Erlös einem von Sch. bevollmächtigten Einkäufer aushändigen.

Als der Kl. zu 1 im Juli 1948 aus der Untersuchungshaft entlassen wurde, hielt er sich zunächst in D. auf. Von dort aus teilte er der Bekl. mit, daß er über den Verkauf der eingelagerten Ware orientiert worden und damit einverstanden sei. Im Januar 1949 flüchtete der Kl. zu 1 in die Westzonen. Durch Urteil des LG H. (sowjet.) v. 29. 1. 1951 wurde er wegen Wirtschaftsverbrechen in Abwesenheit zu 3 Jahren und einem Monat Zuchthaus verurteilt und sein Vermögen eingezogen. Mit der Klage verlangen die Kl. Zahlung des Erlöses aus dem Verkauf der von der OHG. G. eingelagerten Waren. Die Klage wurde abgewiesen.

Aus den Gründen:

„Die Kl. . . . sind zur Klage befugt.

Die Bekl. hat ihren Sitz in der Westzone. Die in Rede stehenden Forderungen der Kl. gegen die Bekl. sind somit in der Westzone belegen; denn nach deutschem internat. Privatrecht ist in Anlehnung an § 23 S. 2 ZPO, der einen allgemeinen Rechtsgedanken enthält, für die Belegenheit einer Forderung der Sitz des Schuldners maßgebend. Der erkennende Senat schließt sich hier der vom RG (RGZ 107, 44 [46]; 145, 16 [19]) und vom OGH Köln (OGHZ 1, 386[1] [391]; 4, 51[2] [54]) und auch sonst in der Rechtsprechung und im Schrifttum (Nachweise in OGHZ 1, 392) überwiegend vertretenen Auffassung an . . .

Die Klageberechtigung der Kl. wird auch durch die in der Ostzone getroffenen Maßnahmen nicht beeinträchtigt. Das OLG hat bereits zutreffend ausgeführt, daß die Verwaltungsakte des Kreisrats in D., durch die Sch. zunächst als Betriebsleiter und später als Treuhänder der in der Ostzone belegenen Betriebe der Kl. eingesetzt wurde, der Rechtsgrundlage entbehrten. Die spätere Anordnung des Ministers für die Industrie in der Landesregierung Sachsen-Anhalt, durch die die Einsetzung des Treuhänders bestätigt wurde, ebenso wie das Urteil der 1. Strafkammer des LG H. v. 29. 1. 1951, durch das das Vermögen des Kl. zu 1, sowie die Eigentumsrechte Dritter am Betriebe eingezogen wurden, sind für die Entscheidung dieses Rechtsstreits gleichfalls ohne Belang. Nach anerkannten völkerrechtlichen Grundsätzen enden die Wirkungen von Enteignungsmaßnahmen an der Grenze des Landes, von dem sie ausgegangen sind, auch wenn die Absicht besteht, ihnen weitergehende Wirkungen beizulegen (OGHZ 1, 386[1] [390] mit Nachweisen). Diese Rechtsgrundsätze

[1] Siehe unten Nr. 365. [2] Siehe unten Nr. 371.

galten auch im Verhältnis der einzelnen Bundesstaaten zueinander und sind jetzt auf die durch die Besatzungsmächte geschaffenen Gebietsteile Deutschlands anzuwenden, in denen sich verschiedene Rechtskreise überschneiden (RGZ 102, 251; OGHZ 1, 386[1] [391]; 4, 51[2] [54]). Demnach erstrecken sich die in der Ostzone getroffenen einschlägigen Maßnahmen, die nach den Gesamtumständen des Falles hier einer Enteignung gleichzusetzen sind, nicht auf das in der Westzone belegene Vermögen der Kl. und daher auch nicht auf ihre Forderungen gegen die Bekl." [Der BGH kommt unter Würdigung der Umstände des Falles zu dem Ergebnis, daß die Kl. mit der Verfügung der Bekl. über die Waren zugunsten des Treuhänders einverstanden gewesen seien, und weist daher die Klage ab.]

**17. Nach § 21 I Nr. 3 WBG haben Hoheitsmaßnahmen außerhalb des Währungsgebietes keine Rechtswirksamkeit für Vermögenswerte, die im Währungsgebiet belegen sind. — Hat ein nach § 21 I Nr. 3 WBG Nichtberechtigter ein Wertpapierrecht angemeldet, so kann der nach westdeutschem Recht Berechtigte auch noch in der Rechtsmittelinstanz ohne Einwilligung des Anmelders in das Verfahren eintreten. — Wertpapierrechte sind am Sitz des Ausstellers belegen.**

OLG Düsseldorf (brit. Zone), Beschl. v. 8. 1. 1952 — 6 W Wp 177, 178/51: WM 1952 IV B, S. 69 (*Eichhorn*).

Das Land H. (sowjet.) meldete Wertpapiere eines westdeutschen Ausstellers zur Wertpapierbereinigung an, die für die Sparkasse der Stadt G. (sowjet.) in einem Depot in F. (sowjet.) aufbewahrt werden. Das LG lehnte die Anmeldung ab. Hiergegen haben das Land H. und der [anscheinend in West-Berlin bestellte] Pfleger der unbekannten Beteiligten der Sparkasse G. Beschwerde eingelegt, der letzte zugleich mit der Erklärung, dem Verfahren beizutreten und das angemeldete Recht für sich in Anspruch zu nehmen. Das OLG wies zur gemeinsamen Behandlung und Entscheidung an die Vorinstanz zurück.

Aus den Gründen:

„Das Land H. führt sein Recht auf eine nach dem 8. 5. 1945 eingetretene Rechtsnachfolge nach der Sparkasse der Stadt G. zurück. Der Grund seines Erwerbs ist offensichtlich eine Enteignungsmaßnahme, deren Berechtigung das Land H. dem Potsdamer Abkommen und der Kontrollratsproklamation Nr. 2 entnimmt. Ob dieser Rechtsauffassung beizutreten wäre, kann dahingestellt bleiben, denn § 21 I Nr. 3 WBG erkennt nur einen Eigentumserwerb an Wertpapieren auf Grund von rechtswirksamen Maßnahmen der Besatzungsmächte des Währungsgebietes an. Daß die Überführung des Wertpapiereigentums der Sparkasse der Stadt G. auf das Land H. aber durch die Maßnahme einer Besatzungsmacht des Währungsgebietes erfolgt ist, kann das Land H. nicht in schlüssiger Form darlegen und ist auch nicht anzunehmen.

An der hiernach gebotenen Zurückweisung des Rechtsmittels des Landes H. ist der Senat dadurch verhindert, daß die Berechtigte, die frühere Sparkasse der Stadt G., das vom Lande H. angemeldete Recht für sich in Anspruch genommen und ebenfalls sofortige Beschwerde eingelegt hat.

[1] Siehe unten Nr. 365. [2] Siehe unten Nr. 371.

Der Senat hält einen solchen Eintritt des wahren Berechtigten in das Verfahren im Bereiche des § 21 I Nr. 3 WBG auch ohne die Einwilligung des Anmelders für zulässig. Der Eintritt steht im Einklang mit dem Zweck und Ziel des WB-Verfahrens, den wirklichen Rechtsinhaber in seine Rechte wiedereinzusetzen und den unrechtmäßigen Erwerber auszuschalten. Der Ablauf der Anmeldefrist und der Wiedereinsetzungsfrist steht der Zulassung des Eintritts des Berechtigten in das Verfahren nicht entgegen, da die mit diesen Fristen verfolgte Absicht, die Abwicklung des Bereinigungsverfahrens in möglichst kurzer Frist zu gewährleisten, durch die fristgerechte Anmeldung des Wertpapiers erfüllt ist. Unterstützend ist darauf hinzuweisen, daß der Eintritt eines andern in die Anmeldung mit Einwilligung des Anmelders ebenfalls nach Ablauf der genannten Fristen zugelassen wird. Verfahrensrechtlich findet der Eintritt des Berechtigten in das Prüfungsverfahren ohne die Einwilligung des zunächst Hauptbeteiligten einen Vorgang zwar nicht in der Hauptintervention des Zivilprozesses, die den Bedürfnissen und Notwendigkeiten des WB-Verfahrens nicht entspricht, wohl aber in der Beteiligung von Pfandgläubigern oder sonstigen dinglich Berechtigten an dem Prüfungsverfahren neben dem Anmelder (§ 47 WBG). Sie soll diese Berechtigten in die Lage versetzen, ihre Rechte zu schützen und Rechtsverluste zu verhüten. Deshalb können sie auch selbständig Rechtsmittel einlegen. Dieselben Rechte müssen vernünftigerweise dem wahren Berechtigten zugebilligt werden, dessen Recht von einem anderen in Anspruch genommen und angemeldet worden ist. Hieraus ergibt sich, daß sowohl der Eintritt der Intervenienten in das Verfahren als auch die von ihnen eingelegte sofortige Beschwerde zulässig ist. Infolgedessen ist für das weitere Verfahren die entsprechende Anwendung des § 33 WBG geboten; denn fortan beanspruchen mehrere wegen desselben Rechts eine Gutschrift auf Sammeldepotkonto. Diese Begehren sind zur gleichzeitigen Prüfung und zur Entscheidung durch einheitlichen Beschluß zu verbinden (vgl. Senatsbeschluß WM 51/520). Deshalb war der angefochtene Beschluß aufzuheben und die Sache zur erneuten Behandlung gemäß den vorstehenden Gründen an die Vorinstanz zurückzuverweisen. Die KWB wird schließlich die Legitimation des Pflegers in der Bestallungsurkunde klarzustellen haben. Das hier streitige WP-Vermögen ist nicht in West-Berlin oder F., sondern in K. (Bundesgebiet), dem Sitz der Ausstellerin der Wertpapiere belegen (vgl. NJW 1951/424 zu Ziff. 5)."

**18.** **Eine Eigentumsübertragung, die auf der Entziehung der Rechtsfähigkeit eines Vereins durch ostzonale Behörden am Sitz des Vereins beruht, hat keine Wirkung für die Westzonen.**

OLG Frankfurt a. M. (amerik. Zone), Beschl. v. 21. 4. 1952 — 6 W 319 und 320/51: WM 1952 IV B, S. 406.

Für den „X.-Verein, Unterstützungskasse der Y-GmbH., e.V." wurden Wertpapiere zur Bereinigung angemeldet. Der Verein hatte bis zum Jahre 1950 seinen Sitz in E. (sowjet.). Nachdem das Vermögen der Y-GmbH in der Ostzone entschädigungslos enteignet worden war, wurde der anmeldende Verein im Jahre 1950 im Vereinsregister von E. gelöscht, „da er durch Wegfall aller Mitglieder aufgelöst" sei.

**Die KWB lehnte die Wertpapieranmeldung ab. Nach Erlaß dieser Entscheidung sind die Y-GmbH und der X-Verein in das Handels- bzw. Vereinsregister des AG G. (amerik.) eingetragen worden. Das OLG gab der Beschwerde des Anmelders statt.**

Aus den Gründen:

„Zu Unrecht vertritt die KWB in dem angefochtenen Beschluß v. 26. 4. 1951 weiterhin den Standpunkt, daß der Unterstützungsverein infolge seiner Auflösung und Löschung im Vereinsregister nicht mehr bestehe, was zur Folge haben würde, daß das Eigentum an den Wertpapieren auf einen anderen Berechtigten übergegangen wäre ... Es kann dahingestellt bleiben, ob die Behauptung des Unterstützungsvereins zutrifft, daß die Behörden der sowjet. Besatzungszone im Anschluß an die entschädigungslose Enteignung der gewerblichen Unternehmen, die sogenannte ‚Industriereform', auch die zahlreichen Unterstützungskassen dieser Unternehmen entschädigungslos enteignet und in Volkseigentum überführt haben, indem sie sie auf Grund dieser vermögensrechtlichen Maßnahmen als aufgelöst betrachten und u. a. ‚wegen Wegfalls sämtlicher Mitglieder' (vgl. § 73 BGB) in den gerichtlichen Registern löschen. Denn jedenfalls hat die Entziehung der Rechtsfähigkeit und Eintragung des Erlöschens wegen Wegfalls sämtlicher Mitglieder (§ 73 BGB) zur Folge, daß das vorhandene Vereinsvermögen seinen Eigentümer wechselt (§ 45 III BGB). Wie im Anschluß an das OLG Hamburg (WM 805/51) der Senat bereits in seinem Beschluß vom 19. 2. 1952 (6 W 82/51) entschieden hat (vgl. dazu auch die Anm. 4 WM 107/52 und KG WM 879/51[1]), sind die Gerichte aber durch die Fassung des § 21 I Nr. 3 WBG bei Eigentumswechsel nach dem 1. 1. 1945 infolge behördlicher Maßnahmen durch andere Stellen als die Behörden oder Besatzungsmächte des Bundesgebietes der Prüfung enthoben, ob diese Enteignungsmaßnahmen als wirksam anerkannt werden können. Nach § 21 I Nr. 3 WBG ist vielmehr Eigentumsveränderungen infolge von Maßnahmen ostzonaler Behörden im Rahmen des WBG ohne weiteres die Anerkennung zu versagen. Dabei kann es keine Rolle spielen, ob zu ihrer Begründung Gesetze oder Verordnungen aus der Zeit vor oder nach dem 1. 1. 1945 angeführt werden. Die nachträgliche Wiedereintragung des Unterstützungsvereins im Vereinsregister des AG G. (Westzone), die zwar an sich als neue Tatsache im Verfahren der Rechtsbeschwerde nicht berücksichtigt werden kann, zeigt, wie berechtigt die o. a. Auslegung des § 21 Abs. I Nr. 3 WBG ist."

**19. Eine Enteignung hat keine Wirkung außerhalb des enteignenden Landes. — Wurde der Anteil eines Miterben an einem Nachlaß in der Ostzone enteignet, so ist die Anerkennung eines zu diesem Nachlaß gehörenden Wertpapiers nicht zu Händen des testamentarisch eingesetzten, in der Ostzone wohnhaften Testamentsvollstreckers, sondern zu Händen der Erben persönlich auszusprechen.**

LG Augsburg (amerik. Zone), Beschl. v. 10. 5. 1952 — WP 1630: WM 1952 IV B, S. 725.

[1] Siehe unten Nr. 80.

**Der durch Testamente aus den Jahren 1934/1941 eingesetzte Testamentsvollstrecker in T. (sowjet.) hat für den Nachlaß von Frau M. mit letztem Wohnsitz in O. (sowjet.) von Ausstellern im Bundesgebiet begebene Wertpapiere zur Bereinigung angemeldet. Erben sind zu gleichen Teilen Herr K. M. mit Wohnsitz in Westdeutschland und Frau P. S., geb. M., mit Wohnsitz in O. (sowjet.). Der Testamentsvollstrecker legte eine Verfügung des Amtes zum Schutz des Volkseigentums des ostzonalen Landes X. vor, wonach der Erbteil des K. M. gemäß dem Urteil vom...... zugunsten des Landes X. eingezogen sei. K. M. teilte der Anmeldestelle mit, daß er als Mitinhaber einer entschädigungslos enteigneten Firma nach Befehl 201 der SMA zu Freiheitsstrafe und Vermögenseinziehung verurteilt worden sei, und beantragte, den ihm zustehenden Anteil an den angemeldeten Wertpapieren unmittelbar auf seinen eigenen Namen anzuerkennen. Das LG erkannte die Rechte an den angemeldeten Papieren auf die beiden Erben persönlich an.**

Aus den Gründen:

„Der Erbanteil des K. M. wurde zugunsten des Landes X eingezogen nach dem Urteil vom . . ., und zwar gem. Entscheidung des Ministeriums des Innern — Amt zum Schutze des Volkseigentums. Diese Einziehung muß bei der Wertpapierbereinigung unberücksichtigt bleiben, da sie offenbar auf eine Enteignung zurückgeht, die nach § 21 I Nr. 3 WBG in der Westzone keine Wirksamkeit haben kann. Würde die Anerkennung des Rechtes zu Händen des Testamentsvollstreckers erfolgen, so würde entgegen dem unzweifelhaften Willen der Erblasserin der Miterbe K. M. in Wirklichkeit nichts bekommen, sondern alles würde das Land X erhalten; aber auch wenn nur der Erbanteil des K. M. dem Machtbereich des Testamentsvollstreckers entzogen, dagegen der Erbanteil der P. S. dem Testamentsvollstrecker unterstellt würde, besteht die Gefahr, daß dieser Erbanteil dann der P. S. entzogen würde und sie darauf verwiesen würde, sich ihren Anteil aus dem auf K. M. anerkannten Recht zu suchen. Bei Errichtung des gemeinschaftlichen Testaments war es unmöglich, solche Eingriffe in die Privatrechtssphäre vorauszusehen und sich darauf einzurichten. Die Erblasserin aber war 1945 offenbar nicht in der Lage, die im gemeinschaftlichen Testament enthaltenen Bestimmungen über die Testamentsvollstreckung zu ändern. Der Testamentsvollstrecker hat bei Führung seines Amtes die Interessen der Erben wahrzunehmen, er haftet dem Erben für sorgfältige und gewissenhafte Ausführung der ihm obliegenden Verrichtungen nach Maßgabe des § 276 BGB, also auch dafür, daß ihm seine Vermögenswerte nicht überhaupt entzogen werden (cf. § 2219 BGB), von dieser Haftung kann er vom Erblasser gar nicht befreit werden (§ 2220 BGB). Das BGB bestimmt aber auch in § 2208 I, daß der Testamentsvollstrecker u. a. nicht das im § 2205 BGB bestimmte Recht hat, den Nachlaß zu verwalten und den Nachlaß in Besitz zu nehmen und über die Nachlaßgegenstände zu verfügen, soweit anzunehmen ist, daß diese Rechte ihm nach dem Willen des Erblassers nicht zustehen sollen. Diese Beschränkung kann sich auch schon aus den Umständen ergeben, hier aus den seit 1945 in der Ostzone eingetretenen Verhältnissen. Sicherlich darf der Erblasserin der Wille zugeschrieben werden, ihren Kindern ihr unbeschränktes Erbrecht und dessen vollen wirtschaftlichen Wert zukommen zu lassen. Dies erscheint aber nicht gewährleistet, wenn der Testamentsvollstrecker über die Gutschrift aus der Wertpapierbereinigung die Rechte des § 2205 BGB ausüben könnte. Der Testamentsvollstrecker erscheint daher der Kammer zwar als befugt zur Anmeldung der Rechte, aber nicht befugt zum Empfang der Gutschrift zu seinen Händen (§ 2208 I BGB). Es war daher ausdrücklich in dem Anerkennungsbeschluß aufzunehmen, daß die Anerkennung nicht zu Händen des Testamentsvollstreckers erfolgt, sondern nur auf die Erben persönlich. Daß diese noch in ungeteilter Erbengemeinschaft stehen, ist mit ein Grund, daß auch der Anteil der P. S. dem Machtbereich des Testamentsvollstreckers entzogen werden muß, ebenfalls gemäß § 2208 I BGB."

**20. Die Einsetzung einer Zwangsverwaltung durch die französische Militärregierung im Saargebiet hat als Hoheitsakt einer Besatzungsmacht außerhalb des Währungsgebietes keine Wirkung für das westdeutsche Bereinigungsverfahren. — Auf das interzonale Recht sind die Grundsätze des deutschen internat. Privatrechts anzuwenden. — Auch nach deutschem internat. Privatrecht haben Hoheitsakte außerhalb des Gebietes des anordnenden Hoheitsträgers keine Wirkung. — Wertpapierrechte sind am Sitz des Ausstellers der Wertpapiere belegen.**

LG Mannheim (amerik. Zone), Beschl. v. 31. 7. 1953 — WPA 9576 und 10721: WM 1953 IV B, S. 702.

Die bei der A-Bank in S. (Saargebiet) für den Berechtigten F. verwahrten Wertpapiere, die von der Z-AG. mit Sitz in W. (Bundesgebiet) ausgestellt worden sind, wurden sowohl durch den Zwangsverwalter H. in S. als auch durch F. selbst zur Wertpapierbereinigung angemeldet. Die Zwangsverwaltung war durch das Landesamt Saar – Vermögenskontrolle – auf Anweisung der französischen Militärregierung angeordnet worden. Das LG hat die Anmeldung des Zwangsverwalters abgelehnt, die des Berechtigten F. anerkannt.

Aus den Gründen:

„Der Zwangsverwalter H. leitet seine Anmeldebefugnis aus der Tatsache her, daß das Landesamt Saar — Vermögenskontrolle — das Vermögen des F. unter Zwangsverwaltung gestellt und daß es ihn selbst zum Zwangsverwalter bestellt hat.

Die Kammer ist einer Prüfung der Rechtswirksamkeit dieser Anordnung einer Dienststelle des Saargebiets, die Enteignungsmaßnahmen einleitet oder vorbereitet, enthoben, da es sich zweifellos nicht um Maßnahmen einer Behörde oder Besatzungsmacht des Währungsgebietes handelt, auf die nach dem Grundgedanken des § 21 I Nr. 3 WBG eine wirksame Anmeldung allein gestützt werden könnte (s. Beschluß des LG Krefeld — KWB — v. 2. 11. 1951, WM 1951, 861). Abgesehen davon werden nach internat. Privatrecht, dessen Grundsätze in Deutschland auch auf das interzonale Recht anzuwenden sind, von einer Beschlagnahme oder Enteignung nur diejenigen Vermögensgegenstände erfaßt, die sich innerhalb des Machtbereiches des Staates, von dem die Maßnahme ausgeht, befinden (s. *Eichhorn*, Anm. 6 zu § 21 WBG). Für Wertpapiervermögen, das der Wertpapierbereinigung unterliegt, ist nach der herrschenden Meinung, der sich die Kammer anschließt, der Sitz des Ausstellers der Wertpapiere entscheidend: denn die das Forderungsrecht verbriefenden Wertpapiere sind am Sitz des Ausstellers belegen (s. Beschluß des LG Hannover — 1. KWB — v. 1. 2. 1952, WM 1952, 210). Da der Sitz der Z-AG., die die angemeldeten Aktien ausgestellt hat, W. (Bundesgebiet) ist, so werden diese Rechte von einer im Saarland vorgenommenen Vermögensbeschlagnahme nicht betroffen, und der Zwangsverwalter H. in Saarbrücken ist nicht zu deren Anmeldung befugt, insbesondere da eine Anmeldung des Eigentümers vorliegt."

## 5. Revisibilität lokalen Rechts

**21. Über den Katalog des § 549 I ZPO hinaus sind Rechtsnormen auch dann revisibel, wenn sie zwar von den einzelnen westdeutschen Ländern erlassen sind, aber inhaltlich übereinstimmen.**

BGH, Urt. v. 15. 12. 1951 — II ZR 108/51: BGHZ 4, 219; NJW 1952, 223; JZ 1952, 175 *(Prölss)*; LM, Nr. 7 zu § 24 UG (*Haidinger*).

Aus den Gründen:

„Das Berufungsgericht geht davon aus, daß die Renten aus Invaliditäts-Zusatzversicherungen nach der Anordnung der zuständigen Versicherungsaufsichtsbehörde, des Finanzministeriums von Württemberg-Baden, vom 31. 1. 1949 (ABl dieses Ministeriums S. 85) im Verhältnis 10:1 umzustellen seien.

Diese Vorschrift ist trotz § 549 ZPO auch vom Revisionsgericht nachprüfbar. Zwar kommt dem ihre förmliche Gesetzeskraft begründenden Akt der Landesgesetzgebung nur für den Bezirk des Berufungsgerichts Wirkung zu. Der durch sie geschaffene Rechtszustand besteht aber auch in den anderen Ländern des Bundesgebiets, weil auch in ihnen von den Versicherungsaufsichtsbehörden in dem offensichtlichen Streben nach Vereinheitlichung inhaltlich gleiche Anordnungen erlassen worden sind (vgl. *Harmening-Duden*, Währungsgesetz I 404; *Hartmann-Meisch*, Lebensversicherungsverträge in der Währungsumstellung 70). Dieser Umstand rechtfertigt es, die Revisionsfähigkeit der genannten Vorschrift zu bejahen (RGZ 154, 133 [137])."

**22. Über den Katalog des § 549 I ZPO hinaus ist auch das Recht eines Gebietes außerhalb des Bundesgebietes revisibel, wenn dieses Gebiet unter der Jurisdiktion eines gemeinsamen Revisionsgerichts steht und das Recht des Gebietes mit dem westdeutschen Bundesrecht übereinstimmt.**

BGH, Urt. v. 30. 4. 1952 — II ZR 124/51: BGHZ 6, 47; VersR 1952, 194; ZZP 1952, 486; DRsp. IV (416) 47b; LM, Nr. 7, 8 zu § 549 ZPO (*Benkard*).

Der Ehemann der Kl. hatte mit der Bekl. einen auf RM lautenden Rentenversicherungsvertrag abgeschlossen; er starb vor der Währungsreform. Während die Bekl. bis zur Währungsreform den vollen Rentenbetrag auszahlte, hat sie die Zahlungen nach der Währungsreform nur im Verhältnis von 10 : 1 geleistet. Die Kl. verlangt Zahlung nach dem Umstellungsverhältnis 1 : 1. Die Vorinstanzen in West-Berlin haben West-Berliner Währungsrecht angewendet. Das LG wies die Klage ab, das KG gab ihr statt, der BGH stellte das landgerichtliche Urteil wieder her.

Aus den Gründen:

„1. Die Kl. wendet hiergegen zunächst ein, daß die West-Berliner Umstellungsvorschriften vom Revisionsgericht nach § 549 ZPO nicht nachprüfbar seien. Dem kann nicht gefolgt werden. Richtig ist allerdings, daß das von der MilReg. der drei westlichen Sektoren Berlins erlassene Umstellungsrecht weder Bundesrecht ist, noch auch zu den in § 549 I ZPO besonders aufgeführten Rechtsgebieten gehört und daß dem seine formelle Gesetzeskraft begründenden Akt der Gesetzgebung der West-Berliner MilReg. nur für den Bezirk des Berufungsgerichts Wirkung zukommt. Die angeführten Vorschriften stimmen jedoch mit dem Umstellungsrecht des Bundes inhaltlich völlig überein. Es entsprechen: Art. 16 Ziff. 36(a) 1 (I) UVO [VOBl Berlin-West 1948 I 376] dem § 18 Nr. 1 UG, ferner Art. 21 Ziff. 50 UVO dem § 24 UG, weiter Art. 6 Ziff. 22 der DB Nr. 4 zur UVO [VOBl Berlin-West 1948 I 377] dem § 7 Ziff. 1 VVO und schließlich Ziff. I b der DB Nr. 14 zur UEVO [GVBl Berlin-West 1951, 645] dem § 1 der 47. DVO/UG. Auch im übrigen ist die Umstellung der Versicherungsansprüche für beide Gebiete in gleicher Weise geregelt [wird ausgeführt].

Es liegt auf der Hand, daß diese inhaltliche Übereinstimmung keine zufällige ist, sondern bewußt und gewollt zum Zwecke der Vereinheitlichung des Umstellungsrechts im Bundesgebiet und in West-Berlin herbeigeführt wurde. Wie der erkennende Senat bereits in dem Urteil v. 15. 12. 1951[1] im Anschluß an die Rechtsprechung des RG (RGZ 55, 316 [319]; 154, 133 [137]) ausgeführt hat, bestehen unter solchen Voraussetzungen gegen die Revisionsfähigkeit derartiger Rechtsnormen keine Bedenken. Für das Verhältnis des Rechts von West-Berlin zu dem des Bundes kann nichts anderes gelten. Berlin ist zwar kein Bundesland. Es ist aber durch Art. 8 Nr. 88 des Rechtsvereinheitlichungsgesetzes des Bundes v. 12.9.1950 (BGBl I 455) und Art. 1 und 7 Nr. 41 und 42 des Rechtsvereinheitlichungsgesetzes von Berlin v. 9. 1. 1951 (VOBl 99) der Rechtsprechung des BGH unterstellt, so daß die angeführten Rechtsgrundsätze über die Revisibilität von Landesrecht auch auf das West-Berliner Recht anwendbar sind. Dies ist auch der im neueren Schrifttum einhellig vertretene Standpunkt (*Paulsen*, JR 1951, 264; *Rilling*, NJW 1952, 205; *Stein-Jonas-Schönke*, ZPO[17] § 549 Anm. IV B 2 und 4).

Demgegenüber ist der von der Kl. angeführte Umstand, daß die wirtschaftliche Lage bei Eintritt der Währungsreform in Berlin anders gewesen sei als in der Bundesrepublik und daß sich demgemäß die Währungsreform dort auch anders ausgewirkt habe als hier, ohne Bedeutung. Soweit die besonderen Verhältnisse Berlins dem Gesetzgeber keinen Anlaß zu einer Sonderregelung gegeben haben, können sie auch für die Frage der Revisibilität des Berliner Rechts nicht von Bedeutung sein. Die Nachprüfbarkeit des West-Berliner Umstellungsrechts durch das Revisionsgericht könnte nur insoweit in Frage gestellt werden, als es ausnahmsweise in einzelnen Punkten vom Umstellungsrecht des Bundesgebietes abweichende, auf die besondere Lage Berlins zugeschnittene Sonderbestimmungen enthält. Wie

---

[1] Siehe oben Nr. 21.

bereits ausgeführt wurde, ist dies jedoch bei den für die Entscheidung des Rechtsstreits in Betracht kommenden Bestimmungen über die Umstellung von Versicherungsansprüchen nicht der Fall."

**22a. Eine Vorschrift ist nicht schon deshalb revisibel, weil sich ihr Geltungsbereich über den Bezirk des Berufungsgerichts hinaus auf ein zur Sowjetzone gehörendes Gebiet erstreckt.**

BGH, Urt. v. 21. 11. 1953 — VI ZR 21/52: NJW 1954, 558; JZ 1954, 203; LM, Nr. 23 zu § 549 ZPO.

Aus den Gründen:

„Die Nachprüfung der Frage, ob das Berufungsgericht das Berliner Recht richtig angewandt hat, ist dem Revisionsgericht entzogen (§ 549 I ZPO). Der von *Paulsen*, JR 1951, 364, vertretenen Auffassung, die Revisibilität Berliner Rechtsnormen sei schon dann gegeben, wenn dieselben Rechtsnormen im Ostsektor Berlins Geltung hätten, also auch außerhalb des Bezirks des KG (West) anzuwenden seien, kann nicht gefolgt werden. Der gesetzgeberische Grund, der dazu geführt hat, dem Revisionsgericht die Nachprüfung örtlicher Rechtsnormen zu entziehen, ist darin zu sehen, daß insoweit kein Bedürfnis besteht, eine einheitliche Rechtsanwendung durch das Revisionsgericht sicherzustellen. Ebenso wie eine Norm nicht schon deshalb revisibel ist, weil sie außerhalb des Bezirks des Berufungsgerichts auch im Ausland gilt, kann die Geltung der Norm in einem Gebiet, das infolge der gegenwärtigen staatsrechtlichen Aufspaltung Deutschlands der Jurisdiktion des BGH entzogen ist, die Revisibilität nicht begründen. Hier vermag der BGH die in § 549 I ZPO angestrebte einheitliche Rechtsprechung in dem Geltungsgebiet der Rechtsnorm nicht zu gewährleisten. Die Auffassung von *Paulsen* ist daher von *Rilling* (NJW 1952, 205 [206]) und im ZPO-Kommentar von *Stein-Jonas-Schönke*[17], IV B 4 zu § 549, mit Recht abgelehnt worden. Auch der III. ZS hat in dem Urteil v. 28. 6. 1952 — III ZR 6/50 — die Möglichkeit einer Revisibilität in einem ähnlichen Falle aus gleichen Erwägungen verneint (S. 45, 46 der Urteilsgründe, insoweit in BGHZ 3,1ff. = LM Nr. 2 zu § 35 DBG nicht abgedruckt)."

## 6. Gerichtsbarkeit gegenüber der DDR

**23. Die Rechtsverfolgung gegen die Deutsche Demokratische Republik vor einem westdeutschen Gericht ist nicht mutwillig, da, auch wenn das ergehende Urteil in der Ostzone nicht anerkannt würde, doch eine Vollstreckung in das in der Bundesrepublik gelegene Vermögen der DDR nicht ausgeschlossen wäre. — Ein westdeutsches Gericht, vor dem ein Anspruch gegen die DDR geltend gemacht wird, für den nach ostdeutschem Recht der Rechtsweg ausgeschlossen ist, ist an diese Bestimmung nicht unbedingt gebunden.**

OLG Hamburg (brit. Zone), Beschl. v. 20. 12. 1951 — 1 W 278/51: *GmbH-Rdsch. 1952, 44; AZGB Nr. 156, No. 706; BB 1952, 42.

Der ASt. hatte das Armenrecht für eine Klage gegen die DDR, vertreten durch das Ministerium für Handel und Materialversorgung, Berlin-Ost, mit der Begründung beantragt, Hamburg sei als Gerichtsstand vereinbart worden. Geltend gemacht werden sollte eine Kaufpreisforderung für Waren, die an einen volkseigenen Betrieb in P. (sowjet.) im Jahre 1949 geliefert worden waren. Den das Armenrecht versagenden Beschluß des LG hob das OLG auf.

Aus den Gründen:

„Der Ansicht des LG, daß die beabsichtigte Rechtsverfolgung mutwillig sei, kann nicht beigetreten werden. Es steht durchaus dahin, ob der ASt. aus einem etwa zu seinen Gunsten ergehenden Urteil nicht vielleicht doch in der Bundesrepublik gegen die AGg. vollstrecken lassen könnte. Auf die Frage, ob das Urteil in der Sowjetzone anerkannt werden würde, käme es dann nicht an. Zweifel an der Passivlegitimation der AGg. werden im Armenrechtsverfahren nicht abschließend geklärt werden können. Wenn auch nach der Rechtsprechung sowjetzonaler Gerichte für Klagen gegen volkseigene Betriebe der ordentliche Rechtsweg unzulässig sein mag, so hindert das nicht, daß diese Frage durch die Gerichte der Bundesrepublik anders beurteilt wird. Im Hinblick auf die Unsicherheit der Rechtslage erscheint es jedenfalls angebracht, insoweit bestehende Bedenken bei der Entscheidung über das Armenrechtsgesuch des ASt. zurückzustellen."

**24. Westdeutsche Gerichte sind für eine Klage gegen die DDR zuständig, wenn diese sich ausdrücklich damit einverstanden erklärt hat. — Die Frage, ob für einen Anspruch gegen die DDR der Rechtsweg zulässig ist, beurteilt sich nach westdeutschem Recht. — Für Ansprüche gegen einen volkseigenen Betrieb, der einer ostdeutschen Stadtgemeinde übertragen wurde, haftet nicht die DDR; auch das Weisungsrecht der DDR für diese Betriebe begründet keine Haftung für deren Verbindlichkeiten.**

LG Hamburg (brit. Zone), Urteil v. 4. 4. 1952 — 3 O 348/51: *unveröff.

Der früher in der Ostzone als Unternehmer ansässige Kl. hatte im Mai 1949 Waren an eine Bürstenmacherei geliefert, ohne Bezahlung zu erhalten. Die Bürstenmacherei war nach den SMA-Befehlen Nr. 124/1945 und Nr. 64/1948 enteignet und im April 1949 im Handelsregister gelöscht worden. Im August 1949 wurde der Betrieb vom Kommunalwirtschaftsunternehmen der Stadt Parchim (Ostzone) übernommen. Dieser Betrieb lehnte die Erfüllung der Verbindlichkeit aus dem Kaufvertrage ab. Der Kl. klagt nunmehr gegen die DDR wegen der Zahlung des Kaufpreises mit der Behauptung, daß die Bekl. Eigentümerin des Betriebes sei. Das LG wies die Klage mangels Passivlegitimation ab.

Aus den Gründen:

„Da die Bekl. sich mit dem Hamburger Gerichtsstand ausdrücklich einverstanden erklärt hat, bestehen keine Bedenken gegen die Zuständigkeit des angerufenen Gerichts.

Es kann dahingestellt bleiben, ob das OLG Gera in seinem Urteil v. 10. 3. 1950 (NJ 1950, 320) den Rechtsweg für Klagen gegen volkseigene Betriebe mit Recht für ausgeschlossen erklärt hat. Soweit die volkseigenen Betriebe mit in Westdeutschland ansässigen Personen Handel treiben, aus diesbezüglichen Geschäften vor Gerichten der Bundesrepublik verklagt werden und sich mit dem Gerichtsstand einverstanden erklären, müssen sie es sich gefallen lassen, daß westliche Rechtsbegriffe Anwendung finden.

Nach westlichen Rechtsvorstellungen können Handelsgeschäfte aber nur auf privatrechtlicher Basis abgeschlossen und erfüllt werden. Hieraus folgt nach § 13 GVG die Zulässigkeit des ordentlichen Rechtsweges. Daraus, daß die Bekl. gegen die Zuständigkeit des LG Hamburg keine Einwendungen erhoben hat, muß gefolgert werden, daß sie das Geschäft mit dem Kl. als auf privatrechtlicher Grundlage abgeschlossen gelten lassen will. Es ist anerkannten Rechts, daß jede öffentlich-rechtliche Körperschaft sich zur Erfüllung ihrer Aufgaben auf den Boden des Privatrechts begeben kann.

Sachlich ist die Klage jedoch unbegründet, weil es an der Passivlegitimation der Bekl. fehlt. Es kann nach dem Vorbringen der Parteien nicht festgestellt werden, daß die Bürstenmacherei Parchim im Eigentum der Bekl. steht. Die volkseigenen Betriebe als solche besitzen keine Rechtspersönlichkeit. Rechtsfähig sind nur die auf fachbetrieblicher Grundlage gebildeten Vereinigungen volkseigener Betriebe. Diese sind nach SMAD-Befehl Nr. 76/48 Anl. A I 1 (ZVOBl 1948, 143) Anstalten des öffentlichen Rechts. Die volkseigenen Betriebe bilden nur unselbständige Teile der Vereinigungen volkseigener Betriebe. Es ist jedoch auch möglich, daß ein volkseigener Betrieb auf kommunalwirtschaftlicher Ebene übernommen wird (vgl. *Barth*, NJ 1948, 146 II 2). Schließlich können nach dem Vortrag der Bekl. auch Länder der DDR und diese selbst Eigentümer volkseigener Betriebe sein. Der Kl. hat im vorliegenden Fall nicht dargelegt, auf Grund welcher Anordnungen die Bürstenmacherei Parchim gerade in das Eigentum der Bekl. übergegangen ist. Die Bekl. hat vielmehr unwiderlegt vorgetragen, daß die Bürstenmacherei Parchim vom Kommunal-Wirtschaftsunternehmen der Stadt Parchim übernommen worden sei. Daraus, daß volkseigene Betriebe nach den Weisungen der Bekl. zu arbeiten haben, kann nicht geschlossen werden, daß die Bekl. auch Eigentümerin aller volkseigenen Betriebe ist. Das Weisungsrecht der Bekl. ergibt sich aus der in der Ostzone in weitem Umfange bestehenden Zwangswirtschaft."

**25. Die DDR kann nicht ohne weiteres als selbständiger ausländischer Staat angesehen werden, der in der Bundesrepublik das Vorrecht der Exterritorialität genießt. — Es ist fraglich, ob die Exterritorialität eines ausländischen Staates auch für Ansprüche gilt, die aus seiner bürgerlichrechtlichen Beteiligung am Wirtschaftsverkehr entstanden sind. — Die Betätigung der DDR in den volkseigenen Betrieben kann als Beteiligung am Wirtschaftsverkehr betrachtet werden. — Bei Zweifeln über die Exterritorialität der beklagten Partei hat der Vorsitzende eines Gerichts einen Termin zur Verhandlung über das Bestehen der Exterritorialität anzuberaumen.**

OLG Braunschweig (brit. Zone), Beschl. v. 27. 10. 1953 — 1 W 165/53: *AZGB Nr. 171, No. 781; JR 1954, 263.

Die Kl., eine Bergwerks-AG. mit Sitz in H. (Bundesrepublik), nimmt die DDR als Bekl. auf Schadensersatz in Anspruch. Sie behauptet, daß sie auf Grund besonderer Abmachungen der beteiligten Militärverwaltungen ihre jenseits der Zonengrenze gelegenen Bergwerke weiter ausbeuten durfte. Die zu diesem Zweck auf jene Anlagen verbrachten Maschinen habe die Bekl. durch ihre Polizeiorgane im Mai 1952

**im Zuge der totalen Absperrung der Zonengrenze enteignen lassen. Die Kl. hat bestimmte Vermögenswerte der Bekl. im Gebiet der Bundesrepublik benannt, aus denen sie ihren Schadensersatzanspruch befriedigen könne.**

**Der Vorsitzende der zuständigen Zivilkammer des LG hat die Bestimmung eines Termins zur mündlichen Verhandlung abgelehnt, da die Bekl. exterritorial sei. Auf die Beschwerde der Kl. hat das OLG den Vorsitzenden angewiesen, Termin zur mündlichen Verhandlung anzuberaumen.**

Aus den Gründen:

„Eine dem Gericht eingereichte Klageschrift hat der Vorsitzende, der gemäß § 216 II ZPO Termin zur mündlichen Verhandlung zu bestimmen hat, darauf zu prüfen, ob sie den förmlichen Erfordernissen entspricht und ob ihr unheilbare Mängel anhaften, die eine Verhandlung und Entscheidung von vornherein ausschließen. Die Prüfung erstreckt sich nicht auf die Prozeßvoraussetzungen, deren etwaige Mängel heilbar sind, worüber auch das Gericht auf Grund mündlicher Verhandlung zu entscheiden hat (vgl. *Baumbach*, ZPO[21], Anm. 2, *Stein-Jonas-Schönke*, ZPO[17], Anm. II 2 zu § 216 ZPO).

Nach einer in Lehre und Rechtsprechung vertretenen Ansicht nimmt die Gerichtsbarkeit im Sinne einer Gerichtsunterworfenheit exterritorialer Personen bei dieser Prüfung eine Sonderstellung ein. Da alle gerichtlichen Handlungen gegen die der Gerichtsbarkeit nicht unterworfenen Personen unwirksam seien, habe der Vorsitzende, so wird gelehrt, schon die Terminsbestimmung gegen Exterritoriale, wenn ihre Eigenschaft als Exterritoriale ersichtlich sei, abzulehnen (so vor allem *Stein-Jonas-Schönke*, Anm. II 3 zu § 216 ZPO; *Rosenberg*, Lehrbuch des Zivilprozeßrechts[5], § 16 II 1a S. 66; sowie HansOLG Hamburg in MDR 1953, 109). Von der Gegenmeinung wird dagegen geltend gemacht, daß die Terminsbestimmung gegen Exterritoriale nicht abgelehnt werden dürfe, weil diese die Möglichkeit hätten, sich der deutschen Gerichtsbarkeit zu unterwerfen, die Terminsbestimmung auch noch kein Akt der Gerichtsbarkeit gegenüber dem zu Ladenden sei, sondern lediglich die Erklärung der Bereitwilligkeit zur Entscheidung. Schließlich könne es nicht wohl in der Zuständigkeit des Vorsitzenden stehen, die nicht immer von vornherein klar zu beantwortende Frage der Gerichtsunterworfenheit zu entscheiden (vgl. *Baumbach*, Anm. 2 A, *Seuffert-Walsmann*, ZPO[12], Anm. 2 zu § 216 ZPO; ferner *Schönke*, Zivilprozeßrecht[7], § 46 I 1c S. 181; *Riezler*, Internat. Zivilprozeßrecht [1949] 320 und 360; *Kann*, JW 1910, 177; KG, ZZP 51, 280 = HRR 1925 Nr. 1817; RGZ 157, 394).

Im vorliegenden Fall muß der letztgenannten Ansicht gefolgt werden. Zwar erstreckt sich die deutsche Gerichtsbarkeit — abgesehen von dem Fall des § 20 GVG — gemäß § 18 GVG nicht auf Personen, die nach den allgemein anerkannten Regeln des Völkerrechts von der deutschen Gerichtsbarkeit befreit sind. Hierzu gehören die ausländischen Staaten (vgl. *Baumbach*, Anm. 1 zu § 18 GVG; *Stein-Jonas-Schönke*, Vorb. V 3 vor § 1 ZPO; *Rosenberg*, Lehrbuch[5] S. 65), zumindest insoweit, als sich ein geltend gemachter Anspruch auf hoheitliche Maßnahmen des ausländischen Staates gründet (vgl. HansOLG aaO.; LG Kiel, MDR 1953, 489). Es mag auch zutreffen, daß es dem Sinn der Freistellung souveräner Staaten von fremder Gerichtsbarkeit zuwiderläuft, wenn diese auf Grund einer Terminsbestimmung zur Vermeidung von Rechtsnachteilen gezwungen wären, sich vor Gerichten anderer Staaten vertreten zu lassen, um die Freiheit von der Gerichtsbarkeit geltend zu machen (MDR 1953, 109). Das ist jedoch hier nicht entscheidend, da die Frage der Gerichtsunterworfenheit selbst nicht von vornherein so klar beurteilt werden kann, daß es Sache des Vorsitzenden sein kann, sie zwecks Entscheidung über die Terminsanberaumung abschließend zu prüfen.

Die Bekl. kann nicht ohne weiteres als ein selbständiger ausländischer Staat angesehen werden. Zwar hat der BGH die entsprechende Anwendung des § 23 ZPO, der den Gerichtsstand des Vermögens gegenüber Personen begründet, die im Inland keinen Wohnsitz haben, bei Klagen gegen in der DDR wohnende Personen zugelassen. Der BGH hat dabei aber betont, daß das Gebiet der DDR nicht Ausland im Sinne des § 23 ZPO, daß also § 23 ZPO nicht unmittelbar, sondern nur entsprechend anzuwenden sei (BGHZ 4, 62 [66—68][1]). Die Bundesrepublik ist, so hat ferner das Bundesverfassungsgericht ausgeführt (NJW 1953, 1058), der berufene und allein handlungsfähige Teil Gesamtdeutschlands, der staatlich wiederorganisiert werden konnte; sie hat sich als diejenige Staatsorganisation des Gesamtstaates legitimiert, die allein bisher in Freiheit errichtet werden konnte.

Diese Auffassung entspricht dem im Grundgesetz zum Ausdruck kommenden Standpunkt der nach wie vor bestehenden rechtlichen Einheit Gesamtdeutschlands einschließlich der sowjet. Besatzungszone (vgl. *v. Mangoldt*, Das Bonner Grundgesetz [1953] 29ff., 668) und läßt es mindestens fraglich erscheinen, ob der Bekl. als ein selbständiger ausländischer Staat angesehen werden kann, dem im Verhältnis zu den Gerichten der Bundesrepublik die Stellung eines Exterritorialen zukommt. In Übereinstimmung damit ist vom OLG Hamburg eine Klage gegen die DDR als Rechtsträgerin des sogenannten Volkseigentums nicht als unzulässig und mutwillig angesehen worden (Beschluß v. 20. 12. 1951[2]). Im übrigen wird auch zu erwägen sein, ob die Betätigung der Bekl. in den volkseigenen Betrieben überhaupt Hoheitsverwaltung oder nicht vielmehr eine bürgerlich-rechtliche Beteiligung am Wirtschaftsverkehr ist und ob auch in diesem zweiten Falle ein fremder Staat von der inländischen Gerichtsbarkeit ausgenommen wäre (vgl. *Rosenberg* § 16 I 2 S. 65; *Schönke*, Zivilprozeßrecht[7], § 15 II 3 S. 63; *Riezler*, Internat. Zivilprozeßrecht S. 387; *Stein-Jonas-Schönke*, Vorb. V A 3 vor § 1; LG Kiel, MDR 1953, 489).

Diese Erwägungen zeigen, daß die Exterritorialität der Bekl. nicht von vornherein feststeht. Die Entscheidung darüber kann nicht allein dem Vorsitzenden obliegen. Vielmehr muß sie dem Gericht vorbehalten bleiben, das zwar im Falle der Gerichtsfreiheit nicht verhandeln darf, wohl aber darüber verhandeln kann, ob Gerichtsfreiheit besteht (vgl. *Riezler* aaO. sowie RGZ 157, 394). Es besteht zumindest in diesem Fall ein praktisches Bedürfnis, über die Gerichtsunterworfenheit als eine selbständige Prozeßvoraussetzung in entsprechender Anwendung des § 275 ZPO durch ein Zwischenurteil zu entscheiden, das hinsichtlich der Rechtsmittel wie ein Endurteil anzusehen sein wird (vgl. RGZ 157, 394)."

[1] Siehe unten Nr. 467. [2] Siehe oben Nr. 23.

# II. PERSONENRECHT

## 1. Geschäftsfähigkeit und Ehemündigkeit

*Vorbemerkung: Die DDR setzte durch Gesetz vom 17. 5. 1950 das Volljährigkeitsalter von 21 auf 18 Jahre herab. Die folgenden Fälle behandeln die Auswirkungen dieses Gesetzes auf die Geschäftsfähigkeit (Nr. 26), die Prozeßfähigkeit (Nr. 27), die gesetzliche Vertretungsbefugnis des Vaters (Nr. 29) sowie für die Anordnung der Vormundschaft (Nr. 30) und der Fürsorgeerziehung (Nr. 28, 29a, 31). Wegen der Folgen des Gesetzes für die Ehemündigkeit siehe die Nrn. 32—35.*

**26. Die Geschäftsfähigkeit einer Person bestimmt sich im interzonalen Recht nach dem Wohnsitz der Person. — Die einmal erworbene Geschäftsfähigkeit geht nicht durch einen Wohnsitzwechsel verloren. — Hielt sich ein Jugendlicher bei Erlaß des ostzonalen Volljährigkeits-Gesetzes v. 17. 5. 1950 in West-Berlin auf, bestand jedoch sein gesetzlicher Wohnsitz in der Ostzone fort, so ist er mit Inkrafttreten des Gesetzes volljährig geworden.**

LG Berlin (West), Beschl. v. 19. 7. 1950 — 24 T 912/50: JR 1950, 728; Auszug in DRsp. I (181) 16e.

Aus den Gründen:

„Der ASt. ist seit 11. 9. 1949 in West-Berlin gemeldet; er hat nach seiner glaubhaften Angabe bis dahin in der Ostzone gewohnt. Einen Wohnsitz im Rechtssinne konnte er im September oder Oktober 1949 als Minderjähriger in West-Berlin nicht nehmen, vielmehr teilte er nach § 11 BGB den Wohnsitz seines abwesenden Vaters in N. Dort gilt das Gesetz der DDR v. 17. 5. 1950 (GBl DDR 437), wonach die Volljährigkeit bereits mit Vollendung des 18. Lebensjahres eintritt. Das Gesetz beeinflußt auch die beschränkte Geschäftsfähigkeit des ASt., da sein Wohnsitz im Zeitpunkt des Inkrafttretens des Gesetzes in dessen Geltungsbereich bestand. Seit diesem Zeitpunkt ist der ASt. also volljährig. Diese Rechtsstellung kann er durch seinen, wenn auch vorher bewirkten Zuzug nach West-Berlin nicht verlieren. Diese Rechtslage ergibt sich aus der entsprechenden Anwendung des Art. 7 I EGBGB, wonach die Geschäftsfähigkeit einer Person nach den Gesetzen des Staates beurteilt wird, dem die Person angehört. Dieser Rechtssatz des Internat. Privatrechts muß angesichts der Verschiedenheit des Rechtszustandes in den einzelnen Besatzungszonen entsprechend auf den vorliegenden Fall angewendet werden. An Stelle der Staatsangehörigkeit, die nach Art. 7 I aaO. für die Beurteilung der Geschäftsfähigkeit maßgebend ist, muß bei der Abweichung der Zonengesetze der Wohnsitz als entscheidend angesehen werden. Dieser Wohnsitz bestand aber bis zum Inkrafttreten des Gesetzes im Rechtssinne in der Ostzone. Mit Inkrafttreten des Gesetzes ist der ASt. nach § 7 BGB zur Begründung eines selbständigen Wohnsitzes befugt. Sein Verbleiben in West-Berlin seit diesem Zeitpunkt, das ersichtlich seinem nunmehr erheblichen rechtsgeschäftlichen Willen entspricht, sich hier ständig niederzulassen, ist als Begründung des Wohnsitzes des ASt. in West-Berlin anzusehen. Dadurch wird aber die einmal erworbene Geschäftsfähigkeit des ASt. nicht beeinträchtigt. Diese Feststellung ergibt sich aus der entsprechenden Anwendung des Abs. 2 des Art. 7 EGBGB, die aus den gleichen Erwägungen gerechtfertigt erscheint wie die vorherige Heranziehung des Abs. 1 aaO.

Wenn nach der Vorschrift des Art. 7 aaO. dem Wechsel der Staatsangehörigkeit kein Einfluß auf die vorhandene Volljährigkeit eingeräumt wird, so muß vorliegend dasselbe bei einem Wohnsitzwechsel gelten, der aus einem Ort des einen in einen solchen des anderen Rechts stattfindet."

**27. Die Grundsätze des deutschen internat. Privatrechts sind auf das interzonale Recht entsprechend anzuwenden. — (Die Geschäftsfähigkeit einer Person richtet sich nach dem Recht ihres Wohnsitzes. —) Die Anwendung des ostdeutschen Volljährigkeitsgesetzes in Westdeutschland verstößt nicht gegen den westdeutschen ordre public.**

ArbG Hildesheim (brit. Zone), Urt. v. 1. 12. 1950 — II Ca 937/50: *unveröff.

Gegen den Klageanspruch des in der Ostzone wohnhaften Kl. erhob der Bekl. die Einrede der mangelnden Prozeßfähigkeit. Das ArbG wies diese Einrede zurück.

Aus den Gründen:

„Der von dem Bekl. vorgetragene Einwand der mangelnden Prozeßfähigkeit des Kl. ist nicht begründet. Nach dem Gesetz v. 17. 5. 1950 sind Personen nach Vollendung des 18. Lebensjahres in der DDR volljährig. Damit erlangen sie auch die unbeschränkte Prozeßfähigkeit . . .

Die Frage, ob der Kl. durch das in der DDR geltende Gesetz auch in der Bundesrepublik als volljährig und damit als prozeßfähig anzusehen ist, ist nach den Bestimmungen des sogenannten internat. Privatrechts (Art. 7—31 EGBGB) zu beurteilen. Der Art. 7 bestimmt, daß die Geschäftsfähigkeit einer Person nach den Gesetzen des Staates sich beurteilt, dem die Person angehört. Der Art. 30 EGBGB bestimmt weiter, daß die Anwendung von ausländischen Gesetzen ausgeschlossen ist, wenn die Auslegung [richtig wohl: Anwendung] gegen die guten Sitten oder die Ausführung eines deutschen Gesetzes verstoßen würde. Bei dem Verhältnis der DDR zur Bundesrepublik kann es zweifelhaft sein, ob in diesem Sinne von internat. Privatrecht die Rede sein kann.

Die Rechtsprechung hat sich jedoch dahin entschieden, daß diese Bestimmungen des EGBGB auch auf die Beziehungen zwischen Ost- und Westzone anzuwenden sind. Infolgedessen gilt auch in der Bundesrepublik der Kl. gem. Art. 7 EGBGB als volljährig und damit als prozeßfähig. Das in der DDR unter dem 17. 5. 1950 erlassene Gesetz kann auch im Hinblick auf den Art. 30 EGBGB nicht als ein Gesetz angesehen werden, das gegen die guten Sitten verstößt, da § 3 BGB die Volljährigkeitserklärung nach Vollendung des 18. Lebensjahres ausdrücklich, wenn auch durch Beschluß des Vormundschaftsgerichts, vorsieht."

**28. Die Grundsätze des interlokalen Privatrechts sind aus den Bestimmungen des deutschen internat. Privatrechts abgeleitet. — An die Stelle der Staatsangehörigkeit tritt als Anknüpfungspunkt für das Personalstatut der gewöhnliche Aufenthalt. — Die Anwendung des ostdeutschen Volljährigkeitsgesetzes in Westdeutschland verstößt nicht gegen den westdeutschen ordre public.**

AG Solingen (brit. Zone), Beschl. v. 18. 12. 1950 — 8 VII 20289: MDR 1951, 238; Leitsatz in DRsp. I (181) 22c.

Gegen einen Jungen, der seit der Vollendung seines 17. Lebensjahrs im Jahre 1949 seinen gewöhnlichen Aufenthalt in den Westzonen hat, ohne seinen Wohnsitz in der Ostzone aufgegeben zu haben, schwebte ein Fürsorgeerziehungsverfahren vor dem zuständigen AG in der Ostzone. Dieses hob das Verfahren auf, da der Junge auf Grund des ostdeutschen Gesetzes v. 17. 5. 1950 volljährig geworden sei. Auf den Antrag einer westdeutschen Behörde, ein neues Fürsorgeerziehungsverfahren einzuleiten, bestellte das AG Solingen dem Jungen einen Vormund.

Aus den Gründen:

„Vor Anordnung der Vormundschaft ist daher zu entscheiden, ob und inwieweit das in Ostdeutschland erlassene Gesetz über die Herabsetzung des Volljährigkeitsalters im Westen anzuwenden ist. Die Entscheidung der Frage ist aus den Grundsätzen des interlokalen Privatrechts zu entnehmen, die aus den Bestimmungen des deutschen internat. Privatrechts abzuleiten sind; Art. 7ff. EGBGB. Da das Kriterium der Staatsangehörigkeit im interlokalen Recht keine Anwendung finden kann, ist nach durchweg anerkannter Auffassung an die Stelle der Staatsangehörigkeit als Anknüpfungspunkt der Wohnsitz oder gewöhnliche Aufenthaltsort der betreffenden Person getreten (vgl. *Raape*, IPR$^3$ [1950] 105ff. und *E. Wolff* in: Festschrift für Raape 187, der mit überzeugender Begründung den Aufenthaltsort als maßgebend ansieht). Demnach kommen in den Fällen, in denen nach den Grundsätzen des internat. Privatrechts die Gesetze des Staates für maßgebend erklärt sind, dem eine Person angehört, die für den Wohnsitz oder gewöhnlichen Aufenthaltsort einer Person geltenden Gesetze zur Anwendung. Die Anwendung dieser Grundsätze hat zur Folge, daß ein Minderjähriger, der seinen gewöhnlichen Aufenthalt in Ostdeutschland hat, und dort das 18. Lebensjahr vollendet, volljährig wird. Verlegt er nach der Vollendung des 18. Lebensjahres seinen gewöhnlichen Aufenthalt nach Westdeutschland, so behält er auch hier gem. Art. 7 II EGBGB die rechtliche Stellung eines Volljährigen. Die Anerkennung des Gesetzes v. 17. 5. 1950 widerspricht auch nicht dem in Westdeutschland geltenden ordre public (Art. 30 EGBGB); denn wenn ein Ausländer, der nach deutschen Gesetzen noch minderjährig sein würde, im Inland gem. Art. 7 II EGBGB die rechtliche Stellung eines Volljährigen behält, z. B. Heirat einer 18jährigen Ausländerin mit einem Deutschen, so zeigt diese Vorschrift deutlich, daß es nicht gegen den Zweck eines deutschen Gesetzes verstößt, wenn ein 18jähriger die rechtliche Stellung eines Volljährigen besitzt. Hat der Minderjährige dagegen seinen gewöhnlichen Aufenthalt vor der Vollendung des 18. Lebensjahres nach Westdeutschland verlegt, so ist das hier geltende Recht anzuwenden."

**29. Das ostzonale Gesetz über die Herabsetzung des Volljährigkeitsalters ist im Wertpapierbereinigungsverfahren anzuwenden. — Anknüpfungspunkt ist der Wohnsitz einer Person.**

LG München I (amerik. Zone), Beschl. v. 25. 1. 1952 — 2 W P 813: WM 1952 IV B, S. 334.

Aus den Gründen:

„Die Anmeldung hat der Vater der — am 31. 7. 1931 geborenen — Anmelderin vorgenommen; von ihm stammt auch die eidesstattliche Versicherung vom 29. 5. 1951. Damit ist die Kammer genötigt, seine Vertretungsbefugnis zu prüfen ... Die Anmelderin hat ihren Wohnsitz in der sowjet. besetzten Zone. Dort tritt nach dem Gesetz über die Herabsetzung des Volljährigkeitsalters v. 17. 5. 1950 (GBl DDR 1950, 437) die Volljährigkeit mit Vollendung des 18. Lebensjahres ein (vgl. *Keidel*, FGG § 56 Anm. 1). Daß die von der ostzonalen Gesetzgebung verliehene Volljährigkeit in der Bundesrepublik anzuerkennen ist, bejaht die überwiegende Meinung in der Literatur und vor allem der Rechtsprechung (vgl. z. B. KG 29. 3. 1951[1]; OLG Düsseldorf 12. 6. 1951[2] mit ausführlicher Literaturangabe). Die Kammer schließt sich dieser Ansicht an. Es ist nicht zu erkennen, daß Besonderheiten des Bereinigungsverfahrens die übereinstimmende Beurteilung dieser Frage ausschließen könnten. Somit war die Anmelderin bei der Vornahme der Anmeldung durch ihren Vater schon voll geschäftsfähig. Die Anmeldestelle hat deshalb die Rechtslage richtig gewürdigt, als sie von der Anmelderin noch eine Vollmachtsurkunde für den Vater und eine eidesstattliche Versicherung der Anmelderin angefordert hat.“

**29a. Das Gericht am Wohnsitz eines Minderjährigen ist für die Anordnung der endgültigen Fürsorgeerziehung ausschließlich zuständig, auch wenn der Wohnsitz des Kindes in der Sowjetzone liegt. — Das ostzonale Gesetz über die Herabsetzung des Volljährigkeitsalters wird im Bundesgebiet anerkannt. — Anknüpfungspunkt für das Personalstatut ist im interzonalen Recht der Wohnsitz oder der gewöhnliche Aufenthalt einer Person. — Der Eintritt der Volljährigkeit eines Minderjährigen, dessen Wohnsitz sich in der Ostzone befindet, richtet sich auch dann nach sowjetzonalem Recht, wenn sich der Jugendliche zur Zeit der Vollendung seines 18. Lebensjahres zufällig im Bundesgebiet aufhält.**

LG Bonn (brit. Zone), Beschl. v. 24. 10. 1952 — 4 T 979/52: ZBlJR 1954, 58.

Das AG E. (brit.) hatte über das minderjährige Mädchen B. im November 1952 gemäß § 67 RJWG die vorläufige Fürsorgeerziehung angeordnet, da B. mittel- und obdachlos aufgegriffen worden war. Im Januar 1952 stellte es sich heraus, daß die Eltern der B. nicht, wie sie selbst angegeben hatte, gestorben waren, sondern noch in N. (sowjet.) lebten. Daraufhin bat B., zu ihren Eltern zurückkehren zu können. Trotzdem ordnete das AG E. die endgültige Fürsorgeerziehung an. Das LG gab der Beschwerde gegen diese Entscheidung statt.

---

[1] Siehe unten Nr. 33. [2] Siehe unten Nr. 35.

Aus den Gründen:

„Dessen [des Gerichts in N.] örtliche Zuständigkeit ergibt sich aus §§ 43, 36 FGG, weil die Minderjährige in N. noch ihren Wohnsitz hatte und somit noch als Ostzonenbewohnerin anzusehen ist, denn den Willen, einen Wohnsitz in den Westzonen zu begründen, hatte sie nicht. Vielmehr hat sie bei ihrer Anhörung zur Frage der Unterbringung in die endgültige Fürsorgeerziehung einen entgegenstehenden Willen geäußert, indem sie den Wunsch aussprach, zu ihren Eltern zurückkehren zu können. Somit war ab 23. 1. 1953 das AG N. für die Anordnung der endgültigen Fürsorgeerziehung ausschließlich zuständig und das AG E. war im Zeitpunkt seiner Beschlußfassung unzuständig (*Riedel*, aaO., § 68, Anm. 2, S. 305). Weiterhin war in diesem Zeitpunkt von dem Erstrichter zu prüfen, ob überhaupt die Voraussetzungen des § 63 RJWG noch vorlagen, nach denen nur eine Minderjährige in endgültige Fürsorgeerziehung überwiesen werden kann. Nach § 1 des Gesetzes der DDR vom 17. 5. 1950 über die Herabsetzung der Volljährigkeit wird jeder Ostzonenbewohner schon mit Vollendung des 18. Lebensjahres volljährig, wenn er im Gebiet der DDR oder in Ost-Berlin seinen gewöhnlichen Aufenthalt hat. Dieser Eintritt der Volljährigkeit bei einem 18jährigen Ostzonenbewohner wird von dem überwiegenden Teil der Rechtsprechung und Rechtslehre in der Deutschen Bundesrepublik anerkannt. Dabei stützt man sich auf die Bestimmungen des internationalen und des interlokalen Privatrechts und läßt insoweit das ostzonale Recht unter entsprechender Anwendung des § 7 II EGBGB teils nach dem Personalstatut des gewöhnlichen und teils nach dem Personalstatut des gesetzlichen Wohnsitzes gelten. (Vgl. die Literaturhinweise bei *Riedel*, aaO., § 43, Anm. 5a, S. 175 und Vorbem. 7b, S. 27; *Palandt*[10] [1952] Vorbem. 14g ff. zu 7 EGBGB; DRsp. I (110) 1 zu § 2 BGB.)

Für die Kammer war kein Grund ersichtlich, von dieser herrschenden Meinung abzuweichen und die ostzonale Volljährigkeit nicht auch für die Fürsorgeerziehung anzuerkennen. Zwar befand sich die Minderjährige, die Ostzonenbewohnerin ist, weil sie noch in N. ihren Wohnsitz hat, zufällig in der Westzone, als sie am 28. 11. 1952 ihr 18. Lebensjahr vollendete. Aber auch in diesem Falle ist nach Ansicht der Kammer der Eintritt der Volljährigkeit zu bejahen (*Riedel*, aaO., § 43, Anm. 5a, S. 175). Somit durfte gemäß §§ 63 I, 1; 72a I, 1 RJWG der Beschluß des AG E. auf Anordnung der endgültigen Fürsorgeerziehung auch aus diesem Grunde nicht ergehen. Außerdem wäre für den Antrag auf Überweisung in die endgültige Fürsorgeerziehung das Jugendamt N. allein zuständig gewesen, weil die K. dort ihren gewöhnlichen Aufenthalt hatte, §§ 65, I, 1; 7 RJWG (*Riedel*, aaO., § 65, Anm. 4, S. 280). Das Jugendamt E. war somit wegen Unzuständigkeit für die endgültige Fürsorgeerziehung nicht antragsberechtigt.“

**30.** **Das Jugendamt hat gegen das 1931 geborene Mädchen S., das, 1950 aus der Ostzone gekommen, als Obdach- und Arbeitslose in der Westzone aufgegriffen wurde, vormundschaftsgerichtliche Maßnahmen beantragt. AG, LG und OLG lehnten den Antrag ab.**

**a) Das ostdeutsche Volljährigkeitsgesetz hat, da es in der Ostzone tatsächlich gilt und den Vorstellungen der Menschheit nicht absolut zuwiderläuft, die Qualität eines „Rechts"-Satzes. — Auf das interzonale Recht sind die Grundsätze des deutschen internat. Privatrechts entsprechend anzuwenden. — An die Stelle der Staatsangehörigkeit tritt als Anknüpfungspunkt des Personalstatuts der gewöhnliche Aufenthalt. — Die Anwendung des ostdeutschen Volljährigkeitsgesetzes in Westdeutschland verstößt nicht gegen den westdeutschen ordre public.**

LG Hannover (brit. Zone), nicht rechtskr. Beschl. v. 9. 1. 1951 — 9 T 363/50: NdsRpfl. 1951, 161; NJW 1951, 199; Auszug in DRsp. I (181) 18b.

Aus den Gründen:

„Es steht fest, daß das Gesetz v. 17. 5. 1950 über die Herabsetzung des Volljährigkeitsalters tatsächlich innerhalb des Territoriums der Ostzone als Recht gilt. Es geht nicht an, diesem Gesetz wegen seiner Entstehung die Geltung als Recht abzusprechen . . . Eine Unterscheidung von Hoheitsnormen dahin, ob sie als Recht oder Nichtrecht anzusehen sind, ist in der Regel nur nach den Inhalten der Normen möglich. In dieser Beziehung läßt sich aber nicht sagen, daß die Herabsetzung des Volljährigkeitsalters auf 18 Jahre den Vorstellungen der Menschheit derart zuwider laufe, daß man das sie herbeiführende ‚Gesetz' nicht als Recht ansehen könnte. Es ist hier nicht die Aufgabe, die staatsrechtliche Stellung der Ostzonenregierung zu erörtern. Wenn sie ihre Befugnisse nicht aus der Volkssouveränität herleiten kann, so entnimmt sie ihre Rechte aus der Hoheit der Besatzungsmacht, die nach den geltenden Anschauungen auch in der Westzone anerkannt wird. Kraft solchen ‚verdeckten Besatzungsrechtes' kann die Ostzonenregierung ebenso in das Reichsrecht eingreifen, wie dies vor der Entstehung der Bundesrepublik die von den westlichen Besatzungsmächten eingesetzten Organe, z. B. das Zentraljustizamt und der Wirtschaftsrat, tun konnten.

Wieweit eine Änderung des Reichsrechts, die innerhalb der Territorialhoheit der Ostzone gilt, auch in der Westzone anzuerkennen ist, richtet sich nach den Grundsätzen des interzonalen Privatrechts, wie sie im Laufe der letzten Jahre entwickelt und allgemein anerkannt sind. Es ist infolgedessen auf S. der Art. 7 EGBGB sinngemäß anzuwenden. Nach Abs. I dieses Artikels wird die Geschäftsfähigkeit einer Person nach den Gesetzen des Staates beurteilt, dem die Person angehört. Bei dem engen Zusammenhang zwischen Geschäftsfähigkeit und Volljährigkeit, wie er sich aus dem Zusammenhang der einzelnen Absätze des Art. 7 ergibt, läßt es sich rechtfertigen, für die Beurteilung der Volljährigkeit auch diesen Abs. I heranzuziehen. Abs. II beläßt es bei Staatsangehörigkeitswechsel bei der einmal erlangten Stellung der Volljährigkeit. Es kann allerdings bei S. nicht auf die Staatsangehörigkeit abgestellt werden, da die Mitglieder der DDR und der Bundesrepublik deutsche Staatsangehörige sind. An die Stelle der Staatsangehörigkeit muß daher als Anknüpfungspunkt der gewöhnliche Aufenthalt treten, wie es in Rechtsprechung und Literatur anerkannt ist (vgl. *Neuhaus* in DRZ 1950, 401 und *Palandt*, Vorbemerkung 14c vor Art. 7 EGBGB). Da S. im Zeitpunkt der Vollendung des 18. Lebensjahres ihren gewöhnlichen Aufenthalt in der Ostzone hatte, ist mithin nach den erörterten Grundsätzen des interzonalen Rechtes die Frage, ob S. in der Westzone als volljährig zu gelten hat, nach dem ostzonalen Gesetz v. 17. 5. 1950 zu entscheiden.

Die Anwendung dieses Gesetzes wäre nur dann ausgeschlossen, wenn sie gegen die guten Sitten oder gegen den Zweck eines deutschen Gesetzes verstoßen würde (Art. 30 EGBGB). Von einem Verstoß gegen den Zweck des deutschen Volljährigkeitsrechts kann man jedoch nicht sprechen, da das deutsche Recht und das westzonale Recht dem 21. Lebensjahr keine unbedingt und ausnahmslos entscheidende Bedeutung für die Volljährigkeit beimessen. So sah Art. 153 EGBGB vor, daß beim Inkrafttreten des BGB eine Person von noch nicht 21 Jahren, die nach früherem Recht schon volljährig war, ihre Volljährigkeit behielt. Art. 7 II EGBGB läßt einen Ausländer, der volljährig ist, auch nach Erwerb der Reichsangehörigkeit in der rechtlichen Stellung eines Volljährigen selbst dann, wenn er nach deutschen Gesetzen noch nicht volljährig ist. Nach §§ 3ff. BGB kann jeder Minderjährige nach Vollendung des 18. Lebensjahres für volljährig erklärt werden, sofern dies sein Bestes befördert. Aber auch außerhalb der Volljährigkeitsbestimmungen ist für das verantwortliche Handeln eines jungen Staatsbürgers nicht immer die Vollendung des 21. Lebensjahres erforderlich. Die Weimarer Verfassung gewährte z. B. bereits einem 20jährigen das Wahlrecht. Das Wahlalter zu Betriebsratswahlen, denen eine erhebliche Bedeutung zukommt, ist noch in Gesetzen des Jahres 1950 auf 18 Jahre festgesetzt worden (vgl. für Bremen Sammelblatt S. 125, für Hessen Sammelblatt S. 294, für Schleswig-Holstein S. 572). Man kann also nicht sagen, daß zwischen den staatspolitischen und sozialpolitischen Anschauungen, auf welchen das ostzonale Gesetz v. 17. 5. 1950 beruht, und den Anschauungen des Westzonenrechts ein derartiger Unterschied besteht, daß die Anwendung des Gesetzes v. 17. 5. 1950 die Grundlagen des westzonalen staatlichen oder wirtschaftlichen Lebens angreifen würde. Dies müßte aber der Fall sein, sollte die Anwendbarkeit des Gesetzes v. 17. 5. 1950 durch die Vorbehaltsklausel des Art. 30 EGBGB ausgeschlossen sein. Diese in der Entscheidung RGZ 60, 296 ausgesprochene Begrenzung der Vorbehaltsklausel ist innerhalb interzonalen Rechtes in demselben Umfange zu beachten wie im internat. Privatrecht. Daß die Anwendung des ostzonalen Volljährigkeitsgesetzes nicht gegen die guten Sitten verstößt, bedarf nach den vorstehenden Ausführungen keiner Erörterung mehr.

Mit Recht hat es daher der Vorderrichter abgelehnt, vormundschaftsgerichtliche Maßnahmen zu ergreifen. Wenn eine Anzahl von 18jährigen, die aus der Ostzone herüberkommen, Anzeichen sittlicher Verwahrlosung zeigt, muß nötigenfalls polizeilicherseits eingegriffen werden oder es muß der Gesetzgebung vorbehalten bleiben, dieser Erscheinung mit den erforderlichen Maßnahmen zu begegnen."

Das OLG bestätigte diese Entscheidung:

**b) Die ausdrückliche gesetzliche Regelung der Geschäftsfähigkeit eines Ausländers kann im interzonalen Recht nur entsprechend angewendet werden, da eine einheitliche deutsche Staatsangehörigkeit weiter besteht. —**

**An die Stelle der Staatsangehörigkeit treten im interzonalen Recht als Anknüpfungspunkte für das Personalstatut der Wohnsitz oder der gewöhnliche Aufenthalt. — Ist eine Person nach dem in der Ostzone geltenden Recht dort volljährig geworden, so ist diese Rechtstatsache jedenfalls für das Gebiet der Ostzone anzuerkennen. — Auch Art. 7 II EGBGB ist im Fall eines Wechsels des Personalstatuts entsprechend anwendbar. — Die Anwendung des ostdeutschen Volljährigkeitsgesetzes in Westdeutschland verstößt nicht gegen den westdeutschen ordre public.**

OLG Celle (brit. Zone), Beschl. v. 30. 4. 1951 — 5 Wx 21/51: *ZBlJR 1951, 235; Auszug in DRsp. I (181) 29c.

Aus den Gründen:

„Die Einleitung einer Vormundschaft ist nicht zulässig. S. ist auf Grund des genannten Gesetzes der DDR in der Ostzone mit Inkrafttreten dieses Gesetzes volljährig geworden. Erst nach Erwerb der Volljährigkeit ist sie in die Bundesrepublik gekommen. Die in der Ostzone erworbene Volljährigkeit ist auch in den Westzonen anzuerkennen. Das ergibt sich aus folgenden Erwägungen:

Es handelt sich um ein Problem des interlokalen Privatrechts. Für den Bereich des internat. Privatrechts ist durch Art. 7 EGBGB bestimmt, daß sich die Geschäftsfähigkeit einer Person nach den Gesetzen des Staates beurteilt, dem die Person angehört. Über die Geschäftsfähigkeit einer Person entscheidet also der Staat, dessen Staatsangehörigkeit diese Person besitzt. In dem genannten Art. 7 ist weiter bestimmt, daß ein volljähriger Ausländer eine nach den Gesetzen seines Staates erworbene Volljährigkeit auch dann behält, wenn er nachher die deutsche Staatsangehörigkeit erwirbt und nach den deutschen Gesetzen nicht volljährig sein würde. Diese ausdrückliche Regelung kann allerdings auf den vorliegenden Fall nicht unmittelbar Anwendung finden, weil es nach der Auffassung sowohl der DDR als auch der Bundesrepublik nur eine einzige deutsche Staatsangehörigkeit gibt und beide Territorien sich nur als Bestandteil eines einheitlichen Deutschlands betrachten. Es gibt also ebensowenig eine ostzonale Staatsangehörigkeit wie eine solche der Bundesrepublik. S. ist also im staatsrechtlichen Sinne nicht Ausländerin, sondern besitzt die gemeinsame deutsche Staatsangehörigkeit der in Frage stehenden Territorien. Es ist daher die Frage, ob dieser für das internat. Privatrecht bestimmte Rechtssatz des Art. 7 EGBGB entsprechende Anwendung finden kann auf die interlokalen Rechtsbeziehungen der DDR und der Bundesrepublik.

Es ist allgemein anerkannt, daß grundsätzlich internat. privatrechtliche Rechtsgedanken auch Anwendung finden müssen auf die Rechtsbeziehungen im interzonalen Privatrecht. Da aber die Gesetzesbestimmung des Art. 7 ohnehin nur analog Anwendung finden soll, besteht die Aufgabe darin zu prüfen, ob ein anderer geeigneter Anknüpfungspunkt berufen ist, an die Stelle der Staatsangehörigkeit zu treten, um die Wirklichkeit [gemeint wohl: Wirksamkeit] der beiden Rechtsordnungen dieser Teilrechtsgebiete gegeneinander abzugrenzen. Während die meisten Staaten im internat. Privatrecht das Staatsangehörigkeitsprinzip befolgen, gibt es auch eine Reihe von Staaten, die entweder dem Domizilprinzip oder der lex loci actus folgen. Vor Einführung des BGB galt in Deutschland weitgehend das Domizilprinzip. Die Auffassung darüber, welche Anknüpfung nun an die Stelle der Staatsangehörigkeit des Art. 7 EGBGB bei analoger Anwendung dieses Artikels auf interzonalrechtliche Tatbestände treten soll, gehen auseinander. Nach der einen Meinung soll der Wohnsitz, nach der anderen der gewöhnliche Aufenthaltsort maßgebend sein. Einer Entscheidung dieser Streitfrage bedarf es im vorliegenden Falle nicht, da S. bei Inkrafttreten des in Frage stehenden ostzonalen Gesetzes sowohl ihren Wohnsitz als auch ihren gewöhnlichen Aufenthaltsort in der Ostzone hatte und dieser bei Anwendung des Art. 7 II EGBGB für die Beurteilung ihrer Geschäftsfähigkeit auch nach einem späteren Wechsel des Wohnsitzes oder des gewöhnlichen Aufenthaltsortes maßgebend bleibt. Sicher ist jedenfalls, daß die Anknüpfungspunkte des Wohnsitzes oder des gewöhnlichen Aufenthaltsortes grundsätzlich nicht als ungeeignet angesehen werden können, da auch in zahlreichen anderen Staaten das Domizilprinzip gilt und dieses auch vor 1900 weitgehend in Deutschland gegolten hat. Es sind dies die Anknüpfungspunkte, die der Staatsangehörigkeit am nächsten kommen. Es ergibt sich somit zunächst, daß die Volljährigkeit der S. zumindest so lange anzuerkennen war, als sie sich in der Ostzone aufhielt.

Nun ist S. inzwischen in die Westzonen gekommen, und eine entsprechende Anwendung des Art. 7 EGBGB würde bedeuten, daß sie die in der Ostzone einmal erworbene Volljährigkeit auch dann nicht verloren hätte, wenn sie nunmehr ihren Wohnsitz oder gewöhnlichen Aufenthalt in den Westzonen genommen hätte. Es mag hier dahingestellt bleiben, ob S. ihren Wohnsitz tatsächlich in den Westzonen genommen hat; dies ist zweifelhaft, da sie sich obdachlos und arbeitslos herumtrieb, als sie von der Polizei aufgegriffen wurde. Aber auch dann, wenn S. jetzt ihren Wohnsitz oder gewöhnlichen Aufenthalt in den Westzonen hat, muß für die Beurteilung ihrer Volljährigkeit auch Art. 7 II EGBGB Anwendung finden mit dem Ergebnis, daß sie die rechtliche Stellung einer Volljährigen bebehalten hat. Die entsprechende Anwendbarkeit des Art. 7 II EGBGB auf interzonal-rechtliche Tatbestände ist mit der herrschenden Meinung aus den bereits erwähnten Gründen, die eine grundsätzliche Anwendbarkeit der internat.-privatrechtlichen Normen erfordern, zu bejahen. Es besteht kein Grund, der ausreichend wäre, um den Abs. II des Art. 7 von diesem Grundsatz auszunehmen. *Wengler* glaubt (NJW 1951, 52), daß die Volljährigkeit immer nach dem Recht des jeweiligen Wohnsitzes oder ständigen Aufenthaltes beurteilt werden müsse und daß die ratio einer entsprechenden Anwendung der Kollisionsnorm des § 7 II EGBGB deshalb entgegenstände, weil noch immer anhaltende Bevölkerungsverschiebungen im heutigen Deutschland stattfänden und weil Art. 7 EGBGB in seinem Abs. II offenbar nur den Erwerb der deutschen Staatsangehörigkeit durch Naturalisation im Auge habe. Diese Auffassung kann jedoch nicht geteilt werden. Die Tatsache der Bevölkerungsverschiebungen kann die Anwendung des Art. 7 II EGBGB nicht hindern. Diese Wanderungen würden auch stattfinden, wenn die Ostzone staatsrechtliche Selbständigkeit besäße und die Anwendbarkeit der in Frage stehenden internat.-privatrechtlichen Normen alsdann außer Zweifel stehen müßte. Im übrigen würde selbst dann, wenn Art. 7 II EGBGB nur den Fall der Naturalisation im Auge hätte, eine Wohnsitzverlegung von der Ostzone in die Westzonen einer Naturalisation entsprechen, so daß auch die entsprechende Gesetzesanwendung nicht gehindert wäre. Vor allem aber ist das Gesetzesmotiv dieser internat.-privatrechtlichen Norm nicht der von *Wengler* hervorgehobene Gedanke, vielmehr ist entscheidend, daß ein einmal volljährig Gewordener nicht wieder eine Rechtsminderung (eine capitis diminutio) erleben soll. Dieser Rechtsgedanke ist auch in Art. 153 EGBGB zum Ausdruck gekommen, der besagt, daß jemand in Deutschland, der bei Inkrafttreten des BGB noch nicht das 21. Lebensjahr vollendet hat, aber aus irgendeinem Grunde die Volljährigkeit erlangt hat, weiterhin einem Volljährigen gleichstehen soll. Ähnlich bestimmt Art. 154 EGBGB, daß derjenige, der nach französischem oder badischem Recht emanzipiert oder aus der Gewalt entlassen ist, vom Inkrafttreten des BGB, wenn er das 18. Lebensjahr vollendet hat, einem Volljährigen, anderenfalls einem Minderjährigen gleichstehen soll. Auch hier ist man offensichtlich davon ausgegangen, daß einer bereits 18jährigen Person eine Schmälerung ihrer Rechtsstellung nicht mehr zugemutet werden soll, daß vielmehr die einmal erworbene Rechtsstellung zu erhalten ist. Dieses ist auch der Rechtsgedanke, der dem Art. 7 II EGBGB zugrunde liegt, und er gebietet daher auch eine entsprechende Anwendung auf das interzonale Privatrecht.

Die Anerkennung der in der Ostzone erworbenen Volljährigkeit kann auch nicht mit einer Anwendung des Rechtsgedankens des Art. 30 EGBGB (ordre public) versagt werden. Da auch in den Westzonen die Möglichkeit besteht, unter bestimmten Voraussetzungen mit 18 Jahren volljährig zu werden, kann das ostzonale Gesetz nicht gegen die guten Sitten verstoßen, und es kann auch nicht festgestellt werden, daß dieses Gesetz gegen den Zweck irgendeines in den Westzonen geltenden Gesetzes in solcher Weise verstoße, daß die Grundlagen staatlichen oder wirtschaftlichen Lebens dadurch angegriffen würden."

**31. Da ein Anknüpfungspunkt fehlt, um ein besonderes Personalstatut für die Bewohner der Ostzone und die der Westzonen festzulegen, ist hinsichtlich der Beurteilung der Geschäftsfähigkeit von Bewohnern der Ostzone eine Analogie zu Art. 7 EGBGB nicht möglich. — Vielmehr ist in den Westzonen gegenüber jedem Deutschen ausschließlich das westdeutsche Volljährigkeitsrecht anzuwenden.**

OLG Hamm (brit. Zone), Vorlagebeschluß v. 16. 7. 1951 — 7 W 251/51: ZblJR 1952, 41; Rpfl. 1951, 513; Auszug in DRsp. I (181) 29b.

Das OLG Hamm hatte dem BGH die Frage der Wirksamkeit des ostzonalen Gesetzes v. 17. 5. 1950 gemäß § 28 FGG zur Entscheidung vorgelegt, weil es von dem Beschluß des OLG Düsseldorf, JMBl NRW 1951, 157 [1], und von einem Beschluß des OLG Celle (5 Wx 21/51)[2] abweichen wollte. Zu einer Entscheidung des BGH in der hier interessierenden Frage ist es nicht gekommen, weil es sich um eine Fürsorgeerziehungssache handelte, in der die Minderjährige inzwischen das 19. Lebensjahr vollendet hatte. Die Ablehnung der Fürsorgeerziehung ergab sich daher schon aus der Erreichung der Altersgrenze.

[1] Siehe unten Nr. 35. [2] Siehe oben Nr. 30b.

Aus den Gründen:

„Die Frage der Wirksamkeit des Volljährigkeitsgesetzes der Ostzone innerhalb der Bundesrepublik hat sich zu einer Streitfrage entwickelt, so daß auf die Literatur verwiesen werden kann. Für eine Anerkennung der Wirksamkeit unter entsprechender Anwendung des Art. 7 EGBGB haben sich insbesondere ausgesprochen: OLG Düsseldorf und Celle in den oben erwähnten Beschlüssen[1, 2]; LG Berlin (West), JR 1950, 728[3]; KG Berlin (West), NJW 1951, 485[4]; LG Hannover, NJW 1951, 199[5]; *Neuhaus*, DRZ 1950, 401; *Schumacher*, NJW 1951, 169; *Dölle*, StAZ 1950, 178; *Beitzke*, ZblJR 1950, 181; *Cartellieri*, BB 1951, 71; *Schlichting*, MDR 1951, 141; *Otto*, Rpfl. 1950, 446.

Gegen die Anerkennung oder für eine nur beschränkte Anerkennung haben sich ausgesprochen: *Wengler*, NJW 1951, 49ff.; *Romberg*, JR 1951, 264; *Raape*, NJW 1951, 457 (459).

Der Senat tritt den Ausführungen von *Wengler* und *Raape* bei. Er hält es jedoch für erforderlich, besonders die Wirkung hervorzuheben, die durch die Anerkennung einer einheitlichen Staatsangehörigkeit für das gesamte Reichsgebiet entsteht.

Diese einheitliche Staatsangehörigkeit hat zur Folge, daß jeder Deutsche in beiden Rechtsgebieten als Inländer gilt und damit ohne weiteres, was sein Personalstatut anlangt, beiden Rechtsgebieten unterstellt wird. Es wird also der gleiche Personenkreis zu gleicher Zeit von verschiedenen Rechten erfaßt, die sich in der Frage der Volljährigkeit widersprechen. Diese Erfassung erfolgt nicht, wie es in Art. 7 EGBGB der Fall ist, zeitlich nacheinander, sondern zur gleichen Zeit. Der Westdeutsche, der sich in die Ostzone begibt, unterliegt dort als Inländer ohne jeden Übergang, insbesondere ohne Einbürgerung unmittelbar dem dort geltenden Recht. Ein westdeutscher Minderjähriger könnte daher auf der Durchreise durch ostdeutsches Gebiet nach dem dort geltenden Recht wirksam heiraten (*Romberg*, JR 1951, 264). Es ist nicht etwa erforderlich, daß der Minderjährige zunächst in der Ostzone seinen Wohnsitz oder ständigen Aufenthalt begründet; er ist vielmehr ohne weiteres bei Erreichung des 19. Lebensjahres volljährig mit allen Folgerungen, die sich daraus ergeben. Bei konsequenter Durchführung der Rechtslage, die sich aus der einheitlichen Staatsangehörigkeit ergibt, könnten die Gerichte der Ostzone sogar Rechtsgeschäfte westdeutscher Minderjähriger, die in Westdeutschland abgeschlossen sind und nach dem hier geltenden Recht zweifellos unwirksam sind, als wirksam anerkennen.

Diese aus der einheitlichen Staatsbürgerschaft sich ergebende gleichzeitige Erfassung des gleichen Personenkreises durch ostdeutsches wie westdeutsches Recht steht einer entsprechenden Anwendung des Art. 7 EGBGB entgegen. Diese gesetzliche Vorschrift setzt ein Nacheinander von zwei verschiedenen Staatsangehörigkeiten voraus, ohne daß die beiden Staatsangehörigkeiten in Widerspruch miteinander stehen. Der Widerspruch zwischen der gleichzeitigen Wirkung ostdeutschen und west-

---

[1] Siehe unten Nr. 35. [2] Siehe oben Nr. 30b. [3] Siehe oben Nr. 26.
[4] Siehe unten Nr. 33. [5] Siehe oben Nr. 30a.

deutschen Rechtes kann nur dadurch gelöst werden, daß jede der beiden Rechtsordnungen so streng wie möglich auf das Gebiet beschränkt wird, in dem die sie tragende Staatsgewalt herrscht. Jede andere Lösung würde zur Untergrabung des Rechts des einen Gebietes durch die Machthaber des anderen Gebietes führen können.

Eine Anerkennung des Ostzonenrechts in Westdeutschland würde zur Folge haben, daß sich Jugendliche in immer steigender Zahl im Bundesgebiet aufhalten, bei denen infolge eines vorübergehenden Aufenthalts in der Ostzone Zweifel darüber bestehen, ob sie volljährig sind. Es würde jede Klarheit darüber fehlen, wie lange oder wie oft sich ein Jugendlicher in der Ostzone aufgehalten haben muß, um als volljährig anerkannt zu werden, zumal nicht einmal die Begründung eines Wohnsitzes in der Ostzone erforderlich sein soll. Und wenn schon über die Voraussetzungen für den Erwerb der Volljährigkeit grundsätzlich Klarheit geschaffen werden könnte, ist doch nicht ersichtlich, wie bei den einzelnen Jugendlichen Gewißheit darüber geschaffen werden könnte, ob sie diese Voraussetzungen erfüllen. Das könnte zu einer schweren Beeinträchtigung der Rechtssicherheit in Westdeutschland führen.

Dazu kommt, daß die Anerkennung des Volljährigkeitsgesetzes in der Ostzone in Westdeutschland einen Präzedenzfall für andere Gesetze schaffen könnte, die etwa auf dem Gebiet des Eherechts, Ehescheidungsrechts, des Vormundschaftswesens usw. unübersehbare Wirkungen für das westdeutsche Recht herbeiführen könnte. Diese Gefahr kann nur dadurch gebannt werden, daß von Anfang an allen, den Personenstand betreffenden Gesetzen keine Wirksamkeit über die Zonengrenzen hinaus zugebilligt wird; sonst würde auf die Dauer das Ostrecht ein unerwünschtes Übergewicht über das Westrecht erhalten, das auf wesentlichen Gebieten das Westrecht untergraben könnte.

Der Senat verkennt nicht, daß auch die Nichtanerkennung des Volljährigkeitsgesetzes für das Gebiet der Bundesrepublik Schwierigkeiten zur Folge hat, da die in der Ostzone vorgenommenen Rechtsgeschäfte der volljährig gewordenen Jugendlichen sicherlich anerkannt werden müssen und sich daraus Grenzfragen ergeben können. Diese Schwierigkeiten sind aber behebbar etwa in der von *Raape* (NJW 1951, 457ff.) vorgeschlagenen Weise durch Anwendung des Territorialitätsprinzips. Die sich daraus ergebende Unsicherheit wäre nur vorübergehender Natur bis zur Klärung dieser Rechtsfragen, während die Rechtsunsicherheit durch die Ungewißheit über die Volljährigkeit zahlreicher Jugendlicher nicht durch die Rechtsprechung geklärt werden könnte, sondern von der Zahl der die Zonengrenze passierenden Jugendlichen abhängen würde. Sie würde daher in Zukunft eher zu- als abnehmen.

Die Nichtanerkennung des Ostzonenvolljährigkeitsgesetzes wäre also auch aus diesem Grunde vorzuziehen.

Eine Rechtsminderung (capitis diminutio), auf die das OLG Celle hinweist, tritt durch die Nichtanerkennung nicht ein, weil der Jugendliche nach westdeutschem Recht niemals volljährig gewesen ist. Der in der Ostzone volljährig gewordene Jugendliche erhält diesen Personenstand von Anfang an lediglich mit der Beschränkung, daß diese Volljährigkeit in

Westdeutschland nicht anerkannt wird. Er hat also eine unbeschränkte für das gesamte Reichsgebiet geltende Volljährigkeit — im Gegensatz zu einem Ausländer, dessen Personenstand sich nach seinem Heimatgesetz richtet — niemals erworben, so daß ihm nach seinem Übertritt in die Westzone auch keine erworbenen Rechte entzogen werden.

In diesem Zusammenhang muß auch darauf hingewiesen werden, daß die verfrühte Volljährigkeit nach westdeutschen Begriffen nicht ohne weiteres als ein Vorzug anerkannt werden kann, sondern daß sie eine Gefahr für die Minderjährigen in sich birgt, die zur Wahrnehmung ihrer Angelegenheiten noch nicht reif sind. Es kann nicht als eine Rechtsminderung angesehen werden, wenn dem Jugendlichen der Schutz der Minderjährigkeit noch über das 18. Lebensjahr hinaus erhalten bleibt. Auch dieser Schutz ist ein Recht.

Wenn das Volljährigkeitsgesetz der Ostzone in Westdeutschland anerkannt würde, könnte die Bundesrepublik u. U. zu gesetzlichen Maßnahmen gezwungen werden, um die Rechtssicherheit wieder herzustellen. Diese Maßnahmen könnten nur in einem deutlichen Trennungsstrich zwischen den Bewohnern der Zonen bestehen. Der Senat würde eine solche Entwicklung für nicht erwünscht halten."

**32. Die Geschäftsfähigkeit und Ehemündigkeit bestimmen sich im interzonalen Recht nach dem Recht des Wohnsitzes.**

LG Krefeld (brit. Zone), Beschl. v. 17. 10. 1950 — 4 T 171/50: StAZ 1951, 179.

Der 1930 in K. (Westpreußen) geborene ASt. lebt seit 1947 im Einverständnis mit seinen Eltern in den Westzonen, während sich deren Wohnsitz in der Ostzone befindet. Der ASt. beabsichtigt zu heiraten. Nachdem der Standesbeamte die Eheschließung mangels Ehemündigkeit abgelehnt hatte, beantragte der ASt., den Standesbeamten zur Vornahme der Eheschließung anzuweisen, da er als Angehöriger der Ostzone auf Grund des Ges. v. 17. 5. 1950 volljährig und ehemündig sei. Das AG entsprach dem Antrag, das LG gab der Beschwerde des Oberstadtdirektors statt.

Aus den Gründen:

„Es kann dahingestellt bleiben, ob dem Gesetz der DDR v. 17. 5. 1950 schlechthin eine Anerkennung in der Bundesrepublik versagt bleiben muß, da es im vorliegenden Falle ohnehin keine Anwendung finden kann. Denn der ASt. lebt bereits seit dem 4. 9. 1947 in der Bundesrepublik und hat hier bereits 1947 seinen gesetzlichen Wohnsitz begründet. Er war hierzu trotz seiner Minderjährigkeit imstande, da die Begründung eines neuen Wohnsitzes mit Einwilligung seines gesetzlichen Vertreters erfolgte (§ 6 BGB). Der ASt. ist somit Angehöriger der Bundesrepublik, so daß bereits aus diesem Grunde die Anwendung eines für die Bewohner des russ. besetzten Teiles Deutschlands erlassenen Gesetzes ausscheidet."

**33. Die Rechtsgültigkeit des ostdeutschen Volljährigkeitsgesetzes ist nicht nachzuprüfen. — Die tatsächliche Anwendung des Gesetzes in Ostdeutschland ist auch in Westdeutschland rechtserheblich. — Der Grundgedanke des Volljährigkeitsgesetzes verstößt nicht gegen grundlegende**

**Rechtsauffassungen Westdeutschlands. — Ein Minderjähriger, der nach dem Recht seines Aufenthaltsortes in Ostdeutschland volljährig geworden ist, verliert diesen Status nicht durch eine Verlegung seines Aufenthaltsortes nach Westdeutschland. — Dies gilt jedoch nicht, wenn der Aufenthalt in Ostdeutschland in Umgehungsabsicht oder nur vorübergehend begründet wurde. — Ein Minderjähriger, der in der Ostzone volljährig und daher auch ehemündig geworden ist, verliert diese Ehemündigkeit bei einer Verlegung des Aufenthaltsortes in die Westzonen.**

KG Berlin (West), Beschl. v. 29. 3. 1951 — 1 W 485/51: JR 1951, 241; ND 1952, 80; Clunet 1951, 1192 (*Wengler*); MDR 1953, 45; DAVorm. 25 (1952/53), 187; NJW 1951, 485 (*Raape*, S. 447); JZ 1951, 508 (*Beitzke*); Auszug in DRsp. I (181), 22 d—e.

Aus den Gründen:

„Für die Entscheidung ist allein maßgebend die Tatsache, daß zweifellos alle ostdeutschen Gerichte das Gesetz der DDR vom 17. 5. 1950 als für sie bindend ansehen und ausnahmslos anwenden. Es ist damit in der Sowjetzone de facto der Zustand eingetreten, daß die Volljährigkeit mit der Vollendung des 18. Lebensjahres beginnt. Durch die ständige Übung der zuständigen Gerichte wird aber in dieser besonderen Frage dem faktischen Zustand eine solche Beständigkeit verliehen (insbesondere auf einem Gebiete, wo zunächst immer nach der Stellungnahme der einheimischen Gerichte gefragt werden wird), daß diesem faktischen Zustand normative Kraft hier nicht versagt werden kann. Diese ist um so unbedenklicher, als der Grundgedanke dieser neuen Regelung, deren Auswirkung nur in geringem Maße über die gegenwärtigen Grenzen der Sowjetzone hinausreicht, als solcher nichts an sich hat, was gegen grundlegende Rechtsauffassungen der westdeutschen Gebiete verstoßen würde. Auch hier ist nämlich die Möglichkeit vorgesehen, daß ein 18jähriger für volljährig erklärt werden kann.

Es bedarf keiner besonderen Begründung, daß im Interesse der Rechtssicherheit der Grad der Geschäftsfähigkeit eines Menschen eindeutig bestimmt sein muß. Ein Grundgedanke des deutschen Rechts ist es daher, daß jemand, der einmal volljährig geworden ist, diese Eigenschaft nicht durch einen bloßen tatsächlichen Vorgang, sondern lediglich durch eine gerichtliche Entscheidung in einem besonderen Verfahren verlieren kann. Dieser Rechtsgedanke ist so elementar, daß er auch dann Anwendung finden müßte, wenn er — auf dem Gebiete des internat. Privatrechts in Art. 7 I und II EGBGB — nicht besonders fixiert worden wäre. Ihm muß daher auch im vorliegenden Falle gefolgt werden, ohne daß es darauf ankommen kann, ob die Vorschriften des internat. Privatrechts entsprechend oder überhaupt nicht anzuwenden sind oder ob das Gesetz der DDR v. 17. 5. 1950 aus irgendwelchen Gründen als nichtig anzusehen wäre und daher nicht anerkannt werden könnte. Es handelt sich hier also lediglich darum, daß einem tatsächlich bestehenden Zustande aus Rechtsgründen Rechnung getragen werden muß.

Aus diesen Erwägungen ergibt sich, daß derjenige, der in der sowjet. Besatzungszone oder im sowjet. Sektor Berlins nach der dort geltenden

Übung volljährig geworden ist, dies auch bleiben muß, wenn er nach Westberlin oder Westdeutschland übersiedelt. Dieser Grundsatz gilt allerdings nur für solche Personen, die nach natürlicher Betrachtungsweise ihrer Herkunft nach Einwohner der Sowjetzone waren, nicht aber für solche, die sich lediglich deshalb für eine gewisse Zeit dorthin begeben haben, um dort die Volljährigkeit zu erwerben und in ihrem Besitz wieder nach dem Westen zurückzukehren, oder deren Aufenthalt in der Sowjetzone aus anderen Gründen von vornherein nur als vorübergehend gedacht war. Die Anwendung des Grundsatzes auf diese Person würde einen Rechtsmißbrauch darstellen. Daran würde nichts ändern, daß nach Art. 7 III EGBGB aus Gründen der Sicherheit im Rechtsverkehr derjenige, der zwar noch nicht geschäftsfähig ist, insoweit als geschäftsfähig gilt, als er es nach den an seinem Aufenthaltsort bestehenden Gesetzen oder Gepflogenheiten sein würde.

Behalten demnach mit den soeben erwähnten Einschränkungen diejenigen ihre Volljährigkeit, die sie in der Sowjetzone an sich ordnungsmäßig erlangt haben, so sind diejenigen, die vor ihrer Erreichung aus der Sowjetzone nach dem Westen gekommen sind, hinsichtlich ihrer Geschäftsfähigkeit selbstverständlich nach den in Westdeutschland und West-Berlin geltenden Gesetzen zu beurteilen. Dies gilt sowohl für diejenigen, die vor Vollendung ihres 18. Lebensjahres nach dem Westen übergesiedelt sind, als auch für diejenigen, die dies zwar nach Vollendung ihres 18. Lebensjahres, aber auch vor dem Inkrafttreten der östlichen Volljährigkeitsgesetze getan haben. Auf diese Personen kann sich die normative Kraft des in Ostdeutschland bestehenden Zustandes nicht erstrecken, weil sie durch ihre Abwanderung bereits vor seinem Beginn seinem Geltungsbereich entrückt waren.

Der Senat vermag der Auffassung allerdings nicht zu folgen, nach der angenommen wird, der in der Sowjetzone volljährig Gewordene behalte nach seiner Übersiedlung nach dem Westen auch die Rechtsstellung eines Ehemündigen. Der in der Ostzone faktisch bestehende Zustand, daß der volljährige Mann ohne weiteres als ehemündig anzusehen ist, äußert keine Wirkungen auf Einwohner Westdeutschlands oder West-Berlins. Hier gilt vielmehr die Regelung des § 1 I EheG, der die Ehemündigkeit des Mannes von der Vollendung des 21. Lebensjahres abhängig macht, während sie bei der Frau bereits mit der Vollendung des 16. Lebensjahres eintritt. Die Ehemündigkeit ist also nicht mit der Volljährigkeit verknüpft."

**34.** **Die Normen des deutschen internat. Privatrechts sind auf das interzonale Recht entsprechend anzuwenden. — An die Stelle der Staatsangehörigkeit tritt als Anknüpfungspunkt für das Personalstatut der gewöhnliche Aufenthalt. — Entsprechende Anwendung von Art. 7 I und II EGBGB. — Die Anwendung des ostdeutschen Volljährigkeitsgesetzes in Westdeutschland verstößt weder hinsichtlich der Erreichung der Volljährigkeit noch der Ehemündigkeit gegen den westdeutschen ordre public. — Die Ehemündigkeit ist im interzonalen Recht entsprechend Art. 13 EGBGB nach dem Recht des gewöhnlichen Aufenthaltsortes des Verlobten**

**im Zeitpunkt der Eheschließung zu beurteilen. — Für die Ehemündigkeit ist eine analoge Anwendung des Art. 7 II EGBGB nicht möglich.**

LG Hildesheim (brit. Zone), Beschl. v. 12. 5. 1951 — 5 T 260/51: NdsRpfl. 1951, 105; Auszug in DRsp. I (181), 22f.

Der ASt. ist am 15. 2. 1931 in B. (heute: Ostzone) geboren und hat bis Ende Juli 1950 an seinem Geburtsort gelebt. Er ist seit dem 1. 8. 1950 in K. (Westzonen) ansässig und beabsichtigt, mit seiner dort wohnhaften Braut die Ehe zu schließen. Der Standesbeamte in K. weigert sich mit Rücksicht auf das Alter des ASt., die Aufgebotserklärung entgegenzunehmen und die Eheschließung vorzunehmen. Das AG wies den Standesbeamten an, die gewünschten Amtshandlungen vorzunehmen, das LG gab der Beschwerde gegen diesen Beschluß statt.

Aus den Gründen:

„Unerheblich ist allerdings, daß der ASt. nicht für volljährig erklärt worden ist (§ 1 II EheG in Verbindung mit § 3 BGB). Insoweit ist mit der herrschenden Meinung (vgl. *Palandt*[9], Bem. 14 g, aa vor Art. 7 EGBGB mit weiteren Nachweisen) in entsprechender Anwendung des Art. 7 I und II EGBGB nach § 1 des Gesetzes über die Herabsetzung des Volljährigkeitsalters in der DDR v. 17. 5. 1950 davon auszugehen, daß der ASt. bereits volljährig ist und somit nicht mehr unter elterlicher Gewalt steht. Nach Art. 7 EGBGB beurteilt sich die Geschäftsfähigkeit eines Ausländers nach seinem Heimatrecht, und zwar auch dann noch, wenn er — als nach dem ausländischen Recht Volljähriger — die deutsche Staatsangehörigkeit erworben hat. Die weitgehende Verschiedenheit des in der Ostzone und den Westzonen geltenden Rechts erfordert eine entsprechende Anwendung der Normen des internat. Privatrechts auf die Rechtsverhältnisse des interzonalen Privatrechts. Hierbei ist — wie ganz überwiegend, wenn nicht schon gewohnheitsrechtlich anerkannt wird (vgl. *Raape*, IPR[3], 106; *Palandt*[9], Bem. 14c vor Art. 7 EGBGB; *Schumacher*, NJW 1951, 170 u. a.) — an die Stelle des Anknüpfungspunktes der Staatsangehörigkeit der des gewöhnlichen Aufenthaltsortes zu setzen. Der am 15. 2. 1931 geborene ASt. hat somit, während er in der Ostzone lebte, nach der dort geltenden VO der DDR vom 17. 5. 1950 mit deren Inkrafttreten (am 22. 5. 1950) die Volljährigkeit erworben und diese mit einer späteren Übersiedlung in die Westzonen auch nicht wieder verloren (Art. 7 I, II EGBGB).

Die Anwendung der VO v. 17. 5. 1950 kann auch nicht etwa unter dem Gesichtspunkt des ordre public (vgl. Art. 30 EGBGB) verneint werden. Denn auch die westdeutsche Rechtsordnung sieht die Volljährigkeitserklärung von Personen, die das 18. Lebensjahr vollendet haben, vor, ebenso ist die Geltung der Gesetze ausländischer Staaten, die die Volljährigkeit bei einem Lebensalter von weniger als 21 Jahren eintreten lassen, im Rahmen des internat. Privatrechts niemals ernstlich in Zweifel gezogen worden. Auch die Vorschrift des § 2 der VO v. 17. 5. 1950, nach der die Erlangung der Volljährigkeit die Ehemündigkeit zur Folge hat, verstößt nicht gegen den ordre public. Denn auch nach § 1 EheG kann von dem Erfordernis der Vollendung des 21. Lebensjahres, mit der die Ehemündigkeit eines Mannes eintritt, Befreiung erteilt werden, im übrigen berührt ein Verstoß gegen § 1 EheG den Bestand der Ehe nicht. Die Eheschließung eines 18jährigen Mannes, die nach dem Recht der Ostzone ohne weiteres möglich ist, ist also nicht mit den guten Sitten und den Grundsätzen der westdeutschen Rechtsordnung unvereinbar (vgl. *Schumacher* aaO.; *Palandt*, Bem. 14g, f f vor Art. 14 EGBGB; Schreiben des Bundesministers der Justiz vom 17. 8. 1950: StAZ 1950, 273).

Gleichwohl kann der ASt., nachdem er in den Westzonen seinen gewöhnlichen Aufenthalt genommen hat, hier nicht ohne Befreiung von dem Erfordernis der Ehemündigkeit die Ehe eingehen (§ 1 EheG). Denn die Ehemündigkeit richtet sich wie alle Voraussetzungen der Eheschließung entsprechend Art. 13 EGBGB nach dem Recht des gewöhnlichen Aufenthaltsortes des betreffenden Ehepartners im Zeitpunkt der Eheschließung, also auch für den ASt. nach westzonalem Recht. Nach § 1 EheG tritt die Ehemündigkeit des Mannes aber erst mit der Vollendung des 21. Lebensjahres ein, sofern ihm nicht Befreiung von dieser Voraussetzung erteilt worden ist.

Die Erteilung dieser Befreiung erübrigt sich auch nicht in entsprechender Anwendung des Art. 7 II EGBGB. Eine Analogie des Inhalts, daß die dem ASt. in der Ostzone zuerkannte Ehemündigkeit nach seiner Übersiedlung in die Westzonen bestehen bleibt, wird von der herrschenden Ansicht (vgl. *Raape* aaO. 120; *Schumacher* aaO.; *Palandt*, Anm. 14g, f f; Schreiben des NdsMdJ v. 5.9. 1950: StAZ 1951, 54) abgelehnt. Dieser Ansicht ist zuzustimmen. Zwar weisen Geschäftsfähigkeit und Ehemündigkeit insofern gewisse Ähnlichkeiten auf, als beide grundsätzlich an die Erreichung derselben Altersgrenze geknüpft sind. Nach dem Ehegesetz wird aber zwischen der Ehemündigkeit (§ 1) und der Geschäftsfähigkeit (§ 2) scharf unterschieden, und die Geschäftsfähigkeit ist Voraussetzung für die Befreiung von dem Erfordernis der Ehemündigkeit. Die Unterscheidung tritt ferner darin zutage, daß die Voraussetzungen für die Volljährigkeitserklärung einerseits und für die Befreiung von dem Erfordernis der Ehemündigkeit andererseits nicht die gleichen sind. Während bei der Volljährigkeitserklärung lediglich zu beachten ist, daß ganz allgemein das Wohl des Minderjährigen gewahrt wird (§ 5 BGB), ist bei der Befreiung von dem Erfordernis der Ehemündigkeit zu berücksichtigen, daß der Minderjährige zur Eingehung der Ehe die erforderliche Reife besitzt und daß die Ehe Aussicht auf Bestand hat (vgl. § 2 der AVO zum EheG).

Im übrigen scheitert die entsprechende Anwendung des Art. 7 II EGBGB, auf die allein die Annahme der Ehemündigkeit des ASt. gestützt werden könnte, daran, daß diese Vorschrift sich nur mit der Frage der Geschäftsfähigkeit befaßt und als Ausnahmevorschrift einer ausdehnenden Auslegung nicht fähig ist (vgl. *Palandt*, Anm. 4 zu Art. 7; Schreiben des NdsMdJ v. 5. 9. 1950 aaO.). Die Ehefähigkeit und damit auch die Ehemündigkeit bestimmt sich im internat. und entsprechend im interzonalen Privatrecht daher ausschließlich nach Art. 13 EGBGB. Auch das internat. bzw. interzonale Privatrecht weist somit die gleiche Unterscheidung zwischen Geschäftsfähigkeit (Volljährigkeit) und Ehefähigkeit (Ehemündigkeit) auf wie das EheG selbst. Die Ansicht des AG, die auch von *Dölle* (StAZ 1950, 178) vertreten wird, daß nämlich die in der Ostzone erlangte und hier anerkannte Volljährigkeit ohne weiteres auch die Ehemündigkeit zur Folge habe, ist demnach unrichtig.

Nach alledem könnte der ASt. mit seiner in den Westzonen wohnhaften Verlobten hier die Ehe ohne weiteres nur eingehen, wenn er noch seinen gewöhnlichen Aufenthalt in der Ostzone hätte (Art. 13 EGBGB). Nachdem er seinen Aufenthalt in die Westzonen verlegt hat, bedarf er zur Eheschließung der Befreiung von dem Erfordernis der Ehemündigkeit durch das hiesige Vormundschaftsgericht (§ 1 EheG, § 1 der 1. DVO zum EheG)."

**35. Für die Anwendung ostdeutschen Rechts in Westdeutschland ist es unerheblich, ob die Regierung der Ostzone in Westdeutschland anerkannt wird; entscheidend ist, ob eine Norm in der Ostzone als Recht angewendet wird. — Im interlokalen Privatrecht ist daher grundsätzlich ein in einer anderen Zone erlassenes Gesetz bürgerlich-rechtlichen Inhalts als rechtsgültig zu betrachten, wenn es nicht dem ordre public der Westzonen widerspricht. — Die Anwendung des ostdeutschen Volljährigkeitsgesetzes in Westdeutschland widerspricht nicht dem westdeutschen ordre public. — An die Stelle der Staatsangehörigkeit tritt im interlokalen Recht als Anknüpfungspunkt für das Personalstatut der Wohnsitz oder der gewöhnliche Aufenthalt. — In Analogie zu Art. 7 I EGBGB richtet sich die Geschäftsfähigkeit einer Person nach ihrem Personalstatut, und analog Art. 7 II bleibt die einmal erlangte Volljährigkeit trotz nachträglicher Änderung des Personalstatuts erhalten. — Die Ehemündigkeit ist im interzonalen Recht in Entsprechung zu Art. 13 EGBGB zu bestimmen. — Eine entsprechende Anwendung des Art. 7 II EGBGB im Rahmen des Art. 13 im Falle eines Wechsels des Personalstatuts ist abzulehnen.**

OLG Düsseldorf (brit. Zone), Beschl. v. 12. 6. 1951 — 3 W 145/51: NJW 1951, 717; JMBl NRW 1951, 157; EJF 1951, 31; Rpfl. 1951, 371.

Aus den Gründen:

„Zutreffend sind beide Vorinstanzen davon ausgegangen, daß das ostzonale Gesetz über die Herabsetzung des Volljährigkeitsalters v. 17. 5. 1950 (abgedruckt in StAZ 1950, 153) rechtsgültig ist, und daß ihm in der Bundesrepublik die Anerkennung nicht versagt werden kann. Grundsätzlich ist nämlich im interlokalen Privatrecht anzunehmen, daß bei Fehlen einer einheitlichen Zentralgesetzgebung das in einer Zone auf dem Gebiete des bürgerlichen Rechts erlassene Gesetz auch in einer anderen Zone als rechtsgültig anzusehen ist, vorausgesetzt, daß es nicht dem ordre public dieser Zone widerspricht. Dabei spielt es keine Rolle, ob man die Regierung der Ostzonenrepublik anerkennt oder nicht; vielmehr kommt es — entsprechend den für den zwischenstaatlichen Rechtsverkehr entwickelten Regeln — nur darauf an, ob der fragliche Rechtssatz in der Ostzone als Recht angewendet wird und sich demgemäß die in der Ostzone befindlichen Personen nach ihm richten müssen. Das ist der Fall.

Das Ges. v. 17. 5. 1950 widerspricht auch nicht dem westzonalen ordre public, d. h. es verstößt nicht „gegen die guten Sitten oder gegen den Zweck eines Gesetzes der Bundesrepublik" (Art. 30 EGBGB). In dem angefochtenen Beschl. ist zutreffend unter Heranziehung vieler Gesetzesvorschriften dargelegt, daß das deutsche und westzonale Recht dem 21. Lebensjahre keineswegs eine ausnahmslos entscheidende Bedeutung für die Volljährigkeit und für die Ehemündigkeit beilegen. Deshalb ist die gesetzl. Herabsetzung des Volljährigkeits- und Ehemündigkeitsalters damit durchaus vereinbar.

Es ist also mit beiden Vorinstanzen davon auszugehen, daß dem ostzonalen VolljährigkeitsG in der Bundesrepublik die Anerkennung nicht versagt werden kann (ebenso *Dölle*, StAZ 1950, 178ff.; Erl. d. BJM v. 17. 8. 1950, ebenda S. 273; RdErl. d. Bayr. StMdJ v. 24. 8. 1950, ebenda S. 267; *Palandt*, BGB⁹ Anm. 14g, ff zu Art. 7 EGBGB; *Neuhaus*, DRZ 1950, 401 u. 467; *Beitzke*, ZBlJR 1950, 181; *Otto*, Rpfl. 1950, 446; *Wengler*, NJW 1951, 49; *Schumacher*, ebenda S. 169; *Cartellieri*, BB 1951, 72; *Schlichting*, MDR 1951, 138; LG Hannover NJW 1951, 199[1]; LG Berlin-West, DRsp. I (181) 16e[2] und LG Hagen v. 13. 4. 1951 — 3 T 92/51).

Sodann hat das LG mit Recht angenommen, daß der ASt., der erst nach Vollendung des 18. Lebensjahres in das Gebiet der Bundesrepublik übergesiedelt ist, auf Grund des ostzonalen VolljährigkeitsG volljährig geworden ist und die einmal erworbene Volljährigkeit durch den Übertritt in die Bundesrepublik nicht wieder verloren hat. Das entspricht der überwiegenden Meinung in Rechtsprechung und Lit. (vgl. die oben angeführten Stellen mit Ausnahme von *Wengler*, aaO.) und ist auf Grund einer entsprechenden Anwendung des Art. 7 II EGBGB gerechtfertigt. Nach dieser Vorschrift behält ein Ausländer, der nach seinem Heimatrecht volljährig ist oder die rechtliche Stellung eines Volljährigen hat und sodann die deutsche Staatsangehörigkeit erwirbt, die rechtliche Stellung eines Volljährigen, auch wenn er nach den deutschen Gesetzen nicht volljährig sein würde. Naturgemäß kann im vorliegenden Fall die Staatsangehörigkeit für die Bestimmung des Personalstatuts nicht verwendet werden, da die Westdeutschen und Ostdeutschen nicht als Angehörige verschiedener Staaten anzusehen, sondern nach wie vor deutsche Staatsangehörige sind (vgl. u. a. Art. 16 I, 33 I und 116 GG). Als Anknüpfungspunkt kommt statt dessen der Wohnsitz oder der gewöhnliche Aufenthalt in Frage. Ob das eine oder andere vorzuziehen ist, kann hier dahingestellt bleiben, weil der ASt. bis zu seiner Übersiedlung in die Bundesrepublik seinen Wohnsitz und gewöhnlichen Aufenthalt in der Ostzone hatte und nunmehr beides in die Bundesrepublik verlegt hat. Der ASt. hat also die einmal erlangte Stellung eines Volljährigen behalten.

Zu Unrecht nimmt das LG aber weiter an, daß das gleiche bezüglich der Ehemündigkeit gelten müsse. Das LG verkennt allerdings nicht, daß zwischen der Volljährigkeit und der Ehemündigkeit ein scharfer Unterschied zu machen ist . . .

Entsprechend sind auch die Kollisionsnormen, die hier analog anzuwenden sind, verschieden ausgestaltet. Die Geschäftsfähigkeit und Volljährigkeit sind in Art. 7, die Ehemündigkeit in Art. 13 EGBGB geregelt. Obwohl Art. 7 I und Art. 13 I übereinstimmend für die Frage des anzu-

---

[1] Siehe oben Nr. 30a. [2] Siehe oben Nr. 26.

wendenden Rechtes an die Staatsangehörigkeit (das sog. Personalstatut) anknüpfen, fehlt in Art. 13 eine dem Art. 7 II entsprechende Vorschrift. Deshalb ist auch beim Wechsel der Staatsangehörigkeit nach dem klaren Wortlaut des Art. 13 das Gesetz des Staates maßgebend, dem der Ehegatte zur Zeit der Eheschließung angehört. Die analoge Anwendung des Art. 13 auf den vorliegenden Fall bedeutet also, daß das Gesetz angewendet werden muß, das für die Zone gilt, in welcher der ASt. zur Zeit der Eheschließung seinen Wohnsitz oder gewöhnlichen Aufenthalt hat. Das ist die Bundesrepublik, so daß für die Frage seiner Ehemündigkeit § 1 EheG maßgebend ist.

Eine entsprechende Anwendung des Art. 7 II EGBGB, wie sie das LG auch hinsichtlich der Ehemündigkeit für angebracht hält, erscheint unzulässig. Einmal handelt es sich um eine Vorschrift mit so ausgesprochenem Ausnahmecharakter, daß schon deswegen gegen eine entsprechende Anwendung im Bereich des Art. 13 EGBGB Bedenken bestehen (vgl. die Hinweise bei *Schumacher*, aaO. 172 Anm. 32; das gleiche gilt übrigens auch für Art. 24 III S. 1 Halbsatz 2, vgl. *Palandt*, aaO. Anm. 5 III zu Art. 24). Zum anderen spielen die Gründe, welche die Ausnahmevorschrift in Art. 7 II hinsichtlich der einmal erworbenen Volljährigkeit rechtfertigen, für die Frage der Ehemündigkeit kaum eine Rolle.

Art. 7 II EGBGB hat allerdings nicht nur, wie *Wengler* aaO. 53 meint, den Erwerb der deutschen Staatsangehörigkeit durch Naturalisation im Auge. Mag das auch der Hauptanwendungsfall sein, so kommt doch ebenso ein Erwerb der Staatsangehörigkeit aus anderen Gründen, z. B. durch Eheschließung in Betracht. Der tiefere Grund für die Ausnahmeregelung in Art. 7 II ist folgender: Die Volljährigkeit hat die volle Geschäftsfähigkeit zur Folge, die es dem Menschen ermöglicht, selbständig am rechtsgeschäftlichen Verkehr teilzunehmen und damit selbständig sein Leben zu ordnen. Es handelt sich also um eine rechtserhebliche Eigenschaft der Person, die immer wieder Rechtswirkungen auslöst. Es ist deshalb nicht zumutbar, daß jemand, der nach dem Recht seines Heimatstaates diese selbständige Rechtsstellung einmal erworben hat, sie beim Wechsel der Staatsangehörigkeit wieder einbüßen und sich in die Stellung eines Minderjährigen zurückbegeben soll. Außerdem soll das Vertrauen im rechtsgeschäftlichen Verkehr geschützt werden. Dabei ist zu beachten, daß der Wechsel der Staatsangehörigkeit nicht ohne weiteres erkennbar ist. So braucht z. B. bei der Naturalisation keinerlei Wechsel in der äußeren Lebensform des Betreffenden einzutreten. Wer also nach wie vor Rechtsgeschäfte mit einer solchen Person abschließt, muß in seinem Vertrauen auf den Fortbestand der Geschäftsfähigkeit geschützt werden. Bedenkliche Schwierigkeiten könnten auch entstehen im Hinblick auf etwa von ihr selbständig bereits eingegangene Rechtsverhältnisse, die auf Dauer angelegt (z. B. Gesellschaftsverträge) oder noch nicht abgewickelt sind (z. B. Abzahlungsgeschäfte).

Alle diese Gesichtspunkte fallen fort bei der in Art. 13 behandelten Eingehung der Ehe und der darunter fallenden Ehemündigkeit. Die Ehemündigkeit ist keine solche Eigenschaft wie die Volljährigkeit und die damit verbundene Geschäftsfähigkeit, die immer wieder rechtserhebliche

Bedeutung gewinnt oder doch gewinnen kann. Vielmehr spielt sie lediglich im Zeitpunkt der Eheschließung eine Rolle. Dementsprechend gibt es, worauf oben schon hingewiesen wurde, auch keine Ehemündigkeitserklärung, sondern nur eine „Befreiung vom Erfordernis der Ehemündigkeit" (1. DVO z. EheG § 1). Der Gedanke des Vertrauensschutzes kommt hier überhaupt nicht zum Zuge. Der Verlust der Ehemündigkeit hat auch keine so unmittelbaren Folgen für die Rechtsstellung des einzelnen. Seine selbständige Lebensführung ändert sich nicht. Deshalb ist es zumutbar, daß er sich beim Wechsel der Staatsangehörigkeit dem nach Art. 13 I EGBGB maßgebenden Recht des neuen Heimatstaates unterwirft. Schließlich ist die Eheschließung denn auch vom Standpunkt eines wohlverstandenen Staatsinteresses aus gesehen ein so bedeutsamer Akt, daß es verständlich erscheint, wenn hier das Prinzip der Staatsangehörigkeit strenger durchgeführt wird als bei der Volljährigkeit in Art. 7 II EGBGB.

Danach hat es also gute Gründe, wenn Art. 13 eine dem Art. 7 II entsprechende Vorschrift nicht enthält, und deshalb eine Staatsangehörigkeit, die jemand vorher gehabt hat, unberücksichtigt bleibt (vgl. *Palandt*, aaO. Anm. 1 zu Art. 13). Jedenfalls besteht kein Bedürfnis zu einer analogen Anwendung des Art. 7 II innerhalb des Art. 13 EGBGB. Das übersieht das LG, wenn es die Analogie damit begründen zu können glaubt, daß beim Inkrafttreten des BGB keine Veranlassung bestanden habe, eine dem Art. 7 II entsprechende Regelung innerhalb des Art. 13 EGBGB zu schaffen. Gewiß begründete die Volljährigkeitserklärung des Mannes nach früherem Recht ohne weiteres seine Ehemündigkeit (§ 1303 BGB). Es darf aber nicht übersehen werden, daß Art. 13 EGBGB alle mit der Eingehung der Ehe zusammenhängenden Fragen betrifft, u. a. also auch die Ehemündigkeit der Frau und die nach § 1308 BGB für den für volljährig erklärten Mann erforderliche elterliche Einwilligung. Eine dem Art. 7 II entsprechende Vorschrift in Art. 13 hätte also auch vor Einführung des EheG eine guten Sinn gehabt. Im übrigen müssen Gesetze, soweit das mit ihrem Wortlaut vereinbar ist, so ausgelegt und angewendet werden, wie es der Fortentwicklung des Rechts entspricht. Nach dem Erlaß des EheG mit der scharfen Unterscheidung zwischen Volljährigkeit und Ehemündigkeit hat die unterschiedliche Normierung in Art. 13 und Art. 7 erhöhte Bedeutung gewonnen."

## 2. Verschollenheit

**36. Die Verschollenheit eines Vermißten, dessen Wohnsitz sich in der Ostzone befindet, beurteilt sich nach ostzonalem Recht.**

OLG München (amerik. Zone), Beschl. v. 1. 6. 1951 — 2 W/WBM 29/51: WM 1951 IV B, S. 552.

Aus den Gründen:

„Im gegenwärtigen Fall handelt es sich um die Anmeldung eines Vermißten . . . Die Akten ergeben, daß der Anmelder seit 23. 7. 1945 verschollen und eine Todeserklärung nicht erfolgt ist. Es wäre daher zu prüfen gewesen, ob die Lebensvermutung des § 10 VerschG Platz greift.

Da es sich um einen Vermißten des Krieges 1939/45 handelt, der seinen Wohnsitz in der Ostzone hat, mußten zur Überprüfung die OstzonenVO v. 22. 2. 1949 mit ihrer DVO v. 23. 7. 1949 (siehe *Palandt*[9], Anhang zu § 4 bzw. § 9 VerschG) herangezogen werden. Gemäß § 3 der DVO v. 23. 7. 1949 wird, solange ein Verschollener nicht für tot erklärt ist, vermutet, daß er bis zum 31. 7. 1949 gelebt hat. Hinsichtlich der Zeit vom 1. 1. 1945 bis 31. 7. 1949 konnte sich also die Kammer auf diese Lebensvermutung beziehen. Für die Zeit bis 1. 10. 1949 mußte sie sich aber auf Grund etwaiger Ermittlungen selbst eine Überzeugung dafür bilden, ob der Anmelder bis zu diesem Zeitpunkt am Leben war oder nicht."

**37. Die Todeserklärung eines Verschollenen durch ein ostzonales Gericht wird in den Westzonen anerkannt, so daß ein neues Todeserklärungsverfahren nicht einzuleiten ist.**

AG Stuttgart-Bad Cannstatt (amerik. Zone), Beschl. v. 6. 2. 1953 — GH 42/53: VersR 1953, 394 (*Fleischmann* 471).

Aus den Gründen:

„Der Verschollene hatte seinen letzten inländischen Wohnsitz zusammen mit seiner Familie in W. [sowjet.]. Er wurde durch Beschluß des AG R. [sowjet.] v. 9. 10. 1950 für tot erklärt. Als Zeitpunkt des Todes gilt nach diesem Beschluß der 31. 7. 1949, 24 Uhr. Die ASt. hat jetzt die Todeserklärung durch das AG Stuttgart-Bad Cannstadt nach ihrem eigenen Vortrag nur deshalb beantragt, weil der Verschollene Lebensversicherungen zu ihren Gunsten abgeschlossen hatte und ihr auf Grund der Todeserklärung des AG R. nur je $^1/_{10}$ der Versicherungsssumme ausgezahlt wurde. Sie will durch eine Todeserklärung des erkennenden Gerichts erreichen, daß ihr die Versicherungssummen in voller Höhe ausgezahlt werden.

Gemäß Art. 2 § 7 VerschÄndG wäre an sich das angerufene Gericht zuständig, weil der Verschollene seinen letzten inländischen Wohnsitz zusammen mit seiner Familie in W. [Ostzone] hatte und seine Familienangehörigen jetzt in St. [amerik.] leben. Art. 2 § 7 VerschÄndG findet aber in vorliegendem Fall keine Anwendung, weil schon bei Inkrafttreten des VerschÄndG am 30. 1. 1951 das zuständige AG in R. nicht nur schon ein Verfahren zur Todeserklärung des V. eingeleitet, sondern schon durch rechtskräftigen Todeserklärungsbeschluß abgeschlossen hatte. Dies ergibt sich aus Art. 4 § 1 VerschÄndG. Es wäre sinnwidrig, wenn Art. 4 § 1 dieses Gesetzes nicht auch auf abgeschlossene Verfahren anzuwenden wäre. Daß, wenn eine Todeserklärung bereits außerhalb des Gebietes der Bundesrepublik erfolgt ist, nicht eine nochmalige Todeserklärung auf Grund der für die Bundesrepublik geltenden Gesetze erfolgen kann, ergibt sich auch aus der Bestimmung des Art. 4 § 3, der der Versicherungsunternehmung ein Leistungsverweigerungsrecht gibt, wenn der Anspruch den Betrag übersteigt, der sich ergeben würde, falls der Zeitpunkt des Todes nach den Vorschriften dieses Gesetzes festgestellt worden wäre. Die Bestimmung des Zeitpunktes selbst im Todeserklärungsverfahren sieht Art. 4 § 3 nicht vor.

Aus dieser Bestimmung ergibt sich aber auch, daß eine förmliche Todeserklärung für das Gebiet der Bundesrepublik gar nicht erforderlich ist, denn der Betrag, der sich ergeben würde, wenn der Zeitpunkt des Todes des Verschollenen nach den Vorschriften des VerschÄndG festgestellt worden wäre, kann, wie die Vorschrift erkennen läßt, auch ohne Todeserklärung verlangt werden."

## 3. Ehegüterrecht

**38. Auf das interzonale Recht sind die Grundsätze des internat. Privatrechts entsprechend anzuwenden. — Ehegüterstatut ist das Recht am Wohnsitz der Eheleute.**

OLG Halle (sowjet. Zone), Urt. v. 23. 8. 1950 — 1 U 121/50: NJ 1950, 502.

In einem Rechtsstreit war neben der Bekl. zu 1 deren Ehemann als Bekl. zu 2 zur Duldung der Zwangsvollstreckung in das eingebrachte Gut der Ehefrau verklagt worden. Beide Bekl. wohnen in Westdeutschland. Die Vorinstanz gab der Klage gegen die Bekl. zu 1 statt, wies aber die Klage gegen den Bekl. zu 2 unter Berufung auf Art. 7, 30 und 144 der Verfassung der DDR ab. Das OLG gab auch der Klage gegen den Bekl. zu 2 statt.

Aus den Gründen:

„Nach den Art. 7, 30, 144 der Verfassung der DDR v. 7. 10. 1949 sind alle Bestimmungen, die der grundsätzlichen Gleichstellung von Mann und Frau entgegenstehen, mit sofortiger Wirkung aufgehoben. Daraus ist zu folgern, daß im Bereiche der DDR die Beschränkungen der Ehefrau im gesetzlichen Güterstand weggefallen sind. Insbesondere ist neben der Verurteilung der Ehefrau zur Leistung nicht mehr die Verurteilung des Ehemannes zur Duldung der Zwangsvollstreckung in das eingebrachte Gut erforderlich, wie der Senat schon wiederholt entschieden hat.

Das kann jedoch nur für Eheleute gelten, die bei Inkrafttreten der Verfassung v. 7. 10. 1949 ihren Wohnsitz in der DDR hatten. In den übrigen Teilen Deutschlands ist jedoch der gesetzliche Güterstand der Verwaltungs- und Nutznießungsgemeinschaft erhalten geblieben und die Verurteilung des Ehemannes zur Duldung der Zwangsvollstreckung erforderlich, um in das eingebrachte Gut der Ehefrau überhaupt vollstrecken zu können. Würde man die Verurteilung eines deutschen Ehemannes zur Duldung nicht mehr für zulässig halten, so ergäbe sich das unpraktische Ergebnis, daß ein Gläubiger, der in der DDR wohnt, gegenüber einer in den Westzonen wohnenden Ehefrau als Schuldnerin rechtlos gestellt wäre, da dort ein solcher Titel ohne Verurteilung des Ehemannes zur Duldung nicht vollstreckbar und damit nutzlos wäre. Dagegen ließe sich auch nicht einwenden, daß der Gläubiger durch Klage am Wohnsitz der Schuldner in Westdeutschland einen vollstreckbaren Titel durch Verurteilung des Ehemannes zur Duldung erreichen könnte; denn diese Möglichkeit ist nicht durchgehend gegeben und würde versagen beim Bestehen eines ausschließlichen Gerichtsstandes in der DDR, wie etwa bei dinglichem Gerichtsstand der belegenen Sache.

Aber auch die entsprechende Anwendung der Grundsätze des internat. Privatrechts auf die verschiedenen Zonen Deutschlands, die seit dem Wegfall des Kontrollrats eine verschiedene Rechtsentwicklung genommen haben, führt zu dem gleichen Ergebnis. Maßgebend für die in Westdeutschland wohnenden Eheleute ist das dort uneingeschränkt weiter geltende gesetzliche Güterrecht des BGB. Wenn am Sitze des Gerichts der DDR ein abweichendes Ehegüterrecht gilt, so ist doch die Entscheidung nach dem westdeutschen Güterrecht zu treffen, soweit in den Westzonen wohnende Eheleute betroffen sind. Die Berücksichtigung des westdeutschen Rechtes ist um so weniger bedenklich, weil mit der Verurteilung zur Duldung der Zwangsvollstreckung etwas im Gebiete der DDR Überflüssiges ausgesprochen wird, das aber in den anderen Zonen unentbehrlich zur Schaffung eines vollstreckbaren Titels ist. Der Standpunkt, daß für die Rechtsprechung im Gebiete der DDR nur noch das neue Recht anzuwenden sei, ohne Rücksicht auf das praktische Ergebnis, würde sich gerade für die Bewohner der DDR als Gläubiger von Westschuldnern ungünstig auswirken, weil sie nicht in der Lage wären, in ihrem Rechtsgebiet einen auch für die Westzonen gültigen Titel zu erreichen, mit dem sie gegen eine in Westdeutschland wohnende Ehefrau vollstrecken könnten."

**39. Die Vorschriften des deutschen internat. Privatrechts sind für das interlokale Recht richtungweisend und daher entsprechend anwendbar. — Für Verfügungen einer Ehefrau über ein westdeutsches Grundstück ist jedoch Art. 15 EGBGB nicht analog anwendbar, sondern allein das Ehegüterrecht am Grundstücksort maßgebend. — Selbst nach den Grundsätzen des internat. Privatrechts sind Konflikte zwischen der lex rei sitae und dem Recht eines anderen Staates zugunsten der Anwendung der lex rei sitae zu entscheiden (!).**

LG Göttingen (brit. Zone), Beschl. v. 3. 5. 1952 — 1 T 18/52: NdsRpfl. 1952, 155; MDR 1952, 495; AZGB Nr. 163/164, No. 734; Auszug in DRsp. I (181) 31a.

Die Beschwerdeführerinnen sind Miteigentümerinnen eines Grundstücks im Bundesgebiet; sie sind Ehefrauen und haben ihren Wohnsitz in der Ostzone. Sie haben in einem notariellen Vertrag vom Juli 1951 ohne Genehmigung ihrer Ehemänner das Grundstück verkauft und aufgelassen. Der Rechtspfleger des AG am Grundstücksort beanstandete das Fehlen dieser Genehmigungen. AG und LG bestätigten diese Verfügung.

Aus den Gründen:

„Bei der Beurteilung der Rechtslage in der Sowjetzone ist allerdings davon auszugehen, daß mit Rücksicht auf die dort geltenden verfassungsrechtlichen Bestimmungen der gesetzliche Güterstand des BGB durch den der Gütertrennung abgelöst worden ist (vgl. *Stefan*, NJW 1950, 664; *Schlichting*, MDR 1951, 138). *Schlichting* folgert daraus, es müsse dem abgewandelten Grundsatz des Art. 15 EGBGB entnommen werden, daß das für den Wohnsitz der Beteiligten geltende Zonenrecht den Vorrang habe. Das Grundbuchamt in der Westzone sei daher nicht berechtigt, außer dem Nachweis des beiderseitigen ostzonalen Wohnsitzes auch die

Zustimmung des Mannes zur Veräußerung des Grundstückes zu verlangen. Diese Rechtsauffassung wird von der Kammer nicht geteilt. Wie auch von *Schlichting* hervorgehoben wird, kann es sich für die Regelung dieses interzonalen Konfliktes nur um eine entsprechende Anwendung des Art. 15 EGBGB in dem Sinne handeln, daß die Vorschriften des internat. Privatrechts richtungweisend auch für die Lösung interzonaler Konflikte sind. Wie *Wengler* hervorgehoben hat (NJW 1951, 49), spricht auch gegen eine vom internat. Privatrecht freie Bildung der interzonalen Kollisionsnorm vor allem, daß die Rechtsunsicherheit auf diesem Gebiete noch viel größer würde, während die Analogie des internat. Privatrechts eine gewisse Voraussehbarkeit der interzonalen Lösung ermöglichte. Jedoch betont auch *Wengler* und ihm zustimmend *Raape* (NJW 1951, 457), daß das interlokale Privatrecht zuweilen seine eigenen Wege zu gehen hat und bei Gesetzeskonflikten innerhalb eines Staates eine der verschiedenen Teilrechtsordnungen aus irgendeinem Grunde den Vorrang genießen muß. Dieser Gesichtspunkt spricht bereits bei allen Rechtsgeschäften, deren Wirkung sich auf das Gebiet der Bundesrepublik bezieht, dafür, die ostzonale Regelung des Güterrechts zu ignorieren und der in der Bundesrepublik geltenden Regelung den Vorrang zu geben. Es würde insbesondere bei mehrfachem Wechsel des Wohnsitzes zwischen der Sowjetzone und dem Gebiet der Bundesrepublik zu einer außerordentlichen Rechtsunsicherheit führen, wenn in dem einen Falle für ein Rechtsgeschäft, welches, wie im vorliegenden Falle, sich auf das Gebiet der Bundesrepublik unmittelbar auswirkt, die ehemännliche Genehmigung erforderlich wäre und in dem anderen nicht, je nachdem, wo die Eheleute gerade ihren Wohnsitz oder gar nur ständigen Aufenthaltsort haben. Schon aus diesem Grunde muß für das interlokale Privatrecht der Grundsatz gelten, daß die ehemännliche Genehmigung beigebracht werden muß, wenn sich das Rechtsgeschäft auf ein in der Westzone liegendes Grundstück bezieht. Auch bei Jugendlichen, welche infolge der Herabsetzung des Volljährigkeitsalters nach der ostzonalen Regelung in der Sowjetzone als volljährig anzusehen sind, fordert daher *Raape* unabhängig von dem Aufenthalt und dem Wohnsitz des Jugendlichen die Anwendung der reichsrechtlichen Vorschriften, wenn der Gegenstand des von den Jugendlichen vorgenommenen Rechtsgeschäftes in der Westzone belegen ist (*Raape* aaO. 458).

Selbst wenn man sich aber stärker an die Grundsätze des internat. Privatrechts anlehnen würde, könnte, wie von *Schlichting* nicht berücksichtigt worden ist, die Entscheidung keine andere sein. Nach der in Rechtslehre und Rechtsprechung im internat. Privatrecht geltenden Auffassung findet Art. 15 EGBGB keine Anwendung auf Gegenstände, die sich nicht im Gebiete des Staates befinden, dessen Gesetze nach Art. 15 EGBGB maßgebend sind. Vielmehr hat die lex rei sitae bei allen dinglichen Rechten den Vorrang. Die lex rei sitae ist daher auch maßgebend für die Form des Rechtsgeschäftes, durch welches über ein dingliches Recht verfügt wird. Es bedarf daher auch nach den Grundsätzen des internat. Privatrechts der Zustimmung des Ehemannes zur Veräußerung eines in der Westzone liegenden Grundstückes, auch wenn beide Ehegatten ihren Wohnsitz nicht im Gebiete der Bundesrepublik haben."

**40. Die Normen des interlokalen Rechts sind dem deutschen internat. Privatrecht zu entnehmen. — An die Stelle des Anknüpfungspunktes der Staatsangehörigkeit tritt der gewöhnliche Aufenthaltsort. — Die Verfügungsbefugnis einer Ehefrau beurteilt sich nach Art. 15 EGBGB. — Die Anwendung des danach maßgebenden ostzonalen Ehegüterrechts bei einer Verfügung über ein Grundstück im Bundesgebiet verstößt nicht gegen den westdeutschen ordre public, da das geltende ostzonale Ehegüterrecht einem Programmsatz der westdeutschen Verfassung entspricht. — Art. 28 EGBGB ist bei einer Abweichung des nach Art. 15 EGBGB maßgebenden Rechts von dem Ehegüterrecht der lex rei sitae nicht anzuwenden. — Eine „besondere Vorschrift" im Sinne des Art. 28 EGBGB wäre vielmehr eine Bestimmung, wonach grundsätzlich auf Verfügungen über Grundstücke in Westdeutschland westdeutsches Ehegüterrecht anzuwenden wäre. — Daß sich die dingliche Übertragung eines Grundstücks in Westdeutschland nach westdeutschem Recht richtet, ist keine derartige „besondere Vorschrift".**

LG Kassel (amerik. Zone), Beschl. v. 17. 5. 1952 — 2 T 266/52: *DNotZ 1952, 482; NJW 1952, 1020; AZGB Nr. 163/164, No. 745; Auszug in DRsp. I (181) 32a.

Eine Erbengemeinschaft war Eigentümerin eines Grundstücks in S. (amerik.). Eine Miterbin ist die Ehefrau F. mit Wohnsitz in Y. (sowjet.). Auf Grund einer vertraglichen Auseinandersetzung sollte das Grundstück einem Teil der Erben übergeben werden. Das Grundbuchamt beanstandete, daß die nach § 1395 BGB erforderliche Einwilligung des Ehemanns der Frau F. nicht vorliege. Trotz späterer Bemühungen hat der Ehemann F. das Rechtsgeschäft seiner Frau nicht genehmigt. Das LG hob die angefochtene Zwischenverfügung des AG auf.

Aus den Gründen:

„In Art. 7 der Verfassung der DDR ist bestimmt, daß Mann und Frau gleichberechtigt und alle Bestimmungen, die die Gleichberechtigung beeinträchtigen, aufgehoben seien. In Art. 144 aaO. ist darüber hinaus bestimmt, daß alle Bestimmungen der Verfassung unmittelbar geltendes Recht, also nicht nur Programmsätze seien. Damit ist die Verwaltung und Nutznießung des Mannes am Frauenvermögen in der DDR fortgefallen und Gütertrennung eingetreten (vgl. *Roth*, NJ 1949, 245ff.; OLG Dresden, NJ 1950, 21 und OLG Erfurt, NJ 1950, 266).

Im Gebiete der DDR ist daher die Zustimmung des Ehemannes zu Verfügungen der Ehefrau über ihr eingebrachtes Gut nicht mehr erforderlich. Ob diese Grundsätze auch Geltung haben, wenn eine in der DDR wohnende Ehefrau eine Verfügung über einen in der Bundesrepublik gelegenen Vermögensgegenstand trifft, richtet sich nach Lehren des interzonalen bzw. interlokalen Privatrechts. Richtschnur für die Gewinnung der Normen des interlokalen Rechts ist das deutsche internat. Privatrecht. Dabei ist der Begriff der Staatsangehörigkeit durch den Begriff des gewöhnlichen Aufenthaltsortes zu ersetzen. (Vgl. *Raape*, IPR[3] 106.)

Der danach in Frage kommende Anknüpfungspunkt ist nach Art. 15 EGBGB der Aufenthaltsort des Mannes. Denn nach Art. 15 EGBGB beurteilt sich der Güterstand der Eheleute nach dem Heimatrecht des Mannes (*Palandt*, Anm. 2 zu Art. 15 EGBGB). Demnach ist im vorliegenden Fall von dem ehelichen Güterrecht der DDR auszugehen, wonach — wie oben dargelegt — die Einwilligung des Ehemannes nicht erforderlich ist.

Die Anwendung des fremden Rechtes ist auch nicht nach Art. 30 EGBGB ausgeschlossen. Die Vorbehaltsklausel des Art. 30 EGBGB kommt nur dann zum Zuge, wenn die Anwendung fremden Rechts gegen die guten Sitten oder den Zweck eines inländischen Gesetzes verstoßen würde. Ein solcher Verstoß kommt im vorliegenden Fall deshalb nicht in Frage, weil auch das in der Bundesrepublik geltende Recht auf eine Gleichberechtigung zwischen Mann und Frau hinzielt. Nach Art. 3 II GG sind Männer und Frauen gleichberechtigt. Daß es der Bundesgesetzgeber mit dieser Vorschrift ernst meint, ergibt sich aus Art. 117 I GG, wonach das dem Art. 3 II entgegenstehende Recht nicht länger als bis zum 31. 3. 1953 in Kraft bleibt, so daß also nach diesem Zeitpunkt eine Angleichung an den bereits in der DDR geltenden Rechtszustand erfolgen müßte.

An diesem Ergebnis ändert sich — entgegen der Auffassung des ersten Richters — auch dadurch nichts, daß Gegenstand des vorliegenden Rechtsgeschäfts Grundstücke sind, die im Gebiet der Bundesrepublik liegen. Nach Art. 28 EGBGB kommt die Vorschrift des Art. 15 EGBGB dann nicht zur Anwendung, wenn der Gegenstand des Geschäfts sich nicht im Gebiete des Staates befindet, dessen Gesetz nach Art. 15 EGBGB maßgebend sein würde. In solchen Fällen ist das Sachstatut, hier also das Recht des Belegenheitsortes, dem Vermögensstatut des Art. 15 EGBGB vorzuziehen. Dies gilt aber nur im beschränkten Maße, nämlich nach Art. 28 EGBGB nur dann, wenn der Gegenstand des Geschäftes nach den Gesetzen des Staates, in dessen Gebiete er sich befindet, besonderen Vorschriften unterliegt. Diese Voraussetzungen sind jedoch vorliegend nicht gegeben. Streitig ist hier die Frage, ob die Verfügung einer Ehefrau über ein in der Bundesrepublik gelegenes Grundstück der Zustimmung des Ehemannes bedarf. Besondere Vorschriften i. S. des Art. 28 EGBGB wären in diesem Zusammenhang nur dann anzunehmen, wenn das westdeutsche oder überhaupt das deutsche Recht eine Bestimmung darüber enthalten würde, daß bei Verfügungen über Grundstücke in jedem Falle das deutsche eheliche Güterrecht zur Anwendung zu kommen hätte. Denn die Tatsache allein, daß es sich hier um ein Geschäft über ein Grundstück handelt, kann nicht zur Durchbrechung des Prinzips des Art. 15 EGBGB führen. Zwar kann nach deutschem Recht das Eigentum an einem Grundstück nur durch Auflassung und Eintragung im Grundbuch übertragen werden. Aber um die Frage, welches Recht für den dinglichen Übertragungsakt zur Anwendung zu bringen ist, handelt es sich hier nicht. Zu klären ist vielmehr das Güterrechtsverhältnis in bezug auf Grundstücke. Es gibt zwar eine Reihe von Staaten, z. B. die des angloamerikanischen Rechts, die das Güterrechtsverhältnis bezüglich der Immobilien nach der lex rei sitae beurteilen (vgl. *Raape* aaO. 218). Einen Rechtssatz des Inhaltes, daß bei Verfügungen über Grundstücke das deutsche eheliche Güterrecht Anwendung findet, gibt es aber im deutschen Recht nicht."

**41. Die Verfügungsbefugnis einer Ehefrau mit Wohnsitz in der Ostzone über ein westdeutsches Grundstück ist in Analogie zu Art. 15 EGBGB zu beurteilen; es handelt sich nicht etwa um eine Formvorschrift im Sinne des Art. 11 EGBGB. — Anknüpfungspunkt ist im interzonalen Recht an**

**Stelle der Staatsangehörigkeit der Wohnsitz oder der gewöhnliche Aufenthalt. — Der Grundsatz der Unwandelbarkeit des Ehegüterstatuts (Art. 15 EGBGB) gilt nur bei einem Wechsel des maßgebenden Anknüpfungspunktes, nicht aber bei sachlichen Änderungen der ursprünglich maßgebenden Rechtsordnung. — Die Anwendung des Art. 28 EGBGB setzt voraus, daß Einzelstatut und Gesamtstatut auseinanderfallen. — Im interzonalen Verhältnis ist Art. 28 nicht anwendbar. — Die für die dingliche Übertragung maßgebenden Bestimmungen sind nicht „besondere Vorschriften" im Sinne des Art. 28 EGBGB. — Die Anwendung des neuen ostzonalen Ehegüterrechts verstößt nicht gegen den westdeutschen ordre public, da dieses neue Recht einem Programmsatz der westdeutschen Verfassung entspricht.**

LG Braunschweig (brit. Zone), Beschl. v. 9. 10. 1952 — 18 T 818/52: NdsRpfl. 1952, 189; Auszug in DRsp. I (181) 33b.

Eine Erbengemeinschaft, deren Mitglieder in der Ostzone wohnen, ist Eigentümerin eines Grundstücks im Bundesgebiet. Die Miterben haben das Grundstück verkauft und aufgelassen und beantragen, die Eigentumsänderung im Grundbuch einzutragen. Das AG beanstandet, daß die Erklärungen der Ehefrau B. ohne Zustimmung ihres Mannes abgegeben wurden. Das LG hat diese Zwischenverfügung aufgehoben.

Aus den Gründen:

„a) Gemäß Art. 7 der Verf. der DDR sind Mann und Frau gleichberechtigt; alle Bestimmungen, die die Gleichberechtigung der Frau in der Ehe und Familie beeinträchtigen, sind aufgehoben (Art. 30). Gemäß Art. 144 sind alle Bestimmungen der Verfassung unmittelbar geltendes Recht. Zu den die Ehefrau einschränkenden und deshalb aufgehobenen Bestimmungen gehört § 1395 BGB. Damit ist die Verwaltung und Nutznießung des Mannes am Frauenvermögen in der DDR fortgefallen, und es ist Gütertrennung eingetreten; die Gütertrennung ist an die Stelle des bisherigen gesetzlichen Güterstandes getreten (vgl. *Roth*, NJ 1949, 245f.; *Stefan*, NJW 1950, 664; *Schlichting*, MDR 1951, 138; *Sättler*, NJ 1950, 15; a.A. *Meyer*, JR 1950, 266; OLG Dresden, NJ 1950, 21; OLG Erfurt, NJ 1950, 266).

b) Im Gebiet der DDR ist deshalb im Falle einer Verfügung der Ehefrau über eingebrachtes Gut die Zustimmung des Ehemannes nicht mehr erforderlich. Es wäre auch überflüssig, auf der ehemännlichen Zustimmung weiterhin zu bestehen; denn diese hat nur Sinn, solange das ehemännliche Verwaltungs- und Nutznießungsrecht besteht. Ob dies auch gilt, wenn die in der DDR wohnende Ehefrau eine Verfügung über ein in der Westzone gelegenes Grundstück trifft, ist nach den Regeln des internat. bzw. interzonalen Privatrechts unter entsprechender Anwendung des Art. 15 EGBGB zu beurteilen (LG Kassel, NJW 1952, 1020[1]; LG Göttingen, NdsRpfl. 1952, 155[2]).

c) Gemäß Art. 15 EGBGB ist Anknüpfungspunkt die Staatsangehörigkeit des Ehemannes zur Zeit der Eheschließung; das eheliche Güterrecht beurteilt sich somit nach dem Heimatrecht des Ehemannes zur Zeit der

[1] Siehe oben Nr. 40. [2] Siehe oben Nr. 39.

Eheschließung, ohne daß ein späterer Wechsel des Wohnsitzes — nach dem Grundsatz der Unwandelbarkeit des Güterrechts — von Einfluß wäre (*Palandt*, Art. 15 EGBGB Anm. 3). Hiernach ist vom ehelichen Güterrecht der DDR auszugehen (LG Kassel aaO.; z.T. a.A. LG Göttingen aaO.). Das für den Wohnsitz der Beteiligten geltende Zonenrecht hat den Vorrang. Denn im internat. bzw. interzonalen Privatrecht wird der Begriff der Staatsangehörigkeit durch den Begriff des gewöhnlichen Aufenthaltsortes (lex domicilii) ersetzt (vgl. *Raape*, IPR³ 106; *Palandt*, Vorbem. 14 C vor Art. 7 EGBGB; *Neuhaus*, DRZ 1950, 401).

Zwar soll nach Art. 15 EGBGB der bei der Eheschließung bestehende Güterstand beibehalten werden. Dieser Grundsatz bezieht sich jedoch nur auf die Fälle, in denen durch Willensakte der beteiligten Ehegatten die Staatsangehörigkeit oder aber der Wohnsitz geändert werden. Hier sind jedoch unabhängig vom Willen der Beteiligten ihre güterrechtlichen Beziehungen durch Gesetz neu geregelt worden; da die Eheleute B. bei Inkrafttreten der Verfassung der DDR im Gebiet der DDR ihren Wohnsitz hatten, so ist seither der im Gebiet der DDR bestehende Rechtszustand für ihre güterrechtlichen Beziehungen maßgebend (vgl. *Schlichting* aaO.).

d) Allerdings geht das interlokale Privatrecht trotzdem zuweilen seine eigenen Wege (*Wengler* aaO.; LG Göttingen aaO.; *Raape*, NJW 1951, 457) und gibt bei Gesetzeskonflikten u. U. aus besonderen Gründen einer der Teilrechtsordnungen den Vorzug, obwohl die freie Bildung der interzonalen Kollisionsnormen — unabhängig vom internat. Privatrecht — leicht zu Rechtsunsicherheiten und dazu führt, daß interzonale Lösungen schwerlich voraussehbar sind. Daß sich, wie auch hier, die Wirkungen des Rechtsgeschäfts über die Grenzen hinaus erstrecken, kann jedoch nur ausnahmsweise dazu führen, einer der Teilrechtsordnungen den sonst nach allgemeinen Grundsätzen bestehenden Vorrang zu nehmen.

Der Erwägung des LG Göttingen, daß insbesondere mehrfacher Wechsel des Wohnsitzes zwischen den Zonen zu einer großen Rechtsunsicherheit führen könnte, wenn in einem Falle für ein Rechtsgeschäft, welches sich auf das Gebiet der Bundesrepublik unmittelbar auswirkt, die ehemännliche Genehmigung erforderlich wäre und im anderen Falle nicht — je nachdem, wo die Eheleute jeweils ihren Wohnsitz oder ständigen Aufenthaltsort haben — kann nicht gefolgt werden. Insbesondere diese Erwägung führt dazu, daß das LG Göttingen die ehemännliche Genehmigung dann für erforderlich hält, wenn sich das Rechtsgeschäft auf ein in der Westzone liegendes Grundstück bezieht. Hierbei wird jedoch übersehen, daß nach dem Grundsatz der Unwandelbarkeit (Kontinuität) des Güterrechts (KG, DR 1939, 938; *Palandt*, Art. 15 EGBGB Anm. 3) der Wechsel des Wohnsitzes oder Aufenthalts (Anknüpfungspunkt) grundsätzlich keinen Wechsel des anzuwendenden Güterrechts zur Folge hat. Ebenso verliert z. B. ein Jugendlicher, der erst nach Vollendung des 18. Lebensjahres aus der Ostzone in das Gebiet der Bundesrepublik übergesiedelt ist, die nach ostzonalem Recht einmal erworbene Volljährigkeit nicht wieder (vgl. KG West, NJW 1951, 485[1]; OLG Düsseldorf, NJW 1951, 717[2]; LG Hannover,

[1] Siehe oben Nr. 33. [2] Siehe oben Nr. 35.

NJW 1951, 199[1]). Weiterhin wird dabei übersehen, daß nach dem Grundsatz der Einheitlichkeit des Vermögensstatuts das auf das Güterrecht anzuwendende Recht grundsätzlich die Herrschaft über die sämtlichen zu dem Vermögen gehörigen Einzelgegenstände ohne Rücksicht darauf hat, wo sich die Gegenstände räumlich befinden (vgl. *Palandt*, Art. 15 EGBGB Anm. 3).

e) Allerdings wird der Grundsatz der Einheit des Güterrechts in dem Ausnahmefall des Art. 28 EGBGB gesprengt, wonach das Recht der belegenen Sache (lex rei sitae) vor dem sonst nach Art. 15 EGBGB auf diese Gegenstände zur Anwendung kommenden Recht den Vorrang hat (KG, JW 1936, 2469).

Gemäß Art. 28 EGBGB soll die lex rei sitae jedoch nur insoweit für Gegenstände, die sich in ihrem Gebiet befinden, zur Anwendung kommen, als die lex rei sitae besondere Vorschriften (Einzelstatut) enthält. Art. 28 EGBGB will den Konflikt lösen, daß Gesamt- und Einzelstatut zusammentreffen; und zwar wird in diesem Fall dem Einzelstatut der Vorzug gegeben. Es ist nämlich denkbar, daß ein zu einem Vermögen gehörender Gegenstand — für sich betrachtet — einer anderen Rechtsordnung unterliegt als in seiner Eigenschaft als Vermögensbestandteil (*Staudinger*[9], Art. 28 EGBGB Anm. A). Um diesen Konflikt handelt es sich hier jedoch nicht; denn Einzelstatut und Vermögensstatut fallen hier nicht auseinander. Vielmehr ist die ehemännliche Genehmigung nach bürgerlichem Recht der Bundesrepublik ohne Rücksicht darauf erforderlich, ob es sich um ein Grundstück handelt oder um einen sonstigen Gegenstand. Um die Frage, welche besonderen Bestimmungen für den dinglichen Übertragungsakt anzuwenden sind, handelt es sich hier nicht (vgl. LG Kassel, aaO.). Somit gibt hier die lex rei sitae (Art. 28 EGBGB) gegenüber dem Grundsatz des Art. 15 EGBGB keinen Vorrang. Es verbleibt vielmehr bei dem Grundsatz der Einheit des Güterrechts (Vermögensstatut). Ebenso ist z.B. die lex rei sitae (Wirkungsstatut) im Falle der Auflassung eines Grundstücks nicht für die Geschäftsfähigkeit maßgebend; diese beurteilt sich vielmehr nach dem besonderen Statut, dem Personalstatut.

f) Der Grundsatz des Art. 15 EGBGB wird auch nicht etwa durch den Grundsatz des Art. 11 EGBGB verdrängt. Denn ob es zu der Verfügung der Ehefrau der ehemännlichen Genehmigung bedarf, ist mehr als eine Frage der Form des Rechtsgeschäfts (vgl. *Staudinger*[9], Art. 11 EGBGB Anm. IV, 1). Die vom LG Göttingen angezogene Entscheidung KG, JW 1936, 2466 betrifft einen durchaus anders gelagerten Fall; dort stand in Frage, ob die notarielle Beurkundung eines Auseinandersetzungsvertrages bzw. Ehevertrages erforderlich ist.

g) Schließlich verstößt die Anwendung ostzonalen Rechts auch nicht gegen den ordre public (Art. 30 EGBGB). Die Anwendung dieser Vorbehaltsklausel setzt einen Verstoß gegen die deutschen guten Sitten oder gegen den Zweck eines deutschen Gesetzes, also einen Angriff gegen die tragenden Grundlagen des deutschen staatlichen Lebens (RGZ 93, 183) voraus. Ein solcher Verstoß kann hier um so weniger bejaht werden, als

[1] Siehe oben Nr. 30a.

nach dem Grundsatz des Art. 3 II GG Männer und Frauen gleichberechtigt sind (vgl. Art. 117 I GG). Entgegenstehendes Recht wird bis spätestens zum 31. 3. 1953 außer Kraft gesetzt sein und deshalb bis dahin in gewissem Umfange eine Angleichung an den Rechtsstandpunkt der DDR erfolgen. Auch dem ostzonalen Gesetz über die Herabsetzung des Volljährigkeitsalters v. 17. 5. 1950 ist in der Bundesrepublik die Anerkennung nicht versagt worden (vgl. OLG Düsseldorf, NJW 1951, 717[1] mit weiteren Nachweisen; KG-West, NJW 1951, 485[2]).

h) Die Verfügung der Ehefrau ist somit ohne ehemännliche Genehmigung wirksam, falls ihr Ehemann zur Zeit des Inkrafttretens der Verfassung der DDR (8. 10. 1949) seinen Wohnsitz in der Ostzone hatte."

**42. Die Qualifikation eines Rechtsbegriffs erfolgt nach der lex fori. — Das interlokale Privatrecht folgt im wesentlichen den Grundsätzen des internat. Privatrechts. — Im interlokalen Recht wird bei Anwendung des Art. 15 EGBGB an den gewöhnlichen Aufenthaltsort des Ehemannes im Zeitpunkt der Eheschließung bzw. der Spaltung des reichseinheitlichen Güterrechts angeknüpft. — Der Grundsatz der Unwandelbarkeit des Ehegüterstatuts gilt auch im interlokalen Recht. — Dieser Grundsatz kann auch nicht auf die Weise durchbrochen werden, daß sich die Parteien der Rechtsordnung an ihrem neuen Aufenthaltsort unterwerfen. — Es verstößt nicht gegen den ordre public der Bundesrepublik, daß der Ehemann im Güterstand der Gütertrennung nicht zur Zahlung eines Vorschusses für den Eherechtsstreit an seine Ehefrau verpflichtet ist.**

OLG München (amerik. Zone), Beschl. v. 21. 1. 1953 — 4 W 1715/52: *NJW 1953, 628.

Die Parteien schlossen im August 1949 die Ehe. Ihren Wohnsitz und gewöhnlichen Aufenthaltsort hatten sie damals in der Ostzone. In den Jahren 1951/52 siedelten sie für dauernd nach Westdeutschland über. In dem schwebenden Scheidungsstreit beantragte die ASt. die Zahlung eines Kostenvorschusses gemäß § 627 ZPO durch den AGg. Das Prozeßgericht gab dem Antrag statt, das OLG wies ihn zurück.

Aus den Gründen:

„Der AGg. ist ungeachtet seines Zahlungsvermögens zur Leistung des geforderten Kostenvorschusses nicht verpflichtet.

1. Die rechtssystematische Einordnung der Vorschußpflicht bemißt sich im gegenwärtigen Falle nach dem Recht der Bundesrepublik; denn nach diesem Recht hat das gem. § 606 ZPO für die Ehescheidungsklage zuständige LG A. zu entscheiden (vgl. dazu RGZ 138, 245; KG JW 1936, 2467 und OLG Schleswig-Holstein, DRsp. I [180] 14b[3]). Nach dem Recht der Bundesrepublik ist die Frage nach der Prozeßkostenvorschußpflicht rechtssystematisch eine solche des ehelichen Güterrechts. Die Vorschußpflicht beruht weder auf § 627 ZPO noch auf der Unterhaltspflicht.

2. Die Parteien leben im Güterstand der Gütertrennung. Da sie im Zeitpunkt der Eheschließung ihren gewöhnlichen Aufenthalt in der Ostzone hatten, ist bei der Feststellung des Güterstandes auf das interlokale Privatrecht Bedacht zu nehmen.

---

[1] Siehe oben Nr. 35. [2] Siehe oben Nr. 33. [3] IPRspr. 1950—1951 Nr. 3.

Dieses folgt im wesentlichen den Grundsätzen des internat. Privatrechts (RGZ 170, 202). Nach Art. 15 EGBGB beurteilt sich das Güterrecht nach den Gesetzen des Staates, dem der Ehemann im Zeitpunkt der Eheschließung angehört. Das Güterrechtsstatut ist nach dem auch in der Ostzone geltenden Art. 15 EGBGB unwandelbar; es ist von dem Wechsel der Staatsangehörigkeit nach der Eheschließung unabhängig. Es ist ferner einheitlich; die Ehegatten haben allerorten nur ein Güterrecht, nämlich grundsätzlich das des Heimatrechts des Ehemannes. Im interlokalen Recht tritt an die Stelle der Staatsangehörigkeit der gewöhnliche Aufenthaltsort des Ehemannes im Zeitpunkt der Eheschließung (vgl. *Palandt*[10], Art. 7 EGBGB, Vorbem. 14c mit weiteren Nachweisen). Die Grundsätze der Unwandelbarkeit und Einheitlichkeit gelten auch hier mit der Folge, daß der Wechsel des Aufenthaltsortes ohne Einfluß auf das Güterrecht ist. Dritte werden nach Maßgabe des Art. 16 EGBGB geschützt.

Mit ihrer Eheschließung begründeten die Parteien, weil sie keinen Ehevertrag geschlossen haben, nach dem damals geltenden ostzonalen Güterrecht des BGB als dem Rechte des gewöhnlichen Aufenthaltsortes des Antragsgegners den gesetzlichen Güterstand der Verwaltung und Nutznießung des Ehemannes. An dessen Stelle ist jedoch durch die Art. 7, 30 und 144 der Verfassung der DDR ab 7. 10. 1949 der gesetzliche Güterstand der Gütertrennung getreten; denn der Antragsgegner hatte am 7. 10. 1949 seinen Wohnsitz und gewöhnlichen Aufenthaltsort in der Ostzone. Diese Änderung des Güterstandes durch Gesetz steht mit dem Grundsatz der Unwandelbarkeit des Güterrechtsstatuts nicht in Widerspruch; denn auch bei dem geänderten Recht handelt es sich um ein Gesetz des Rechtskreises, dem der Ehemann z. Z. der Eheschließung angehörte (vgl. dazu *Staudinger-Raape*[9], Art. 15 EGBGB, Anm. I, 1a E).

Hingegen blieb der Wechsel des gewöhnlichen Aufenthaltes auch dann ohne Einfluß auf den Güterstand, wenn die Parteien im Zusammenhang damit oder sonstwie die Absicht gehabt haben sollten, sich von der Rechtsordnung der Ostzone gänzlich loszusagen und der Rechtsordnung der Bundesrepublik zu unterwerfen. Einem derartigen Parteiwillen mißt das internat. Privatrecht, wie Art. 15 EGBGB ergibt, keine Bedeutung bei. Es besteht kein Anlaß, in diesem Punkte von der entsprechenden Anwendung des zwischenstaatlichen Rechts auf die interzonalen Rechtsverhältnisse abzusehen. Weder Zweckmäßigkeits- noch Billigkeitserwägungen rechtfertigen dies. Die Rechtssicherheit spricht für die Auffassung des Senats. Mit der Anwendung des Heimatstatuts in Fällen der vorliegenden Art ist für die Ehegatten keine allgemeine und insbesondere staatsbürgerliche Schlechterstellung gegenüber den altansässigen Staatsbürgern verbunden. (Im Ergebnis ebenso *Palandt* aaO. und *Erman-Marquordt* aaO., Art. 15 EGBGB Anm. 9 sowie *Brühl*, NJW 1952, 332; a.A. *Schlichting*, MDR 1951, 138 und *Marquordt*, MDR 1951, 390.)

3. Leben die Ehegatten im Güterstand der Gütertrennung, so besteht (auch nach dem Recht der Ostzone) keine Verpflichtung des Ehemannes zur Leistung eines Vorschusses für den Eherechtsstreit (vgl. für die Ostzone *Waak*, DRsp. I [165] 18c) . . . Der ordre public (Art. 30 EGBGB) des Rechts der Bundesrepublik steht der Entscheidung nicht entgegen."

## 4. Rechtsstellung des Kindes

*Vorbemerkung: Die Fälle Nr. 43 und 44 betreffen die Rechtsverhältnisse ehelicher Kinder zu ihren Eltern, die Fälle Nr. 45—47 die Beziehungen der unehelichen Mutter zu ihrem Kinde und Nr. 48 eine interlokalrechtliche Adoption.*

**43. Das Rechtsverhältnis einer geschiedenen Mutter zu ihren ehelichen Kindern richtet sich nach dem Tode des Vaters nach deutschem Recht, wenn die Mutter oder die Kinder deutsche Staatsangehörige sind (Art. 19 EGBGB). — Diese Bestimmung ist im interzonalen Recht entsprechend anwendbar. — An die Stelle der Staatsangehörigkeit treten als Anknüpfungspunkte für das Personalstatut der Wohnsitz oder der gewöhnliche Aufenthalt der Mutter. — Nach ostdeutschem Recht teilen in Abweichung von § 11 BGB eheliche Kinder nach dem Tod des Vaters den Wohnsitz der Mutter bis zur rechtskräftigen Aufhebung; und entgegen § 1697 BGB verliert eine verwitwete Mutter durch ihre Wiederverheiratung nicht die elterliche Gewalt über ihre Kinder aus erster Ehe. — Die Anwendung dieser Bestimmungen des ostdeutschen Rechts in Westdeutschland verstößt nicht gegen den westdeutschen ordre public. — Ist eine Mutter durch die Zonentrennung verhindert, die ihr zustehende elterliche Gewalt voll auszuüben, so ist für die Kinder ein Pfleger zu bestellen, soweit sie der Fürsorge bedürfen.**

AG Solingen (brit. Zone), Beschl. v. 11. 5. 1951 — 8 X 834/48: MDR 1951, 431; Auszug in DRsp. I (181) 25e.

Die Eltern der minderjährigen Kinder K. und L. sind geschieden. Der Vater, der in den Westzonen lebte, ist verstorben, die Mutter, die sich wieder verheiratet hat, lebt in der Ostzone. Das Jugendamt S. hatte für sie die Bestellung eines Vormundes beantragt, weil die elterliche Gewalt der Mutter (§§ 1697, 1696 BGB) ruhe, da sie diese wegen ihres Aufenthaltes in der Ostzone nicht ausüben könne. Das AG hat für die Kinder nur einen Pfleger bestellt, soweit sie der Fürsorge bedürfen.

Aus den Gründen:

„Der Antrag des Jugendamtes auf Bestellung eines Vormundes ist nicht gerechtfertigt. Die Rechtsstellung der Mutter zu ihren Kindern richtet sich unter entsprechender Anwendung von Art. 19 EGBGB nach ostdeutschem Recht. Nach dieser Bestimmung wird, falls, wie hier, der Vater gestorben ist, das Rechtsverhältnis zwischen der Mutter und den ehelichen Kindern nach deutschen Gesetzen beurteilt, wenn die Mutter die deutsche Staatsangehörigkeit besitzt oder die deutsche Staatsangehörigkeit der Mutter erloschen, die der Kinder aber bestehen geblieben ist. Da das Kriterium der Staatsangehörigkeit im interzonalen Privatrecht unbrauchbar ist, kommen an Stelle der Staatsangehörigkeit der Wohnsitz oder der gewöhnliche Aufenthaltsort der Mutter als Anknüpfungspunkt in Betracht. Da die Mutter in Ostdeutschland wohnt, gelten somit für die Rechtsverhältnisse zwischen der Mutter und den Kindern die dort maßgebenden Gesetze. Diese weichen von der Rechtslage im Bundesgebiet insofern ab, als auf Grund der Art. 7, 30, 33 und 144 der Verfassung der DDR und auf Grund des Gesetzes über den Mutter- und Kinderschutz und die Rechte der Frau v. 22. 9. 1950 und der Ost-Berliner VO v. 13. 10. 1950 mit sofortiger Wirkung alle Bestimmungen außer Kraft getreten sind, die mit der Gleichberechtigung der Frau in Widerspruch stehen oder eine Benachteiligung eines unehelichen Kindes und seiner Mutter enthalten. Das bedeutet, daß § 11 BGB insoweit außer Kraft getreten ist, als ein Kind den Wohnsitz des Vaters solange behält, bis es ihn rechtskräftig aufhebt. Nach dem Prinzip der Gleichberechtigung der Geschlechter muß davon ausgegangen werden, daß § 11 bezüglich des Wohnsitzes ehelicher Kinder nach dem Tode ebenso zugunsten der Mutter wie zugunsten des Vaters gilt. Es ist daher davon auszugehen, daß die Kinder im Zweifel den Wohnsitz der Mutter teilen, nachdem die elterliche Gewalt nach dem Tode des Vaters auf die Mutter übergegangen ist. Die Bestimmung des § 1697 BGB, nach der die Mutter die elterliche Gewalt durch ihre Wiederverheiratung verliert, ist durch die oben erwähnten Verfassungsbestimmungen der DDR und die §§ 16, 17 des genannten Gesetzes bzw. der Ost-Berliner VO ebenfalls als außer Kraft gesetzt anzusehen. Die Mutter ist daher trotz der Schließung der neuen Ehe in vollem Umfang berechtigt, die elterliche Gewalt auszuüben und die Kinder zu vertreten.

Die Anerkennung der erwähnten Bestimmungen der Verfassung der DDR und des oben erwähnten ostdeutschen Gesetzes verstößt auch nicht gegen den Grundsatz des Art. 30 EGBGB, nach dem die Anwendung einer nicht im Bundesgebiet gültigen gesetzlichen Bestimmung ausgeschlossen ist, wenn sie gegen den Zweck eines hier geltenden Gesetzes verstößt. Art. 3 II GG statuiert ebenfalls die Gleichberechtigung der Geschlechter, und Art. 117 GG sieht vor, daß die diesem Grundsatz widersprechenden Bestimmungen des Rechts nur bis zur Anpassung der Gesetze an den Gleichberechtigungsgrundsatz gelten, spätestens aber, falls bis dahin eine solche Anpassung nicht erfolgt ist, am 31. 3. 1953 außer Kraft treten. Das bedeutet, daß das Prinzip der Gleichheit der Geschlechter sowohl in den Verfassungen der Bundesrepublik als auch der DDR gilt, und daß daher gegen eine Anwendung der ostdeutschen Gesetzgebung hinsichtlich der §§ 11 und 1697 BGB keine Einwendungen hergeleitet werden können.

Zuständig für die Einleitung vormundschaftsgerichtlicher Maßnahmen ist das AG, in dessen Bezirk die Mutter wohnt. Das Vormundschaftsgericht in S. kann aber auf Grund des § 44 FGG und der §§ 1665, 1686 BGB vorläufige Maßregeln anordnen, sofern ein Bedürfnis der Fürsorge für die im hiesigen Bezirk befindlichen Kinder vorliegt. Diese Maßnahmen müssen sich im Rahmen einer vorläufigen Regelung halten und dürfen die hierdurch gezogene Grenze nicht überschreiten. Die Mutter als Inhaberin der elterlichen Gewalt ist teilweise verhindert, ihre Sorgerechte auszuüben. Sie kann ihre hier befindlichen Kinder infolge der Schwierigkeiten, die in dem Verkehr zwischen dem östlichen und westlichen Teil Deutschlands bestehen, nicht selbst erziehen und beaufsichtigen und ihr Recht, den Aufenthalt der Kinder zu bestimmen, nicht selbst durchsetzen. Da ihr infolgedessen insoweit die Verfügungsgewalt über die Kinder fehlt, muß eine verantwortliche Person beauftragt werden, die für die Kinder sorgt. Ebenso kann die Mutter mit Rücksicht auf die Währungsbestimmungen die Rentenangelegenheiten ihrer Kinder K. und L. nicht regeln. Diese bedürfen daher auch insoweit der vormundschaftlichen Fürsorge. Es ist daher für sie ein Pfleger zu bestellen."

**44. Die für die Zuständigkeit zur Entscheidung über das Sorgerecht entscheidende kollisionsrechtliche Vorfrage nach dem Wohnsitz der Kinder ist nach dem Recht zu beantworten, das für die Hauptsache maßgebend ist. — Für das Rechtsverhältnis zwischen Eltern und ihren Kindern gilt im interzonalen Recht Art. 19 EGBGB entsprechend. — Danach ist westdeutsches Recht anwendbar, wenn der Vater seinen Wohnsitz in Westdeutschland hat.**

OLG Oldenburg (brit. Zone), Beschl. v. 2. 2. 1952 — 3 Wx 125/51: NdsRpfl. 1952, 154.

Die Ehe der Eheleute ist aus Alleinverschulden der Ehefrau geschieden worden. Aus der Ehe sind zwei Söhne hervorgegangen. Beide Kinder haben ihren Aufenthalt bei der Mutter in der Ostzone. Der Vater wohnt im Bezirk des AG B. (Bundesgebiet). Das Vormundschaftsgericht in B. hat die Sorge für die Person der Kinder dem Vater übertragen. LG und OLG bestätigten diesen Beschluß.

Aus den Gründen:

„Das AG B. und damit das LG O. waren zur Entscheidung über das Sorgerecht zuständig, da nach §§ 36, 43 FGG dazu dasjenige Gericht berufen ist, in dessen Bezirk die Kinder zur Zeit der Entscheidung ihren Wohnsitz haben. Der Wohnsitz der beiden Knaben befindet sich nach § 11 BGB beim Vater, da sie nach dieser Vorschrift dessen Wohnsitz teilen. Es kann dahingestellt bleiben, ob § 11 BGB in der sowjet. Besatzungszone noch in vollem Umfange gilt oder ob die Bestimmung auf Grund der Verfassung der DDR in Verbindung mit dem Gesetz über die Rechte der Frau v. 22. 9. 1950 insoweit außer Kraft getreten ist, als darin ein Verstoß gegen die Gleichberechtigung von Mann und Frau enthalten sein sollte. Dann jedenfalls wäre eine solche Änderung für den vorliegenden Fall ohne Bedeutung. Nach dem hier entsprechend anzuwendenden Art. 19 EGBGB (vgl. OLG Düsseldorf, NJW 1951, 717[1] und *Raape*, NJW 1951, 457ff.) regeln sich die Rechtsverhältnisse zwischen Eltern und Kindern nach den in der Deutschen Bundesrepublik geltenden Gesetzen, wenn der Vater, wie hier, dort seinen Wohnsitz hat. Daher ist nicht nur die Verteilung des Sorgerechts, sondern insbesondere auch die Vorfrage nach dem Wohnsitz der Kinder nach den in der Deutschen Bundesrepublik geltenden Gesetzen zu beurteilen (vgl. RGZ 159, 167ff.; *Staudinger-Raape*[9], Art. 19 EGBGB, Anm. B 3; *Palandt*[8], Art. 19, Anm. 4)."

**45. (Die Befugnis zur gesetzlichen Vertretung einer Person richtet sich nach dem Recht am Wohnsitz des Vertretenen.)**

LG Stuttgart (amerik. Zone), Beschl. v. 11. 5. 1951 — 6 T 154/51: *NJW 1951, 718.

Der in den Westzonen wohnhafte AGg. ist der Erzeuger des in B. (sowjet.) wohnhaften ASt. und hatte sich diesem gegenüber in einer auf RM lautenden vollstreckbaren Urkunde aus dem Jahre 1941 zur Unterhaltszahlung verpflichtet. Der ASt., vertreten durch das Jugendamt B. als Amtsvormund, beantragte die Umstellung dieses Titels. Das AG entsprach dem Antrag, das LG wies ihn wegen mangelnder Vertretungsbefugnis des Jugendamtes zurück.

---

[1] Siehe oben Nr. 35.

Aus den Gründen:

„Das Jugendamt B. ist, wie von Amts wegen festzustellen war (§ 56 ZPO), zur gesetzlichen Vertretung des ASt. nicht berufen. Nach § 17 I S. 2 des Gesetzes der DDR v. 27. 9. 1950 (GBl 1037) stehen der Mutter eines unehelichen Kindes die vollen elterlichen Rechte zu, die nicht durch Einsetzung eines Vormunds für das Kind geschmälert werden dürfen. Damit ist die Vormundschaft des Jugendamts B. nach §§ 1882, 1773 BGB erloschen; das Kind wird durch die Mutter gesetzlich vertreten."

**46. Auf das Interzonenrecht ist das deutsche internat. Privatrecht entsprechend anzuwenden. — Das Rechtsverhältnis einer Mutter zu ihrem unehelichen Kinde bestimmt sich daher in Analogie zu Art. 20 EGBGB. — Die Auslegung eines ostzonalen Gesetzes durch einen ministeriellen Erlaß ist für ein westdeutsches Gericht nicht bindend; eine durch einen solchen Erlaß angeordnete gesetzliche Vertretung wird in Westdeutschland nicht anerkannt.**

LG Münster (brit. Zone), Urteil v. 13. 4. 1953 — 1 S 53/53: DAVorm. 26 (1953/54) 183.

Der Kl., der bei seiner Mutter in der Ostzone lebt, erhebt Unterhaltsansprüche gegen seinen Erzeuger, dessen Wohnsitz sich in Westdeutschland befindet. Die Rechte des Kindes wurden nicht durch die Mutter, sondern durch die „Abteilung Mutter und Kind" der Kreise F. und St. (sowjet.) als gesetzliche Beistände der Kindesmutter geltend gemacht. Das LG wies die Klage als unzulässig ab.

Aus den Gründen:

„Der Kl. ist Bewohner der DDR. Auf das Interzonenrecht, das sich aus der verschiedenen Rechtsentwicklung innerhalb der Bundesrepublik und der DDR ergeben hat, ist nach einhelliger Meinung das Internat. Privatrecht (Art. 7—31 EGBGB) entsprechend anwendbar. Das Rechtsverhältnis zwischen dem unehelichen Kind und seiner Mutter bestimmt sich daher, wie aus Art. 20 S. 1 EGBGB abgeleitet wird, nach dem Heimatrecht der Mutter. Demnach ist auf das Rechtsverhältnis des Kl. zu seiner Mutter das in der DDR gültige Recht anzuwenden.

Die Mutter eines unehelichen Kindes ist nach dem in der DDR geltenden Recht alleinige Inhaberin der elterlichen Gewalt. Dieses Recht und insbesondere das Recht, das Kind zu vertreten, kann ihr nicht entzogen werden ... Nach § 17 I S. 2 des Gesetzes der DDR über den Mutter- und Kinderschutz und die Rechte der Frau v. 27. 9. 1950 (GBl 1037) stehen der Mutter eines unehelichen Kindes die vollen elterlichen Rechte zu, die nicht durch die Einsetzung eines Vormundes geschmälert werden dürfen. Nach § 17 I S. 3 aaO. dürfen die unteren Verwaltungsbehörden nur noch als Beistände der Kindesmutter tätig werden.

Zwar hat das Min. d. Justiz der DDR durch Rundverfügung Nr. 156/50 v. 15. 12. 1950 angeordnet, daß der § 17 I S. 3 des genannten Gesetzes dahingehend zu verstehen sei, daß die unteren Verwaltungsbehörden, d. h. die Abteilungen Mutter und Kind bei den Räten der Kreise und kreisfreien Städte, unmittelbar auf Grund des Gesetzes auf dem beschränkten Gebiet der Geltendmachung der Unterhaltsansprüche gegen den Erzeuger des Kindes die Stellung eines Beistandes für die Kindesmutter bekleiden. Diese Beistandschaft soll auf diesem beschränkten Gebiet die Rechte eines Pflegers gemäß § 1693 BGB umfassen, und zwar so, daß diese Wirkungen nur in besonderen Fällen auf Antrag der Mutter beseitigt werden können.

Diese Rundverfügung kann jedoch nicht als rechtsgültig und verbindlich angesehen werden. Der Beistand nach § 1693 BGB hat die Rechte eines Pflegers auf dem Gebiete der Vermögensverwaltung des Kindes. Er ist gesetzlicher Vertreter des Kindes. Durch seine Einsetzung wird die Kindesmutter in ihrer gesetzlichen Vertretungsmacht notwendig geschmälert. Damit aber setzt sich die Rundverfügung zu dem klaren Wortlaut des § 17 I S. 2, der jede Beeinträchtigung der Rechte der Mutter verbietet, in Gegensatz. Die verfassungsmäßig verankerte Bestimmung des § 17 kann durch eine Verwaltungsanordnung nicht umgangen werden. Durch § 17 ist die Amtsvormundschaft nach den § 32ff. des JWG beseitigt. Es würde der Absicht des sowjetzonalen Gesetzgebers und dem Sinn und Zweck der Garantie der vollen Mutterrechte einer unehelichen Mutter widersprechen, durch eine ministerielle Rundverfügung der Mutter die gesetzliche Vertretung in einem wesentlichen Punkte wieder zu nehmen und allgemein auf einen Amtsbeistand zu übertragen. Dieses gilt um so mehr, als die Beistandschaft nach § 1693 BGB nicht bei Vorliegen eines bestimmten Tatbestandes kraft Gesetzes eintritt oder von Amts wegen anzuordnen ist, sondern es eines Antrages der Mutter bedarf. Dabei kann es dahingestellt bleiben, ob das sowjetzonale Ministerium der Justiz sich überhaupt auf § 1693 BGB berufen kann, da diese Vorschrift sich unmittelbar nur auf eheliche Kinder bezieht. Jedenfalls hat aber das erkennende Gericht nicht feststellen können, daß das zuständige Vormundschaftsgericht gemäß § 1693 BGB auf Antrag der Mutter den Rat des Landkreises F. bzw. den sich nunmehr als gesetzlichen Vertreter des Kl. bezeichnenden Rat des Kreises St. als Beistand bestellt hat. Die Kammer hat vielmehr erhebliche Zweifel daran gehabt, daß ein solches auf Antrag der Mutter einzuleitendes vormundschaftsgerichtliches Verfahren zu der Bestellung des Beistandes geführt hat. Die Bescheinigung des AG in A. v. 21. 12. 1951 besagt darüber nichts. Ihr Wortlaut, daß die ‚Beistandschaft gemäß § 1693 BGB eingetreten' sei, läßt umgekehrt mit Sicherheit darauf schließen, daß es sich um die gemäß der o. a. Rundverfügung angeblich von selbst eintretende Beistandschaft handelt. Zu dieser Auffassung ist das erkennende Gericht auch deshalb gekommen, weil der Rat des Kreises F. dem KrJA in M. im ersten Rechtszuge am 10. 12. 1951 ‚als gesetzlicher Amtsvormund' des Kl. Prozeßvollmacht erteilt hat.

Die Kammer hat durch Schreiben v. 26. 2. 1953 dem KrJA in M. als erstinstanzlichen Prozeßbevollmächtigten des Kl. aufgegeben, darzutun, worauf der Rat des Kreises F. sein Recht, als gesetzlicher Vertreter des Kl. aufzutreten, stützt. Das KrJA in M. hat in Erfüllung der Auflage an den Rat des Kreises St. geschrieben, eine Antwort aber nicht erhalten. Ebensowenig ist eine Antwort unmittelbar beim Gericht eingegangen. Auch hat weder der Rat des Kreises F. noch der Rat des Kreises St. den Prozeßbevollmächtigten des Kl. in den Stand gesetzt nachzuweisen, daß und wieso nunmehr der Rat des Kreises St. der gesetzliche Vertreter des Kl. sei. Wenn die Beistandschaft auf den Rat des Kreises St. übergegangen sein sollte, handelt es sich, wie anzunehmen ist, um ebendieselbe angeblich kraft Rundverfügung eingetretene, aber hinsichtlich der gesetzlichen Vertretung des Kl. nach Auffassung des Gerichts unwirksame Anordnung der Beistandschaft von Amts wegen ...

Der Kl. könnte daher in dem Rechtsstreit als ordnungsgemäß vertreten nicht angesehen werden. Demnach mußte mangels einer Prozeßvoraussetzung (§ 274 I Ziff. 7 ZPO) das angefochtene Urteil auf die Berufung des Bekl. aufgehoben und die Klage als unzulässig abgewiesen werden."

**47. Auf das interzonale Recht sind die Grundsätze des deutschen internat. Privatrechts entsprechend anzuwenden. — Das Rechtsverhältnis einer Mutter zu ihrem unehelichen Kind richtet sich gemäß Art. 20 EGBGB nach dem Heimatrecht der Mutter. — Im interzonalen Recht tritt als Anknüpfungspunkt für das Personalstatut an die Stelle der Staatsangehörigkeit der gewöhnliche Aufenthalt. — Verlegt die Mutter mit ihrem unehelichen Kind den gewöhnlichen Aufenthalt aus der Ostzone nach Westdeutschland, so tritt in Analogie zu § 35 III JWG die Amtsvormundschaft eines westdeutschen Jugendamtes ohne ausdrückliche Anordnung ein, obwohl eine solche in der Ostzone fortgefallen war.**

OLG Stuttgart (amerik. Zone), Beschl. v. 16. 7. 1953 — 2 W 36/53: JZ 1953, 572; DAVorm. 26 (1953/54) 111, 231; ZBlJR 1953, 218; EJF 1954, 5.

Die Amtsvormundschaft des Jugendamts B. (sowjet.) über das uneheliche Kind R., das bis zum Herbst 1950 mit seiner Mutter in der Ostzone gelebt hatte, endigte mit Inkrafttreten des ostzonalen MKSchG am 1. 10. 1950. Ende November 1950 flüchtete die Mutter mit ihrem Kinde nach Westdeutschland. Hier bat sie um Feststellung, daß die Amtsvormundschaft des Kreisjugendamtes H. (Bundesrepublik) eingetreten sei. AG und LG lehnten diesen Antrag ab, das OLG gab ihm statt.

Aus den Gründen:

„Die Frage, ob sich das Rechtsverhältnis zwischen der Beschwerdeführerin (Bf.) und dem Kinde nunmehr nach den hiesigen Gesetzen oder nach denen der Sowjetzone richtet, ist nach dem interzonalen Recht zu beantworten, auf das die Grundsätze des deutschen internat. Privatrechts (IPR) entsprechend anzuwenden sind (OGHZ 1, 386 ff.[1]; *Schuhmacher*, NJW 1951, 169; *Raape*, IPR³ S. 106; *Palandt*, Vorb. 14a vor Art. 7 EGBGB).

Aus der einseitigen Kollisionsnorm des Art. 20 EGBGB, wonach das Rechtsverhältnis zwischen einem unehelichen Kinde und seiner Mutter nach deutschen Gesetzen beurteilt wird, wenn die Mutter eine Deutsche ist, haben Rechtsprechung und Rechtslehre den allgemeinen, einer vollkommenen Kollisionsnorm entsprechenden Grundsatz abgeleitet, daß die Rechtsbeziehungen zwischen dem unehelichen Kinde und seiner Mutter nach dem Heimatrecht der Mutter zu beurteilen sind. Anknüpfungspunkt im IPR ist also die Staatsangehörigkeit der Mutter. Ändert diese ihre Staatsangehörigkeit, so tritt auch ein Wechsel des Kindschaftsstatuts ein (Grundsatz der Wandelbarkeit, vgl. *Palandt*, Art. 20 EGBGB Anm. 2;

[1] Siehe unten Nr. 365.

*Staudinger-Raape*, Art. 20 EGBGB Anm. A; *Nußbaum*, IPR, 1932, S. 175; *M. Wolff*, IPR² S. 186; *Beitzke*, JR 1952, 44).

Bei analoger Anwendung des Art. 20 EGBGB auf das Verhältnis der Bundesrepublik zur Sowjetzone tritt nach überwiegender Ansicht an die Stelle der Staatsangehörigkeit der Mutter ihr gewöhnlicher Aufenthaltsort als Anknüpfungspunkt (*Palandt*, Vorb. 14c vor Art. 7 EGBGB; *Raape*, NJW 1951, 457; *Beitzke*, JR 1952, 142; *Schlichting*, MDR 1951, 138). Hieraus folgt, daß für die Rechtsbeziehungen zwischen der Bf. und ihrer Tochter nach der Übersiedlung in die Bundesrepublik das hier geltende Recht (§§ 1705ff. BGB) maßgebend ist, wonach der Mutter die elterliche Gewalt über ihr uneheliches Kind nicht zusteht, die nach den sowjetzonalen Bestimmungen begründeten elterlichen Rechte ihr also wieder verloren gehen.

Die Gründe, die, wie übrigens umstritten ist, dafür sprechen, einem nach dem Recht der Sowjetzone vor Vollendung des 21. Lebensjahres volljährig gewordenen Jugendlichen nach seiner Übersiedlung in die Bundesrepublik die Volljährigkeit zu belassen, treffen entgegen der Ansicht des LG auf den vorliegenden Fall schon deshalb nicht zu, weil sie sich aus einer anderen gesetzlichen Bestimmung, nämlich der des Art. 7 II EGBGB herleiten und diese Vorschrift die Beibehaltung einer nach den Gesetzen eines anderen Staates erlangten Volljährigkeit ausdrücklich vorsieht ...

In entsprechender Anwendung des § 35 III JWG ist daher, nachdem die Bf. ihren gewöhnlichen Aufenthalt in der Bundesrepublik genommen hat, mit der Übersiedlung für ihr Kind die Amtsvormundschaft des nach § 7 JWG örtlich zuständigen Jugendamtes eingetreten, ohne daß es einer ausdrücklichen Anordnung bedurfte.

Die Führung der Amtsvormundschaft entspricht im vorliegenden Fall auch dem ausdrücklichen Wunsch der Mutter. Sollte dieses auf andere, ähnlich gelagerte Fälle nicht zutreffen, würde im Interesse der Rechtskontinuität und zur Vermeidung von Härten immer die Möglichkeit bestehen, die Mutter gemäß § 40 JWG zum Einzelvormund ihres Kindes zu bestellen, soweit dieses dem Wohl des Mündels nicht entgegensteht (*Beitzke*, JR 1952, 144)."

**48. Im interzonalen Recht ist Anknüpfungspunkt für das Personalstatut an Stelle der Staatsangehörigkeit der Wohnsitz oder der gewöhnliche Aufenthalt der Beteiligten. — Zur einseitigen Aufhebung einer Adoption ist ein Gericht auch dann befugt, wenn sich die örtliche Zuständigkeit dazu und das anzuwendende Recht aus den in einer anderen Besatzungszone geltenden Vorschriften ergeben.**

OLG Hamm (brit. Zone), Beschl. v. 8. 12. 1953 — 15 W 360/53: *Rpfl. 1954, 314.

Die früher in D. (jetzt: brit.) wohnhafte ASt. hatte einen in P. (jetzt: brit.) geborenen Minderjährigen im Jahre 1937 an Kindes Statt angenommen. Diesen Vertrag hatte das AG D. bestätigt. Nachdem die ASt. ihren Wohnsitz nach F. (amerik.) verlegt hatte, beantragte sie 1952 auf Grund von Bestimmungen, die nur noch in der amerik. Zone gelten (Art. 5 des Familienrechtsänderungsgesetzes v. 12. 4. 1938 — RGBl I 380), die einseitige Aufhebung der Adoption. Das AG F. gab die Sache „zuständigkeitshalber" an das AG D. ab, welches seinerseits den

**Antrag an das AG F. als das Gericht des jetzigen Wohnsitzes der Annehmenden zurückleitete. Der Standesbeamte von P. (brit.) weigert sich, den inzwischen ergangenen, rechtskräftigen Beschluß des AG F. über die Aufhebung der Adoption im Geburtsregister beizuschreiben, da die Aufhebung des Annahmeverhältnisses nach einem in der brit. Zone nicht geltenden Gesetz und durch ein örtlich unzuständiges Gericht erfolgt sei. Das OLG wies den Standesbeamten zur Beischreibung an.**

Aus den Gründen:

„Die Abgabeverfügung des AG Düsseldorf war durchaus rechtmäßig. Wie der Aktenvermerk dieses Gerichts zeigt, ging es dabei von der völlig zutreffenden Ansicht aus, daß Anknüpfungspunkt nach den Grundsätzen des sog. interzonalen Privatrechts (Art. 22 EGBGB), da man insoweit an Staatsangehörigkeit nicht anknüpfen kann, der Wohnsitz oder der gewöhnliche Aufenthaltsort der Beteiligten ist (*Ernst Wolff*, Probleme des interlokalen Privatrechts in Deutschland: Festschrift für *Leo Raape*, 1948; *Hans G. Ficker*, Grundfragen des deutschen interlokalen Rechts, 1952; *Beitzke*, JR 1952, 141; *Erman*, BGB 1952, Vorbem. 8 vor Art. 13 EGBGB von *Marquordt; Rosenthal*, BGB[14] [1953] II 650/651 unter I C). Das war für alle Frankfurt. Damit galt für die beabsichtigte Aufhebung des Wahlkindschaftsverhältnisses das Recht der amerik. Zone, d.h. hier: Art. 5 des Familienrechtsänderungsgesetzes, und zwar sowohl sachlich — wie verfahrensrechtlich. Örtlich zuständig war nach dessen § 16 I S. 1 das Gericht, das seinerzeit die Kindesannahme bestätigt hatte, hier also Düsseldorf. Das AG Düsseldorf wäre somit, ohne Rücksicht darauf, daß in der brit. Zone die einseitige Aufhebung längst abgeschafft war, nicht gehindert gewesen, nach dem in Frankfurt fortgeltenden Recht die Wahlkindschaft einseitig aufzuheben. Wenn es, statt das Verfahren zu behalten, dieses auf Grund von § 16 II nach Frankfurt als an das Gericht des Wohnsitzes und gewöhnlichen Aufenthalts abgab, so handelte es damit nicht nur zweckmäßig, sondern auch rechtmäßig."

## 5. Unterhalt

*Vorbemerkung: Die Rechtsprechung zum Unterhaltsrecht ist besonders reich und wegen des Fehlens höchstrichterlicher Entscheidungen auch recht vielfältig. Die Entscheidungen Nr. 49—56a befassen sich mit den Unterhaltsverpflichtungen gegenüber unehelichen Kindern, Nr. 57 mit dem Unterhalt geschiedener Ehegatten. Die Rechtsprechung der Sowjetzone betrifft ebenfalls überwiegend uneheliche Kinder (Nr. 58—64), daneben auch den Unterhalt zwischen Ehegatten (Nr. 65, 66). Die Fälle Nr. 67—68a behandeln Unterhaltsfragen zwischen dem Saargebiet und Westdeutschland. Die Entscheidungen zu den Währungsfragen des Unterhaltsrechts sind unter den Nrn. 235ff. zusammengestellt.*

**49. (Das für den Unterhaltsanspruch eines unehelichen Kindes maßgebende Recht bestimmt sich nach dem Ort, an dem der Erzeuger der Kindesmutter beigewohnt hat [!].) — Bei Gleichheit der rechtlichen Ergebnisse kann es dahingestellt bleiben, welches Recht maßgebend ist. — Währungsstatut des Unterhaltsanspruches eines unehelichen Kindes ist das**

**Recht am Wohnsitz des Kindes. — An Stelle des in DM-Ost entstandenen Unterhaltsanspruchs wird dem Unterhaltsberechtigten derjenige Westmarkbetrag zugesprochen, der am Zahlungstag dem Unterhaltsbetrag entspricht.**

AG Coesfeld (brit. Zone), Urt. v. 20. 12. 1951 — 4 C 761/50: DAVorm. 25 (1952/53) 16.

Die Kl. ist ein uneheliches Kind des Bekl. und lebt in der Ostzone. Der Bekl. hat seinen Wohnsitz in Westdeutschland. Das AG sprach dem Kl. denjenigen Westmarkbetrag zu, der am Zahlungstag dem Betrage von 35,– DM-Ost entspricht.

Aus den Gründen:

„Es gilt § 1708 BGB, da die Kindesmutter damals hier lebte und hier der Verkehr stattgefunden hat. Die anspruchsbegründenden Voraussetzungen sind hier geschaffen worden. Im übrigen wäre es auch nicht anders, wenn man die neuere Bestimmung der Ostzone zugrunde legen würde, wonach der Unterhalt nach der Lebensstellung beider Elternteile zu bemessen ist. Denn beide befinden sich in ähnlichen Verhältnissen ... Nach § 1708 I S. 2 ist der gesamte Lebensbedarf sowie die Kosten der Erziehung und Vorbildung zu einem Beruf zu zahlen. Maßgebend ist natürlich das, was das Kind zur Zeit und auch für längere Sicht noch benötigt. Es befindet sich in der Ostzone. Infolgedessen sind für den Lebensbedarf die dortigen Verhältnisse maßgebend. Dort, wie hier, werden im allgemeinen mindestens heute 35,— DM als Unterhalt für ein uneheliches Kind für erforderlich gehalten. Es handelt sich dabei mehr oder minder um Mindestsätze. DM-West kann die Kl. allerdings nicht verlangen. Sondern sie kann nur den Betrag in DM-West verlangen, der bei der jeweiligen Zahlung der Summe von 35,— DM-Ost entspricht."

**50. Im interzonalen Recht bestimmt sich die Unterhaltspflicht des Erzeugers gegenüber seinem unehelichen Kind analog Art. 21 EGBGB. — Anknüpfungspunkt ist aber im interzonalen Recht an Stelle der Staatsangehörigkeit der Mutter zur Zeit der Geburt des Kindes der jetzige Wohnsitz der Mutter. — Etwaige Erweiterungen des Unterhaltsanspruchs unehelicher Kinder mit Wohnsitz in der Ostzone können als „weitergehender Anspruch" gegen einen Unterhaltsschuldner mit Wohnsitz in Westdeutschland nach Art. 21, 2. Halbsatz nicht geltend gemacht werden. — Geldschulden entstehen grundsätzlich in der Währung des Schuldstatuts. — Es ist devisenrechtlich zulässig, die in DM-Ost erwachsene Forderung eines Gläubigers mit Wohnsitz in der Ostzone durch Zahlung aus einem Ostmarkguthaben des westdeutschen Schuldners in der Ostzone zu erfüllen. — Ist die Erfüllung einer Geldschuld in der Währung des Schuldstatuts nach dem Devisenrecht des Gläubiger- wie des Schuldnerlandes untersagt, so ist der Schuldner verpflichtet, in der Währung seines eigenen Landes zu leisten. — Der Schuldner hat denjenigen Unterhaltsbeitrag in DM-West zu leisten, der ziffernmäßig der Unterhaltsforderung in DM-Ost entspricht.**

LG Duisburg (brit. Zone), Beschl. v. 31. 1. 1952 — 4 T 2/52: DAVorm. 25 (1952/53) 14.

Aus den Gründen:

„Die anspruchsberechtigte Kl. [ein uneheliches Kind] wohnt in der Sowjetzone, der Bekl. [ihr Erzeuger] in der Bundesrepublik, jede Partei also in einem Gebiete, das verschiedenen staatsrechtlichen Gesetzen unterliegt. Es ist die herrschende Meinung in Rechtsprechung und Literatur, daß im Verhältnis zwischen Bundesrepublik und Sowjetzone Art. 21 EGBGB entsprechend anzuwenden ist. Danach bestimmt sich die Unterhaltspflicht des Vaters gegenüber dem unehelichen Kinde nach den Gesetzen des Staates, dem die Mutter zur Zeit der Geburt angehört oder, wie es die Rechtsprechung für den vorliegenden Fall entsprechend den praktischen Bedürfnissen entwickelt hat, nach den Gesetzen des Staates, in dem die Mutter wohnt. Das ist P. Demnach gelten die in der Sowjetzone bestehenden Gesetze. Dort sind die unehelichen Kinder den ehelichen rechtlich gleichgestellt. Ob sich das auch auf die Ansprüche des außerehelichen Kindes gegen den Erzeuger bezieht, kann dahingestellt bleiben. Denn nach Art. 21 EGBGB können in der Bundesrepublik ‚weitergehende' Ansprüche als die des § 1708 BGB nicht geltend gemacht werden. Anspruchsgrundlage für den Unterhalt der Kl. bildet daher § 1708 BGB, wonach der Bekl. zur Zahlung eines der Lebensstellung der Mutter der Kl. entsprechenden Unterhaltes verpflichtet ist. Die Unterhaltsschuld ist eine Wert- bzw. Geldschuld. Geldschulden entstehen grundsätzlich in der Währung des Staates, dessen Recht für die Geldschuld maßgeblich ist. Dementsprechend entsteht die Unterhaltsverpflichtung des Bekl. in DM-Ost (so die herrschende Meinung: MDR 1950, 552, und die dort zitierten Entscheidungen sowie NJW 1951, 213).

Eine Erfüllung der Unterhaltsverpflichtung in DM-Ost ist aber nach den bestehenden Währungsgesetzen unmöglich. Die Ostmark ist eine Binnenwährung. Sie wird im internat. Geldverkehr nicht gehandelt und nicht notiert. Sie kann demzufolge auch nicht auf legale Weise erworben werden, außerdem verbieten die sowjetzonalen Gesetze die Ein- und Ausfuhr von Ostmark. Auch nach den in der Bundesrepublik geltenden Währungsbestimmungen sind Zahlungen an Gläubiger in der Sowjetzone unzulässig (§ 26 II UG in Verbindung mit dem Gesetz Nr. 53 der MilReg.). Der Bekl. ist aber nach Treu und Glauben verpflichtet, seine Unterhaltsschuld in DM-West zu erfüllen, da ihm die 19. DVO zum UG die gesetzliche und grundsätzlich einzige Möglichkeit gibt, mit befreiender Wirkung an die Kl. in DM-West zu leisten. Nach dieser Bestimmung kann er die Westmarkbeträge auf ein bei einer Bank oder einem Postscheckamt der Bundesrepublik zugunsten der Kl. anzulegendes Sperrkonto einzahlen. Wird aber die Verpflichtung des Bekl. zur Erfüllung in DM-West bejaht, dann folgt daraus auch die Notwendigkeit zur Verurteilung in DM-West (vgl. auch LG Würzburg, MDR 1951, 490[1]). Nun besteht allerdings devisenrechtlich die Möglichkeit, daß ein Schuldner, der in der Sowjetzone in DM-Ost Guthaben besitzt, daraus im Verrechnungswege seine Unterhaltszahlungen leistet. Daß der Bekl. eine solche Möglichkeit hat, hat er nicht behauptet, so daß im vorliegenden Falle dahingestellt bleiben

[1] Siehe unten Nr. 261.

kann, ob ein solcher Sachverhalt zu einer anderen rechtlichen Beurteilung führen würde.

Fraglich bleibt hiernach noch, in welcher Höhe der Bekl. den Unterhalt in DM-West zu zahlen hat. Auszugehen ist hierbei unter entsprechender Anwendung des internat. Privatrechts wiederum von § 1708 BGB. Die Kl. kann danach als Unterhalt den Betrag verlangen, mit dem sie in der Sowjetzone entsprechend der Lebensstellung der Mutter ihren Lebensbedarf bestreiten kann. Nach den Lebensbedingungen der Sowjetzone sind dazu monatlich 35 DM-Ost erforderlich, ein Betrag, der im allgemeinen bisher von den Gerichten der Sowjetzone unehelichen Kindern als Unterhalt zugesprochen wurde. Es liegt nun der Gedanke nahe, den Unterhaltsschuldner zur Einzahlung eines DM-West-Betrages auf Sperrkonto zu verurteilen, der erforderlich ist, um am Zahlungstage 35 DM-Ost zu erwerben — wie auch das AG wahlweise verfahren will. Eine Umrechnungsgrundlage ist jetzt zwar gegeben. Denn die DM-West ist keine Binnenwährung mehr, sondern wird an den Börsen des Auslandes mit amtlichen Kurs gehandelt. Ebenso ist das durch die Berliner Wechselstuben festgesetzte Kursverhältnis im Laufe der wirtschaftlichen Entwicklung zur allgemeinen Anerkennung gelangt. Auch die Bank Deutscher Länder bedient sich dieses Wechselstubenkurses bei der Erteilung von Genehmigungen zur Erfüllung von DM-Ost-Verpflichtungen (vgl. Schreiben der Bank Deutscher Länder 6b/311/51 vom 28. 8. 1951, mitgeteilt in einem Schreiben des Justizministers des Landes Nordrhein-Westfalen — II 1 — 7204-3 v. 18. 10. 1951 — an die Vorstandsbeamten der OLG). Damit ist der Berliner Wechselstubenkurs als wirtschaftliche und rechtlich zulässige Umrechnungsgrundlage anerkannt. Gleichwohl beseitigt das Bestehen dieses Wechselkurses die Unmöglichkeit zur legalen Transferierung erworbener Ostmark nicht. Denn das auf Sperrkonto eingezahlte Geld darf, auch wenn es nach Freigabe durch die Landeszentralbank abgehoben ist, nicht in die Sowjetzone verbracht oder in anderer Weise dahin transferiert werden. Dieses auf Sperrkonto eingezahlte Geld darf vielmehr — und zwar nach eingeholter Genehmigung — nur zum Einkauf von Lebensmitteln in der Bundesrepublik und deren Verschickung an den unterhaltsberechtigten Gläubiger oder bei einem Besuch des Gläubigers in der Bundesrepublik zur Bestreitung von Reise- und Aufenthaltskosten verwandt werden.“

**51. Nach Art. 21, 2. Halbsatz EGBGB ist die Unterhaltsforderung eines unehelichen Kindes über das 16. Lebensjahr hinaus gegenüber einem westdeutschen Unterhaltsschuldner nicht begründet.**

LG Paderborn (brit. Zone), Beschl. v. 1. 2. 1952 — 4 SH 38/51: DAVorm. 25 (1952/53) 12.

Aus den Gründen:

„Zwar richtet sich in entsprechender Anwendung des Art. 21 EGBGB der Unterhaltsanspruch des Kl. nach den Gesetzen, die z. Z. in der DDR gelten. Es kann auch dahingestellt bleiben, ob der Art. 33 der Verfassung der DDR, der eine Benachteiligung des unehelichen Kindes gegenüber dem ehelichen verbietet, unmittelbar geltendes Recht darstellt, oder nur als ein Programmsatz aufzufassen ist ... [Es] bestimmt Art. 21, S. 2 EGBGB, daß vom Bekl. nicht mehr an Unterhalt verlangt werden kann, als nach den hier geltenden Gesetzen zulässig ist. Daher würde auch diese Bestimmung einer Erweiterung der Unterhaltspflicht über das 16. Lebensjahr hinaus entgegenstehen, soweit der Erzeuger in der Westzone wohnt."

**52. Art. 21 EGBGB ist im interzonalen Recht entsprechend anzuwenden. — Soweit jedoch gemäß dem anzuwendenden ostzonalen Recht für die Höhe des Unterhaltsanspruchs auf die Leistungsfähigkeit des Erzeugers des unehelichen Kindes abgestellt wird, steht der dem westdeutschen Erzeuger günstigen Anwendung des ostzonalen Rechts die Vorbehaltsklausel der Bundesrepublik entgegen (!).**

LG Berlin (West), Urt. v. 20. 3. 1952 — 73 S 322/51: *MDR 1953, 44.

Der Kl. ist ein uneheliches Kind des Bekl. und wohnt in R. (sowjet.). Er verlangt von dem in West-Berlin wohnhaften Bekl. eine monatliche Unterhaltsrente von 35,— DM-Ost. Das LG entsprach dem Klageantrag.

Aus den Gründen:

„Gegen die Höhe des geltend gemachten Anspruchs bestehen keine Bedenken. Wenn der Bekl. einwendet, er sei erwerbsunfähig und mittellos, so ist dies nach § 1708 BGB unerheblich, weil sich der Unterhalt des unehelichen Kindes allein nach der Lebensstellung der Mutter richtet. Dem steht auch nicht entgegen, daß in den sowjet. besetzten Gebieten Deutschlands das uneheliche Kind dem ehelichen Kind durch die Verfassung gleichgestellt worden ist und die Gerichte in diesen Gebieten auch gemäß § 17 des Gesetzes über den Mutter- und Kinderschutz vom 27. 9. 1950 (GBl 1037) die wirtschaftlichen Verhältnisse des Vaters bei Bemessung der Unterhaltsrente berücksichtigen. In sinngemäßer Anwendung des Art. 21 EGBGB ist zwar für den Unterhaltsanspruch des in dem sowjet. besetzten Teil Deutschlands wohnenden unehelichen Kindes gegenüber dem in der Bundesrepublik oder in West-Berlin wohnenden Erzeuger das östliche Recht maßgebend. Es würde aber dem Grundsatz von Treu und Glauben sowohl wie auch der sinngemäßen Anwendung von Art. 30 EGBGB zuwiderlaufen, wenn sich der Bekl. auf seine Leistungsunfähigkeit berufen könnte. Damit würde er die Vorteile der im Osten getroffenen gesetzlichen Regelung für sich ausnutzen können, während ihn die sich aus dieser Regelung ergebenden Nachteile nicht treffen. Einmal könnte er, wenn er infolge eines etwaigen späteren höheren Einkommens über die der Lebensstellung der Mutter entsprechenden Unterhaltsrente hinaus in Anspruch genommen werden sollte, gemäß Art. 21 EGBGB einwenden, daß das Kind einen derartigen weitergehenden Anspruch nicht geltend machen kann. Zum anderen treffen ihn auch nicht die weiteren aus einer Gleichstellung des unehelichen Kindes mit dem ehelichen Kind sich ergebenden Folgen, wie z. B. das gesetzliche Erbrecht des unehelichen Kindes gegenüber seinem Erzeuger. Daher kann sich nach der Überzeugung der erkennenden Kammer der im Westen wohnende Vater eines im Osten wohnenden unehelichen Kindes nicht auf seine Leistungsunfähigkeit berufen, weil er damit wider Treu und Glauben eine Rechtsfolge der nach der östlichen Gesetzgebung geschaffenen Rechtslage zu seinen Gunsten ausnutzen würde, während er der Anwendung nachteiliger Rechtsfolgen nicht ausgesetzt ist. Dies würde, da beide Parteien deutsche Staatsangehörige sind, sowohl gegen Treu und Glauben als auch gegen die guten Sitten verstoßen."

**53. Auf das interzonale Recht sind die Regeln des deutschen internat. Privatrechts entsprechend anzuwenden. — Anknüpfungspunkt ist an Stelle der Staatsangehörigkeit der gewöhnliche Aufenthalt. — Auch der 2. Halbsatz von Art. 21 EGBGB ist entsprechend anwendbar. — Die Anwendung der neuen ostzonalen Vorschriften über das Recht des unehelichen Kindes (§ 17 MKSchG) in Westdeutschland verstößt nicht gegen den westdeutschen ordre public, da sie einem Programmsatz der westdeutschen Verfassung entsprechen. — Die Auslegung einer ostzonalen Vorschrift durch amtliche Rundverfügung ist für ein westdeutsches Gericht nicht bindend, wenn sie dem Wortlaut der Vorschrift widerspricht und im Gegensatz zu Bestimmungen des in Westdeutschland weitergeltenden Reichsrechts steht. — Währungsstatut des Unterhaltsanspruchs eines unehelichen Kindes ist das Währungsrecht am Wohnsitz des Kindes. — Der westdeutsche Schuldner eines in DM-Ost erwachsenen Unterhaltsanspruchs hat diesen in der vollen Höhe des Nennbetrags in DM-West auf ein westdeutsches Sperrkonto des Gläubigers einzuzahlen. — Zu einer anderen Zahlungsweise mit einem günstigeren Umrechnungsverhältnis, die nach westdeutschem Devisenrecht zulässig ist, darf ein westdeutsches Gericht einen westdeutschen Schuldner mit Rücksicht auf die devisenrechtlichen Verbote am Wohnsitz des Gläubigers nicht verurteilen.**

LG Hildesheim (brit. Zone), Urt. v. 14. 5. 1952 — 1 S 525/50: NdsRpfl. 1952, 155; DAVorm. 25 (1952/53) 124.

Der Kl. ist ein uneheliches Kind des Bekl. Der Kl. wohnt bei seiner Mutter in der sowjet. Besatzungszone und verlangt, durch seine Mutter vertreten, Unterhalt für die Zeit seit dem 1. 1. 1949. Der Bekl. hat seinen Wohnsitz in der Westzone.

Aus den Gründen:

„Auf Rechtsverhältnisse zwischen Bewohnern der Bundesrepublik und der sowjet. Besatzungszone sind nach einhelliger Auffassung in Wissenschaft und Rechtsprechung die Regeln des Internat. Privatrechts (Art. 7ff. EGBGB) entsprechend mit der Maßgabe anzuwenden, daß an Stelle des Anknüpfungspunktes der Staatsangehörigkeit der gewöhnliche Aufenthaltsort zu treten hat. Gemäß Art. 21 EGBGB ist deshalb auf den Unterhaltsanspruch des unehelichen Kindes, das mit seiner Mutter in der Sowjetzone lebt, das Recht der sowjet. Besatzungszone anzuwenden mit der Einschränkung, daß das Kind keine weitergehenden Ansprüche geltend machen darf, als auch nach dem Rechte der Bundesrepublik begründet sind. Maßgebend sind hiernach folgende Vorschriften:

1. Art. 33 Verf. DDR...
2. § 17 MKSchG v. 27. 9. 1950 (in Kraft getreten am 1. 10. 1950):

(I) Die nichteheliche Geburt ist kein Makel. Der Mutter eines nichtehelichen Kindes stehen die vollen elterlichen Rechte zu, die nicht durch die Einsetzung eines Vormundes für das Kind geschmälert werden dürfen. Zur Regelung der Ansprüche gegen den Vater dürfen die unteren Verwaltungsbehörden nur noch als Beistand der Mutter tätig werden.

(II) Der Unterhalt, den die Mutter für das nichteheliche Kind zu beanspruchen hat, soll sich nach der wirtschaftlichen Lage beider Eltern richten.

Diese neuen Bestimmungen, denen schon mit Rücksicht auf das Gesetzgebungsprogramm des Art. 6 V GG die Anerkennung durch die Gerichte der Bundesrepublik nicht versagt werden kann (Art. 30 EGBGB), haben u. a. die gesetzliche Amtsvormundschaft des Jugendamtes nach §§ 32ff. JWG beseitigt. Im Prozeß wird das uneheliche Kind der Sowjetzone deshalb nicht mehr vom zuständigen Kreisjugendamt, sondern von seiner Mutter als Inhaberin der elterlichen Gewalt vertreten (vgl. LG Stuttgart, NJW 1951, 718[1]). Die Rundverfügung des sowjetzonalen Justizministeriums Nr. 156/50 v. 15. 12. 1950 (abgedruckt in NJW 1951, 719), die § 17 I S. 3 MKSchG dahin ausgelegt, daß kraft Gesetzes an die Stelle der früheren Amtsvormundschaft eine gesetzliche Beistandschaft der sog. ‚Abteilung für Mutter und Kind' getreten ist, ist für westdeutsche Gerichte nicht bindend. Trotz ihrer praktischen Brauchbarkeit widerspricht diese Auslegung dem klaren Wortlaut des § 17 MKSchG und steht im Gegensatz zu den Vorschriften des BGB, das die Bestellung eines Beistandes für die Mutter nur auf deren Antrag zuläßt (§§ 1687ff. BGB). Unverändert gelassen hat die sowjetzonale Gesetzgebung die Vorschriften über die Feststellung der unehelichen Vaterschaft . . .

Der Bekl. schuldet den Unterhalt des Kl. in DM-Ost, hat den hiernach angemessenen Betrag aber unter den gegenwärtigen Umständen des Ost-West-Verkehrs in gleicher Höhe in DM-West auf Sperrkonto zu zahlen. Die Frage des sog. ‚Währungsstatutes', das ist die Frage, in welcher Währung der Unterhaltsanspruch eines Sowjetzonengläubigers entsteht und zu erfüllen ist, ist in Rechtsprechung und Wissenschaft heftig umstritten. Während einige Gerichte das Recht des Erfüllungsortes für maßgebend halten, haben es zahlreiche andere Gerichte und auch das LG Hildesheim in 1. S. 987/50 und 1. V. T. 617/50 für den Unterhaltsanspruch des ehelichen Kindes auf das Familienrechtsstatut der Art. 19ff. EGBGB abgestellt. Dagegen gewinnt in letzter Zeit eine dritte Ansicht an Boden, die mit beachtlichen Gründen geltend macht, daß der Unterhaltsanspruch mit Rücksicht auf seine Zweckgebundenheit immer in der Währung desjenigen Gebietes erwachse, in dem der Gläubiger seinen regelmäßigen Aufenthalt hat (*Beitzke*, NJW 1950, 928; LG Bochum, NJW 1951, 239[2]; LG Göttingen, NdsRpfl. 1951, 101[3]; LG Würzburg, MDR 1951, 490[4]; LG Oldenburg, MDR 1952, 107[5]; LG Düsseldorf, MDR 1952, 298[6]; LG Aachen, NJW 1952, 471[7]). Hält man das Familienrechtsstatut des Art. 21 EGBGB oder den gewöhnlichen Aufenthaltsort des Gläubigers für maßgebend, so erwächst der Unterhaltsanspruch des unehelichen Kindes aus der Sowjetzone zunächst in DM-Ost. Selbst wenn man das Währungsstatut des Erfüllungsortes zugrunde legt, ist damit noch nicht

[1] Siehe oben Nr. 45. [2] Siehe unten Nr. 258. [3] Siehe unten Nr. 254.
[4] Siehe unten Nr. 261. [5] Siehe unten Nr. 264. [6] Siehe unten Nr. 273a.
[7] Siehe unten Nr. 273.

bewiesen, daß die Währung am Wohnsitz des Schuldners geschuldet wird; denn § 269 BGB bestimmt den Wohnsitz des Schuldners nur dann zum Erfüllungsort, wenn sich weder aus Parteivereinbarung noch aus den Umständen des Schuldverhältnisses ein anderes ergibt. Hier deutet aber gerade die Zweckgebundenheit des Unterhaltsanspruches darauf hin, daß er dort erfüllt werden muß, wo der Unterhaltsbedarf des Gläubigers zu befriedigen ist. Für den Unterhaltsanspruch des unehelichen Kindes ist deshalb auf Grund einer Überprüfung aller möglichen Anknüpfungspunkte davon auszugehen, daß er in der Währung des Gläubigergebietes, d. h. in DM-Ost entsteht.

Gegen eine Verurteilung zur Zahlung in DM-Ost bei Vorliegen einer Devisengenehmigung der für den Schuldnerwohnsitz zuständigen Landeszentralbank bestehen nach jetzt herrschender Rechtsprechung keine grundsätzlichen Bedenken (OLG Celle, NJW 1952, 473). Trotzdem muß der in der Bundesrepublik wohnhafte Vater eines unehelichen Sowjetzonenkindes den Unterhalt in DM-West leisten, da z. Z. nur auf diesem Wege der Unterhaltsanspruch des Kindes ohne wesentliche Nachteile und Gefahren für den Gläubiger erfüllt werden kann und weil andererseits die Zahlung in DM-West den Vater nicht mehr beeinträchtigt, als wenn er Unterhalt für ein westdeutsches Kind zu leisten hätte. Nach westdeutschem Devisenrecht hat der hier ansässige Schuldner, der über kein sowjetzonales Konto verfügt, zur Zahlung an Gläubiger in der Sowjetzone zwei Möglichkeiten:

1. Der Schuldner zahlt den geschuldeten Ostmarkbetrag in DM-West zum Wechselstubenkurs (z. Z. 1 DM-West = 4 DM-Ost) auf ein westzonales Sperrkonto des Gläubigers ein. Hierbei erhält der Sowjetzonengläubiger im beiderseits vereinbarten Verrechnungsverkehr jedoch nur einen Betrag in DM-Ost zum sowjetzonalen Zwangskurs 1:1, erhält also praktisch unter den augenblicklichen Umständen nur $^1/_4$ des Unterhaltsbetrages ausgezahlt.

2. Der Schuldner kauft in einer zugelassenen Wechselstube den geschuldeten Ostmarkbetrag zum Tageskurs und läßt ihn durch Mittelsmänner der Wechselstube über Ost-Berlin in die sowjet. Besatzungszone überweisen. Dieses Verfahren ist nach westdeutschem Devisenrecht erlaubt (vgl. hierzu das Gutachten der Landeszentralbank Niedersachsen v. 29. 3. 1952 und das Rundschreiben der Bank Deutscher Länder Nr. 210/51 v. 15. 10. 1951). Der Empfänger einer derartigen Überweisung verstößt damit jedoch gegen Anordnungen der sowjetzonalen Behörden. Er hat mit schweren Strafen zu rechnen, da die Einfuhr von DM-Ost in die sowjet. Besatzungszone von den dortigen Machthabern verboten ist und als Wirtschaftsverbrechen geahndet wird.

Es braucht hier nicht geprüft zu werden, ob und in welchem Umfange die eine Ostmarkerfüllung behindernde Wirtschafts- und Devisengesetzgebung der sowjetzonalen Behörden von Gerichten der Bundesrepublik als rechtsverbindlich anerkannt werden kann; denn die Verpflichtung des westdeutschen Unterhaltsschuldners zur Leistung in DM-West ergibt sich hier aus der besonderen Gestaltung des zwischen den Parteien bestehenden Rechtsverhältnisses. Dieses Rechtsverhältnis bestimmt sich grundsätzlich.

wie schon eingangs ausgeführt, nach dem neuen Unehelichenrecht der Sowjetzone ... Eine der wichtigsten Rechtsfolgen des Gleichstellungsprinzips besteht darin, daß nach sowjetzonaler Auffassung die Fiktion des § 1598 II BGB entfallen ist und daß nunmehr das uneheliche Kind entsprechend dem biologischen Tatbestand auch rechtlich als mit seinem Vater verwandt zu behandeln ist (*Niethammer*, NJ 1951, 503). Das bedeutet, daß sich die Rechtsbeziehungen zwischen Vater und unehelichem Kinde nach sowjetzonalem Rechte nicht mehr im Unterhaltsanspruch erschöpfen, sondern daß der Vater nun auch in gewisse familienrechtliche Bindungen gegenüber dem unehelichen Kinde eintritt. Dem steht nicht entgegen, daß § 17 MKSchG der Mutter die volle elterliche Gewalt über das Kind einräumt. Diese Vorschrift wendet sich vor allem gegen die bisherige Amtsvormundschaft, bedeutet aber andererseits nicht, daß dadurch andere familienrechtliche Beziehungen zwischen Vater und Kind ausgeschlossen bleiben sollen. Anders wie im römischen Recht, wo die patria potestas das Kind einer nahezu unumschränkten Herrschaftsgewalt des pater familias unterwarf, steht das deutsche Recht seit jeher unter dem Leitgedanken, daß Familienrechte nicht um ihrer selbst willen, sondern zum Schutze und im Interesse der als hilfsbedürftig angesehenen Frau und der jüngeren Verwandten verliehen werden. Nach deutschrechtlicher Auffassung wird das Familienrecht von einer allgemeinen Treuepflicht der Verwandten untereinander beherrscht. Diese Treuepflicht erschöpft sich auch nicht in der gesetzlichen Regelung der elterlichen Gewalt, mag sie jeweils dem Vater oder der Mutter zustehen, sondern kann sich auch dahin auswirken, daß Verwandte kraft dieses besonderen Treueverhältnisses verpflichtet sind, Nachteile und Gefahren voneinander abzuwenden, soweit ihnen das nach Lage des Einzelfalles möglich und zumutbar ist. Die Anwendung dieser Grundsätze auf den vorliegenden Fall führt dazu, daß auch der uneheliche Vater auf die durch die sowjetzonale Wirtschafts- und Devisengesetzgebung geschaffene prekäre Lage seines Kindes Rücksicht nehmen und ihm den gesetzlich zustehenden Unterhalt in einer Form zukommen lassen muß, die das Kind an seinem Aufenthaltsort in den vollen Genuß der nur seinen notwendigsten Unterhaltsbedarf deckenden Unterhaltsrente setzt und bei der das Kind keine Gefahr läuft, der Fürsorge seiner Mutter, die bei Entgegennahme einer Wechselstubenüberweisung mit drakonischen Freiheitsstrafen rechnen müßte, verlustig zu gehen. Da dieser Erfolg unter den gegenwärtigen politischen Verhältnissen in Gesamtdeutschland aber nur dann zu erreichen ist, wenn der westzonale Unterhaltsschuldner den Unterhalt in DM-West auf Sperrkonto zum Kurse 1:1 zwecks kontenmäßiger Verrechnung mit der Sowjetzone einzahlt, ist der Bekl. zur Westmarkzahlung in voller Höhe des geschuldeten Ostmarkbetrages verpflichtet und zu dieser Leistung zu verurteilen.

Bei der Bemessung des hiernach geschuldeten Unterhaltsbetrages ist zu unterscheiden zwischen der Zeit vor und der Zeit nach Inkrafttreten der Sowjetzonenverfassung. Eine entsprechende Anwendung des Art. 208 EGBGB, die zu einer Unterstellung des Unterhaltsanspruches des Kl. in seinem vollen Umfange unter das frühere Recht führen würde, widerspricht der Absicht des sowjetzonalen Verfassungsgesetzgebers. Durch die in Art. 33 II Verf. DDR ausgesprochene, in Art. 144 Verf. DDR nochmals bekräftigte Aufhebung aller entgegenstehenden Vorschriften ist eindrucksvoll der Wille des Gesetzgebers bekundet, ab sofort das alte Recht rücksichtslos zu beseitigen. Von diesem Standpunkte des sowjetzonalen Gesetzgebers aus wäre es sinnlos, die vor Inkrafttreten der Verfassung geborenen Kinder weiterhin einer Regelung zu unterwerfen, die der deutlich geäußerten Absicht des Gesetzgebers zuwiderläuft (so auch AG Güstrow, NJ 1951, 251). Andererseits ist jedoch nicht zu erkennen, daß die Sowjetzonenverfassung den vor dem 7. 10. 1949 geborenen Kindern Ansprüche aberkennen wollte, die sie bis zu diesem Tage unter dem früheren Recht erworben hatten. Als Ergebnis ist deshalb festzustellen, daß die vor dem 7. 10. 1949 fällig werdenden Unterhaltsraten nach bisherigem, die später fällig werdenden Unterhaltsraten nach neuem Sowjetzonenrecht zu bemessen sind.

Hiernach sind die ersten drei Vierteljahrsraten gemäß § 1708 BGB nach der Lebensstellung der Mutter ohne Rücksicht auf die Verhältnisse des Vaters auf je 90 DM festzusetzen. Für die später fällig werdenden Raten bestimmt sich die Höhe des Unterhaltsbedarfs nach der wirtschaftlichen Lage beider Elternteile (Art. 33 Verf. DDR in Verbindung mit § 17 II MKSchG). Da beide Eltern in bescheidenen wirtschaftlichen und sozialen Verhältnissen leben, erscheint die vom Kl. geforderte Unterhaltsrente von vierteljährlich 90 DM an sich angemessen, zumal sie sogar unter dem Satz bleibt, den ein westdeutsches Kind in gleicher Lage von seinem unehelichen Vater verlangen könnte. Jedoch kann sich der Bekl. nach neuem Recht unter Anwendung des § 1603 BGB darauf berufen, daß er nach seinen persönlichen Verhältnissen nicht in der Lage sei, den an sich angemessenen Unterhalt an den Kl. zu zahlen. Wenn Art. 33 der Sowjetzonenverfassung grundsätzlich die Gleichstellung mit dem ehelichen Kinde verfügt, so bedeutet das nicht nur eine Besserstellung des unehelichen Kindes gegenüber dem früheren Rechtszustand, sondern hat andererseits auch zur Folge, daß sich das uneheliche Kind mit dem abfinden lassen muß, was einem ehelichen Kinde in gleicher Lage zuzusprechen wäre. Dies ergibt sich eindeutig aus dem Text der Verfassung, wonach die uneheliche Geburt weder dem Kinde noch seinen Eltern, also auch nicht seinem Vater, zum Nachteil gereichen darf (*Schöne*, NJW 1951, 697; *Eichel*, NJW 1952, 450; a. *A. Nathan*, NJ 1951, 320). Nach der Auskunft der Gemeindeverwaltung H. hat der Bekl., der für seine Ehefrau und zwei eheliche Kinder von 11 und 14 Jahren zu sorgen hat, ein monatliches Nettoeinkommen von 200 bis 210 DM. Um weiterhin arbeitsfähig zu bleiben, braucht der Bekl. für sich selbst bei einfachster Lebensführung mindestens 100 DM. Billigt man der Ehefrau den bescheidenen Unterhaltsbetrag von 40 DM zu, so verbleiben für die beiden ehelichen Kinder und den Kl. je 20 DM.

Bei Vorausberechnung auf 3 Monate nach § 1710 BGB ergibt das einen vierteljährlichen Unterhaltsanspruch des Kl. von 60 DM. Dagegen hat sich die Kammer der ebenfalls vertretenen Ansicht, daß das uneheliche Kind Unterhalt für die Vergangenheit nur unter den Voraussetzungen des § 1613 BGB fordern könne, nicht angeschlossen. § 1711 BGB bedeutet zwar formal ebenfalls eine nach neuem Sowjetzonenrecht verbotene Privilegierung des unehelichen Kindes, insofern der uneheliche Vater im Gegensatz zum Vater des ehelichen Kindes ohne Rücksicht auf einen etwaigen Schuldnerverzug leistungspflichtig ist. Diese Vorschrift findet jedoch auch unter dem neuen Recht eine innere Rechtfertigung in den trotz rechtlicher Gleichstellung fortbestehenden tatsächlichen Unterschieden der Stellung ehelicher und unehelicher Kinder. Während beim ehelichen Kinde die Unterhaltspflicht des Vaters von vornherein feststeht und der Unterhalt regelmäßig in Natur im elterlichen Haushalt gewährt wird, ist der Mutter des unehelichen Kindes oft der Aufenthalt des Erzeugers unbekannt, und sie muß oft langwierige Aufenthaltsermittlungen anstellen, bevor sie ihn auf Unterhalt belangen kann. Aus diesen tatsächlichen Gründen erscheint es deshalb gerechtfertigt, § 1711 BGB auch weiterhin auf den Unterhaltsanspruch des unehelichen Sowjetzonenkindes anzuwenden."

**54. Liegt der Wohnsitz der Parteien in verschiedenen Rechtsgebieten, so ist die Frage nach dem anzuwendenden Recht zu stellen. — Art. 21 EGBGB gilt auch für das interzonale Recht analog. — Anknüpfungspunkt ist an Stelle der Staatsangehörigkeit die Zonenangehörigkeit, also der Wohnsitz. — Art. 21 EGBGB ist im interzonalen Recht auch auf Kinder anzuwenden, die vor der Entstehung von Rechtsverschiedenheiten zwischen Ost- und Westdeutschland geboren wurden. — Denn Art. 21 bestimmt lediglich, daß ein Statutenwechsel der Mutter eines unehelichen Kindes keinen Wechsel des für den Unterhalt maßgebenden Rechts herbeiführt; dagegen sind Änderungen einzelner Vorschriften des maßgebenden Rechts selbst beachtlich. — Die Vorbehaltsklausel des Art. 30 EGBGB ist im interlokalen und interzonalen Recht entsprechend anwendbar. — Die allgemeine Vorbehaltsklausel ist jedoch neben der Sonderbestimmung des 2. Halbsatzes von Art. 21 EGBGB nicht anzuwenden. — Der 2. Halbsatz von Art. 21 ist im interzonalen Recht anwendbar. — Die neuen ostzonalen Vorschriften über das Recht des unehelichen Kindes (§ 17 MKSchG) stehen nicht im Widerspruch zum westdeutschen ordre public, weil sie einem Programmsatz der westdeutschen Verfassung entsprechen. — Soweit das ostzonale Recht dem unehelichen Kinde weitergehende Ansprüche als das westdeutsche Recht zubilligt, werden diese einem westdeutschen Erzeuger gegenüber durch den Vorbehalt des Art. 21, 2. Halbsatz ausgeschlossen. — Das Währungsstatut folgt dem Unterhaltsstatut. — Ein westdeutsches Gericht kann zur Zahlung von DM-Ost verurteilen. — Eine gegen zwingendes Recht am Sitz des Gläubigers verstoßende, aber dem Gläubiger tatsächlich zugeflossene Zahlung ist wirksam. — Dem Gläubiger ist jedoch die verbotswidrige Annahme einer Zahlung nicht zuzumuten.**

LG Düsseldorf (brit. Zone), Urt. v. 23. 5. 1952 — 13 S 525/51: *z. T. in MDR 1952, 556.

Der in der Ostzone im Jahre 1948 geborene Kl. verlangt von seinem in Westdeutschland wohnhaften Erzeuger Unterhalt.

Aus den Gründen:

„I. Da der Kl. seinen Wohnsitz in der DDR, der Bekl. aber seinen Wohnsitz im Gebiete der Bundesrepublik hat, erhebt sich zunächst die Frage nach dem anzuwendenden Recht. Gemäß Art. 21 EGBGB, der nach herrschender Meinung auch im Verhältnis der beiden Zonen heranzuziehen ist, wird die Unterhaltspflicht des Vaters gegenüber dem unehelichen Kinde nach den Gesetzen des Staates beurteilt, dem die Mutter des Kindes zur Zeit der Geburt des Kindes angehört. Art. 21 Halbs. 1 EGBGB, eine vollständige Kollisionsnorm, bestimmt somit die Staatsangehörigkeit der Mutter zur Zeit der Geburt zum Anknüpfungspunkt. Von einer verschiedenen Staatsangehörigkeit kann hier zwar nicht gesprochen werden, denn sowohl der Bekl. als auch die Mutter des Kl. waren bei dessen Geburt Deutsche. Es ist deshalb nicht von der Staatsangehörigkeit, sondern der Zonenangehörigkeit, d. h. also dem Wohnsitz der Mutter zur Zeit der Geburt des Kl. auszugehen (*Marquordt*, MDR 1951, 391 mit weiteren Literaturangaben).

Nun ist der Kl. allerdings 1948 geboren, zu einer Zeit also, als eine Rechtsverschiedenheit auf dem Gebiete des Unehelichenrechtes zwischen der Ost- und Westzone nicht bestanden hat. Denn die Verfassung der DDR, die in Art. 33 erstmals ausspricht, daß die außereheliche Geburt weder dem Kinde noch den Eltern zum Nachteil gereichen dürfe, und ferner erklärt, daß alle entgegenstehenden Gesetze und Bestimmungen aufgehoben seien, datiert erst vom 7. 10. 1949 (GBl 5ff.). Es kann in diesem Zusammenhang dahingestellt bleiben, ob die in Art. 33 aaO. ausgesprochene Gleichstellung der unehelichen Kinder mit den ehelichen lediglich eine programmatische These — ähnlich dem Art. 121 WRV — oder ob Art. 33 bereits geltendes Recht darstellt, jedenfalls aber galt im Zeitpunkt der Geburt des Kl. noch das BGB mit den hier interessierenden Vorschriften der §§ 1705ff. unterschiedslos in Ost- und Westzone. Das kann jedoch nicht dazu führen, nun die später eingetretene Rechtsverschiebung unberücksichtigt zu lassen, denn das käme im Ergebnis praktisch auf eine Ausschaltung des Art. 21 EGBGB hinaus. Wenn also Art. 21 EGBGB für die Frage der Unterhaltspflicht das Heimatrecht der Mutter zur Zeit der Geburt maßgebend sein läßt, so bedeutet die konstante Festlegung des Rechtskreises, auf die ein Statutenwechsel ohne Einfluß ist, keine ebensolche Festlegung der einzelnen Rechtssätze dieses Rechtskreises.

Es ist somit das Recht der Ostzone, damit das MKSchG anzuwenden. Die Kammer trägt keine Bedenken, dieses Gesetz ihrer Urteilsfindung zugrunde zu legen. Zwar meint der Bekl., daß die Anwendung dieses Gesetzes deshalb unzulässig sei, weil es gegen die Zwecke der Gesetzgebung der Bundesrepublik verstoße. Es darf hier aber zunächst nicht übersehen werden, daß es nicht zur Erörterung steht, ob das MKSchG als Ganzes in Anwendung zu bringen ist oder nicht, vielmehr ist hier darüber zu entscheiden, ob der § 17 MKSchG dem sittlichen, moralischen Empfinden und damit der Auffassung und dem Zweck des Rechtes der Bundesrepublik widerspricht. Der Bekl. glaubt sich offenbar auf Art. 30 EGBGB stützen zu können, nach dem die Anwendung eines ausländischen Gesetzes ausgeschlossen ist, wenn die Anwendung gegen die guten Sitten oder gegen den Zweck eines deutschen Gesetzes verstoßen würde. Es ist an und für sich möglich, den Art. 30 EGBGB auch bei der Beurteilung interlokaler und zwischenzonaler Rechtsfragen entsprechend heranzuziehen (RGZ 60, 296 und in ständiger späterer Rechtsprechung; *Marquordt*, MDR 1951, 391). Grundsätzlich ist aber schon bei der Anwendung dieser Vorbehaltsklausel als einer Ausnahmevorschrift Vorsicht zu beobachten: Der deutsche Richter ‚darf sich nicht zum Sittenrichter über fremdes Recht aufwerfen' (*Palandt*[10], Art. 30 EGBGB A 2, S. 1913; für interzonales Recht: AG Lüdenscheid, NJW 1949, 721[1]; KG-West, AZGB Nr. 148/660[2]). Es ist aber davon auszugehen, daß Art. 30 EGBGB nur einen allgemeinen Grundsatz aufstellt, der zum Teil durch spezielle Vorschriften für den Einzelfall ausgeschaltet ist. Eine solche Sonderbestimmung ist auch der Art. 21 EGBGB, der in Halbs. 2 die Grenze bestimmt, bis zu der die Anwendung des ausländischen Rechtes zulässig ist (*Palandt*[10], Art. 30 EGBGB, A 3, S. 1914). Neben Art. 21 EGBGB kommen deshalb Erwägungen aus Art. 30 EGBGB nicht in Betracht (*Raape*, IPR[3] § 12 II, S. 63; § 30 I 4, S. 236).

Nun vertritt allerdings *Raape* in IPR § 30 I 4, S. 236 Anm. 111 die Ansicht, daß die spezielle Vorbehaltsklausel des Art. 21 EGBGB im interlokalen und interzonalen Privatrecht nicht gelten könne, da sich nicht inländisches und ausländisches Recht gegenüberständen. *Raape* glaubt, sich hierbei auf den Beschluß des Großen Senats des RG vom 17. 7. 1943 (ZAkDR 1944, 67) stützen zu können. Es ist richtig, daß die Anwendung des Art. 21, Halbs. 2 EGBGB in den Jahren bis 1945 im interlokalen Recht allgemein abgelehnt worden ist. Die Gedanken, die zu der Ausschaltung des Art. 21 Halbs. 2 EGBGB geführt haben, treffen für das interzonale Recht aber nicht mehr zu. Es kann nicht übersehen werden, daß der Riß, der durch die Zonentrennung in Deutschland entstanden ist, so erheblich und tiefgreifend geworden ist, daß in seinen Auswirkungen schon von einem Gegensatz wie Inland und Ausland gesprochen werden kann (so im Ergebnis *Kaap*, NJW 1949, 426; *Schlichting*, MDR 1951, 141; *Marquordt*, MDR 1951, 392; zweifelnd *Marcus*, JR 1950, 534).

Aber abgesehen von diesen rechtlichen Erwägungen kommt auch der § 17 MKSchG dem Rechtsstreben der Bundesrepublik entgegen. Denn in ihm ist nur das ausgedrückt, was auch in den Art. 3 und 6 des GG für die Bundesrepublik verankert ist, nämlich der Grundsatz der Gleichstellung von Mann und Frau einerseits, sowie die prinzipielle Gleichstellung der unehelichen und ehelichen Kinder anderseits.

Der Unterhaltsanspruch des Kl. richtet sich nach § 17 MKSchG. Die Kammer vertritt dabei den Standpunkt, daß § 17 MKSchG nicht ein bloßer Programmsatz ist. Zu diesen Zweifeln hat bereits der Art. 33 Verf. DDR Anlaß gegeben (vgl. dazu *Sättler*, NJ 1951, 76). Jedoch können bei der insoweit klaren Bestimmung des § 31 III des MKSchG etwaige Bedenken als ausgeräumt gelten. Wenn somit die Rechtsstellung

[1] Siehe unten Nr. 206. [2] Siehe unten Nr. 397 b.

des unehelichen Kindes auch in den Einzelheiten noch nicht fest umrissen ist, so ist der Unterhaltsanspruch des unehelichen Kindes in § 17 MKSchG jedoch, als wohl praktisch wichtigste Bestimmung für das uneheliche Kind, schon vorweg geregelt. § 17 MKSchG bedeutet für den Unterhaltsanspruch, daß das uneheliche Kind den gleichen Unterhaltsanspruch hat wie das eheliche Kind, also aus den §§ 1601ff. BGB, und zwar nicht nur gegenüber dem Vater, sondern auch gegenüber dessen Verwandten aufsteigender Linie. Ferner entfällt die Begrenzung des Unterhaltsanspruchs auf 16 Jahre und die alleinige Bemessung nach den Lebensverhältnissen der Mutter. Gegenüber diesen Erweiterungen des Unterhaltsanspruchs steht auf der anderen Seite eine wohl oft praktisch werdende Einschränkung dadurch, daß nunmehr auch die Leistungsfähigkeit des Vaters zu berücksichtigen ist; § 1603 BGB wird entsprechende Anwendung finden müssen. Wenn es auch in § 17 II MKSchG lediglich heißt, daß sich der Unterhaltsanspruch nach den Verhältnissen beider Eltern richten ‚soll', so wird das unter Berücksichtigung des Art. 33 Verf. DDR und der Rechtsprechung zu den Art. 7 und 30 der Verfassung der Gerichte der Ostzone § 17 II als unmittelbar anwendbares Recht angesehen. Und das ist hier entscheidend (so wohl auch *Marquordt*, MDR 1951, 392).

Im Verhältnis Ostzone zur Westzone modifiziert sich aber die Unterhaltspflicht des Vaters nach der Vorbehaltsklausel des Art. 21, Halbs. 2 EGBGB. Danach können gegen den in der Westzone wohnenden Vater nicht weitergehende Ansprüche geltend gemacht werden, als nach dem BGB begründet sind. Der Bekl. kommt hierbei in den Genuß des ihm nach dem BGB nicht zustehenden Rechts, seine Leistungsfähigkeit einwenden zu können; ebenso verbleibt es bei der Begrenzung seiner Unterhaltspflicht aus § 1708 BGB. In diesem Rahmen ist somit der Bekl. unterhaltspflichtig ...

III. Was nunmehr die Frage anbetrifft, in welcher Währung der Unterhaltsanspruch des Kl. entsteht, so hat die Kammer in der grundsätzlichen Entscheidung v. 1. 2. 1952 (MDR 1952, 298[1]) sich auf den Standpunkt gestellt, daß der Unterhaltsanspruch des in der Ostzone wohnenden Unterhaltsgläubigers gegen den in den Westzonen wohnenden Unterhaltsschuldner in DM-Ost entsteht, weil nämlich die Frage nach dem Währungsstatut aus den Wesen des Unterhaltsanspruchs zu bestimmen ist. Ferner ist auch die Verurteilung des Bekl. zur Unterhaltsleistung in DM-Ost zulässig, freilich nur mit der Einschränkung, daß die Zahlung aus einem auf den Namen des Bekl. lautenden, bereitgestellten Ostzonenguthaben oder ebensolchen Forderungen erfolgt. Falls und soweit dies nicht möglich ist, hat der Bekl. Zahlungen in DM-West auf ein Sperrkonto des Kl. bei einem Geldinstitut des Währungsgebietes zu leisten ...

IV. Den DM-West-Beträgen entsprechen die doppelten DM-Ost-Beträge. Zwar ist das Gericht bei der Frage, welchen Geldbetrag in Ostmark der Kl. aufwenden muß, um den gleichen Lebensstandard zu erreichen, den er mit dem gleichen DM-West-Betrag in den Westzonen

---

[1] Siehe unten Nr. 273 a.

erreichen könnte, im wesentlichen auf Schätzungen angewiesen. Unter Berücksichtigung der teils niedrigeren Preise für Grundnahrungsmittel, zum Teil aber auch höheren Preise in der Ostzone erscheint das Verhältnis 1 : 2 angemessen, das, soweit Feststellungen bislang getroffen worden sind, auch der Kaufkraft beider Währungen entspricht (vgl. das Urteil der Kammer in MDR 1952, 298[1]).

V. Schließlich ist noch auf den Einwand des Bekl. einzugehen, der vorbringt, daß er laufend durch Verwandte in der Ostzone 12,50 DM-Ost dem Kl. zukommen lasse, daß mithin der Kl. insoweit auch keinen Anspruch mehr gegen ihn habe. Zwar habe das Jugendamt A. den Verwandten die Zahlungen als illegal untersagt, die Zahlungen könnten deshalb auch nicht durchgeführt werden ... Der Kl. hat bestritten, 12,50 DM-Ost als Teilunterhalt erhalten zu haben. Dieses Bestreiten ist glaubwürdig, da es nicht im Widerspruch zum Vortrag des Bekl. steht, denn dieser hat nur behauptet, daß er Zahlungen an das Jugendamt gerichtet hat, dieses aber die Entgegennahmen der Zahlungen abgelehnt hat. Der Kl. ist also nicht in den Genuß der Unterhaltsbeträge gekommen, so daß insoweit auch nicht von einer Erfüllung gesprochen werden kann. Allerdings würde eine Zahlung, die den Unterhaltsberechtigten zustatten kommt, auch wenn sie gegen das ostzonale Gesetz zur Regelung des innerdeutschen Zahlungsverkehrs v. 15. 12. 1950 (GBl DDR 1202) verstoßen und gemäß § 16 auch strafbar sein würde, doch als wirksam anzusehen sein (*Buchholz*, DRpfl. 1951, 344) ...

Da in diesem Fall aber eine Erfüllung durch Zahlung nicht eingetreten ist, hatte sich die Kammer lediglich mit der Frage zu befassen, ob die Ablehnung der Zahlung einen Verstoß gegen Treu und Glauben darstellt. Das ist im Hinblick auf die Strafbestimmung des § 16 des Ges. über den innerdeutschen Zahlungsverkehr aber abzulehnen. Denn es kann einem Gläubiger nicht zugemutet werden, Zahlungen entgegenzunehmen und sich damit gleichzeitig der Gefahr einer Bestrafung auszusetzen. Zwar gerät der Gläubiger in Annahmeverzug, jedoch ist das insoweit unbeachtlich, als sich daraus für die Frage der Erfüllung keine Folgerungen ergeben."

**55. Art. 21 EGBGB ist auf das interzonale Recht entsprechend anzuwenden. — Anknüpfungspunkt ist der Wohnsitz der Mutter zur Zeit der Geburt des Kindes. — Auch die Vorschrift des 2. Halbsatzes des Art. 21 EGBGB ist entsprechend anzuwenden, da die Abweichungen der beiden Gesetzgebungen in der Ostzone und in Westdeutschland nicht durch einen einheitlichen Gesetzgeber gebilligt sind.**

AG Tuttlingen (franz. Zone), Urt. v. 4. 11. 1952 — II C 627/52: DA-Vorm. 25 (1952/53) 189.

Aus den Gründen:

„Was die Dauer der Unterhaltszahlungen betrifft, ist zu beachten, daß die gesetzlichen Bestimmungen in der Bundesrepublik und in der DDR nicht mehr übereinstimmen. Während ein uneheliches Kind in der

[1] Siehe unten Nr. 273 a.

Bundesrepublik gem. § 1708 BGB grundsätzlich nur bis zur Vollendung seines 16. Lebensjahres einen Anspruch auf Zahlung einer Unterhaltsrente gegen seinen Erzeuger hat, ist der Vater eines unehelichen Kindes in der DDR auf Grund des Gesetzes zum Schutz von Mutter und Kind verpflichtet, sein Kind genau so zu unterhalten wie ein eheliches.

Bei entsprechender Anwendung des Art. 21 EGBGB auf das interzonale Privatrecht richtet sich die Unterhaltspflicht des Bekl. nach dem Recht der Zone, in welcher die Mutter zur Zeit der Geburt des Kindes ihren Wohnsitz hatte. Danach ist also das Recht der DDR maßgebend. Der Bekl. kann sich jedoch auf Art. 21 2. Halbs. EGBGB berufen, wonach gegen einen deutschen Vater nicht weitergehende Ansprüche geltend gemacht werden können, als nach den ‚deutschen Gesetzen' begründet sind. Zwar sind auch die Gesetze der DDR ‚deutsche Gesetze'. In einem ähnlichen Fall hat das RG deshalb entschieden, daß der im Altreich lebende deutsche Vater die Bestimmung des Art. 21, 2. Halbsatz nicht dem Kind entgegensetzen kann, welches von einer Mutter geboren ist, die nach der Vereinigung Österreichs mit dem Altreich in Wien lebte (DJ 1942, 343 F). Das RG ist dabei von der Überlegung ausgegangen, daß der Gesetzgeber das Fortbestehen beider Rechtsordnungen des BGB und ABGB im Deutschen Reich gebilligt habe, so daß aus diesem Grund Art. 21, 2. Halbs. EGBGB nicht angewendet werden könne, welcher ein ‚Ausdruck des allgemeinen internationalen privatrechtlichen Grundsatzes sei, daß die Anwendung einer ausländischen Rechtsnorm dann ausgeschlossen sei, wenn sie gegen den Zweck eines deutschen Gesetzes verstößt . . .'

Nun bestimmt zwar Art. 6 V GG, daß den unehelichen Kindern für ihre leibliche und seelische Entwicklung die gleichen Bedingungen zu schaffen sind wie den ehelichen Kindern. Der Gesetzgeber der Bundesrepublik hat aber im Gegensatz zur DDR die diesem Artikel entgegenstehenden Bestimmungen noch nicht geändert. Entgegen dem Sachverhalt, welcher dem oben angeführten RG-Urteil zugrunde liegt, ist im vorliegenden Fall eine ausdrückliche oder stillschweigende Billigung der beiden verschiedenen Rechtsordnungen durch einen Gesetzgeber nicht gegeben. Es ist vielmehr davon auszugehen, daß das Gesetz zum Schutz von Mutter und Kind, soweit es mit dem in der Bundesrepublik geltenden Recht im Widerspruch steht, nicht als ‚Deutsches Gesetz' im Sinne des Art. 21, 2. Halbs. anzusehen ist. In entsprechender Anwendung dieser Bestimmung beschränkt sich daher die Unterhaltspflicht des Bekl. gegen die Kl. auf eine Unterhaltsleistung bis zur Vollendung des 16. Lebensjahres der Kl., § 1708 I BGB."

**56.** **Die Unterhaltspflicht gegenüber einem unehelichen Kinde bestimmt sich im interzonalen Recht in entsprechender Anwendung von Art. 21 EGBGB. — Unerheblich ist es, daß zur Zeit der Geburt des Kindes eine Rechtsverschiedenheit zwischen Ost- und Westdeutschland noch nicht bestanden hatte, da auch zwischenzeitliche Änderungen des anzuwendenden Rechts zu berücksichtigen sind. — Der Anknüpfungspunkt der Staatsangehörigkeit wird im interzonalen Recht durch den des Wohnsitzes oder**

**des gewöhnlichen Aufenthaltes ersetzt. — Art. 21 Halbs. 2 ist gegenüber Art. 30 EGBGB lex specialis. — Nach Art. 21 Halbs. 2 EGBGB kann sich ein westdeutscher Kindesvater dem Unterhaltsanspruch seines ostdeutschen Kindes gegenüber auf die Einrede des Mehrverkehrs berufen und ist seine Unterhaltspflicht bis zum 16. Lebensjahr des Kindes begrenzt. — Urteilen ostzonaler Gerichte kann nach § 328 Ziff. 4 ZPO die Anerkennung in Westdeutschland versagt werden.**

LG Wuppertal (brit. Zone), Urteil v. 19. 3. 1953 — 7 S 3/53: NJW 1953, 1185.

Ein in Ostdeutschland wohnhaftes uneheliches Kind verlangt von seinem in Westdeutschland wohnhaften Erzeuger Unterhalt. Das LG gab der Klage statt.

Aus den Gründen:

„Mit der herrschenden Ansicht in Rechtsprechung und Rechtslehre steht auch die Kammer auf dem Standpunkt, daß sich die Unterhaltspflicht des im Bundesgebiet wohnenden Erzeugers gegenüber seinem im sowjet. Besatzungsgebiet wohnenden unehelichen Kinde grundsätzlich nach dem ostzonalen Recht richtet (vgl. *Marquordt* in MDR 1951, 391ff. mit weiteren Nachweisen).

Dies folgt, da für das interzonale Privatrecht im allgemeinen die Regeln des internationalen Privatrechts entsprechend Anwendung finden, aus dem Art. 21 EGBGB. Danach wird die Unterhaltspflicht des unehelichen Vaters nach den Gesetzen des Staates beurteilt, dem die Mutter zur Zeit der Geburt des Kindes angehört; knüpft das internat. Privatrecht an die Staatsangehörigkeit an, so treten an deren Stelle im interzonalen Privatrecht der Wohnsitz oder der gewöhnliche Aufenthaltsort der Mutter im Zeitpunkt der Geburt des Kindes.

Hieran ändert auch die Tatsache nichts, daß zur Zeit der Geburt des Kl. die rechtlich unterschiedliche Behandlung des unehelichen Kindes in Ost- und Westdeutschland noch nicht bestanden hat. Läßt der Art. 21 EGBGB grundsätzlich das Heimatrecht der Mutter für die Unterhaltspflicht maßgebend sein, so können auch zwischenzeitliche Änderungen des anzuwendenden Rechts nicht unberücksichtigt bleiben (so auch LG Düsseldorf, MDR 1952, 556[1]) . . .

Im Hinblick auf Art. 30 EGBGB kann dahinstehen, ob das sowjetzonale MKSchG in seiner Gesamtheit mit den sittlichen Anschauungen und den Zwecken der Rechtsordnung im Bundesgebiet vereinbar ist. Bei der hier allein zu entscheidenden Frage, ob der § 17 KMSchG anwendbar ist, kommen Erwägungen aus der Allgemeinen Vorschrift des Art. 30 EGBGB schon deshalb nicht in Betracht, weil für den Bereich des Unehelichenrechts die besondere Bestimmung des Art. 21 Halbs. 2 EGBGB die Grenzen festlegt, bis zu denen die Anwendung des fremden Rechts gestattet ist (*Palandt*, Art. 30 EGBGB Anm. 3). Da durch diese ‚Vorbehaltsklausel' sichergestellt ist, daß die Belange der westdeutschen Unterhaltsverpflichteten in jedem Falle gewahrt werden, trägt die Kammer keine Bedenken, die Vorschrift des § 17 MKSchG ihrer Urteilsfindung zugrunde zu legen . . .

[1] Siehe oben Nr. 54.

Soweit der Bekl. die Einrede des Mehrverkehrs erhebt, kann dahinstehen, ob diese im sowjetzonalen Recht aufgehoben ist; denn dem Bekl. steht sie in jedem Falle schon deshalb zu, weil nach Art. 21 Halbs. 2 EGBGB gegen ihn nicht weitergehende Ansprüche geltend gemacht werden können, als nach den im Bundesgebiet geltenden Gesetzen begründet sind. Auch für sein Vorbringen, die Kindesmutter habe in der Empfängniszeit noch anderen Männern die Beiwohnung gestattet, ist der Bekl. jedoch beweisfällig geblieben.

Daß der frühere Ehemann der Kindesmutter als Vater des Kl. nicht in Betracht kommt, steht bereits auf Grund des rechtskräftigen Feststellungsurteils des LG G. (sowjet.) v. 25. 10. 1951 mit allseits bindender Wirkung fest. Es liegt kein Grund vor, diesem Urteil die Anerkennung zu versagen. Sie wäre hier nach dem § 328 I Ziff. 4 ZPO nur dann ausgeschlossen, wenn die Anerkennung des Urteils gegen die guten Sitten oder gegen den Zweck eines Gesetzes der Bundesrepublik verstoßen würde. Davon kann im vorliegenden Falle keine Rede sein.

Die Tatsache, daß die Kindesmutter und nicht nur ihr früherer Ehemann die Anfechtungsklage erheben konnte, ist Ausfluß der in der Sowjetzone gesetzlich festgelegten Gleichberechtigung von Frau und Mann, die auch im GG der Bundesrepublik als Programmsatz verankert ist. Das Urteil deshalb abzulehnen, weil die Kindesmutter die Ehelichkeit des Kl. erst nach Ablauf der Jahresfrist angefochten hat, geht gleichfalls nicht an, zumal auch das BGB in seinem § 1595a eine spätere Anfechtung, wenn auch nur durch den StA, zuläßt. Erst recht verstößt das ostzonale Erkenntnis nicht gegen die guten Sitten, weil es sich ausschließlich auf die eidliche Bekundung der Kindesmutter stützt; ein solches Verfahren ist auch im Bundesgebiet nicht nur zulässig, sondern — vor allem, wenn andere Beweismittel fehlen — auch durchaus gebräuchlich und nicht zu beanstanden . . .

Da dem westdeutschen Unterhaltsschuldner, soweit er durch das ostzonale Recht gegenüber dem hier gültigen schlechter gestellt wird, die Vorbehaltsklausel des Art. 21 Halbs. 2 EGBGB schützend zur Seite steht, bedeutet für ihn die Anwendung des § 17 MKSchG regelmäßig eine wesentliche Besserstellung. Denn der Bekl. braucht, soweit nicht ein früherer Verzug dargetan ist, den Unterhalt erst vom Zeitpunkt der Klagezustellung an zu entrichten und kommt weiter in den Genuß des ihm nach dem BGB gleichfalls nicht zustehenden Rechts, seine Leistungsunfähigkeit einwenden zu können; auf Grund der Vorbehaltsklausel verbleibt es auch bei der Begrenzung seiner Unterhaltspflicht bis zur Vollendung des 16. Lebensjahres des Kindes (so wie hier LG Düsseldorf, aaO.; a. A. aus Billigkeitsgründen LG Berlin [West], MDR 53, 44, wohl auch LG Hamburg, MDR 52, 424)."

**56a. Auf das interzonale Privatrecht sind die Grundsätze des internationalen Privatrechts entsprechend anzuwenden. — An Stelle der Staatsangehörigkeit ist Anknüpfungspunkt für das Personalstatut der gewöhnliche Aufenthalt. — Die Unterhaltspflicht des Erzeugers gegenüber seinem unehelichen Kinde richtet sich im interzonalen Recht nach dem Recht**

**am gewöhnlichen Aufenthaltsort der Mutter. — Art. 21 Halbs. 2 EGBGB ist im interzonalen Recht anwendbar. — Die Vorbehaltsklausel des Art. 30 EGBGB steht der Anwendung des neuen ostzonalen Kindschaftsrechts nicht entgegen, da dieses den Forderungen eines westdeutschen Verfassungsgrundsatzes entspricht. — Der im internationalen Privatrecht geltende Grundsatz, bei der Anwendung ausländischen Rechts der herrschenden Praxis in dem fremden Rechtsgebiet zu folgen, gilt nicht im interzonalen Recht: hier hat der Richter vielmehr die Rechtssätze des anderen Rechtsgebietes selbst auszulegen. — Währungsstatut des Unterhaltsanspruchs eines unehelichen Kindes in der Ostzone ist die Währung am Aufenthaltsort des Kindes; der im Bundesgebiet ansässige Unterhaltsschuldner muß jedoch zur Zahlung von DM-West verurteilt werden, weil wegen der devisenrechtlichen Vorschriften nur auf diese Weise das Kind in den Genuß der Unterhaltsleistung kommt. — Der in der Ostzone wohnhafte Unterhaltsgläubiger kann gerichtlich nicht gezwungen werden, eine nach den Gesetzen seiner Zone verbotene Leistung anzunehmen. — Das Umrechnungsverhältnis zwischen DM-Ost und DM-West kann jedenfalls für Unterhaltsansprüche nicht nach dem Wechselstubenkurs, sondern muß nach der Kaufkraft der beiden Währungen bestimmt werden. — Im Rahmen des in beiden Rechtsgebieten übereinstimmenden Mindestunterhaltssatzes erfolgt die Umrechnung im Verhältnis 1 : 1, soweit dieser Betrag nicht den von dem gleichen Vater nach § 1603 BGB an ein eheliches Kind zu zahlenden Unterhaltsbetrag überschreitet.**

LG Aachen (brit. Zone), Urt. v. 21. 8. 1953 — 5 S 28/53: *NJW 1954, 841.

Die 1939 in T. (sowjet.) geborene Kl., die auch heute noch dort bei ihrer Mutter lebt, nimmt ihren im Bundesgebiet wohnhaften Erzeuger auf Unterhalt in Anspruch. Sie verlangt für die Zeit vom 2. 7. 1948 bis 1. 10. 1951 eine monatliche Unterhaltsrente von 25,— DM-West, für die Zeit vom 2. 10. 1951 bis zur Vollendung ihres 16. Lebensjahres eine solche von 32,50 DM-West. Das LG verurteilte den Bekl. zur Zahlung von 25,— DM-West.

Aus den Gründen:

„II. In sachlicher Hinsicht hängt der Unterhaltsanspruch der Kl., der nur der Höhe nach streitig ist, wesentlich von der Frage des anzuwendenden Rechts ab. Die Kl. und ihre Mutter wohnen in der Ostzone. Nach den dort geltenden Gesetzen ist das uneheliche Kind dem ehelichen gleichgestellt. Die am 7. 10. 1949 in Kraft getretene Verfassung der DDR bestimmt in Art. 33, daß die außereheliche Geburt dem Kinde und seinen Eltern nicht zum Nachteil gereichen dürfe; entgegenstehende Bestimmungen sind aufgehoben. Das ostzonale MKSchG vom 27. 9. 1950 wiederholt diesen Grundatz und regelt nähere Einzelheiten. Nach § 17 II dieses Gesetzes soll sich der Unterhalt, den die Mutter für das nicht eheliche Kind zu beanspruchen hat, nach der wirtschaftlichen Lage beider Eltern richten. Doch ist die rechtliche Gleichstellung des unehelichen Kindes nicht erst durch das MKSchG, sondern schon durch die mit Gesetzesvorrang ausgestattete Verfassung herbeigeführt worden. Denn diese bestimmt in Art. 144, daß alle Bestimmungen der Verfassung unmittelbar geltendes Recht seien und die an die Stelle entgegenstehender

Vorschriften tretenden Ausführungsbestimmungen gleichzeitig mit der Verfassung in Kraft träten (*Schweckendieck* JR 1952, 463ff.; *Kegel* NJW 1953, 615ff.; a. M. LG Wuppertal NJW 1953, 1185[1]).

Nach herrschender Lehre sind auf das Verhältnis zwischen West- und Ostrecht (‚interzonales Privatrecht') die Grundsätze des internat. Privatrechts entsprechend anzuwenden, mit der Besonderheit, daß an Stelle der Staatsangehörigkeit regelmäßig der gewöhnliche Aufenthalt als Anknüpfungspunkt zu gelten hat. Wenn also nach Art. 21 EGBGB die Unterhaltspflicht des Vaters gegenüber dem unehelichen Kinde nach den Gesetzen des Staates zu beurteilen ist, dem die Mutter bei der Geburt des Kindes angehört, so ist diese Regelung für den Bereich des interzonalen Rechts dahin abzuwandeln, daß die am gewöhnlichen Aufenthaltsort der Mutter geltenden Gesetze maßgebend sind (LG Wuppertal aaO.; LG Köln NJW 1953, 629[2]; *Kegel* aaO.; *Schweckendieck* aaO.; *Beitzke* JR 1952, 141ff.; *Marquordt* MDR 1951, 391). Auf die Streitfrage, ob der gewöhnliche Aufenthalt der Mutter zur Zeit der Geburt des Kindes oder aber bei Inkrafttreten der gesetzlichen Neuregelung oder schließlich ihr jeweiliger Aufenthaltsort entscheidet, braucht hier nicht eingegangen zu werden, weil die Mutter der Kl. seit der Geburt des Kindes im Gebiet der heutigen Sowjetzone ansässig ist.

Der Unterhaltsanspruch der Kl. richtet sich also nach dem Recht der Ostzone. Die Bestimmungen der §§ 1708ff. BGB sind insoweit nicht anwendbar, als sie dem Gleichberechtigungsgrundsatz widersprechen. Das bedeutet, daß die Kl. unterhaltsrechtlich einem ehelichen Kinde gleichsteht und daß demzufolge die ihr zustehende Unterhaltsrente entgegen § 1708 BGB nach der Lebensstellung und wirtschaftlichen Lage beider Elternteile zu bemessen ist, allerdings mit der aus Art. 21 Halbs. 2 EGBGB zu entnehmenden Einschränkung, daß gegen den Bekl. keine weitergehenden Ansprüche geltend gemacht werden können, als nach seinem Heimatrecht begründet sind (*Schweckendieck* aaO.; *Eichel* NJW 1952, 450; *Schöne* NJW 1951, 697; LG Wuppertal aaO.[3]; LG Düsseldorf MDR 1952, 556[4]; a. M. *Kegel* aaO. und *Beitzke* aaO.). Aus Art. 30 EGBGB können gegen die Anwendung des ostzonalen Kindschaftsrechts keine Bedenken hergeleitet werden. Denn die östliche Regelung verstößt nicht gegen die guten Sitten oder gegen den Zweck eines hiesigen Gesetzes, sondern hält sich im Rahmen dessen, was auch für das Bundesgebiet geplant und dort als Grundsatz bereits verfassungsmäßig verankert ist (vgl. Art. 3 II, 6 V GG; *Schweckendieck* aaO.; *Schöne* aaO.; LG Düsseldorf aaO.).

Aus der Gleichstellung des unehelichen Kindes mit den ehelichen Abkömmlingen ergibt sich die wichtige Folgerung, daß der Vater nur noch im Rahmen der §§ 1601ff. BGB haftet, also nur bei Bedürftigkeit des Kindes und nur insoweit, als er nach seinen Vermögens- und Einkommensverhältnissen zur Unterhaltsleistung in der Lage ist, wobei seine sonstigen Verpflichtungen mit zu berücksichtigen sind. Wenn in

---

[1] Siehe oben Nr. 56. [2] Siehe unten Nr. 280. [3] Siehe oben Nr. 56.
[4] Siehe oben Nr. 54.

der ostzonalen Literatur und Gerichtspraxis vielfach der gegenteilige Standpunkt vertreten wird (vgl. hierzu die Nachweise bei *Schweckendieck* aaO. und *Beitzke* JR 1952, 145), so kann sich die Kammer dem nicht anschließen. Der Hinweis von *Kegel* (NJW 1953, 615), der Richter solle bei der Anwendung fremden Rechts mit seiner eigenen Ansicht zurückhalten und der überwiegenden Praxis des fremden Gebietes folgen, mag dort zutreffen, wo die nach den Regeln des internat. Privatrechts anzuwendenden Rechtssätze einem völlig fremden Rechtssystem angehören, mit dessen Technik die fremden Gerichte naturgemäß am besten vertraut sind. Die Ostzone gehört jedoch nach wie vor zum deutschen Rechtsgebiet. Es gelten also dieselben Rechtsbegriffe und Auslegungsgrundsätze wie im Westen Deutschlands. Der westdeutsche Richter ist also gehalten, ostzonales Recht so anzuwenden, wie er es von jeher gewöhnt ist, d. h. nach dem Wortlaut, wo dieser klar und eindeutig ist, und in Zweifelsfällen nach dem Sinn und Zweck dieses Gesetzes.

Es läßt sich aber weder mit dem klaren Wortlaut noch mit dem Sinn des Art. 33 der Ostzonenverfassung vereinbaren, wenn man diese Bestimmung so auslegt, daß dadurch nur die dem Kinde nachteiligen Vorschriften des BGB aufgehoben, nicht aber die ihm nach bisherigem Recht zukommenden Vorteile beseitigt seien. Mit Recht weisen *Schweckendieck* aaO. und *Schöne* aaO. darauf hin, daß nach der genannten Verfassungsbestimmung die uneheliche Geburt den Eltern ebensowenig wie dem Kinde zum Nachteil gereichen darf. Damit kann nur gemeint sein, daß das uneheliche Kind künftig in jeder Hinsicht wie ein eheliches behandelt werden soll. Eine Gleichstellung bedeutet aber sowohl nach dem allgemeinen Sprachgebrauch als auch nach herkömmlicher Rechtsanschauung nichts anderes, als daß der gleichzustellende Personenkreis mit allen Rechten, aber auch mit allen Pflichten in die ihm bisher vorenthaltene Rechtsstellung eintritt, also neben den Vorteilen, die sich aus einer solchen Regelung ergeben, auch die untrennbar damit verbundenen Nachteile in Kauf nehmen muß. Für eine Weitergeltung solcher Bestimmungen, die das uneheliche vor dem ehelichen Kinde begünstigen, ist also nach der Gleichstellung kein Raum mehr. Hierfür fehlt es auch an jeder inneren Rechtfertigung. Wenn im übrigen das uneheliche Kind nach § 1708 BGB ohne Rücksicht auf seine eigene Bedürftigkeit und die Verhältnisse des Vaters den der Lebensstellung seiner Mutter entsprechenden Unterhalt fordern kann, so beruht dies nicht darauf, daß der Gesetzgeber die unehelichen vor den ehelichen Abkömmlingen grundsätzlich bevorzugen wollte, sondern ist nur eine notwendige Folge davon, daß das uneheliche Kind und sein Vater nach § 1589 II BGB nicht als verwandt gelten. Die Stellung des unehelichen Kindes zu seinem Erzeuger ist also nach dem Recht des BGB keine bessere oder schlechtere, sondern eine grundlegend und unvergleichbar andere als die des ehelichen Kindes. Sie ist der eines gewöhnlichen Geldgläubigers angenähert. Der scheinbaren Besserstellung, die das uneheliche Kind dadurch de facto in den Fällen genießt, in denen der Vater wirtschaftlich schlecht gestellt ist, die aber durch die Pfändungsschutzbestimmungen (vgl. § 6 II LohnpfändungsVO) praktisch wieder aufgehoben wird, steht auf der anderen Seite der Nachteil gegenüber, daß auch ein vermögender Vater nicht mehr zu leisten braucht, als der Lebensstellung der Kindesmutter entspricht.

Es erscheint daher sogar von vornherein verfehlt, im Zusammenhang mit der Bestimmung des § 1708 BGB überhaupt von einer Bevorzugung des unehelichen Kindes zu sprechen. Erst recht ist es nicht angängig, die Weitergeltung dieser Vorschrift im Hinblick auf den verfassungsrechtlichen Gleichstellungsgrundsatz davon abhängig zu machen, ob ihre Anwendung je nach den Umständen des einzelnen Falles für das Kind vorteilhaft oder nachteilig ist. Vielmehr ist damit, daß die Beziehungen zwischen dem unehelichen Kind und seinem Vater in der Ostzone im Gegensatz zu dem bisherigen Rechtszustand auf eine familienrechtliche Grundlage gestellt worden sind, der Regelung des §1708 BGB überhaupt der Boden entzogen. Daß diese aus schon allgemeinen Erwägungen zwingend gebotene Auslegung des Art. 33 der Verfassung der DDR auch dem Willen des ostzonalen Gesetzgebers entspricht, zeigt besonders deutlich der schon erwähnte § 17 II des MKSchG, wonach der Unterhalt nach der wirtschaftlichen Lage beider Eltern, also auch nach der des Vaters zu bemessen ist. Der Vater kann sich mithin nach dem Recht der Ostzone auch gegenüber dem unehelichen Kinde auf seine begrenzte Leistungsfähigkeit berufen (ebenso auch *Eichel* aaO.; LG Düsseldorf MDR 1952, 556[1]; LG Wuppertal NJW 1953, 1185[2]).

Dieses Recht kann nach den Grundsätzen des interzonalen Privatrechts auch einem in den Westzonen lebenden Schuldner nicht versagt werden. Die abweichende Meinung des LG Hamburg (MDR 1952, 423[3]), daß der Unterhaltsschuldner sich nach Art. 21 EGBGB nicht jeweils die günstige Rechtsordnung in einzelnen Punkten heraussuchen könne, und daß deshalb im konkreten Einzelfalle untersucht werden müsse, nach welchem Recht sich der auf Unterhalt in Anspruch genommene Kindesvater im Endergebnis insgesamt besser stehe (ebenso LG Dortmund MDR 1953, 367[4]), kann nicht überzeugen. Ein solcher Gesamtvergleich zwischen der westzonalen und ostzonalen Unterhaltsregelung, wie ihn mit gerade entgegengesetztem Ergebnis auch *Beitzke* (JR 1952, 145) anstellt, scheitert schon daran, daß sich im Zeitpunkt der letzten mündlichen Verhandlung meist gar nicht übersehen läßt, welches Unterhaltsrecht für den Vater im wirtschaftlichen Gesamtergebnis vorteilhafter ist (so auch *Schweckendieck* aaO.). Wie schon angedeutet, kann sich ein- und dieselbe Bestimmung des § 1708 BGB je nach den Umständen zum Vorteil oder Nachteil des Vaters auswirken. Es hängt dies nicht nur von der jeweiligen Vermögens- und Einkommenslage des Vaters, sondern auch von der des Kindes und seiner Mutter, ja u. U. sogar seiner sonstigen Verwandten ab; auch die körperliche und geistige Entwicklung des Kindes spielt im Hinblick auf § 1708 II BGB eine Rolle. Das Bild, das bei Erlaß des Urteils gegeben ist, kann sich daher im Laufe der Zeit völlig verändern. Aus ähnlichen Gründen kann sich die Kammer

---

[1] Siehe oben Nr. 54. [2] Siehe oben Nr. 56. [3] Siehe unten Nr. 269.
[4] Siehe unten Nr. 285.

auch nicht der Ansicht des LG Berlin-West (MDR 1953, 44[1]) anschließen, daß es arglistig sei, wenn der außereheliche Erzeuger die Vorteile der im Osten getroffenen Regelung für sich ausnutzen, die damit verknüpften Nachteile aber vermeiden wolle. Wenn in Art. 21 EGBGB das fremde Unterhaltsrecht grundsätzlich für anwendbar erklärt, gleichzeitig aber dem Unterhaltsschuldner die Möglichkeit eröffnet wird, sich auf das ihm günstigere Heimatrecht zu berufen, so könnte man daraus entnehmen, der Gesetzgeber habe es bewußt in Kauf genommen, daß der Vater u. U. teils nach fremdem, teils nach einheimischem Recht haftet. Jedenfalls kann man es kaum als arglistig bezeichnen, wenn der Unterhaltsschuldner diese zu seinem Schutze getroffene Regelung für sich ausnutzt. Zudem läßt sich die Frage, ob ein Schuldner wider Treu und Glauben handelt, nur nach den Umständen des einzelnen Falles beurteilen. Wenn aber, wie im vorliegenden Falle, das Kind nicht mehr als den ihm auch nach dem BGB zustehenden Unterhalt fordert, so steht eine Ausschaltung für den Vater ungünstiger Bestimmungen überhaupt nicht in Frage. Unter solchen Umständen ist es jedenfalls nicht arglistig, wenn der Unterhaltsschuldner unter Berufung auf das am Wohnsitz der Kindesmutter geltende Recht dem unehelichen Kinde nicht mehr als dasjenige zukommen lassen will, was er bei seinen Einkommensverhältnissen auch seinen ehelichen Abkömmlingen schuldet.

Dagegen hat die Kammer keine Bedenken, die Bestimmung des § 1711 BGB, wonach der Unterhalt auch für die Vergangenheit verlangt werden kann, zugunsten eines dem Ostrechtsgebiet angehörigen Kindes weiter anzuwenden. Die außereheliche Geburt des Kindes als solche und seine darauf beruhende andersartige Rechtsstellung sind nicht der alleinige oder auch nur ausschlaggebende Grund für diese den Vater benachteiligende Regelung. Sie entspricht vielmehr in erster Linie einem praktischen Bedürfnis. Wenn eheliche Angehörige nämlich nach § 1613 BGB Unterhalt für die Vergangenheit nur vom Eintritt des Verzuges oder der Rechtshängigkeit an fordern können, so rechtfertigt sich diese Beschränkung daraus, daß der Unterhaltspflichtige in aller Regel jederzeit und ohne Schwierigkeit in Verzug gesetzt werden kann. Diese Möglichkeit ist aber für ein uneheliches Kind nicht immer gegeben. Es dauert oft Jahre, bis der Erzeuger mit Sicherheit ermittelt ist. Die Regelung des § 1711 BGB ist daher auch bei grundsätzlicher Gleichstellung des unehelichen mit dem ehelichen Kinde vertretbar (*Kegel* aaO. mit weiteren Nachweisen; a. M. *Schweckendieck* aaO.; *Schöne* NJW 1951, 697; LG Wuppertal NJW 1953, 1185[2]).

Eine weitere Frage ist, ob sich der Unterhaltsanspruch des Kindes für die Zeit bis zum Inkrafttreten der ostzonalen Verfassung am 7. 10. 1949 nach den alten oder neuen Vorschriften richtet. Auch hier kann der Praxis verschiedener ostdeutscher Gerichte, die eine Rückwirkung annehmen, nicht gefolgt werden. Der Gesichtspunkt, daß ein Kind in einem bestimmten Zeitpunkt nur entweder als eheliches oder als uneheliches behandelt werden könne (*Schweckendieck* aaO.), ist nicht stichhaltig.

---

[1] Siehe oben Nr. 52. [2] Siehe oben Nr. 56.

Denn der Anspruch auf rückständigen Unterhalt bis zum Inkrafttreten der östlichen Neuregelung ist bereits zu einer Zeit entstanden und fällig geworden, als die Rechtsstellung des Kindes sich noch aus den alten Bestimmungen ergab. Bereits entstandene Ansprüche werden aber durch eine spätere Gesetzesänderung nicht mehr berührt, es sei denn, daß eine Rückwirkung ausdrücklich bestimmt ist (vgl. *Enneccerus-Nipperdey*, Allgemeiner Teil des bürgerlichen Rechts[14], I. Halbband §§ 61, 62). Für die Zeit bis zum 7. 10. 1949 sind also uneingeschränkt die Vorschriften des BGB anzuwenden.

III. Die Zonentrennung wirft weiter das Problem des Währungsstatuts und, davon zu unterscheiden, die Frage auf, in welcher Währung der Bekl. tatsächlich zu verurteilen ist. Im Schrifttum und in der Rechtsprechung wird heute überwiegend, wenn auch mit unterschiedlichen Begründungen, die Auffassung vertreten, der Unterhaltsanspruch des unehelichen Kindes entstehe zwar in der Währung desjenigen Ortes, an dem es die ihm zukommenden Unterhaltsbeträge zur Befriedigung seines Lebensbedarfes benötige und verbrauche, also hier in DM-Ost, doch müsse der in Westdeutschland ansässige Schuldner in der Regel in seiner Heimatwährung verurteilt werden, weil nur so das Kind bei Beachtung der Devisenvorschriften in den Genuß der Unterhaltsleistung kommen könne (vgl. die Nachweise bei *Beitzke* JR 1952, 419ff. und *Kegel* NJW 1953, 616 Anm. 27). Die hiesigen Berufungskammern haben sich schon in früheren Urteilen dieser Auffassung angeschlossen (vgl. LG Aachen NJW 1952, 471[1]). Obschon sich inzwischen die Meinung durchgesetzt hat, daß auch in Westdeutschland Urteile auf Leistung in DM-Ost zulässig sind (BGH NJW 1953, 339[2]), ist daran festzuhalten, daß das analog § 244 BGB bestehende Befreiungsrecht auf Zahlung in eigener Währung jedenfalls dann nach § 242 BGB zu einer Befreiungspflicht wird, wenn der Unterhaltsschuldner nicht über ein in der Sowjetzone belegenes DM-Ostkonto verfügt. Denn eine im Bundesgebiet vorgenommene DM-Ostzahlung würde dem Kinde jedenfalls auf legalem Wege nicht zugute kommen und damit ihren Zweck verfehlen, weil nach dem Devisenrecht der Sowjetzone die DM-Ost zur Binnenwährung erklärt und ihre Einfuhr in jeder Form verboten ist (vgl. die vom LG Köln NJW 1953, 630[3] zitierten Bestimmungen). Der Unterhaltsberechtigte kann aber nach Treu und Glauben nicht gezwungen werden, eine nach den Gesetzen seiner Zone verbotene Leistung anzunehmen, zumal dem Schuldner der bequemere Weg offen steht, den Unterhalt mit Einverständnis des Kindes nach den Vorschriften der 19. DVO zum UG ohne besondere Genehmigung in DM-West auf ein Sperrkonto bei einem Geldinstitut der Bundesrepublik einzuzahlen.

Damit erhebt sich die Frage nach dem Umrechnungsverhältnis. Ein Währungsvergleich ist auch dann nicht zu umgehen, wenn man mit *Schweckendieck* (JR 1952, 467) und *Kegel* aaO. annimmt, die Unterhaltsforderung des Kindes entstehe überhaupt nicht in einer bestimmten Währung, sondern sei auf Geld schlechthin (‚Geld in weiterem Sinne‘)

[1] Siehe unten Nr. 273. [2] Siehe unten Nr. 213b. [3] Siehe unten Nr. 280.

gerichtet. Denn naturgemäß läßt sich der Betrag, den das Kind braucht, um in der Ostzone der Lebensstellung beider Elternteile entsprechend leben zu können, nur in DM-Ost ermitteln, während andererseits die ebenfalls zu prüfende Leistungsfähigkeit des Vaters nur nach den an seinem Wohnsitz herrschenden Verhältnissen und Geldmaßstäben richtig beurteilt werden kann. Somit ist eine doppelte Berechnung erforderlich. Es wäre aber wenig sinnvoll, bei den hiernach anzustellenden Erwägungen etwa einen anderen Umrechnungsmaßstab zugrunde zu legen als bei der endgültigen Festsetzung der vom Vater in DM-West auf ein Sperrkonto einzuzahlenden Unterhaltsrente (so aber offenbar *Schweckendieck* aaO. und *Marquordt* MDR 1952, 393 ff.).

Das Gericht hat im Anschluß an ein Urteil der 7. Zivilkammer (JMBl NRW 1952, 471[1]) bisher die Ansicht vertreten, daß für die Umrechnung der zunächst in DM-Ost festzulegenden Unterhaltsrente in DM-West gemäß § 244 BGB der jeweilige Tageskurs der Wechselstuben maßgebend sei. Inzwischen ist die Frage in der Literatur und Rechtsprechung weiter eingehend erörtert worden. Überwiegend wird heute vor allem in der Praxis der Gerichte entgegen älteren Entscheidungen eine Anwendung des Wechselstubenkurses abgelehnt. Dabei stellt man es insbesondere auf folgende Gesichtspunkte ab, denen sich die Kammer unter Aufgabe ihres bisherigen Standpunktes anschließt:

Mit dem Begriff ‚Kurs' im herkömmlichen Sinne, wie er wohl auch den Verfassern des BGB vorgeschwebt hat, verbindet man gewöhnlich die Vorstellung, daß in den Kurszahlen das Wertverhältnis zweier Währungen objektiv und in allgemeingültiger Weise ausgedrückt ist, so daß allerorts zum wenigstens annähernd gleichen Umrechnungssatz die eine Valuta in die andere umgewechselt werden kann. Diese Voraussetzung trifft auf den nicht amtlichen Wechselstubenkurs, der sich aus der Notwendigkeit, mit den durch die Zonentrennung geschaffenen regelwidrigen Verhältnisses irgendwie fertig zu werden, in Westdeutschland herausgebildet hat und der, von den besonderen Verhältnissen in West-Berlin abgesehen, vor allem für den interzonalen Reiseverkehr praktisch bedeutsam ist, nur bedingt zu. Gerade dort, wo der Schwerpunkt der Unterhaltsleistung liegt, nämlich am Wohnort des Kindes, wird der westliche Wechselstubenkurs nicht anerkannt und kann demzufolge auf legale Weise auch nicht verwirklicht werden. Dort erhält der Gläubiger, soweit die Einfuhr von Westgeld überhaupt statthaft ist oder die Ausnutzung westzonaler Sperrguthaben im Verrechnungsweg ermöglicht wird, für eine DM-West höchstens eine DM-Ost ausgezahlt. Im übrigen steht aber ein effektiver Umtausch von Westzonen- in Ostzonenvaluta hier schon deswegen gar nicht in Frage, weil die auf Sperrkonto einzuzahlenden Unterhaltsbeträge, wie noch näher ausgeführt wird, in der Regel nur zur Verwendung im Bundesgebiet, nicht aber zum Transfer in die Sowjetzone freigegeben werden. Der Wechselstubenkurs mag also für andere Zwecke einen brauchbaren Umrechnungsmaßstab darstellen; für die Regelung von Unterhaltsansprüchen ist er hingegen ungeeignet.

[1] Gemeint wohl: NJW 1952, 471, unten Nr. 273.

Es müssen daher andere Anhaltspunkte gefunden werden, um die vom Schuldner in DM-West zu entrichtende Unterhaltsrente der Höhe nach bestimmen zu können. Solche Anhaltspunkte bilden einmal das Kaufkraftverhältnis der beiden Währungen, zum anderen der Zweck der Unterhaltsleistung.

Wie der sogenannte ‚Warenkorbvergleich' zeigt, spiegelt der westdeutsche Wechselstubenkurs keineswegs immer das wirkliche Kaufkraftverhältnis wider. Ähnlich, wie es in Westdeutschland bis zur Währungsreform der Fall war, sind in der Sowjetzone noch heute unbedingt lebenswichtige Bedarfsgüter, vor allem Lebensmittel, bei gebundenen Preisen teilweise rationiert, während der gesteigerte Bedarf meist zu überhöhten Preisen vornehmlich in den HO-Läden befriedigt werden muß. Das hat zur Folge, daß das Kaufkraftverhältnis der DM-Ost zur DM-West dort, wo die verfügbaren Mittel nicht mehr als gerade das Existenzminimum sichern, ein anderes ist als bei gehobenem Einkommen. Nach den Feststellungen des Deutschen Instituts für Wirtschaftsforschung in Berlin hat eine DM-Ost bei geringem Einkommen heute ungefähr die Kaufkraft von einer DM-West (vgl. im einzelnen die Übersichten bei *Kegel* NJW 1953, 617; *Schweckendieck* JR 1952, 467f.; LG Kassel MDR 1953, 105[1]). Soweit bekannt, hat sich dieses Verhältnis auch in den letzten Monaten nicht wesentlich verschoben. Geringe Schwankungen können auf der untersten Stufe des Realeinkommens, wie sie hier nur in Frage kommt, unberücksichtigt bleiben (*Kegel* aaO.). Demnach benötigt ein Kind in der Ostzone unter bescheidensten Lebensverhältnissen zum Unterhalt etwa die gleiche Summe in eigener Währung wie in Westdeutschland, ein weiteres Zeichen dafür, daß es nicht den tatsächlichen Gegebenheiten gerecht wird, wenn man den für das Kind praktisch nicht realisierbaren Wechselstubenkurs zugrunde legt.

Aus diesen Gründen muß der Vater es sich gefallen lassen, daß im Rahmen des Mindestbedarfs eine DM-Ost einer DM-West gleichgesetzt wird. Das entspricht auch der Billigkeit. Denn der Vater braucht auf keinen Fall mehr zu leisten, als an ein in den Westzonen lebendes Kind; auf der anderen Seite ist ein ungerechtfertigter Kursgewinn des Kindes dadurch ausgeschlossen, daß es das auf Sperrkonto einzuzahlende Westgeld nur im westlichen Währungsgebiet zu den dort geltenden Preisen umsetzen kann. Nach den zur Zeit geltenden Bestimmungen können nämlich aus den gemäß der 19. DVO zum UG eingerichteten Konten bis zu 25 DM monatlich zum Einkauf und Versand von Lebensmitteln und Gebrauchsgütern in die Ostzone freigegeben werden. Darüber hinaus werden gewisse Freibeträge für Reisen des Unterhaltsberechtigten in die Westzonen genehmigt. Auf diese gesetzlich zulässige Weise kann das Kind auch und gerade dann, wenn die Unterhaltsbeträge vorschriftsmäßig auf ein westliches Sperrkonto eingezahlt werden, trotz der Transferbeschränkungen wenigstens einen nicht unwesentlichen Teil seines notwendigen Bedarfs decken, indem es sich z. B. durch einen westdeutschen Beauftragten Pakete schicken läßt. Voraussetzung ist

[1] Vgl. dazu unten Nr. 284.

dabei, daß die Einzahlungen des Vaters entsprechend hoch sind. Bei einer Zahlung zum Wechselstubenkurs würde das Kind zu kurz kommen. In die Ostzone kann es die vom Sperrkonto abgehobenen DM-West-Beträge auf gesetzmäßigem Wege überhaupt nicht oder nur mit beträchtlichem Kursverlust einführen, während ein Umtausch in Zahlungsmittel der Ostzone im Westen zwar möglich, aber zwecklos wäre, weil das eingewechselte Ostgeld wiederum nach den im Währungsgebiet des Kindes geltenden Vorschriften nicht nach dort mitgenommen werden darf.

Der Vater muß daher im Rahmen seiner Leistungsfähigkeit wenigstens so viel auf das Sperrkonto überweisen, daß das Kind bis zur Grenze seines angemessenen Unterhalts vor allem den praktisch wichtigsten Weg der Paketsendung voll ausnutzen kann. Nur so kommt er seiner Unterhaltspflicht in genügendem und ihrem Wesen entsprechendem Maße nach. Denn wenn auch die Unterhaltsleistung des außerehelichen Vaters nach dem BGB stark schuldrechtlich ausgestaltet ist, so ist sie doch zweckgebunden und unterliegt in besonderem Maße dem Grundsatz des § 242 BGB. Sie dient dazu, den jeweiligen angemessenen Lebensbedarf des Kindes sicherzustellen und hat im Gegensatz zu gewöhnlichen Geldverbindlichkeiten, die meist von vornherein und unabänderlich auf eine feste Summe lauten, mehr den Charakter einer Wertschuld. Trotz der Fiktion des § 1589 II BGB sind die durch das außereheliche Abstammungsverhältnis begründeten Bindungen immerhin stärker als die zwischen einem gewöhnlichen Geldgläubiger und seinem Schuldner. Aus diesen Gründen ist der Vater nach Treu und Glauben verpflichtet, alle ihm zumutbaren Möglichkeiten auszuschöpfen, damit seine Unterhaltsleistung auch wirklich ihren gesetzlich vorgesehenen Zweck erfüllt, nämlich dem Kinde eine dem Lebensstandard beider Eltern gemäße Lebenshaltung gewährleistet.

Dagegen läßt sich auch nicht einwenden, daß es hier mehr oder minder um Fragen der Vollstreckung gehe und diese im Erkenntnisverfahren überhaupt keine Rolle spielen dürften (so in anderem Zusammenhang OLG Düsseldorf MDR 1950, 296[1]). Dieser Satz mag für den Regelfall zutreffen. Die außergewöhnlichen Verhältnisse, wie sie auch durch die Spaltung Deutschlands herbeigeführt worden sind, lassen sich aber nicht einfach übersehen. Sie stellen die Gerichte vor völlig neue Aufgaben, die mit den herkömmlichen Rechtsvorstellungen nicht allein bewältigt werden können. Im Rahmen der Prüfung, was der außereheliche Vater nach Treu und Glauben tun muß, um seinem Kinde den ihm zustehenden Unterhalt effektiv zu verschaffen, damit es in seiner Zone angemessen leben kann, können die gesetzlichen und praktischen Erfüllungsmöglichkeiten nicht außer Betracht gelassen werden.

Danach könnte es freilich so scheinen, als verlagere sich der Schwerpunkt der Unterhaltsgewährung infolge der Transferschwierigkeiten praktisch ganz oder teilweise vom Osten nach dem Westen, so daß es insoweit auf einen Währungsvergleich überhaupt nicht mehr ankomme. Doch deckt sich dasjenige, was das Kind aus den vom Sperrkonto frei-

[1] Siehe unten Nr. 337.

gegebenen Beträgen im Westen anschaffen kann, nicht immer und unbedingt mit seinem angemessenen, grundsätzlich nach den Verhältnissen an seinem Wohnsitz zu bemessenden Bedarf einerseits und dem Leistungsvermögen des Vaters andererseits. Um daher den Unterhalt im Einzelfall der Höhe nach genau festlegen zu können, müssen die eingangs erörterten Kaufkraftverhältnisse mit herangezogen werden.

Soweit danach das Kind nicht mehr als den in beiden Währungsgebieten üblichen Mindestunterhaltssatz fordert, mindestens aber bis zur Höhe der insbesondere für Paketsendungen freigegebenen Sperrkontenbeträge, muß der Vater den gleichen Nennbetrag in DM-West zahlen, den das Kind in DM-Ost fordern dürfte, wenn ein unmittelbarer Transfer möglich wäre, wobei jedoch diejenige Summe, die der Vater nach § 1603 BGB auch an ein eheliches Kind zahlen müßte, die oberste Grenze bildet (ähnlich im Ergebnis, wenn auch z. T. mit abweichenden Begründungen, *Kegel* aaO.; LG Köln NJW 1953, 629[1]; LG Dortmund MDR 1953, 367[2] und 1950, 552[3]; LG Kassel MDR 1953, 105[4]; LG Ellwangen NJW 1953, 1183[5]; LG Hamburg MDR 1952, 423[6]; vgl. auch MDR 1952, 301[7]; LG München NJW 1952, 1179[8]; LG Würzburg MDR 1951, 490[9]; LG Passau MDR 1952, 169[10]; AG Plön MDR 1952, 42[11]; für das eheliche Kind: LG Oldenburg NJW 1953, 1183[12]; LG Düsseldorf MDR 1952, 298[13]; LG Bochum MDR 1952, 622[14] gegen früher MDR 1952, 169[15] und NJW 1951, 239[16]; LG Bielefeld MDR 1952, 108[17]; LG Mannheim NJW 1952, 748 mit kritischer Stellungnahme von *Wälde*; anderer Meinung: *Schweckendieck* aaO.; *Wälde* NJW 1951, 213ff.; *Marquordt* MDR 1950, 11 und MDR 1951, 393f.; *Kühne* NJW 1950, 730; *Eichel* NJW 1952, 450; LG Braunschweig NJW 1950, 751[18]; LG Lüneburg MDR 1951, 746[19] gegen MDR 1951, 303; zweifelnd *Beitzke* JR 1952, 422f., MDR 1949, 758, NJW 1952, 1179 und 1953, 1183).

Im vorliegenden Falle ergibt sich somit im einzelnen folgendes:

Da bis zum Inkrafttreten der ostzonalen Verfassung am 7. 10. 1949 die Vorschrift des § 1708 BGB unbeschränkt anwendbar ist, ist der bis dahin geschuldete Unterhalt ohne Rücksicht auf die wirtschaftlichen Verhältnisse des Bekl. festzusetzen. Die von der Kl. geforderte Unterhaltsrente liegt nicht über den in beiden Währungsgebieten üblichen Mindestsätzen, die gerade nur den notwendigsten Lebensbedarf umfassen. Insoweit wirkt sich nach den Ausführungen zu III. der Währungsunterschied zahlenmäßig nicht aus. Der Anspruch der Kl. auf Zahlung von monatlich 25 DM-West ist daher für die Zeit bis Oktober 1949 begründet.

Von da an sind die wirtschaftlichen Verhältnisse beider Eltern und ihre sonstigen Verpflichtungen mit zu berücksichtigen. ..."

---

[1] Siehe unten Nr. 280.
[2] Siehe unten Nr. 285.
[3] Siehe unten Nr. 241.
[4] Vgl. dazu unten Nr. 284.
[5] Siehe unten Nr. 204.
[6] Siehe unten Nr. 269.
[7] Siehe unten Nr. 271.
[8] Siehe unten Nr. 281.
[9] Siehe unten Nr. 261.
[10] Siehe unten Nr. 263.
[11] Siehe unten Nr. 265.
[12] Siehe unten Nr. 287.
[13] Siehe unten Nr. 273a.
[14] Siehe unten Nr. 282.
[15] Siehe unten Nr. 272.
[16] Siehe unten Nr. 258.
[17] Siehe unten Nr. 266.
[18] Siehe unten Nr. 200.
[19] Siehe unten Nr. 267.

**57. Im interlokalen Recht sind die Bestimmungen des deutschen internat. Privatrechts anwendbar. — Dabei tritt an die Stelle des Anknüpfungspunktes der Staatsangehörigkeit der Wohnort. — Bestand und Maß der Unterhaltspflicht zwischen geschiedenen Ehegatten beurteilen sich nach Art. 17 EGBGB. — Hat der Schuldner nach dem im Bundesgebiet geltenden Recht einen den Lebensverhältnissen beider Gatten „angemessenen" Unterhalt zu leisten, so kann sich der Schuldner hinsichtlich der in der Ostzone lebenden Unterhaltsberechtigten nicht auf die in dieser Zone bestehenden entsprechend niedrigeren Lebensverhältnisse berufen. — Bei einem Einkommensvergleich ist nicht der Nennwert, sondern die Kaufkraft der verglichenen Beträge maßgebend.**

LG Braunschweig (brit. Zone), Beschl. v. 18. 3. 1953 — 8 T 14/53: *NdsRpfl. 1953, 163.

Die in der sowjet. Zone lebende ASt. ist die geschiedene Frau des AGg., dessen Wohnsitz sich im Bundesgebiet befindet. Sie beansprucht bei einem eigenen Verdienst von monatlich 165 DM-Ost einen Unterhaltsbetrag von 50 DM-West vom AGg., der seinerseits monatlich 295 DM-West zur Verfügung hat. Das AG wies das Armenrechtsgesuch der ASt. zurück. Das LG gewährte es ihr für eine Klage auf monatlich 15 DM-West.

Aus den Gründen:

„Der Unterhaltsanspruch der ASt. bestimmt sich nach dem am Wohnort des AGg., also in der Bundesrepublik geltenden Recht. Das folgt aus Art. 17 I EGBGB, der für den Unterhaltsanspruch der geschiedenen Ehefrau nach interlokalem Recht mit der Maßgabe anwendbar ist, daß an die Stelle des Begriffes ‚Staatsangehörigkeit' der Begriff ‚Wohnort' tritt (*Marquordt* in in MDR 1950, 8 und MDR 1951, 391 mit Nachweisen). Die Anwendbarkeit des Art. 17 I EGBGB ergibt sich daraus, daß die Unterhaltspflicht unter geschiedenen Ehegatten eine Folge und Nebenwirkung der Scheidung ist (*Palandt*, Art. 17 EGBGB Anm. 5).

Dabei ist das nach Art. 17 I EGBGB anzuwendende Recht nicht nur für die Frage maßgebend, ob überhaupt und wann Unterhalt zu zahlen ist, sondern auch für die Frage nach Art, Maß und Höhe des Unterhaltsanspruches.

Das AG geht zutreffend davon aus, daß der AGg. nach § 58 EheG verpflichtet ist, der ASt. den nach den Lebensverhältnissen der Parteien angemessenen Unterhalt zu gewähren, soweit die Erträgnisse einer Erwerbstätigkeit der ASt. dazu nicht ausreichen ... Maßstab für den Begriff ‚angemessen' auch im Sinne des § 58 EheG sind die Lebensverhältnisse beider Gatten zur Zeit der Scheidung ... Das eigene Einkommen der ASt. von monatlich 165,50 DM-Ost steht zu dem Einkommen des AGg. (von monatlich 295 DM-West) in keinem Verhältnis. Angesichts der wirtschaftlichen Verhältnisse in der sowjet. besetzten Zone reicht dieser Betrag nicht aus, um der ASt. eine den Lebensverhältnissen des AGg. entsprechende Lebensführung zu ermöglichen, wenn er auch für einen nach den dortigen Verhältnissen üblichen Lebensstandard ausreichen mag. Um einen Lebensstandard zu erreichen, der dem des AGg. wenigstens annähernd entspricht, muß die ASt. — insbesondere wegen der Notwendigkeit zusätzlicher Einkäufe in den HO-Läden — in DM-Ost ein Mehrfaches des Betrages aufwenden, den der AGg. in DM-West zur Aufrechterhaltung seiner Lebensführung benötigt . . . Den Umständen nach angemessen erscheint vielmehr ein Betrag von monatlich 15 DM."

**58. Art. 21 EGBGB ist im interlokalen Recht entsprechend anwendbar. — Anknüpfungspunkt für das Personalstatut ist der Wohnsitz. — Auch der 2. Halbsatz des Art. 21 EGBGB ist im interlokalen Recht anwendbar.**

AG Zeitz (sowjet. Zone), Urt. v. 7. 11. 1950 — 6 C 221/50: Rdbf. 23 (1950/51) 135.

Aus den Gründen:

„Der Kl. steht der Abänderungsanspruch nach §§ 323 I ZPO, 1708 I BGB, Art. 21 EGBGB gegen den Bekl. zu . . . Die Tatsache, daß die Kl. außerhalb des Hoheitsgebietes der DDR ihren Wohnsitz hat, kann eine andere Beurteilung der Rechtslage nicht herbeiführen. Nach Art. 21 EGBGB beurteilt sich die Unterhaltspflicht des Bekl. nach den Gesetzen des Staates, dem die Mutter zur Zeit der Geburt des Kindes angehört. Das aber sind — da die Kindesmutter zur Zeit der Geburt der Kl. ihren Wohnsitz in Westdeutschland hatte — die Vorschriften des BGB. Zwar können nach Art. 21, 2. Halbsatz EGBGB weitergehende Ansprüche nicht geltend gemacht werden, als sie nach den in dem Hoheitsgebiet der DDR geltenden Gesetzen begründet sind; dies ist jedoch nicht der Fall, weil auch im Gebiet der DDR die Bestimmungen des § 1708 BGB Geltung haben."

**59. Das für den Unterhaltsanspruch eines unehelichen Kindes maßgebende Recht ist in Entsprechung zu Art. 21 EGBGB (Art. 21, 2. Halbsatz EGBGB?) zu bestimmen. — Das Rechtsverhältnis eines unehelichen Kindes zu seinem Erzeuger bestimmt sich nach dem Recht am Wohnsitz des Erzeugers.**

LG Halle (sowjet. Zone), Urt. v. 24. 11. 1950 — 3 S 502/50: *unveröff.

Der Kl. ist ein uneheliches Kind des Bekl. und lebt in Westdeutschland. Der Bekl. hat seinen Wohnsitz in der Ostzone. Der Kl. hatte beantragt, die Vaterschaft des Bekl. festzustellen und diesen zur Zahlung einer Unterhaltsrente von monatlich 40,– DM zu verurteilen. Das AG hatte der Zahlungklage stattgegeben, die Feststellungsklage dagegen abgewiesen. Auf die Berufungen beider Parteien setzte das LG den Unterhaltsbetrag auf 30,– DM herab und gab der Feststellungsklage statt.

Aus den Gründen:

„1. Die Berufung des Bekl. wendet sich nur gegen die Höhe des dem Kl. zuerkannten Unterhalts. Dieser richtet sich nach § 17 II des Gesetzes über den Mutter- und Kinderschutz . . . v. 27. 9. 1950 nach der wirtschaftlichen Lage beider Eltern, also nicht mehr allein nach der Lebensstellung der Mutter. Das ergibt sich auch bereits aus den Art. 33, 144 der Verfassung der DDR, durch die das uneheliche Kind dem ehelichen gleichgestellt ist und entgegenstehende Bestimmungen aufgehoben sind.

Die angezogenen gesetzlichen Vorschriften sind unter entsprechender Anwendung des Art. 21 EGBGB für die Höhe des Unterhaltsanspruchs maßgebend, obgleich der Kl. in Westdeutschland wohnt . . .

2. Auch die Berufung des Kl. erweist sich als begründet. Auf Grund der Bestimmungen über die Gleichstellung des nichtehelichen mit dem ehelichen Kinde in der Verfassung der DDR ist das nichteheliche Kind mit seinem Vater verwandt. Es entsteht daher zwischen beiden mit der Geburt ein Rechtsverhältnis. Auf die Streitfrage, ob dies auch nach den Bestimmungen des BGB zu bejahen war, braucht daher nicht eingegangen zu werden."

**60. Ein in den Westzonen wohnhaftes uneheliches Kind kann gegen seinen in der Ostzone wohnhaften Erzeuger nicht einen höheren Unterhaltssatz geltend machen, als er nach dem Heimatrecht des Erzeugers begründet wäre.**

AG Berlin-Mitte (Berlin-Ost), Beschl. v. 23. 6. 1951 — 5 C 951/51: *DAVorm. 24 (1951/52) 115.

Aus den Gründen:

„Wenn auch grundsätzlich eine Steigerung der Lebenshaltungskosten als wesentliche Veränderung der für die Höhe des Unterhalts maßgebenden Umstände nach § 323 ZPO anzusehen ist, so ist jedoch zu berücksichtigen, daß unter Würdigung der Lebensverhältnisse des Bekl. diesem die veränderte Situation in Westdeutschland nicht zum Nachteil angerechnet werden kann. Auch wenn man auf das Verhältnis des demokratischen Sektors von Groß-Berlin zu Westdeutschland die Grundsätze des internat. Privatrechts entsprechend anwendet, ergibt sich das gleiche Ergebnis. Nach Art. 21 letzter Halbsatz EGBGB ist der Unterhaltsanspruch des außerehelichen Kindes immer begrenzt durch die Bestimmungen des Heimatrechts des Erzeugers, sofern diese unter den nach dem Heimatrecht der Mutter geltenden Beträgen liegen."

**61. Gegen den Erzeuger eines unehelichen Kindes können nicht höhere Ansprüche geltend gemacht werden, als nach dem Recht an seinem Wohnsitz begründet sind.**

LG Berlin (Berlin-Ost), Beschl. v. 28. 12. 1951 — 1 T 80/51: DA Vorm. 25 (1952/53) 19.

Aus den Gründen:

„Für das Gebiet der DDR und den demokratischen Sektor von Berlin ist die VO v. 13. 10. 50 zum Schutze für Mutter und Kind und die Rechte der Frau ergangen. Gemäß § 18 III dieser VO sind für den Unterhaltsanspruch der unehelichen Kinder die wirtschaftlichen Verhältnisse beider Eltern maßgebend. Es würden somit die wirtschaftlichen Verhältnisse des Bekl. Berücksichtigung zu finden haben. Zwar gelten am Wohnsitz der Beschwerdeführerin noch die bisherigen Bestimmungen, d. h. daß es der Zwangsvollstreckung überlassen bleiben muß, ob und in welcher Höhe der Verpflichtete Zahlungen leisten kann. Es können aber gegen den Beschwerdegegner nicht höhere Ansprüche geltend gemacht werden, als nach den Bestimmungen an seinem Wohnsitz gegen ihn geltend gemacht werden können. Hier würde aber auch unter Berücksichtigung eines Mindestunterhaltssatzes sein Einkommen wie auch das der Kindesmutter zu berücksichtigen sein. Dem invaliden Bekl. und seiner Ehefrau muß der noch verbleibende Betrag [von 165 DM-Ost] zur Aufrechterhaltung seiner Arbeitskraft wie auch der Aufrechterhaltung des ehelichen Haushalts belassen werden."

**62.** **(Der Unterhaltsanspruch eines unehelichen Kindes, der vor einem ostzonalen Gericht geltend gemacht wird, bestimmt sich im interzonalen Recht ohne Rücksicht auf seinen Wohnsitz nach der lex fori.)**

OG der DDR, Urt. v. 25. 9. 1952 — 1a Zz 21/52: NJ 1952, 551.

Der Kl. ist ein uneheliches Kind des Bekl. und hat seinen Wohnsitz in West-Berlin. Der Bekl. lebt in der Ostzone. Der Kl. nimmt den Bekl. in Höhe von monatlich 48,— DM auf Unterhalt in Anspruch, da sich seine Mutter in einer gehobenen Stellung befinde. Das AG S. (sowjet.) verurteilte den Bekl. gemäß Klageantrag durch rechtskräftiges Versäumnisurteil. Das OG gab dem Kassationsantrag des Generalstaatsanwalts statt.

Aus den Gründen:

„Der Anspruch stützt sich auf § 1708 BGB. Diese Bestimmung, wonach das nichteheliche Kind mit der zeitlichen Begrenzung auf die Vollendung seines 16. Lebensjahres einen der Lebensstellung der Mutter entsprechenden Unterhalt vom Vater zu beanspruchen hat, kann keine Anwendung mehr finden, da dies eine Verletzung der verfassungsmäßig gewährleisteten Gleichstellung der nichtehelichen mit den ehelichen Kindern bedeuten würde (vgl. Art. 33, 144 I S. 1 und 2 der Verfassung der DDR). Der Unterhaltsanspruch regelt sich nunmehr unter Zugrundelegung von § 17 II des Gesetzes über den Mutter- und Kinderschutz und die Rechte der Frau vom 27. 9. 1950 (GBl 1039) dahin, daß er sich nach der wirtschaftlichen Lage beider Elternteile zu richten hat. Eine einseitig auf die Lebensverhältnisse der Mutter gestützte Klage kann nicht mehr zum Erfolg führen."

**63.** **Die Erhöhung der Unterhaltsforderung eines westdeutschen nichtehelichen Kindes gegen seinen in der Ostzone lebenden Vater verstößt gegen die verfassungsmäßigen Grundsätze der Ostzone, wenn sie mit der allgemeinen Steigerung der Lebenshaltungskosten in Westdeutschland begründet wird. — Bei einem in dieser Weise begründeten Klageantrag entfällt die richterliche Fragepflicht aus § 139 ZPO. — Es ist ferner unerheblich, wenn der Klageantrag in dem späteren Kassationsverfahren auf eine Bestimmung des ostdeutschen Rechts gestützt wird.**

OG der DDR, Urt. v. 11. 9. 1952 — 1a Zz 23/52: NJ 1952, 489; DAVorm. 25 (1952/53) 167.

Der Kl. ist ein nichteheliches Kind des Bekl. und lebt in K. (brit.). Der Bekl. hat seinen Wohnsitz in der Ostzone. Er zahlt dem Kl. eine Unterhaltsrente von monatlich 35,— DM. Mit der Klage beantragte der Kl., diese Rente wegen der

**Verteuerung der wesentlichen Nahrungsmittel und der Bekleidung vor allem in den westdeutschen Großstädten auf 40,– DM zu erhöhen. Der Bekl. erkannte diesen Anspruch in der Verhandlung vor dem AG B. (Ostzone) an. Auf Grund des Kassationsantrages des Generalstaatsanwalts der DDR hob das OG das Anerkenntnisurteil auf.**

Aus den Gründen:

„Mit Recht führt der Generalstaatsanwalt aus, daß die Abänderungsklage ausdrücklich und ausschließlich mit der ständig zunehmenden Verteuerung der Lebenshaltungskosten in Westdeutschland, besonders in den westdeutschen Großstädten, begründet ist. Bereits der Verkl. hatte geltend gemacht, daß die Steigerung der Lebenshaltungskosten in Westdeutschland auf die dortige unheilvolle politische Entwicklung zurückzuführen sei. Dieser Hinweis trifft zu. Die allgemeinen Preissteigerungen für die wichtigsten Lebensmittel und den sonstigen Lebensbedarf in der Bundesrepublik sind in der Tat nichts anderes als die Abwälzung der Ausgaben für die von der Regierung Adenauer im Widerspruch mit dem Willen und den Lebensinteressen des gesamten deutschen Volkes betriebene militärische Wiederaufrüstung auf die werktätige Bevölkerung. Es widerspricht der auf die Erhaltung und Verteidigung des Friedens gerichteten Politik der DDR, diese Maßnahmen, sei es auch nur indirekt, zu unterstützen. Diese Folge aber ergibt sich aus dem mit der Kassation angegriffenen Urteil des AG B., da der Verkl. durch dieses verurteilt wird, indirekt zu den Kosten der Remilitarisierung Westdeutschlands beizutragen . . .

Nur in einer Scheindemokratie ist es möglich, die Wahrung und Verteidigung des Friedens zwar verfassungsmäßig als moralisch-politisches Ideal aufzustellen, praktisch aber die entgegengesetzte Politik zu betreiben. Die Gerichte unserer realen Demokratie dürfen eine solche Politik in keiner Weise unterstützen, weil sie anderenfalls gegen die Grundsätze unserer Verfassung verstoßen würden.

Es handelt sich hiernach im vorliegenden Falle durchaus nicht um eine Frage des sogenannten internat. oder interlokalen Privatrechts... sondern um die Bindung der Richter der DDR an die für ihre Rechtsprechung geltende Verfassung . . .

Zwar besteht nun bei unsachgemäßer Begründung des Antrages einer Partei für den Richter grundsätzlich die sich aus § 139 ZPO ergebende Verpflichtung, die Parteien zur Stellung sachdienlicher Anträge und Ergänzung einer ungenügenden oder unvollständigen Begründung zu veranlassen. Eine solche Ausübung der Fragepflicht kann aber vom Richter dann nicht verlangt werden, wenn, wie im vorliegenden Falle, der Klageanspruch eindeutig ausschließlich auf Umstände gestützt wird, die in der Kriegspolitik der Adenauer-Regierung ihre Ursachen finden und mit den Gesetzen der DDR absolut unvereinbar sind. Das Vorbringen des Kl., mit dem er im Kassationsverfahren seinen Anspruch nunmehr auch auf § 17 II des Gesetzes über den Mutter- und Kinderschutz und die Rechte der Frau zu stützen versucht, war deshalb nicht geeignet, die Sache zur anderweitigen Verhandlung und Entscheidung an das erstinstanzliche Gericht zurückzuverweisen."

**64. Die Höhe des Unterhalts eines unehelichen Kindes ist bei einer Klage in der DDR unabhängig vom Wohnsitz des Kindes zu bemessen. — Eine Erhöhung des Unterhalts, die allein und ausdrücklich mit den zunehmenden Lebenshaltungskosten des Kindes in Westdeutschland begründet wird, ist unzulässig.**

BG Rostock (sowjet. Zone), Beschl. v. 26. 6. 1953 — T 16/53: DAVorm. 26 (1953/54) 85.

Der ASt. ist ein in Westdeutschland bei seiner Mutter lebendes uneheliches Kind; er will seinen Erzeuger, der in der Ostzone wohnt, auf einen höheren Unterhaltssatz in Anspruch nehmen. Das BG gewährte das Armenrecht für die Klage nur insoweit, als der erhöhte Unterhaltssatz den in der Ostzone üblichen Richtsatz nicht übersteigt.

Aus den Gründen:

„Zutreffend hat das Kreisgericht in dem angefochtenen Beschluß ausgeführt, daß es der Politik der Regierung der DDR widerspricht, Preissteigerungen in Westdeutschland, die nichts anderes als die Abwälzung der Kosten der militärischen Wiederaufrüstung auf die werktätige Bevölkerung sind, wenn auch nur indirekt, zu unterstützen. Deshalb verstoßen Abänderungsklagen, die ausschließlich und ausdrücklich mit den ständig zunehmenden Lebenshaltungskosten in Westdeutschland begründet sind, gegen die Grundsätze unserer Verfassung (Entscheidung des OG 11. 9. 1952[1]). Der ASt. stützt seine beabsichtigte Klage aber nicht ausschließlich auf die bereits angeführten Gründe, sondern führt auch aus, daß er nur einen monatlichen Unterhaltssatz von 25-DM erhalte, also einen Betrag, der unter dem in der DDR anerkannten normalen Unterhaltssatz von monatlich 32,50 DM liegt. Dieser im Gebiet der DDR zu zahlende Unterhaltssatz ist im wesentlichen dazu bestimmt, der Verfassung unseres Staates entsprechend die unehelichen Kinder unter Berücksichtigung der allgemeinen Lebensverhältnisse den ehelichen Kindern wirtschaftlich gleichzustellen. Hinsichtlich der Erhöhung der Unterhaltsrente von monatlich 25-DM auf 32,50 DM muß daher grundsätzlich die beabsichtigte Klage als erfolgversprechend angesehen werden, da es nicht darauf ankommt, ob das Kind in der DDR oder in Westdeutschland wohnt."

**65. Die Verpflichtung des in Ostdeutschland wohnhaften geschiedenen Ehemanns zur Unterhaltsleistung für seine in Westdeutschland wohnhafte geschiedene Frau ist so zu beurteilen, als ob die Frau ihren Wohnsitz in Ostdeutschland hätte.**

OG der DDR, Urt. v. 30. 3. 1953 — 1 Zz 11/53: NJ 1953, 370.

Die Parteien sind Volksdeutsche, waren miteinander verheiratet und lebten in Jugoslawien. Nach Kriegsende wohnte die Kl. in Westdeutschland, der Bekl. in Ostdeutschland. 1951 wurde ihre Ehe aus Verschulden des Bekl. geschieden. Die auf § 58 EheG gestützte Unterhaltsklage hat das AG abgewiesen, während das LG ihr stattgegeben hat. Das OG hat dem Kassationsantrag des Generalstaatsanwalts entsprochen.

[1] Siehe oben Nr. 63.

Aus den Gründen:

„Das LG hat bei der Anwendung des § 58 EheG nicht beachtet, daß in der DDR grundsätzlich jeder Mensch, auch jede Frau, die Arbeitskraft dem Aufbau, der Erfüllung des Wirtschaftsplanes zur Verfügung zu stellen hat. Die Gleichberechtigung der Frau im Wirschaftsleben gibt auch der Frau die Möglichkeit dazu. Diesen Grundsatz hat das OG bereits in seinem Urteil vom 1. 12. 1950 — 1 Zz 36/50 — ausgesprochen... Die Tatsache, daß die Kl. in Westdeutschland wohnt und auf Grund der dort herrschenden Arbeitslosigkeit — als eines notwendigen Ausflusses kapitalistischer Wirtschaft — keine Arbeit finden kann, vermag keinen Ausnahmefall zu begründen, der den Verkl. zur Unterhaltsgewährung verpflichtet. Maßgebend für die Feststellung eines Ausnahmefalles können nur die Umstände sein, die für die Kl. zu berücksichtigen wären, wenn sie ihren Wohnsitz im Gebiet der DDR hätte. Andernfalls läge es allein im Willen des Unterhaltsberechtigten, durch Verlegung des Wohnsitzes nach Westdeutschland und den damit verbundenen Verlust der sicheren Arbeitsmöglichkeit eine Unterhaltsverpflichtung des anderen Teils zu begründen, die im Widerspruch zum Grundsatz der Gleichberechtigung von Mann und Frau steht."

**66. Der Antrag einer Ehefrau, die aus der Ostzone nach Westdeutschland gegangen ist, auf Zahlung eines Prozeßkostenvorschusses durch ihren in der Ostzone wohnhaften Ehemann mit der Begründung, daß sie in Westdeutschland kein Vermögen und keine regelmäßige Arbeitsgelegenheit habe, ist unbegründet, wenn die Frau in der Ostzone Arbeit hätte finden können. — Ein Antrag auf Zahlung eines Prozeßkostenvorschusses ist auch dann unbegründet, wenn nur infolge der Flucht der Antragstellerin aus der Ostzone die Vertretung durch einen Anwalt vor dem Prozeßgericht erforderlich geworden ist.**

BG Leipzig (sowjet. Zone), Beschl. v. 28. 12. 1953 — 1 T 122/53: NJ 1954, 93.

Die Parteien sind Eheleute und leben in Scheidung. Der Kl. wohnt in der Sowjetzone, die Verkl. hält sich seit ihrer Flucht aus dieser Zone in einem Auffanglager der Bundesrepublik für Ostzonenflüchtlinge auf. Zur Bestreitung der Kosten des vor dem Kreisgericht L. (sowjet.) anhängigen Ehescheidungsstreites hatte die Verkl. beantragt, durch einstweilige Anordnung dem Kl. die Zahlung eines Prozeßkostenvorschusses aufzugeben, da sie vermögenslos sei und keine regelmäßige Arbeitsgelegenheit habe und daher ihre Vertretung durch einen Anwalt erforderlich sei. KrG und BG wiesen diesen Antrag ab.

Aus den Gründen:

„Grundsätzlich besteht auch für die getrennt lebende Ehefrau, genau wie für die geschiedene Ehefrau, die Verpflichtung, ihren Unterhalt durch eigene Arbeit selbst zu verdienen. Die im 31. Lebensjahr stehende Verkl. war auch bis zu ihrem illegalen Weggang aus der DDR berufstätig ... Wenn sie infolge der politischen und wirtschaftlichen Verhältnisse in der Bundesrepublik, die durch die Kriegspolitik der Adenauer-Regierung bedingt sind, dort keine Arbeit findet, kann sie deswegen von dem Kl. keinen Unterhalt beanspruchen. Es bestehen keinerlei Anhaltspunkte dafür, daß sie im Falle ihres Verbleibs in der DDR nicht weiter ihrer Arbeit hätte nachgehen bzw. eine andere, ihren Fähigkeiten entsprechende Arbeit hätte finden können . . . Wäre die Verkl. in der DDR geblieben, hätte sie sich bei der einfachen Sach- und Rechtslage des Ehescheidungsprozesses vor dem Kreisgericht — bei dem kein Anwaltszwang besteht — selbst vertreten können, so daß auch insoweit ihrem Antrag auf Erlaß einer einstweiligen Anordnung nicht entsprochen werden kann."

**67. Art. 21, 2. Halbsatz EGBGB ist im Verhältnis zwischen dem Saargebiet und Westdeutschland anwendbar. — Ein „weitergehender Anspruch" im Sinne dieser Bestimmung liegt nicht vor, wenn der Unterhaltsanspruch auf den gleichen gesetzlichen Vorschriften beruht und lediglich der gerichtsübliche Mindestsatz im Saargebiet niedriger als im westdeutschen Bundesgebiet ist.**

LG Saarbrücken (Saargebiet), Beschl. v. 28. 11. 1950 — 5 T 407/50: Rdbf. 23 (1950/51) 115.

Ein in Westdeutschland wohnhaftes uneheliches Kind sucht gegen seinen im Saargebiet wohnhaften Erzeuger eine Erhöhung seines Unterhaltssatzes zu erwirken. Der Erzeuger wandte ein, daß er gemäß Art. 21, 2. Halbsatz nicht zur Zahlung eines höheren Unterhaltsbeitrages verpflichtet sei. Das AG erkannte den Einwand an, das LG gab dagegen dem ursprünglichen Klageantrag statt.

Aus den Gründen:

„Entgegen der Auffassung des Vorderrichters steht die Vorschrift des Art. 21, 2. Halbsatz des EGBGB der beabsichtigten Abänderungsklage nicht entgegen. Die erwähnte Vorschrift bestimmt, daß gegen einen Saarländer nicht weitergehende Ansprüche geltend gemacht werden können. Demgemäß soll die Anwendung des saarländischen Rechts auf jeden Fall sichergestellt werden. Bei der Beurteilung der Frage, ob der vom ASt. geltend gemachte Anspruch im Sinne der vorgenannten gesetzlichen Bestimmung „weitergehend" ist, muß aber festgestellt werden, daß die tragenden Vorschriften der §§ 1708, 1709, 1710 und 1717 BGB im Saarland und im westdeutschen Bundesgebiet die gleichen sind. Aus den vom Beschwerdeführer vorgelegten Entscheidungen westdeutscher Gerichte ergibt sich, daß der Unterhalt des Beschwerdeführers mit dem früher als Mindestsatz bestimmten monatlichen Betrag von 30.— DM nicht mehr bestritten werden kann und daß nunmehr als Mindestsatz ein Betrag von 35.— DM monatlich in Frage kommt. Es ist auch ausgeführt, aus welchen Gründen die Jugendämter bisher lediglich einen Satz von 30.— DM monatlich in Ansatz gebracht haben. Dem AGg. ist zuzugeben, daß im Saarland auch heute noch als monatlicher Mindestsatz ein Betrag von nur 2100.— Frs. angenommen wird. Indes besteht keine saarländische Bestimmung, der gemäß eine Überschreitung dieses Unterhaltssatzes im gegebenen Falle untersagt ist."

**68. Art. 21, 2. Halbs. EGBGB ist dann nicht anwendbar, wenn der Unterhaltsanspruch eines unehelichen Kindes auf die gleiche materielle Rechtsvorschrift gestützt wird, die auch im Rechtsgebiet des Vaters gilt.**

LG Saarbrücken (Saargebiet), Urt. v. 22. 3. 1951 — 2 S 415/50: SaarlRuStZ 1951, 46.

Ein in Westdeutschland wohnhaftes uneheliches Kind strengte eine Unterhaltserhöhungsklage gegen seinen im Saargebiet wohnhaften Erzeuger an. Das AG hatte die Klage unter Hinweis auf Art. 21, 2. Halbsatz wegen des im Bundesgebiet höheren Unterhaltssatzes abgewiesen. Das LG gab der Klage statt.

Aus den Gründen:

„Die Ablehnung des Klageanspruchs durch den Vorderrichter mit dem Hinweis auf den Art. 21, 2. Halbsatz EGBGB geht fehl. Der § 1708 BGB gilt sowohl nach deutschem wie auch nach saarländischem Recht. Demnach hat sowohl in Deutschland wie im Saarland der Vater des unehelichen Kindes den der Lebensstellung der Mutter entsprechenden Unterhalt zu gewähren und umfaßt dieser hier wie dort den gesamten Lebensbedarf einschl. der Kosten der Erziehung und Vorbildung zu einem Beruf. Es wird also mit der vorliegenden Klage kein weitergehender Anspruch geltend gemacht, als er nach saarländischem Recht begründet ist."

**68a.** (Siehe Nachtrag hinter Nr. 352.)

## 6. Abwesenheitspflegschaft

**69. Bei der Abwesenheitspflegschaft nach § 10 des Zuständigkeitsergänzungsgesetzes bestimmt sich die Voraussetzung der Abwesenheit nach diesem Gesetz, die andere Voraussetzung eines Fürsorgebedürfnisses dagegen nach § 1911 BGB. — Abwesend ist eine Person auch, wenn sie sich an einem bekannten Ort in der Sowjetzone in Haft befindet und ihrem Ehegatten eine Vollmacht für bestimmte Angelegenheiten erteilt hat.**

BayObLG München (amerik. Zone), Beschl. v. 18. 8. 1953 — BReg. 1 Z 86/53: MDR 1953, 746.

Drei Brüder G. hatten in der Ostzone ein Handelsgewerbe unter der Firma einer OHG geführt. Paul G. wurde verhaftet und befindet sich in Strafhaft in der Sowjetzone, die beiden anderen Brüder leben jetzt im Bundesgebiet. Ende 1951 hatte der verhaftete Paul G. seiner Ehefrau eine Vollmacht zur Erledigung bestimmter Angelegenheiten ausgestellt; die Ehefrau stellte dem einen der in Westdeutschland lebenden Brüder, Robert G., eine Untervollmacht aus. Nunmehr beantragen die Erben des zweiten, inzwischen in Westdeutschland verstorbenen Bruders die Bestellung eines Abwesenheitspflegers für den verhafteten Paul G., um bestimmte Vermögenswerte der OHG in der Bundesrepublik aufteilen zu können. Nachdem das AG zunächst einen Abwesenheitspfleger bestellt hatte, hob es diesen Beschluß auf Beschwerde von Robert G. auf; das LG bestätigte dies. Das ObLG wies das LG an, aufzuklären, ob ein Fürsorgebedürfnis vorliege.

Aus den Gründen:

„Nach § 10 I Zuständigkeitsergänzungsgesetzes (ZustErgG) kann unbeschadet der allgemeinen gesetzlichen Vorschriften einer natürlichen

Person für Vermögensangelegenheiten, die im Geltungsbereich des Gesetzes zu erledigen sind, ein Abwesenheitspfleger bestellt werden, wenn die Verbindung mit dem Aufenthaltsort der Person unterbrochen oder in einer Weise erschwert ist, daß die Vermögensangelegenheiten der Person im Geltungsbereich des Gesetzes nicht ordnungsmäßig besorgt werden können. Zuständig zur Anordnung einer Abwesenheitspflegschaft ist in einem solchen Falle gemäß § 10 III ZustErgG das AG, in dessen Bezirk das Fürsorgebedürfnis hervortritt. Die Vorschriften des § 10 ZustErgG ergänzen die Bestimmungen des § 1911 BGB hinsichtlich der natürlichen Personen insofern, als sie den Abwesenheitsbegriff erweitern, ändern aber nichts an den sonstigen allgemeinen Voraussetzungen des § 1911 BGB, verlangen also ebenfalls das Vorliegen eines Fürsorgebedürfnisses des Abwesenden (vgl. *Palandt*, BGB, nach § 1911 Anm. 2).

Nach dem bisher bekanntgewordenen Sachverhalt bestehen keine rechtlichen Bedenken dagegen, daß das AG unter Billigung des LG seine örtliche Zuständigkeit bejaht hat.

Bei Prüfung der Frage, ob die Bestellung eines Abwesenheitspflegers für Paul G. veranlaßt ist, sind die beiden Voraussetzungen der Abwesenheitspflegschaft — Vorliegen einer Abwesenheit und Bestehen eines Fürsorgebedürfnisses — auseinanderzuhalten. Die erste Voraussetzung bestimmt sich nach den Erfordernissen, die in § 10 I ZustErgG aufgestellt sind und gegenüber den Bestimmungen des § 1911 BGB den Begriff der Abwesenheit erweitern. Für die zweite Voraussetzung, das Bestehen eines Fürsorgebedürfnisses, ist die in § 1911 BGB enthaltene Regelung maßgebend. Das LG hat ein Fürsorgebedürfnis nicht für gegeben erachtet, weil die von Paul G. seiner Ehefrau ausgestellte Vollmacht beweise, daß dieser durch Vollmachterteilung für sein Vermögen im Gebiete der Bundesrepublik sorgen könne. Gleichzeitig hat es davon gesprochen, daß die Verbindung mit dem Aufenthaltsort des Paul G. nicht so erschwert sei, daß dessen Vermögensangelegenheiten in der Bundesrepublik nicht ordnungsmäßig besorgt werden könnten, und damit also auch das Vorliegen einer Abwesenheit i. S. des § 10 I ZustErgG verneint. Wenn die letztgenannte Annahme in dem angefochtenen Beschluß auch nicht näher begründet ist, so beruht sie doch offensichtlich auf der gleichen Überlegung, die das LG auch bei der Prüfung des Fürsorgebedürfnisses angestellt hat.

Die Erwägungen des LG vermögen seine Entscheidung nicht zu tragen. Was zunächst die Voraussetzungen des § 10 I ZustErgG anlangt, so kann angesichts der Umstände, unter denen Paul G. in der Ostzone in Haft genommen wurde und jetzt noch in Haft ist, wohl nicht zweifelhaft sein, daß die Verbindung mit seinem Aufenthaltsort und mit ihm selbst in einer Weise erschwert ist, daß er seine Vermögensangelegenheiten in der Bundesrepublik nicht ordnungsmäßig besorgen kann. Daran ändert auch die Tatsache nichts, daß Paul G. am 26. 11. 1951 seiner Ehefrau Ilse G. eine Vollmacht zur Abwicklung bestimmter Angelegenheiten erteilte und daß Ilse G. im Rahmen ihrer Ermächtigung am 3. 12. 1952 dem Robert G. eine Untervollmacht ausstellte; denn die in § 10 I ZustErgG vorausgesetzte Erschwerung der Besorgung der Vermögensangelegenheiten ließe sich nur dann ausschließen, wenn Paul G. mit seiner Ehefrau und diese mit Robert G. in den der Bevollmächtigung zugrunde liegenden Fragen jederzeit und ungestört miteinander in Verbindung treten könnten. Das ist aber nach dem vorliegenden Sachverhalt nicht anzunehmen und kann auch nicht etwa aus der Tatsache der Bevollmächtigung und der Unterbevollmächtigung gefolgert werden."

## 7. Testamentsvollstreckung

**70. Die Ernennung eines von einem Erblasser mit letztem Wohnsitz in der Ostzone eingesetzten, dort wohnhaften Testamentsvollstreckers wird auch in Westdeutschland anerkannt. — Ostzonale Testamentsvollstrecker haben grundsätzlich die Befugnis zur Anmeldung und, soweit das gerichtlicher Nachprüfung unterliegt, zur Verwaltung von Wertpapierrechten, die in Westdeutschland belegen sind, es sei denn, daß eine Enteignungsmaßnahme vorliegt.**

OLG München (amerik. Zone), Beschl. v. 7. 3. 1953 — 2 W WBA 195: WM 1953 IV B, S. 404.

Die im Oktober 1949 mit letztem Wohnsitz in der Ostzone verstorbenen Erblasser hatten den ebenfalls in der Ostzone wohnhaften Dr. K. zum Testamentsvollstrecker ernannt. Erbin sollte in erster Linie eine noch zu errichtende Stiftung sein. Das OLG erkannte die Befugnis des Testamentsvollstreckers zur Anmeldung und Verwaltung der anerkannten Wertpapiere an.

Aus den Gründen:

„Die Ernennung des Testamentsvollstreckers beruht auf der letztwilligen Anordnung der Erblasser. Die Bestätigung der Annahme des Testamentsvollstreckeramtes durch das Gericht ist keine eine Enteignung enthaltende oder auch nur vorbereitende Entscheidung. Gegen ihre Anerkennung bestehen also keine rechtlichen Bedenken. Die Auffassung von *Perkuhn* (WM 1952 IV B, 729), daß der ostzonale Testamentsvollstrecker zur Anmeldung von in der Bundesrepublik und Berlin-West belegenen Wertpapieren nicht befugt sei, kann der Senat nicht teilen. Sie widerspricht den hier einschlägigen, auch in der DDR und in Berlin-Ost nach wie vor geltenden Bestimmungen des BGB. Die Anmeldebefugnis könnte nur dann in Frage gestellt sein, wenn Enteignungsmaßnahmen vorlägen, deren Anerkennung zu versagen wäre (siehe OLG Düsseldorf, WM 1953 IV B, 98) . . .

Dagegen war es unzulässig, wenn die KWB in ihrem Beschluß zum Ausdruck brachte, die Anerkennung erfolge nicht zu Händen des Testamentsvollstreckers. Die KWB Augsburg hatte bereits in einem Beschluß v. 10. 5. 1952[1] den Testamentsvollstrecker von dem Empfang der Gutschrift ausdrücklich ausgeschlossen. In dem dort entschiedenen Fall lag allerdings eine Enteignung des Erbteils vor. Es kann dahingestellt bleiben, ob unter diesen Umständen im Prüfungsverfahren eine solche Beschränkung ausgesprochen werden konnte.

[1] Siehe oben Nr. 19.

Grundsätzlich teilt der Senat die Auffassung des OLG Düsseldorf, daß über das Verwaltungsrecht des Testamentsvollstreckers über die Gutschrift nicht im Prüfungsverfahren zu befinden ist (WM 1953 IV B, 98[1]; ebenso LG München I — 1 WP 2633). Es muß der Anmeldestelle überlassen bleiben, in eigener Zuständigkeit zu prüfen, wer zur Verfügung über das gutgeschriebene Recht befugt ist (vgl. BGH, WM 1951 IV B, 595, 600; 1952, 142, 145). Wenn auch eine Berechtigung zu einer derartigen Prüfung nicht unbedingt ausgeschlossen werden soll (siehe KG, WM 1952 IV B, 113; Anm. 2 der Schriftleitung in WM 1953 IV B, 98), so muß doch die Verpflichtung der KWB auf die Prüfung der Anmeldeberechtigung des Anmelders bzw. seines Vertreters beschränkt bleiben."

**71. Ein ostzonaler Testamentsvollstrecker ist zur Anmeldung, aber nicht zur Verfügung über die in der Wertpapierbereinigung anerkannten Rechte befugt.**

LG Stuttgart (amerik. Zone), Beschl. v. 3. 12. 1952 — II WPA 2295/I: WM 1953 IV B, S. 106.

Der von der 1947 mit letztem Wohnsitz in der Sowjetzone verstorbenen Erblasserin eingesetzte Testamentsvollstrecker hatte im Jahre 1950 Wertpapiere des Nachlasses zur Bereinigung angemeldet. Die Erben wohnen z. T. in der Sowjetzone, z. T. in Westdeutschland. In dem Anerkennungsbeschluß wurde die Verfügungsbefugnis des Testamentsvollstreckers über die anerkannten Rechte ausgeschlossen.

Aus den Gründen:

„Es ist neuerdings gerichtsbekannt geworden, daß die sowjetzonalen Behörden mehr und mehr dazu übergehen, durch Ausübung eines persönlichen Drucks auf dort ansässige Testamentsvollstrecker sowie auch durch Verfügungsbeschränkungen die Realisierung anerkannter Rechte zugunsten westzonaler Erben — zum mindesten — zu verhindern (vgl. WM 1952, 729). Es entspricht daher sowohl den Grundgedanken des WBG § 21 I Nr. 3 und Abs. III als auch dem § 30 EGBGB, daß hinsichtlich des in der Bundesrepublik belegenen Rechts an den angemeldeten Wertpapieren der Erben von Frau E. F. ein Verfügungsrecht des Testamentsvollstreckers M. nicht anerkannt werden kann. Seine Legitimation zur vollzogenen Anmeldung für die Erben wird hierdurch nicht betroffen, da es sich dabei um eine Maßnahme im wohlverstandenen Interesse der Erben und ausschließlich zur Bewahrung dieser vor Verlusten gehandelt hat. Insofern wäre daher ein Eingriff in die von den Erblassern angeordnete Testamentsvollstreckung weder gerechtfertigt noch geboten (§ 133 BGB). Hinzu kommt, daß die oben erwähnten Maßnahmen sowjetzonaler Behörden gegenüber Testamentsvollstreckern erst im Laufe dieses Herbstes gerichtsbekannt geworden sind, weswegen allein schon eine Entscheidung mit Wirkung bis in das Jahr 1950 zurück nicht gerechtfertigt wäre. Vielmehr genügt es, wenn die Legitimation dem Testamentsvollstrecker mit Wirkung ex nunc und beschränkt auf das hier zur Anerkennung kommende Recht aberkannt wird."

---

[1] Siehe unten Nr. 351.

**72. Ein ostzonaler Testamentsvollstrecker ist zur Anmeldung von Rechten im Wertpapierbereinigungsverfahren befugt. — Dagegen dürfte eine Verfügungsbefugnis des Testamentsvollstreckers dann nicht in Frage kommen, wenn alle Erben in Westdeutschland wohnen.**

LG Bremen (amerik. Zone), Beschl. v. 24. 2. 1953 — 3 WP 218—15: WM 1953 IV B, S. 409.

Nach dem Tode der Erblasserin in G. (sowjet.) hat der testamentarisch eingesetzte und durch das Nachlaßgericht in G. bestätigte Testamentsvollstrecker die Rechte des Nachlasses für das Wertpapierbereinigungsverfahren angemeldet. Die beiden Erben leben in Westdeutschland. Das LG erkannte die Anmeldebefugnis des Testamentsvollstreckers an.

Aus den Gründen:

„Dabei ist hinsichtlich der Person des genannten Testamentsvollstreckers hervorzuheben, daß dieser zwar in der Ostzone wohnt und von dem Amtsgericht G., einem Nachlaßgericht der Ostzone, als Testamentsvollstrecker bestätigt worden ist, und daß nach den Angaben der Anmeldestelle und nach der stattgefundenen Beweisaufnahme die Erbinnen der Anmelderin in der Westzone wohnen. Es konnte daher zweifelhaft sein, ob die Bestellung des genannten F. F. als Testamentsvollstrecker auch noch dem unter den jetzigen Verhältnissen anzunehmenden Willen der Anmelderin als Erblasserin entsprach. (Vgl. u. a. Beschluß der KWB Augsburg v. 10. 5. 1952[1] und *Perkuhn*, Ostzonaler Testamentsvollstrecker und Wertpapierbereinigung: WM 1952, 729ff.) Diese Frage konnte die Kammer, jedenfalls soweit es sich um die Anmeldung und die Bewertung der von dem Testamentsvollstrecker abgegebenen eidesstattlichen Versicherung handelt, unbedenklich bejahen. Sie sieht auf Grund der durch den Vorsitzenden vorgenommenen Beweisaufnahme als feststehend an, daß hier, obgleich der äußere Sachverhalt ähnlich liegt wie der von der KWB Augsburg in der genannten Entscheidung behandelte Sachverhalt, hinsichtlich der Persönlichkeit des Herrn L. als Testamentsvollstrecker und seiner Bestätigung durch das ostzonale Nachlaßgericht insoweit keine Bedenken bestehen . . .

Eine andere Frage ist die, ob der ostzonale Testamentsvollstrecker L. auch als befugt angesehen werden kann, die spätere Gutschrift aus dieser Anerkennung entgegenzunehmen. Hierüber wird später die Anmeldestelle zu befinden haben. Die Kammer hält es jedoch im Einklang mit der hierzu neuerdings ergangenen Rechtsprechung für geboten, schon jetzt darauf hinzuweisen, daß eine derartige Befugnis des ostzonalen Testamentsvollstreckers gegenüber den Rechten der westzonalen Erben nicht in Frage kommen dürfte."

**73. Eine lediglich in den Gründen eines Anerkennungsbeschlusses enthaltene Bemerkung, wonach der ostzonale Testamentsvollstrecker zwar zur Anmeldung, nicht aber zur Verwaltung und Verfügung über die angemeldeten Rechte befugt sei, ist nicht rechtskräftig und stellt daher keinen Beschwerdegrund dar.**

---

[1] Siehe oben Nr. 19.

OLG Stuttgart (amerik. Zone), Beschl. v. 4. 3. 1953 — 4 WPB 108: WM 1953 IV B, S. 407.

Aus den Gründen:

„Die Beschwerde richtet sich gegen eine Bemerkung in den Gründen der angefochtenen Entscheidung, nämlich gegen die Bemerkung, der in P. (Ostzone) wohnende Testamentsvollstrecker sei zwar befugt, das in der Bundesrepublik belegene Recht für die Erben im Wertpapierbereinigungsverfahren anzumelden, aber nicht befugt, das Recht zu verwalten und über das Recht zu verfügen, denn es sei im Herbst 1952 bekannt geworden, daß die ostzonalen Behörden dazu übergehen, durch persönlichen Druck auf in der Ostzone befindliche Testamentsvollstrecker die Realisierung anerkannter Rechte zugunsten westzonaler Erben zu verhindern (vgl. WM 1952, 729)... Jedenfalls ist festzustellen, daß die einschränkende Beurteilung der Befugnisse des ostzonalen Testamentsvollstreckers, da sie nicht im Tenor, sondern nur in den Entscheidungsgründen enthalten ist, nicht rechtskräftig zu werden vermag. Weder die Erben noch der Testamentsvollstrecker sind daher durch den allein maßgebenden Tenor der angefochtenen Entscheidung beschwert."

**74. Eine in der Sowjetzone ausgesprochene Enteignungsmaßnahme hat für das westdeutsche Wertpapierbereinigungsverfahren keine Wirkung. — Ein Testamentsvollstrecker mit Wohnsitz in der Sowjetzone kann Wertpapierrechte für das westdeutsche Bereinigungsverfahren wirksam anmelden. — Die Verfügungsbefugnis eines solchen Testamentsvollstreckers über die angemeldeten Rechte kann im Bereinigungsverfahren nicht nachgeprüft werden.**

OLG Frankfurt/Main (amerik. Zone), Beschl. v. 8. 5. 1953 — 6 W 115/52: WM 1953 IV B, S. 525.

Im Juni 1951 machte der Anmelder zu 1, dessen Rechte mit denen der anderen Erben durch den in der Sowjetzone wohnhaften Testamentsvollstrecker F. angemeldet worden waren, die Mitteilung, daß sein Vermögen in der Sowjetzone enteignet worden und er nach Westdeutschland geflüchtet sei; der Anmelder bat darum, die Wertpapierrechte bezüglich seines Anteils am Nachlaß unter Umgehung des an sich verfügungsbefugten Testamentsvollstreckers unmittelbar auf seinen Namen anzuerkennen. Das LG führte jedoch im Anerkennungsbeschluß ohne Einschränkung den Testamentsvollstrecker F. auf. Das OLG strich den Testamentsvollstrecker aus der Formel des Anerkennungsbeschlusses.

Aus den Gründen:

„Die von den Behörden der russ. besetzten Zone verfügte Einziehung des dem Miterben zu 1 gehörigen Vermögens, mithin auch seiner Erbteile nach seinen Eltern, kann nach § 21 I Nr. 3 WBG für das vorliegende Wertpapierbereinigungsverfahren nicht als wirksam angesehen werden. Nach alledem kann das angemeldete Recht unmittelbar für die dem Verfahren beigetretenen Erben der ursprünglichen Rechtsinhaberin als glaubhaft gemacht anerkannt werden.

... Die infolgedessen entstehende Frage, ob einem von dem ursprünglichen Berechtigten eingesetzten Testamentsvollstrecker mit Wohnsitz in der russ. besetzten Zone wegen der seine freie Entscheidung u. U. erheblich einschränkenden oder sogar ausschließenden Rechts- und Wirtschaftsordnung der Sowjetzone ähnlich wie einem ostzonalen Konkursverwalter (vgl. hierzu Anm. 2 zu *Schramm*, WB-Verfahren und ostzonale Konkurse, WM 1952, 168ff.; ferner *Perkuhn*, Ostzonaler Testamentsvollstrecker u. Wertpapierbereinigung, WM 1952, 729 Abs. 2) die Befugnis zur Verwaltung auch der in den Westzonen oder in den Westsektoren von Berlin befindlichen Nachlaßstücke nicht mehr zusteht (vgl. § 2208 BGB), läßt sich nicht ohne eingehende tatsächliche und rechtliche Untersuchungen entscheiden. Gegenüber den an sich beachtenswerten Ausführungen der LGe. Augsburg und Stuttgart (WM 1952, 725[1] und 1953, 106[2]; vgl. auch *Perkuhn* aaO.) hat das OLG Düsseldorf (WM 1953, 98[3]) erhebliche rechtliche Bedenken geltend gemacht, weil die Ernennung eines Testamentsvollstreckers keine hoheitliche Maßnahme sei, sondern auf der letzwilligen Anordnung des Erblassers beruhe und ihr infolgedessen nicht ohne weiteres auf Grund des § 21 I Nr. 3 WBG die Anerkennung versagt werden könne. Soweit die Entscheidung über die Verwaltungsbefugnisse des Testamentsvollstreckers nicht ohne Schwierigkeiten möglich ist, würde es über den Rahmen des Wertpapierbereinigungsverfahrens hinausgehen, diese rechtlich außerordentlich schwierige und zeitraubende, für die Anerkennung des angemeldeten Rechts jedoch nicht erforderliche Prüfung durchzuführen. Es muß insoweit das Gleiche gelten, was der Senat in seinem Beschluß v. 10. 3. 1953 (6 W 341/51[4]) für einen Fall ausgeführt hat, in dem die Person des Anmelders, des Berechtigten, unstreitig feststand und die Beteiligten nur darüber verschiedener Meinung waren, welcher von zwei Vertreterprätendenten, von denen jeder für den Berechtigten die Anmeldung vorgenommen hatte, der wirklich zur Vertretung Berechtigte sei. Der Senat hat in diesem Beschluß ausgeführt, daß unter allen Umständen die Anmeldung wirksam erfolgt sei, weil entweder der eine oder der andere Vertreterprätendent die Vertretungsbefugnis besitze, und daß in solchen Fällen keine Notwendigkeit bestehe, eine mit erheblichen Schwierigkeiten tatsächlicher oder rechtlicher Art verbundene Feststellung über die Person des wirklich Vertretungsberechtigten zu treffen. Der gleiche Gesichtspunkt greift auch vorliegend durch: entweder liegt eine nach § 2205 BGB (vgl. auch § 2212) wirksame Anmeldung durch den Testamentsvollstrecker vor, oder aber seine unwirksame Anmeldung wirkt dadurch, daß diese dem Verfahren beigetreten sind, so zugunsten der dann allein anmeldeberechtigten Miterben, als ob diese selbst die Anmeldung rechtzeitig vorgenommen hätten; unter allen Umständen liegt eine wirksame Anmeldung vor, und es darf, da diese Frage nicht ohne besondere Mühe entschieden werden kann, ohne weiteres offen bleiben, ob das angemeldete Recht der Verwaltung eines Testamentsvollstreckers noch untersteht. Auf den gleichen Standpunkt haben sich bezüglich der streitigen Befugnis des ostzonalen Testamentsvollstreckers zur Verwaltung westzonaler Vermögensstücke auch das OLG Düsseldorf (WM 1953, 98[5],

---

[1] Siehe oben Nr. 19. [2] Siehe oben Nr. 71. [3] Siehe unten Nr. 351.
[4] Siehe unten Nr. 104. [5] Siehe unten Nr. 351.

und zwar insoweit unter Aufgabe seines in einer früheren Entscheidung — WM 1952, 178 — vertretenen Standpunktes) und das LG München (WM 1953, 261) gestellt.

In derartigen Fällen muß es der Anmeldestelle überlassen bleiben, in eigener Verantwortung zu prüfen, wer zur Verfügung über das gutgeschriebene Recht befugt ist, gebotenenfalls den Beteiligten sogar die erforderliche Klarstellung im ordentlichen Rechtsstreit aufzugeben. Im Gegensatz zu dem von dem OLG Düsseldorf aaO. eingenommenen Standpunkt hält der Senat es jedoch zur Vermeidung von Irrtümern für zweckmäßig, daß in Fällen, in denen die Frage der Verfügungsbefugnis dahin gestellt bleibt, die Nennung des Testamentsvollstreckers im Eingang des Beschlusses oder in der Beschlußformel unterbleibt (vgl. Anm. 3 zu der Entscheidung d. LG München WM 1953, 261)."

# III. GESELLSCHAFTSRECHT

*Vorbemerkung: Die westdeutsche Rechtsprechung hat nahezu einmütig anerkannt, daß juristische Personen und nichtrechtsfähige Gesellschaften des Handelsrechts, deren Sitz sich in der Sowjetzone befand, deren Vermögen dort enteignet wurde und welche darauf im Register ihres Sitzortes gelöscht wurden, in Westdeutschland fortbestehen. Nicht völlig geklärt ist, ob dieser Fortbestand davon abhängt, daß die Gesellschaft Vermögenswerte in Westdeutschland hat. Zur Entwicklung der Rechtsprechung in der Sowjetzone siehe die Vorbemerkung vor Nr. 131.*

## 1. Bestand und Untergang von Gesellschaften

**75. Eine juristische Person verliert ihre Rechtspersönlichkeit trotz Enteignung und Löschung im Handelsregister ihres Sitzes in der enteignenden Zone nicht, wenn noch Vermögen der Gesellschaft außerhalb des enteignenden Landes vorhanden ist. — Zur Entscheidung dieser Frage bedarf es nicht einer Nachprüfung der Rechtsgültigkeit der Enteignungsmaßnahmen. — Da sich die Enteignung auf die staatliche Gebietshoheit gründet, wirkt sie nur innerhalb der Grenzen der Gebietshoheit und ergreift daher insbesondere nicht ein Grundstück außerhalb des enteignenden Landes. — Besteht hiernach eine AG. trotz Enteignung und Löschung im Handelsregister ihres Sitzes fort, fehlen jedoch ihre Organe, so kann der Gesellschaft ein Prozeßpfleger gemäß § 57 ZPO bestellt werden.**

OLG Bamberg (amerik. Zone), Beschl. v. 30. 1. 1948 — 1 W 103/47: HEZ I, 188; SJZ 1948, 257; DRsp. II (220) 7f.

Eine AG., die ihren Sitz in Thüringen (sowjet.) hatte und in Bayern (amer.) Grundeigentum, jedoch keine Zweigniederlassung besaß, wurde nach der Besetzung durch das Land Thüringen entschädigungslos enteignet, in einen landeseigenen Betrieb umgewandelt und im thüringischen Handelsregister gelöscht. Ein früheres Vorstandsmitglied der AG. klagte in Bayern gegen die Gesellschaft auf Zahlung seiner rückständigen Pension. Um den Prozeß trotz des Fortfalls der Gesellschaftsorgane durchführen zu können, beantragte er vor den bayer. Gerichten die Bestellung eines Pflegers für die bekl. AG. gemäß § 57 ZPO.

Das LG wies den Antrag zurück. Das OLG hob diesen Beschluß auf.

Aus den Gründen:

„Die Bestellung eines Pflegers nach § 57 ZPO setzt voraus, daß eine nicht prozeßfähige Partei, die keinen gesetzlichen Vertreter besitzt, verklagt werden soll. Daß Organe der AG. nicht mehr vorhanden sind, muß nach Lage der Dinge ohne weiteres angenommen werden. Fraglich kann nur sein, ob die bekl. AG. noch als juristische Person besteht oder ob sie durch Enteignung und Löschung im Handelsregister ihre Rechtspersönlichkeit und damit auch ihre Parteifähigkeit (§ 50 I ZPO) verloren hat.

[Das Urteil führt hierzu zunächst aus: Eine AG. verliert durch ihre Löschung im Handelsregister nicht zwangsläufig ihre Rechtspersönlichkeit; die Löschung hat keine konstitutive, sondern deklaratorische Wirkung. Trotz Löschung besteht die AG. fort, solange noch Gesellschaftsvermögen vorhanden ist. Sie unterliegt in Ansehung dieses Vermögens der Liquidation (§ 2 III G über die Auflösung und Löschung von Gesellschaften und Genossenschaften v. 9. 10. 1934 — RGBl I 914; RGZ 149, 296).]

Daraus folgt für den vorliegenden Fall, daß die bekl. AG. ihre Rechtspersönlichkeit und damit ihre Parteifähigkeit nicht verloren hat, wenn die in Bayern belegenen Grundstücke von der in Thüringen erfolgten entschädigungslosen Enteignung nicht erfaßt worden sind. . .

Die Auffassung des LG scheint überdies von dem Irrtum bestimmt, daß es im vorliegenden Fall darauf ankommen könnte, die Rechtsgültigkeit der in Thüringen erfolgten entschädigungslosen Enteignung an sich etwa aus verfassungsrechtlichen oder naturrechtlichen Erwägungen anzuzweifeln. Damit hatte sich das LG Hamburg in der vom Erstrichter zitierten Entscheidung (MDR 1947, 235[1]) zu befassen. Dagegen handelt es sich in dem hier zur Entscheidung stehenden Fall nicht um die Frage der Rechtsgültigkeit des vom Lande Thüringen mit der Enteignung vollzogenen Hoheitsaktes, sondern um die Frage, ob ein an sich wirksamer Enteignungsakt auch solche Sachen, insbesondere Grundstücke, erfassen kann, die der Gebietshoheit des enteignenden Staates entzogen sind und der Gebietshoheit eines anderen Staates unterliegen.

Diese Frage ist zu verneinen. Aus dem Wesen des Staates als einer Gebietskörperschaft oder der dem Staate innewohnenden Territorialität folgt, daß der innerhalb der Grenzen des Staatsgebietes belegene Grund und Boden ausschließlich der Hoheit dieses Staates, nicht aber der eines anderen gleichgeordneten Staates unterworfen sein kann. Die Staatshoheit eines jeden Staates endet an den Grenzen seines Gebietes; so wenig der Staat Eingriffe eines anderen Staates in seine eigene Gebietshoheit als rechtmäßig gelten lassen kann, so wenig vermag er rechtmäßig in die Gebietshoheit eines anderen Staates einzugreifen. (Das gleiche gilt für das gegenseitige Verhältnis minderer Gebietskörper-

[1] Siehe unten Nr. 414a.

schaften gleichen Ranges.) Dieser anerkannte Grundsatz des zwischenstaatlichen Rechtes hat für den Zivilprozeß in dem ausschließlichen Gerichtsstand der belegenen Sache des § 24 ZPO seinen Niederschlag gefunden (RGZ 102, 251). Da sich nun die Enteignung auf die staatliche Gebietshoheit gründet, ergibt sich zwingend, daß der Staat nur innerhalb seiner Grenzen belegene Grundstücke enteignen kann, dies aber wiederum ohne Rücksicht darauf, ob die Eigentümer dieser Grundstücke im Einzelfall seiner Jurisdiktion unterliegen. Auch die Enteignungsgesetzgebung des Landes Thüringen ist diesem Grundsatz gefolgt, indem sie einerseits auch solche Unternehmen und Betriebe einbezog, die einer außerhalb des thüringischen Staatsgebietes domizilierten natürlichen oder juristischen Person gehörten, während sie andererseits keine Bestimmung enthält, wonach sich die Enteignung in Thüringen domizilierter Personen und Gesellschaften auch auf die außerhalb Thüringens befindlichen Zweigbetriebe und Liegenschaften dieser Personen und Gesellschaften erstreckte. Im Gegenteil läßt der Wortlaut des thüringischen Gesetzes, der es nicht auf die Enteignung von Personen, sondern auf die Enteignung von Unternehmen und Betrieben abstellt, deutlich erkennen, daß der Gesetzgeber es ausschließlich auf innerhalb des Landes Thüringen bodenständige Betriebseinheiten abgesehen hatte. Sohin ist festzustellen, daß die Enteignung durch das Land Thüringen sich nicht auf die in Bayern belegenen Grundstücke der bekl. AG. erstreckte. Die Bekl. ist Eigentümerin dieser Grundstücke geblieben und hat deshalb trotz der Löschung im Handelsregister ihre Rechtspersönlichkeit und damit ihre Parteifähigkeit behalten. (Zu der hier erörterten Frage des Eigentumsrechts vgl. *Petersen* in „Reden und Vorträge der Tagung deutscher Juristen in Bad Godesberg", Sonderveröffentlichung des ZJBl [1947] 133 ff. und RGZ 102, 251.)"

**76. Trotz Verlustes des Gebietes, in dem eine AG. durch Eintragung bei einem Registergericht die Rechtsfähigkeit erworben hatte, besteht diese Gesellschaft als Rechtspersönlichkeit fort, wenn die Gesellschaft im übrigen Gebiet Deutschlands noch Vermögenswerte hat. — Nach einem Grundsatz des internationalen Rechts wirken Hoheitsakte eines Staates grundsätzlich nicht außerhalb des Machtbereiches dieses Staates, wenn sie nicht außerhalb dieses Staates als wirksam anerkannt werden. — Außerhalb des polnischen Machtbereiches belegen sind die Vermögenswerte einer AG., die das alleinige Vorstandsmitglied im Wege einer „stillen Liquidation" auf sich selbst übertragen hat, um sie dem Zugriff des polnischen Staates zu entziehen, falls sich der Wohnsitz dieses Vorstandsmitgliedes jetzt innerhalb Deutschlands befindet. — Sind die Geschäftsräume der kontoführenden Stelle einer Bank als Gerichtsstand vereinbart, unterliegt dieser Gerichtsstand nicht mehr der deutschen Justizhoheit und befinden sich beide Parteien jetzt innerhalb Deutschlands, so ist die Vertragsgrundlage für die Vereinbarung des Gerichtsstandes fortgefallen; hilfsweise ist dann der gesetzliche Gerichtsstand maßgebend. — Demgemäß ist der Vorstand als Vertreter einer aus dem Gebiet östlich der Oder-Neiße-Linie nicht verlegten AG. für eine Klage dann passiv legi-**

**timiert, wenn diese Gesellschaft auf Grund ihrer in Gebieten unter deutscher Justizhoheit belegenen Forderungen als Rechtspersönlichkeit fortbesteht. Zuständig für eine solche Klage ist nach Fortfall der deutschen Justizhoheit über den ursprünglich vereinbarten das Gericht am gesetzlichen Gerichtsstand.**

OLG Hamburg (brit. Zone), Urt. v. 2. 2. 1949 — 4 U 429/48:* AZGB Nr. 99, No. 398 (Teilabdruck).

Die bekl. AG., eine Familiengesellschaft, deren alleiniges Vorstandsmitglied K. war, hatte ihren Sitz in Danzig. Sie stand in Geschäftsverbindung mit der Filiale Danzig der D-Bank, deren Hauptniederlassung sich in Berlin befand. Infolge der Besetzung Danzigs durch Polen verlor die Bekl., die schon vorher wegen der Kriegsereignisse ihren Geschäftsbetrieb eingestellt hatte, ihr gesamtes Grundvermögen. Die Forderungen der Gesellschaft dagegen hatte K. im Wege des Selbstkontrahierens nach § 181 BGB auf sich selbst übertragen, um sie vor dem Zugriff der polnischen Behörden sicherzustellen. Der Wohnsitz von K. befindet sich jetzt in F. (brit.), die bekl. Gesellschaft hat ihren Sitz nicht verlegt. Die Filiale D. der Kl. wurde zunächst nach P. (brit.) verlegt und ist jetzt in H. (brit.) mit allen anderen Ostfilialen der Kl. zusammengefaßt. — Die Kl. macht eine Forderung geltend gegen die AG., vertreten durch ihren Vorstand K. LG und OLG H. wiesen wegen örtlicher Unzuständigkeit ab, das OLG entsprach aber dem in der Berufungsinstanz gestellten Antrag auf Verweisung des Rechtsstreites nach F.

Aus den Gründen:

„Die Parteifähigkeit der bekl. AG. ist gegeben. Sie hat die Rechtsfähigkeit mit der Gründung als AG. erworben. Sie besteht auch heute noch als Rechtspersönlichkeit und ist nicht durch polnische Maßnahmen ausgelöscht worden. Der Verlust deutschen Gebietes, in dem eine Firma bis dahin ihren Sitz hatte und bei dessen Registergericht sie eingetragen war, hat nach der im Anschluß an den Weltkrieg entwickelten und auch heute noch aufrechterhaltenen Rechtsprechung keinen Einfluß auf den Fortbestand des Unternehmens, wenn es im übrigen Deutschland Vermögen hat (so RGZ 107, 94 hinsichtlich einer AG. mit dem Sitz in Elsaß-Lothringen und LG Hamburg, SJZ 1947, 195[1] hinsichtlich einer Genossenschaft mit dem Sitz in dem jetzt polnisch verwalteten Gebiet). Es sind dabei die Grundsätze des internationalen Rechts anzuwenden, wonach Hoheitsakte eines Staates — Gesetze und Verwaltungsakte — grundsätzlich nur innerhalb des Machtbereiches dieses Staates wirken, wenn sie nicht auch von anderen Staaten für ihr Gebiet ausdrücklich wirksam anerkannt werden. Hierzu gehören auch Enteignungs- und Verstaatlichungsmaßnahmen. Eine derartige Anerkennung ist aber für die Maßnahmen Polens nicht erfolgt.

Einer der gesetzlichen Auflösungsgründe i. S. des § 203 I AktG ist ebenfalls nicht gegeben. . . Die Vermögenslosigkeit hätte daher allenfalls durch Verstaatlichungsmaßnahmen Polens herbeigeführt werden können. Aber auch diese haben nicht zur Vermögenslosigkeit der Bekl. geführt, weil die von K. im Wege des Selbstkontrahierens durchgeführte Abtretung noch vorhandener Forderungen nicht als Liquidation i. S. des Gesetzes und auch nicht als endgültig anerkannt werden kann.

---

[1] Siehe unten Nr. 84.

[Das Gericht führt aus, daß die ‚Liquidation' zum Schutz vor den polnischen Maßnahmen und nicht zum Gläubigerschutz durchgeführt wurde. Zweck der Forderungsabtretungen sei die Rettung der Vermögenswerte vor den drohenden polnischen Maßnahmen gewesen. Inzwischen aber sei dieser Grund der Übertragung weggefallen, da die polnischen Maßnahmen über die Grenze des polnischen Machtbereiches nicht wirken könnten. Daher habe die Bekl. aus dem Treuhandverhältnis einen Anspruch auf Rückabtretung.]

Die Bekl. besitzt daher Vermögen in den Westzonen. Denn das in einer Forderung verkörperte Vermögen befindet sich dort, wo der Schuldner, hier also K., seinen Wohnsitz hat (RGZ 107, 46; 145, 19).

Sie ist daher auch weder aufgelöst oder erloschen, noch kann sie auch nur als aufgelöst betrachtet oder als erloschen angesehen werden; sie kann nicht einmal ohne weiteres gelöscht werden. Sie besteht also auch jetzt noch als Rechtspersönlichkeit und kann daher verklagt werden. . .

Der Einwand der Unzuständigkeit des Gerichts ist dagegen begründet. . . Es sind die Geschäftsräume der kontoführenden Stelle der Bank als Erfüllungsort und Gerichtsstand vereinbart. Sie befanden sich zur Zeit des Vertragsschlusses in Danzig und sind jetzt in H. Denn hier werden die Geschäfte der Niederlassung Danzig auf Anordnung der MilReg. abgewickelt. Es fragt sich aber, ob diese einseitige Verlegung der Geschäftsräume einer Änderung des Erfüllungsortes gleichkommt.

Dabei ist davon auszugehen, daß es sich um eine, wenn auch nicht willkürliche, so doch einseitige Maßnahme der Bank handelt. Denn die Verlegung nach dem Westen erfolgte allein aus eigenem Entschluß der Bank. Erst die spätere Zusammenfassung mit anderen Ostfilialen in H. erfolgte auf Anordnung der MilReg. Die Parteivereinbarung, die Vertragsbestandteil geworden ist, unterliegt den allgemeinen Auslegungsregeln der §§ 157, 242 BGB. Bei Ermittlung des Parteiwillens ist naturgemäß auf die Zeit des Vertragsschlusses abzustellen. Beide Parteien hatten damals ihre Geschäftsräume, die Bekl. auch ihren Sitz in Danzig. Mit aus diesem Grund sind sie auch in Geschäftsbeziehungen zueinander getreten. Denn die Kl. wollte in Danzig Geschäfte tätigen, und die Bekl. wollte ihre Bankgeschäfte mit einem Unternehmen abwickeln, das in Danzig Geschäftsräume unterhielt. Dabei sind sie natürlicherweise auch davon ausgegangen, daß sich an diesem Zustand nichts ändere. . . Die Parteien wollten nach der Überzeugung des Senats Danzig nicht auch für den Fall als Erfüllungsort und Gerichtsstand vereinbaren, daß eine der Parteien ihren Sitz oder ihre Geschäftsräume in eine andere Stadt, Provinz oder in ein anderes Land verlegen würde. Kleinere Veränderungen innerhalb einer Stadt, z. B. durch Zusammenlegung mehrerer Filialen oder infolge von Fusion verschiedener Bankinstitute mögen dabei in Kauf genommen werden, Verlegungen aber über die Stadtgrenze hinaus oder in andere Länder und Provinzen stellen eine Änderung der Vertragsgrundlage dar. Aus der getroffenen Vereinbarung kann auch nicht entnommen werden, daß die jeweiligen Geschäftsräume der kontoführenden Stelle gemeint gewesen seien. Das würde der Vereinbarung einen anderen Sinn geben und hätte daher besonderer Formulierung bedurft. . .

Die hier gegebene Auslegung muß um so mehr gelten, als es in Ziff. 26 der AGB weiter heißt, daß für alle Rechtsstreitigkeiten der Parteien das am Erfüllungsort maßgebende Recht bestimmend sei. Auch daraus kann nicht der Wille der Parteien gefolgert werden, einer Partei einseitig die Befugnis einzuräumen, das auf die Rechtsbeziehungen der Parteien anzuwendende Statut durch Verlegung der Geschäftsräume ohne oder gar gegen den Willen der anderen Partei zu ändern. . .

Nach alledem kann als vereinbarter Gerichtsstand nur der Ort der Geschäftsräume der kontoführenden Stelle der Bank zur Zeit des Vertragsschlusses in Frage kommen, also Danzig. Da dieses aber nicht mehr der Deutschen Justizhoheit unterliegt, ist die Vertragsgrundlage der Gerichtsstandvereinbarung fortgefallen.

Weil ein völliger Ausschluß der Gerichtsbarkeit als Folge einer Parteivereinbarung ausgeschlossen ist, muß an Stelle des vereinbarten Gerichtsstandes der gesetzliche treten. Das aber ist gemäß § 23 ZPO F. Denn es handelt sich um einen vermögensrechtlichen Anspruch gegen eine AG., die im Deutschen Reich keinen Sitz hat, die aber hier Vermögen, nämlich die Forderungen gegen K., besitzt. Diese befinden sich gemäß § 23 S. 2 ZPO am Wohnsitz des Schuldners."

**77. Gegenüber einem Kläger aus der Ostzone kann die Einrede der mangelnden Sicherheit für die Prozeßkosten nicht erhoben werden. — Fragen des interzonalen Rechts sind nach den Grundsätzen des internat. Privatrechts zu lösen. — Danach beschränkt sich die Wirksamkeit von Staatshoheitsakten auf das Gebiet des erlassenden Hoheitsträgers; insbesondere reicht die Wirkung einer gegen die Vorschriften des reichsrechtlichen Aktiengesetzes verstoßenden behördlichen Abberufung des Vorstandes einer AG. nicht über das Gebiet des Landes hinaus, in dem diese Abberufung erfolgte. — Trotz Enteignung des Vermögens einer AG. in dem Lande, in dem sich ihr Sitz befindet, besteht diese Gesellschaft als Rechtspersönlichkeit außerhalb dieses Landes fort. — Forderungen sind am Wohnsitz des Schuldners belegen. — Danach sind weder der ostzonale Treuhänder noch der landeseigene Nachfolgebetrieb des enteigneten ostzonalen Werkes einer AG. mit Sitz in der Ostzone sachlich befugt hinsichtlich einer Forderung der AG. gegenüber einem Schuldner mit Sitz in den Westzonen.**

LG Hamburg (brit. Zone), Urt. v. 19. 5. 1949 — 25 O 121/49:* unveröff.

Die Ph-AG. mit Sitz in Z. (sowjet.) wurde auf Grund des SMA-Befehls Nr. 124 zunächst beschlagnahmt und es wurde ein Treuhänder bestellt; später wurde das Vermögen der Gesellschaft auf Grund des Gesetzes vom 30. 6. 1946 zugunsten des Landes Sachsen enteignet und der Industrieverwaltung IFA übertragen, einer Körperschaft des öffentlichen Rechts. Eine entsprechende Eintragung erfolgte im Handelsregister. Für das in der brit. Zone belegene Vermögen der Ph-AG. wurde der Bekl. von der brit. MilReg. als Custodian bestellt.

Der in der Ostzone eingesetzte Treuhänder und die IFA als Kl. beanspruchen von dem Custodian als Bekl. die Einwilligung in die Herausgabe eines Geldbetrages, den eine Hamburger Firma der Ph-AG. in Z. aus der Zeit vor der Beschlagnahme des Vermögens schuldete und wegen Überweisungsschwierigkeiten beim AG H. (brit.) hinterlegt hatte. Das LG wies die Klage ab.

Aus den Gründen:

„Die von dem Bekl. erhobene Einrede der mangelnden Sicherheit für die Prozeßkosten (§ 274 Ziff. 5 ZPO) ist unbegründet. Die für die Sicherheitsleistung maßgebenden Vorschriften der ZPO bestimmen im § 110 I ZPO, daß die als Kläger auftretenden Ausländer und Staatenlose mit ausländischem Wohnsitz dem Bekl. auf dessen Verlangen wegen der Prozeßkosten Sicherheit zu leisten haben. Diese Verpflichtung tritt nach § 110 II Ziff. 1 ZPO dann nicht ein, wenn nach den Gesetzen des Staates, denen der Kläger angehört, ein Deutscher im gleichen Fall zur Sicherheitsleistung nicht verpflichtet ist.

Dem Vorbringen des Bekl., daß die Zonentrennung und die verschiedenen Währungen in der Ostzone und in den Westzonen die analoge Anwendung der Bestimmungen über die Sicherheitsleistung auf die in der Ostzone ansässigen Kl. rechtfertigte, kann nicht gefolgt werden. Es ist zwar zuzugeben, daß infolge der vom Bekl. hervorgehobenen Tatsachen die Vollstreckung der Prozeßkosten in der Ostzone auf Schwierigkeiten stoßen kann. Insoweit kann wirtschaftlich gesehen eine ähnliche Lage gegeben sein, wie sie dem Gesetzgeber bei Erlaß der ZPO vorgeschwebt haben mag. Der § 110 ZPO spricht aber ganz deutlich nur von Ausländern und Staatenlosen mit ausländischem Wohnsitz. Da nach der im Völkerrecht herrschenden Meinung (vgl. dazu *Stödter*, Deutschlands Rechtslage, Hamburg 1948) Deutschland auch heute noch als Staat fortbesteht und an dieser Meinung in der Ostzone und in den Westzonen (vgl. Abs. II der Präambel des Bonner GG) bewußt festgehalten wird, würde eine analoge Anwendung des § 110 auf die Bewohner der Ostzone einen weiteren Schritt zur Teilung Deutschlands bedeuten, zu dessen Vornahme die Kammer keinerlei Veranlassung gegeben sieht.

Darüber hinaus ergibt sich die Unbegründetheit der Einrede des Bekl. aus § 110 II Ziff. 1 ZPO. Da nach den Gesetzen der Ostzone bis heute kein westzonaler Kläger zur Sicherheitsleistung verpflichtet ist, kann eine solche in den Westzonen auch nicht von einem in der Ostzone ansässigen Kläger verlangt werden . . .

Die Bestellung des Bekl. zum Custodian war, entgegen den Behauptungen der Kl., erforderlich. Die Löschung der Ph-AG. in Z. im Handelsregister von Z. führte den Untergang der AG. als juristischer Person nicht herbei. Diese Rechtsfolge tritt nur dann ein, wenn ein Auflösungsgrund (§ 203 AktG) vorliegt und nach durchgeführter Liquidation die Löschung im Handelsregister erfolgt (§ 214 I S. 2 AktG). Da ein solcher Auflösungsgrund nicht vorlag, eine Liquidation der Gesellschaft auch nicht erfolgte und es auch an der nach § 2 Ziff. 1 des Gesetzes über die Auflösung und Löschung von Gesellschaften und Genossenschaften v. 9. 10. 1934 (RGBl I 914) für eine Löschung erforderlichen Vermögenslosigkeit der Ph-Werke fehlte, entbehrte die Löschung der gesetzlichen Voraussetzungen. Durch die auf Veranlassung der sächsischen Landesbehörden entgegen dem auch in Sachsen fortgeltenden Reichsrecht vorgenommene Löschung im Handelsregister ist die AG. in Sachsen als Rechtspersönlichkeit erloschen. Für den Bereich der Westzonen aber bleibt der Bestand und die Rechtspersönlichkeit der AG. dadurch unberührt (RGR-Komm. HGB § 17 Anm. 16; *Friedrich*, SJZ 1948, 24ff.; *Springer*, NJW 1947/48, 455; OLG Hamburg 9. 7. 1948, AZGB Nr. 85). Die Löschung beraubt die AG. nur ihres registermäßigen Nachweises. Dieses Ergebnis ist auch in der Ostzone anerkannt (LG Leipzig, DRZ 1948, 137[1]; *Benkard*, DRZ 1947, 358ff.).

In diesem Sinne hatte auch bereits das RG in RGZ 107, 94ff. im Zusammenhang mit der Sitzverlegung elsaß-lothringischer Aktiengesellschaften in das Reich entschieden, daß durch die Sequestration und Enteignung von Vermögen dieser Gesellschaften in Elsaß-Lothringen der Bestand der Gesellschaft in Deutschland nicht berührt wurde, wenn diese in Deutschland noch Vermögen besaß. Die abweichenden Entscheidungen des KG in JW 1928, 1232 und des RG in JW 1931, 141 bezüglich der nationalisierten russ. Aktiengesellschaften erklärt sich daraus, daß nach dem Recht des kaiserlichen Rußlands die Aktiengesellschaft durch Konzession — entgegen dem in Deutschland geltenden Normativsystem — zur Entstehung kam und daher nach Fortfall der Konzession ein Fortbestand der Aktiengesellschaft nicht mehr anzuerkennen war.

Besteht demnach die Ph-AG. in den Westzonen weiter, ohne daß sie in diesen ihren Sitz oder eine Zweigniederlassung hatte, so war ihr in der brit. Zone befindliches Vermögen gemäß Anordnung der MilReg. (vgl. Rundverfügung der Reichsbankleitstelle Nr. 73/46, HansJVBl 1946, 64), als unter Gesetz Nr. 52 Art. I 1(f) fallend, beschlagnahmt. Zu diesem Vermögen gehört die Forderung gegen die Hinterlegungsstelle, da Forderungen nach herrschender Meinung am Wohnsitz des Schuldners belegen sind (*Petersen*, Tagung Dtsch. Juristen S. 138; *Schreiber*, DRZ 1948, 127). Für dieses Vermögen hat die MilReg. den Bekl. zum Custodian bestellt. In dieser Eigenschaft ist er allein vertretungsberechtigt für die Ph-Werke, da der Vorstand nicht aktionsfähig ist . . .

Die Ph-Werke sind auf Grund der SMA-Befehle Nr. 124 und 126 beschlagnahmt worden. Diese Verfügungsbeschränkung ist in den Westzonen ohne Wirkung. Es handelt sich hier um eine Frage des interzonalen Rechts, auf das nach herrschender Meinung die Grundsätze des Internat. Privatrechts anzuwenden sind (*Petersen* aaO. 133; OLG Hamburg 19. 7. 1948[2]; OLG Braunschweig 23. 3. 1948[3]; AG Hamburg, NJW 1947/48, 483[4]; RGZ 102, 251). In diesem ist aber anerkannt, daß Hoheitsakte eines Staates nur innerhalb seines Gebietes Wirksamkeit haben (RGZ 107, 94ff.; BB 1947, 395), so daß den Befehlen Nr. 124 und 126 keine ultrazonale Wirkung zukommt.

Die Abberufung des bisherigen Vorstandes der Ph-Werke und die Einsetzung des Kl. als allein Vertretungsberechtigten — beides am 15. 6. 1946 in das Handelregister eingetragen — ist ohne Wirksamkeit. Gemäß § 75 AktG erfolgt die Beendigung der Mitgliedschaft im Vorstand mit Ablauf von 5 Jahren oder bei Vorliegen besonderer Gründe durch Aufsichtsratsbeschluß. Beide Voraussetzungen liegen in diesem Fall un-

[1] Siehe unten Nr. 132a. [2] Siehe unten Nr. 414b. [3] Siehe unten Nr. 358a.
[4] Siehe unten Nr. 578.

zweifelhaft nicht vor. Die auf Grund von Anweisungen sächsischer Behörden erfolgte Abberufung des Vorstandes mag in Sachsen als Recht anerkannt sein. Da sie gegen das Reichsrecht verstößt, kann sie in den Westzonen keine Anerkennung finden, so daß der bisherige Vorstand auch weiterhin als solcher anzusehen ist (RGZ 107, 94ff.) ...

Ein ultrazonales Verfügungsrecht des Treuhänders ist nicht anzuerkennen, denn da die Verfügungsbeschränkungen nur innerhalb der Ostzone wirken, kann auch die daraus hergeleitete alleinige Verfügungsbefugnis des Kl. nicht über die Ostzone hinaus wirken.

Da der Kl. dann aber nur in der Ostzone verfügungsberechtigt war, fehlt es ihm an der sachlichen Legitimation, die in H. belegene Forderung geltend zu machen. Die Klage ist daher, soweit sie vom Kl. zu 1 erhoben ist, als unbegründet abzuweisen.

Aber auch die Kl. zu 2 ist sachlich nicht legitimiert.

Die Ph-Werke sind durch Volksentscheid v. 30. 6. 1946 enteignet. Gemäß § 2 I der VO zur Durchführung des Gesetzes v. 30. 6. 1946 umfaßt der Vermögensübergang alle Vermögensgegenstände, die zum Betriebsvermögen des enteigneten Betriebes gehören. Es ist jedoch im Internat. Privatrecht, das hier analog anzuwenden ist, anerkannten Rechtes, daß Enteignungsmaßnahmen eines Landes nicht über die Landesgrenzen hinaus Wirksamkeit genießen können (*Petersen* aaO. 134, OLG Hamburg 19. 7. 1948[1]; OLG Braunschweig 3. 6. 1947[2]; LG Göttingen, BB 1948, 8[3]). Mag die Enteignung daher für Sachsen als Rechtstatsache hinzunehmen sein, so umfaßt die Enteignung doch nicht die in H. belegene Forderung, so daß auch die Kl. zu 2) sachlich zur Geltendmachung des erhobenen Anspruches nicht legitimiert ist."

**78. Die Enteignungen in der Ostzone erfassen nicht die außerhalb dieser Zone gelegenen Vermögenswerte einer Gesellschaft; auf der Grundlage dieser Vermögenswerte bleibt die an ihrem Sitz enteignete Gesellschaft in den Westzonen rechtsfähig. — Dagegen ist die mit der Enteignung verbundene Auflösung einer Gesellschaft auch in den Westzonen wirksam, wenn die Gesellschaft nach ihrer Enteignung keine Vermögenswerte mehr in den Westzonen hat. — Für Abwicklungsmaßnahmen in den Westzonen, wie die Erteilung der Löschungsbewilligung für eine der Gesellschaft zustehende Hypothek, ist als Abwickler ein bis zur Enteignung alleinvertretungsberechtigtes Vorstandsmitglied gesetzlich berufen.**

OLG Bamberg (amerik. Zone), Beschl. v. 31. 3. 1950 — 1 W 137/50: DNotZ 1950, 475.

Aus den Gründen:

„Der erkennende Senat hat bereits in der Entscheidung v. 30. 1. 1948[4] festgestellt, daß sich die Wirkungen der auf Befehl der SMA durchgeführten Enteignung einer Gesellschaft auf den räumlichen Bezirk der Ostzone beschränken und die in den Westzonen belegenen Vermögenswerte nicht erfassen. Dabei ist der Senat zu dem Ergebnis gekommen,

[1] Siehe unten Nr. 414b. [2] Siehe oben Nr. 11. [3] Siehe unten Nr. 577a.
[4] Siehe oben Nr. 75.

daß die in der Ostzone enteignete Gesellschaft in den Westzonen weiterhin als rechtsfähig, ihre Organe als vertretungsberechtigt anzusehen seien. Diese Auffassung ist auch von der Rechtsprechung der Obergerichte der Westzonen geteilt worden und jetzt als herrschende Meinung anzusehen (vgl. OGH Köln, NJW 1949, 502[1]; SJZ 1948, 24, 257).

Allerdings sind in allen diesen Fällen stets in den Westzonen noch Vermögenswerte oder Geschäftsniederlassungen vorhanden gewesen. Wenn dies vorliegend nicht der Fall ist, so rechtfertigt dieser Umstand jedoch noch nicht die Auffassung des LG, das zuletzt allein vertretungsberechtigte Vorstandsmitglied D. der enteigneten Maschinenfabrik AG. sei nun in den Westzonen nicht mehr als vertretungsberechtigt anzusehen.

Die Löschung der eingetragenen Gesellschaft im Handelsregister des AG in der Ostzone hat keine konstitutive Bedeutung. Das Amt des Vorstandes einer AG. endigt lediglich in den in der Satzung oder den einschlägigen Bestimmungen des AktG vorgesehenen Fällen. Keiner dieser Endigungsgründe ist hier gegeben.

Andererseits ist aber durch die vollständige Einziehung des gesamten Geschäftsvermögens eine Auflösung der AG. herbeigeführt worden. Mag diese Tatsache nach den in den Westzonen geltenden Bestimmungen nun rechtmäßig sein oder nicht, sie muß jedenfalls in ihren Wirkungen hingenommen werden. Es ist daher davon auszugehen, daß die Gesellschaft aufgelöst ist. Im Falle der Auflösung der AG. findet gemäß §§ 205 ff. AktG die Abwicklung statt. Infolge der in der Ostzone vollständig durchgeführten Enteignung sind in ihrem Bereich Abwicklungsmaßnahmen nicht erforderlich, aber auch nicht mehr möglich. Da die Enteignungswirkungen nur auf die Ostzone beschränkt sind, ergibt sich hieraus, daß die infolge der Auflösung der Gesellschaft in den Westzonen noch erforderlichen Abwicklungsmaßnahmen notwendigerweise noch durchgeführt werden müssen.

Daß hierzu die Bestellung besonderer Abwickler auf Grund des § 214 IV AktG erforderlich sei, kann nach den Bestimmungen des AktG nicht als zutreffend erachtet werden. § 214 IV AktG sieht die Bestellung besonderer Abwickler dann vor, wenn sich nach einer durchgeführten Abwicklung nachträglich herausstellt, daß noch weitere Abwicklungsmaßnahmen erforderlich sind. Im vorliegenden Fall hat jedoch eine Abwicklung überhaupt noch nicht stattgefunden, jedenfalls noch nicht hinsichtlich der in den Westzonen bestehenden rechtsgeschäftlichen Verpflichtungen der aufgelösten AG. Die nunmehr erforderlich gewordene Löschung der für die frühere AG. eingetragenen Hypothek ist eine Abwicklungsmaßnahme. Sie wird nicht erst nachträglich erforderlich, sondern ist eine, wenn auch erst mit zeitlicher Verspätung infolge Gesellschaftsauflösung notwendig werdende Abwicklungsmaßnahme.

Die Abwicklung haben gemäß § 206 I AktG die Vorstandsmitglieder der aufgelösten Gesellschaft zu besorgen. Durch den vom AG in der Ostzone übersandten Handelsregisterauszug ist nachgewiesen, daß D. alleinvertretungsberechtigtes Vorstandsmitglied bis zur Enteignung der

[1] Siehe unten Nr. 365.

Gesellschaft war. Er ist auch durch den mit dem Löschungsvermerk versehenen Registerauszug voll legitimiert im Sinne des § 15 HGB, da der Löschung keine rechtsvernichtende, sondern nur bekundende Wirkung zukommt (*Nebelung*, DNotZ 1935, 453, 761). Die von D. als dem gesetzlich zum Abwickler berufenen vertretungsberechtigten Vorstand erklärte Löschungsbewilligung ist daher eine im Rahmen des § 209 AktG rechtswirksam abgegebene Willenserklärung. Der Nachweis der Vertretungsberechtigung ist im Sinne des § 32 GBO geführt, da Vorstandsmitglieder gesetzlich berufene Liquidatoren sind, so daß die Eintragung als Vorstandsmitglied die Abwicklereigenschaft ohne deren besondere Eintragung nachweist (vgl. hierzu auch *Güthe-Triebel*, GBO [1936] § 32 Note 13ff.; DNotZ 1935, 453) ...

Es erschien hiernach angebracht, unter Aufhebung der amts- und landgerichtlichen Entscheidung die Sache zur weiteren Behandlung an das AG zurückzuverweisen mit der Maßgabe, daß dieses die Eintragung des Löschungsvermerks nicht mehr deshalb zurückweisen dürfe, weil D. nicht für die Hypothekengläubigerin vertretungsberechtigt sei."

**79. Hoheitsakte wirken nur für die im Gebiet des Hoheitsträgers belegenen Vermögenswerte. — Die Rechts- und Parteifähigkeit einer Gesellschaft, deren Vermögen an ihrem früheren Sitz im Gebiet östlich der Oder-Neiße-Linie enteignet wurde, besteht im übrigen Gebiet Deutschlands zum mindesten dann fort, wenn sich hier noch Vermögenswerte befinden. — Der Grundgedanke der §§ 75, 76 AktG spricht dafür, daß die Vertretungsmacht eines 1943 bestellten Vorstandsmitgliedes einer solchen Gesellschaft auch nach Ablauf der 5-Jahresfrist des § 75 AktG fortbesteht. — Ein solches Vorstandsmitglied muß jedoch zumindest dann, wenn die Abwicklungsstelle der Gesellschaft nach § 2 D-Markbilanzgesetz als Zweigniederlassung in ein westdeutsches Handelsregister eingetragen wurde, als ständiger Vertreter der Gesellschaft im Sinne dieser Vorschriften gelten. — § 2 D-Markbilanzgesetz hat eine über das Steuerrecht hinausgehende Bedeutung. — Die Befugnisse eines ständigen Vertreters im Sinne des § 2 D-Markbilanzgesetz erstrecken sich auch auf Vermögenswerte in West-Berlin, da das „Währungsgebiet" im Sinne dieser Vorschrift auch das Gebiet von West-Berlin einschließt.**

KG Berlin (West), Urt. v. 10. 7. 1951 — 2 U 917/51: WM 1951 IV B, S. 881.

Die Kl., die X-AG. in B. (Bundesgebiet), hatte früher ihren Sitz in A. (Oberschlesien); die Kl. führt ihre Geschäfte in B. durch das 1943 bestellte Vorstandsmitglied G. zusammen mit dem Prokuristen Z. Die Gesellschaft war nicht in das Handelsregister von B. eingetragen. Eingeklagt werden Vorschußzahlungen für Lieferungen, die die Kl. bei der Bekl. bestellt hatte. Sitz der Bekl. ist West-Berlin. Das LG anerkannte die Aktivlegitimation der Kl., wies die Klage jedoch wegen des Fehlens einer Vertretungsbefugnis von G. ab. Nach Erlaß dieses Urteils wurde die in B. befindliche Abwicklungsstelle der Gesellschaft gemäß § 2 D-Markbilanzgesetz als Zweigniederlassung der X-AG. in das Handelsregister von C. eingetragen. Das KG gab der Klage statt.

Aus den Gründen:

„Die Rechts- und Parteifähigkeit der X-AG. kann nicht in Zweifel gezogen werden, weil Gesellschaftsvermögen vorhanden ist, das außerhalb des Geltungsbereiches des polnischen Staates belegen und deshalb von den Maßnahmen des polnischen Staates nicht ergriffen worden ist. Rechtsträger dieses Vermögens kann aber nur die X-AG. sein, die ihre Rechtsfähigkeit und damit auch ihre Parteifähigkeit zumindest aus diesem Grunde nicht verloren hat. Die Bekl. hat dies auch nicht bestritten.

Zu Unrecht beruft sich aber die Bekl. weiterhin auch nach der Eintragung im Handelsregister C. darauf, daß der Kl. die Aktivlegitimation fehle, weil aktiv legitimiert nur die Firma X-AG. in A. sei und nicht eine Firma X-AG. in B., wie in der Klage aufgeführt. Es ist für die Identitätsfrage und damit für die Aktivlegitimation jedoch vorliegend ohne Bedeutung, ob als Sitz der X-AG. der Ort A. oder der Ort B., wo sich zur Zeit auch gemäß der Eintragung im Handelsregister C. die Abwicklungsstelle der AG. befindet, aufgeführt wird. Beide Zusätze gehören nicht zur Firmenbezeichnung. Sie enthalten lediglich die Angabe des Ortes des ehemaligen Sitzes bzw. der heutigen Abwicklungsstelle.

Die Kl. ist auch ordnungsmäßig gesetzlich vertreten, und zwar entsprechend der Eintragung im Handelsregister C. durch den Kaufmann G. in E. als Vorstand . . . Nachdem die Kl. und ihre gesetzliche Vertretung durch G. im Handelsregister von C. eingetragen worden ist, kann es für die vorliegende Entscheidung dahingestellt bleiben, ob bereits seinerzeit deswegen die ordnungsmäßige gesetzliche Vertretung der Kl. nach der vom Vorderrichter vertretenen Ansicht hätte verneint werden müssen, weil eine Eintragung des wiedergewählten Vorstandes im Handelsregister des für B. zuständigen Amtsgerichts nicht erfolgt war. Die jetzt noch vorliegende Eintragung schließt jedenfalls auch die weiteren Einwendungen der Bekl. gegen die Befugnis zur gesetzlichen Vertretung durch G. aus.

Zwar wird der Bekl. durch die Eintragung auch gegenüber der gesetzlichen Regelung in § 15 II HGB die Möglichkeit des Nachweises nicht ausgeschlossen, daß die erfolgte Eintragung der wahren Sachlage nicht entspreche, weil ein der Eintragung zugrunde liegender rechtswirksamer Beschluß der Gesellschaft nicht vorliege. Es brauchte jedoch nach Ansicht des Senats im gegebenen Falle nicht geprüft zu werden, ob nach Ablauf von 5 Jahren von der im Jahre 1943 erfolgten Bestellung zum Vorstande ab in Außerachtlassung des Wortlautes des § 75 AktG, jedoch in Übereinstimmung mit dem gesetzgeberischen Grundgedanken in den §§ 75, 76 AktG eine ordnungsmäßige, erneute Bestellung des G. durch einen noch hierzu legitimierten Aufsichtsrat erforderlich gewesen wäre. Dringende wirtschaftliche Interessen würden jedenfalls für die Annahme des Weiterbestandes der Vertretungsmacht des G., wie sie im Januar 1945 bestand, ohne erneute Bestellung sprechen. Diese Annahme würde auch keine schutzwürdigen Belange irgendeines Beteiligten gefährden.

Durch die Eintragung der Kl. im Handelsregister des AG C. mit dem Vermerk in Spalte 6 (Rechtsverhältnisse), daß in B. eine Abwicklungsstelle für das in den Westzonen befindliche Vermögen errichtet worden und daß die Abwicklungsstelle gemäß § 2 des DM-BilGes. vom 21. 8. 1949 als Zweigniederlassung im Handelsregister eingetragen sei, ergibt sich jedenfalls nach Ansicht des Senats, daß der in Spalte 4 eingetragene G. nach der Absicht und dem durch die Eintragung auch beurkundeten Willen des Registerrichters wegen dessen nach § 2 IV aaO. bestehenden Verpflichtung, von Amts wegen u. a. einen ständigen Vertreter zu bestellen, zumindest auch die Stellung eines ständigen Vertreters i. S. von § 2 Ziff. 2 und 4 des DM-BilGes. haben sollte. G. muß deshalb selbst für den Fall, daß er entgegen der Annahme des Registerrichters nicht ordnungsmäßig erneut bestellt oder einfach auf Grund seiner früheren Bestellung noch ordnungsmäßiges Vorstandsmitglied der Kl. sein sollte, doch als ständiger Vertreter mit den ihm kraft ausdrücklicher gesetzlicher Regelung in § 2 aaO. zustehenden Befugnissen eines gesetzlichen Vertreters angesehen werden.

Als ständiger Vertreter i. S. von § 2 DM-BilGes. ist G. als gesetzlicher Vertreter der Kl. auch zur Geltendmachung der gegen die Bekl. gerichteten Klageforderung befugt. § 2 DM-BilGes. findet Anwendung, weil die Kl. ihre Hauptniederlassung in Deutschland außerhalb des Währungsgebietes, nämlich in A., hat. Mit *Geiler* (*Geiler-Stehlik-Veit*, Komm. zum DM-BilGes. zu § 2 II A 5) ist der Senat der Ansicht, daß unter „Deutschland" dem Sprachgebrauch der Alliierten und ihrer Gesetze folgend die Gebiete zu verstehen sind, die völkerrechtlich am 31. 12. 1937 zum Staatsgebiet des Deutschen Reiches gehörten.

Der Einwand der Bekl., daß § 2 DM-BilGes. nichts anderes als steuerliche Zwecke verfolge und daß deshalb die nach dieser Bestimmung bestellten ständigen Vertreter nur in steuerlicher Hinsicht die Befugnisse gesetzlicher Vertreter hätten, wird der gesetzlichen Vorschrift nicht gerecht. Durch die vorgesehene Bildung von Zweigniederlassungen soll den Unternehmungen innerhalb des Währungsgebietes eine ordnungsmäßige Abwicklung ihrer Geschäfte, wozu auch die gerichtliche Geltendmachung von Forderungen gehört, ermöglicht werden.

Schließlich ist aber auch unbegründet der weitere Einwand der Bekl., daß der nach § 2 DM-BilGes. bestellte Vertreter nur hinsichtlich des ‚im Währungsgebiet befindlichen Vermögens' vertretungsberechtigt sei, die gegen die Bekl. gerichtete Forderung aber am Sitz der Bekl., d. h. in West-Berlin und nicht im ‚Währungsgebiet' belegen sei. Es ist zwar zutreffend, daß ursprünglich nach Erlaß des DM-BilGes. für das Bundesgebiet unter ‚Währungsgebiet' im Sinne von § 2 I lediglich das Gebiet der Westzonen zu verstehen war.

Nach Erlaß des Berliner DM-BilGes. v. 12. 8. 1950, das gleichgerichtete und gleichlautende gesetzliche Bestimmungen hat, muß aber nach Ansicht des Senats sinngemäß unter ‚Währungsgebiet' die Bundesrepublik unter Einschluß West-Berlins verstanden werden.

Da auch West-Berlin Währungsgebiet der Westmark ist und nur außenpolitische Gründe gegen den Willen aller beteiligten Länder Berlin noch nicht zum Land der Bundesrepublik Deutschland trotz der in Art. 1 der Berliner Verfassung vorgesehenen Bestimmung haben werden lassen, so ist kein stichhaltiger Grund mehr dafür ersichtlich, nicht auch das Gebiet West-Berlin als zum ‚Währungsgebiet' des Bundes-DM-Bilanzgesetzes gehörig hinsichtlich der Befugnisse und des örtlichen Zuständigkeitsbereiches der in der Bundesrepublik bestellten ständigen Vertreter von Unternehmungen anzusehen. (Im gleichen Sinne auch *Geiler-Stehlik-Veit*, Komm. zum Ergänzungsgesetz v. 28. 12. 1950, § 1 Anm. III, S. 133.)"

**80.** **Die Rechtspersönlichkeit einer Gesellschaft wird durch die Enteignung ihres ostzonalen Vermögens und die Löschung im Register ihres ostzonalen Sitzes nicht berührt. — Die Anmeldung von Wertpapieren zur Bereinigung ist nicht davon abhängig, daß eine in der Ostzone enteignete und gelöschte Gesellschaft in Westdeutschland und West-Berlin verantwortlich vertreten wird.**

KG Berlin (West), Beschl. v. 12. 10. 1951 — 2 W 2200/51: WM 1951 IV B, S. 879.

Eine Berliner Bank, bei der die X-AG. Aktien der Z-AG. mit Sitz in Berlin verwahrt hatte, hat diese Wertpapiere für die X-AG. zur Bereinigung angemeldet. Die X-AG. hatte ebenfalls ihren Sitz in Berlin; ihr Vermögen wurde nach Kriegsende in Volkseigentum überführt. Daraufhin löschte das AG Berlin-Mitte (Berlin-Ost) die Gesellschaft im Handelsregister. Das KG erkannte die Anmeldung an.

Aus den Gründen:

„Wenn die Beschwerdeführerin meint, eine Anerkennung sei nicht zulässig, ohne daß gleichzeitig festgestellt wird, daß der Anmelder in West-Berlin oder in Westdeutschland verantwortlich vertreten wird, so überspannt sie die Anforderungen, die das WBG den zur Prüfung der angemeldeten Rechte zuständigen Stellen zugewiesen hat ...

Sinn und Zweck des Verfahrens ist es, dem materiell Berechtigten sein Recht zuzuerkennen. Hierzu genügt es, daß der Anmelder in der beweiserheblichen Zeit, ohne daß ein Wechsel des Depot-Inhabers stattgefunden hat, im Depotbuch eingetragen war und als Rechtsträgerin noch besteht. Selbst wenn die Anmelderin in den Akten des AG Berlin-Mitte gelöscht ist, wird ihre Rechtspersönlichkeit hierdurch nicht berührt. Maßnahmen der Ostzonenregierung, die gegen die Rechtsgrundsätze des demokratischen Rechtsstaates verstoßen, sind für diesen ohne Bedeutung. Die Bereinigung ist grundsätzlich nur als Umtausch eines wertlos gewordenen Papiers gegen ein Papier, das nunmehr das in dem außer Kraft gesetzten Papier verzeichnete Recht verkörpert, zu betrachten (*Eichhorn*, Handbuch für die Wertpapierbereinigung, S. 2 Ziff. 3) ...

Die Feststellung, ob der Anmelder in West-Berlin oder in Westdeutschland verantwortlich vertreten wird, gehört nicht zu den Aufgaben der Wertpapierbereinigung. Dies zu prüfen ist vielmehr Aufgabe der Anmeldestellen, denen diese Aufgabe auch obgelegen hätte, wenn keine Wertpapierbereinigung notwendig geworden wäre, da diese zu den banküblichen Geschäften gehört. Überdies würde eine solche Prüfung bei der Wertpapierbereinigung das Verfahren ohne Grund belasten und verzögern. Ob die Möglichkeit besteht, daß die für den Anmelder anerkannten Rechte in der Luft schweben, weil die geringen Vermögenswerte in West-Berlin und Westdeutschland die Durchführung einer ordnungsgemäßen Liquidation oder die Wiederaufnahme des Betriebes nicht rechtfertigen, ist für das gegenwärtige Verfahren ohne Bedeutung. Eine solche Möglichkeit besteht auch in anderen Fällen."

**81. Ein Unternehmen, dessen gesamtes Vermögen in der Ostzone enteignet wurde, besteht nicht mehr, wenn es nicht in Westdeutschland fortgeführt wird. — Einer Enteignung steht die enteignungsgleiche Verwaltung eines Unternehmens, etwa durch einen Treuhänder, gleich.**

KG Berlin (West), Beschl. v. 18. 2. 1952 — 2 W 3031/51: WM 1952 IV B, S. 224.

Eine Bank hatte Wertpapierrechte für den M.-Verein mit Sitz in P. (sowjet.) angemeldet. Das KG verlangte für eine Anerkennung der Rechte, daß der Fortbestand und eventuell die Vertretung des Vereins in Westdeutschland von Amts wegen zu ermitteln seien[1].

Aus den Gründen:

„Voraussetzung für eine Anerkennung des angemeldeten Rechts — gleichgültig, ob die Anmeldung auf Grund des § 14 oder des § 19 WBG erfolgt ist — ist stets, daß der Anmelder als Rechtsträger — wenn auch im Abwicklungsstadium — noch besteht (vgl. hierzu u. a. *Müller*, WM 1951, 810ff.; OLG Neustadt v. 30. 10. 1951, WM 1951, 851, 853; KG v. 12. 10. 1951[2]). Ergeben sich Zweifel, ob die im Depotbuch als Berechtigte eingetragene Person noch existiert, so sind daher Ermittlungen in dieser Hinsicht anzustellen ... Zweifel daran, ob der Anmelder als Rechtsträger noch besteht, werden nun aber mangels gegenteiliger Anhaltspunkte stets dann vorhanden sein, wenn es sich um ostzonale Unternehmen handelt. Derartige Unternehmen haben in der Ostzone häufig dadurch zu existieren aufgehört, daß ihr gesamtes Vermögen dort enteignet worden ist. In diesen Fällen wird, sofern das bisherige Unternehmen nicht in Berlin oder Westdeutschland fortbesteht (s. hierüber weiter unten), eine Anerkennung der angemeldeten Rechte nicht erfolgen können, da das bisherige Unternehmen nicht mehr besteht und der jetzige Inhaber des Vermögens dieses Unternehmens sich im Wertpapierbereinigungsverfahren nicht darauf berufen kann, daß er auf Grund eines ostzonalen Hoheitsaktes Eigentum erworben habe (§ 21 WBG, insbes. Abs. I Ziff. 3).

Als Enteignung im obigen Sinne wird es auch anzusehen sein, wenn zwar auf eine formelle Enteignung verzichtet worden ist, das bisherige Unternehmen aber durch einen Treuhänder oder eine ähnliche Person in einer Weise verwaltet wird, die wirtschaftlich einer Enteignung gleichkommt. Denn auch in diesem Falle wird von einer Identität zwischen dem bisherigen und dem jetzigen Unternehmen nicht mehr gesprochen werden.

---

[1] Vgl. aber unten Nr. 122. [2] Siehe oben Nr. 80.

Das LG hätte hiernach in erster Linie feststellen müssen, ob der Anmelder, M.-Verein in P., in der Ostzone noch als Rechtspersönlichkeit im oben erörterten Sinne besteht. Kann diese Feststellung nicht getroffen werden, so wird die Anerkennung der angemeldeten Rechte allerdings nicht ohne weiteres ausgeschlossen. Denn da die ostzonalen Enteignungsmaßnahmen das Vermögen außerhalb des ostzonalen Gebietes nicht ergreifen (s. u. a. OLG Nürnberg, NJW 1950, 228[1]; KG, HuW 1951, 342[2]; ferner NJW 1952, 127 zu Ziff. 10), so besteht die Möglichkeit, daß der Anmelder trotz seiner Enteignung in der Ostzone noch in Berlin oder Westdeutschland als Rechtsträger fortbesteht.

Es wird daher gegebenenfalls ermittelt werden müssen, ob letzteres der Fall ist. Eine einwandfreie Feststellung, daß der Anmelder in Berlin oder Westdeutschland trotz seiner Enteignung in der Ostzone als Rechtsträger noch besteht, wird aber voraussichtlich nur dann getroffen werden können, wenn gleichzeitig festgestellt wird, durch wen er in Berlin oder Westdeutschland vertreten wird. In Abweichung von dem Regelfalle (vgl. KG v. 12. 10. 1951 und v. 22. 12. 1951, WM 1951, 879 und 1952, 113) wird daher gegebenenfalls auch dieses zu ermitteln sein."

**82.** **Der Erwerb von Vermögensrechten oder einer Vertretungsbefugnis kraft einer Enteignungsmaßnahme wirkt nicht außerhalb des enteignenden Landes. — Der Untergang einer Rechtspersönlichkeit infolge der Enteignung ihres Vermögens wirkt nicht außerhalb des enteignenden Landes.**

LG Berlin (West), Beschl. v. 19. 9. 1952 — 32 XVI 341 und 32 XVII 5538/51: WM 1952 IV B, S. 750.

Für den M.-Verein in S. (sowjet.) haben (1) der vom AG Berlin-S. (West-Berlin) bestellte Abwesenheitspfleger und (2) der Rat der Stadt S. (sowjet.) Wertpapierrechte zur Bereinigung angemeldet. Die Anmeldung zu 1 wurde anerkannt, die zu 2 abgelehnt.

Aus den Gründen:

„Der Anmelder zu 2 behauptet, daß das Eigentum an diesen Wertpapieren auf Grund der VO des Landes X über die Abwicklung aufgelöster Vereine vom . . . . . 1948 auf den Rat der Stadt S. übergegangen sei. . . . Der Anmelder zu 2 stützt demnach sein Eigentum an den angemeldeten Wertpapieren auf eine Maßnahme nach dem 1. 1. 1945 der Behörden oder Besatzungsmacht außerhalb des Währungsgebietes. Diese Maßnahme ist nach § 21 I Nr. 3 WBG für das Wertpapierbereinigungsverfahren nicht wirksam. Der Anmelder zu 2 hat deshalb nach den Bestimmungen des WBG das Eigentum an den angemeldeten Wertpapieren nicht erworben; er hat den ihm nach dem Gesetz obliegenden Eigentumsbeweis nicht geführt. Seine Anmeldung mußte deshalb abgelehnt werden.

In der Anmeldung ist als Anmelder aufgeführt: ‚M.-Verein in S. durch den Rat der Stadt S.'. Aus den vorgelegten Unterlagen ergibt sich, daß der Rat der Stadt S. nicht nur als Vertreter für den M.-Verein auftreten wollte, sondern behauptet, daß das Eigentum an den angemeldeten

[1] Siehe oben Nr. 5. [2] Siehe unten Nr. 507.

Wertpapieren von dem M.-Verein auf ihn übergegangen sei. Auch wenn der Rat der Stadt S. nur als Vertreter des M.-Vereins auftreten wollte, ist seine Anmeldung abzulehnen, da seine Vertretungsbefugnis auf Maßnahmen von Behörden außerhalb des Währungsgebietes beruht, die für das WBG nicht wirksam sind. Für dieses Verfahren gilt der M.-Verein als fortbestehend, auch wenn er aufgelöst worden ist."

**83.** **a) Enteignungsmaßnahmen haben keine Wirkung außerhalb des Gebietes des anordnenden Hoheitsträgers. — Eine im Gebiet ihres Sitzes in der Ostzone enteignete und dort untergegangene juristische Person besteht hinsichtlich ihres in Westdeutschland belegenen Vermögens auch ohne Sitzverlegung fort. — Hat eine solche juristische Person keine Betriebsstätten im Bundesgebiet, so besteht sie nur als Abwicklungsgesellschaft fort. — Die Rechtslage einer solchen juristischen Person mit Sitz außerhalb des Bundesgebiets entspricht der Lage einer juristischen Person, für die nach Abschluß der Liquidation und nach Löschung im Handelsregister infolge der nachträglichen Auffindung von Gesellschaftsvermögen die Liquidation neu eröffnet wird. — Wertpapierrechte können für eine solche Gesellschaft nur nach vorheriger Eintragung in ein westdeutsches Handelsregister und nach Bestellung eines gesetzlichen Vertreters anerkannt werden.**

LG Frankfurt/Main (amerik. Zone), nicht rechtskr. Zwischenbeschl. v. 9. 6. 1953 — WP 124—75: WM 1953 IV B, S. 547.

Das LG gab dem Anmelder auf, binnen einer Frist von 2 Monaten die Eintragung in ein Handelsregister und die gerichtliche Bestellung eines gesetzlichen Vertreters nachzuweisen.

Aus den Gründen:

„Mit der Anmeldung wird die Anerkennung des angemeldeten Wertpapierrechts für eine AG. beantragt, die ihren Sitz in Mitteldeutschland hatte und dort nach 1945 bei gleichzeitiger Überführung des Betriebes in das Volkseigentum enteignet und im Handelsregister gelöscht wurde. Die gleichfalls in Mitteldeutschland gelegene Verwahrbank, bei der das angemeldete Recht einem Depotauszug zum 31. 12. 1944 zufolge für die AG. im Girosammeldepot verbucht war, wurde auf Anordnung der Besatzungsmacht geschlossen und unterhält keinen Geschäftsbetrieb mehr . . .

Die Anmeldung ist von der Anmeldestelle auf Grund einer Vollmacht des F. K. unterzeichnet, der bis zur Enteignung der AG. Vorsitzer ihres Vorstandes war . . . Die Zulassung des F. K. als des letzten Vorsitzers des Vorstandes der AG. zur Anmeldung des Wertpapierrechts, das ihr nach allgemeiner Meinung trotz der Enteignung in Mitteldeutschland weiter zustand und hinsichtlich dessen sie, selbst wenn andere Vermögenswerte nicht mehr vorhanden waren, für dieses Verfahren zum mindesten bis zum 1. 10. 1949 fortbestanden hat, begegnet keinen rechtlichen Bedenken, da übereinstimmend mit dem aus § 89 ZPO entnehmbaren Rechtsgedanken die wirksame Einleitung eines gerichtlichen Verfahrens durch einen Vertreter ohne Vertretungsmacht zu bejahen ist . . .

[Das LG führt aus, daß jedoch die Anerkennung eines angemeldeten Rechts die Zustimmung des Berechtigten voraussetze und daß ein Anmelder spätestens zur Zeit der Entscheidung nicht nur partei-, sondern auch prozeßfähig sein solle.] Bei der juristischen Person, die nur durch Organe handelt, setzt die Prozeßfähigkeit ebenso wie die außerprozessuale Geschäftstätigkeit ein zur gesetzlichen Vertretung berechtigtes Organ voraus, indessen sie ohne dieses weder handlungs- noch prozeßfähig ist. Bei der AG., die nach § 71 I AktG durch den Vorstand gerichtlich und außergerichtlich vertreten wird, ist die Handlungs- und Prozeßfähigkeit davon abhängig, daß ein zur Vertretung berechtigter Vorstand vorhanden ist. Da der Vorstand nach § 75 I S. 1 AktG auf höchstens 5 Jahre bestellt werden kann und im vorliegenden Fall zwischen der Bestellung und der Entscheidung im Wertpapierbereinigungsverfahren ebenso wie schon zwischen der Bestellung und der Einleitung des Verfahrens eine längere Zeitspanne liegt, ist die AG. in dem Prüfungsverfahren bisher nicht wirksam gesetzlich vertreten und daher auch nicht prozeßfähig. Der infolge der Enteignung in Mitteldeutschland eingetretene Stillstand des Geschäftsbetriebes schließt auch die Annahme einer überdies hinsichtlich ihrer Wirksamkeit umstrittenen, von selbst eingetretenen Verlängerung des Vorstandsverhältnisses infolge Duldung der Ausübung dieses Amtes aus.

Es wurde bereits hingewiesen, daß die das Eigentum an den Wertpapieren innehabende AG. durch die Überführung ihres Betriebsvermögens in das Volkseigentum in Mitteldeutschland und die Löschung im dortigen Handelsregister hinsichtlich der von dieser Maßnahme nicht betroffenen Vermögensteile nicht zu bestehen aufhörte. Das folgte aus dem dem Völkerrecht entnommenen, auf interlokale Rechtsverhältnisse anwendbaren Grundsatz, daß die Wirksamkeit von Beschlagnahme und Enteignung auf das Gebiet derjenigen staatlichen Macht beschränkt ist, die den Staatshoheitsakt erlassen hat; vgl. BGH Urteil v. 1. 2. 1952, NJW 1952, 540[1]. Der BGH verneint hier auch die Notwendigkeit der förmlichen Sitzverlegung als Voraussetzung des Fortbestandes der AG. In der Tat kann die Gesellschaft, wenn sie ihre Betriebsstätte in deutschen Gebieten außerhalb Westdeutschlands durch Gebietsaufgabe oder durch eine über sie verhängte Enteignung eingebüßt hat und nicht imstande ist, anderswo einen neuen Betrieb zu eröffnen, nicht als eine solche im Handelsregister eines Amtsgerichts eingetragen werden, weil dadurch in unzulässiger Weise eine Scheinfirma begründet werden würde. Hat sie ihre (sämtlichen) Betriebsstätten verloren und nimmt sie nicht mehr am Wirtschaftsleben teil, so findet auch § 2 DM-BilG keine Anwendung, der nach allgemeiner Auffassung eine am Wirtschaftsleben teilhabende Handelsgesellschaft voraussetzt. Jedoch befindet sich die Gesellschaft, vorausgesetzt, daß kein ausschließender gesetzlicher Auflösungsgrund vorliegt, hinsichtlich ihres noch vorhandenen Vermögens im Zustand der Abwicklung. Besondere gesetzliche Bestimmungen für die Abwicklung juristischer Personen oder Handelsgesellschaften mit

[1] Siehe unten Nr. 402 b.

Sitz außerhalb und Vermögen innerhalb des Bundesgebietes fehlen, so daß die einschlägigen, allgemeinen Bestimmungen über die Abwicklung Anwendung finden, für eine davon betroffene AG. die §§ 205 ff. AktG ...

Die Notwendigkeit der förmlichen Abwicklung einer Gesellschaft, die als nicht mehr bestehend im Handelsregister gelöscht worden ist, von der sich aber später noch Vermögen als vorhanden erweist, ergibt sich auch aus § 2 III des Gesetzes über die Auflösung und Löschung von Gesellschaften und Genossenschaften v. 9. 10. 1934, RGBl I 914. Zwischen der Lage einer AG., die nach Löschung im Register wegen Vermögenslosigkeit auf Grund des § 2 des Gesetzes noch Vermögen besitzt, und derjenigen einer AG., die infolge Austreibung oder behördlicher Enteignung am Sitz ihrer Niederlassungen zu bestehen aufgehört hat und gleichfalls, wenn auch aus anderem Anlaß, nicht mehr in einem Handelsregister eingetragen ist, aber in einem anderen Staatsgebiet noch Vermögen besitzt, besteht in tatsächlicher Hinsicht Ähnlichkeit, so daß die Anwendung der für jene geltenden Regelung auf diese geboten erscheint.

Es sprechen somit selbständig nebeneinander bestehende materiell- und verfahrensrechtliche Gründe dafür, eine außerhalb des Bundesgebietes enteignete, daselbst noch Vermögen besitzende AG. bei der Wahrnehmung ihrer Rechte im Bereinigungsverfahren wie eine in der Abwicklung befindliche AG. zu behandeln. Für den hier zu entscheidenden Fall folgt daraus, daß die das Eigentum an den Wertpapieren innehabende AG. in dem Bereinigungsverfahren durch einen Abwickler vertreten sein muß und nicht mit der KWB des LG Düsseldorf in dem Beschluß v. 6. 4. 1951, WM 1951 IV B, S. 345, auf die Bestellung eines gesetzlichen Vertreters als unnötige Formalität verzichtet werden kann. Ergänzend ist hinzuweisen, daß im ordentlichen Rechtsstreit sowohl für die Klageschrift als auch für das Urteil eine Zweifel hinsichtlich der Identität ausschließende Bezeichnung der Parteien erforderlich ist, wozu bei juristischen Personen die genaue Angabe der gesetzlichen Vertreter, zum mindesten im Urteil gehört (*Stein-Jonas-Pohle*, ZPO[16], § 253 III, 1 S. 310 II 2), sowie daß im Wertpapierbereinigungsverfahren bei enteigneten juristischen Personen mit Sitz außerhalb des Bundesgebietes die Bestellung eines gesetzlichen Vertreters in diesem oder in West-Berlin vorausgehen soll, der im Anerkennungsbeschluß anzugeben ist, um die Verfügung über das Wertpapier durch Nichtberechtigte, etwa den Vertreter des volkseigenen mitteldeutschen Betriebes, auszuschließen (KG Berlin, Beschlüsse v. 18. 2. 1952 und 18. 3. 1952, WM 1952 IV B, S. 224[1], 364, das damit strengere Anforderungen als in der Entscheidung des gleichen Senats v. 22. 11. 1951, WM 1952 IV B, S. 113, stellt, wo nur verlangt wird, daß die Angabe, wer zur Vertretung des Anmelders befugt ist, zur Vereinfachung des späteren Verfahrens schon im Prüfungsverfahren und im Anerkennungsbeschluß enthalten sein soll, wenn die Feststellung ohne Schwierigkeit und Verzögerung des Verfahrens möglich ist).

---

[1] Siehe oben Nr. 81.

Es wurde bereits unter Hinweis auf die ratio legis ausgeführt, daß das Recht der Abwicklung einer AG. zwingender Natur ist. Daraus folgt, daß bei der Anerkennung von Rechten außerhalb des Bundesgebietes enteigneter AG. im Bereinigungsverfahren nicht mit dem OLG Bamberg in dem Beschluß v. 31. 3. 1950 (DNotZ 1950, 475[1]), der die Erteilung einer Löschungsbewilligung für eine in Mitteldeutschland enteignete und daselbst im Handelsregister gelöschte AG. behandelt, die zuletzt bestellten Vorstandsmitglieder allein kraft dieser Stellung als zur Vornahme von Abwicklungsmaßnahmen befugt anzusehen sind. Während bei dieser Entscheidung offen bleibt, ob der sich in Abwicklung befindenden AG. bei Abgabe der Löschungsbewilligung ein Gegenwert zufloß, hinsichtlich dessen die Kontrolle der Abwickler durch ein Registergericht geboten und gesetzlich vorgesehen ist, führt die Anerkennung von Rechten im Wertpapierbereinigungsverfahren stets zur Gutschrift des Wertpapierrechts und damit zur Wiederherstellung der Verfügungsmöglichkeit über Vermögen der AG., also gerade zu der Lage, die die §§ 205ff. AktG im Interesse der Gesellschaftsgläubiger und der Anteilseigner der juristischen Person zwingend regeln. Erkennt man dem Vorstand der AG. zur Zeit der Enteignung in Mitteldeutschland oder der Vertreibung in Ostdeutschland noch später als nach 5 Jahren nach seiner Bestellung ohne Gerichtsbeschluß die Eigenschaft zu, als Abwickler tätig sein zu können, also ohne daß die Gesellschaft als in Abwicklung befindlich in ein Handelsregister wieder eingetragen und die Amtsführung der Abwicklung registergerichtlich beaufsichtigt wird, wird damit u. U. die Verwendung noch vorhandenen Gesellschaftsvermögens für andere Zwecke als die Befriedigung der Gläubiger und die Verteilung an die Anteilseigner ermöglicht. Da in diesem Falle das Fortbestehen der AG. als in Abwicklung befindlich weder amtlich bekanntgemacht wird, noch auf andere Weise Dritten erkennbar zu werden braucht, ist die Kenntnisnahme der etwa noch vorhandenen Gläubiger oder Anteilseigner erschwert und allein von Zufälligkeiten abhängig. Mögen viele Jahre nach der Beendigung des Geschäftsbetriebes aus zahlreichen Gründen, nicht zuletzt infolge der Währungsreform, kaum noch Gesellschaftsgläubiger vorhanden sein, so gibt es aber nicht selten noch frühere Bedienstete mit Ruhegehaltsansprüchen gegen die Gesellschaft. Daneben bestehen die Rechte der Anteilseigner einer juristischen Person, der Aktionäre, Gesellschafter, Genossen und der Mitglieder eines eingetragenen Vereins fort, die Anspruch darauf haben, daß das noch vorhandene Vermögen bekannt, ordnungsmäßig verwaltet und zu ihrer Befriedigung verwendet wird, was die Beachtung der für die Abwicklung geltenden gesetzlichen Vorschriften voraussetzt. Daneben kann aus Gründen der Besteuerung und des Lastenausgleichs die registergerichtliche Überwachung des zur Anerkennung gelangten Wertpapierrechts angebracht erscheinen ...

Die Eintragung der AG. in ein Handelsregister und die Bestellung wenigstens eines Abwicklers als gesetzlichen Vertreters ist daher keine bloße Formalität, noch viel weniger eine nur zeitraubende, sondern Vor-

[1] Siehe oben Nr. 78.

aussetzung für den Erlaß des Anerkennungsbeschlusses im Bereinigungsverfahren."

Das Oberlandesgericht hob diese Entscheidung auf:

**b) Die Auflösung einer Rechtspersönlichkeit in der Zone ihres Sitzes wirkt, ohne Rücksicht auf eine Sitzverlegung, nicht über die Grenze dieser Zone hinaus, wenn sich nur Vermögensgegenstände der enteigneten juristischen Person außerhalb jener Zone befinden. — Die Begrenzung der Amtsdauer von Vorstandsmitgliedern einer AG. nach § 75 I AktG findet auf Aktiengesellschaften, deren Vermögen im Gebiet ihres Sitzes in der Sowjetzone enteignet und die dort aufgelöst wurden, keine Anwendung, wenn diese Gesellschaften in Westdeutschland ohne werbende Tätigkeit lediglich ihr Restvermögen verwalten. — Solche Gesellschaften sind trotz ihres Unterganges im Gebiet ihres bisherigen Sitzes nicht aufgelöst und bestehen daher auch nicht nur als Abwicklungsgesellschaften weiter.**

OLG Frankfurt a. M. (amerik. Zone), Beschl. v. 21. 12. 1953 — 6 W 466/53: *NJW 1954, 644.

Aus den Gründen:

„In der Sache selbst ist zwar das LG zutreffend davon ausgegangen, daß trotz der Enteignung des in der Sowjetzone belegenen Betriebes, den die sowjetzonalen Behörden in einen volkseigenen Betrieb überführt haben, die Anmelderin im Westen fortbesteht, weil sie hier in Gestalt der früher in den Wertpapieren verkörperten Rechte noch einzelne Vermögensstücke besitzt, und zwar ohne daß es einer formellen Sitzverlegung bedurfte, weil nach den interzonalen Rechtsgrundsätzen nicht nur die Enteignung des Vermögens, sondern auch die Auflösung der Rechtspersönlichkeit und der Verlust des Sitzes in der Ostzone infolge Löschung im Handelsregister sich in ihrer Wirksamkeit auf das Gebiet desjenigen Staates beschränken, der den Staatshoheitsakt erlassen hat (vgl. BGH, NJW 1952, 540[1]; KG, WM 1952, 47, 471, 543[2] und 600[3]; OLG Düsseldorf, GRUR 1951, 73[4]; OLG Hamm, BB 1952, 814[5]; *Teichmann-Koehler*, 1952, Anm. 6g zu § 203 AktG; *Beitzke*, NJW 1952, 841f.; *Müller*, BB 1952, 903/906; *Seidl-Hohenveldern*, Internat. Konfiskations- und Enteignungsrecht, 1952, S. 113). Das LG hat sich weiter auf den Standpunkt gestellt, daß . . . auch eine AG., die nach Enteignung in der Sowjetzone in Westdeutschland weder eine Zweigniederlassung unterhält noch eine Betriebsstätte errichtet, sondern lediglich noch über einzelne Vermögensstücke verfügt, im Handelsregister nur als Abwicklungsgesellschaft eingetragen werden könne, weil andernfalls unzulässigerweise eine Scheinfirma begründet würde . . .

Der Senat vermag sich dieser Ansicht nicht anzuschließen, weil sie den besonderen Verhältnissen der in der Sowjetzone enteigneten AG.en nicht gerecht wird. Es braucht nicht erörtert zu werden, ob ähnlich wie

[1] Siehe unten Nr. 402b. [2] Siehe unten Nr. 87. [3] Siehe unten Nr. 122.
[4] Siehe unten Nr. 421b. [5] Siehe unten Nr. 169a.

in den Fällen des § 214 IV AktG und des § 2 III Auflösungsgesetz v. 9. 10. 1934 in Westdeutschland eine in der Sowjetzone enteignete AG., die hier keine Betriebsstätte errichtet hat, im Handelsregister eingetragen werden muß, wenn infolge Wegfalls der Vorstandsmitglieder oder Abwickler aus besonderem Anlaß (z. B. bei Erhebung einer Klage seitens eines Gläubigers) gerichtlicherseits ein Abwickler oder wenigstens ein Notvertreter gemäß § 29 BGB bestellt werden muß. Denn in den Fällen der vorliegenden Art steht § 75 I AktG der Fortdauer der Vertretungsbefugnis des bisherigen Vorstands nicht entgegen. Diese erst bei Erlaß des AktG v. 30. 1. 1937 eingefügte Vorschrift ist geschaffen, um den Abschluß langjähriger Anstellungsverträge zu verhindern, weil solche Verträge oftmals zu einer schweren Belastung der AG. geführt und sich im Falle unbefristeter Dauer der Vorstandseigenschaft auch aus der selbständigen Stellung des Vorstands Gefahren ergeben haben (vgl. *Schlegelberger-Quassowski*, 1939, Bem. 1; *Teichmann-Koehler*, Anm. 1b zu § 75 AktG; BGH, NJW 1951, 881). Für Fälle der vorliegenden Art paßt diese Vorschrift nicht. Bei den in der Sowjetzone enteigneten AG.en, die in Westdeutschland keine Betriebsstätte errichten, sondern nur über einzelne Restvermögensstücke verfügen, ist eine derartige Beschränkung nicht notwendig. Abgesehen davon, daß die bisherigen Organe in diesen Fällen häufig gar keine Abwicklung der Gesellschaft durchführen wollen, sondern die verbliebenen Vermögensstücke treuhänderisch verwalten wollen, um die weitere wirtschaftliche und politische Entwicklung abzuwarten, besteht für alle Beteiligten viel mehr ein Interesse an der Fortdauer ihrer Vertretungsmacht als an einer Beendigung derselben, damit die mit den Verhältnissen vertrauten Vorstandsmitglieder in der Lage sind, die noch vorhandenen Werte der AG. zu erhalten. Jedenfalls bedeutet infolge der durch höhere Gewalt herbeigeführten völlig veränderten Lage und der darauf beruhenden Beschränkung der Aufgaben des Vorstands auf einen engen Bereich die Fortdauer der Vorstandseigenschaft für die AG. und die Aktionäre keine Belastung oder Gefährdung von der Art, wie sie der Gesetzgeber für normale Zeiten mit der Vorschrift des § 75 ausschließen wollte.

Es liegt auch nicht im Rahmen von Einzelmaßnahmen für oder gegen die AG., eine bis dahin unterbliebene Eintragung im Handelsregister herbeizuführen, um andere Beteiligte, seien es Aktionäre oder Gläubiger, auf das Fortbestehen der AG. aufmerksam zu machen. Vielmehr muß es mangels gesetzlicher Bestimmungen dem Einzelnen überlassen bleiben, selbst die erforderlichen Erkundigungen einzuziehen. Auch der Gesichtspunkt, es bestehe ein Bedürfnis, durch registergerichtliche Überwachungsmöglichkeiten Verfügungen des Vorstands zum Nachteil der AG. und anderer Beteiligter auszuschließen, rechtfertigt den Standpunkt des LG nicht, denn eine Überwachungsbefugnis steht dem Registergericht gar nicht zu; es wird im wesentlichen nur bei Errichtung und Anmeldung der AG. (§ 31 AktG), bei Anmeldung sonstiger eintragungsbedürftiger Tatsachen (z. B. einer Satzungsänderung, § 148 AktG), bei Entgegennahme des Jahresabschlusses und der Bekanntmachung desselben (§ 143 AktG) sowie auf Antrag bei Bestellung fehlender Vorstands- und Aufsichtsratsmitglieder (§§ 76 und 89 AktG) und etwaiger Sonderprüfer (§ 118 III AktG) und endlich, ebenfalls auf Antrag, bei Bestellung und Abberufung von Abwicklern (§ 206 II AktG) tätig. Die Überwachung als solche obliegt dagegen der AG. selbst, und zwar in erster Linie dem Aufsichtsrat (§§ 95 und 205 II AktG), außerdem auch der Hauptversammlung (§ 104 AktG). Im übrigen müßte folgerichtig dann auch z. B. dem Geschäftsführer einer in der Ostzone enteigneten GmbH die Vertretungseigenschaft abgesprochen werden, um nachteilige Verfügungen auszuschließen.

In Übereinstimmung mit KG, WM 1951, 881[1]; OLG Bamberg, DNotZ 1950, 475[2] und OLG Düsseldorf, NJW 1950, 470[3] vertritt der Senat den Standpunkt, daß § 75 AktG im vorliegenden Falle die Fortdauer der Vertretungsbefugnis des im Zeitpunkt der Enteignung bestellten Vorstandes nicht beeinträchtigt. Damit entfällt die Notwendigkeit einer Eintragung der AG. sowie einer Bestellung von Abwicklern.

Unter Zugrundelegung der Feststellungen des LG und unter der Voraussetzung, daß Brauereidirektor R. als Vorsitzer des Vorstands der AG. alleinvertretungsberechtigt war, werden auch im Hinblick auf § 210 II AktG keine weiteren Maßnahmen erforderlich. Nach dieser Bestimmung gilt die durch die Satzung einem Vorstandsmitglied eingeräumte Befugnis, allein die Gesellschaft zu vertreten (vgl. § 71 AktG), allerdings nicht ohne weiteres auch für die Abwickler; mehrere Abwickler können vielmehr die Gesellschaft grundsätzlich nur gemeinschaftlich vertreten, sofern nicht in der Satzung für sie eine andere Regelung getroffen ist. Die Bestimmung des § 210 ist im vorliegenden Falle jedoch nicht anzuwenden. Der Senat stellt sich in der vom BGH, NJW 1952, 540[4], offen gelassenen Frage, ob ein enteignetes Ostunternehmen im Westen nur noch im Abwicklungszustande besteht, auf den von *Würdinger*, SJZ 1950, 83 vertretenen Standpunkt, daß derartige AG.en trotz der Auflösung in der Sowjetzone in Westdeutschland als unverändert fortbestehend anzusehen sind, weil die Annahme der Auflösung dem Willen der Beteiligten nicht entsprechen und zu unbefriedigenden Ergebnissen führen würde (ebenso wohl auch *Teichmann-Koehler*, Anm. 6g zu § 203 AktG).

Lediglich für den Fall, daß Brauereidirektor R. nicht seine Befugnis zur alleinigen Vertretung der AG. glaubhaft machen kann, wird das LG auf Grund seiner Sachleitungs- und Ermittlungspflicht zu erwägen haben, ob gemäß § 50 FGG bei dem nach § 39 FGG zuständigen AG die Bestellung eines Pflegers gemäß § 1913 BGB zu erwirken ist (vgl. die bei *Seidl-Hohenveldern*, aaO., S. 116 Fußnote 12 angeführte Entscheidung des OLG München v. 7. 9. 1951[5], ferner die o. a. Entscheidung des KG, WM 1952, 471, 543[6] und 600[7]). Diese Maßnahme ist auch bei juristischen Personen zulässig (vgl. *Palandt*, Anm. 1 zu § 1913) und erscheint zweckmäßiger als die Bestellung etwa eines Notvertreters nach

[1] Siehe oben Nr. 79.
[2] Siehe oben Nr. 78.
[3] Siehe unten Nr. 418a.
[4] Siehe unten Nr. 402b.
[5] Gemeint: AZGB Nr. 156, No. 707 = IPRspr. 1950 bis 1951 Nr. 13.
[6] Siehe oben Nr. 87.
[7] Siehe unten Nr. 122.

§ 29 BGB (vgl. dazu *Groschoff*, JW 1933, 233/236 und *Lange-Ronneberg*, JW 1934, 1084/1089), weil die Einleitung einer Pflegschaft keinerlei mit Kosten verbundene Eintragungen im Handelsregister notwendig macht."

**84. Eine Genossenschaft mit bisherigem Sitz im deutschen Gebiet ostwärts der Oder-Neiße-Linie besteht selbst dann, wenn ihre Tätigkeit beendet, ihre Organisation tatsächlich zusammengebrochen und ihr Vermögen untergegangen ist, solange als Rechtspersönlichkeit weiter, bis sie nach den Vorschriften des Genossenschaftsgesetzes liquidiert oder nach dem Gesetz v. 9. 10. 1934 wegen Vermögenslosigkeit ohne Liquidation im Handelsregister gelöscht worden ist.**

**Solange hiernach die Rechtspersönlichkeit einer derartigen Genossenschaft fortbesteht, sind die in die Westzonen geflüchteten bisherigen Vorstandsmitglieder weiter vertretungsberechtigt.**

LG Hamburg (brit. Zone), Urt. v. 17. 1. 1946 — 51/3/45: SJZ 1947, 195 (*Ulmer*).

Vorstand und Angestellte einer Genossenschaft, die ihren Sitz im deutschen Gebiet ostwärts der Oder-Neiße-Linie hatte, flüchteten bei der poln. Besetzung dieses Gebietes in die Westzonen. Hier setzte die Genossenschaft, deren Organisation durch die Zerstreuung des geflüchteten Personals tatsächlich zusammengebrochen war und die in den Westzonen kein nennenswertes Vermögen besaß, ihre Tätigkeit nicht fort; andererseits wurde sie in den Westzonen aber auch nicht liquidiert oder liquidationslos im Handelsregister gelöscht.

Einige Angestellte hatten zur Flucht in das Gebiet der brit. Zone einen der Genossenschaft gehörenden Lastkraftwagen benutzt, den sie auch nach der Flucht in ihrem Besitz behielten. Zwei gleichfalls in die Westzonen geflüchtete Vorstandsmitglieder verlangten vor den Gerichten der brit. Zone den Wagen von den Besitzern im Namen der Genossenschaft als deren Eigentum heraus. Die Bekl. wandten u. a. ein, die kl. Genossenschaft bestehe nicht mehr, da ihre Tätigkeit beendet, ihre Organisation tatsächlich zusammengebrochen und ihr Vermögen untergegangen sei. Das LG hat der Klage stattgegeben.

Aus den Gründen:

„. . . Der Klage war stattzugeben. Die Kl. ist nach wie vor gemäß § 17 I GenG juristische Person des Privatrechts. Selbst wenn die von den Bekl. behauptete Zerstreuung der Leiter und Angestellten der Genossenschaft und der Untergang ihres Vermögens zutreffend sein sollte, besteht die Kl. als Rechtspersönlichkeit gemäß § 87 I i.V.m. § 17 I GenG. Ebenso kann die Kl. nicht mangels Vermögens als aufgelöst gelten, da nach dem Ges. v. 9. 10. 1934, § 3 i.V.m. § 2 I, der hierzu erforderliche Antrag seitens einer hierfür zuständigen Behörde nicht vorgelegen hat..

Eine Auflösung ist hiernach noch nicht erfolgt. Daher bedarf es eines weiteren Beweises für die Existenz der Kl. nicht . . . Es ist . . . ausgeschlossen, daß inzwischen ein neuer Vorstand durch die Generalversammlung gewählt worden ist. Auf Grund der von der Kl. beigebrachten notariell beglaubigten eidesstattlichen Versicherungen . . . hat das Gericht die Vertretungsmacht der Vorstandsmitglieder als erwiesen angesehen."

**85. Die Banken für Handwerk und Gewerbe in der Ostzone sind nicht Rechtsnachfolger der früheren Volksbanken in der Ostzone. — Im Bundesgebiet belegene Wertpapierrechte der Volksbanken sind daher nicht für die Bank für Handwerk und Gewerbe, sondern für den im Bundesgebiet bestellten Treuhänder des Vermögens der früheren Volksbanken in der Ostzone anzuerkennen.**

LG Bielefeld (brit. Zone), Beschl. v. 21. 12. 1951 — 7a KWpR 415 und 532: WM 1952 IV B, S. 191.

Die „Landwirtschaftliche und gewerbliche Genossenschaftsbank T. [Ostzone] und Umgebung eGenmbH", Anmelderin zu 1, und die „Volksbank T. eGenmbH" — vertreten durch ihren für das Bundesgebiet bestellten Treuhänder, Anmelderin zu 2, meldeten Schuldverschreibungen zur Wertpapierbereinigung an, die eine AG. mit Sitz im Bundesgebiet ausgegeben hatte. Die Anmeldung zu 1 wurde abgelehnt, die zu 2 anerkannt.

Aus den Gründen:

„Zu Unrecht behauptet die Anmelderin zu 1, die Rechtsnachfolgerin der Anmelderin zu 2 zu sein. Die vorgelegten Auszüge aus dem Genossenschaftsregister enthalten an keiner Stelle die Eintragung ‚Volksbank T.', so daß nicht zu erkennen ist, ob sich die Anmelderin zu 1) aus der Volksbank T entwickelt hat. Die Anmelderin zu 1 ist aufgefordert worden, ihre Eigenschaft als Rechtsnachfolgerin der Volksbank T nachzuweisen. Sie ist auf die 1946 oder 1947 in die Rechtsverhältnisse der Volksbank T eingreifenden Maßnahmen nicht eingegangen. Es besteht kein Anlaß, der Anmelderin zu 1 erneut eine gerichtliche Auflage zu machen. Die lückenhafte Erwiderung bestätigt nur die gerichtsbekannte Tatsache, daß die Banken für Handwerk und Gewerbe (hier: Bank für Handwerk, Gewerbe und Landwirtschaft) nicht Rechtsnachfolger der früheren Volksbanken sind. Diese Auffassung hat das OG der Ostzone durch Urteil v. 8. 11. 1950 bestätigt (Akt.Z. 1 Z z 38/50, abgedruckt in NJ 1951, 27). Dort ist ausdrücklich festgestellt worden, daß die neuen Banken und insbesondere die Bank für Handwerk und Gewerbe weder rechtsgeschäftlich noch gesetzlich Nachfolger der früheren Bank sind."

**86. Die „Aufhebung" der früheren Volksbanken in der Ostzone und die Übernahme ihrer Aufgaben und ihres Vermögens durch die Banken für Handwerk und Gewerbe stellt eine entschädigungslose Enteignung dar. — Hoheitliche Maßnahmen ergreifen nicht Vermögenswerte außerhalb des Gebietes des anordnenden Hoheitsträgers. — Rechte aus Wertpapieren sind am Sitz des Ausstellers belegen, ohne Rücksicht auf den Aufbewahrungsort der Urkunden.**

OLG Düsseldorf (brit. Zone), Beschl. v. 2. 2. 1952 — 6 W Wp 125/130/51: WM 1952 IV B, S. 149.

In einem Depot in der Ostzone liegen Aktien der Z-AG. mit Sitz im Bundesgebiet, die von der Volksbank eGenmbH in M. (Ostzone) hinterlegt worden waren. Die Bank für Handwerk und Gewerbe, eGenmbH in M., hat diese Rechte als Rechtsnachfolgerin im eigenen Namen angemeldet. Das LG lehnte die Anmeldung ab, das OLG bestätigte diese Entscheidung im Ergebnis.

Aus den Gründen:

„Das LG beschäftigt sich in den Gründen seiner Entscheidung in der Hauptsache damit, ob die Anmelderin durch Vorlage von Original-Registerauszügen den Nachweis der Rechtsnachfolge erbracht habe, und ob nach der Entscheidung des OG der DDR v. 8. 11. 1950 überhaupt eine Rechtsnachfolge der Anmelderin nach der . . . Volksbank bestehe. Diese beiden Fragen hat das LG verneint. Hierauf liegt indessen nicht das Schwergewicht für die Entscheidung über das angemeldete Recht. Aus der angeführten Entscheidung des OG der DDR v. 8. 11.1950, insbesondere den dort angeführten Befehlen der SMAD, ergibt sich, daß die Eigentümerin des Rechts, die . . . Volksbank, wie alle früheren Bankinstitute der Ostzone, ‚aufgehoben' worden ist und ihre wirtschaftlichen Aufgaben und ihre Vermögensrechte von der jetzigen Anmelderin, der Bank für Handwerk und Gewerbe übernommen worden sind. Es handelt sich also um den Fall, daß im Zuge der politischen und wirtschaftlichen Umgestaltung der Ostzone nach dem Kriege die . . . Volksbank entschädigungslos enteignet und die Bank für Handwerk und Gewerbe als Nachfolgeinstitut zum Träger oder jedenfalls Verwalter des enteigneten Vermögens bestimmt worden ist. Soweit dieses Vermögen, wie es hier zutrifft, im Gebiete der Bundesrepublik belegen ist, können indessen die in der DDR angeordneten Enteignungen und Verfügungsbeschränkungen nach den Grundgesetzen des internat. Rechts nicht anerkannt werden, weil solche hoheitlichen Maßnahmen das Vermögen nicht ergreifen, das außerhalb des Landes liegt, das diese Maßnahmen angeordnet hat (s. NJW 1952, 127 zu Ziff. 10). Für die Wertpapierbereinigung ist dieser Grundsatz in §§ 21 I Nr. 3 WBG, 8 ErgGes. WBG ausdrücklich anerkannt. Das Recht aus den angemeldeten Papieren ist am Sitz der Ausstellerin, also nicht im Gebiete der DDR, sondern in der Bundesrepublik belegen. Darauf, wo sich die Aktienurkunden befinden, kommt es nicht an. Gemäß § 9 der 35. DVO/UG unterliegt das Recht daher der Verwaltung des von der BdL bestellten Treuhänders, des Deutschen Genossenschaftsverbandes in Wiesbaden.

Aus dieser Rechtslage ergibt sich: Als Inhaberin des angemeldeten Rechts ist die . . . Volksbank anzusehen. Sie kann nach der Entscheidung des Senats v. 8. 1. 1952[1] ohne die Einwilligung ihres ostzonalen Nachfolgeinstituts in das Prüfungsverfahren eintreten und ihre Rechte geltend machen. Hierbei wird sie durch den Treuhänder vertreten (§ 9 II der 35. DVO/UG). Die KWB wird dem Treuhänder, da dies noch nicht geschehen ist, Gelegenheit geben müssen, in das Verfahren einzutreten."

**87. Der Beschluß der Organe einer juristischen Person, die Firma zu ändern, kann unter Umständen eine entschädigungslose Enteignung des Vermögens dieser Rechtspersönlichkeit verdecken. — Eine Enteignung hat keine Wirkung außerhalb des enteignenden Landes. — Eine juristische Person, deren Sitz sich in der Ostzone befand und deren Vermögen in**

[1] Siehe oben Nr. 17.

**dieser Zone enteignet wurde, besteht auf Grund ihres außerhalb der enteignenden Zone gelegenen nichtenteigneten Vermögens fort. — Zur Wahrnehmung der Rechte einer solchen juristischen Person in der Wertpapierbereinigung ist ein Pfleger gemäß § 50 FGG zu bestellen.**

KG Berlin(West), Beschl. v. 27. 6. 1952 — 2 W 2300/51: WM 1952 IV B, S. 543.

Die Bank für Handwerk und Gewerbe eGenmbH in T. (sowjet.) hat Wertpapiere der Z-AG. mit Sitz in Westdeutschland zur Wertpapierbereinigung angemeldet. Eigentümerin der Papiere war am 1. 1. 1945 die Volksbank T. eGenmbH. Das LG wies diese Anmeldung zurück; das KG bestätigt diese Entscheidung, hält aber die Bestellung eines Pflegers für die Volksbank T. für erforderlich.

Aus den Gründen:

„Das LG hat mit zutreffender Begründung die Anmeldung der Bank für Handwerk und Gewerbe eGenmbH in T. als unbegründet abgelehnt, weil die Anmelderin am 1. 1. 1945 nicht Eigentümerin der angemeldeten Wertpapiere war und der behauptete Eigentumserwerb der Anmelderin auf einer behördlichen Maßnahme nach dem 1. 1. 1945 außerhalb des Währungsgebietes beruht. Aus dem vom LG angeführten Urteil des OG für die sowjet. Zone v. 8. 11. 1950, das als authentische Auffassung der Rechtslage für die Ostzone anzusehen ist, geht eindeutig hervor, daß die neuen Banken weder rechtsgeschäftliche noch gesetzliche Rechtsnachfolger der früheren Banken sind. Die in das Genossenschaftsregister am 14. 5. 1946 eingetragenen Firmenänderungen gehen zwar auf Beschlüsse der Genossenschaftsversammlungen zurück. Diese sind jedoch nicht freiwillig gefaßt worden; die Beschlüsse sind vielmehr unter Zwang herbeigeführt worden und stellen in das Gewand des Rechts gekleidete Maßnahmen der SMA bzw. der DDR dar, die die Neuorganisation der Genossenschaftsverbände gemäß den Befehlen der SMA möglichst reibungslos und geräuschlos durchführen sollten. Es handelt sich, wie das OLG Düsseldorf in seinem Beschlusse v. 2. 2. 1952[1] . . . zutreffend ausgeführt hat, in Wahrheit darum, daß im Zuge der politischen und wirtschaftlichen Umgestaltung der Ostzone nach dem Kriege die Volksbank T. eGenmbH entschädigungslos enteignet und die Bank für Handwerk und Gewerbe eGenmbH in T. als Nachfolgeinstitut zum Träger oder jedenfalls Verwalter des enteigneten Vermögens bestimmt worden ist. Eine solche Maßnahme widerspricht dem Art. 14 des GG für die Bundesrepublik Deutschland, der das Eigentum gewährleistet und eine Enteignung nur zum Wohle der Allgemeinheit unter Gewährung einer gerechten Entschädigung zuläßt. Die Anerkennung solcher Maßnahmen ist außerdem durch die Bestimmung des § 21 I Nr. 3 WBG ausdrücklich ausgeschlossen, da diese nur Maßnahmen der Behörden oder Besatzungsmächte des Währungsgebietes nach dem 1. 1. 1945 anerkennt und damit die Gerichte der Prüfung der Rechtswirksamkeit von Entscheidungen nach dem 1. 1. 1945 durch andere als die in dieser Bestimmung genannten Stellen enthoben hat (vgl. OLG Düsseldorf v. 8. 1. 1952[2] . . .; OLG München v. 11. 1. 1952 . . .; KG v. 23. 5. 1952 . . .; und v. 13. 6. 1952...)

[1] Siehe oben Nr. 86. [2] Siehe oben Nr. 17.

Die Enteignung der Volksbank T. eGenmbH durch die sowjet. Behörden wirkt sich nicht auf das außerhalb des Machtbereichs dieser Behörden im Bundesgebiet bzw. West-Berlin befindliche Vermögen der enteigneten Firma aus. Insoweit ist sie als fortbestehend anzusehen und ihre Rechtspersönlichkeit und Verfügungsberechtigung ist erhalten geblieben (vgl. OLG Düsseldorf v. 2. 2. 1952[1]. . .; OLG Nürnberg v. 7. 9. 1951[2]. . .). Demnach ist die Volksbank T. eGenmbH nach wie vor als Inhaberin der angemeldeten Rechte anzusehen. Sie kann ohne Einwilligung ihres ostzonalen Nachfolgeinstituts in das Prüfungsverfahren eintreten und ihre Rechte geltend machen (OLG Düsseldorf v. 8. 1. 1952[3]. . ., v. 2. 2. 1952[4]. . . und 10. 5. 1952[5]. . .). Während für das im Währungsgebiet im Sinne der Währungsvorschriften, d. h. im Gebiete der 11 westdeutschen Länder, vorhandene Vermögen der früheren Volksbanken nach § 9 der 35. DVO zum westdeutschen UG Treuhänder bestellt worden sind, ist für Berlin eine solche Regelung bisher nicht getroffen. Bis zu diesem Zeitpunkt ist es daher erforderlich, gemäß § 50 FGG das nach § 39 FGG zuständige Vormundschaftsgericht um die Bestellung eines Pflegers für die Volksbank T. eGenmbH zu ersuchen. Um eine einheitliche Geschäftsführung für alle früheren Volksbanken zu gewährleisten, ist es zweckmäßig, wenn möglich, den westdeutschen Treuhänder als Pfleger zu bestellen."

**88. Allein der Treuhänder für das im Bundesgebiet belegene Vermögen der ländlichen Kreditgenossenschaften, die ihren Sitz in einem nicht zum Bundesgebiet gehörenden Teil Deutschlands haben, ist zur Vertretung dieser Genossenschaften berechtigt. — Das Recht an Wertpapieren ist ohne Rücksicht auf die Verwahrungsart am Sitz des Ausstellers belegen.**

OLG Düsseldorf (brit. Zone), Beschl. v. 30. 6. 1952 — 6 Wp 159/52: WM 1952 IV B, S. 562 (*Eichhorn*).

Die „Landwirtschaftliche Dorfgenossenschaft M. eGenmbH" in M. (sowjet.) hat Wertpapiere zur Bereinigung angemeldet, deren Aussteller seinen Sitz in den Westzonen hat. Die Wertpapiere liegen im Depot der Genossenschaftsbank in K. (sowjet.). Die Anmelderin behauptet, sie sei mit der Käuferin der Papiere im Jahre 1938, der „Ländlichen Spar- und Darlehenskasse eGenmbH M." identisch, habe ohne Änderung der Rechtspersönlichkeit im Jahre 1950 ihre Firma, wie in der Anmeldung angegeben, geändert und habe sich inzwischen ebenfalls ohne Änderung der Rechtspersönlichkeit in „Vereinigung der gegenseitigen Bauernhilfe . . ." umbenannt. Der Deutsche Raiffeisen-Verband in Bonn hat sich dem Verfahren mit dem Antrag angeschlossen, ihm die Rechte der Ländlichen Spar- und Darlehenskasse zur treuhänderischen Verwaltung zu übertragen. Das OLG wies die Anmeldung zu 1 zurück und entsprach der zu 2.

Aus den Gründen:

„Die Rechtslage bei der Anmeldung von Kreditinstituten aus der sowjet. Besatzungszone hat der Senat zuletzt in seiner Entscheidung v. 10. 5. 1952. . . dargelegt. Danach kann nur der gemäß § 9 der 35. DVO zum UG (VerlagerungsVO) bestellte Treuhänder die Wertpapiere der

[1] Siehe oben Nr. 86. [2] Siehe IPRspr. 1950—1951 Nr. 13. [3] Siehe oben Nr. 17.
[4] Siehe oben Nr. 86. [5] Siehe unten Nr. 410.

Kreditinstitute aus der sowjet. Besatzungszone zur Wertpapierbereinigung anmelden. Die Anmeldung, welche von der Kreditgenossenschaft unter Berufung auf ihre Personengleichheit mit dem früheren Depotinhaber ohne Übereinstimmung mit dem Treuhänder vorgenommen wird, ist schon deshalb abzulehnen, weil ihr Vorstand zur Vertretung dieses Kreditinstituts in der Wertpapierbereinigung nicht befugt ist. Der Deutsche Raiffeisenverband e. V. Bonn ist von der Bank deutscher Länder auf Grund der genannten VerlagerungsVO zum Treuhänder für die im Bundesgebiet vorhandenen Vermögenswerte der ländlichen Kreditgenossenschaften bestellt worden, die ihren Sitz in einem nicht zum Bundesgebiet gehörenden Teil Deutschlands haben. Zu dem unter Treuhandverwaltung gestellten Vermögen dieser Kreditgenossenschaften gehört ohne Rücksicht auf die Verwahrungsart das Recht an Wertpapieren, deren Aussteller seinen Sitz im Bundesgebiet hat. Im Bundesgebiet vertritt nur der Treuhänder bei den zur Durchführung seiner Aufgaben dienenden Rechtshandlungen das Geldinstitut gerichtlich und außergerichtlich (§ 9 II der VerlagerungsVO)."

**89.** **Die Frage, ob eine Genossenschaft trotz Namensänderung rechtlich mit einer Genossenschaft, die früher bestanden hat, identisch ist oder deren Rechtsnachfolge angetreten hat, ist nach dem Recht am Sitz der Genossenschaften zu entscheiden. — Eine Enteignung hat keine Wirkung außerhalb des enteignenden Landes.**

OLG Celle (brit. Zone), Beschl. v. 7. 7. 1952 — 1 Wx 21/52: WM 1952 IV B, S. 541.

Die Bank für Handwerk und Gewerbe in E. (sowjet.) eGenmbH hat Wertpapiere eines westdeutschen Ausstellers zur Bereinigung angemeldet. Eigentümerin der Rechte war am 1. 1. 1945 die Volksbank E. eGenmbH. Die Anmelderin behauptet, sie sei mit dieser Genossenschaft identisch. Das LG erkannte diese Identität an, das OLG verneinte sie.

Aus den Gründen:

„Das LG hat zu Unrecht eine Identität zu der früheren Eigentümerin, der Volksbank E. eGenmbH, und der Anmelderin, der Bank für Handwerk und Gewerbe in E. eGenmbH, angenommen...

Der Befehl Nr. 14 der SMAD ist allerdings in seiner Fassung ... nicht völlig klar, denn er spricht davon, daß den früheren Volksbanken die Wiederaufnahme ihrer Tätigkeit als Banken für Handwerk und Gewerbe zu gestatten sei; indessen ist in der Abhandlung von *Ludwig*, Zeitschrift für das gesamte Finanzwesen der DDR 1952, 160—161 eingehend der Standpunkt dargelegt und vertreten worden, daß es sich bei der Freigabe des Vermögens der ehemaligen Volksbanken zugunsten der neuen ‚Banken für Handwerk und Gewerbe' lediglich um eine besondere Hilfsmaßnahme zur Förderung der Genossenschaftstätigkeit handelt, daß aber nicht der Befehl 01 der SMAD v. 23. 7. 1945 berührt worden sei, der die endgültige Schließung auch der Volksbanken angeordnet habe. Aus diesem Grunde ist in dem erwähnten Aufsatz abgelehnt worden, das den neuen Banken für Handwerk und Gewerbe zugewiesene

Anlagevermögen der früheren Volksbanken als ein ‚Verrechnungskonto Altgeschäft' anzusehen, dieses Vermögen sollte vielmehr den neuen Banken ohne Gegenleistung zugeführt werden. Das schließt die Annahme einer Identität aus. Es kommt hinzu, und dies ist entscheidend, daß der OG der DDR in der Entscheidung v. 8. 11. 1950 (vgl. NJ 1951, 27) den Standpunkt vertreten hat, daß die neuen Banken für Handwerk und Gewerbe nicht identisch mit den früheren Volksbanken oder aber Rechtsnachfolger dieser Institute seien. Nach dieser eindeutigen höchstrichterlichen Entscheidung, die für das Gebiet der DDR als maßgeblich angesehen werden muß, kann nicht mehr davon ausgegangen werden, daß die neuen Banken mit den früheren Volksbanken identisch oder ihre Rechtsnachfolger sind. Das muß auch gelten für solches Vermögen, das sich in den Westzonen befindet, mindestens insoweit, als es nach dieser Entscheidung nicht angeht, die neuen Banken für Handwerk und Gewerbe ohne weiteres als Träger desjenigen Vermögens anzusehen, das früher den Volksbanken zustand, denn sie sind ja nicht identisch oder Rechtsnachfolger dieser Volksbanken. Eine andere Frage wäre die, ob das Vermögen der früheren Volksbanken als enteignet und den neuen Banken für Handwerk und Gewerbe zugewiesen anzusehen wäre. Einer solchen Enteignung und Zuweisung wäre indessen nach § 21 I Nr. 3 WBG die Anerkennung zu versagen.

Daß gleichwohl formell, wie sich aus dem Handelsregisterauszug und dem Revisionsbericht ergibt, die neue Bank für Handwerk und Gewerbe sich als Fortsetzerin der alten Volksbank nach außen geriert, ist rechtlich nicht entscheidend. Es beruht dies offensichtlich auf dem politischen Bestreben, die genossenschaftliche Bewegung möglichst zu fördern. Rechtlich entscheidend kann indessen nur der Standpunkt des OG der DDR in dieser Frage sein (vgl. auch OLG Düsseldorf, WM 1952, 149[1])."

**90. Ist für das im Bundesgebiet belegene Vermögen einer Rechtspersönlichkeit mit Sitz in der Ostzone ein Treuhänder bestellt worden, so kann es dahingestellt bleiben, ob trotz Namensänderungen diese Rechtspersönlichkeit nach dem Recht ihres Sitzes identisch geblieben ist oder eine Rechtsnachfolge vorliegt. — Hinsichtlich des im Bundesgebiet belegenen Vermögens gilt eine solche Rechtspersönlichkeit als unverändert fortbestehend. — Wertpapierrechte sind ohne Rücksicht auf die Verwahrungsart am Sitz des Ausstellers belegen.**

LG Mainz (französ. Zone), Beschl. v. 25. 8. 1952 — KWpR 629/51: WM 1952 IV B, S. 626 (*Trost*).

Der Sachverhalt entspricht dem Sachverhalt der Entscheidung des OLG Düsseldorf vom 30. 6. 1952, oben Nr. 88.

Aus den Gründen:

„Es kann dahingestellt bleiben, ob die behauptete Rechtsnachfolge der Anmelderin zu Ziff. 1 auf hoheitliche Maßnahmen in der sowjet. Besatzungszone zurückzuführen ist oder ob die Anmelderin zu Ziff. 1 die-

[1] Siehe oben Nr. 86.

selbe Rechtspersönlichkeit wie die frühere Depotinhaberin darstellt oder deren private Rechtsnachfolgerin ist oder nur in die Vermögensrechte der früheren Depotinhaberin eingetreten ist.

In jedem dieser Fälle ist das Ergebnis, daß die Anmeldung der Anmelderin zu Ziff. 1 abzulehnen ist. Denn im Falle hoheitlicher Maßnahmen außerhalb des Währungsgebietes wäre dies die Folge der ausdrücklichen Bestimmung des § 21 I Nr. 3 WBG, und in den übrigen Fällen wäre der Vorstand der Anmelderin zu Ziff. 1 nicht berechtigt, diese bei der Anmeldung im Wertpapierbereinigungsverfahren zu vertreten. Denn wegen der im Bundesgebiet gelegenen Vermögenswerte vertritt nach § 9 II der 35. DVO zum UG nur der bestellte Treuhänder das ostdeutsche Institut. Insoweit also wäre die Vertretungsbefugnis des Vorstandes ausgeschlossen (WM 1952, 434).

Für das Prüfungsverfahren der Wertpapierbereinigung ist davon auszugehen, daß die Anmelderin zu Ziff. 2 unverändert fortbesteht und das Wertpapierrecht ihr also weiterhin gehört.

Als Treuhänder des im Bundesgebiet befindlichen Vermögens der früheren Depotinhaberin ist der Raiffeisenverband bestellt. Zu deren unter Treuhandverwaltung gestellten Vermögen gehört auch, ohne Rücksicht auf die Verwahrungsart, das Recht an den angemeldeten Wertpapieren, da deren Aussteller seinen Sitz im Bundesgebiet hat."

**91. Wertpapierrechte sind ohne Rücksicht auf die Verwahrungsart im Bundesgebiet belegen, wenn der Aussteller in diesem seinen Sitz hat. — Ostzonale hoheitliche Maßnahmen gegen das Vermögen oder den Rechtsbestand einer juristischen Person haben im Bundesgebiet keine Wirkung. — Nach der ostzonalen Rechtsprechung sind die ehemaligen Volksbanken trotz formeller Gleichheit mit den neuen Banken für Handwerk und Gewerbe nicht identisch.**

LG Mannheim (amerik. Zone), Beschl. v. 2. 12. 1952 — WP 19/51: WM 1953 IV B, S. 224.

Die Volksbank für Handwerk und Gewerbe eGenmbH in O. (sowjet.) und die Volksbank O. eGenmbH, vertreten durch den Deutschen Genossenschaftsverband (Schulze-Delitzsch) in W. (Bundesgebiet) als Treuhänder, meldeten Wertpapiere eines westdeutschen Ausstellers zur Bereinigung an. Die erste Anmeldung wurde abgelehnt, die zweite anerkannt.

Aus den Gründen:

„Die Volksbank für Handwerk und Gewerbe eGenmbH, früher Volksbank O. eGenmbH hat die oben genannten Wertpapiere, die nach § 3 WBG kraftlos geworden sind, angemeldet und behauptet, deren Eigentümerin zu sein. Zum Beweis ihres Rechtes hat sie folgende Urkunden vorgelegt: . . .

Als Treuhänder der Volksbank O. ist der Genossenschaftsverband (Schulze-Delitzsch) dem Verfahren beigetreten und hat damit die angemeldeten Rechte für sich geltend gemacht. Die Bank deutscher Länder hat auf Grund des § 9 I der 35. DVO zum UG (VerlagerungsVO) v. 12. 5. 1951 den Deutschen Genossenschaftsverband (Schulze-Delitzsch) zum Treuhänder für die ostdeutschen Kreditgenossenschaften (Volksbanken) bestellt. Diese Bestellung bezieht sich auf das im Bundesgebiet befindliche Vermögen der Genossenschaft, die bis zum Kriegsende unter der Firma Volksbank O. eGenmbH in O. bestanden hat. Zu den unter Treuhandverwaltung gestellten Vermögen dieser Volksbank gehört auch, ohne Rücksicht auf die Verwahrungsart, das Recht an den angemeldeten Wertpapieren, deren Aussteller seinen Sitz im Bundesgebiet hat. . .

Hoheitliche Maßnahmen in der sowjet. Besatzungszone, wodurch die Volksbank O. aufgehoben oder sonstwie in deren Rechtsbestand oder Vermögen eingegriffen wurde, sind nach § 21 I Nr. 3 WBG für die Bundesrepublik nicht wirksam.

Es ist deshalb davon auszugehen, daß die Volksbank O., ungeachtet solcher Maßnahmen, unverändert fortbesteht und daß das Recht an den angemeldeten Papieren ihr weiterhin gehört (s. Beschl. des OLG Düsseldorf v. 10. 5. 1952[1]).

Zu dem gleichen Ergebnis kommen auch die Beschlüsse des KG v. 27. 6. 1952[2] und des OLG Celle v. 7. 7. 1952[3]. In diesen Entscheidungen wird zu der Frage der Identität und der Rechtsnachfolge der neuen Banken für Handwerk und Gewerbe in der Ostzone und der früheren Volksbanken Stellung genommen. Als entscheidender Hinweis dafür, daß die Banken für Handwerk und Gewerbe nicht identisch mit den früheren Volksbanken und auch nicht deren Rechtsnachfolger sind, wird in diesen Entschlüssen die Entscheidung des OG der DDR v. 8. 11. 1950 (NJ 1951, 27) erachtet, wo selbst diese Ansicht vertreten wird. Es wird ferner betont, es sei nicht entscheidend, daß gleichwohl formell, wie sich aus dem Handelsregisterauszug und dem Revisionsbericht ergebe, die neue Bank für Handwerk und Gewerbe sich nach außen als Fortsetzung der alten Volksbank geriere. Dies beruhe offensichtlich auf dem politischen Bestreben, die genossenschaftliche Bewegung möglichst zu fördern. Rechtlich entscheidend könne in dieser Frage nur der Standpunkt des OG der DDR sein.

Die Kammer schließt sich diesen Gründen an, so daß die Anmeldung der Bank für Handwerk und Gewerbe O. eGenmbH. abzulehnen war."

**92. Die Nachprüfung einer Vertretungsbefugnis im Wertpapierbereinigungsverfahren ist dann erforderlich, wenn durch die Entscheidung über die Vertretungsbefugnis zugleich über die Wirksamkeit einer Anmeldung entschieden werden kann. — Eine Vertretungsbefugnis, die sich auf Hoheitsmaßnahmen im Gebiet der Ostzone stützt, wird für im Bundesgebiet belegene Vermögenswerte nicht anerkannt. — Das gleiche gilt für das Bestehen einer juristischen Person. auch wenn diese im Register ihres bisherigen Sitzes in der Ostzone gelöscht wurde.**

LG Kaiserslautern (französ. Zone), Beschl. v. 18. 12. 1951 — KWpR 832, 984/985/51: WM 1952 IV B, S. 20.

Für die „Unterstützungseinrichtung des ... in E." (sowjet.) haben sowohl die Stadt E. als auch zwei Vorstandsmitglieder dieses Vereins Wertpapierrechte angemeldet. Die Stadt E. stützt ihre Anmeldung auf den SMA-Befehl Nr. 126,

[1] Siehe unten Nr. 410. [2] Siehe oben Nr. 87. [3] Siehe oben Nr. 89.

**auf Grund dessen der Verein im Vereinsregister von E. gelöscht wurde und der Stadt die Verwaltung des Vereinsvermögens übertragen wurde. Die Anmeldung der Stadt E. wurde abgelehnt, die der Vorstandsmitglieder anerkannt.**

Aus den Gründen:

„Es liegen zwei Anmeldungen auf die nämlichen Rechte vor, wobei jeweils die ‚Unterstützungseinrichtung des . . . in E.' (Ostzone) als Anmelder bezeichnet ist, diese Anmeldungen jedoch von zwei verschiedenen Personen mit widerstreitenden Interessen veranlaßt wurden.

Die Stadt E. leitet in KWpR 832 ihre Vertretungsmacht für die Unterstützungseinrichtung aus einer von ostzonalen Stellen angeordneten Zwangsverwaltung ab, während in KWpR 984/85 zwei Vorstandsmitglieder der Unterstützungseinrichtung als deren angebliche gesetzliche Vertreter auftreten und die Wiedereinsetzung begehren. Obwohl in beiden Fällen der Anmelder die gleiche Rechtsperson ist und lediglich die Vertretungsbefugnis streitig ist, hält die Kammer eine Nachprüfung dieser Vertretungsbefugnis deswegen für erforderlich, weil zunächst festzustellen ist, ob und in welchem Falle eine ordnungsgemäße Anmeldung vorliegt. Im Beschluß des KG Berlin v. 12. 10. 1951[1] ist zwar gesagt, daß die Feststellung, von wem der Anmelder vertreten wird, nicht zu den Aufgaben der Wertpapierbereinigung gehört. Es lag jedoch bei dem vom KG beurteilten Sachverhalt eine ordnungsmäßige Anmeldung einer Bank auf Grund Verwahrvertrages vor. Entfällt aber in dem hier zu entscheidenden Falle die Vertretungsbefugnis, so liegt keine ordnungsgemäße Anmeldung vor. Das Recht müßte aus diesem Grunde abgelehnt werden, obwohl die sachliche Prüfung zu einer Anerkennung als nachgewiesen oder glaubhaft gemacht führen könnte. Die Kammer hält es bei widerstreitenden Interessen zweier ‚Vertreter' zumindest für zweckmäßig, in zwei gesonderten Anmeldungen — wenn auch verbunden — über die Frage des formalen Bestandes einer Anmeldung zu entscheiden. . .

Die auf Veranlassung der Stadt E. erstellte Anmeldung ist abzulehnen, da sie — die Stadt — aus keinem Rechtsgrund berechtigt ist, die Unterstützungseinrichtung zu vertreten oder deren Rechte geltend zu machen.

Ein den Akten beiliegender Erlaß der Landesregierung . . . (Ostzone) vom . . . hat folgenden Wortlaut:

‚An den Herrn Oberbürgermeister der Stadt E.

Betr. Befehl 126; hier: Ehem. Unterstützungseinrichtung des . . . in E. . . .

Durch Einsichtnahme in das Vereinsregister des AG E. Nr. . . . wurde festgestellt, daß die Unterstützungseinrichtung am 13. 10. 1949 gelöscht wurde, da der Verein erloschen ist.

Eine Vermögensnachweisung nach dem Stand v. 31. 12. 1949 fügen wir bei und bitten Sie, das noch greifbare Vermögen durch die Vermögensverwaltung gemäß SMAD Befehl 126 konfiszieren zu lassen und in Verwaltung zu nehmen.'

[1] Siehe oben Nr. 80.

Dieser Wortlaut läßt klar erkennen, daß das Vermögen des Anmelders durch eine Maßnahme einer Behörde oder Besatzungsmacht außerhalb des Währungsgebietes nach dem 1. 1. 1945 enteignet und unter Zwangsverwaltung gestellt wurde. Die Stadt E., die sich auf diese Maßnahme beruft, will demnach die Wertpapiere nicht eigentlich für die Unterstützungseinrichtung anmelden und ihr die Rechte erhalten, sondern tätigt die Anmeldung befehlsgemäß zugunsten dessen, dem die Enteignung zugute kommt. Sowohl die Enteignung wie auch die Zwangsverwaltung (‚... in Verwaltung zu nehmen') sind aber rechtsunwirksame Maßnahmen i. S. des § 21 I Nr. 3 WBG. Da sich Auftrag und Vollmacht, die von der Stadt E. der Anmeldestelle erteilt wurden, auf diese rechtsunwirksame Verwaltung stützen, entbehren Auftrag und Vollmacht des Rechtsgrundes und sind selbst gegenstandslos. Sie können auch nicht aus Geschäftsführung ohne Auftrag aufrechterhalten werden, da die Unterstützungsseinrichtung keine Anmeldung billigt, deren Ziel die Überführung ihrer Wertpapiere in fremdes Eigentum ist. Diese Nichtbilligung ergibt sich eindeutig aus der Anmeldung in KWpR 984/85. Daß die Unterstützungseinrichtung erst am 13. 10. 1949 gelöscht wurde, vermag an dieser rechtlichen Beurteilung nichts zu ändern.

Die Anmeldung in KWpR 832 ist deshalb abzulehnen.

Die Berechtigung zweier Vorstandsmitglieder der ‚aufgelösten' Unterstützungseinrichtung ergibt sich bedenkenfrei aus einem Auszug des Vereinsregisters des AG E. Da, wie oben ausgeführt, die sich auf die Unterstützungseinrichtung beziehenden Maßnahmen ostzonaler Stellen — Löschung des Vereins, Enteignung, Zwangsverwaltung — im Rahmen des WBG als unwirksam anzusehen sind, muß auch die Frage der Vertretung nach den Bestimmungen des WBG so beurteilt werden, als ob die erwähnten Maßnahmen nicht getroffen worden wären. Auch die Rechtspersönlichkeit des Anmelders wird durch die erfolgte Löschung nicht berührt (vgl. Beschl. des KG v. 12. 10. 1951[1])."

**93. Enteignungsmaßnahmen gegenüber einem rechtsfähigen Verein führen auch dann nicht zum Erlöschen der Rechtspersönlichkeit dieses Vereins, wenn der Verein im Vereinsregister seines Sitzes gelöscht wurde. — Wertpapierrechte sind am Sitz des Ausstellers belegen.**

LG München I (amerik. Zone), Beschl. v. 26. 9. 1952 — 5 WP 896 und 897: WM 1952 IV B, S. 698.

Für die „Unterstützungseinrichtung des X-Unternehmens e. V." in O. (sowjet.) meldeten a) der Rat der Stadt O. sowie b) zwei in den Westzonen befindliche Vorstandsmitglieder des Vereins Wertpapierrechte zur Bereinigung an. Die Anmeldung zu a) wurde abgelehnt, die zu b) anerkannt.

Aus den Gründen:

„II. Die Anmeldung zu a) stützt sich auf den Erlaß der Landesregierung (Land der Ostzone)..., laut welchem die Unterstützungseinrichtung des X-Unternehmens in O. im Vereinsregister gelöscht und das verbliebene Vermögen der Landeshauptstadt O. zur Konfiszierung und

[1] Siehe oben Nr. 80.

Verwaltung übertragen wurde. Hieraus ergibt sich, daß das Vermögen der Unterstützungseinrichtung durch Maßnahmen einer Behörde oder Besatzungsmacht außerhalb des Währungsgebietes nach dem 1. 1. 1945 enteignet und unter Zwangsverwaltung gestellt wurde.

Die Anerkennung dieser Maßnahmen ist jedoch durch die Bestimmung des § 21 I Nr. 3 WBG ausdrücklich ausgeschlossen, da diese nur Maßnahmen der Behörden oder Besatzungsmächte des Währungsgebietes nach dem 1. 1. 1945 anerkennt und damit die Gerichte der Prüfung der Rechtswirksamkeit von Enteignungen nach dem 1. 1. 1945 durch andere als die in dieser Bestimmung genannten Stellen enthoben hat (vgl. Beschl. des KG Berlin v. 27. 6. 1952[1] . . .).

In Übereinstimmung mit der rechtskräftigen Entscheidung der KWB beim LG Kaiserslautern v. 18. 12. 1951[2]. . . war somit die Anmeldung zu a) . . . abzulehnen.

III. Die Anmeldung zu b) wurde von zwei Mitgliedern des Vorstandes der Anmelderin vorgenommen, deren Vertretungsbefugnis sich aus beglaubigten Abschriften des Vereinsregisters des AG O. ergibt. . .

Da, wie unter II. ausgeführt, die außerhalb des Währungsgebietes erfolgten Maßnahmen gegenüber der Unterstützungseinrichtung — Löschung des Vereins, Enteignung, Zwangsverwaltung — im Rahmen des WBG als unwirksam anzusehen sind, wurde die Rechtspersönlichkeit der Anmelderin durch die erfolgte Löschung nicht berührt. Die Anmelderin besteht vielmehr als Rechtsträgerin noch fort. Sie ist festgestelltermaßen durch zwei im Bundesgebiet befindliche Vorstandsmitglieder ordnungsgemäß vertreten, und das Recht aus den angemeldeten Wertpapieren ist am Sitz der Ausstellerin, also im Bundesgebiet belegen (vgl. WM 1952 IV B, S. 147 und 224)."

**94. Die entschädigungslose Enteignung des Vermögens einer OHG in der Ostzone kann nach Art. 30 EGBGB in den Westzonen nicht anerkannt werden und wirkt als Verwaltungsmaßnahme nicht über die Grenzen der Ostzone hinaus. — Trotz Enteignung ihrer Vermögenswerte in der Ostzone besteht eine OHG in den Westzonen fort und haften daher ihre Gesellschafter für die Gesellschaftsverbindlichkeiten.**

AG Groß-Gerau (amerik. Zone), Urt. v. 15. 6. 1950 — 2 C 749/49: JR 1951, 121.

Aus den Gründen:

„Die Bekl. haftet der Kl. gegenüber gem. § 128 HGB für die Erfüllung der Rückzahlungsverpflichtung der F.-OHG, und zwar unmittelbar, primär und unbeschränkt. Der Umstand, daß die F.-OHG in der Ostzone entschädigungslos enteignet worden ist, befreit die Bekl. von ihrer Verpflichtung nicht, denn diese Enteignung kann nach Art. 31 EGBGB[3] in den Westzonen nicht anerkannt werden und vermag als Verwaltungsmaßnahme über die politischen Grenzen der Ostzone nicht hinauszuwirken. Unbeschadet der Enteignung der F.-OHG besteht diese bis zu

[1] Siehe oben Nr. 87. [2] Siehe oben Nr. 92.
[3] Gemeint ist wohl Art. 30 EGBGB.

ihrer Auflösung in den Westzonen weiter, so daß auch die Haftung der Gesellschafter und damit der Bekl. für Gesellschaftsverbindlichkeiten fortbesteht. Den von der Bekl. zitierten Entscheidungen des LG Leipzig (10 O 260/48) und des OLG Gera (3 U 21/48[1]) vermag sich das Prozeßgericht nicht anzuschließen. Diese Urteile beruhen nämlich auf rechtspolitischen Erwägungen, die mit dem GG der Deutschen Bundesrepublik nicht in Einklang zu bringen sind. Selbst wenn man jedoch durch entsprechende Rechtsanwendung in der Enteignung der F.-OHG einen der Auflösung der Gesellschaft ähnlichen Rechtszustand erblicken und hierauf die gesetzlichen Bestimmungen über die Auflösung einer OHG entsprechend anwenden könnte, würde die Haftung der Bekl. nicht entfallen, da dann die fünfjährige Verjährungsfrist nach § 159 HGB, der die Haftung des Gesellschafters für Gesellschaftsverbindlichkeiten während dieses Zeitraumes fortbestehen läßt, noch nicht abgelaufen wäre."

**95.** **a) Die Erfüllung von Verbindlichkeiten, die vor der Enteignung einer in der Ostzone ansässigen Kommanditgesellschaft gegen diese entstanden sind, kann gegenüber einem (in den Westzonen ansässigen) Schuldner auch nicht unter Berufung auf den Grundsatz von Treu und Glauben verweigert werden. — Selbst bei der möglichen Übernahme solcher vor der Enteignung begründeter Verbindlichkeiten durch den enteignenden Staat würde die Haftung für solche Schulden gesamtschuldnerisch erfolgen, so daß die Gläubiger sich in jedem Fall unmittelbar an die in ihre Zone verlegte Firma halten können.**

OLG Düsseldorf (brit. Zone), Urt. v. 14. 4. 1948 — 7 U 229/47: *unveröff.

Die Kl., eine in den Westzonen ansässige Firma, stand mit der Hauptniederlassung der bekl. KG. in Dr. (heute: sowjet.) in Geschäftsverbindung, aus der die Klageforderung herrührt. Der Betrieb der Bekl. ist mit Wirkung v. 30. 6. 1946 durch und für das Land Sachsen enteignet. Die Verbindlichkeiten des Betriebes übernahm das Land Sachsen lediglich, soweit sie im normalen Geschäftsbetrieb nach dem 8. 5. 1945 entstanden waren. Ältere Verbindlichkeiten kann das Land Sachsen übernehmen, „wenn die Übernahme zur Durchführung von Anordnungen der Besatzungsmacht notwendig ist oder aus Billigkeitsgründen angebracht erscheint".

Das LG hat der Klage entsprochen. Die Berufung der Bekl. blieb erfolglos.

Aus den Gründen:

„Verfehlt ist die Ansicht, die Bekl. könne nach dem Grundsatz von Treu und Glauben die Erledigung von Schulden aus der Zeit vor ihrer Enteignung verweigern, weil sie durch diese Enteignung und durch Kriegsschäden besonders hart getroffen sei. [Wird ausgeführt.]

Die Bekl. können der Kl. auch nicht zumuten, zunächst bei dem Präsidium der Landesverwaltung Sachsen den Antrag zu stellen, gemäß § 4 III der VO der Landesverwaltung Sachsen v. 18. 7. 1946 aus Billigkeitsgründen die streitige Verbindlichkeit zu übernehmen. Der Antrag würde kaum Erfolg haben und die Entscheidung zu lange auf sich warten lassen. Die Bekl. haften als Gesamtschuldner für die Verbindlichkeiten

[1] Siehe unten Nr. 134.

unmittelbar. Es kann deshalb der Kl. nicht verwehrt werden, sich an sie direkt zu halten."

Die Revision gegen dieses Urteil wurde zurückgewiesen.

**b) Trotz der Enteignung einer in der Ostzone ansässigen Kommanditgesellschaft und trotz der Verlegung des Hauptsitzes in die Westzonen besteht die Gesellschaft als solche weiter; sie ist daher passiv legitimiert für die Einklagung von Verbindlichkeiten, die vor der Enteignung entstanden sind. — Das für das Umstellungsverhältnis einer vor der Währungsreform begründeten Forderung maßgebende Recht ist mangels eines wirklichen oder auch nur hypothetischen Parteiwillens das am Erfüllungsort geltende Recht. — Die Erfüllung vor der Enteignung begründeter Verbindlichkeiten kann einem Gläubiger gegenüber nicht unter Berufung auf den Grundsatz von Treu und Glauben verweigert werden. — Enteignung bedeutet ihrem Wesen nach nicht die Entlastung von Schulden. Eine solche käme vielleicht bei fester Verbindung der Schulden mit den enteigneten Aktiven in Frage; eine buch- oder bilanzmäßige Zusammengehörigkeit der Passiven und Aktiven eines Betriebes genügt jedoch zur Annahme einer solchen Verbindung nicht. — Auch bei einer Übernahme von Verbindlichkeiten eines enteigneten Betriebes durch das enteignende Land könnte höchstens eine Mithaftung für die Schulden, nicht eine Befreiung von ihnen angenommen werden; aber auch dann wäre ein Gläubiger nicht nach Treu und Glauben verpflichtet, sich in erster Linie an den neuen Träger des Unternehmens zu halten.**

OGH Köln (brit. Zone), Urt. v. 31. 3. 1949 — I ZS 125/48: *MDR 1949, 353; BB 1949, 258.

Aus den Gründen:

„Die bekl. Gesellschaft ist trotz der Enteignung des Betriebes in Dr. (sowjet.) und Verlegung des Hauptsitzes nach D. (brit.) dieselbe, die der Kl. die Lieferungen gemacht hat, für welche jetzt Umsatzvergütung verlangt wird. (Vgl. *Ulmer*, SJZ 1948, 682, insbes. N. 32, mit Zitaten.) Sie bestreitet auch im Grundsatz nicht, durch die damaligen Vertragsbeziehungen gebunden zu sein, wie sie umgekehrt Zahlung der Außenstände aus jener Zeit von ihren Abnehmern in den Westzonen gefordert hat.

Die Revision stellt zur Nachprüfung, ob die Bekl. nicht durch die Enteignung ohne weiteres, also auch ungeachtet eines etwaigen Einwands aus § 242 BGB, von der hier eingeklagten Schuld freigeworden seien. Sie geht dabei von der in der Entscheidung des OLG Gera v. 4. 6. 1948 (DRZ 1948, 493[1]) niedergelegten Auffassung aus und will über diese Entscheidung hinaus die Schulden auch in den Westzonen als erloschen ansehen, da die Rechtstatsache des Untergangs der Forderung auch außerhalb des enteignenden Landes anerkannt werden müsse. Es handelt sich bei der Beurteilung dieser Frage um Auslegung des Sächsischen Enteignungsrechts, also um Vorschriften, die nicht im Bezirk des Berufungsgerichts gelten (§ 549 I ZPO). Mit seiner Annahme, daß die

[1] Siehe unten Nr. 134.

Bekl. weiter haften, hat das Berufungsgericht daher für das Revisionsgericht verbindlich dahin entschieden, daß die Enteignung die hier eingeklagte Forderung gegen die in den Westzonen ansässigen Bekl. nicht zum Erlöschen gebracht habe. Enteignung bedeutet aber auch ihrem Wesen nach nicht Entlastung von Schulden. Eine solche käme mangels besonderer diesbezüglicher Vorschriften vielleicht in Frage, wenn die Schulden mit den Gegenständen, die der Enteignung unterfallen, fest verbunden wären. Das ist aber bei persönlichen Schulden im Gegensatz zu dinglichen Belastungen nicht der Fall. Insbesondere genügt die buch- und bilanzmäßige Zusammengehörigkeit der Passiven mit den Aktiven eines Betriebes nicht dazu, um eine solche Verbindung anzunehmen, wie sich insbesondere daraus ergibt, daß die Übernahme eines Geschäftsvermögens nach §§ 25 HGB oder 419 BGB zwar wohl, auf Grund besonderer gesetzlicher Anordnung, zur Haftung des Übernehmers, nicht dagegen zur Entlastung des Übergebenden führt.

Die Bekl. können auch nicht von der Kl. verlangen, daß diese zunächst den Versuch machen solle, in Sachsen die Übernahme der Schuld durch den jetzigen Träger des enteigneten Betriebes zu erwirken. Zunächst einmal ist es gemäß § 549 I ZPO für das Revisionsgericht verbindlich, wenn das Berufungsgericht ausführt, daß eine solche Übernahme der Schuld höchstens zur Mithaftung des neuen Unternehmens, dagegen nicht zur Entlastung der Bekl. führen würde. Die Kl. kann auch nicht aus dem Gesichtspunkt von Treu und Glauben für verpflichtet erachtet werden, sich jedenfalls in *erster Linie* an den neuen Träger des Unternehmens zu halten, zumal die Bekl. weder substantiiert behauptet noch unter Beweis gestellt haben, daß ein Westgläubiger überhaupt Aussicht darauf habe, die Übernahme der Schuld durch das neue Unternehmen zu erwirken.

Da im Rahmen der Erwägungen zu § 242 BGB auch die Vorschriften zur Währungsreform von Bedeutung sind, fragt es sich zunächst, ob Ost- oder Westrecht auf die Forderung Anwendung findet. Entscheidend ist mangels einer wirklichen oder auch nur hypothetischen Vereinbarung der Erfüllungsort, und dieser lag und liegt im Bereich der Westzone: Die maßgebliche Verwaltungs- und Zahlstelle war der Verein in H. (brit.), und, nachdem er die Zahlung mangels Deckung abgelehnt hatte, werden nunmehr die Bekl. in D. (brit. Zone) in Anspruch genommen."

**96. (Werden die Geschäfte einer Personalgesellschaft, deren Vermögen an ihrem bisherigen Sitz in der Ostzone enteignet worden war, von einem Ort in den Westzonen aus fortgeführt, so besteht die Gesellschaft weiter. —) Bei der Geltendmachung von Rechten muß jedoch die Vertretungsbefugnis eines Gesellschafters entweder durch eine Vollmacht aller zuletzt im Handelsregister des bisherigen Sitzes eingetragenen Gesellschafter oder durch die Eintragung der Gesellschaft in das Handelsregister eines Gerichtes in den Westzonen nachgewiesen werden.**

LG München (amerik. Zone), Urt. v. 23. 10. 1948 — 7 O 85/48: AZGB Nr. 93, No. 364.

**Der Komplementär einer KG., die im Handelsregister ihres bisherigen Sitzes in der Ostzone noch eingetragen, deren Vermögen jedoch enteignet worden ist, klagte namens der Firma. Das LG wies die Klage mangels Nachweises der Aktivlegitimation ab.**

Aus den Gründen:

„Die Eintragung einer Personalgesellschaft im Handelsregister wie auch die Eintragung einer Sitzverlegung im Handelsregister hat lediglich deklaratorische Bedeutung. Der Sitz einer Personalgesellschaft befindet sich dort, wo die das Handelsgewerbe betreibenden Gesellschafter ihre gewerbliche Niederlassung haben; zur Sitzverlegung bedarf es lediglich der Willensbildung der Gesellschafter, die kaufmännische Leitung des Unternehmens am früheren Sitz aufzugeben und an einem anderen Orte tatsächlich fortzusetzen.

Zur Sitzverlegung ist aber, da sie über die normalen, vom gewöhnlichen Betrieb des Handelsgewerbes der Gesellschaft mit sich gebrachten Handlungen hinausgeht, ein Beschluß sämtlicher Gesellschafter erforderlich, und zwar ein einstimmiger. So ist auch die Eintragung der Sitzverlegung im Handelsregister von sämtlichen Gesellschaftern anzumelden.

Diese Feststellungen sind auch für das Verhältnis zwischen den Parteien von Bedeutung. Zwar ist nach §§ 161 II, 125 HGB jeder Gesellschafter zur Vertretung der Gesellschaft ermächtigt und jeder Dritte kann bis zur Eintragung des Gegenteils oder bis zu dessen Kenntnis davon ausgehen, daß jeder Gesellschafter einzeln vertretungsberechtigt ist, aber der Dritte muß die Möglichkeit haben, festzustellen, ob der für die Gesellschaft Handelnde auch wirklich Gesellschafter ist. Daran fehlt es hier. Zwar kann die Bekl. nicht fordern, daß die KG. sich ins Handelsregister eintragen läßt, aber sie kann, solange dies nicht geschehen ist, verlangen, daß sämtliche zuletzt eingetragenen Gesellschafter zusammen mit dem Komplementär handeln oder dessen Vertretungsmacht irgendwie sonst bekräftigen, denn die Bekl. wäre sonst nicht dagegen geschützt, daß der Komplementär ohne Möglichkeit, diese Tatsachen im Register einzutragen, aus der Gesellschaft ausgeschieden ist oder seine Vertretungsmacht verloren hat oder daß ein anderer Gesellschafter mit der Behauptung, er habe den Sitz der Gesellschaft anderswohin verlegt und sei allein vertretungsberechtigt, von ihr Rechnungslegung und Leistung verlangt, ohne daß die Bekl. nun prüfen und entscheiden könnte, wer nun wirklich die Gesellschaft vertritt und vertreten kann.

Die aus dem Osten Vertriebenen können mit Recht beanspruchen, daß ihnen bei dem Neuaufbau ihrer Existenz keine unnötigen Schwierigkeiten gemacht werden. Aber die in den Westzonen Altangesessenen können ihrerseits beanspruchen, daß die Sicherheit des Verkehrs soweit wie irgend möglich gewährleistet wird. Ein Ausgleich dieser unter Umständen divergierenden Interessen wird in den meisten Fällen möglich sein. Im gegenwärtigen Falle wäre das dadurch möglich, daß sämtliche persönlich haftenden Gesellschafter der KG. ihre Ansprüche gegenüber der Bekl. geltend machen oder daß die Gesellschaft im Handelsregister eingetragen wird und dann ein alleinvertretungsberechtigter Gesellschafter sich an die Bekl. wendet. Soweit die übrigen Gesellschafter nicht erreichbar sein sollten, könnte wohl durch Pflegerbestellung geholfen werden."

**97. Selbst nach Enteignung der in der Ostzone gelegenen Betriebsstätte einer KG. kann die Gesellschaft fortbestehen, wenn ihr Tätigkeitsbereich in den Westzonen erhalten blieb. — Der Nachweis für das Bestehen dieses Tätigkeitsbereiches obliegt der Gesellschaft; die Anforderungen an diesen Nachweis sind jedoch nicht zu überspannen. — Wird ein Tätigkeitsbereich und damit der Fortbestand der Gesellschaft in den Westzonen nachgewiesen, so kann die Gesellschaft trotz Löschung ihres bisherigen Sitzes im ostzonalen Handelsregister ihren Sitz in die Westzonen verlegen.**

LG Göttingen (brit. Zone), Beschl. v. 23. 2. 1950 — 1 T 561/49: NdsRpfl. 1950, 62.

Aus den Gründen:

„Wie das AG in der angefochtenen Entscheidung mit Recht ausführt, sind die Folgen der Enteignung auf die Ostzone beschränkt; das außerhalb der Ostzone belegene Vermögen der KG. wird durch die Enteignung nicht berührt. Aus der Enteignung ergibt sich deshalb nicht ohne weiteres, daß das Unternehmen als solches nicht mehr besteht. Denn ein Unternehmen besteht nicht nur aus der Produktionsstätte — dem ‚Betrieb' —, sondern aus dem gesamten ‚Tätigkeitsbereich' im Sinne *v. Gierkes*. Zum Unternehmen gehören also auch die Firma, die gewerblichen Schutzrechte, die Kundschaft, die Bezugsquellen, die Absatzorganisation sowie die persönlichen Leistungen der Betriebsinhaber. Ein Unternehmen ist deshalb nur dann untergegangen, wenn neben dem ‚Betrieb' der gesamte Tätigkeitsbereich vernichtet ist (vgl. *v. Gierke*, ZHR 112, 1 ff.). Soweit der Tätigkeitsbereich in diesem Sinne sich in den Westzonen befindet, ist das Unternehmen durch die Enteignung in der Ostzone nicht untergegangen. Es besteht hier fort, und eine Sitzverlegung ist möglich. Auch der Umstand, daß die Firma im Handelsregister der Ostzone inzwischen gelöscht worden ist, steht dem nicht entgegen (vgl. LG Göttingen v. 17. 11. 1949[1]).

Das AG ist jedoch der Meinung, die ASt. hätten nicht den Nachweis dafür erbracht, daß ihr Unternehmen durch die Enteignung in der Ostzone tatsächlich nicht untergegangen sei. Die Anforderungen hinsichtlich dieses Nachweises dürfen nicht überspannt werden. Aus den eingereichten Unterlagen ist zu entnehmen, daß die Firma ein altangesehenes Unternehmen mit größerem Kundenkreis im In- und Auslande ist. Es besteht kein Anlaß, daran zu zweifeln, daß die Gesellschafter ehrbare Kaufleute sind. Schon deshalb besteht eine tatsächliche Vermutung dafür, daß es den ASt. fernliegt, eine Scheinfirma zu gründen, daß sie vielmehr ersichtlich gewillt sind, ihr Unternehmen — wenn auch in verkleinertem Umfange — künftig von dem neuen Geschäftssitz aus zu betreiben. Dabei ist zu berücksichtigen, daß das HGB davon ausgeht, daß ein Handelsunternehmen den Geschäftsbetrieb erst aufnimmt, nachdem es in das Handelsregister eingetragen ist. Das ergibt sich für die KG. aus § 176 HGB. Danach kann sich der Kommanditist auf die Beschränkung seiner Haftung nicht berufen, sofern die Gesellschaft ihre Geschäfte begonnen hat, bevor sie in das Handelsregister ihres Sitzes eingetragen ist. Es muß deshalb grundsätzlich genügen, daß die Gesellschafter ernstlich gewillt sind,

[1] Siehe unten Nr. 583.

künftig von G. aus ihre Geschäfte zu betreiben und daß die Verwirklichung dieser Absicht nach Lage der Verhältnisse nicht völlig ausgeschlossen erscheint. Entgegen der Meinung des AG steht auch fest, daß sich ein erheblicher Teil des Unternehmens tatsächlich in den Westzonen befindet. Wenn auch die Produktionsstätte in der Ostzone durch die Enteignung fortgefallen ist und die ASt. bisher nicht in der Lage waren, eine neue eigene Produktionsstätte im Westen einzurichten, so haben sie doch erreicht, daß einer ihrer Hauptartikel tatsächlich in Westdeutschland wieder hergestellt wird. Daß Herstellung und Vertrieb einstweilen einem anderen Unternehmen übertragen sind, hat in diesem Zusammenhang keine Bedeutung.

Ferner befinden sich die Gesellschafter selbst im Westen und setzen ihre Arbeitskraft, ihre Kenntnisse und besonderen Erfahrungen für den Wiederaufbau des Unternehmens in Westdeutschland ein. Endlich haben sie ihre Schutzrechte, insbesondere die während des Krieges beim Reichspatentamt angemeldeten Patente, die eine der wesentlichen Grundlagen des Unternehmens bilden."

**98. Eine interlokalrechtliche Gesetzesumgehung liegt bei Ausnutzung einer in einem Teil der Bundesrepublik bestehenden rechtlichen Gestaltungsmöglichkeit dann nicht vor, wenn weder dieses rechtliche Mittel noch das Ziel der Parteien der westlichen Rechtsordnung widersprechen. — Ist bei der Sitzverlegung einer Kommanditgesellschaft aus der Ostzone die Mitwirkung des Registergerichts am bisherigen Sitz der Gesellschaft nicht zu erreichen, so kann von der Mitwirkung dieses Gerichts abgesehen werden. — Besteht infolge einer in der Ostzone nicht anerkannten Sitzverlegung der Sitz eines nicht enteigneten, aber zwangsverwalteten Unternehmens in der Ostzone fort, während sich infolge der in Westdeutschland anerkannten Sitzverlegung ein Sitz der Gesellschaft in Westdeutschland befindet, so ist der Sitz des ostdeutschen Betriebsteiles als Zweigniederlassung der westdeutschen Gesellschaft zu betrachten. — Eine Klage der beiden Gesellschaftsteile gegeneinander ist wegen Identität der Klageparteien abzuweisen. — Aber selbst ohne diese Identität wäre eine Klage gegen den ostdeutschen Gesellschaftsteil unzulässig, da die Vertretungsbefugnis des in Ostdeutschland eingesetzten Treuhänders oder Verwalters an den Landesgrenzen endet. — Verlegt eine Kommanditgesellschaft ihren Sitz aus der Ostzone nach westdeutscher Rechtsauffassung wirksam nach Westdeutschland, so stehen Firmen-, Warenzeichen- und Patentrechte in Westdeutschland nur der in Westdeutschland befindlichen Gesellschaft zu.**

LG München I (amerik. Zone), Urt. v. 26. 11. 1951 — 7 O 154/51: * z. T. in NJW 1953, 465 (z. T. abl. *Drobnig*).

Im Frühjahr 1949 verzog W. H., der einzige persönlich haftende Gesellschafter und Geschäftsführer der H-KG. in L. (sowjet.) in die Westzonen. Daraufhin wurde in L. zunächst ein Kaufmann, dann eine „Vereinigung volkseigener Betriebe" als Treuhänder der H-KG. eingesetzt; seit August 1951 ist diese Vereinigung als Verwalter bestellt.

Auf Antrag von W. H. bestellte das AG H. (brit. Zone) am 5. 4. 1950 für zwei Kommanditistinnen der Gesellschaft mit Wohnsitz in der Ostzone einen Abwesenheitspfleger auf Grund der VO des OLG-Präsidenten Hamburg v. 3. 4. 1946. Auf

Antrag von W. H., des Abwesenheitspflegers und der dritten, in der brit. Zone wohnhaften Kommanditistin wurde am 16. 5. 1950 die Sitzverlegung der H-KG. von L. nach H. in das Handelsregister H. eingetragen. Auf Grund eines weiteren Gesellschafterbeschlusses wurde der Sitz der Gesellschaft von H. nach M. (amerik. Zone) verlegt und dort im Dezember 1950 in das Handelsregister eingetragen. Durch Verfügung des Deutschen Patentamts in München vom März 1951 wurden mehrere in der Zeichenrolle des Reichspatentamtes für die H-KG. in L. eingetragene Warenzeichen aufrechterhalten; als Zeicheninhaberin ist jetzt die H-KG. in M. eingetragen. Auch die Aufrechterhaltung mehrerer für die H-KG. in L. beim Reichspatentamt eingetragener Patente ist beantragt worden. Bereits von H. aus hatte die H-KG., wie mit anderen Vertretern, die die Erzeugnisse der H-KG. in L. in den Westzonen vertrieben, so auch mit dem Kaufmann R. in G. (brit.) einen „Lizenzvertrag" abgeschlossen, der dem R. den Vertrieb der aus dem Betrieb in L. kommenden Erzeugnisse gegen eine Lizenzgebühr gestattete. Die Gesellschaft kündigte jedoch diesen Lizenzvertrag mit Schreiben vom 24. 5. 1950 fristlos.

Die H-KG. in M. hat nun Klage erhoben gegen (1) den Kaufmann R. und (2) die H-KG. in L. Die Kl. beantragt, die Bekl. wegen der Verletzung ihrer Patent-, Warenzeichen- und Firmenrechte zur Unterlassung, Auskunftserteilung und Rechnungslegung unter Feststellung der gesamtschuldnerischen Verpflichtung zum Schadensersatz zu verurteilen. Das LG wies die Klage gegen die Bekl. zu 2 als unzulässig ab, gab aber der Klage im übrigen statt.

Aus den Gründen:

„I. Vorweg bedarf die Frage nach der Stellung der Kl. und ihrem Verhältnis zu der Bekl. zu 2 einer Klärung.

1. Daß W. H. Komplementär der ursprünglichen KG. war und daß er nicht ausgeschieden ist, ist unbestritten. Aus welchen Gründen er L. verließ und sich in die Westzonen begab, bedarf keiner Erörterung, weil sein verfassungsmäßig gewährleistetes Recht auf freie Willensbildung und freie Wahl seines Wohn- und Betätigungsortes von einem ordentlichen Gericht auf alle Fälle zu respektieren ist. Als einzigem persönlich haftenden Gesellschafter oblag ihm die Geschäftsführungs- und Vertretungsbefugnis (§§ 161 II, 164, 114, 125 HGB). Diese Befugnisse konnten ihm weder nach dem in Gesamtdeutschland geltenden, noch nach dem Recht der Bundesrepublik wegen eines Wohnsitzwechsels von Staats wegen durch obrigkeitlichen Akt entzogen werden. Wie sich aus dem Handelsregisterauszug des AG L. und dem Vortrag der Bekl. zu 2 ergibt, ist dies nach dem in der sowjet. besetzten Zone geltenden Recht möglich.

Nach herrschender, auch von dem erkennenden Gericht vertretener Rechtsprechung ist die Wirkung konfiskatorischer Maßnahmen auf das Territorium des enteignenden Staates beschränkt und endigt an seinen Grenzen. Dasselbe muß aber auch für andere staatliche Eingriffe in persönliche und wirtschaftliche Rechte und Stellungen gelten, sofern diese Eingriffe der westlichen Rechtsordnung widersprechen (vgl. OLG Düsseldorf, GRUR 1950, 145[1]; auch *Bussmann*, GRUR 1950, 93). Infolgedessen ist der Komplementär W. H. Geschäftsführer und gesetzlicher Vertreter der KG. geblieben und der in L. eingesetzte Treuhänder oder Verwalter kann in der Bundesrepublik nicht als berechtigt anerkannt werden, die KG. zu vertreten.

2. Die Kl. gibt ziemlich unverhohlen zu, daß die Sitzverlegung zunächst nach H. erfolgt sei, weil in Bayern keine der VO des Hamburgischen Ober-

[1] Siehe unten Nr. 418 a.

landesgerichtspräsidenten über Abwesenheitspflegschaft v. 3. 4. 1946 entsprechende Vorschrift bestand. Daraus kann aber nichts gegen die Gültigkeit des Beschlusses des AG H. v. 5. 4. 1950 entnommen werden. Die ASt. haben diesen Beschluß nicht erschlichen. Es stellt auch keinen Rechtsmißbrauch dar, wenn die in einem Lande bestehenden und dort zunächst zur Auswirkung kommenden rechtlichen Gestaltungsmöglichkeiten, die der westlichen Rechtsordnung nicht widersprechen, benützt werden, um ein Ziel zu erreichen, das ebenfalls mit der geltenden Rechtsordnung nicht im Widerspruch steht. Das erkennende Gericht kann nur die formelle Ordnungsmäßigkeit der Pflegerbestellung nachprüfen, und diese ist nach §§ 1, 2 der erwähnten VO gegeben. Die sachliche Berechtigung kann hier nicht erörtert werden ...

4. Die Kommanditistinnen, vertreten durch ihren Pfleger, haben aber der Sitzverlegung von L. nach H. und später von H. nach M. zugestimmt. Hierzu bedurfte es keiner vormundschaftsgerichtlichen Genehmigung. Die Sitzverlegung ist also durch einstimmigen Gesellschafterbeschluß beschlossen und auf Grund Anmeldung aller Gesellschafter im Handelsregister eingetragen worden (§ 107 HGB) ... Daß die gemäß § 13c HGB an sich erforderliche Mitwirkung des AG L. nicht zu erreichen war, ist unschädlich. Es ist heute unbestritten, daß die Eintragung durch das westzonale Gericht allein zulässig und genügend ist. Der neue Sitz wurde von den Gesellschaftern nicht etwa nur frei bestimmt, er ist Betriebsmittelpunkt für die in der Bundesrepublik gelegenen Vermögenswerte der KG. — Organisation, Vertreterstab, Vertriebsstelle, Schutzrechte. Daß die in L. verbliebenen Vermögenswerte größer sind, steht dem nicht entgegen. So wenig, wie dies im Falle der Enteignung die Sitzverlegung hindern könnte, vermag es eine anderweitige Entrechtung, sonst hätten die Behörden der sowjet. besetzten Zone ein probates Mittel, sich westzonale private Vermögenswerte entgegen der westzonalen Rechtsordnung mindestens praktisch anzueignen.

5. Im übrigen wäre, selbst wenn die Pflegerbestellung und daher die Zustimmung des Pflegers unwirksam wäre, die Sitzverlegung rechtswirksam.

Allerdings ist die Sitzverlegung von L. in die Westzonen zweifelsfrei eine über den gewöhnlichen Betrieb des Handelsgewerbes der Gesellschaft hinausgehende Handlung. Diese allein vorzunehmen, war der Komplementär der Gesellschaft durch den Gesellschaftsvertrag nicht ermächtigt [wird ausgeführt]. Das Fehlen der Zustimmung würde aber die Rechtswirksamkeit der trotzdem vorgenommenen Handlung des Komplementärs nach außen nicht beeinträchtigen (vgl. *Schlegelberger*, Anm. 10 zu § 115; *Baumbach-Duden*, Anm. 2 zu § 116 HGB; *Hueck*, Das Recht der OHG[2], § 20 III 1). Lediglich den übergangenen Gesellschaftern gegenüber ist das Geschäft unwirksam und zum Schadensersatz verpflichtend; sie könnten Unterlassung und u. U. Rückgängigmachung verlangen und sie könnten gegebenenfalls einer gegen sie gerichteten Klage Einreden entgegensetzen. Nicht aber können dies Dritte. Die Beklagten aber sind Dritte; keiner von ihnen ist legitimiert, die Rechte der Kommanditistinnen wahrzunehmen. Sie können also auch nicht Treuwidrigkeit, Arglist und Rechtsmißbrauch einwenden; ihnen gegenüber ist die Sitzverlegung auf alle Fälle wirksam.

6. Als Ergebnis ist also festzustellen, daß die Kl. die Firma H.-KG. ist, die ihren Sitz früher in L. hatte und ihn nunmehr in M. hat. Sie ist also keine neue Gesellschaft, die unzulässigen Wettbewerb treibt, sondern sie ist die alte Firma, der mindestens für Westdeutschland die Vermögenswerte und Rechte der Firma allein zustehen. Sie kann vor Gericht klagen (§§ 161 II, 124 I HGB).

II. 1. Die Bekl. zu 2. betont immer wieder, daß sie die H.-KG. sei und daß ihre Gesellschafter seit dem Jahre 1947 unverändert geblieben seien. Eine Enteignung des Unternehmens oder der Firma hat unbestrittenermaßen nicht stattgefunden; die Einsetzung eines Treuhänders oder Verwalters änderte auch nach dem in Sachsen geltenden Recht nichts an der Rechtsnatur der Gesellschaft. Die Folge ist, daß Kl. und Bekl. zu 2 identisch sind. Der beste Beweis dafür ist die unbestreitbare Tatsache, daß das Unternehmen in L. und das in M. in demselben Augenblick zusammenfallen würden, in dem eine Wiedervereinigung Deutschlands unter einheitlichem Recht stattfinden würde. Da eine KG. aber nur einen Sitz haben kann und die Sitzverlegung über H. nach M. wirksam war, kann das Unternehmen in L. nur eine Zweigniederlassung der Kl. sein (vgl. *Hueck* aaO. § 8 I 5).

Zu Unrecht bestreitet die Kl. die Identität. Daß ihr alleiniger geschäftsführender Gesellschafter zur Zeit seine Geschäftsführerbefugnisse in L. aus tatsächlichen Gründen nicht ausüben kann, beseitigt die Nämlichkeit der Kl. und der Bekl. zu 2 nicht. Der Komplementär der Kl. könnte und dürfte diese Auffassung nicht vertreten und noch weniger verwirklichen. Denn das würde die Aufgabe der Vermögensmasse in L. bedeuten; dadurch aber würde der Komplementär aufs schwerste gegen seine den übrigen Gesellschaftern gegenüber bestehende Treupflicht verstoßen.

2. Aus dem Wesen des Zivilprozesses ergibt sich mit Notwendigkeit das Erfordernis zweier, sich unabhängig gegenüber stehender Parteien. Ein Prozeß mit sich selbst ist ausgeschlossen; auch mehrere Niederlassungen desselben Unternehmens können nicht gegeneinander prozessieren (vgl. RGZ 66, 240; *Stein-Jonas-Schönke*, Bem. V vor § 50 ZPO; *Rosenberg*, Lehrbuch des Deutschen Zivilprozeßrechts § 39 III). Die von der Kl. gegen ihre eigene Zweigniederlassung L., die ‚Beklagte' zu 2, erhobene Klage muß daher als unzulässig abgewiesen werden.

3. Die Kl. behauptet nun, die Vermögenswerte der Kl. seien in zwei selbständige Vermögensmassen gespalten worden und deshalb müsse die Bekl. zu 2 als eigene Rechtspersönlichkeit behandelt werden.

a) Die Kammer vermag dieser Rechtsauffassung nicht zu folgen.

Das KG-(West) hat in seinem Urteil v. 22. 12. 1950[1] angesichts der zonalen Spaltung eines Betriebs das Entstehen zweier getrennter Vermögensmassen festgestellt und daraus auf das Bestehen zweier selbstän-

[1] Siehe unten Nr. 150.

diger Rechtssubjekte geschlossen. Ob dieser Entscheidung beigetreten werden könnte, mag dahingestellt bleiben. Denn sie behandelt nur die Frage der Schuldenhaftung und stellt — ganz im Gegensatz zu dem hier vorliegenden Fall — fest, daß eine Identität der im Westsektor Berlins befindlichen GmbH mit der im Ostsektor befindlichen Firma gleichen Namens nicht mehr bestehe. Es müßten daher, um zu dem von der Kl. gewünschten Ziele zu kommen, die vom KG-(West) aufgestellten Grundsätze wesentlich weiterentwickelt werden. Die Kammer lehnt es aber ab, den gesicherten Boden der gesetzlichen Vorschriften zu verlassen und das Recht weiterzubilden, solange dazu nicht eine zwingende Notwendigkeit besteht. Diese liegt aber hier nicht vor, einmal weil die Kl. ein obsiegendes Urteil ohnehin kaum vollstrecken könnte, dann aber vor allem, weil die Kl. gar nicht gezwungen ist, ihre Zweigniederlassung zu verklagen, sondern mit genau den gleichen Erfolgsaussichten gegen den Treuhänder oder Verwalter ihres Leipziger Unternehmens vorgehen könnte. Darauf wurde sie vom Vorsitzenden gemäß § 139 ZPO wiederholt hingewiesen.

b) Aber selbst wenn man sich der Rechtsauffassung der Kl. anschließen würde, müßte die Klage als unzulässig abgewiesen werden.

Die ‚Rechtspersönlichkeit' in L. wäre zweifellos nicht prozeßfähig. Ihr würde ein gesetzlicher Vertreter fehlen, denn die Befugnis des Treuhänders oder Verwalters endet an den Landesgrenzen (oben I, 1). Sie kann im Gebiet der Bundesrepublik nicht einmal abgelehnt und das andere Mal anerkannt werden, je nachdem es der Kl. günstig erscheint. Eine Anwendung des § 57 ZPO — ein entsprechender Antrag ist übrigens nicht gestellt — ist nicht möglich. Sie würde darauf hinauslaufen, daß der ostzonale Entzug der Vertretungsmacht und die tatsächliche Verhinderung des wirklichen gesetzlichen Vertreters, des Komplementärs W. H., rechtlich anerkannt würde. Also müßte dieser als gesetzlicher Vertreter auch der ‚Rechtspersönlichkeit' in L. auftreten. Ein Prozeß, in dem er gesetzlicher Vertreter beider Parteien wäre, ist aber ebenfalls unmöglich (vgl. RGZ 66, 240; KG JW 1919, 458).

III. . . . 3. Der Bekl. hat unbestrittenermaßen die von dem Betrieb in L. hergestellten H.-Instrumente in der Bundesrepublik vertrieben, auch soweit sie unter Patentschutz standen und soweit sie oder ihre Verpackung oder Umhüllung mit einem oder mehreren der im Tatbestand bezeichneten Warenzeichen versehen waren, er hat ebenso unbestritten Ankündigungen, Preislisten, Geschäftsbriefe usw., die diese Warenzeichen aufwiesen, benützt. Der Bekl. benützt weiter auf seinen Geschäftspapieren den Namen ‚H.', nach seiner Behauptung als Hinweis, daß er auch Erzeugnisse dieser Firma führe; er bezeichnet sich weiter als Vertragsfirma der Firma H. Dazu konnte er nur von der Kl. ermächtigt werden; die Vertreter des Betriebs in L. hatten in den Westzonen keine Vertretungsmacht, sie konnten den Bekl. zu 1 also nicht ermächtigen, ihr Einverständnis ist bedeutungslos. Die Kl. hatte diese Ermächtigung im Zusammenhang mit dem ‚Lizenzvertrag' erteilt, sie aber mit Schreiben v. 24. 5. 1950 widerrufen. Bis zu diesem Tag hat der Bekl. also nicht widerrechtlich gehandelt, seitdem aber wohl . . .

Der Bekl. wußte auch mindestens seit Erhalt des Briefes v. 24. 5. 1950, daß die Kl. die Rechte für sich in Anspruch nehme und sie dem Betrieb in L. abspreche. Wenn er trotzdem die Rechte der Kl. ignorierte, so nahm er eben das Risiko auf sich, daß die Auffassung von L. nicht zutreffe, nahm er die Verletzung der Rechte der Kl. in Kauf, handelte er mit bedingtem Vorsatz. Dabei kann nicht außer Acht bleiben, daß die Stellungnahme westzonaler Gerichte in dem Streit um Firmen-, Namens-, Patent- und Warenzeichenrechte zwischen Ost und West damals bereits zur allgemeinen Geschäftskenntnis mindestens derjenigen Kaufleute gehörte, die Waren aus der sowjet. besetzten Zone Deutschlands bezogen. Infolge seines schuldhaften Handelns ist der Beklagte für die Zeit nach dem 24. 5. 1950 auch schadensersatzpflichtig (§ 47 II PatGes., §§ 24 II, 25 WZG, § 823 I BGB) . . .

4. Das Vorbringen des Bekl., die Kl. habe ihre Ansprüche verwirkt, ist völlig unbegründet. Sie hat ja den Import aus L. nicht schlechthin geduldet, sondern nur unter ihrer ‚Lizenzierung'. Wenn sich der Bekl. und auch der Betrieb in L. dieser Lizenzierung entzogen haben, so kann der Kl. keinesfalls zugemutet werden, die Verletzung ihrer Rechte nun einfach zu dulden, so wenig wie dies in einem anderen Fall dem Lizenzgeber zuzumuten ist, dessen Lizenznehmer vertragsbrüchig wird. Es stellt keinesfalls eine unzulässige Rechtsausübung dar, wenn die Kl. nunmehr ihre Rechte wahrt.

Noch unbeachtlicher ist das Vorbringen, daß durch die ‚Lizenzverträge' die Instrumente verteuert würden, daß sie sittenwidrig und wucherisch seien. Abgesehen davon, daß jede Erfinderbelohnung, die dem Willen des Gesetzgebers ja entspricht, und jede Lizenzvergebung die Ware notwendig verteuern muß, würde die Nichtigkeit der Lizenzverträge ja doch nicht den Wegfall des Schutzes der Kl., sondern nur den Wegfall der Berechtigung der von ihr Lizenzierten bewirken. Eine Nichtigkeit der Lizenzverträge hätte also auf die geltend gemachten, aus absoluten Rechten hergeleiteten Ansprüche keinerlei Einfluß."

**99. Trotz Enteignung des ostzonalen Vermögens einer Kommanditgesellschaft mit Sitz in der Ostzone besteht diese Gesellschaft fort, solange sie nichtenteignetes Vermögen außerhalb der Ostzone hat.**

LG Hamburg (brit. Zone), Beschl. v. 25. 8. 1952 — 1 WP 58/1166: WM 1952 IV B, S. 646.

Der Betrieb der Anmelderin, einer KG. mit Sitz in P. (sowjet.), wurde nach Kriegsende entschädigungslos enteignet. Die KWB erkannte die Berechtigung zur Anmeldung von Wertpapieren an.

Aus den Gründen:

„Die Tatsache, daß die Firma S. & T. in P. enteignet ist, steht der Anerkennung des Rechts nicht entgegen. Denn wie bereits die KWB Hannover in einer auf Grund gleichliegenden Beweismaterials zugunsten derselben Anmelder ergangenen Entscheidung vom 20. 6. 1952 (30 WK 47/855 und 855 a) ausgeführt hat, ist die Organisation der Kommanditgesellschaft von der Enteignung des Betriebes nicht berührt worden. Sie besteht vielmehr als Trägerin von Vermögensrechten fort, solange sie nicht der Enteignung unterliegendes Vermögen, wie u. a. das hier fragliche Recht, besitzt."

**100. Hoheitsmaßnahmen außerhalb des Bundesgebietes sind für das Wertpapierbereinigungsverfahren ohne Wirkung im Bundesgebiet. — Eine in der Ostzone enteignete Kommanditgesellschaft besteht daher im Bundesgebiet fort. — Wertpapierrechte, die zur Zeit der Enteignung der Gesellschaft zustanden, können in der Wertpapierbereinigung nicht für die Gesellschafter, sondern nur für die Gesellschaft anerkannt werden.**

LG Düsseldorf (brit. Zone), Beschl. v. 29. 11. 1952 — 12c KWpR 3075: WM 1953 IV B, S. 35.

Aus den Gründen:

„Die Anerkennung konnte jedoch nicht wie in der Testentscheidung [LG Frankfurt a. M. 18. 3. 1952, Wp. 21—246] für den Komplementär und die beiden Kommanditistinnen der Anmelderin persönlich ausgesprochen werden, sondern mußte für die KG. erfolgen. Mag die Anmelderin auch in der Ostzone enteignet sein, so entbehrt diese Enteignung für das hier angemeldete Recht nach § 21 I Nr. 3 WBG der Rechtswirksamkeit, und die KG. gilt in ihrer alten Rechtsform vor der Enteignung als Trägerin westzonalen Vermögens als weiter fortbestehend.

Den Gesellschaftern einer KG. gehört ohne Rücksicht darauf, ob sie Komplementäre oder Kommanditisten sind, das Gesellschaftsvermögen zur gesamten Hand. Es steht den Gesellschaftern aber zur gesamten Hand als ein Sondervermögen zu, das von ihrem Privatvermögen gewollt vom Gesetz gesondert ist, weil es vornehmlich in erster Linie den Gesellschaftsgläubigern zur Befriedigung dienen soll. Daß das Gesetz zwischen dem Privatvermögen der Gesellschafter unterscheidet, ergibt sich aus § 209 KO, der einen besonderen Konkurs der KG. kennt. Die Verselbständigung des Gesellschaftsvermögens zeigt sich auch darin, daß der Gesellschaftsgläubiger zur Zwangsvollstreckung in das Gesellschaftsvermögen nach den §§ 161 II, 124 II HGB eines vollstreckbaren Schuldtitels gegen die Gesellschaft bedarf; vgl. hierzu auch *Baumbach*, Komm. zur ZPO im Anhang zu § 736.

Würde die Anerkennung des Rechts für die Gesellschafter der Anmelderin persönlich zur gesamten Hand erfolgen, so würde damit der vom Gesetz gewollte Unterschied zwischen Privatvermögen der Gesellschafter und Gesellschaftsvermögen in unzulässiger Weise verwischt. Deshalb war das Recht für die KG. festzustellen, die bis zu ihrer Enteignung im Jahre 1948 rechtswirksam durch den im Rubrum der Entscheidung angeführten Komplementär vertreten wurde."

**101. Die Beschlagnahme des Vermögens einer KG. in einer Zone Deutschlands wirkt grundsätzlich nicht über diese Zone hinaus; sie vermag daher eine Forderung nicht zu erfassen, wenn der Schuldner seinen Wohnsitz in einer anderen Zone hat. — Nur diejenigen Organe einer Gesellschaft werden durch die Beschlagnahme des Gesellschaftsvermögens in**

**einer Zone Deutschlands gebunden, die sich in dieser Zone befinden. — Trotzdem werden auch die Organe einer solchen Gesellschaft in einer anderen Zone persönlich treuhänderisch zugunsten des enteignenden Landes zur Erhaltung des Gesellschaftsvermögens verpflichtet (!). — Ein Verstoß der Enteignungsmaßnahmen in einer Zone Deutschlands gegen die Rechtsgrundsätze einer anderen Zone unterliegt nicht der richterlichen Nachprüfung, da es sich um eine Frage des politischen Verhältnisses der Besatzungsmächte zueinander handelt.**

LG Lübeck (brit. Zone), Beschl. v. 7. 7. 1947 — 2 Q 14/46: *unveröff.

Eine KG. mit dem Sitz in der russ. Zone war dort auf Befehl der SMA v. 9. 1. 1946 unter Sequester gestellt und später auf Grund eines Gesetzes der sowjet. Besatzungsmacht zugunsten des Landes Mecklenburg-Vorpommern enteignet worden. Von den insgesamt vier geschäftsführenden Vorstandsmitgliedern waren nach der Beschlagnahme des Gesellschaftsvermögens zwei Vorstandsmitglieder, zunächst im Einvernehmen mit den zurückbleibenden Vorstandsmitgliedern, in die brit. Zone übergesiedelt. Später wurden diese beiden Vorstandsmitglieder jedoch im Handelsregister des Sitzes der Gesellschaft gelöscht. Nach der Löschung beriefen diese beiden Vorstandsmitglieder in der brit. Zone eine Gesellschaftsversammlung ein, auf der $^3/_4$ der Normal-Anteile der Gesellschaft vertreten waren, und ließen sich als Vorstandsmitglieder bestätigen. Sie zogen im Gebiet der brit. Zone Forderungen der Gesellschaft ein, überwiesen sie zunächst auf das Konto einer Bank in der brit. Zone und übertrugen später einen Teil dieses Guthabens zu treuhänderischer Verwaltung einem in der brit. Zone wohnhaften Notar.

Der Sequester des Unternehmens in der sowjet. Zone erwirkte daraufhin bei dem AG L. (brit. Zone) eine einstweilige Verfügung gegen diese Vorstandsmitglieder, die ihnen jede weitere Verfügung über das in der brit. Zone belegene Gesellschaftsvermögen untersagte. Das LG hat diese einstweilige Verfügung aufgehoben.

Aus den Gründen:

[Das Gericht legt zunächst dar, daß die in der brit. Zone abgehaltene Gesellschaftsversammlung nach der Satzung der KG. wirksam einberufen war und wirksam beschließen konnte. Es prüft sodann, ob diese Beschlüsse Rechtswirkung haben trotz der Beschlagnahme und späteren Enteignung des Vermögens der Gesellschaft. Dazu wird ausgeführt:]

„Die Forderung gegen die D-Bank in B. (brit. Zone) stand der ASt. zu, deren Vermögen durch den Beschluß des russ. Verwaltungschefs v. 9. 1. 1946 beschlagnahmt wurde. Es kann schon zweifelhaft sein, ob diese nur von dem Chef der SMA Mecklenburg-Vorpommern befohlene und nur auf einem Gesetz der russ. MilReg. befohlene [beruhende ?] Beschlagnahme auch die Forderung gegen die D-Bank in B. (brit. Zone) ergriff. Denn diese Forderung war in der brit. Zone einzuziehen, die Beschlagnahme griff damit über die Zonengrenze auf das Gebiet einer anderen Besatzungsregierung über, was unbeschadet der einheitlichen Verwaltung Deutschlands durch die Siegermächte dem Aufbau dieser Verwaltung widersprach. Es wird weiter unten auszuführen sein, welche Bedenken gegen die Enteignung selber, der die Beschlagnahme dienen sollte, zu erheben sind. Selbst wenn die Beschlagnahme aber auch die erwähnte Forderung mit umfaßte, so konnte doch der Befehl des russ. Verwaltungschefs v. 9. 1. 1946 den Rechtsträger dieser Forderung nur insoweit binden, als dieser Rechtsträger der russ. Militärregierungsgewalt unterworfen war, also nur die im Gebiet der russ. Zone befindlichen Organe der ASt., d. h. die beiden in der russ. Zone verbliebenen Vorstandsmitglieder, den etwa noch in der russ. Zone verbliebenen Aufsichtsrat und jede Gesellschaftsversammlung, die im Gebiet der russ. Zone stattfand. Den beiden in der brit. Zone befindlichen Vorstandsmitgliedern der ASt. war es mithin nicht verwehrt, die Forderung zu Verwaltungszwecken auf den Notar X. als Treuhänder zu übertragen. Desgleichen war auch die ao. Gesellschaftsversammlung in R. (brit. Zone) grundsätzlich befugt, über die weitere Verwaltung der Forderung zu beschließen.

Richtschnur dieser Verwaltung kann aber immer nur die Erhaltung des Gesellschaftsvermögens für die Zwecke der Gesellschaft sein. Dabei kann nicht ohne Betracht bleiben, daß das Vermögen der ASt. inzwischen zugunsten der Landesverwaltung von Mecklenburg-Vorpommern enteignet worden ist. Freilich könnten über die bereits zu der Frage der Beschlagnahme vorgetragenen Gedanken hinaus nicht unerhebliche Zweifel geltend gemacht werden, ob die in der russ. Zone vorgenommene Enteignung mit den in der brit. Zone geltenden Rechtsgrundsätzen vereinbar ist. Selbst wenn der Grund der Enteignung für die ASt. zutreffen sollte, so kann die Bestimmung, daß die bis zum 9. 5. 1945 entstandenen Verbindlichkeiten einschließlich der dinglichen Lasten grundsätzlich ohne Entschädigung erlöschen, kaum mit den rechtsstaatlichen Grundsätzen, wie sie in der brit. Zone gelten, in Einklang gebracht werden. Diese Frage ist aber nicht von dem Gericht zu beurteilen, da sie zugleich eine politische Frage des Verhältnisses der Besatzungsregierungen zueinander ist. Die Verwaltung der in der brit. Zone befindlichen Gelder der ASt. muß daher einstweilen mit Rücksicht auf die einheitliche Verwaltung Deutschlands durch die Siegermächte auch in der Richtung gebunden bleiben, daß diese Gelder der Landesverwaltung von Mecklenburg-Vorpommern nicht endgültig entzogen werden. Insofern besteht eine persönliche treuhänderische Bindung der beiden in der brit. Zone befindlichen Vorstandsmitglieder und ausschließlichen Bevollmächtigten, der Gesellschafterversammlung und des Notars X."

**102. Auf das interzonale Privatrecht sind die Grundsätze des internat. Privatrechts anzuwenden. — Danach hat ein Hoheitsakt Wirkung nur hinsichtlich derjenigen Vermögenswerte, die im Gebiet des Hoheitsträgers belegen sind. — Mitgliedschaftsrechte, die in Aktienurkunden verbrieft sind, sind am Sitz des Ausstellers belegen, da sie nur an diesem Ort ausgeübt werden können. — Die Vertretungsbefugnis eines auf behördliche Anordnung eingesetzten Vorstandes einer AG. erstreckt sich nicht auf Vermögenswerte der Gesellschaft außerhalb des Hoheitsbereiches der einsetzenden Behörde. — Die Vertretungsbefugnisse des bisherigen Vorstandes bleiben auch dann, wenn seine zwangsweise Abberufung im Handelsregister am Sitz der Gesellschaft eingetragen wurde, hinsichtlich der Vermögenswerte der Gesellschaft außerhalb des Hoheitsbereiches der einsetzenden Behörde wirksam. — (Ist ein Mitglied des gewählten Vor-**

**standes zwangsweise abberufen, aber gleichzeitig als Mitglied des zwangsweise eingesetzten Vorstandes sowie als Treuhänder durch Hoheitsakt wieder eingesetzt worden, so könnte es grundsätzlich Vertretungsbefugnisse hinsichtlich des gesamten Gesellschaftsvermögens auch außerhalb des Landes haben, das den Zwangseingriff vorgenommen hat [!].)**

LG Hamburg (brit. Zone), Beschl. v. 6. 2. 1951 — 3 WP 90-17a: WM 1951 IV B, S. 174.

Die M-AG. mit Sitz in R. (sowjet.) hat Aktien der X-AG. mit Sitz in A. (brit.) zur Wertpapierbereinigung angemeldet. Das Vorstandsmitglied A. der M-AG. war durch Verfügung der Landesregierung Sachsen als Treuhänder des Unternehmens und gleichzeitig, zusammen mit B., als neues Vorstandsmitglied der Gesellschaft eingesetzt worden; zugleich wurde der alte Vorstand abberufen. Diese Veränderungen wurden im Handelsregister am Sitz der Gesellschaft eingetragen. Neben der von A. unterzeichneten Anmeldung liegt eine Wertpapieranmeldung des in den Westzonen fortbestehenden alten Vorstandes vor. Die von A. unterzeichnete Anmeldung der M-AG. in R. wurde zurückgewiesen.

Aus den Gründen:

„Da die Unterzeichner des Schreibens die darin enthaltenen Erklärungen für die Anmelderin als juristische Person abgegeben haben, kommt es für die Frage nach der Wirksamkeit der Erklärungen darauf an, ob sie zur Vertretung der Anmelderin berechtigt waren.

Aus der vorgelegten beglaubigten Abschrift aus dem Handelsregister des AG Y. (sowjet.) sind u. a. folgende Eintragungen ersichtlich: . . .

Aus diesen Eintragungen ist ersichtlich, daß entgegen den Vorschriften der §§ 75, 76 AktG ohne Beschlußfassung durch die zuständigen Organe der Gesellschaft bzw. ohne gerichtliche Anordnung die Einsetzung eines Treuhänders sowie die Bestellung neuer und die Abberufung bisheriger Vorstandsmitglieder verfügt worden ist. Es handelt sich um behördliche Maßnahmen, auf Grund deren die Eintragungen erfolgt sind.

Wenn auch grundsätzlich in Deutschland die Eintragungen im Handelsregister öffentlichen Glauben genießen und ebenso die für eine AG. Handelnden ihre Vertretungsberechtigung durch Vorlage eines Auszuges aus dem Register ausreichend dartun, so zwingt doch die voneinander abweichende Rechtsentwicklung in den einzelnen Besatzungszonen Deutschlands im interzonalen Rechtsverkehr zur Einnahme eines abweichenden Standpunktes. Es ist in der Rechtsprechung seit langem der Grundsatz aufgestellt, daß die Maßnahmen einer Behörde da ihre Wirkungen verlieren, wo die Hoheit des Landes aufhört, dessen Behörde die Maßnahme getroffen hat (OGH Köln, NJW 1949, 502[1]; OLG Gera, DRZ 1948, 493[2]; LG Dresden, bei *Raape*, IPR[3], 431[3]; *Beuck*, Zonenprobleme [1948] 21/22). Nach den auf das interzonale Privatrecht anzuwendenden Grundsätzen des internat. Privatrechts muß es als herrschende Meinung gelten, daß Maßnahmen, die in das Gefüge einer AG. eingreifen, nur für die in der betreffenden Zone vorhandenen Vermögenswerte gelten (*Beuck*, 40). Im vorliegenden Fall befinden sich die Vermögenswerte, die in diesem Verfahren zu behandeln sind, zweifelsfrei in der brit. Zone. Es handelt sich um Mitgliedschaftsrechte, die sich

[1] Siehe unten Nr. 365. [2] Siehe unten Nr. 134. [3] Siehe unten Nr. 426.

aus den Aktien ergeben. Diese Rechte können nur da ausgeübt werden, wo die Ausstellerin der Aktien ihren Sitz hat (vgl. auch *Eichhorn*, § 21 Anm. 6 Nr. 2, S. 124). Die Rechte, deren Anerkennung [mit] der Anmeldung in diesem Verfahren verlangt wird, befinden sich mithin nicht in derjenigen Besatzungszone, in welcher die erwähnten behördlichen Maßnahmen erfolgt sind. Diese Maßnahmen müssen daher bei Rechtsgeschäften, die Vermögenswerte der Anmelderin in der brit. Zone betreffen, unberücksichtigt bleiben. Daraus folgt weiter, daß die Unterzeichner des an die Anmeldestelle gerichteten Schreibens wegen des die Anmeldung bezweckenden Auftrages nicht zur Vertretung der Anmelderin berechtigt waren. Da demnach kein wirksamer Auftrag zur Anmeldung vorliegt, kann auch die Anmeldung selbst nicht wirksam sein.

Bei Durchsicht des Handelsregisterauszuges ist zu erkennen, daß das eine der beiden neu bestellten Vorstandsmitglieder, nämlich A., offenbar identisch ist mit dem bisher im Register, Sp. 4, genannten Vorstandsmitglied A. Da die durch behördliche Verfügung erfolgte Bestellung von Vorstandsmitgliedern nur die dargelegte relative Wirksamkeit auslösen kann, gilt dasselbe aus den gleichen Gründen für die durch die Verfügung erfolgte Abberufung der bisherigen Vorstandsmitglieder. Demnach könnte A. für die Anmelderin als noch vertretungsberechtigt angesehen werden, zumal auch ein seine Abberufung aussprechender Beschluß des hierfür zuständigen Organs nicht vorliegt. Da . . . der Aufsichtsrat nach der Satzung ermächtigt ist, einzelnen Mitgliedern des Vorstandes die Befugnis zur alleinigen Vertretung der Gesellschaft zu erteilen, war weiterhin festzustellen, daß der Aufsichtsrat von dieser Ermächtigung hinsichtlich der Person des A. keinen Gebrauch gemacht hat. Der Auftrag zur Anmeldung kann daher auch deswegen nicht als wirksam angesehen werden, weil die zweite Unterschrift eines wirksam bestellten Vorstandsmitgliedes fehlt."

**103.** **Im Verfahren der Wiedereinsetzung in den vorigen Stand genügt zur Legitimation eines Antragstellers die bloße Möglichkeit, daß dieser die berechtigte juristische Person wirksam vertreten kann. — Ein durch Hoheitsakt eingesetzter Vorstand und ein Treuhänder haben Vertretungsbefugnis nur hinsichtlich der Vermögensgegenstände, die im Gebiet des Staates belegen sind, der diese Vertreter eingesetzt hat. — Es bleibt dahingestellt, ob Wertpapiere am Sitz des Ausstellers oder am Verwahrungsort belegen sind. — In der Bestellung eines Treuhänders für das ostzonale Vermögen einer Gesellschaft kann unter bestimmten Umständen die Bildung eines neuen, von der enteigneten Gesellschaft unabhängigen Rechtssubjekts gesehen werden.**

LG München I (amerik. Zone), Beschl. v. 15. 6. 1951 — 3 WP 633: WM 1951 IV B, S. 440.

Die M-AG. mit Sitz in P. (sowjet.) meldete Aktien der Z-AG. mit Sitz in W. (amerik.) zur Wertpapierbereinigung an. Für die M-AG. waren im Jahre 1946 durch Verfügung des Oberpräsidenten der Provinz Sachsen zwei neue Vorstandsmitglieder unter Abberufung des alten Vorstandes eingesetzt worden. Mit Wirkung vom

1. 1. 1949 wurde der eine von ihnen als Treuhänder für die Firma bestellt, die sich nach der Eintragung im Handelsregister „unter der unmittelbaren Aufsicht und ausschließlichen tatsächlichen Verfügungsgewalt" der Landesregierung S. befindet. Die Anmeldung von Aktien der Z-AG., verbunden mit einem Antrag auf Wiedereinsetzung in den vorigen Stand, war von den beiden eingesetzten Vorstandsmitgliedern unterzeichnet. Die Anmeldung wurde zurückgewiesen.

Aus den Gründen:

„Diese Vertretungsbefugnis [zur Stellung des Wiedereinsetzungsantrags] kann gesetzlich bestimmt oder durch Parteiwillen begründet sein. Handelt es sich bei dem Anmelder, wie im vorliegenden Fall, um eine juristische Person, so kommen als vertretungsberechtigt in erster Linie die Organe derselben in Betracht. Wie aus der ... Eintragung im Handelsregister hervorgeht, sind die ... ASt. im Wiedereinsetzungsverfahren als Vorstandsmitglieder berufen worden; sie sind daher, soweit ihre Bestellung wirksam ist, zur Vertretung der Anmelderin berechtigt (§ 71 AktG). Da keine Anhaltspunkte dafür bestehen, daß die Eintragung im Handelsregister ... formell mangelhaft oder inhaltlich unrichtig wäre, besteht kein Anlaß, die Vertretungsberechtigung der Genannten grundsätzlich in Zweifel zu ziehen. Auch die KWB Hamburg geht in dem Beschluß vom 6. 2. 1951[1] ersichtlich davon aus, daß die Berufung der Genannten als Vorstandsmitglieder nicht schlechthin nichtig ist. Die grundsätzlich demnach zu bejahende Vertretungsbefugnis genügt aber zur Legitimation im Wiedereinsetzungsverfahren. Ob die von den ASt. vertretene und als Anmelder bezeichnete Person wirklich Inhaber der angemeldeten Rechte ist, ist ein Teil der im Wiedereinsetzungsverfahren außer Betracht zu lassenden Sachprüfung (WM 1951 IV B, 156). Aus diesem Grunde wäre es unstatthaft, die Vertretungsbefugnis der ASt. deshalb zu verneinen, weil die angemeldeten Rechte nicht Eigentum der von den ASt. vertretenen Anmelderin sind oder weil die Vertretungsbefugnis der ASt. sich nicht auf die hier angemeldeten Rechte erstreckt. Im ersteren Fall ist dies klar ersichtlich; im zweiten Fall ist jedenfalls bei der hier vorliegenden besonderen Sachlage die gleiche Forderung geboten. Denn wie unten noch auszuführen ist (vgl. Ziff. 5b), ist es im konkreten Fall nicht unzweifelhaft, ob die als Anmelderin bezeichnete Gesellschaft das gleiche Rechtssubjekt ist wie die ursprüngliche Gesellschaft. Würde man diese Frage, um zu einer Ablehnung des Wiedereinsetzungsantrages wegen mangelnder Vertretungsbefugnis zu kommen, im Sinne der Bejahung der Identität entscheiden, so wäre damit auch die Sachentscheidung vorweggenommen. Da dies nicht Sache des Wiedereinsetzungsverfahrens sein kann, muß schon die Möglichkeit, daß die Anmelderin ein Rechtssubjekt ist, das von den ASt. wirksam vertreten werden kann, genügen, um ihre Vertretungsbefugnis für das Wiedereinsetzungsverfahren darzutun...

5. Die, wie zu 1—4 dargelegt, formell nicht zu beanstandende Anmeldung hatte sachlich keinen Erfolg.

a) Die KWB Hamburg hat im Beschluß vom 6. 2. 1951[2] ausgeführt, daß die vorliegende Anmeldung deshalb nicht wirksam sei, weil die

[1] Siehe oben Nr. 102. [2] Siehe oben Nr. 102.

Unterzeichner des Schreibens vom 25. 7. 1950 nicht zur Vertretung der Anmelderin in bezug auf die hier angemeldeten, am Sitz der Ausstellerin, also in Westdeutschland belegenen Wertpapiere befugt wären. Diese Auffassung hat offenbar zur Voraussetzung, daß die Anmeldergesellschaft in ihrer Rechtspersönlichkeit unberührt geblieben ist, d. h. daß die jetzt als Anmelderin bezeichnete Rechtsträgerin identisch ist mit der ursprünglich bestehenden AG. Die Eintragung im Handelsregister vom 27. 11. 1950 ist also nicht als eine Enteignung, sondern als eine Stellung unter Treuhandschaft aufgefaßt worden. Von dieser Voraussetzung aus ist die Anmelderin in Verfolg der Zonentrennung und der eine hoheitliche Maßnahme darstellenden und daher in der Wirkung auf das Hoheitsgebiet (Ostzone) beschränkten Treuhänderbestellung hinsichtlich der Vertretungsbefugnis in zwei Vermögensmassen aufgespalten worden. Für das in der Ostzone belegene Vermögen mögen der bestellte Treuhänder sowie die als Vorstand berufenen Unterzeichner des Schreibens vom 25. 7. 1950 als vertretungsberechtigt gelten. Für das nicht in der Ostzone belegene Vermögen dagegen ist die Abberufung der satzungsmäßig bestellten Organe der Gesellschaft und die Einsetzung eines neuen Vorstandes als Eingriff in das Gefüge der Gesellschaft ohne Wirkung, so daß die erwähnten Unterzeichner insoweit keine Vertretungsmacht besitzen. Bei fortbestehender, identischer Rechtspersönlichkeit der Anmelderin bis 1. 10. 1949 hängt also die Wirksamkeit der Anmeldung von der Belegenheit der angemeldeten Wertpapiere ab. Da sowohl der Sitz der Ausstellerin (W. [Bundesgebiet]) als der Verbuchungs- und effektive Verwahrungsort (Berlin) außerhalb der Ostzone liegen, sind die angemeldeten Wertpapiere, gleichgültig welcher der vorgenannten Orte als entscheidend für die Belegenheit anzusehen ist, jedenfalls kein Vermögen, das der Vertretungsbefugnis der in der Ostzone bestellten Vorstandsmitglieder unterliegen könnte . . .

b) Die von der KWB Hamburg vorausgesetzte Identität der Gesellschaft ist jedoch nicht unzweifelhaft gegeben. Wie die Prüfstelle bestätigt hat, ist die Anmelderin in der Ostzone inzwischen in einen volkseigenen Betrieb umgewandelt worden. Diese Tatsache in Verbindung mit der Eintragung vom 27. 11. 1950 läßt erkennen, daß es sich bei der seinerzeit angeordneten Treuhänderbestellung nicht um eine bloße Verfügungsbeschränkung unter Fortbestand der alten Rechtspersönlichkeit, sondern in Wirklichkeit bereits um eine (entschädigungslose) Enteignung gehandelt hat, deren ursprüngliche Verschleierung nunmehr fallengelassen wurde. Die Betonung der unmittelbaren Aufsicht und der ausschließlichen Verfügungsgewalt der Landesregierung . . . (Ostzone) in Verbindung mit dem Eingriff in die Organisation der Gesellschaft lassen kaum einen Zweifel, daß die sog. Treuhänderschaft bereits eine hoheitliche Entziehung des Vermögens der früheren Rechtspersönlichkeit unter Übertragung auf einen neuen, wenn auch gleichen Namen führenden Rechtsträger war.

Im Ergebnis ist auch bei dieser von der KWB Hamburg nicht erörterten Sach- und Rechtslage die Anmeldung abzulehnen. Es handelt sich dann allerdings nicht mehr darum, daß für einen Rechtsträger (Anmelderin) von ostzonal bestellten (in Konkurrenz mit den satzungsmäßig berufenen) Vertretern angemeldet wurde, sondern daß von einer (durch Enteignung Rechtsnachfolger gewordenen) Rechtsperson (in Konkurrenz mit der enteigneten alten Rechtspersönlichkeit) angemeldet wird. In diesem Fall ist zwar aus den oben zum Wiedereinsetzungsantrag erörterten Gründen die Vertretungsbefugnis der Unterzeichner des Schreibens vom 25. 7. 50 für die durch die Enteignung begünstigte Rechtsnachfolgerin nicht zu bestreiten. Dagegen kann diese Rechtsnachfolgerin den Eigentumsbeweis nach § 21 WBG nicht führen. Nach Sachlage kommt kein rechtsgeschäftlicher Eigentumserwerb (§ 21 I Nr. 1, 2 und 4 WBG), sondern nur ein auf hoheitlichen Maßnahmen beruhender Eigentumsübergang (§ 21 I Nr. 3 WBG) in Frage, der jedoch nicht auf einer Maßnahme der Behörden oder Besatzungsmächte des Währungsgebietes, sondern der Ostzone beruht und daher die Anmeldung nicht zu begründen vermag.“

**104. Die für eine Gesellschaft mit Sitz im Saargebiet sowohl durch die im Saargebiet eingesetzte französische Zwangsverwaltung als auch durch die nach Westdeutschland ausgewichene deutsche Geschäftsleitung angemeldeten Wertpapierrechte sind wirksam angemeldet. — Im Bereinigungsverfahren genügt es, die angemeldeten Rechte auf den Berechtigten anzuerkennen; die Nachprüfung konkurrierender Vertretungsberechtigungen kann bei schwieriger Rechtslage nicht erfolgen.**

OLG Frankfurt/Main (amerik. Zone), Beschl. v. 10. 3. 1953 — 6 W 431/51: WM 1953 IV B, S. 494 (abl. *Eichhorn* 499).

Für die Y-GmbH mit Sitz in M. (Saargebiet) haben die im Handelsregister eingetragene französische Zwangsverwaltung in M. und die nach O. (Bundesgebiet) ausgewichene, aber nicht im Handelsregister eingetragene deutsche Geschäftsleitung Wertpapierrechte angemeldet. Das LG anerkannte die Rechte für die Y-GmbH, vertreten durch die deutsche Geschäftsleitung in O. Das OLG hat die Anerkennung auf die Y-GmbH ausgesprochen.

Aus den Gründen:

„Wäre das im Saargebiet liegende Vermögen der Anmelderin wirklich materiell bereits konfisziert, so wäre eine solche Maßnahme für das Wertpapierbereinigungsverfahren gemäß § 21 I Nr. 3 WBG bedeutungslos, da sie nicht von den Besatzungsmächten des Währungsgebiets, sondern, da das Saarland nicht zum Währungsgebiet gehört, von einer Besatzungsmacht außerhalb des Währungsgebiets getroffen wäre; die behauptete Konfiskation könnte mithin keinesfalls die Wirkung gehabt haben, daß der Anmelderin das angemeldete Recht entzogen worden wäre. Unter diesen Umständen besteht kein Anlaß, der Geschäftsführung in O. eine Ergänzung ihres diesbezüglichen Vorbringens aufzugeben. Vielmehr kann mit dem LG davon ausgegangen werden, daß alle drei Anmeldungen für die gleiche Rechtsträgerin vorgenommen worden sind und demnach keine echte Doppelanmeldung im Sinne des § 33 WBG vorliegt. Der Streit zwischen den Beteiligten betrifft also nicht die Frage, wer bezüglich der angemeldeten Rechte der materiell

Berechtigte ist, sondern hat allgemein die Legitimation der verschiedenen Vertretungsprätendenten zum Gegenstand. Die von den beiden widerstreitenden Beteiligten vorgenommenen Anmeldungen stellen danach eine sogenannte unechte Doppelanmeldung dar . . . Die Besonderheit dieses Falles besteht darin, daß hier zwei Vertreterprätendenten auftreten, von denen notwendigerweise einer der wirklich Legitimierte ist. Die Gründe, auf die sie die Vertretungsberechtigung stützen, sind jeweils so, daß, wenn sie nicht zutreffen, die Vertretungsberechtigung des andern ohne weiteres feststeht. Es liegt mithin eine entsprechende Rechtslage vor wie bei der sogenannten Wahlfeststellung im Strafverfahren. Auch wenn die Legitimation der Prätendenten im einzelnen nicht klargestellt wird, steht außer jedem Zweifel, daß einem der beiden anmeldenden Vertretungsorgane die Berechtigung zur Vertretung bei der Anmeldung zusteht, so daß die Rechte in jedem Fall wirksam angemeldet sind. Für die Entscheidung, ob das Recht der Berechtigten (d. h. dessen, für den angemeldet ist) anzuerkennen ist (§ 23 WBG), ist demnach eine weitere Prüfung der Vertreterlegitimation entbehrlich. Sie käme demnach, da sie keine Entscheidungsgrundlage bildet, unter dem Gesichtspunkt eines nobile officium des Gerichts nur in Betracht, wenn sie ohne Schwierigkeiten, gewissermaßen nebenbei, erfolgen könnte. Es bedarf aber keiner weiteren Darlegung, daß die Entscheidung der Legitimationsfrage im vorliegenden Falle besondere Schwierigkeiten bereitet. Das LG hat zwar die Legitimationsfrage untersucht und aus beachtlichen Gründen zugunsten der deutschen Geschäftsführung in O. entschieden. Die umfangreiche Begründung des Beschlusses und die Länge der im Beschwerderechtszuge von den Beteiligten eingereichten Schriftsätze zeigen jedoch schon hinreichend, daß die Entscheidung der Legitimationsfrage von der Klärung schwieriger Fragen aus dem internat. Privatrecht und dem Besatzungsrecht abhängig ist, deren Prüfung einen ungewöhnlichen Arbeits- und Zeitaufwand erfordern, und das mit der Wertpapierbereinigung befaßte Gericht von der Bearbeitung anderer Bereinigungsfälle abhalten würde."

**105. Die in der Sowjetzone gebildeten Industrie- und Handelskammern sind nicht personengleich mit den dort errichteten Wirtschaftskammern und sind auch nicht deren Rechtsnachfolger. — Ist für eine juristische Person mit Sitz in der Sowjetzone in Westdeutschland ein Pfleger bestellt worden, so sind die in der Sowjetzone tätigen Organe der juristischen Person hinsichtlich der in Westdeutschland befindlichen Vermögenswerte nicht vertretungsberechtigt.**

LG Mannheim (amerik. Zone), Beschl. v. 15. 5. 1953 — WPA 4986, 10. 703: WM 1953 IV B, S. 502.

Die Industrie- und Handelskammer X (sowjet.) hat Wertpapierrechte für die Wirtschaftskammer P. (sowjet.) angemeldet. Die Anmelderin behauptet, die ehemalige Gauwirtschaftskammer in O. (sowjet.), für die die Wertpapiere verbucht sind, sei zwischen Mai und Oktober 1945 u. a. durch die Wirtschaftskammer P. fortgeführt worden. Durch Ziff. 4 der Ausführungsbestimmungen zur VO über die Bildung von Industrie- und Handelskammern im Bundesland X v. 29. 10. 1945 sei auch

**die Wirtschaftskammer P. aufgelöst und ihr Vermögen auf die neugebildete Industrie- und Handelskammer X übertragen worden. Der in West-Berlin für die Wirtschaftskammer P. bestellte Pfleger ist dem Verfahren beigetreten. Das LG lehnte die Anmeldung der Industrie- und Handelskammer X ab und erkannte die Rechte dem Pfleger zu.**

Aus den Gründen:

„Nach den Ausführungsbestimmungen zur VO über die Bildung der Industrie- und Handelskammern im Bundesland X v. 29. 10. 1945 sind die Industrie- und Handelskammern im Bundesland X Organe der Wirtschaft zur Durchführung der von den Zentralverwaltungen und der Landesverwaltung in bezug auf Industrie und Handel erlassenen Anordnungen, Verfügungen und Richtlinien. Ihre Aufgabe ist insbesondere, die an sie ergehenden Weisungen der Zentralverwaltungen und der Landesverwaltung unter Einschaltung der freien Initiative der in der Wirtschaft Tätigen zu verwirklichen. Während, wie sich aus der Stellungnahme des Deutschen Industrie- und Handelstages ergibt, die Vorstände bzw. die Beiräte der früheren Industrie- und Handelskammern sich aus gewählten Mitgliedern zusammensetzten, die Gewerbetreibende sein mußten, werden diese Organe nach der Neuregelung von der Landesverwaltung berufen. Der Präsident der Industrie- und Handelskammer für das Bundesland X ist hauptamtlich Angestellter der Industrie- und Handelskammer für das Bundesland X und gilt als im öffentlichen Dienst stehend.

Bei den Verhältnissen, wie sie in einem totalitären Staat herrschen, bedeutet dies, daß die betr. Körperschaften ganz dem Willen der Machthaber dieses Staates unterworfen sind.

In Ziffer 4 der angezogenen Ausführungsbestimmungen zur VO über die Bildung der Industrie- und Handelskammer im Bundesland X v. 29. 10. 1945 ist gesagt, daß die Wirtschaftskammer für das Bundesland X aufgelöst wird und daß ihr Vermögen auf die Industrie- und Handelskammer für das Bundesland X übergeht. Desgleichen werden die Bezirkswirtschaftskammern und ihre Außenstellen aufgelöst, mit der Wirkung, daß ihr Vermögen ebenfalls an die Industrie- und Handelskammer für das Bundesland X übergeht.

Würdigt man alle diese tiefgreifenden und einschneidenden Maßnahmen, die den Organen der Körperschaft ihre Selbständigkeit und damit auch ihre Initiative nehmen, und die die Auflösung und Enteignung der alten Wirtschaftskammer P herbeiführten, berücksichtigt man ferner, daß auch der Aufgabenbereich der neuen Industrie- und Handelskammer X, wie sich aus der Stellungnahme des Industrie- und Handelstags ergibt, ein wesentlich anderer ist als derjenige der früheren Wirtschaftskammern, so handelt es sich nicht nur um eine Strukturwandlung, man kommt vielmehr zu dem Ergebnis, daß die Handelskammer X weder identisch mit der früheren Wirtschaftskammer P. noch daß sie deren Rechtsnachfolgerin ist.

Die Sache liegt ähnlich wie bei den jetzigen Banken für Handwerk und Gewerbe in ihrem Verhältnis zu den früheren Volksbanken, bezüglich derer das OLG Celle in seinem Beschluß v. 7. 7. 1952 (WM 1952, 540[1])

---

Siehe oben Nr. 89.

entschieden hat, daß die neuen Banken für Handwerk und Gewerbe in der Ostzone nicht identisch mit den früheren Volksbanken und auch nicht deren Rechtsnachfolger sind. Siehe auch den Beschluß des KG v. 27. 6. 1952 (WM 1952, 543[1]), worin zum Ausdruck gebracht wird, daß die ostzonalen Banken für Handwerk und Gewerbe weder rechtsgeschäftliche noch gesetzliche Rechtsnachfolger der früheren Volksbanken sind. Das OLG Düsseldorf hatte bereits in seinem Beschluß v. 10. 5. 1952 (WM 1952, 432[2]) entschieden, daß die Anmeldung, welche von der Bank für Handwerk und Gewerbe in der sowjet. Besatzungszone unter Berufung auf ihre Personengleichheit mit der früheren Volksbank ohne Übereinstimmung mit dem Treuhänder vorgenommen werde, schon deshalb abzulehnen sei, weil ihr Vorstand zur Vertretung dieses Kreditinstituts in der Wertpapierbereinigung nicht befugt sei.

Auch dieser Gesichtspunkt der mangelnden Vertretungsbefugnis kann im vorliegenden Fall herangezogen werden. Denn wegen der im Bundesgebiet gelegenen Vermögenswerte der Wirtschaftskammer P. hat nur der amtlich bestellte Pfleger ein Vertretungsrecht, nicht jedoch die Industrie- und Handelskammer X (s. auch Beschluß des OLG Düsseldorf v. 18. 3. 1953, WM 1953, 286)."

**106. Die unterschiedliche Rechtsentwicklung in den Besatzungszonen, insbesondere die Abweichungen zwischen der Ost- und den Westzonen, haben zwei Rechtssysteme in Deutschland entstehen lassen, deren Kollisionen nach den Grundsätzen des internat. Privatrechts zu lösen sind. — Aus dem Territorialitäts-Grundsatz des IPR folgt zunächst, daß die Enteignung einer juristischen Person jedenfalls im Gebiet des enteignenden Staates rechtsgültig ist; im gleichen Umfange rechtsgültig ist auch die Auflösung der juristischen Person durch diesen Staat, wenn dieser die Rechtsfähigkeit verliehen hat. — In ihren Rechtswirkungen auf andere Staatsgebiete dagegen unterscheidet sich die Enteignung der juristischen Person von ihrer Auflösung. — Für die Wirkung der Enteignung des Vermögens auf andere Staatsgebiete gilt auch hier der Grundsatz der Territorialität; allerdings nicht so sehr zur Abwehr angeblich sitten- oder zweckwidriger Rechtssätze, sondern als Ausfluß der ausschließlichen Befugnis eines Staates zur Ordnung seiner Eigentumssphäre. — Dem Territorialitäts-Grundsatz unterliegt Vermögen aller Art, das außerhalb des enteignenden Staates belegen ist; Forderungen sind am Wohnsitz des Schuldners belegen. — Die Auflösung einer juristischen Person durch den Staat, der ihr die Rechtsfähigkeit verliehen hat, muß auch in anderen Staatsgebieten anerkannt werden; das gilt bei einer (nach dem reichsrechtlichen Aktiengesetz gegründeten) AG. mit Sitz in Thüringen auch, wenn das Recht Thüringens die Auflösung aus einem dem reichsdeutschen Aktienrecht unbekannten Grunde durchführt (!). — Weder ein Fortbestand der AG. als solcher noch der einer Gesellschaft der ehemaligen Aktionäre außerhalb des enteignenden Landes wird anerkannt. — Daher ist das Bankguthaben einer in einem Lande der sowjet. Zone enteigneten**

---

[1] Siehe oben Nr. 87. [2] Siehe unten Nr. 410.

**und aufgelösten AG., das sich bei einer Bankniederlassung in der amerik. Zone befindet, herrenlos geworden (!).**

LG Mannheim (amerik. Zone), Beschl. v. 11. 2. 1948 — Q 6/47: *BB 1948, 92 (Teilabdruck m. Anm. der Redaktion).

Die E-AG. mit Sitz in Sch. (sowjet.) hatte bei der Bankniederlassung W. (amerik.) ein Guthaben. Auf Anordnung der sowjet. Besatzungsmacht wurde das Unternehmen unter Zwangsverwaltung gestellt. Auf Grund der SMA-Befehle Nr. 124 und 126 wurde G., der Vorsitzende des Aufsichtsrates, zugleich Inhaber von 56% des Aktienkapitals, der schon vorher in die amerik. Zone geflüchtet war, seines Gesellschaftsanteiles und seiner Organstellung für verlustig erklärt. Er erwirkte daraufhin eine einstweilige Verfügung, die der E-AG. und der Bankniederlassung W. jede Verfügung über das Guthaben der E-AG. in W. untersagte. Die E-AG. wurde inzwischen dem Lande Thüringen übergeben und wird als landeseigener Betrieb verwaltet; ihre Firma wurde im Handelsregister ihres Sitzes gelöscht.

Den Antrag des volkseigenen Betriebes, die von G. erwirkte einstweilige Verfügung aufzuheben, hat das LG zurückgewiesen.

Aus den Gründen:

„Die Aufteilung Deutschlands in vier Besatzungszonen hat zu weitgehenden Unterschieden in Rechts- und Gesetzgebung der einzelnen Zonen geführt, insbesondere haben sich zwischen der sowjet. Zone einerseits und den drei Westzonen andererseits derartige Abweichungen entwickelt, daß hier füglich von zwei Rechtssystemen gesprochen werden kann. Das gilt insbesondere für das Eigentumsrecht. Diese Tatsache aber rechtfertigt es auch in Fällen wie dem vorliegenden, der in seinem Kern die Frage der Gültigkeit von in der Sowjetzone ausgesprochenen Enteignungsmaßnahmen in den Westzonen zum Gegenstand hat, die Grundsätze des internat. Privatrechts anzuwenden.

Nach dem im internat. Privatrecht allgemein anerkannten Territorialitätsprinzip ist eine Konfiskation oder Enteignung nur an solchen Sachen möglich, die sich im Gebiet des konfiszierenden oder enteignenden Staates befinden. Nach dem gleichen Prinzip ist für die Auflösung und Liquidation von juristischen Personen wie auch für die Entziehung der Rechtsfähigkeit das Gesetz des Verleihungsstaates maßgebend (vgl. *M. Wolff*, IPR [1933] 189; *Nußbaum*, Dt. IPR [1932] 192).

Hieraus folgt, daß die Auflösung einer AG., deren Sitz in Thüringen sich befindet, und die Übertragung ihres Eigentums auf das Land Thüringen zunächst einmal in Thüringen selbst ohne Einschränkung gültig ist. Soweit aber eine solche Gesellschaft auch außerhalb der Ostzone Vermögensbestandteile besaß, bedarf es begrifflich einer gesonderten Untersuchung hinsichtlich der Frage der Wirksamkeit der Enteignung und hinsichtlich des Erlöschens als Rechtssubjekt.

In den verschiedenen höchstrichterlichen Entscheidungen aus der Zeit nach der russ. Oktober-Revolution, die sich mit der Gültigkeit von Enteignungsmaßnahmen der Sowjetregierung auf Vermögenswerte im Ausland befaßten (z. B. die Urteile des KG v. 25. 8. 1927[1], des RG v. 20. 5. 1930[2], des Schweizer Bundesgerichts v. 10. 7. 1924, im Ostrecht 1925, 197), wurde stets betont, daß derartige Enteignungsmaßnahmen sich entsprechend den Grundsätzen des Territorialitätsprinzips auf das Staats-

[1] Siehe IPRspr. 1928 Nr. 14. [2] Siehe IPRspr. 1930 Nr. 9.

gebiet der Sowjetunion beschränken. Das Gericht hat keinen Anlaß, von dieser Rechtsprechung abzugehen. Es verkennt dabei nicht, daß sich seit jenen Entscheidungen die politischen und wirtschaftlichen Verhältnisse grundlegend geändert haben. Konnte man damals, wie etwa die genannte Entscheidung des KG v. 25.8.1927, noch auf Grund von Art. 30 EGBGB in Verbindung mit Art. 153 der Weimarer Reichsverfassung einer entschädigungslosen Enteignung als gegen die guten Sitten und den Zweck eines deutschen Gesetzes verstoßend die Anerkennung versagen, so läßt sich diese Begründung heute nicht mehr rechtfertigen, da, vor allem unter dem Einfluß der Kriegs- und Nachkriegsverhältnisse und der gegenwärtigen wirtschaftlichen Notlage, in sehr erheblichem Umfange Eingriffe in das Privateigentum notwendig waren und sind, für die eine angemessene Entschädigung nicht gewährt werden kann. Man denke z. B. an die Bewirtschaftung des Wohnraums und die Bodenreform.

Das Territorialitätsprinzip dient auch nicht etwa der Abwehr unerwünschter Rechtssysteme, die mit den einheimischen Gesellschaftsgrundlagen unvereinbar erscheinen, sondern es ist ein Ausfluß des staatlichen Hoheitsrechts. Ein Staat braucht die Einmischung anderer Staaten in seine Eigentumssphäre nicht zu dulden, mag sich diese Einmischung nun im Rahmen seiner eigenen Wirtschaftsordnung bewegen oder gegen diese verstoßen. Daß aber Enteignungen, zumal, wenn sie den Umfang der in der Ostzone getroffenen Maßnahmen erreichen, in das staatliche und wirtschaftliche Gefüge tief eingreifen, bedarf keiner näheren Erläuterung. Auch aus diesem Grunde muß das Territorialitätsprinzip im vorliegenden Falle Platz greifen. Es kann übrigens keinem Zweifel unterliegen, daß auch die Staaten des sowjet. Rechtssystems oder ihm angeglichener Rechtssysteme irgendwelche Einmischungen des Auslandes in ihre eigene Eigentumsordnung nicht dulden würden.

Hinsichtlich der Geltung des Territorialitätsprinzips bei Enteignungen von Handelsgesellschaften in der Ostzone, die in den Westzonen Vermögensanteile besitzen, kann es ebensowenig einen Unterschied machen, ob es sich bei den Vermögensbestandteilen um Zweigniederlassungen oder um sonstigen Besitz, um unbewegliche oder bewegliche Sachen oder um Forderungsrechte handelt. Gesetzt der Fall, die E-AG. hätte in W. eine Zweigniederlassung gehabt, so wäre nicht einzusehen, warum das Territorialitätsprinzip einer Anerkennung der Enteignung der Zweigniederlassung entgegenstünde, die Enteignung aber dann anerkannt werden müßte, wenn die Zweigniederlassung vorher verkauft und der Erlös auf einer Bank eingezahlt worden wäre, der E-AG. also nur ein Forderungsrecht gegen die Bank auf Auszahlung des Guthabens zustehen würde. Wenn die AGg. zur Stützung ihres gegenteiligen Standpunktes hier auf die Entscheidung des LG Hamburg v. 10. 6. 1947[1] verweist, in der ausgesprochen wird, daß mit der Enteignung einer Firma in der Ostzone auch das Warenzeichen auf den neuen Eigentümer übergegangen sei, so übersieht sie, daß in der Entscheidung ausdrücklich erklärt wird, daß eine Teilung von Firma und den Rechten aus dem Warenzeichen nach

[1] Siehe unten Nr. 414a.

örtlichen Bezirken Deutschlands nicht möglich ist. Eine Teilung von Forderungsrechten gegen einen in den Westzonen wohnenden Schuldner von dem übrigen in der Ostzone liegenden Vermögen ist aber begrifflich wie tatsächlich durchaus möglich.

Nachdem nunmehr feststeht, daß die Enteignung der im Bereich der amerik. Zone belegenen Vermögensanteile der E-AG., also ihres Bankguthabens bei der Bankfiliale W., am Territorialitätsprinzip scheitert, erhebt sich die Frage, ob auch der Untergang der Firma als Rechtspersönlichkeit nur auf die Ostzone beschränkt ist. Der ASt. vertritt diese Auffassung und betont, daß nach geltendem Aktienrecht eine liquidationslose Vernichtung der Rechtspersönlichkeit einer AG. gar nicht möglich sei, daß diese vielmehr mindestens so lange noch als rechtsfähige Gesellschaft anerkannt werden müsse, als ihr noch irgendwelche Vermögensgegenstände, wie im vorliegenden Fall das Bankguthaben, zustehen. Das Gericht vermag dieser Auffassung nicht zu folgen.

Es trifft zwar zu, daß nach dem AktG die Rechtspersönlichkeit einer aufgelösten AG erst dann untergeht, wenn kein Vermögen mehr vorhanden ist, und daß, wie oben ausgeführt, im vorliegenden Falle das westzonale Bankguthaben von der Enteignung unberührt bleibt. Der ASt. verkennt indessen, daß die ‚Übergabe' der AG. durch die SMA an das Bundesland Thüringen einen dem bisherigen deutschen Recht nicht bekannten Vorgang darstellt, auf den füglich die Grundsätze des AktG nicht angewendet werden dürfen. Es kann deshalb für die Entscheidung auch unberücksichtigt bleiben, daß die AGg. bei ihren Darlegungen nicht klar unterscheidet, ob und inwieweit das Vermögen der AG. enteignet worden und die AG. selbst als Vermögensträger vernichtet worden ist. Es handelt sich hier um einen staatlichen Akt, der in der neuen Rechts- und Wirtschaftsordnung der Ostzone begründet ist. Wie oben ausgeführt wurde, ist nach dem Territorialitätsprinzip allein das Gesetz des Verleihungsstaates für die Entziehung der Rechtsfähigkeit einer juristischen Person maßgebend. Die in Thüringen, wo sich der Sitz der AG. befand, verfügte ‚Übergabe' der Gesellschaft an den Staat, die nach Sinn und Zweck dieser Verfügung die Enteignung des Vermögens der AG. und die Entziehung ihrer Rechtsfähigkeit in sich begreift, muß daher auch in anderen Staatsgebieten anerkannt werden. Es wird insoweit auf die bereits genannten Entscheidungen des KG v. 25. 8. 1927, des RG v. 20. 5. 1930 und des schweizerischen Bundesgerichts v. 10. 7. 1924 verwiesen. Wenn der ASt. in diesem Zusammenhang darauf abhebt, daß die genannten Entscheidungen die Enteignungen russ. Aktiengesellschaften zum Gegenstand hatten, die nach altem vorrevolutionärem russischem Recht durch staatliche Verleihung ihre Rechtsfähigkeit hatten (sog. Oktroi-System) und diese daher auch jederzeit durch Staatsakt wieder verlieren konnten, während nach dem im deutschen Aktienrecht geltenden sog. Normativsystem eine willkürliche, außerhalb der gesetzlich genau geregelten Fälle und des gesetzlich vorgesehenen Verfahrens erfolgte Entziehung der Rechtsfähigkeit nicht zulässig sei, so muß auch hier wieder darauf hin gewiesen werden, daß es sich bei den Vorgängen in der Ostzone um neues Recht handelt, das insoweit auch von den westlichen Besatzungszonen anerkannt werden muß.

Die Konstruktion des Fortbestehens der untergegangenen AG. außerhalb der Ostzone ist ebenso lebensfremd wie diejenige einer aus ehemaligen Aktionären bestehenden Gesellschaft des bürgerlichen Rechts zum Zwecke der Wahrung von Rechten auf die außerhalb der Ostzone belegenen Vermögensbestandteile. Der Untergang der AG. führt begriffsnotwendig auch zum Untergang aller auf Aktienbesitz oder Organstellung gegründeter Mitgliedschafts- oder sonstigen Rechte.

Es ist somit festzustellen, daß die AG. mit ihrer ‚Übergabe' an das Land Thüringen als juristische Person untergegangen ist und damit gleichzeitig alle Ansprüche ihrer bisherigen Aktionäre und Organe gegen die Gesellschaft erloschen sind. Die damit verbundene Enteignung des Vermögens der Gesellschaft erstreckt sich aber auf Grund des Territorialitätsprinzips nicht auf ihr Bankguthaben in der Westzone. Dieses ist vielmehr herrenlos geworden.

Über das Schicksal dieses Bankguthabens zu entscheiden, ist nicht Aufgabe des Gerichts. Es muß der Gesetzgebung überlassen bleiben, eine Regelung darüber zu treffen, was aus den in den Westzonen gelegenen Vermögensbestandteilen juristischer Personen werden soll, deren Sitz sich in der Ostzone befand, deren Vermögen enteignet wurde und deren Rechtspersönlichkeit erloschen ist. Eine allgemeine gesetzliche Regelung dieser Frage, der eine grundsätzliche Bedeutung zukommt, ist schon deshalb erforderlich, weil sie für das Wirtschaftsleben eine erhebliche Rolle spielt und weite Kreise ziehen wird.

Da die Möglichkeit nicht von der Hand gewiesen werden kann, daß der Gesetzgeber bei einer derartigen allgemeinen Regelung versuchen wird, die ehemaligen Mitglieder solcher Körperschaften bezüglich der in den Westzonen sich befindenden Vermögensteile als derartigen Verfügungen in der Ostzone nicht unterliegend zu erklären, ist es gerechtfertigt, die mit der einstweiligen Verfügung bewirkte Sperre des Bankguthabens aufrecht zu erhalten, da sonst die AGg. durch eine Verfügung über das Guthaben eine etwa dahingehende Absicht des Gesetzgebers vereiteln könnte. Die einstweilige Verfügung war daher aufrecht zu erhalten."

**107.** **Die einzige Komplementärin einer KG., deren Vermögenswerte an ihrem Sitz in der Ostzone enteignet wurden, kann eine Forderung der Gesellschaft weder im eigenen Namen noch namens der Gesellschaft einklagen. — Ostzonale Hoheitsakte haben keine Wirkung auf Vermögenswerte außerhalb der Ostzone. — Eine Forderung ist am Wohnsitz des Schuldners belegen. — Eine im Gebiet ihres Sitzes enteignete und dort untergegangene Gesellschaft besteht in den Westzonen nicht schon dann fort, wenn sich hier Vermögenswerte der Gesellschaft befinden und die einzige Komplementärin hier ihren Wohnsitz hat; erforderlich ist vielmehr die Fortführung des wirtschaftlichen Betriebes, und sei es auch nur zur Liquidation der Gesellschaft.**

AG Lauenstein/Hann. (brit. Zone), Urt. v. 5. 7. 1951 — C 5/51: *Leitsatz in BB 1951, 797.

Die KG. H. & Co., deren Sitz sich in der Ostzone befand und deren Vermögenswerte dort entschädigungslos enteignet wurden, hatte aus dem Jahre 1944/45 eine

**Forderung gegen die Bekl., eine GmbH mit Sitz in der brit. Zone. Die einzige Komplementärin der Gläubigerin, die nach der Enteignung des Gesellschaftsvermögens ihren Wohnsitz in die brit. Zone verlegt hatte, klagt nunmehr diese Forderung ein. Das AG wies die Klage ab.**

Aus den Gründen:

„Wenn auch die Kl. die einzige Komplementärin der inzwischen enteigneten KG. H. & Co. gewesen sein mag, so ist damit jedoch ihre Sachlegitimation nicht gegeben. Zwar ist die Kl. — und nur sie — zur alleinigen Vertretung der KG. berechtigt, da die Kommanditisten nach § 170 HGB von der Vertretung der KG. ausgeschlossen sind. Das bedeutet jedoch nur, daß die Kl. für die KG. tätig werden kann, weil nur sie an deren Stelle und in deren Interesse handelnd auftreten kann. Eine Betätigung im eigenen Namen und für sich selbst, wie es hier die Kl. mit der Zahlung an sich selbst verlangt, ist aber mit dem Begriff und Wesen der Vertretung unvereinbar, ist nämlich gar keine Vertretung mehr.

Die mangelnde Sachlegitimation vermag die Kl. auch dadurch nicht zu beheben, daß sie Zahlung an ‚Frau H. in Fa. H. & Co.' begehrt ... Sollte die Kl. damit eine sachliche Änderung des Klageantrages in dem Sinne bezweckt haben, daß sie wegen ihrer rechtlichen Stellung als einzige Komplementärin Bezahlung der Gesellschaftsforderung an die KG. verlangt, so würde es sich um eine Änderung der klagenden Partei handeln, die nicht zulässig ist.

Ganz abgesehen davon, wäre auch dann die Klage nicht schlüssig. Denn es handelt sich bei der Forderung der Gesellschaft um eine Gesamthandsforderung, die nur von den Gesellschaftern als Gesamthändern gemeinsam geltend gemacht werden kann. Es bedarf bei der KG. — wie auch bei der OHG — auch nicht der Ausnahme, daß ein einzelner Gesamthänder im Interesse der Gesamthand ein Einzelforderungsrecht an alle hat. Denn bei der KG. gestaltet die alleinige Vertretungsmacht der Komplementäre die Handlungsfreiheit der Gesamthand beweglich genug. Eine analoge Anwendung der §§ 432, 2039 BGB, wonach die Kl. im eigenen Namen Zahlung an die KG. als Gesamthand verlangen könnte, ist daher nicht zulässig. Insoweit konnte es somit dahingestellt bleiben, ob die KG. H. & Co. überhaupt noch existiert, seitdem sie in der Ostzone entschädigungslos enteignet wurde. Aber auch aus dieser Enteignung der KG. vermag die Kl. ihre Sachlegitimation für diese Klage nicht herzuleiten. Die Kl. selbst trägt vor, daß die KG. H. & Co. durch die entschädigungslose Enteignung untergegangen sei. Sie hat weder behauptet noch dargetan, daß in den Westzonen die KG. H. & Co. bestehe, die nunmehr die West-Forderungen der enteigneten Ost-KG. einklage. Die Tatsache allein, daß die Kl. als alleinige Komplementärin in der Westzone wohnt, vermag ihre Sachlegitimation nicht zu begründen, wenn auch die ostzonale Enteignung diese Forderung, deren Schuldner in der Westzone wohnt, nicht mit erfaßt. Ein Handelsunternehmen, wie die KG., besteht nicht schon deswegen in den Westzonen weiter, weil der persönlich haftende Gesellschafter seinen Wohnsitz in die Westzone verlegt hat. Sondern dafür ist vor allem erforderlich, daß das wirtschaftliche Unternehmen, der Betrieb des Handelsgeschäfts, in den Westzonen weitergeführt wird, und sei es auch nur zur Liquidation der Gesellschaft."

## 2. Insbes. juristische Personen des Landesrechts

**108. Wertpapiere unterliegen dem Recht des Staates, in dem die ausstellende juristische Person ihren Sitz hat und nach dessen Rechtsordnung sie gegründet wurde; unerheblich ist der Verwahrungsort. — Eine bergrechtliche Gewerkschaft, die außerhalb des Landes Sachsen-Gotha ihren satzungsmäßigen Sitz hat, konnte nach sächsisch-gothaischem Recht nicht die Rechtsfähigkeit erwerben. — Eine Gewerkschaft gothaischen Rechts, die ihren satzungsmäßigen Sitz aus Sachsen-Gotha in ein anderes deutsches Land verlegt, verliert damit ihre nach gothaischem Recht erworbene Rechtsfähigkeit. — Eine nach Landesrecht gegründete bergrechtliche Gewerkschaft kann nicht außerhalb ihres Gründungslandes einen zweiten Sitz haben, auch dann nicht, wenn der satzungsmäßige Sitz im Gründungsland von Anfang an fiktiv war und die Verwaltung stets von einem Ort außerhalb des Gründungslandes geführt wurde.**

OLG Celle (brit. Zone), Beschl. v. 20. 11. 1950 — 1 W 261/50: WM 1951 IV B, S. 15.

Die Gewerkschaft X mit satzungsmäßigem Sitz in A. (sowjet.), die nach ihren Behauptungen einen Verwaltungssitz in B. (brit.) hat, beantragte gemäß § 4 des WBG die Feststellung, daß die gesetzlichen Voraussetzungen für die Bereinigung gegeben seien. LG und OLG lehnten den Antrag ab.

Aus den Gründen:

„Es ist davon auszugehen, daß das WBG nur auf diejenigen Aussteller von Wertpapieren angewendet werden kann, die ihren Sitz im Rechtssinne im Vereinigten Wirtschaftsgebiet haben, daher unter dem Recht des Vereinigten Wirtschaftsgebietes leben und kraft dieses Rechtes als juristische Person in Erscheinung getreten sind. Dies folgt zwingend daraus, daß durch das WBG, insbesondere § 3, über die Wertpapiere verfügt wird, auch wenn sie sich im Eigentum solcher Personen befinden, die nicht der Gesetzgebung des Vereinigten Wirtschaftsgebietes unterliegen, und wenn die Papiere selbst sich im Ausland befinden. Eine solche Verfügung über Wertpapiere kann nur demjenigen Gesetzgeber zustehen, dem der Aussteller des Wertpapiers hoheitsrechtlich untersteht. Diese Auffassung ist allgemein anerkannt (vgl. auch die Bemerkung von *Ziganke* zu dem angefochtenen Beschluß in WM 1950 IV, 328).

Die Gewerkschaft X gehört nicht zu denjenigen juristischen Personen, die ihren Sitz im Vereinigten Wirtschaftsgebiet haben, unter dem Recht des Vereinigten Wirtschaftsgebietes leben und diesem Recht ihre Existenz verdanken. Aus der überreichten Satzung ergibt sich, daß die Gewerkschaft eine Gewerkschaft gothaischen Rechtes ist. Ihre Satzung ist 1906 von dem Herzoglich-Sächsischen Bergamt X (Ostzone) genehmigt worden. Im § 1 ist, entsprechend der Bestimmung des § 108 des Sachsen-Coburg-Gothaischen Berggesetzes v. 23. 10. 1899, A. (Ostzone) als Sitz der Gewerkschaft bestimmt. In dem mit dem Antrag überreichten Stück der Satzung ist allerdings im § 1 das Wort ‚A.' durchgestrichen und durch das Wort ‚B.' (Bundesgebiet) ersetzt. Indessen findet sich auf dem Umschlag der 1915 gedruckten Satzungen der Vermerk: ‚Sitz A.'. Im Antrag selbst ist als Aussteller genannt ‚Gewerkschaft X, A., Verwaltungssitz B.'. In den Akten des Oberbergamtes findet sich vorgeheftet das gleiche Stück der Satzung, wie zu den landgerichtlichen Akten überreicht. In seinem § 1 war das Wort ‚A.' zunächst durchgestrichen, die Durchstreichung ist später aber rückgängig gemacht worden, und das Oberbergamt hat dem LG mitgeteilt, daß A. auch heute noch der statutarische Sitz der Gewerkschaft ist. Eine Behauptung dahingehend, daß nach dem Jahre 1906 eine Satzungsänderung, durch die der Sitz der Gewerkschaft nach B. oder an einen anderen Ort des Vereinigten Wirtschaftsgebietes verlegt worden wäre und diese Satzungsänderung von einem gothaischen Bergamt genehmigt worden wäre, ist nicht aufgestellt worden.

Es wäre auch rechtlich nicht möglich gewesen, daß entweder von vornherein ein Ort außerhalb des Herzogtums Sachsen-Gotha als Sitz bestimmt worden wäre oder aber späterhin dieser Sitz an einen solchen Ort verlegt worden wäre. Im ersteren Falle wäre die Gewerkschaft nicht rechtsgültig zur Entstehung gelangt, im zweiten Falle hätte sie die Rechtsfähigkeit verloren. Das folgt einmal aus § 108 des Gothaischen Berggesetzes, wonach die Gewerkschaftssatzung eine Bestimmung über den Sitz der Gewerkschaft enthalten muß, und weiter daraus, daß der gothaische Gesetzgeber und in Verfolg eines gothaischen Gesetzes die gothaische Bergbehörde nicht in der Lage war, einer juristischen Person die Rechtsfähigkeit auf Grund gothaischen Rechts zu verleihen, die nicht ihren Sitz in Gotha hatte. Das ist anerkannten Rechtens, und insbesondere ist hinsichtlich der gothaischen Gewerkschaften, die eine im Kalibergbau und in der Erdölindustrie des Landes Niedersachsen vielfach gebrauchte Rechtsform darstellen, immer wieder sowohl von Verwaltungsbehörden als auch durch gerichtliche Entscheidungen festgestellt worden, daß eine nach gothaischem Recht gegründete Gewerkschaft, die nach satzungsmäßiger Bestimmung ihren Sitz in Preußen hat, als gothaische Gewerkschaft der Rechtspersönlichkeit entbehrt und auch keine Gewerkschaft preußischen Rechtes ist (vgl. RG 5. 1. 1916, Z. f. Bergrecht 57, 213, auch S. 415), ferner, daß eine in einem außerpreußischen Bundesstaat errichtete und nach dessen Gesetzen mit Rechtspersönlichkeit ausgestattete Gewerkschaft zwar auch in Preußen als rechtsfähig anzuerkennen ist, die Rechtsfähigkeit indessen in Preußen erlischt, wenn der Sitz der Gewerkschaft aus dem Heimatstaat in einen anderen Bundesstaat verlegt wird (vgl. Preußischer Minister für Handel und Gewerbe vom 31. 3. 1909, Z. f. Bergrecht 50, 417, auch RG, Z. f. Bergrecht 59, 207).

Danach kann es sich nur noch darum handeln, welche Bedeutung die Aufschrift auf der Satzung ‚Verwaltungssitz B.' und die Angabe im Antrag, der Verwaltungssitz der Gewerkschaft sei B., rechtlich haben kann. Es scheint, daß die Gewerkschaft X die Kupfererzgrube K. bei A. (Ostzone) niemals wirklich betrieben hat, sondern von vornherein zum Zwecke der Gewinnung von Erdöl in Niedersachsen gegründet worden ist. Daß eine derartige Gründung an sich zulässig ist, ist allgemein anerkannt. Es muß also davon ausgegangen werden, daß der

Sitz in A. stets nur fiktiv gewesen ist, und daß dort niemals wirklich die Verwaltung geführt worden ist, daß vielmehr die Verwaltung von Anfang an in B. geführt worden ist, in dessen Nähe auch die Mineralölfelder liegen, die zur Zeit ausgebeutet werden. In der Satzung selbst ist indessen von einem ‚Verwaltungssitz in B.' nicht die Rede. Es erhebt sich also die Frage, ob dieser in der Satzung nicht genannte Verwaltungssitz B. als zweiter Sitz der Gewerkschaft im Rechtssinn angesehen werden kann oder nicht, und welche rechtliche Bedeutung er sonst haben kann. Der vom LG erörterte, indessen abgelehnte Gedanke einer stillschweigenden Satzungsänderung scheidet aus. Eine solche stillschweigende Satzungsänderung, die rechtlich auch nicht denkbar ist, ist ebensowenig behauptet wie ein insoweit ergangener ausdrücklicher Beschluß der Gewerkenversammlung. Übrigens liegt außer jedem Zweifel eine Genehmigung einer derartigen Satzungsänderung durch die zuständige Bergbehörde nicht vor. Es handelt sich also bei dem ‚Verwaltungssitz B.' um einen rein tatsächlichen Zustand, der nach außenhin lediglich durch eine Bemerkung auf dem Titelblatt der Satzung zum Ausdruck gekommen ist.

Die Frage, ob eine Gewerkschaft mehrere Sitze haben kann und welche Bedeutung ein ‚Verwaltungssitz' neben dem statutarischen Sitz haben kann, ist mehrfach erörtert worden. Das RG hat in dem Urteil v. 19. 1. 1918 (Z. f. Bergrecht 59, 204) eindeutig ausgesprochen, daß eine Gewerkschaft einen doppelten Sitz überhaupt nicht haben kann (vgl. dazu auch *Brassert*, Allgemeines Berggesetz für die Preußischen Staaten[2] [1914] 387), am allerwenigsten einen solchen in zwei verschiedenen Rechtsgebieten. Die Richtigkeit dieses Satzes folgt zwingend daraus, daß die Gewerkschaft des gothaischen Rechts ihre Rechtsfähigkeit allein der Zustimmung zu den Satzungen durch das gothaische Bergamt verdankt und daß, wenn sie einen zweiten Sitz außerhalb des gothaischen Herrschaftsgebietes haben würde, sie zweierlei Recht unterstehen würde, dem preußischen und dem gothaischen Recht, und damit auch der Aufsicht von zwei verschiedenen Bergbehörden unterworfen wäre. Dergleichen ist undenkbar. Schon hieraus ergibt sich, daß der Verwaltungssitz im vorliegenden Falle eine rechtliche Bedeutung in dem Sinne, daß die Gewerkschaft nunmehr auch in Preußen einen Sitz im Rechtssinne erlangt hätte, nicht haben kann. Wegen der Unmöglichkeit eines doppelten Sitzes und der rechtlichen Bedeutung des Verwaltungssitzes ist ferner auf die Abhandlung von *Völkel*, Z. f. Bergrecht 57, 425ff., insbesondere 441ff., zu verweisen. Offenbar liegt hier der von *Völkel* auf S. 447 erörterte Fall vor, wonach manche gothaischen Gewerkschaften sich mit der tatsächlichen Gestaltung der Dinge dahin begnügt haben, daß ihre Verwaltung in Niedersachsen geführt wird, und lediglich zur Orientierung der Gewerken und des Publikums ihre Geschäftsbriefe und -formulare und die Umschlagdeckel der Satzungen mit dem Aufdruck ‚Verwaltungssitz B.' versehen lassen. Das hat dann keinerlei rechtliche Bedeutung.

Zur Frage der rechtlichen Bedeutung des ‚Verwaltungssitzes' überhaupt ist ferner auf die Stellungnahme von *Classen* zu der — sonst hier nicht einschlägigen — Entscheidung des OLG Düsseldorf v. 9. 3. 1950 (WM 1950 IV, S. 156) zu verweisen, der der Senat beitritt.

Die gegenüber dieser klaren Rechtslage in der Beschwerdebegründung gebrachten Gesichtspunkte können nicht durchgreifen. Wenn darauf verwiesen wird, daß der hier erörterte Rechtszustand ein Ausfluß des früheren Partikularismus sei, der insbesondere durch das Gesetz über den Neuaufbau des Reiches von 1934 und auf dem Gebiet des Bergwesens durch das Gesetz zur Überleitung des Bergwesens auf das Reich v. 28. 2. 1935 (RGBl I 315) überwunden sei, so ist dazu zu bemerken, daß durch beide Gesetze zwar das Ziel der Schaffung eines einheitlichen Bergrechts für das ganze damalige Reich gesteckt worden ist, aber der bisherige Rechtszustand, solange ein einheitliches Berggesetz für das Reich noch nicht erlassen war, noch fortbestand. Daß diese Auffassung, die zur Folge hat, daß auch späterhin noch gothaische Gewerkschaften in Preußen zwar Rechtsfähigkeit genossen, aber zum Erwerb von Bergwerkseigentum auf Grund des Preußischen Gesetzes v. 23. 6. 1909 (Ges. Samml. S. 119) einer besonderen Genehmigung bedurften, auch von der maßgeblichen Ministerialinstanz geteilt wurde, ergibt sich daraus, daß noch am 15. 1. 1940 der Reichs- und Preußische Wirtschaftsminister, und zwar offensichtlich in seiner Eigenschaft als Preußischer Wirtschaftsminister, der Gewerkschaft X auf Grund des oben erwähnten Gesetzes die Genehmigung zum Erwerb des Eisenerzbergwerks R. sowie die Genehmigung zum Betrieb von Mineralölgewinnung in Preußen erteilt hat. Ein Reichsbergbaugesetz ist nicht erlassen. In der Zwischenzeit ist die Entwicklung wieder rückläufig gewesen. Die Staatsgewalt im früheren Gotha, jetzigen Thüringen, ist von derjenigen in den Vereinigten Wirtschaftsgebieten wieder völlig getrennt. Auch der Hinweis darauf, daß in Preußen vor dem Erlaß des allgemeinen Berggesetzes von 1865 niemand auf die Idee gekommen sei, daß eine Gewerkschaft ihre Existenz verliere, wenn sie ihren Sitz außerhalb ihres ursprünglichen Herrschaftsbereiches verlege, geht fehl. Es ist hierbei übersehen, daß die Gewerkschaften älteren Rechtes gar keine juristischen Personen waren, sondern lediglich Eigentumsgemeinschaften zur gesamten Hand an einem bestimmten Bergwerk, so daß also von der Verlegung eines Sitzes in der Art, wie etwa eine juristische Person ihren Sitz verlegen kann, bei solchen Gewerkschaften gar nicht geredet werden konnte. Im übrigen sind alle diese Gewerkschaften nach den Vorschriften der §§ 226ff. Allgemeines Berggesetz den neuen Gewerkschaften angeglichen worden. Es kann, auch rechtlich, an der Tatsache nicht vorbeigegangen werden, daß Deutschland zur Zeit in zwei Teile zerrissen ist und daß die Träger der Souveränität in den beiden Teilen völlig verschiedene sind, daß ferner die ASt. ihre Rechtsfähigkeit allein von dem Thüringischen Recht herleitet und daß deshalb die Staatsgewalt im Vereinigten Wirtschaftsgebiet nicht berechtigt ist, in die Rechtsverhältnisse dieser Gewerkschaft und der von ihr ausgegebenen Kuxscheine einzugreifen. Die ASt. hat keinen Grund, dieses Ergebnis als unbillig anzusehen. Sie hat früher die auch in der Beschwerdebegründungsschrift erörterten Vorteile der gothaischen Rechtsform für sich in Anspruch genommen, um sich gewissen lästigen Bestimmungen des preußischen Bergrechts zu entziehen. Sie kann sich jetzt nicht darauf berufen, daß sie gleichwohl in der Frage der Wertpapierbereinigung wie eine preußische Gewerkschaft zu behandeln sei. Übrigens ist bei ihr auch ein dringendes Bedürfnis zur Bereinigung nicht anzuerkennen, denn ihr sind alle Inhaber ihrer Kuxe durch das Gewerkenbuch bekannt, auch ist die Übertragung der Kuxe der Gewerkschaft gegenüber an die Umschreibung im Gewerkenbuch geknüpft."

**109. Eine Enteignung wirkt als konfiskatorische Hoheitsmaßnahme nur innerhalb des Machtbereiches des enteignenden Staates. — Die ostzonalen Enteignungsgesetze sind jedenfalls für das Gebiet der Ostzone rechtserheblich. — Die Rechtsfähigkeit einer juristischen Person richtet sich nach dem Recht ihres Sitzes. — Die Verlegung des Sitzes einer nach Landesrecht gegründeten juristischen Person in ein Gebiet außerhalb des Gründungslandes führt zum Untergang der Gesellschaft. — Die Enteignung des Vermögens einer Gesellschaft und ihre Auflösung entziehen einer Gesellschaft nicht die Rechtsfähigkeit, sondern beschränken die Rechtsfähigkeit auf den Liquidationszweck. — Eine etwaige Löschung einer Gesellschaft im Handelsregister auf Grund der Enteignungsgesetze hat Wirkung nur für die Ostzone.**

LG Gießen (amerik. Zone), Urt. v. 21. 5. 1951 — 2 O 22/51: MDR 1951, 747; Zeitschr. f. Bergrecht 94 (1953), 111.

Die Kl. ist eine bergrechtliche Gewerkschaft, die nach sächsisch-meiningischem Recht gegründet wurde und ihren Sitz in G. (Ostzone) hatte. 1945 vermietete die Kl. 100 Stahlflaschen an die Bekl., eine KG. mit Sitz in N. (amerik.). Im Jahre 1947 wurde das Vermögen der Kl. in der Ostzone enteignet und die Firma im Handelsregister gelöscht. Die Kl. hat im Westen jedoch noch bedeutende Vermögenswerte. Ihre Vorstandsgeschäfte werden in D. (brit.) geführt, der Sitz der Gesellschaft wurde dagegen nicht verlegt. Der nach Ablauf des Mietvertrages erhobenen Klage auf Herausgabe der Stahlflaschen gab das LG statt.

Aus den Gründen:

„Die Rechtsfähigkeit, die einer Gewerkschaft nach dem zuständigen Landesrecht zukommt, ist nach den allgemeinen Grundsätzen des internat. und interlokalen Privatrechts auch in allen anderen Ländern anzuerkennen (RGZ 72, 248; 83, 369), so daß auch außerhalb des Gebietes des ehemaligen Herzogtums Sachsen-Meiningen die Kl. als Rechtspersönlichkeit anzusehen ist.

Diese ist nicht dadurch untergegangen, daß der Betrieb der Kl. durch das thür. Gesetz zur Überführung der Bodenschätze und der Bergbaubetriebe in die Hände des Volkes v. 30. 5. 1947 einschl. aller Rechte gemäß § 2 Ziff. 1 S. 2 dieses Gesetzes in das Eigentum des Volkes überführt worden ist.

Die Kammer vermag allerdings nicht der Auffassung des OLG Nürnberg, NJW 1950, 228[1], zu folgen, wonach den ostzonalen Enteignungsgesetzen infolge ihres Verstoßes gegen den ‚ordre public' der Bundesrepublik Deutschland gemäß Art. 30 EGBGB eine Anerkennung über-

[1] Siehe oben Nr. 5.

haupt, d. h. auch für die Ostzone, zu versagen ist. Zwar widersprechen die ostzonalen Enteignungen der westdeutschen, in diesem Punkt durch Art. 14 III GG neu gestärkten Rechtsauffassung. Andererseits aber kann der im Osten geschaffene Zustand nicht einfach ignoriert werden. Die Kammer folgt insoweit den Ausführungen von *Raiser*, SJZ 1950, 279. Eine Berufung auf die Vorbehaltsklausel des Art. 30 EGBGB in diesem Rahmen ‚überspannt ihre Leistungsfähigkeit'. Die Anwendung der Vorschriften des IPR kann nicht soweit gehen, ‚alles Unrecht in der Welt nach dem Maßstab unserer Rechtsordnung korrigieren zu wollen, denn es würde die Unordnung damit nur noch ärger machen. Die Reichweite der Vorbehaltsklausel findet ihre Grenze an der normativen Kraft des Faktischen. Es geht daher nicht an, alle seit 1945 im Osten vollzogenen Enteignungen vom Westen aus vermöge der Vorbehaltsklausel als nicht geschehen zu behandeln. Die Folge wäre sonst eine heillose Verwirrung.'

Jedoch wirkt die Enteignung eines Betriebes als konfiskatorischer Hoheitsakt eines Staates nur innerhalb des Machtbereiches dieses Staates. Dieser Grundsatz ist nach internat. und interlokalem Recht anerkannt, selbst für den Fall, daß die Absicht dahingeht, dieser Maßnahme eine weiterreichende Wirkung beizulegen. Auch die Gerichte der Ostzone vertreten diesen Standpunkt. Aus dieser territorialen Wirkung der Enteignung folgt, daß in der Ostzone vorgenommene Enteignungsmaßnahmen in der Bundesrepublik Deutschland keine Wirkung haben, soweit auf dem Gebiet der letzteren Vermögen vorhanden ist. (RGZ 69, 1; 102, 251; OGH Köln, NJW 1949, 502[1]; 1950, 644[2]; OLG Hamburg, SJZ 1948, 605[3]; OLG Gera, DRZ 1948, 495[4]; KG, JR 1950, 685[5]; LG Leipzig, DRZ 1948, 138[6]; in NJW 1949, 117.)

Dieser Grundsatz kann jedoch in dem zur Entscheidung stehenden Fall nur uneingeschränkt Anwendung finden. Unstreitig hat zwar die Kl. im Westen Vermögenswerte. Sie hat ihren Sitz aber nicht in die Bundesrepublik Deutschland verlegt. Nach dem Recht, das am Sitz der Kl. in Thüringen gilt, und das nach zwischenstaatlichen Rechtsgrundsätzen bezüglich der Frage der Rechtsfähigkeit juristischer Personen entscheidend ist (RGZ 88, 54; 129, 100), besteht die Kl. nicht mehr. Selbst eine Sitzverlegung der Kl. in den Westen wäre unerheblich. Eine solche Sitzverlegung in einen anderen Staat als den der gesetzlichen Entstehungsgrundlage würde bei bergrechtlichen Gewerkschaften infolge ihrer Entstehung ausschließlich nach Landesrecht den Untergang derselben herbeiführen (*Staudinger*, EGBGB II. Teil[9], Art. 10 Anm. I 2; RGZ 88, 53ff.).

Jedoch geht nach den im Bergrecht infolge des Fehlens eingehender gesetzlicher Bestimmungen entwickelten allgemeinen Grundsätzen über die Auflösung bergrechtlicher Gewerkschaften eine solche nicht schon dann unter, wenn im Zwangswege eine Aufhebung des gewerkschaftlichen Bergwerkseigentums erfolgt ist. Mit Eintritt des Auflösungsgrundes, wie z. B. der Enteignung, findet eine Liquidation des Gewerk-

[1] Siehe unten Nr. 365. [2] Siehe unten Nr. 371. [3] Siehe unten Nr. 414b.
[4] Siehe unten Nr. 134. [5] Siehe unten Nr. 382. [6] Siehe unten Nr. 132a.

schaftsvermögens statt, bis zu deren Durchführung die Gewerkschaft für den Zweck der Liquidation fortbesteht (*Müller-Erzbach*, Das Bergrecht Preußens und des weiteren Deutschlands [1916] 278; *Voelkel*, Grundzüge des Preußischen Bergrechts [1914] 156). Da hiermit eine Beschränkung des Zweckes der Gewerkschaft eingetreten ist, besitzt diese nur noch eine im Rahmen der Liquidation beschränkte Rechtsfähigkeit. Es ist jedoch nicht zu bezweifeln, daß die Gewerkschaft insoweit entsprechend § 49 II BGB als fortbestehend gilt und die Rechtsfähigkeit als solche behalten hat (RGR-Komm.[9] § 49 BGB Anm. 4).

Desgleichen ist eine etwa erfolgte Löschung der Kl. im Handelsregister auf ihren Bestand als juristische Person ohne Einfluß. Die Löschung im Handelsregister hat keine konstitutive, sondern nur deklaratorische Bedeutung, kann also für sich allein den Untergang der Gewerkschaft nicht herbeiführen. Da nach Lage der Sache eine solche Löschung nur im Zuge der Enteignung der Kl. auf behördliche Anordnung erfolgt sein kann, hat dies mit Rücksicht auf die Geltung des Territorialitätsgrundsatzes bei derartigen Maßnahmen nur Bedeutung für die Ostzone (OLG Düsseldorf, NJW 1950, 471[1]; *Beitzke*, MDR 1949, 761).

Nach alledem ist die Rechtspersönlichkeit der Kl. und damit ihre Rechtsfähigkeit nicht untergegangen. Die Kl. ist demzufolge parteifähig."

## 3. Sitz von Gesellschaften

*Vorbemerkung: Die Entscheidungen Nr. 110—112 (vgl. auch Nr. 108) lehnen es ab, an Stelle des im Register eingetragenen Sitzes einer juristischen Person einen sogenannten Geschäfts- oder Verwaltungssitz als rechtserheblich zu betrachten; der Gesetzgeber hat dagegen diesen Weg häufiger benutzt (vgl. RabelsZ 19 [1954] 464). Die Begründung eines zweiten Sitzes hält die Entscheidung Nr. 113 für unzulässig, während sie in den Fällen Nr. 114—118 anerkannt wird.*

**110. Für die Umstellung von Ruhegeldansprüchen ist der handelsregisterliche Sitz des Schuldners maßgebend, nicht der Schwerpunkt seiner Geschäftstätigkeit.**

LAG Groß-Berlin (West), Urt. v. 20. 5. 1950 — 1 LAG 321/49: AP 1951, Nr. 189 (z.T. abl. *Beitzke*).

Aus den Gründen:

„Wenn sich der Kl. zur Begründung seines Antrages darauf beruft, daß der Erfüllungsort nicht der amerik. Sektor von Berlin, sondern vielmehr die amerik. Zone sei, so konnte die Kammer dieser Ansicht nicht folgen. Es kommt entgegen der Auffassung des Kl. zur Feststellung des Sitzes nicht darauf an, ob der Schwerpunkt der Tätigkeit der Bekl. tatsächlich in der amerik. Zone liegt, sondern vielmehr darauf, wo sie ihren Sitz hat. Nach dem unwiderlegten Vortrag der Bekl. ist

[1] Siehe unten Nr. 418a.

sie weiterhin im Handelsregister in Berlin eingetragen, ohne daß ein zweiter Hauptsitz im Westen vorgesehen ist. Lediglich in Tr. (amerik.) ist eine Zweigniederlassung eingetragen. Ist aber im Handelsregister in Berlin weiterhin der Hauptsitz der Bekl. und unterhält sie hier ein Büro, so kann nicht die Rede davon sein, daß Tr. der Sitz der Bekl. sei. Hierfür kann es auch nicht entscheidend sein, daß die Mehrzahl der Vorstandsmitglieder der Bekl. sich in den Westzonen aufhalte. Im übrigen erklärt sich das schon daraus, daß Geschäftsabschlüsse infolge Fortfalls der ost- und mitteldeutschen Gebiete vorwiegend in Süd- und Westdeutschland getätigt werden . . ."

**111.** **Nach ständiger Rechtsprechung findet das Berliner Wertpapierbereinigungsgesetz auch dann Anwendung, wenn der Aussteller der Wertpapiere seinen Sitz in Berlin und seine Verwaltung im Gebiet der Bundesrepublik Deutschland hat.**

LG Berlin (West), Beschl. v. 15. 2. 1951 — 30 XV 113/50: WM 1951 IV B, S. 188.

Aus den Gründen:

„Die Vorschriften des Berliner WBG sind auf Wertpapiere anzuwenden, deren Aussteller ihren Sitz bei Inkrafttreten dieses Gesetzes, das ist der 1. 10. 1949, in Groß-Berlin und ihre Verwaltung im amerik., brit. oder französ. Sektor von Groß-Berlin haben. Das Gesetz ist aber nach ständiger Rechtsprechung der Kammer auch dann anzuwenden, wenn der Aussteller — bei einem Sitz in Berlin — seine Verwaltung in einer der Westzonen, also im Bundesgebiet, hat. Der Gesetzgeber wollte eine Einbeziehung in die Bereinigung nur dann ausschließen, wenn der Aussteller seine Verwaltung im Ostsektor von Groß-Berlin oder in der Ostzone hat und daher unter dem Einfluß der dortigen Behörden steht. Wollte man sich streng an den Wortlaut der angeführten Bestimmung halten, so könnten Wertpapiere solcher Aussteller nicht bereinigt werden, die ihren Sitz am 1. 10. 1949 in Berlin hatten, ihre Verwaltung aber in die Westzonen verlegt haben. Da hierfür kein gesetzgeberischer Grund ersichtlich ist, war nach allgemeiner Auffassung eine Auslegung der Bestimmung in dem oben angegebenen Sinne geboten."

**112.** **Wertpapiere, deren Aussteller am 1. 10. 1949 ihren Sitz in Berlin und ihre Verwaltung im Bundesgebiet hatten, werden nicht nach dem West-Berliner Recht, sondern nach westdeutschem Recht bereinigt, wenn der Aussteller seinen Sitz bis zum 1. 4. 1951 in das Bundesgebiet verlegt hat, ohne daß bis dahin ein Feststellungsverfahren nach § 4 des Berliner Wertpapierbereinigungsgesetzes eingeleitet worden war.**

OLG Frankfurt a. M. (amerik. Zone), Beschl. v. 6. 11. 1951 — 6 W 340/51: WM 1951 IV B, S. 901.

Die Ausstellerin der fraglichen Wertpapiere, die Y-AG., war am 1. 10. 1949 im Handelsregister eines AG in West-Berlin eingetragen. Die Hauptverwaltung befindet sich seit 1944 in D. (jetzt: Bundesgebiet), während eine früher in Berlin-Ost eingerichtete Verwaltungsnebenstelle Anfang 1949 auf Befehl der SMAD unter

**Treuhandverwaltung gestellt wurde. Auf Grund eines Hauptversammlungsbeschlusses wurde die Y-AG. im Dezember 1950 im Handelsregister ihres neuen Sitzes D. eingetragen. Das Berliner AG des bisherigen Sitzes vermerkte diese Sitzverlegung erst im Juni 1951. Im Juli 1951 beantragte die Gesellschaft die Feststellung, daß nach westdeutschem Recht die gesetzlichen Voraussetzungen für die Bereinigung ihrer Wertpapiere gegeben seien. Die KWB F. lehnte diesen Antrag ab, da die KWB Berlin für die Bereinigung zuständig sei. Das OLG gab dagegen dem Antrag statt.**

**Aus den Gründen:**

**„Ausgangspunkt für die zur Entscheidung stehende Frage ist § 1 BerlWBG. Danach ist das BerlWBG anzuwenden auf Wertpapiere, deren Aussteller ihren Sitz bei Inkrafttreten dieses Gesetzes, d. h. am 1. 10. 1949, in Groß-Berlin und ihre Verwaltung im amerik., brit. oder französ. Sektor von Berlin haben.**

**Die KWB Berlin und *Schoele* (vgl. WM 46/50, 188/51[1] u. 584/51) haben den Standpunkt vertreten, daß diese Bestimmung zwar nicht nach ihrem Wortlaut, wohl aber nach ihrem Zweck auch für solche Aussteller mit Sitz in Berlin gelte, deren Verwaltung sich zwar nicht in den Westsektoren von Berlin, wohl aber im Bundesgebiet befinde, weil der Gesetzgeber eine Bereinigung nur dann habe ausschließen wollen, wenn der Aussteller seine Verwaltung im Ostsektor Berlins oder in der Ostzone habe und daher unter dem Einfluß der dortigen Behörden stehe (ebenso auch *Eichhorn*, Handbuch für die Wertpapierbereinigung 384). Wenn man sich streng an den Wortlaut der Bestimmung halte, so sei die Bereinigung von Wertpapieren solcher Aussteller unmöglich, die ihren Sitz am 1. 10. 1949 in Berlin hatten, ihre Verwaltung aber in die Westzonen verlegt haben. Da hierfür kein gesetzgeberischer Grund ersichtlich sei, in die Bereinigung aber grundsätzlich sämtliche in Betracht kommenden Wertpapiere einzubeziehen seien, müsse die angeführte Bestimmung in dem oben wiedergegebenen Sinn ausgelegt werden.**

**Es fragt sich jedoch, ob in Fällen, wie im vorliegenden, wo der Aussteller bis 1. 4. 1951 den Antrag auf Feststellung der Bereinigungsfähigkeit nicht gestellt, inzwischen aber seinen Sitz von Berlin in das Bundesgebiet verlegt hat und nunmehr diesen Feststellungsantrag stellt, § 1 BerlWBG in gleicher Weise wie bisher ausgelegt werden muß, oder ob im Hinblick auf § 1 ErgGesWBG Aussteller der genannten Art nach den neuen Bestimmungen zu behandeln sind. Nach § 1 ErgGesWBG ist dieses Gesetz auf Wertpapiere anzuwenden, deren Aussteller seinen Sitz aus einem Gebiet, in dem kein gleichartiges Gesetz gilt, in der Zeit vom 1. 10. 1949 bis 31. 3. 1951 in das Bundesgebiet verlegt hat.**

**Die Entscheidung der Frage ist in Fällen, in denen wie hier auf Grund des ErgGesWBG für sämtliche Aktien Lieferbarkeitsbescheinigungen ausgestellt worden sind, von erheblicher praktischer Bedeutung. Falls nämlich auf in Betracht kommende Aktien das ErgGesWBG anzuwenden ist, sind die ausgestellten Lieferbarkeitsbescheinigungen rechtswirksam. Denn in diesem Falle ist für die Ausstellung derselben an die Stelle des 1. 10. 1949 der 1. 4. 1951 getreten, d. h. die unter das ErgGesWBG**

**[1] Siehe oben Nr. 111.**

fallenden Wertpapiere sind in Kraft geblieben, wenn für sie bis 1. 4. 1951 Lieferbarkeitsbescheinigungen ausgestellt worden sind oder auf Grund eines bis 31. 7. 1951 gestellten Antrages bis 31. 3. 1952 ausgestellt werden (vgl. *Ziganke*, WM 202/51, und *Schoele*, WM 468/51).

Wenn dagegen das BerlWBG angewandt werden muß, sind mangels Einhaltung der in § 2 I BerlWBG für die Ausstellung von Lieferbarkeitsbescheinigungen vorgesehenen Fristen die Wertpapiere gemäß § 3 am 1. 10. 1949 kraftlos geworden, so daß die bereits ausgestellten Lieferbarkeitsbescheinigungen wieder eingezogen werden müßten und das Prüfungsverfahren nach §§ 14 ff. durchzuführen wäre.

Aber auch dann, wenn — von dem vorliegenden Falle abgesehen — nicht für alle Wertpapiere Lieferbarkeitsbescheinigungen ausgestellt werden konnten und aus diesem Grunde das Prüfungsverfahren in jedem Falle durchgeführt werden muß, entstehen Erschwerungen für den Aussteller dadurch, daß er die Verfahren zur Bereinigung seiner Wertpapiere in Berlin durchführen muß, auch wenn er nach Berlin keinerlei wirtschaftliche Verbindungen unterhält.

Die oben wiedergegebene Auslegung des § 1 BerlWBG ist nach der Auffassung des Senats dahin einzuschränken, daß auf Wertpapiere, deren Aussteller am 1. 10. 1949 ihren Sitz in Berlin und ihre Verwaltung im Bundesgebiet hatten, § 1 BerlWBG dann nicht anzuwenden ist, wenn der Aussteller bis zum 1. 4. 1951, ohne daß bis dahin ein Feststellungsverfahren nach § 4 BerlWBG eingeleitet worden ist, auch seinen Sitz in das Bundesgebiet verlegt hat. Hierfür sind folgende Erwägungen maßgebend:

Diese Einengung der im übrigen zu billigenden Auslegung des § 1 BerlWBG durch die KWB Berlin wird allein den praktischen Bedürfnissen gerecht. Sie ermöglicht es dem Aussteller bzw. der für ihn nunmehr zuständigen Bankaufsichtsbehörde, die auf Grund des WBG durchzuführenden Verfahren dort anhängig zu machen, wo der Aussteller nunmehr seinen Sitz hat und in der Regel auch seine Verwaltung haben wird. Die örtlich zuständigen Stellen erhalten durch die öffentliche Bekanntmachung der Sitzverlegung Kenntnis von dem Zuzug des Ausstellers in ihren Zuständigkeitsbereich und können das Erforderliche zur Herbeiführung der Bereinigung veranlassen. Nachteile können hierbei nicht entstehen. Die Verzögerung in der Durchführung des Feststellungs- und gegebenenfalls des Prüfungsverfahrens nimmt das Ergänzungsgesetz bei Ausstellern, die ihren Sitz aus dem Osten in das Bundesgebiet verlegt haben, ebenfalls in Kauf.

Der Umstand, daß sich erst nachträglich, nämlich ab 1. 4. 1951, entschieden hat, ob auf die Wertpapiere das BerlWBG oder das ErgGesWBG anzuwenden ist, ist in den Fällen kein unüberwindbares Hindernis, in denen die in Betracht kommenden Verfahren erst auf Grund des ErgGesWBG nach dem 1. 4. 1951 anhängig werden.

Die getroffene Entscheidung entspricht ferner dem Wortlaut des § 1 Berl WBG, nach dem Berlin für die Bereinigung nur zuständig ist, wenn der Aussteller seinen Sitz in Berlin und seine Verwaltung in Berlin (West) hat.

In den hier in Betracht kommenden Fällen besteht keine Notwendigkeit, den Wortlaut des Gesetzes erweiternd auszulegen.

Auch § 1 BerlErgGesWBG v. 12. 7. 1951 stellt die Zuständigkeit der Berliner Stellen darauf ab, daß der Aussteller seinen Sitz in Groß-Berlin und seine Verwaltung in Berlin (West) hat, wobei lediglich der maßgebliche Zeitpunkt vom 1. 10. 1949 auf den 1. 4. 1951 verlegt wird, bezieht also ausdrücklich Aussteller ein, die ihre Verwaltung im Bundesgebiet haben. Wenn es letztere ganz allgemein in seinen Geltungsbereich hätte einbeziehen wollen, so wäre dies in der Fassung des Gesetzes zum Ausdruck gekommen. Denn es kann davon ausgegangen werden, daß die Schöpfer dieses aus 1½jährigen Erfahrungen erwachsenen Ergänzungsgesetzes die Auslegung des § 1 BerlWBG durch die KWB Berlin genau kannten. Es muß deshalb angenommen werden, daß der Gesetzgeber bei der Anwendung des Gesetzes den Gerichten den notwendigen Spielraum lassen wollte, um den vielgestaltigen praktischen Bedürfnissen gerecht zu werden."

**113. Ein Doppelsitz von Handelsgesellschaften ist unzulässig.**

KG Berlin (West), Beschl. v. 27. 4. 1950 — 1 W 588/50: MDR 1950, 740.

Aus den Gründen:

„Es wird von den in letzter Zeit aufgetretenen Verfechtern der rechtlichen Zulässigkeit eines doppelten Sitzes der AG. nicht verkannt, daß bisher in Rechtsprechung und Literatur diese Frage fast allgemein verneint worden ist (vgl. die Zusammenstellung bei *Bernau*, NJW 1949, 86), auch wird zugegeben, daß das Aktiengesetz ‚unbestritten auf den einheitlichen Sitz zugeschnitten' sei (*Schmidt*, JR 1949, 209). Wegen der früheren höchstrichterlichen Rechtsprechung, die einhellig einen ‚einheitlichen Sitz' annahm, mag verwiesen werden auf RGZ 59, 108; 95, 171; RG JW 1918, 264 und 305; RG Recht 1918 Nr. 468; RG LZ 1918, 611; ferner BayObLG in LZ 1915, 147 und KG in KGJ 22 A 93 und 39 A 118. Bei den — worauf *Springer*, NJW 1949, 562 hinweist — Kommentatoren des Aktiengesetzes v. 30. 1. 1937 ist besonders bemerkenswert, daß gerade *Schlegelberger*, der am Zustandekommen des neuen Aktiengesetzes besonders beteiligt ist, in seinem Kommentar, an dem auch *Geßler* mitgearbeitet hat, der sich jetzt in seinem JR 1949, 209 inhaltlich wiedergegebenen Gutachten für die rechtliche Zulässigkeit des Doppelsitzes einsetzt, in Anm. 2 zu § 5 AktG. die Zulässigkeit des Doppelsitzes verneint hat. Hinzu kommt, daß ebenfalls *Schlegelberger* in Vertretung des Reichsministers der Justiz das ‚Gesetz über die Eintragung von Handelsniederlassungen und das Verfahren in Handelsregistersachen' v. 10. 8. 1937 (RGBl I 897) gegengezeichnet hat, ein Gesetz, dessen Inhalt mit aller Deutlichkeit zeigt, daß es zur Gewährleistung einer einheitlichen Registerführung im Deutschen Reich erlassen worden ist und im Verhältnis der Hauptniederlassung zur Zweigniederlassung das Schwergewicht auf erstere verschiebt. Um so weniger kann es in der Absicht des Gesetzgebers gelegen haben, die gewünschte Einheitlichkeit der Registerführung durch Zulassung mehrfacher Sitze von AG. zu gefährden und das Entstehen von Verwirrungen zuzulassen, die gerade vermieden werden sollten. Daß und welche Unzuträglichkeiten durch Zulassung eines Doppelsitzes entstehen und zu einer Rechtsunsicherheit für die Öffentlichkeit führen würden, und daß letztere Besorgnis keineswegs nur als ein Schlagwort zu betrachten ist, wie *Schmidt* (aaO.) unter Berufung auf *Geßler* behauptet, ist von *Consbruch* (NJW 1949, 374) und *Springer* (NJW 1949, 562) eingehend und überzeugend dargelegt worden, so daß auf diese Ausführungen verwiesen werden kann. Überhaupt geht die Beweisführung der Befürworter eines Doppelsitzes im wesentlichen dahin, daß dessen Zulässigkeit durch die gegebenen Gesetzesbestimmungen angeblich nicht schlechthin und jedenfalls nicht ausdrücklich genug ausgeschlossen sei. Dieser negativen Beweisführung gegenüber muß indessen der positiven der Vorrang zukommen, die als eindeutigen Willen des Gesetzgebers — wie dargelegt ist — den einheitlichen Sitz feststellen muß. Hieran ist bei der bestehenden Gesetzeslage festzuhalten.

Ob ein von dem LG im übrigen ohne erkennbaren Rechtsirrtum verneintes Bedürfnis besteht für die Zulassung der satzungsmäßigen Bestimmung eines mehrfachen Sitzes von Gesellschaften, insbesondere Handelsgesellschaften, mit Rücksicht auf den derzeitigen gelockerten Zusammenhalt der deutschen Staatseinheit, die bei Erlaß der betreffenden Bestimmungen des HGB, des GmbH-Gesetzes, des Vereinsrechts des BGB und dann des Aktiengesetzes v. 30. 1. 1937 sowie des Gesetzes v. 10. 8. 1937 im Vordergrund gestanden hatte, muß der entsprechenden (abändernden) Regelung der Gesetzgebung überlassen bleiben."

**114. Die an den Sitz einer Aktiengesellschaft geknüpften Rechtsfolgen schließen die Zulassung eines Doppelsitzes nicht aus. — Für die prozessuale Zuständigkeit gilt bei Doppelsitz einer Gesellschaft der Grundsatz der Priorität des zuerst befaßten Gerichts. — Die an die handelsregisterliche Eintragung geknüpften Rechtsfolgen treten mit der ersten Handelsregistereintragung ein. — Interlokalrechtliche Schwierigkeiten aus einer doppelten Staatszugehörigkeit sind jedenfalls nicht zu befürchten, wenn das Aktienrecht im Gebiet der beiden Sitze einheitlich ist.**

AG Heidelberg (amerik. Zone), Beschl. v. 27. 12. 1948 — HRB 108: SJZ 1949, 341 (zust. *Geßler*); ArchCivPr. 151 (1950/51) 66 (zust. *Klug*); BB 1949, 24; Auszug in DRsp. II (220) 7b.

Aus den Gründen:

„Die Begründung eines zweiten Hauptsitzes ist im AktG nicht ausdrücklich vorgesehen, aber auch an keiner Stelle ausdrücklich verneint. Dagegen ist im § 7 II BGB für die natürlichen Personen ein doppelter Wohnsitz für zulässig erklärt; ebenso ist im § 24 BGB als Sitz eines Vereines der Ort der Verwaltung bestimmt, falls die Satzungen nicht ein anderes vorschreiben, wodurch also ebenfalls verschiedene Möglichkeiten eines mehrfachen Sitzes offengelassen würden. Demnach wird auch nach der herrschenden Meinung des Vereinsrechts ein mehrfacher

Sitz anerkannt. Die AG. ist eine juristische Person, auf welche das Vereinsrecht des BGB subsidiär anzuwenden ist.

Die maßgebenden Bestimmungen des AktG über den Sitz der Gesellschaft sind § 5 und 16 III Ziff. 1 AktG. Die amtliche Begründung des § 5 AktG spricht sich über die Frage des Doppelsitzes nicht aus. Die Fassung läßt aber ausdrücklich die Möglichkeit mehrerer Orte der Verwaltung zu. Auch die Fassung des § 16 III Ziff. 1, wonach die Satzung den Sitz der Gesellschaft bestimmen muß, läßt nicht den Schluß auf nur einen Sitz zwingend zu, da der Gesetzgeber bei der Fassung des Gesetzestextes häufig die Einzahl wählt, obwohl eine Mehrzahl zulässig ist (z. B. den Gegenstand des Unternehmens, obwohl mehrere zulässig sind).

Zu prüfen ist weiter, ob die an den Sitz einer AG. gebundenen Rechtsfolgen die Vereinbarkeit eines Doppelsitzes ausschließen. Die Frage einer evtl. möglichen doppelten Staatsangehörigkeit scheidet im vorliegenden Falle aus, da der erste Sitz in Berlin (brit.) ist und der zweite Sitz in Heidelberg gegründet werden soll: innerhalb der amerik. und der brit. Zone ist auch durch das Besatzungsrecht bisher das Aktienrecht nicht geändert worden. Dagegen macht die registerrechtliche Seite gewisse Schwierigkeiten, insbesondere die Anmeldung nach § 28 AktG, welche Bestimmungen eine Anmeldung bei mehreren Gerichten notwendig machen. Es kann nicht bestritten werden, daß beide Registergerichte ein selbständiges Prüfungsrecht haben; dies war früher aber auch bei Eintragungen von Zweigniederlassungen nach § 13 HGB a. F. der Fall gewesen.

Ferner könnten Fragen über die prozessualen Zuständigkeiten des Gerichts nach § 199 III, § 201 I AktG zu Meinungsverschiedenheiten führen, welche aber nach dem Grundsatz der Priorität des zuerst befaßten Gerichts ihre Lösung finden. Auch die Rechtsfolgen, welche an eine Eintragung im Handelsregister gebunden sind, treten mit der Eintragung bei dem ersten Handelsregister ein.

Für die doppelte Zulassung eines Hauptsitzes sprechen heute aber vor allem wirtschaftliche Gesichtspunkte. Das vielfach weitverzweigte wirtschaftliche Betätigungsfeld einer Versicherungsgesellschaft stößt durch die völlige Veränderung der politischen Geschäftsverhältnisse auf nicht vorausgesehene Erschwerungen, welche zu erheblichen Einbußen und Verlusten führen können. Bei der Führung des Handelsregisters spielt zudem das Verkehrsbedürfnis eine entscheidende Rolle. Es wäre eine Irreführung der öffentlichen Meinung über die tatsächlichen Verhältnisse der Geschäftsführung, wenn die Zulassung eines zweiten Hauptsitzes in Heidelberg unterbliebe, wo bereits seit mehreren Jahren die Haupttätigkeit der Gesellschaft ausgeübt wird und bisher nur eine Zweigniederlassung eingetragen ist, die Verlegung des Sitzes von Berlin nach Heidelberg aber aus andern Gründen nicht möglich ist. Zu beachten ist auch, daß es sich um ein Versicherungsunternehmen handelt, bzgl. dessen die VersicherungsVO zu MilRegGes. 63 bestimmt hat, daß die Aktiven und Passiven außerhalb des Währungsgebiets in die deutsche DM-Bilanz nicht einbezogen werden und maßgebend für die Durchführung dieser Bestimmungen nicht der Sitz des Unternehmens, sondern der Sitz der Hauptverwaltung ist (§ 5 III der 3. DVO zu MilRegGes. 63 — VersicherungsVO). Es wird also hier die zweite Hauptverwaltung zum Sitz der Gesellschaft im Währungsgebiet gemacht.

Schließlich ist noch hervorzuheben, daß gemäß § 2 d. VO 517 des Finanz-Min. Württemberg-Baden zur Durchführung des MilRegGes. 57 v. 19. 9. 1947 (RegBl 1947, 913) für die Eintragung im Handelsregister das AG Stuttgart als Gericht des Sitzes des Unternehmens der früheren Deutschen Bank bestimmt wurde. Hiernach bestehen also auch in diesem Falle jetzt zwei Sitze, da der Sitz in Berlin bestehengeblieben ist."

**115. Trotz des entgegenstehenden Willens des Gesetzgebers ist bei juristischen Personen die Zulassung eines zweiten Sitzes gerechtfertigt, wenn Versicherungsgesellschaften den Hauptteil ihres Versicherungsbestandes in einem Gebiet haben, das wirtschaftlich und währungsrechtlich von dem Gebiet getrennt ist, in dem der Sitz der Gesellschaft eingetragen ist. — Die Eintragung eines zweiten Sitzes einer Versicherungsgesellschaft kann ohne Mitwirkung des Registergerichtes am bisher einzigen Sitz erfolgen, wenn dieses Gericht nach seinem Recht die Mitwirkung bei der Eintragung verweigert.**

LG Köln (brit. Zone), Beschl. v. 31. 10. 1949 — 22 T 12/49: *VersW 1949, 519; MDR 1950, 47 (zust. *Starke*); NJW 1950, 352 (abl. *Vogel*); Auszug in DRsp. II (220) 15a und II (226) 29b.

Aus den Gründen:

„Die Vorschriften des AktG und die gesetzlichen Bestimmungen über den Sitz der anderen juristischen Personen und Handelsgesellschaften sowohl wie die registergerichtlichen Vorschriften des Handelsgesetzbuches sind, woran nicht gezweifelt werden kann, auf das Vorhandensein nur eines Sitzes zugeschnitten. Daraus folgt, daß nach dem Willen des Gesetzgebers juristische Personen grundsätzlich nur einen Sitz haben sollen. Da aber die Errichtung eines zweiten Sitzes nirgends ausdrücklich verboten ist, wird sie als Ausnahme von der vom Gesetzgeber gewollten Regel dann für zulässig erachtet werden können, wenn infolge grundlegender Veränderung derjenigen wirtschaftlichen und politischen Verhältnisse, die den Gesetzgeber nur an einen Sitz denken ließen, ein dringendes und für die betroffenen Gesellschaften lebenswichtiges Bedürfnis dafür besteht. Daß diese Voraussetzung in Ansehung der in den Westsektoren Berlins domizilierten privaten Versicherungsgesellschaften, deren Versicherungsbestand mit 75 bis 90 Prozent im Gebiet der Bundesrepublik Deutschland gelegen ist und die deshalb den Schwerpunkt ihrer Verwaltung schon längst hierher verlegt haben, gegeben ist, liegt auf der Hand und bedarf keiner näheren Darlegung; es genügt der Hinweis, daß Berlin unter Viermächteverwaltung steht und mit der Bundesrepublik Deutschland weder ein einheitliches Wirtschaftsgebiet noch ein einheitliches Währungsgebiet bildet. Dieser Notwendigkeit Rechnung tragend, haben in der jüngsten Vergangenheit eine Anzahl Registergerichte den bei ihnen gestellten Anträgen auf Eintragung eines zweiten Sitzes stattgegeben. Nachdem neuerdings auch der Gesetzgeber nicht nur in § 62 des WBG den Begriff des mehrfachen Sitzes legalisiert, sondern in § 2 der 35. DVO zum UG sogar die Eintragung eines 2. Sitzes von Amts wegen angeordnet hat, kann die Frage der Zulässigkeit eines mehrfachen Sitzes grundsätzlich als im Sinne der Beschwerdeführerin dahin geklärt angesehen werden, daß die Eintragung eines Doppelsitzes für juristische Personen, die ihren Sitz nicht im Währungsgebiet haben, aber im Währungsgebiet eine Geschäftstätigkeit ausüben, zulässig ist. Daß sich aus der Eintragung eines Doppelsitzes bei der praktischen Handhabung der auf das Bestehen nur eines Sitzes zugeschnittenen gesetzlichen Bestimmungen Schwierigkeiten ergeben können, liegt auf der Hand; daß sie sich schon ergeben haben, ist nicht bekannt geworden; sie zu lösen, ist zunächst Aufgabe der erstinstanzlichen Registergerichte; Wege dazu sind in der neueren Literatur zur Frage des Doppelsitzes mehrfach gewiesen, darauf näher einzugehen, besteht im Rahmen der jetzt zu treffenden Entscheidung kein Anlaß.

In formeller Hinsicht sieht sich der Registerrichter durch die Nichtbeachtung der Vorschrift des § 13a I HGB gehindert, dem Eintragungsantrag stattzugeben. Auch dieses Bedenken ist nicht begründet. Zur rechtlichen Wirksamkeit der von der a.o. Hauptversammlung beschlossenen Satzungsänderung ist gemäß § 13 VAG die Genehmigung der zuständigen Aufsichtsbehörde und gemäß § 148 III AktG die Eintragung im Handelsregister des Sitzes der Gesellschaft erforderlich. Nach Fortfall des Reichsaufsichtsamtes für die Privatversicherung, dessen Aufsicht die Beschwerdeführerin gemäß § 3 VAG unterstand, wird die Aufsicht über die privaten Versicherungsunternehmungen von einer Vielzahl von Aufsichtsbehörden auf Länderebene ausgeübt, darunter für die in Berlin arbeitenden Versicherungsunternehmungen vom Berliner Aufsichtsamt für das Versicherungswesen. Zu einer Änderung ihrer Satzung bedarf deshalb die Beschwerdeführerin, weil sich ihr Geschäftsbetrieb über ganz Deutschland erstreckt und die Satzung einer AG. etwas einheitliches ist, grundsätzlich der Genehmigung aller dieser Aufsichtsbehörden. Nach Mitteilung des um seine Stellungnahme gebetenen Zonenaufsichtsamts in Hamburg haben die Aufsichtsbehörden der drei Westzonen hinsichtlich der Versicherungsunternehmen mit Sitz in Berlin beschlossen, keine Bedenken gegen die Begründung eines Doppelsitzes der Gesellschaften in den Westzonen zu erheben. Daraus ergibt sich, daß mit Ausnahme des Berliner Aufsichtsamts alle für die Aufsicht über die Beschwerdeführerin zuständigen Aufsichtsämter der hier in Rede stehenden Satzungsänderung — Begründung eines Doppelsitzes im Gebiet des Zonenaufsichtsamts Hamburg — zustimmen. Letzteres hat die Genehmigung unter dem 18. 6. 1949 ausdrücklich erteilt. Das Berliner Aufsichtsamt dagegen verweigert die Erteilung der Genehmigung. Da aber die Genehmigung dieses Aufsichtsamts Voraussetzung für den Erfolg eines beim AG Berlin zu stellenden Eintragungsantrages wäre, hat die Beschwerdeführerin die Satzungsänderung dort gar nicht zur Eintragung angemeldet, sondern sie unmittelbar beim Registergericht des neuzubegründenden zweiten Sitzes eingereicht. Insofern trifft es also zu, wenn der Registerrichter meint, das für den bisherigen Sitz der Gesellschaft zuständige Registergericht habe eine Mitwirkung nicht ausdrücklich verweigert, deshalb könne auf die Einhaltung der Vorschriften des § 13a I HGB nicht verzichtet werden. Aber der Unterschied gegenüber dem vom Registerrichter gedachten Falle liegt doch nur darin, daß im gegebenen Falle nicht das für den Sitz der Beschwerdeführerin zuständige AG, sondern die für ihren Sitz zuständige Aufsichtsbehörde ihre Mitwirkung versagt und dadurch ein Tätigwerden des zuständigen AG unmöglich macht . . . Ist dem aber so, dann ist es geboten, der nach dem eingangs Gesagten inhaltlich für zulässig zu erachtenden und von den Aufsichtsämtern der drei Westzonen genehmigten Satzungsänderung für das außerhalb des Geschäftsbereiches des Berliner Aufsichtsamtes gelegene Tätigkeitsgebiet der Beschwerdeführerin durch Eintragung in das Handelsregister rechtliche Wirksamkeit zu verschaffen. Dafür kommt nur das bei dem Gericht des neuen Sitzes geführte Handelsregister in Frage, und die rechtliche Grundlage dafür kann unbedenklich bei dem Ausfall des AG Berlin in einer entsprechenden Anwendung des § 38 AktG gefunden werden.“

**116. Ein doppelter Sitz ist auch bei einer Personengesellschaft infolge der Entwicklung unterschiedlicher Wirtschaftsgebiete in Deutschland zulässig. — Für den Geschäftsverkehr mit dem eingetragenen zweiten Sitz ist der Inhalt des Registers an diesem Sitz maßgebend.**

LG Köln (brit. Zone), Beschl. v. 21. 6. 1950 — 24 T 2/50: NJW 1950, 871.

Aus den Gründen:

„Die Frage der Zulässigkeit eines zweiten Sitzes ist bisher, soweit ersichtlich, nur für die AG., also für eine Kapitalgesellschaft mit der Eigenschaft einer juristischen Person, eingehender erörtert und insoweit u. a. in dem Beschluß des LG Köln v. 3. 10. 1949[1] bejaht worden. In der grundsätzlichen Beurteilung der Rechtslage, von der in dem letzteren Beschluß ausgegangen wird und die vorher bereits ausführlicher im Schrifttum ihren Niederschlag gefunden hatte, hält die nunmehr entscheidende Kammer fest. Insbesondere wird der Auffassung beigepflichtet, daß der Begriff des ‚Sitzes‘ bei der Personengesamtheit dem Begriff des ‚Wohnsitzes‘ der natürlichen Personen nachgebildet, also in Anlehnung an den letzteren auszulegen ist, daß die danach im Grundsatz unbedenkliche Zulassung eines mehrfachen Sitzes durch die Vorschriften des AktG und des allgemeinen Vereinsrechts nicht ausgeschlossen wird, und daß infolge der tatsächlichen staatlichen und wirtschaftlichen Entwicklung ein Bedürfnis dafür besteht, Unternehmen mit dem Sitz in Berlin oder der Ostzone für die Tätigkeit in der Bundesrepublik Deutschland einen zweiten Sitz zuzubilligen. Darüber hinaus trägt die Kammer keine Bedenken, die Errichtung eines zweiten Sitzes auch bei einer Personengesellschaft wie der OHG und der KG. für statthaft zu erachten.

Durch gesetzliche Vorschriften wird die Errichtung eines solchen Sitzes nicht ausgeschlossen. Der Umstand, daß das HGB in den §§ 106 II Ziff. 2,

[1] Gemeint ist der Beschluß vom 31. 10. 1949, oben Nr. 115.

174 und 175 von dem Sitz der OHG bzw. der KG. jeweils nur in der Einzahl spricht, läßt sich ebensowenig wie der gleichartige Wortlaut in den §§ 5, 28 AktG und in den §§ 24, 55 BGB im Sinne eines Verbots des Doppelsitzes auslegen; denn in der Ausdrucksweise der Gesetze wird die Einzahl im Zweifel nur zum Zwecke der begrifflichen Normierung, nicht aber im gewollten Gegensatz zur Mehrzahl verwendet. Dies gilt auch für die Vorschrift über die Anmeldung der Sitzverlegung in § 107 HGB, die in ihrem wesentlichen Wortlaut in § 38 AktG wiederkehrt und hier so wenig wie dort eine gesetzliche Stellungnahme zur Frage des mehrfachen Sitzes enthält. Die Vorschrift des § 107 HGB besagt nicht mehr, als daß die Gesellschaft dann, wenn sie ihren Sitz an einen anderen Ort verlegt, diese Verlegung zur Eintragung in das Handelsregister anzumelden hat. Hingegen kann aus der Vorschrift nichts dafür entnommen werden, ob überhaupt und für welche Fälle das Gesetz eine Sitzverlegung vorsehen oder gar der Gesellschaft vorschreiben will. Die Sitzverlegung wird in § 107 HGB vielmehr nur als tatsächliche Voraussetzung für eine formellrechtliche Meldepflicht erwähnt, während ihre eigenen Voraussetzungen weder dort noch an anderer Stelle des Gesetzes, sei es unmittelbar, sei es auch nur mittelbar, geregelt sind. Deshalb kann entgegen der Auffassung des AG aus § 107 HGB nicht der weitgehende Schluß gezogen werden, daß die Sitzverlegung, d. h. die völlige Preisgabe des alten und die Einrichtung eines neuen Sitzes, im Gesetz als das einzige, alle sonstigen Möglichkeiten ausschließende Mittel anerkannt sei, mit dem die Gesellschaft einer Veränderung ihres geographischen Schwerpunktes Rechnung tragen dürfe. Das ist um so weniger angängig, als der Schwerpunkt eines Unternehmens, wie die wirtschaftliche Entwicklung seit der Zweiteilung Deutschlands lehrt, sich nicht nur durch einfache Verlagerung von einem Ort an einen anderen, sondern auch in der Weise verändern kann, daß sich neben dem ursprünglichen, nach wie vor fortbestehenden ein zweiter Schwerpunkt von gleichem Gewicht bildet. Die Gesellschaft auch im letzteren Falle allein auf dem Weg der Sitzverlegung zu verweisen, widerstreitet bereits dem buchstäblichen Sinn dieses Begriffs und kann aus der bloßen Ordnungsvorschrift des § 107 HGB keinesfalls gerechtfertigt werden.

Gegen die Zulässigkeit eines zweiten Sitzes der OHG und der KG. läßt sich ferner nicht geltend machen, daß diese Gesellschaften nach h. M. nicht in der Lage seien, ihren Sitz im Gesellschaftsvertrag frei zu bestimmen, wie dies für die Satzung der AG. im Rahmen des § 5 AktG gemäß § 16 III Ziff. 1 daselbst (= § 182 II Ziff. 1 HGB a. F.) vorgesehen ist. Allerdings wird bei der AG. wie überhaupt bei juristischen Personen (§ 24 BGB) gerade die Möglichkeit des gewillkürten Sitzes als Anzeichen dafür gewertet, daß in der Satzung ein zweiter Sitz bestimmt werden dürfe. Dieses Anzeichen scheint bei der OHG und der KG. zu fehlen. Indessen ist zu beachten, daß das Gesetz überhaupt nichts darüber verlautbart, wie der Sitz der OHG und der KG. begründet wird und welche Merkmale für ihn kennzeichnend sind. Das Gesetz beschränkt sich auf die Anordnung, daß die Gesellschaft bei dem Gericht, in dessen Bezirk sie ihren Sitz hat, zur Eintragung in das Handelsregister anzumelden sei (§ 106 I) und daß die Anmeldung den Ort zu enthalten habe, an dem die Gesellschaft ihren Sitz hat (§ 106 II Ziff. 2). Der Sitz wird hier als eine Gegebenheit vorausgesetzt, ohne daß seine eigenen Voraussetzungen festgelegt werden. Aus dieser Sachlage allein läßt sich nicht folgern, daß die freie Sitzbestimmung durch den Gesellschaftsvertrag vom Gesetz nicht zugelassen sei. Selbst die zeitlich weit zurückliegende Entscheidung OLGE 13, 73, die hierfür meist angeführt wird, obwohl sie im Kern nur die Frage des inländischen Vermögensgerichtsstandes einer ausländischen OHG behandelt, spricht denn auch ausdrücklich von dem ‚vertragsmäßig festgesetzten Sitz' der Gesellschaft. Damit wird die Möglichkeit unterstellt, wie bei der AG. so auch im Gesellschaftsvertrag der OHG eine Bestimmung über den Sitz zu treffen. Diese Möglichkeit erscheint um so natürlicher, als der Gesellschaftsvertrag für die Gesamtheit der tatsächlichen und rechtlichen Verhältnisse der Gesellschaft, wozu der Sitz zweifelsfrei gehört, in erster Linie maßgebend ist. Da für den Inhalt des Gesellschaftsvertrages der Grundsatz der Vertragsfreiheit gilt, muß darin mangels einer zwingenden gegenteiligen Vorschrift im Gesetz auch der Sitz des Unternehmens im Wege freier Vereinbarung festgelegt werden können. Dabei ist es unerheblich, daß bei der OHG und der KG. im Gegensatz zur AG. (§ 16 III AktG) die Bestimmung des Sitzes nicht ausdrücklich dem Gesellschaftsvertrag zugewiesen ist. Für Gegenstand und Inhalt des Gesellschaftsvertrages der OHG und KG. hat das Gesetz auch im übrigen keine dem § 16 AktG entsprechenden Erfordernisse aufgestellt, sondern dem Vertragswillen der Beteiligten freien Spielraum gelassen. Daß die vertragliche Festlegung des Sitzes nicht wie bei der AG. durch zwingende Vorschrift angeordnet ist, bedeutet deshalb nur, daß das Gesetz sie nicht für notwendig, nicht aber, daß es sie für unzulässig hält. Die Annahme, die OHG und KG. habe nur einen gesetzlichen Sitz, könne aber keinen gewillkürten Sitz begründen, läßt sich mithin aus dem Gesetz nicht überzeugend belegen. Sie kann auch nicht mit der Erwägung gerechtfertigt werden, daß bei der OHG und der KG. anders als bei der Kapitalgesellschaft kein wirtschaftliches Bedürfnis für den gewillkürten Sitz bestehe (so *Hueck*, Recht der OHG 54). Dieses Bedürfnis ist bei bedeutenden Personalgesellschaften, deren kaufmännische Organisation meist schon ein durchaus körperschaftliches Gepräge trägt, nicht geringer als bei den in Form von Kapitalgesellschaften betriebenen Unternehmen. Eine gewisse Bewegungsfreiheit bei der Wahl des Sitzes ist zum mindesten bei diesen Gesellschaften, zumal seit der Aufspaltung des ehemals einheitlichen deutschen Wirtschaftsgebietes in zwei politisch und wirtschaftlich mehr und mehr voneinander geschiedene Teilgebiete dringend erwünscht. Auch die Rechtsnatur der Personengesellschaft als solche ist kein hinreichender Grund, die OHG und KG. gerade in der Frage des Sitzes anders als die Kapitalgesellschaft zu behandeln. Die ausschlaggebenden Unterschiede der beiden Organisationsformen — persönliches Wirken der Gesellschafter im Gegensatz zu nur kapitalmäßiger Beteiligung, persönliche Haftung der Gesellschafter im Gegensatz zu der auf das Gesellschaftsvermögen beschränkten Haftung — lassen die Frage des Sitzes unberührt. Zwar mangelt der OHG und der KG. die eigene Rechtspersönlichkeit. In ihrer Eigenschaft als Handelsgesellschaften, d. h. als Vereinigungen von Einzelpersonen zum gemeinsamen Betrieb eines Handelsgewerbes unter gemeinschaftlicher Firma, sind sie jedoch mit den Vereinigungsformen der Kapitalgesellschaft nahe verwandt. Ihre rechtliche Ausgestaltung im Gesetz ist deshalb derjenigen einer juristischen Person weitgehend angenähert. Der körperschaftliche Charakter kommt namentlich dort zum Vorschein, wo es sich um das Auftreten der Gesellschaften im Handelsverkehr, also um ihre Rechtsbeziehungen nach außen handelt. Hier überwiegt der Grundsatz der Einheit des Unternehmens, der zumal in der Einheit und Selbständigkeit des Gesellschaftsvermögens und in der prozessualen Stellung der Gesellschaft (§ 124 HGB) zum Ausdruck gelangt. Der Sitz des Unternehmens aber ist die Basis für die Rechtsbeziehungen nach außen. An ihrem Sitz tritt die Gesellschaft nach außen in Erscheinung und von ihm aus nimmt sie werbend am Handelsverkehr teil. Deshalb wäre es verfehlt, die körperschaftlichen Gesichtspunkte, die jene Rechtsbeziehungen ohne Rücksicht auf die Eigenschaft der OHG und der KG. als Personengesellschaften beherrschen, gerade bei der Frage der Sitzbestimmung gleichwohl unberücksichtigt zu lassen und die beiden Gesellschaften hier nicht nach dem Recht der Kapitalgesellschaften, sondern nach dem des Einzelkaufmanns zu beurteilen. Daß dies nicht folgerichtig wäre, geht schließlich auch aus dem Gesetz selbst hervor. Das HGB hat bei den Personengesellschaften den für das Unternehmen des Einzelkaufmanns gebildeten Begriff des ‚Ortes der Handelsniederlassung' (§ 29 HGB) bezeichnenderweise vermieden und statt seiner den Begriff des ‚Sitzes' gewählt, der dem Recht der juristischen Person entnommen ist. Die gesetzliche Begriffsbestimmung deutet folglich darauf hin, daß für den Sitz der OHG und KG. die entsprechenden Normen aus dem Recht der juristischen Person gelten sollen. In derselben Linie liegt es, daß das Schrifttum als gesetzlichen Sitz der OHG und KG. allgemein den Ort bezeichnet, ‚an dem die Verwaltung geführt wird'. Dieser Begriff ist wiederum dem Recht der juristischen Person (§§ 24 BGB, 5 AktG) entlehnt, während er dem Recht des Einzelkaufmanns fremd ist. Die aus der Eigenart der Handelsgesellschaft sich ergebende Übereinstimmung zwischen der OHG (KG.) und den juristischen Personen wird hiernach auch im Schrifttum als so wesentlich angesehen, daß zur Kennzeichnung des Sitzes, d. h. zur Erläuterung eines vom Gesetz selbst aus dem Recht der juristischen Person entnommenen Begriffs, wiederum auf das Recht der juristischen Person zurückgegriffen wird. Dies ist durchaus richtig; denn zumal bei größeren OHG und KG. tritt im Verkehr die persönliche Tätigkeit der Gesellschafter hinter der repräsentativen Wirkung der für den Betrieb erforderlichen Verwaltungsorganisation stark zurück. Es wäre aber widerspruchsvoll, wenn der OHG (KG.) trotzdem, wie dies heute noch allgemein geschieht, im Gegensatz zu den juristischen Personen die Befugnis aberkannt würde, den Sitz im Gesellschaftsvertrag frei zu bestimmen, obwohl das Gesetz diese Abweichung vom Recht der juristischen Person nirgends fordert. Die Ähnlichkeit der Sachlage bei allen Handelsgesellschaften muß vielmehr dazu führen, daß die OHG und die KG. durch den Gesellschaftsvertrag ebenso wie eine juristische Person durch die Satzung ihren Sitz und erforderlichenfalls wie die juristische Person auch einen zweiten Sitz bestimmen kann.

Die Bestimmung des zweiten Sitzes würde aber selbst dann zugelassen werden müssen, wenn entgegen der vorstehenden Auffassung auch im vorliegenden Zusammenhang das Hauptgewicht auf die Eigenschaft der OHG als Personengesellschaft zu legen wäre. Der Sitz müßte sich alsdann danach richten, wo die Gesellschafter die für das Unternehmen maßgebende Tätigkeit entfalten. Entscheidend wären also die tatsächlichen Verhältnisse. Diese Verhältnisse sind es jedoch gerade, welche die Gesellschaft zur Errichtung des zweiten Sitzes veranlassen. Ein großes Unternehmen wie die ASt. ist heute nicht mehr in der Lage, seine geschäftliche Tätigkeit in Berlin, namentlich in Ost-Berlin, und der Ostzone einerseits sowie in der Bundesrepublik Deutschland andererseits von einem einheitlichen Betriebsmittelpunkt zu lenken. Unabhängig von der staats- und völkerrechtlichen Konstruktion, die dahingestellt bleiben kann, besteht die Tatsache, daß jeder der beiden geographischen Bereiche, innerhalb deren die Vermögens- und Arbeitsgemeinschaft der Gesellschafter sich betätigt, ein in sich abgeschlossenes Wirtschaftsgebiet mit eigener Währungseinheit und selbständiger wirtschaftlicher Struktur darstellt. Die ASt. hat die sich hieraus ergebenden Schwierigkeiten dargelegt. Diese Darlegungen sind von der Industrie- und Handelskammer in K. bestätigt worden. Ohne daß es einer Wiederholung von Einzelheiten bedarf, ist ihnen im Ergebnis zu entnehmen, daß die Gesellschaft ihr Handelsgewerbe in den Westzonen nur betreiben kann, weil sie sich dort einen zweiten selbständigen Betriebsmittelpunkt geschaffen hat, der dem bisherigen alleinigen Mittelpunkt Berlin gleichgeordnet ist. Die Gesellschaft war hierzu nicht nur wegen der aus Zonentrennung und Währungsverschiedenheit entstandenen allgemeinen Lage, sondern auch deshalb genötigt, weil einerseits ihr Unternehmen in hohem Grade auf die Anknüpfung und ständige Pflege unmittelbarer persönlicher Beziehungen angewiesen ist, andererseits ihr Betriebsvermögen und ihre Geschäftsverbindungen in verwickelter Weise auf die politisch und wirtschaftlich getrennten Gebiete verteilt sind. Diese Umstände schließen eine völlige Sitzverlegung, bei der überdies auch das Registergericht des Berliner Sitzes seine Mitwirkung versagen würde, aus. Sie erlauben es der Gesellschaft jedoch ebensowenig, den Betrieb in den Westzonen auf eine bloße Zweigniederlassung zu beschränken, die gemäß §2 III DM-BilG ohne Mitwirkung des Berliner Registergerichts würde errichtet werden können. Für eine solche Niederlassung ist unbeschadet des ihr gebührenden Maßes an Handlungsfreiheit kennzeichnend, daß sie dem an anderem Ort befindlichen Betriebsmittelpunkt, d. h. dem ‚Sitz‘ als der allein maßgebenden Wirkungsstätte der Betriebsinhaber wirtschaftlich untergeordnet ist und mit ihm in ungestörter Verbindung steht. Gerade ein Verhältnis dieser Art kann sich indessen zwischen dem Berliner und dem Kölner Betrieb der ASt. nicht entwickeln. Mithin war die ASt. darauf angewiesen, eine Zwischenlösung zu wählen, durch die eine Sitzverlegung vermieden, dem Kölner Betrieb aber gleichwohl ein über den Wirkungskreis einer Zweigniederlassung hinausreichender Rang verliehen wurde. Die Gesellschafter mußten mithin ohne Preisgabe ihres bisherigen Betriebsmittelpunktes eine zweite zentrale Wirkungsstätte errichten, an der sie hinfort in derselben Weise wie an dem Berliner Sitz tätig sind. Damit ist auch für die Betrachtungsweise, die es auf den Charakter der OHG und KG. als persönliche Tätigkeit der Gesellschafter abstellt, eine rechtliche Grundlage für die Anerkennung des zweiten Sitzes gewonnen.

Bei alledem kann unbedenklich angenommen werden, daß das Gesetz im Hinblick auf die tatsächlichen Verhältnisse seiner Entstehungszeit davon ausgegangen ist, eine OHG und eine KG. werde nur einen einzigen Sitz haben. Dieser rein tatsächliche Ausgangspunkt bindet die Rechtsprechung nicht, da er nach dem Vorhergehenden die rechtliche Ausgestaltung der einschlägigen Vorschriften nicht beeinflußt hat. Es steht daher nichts im Wege, den eingetretenen grundlegenden Wandel in den tatsächlichen Verhältnissen durch Auslegung des Gesetzes zu berücksichtigen.

Hiernach bleibt nur noch zu erwägen, ob die Errichtung des zweiten Sitzes bei einer OHG oder KG. an registerrechtlichen Bedenken scheitern könnte. Da der zweite Sitz selbständig neben den ersten tritt, seine Errichtung also eine selbständige registerrechtliche Zuständigkeit am zweiten Sitz entstehen läßt, die von der des Registergerichts des ersten Sitzes unabhängig ist, kann nach der Eintragung des zweiten Sitzes die Möglichkeit einer uneinheitlichen Registerführung nicht ausgeschlossen werden. Demgegenüber ist indessen zunächst in grundsätzlicher Hinsicht hervorzuheben, daß das Handelsregister im Rahmen der eintragungspflichtigen Tatsachen ein Spiegelbild des Wirtschaftslebens geben soll. Seine Einheit kann deshalb nur in dem Umfange gewahrt werden, in dem die Wirtschaft selbst einheitlich ist. Die Unterbrechung der Wirtschaftseinheit, die durch die Trennung des west- und ostdeutschen Raumes herbeigeführt worden ist, muß zwangsläufig auch die Einheit des Handelsregisters beeinträchtigen. Die letztere Einheit dadurch zu erhalten, daß die Übernahme wichtiger wirtschaftlicher Vorgänge in das Register abgelehnt wird, hieße nichts anderes, als einer Fiktion zuliebe die Wirklichkeit zu verleugnen. Die Einheit des Handelsregisters innerhalb des gesamtdeutschen Gebietes hat denn auch tatsächlich bereits in zahlreichen Fällen nicht mehr bestanden, bevor die Frage der Zulässigkeit eines zweiten Sitzes der Handelsgesellschaften aufgeworfen wurde. Es braucht hierbei nur an die Betriebsenteignungen in der Ostzone gedacht werden, die in das Handelsregister von Zweigniederlassungen der betroffenen Unternehmen in den Westzonen nicht übernommen worden sind. Bei dem heutigen Stand der Entwicklung würde eine einseitige Betonung der formalrechtlichen Registereinheit darüber hinaus die Unternehmen mit dem Sitz außerhalb des Währungsgebietes der DM-West von einer Tätigkeit in dem letzteren Gebiet weitgehend ausschließen, zumindest aber die Einordnung dieser Tätigkeit in das Wirtschaftsgefüge des Währungsgebietes wesentlich erschweren. Um dies zu verhindern, ist der Grundsatz der Registereinheit für Unternehmen mit dem Sitz außerhalb des Währungsgebiets inzwischen durch eine ausdrückliche gesetzliche Anordnung aufgehoben worden. In § 2 DM-BilG ist vorgeschrieben, daß jene Unternehmen am Verwaltungsort ihrer im Währungsgebiet unterhaltenen Betriebsstätten eine Zweigniederlassung zu errichten und für ihre in diesem Gebiet errichteten Zweigniederlassungen ständige Vertreter zu bestellen haben, ohne daß bei der Eintragung der Zweigniederlassungen und der ständigen Vertreter im Handelsregister das Registergericht des Sitzes mitzuwirken hat. Wird die Errichtung der Zweigniederlassung oder die Bestellung der ständigen Vertreter nicht binnen sechs Monaten nach Inkrafttreten des Gesetzes oder nach Errichtung der Betriebsstätte bzw. der Zweigniederlassung beim Registergericht der Zweigniederlassung angemeldet, so hat das letztere Gericht sogar von Amts wegen die Zweigniederlassung einzutragen. Im vorliegenden Falle würde hieraus folgen, daß das AG Köln, das die Eintragung des von der ASt. angemeldeten zweiten Sitzes in K. aus Gründen der Registereinheit abgelehnt hat, nach Ablauf der gesetzlichen Frist diese Einheit, ohne einen Antrag abzuwarten, selbst durchbrechen und von Amts wegen eine Zweigniederlassung der ASt. in K. eintragen müßte; denn durch die Anmeldung des zweiten Sitzes hat das Gericht davon Kenntnis erlangt, daß die ASt. in K., also im Währungsgebiet, jedenfalls eine Betriebsstätte unterhält, und das Verfahren nach § 2 DM-BilG würde mithin nicht mehr zu umgehen sein. Da nach Eintragung der Zweigniederlassung auch in Zukunft alle die Zweigniederlassung betreffenden Anmeldungen unmittelbar bei dem Registergericht der Zweigniederlassung einzureichen wären (§ 2 III S. 2 DM-BilG), das Registergericht des außerhalb des Währungsgebietes gelegenen Sitzes Berlin also praktisch ausgeschaltet bleibt, würde die Möglichkeit eines Widerspruchs zwischen den beiden Registern, die das AG durch die Ablehnung der Eintragung des zweiten Sitzes vermeiden wollte, nunmehr von Amts wegen herbeigeführt werden. Der mit der Ablehnung verfolgte Zweck, die Wahrung der Registereinheit, ist also nicht erreichbar. Erreicht wird vielmehr, daß an Stelle des tatsächlich errichteten zweiten Sitzes, d. h. eines selbständigen Betriebsmittelpunkts im Währungsgebiet, eine fiktive Zweigniederlassung eingetragen werden muß, die in Wirklichkeit nicht besteht, da der Kölner Betrieb der ASt. über den Rahmen einer bloßen Zweigniederlassung hinausgeht. Zu dem (möglichen) Widerspruch zwischen den beiden Registern tritt also ein (wirklicher) Widerspruch zwischen dem Inhalt des hiesigen Registers und der tatsächlichen Sachlage hinzu. Diesem Ergebnis muß dadurch vorgebeugt werden, daß der tatsächlich errichtete zweite Sitz eingetragen wird.

Die registerrechtlichen Schwierigkeiten, die sich hieraus ergeben könnten, sind im übrigen bei einer OHG oder KG. wesentlich geringer als bei einer Kapitalgesellschaft und keineswegs unüberwindbar. Sie werden in der Hauptsache darin bestehen, daß das Registergericht des ersten Sitzes die Errichtung des zweiten Sitzes für unzulässig hält und die Eintragung des letzteren Sitzes deshalb nicht übernimmt. Bei sonstigen eintragungspflichtigen Tatsachen wird dagegen die Einheitlichkeit in aller Regel durch übereinstimmende Anmeldungen zu beiden Registern hergestellt werden können. Zu widerstreitenden Rechtsauffassungen der beiden Registergerichte wird das Recht der Personengesellschaften im Gegensatz etwa zum Aktienrecht kaum Anlaß geben, da die wirtschaftlichen und gesellschaftsrechtlichen Verhältnisse der Personengesellschaften einfacher und übersichtlicher sind. Der Kreis der eintragungspflichtigen Tatsachen ist bei der Personengesellschaft beschränkt. Die Kapitalverhältnisse, die bei der AG. die Grundlage auch für die rechtliche Gestaltung bilden, treten registerrechtlich bei der OHG überhaupt nicht, bei der KG. nur im Zusammenhang mit der Haftungsbeschränkung des Kommanditisten in Erscheinung. Deshalb wird bei den Personengesellschaften namentlich die Währungsverschiedenheit in registerrechtlicher Hinsicht keine Streitfragen aufkommen lassen. Die Registereintragungen haben bei den letzteren Gesellschaften ferner nur rechtsbezeugenden, nicht aber, wie zahlreiche und gerade die wichtigsten Eintragungen bei der AG., rechtsbegründenden Charakter; nicht einmal die Wirksamkeit der OHG als solcher ist von der Eintragung abhängig (§ 123 II HGB). Der Zeitpunkt der Eintragung hat mithin nicht die ausschlaggebende Bedeutung, die ihm im Registerrecht der Kapitalgesellschaften beizumessen ist. Der Rechtsverkehr ist durch § 15 HGB, hinsichtlich der Haftungsbeschränkung des Kommanditisten ferner durch §§ 174, 176 HGB geschützt, wobei für den Geschäftsverkehr mit dem im Handelsregister eingetragenen zweiten Sitz die Eintragungen und Bekanntmachungen durch das Gericht dieses Sitzes entscheidend sind (arg. aus § 15 III HGB).

Nach alledem kann die Entscheidung des AG, das die Eintragung des zweiten Sitzes verweigert hat, nicht aufrechterhalten werden. Dieses Ergebnis, das übrigens auch von der Industrie- und Handelskammer dringend befürwortet wird, steht im Einklang mit den wirtschaftlichen Tatsachen und mit der Rechtsentwicklung, die sich außer in der Rechtsprechung auch schon in einer Reihe von positiven gesetzlichen Vorschriften abgezeichnet hat (§ 62 WBG, § 2 der 35. DVO z. UmstG, § 2 DM-BilG). Von diesen Vorschriften geht namentlich die des § 62 WBG eindeutig von der Zulässigkeit des mehrfachen Sitzes aus. Auch im Schrifttum setzt sich zumal seit dem Inkrafttreten des DM-BilG trotz der entgegenstehenden Auffassung einzelner Registergerichte die Anerkennung des Doppelsitzes in zunehmendem Maße durch."

**117. (Ein Verein kann einen zweiten Sitz haben. —) Für die Wirksamkeit einer Eintragung ist die Eintragung am zweiten Sitz maßgebend.**

AG Wuppertal (brit. Zone), Handelsregister-Eintragung v. 10. 3. 1949 — HRB 2657: VersW 1949, 210.

„... Durch die Beschlüsse v. 28. 9. 1948 sowie 12. 2. 1949 ist die Satzung ... in zahlreichen Punkten geändert. Sitz des Vereins ... und allgemeiner Gerichtsstand ... ist demnach nunmehr Berlin und Wuppertal. Soweit von einer Eintragung im Handelsregister Rechtsfolgen abhängen, ist für die Wirksamkeit dieser Eintragung und als für die Rechtsfolgen maßgebender Zeitpunkt die Eintragung in das Handelsregister Wuppertal maßgebend ..."

**118. Gebühren und Verfahren bei Eintragung eines zweiten Hauptsitzes einer Aktiengesellschaft.**

LG München I (amerik. Zone), Beschl. v. 22. 2. 1950 — 1 T 123/50: BB 1950, 197.

„Für die nachträgliche Eintragung eines zweiten Hauptsitzes einer AG. sind bei dem Registergericht des zweiten Sitzes nicht die Gebühren für die (Erst-)Eintragung der Gesellschaft nach § 72 Nr. 3a der Reichskostenordnung, auch nicht in entsprechender Anwendung des § 73 der RKostO die Gebühren für die Eintragung einer Zweigniederlassung, sondern lediglich die Gebühren für eine ‚spätere Eintragung' nach § 72 Nr. 3b RKostO anzusetzen. Die Errichtung eines Doppelsitzes ist materiell-rechtlich ebenso wie die Sitzverlegung nur eine Satzungsänderung und auch registertechnisch nur daraufhin zu prüfen, ob sie ordnungsgemäß beschlossen und angemeldet ist, während der Registerrichter im übrigen sich damit begnügen muß, daß ihm eine beglaubigte Abschrift des Handelsregistereintrags des ersten Sitzes und der gültigen Satzung sowie die zur Aufbewahrung bei Gericht in öffentlich beglaubigter Form zu bezeichnenden Namensunterschriften der derzeitigen Vorstandsmitglieder und Firmen- und Namensunterschriften der Prokuristen vorgelegt werden."

## 4. Pflegschaften für Gesellschaften

**119. Die Enteignung des Vermögens einer Gesellschaft erstreckt sich nicht auf Vermögenswerte außerhalb des enteignenden Landes. — Trotz der Enteignung des Vermögens einer Gesellschaft in dem Lande ihres Sitzes besteht diese Gesellschaft auf Grund ihres nichtenteigneten Vermögens außerhalb des enteignenden Landes in der alten Rechtsform fort. — Die Verfügungsbefugnisse eines Treuhänders, der für das ostzonale Vermögen einer Gesellschaft eingesetzt wurde, erstrecken sich nicht über das Gebiet der Ostzone hinaus. — Hat ein Abwesender seinen Wohnsitz in der Ostzone, so ist ein westdeutsches Gericht nicht zuständig für die Bestellung eines Abwesenheitspflegers; § 39 II FGG ist im Verhältnis zur Ostzone nicht entsprechend anwendbar, da die Ostzone „Inland" im Sinne dieser Vorschrift ist. — Ist der geschäftsführende Gesellschafter einer in der sowjet. Zone enteigneten Kommanditgesellschaft nicht in der Lage, das nichtenteignete Gesellschaftsvermögen zu schützen, so ist der Gesellschaft am Ort der Vermögenslage ein Pfleger nach § 1913 BGB zu bestellen.**

LG Stuttgart (amerik. Zone), Beschl. v. 30. 9. 1948 — 3 CR 243/48: NJW 1949, 384 (zust. *Möhring*); z. T. in AZGB Nr. 114, No. 487; DRsp. I (169) 8.

Aus den Gründen:

„Die entschädigungslose Enteignung der Firma W.-KG. in B. (sowjet.) zugunsten der Sächs. Landesverwaltung ist in ihrer räumlichen Wirkung auf das Land Sachsen beschränkt und erstreckt sich nicht auf das Vermögen der Gesellschaft, das sich außerhalb dieses Gebietes befindet. Dies entspricht der jetzt wohl einhelligen Meinung in Rechtsprechung und

Rechtslehre (vgl. z. B. OLG Celle, NJW 1947/48, 385[1]; OLG Braunschweig, NJW 1947/48, 486[2]; *Friedrich*, SJZ 1948, 24ff.). Der von der Landesverwaltung Sachsen eingesetzte Treuhänder für die enteignete Gesellschaft versucht aber, über deren in der amerik. Zone befindliches Vermögen zu verfügen, obwohl sich die Enteignung und damit seine Verfügungsbefugnis auf dieses Vermögen nicht erstrecken. Die Rechte der Gesellschaft an diesem Vermögen, das durch das Vorgehen des Treuhänders gefährdet ist, wahrzunehmen, ist an sich Aufgabe des alleinigen persönlich haftenden und allein zu ihrer Vertretung ermächtigten Gesellschafters W., §§ 161 II, 125 I, 126 HGB. Diese Aufgabe kann er aber nicht wahrnehmen, weil er sich in russ. Sicherungshaft befindet. Es liegt daher nahe, ihm nach § 1911 BGB einen Abwesenheitspfleger zu bestellen. Für diese Maßnahme wäre nach § 39 I FGG das AG in R. (sowjet.) örtlich zuständig, da beim Fehlen von Anhaltspunkten für das Gegenteil angenommen werden muß, daß er seinen Wohnsitz noch in R. hat. Der Fall des § 39 II FGG liegt nicht vor, da R. im Inland liegt und es nicht angeht, diese Bestimmung auf den Fall entsprechend anzuwenden, daß der Wohnsitz des Abwesenden zur sowjet. Zone gehört. Überdies muß bezweifelt werden, ob ein vom AG R. etwa bestellter Abwesenheitspfleger die Rechte des Abwesenden und der enteigneten Gesellschaft an deren in der amerik. Zone befindlichem Vermögen in ihrem Interesse und nach den in dieser Zone geltenden Rechtsgrundsätzen (s. o.) wahrnehmen würde; er müßte sich bei seinen Maßnahmen voraussichtlich den Wünschen der Sächs. Landesverwaltung und des von ihr eingesetzten Treuhänders fügen. Auf dem Wege der Abwesenheitspflegschaft ist also im vorliegenden Fall eine Fürsorge für W. und das seiner Verwaltung und Verfügung unterliegende Vermögen der Gesellschaft in der amerik. Zone nicht möglich. Diese Fürsorge ist aber notwendig. Denn sonst würde der von der Sächs. Landesverwaltung bestellte Treuhänder — unbefugt — über jenes Vermögen verfügen, und es wäre niemand da, der das mit Hilfe der Gerichte verhindern kann; insbesondere kann es auch der ASt. auf dem Rechtswege nicht verhindern, da er als Kommanditist von der Führung der Geschäfte der Gesellschaft ausgeschlossen ist (§ 164 HGB). Der einzige Weg, um auf Grund von Vorschriften des bürgerlichen Rechts zu verhindern, daß der Treuhänder über das in der amerik. Zone befindliche Vermögen der Gesellschaft verfügt, ist die Anordnung einer Pflegschaft nach § 1913 BGB. Man könnte zwar fragen, ob die Voraussetzung dieser Bestimmung zutrifft, ob es nämlich ungewiß ist, wer bei der Angelegenheit der Beteiligte ist. Denn nach der in den Westzonen herrschenden Rechtsansicht (s. o.) ist das in diesen Zonen befindliche Vermögen der Gesellschaft von der Enteignung nicht ergriffen, gehört also nicht dem Lande Sachsen, sondern noch der Gesellschaft (§§ 136, 124 HGB), die hinsichtlich dieses Vermögens in ihrer alten Rechtsform als fortbestehend gelten muß — und ist also W. als der alleinige geschäftsführende Gesellschafter darüber zu verfügen berechtigt. Indessen darf in der jetzigen Zeit erhöhter allgemeiner Unsicherheit, wo die tiefgreifenden politischen und wirtschaft-

[1] Siehe unten Nr. 353. [2] Siehe unten Nr. 358a.

lichen Veränderungen viele ganz neue, schwierige Rechtsfragen erzeugen, der Begriff der Ungewißheit im Sinne des § 1913 BGB nicht zu eng ausgelegt werden. Die Ansicht, daß Enteignungen in der Ostzone sich nicht auf Vermögen der enteigneten Betriebe in den Westzonen erstrecken, wird in Rechtsprechung und Schrifttum regelmäßig als herrschende, nicht etwa als einhellige Meinung bezeichnet. Bei neuen schwierigen Rechtsfragen, wie es die Frage nach dem örtlichen Geltungsbereich der Enteignungen in der Ostzone ist, muß ferner immer damit gerechnet werden, daß ein Gericht oder sonst eine Behörde von der h. M. abweicht . . . Hinzu kommt, daß zum mindesten die Verwahrer dieser Vermögensstücke, da sie rechtsunkundig sind, nicht wissen können, wem sie gehören und wer darüber zu verfügen berechtigt ist, daß es also jedenfalls für sie ungewiß ist, wer der Beteiligte ist, und daß sie im Falle der Herausgabe an den Bevollmächtigten des Treuhänders Gefahr laufen, später von dem geschäftsführenden Gesellschafter oder einem Rechtsnachfolger auf Schadensersatz in Anspruch genommen zu werden. Aus diesen Gründen ist es in der Tat ungewiß im Sinne des § 1913 BGB, wer bei dieser Angelegenheit der Beteiligte ist, genauer: wem das in der amerik. Zone befindliche Vermögen der W.-KG. gehört, ob der alten Gesellschaft oder dem Lande Sachsen, und wer demnach darüber zu verfügen berechtigt ist. § 1913 BGB trifft nicht nur den Fall, daß von den bei einer Sache Beteiligten einer oder einige der Person nach unbekannt oder ungewiß sind, sondern auch den Fall, daß aus zivilrechtlichen Gründen ungewiß ist, wer von mehreren der Person nach bekannten Beteiligten der wahre Berechtigte ist (KG, JW 1937, 2598), und daß ein Fürsorgebedürfnis besteht.

Aus diesen Gründen und da nach dem oben Gesagten eine Fürsorge erforderlich ist, ist dem Beteiligten nach § 1913 BGB ein Pfleger zu bestellen. Da ein Teil jenes Vermögens sich in St. befindet, ist (auch) das Vormundschaftsgericht St. örtlich zuständig, § 41 FGG. Die Pflegschaft dauert so lange, bis W. die Gesellschaft in der amerik. Zone vertreten kann oder bis durch gerichtliches Urteil oder in anderer Weise klargestellt ist, wem die umstrittenen Vermögensstücke gehören und wer darüber zu verfügen berechtigt ist."

**120. Hoheitsakte haben keine vermögensrechtliche Wirkung außerhalb des Gebietes des Hoheitsträgers. — Eine juristische Person, deren Vermögen im Gebiet ihres Sitzes enteignet wurde und die dort untergegangen ist, besteht in den Westzonen im Liquidationszustand weiter, wenn sich hier noch Vermögenswerte der Gesellschaft befinden. — Der Gerichtsstand für Klagen gegen eine juristische Person, die in der Ostzone untergegangen ist und in den Westzonen als Liquidationsgesellschaft ohne Sitzverlegung fortbesteht, bestimmt sich nach § 23 ZPO. — Fehlen einer solchen Gesellschaft die Organe, so ist der Gesellschaft für einen Prozeß ein Prozeßpfleger nach § 57 ZPO zu bestellen.**

LAG Bayern (amerik. Zone), Beschl. v. 14. 2. 1950 — I 93/49: ABl des bayer. Staatsministeriums für Arbeit und Soziale Fürsorge 1950, 569.

Aus den Gründen:

„Ein besonderer gerichtlicher Vertreter nach § 57 ZPO kann nur dann bestellt werden, wenn eine nicht prozeßfähige Partei verklagt werden soll, die ohne gesetzlichen Vertreter ist. Die beklagte Firma D. N. GmbH besteht laut Mitteilung des Magistrats von Groß-Berlin v. 1. 9. 1949 in B. nicht mehr. Ihr Vermögen ist durch das vom Magistrat von Groß-Berlin am 8. 2. 1949 erlassene Gesetz zur Einziehung von Vermögenswerten der Kriegsverbrecher und Naziaktivisten (VOBl 1949 S. 34) enteignet und von der Vereinigung volkseigener Betriebe B.-Metallurgie und Maschinenbau übernommen worden. Dabei sind nach einer VO über Schuldenhaftung der Erwerber eingezogener Vermögenswerte Verbindlichkeiten, die vor dem 8. 5. 1945 entstanden sind, erloschen (VOBl 49 S. 156).

Die Bekl. hat durch diese Enteignung ihre Parteifähigkeit nicht verloren. Nach der einhelligen Meinung in Rechtsprechung und Rechtslehre ist die entschädigungslose Enteignung der Bekl. im sowjet. Sektor von B. in ihrer Wirkung auf die Ostzone beschränkt und erstreckt sich nicht auf Vermögen der Bekl., das sich in den westlichen Besatzungszonen befindet (vgl. OLG Celle, NJW 1947/48, 385[1]; OLG Braunschweig, NJW 1947/48, 486[2]; OLG Bamberg, SJZ 1948, 257[3]). Der Kl. hat durch Vorlage einer Photokopie glaubhaft gemacht, daß seit 2. 5. 1946 bei der B.-Bank für die Bekl. ein Konto eröffnet wurde. Daraus ist zu schließen, daß sich noch Vermögen der Bekl. im Bezirk von N., also in der westlichen Besatzungszone befindet. Solange dies der Fall ist, besteht die Bekl. noch als juristische Person in der westlichen Besatzungszone weiter. Denn die juristische Person ist durch die Enteignung in der Ostzone, die sich nicht auf ihr Vermögen in der Westzone erstreckt, nicht einfach in der Westzone untergegangen. Man käme sonst, wie das LG Mannheim in seinem Beschluß v. 11. 2. 1948, zu dem unhaltbaren Ergebnis, daß die juristische Person überhaupt nicht mehr besteht und ihr Vermögen in der Westzone, das von der Enteignung nicht erfaßt wird, herrenlos geworden ist (LG Mannheim, BB 1948, 92[4]).

Die Bekl. besteht sogar trotz der Löschung im Handelsregister von O.-B. fort und unterliegt in Ansehung des im Bezirk von N. befindlichen Vermögens der Liquidation (OLG Bamberg aaO.; RGZ 149, 296).

Die Bekl. ist aber z. Z. ohne gesetzliche Vertreter und daher als juristische Person auch nicht prozeßfähig im Sinn des § 57 ZPO. Auch die Zuständigkeit des Arbeitsgerichts N. ist nach § 23 ZPO gegeben.

§ 23 ZPO setzt voraus, daß wegen eines vermögensrechtlichen Anspruchs gegen eine natürliche oder juristische Person Klage erhoben werden soll, die im Deutschen Reich keinen Wohnsitz bzw. Sitz hat. Da die bekl. Firma D. N. GmbH in der Ostzone nicht mehr besteht und auch in der Westzone keinen Sitz hat, richtet sich die Klage tatsächlich gegen eine juristische Person, die im Deutschen Reich keinen Sitz hat, die aber trotzdem in der Westzone noch weiterbesteht, da insoweit die Löschung im Handelsregister für die Westzone bedeutungslos ist.

---

[1] Siehe unten Nr. 353. [2] Siehe unten Nr. 358 a. [3] Siehe oben Nr. 75.
[4] Siehe oben Nr. 106.

Da von dem Kl. glaubhaft dargetan wurde, daß sich Vermögen der Bekl. im Bezirk von N. befindet, ist das Arbeitsgericht N. nach § 23 ZPO zuständig. Dabei erübrigt sich eine Untersuchung der sehr umstrittenen Frage, ob die Ostzone im Sinne dieser Bestimmung der ZPO als Ausland zu gelten habe, schon deshalb, weil nach dem oben Ausgeführten die Bekl. auch in der Ostzone keinen Sitz hat ... Ein besonderer Vertreter nach § 57 ZPO ist nur dann zu bestellen, wenn mit dem Verzuge Gefahr verbunden ist. Auch dies ist zu bejahen, weil die Möglichkeit besteht, daß der Treuhänder des volkseigenen Betriebes in der Ostzone das auf den Namen der Firma lautende Bankguthaben abheben läßt und damit den Anspruch des Klägers auf rückständigen Lohn vereitelt.

Da es sich bei der Bestellung des Prozeßpflegers nach § 57 ZPO nur um eine vorübergehende Maßnahme handelt, ist das Arbeitsgericht verpflichtet, den Kl. nochmals darauf hinzuweisen, daß er sogleich die Bestellung eines gesetzlichen Vertreters durch das zuständige Gericht der freiwilligen Gerichtsbarkeit in die Wege leitet. Eine solche Bestellung ist zwar im GmbH-Gesetz nicht ausdrücklich vorgesehen, da eine dem § 76 AktG entsprechende Vorschrift fehlt. Nach § 29 BGB kann aber das AG in dringenden Fällen für die Zeit bis zur Hebung des Mangels von vertretungsberechtigten Personen der GmbH einen gesetzlichen Vertreter bestellen (RGRK § 29 A. 1). Unter Umständen wäre auch die Möglichkeit der Bestellung eines Pflegers für unbekannte Beteiligte nach § 1913 BGB in Erwägung zu ziehen und das zuständige Vormundschaftsgericht gemäß § 50 FGG hiervon zu benachrichtigen. Sobald dieser gesetzliche Vertreter vom AG bestellt ist, tritt er an die Stelle des Prozeßvertreters. Bis zu diesem Zeitpunkt ist vom Arbeitsgericht ein besonderer Vertreter nach § 57 ZPO zu bestellen."

**121. Ein „Pfleger für unbekannte Beteiligte" (§ 1913 BGB) kann auch dann bestellt werden, wenn die beteiligte juristische Person zwar bekannt ist, dagegen ihre Vertretungsverhältnisse nicht geordnet sind. — Daher kann zur rechtswirksamen Vertretung der Reichsbank ein Pfleger bestellt werden.**

LG Berlin (West), Beschl. v. 26. 3. 1952 — 24 T 274/52: JR 1952, 444.

Die Berliner Zentralbank hat die Bestellung eines Pflegers für die vormalige Deutsche Reichsbank zur Unterzeichnung der Sammelurkunde gemäß § 9 WBG beantragt, da nach § 12 WBG die Ausstellung einer Sammelurkunde für die Anteile der vormaligen Deutschen Reichsbank erforderlich sei. Der Berliner Zentralbank sei zwar die Verwaltung des Vermögens der vormaligen Deutschen Reichsbank in Berlin übertragen worden. Dies berechtige sie jedoch nicht zur Ausstellung der Sammelurkunde, da es sich dabei nicht um einen Akt zur Vermögensverwaltung handelt, sondern um die Sicherung der Rechtsstellung der Anteilseigner in Berlin, in Deutschland und im Ausland. Das AG hatte die Bestellung abgelehnt, das LG entsprach dem Antrag.

Aus den Gründen:

„Das AG setzt sich in der angefochtenen Verfügung mit der Frage auseinander, ob eine Pflegschaft für eine juristische Person bestellt werden kann, und gelangt mit der h. M. zu dem Ergebnis, daß dies nur im Rahmen des § 1913 BGB möglich sei ... Es ist der Beschwerdeführerin darin zuzustimmen, daß im vorliegenden Falle ein Fürsorgebedürfnis besteht.

Nach OLGE 35, 13 muß es sich um eine gegenwärtige Angelegenheit des Pflegebefohlenen handeln, wobei es unerheblich ist, ob es eine solche vermögensrechtlicher oder persönlicher Art ist. Es liegt hier, wie sich auch aus dem Schreiben des Senators für das Kreditwesen ergibt, insofern ein Fürsorgebedürfnis vor, als die Anteilseigner der Deutschen Reichsbank einen Anspruch darauf haben, daß diese gemäß § 12 WBG eine Sammelurkunde ausstellt, da sämtliche Voraussetzungen hierfür vorliegen und gegenwärtig niemand da ist, der die Sammelurkunde unterzeichnet. Insbesondere kommen die früheren Mitglieder des Reichsbankdirektoriums nicht in Frage. Ebenso scheidet die ASt. selbst aus, da es sich hierbei nicht um einen Akt der Verwaltung des Vermögens der vormaligen Deutschen Reichsbank handelt. Die Zulässigkeit der Bestellung eines Pflegers nach § 1913 ergibt sich aber auch in übriger Hinsicht.

Wie *Warneyer* (12. Aufl., Anm. I zu 1913 BGB) mit Recht bemerkt, kann als ‚Beteiligter' u. U. auch eine bereits bestehende oder noch nicht existierende juristische Person in Frage kommen. Zwar hat das KG in der JW 1920, 497 abgedruckten, auch vom AG zitierten Entscheidung ausgeführt, daß immer der Beteiligte, gegebenenfalls also die Gesellschaft als solche, unbekannt oder ungewiß sein muß. Das LG Stuttgart hat aber in einer NJW 1949, 384[1] abgedruckten Entscheidung im Gegensatz hierzu sich auf den Standpunkt gestellt, daß für das Westvermögen einer in der Ostzone enteigneten Handelsgesellschaft ein Pfleger nach § 1913 BGB bestellt werden kann, weil bei der Möglichkeit abweichender rechtlicher Beurteilung Ungewißheit hinsichtlich der Beteiligten besteht.

Das LG Stuttgart führt hierzu aus:

‚Der einzige Weg, um dies auf Grund von Vorschriften des bürgerlichen Rechts zu verhindern, ist die Anordnung einer Pflegschaft nach § 1913 BGB. Man könnte zwar fragen, ob die Voraussetzung dieser Bestimmung zutrifft, ob es nämlich im vorliegenden Fall ungewiß ist, wer bei der Angelegenheit der Beteiligte ist ... Indessen darf in der jetzigen Zeit erhöhter allgemeiner Unsicherheit, wo die tiefgreifenden politischen und wirtschaftlichen Veränderungen viele ganz neue, schwierige Rechtsfragen erzeugen, der Begriff der Ungewißheit i. S. des § 1913 BGB nicht zu eng ausgelegt werden.'

Diese Ausführungen sind zu billigen und können auch auf den vorliegenden Fall angewendet werden. Es handelt sich bei der vormaligen Deutschen Reichsbank zwar nicht um eine AG., wohl aber um eine Gesellschaft mit zum Teil privatem, zum Teil öffentlichem Charakter. Ihre Rechtsverhältnisse regelten sich nach dem Gesetz über die Deutsche Reichsbank v. 15. 6. 1939. Zur Zeit ist aber völlig ungewiß, was aus der ehemaligen Reichsbank werden wird, wer sie vertritt usw.

Zweifellos ist die ASt. nicht Rechtsnachfolgerin der Deutschen Reichsbank, sondern hat nur die Befugnis, deren Vermögen zu verwalten. Da-

[1] Siehe oben Nr. 119.

zu gehört aber nicht die Berechtigung, als legitimierte Vertreterin die an Stelle der kraftlos gewordenen Urkunden tretende Sammelurkunde zu unterzeichnen. Auch der Bundesminister der Finanzen hat sich nach dem Bericht des Senators für Kreditwesen wie folgt geäußert:

‚Die Berliner Zentralbank ist — ebenso wie die Treuhänder der Reichsbank in den Westzonen — lediglich damit betraut, Teile des Vermögens der Reichsbank zu verwalten. Weiter reichen ihre Befugnisse nicht. Der Umfang des ihr erteilten Auftrages deckt also die Unterzeichnung der Sammelurkunde nicht.'

Mit Rücksicht hierauf ist die Bestellung eines Pflegers für die Unterzeichnung der Sammelurkunde notwendig und auch nach den obigen Ausführungen zulässig."

**122. Wertpapierrechte sind am Sitz des Ausstellers belegen. — Eine Gesellschaft, deren Sitz sich im Gebiet östlich der Oder-Neiße-Linie befand und die in dem sonstigen Gebiet Deutschlands zwar Vermögenswerte hat, aber nicht fortgeführt wird, muß mindestens als im Stadium der Abwicklung fortbestehend angesehen werden. — Sind vertretungsberechtigte Gesellschafter nicht zu ermitteln, so ist für die Anmeldung von Rechten der Gesellschaft in der Wertpapierbereinigung die Bestellung eines Pflegers erforderlich.**

KG Berlin (West), Beschl. v. 27. 5. 1952 — 2 W 1497/52: WM 1952 IV B, S. 600.

Die Z-AG. mit Sitz in Berlin hat als Geschäftsführer ohne Auftrag für die Firma K. & Co. in O. (östlich der Oder-Neiße-Linie) von ihr selbst ausgegebene vinkulierte Namensaktien zur Wertpapierbereinigung angemeldet. Diese Papiere waren für die Firma K. & Co. in O. mindestens seit dem 1. 1. 1945 in den Aktienbüchern der Z-AG. eingetragen. Die Firma K. & Co. wird im übrigen Reichsgebiet nicht mehr fortgeführt. Der Verbleib ihrer Gesellschafter ist nicht bekannt. Das KG hält die Bestellung eines Pflegers für die Gesellschaft für erforderlich.

Aus den Gründen:

„Nach der Erklärung der Prüfstelle sind Unterlagen über die Fa. K. & Co., einer in O. domizilierenden Firma, zur Zeit nicht zu beschaffen. Da sie jedoch in West-Berlin Vermögen besitzt, wie die angemeldeten Rechte beweisen, muß sie mindestens als noch im Stadium der Abwicklung befindlich angesehen werden. Der Senat hat nun zwar in seinem Beschluß v. 18. 2. 1952[1] ... ausgesprochen, daß bei Unternehmen in der Ostzone in der Regel zu ermitteln sein wird, ob der Anmelder als Rechtsträger noch besteht. Nach nochmaliger Prüfung vermag der Senat jedoch diese Ansicht in ihrer Allgemeinheit nicht aufrechtzuerhalten. Vielmehr muß eine ausdrückliche Feststellung, ob der Rechtsträger noch besteht, bei Unternehmen in der Ostzone auf Ausnahmefälle beschränkt bleiben, wie in dem im obengenannten Beschluß behandelten Falle, in welchem sich aus der Bezeichnung des Anmelders ‚M ... verein in P. (Ostzone)' Zweifel ergaben, ob der Anmelder überhaupt Rechtsträger im Sinne des Gesetzes ist. Denn einmal wird eine solche Feststellung und die Beibringung der erforderlichen Nachweise durch das Verhalten

[1] Siehe oben Nr. 81.

der Behörden in der Ostzone immer mehr erschwert, wenn nicht unmöglich gemacht. Andererseits darf aber hierdurch die Feststellung, wem das angemeldete Recht zusteht, nicht hinausgezögert oder gar verhindert werden, da es sich in zahlreichen Fällen um das letzte Vermögen von Deutschen in der Ostzone handelt. Aus diesem Grunde muß auch eine Aussetzung des Verfahrens bis zu dem ungewissen Zeitpunkte, in welchem eine zur Zeit nicht mögliche Klarstellung der Verhältnisse der Firma K. & Co. getroffen werden kann, ausscheiden; sie ist auch nicht im Sinne des WBG, das eine möglichst schnelle Klärung der Eigentumsverhältnisse bei den im Umlauf befindlichen Wertpapieren herbeiführen will. Abgesehen davon, daß bei der von einem Vertreter ohne Vertretungsvollmacht vorgenommenen Anmeldung eine Anerkennung ohne Nachbringung einer Vollmacht nicht ausgesprochen werden kann, ist es im vorliegenden Falle erforderlich, sicherzustellen, daß die Anerkennung für den wirklich Berechtigten erfolgt und kein Unberechtigter die Möglichkeit hat, über das anerkannte Recht zu verfügen. Hierzu gehört bei einem kaufmännischen Betriebe in der Ostzone, daß, bevor eine Anerkennung erfolgt, Verfügungen über die angemeldeten Rechte entgegen dem Willen des WBG durch von Behörden der Sowjetzone eingesetzte Organe, Treuhänder, Liquidatoren oder durch einen Rechtsnachfolger, dessen Erwerb von dem WBG nicht anerkannt wird, ausgeschlossen werden. Um eine solche rechtswidrige Geltendmachung zu verhindern, erscheint es, abgesehen von der fehlenden Vollmacht, nicht ausreichend, daß ohne Angabe eines Vertreters im Bundesgebiet bzw. West-Berlin auf den Namen der Firma in der Ostzone anerkannt wird. Es ist vielmehr erforderlich, da vorläufig keine Aussicht besteht, den Vertretenen zu erreichen und damit seine Genehmigung zur Anmeldung nachzubringen und in West-Berlin vertretungsberechtigte Personen nicht zu ermitteln sind, gemäß § 50 FGG das nach § 39 FGG zuständige Vormundschaftsgericht um die Bestellung eines Pflegers zu ersuchen und diesem Gelegenheit zum Eintritt in das Verfahren zu geben (vgl. OLG München v. 16. 1. 1952 — WM 1952 IV B, S. 110; OLG Düsseldorf v. 2. 2. 1952 — WM 1952 IV B, S. 149)."

**123. Hoheitsakte außerhalb des Währungsgebiets sind ohne Wirkung auf Vermögenswerte im Währungsgebiet. — Rechte aus Schuldverschreibungen sind am Sitz des Ausstellers belegen. — Ist bei einer in der Ostzone fortbestehenden OHG der Anteil eines Gesellschafters entschädigungslos enteignet worden, so sind im Wertpapierbereinigungsverfahren in Westdeutschland belegene Rechte der Gesellschaft einem für die OHG zu bestellenden Abwesenheitspfleger zuzuerkennen.**

LG Berlin (West), Beschl. v. 28. 4. 1953 — 171/30 XVI 5208: WM 1953 IV B, S. 473.

Aus den Gründen:

„Wie sich aus dem Handelsregisterauszug ergibt, ist der Anteil eines der Gesellschafter an der im übrigen in der Sowjetzone fortbestehenden OHG, nämlich der Anteil des Herrn F. G., enteignet worden; Rechtsträger seines Anteils ist nach der Eintragung im Handelsregister die Vereinigung volkseigener Betriebe . . . in O. (Ostzone). Diese Enteignungsmaßnahmen sind im Wertpapierbereinigungsverfahren nach den in dem WBG zum Ausdruck gekommenen Grundsätzen unbeachtlich, sie können nicht als rechtswirksam anerkannt werden. Um dem enteigneten Gesellschafter seine Anteilrechte zu erhalten, ist auf Antrag der Kammer durch das AG X. (Berlin-Westsektor) ein Abwesenheitspfleger für den Anmelder, die Firma H. & Sohn, bestellt worden zur Wahrnehmung ihrer Vermögensrechte über deren im Bezirk des AG X. befindliches Vermögen. Um ein solches Vermögen handelt es sich bei den angemeldeten Schuldverschreibungen, da der Aussteller der Schuldverschreibungen in dem bezeichneten Amtsgerichtsbezirk seinen Sitz hat."

**124. Ein Abwesenheitspfleger kann in Analogie zu § 10 Zuständigkeitsergänzungsgesetz auch für eine öffentlich-rechtliche Stiftung bestellt werden, wenn sich deren Sitz in der Ostzone befindet und die Rechte dieser Körperschaft im westdeutschen Wertpapierbereinigungsverfahren wahrzunehmen sind.**

OLG Frankfurt/Main (amerik. Zone), Beschl. v. 9. 2. 1953 — 6 W 303/51: WM 1953 IV B, S. 271.

Der Vorstand des X-Fonds, einer Stiftung öffentlichen Rechts in M. (sowjet.), hat Rechte zur Wertpapierbereinigung angemeldet. Diese Rechte sind im Jahre 1947 auf den Anmelder dadurch übergegangen, daß durch ministeriellen Erlaß die Anmelderin errichtet, ihr zahlreiche öffentlich-rechtliche Einzelstiftungen und Fonds übertragen und diese aufgelöst wurden. Das OLG verwies die Sache zur Bestellung eines Pflegers für die ursprünglich berechtigte Stiftung zurück.

Aus den Gründen:

„Wie der Senat in Übereinstimmung mit der Rechtsprechung der anderen Oberlandesgerichte wiederholt (vgl. WM 1952, 756) ausgesprochen hat, ist die KWB auf Grund der ihr obliegenden Sachleitungs- und Ermittlungspflicht in den Fällen des § 21 I Nr. 3 WBG jedoch gehalten, vor einer ablehnenden Entscheidung dafür Sorge zu tragen, daß dem früheren Eigentümer der von einem nach dieser Bestimmung Unberechtigten angemeldeten Wertpapiere der Beitritt zu dem Prüfungsverfahren ermöglicht wird. Hierzu bedarf es in Fällen, in denen der frühere Eigentümer oder sein Aufenthalt z. Z. nicht bekannt ist, der Bestellung eines Abwesenheitspflegers nach § 1911 oder 1913 BGB, die entweder die Bankaufsichtsbehörde oder das LG selbst herbeiführen kann (vgl. OLG Frankfurt/Main, WM 1952, 652 und 756). Seit dem Inkrafttreten des § 10 Zuständigkeitsergänzungs-Gesetzes v. 7. 8. 1952 (BGBl I 407) ist das in der amerik. Besatzungszone auch bei juristischen Personen möglich (vgl. OLG Frankfurt/Main, WM 1953, 16), wobei für die Bestellung nach Abs. 3 aaO. das AG zuständig ist, in dessen Bezirk das Bedürfnis der Fürsorge für die Vermögensangelegenheit hervortritt. Die Bestimmung stellt nach der amtlichen Begründung zu § 10 (Bundestagsdrucksache Nr. 3313 v. 23. 4. 1952, S. 7ff.) eine Ergänzung der bisherigen Vorschriften über die Abwesenheitspflegschaft ‚für die durch den Zusammenbruch von 1945 bedingten Verhältnisse' dar und rechtfert h nach Ziff. I 1 aaO. ‚aus der Erwägung, daß damit einer durch den Zwang der Nachkriegsverhältnisse bedingten vorübergehenden Behinderung von Rechtsträgern in der Wahrnehmung ihrer Rechte abgeholfen werden soll'. Im Anschluß an die zu den Bestimmungen des BGB über juristische Personen (§§ 21—88) vertretene Ansicht, daß die Vorschriften des BGB, mit Ausnahme des § 89, keine Anwendung auf die Körperschaften des öffentlichen Rechts finden (vgl. z. B. RGRK, 1952, A I 1 zu § 89 BGB), vertritt *Kellmereit* in Anlage 4 zur Niederschrift über die 9. Tagung der Vorsitzenden der KWB v. 12. 5. 1952 (AfWB WB50V—I1625/52) die Auffassung, daß nach geltendem Recht bei juristischen Personen des öffentlichen Rechts mangels entsprechender öffentlich-rechtlicher Bestimmungen Abhilfe nicht möglich sei und die betreffenden Anmeldungen, bei denen es auf die Mitwirkung eines Vertreters ankommt, abzulehnen seien. Dieser Rechtsstandpunkt kann nicht befriedigen, auch wenn auf die etwaige Möglichkeit eines Härteausgleichs im Bereinigungs-Schlußgesetz verwiesen wird. Bei der Auslegung des Gesetzes besteht auch keine zwingende Notwendigkeit zu einer derartigen Einschränkung, jedenfalls nicht, soweit es sich um Rechte einer Stiftung des öffentlichen Rechts handelt, wie im vorliegenden Falle. Es darf zunächst nicht außer Betracht gelassen werden, daß für ungewöhnliche Geschehnisse nicht ohne weiteres die für normale Zeiten geschaffenen Rechtsvorschriften ausreichen. Aus diesem Grunde ist ja auch im Anschluß an die bereits im Jahr 1946 in der brit. Besatzungszone durch übereinstimmende Verordnungen der OLG-Präsidenten getroffene Regelung durch § 10 aaO. im ganzen Bundesgebiet die Möglichkeit der Abwesenheitspflegschaft für juristische Personen als eine Art Notbehelf geschaffen worden, weil die Vorschrift des § 29 BGB über die Bestellung von Notvertretern unter den veränderten Verhältnissen nicht mehr ausreichte. Es ist dann aber nicht einzusehen, warum eine solche Möglichkeit im Bedarfsfalle nicht auch bei juristischen Personen des öffentlichen Rechts bestehen soll. In normalen Zeiten wird freilich bei solchen ein Bedürfnis für die Bestellung eines Abwesenheitspflegers nicht in Betracht kommen. Denn juristische Personen des öffentlichen Rechts unterstehen der Staatsaufsicht und der der Idee nach immer bestehende und handlungsfähige Staat ist in der Lage, bei Wegfall oder Behinderung der Organe der juristischen Person des öffentlichen Rechts im Wege der aus der Staatsaufsicht fließenden Befugnisse für Abhilfe zu sorgen. Wenn aber, wie hier, infolge der Nichtanerkennung der ostzonalen Maßnahmen (§ 21 I Nr. 3 WBG) die juristische Person des öffentlichen Rechts vom Standpunkt des Währungsgebiets aus gesehen als Rechtsträger fortbestehend anzusehen ist und sie andererseits infolge eben dieser ostzonalen Maßnahmen keine Organe besitzt, die berechtigt sind, die Rechte der juristischen Person des öffentlichen Rechts im Währungsgebiet geltend zu machen, so muß bei einer derartigen durch die außergewöhnliche politische und staatsrechtliche Entwicklung bedingten Lage die Möglichkeit bestehen, hier wie in anderen Fällen für die Wahrnehmung der Rechte des nichthandlungsfähigen Rechtsträgers durch Bestellung eines Pflegers Sorge zu tragen. Es liefe auf eine einer inneren Rechtfertigung entbehrende Enteignung hinaus, aus formalen Erwägungen, die für normale Zeiten zutreffen, der vorliegenden Situation aber nicht gerecht werden, Körperschaften des öffentlichen Rechts, soweit es sich um ihr im Bundesgebiet belegenes Vermögen handelt, von der zum mindesten entsprechenden Anwendung jener Vorschriften auszuschließen mit der Folge, daß die in Rede stehenden Rechte untergehen würden. Aus den angeführten Sätzen der amtlichen Begründung läßt sich vielmehr der allgemeine Rechtsgrundsatz entnehmen, daß durch die fragliche Vorschrift der durch den Zwang der Nachkriegsverhältnisse bedingten vorübergehenden Behinderung von Rechtsträgern in der Wahrnehmung ihrer Rechte abgeholfen werden soll. Die Grundgedanken treffen jedenfalls auf Stiftungen des öffentlichen Rechts zu, bei denen ‚Vermögen und Zweckbindung durch den Stifter . . . so beherrschend im Vordergrund' stehen, daß ‚ihre Verwaltungstätigkeit und die dafür eingesetzten Personen im Gegensatz zu den Anstalten mehr als eine Zutat von untergeordnetem Range erscheinen' (*Werner Weber*, Die Körperschaften, Anstalten und Stiftungen des öffentlichen Rechts, 1940, S. 35, vgl. auch S. 75). Sie werden von den behördlichen Maßnahmen der Ostzone u. U. im gleichen Maße betroffen wie Stiftungen des Privatrechts; daher erscheint es gerechtfertigt, zum mindesten Stiftungen des öffentlichen Rechts der hier in Rede stehenden Art in gleicher Weise wie privatrechtliche Stiftungen durch Bestellung eines Abwesenheitspflegers entsprechend § 10 aaO. an dem Wertpapierbereinigungsverfahren teilnehmen zu lassen."

**125. Sind für das in Westdeutschland befindliche Vermögen einer öffentlich-rechtlichen Körperschaft mit Sitz in der Ostzone zwei Pfleger bestellt worden, so erstreckt sich die Verfügungsbefugnis jedes dieser Treuhänder nur auf die in seinem Amtsbereich belegenen Vermögenswerte. — Rechte aus Inhaberschuldverschreibungen sind am Wohnsitz des Schuldners belegen; die Lage der einzelnen verbriefenden Papiere oder Bogen ist unerheblich.**

OLG Düsseldorf (brit. Zone), Beschl. v. 29. 3. 1953 — 6 W Wp 246/52: WM 1953 IV B, S. 337.

Der Anmeldung von Inhaberschuldverschreibungen, deren Ausstellerin ihren Sitz im Bundesgebiet hat, zugunsten der Stadt G. (sowjet.) waren sowohl der Pfleger für das Vermögen der Stadt in Westberlin als auch der nach § 9 der 35. DVO zum UG für das Bundesgebiet bestellte Treuhänder beigetreten. Das OLG erkannte das Recht dem Treuhänder zu.

Aus den Gründen:

„Die angemeldeten Inhaberschuldverschreibungen gehören zu den im Währungsgebiete vorhandenen Vermögenswerten im Sinne des § 9 der 35. DVO/UG, weil die in ihnen verbrieften Forderungen am 21. 6. 1948 durch Inanspruchnahme der Schuldnerin, der Stadt K. (Bundesgebiet) im Währungsgebiet hätten geltend gemacht werden können. Darauf, wo sich die einzelnen Stücke oder Bogen befanden oder befinden, kommt es rechtlich nicht an. Deshalb unterliegen die angemeldeten Vermögenswerte ausschließlich der Verwaltung des nach § 9 der 35. DVO/UG bestellten Treuhänders ... Diese Rechtslage schließt es aus, in bezug auf die angemeldeten Papiere die Verwaltungsbefugnis des in West-Berlin gerichtlich bestellten Pflegers anzuerkennen. Seine Befugnis beschränkt sich auf das im Lande West-Berlin belegene Wertpapiervermögen der Sparkasse der Stadt G."

**126. Auch für juristische Personen des öffentlichen Rechts, deren Vermögen im Gebiet ihres Sitzes in der Ostzone enteignet wurde, ist in entsprechender Anwendung des Zuständigkeitsergänzungsgesetzes ein Pfleger für die Zwecke der Wertpapierbereinigung zu bestellen.**

KG Berlin (West), Beschl. v. 7. 7. 1953 — 2 W 223/53: WM 1953 IV B, S. 608.

Aus den Gründen:

„OLG Frankfurt/Main hält im Beschluß v. 9. 2. 1953 (WM 1953, 270[1]) bei entsprechender Anwendung dieser Gesetzesbestimmung die Bestellung von Pflegern auch für juristische Personen des öffentlichen Rechts, zumindest insoweit Stiftungen des öffentlichen Rechts in Betracht kommen, für zulässig. Es bringt zum Ausdruck, daß diese Möglichkeit aber auch in anderen Fällen bestehen müsse. Dem ist zuzustimmen. Mag auch eine direkte Anwendung trotz des Wortlautes des § 10 ZustErgGes., der von juristischen Personen schlechthin handelt, nicht möglich sein, da das Gesetz nur zur Ergänzung von Zuständigkeiten auf den Gebieten des bürgerlichen Rechts, des Handelsrechts und des Strafrechts, also für einen auf diese Rechtsgebiete beschränkten Rahmen geschaffen wurde, so steht doch einer entsprechenden Anwendung für juristische Personen des öffentlichen Rechts nichts entgegen. Sie erscheint nicht nur zulässig, sondern geboten in allen Fällen, in denen der gleiche Mangel, nach der zutreffenden Formulierung des OLG Frankfurt/Main ‚die durch den Zwang der Nachkriegsverhältnisse bedingte vorübergehende Behinderung von Rechtsträgern in der Wahrnehmung der Rechte', auch auf dem Gebiet des öffentlichen Rechts auftritt und auf andere Weise zunächst nicht zu beheben ist ..."

**127. Eine juristische Person des deutschen öffentlichen Rechts mit Sitz außerhalb des Bundesgebiets besteht, trotz der Enteignung ihres Vermögens und ihres Unterganges im Gebiet ihres Sitzes im Bundesgebiet fort, wenn sie hier noch über Vermögenswerte verfügt. — Ein Pfleger kann für eine solche juristische Person in entsprechender Anwendung des Zuständigkeitsergänzungsgesetzes bestellt werden.**

KG Berlin (West), Beschl. v. 7. 7. 1953 — 2 W 414/53: WM 1953 IV B, S. 610.

Der Währungs-Likvidationsfonds in Prag hatte Wertpapierrechte zur Bereinigung angemeldet, die für die Y-Krankenkasse, eine deutsche juristische Person öffentlichen Rechts mit Sitz in T. (Sudetengebiet), verwahrt werden. Das LG hatte diese Anmeldung abgelehnt, ohne aber der wahren Berechtigten Gelegenheit zum Beitritt zu geben. Das KG verwies zur weiteren Sachaufklärung an das LG zurück.

---

[1] Siehe oben Nr. 124.

Aus den Gründen:

„Das LG hat zwar ... die Anmeldung des Währungs-Likvidationsfonds, Praha, ohne Rechtsirrtum abgelehnt. Es hätte sich jedoch ... nicht mit dieser Ablehnung begnügen dürfen, sondern auf Grund seiner Sachleitungs- und Aufklärungspflicht vor der Ablehnung der angemeldeten Rechte alle Möglichkeiten ausschöpfen müssen, die Anschrift des wahren Berechtigten, der Y-Krankenkasse bzw. ihre vertretungsberechtigten Personen zu ermitteln, um ihr Gelegenheit zum Beitritt in das Verfahren zu geben. Denn diese gilt trotz ihrer Enteignung hinsichtlich ihres im Bundesgebiet und in Berlin-West befindlichen Vermögens für das Wertpapierbereinigungsverfahren als fortbestehend (KG in WM 1952, 471, 543[1], 600[2]). Nach Mitteilung des Aufsichtsamtes für Banken Berlin v. 21. 3. 1953 konnte als der letzte verantwortliche Leiter der Y-Krankenkasse, Sitz T. (Sudetenland), der Verwaltungsdirektor F. G. in S. (Bundesgebiet) ermittelt werden. Das LG wird daher festzustellen haben — wenn nicht sogar eine Sitzverlegung des wahren Berechtigten in das Bundesgebiet oder nach Berlin-West erfolgt ist —, ob er, sofern er sich nicht als alleinige noch weiterhin vertretungsberechtigte Person ausweist (KG in WM 1951, 881), zumindest als Pfleger für die wahre Berechtigte bestellt werden kann. Die Möglichkeit für eine solche Pflegerbestellung ist durch § 10 I des Zuständigkeitsergänzungsgesetzes (in Berlin-West übernommen durch Gesetz v. 7. 11. 1952, VOBl S.1017), eröffnet worden, wobei in § 10 III auch Bestimmungen über das zuständige Vormundschaftsgericht getroffen worden sind. Daß sie in entsprechender Anwendung dieser Gesetzesbestimmung auch für juristische Personen des öffentlichen Rechts erfolgen kann, sofern der gleiche Mangel ‚die durch den Zwang der Nachkriegsverhältnisse bedingte vorübergehende Behinderung von Rechtsträgern in der Wahrnehmung der Rechte' auf dem Gebiete auch des öffentlichen Rechts auftritt und auf andere Weise zunächst nicht zu beheben ist, hat der Senat in anderer Sache — 2 W 223/53 v. 7. 7. 1953[3] — in Übereinstimmung mit der Entscheidung des OLG Frankfurt/Main in WM 1953, 250 bereits bejaht."

## 5. Aufspaltung öffentlich-rechtlicher Körperschaften

**128. Ist das Vermögen einer in Liquidation befindlichen Körperschaft des öffentlichen Rechts dadurch verwaltungsmäßig in zwei Teile aufgespalten worden, daß zwei Hoheitsträger das jeweils auf ihrem Gebiet belegene Vermögen je einem Treuhänder übertragen haben, so sind die beiden Treuhänder nicht identisch; daher wird nicht der eine Treuhänder durch Prozeßhandlungen des anderen Treuhänders berechtigt.**

OGH Köln (brit. Zone), Urt. v. 10. 2. 1949 — I ZS 84/48: OGHZ 2,1.

Für das in Deutschland belegene Vermögen der „Landwirtschaftlichen Zentralstelle" (LZ) in Liquidation, einer durch VO des deutschen Generalgouverneurs von Polen errichteten Körperschaft öffentlichen Rechts mit Sitz in Krakau (Polen),

[1] Siehe oben Nr. 87. [2] Siehe oben Nr. 122. [3] Siehe oben Nr. 126.

**wurden nach Kriegsende Dr. L. als Treuhänder im Gebiet der sowjet. Zone und K. als Treuhänder im Gebiet der Westzonen bestellt. Die LZ in Liquidation, vertreten durch ihren Treuhänder Dr. L., klagte bei der Bekl., einer Firma mit Sitz in der brit. Zone, eine Forderung aus einer Warenlieferung vom Jahre 1944 ein. Das LG gab der Klage statt, das OLG wies sie zurück. Gegen dieses Urteil legte die LZ in Liquidation, vertreten durch den Treuhänder Dr. L., Revision ein. In der durch K. eingereichten Revisionsbegründung bat die Kl., das Rubrum dahin zu berichtigen, daß sie durch K. gesetzlich vertreten werde. Die Revision wurde als unzulässig verworfen.**

Aus den Gründen:

„Der mit Ziff. I der Revisionsbegründung gemachte Versuch, statt des ursprünglichen Kl., des ostzonalen Treuhänders Dr. L., den neu bestellten westzonalen Treuhänder K. im Wege der ‚Berichtigung' des Klagerubrums als Partei in dem Prozeß einzuführen, indem der Letztere eine vom Ersteren eingelegte Revision begründete, konnte keinen Erfolg haben . . . Das Gesetz schreibt vor, daß derjenige, der die Revision eingelegt hat, sie auch begründen muß. Es mag mit dieser Vorschrift vereinbar sein, daß, wenn der Treuhänder Dr. L. aus irgendwelchen Gründen aus seinem Amt ausgeschieden und von der gleichen ostzonalen Stelle ein Nachfolger für das gleiche Amt eingesetzt worden wäre, der Nachfolger die von L. eingelegte Revision begründet hätte. Hier bleibt das Amt das gleiche, nur der Amtsträger wechselt. Anders aber liegt der zur Entscheidung stehende Fall. Dr. L. wird in seinem Amt nicht durch K. ersetzt, sondern er bleibt in seinem Amt, und K. tritt neben ihn. Beide Treuhänder wahren die Interessen verschiedener Vermögensmassen, die durch Hoheitsakte verschiedener Hoheitsträger den beiden Treuhändern zur Verwaltung übertragen sind, L. die Interessen der ostzonalen Vermögensmasse der LZ i. L., K. die der westzonalen Vermögensmasse des gleichen Vermögensträgers. Das rechtlich eine Einheit bildende Gesamtvermögen der LZ i. L. ist verwaltungsmäßig in zwei Teile aufgespalten, deren Kontrolle und Verwaltung zwei nebeneinander amtierenden Treuhändern mit sachlich und gebietsmäßig getrenntem Aufgabenkreis obliegen. Hier den Eintritt K.s — statt Dr. L.s — in den Prozeß nach den Grundsätzen des Wechsels des gesetzlichen Vertreters zu beurteilen, würde zu unmöglichen Folgerungen führen. Um — wenn auch nur in der Tatsacheninstanz — Erfolg zu haben, müßte K. den Vortrag Dr. L.s über die sachlich-rechtlichen Befugnisse des Treuhänders und ihren Ursprung nahezu in das Gegenteil verkehren und seinerseits vortragen, daß die Klageforderung nicht zum Ostvermögen der LZ i. L., sondern zu deren Westvermögen gehöre, daß nicht L. auf Grund des SMA-Befehls Nr. 124, sondern er, K., auf Grund des MilRegGes. 52 aktiv legitimiert sei. K. müßte von seinem Standpunkt die Klarstellung des Berufungsurteils begrüßen, daß die Klageforderung nicht dem Treuhänder Dr. L. zusteht; denn damit ist gleichzeitig, wenn auch ohne Rechtskraftwirkung für ihn, ausgesprochen, daß die Klageforderung, wenn sie überhaupt materiell besteht, jedenfalls ihm als westzonalem custodian gebührt. Und trotzdem will er die Revision Dr. L.s begründen dürfen, die die Aufhebung des ihm — K. — günstigen Urteils erstrebt. Diese Erwägungen zeigen, daß im vorliegenden Falle für die Beantwortung der Frage, ob die Einlegung und die Begründung der Revision von derselben Partei erfolgt sind, von der Parteistellung kraft Amtes ausgegangen werden muß.

Daß RA Dr. F. in der mündlichen Verhandlung namens des Treuhänders K. die bisherige Prozeßführung einschließlich der Revisionseinlegung genehmigt hat, kann an dieser Rechtslage nichts ändern.“ [Es wird ausgeführt, daß niemand eine fremde Prozeßführung sich dadurch aneignen könne, daß er — mit der bloßen Behauptung, er sei die wahre Partei — in einen Rechtsstreit anderer Parteien eintritt und die bisherige Prozeßführung desjenigen, an dessen Stelle er treten will, „genehmigt“.]

**129. Durch die revolutionären Vorgänge am 30. 11. 1948 in Berlin ist ein Zerfall der Rechtspersönlichkeit der Stadt Groß-Berlin in zwei selbständige Rechtspersönlichkeiten nicht eingetreten, sondern höchstens die Abspaltung eines Teils der Stadt von der bisherigen Stadtgemeinde Groß-Berlin erfolgt. — Es kann offenbleiben, ob eine solche rechtlich anzuerkennende Abspaltung von Ost-Berlin unter Bildung einer neuen Rechtspersönlichkeit vorliegt. — Der Erfüllungsort und der Schwerpunkt eines Schuldverhältnisses bestimmen das maßgebende Recht; dieses legt auch das Umstellungsverhältnis fest. — Unerheblich ist dagegen für die Bestimmung des Schuldstatuts der Sitz des Gläubigers allein oder seines gesetzlichen Vertreters.**

LG Berlin (West), Urt. v. 2. 3. 1949 — 10 O 261/48: JR 1949, 220.

Aus einer Fleischlieferung steht der Abteilung Ernährung der Stadt Berlin eine RM-Forderung gegen einen Schuldner in West-Berlin zu. Das LG sprach die Forderung in DM-West zu.

Aus den Gründen:

„Der Einwand des Bekl. gegen die Aktivlegitimation der Kl. ist unbegründet. Kl. ist nicht, wie der Bekl. meint, der Magistrat, sondern die Stadt Groß-Berlin. Diese ist auch die Anspruchsberechtigte; sie ist die Gläubigerin, weil sie die Fleischwaren geliefert hat. Der Einwand gegen die Aktivlegitimation könnte nur dann durchgreifen, d. h. die Kl. wäre nur dann nicht Gläubigerin, wenn die Kl., die Stadt Groß-Berlin, nicht mehr eine einheitliche Rechtspersönlichkeit wäre, sondern in zwei Rechtspersönlichkeiten zerfallen wäre, nämlich in die Städte West-Berlin und Ost-Berlin, und wenn außerdem durch den Zerfall in zwei Rechtspersönlichkeiten die Forderung von der Stadt Groß-Berlin auf die Stadt Ost-Berlin übergegangen wäre. Wenn schon die erste Voraussetzung gegeben wäre, würde sich der Einwand gegen die Aktivlegitimation, richtig gesehen, nicht gegen die Aktivlegitimation, sondern gegen die Partei- und Prozeßfähigkeit richten; denn die Stadt Groß-Berlin hätte dann keine Rechtspersönlichkeit und demgemäß keine Partei- und Prozeßfähigkeit mehr und könnte demgemäß nicht mehr Kl. sein. § 265 ZPO, nach dem ein Übergang des Anspruchs auf einen anderen auf den Prozeß keinen Einfluß hat, könnte auf solchen Fall des Verlustes der Partei- und Prozeßfähigkeit nicht angewendet werden.

Ein solcher Fall des Zerfalls der Rechtspersönlichkeit der Stadt Groß-Berlin in zwei selbständige Rechtspersönlichkeiten mit der Wirkung des Untergangs der ursprünglichen Rechtspersönlichkeit liegt jedoch keinesfalls vor. Wenn durch die Vorgänge des 30. 11. 1948 etwas Neues, eine neue Rechtsform eingetreten wäre, könnte das allenfalls eine Abspaltung eines Teiles der Stadt von der bisherigen Stadtgemeinde Groß-Berlin in der Weise sein, daß die bisherige Stadtgemeinde bestehen geblieben ist und sich nur ein Teil von ihr losgelöst hätte. Die Rechtspersönlichkeit der bisherigen Stadtgemeinde wäre bestehen geblieben. Die Kl., diese Stadtgemeinde, könnte also nur dann nicht mehr Anspruchsberechtigte sein, wenn sie, da ein anderer Forderungsübergang nicht zu sehen ist, durch die Abspaltung eines Teils ihrer selbst die Forderung verloren hätte und diese auf den Ostteil der Stadt übergegangen wäre. Die Kl. hätte alsdann die Parteirolle der Kl. nach § 265 ZPO nicht verloren. Sie müßte dann nur Zahlung an den Ostteil Berlins verlangen. Sie braucht das jedoch nicht zu tun. Es konnte hier dahingestellt bleiben, ob solche rechtlich anzuerkennende Abspaltung von Ost-Berlin zu einer selbständigen Rechtspersönlichkeit vorliegt (nur dann könnte die Forderung auf Ost-Berlin übergegangen sein), denn solch ein Forderungsverlust ist nicht zu erkennen. Dadurch, daß ein Teil einer Rechtspersönlichkeit sich von der ursprünglichen Rechtspersönlichkeit losreißt, erwirbt er nicht ohne weiteres die Forderungen der bisherigen Rechtspersönlichkeit. Solcher Forderungsverlust tritt auch niemals dadurch ein, daß der Gläubiger oder gar nur sein gesetzlicher Vertreter seinen Sitz verlegt, sei es auch, daß er den Sitz aus dem abgespalteten Teil in einen anderen Teil verlegt, wie es hier der Magistrat getan hat. Das ist nichts anderes, als wenn ein Teil der Gesellschafter aus einer Gesellschaft austritt und für sich eine neue Gesellschaft bildet, in welchem gleichen Falle die neue Gesellschaft nicht die Forderung oder auch nur einen Teil der Forderungen der alten Gesellschaft erwirbt, falls dies nicht besonders gesetzlich bestimmt oder zwischen den Gesellschaftern vereinbart ist. Hier fehlt aber eine gesetzliche Bestimmung und eine derartige Vereinbarung. Die Kl. ist also in jedem Falle die Gläubigerin geblieben.

Der Einwand des Bekl. gegen die Aktivlegitimation der Kl. richtet sich nach seinen eigenen Ausführungen im Grunde nicht gegen die Aktivlegitimation, sondern gegen die Vertretungsbefugnis ihres im Klagerubrum angeführten gesetzlichen Vertreters. Denn so ist der Einwand, nur der Ostmagistrat könne die Forderung einklagen, zu deuten. Der Magistrat ist nicht Gläubiger, sondern nur gesetzlicher Vertreter der Gläubigerin. Zwar hat wohl am 30. 11. 1948 eine Versammlung im Rathaus Berlin-Mitte beschlossen, den bisherigen Magistrat abzusetzen und einen neuen Magistrat zu bilden. Sie hat auch einen ‚Magistrat' ernannt. Diese rein willkürlich gebildete Versammlung mit willkürlichem Beschluß hatte jedoch keine gesetzliche Grundlage, einen Magistrat abzusetzen. Die Bildung und Abberufung des Magistrats von Groß-Berlin bestimmt die vorläufige Verfassung von Groß-Berlin. Sie gibt dem erwähnten Akte keine gesetzliche Grundlage. Nun können zwar auch revolutionäre Maßnahmen rechtsgültige Akte, insbesondere auch Gesetze schaffen. Ob und inwieweit die Vorgänge v. 30. 11. 1948 als solche revolutionäre Akte mit Rechtswirksamkeit anzusehen sind, konnte hier dahingestellt bleiben, denn im vorliegenden Falle handelt es sich um die Frage, ob durch diesen Akt die Vertretungsbefugnis des bisherigen Magistrats für die Stadt Groß-Berlin mit rechtlicher Wirksamkeit beseitigt worden ist. Diese Frage war zu verneinen, denn ein revolutionärer Akt mit rechtlicher Wirksamkeit setzt voraus, daß die Bevölkerung Groß-Berlins die Vertretungsbefugnis des bisherigen Magistrats beseitigt hätte und die Allgemeinheit, d. h. die gesamte Bevölkerung von Groß-Berlin — abgesehen von einer nicht beachtlichen Minderheit — diesen revolutionären Akt gebilligt oder nachher anerkannt hätte. Davon kann jedoch keine Rede sein. Die Vertretungsbefugnis des bisherigen Magistrats wird, wie die Tatsachen zeigen, von dem weitaus größten Teil der Groß-Berliner Bevölkerung nach wie vor anerkannt, mit ihrer Billigung arbeitet er nach wie vor weiter, führt die Geschäfte von Groß-Berlin. Daß er diese Vertretungsbefugnis in einem Teil der Stadt Groß-Berlin nicht ausüben kann, ändert hieran nichts, da es sich hier nur um einen Bruchteil der Stadt, allenfalls einem Drittel handelt, wobei überdies der Wille der gesamten Bevölkerung dieses Teiles nicht einmal festgestellt worden ist. Die Kl. ist somit in dem Prozeß nach wie vor ordnungsmäßig gesetzlich vertreten.

Daß der Anspruch an sich begründet worden ist, ist unstreitig. Die Meinung des Bekl., daß er nur ein Zehntel in DM-Ost zu zahlen brauche, weil die Forderung auf ein Zehntel in DM-West umzustellen sei, er aber nach der VO v. 4. 7. 1948 zum Befehl Nr. 111 nicht mehr in DM-Ost zu zahlen brauche, als er in Reichsmark schuldig geworden sei, beruht auf einem Denkfehler. Seine Argumentation beruht auf der Meinung, daß für ihn der Befehl Nr. 111 und die DfVO dazu gelte. Das ist irrig in mehrfacher Hinsicht. Wenn für die Währung der Forderung der Befehl Nr. 111 gälte, dann wäre die Forderung von RM ohne weiteres auf DM-Ost ohne Herabsetzung des Betrages umzustellen und der Bekl. müßte dann schlechthin DM-Ost zahlen, ohne daß eine Umstellung auf DM-West überhaupt in Frage gekommen wäre. Nur für den Fall der Umstellung von RM in DM-Ost gilt der Satz, daß der Schuldner in DM-Ost nicht mehr zu zahlen brauche, als er in Reichsmark schuldig geworden sei. Ein Gesetz, daß er statt 1 DM-West nur 1 DM-Ost zu zahlen brauche, wie er meint, gibt es nicht. Eine der Ausnahmen von dem Falle, daß er statt 1 DM-Ost nur ein Zehntel DM-Ost zu zahlen brauche, liegt nicht vor. Die Umstellung der RM-Forderung hat hier aber überhaupt nicht nach dem Befehl Nr. 111 und seiner DfVO zu erfolgen, wie der Bekl. offenbar selbst nicht verkennt, da er ja selbst die Umstellung der RM-Forderung zunächst in eine Forderung auf DM-West vornimmt. Die Forderung war vielmehr nach der westlichen Währungs-VO umzustellen. Die Ware ist ihm an seinem Wohnsitz im Westsektor — ob er selbst sie aus einem anderen Sektor abgeholt hat, ist gleichgültig — zur Verteilung im Westsektor geliefert worden. Der Erfüllungsort für seine Zahlungspflicht lag, ohne Rücksicht darauf, ob seine Schuld eine Bringschuld war, also im Westsektor, wo er seinen Wohnsitz hatte und noch hat. Nach den angegebenen Tatsachen lag auch der Schwerpunkt seiner Schuld im Westsektor. Ob das Lager, aus dem die Kl. ihn beliefert hat, dort oder im Ostsektor lag, ist für den Erfüllungsort seiner Schuld rechtlich unerheblich. Gleichgültig ist auch, ob der Magistrat bei der Begründung des Schuldverhältnisses seinen Sitz im Ostsektor gehabt hat. Gläubiger ist nicht der Magistrat, sondern die Stadt Berlin, die sich über die Sektoren erstreckt. Der Sitz des gesetzlichen Vertreters der Gläubigerin ist wie stets für den Inhalt des Schuldverhältnisses ohne Belang. In Frage kommen könnte nur der Sitz der Gläubigerin, die nicht nur im Ostsektor saß. Der Sitz der Gläubigerin allein oder gar ihres gesetzlichen Vertreters allein ist nicht ausschlaggebend, sondern der Erfüllungsort für die Schuldverbindlichkeit des Schuldners und allenfalls der Schwerpunkt des Schuldverhältnisses, welche beide im Westsektor lagen. Es galt also für die Schuld des Bekl. die westliche Währungs-VO allein, ohne daß hinterher die Schuld noch in Ostwährung umzustellen gewesen wäre."

**130. Auch wenn für eine Körperschaft des öffentlichen Rechts nach Kriegsende in den einzelnen Besatzungszonen besondere Leitungen eingesetzt wurden, braucht diese Teilung der Leitung keinen Einfluß auf die Rechtsstellung der Körperschaft selbst auszuüben. — Auch juristische Personen des öffentlichen Rechts bestehen trotz Enteignung ihres Vermögens in der Ostzone und Entzuges der Rechtsfähigkeit an ihrem ostzonalen Sitz in den Westzonen weiter, wenn sie hier Vermögenswerte haben. — Die Auflösung einer juristischen Person in der Ostzone ist im Wertpapierbereinigungsverfahren auch schon nach § 21 I Nr. 3 WBG ohne Wirkung für die Westzonen. — Ist eine Körperschaft öffentlichen Rechts nach dem Recht ihres Sitzes aufgelöst, besteht sie aber in den Westzonen fort, so genügt zu ihrer Bezeichnung die Angabe des Ortes der Verwaltung.**

LG Frankfurt a. M. (amerik. Zone), Beschl. v. 3. 7. 1951 — WP 54 — c — 12: WM 1951 IV B, S. 552.

Die Anmelderin, die Bundesbahnversicherungsanstalt, deren Verwaltung sich in F. (amerik.) befindet, hat eine Depotbestätigung vorgelegt, die auf den Leiter der Reichsbahnversicherungsanstalt (RBVA) Berlin lautet. Die Kammer erkannte die Identität der Anmelderin mit der Depotberechtigten an.

Aus den Gründen:

„Nach Abs. 2 des § 1 der Satzung ist sie [die RBVA] eine Anstalt des öffentlichen Rechts und hat Rechtspersönlichkeit. Körperschaften und Anstalten des öffentlichen Rechts verlieren ihre Rechtspersönlichkeit auf die gleiche Weise, wie sie sie erwerben, nämlich durch Hoheitsakt des Staates (*Forsthoff*, Lehrbuch des Verwaltungsrechts 1950, 359). In § 7 der Satzung der RBVA ist ausdrücklich bestimmt, daß sie nur durch Gesetz aufgelöst werden kann. Ein solches Gesetz ist nicht ergangen. Weder der Alliierte Kontrollrat, der nach der Kapitulation die Rechte des handlungsunfähig gewordenen Deutschen Reiches wahrnahm, noch die Deutschen Länder noch die Deutsche Bundesrepublik haben der RBVA die Rechtsfähigkeit entzogen. Die westlichen Besatzungsmächte haben durch Erklärungen ihrer Militärregierungen, die an die Zonenleitungen der Deutschen Reichsbahn ergangen sind, die Fortsetzung der Tätigkeit der RBVA in ihren Zonen ausdrücklich genehmigt. Die Deutschen Länder und später die Bundesrepublik haben der Tätigkeit der RBVA keine Hindernisse in den Weg gelegt. Die Zwangsmitgliedschaft der nach den Satzungen der RBVA versicherungspflichtigen Personen ist auch nach der Kapitulation von keiner Seite angezweifelt worden. Die RBVA hat danach ihre Stellung als Anstalt des öffentlichen Rechts behalten.

Ohne Bedeutung ist die Tatsache, daß nach der Kapitulation vorübergehend keine einheitliche Leitung der RBVA vorhanden war. Das lag daran, daß jede Besatzungsmacht ihre Zone von der anderen abschloß und für ihre Zone eigene Gesetze und Verordnungen erließ. So kam es, daß für RBVA zonale Leitungen ernannt wurden, nämlich für die amerik. Zone in Bad Homburg, für die brit. Zone in Bielefeld und für die franz. Zone in Speyer. Diese Aufspaltung der Leitung spaltete aber die RBVA nicht in drei verschiedene Zonenversicherungsanstalten. Es wurde nicht für jede Zone eine neue selbständige Versicherungsanstalt begründet. Die Zonenleiter handelten ausdrücklich für die einheitliche RBVA. Auch die Besatzungsmächte sehen die Zonentrennung der RBVA nicht als einen Dauerzustand an. Die zonengetrennte Leitung ist also auf die besonderen Verhältnisse unmittelbar nach der Besetzung Deutschlands zurückzuführen, sie hatte aber keinen Einfluß auf die Rechtsstellung der RBVA. Seit der Konstituierung der Bundesrepublik hat die RBVA wieder eine einheitliche Leitung, die in den Händen desselben Mannes liegt, der im Zeitpunkt der Kapitulation Leiter der RBVA war.

Die SMA hat die RBVA in der sowjet. Besatzungszone und Berlin aufgelöst. Diese Maßnahme der sowjet. Besatzungsmacht hat aber keinen Einfluß auf die Rechtsstellung der RBVA in den Westzonen gehabt. Die RBVA hatte zwar im Zeitpunkt der Auflösung durch die SMA ihren Sitz in Berlin. Nach § 21 I Nr. 3 WGB sind jedoch im Bereinigungsverfahren nur rechtswirksame Maßnahmen von Behörden und Besatzungsmächten des Währungsgebietes anzuerkennen. Die Besatzungsmächte des Währungsgebietes sind mit der Auflösung der RBVA nicht einverstanden. Die RBVA besteht daher in der Bundesrepublik weiter. Für juristische Personen des Privatrechts mit Vermögensbesitz in den Westzonen ist das Weiterbestehen trotz Enteignung ihres Vermögens und trotz Löschung im Handelsregister ihres in der Ostzone gelegenen Sitzes durch die Rechtsprechung anerkannt (OLG Bamberg, HEZ 1, 185[1]). Gleiches muß auch für die Körperschaften und Anstalten des öffentlichen Rechts gelten.

Da im § 1 II der Satzung als Sitz der RBVA Berlin bestimmt ist, bedeutet die Sitzverlegung in die Bundesrepublik eine Satzungsänderung. Satzungsänderungen bedürfen nach § 6 der Satzung der Genehmigung

[1] Gemeint: HEZ 1, 188; siehe oben Nr. 75.

des Reichsarbeitsministers im Einvernehmen mit dem Reichsverkehrsminister. Eine solche Genehmigung liegt bisher nicht vor. Es ist aber nicht erforderlich, eine Entscheidung im Bereinigungsverfahren so lange aufzuschieben, bis die Frage der Genehmigung durch die zuständige Aufsichtsbehörde geklärt ist. Für Entscheidungen im Bereinigungsverfahren ist es unerheblich, wo die Anmelderin ihren Sitz im Rechtssinne hat. Hier ist nur zu entscheiden, ob ihr das angemeldete Recht zusteht. Die Zuerkennung des Rechts hängt in keiner Weise davon ab, welche Stadt durch die zuständigen Organe des Bundes als Sitz der Anmelderin genehmigt wird. Im Kopf der Entscheidung ist daher der Ort aufgeführt worden, an dem ihre Verwaltung zur Zeit geführt wird. Über ihren Sitz ist damit keine Entscheidung getroffen.

Die RBVA hat nach dem 1. 10. 1949 im Einvernehmen mit dem Leiter der Bundesbahn den Namen Bundesbahn-Versicherungsanstalt angenommen . . . Die Bundesbahn-Versicherungsanstalt ist mit der RBVA identisch. Nachdem der Bundesminister für den Verkehr am 11. 10. 1949 die Umbenennung der Deutschen Reichsbahn in Deutsche Bundesbahn angeordnet hatte, ergab sich daraus auch die Notwendigkeit der Umbenennung der RBVA."

## 6. Sowjetzonale Entscheidungen

*Vorbemerkung: Die Gerichte in der Sowjetzone hatten bis 1948 den Fortbestand von Gesellschaften mit Sitz in dieser Zone anerkannt, auch wenn sie enteignet und in der Ostzone untergegangen waren (Nr. 131—136); eine Änderung kündigt aber die Entscheidung Nr. 132b an. Die heute als maßgebend anzusehende Rechtsauffassung ist in dem Fall Nr. 137 wiedergegeben.*

**131. Wird eine Versicherungs-Aktiengesellschaft im Lande ihres Sitzes hinsichtlich der Versicherungsverträge, die sich auf dieses Land erstrecken, und des in diesem Lande befindlichen Vermögens enteignet und liquidiert, so besteht sie mit dem außerhalb dieses Landes befindlichen Vermögen fort und kann außerhalb des Landes ihren Betrieb fortsetzen. — Die öffentliche Versicherungsanstalt, zu deren Gunsten die private Versicherungsgesellschaft enteignet wird, tritt daher keine Gesamtrechtsnachfolge in das Vermögen der Gesellschaft an.**

OLG Gera (sowjet. Zone), Urteil v. 24. 7. 1946 — 3 W 204/46: VersW 1946 Nr. 8, S. 19.

Eine private Versicherungs-AG. mit Sitz in Thüringen (sowjet.) wurde durch thüringisches Ges. v. 22. 9. 1945 in bezug auf Versicherungsverträge, die sich auf das Land Thüringen erstrecken, und auf ihr in Thüringen befindliches Vermögen unter Überführung dieser Verträge und dieses Vermögens auf die Landesversicherungsanstalt Thüringen enteignet und liquidiert. Auf Antrag der Landesversicherungsanstalt verfügte das Registergericht des Sitzes die Löschung der Gesellschaft, ohne diese vorher zu benachrichtigen und zur Stellungnahme aufzufordern. Gegen die Löschungsverfügung erhob die Versicherungsgesellschaft Beschwerde.

Das LG wies die Beschwerde mit der Begründung zurück, die Löschung entspreche dem thüringischen Landesrecht und den Befehlen der russ. Besatzungsmacht. Die gegen diese Entscheidung von der Versicherungsgesellschaft beim OLG eingelegte weitere Beschwerde hatte Erfolg.

Aus den Gründen:

[Das OLG stellt zunächst fest, daß die fragliche Enteignung nicht, wie in der Löschungseintragung angegeben war, auf Anordnungen der russ. Besatzungsmacht, sondern lediglich auf thüringischem Landesrecht — dem Ges. v. 22. 9. 1945 — beruhe und daher nur dieses zu berücksichtigen sei. Weiter verweist das OLG auf die Vorschrift des § 141 FGG, wonach bei Eintragung der Firmenlöschung von Amts wegen auf Anregung eines Dritten (§ 31 II HGB) dem Inhaber bzw. gesetzlichen Vertreter der eingetragenen Firma von der beabsichtigten Löschung unter Aufforderung zum Widerspruch Kenntnis zu geben ist.] „Diese Bestimmung würde auch gelten, wenn die Löschung auf Anweisung der Besatzungsmacht vorzunehmen gewesen wäre, es sei denn, daß die Besatzungsmacht die alsbaldige Löschung angeordnet hätte.

Diese zwingende Verfahrensvorschrift hat das Registergericht verletzt. Es hat innerhalb zwei Wochen nach Eingang der Anregung der Landesversicherungsanstalt die Löschung vorgenommen, und zwar ohne der AG. vorher Mitteilung zu machen und sie zur Stellungnahme aufzufordern. Infolgedessen ist die Löschungseintragung unzulässig.

Es kann auch nicht geltend gemacht werden, daß die Landesversicherungsanstalt kraft Gesetzes Rechtsnachfolger oder Treuhänder oder Liquidator der AG. geworden sei, deshalb den Löschungsantrag als Inhaber der Firma gestellt habe, und daß das Registergericht nicht von Amts wegen, sondern auf Anmeldung und Antrag des hierzu Berechtigten und Verpflichteten tätig geworden sei, daß also der Tatbestand des § 31 II HGB und infolgedessen der des § 141 FGG nicht vorliege. § 7 des Ges. über den Neuaufbau des privaten und öffentlich-rechtlichen Versicherungswesens in Thüringen v. 22. 9. 1945 (GS 1945, 33) bestimmt nur, daß die Landesversicherungsanstalt in die sich auf das Land Thüringen erstreckenden Versicherungsverträge der . . . [beschwerdeführenden] Gesellschaft eintritt, und daß die . . . [beschwerdeführende] Gesellschaft das gesamte im Lande Thüringen befindliche Vermögen zu übergeben hat. § 2 der DVO v. 1. 11. 1945 (GS 1945, 66) ordnet insoweit eine Liquidation der . . . [beschwerdeführenden] Gesellschaft zum 1. 11. 1945 durch eine Treuhandstelle bei der Landesversicherungsanstalt an. Mit dem nicht im Lande Thüringen befindlichen Vermögen dagegen kann die . . . [beschwerdeführende] Gesellschaft, die übrigens inzwischen ihren Sitz verlegt hat und deshalb selbst einen Löschungsantrag, aber mit anderer Begründung und anderer Rechtsfolge stellen will, ihren Geschäftsbetrieb außerhalb Thüringens fortsetzen, soweit nicht etwa in anderen Ländern und Provinzen die gleichen Bestimmungen wie in Thüringen entgegenstehen. Auf diesen Teil ihres Vermögens und ihrer Geschäftstätigkeit erstreckt sich selbstverständlich die gesetzlich angeordnete Liquidation nicht. Demnach kann keine Rede davon sein, daß etwa die Landesversicherungsanstalt eine Gesamtrechtsnachfolge in das Vermögen der . . . [beschwerdeführenden] Gesellschaft angetreten habe."

**132.** **a) Die Enteignung einer Aktiengesellschaft als ein Akt der Staatshoheit wirkt nicht über die Grenzen des enteignenden Staates hinaus; Vermögen der Gesellschaft außerhalb dieses Landes wird nicht betroffen. — Trotz Enteignung einer AG. in dem Lande, in dem sich ihr Sitz befindet, kann die Gesellschaft fortbestehen auf Grund des außerhalb des enteignenden Landes belegenen und daher von der Enteignung nicht erfaßten Vermögens; aus diesem Grunde ist trotz der Enteignung der AG. im Lande ihres Sitzes die Firma nicht gegenstandslos geworden und daher im Handelsregister ihres Sitzes nicht zu löschen.**

LG Leipzig (sowjet. Zone), nicht rechtskr. Beschl. v. 3. 6. 1947 — 6 T 3/47: DRZ 1948, 137; SchlHolAnz. 1948, 176.

Im Handelsregister L. (jetzt sowjet.) waren die Qu.-Werke AG. mit Sitz in L. eingetragen, als ihr Vorstandsmitglied u. a. auch der Beschwerdeführer. Im September 1945 ernannte der Landrat in G. (sowjet.) den Betriebsleiter H. zum alleinigen Vorstand der AG. Dieser veranlaßte im Januar 1947 die Löschung der Firma der AG. im Handelsregister unter Bezugnahme auf ein Schreiben des Landrates in G., da das Unternehmen durch Volksentscheid v. 30. 6. 1946 zugunsten des Landes Sachsen enteignet sei. Gegen diese Löschung hat das frühere Vorstandsmitglied Beschwerde eingelegt. Das LG hat der Beschwerde entsprochen.

Aus den Gründen:

„Nach dem Vorbringen der Beteiligten steht fest, daß das Vermögen der AG. auf Grund des Sächs. Ges. v. 30. 6. 1946 (GVBl 1946, 305) enteignet und gemäß § 1 der DVO v. 18. 7. 1946 (GVBl 1946, 425) auf das Land Sachsen übergegangen ist. Da die Enteignung die Entziehung oder Beschränkung von Eigentum oder Rechten durch einen Akt der Staatshoheit darstellt, findet sie ihre Grenze im Wirkungsgebiet des Staates, so daß sie nicht auf Gebiete Wirkungen äußern kann, die außerhalb der Herrschaftssphäre des Staates liegen. Wenn also die AG., wie der Beschwerdeführer unwidersprochen behauptet, Grundbesitz oder sonstiges Vermögen außerhalb Sachsens hat, so wird dieses von der in Sachsen verfügten Enteignung nicht betroffen. Es kann deshalb nicht festgestellt werden, daß die AG. infolge der Enteignung ohne jedes Vermögen sei und ihr Betrieb völlig aufgehört habe, so daß ihre Firma als gegenstandslos zu löschen sei . . . Vielmehr ist nur das in Sachsen belegene Vermögen der AG. enteignet; sie kann ihren Betrieb in Sachsen nicht fortsetzen, wohl aber muß außerhalb Sachsens eine Fortführung der Gesellschaft als möglich angesehen werden. Die AG. hat mithin infolge der Enteignung nicht aufgehört zu bestehen, so daß aus diesem Grund kein Grund zur Löschung der Firma nach HGB § 31 II gegeben ist."

Der weiteren Beschwerde gegen diesen Beschluß wurde stattgegeben:

**b) Die von den Verwaltungsbehörden ausgesprochene, rechtlich keineswegs unmögliche Auffassung, daß sich die Enteignung des Vermögens einer AG. mit Sitz im Lande Sachsen (sowjet. Zone) auch auf die Beteiligungen der AG. an Unternehmen außerhalb des Landes Sachsen erstrecke, ist für die Gerichte des Landes Sachsen bindend.**

OLG Dresden (sowjet. Zone), Beschl. v. 1. 7. 1948 — 3 W 92/48: *JR 1949, 57; AZGB Nr. 89, No. 343.

Aus den Gründen:

„Die weitere Beschwerde ist . . . begründet.

Bei der Enteignung von Betrieben durch Volksentscheid und auf Grund des [sächs.] Ges. v. 30. 6. 1946 (GVBl 1946, 305) handelt es sich um staatliche Akte, die in der neuen Rechts- und Wirtschaftsordnung der sowjet. Zone begründet sind und die auf ihre Rechtmäßigkeit von den ordentlichen Gerichten nicht nachgeprüft werden können. Dasselbe muß von den Maßnahmen gelten, die von den zuständigen Verwaltungsbehörden zur Durchführung der Enteignung getroffen werden. Eine derartige Maßnahme ist in dem Antrag auf Eintragung der Enteignung zu erblicken, den das Landratsamt G. (Abt. f. Wirtschaft) durch den Betriebsleiter H. beim AG hat stellen lassen. Diesem Antrag mußte das AG, wie es getan hat, ohne weiteres stattgeben. Indem der erste Beschwerdeführer dagegen Beschwerde erhob, griff er die dem Verfahren des AG zugrundeliegende Anordnung der Verwaltungsbehörde an, wozu ihm der Rechtsweg bei den ordentlichen Gerichten nicht offenstand. Die erste Beschwerde hätte daher als unzulässig verworfen werden müssen. Schon diese Erwägung rechtfertigt die weitere Beschwerde.

Es mag jedoch noch bemerkt werden: Nach § 2 I der DVO v. 18. 7. 1946 (GVBl 1946, 425) umfaßt die Übertragung des Eigentums enteigneter Betriebe auf das Land Sachsen alle Vermögensgegenstände, die zum Betriebsvermögen gehören. Welche Gegenstände hierzu zu rechnen sind, haben die Verwaltungsbehörden zu bestimmen. Im vorliegenden Falle erstreckt sich nach deren Auffassung die Enteignung auch auf die zum Betriebsvermögen der AG. gehörigen Beteiligungen an Werken außerhalb Sachsens und auch auf die ‚Firma'. Diese rechtlich keineswegs unmögliche Auffassung ist für die Gerichte des Landes Sachsen bindend. Die Erwägung des LG, daß die AG. noch bestehe, weil die Enteignung auf das im Lande Sachsen befindliche Vermögen beschränkt und die ‚Firma' von ihr unberührt geblieben sei, kann deshalb nicht gebilligt werden."

**133.** **Die Wirksamkeit einer Enteignung geht nicht über die Grenzen der enteignenden Behörde hinaus. — Eine im Lande ihres Sitzes enteignete AG. besteht daher auf Grund dieses nichtenteigneten Vermögens fort. — Daher können Vorstandsmitglieder, die vom alten Aufsichtsrat der Gesellschaft nach der Enteignung bestellt werden, im Handelsregister des Sitzes der Gesellschaft im enteignenden Lande eingetragen werden.**

LG Leipzig (sowjet. Zone), Beschl. v. 24. 6. 1947 — 6 T 1/47: JR 1948, 26; AZGB Nr. 72, No. 266.

Die im Handelsregister von L. (jetzt: sowjet.) eingetragene B-AG. mit Sitz in L., deren gesamtes Aktienkapital sich in den Händen der E-AG. in Berlin befindet, ist durch die Landesverwaltung Sachsen enteignet worden. Als Vorstandsmitglieder sind A. und B. eingetragen, die von der Landesverwaltung Sachsen bestellt wurden. Der alte Aufsichtsrat der B-AG. bestellte dagegen nach der Enteignung die Kaufleute C. und D. in Berlin zu Vorstandsmitgliedern. Der Eintragung von C. und D. in das Handelsregister in L. haben A. und B. widersprochen. Das LG entschied jedoch, daß die Eintragung zulässig sei.

Aus den Gründen:

„Die Enteignung enthält lediglich die Einziehung des Vermögens der B.-AG. innerhalb der Grenzen der Machtbefugnisse der einziehenden Behörde. Da sie von der Sächsischen Landesverwaltung verfügt ist, bezieht sich die Enteignung auf das im Machtbereich der Enteignungsbehörde befindliche Vermögen, d. h. auf die Vermögensstücke der B.-AG., die sich innerhalb der Grenzen des Landes Sachsen befanden. Dafür, daß dies das gesamte Vermögen der B.-AG. gewesen sei, fehlt es an jedem Anhalt; vielmehr ist aus der konzernmäßigen Verflechtung der B.-AG. mit anderen, auch außersächsischen Unternehmen und aus ihren Jahresberichten, die sich bei den Registerakten befinden, zu entnehmen, daß sie auch außerhalb Sachsens einzelne Vermögensstücke besitzt. Durch die Enteignung hat demnach die B.-AG. zwar ihr in Sachsen befindliches Vermögen verloren, ist aber nicht vermögenslos geworden. Aber selbst wenn das letztere angenommen werden könnte, würde die Vermögenslosigkeit höchstens die Einleitung des zur Löschung und Auflösung der AG. führenden Verfahrens nach dem Ges. über die Auflösung von Gesellschaften v. 9. 10. 1934 § 2 rechtfertigen, aber noch nicht ohne weiteres die Auflösung der Gesellschaft zur Folge haben. Solange diese Folge aber nicht festgestellt ist, hindert die Vermögenslosigkeit nicht die Eintragung neuer Vorstandsmitglieder.

Da die Enteignung, wie bereits ausgeführt, nur das innersächsische Vermögen der B.-AG. ergriffen hat, so daß sie darüber nicht mehr verfügen kann, ist damit ihre Rechtspersönlichkeit noch nicht in Frage gestellt. Denn Entstehen und Untergehen der Rechtspersönlichkeit einer AG. richtet sich nach Aktienrecht. Sie entsteht mit der Eintragung in das Handelsregister (AktG § 34) und wird aus den in AktG § 203 angeführten Gründen aufgelöst. Zwischen diesen beiden Zeitpunkten besteht sie unabhängig von ihrem Besitz als juristische Person (AktG § 1). Die Enteignung mag deshalb tiefgehende wirtschaftliche Folgen für die AG. haben, sie ist aber ohne Einfluß auf ihre Rechtspersönlichkeit; sie besteht trotz Enteignung weiter wie eine natürliche Person, deren Vermögen enteignet worden ist. Die Enteignung steht deshalb der Bestellung und Eintragung neuer Vorstandsmitglieder nicht entgegen.

Die Eintragung ist auch nicht deshalb unzulässig, weil der B.-AG. jede Tätigkeit in Sachsen untersagt sein mag. Denn die Bestellung neuer Vorstandsmitglieder besagt nicht, daß die B.-AG. damit instandgesetzt werden würde oder auch nur willens sei, gegen eine solche behördliche Anordnung zu handeln. Sie ist aber nicht gehindert, außerhalb Sachsens im Rahmen der an ihrem Tätigkeitsorte geltenden gesetzlichen Bestimmungen Geschäfte zu betreiben, da diese Tätigkeit durch die hier verfügten Maßnahmen nicht betroffen werden kann. Die beantragte Eintragung steht daher nicht im Widerspruch zu der von der Landesverwaltung Sachsen verfügten Enteignung.“

**134. Die Enteignung des Vermögens einer OHG an ihrem Sitz in der sowjet. Zone wirkt nicht gegenüber dem Vermögen in den Westzonen. — Auf Grund dieses Vermögens kann eine in der sowjet. Zone untergegangene OHG in den Westzonen fortbestehen und können dort die Gesellschafter unverändert weiterhaften.**

OLG Gera (sowjet. Zone), Urt. v. 4. 6. 1948 — 3 U 21/48: DRZ 1948, 493 (*Benkard*); BB 1948, 372; DRsp. II (210) 13a; Leitsätze: RegBl Thüringen 1948 II 230.

Eine OHG mit Sitz in Thüringen (sowjet.) wurde durch Maßnahmen des Landes Thüringen enteignet. Eine Gläubigerin der Gesellschaft klagte danach vor den Gerichten der sowjet. Zone gegen die persönlich haftenden Gesellschafter auf Zahlung einer vor der Enteignung begründeten Gesellschaftsschuld. Die bekl. Gesellschafter beriefen sich demgegenüber auf den durch die Sozialisierung bewirkten Untergang der Gesellschaft, durch den auch ihre persönliche Haftung erloschen sei. LG und OLG haben die Klage abgewiesen.

Aus den Gründen:

[Das OLG trifft zunächst in längeren Ausführungen die rein binnenrechtliche Feststellung, daß die Enteignung die Gesellschaft nicht nur aufgelöst habe i. S. des § 131 HGB, sondern daß sie „durch Eingriff der Staatsgewalt im öffentlichen Interesse vernichtet" sei. Damit seien auch die Verbindlichkeiten der Gesellschaft und die persönliche Haftung der Gesellschafter für diese erloschen. Die in diesem Prozeß bedeutungslose kollisionsrechtliche Frage wird am Schluß nur berührt:]

„Da die Enteignung der Betriebsvermögen der früheren OHG sich auf das in der russ. besetzten Zone Deutschlands vorhandene Vermögen beschränkt, besteht die Möglichkeit, daß sich in anderen Zonen noch beschlagnahmefreies Vermögen der OHG befindet. In diesen Gebieten bestände die hier untergegangene OHG insoweit noch. Der Kl. ist es unbenommen, sich gegebenenfalls an solches Vermögen zu halten."

**135. Auf das infolge der unterschiedlichen Rechtsentwicklung entstandene interzonale Recht sind die Grundsätze des internat. Rechts anzuwenden. — Enteignung des Vermögens und Bestand der Rechtspersönlichkeit einer juristischen Person in einem bestimmten deutschen Lande können sich daher nur nach dem in diesem Lande geltenden Recht regeln. — Außerhalb des enteignenden Landes gelegenes Vermögen wird dagegen von der Enteignung in einem einzelnen deutschen Land nicht betroffen. — Das Erlöschen der Rechtspersönlichkeit in einem deutschen Land infolge Löschung im Handelsregister hat keinen Einfluß auf das Bestehen der Rechtspersönlichkeit in anderen deutschen Ländern.**

LG Cottbus (sowjet. Zone), Beschl. v. 23. 4. 1949 — T 268/48: AZGB Nr. 105, No. 435.

Die Beschwerdeführerin ist eine AG., deren Sitz sich in S. (sowjet.) befindet. Ihr im Lande Brandenburg belegenes Vermögen wurde enteignet. Das AG S. hat daraufhin die AG. im Handelsregister gelöscht. — Dagegen richtet sich die Beschwerde der Gesellschaft, die damit begründet wird, daß die Gesellschaft in den Westzonen noch Vermögenswerte habe und daher noch fortbestehe. Danach sei eine Löschung nicht zulässig. Die Beschwerde wurde zurückgewiesen.

Aus den Gründen:

„Die Löschung ist zu Recht erfolgt. Das früher in Deutschland reichseinheitlich geregelte Enteignungs- und Registerrecht unterliegt jetzt der Gesetzgebungs- und Verwaltungsbefugnis gleichberechtigter Länder bzw. Zonenbefehlshaber. Auf Grund der sich daraus ergebenden Verschiedenartigkeit der Gesetzgebung sind die Grundsätze des internat. Rechts auch auf das interzonale Recht anzuwenden. Daraus folgt, daß der innerhalb der Grenzen des Landes Brandenburg gelegene Grund und Boden allein der Hoheit dieses Landes unterworfen ist. Die Enteignung oder Löschung einer AG. im Lande Brandenburg kann sich also nur nach dessen Recht bestimmen.

Die Tatsache, daß die AG. noch Vermögenswerte in den Westzonen besitzt, steht der Löschung nicht entgegen. Es ist seit jeher anerkannt, daß eine AG. mit der Löschung im Handelsregister nicht zwangsläufig ihre Rechtspersönlichkeit überhaupt verliert. Wohl aber kann die Beschwerdeführerin nach der Enteignung im Lande Brandenburg hier nicht mehr als rechtlich existent angesehen werden. Selbst wenn sie in einem anderen deutschen Land noch Vermögen besitzt, ist sie wohl nach dessen Recht, nicht aber nach dem im Lande Brandenburg gültigen als AG. anzusprechen. So wenig als die Beendigung ihrer Rechtspersönlichkeit im Lande Brandenburg diejenige in anderen Ländern beeinflußt, so wenig kann ihr dortiges Bestehen im Lande Brandenburg rechtserhaltend oder rechtserzeugend wirken. Einer Löschung im Handelsregister S. steht deshalb nichts im Wege."

**136. Die Enteignung des Vermögens einer KG. an ihrem Sitz in der Ostzone wirkt nicht gegenüber dem Vermögen in den Westzonen. — Auf Grund dieses Vermögens kann eine in der sowjet. Zone untergegangene KG. in den Westzonen fortbestehen und können dort die Gesellschafter unverändert weiterhaften. — Infolge des Unterganges der Gesellschaft in der Ostzone wäre jedoch für diese in den Westzonen fortgesetzte Gesellschaft ein Gerichtsstand in der Ostzone nicht gegeben.**

OLG Gera (sowjet. Zone), Urt. v. 5. 11. 1948 — 3 U 12/47: JR 1951, 242.

Die Kl. klagte gegen eine KG. mit Sitz in der Ostzone, deren Vermögen inzwischen enteignet war, und gegen die persönlich haftenden Gesellschafter eine Verbindlichkeit der Gesellschaft ein, die vor der Enteignung entstanden war. Beide Instanzen wiesen die Klage ab.

Aus den Gründen:

[Das Gericht führt zunächst aus, daß nicht nur Kapital-, sondern auch Personengesellschaften bei Enteignung und Überführung in Volkseigentum erlöschen, daß daher die bekl. KG. gar nicht mehr parteifähig sei.]

„Aber auch wenn man mit der Kl. unterstellen wollte, daß die bekl. KG. als eine Firma von Weltruf noch erhebliches Vermögen in den Westzonen besitzt, also keineswegs vermögenslos ist, könnte die Klage gegen sie nicht durchdringen. Richtig ist zwar, daß das Gesellschaftsvermögen in den Westzonen nicht von der Enteignung erfaßt worden ist, und daß es den Gesellschaftern unbenommen bleibt, die Gesellschaft in den Westzonen fortzusetzen, doch wäre für diese Gesellschaft in der Ostzone kein Gerichtsstand gegeben. Es kommt hinzu, daß für eine Klage in der Ostzone kein Rechtsschutzbedürfnis besteht, weil aus einem hier erstrittenen Urteil in den Westzonen mindestens zur Zeit nicht vollstreckt werden könnte (vgl. hierzu *Friedrich*, SJZ 1948, 25)."

**137. Nach den gesetzlichen Bestimmungen hat kraft der Enteignung ein dinglicher Rechtserwerb selbst an denjenigen Vermögenswerten einer Handelsgesellschaft stattgefunden, die sich außerhalb des enteignenden Landes befinden. — Daher kann zumindest im enteignenden Lande der Bestand einer Liquidationsgesellschaft, die auf Grund der außerhalb der enteignenden Zone tatsächlich nicht erfaßbaren Vermögenswerte bestehen soll, nicht anerkannt werden.**

OLG Dresden (sowjet. Zone), Urt. v. 16. 2. 1950 — 2 U 249/47: NJ 1950, 458 (zust. *Nathan*).

Der Kl. hatte im Jahre 1939 die steuerliche Beratung der KG. O. B.-Verlag mit Sitz in L. (sowjet.) vertraglich gegen Entgelt übernommen. Er klagt seine Bezüge für das letzte Quartal 1945 ein. Im Verlaufe des Rechtsstreites wurde die KG. O. B.-Verlag enteignet und in das Eigentum des Volkes überführt. Der Kl. erklärte jedoch, daß er die bekl. KG. weiter in Anspruch nehme, weil trotz der Enteignung die alte Firma zumindest hinsichtlich derjenigen Werte bestehen geblieben sei, die von der Enteignung nicht erfaßt worden seien, insbesondere der Vermögenswerte außerhalb der sowjet. Zone. Das OLG wies die Klage als unzulässig zurück.

Aus den Gründen:

„Dem Kl. ist beizupflichten, daß theoretisch trotz erfolgter Löschung der bekl. KG. im Handelsregister eine solche weiterbestehen kann, falls diese noch Vermögen hat, über das ihr unanfechtbares Verfügungsrecht zusteht. Daß dies hier der Fall sei, will der Kl. daraus herleiten, daß die bekl. KG. außerhalb des Bereiches der sowjet. Besatzungszone noch Vermögenswerte besitze, die von der Beschlagnahme durch das Gesetz v. 30. 6. 1946 nicht erfaßt worden seien. Richtig ist dabei, daß der Machtbereich eines Staates normalerweise, und soweit nicht weitergehende Rechte durch innerstaatliche Abmachungen gewährt worden sind, an den politischen Grenzen tatsächlich sein Ende findet. Wenn es sich aber darum handelt, ob und in welchem Umfange das Bestehen oder Nichtbestehen von Rechtsansprüchen von Personen durch die Gerichte anerkannt werden soll, so kommt es lediglich darauf an, ob oder ob nicht eine Rechtsgrundlage für solche Ansprüche vorhanden ist, nicht dagegen, inwieweit die Möglichkeit besteht, diese Ansprüche tatsächlich durchzusetzen. Nun erhebt das Gesetz v. 30. 6. 1946 in Verbindung mit § 2 der DVO v. 18. 7. 1946 zugunsten derjenigen Betriebe, die in das Eigentum des Volkes übergegangen sind, den Anspruch, daß der Eigentumserwerb alle Vermögenswerte umfaßt, die zum Betriebsvermögen des enteigneten Betriebes gehören. Nach den Durchführungsbestimmungen ist es insbesondere den Verwaltungsbehörden vorbehalten, zu bestimmen, was als enteignetes Vermögen zu gelten hat. In dieser Beziehung bestimmt Ziff. 2 der Richtlinien Nr. 1 der Deutschen Wirtschaftskommission v. 28. 4. 1948 zum SMAD-Befehl Nr. 64 (ZVOBl 1948, 141), daß zum Betriebsvermögen einer enteigneten Firma nicht nur das bilanzierte Vermögen, sondern alles Vermögen zu ziehen ist, das den betrieblichen Zwecken dient. Das bedeutet, daß diejenigen Rechtsträger, auf die das Vermögen des enteigneten Unternehmens übertragen worden ist, einen Totalanspruch auf das Betriebsvermögen der enteigneten Firma erheben können, wo auch immer es sich befindet. Von diesem Standpunkt aus gesehen kann es auch nicht zweifelhaft sein, daß selbst in Fällen, in denen das der Beschlagnahme unterworfene Vermögen für den volkseigenen Betrieb nicht greifbar ist, ein dinglicher Rechtserwerb dieser Rechte stattgefunden hat. Nach § 1 des Gesetzes v. 30. 6. 1946 gehen nämlich das Eigentum des enteigneten Betriebes und die zum Unternehmen gehörenden Sachen und Rechte durch staatlichen Hoheitsakt auf das Volk bzw. den vom Gesetz bestimmten Rechtsträger über, ohne daß es eines besonderen Übertragungsaktes bedarf. Demnach können die alten Rechtsträger und ihre Gesellschafter oder Vertreter gezwungen werden, solche Vermögenswerte an den neuen Rechtsträger herauszugeben, an denen die ersteren einen nach vorstehenden Ausführungen fehlerhaften Besitz ausüben. Mit dieser Rechtslage verträgt es sich aber nicht, daß eine Liquidationsgesellschaft besteht, der einzelne Vermögenswerte, die dem Zugriff des neuen Rechtsträgers entzogen sind, verbleiben, und diese Gesellschaft den Gegenstand einer Klage bilden soll. Das ist insbesondere dann nicht möglich, wenn als solches Objekt eine Firma bezeichnet wird, die ihren Sitz noch in L., also im rechtlichen und politischen Geltungsbereich des Gesetzes v. 30. 6. 1946 hat, durch das die totale Enteignung verfügt worden ist. Tatsächlich existiert auch in L. keine Liquidationsgesellschaft mehr, nicht etwa, weil die alte Firma im Handelsregister gelöscht worden ist, sondern weil nach der gegebenen Sachlage neben dem volkseigenen Betrieb zumindest in L. keine Rechtspersönlichkeit besteht, die Träger selbständiger Rechte, die zum Vermögen der enteigneten KG. gehören, geblieben oder geworden ist."

---

# IV. SCHULDRECHT

## 1. Verjährung

**138. Für das interzonale Recht gelten die Rechtssätze des deutschen internationalen Privatrechts. — Die Verjährung einer Forderung richtet sich nach ihrem Schuldstatut. — Als Statut eines Frachtvertrages ist nach stillschweigender Parteivereinbarung das Recht des Ortes zu betrachten, an dem die unterschiedlichen Frachtsätze der Teilstrecken zusammen berechnet und eingezogen werden.**

AG Berlin-Schöneberg, Urt. v. 15. 4. 1948 — 2 C 328/48: JR 1949, 582; DRsp. II (214) 19 g.

Die Kl., die geschäftsmäßig die Nachprüfung von Frachtbriefen betreibt, verlangt als Zessionarin ihrer Auftraggeber von der bekl. Eisenbahn die Erstattung zu viel bezahlter Frachten für Kohlensendungen rheinischer Firmen nach Berlin zwischen März und Mai 1946 auf Strecken der brit. Besatzungszone. Die Bekl. erhebt die Einrede der Verjährung, da nach § 94 EVO Ansprüche aus dem Frachtvertrage in einem Jahr verjährten. Die Bekl. hätte daher ihre Ansprüche bis Mai 1947 geltend machen müssen. Dagegen beruft sich die Kl. auf eine in der brit. Zone ergangene VO Nr. 76/6/47 Tfv DEGT Teil I Abt. A, wonach die Verjährung auch für die Forderungen aus dem Eisenbahnverkehr bis Ende des Jahres 1947 gehemmt sei. Das AG wies die Klage ab.

Aus den Gründen:

„Die Frage, ob der Klageanspruch berechtigt ist, hängt, da im übrigen der Sachverhalt unstreitig ist, lediglich davon ab, ob die Forderung der Kl. verjährt ist oder nicht. Nach dem für die brit. Zone geltenden Recht ist eine Verjährung nicht eingetreten. Nach dem für Berlin geltenden Recht ist die Forderung verjährt. Es ist daher zu prüfen, ob das Recht der brit. Zone oder das Berlins anzuwenden ist. Da irgendwelche Bestimmungen über interzonales Recht nicht bestehen, wendet das Gericht die Rechtssätze an, die das deutsche Recht für internationales Privatrecht aufgestellt hat. Gesetzliche Bestimmungen darüber, welche Rechtssätze bei Beurteilung von Schuldverhältnissen nach internationalem Privatrecht anzuwenden sind, bestehen nicht. Es ist dies der Parteivereinbarung oder der Rechtsprechung überlassen worden. Im vorliegenden Falle haben die Parteien über die Frage, ob für die Frachtverträge das Recht der brit. Zone, der russ. Zone oder Berlins anzuwenden sei, nichts ausdrücklich vereinbart. Aus der Tatsache aber, daß die Fracht für die Kohlenzüge in Berlin berechnet und eingezogen wird, und zwar für die ganze Route vom Rheinland bis Berlin, ergibt sich, daß der Parteiwille stillschweigend dahin ging, daß sich die Frage der Bezahlung der Frachten nach Berliner Recht richten soll. Wollte man dies nicht annehmen, so ist das Recht Berlins deshalb anzuwenden, weil es bei der Beurteilung von Schuldverhältnissen nach internationalem Privatrecht nach überwiegender Praxis der Gerichte auf den Erfüllungsort ankommt. Erfüllungsort für die Fracht ist aber Berlin. Daraus ergibt sich, daß auch für die Frage, ob Frachterstattungsansprüche verjährt sind oder nicht, lediglich Berliner Recht anzuwenden ist, weil diese Frage mit der Beurteilung der Höhe der Fracht und ihrer Bezahlung im engsten rechtlichen Zusammenhang steht. Ob die Fracht, die teilweise zurückverlangt wird, in der brit. oder in der russ. Zone entstanden ist, ist dabei unerheblich. Die Forderung der Kl. ist daher verjährt. Die Klage ist aus diesem Grunde abgewiesen worden."

**139. Auf das interlokale Privatrecht ist das internationale Privatrecht entsprechend anzuwenden. — Die Verjährung der Forderung aus einem Frachtvertrag richtet sich nach dem Vertragsstatut. — Mangels eines ausdrücklichen Parteiwillens bestimmt sich das Vertragsstatut nach dem Willen der Parteien, der meist im Wege der Interessenabwägung auf den Erfüllungsort führen wird. — Bei Frachtverträgen kommen jedoch für die Feststellung des mutmaßlichen Parteiwillens nur die ursprünglichen Vertragsparteien in Frage, nämlich der Absender und die Versandbahn; unerheblich ist dagegen der Wille der Empfangsbahn, auch wenn sie als Unterfrachtführerin Vertragspartei wird. — Befindet sich der Sitz zweier Vertragsparteien im gleichen Rechtsgebiet, wird dort der Vertrag abge-**

**schlossen und die Versendung begonnen, so ist die Vereinbarung eines fremden Rechtes auch dann nicht anzunehmen, wenn die Versendung in ein anderes Rechtsgebiet erfolgt. — Die Anwendung eines anderen als des Rechtes des Gerichtsstaates müßte jedoch in Analogie zu Art. 30 EGBGB ausgeschlossen werden, wenn der in einem anderen Rechtsgebiet eingetretenen Verjährung eines Anspruchs die Hemmung der Verjährungsfristen im Gerichtsstaat entgegensteht. — Bei der besonderen Lage Deutschlands ist für das interzonale Recht nicht die Einschränkung der im interlokalen Recht an sich nur mit Vorsicht anwendbaren Vorbehaltsklausel notwendig. — Art. 30 EGBGB gebietet nur die Anwendung des im Gerichtsstaat geltenden Rechts, soweit dieses eine über das eigene Rechtsgebiet hinausgehende Geltung beansprucht; das gilt für das Prozeßrecht.**

LG Essen (brit. Zone), Urt. v. 25. 5. 1949 — 1 S 151/49: *unveröff.

Bei Kohlentransporten, die zwischen Februar und September 1945 im Bereich der bekl. Reichsbahndirektion in der brit. Zone zum Transport in die sowjet. Zone aufgegeben wurden, berechneten die Empfangsbahnhöfe der Deutschen Reichsbahn in der sowjet. Zone die Fracht für die gesamte Strecke nach einem einheitlichen Tarif. Die Empfänger der Sendungen meinen dagegen, daß für den Transport innerhalb der brit. Zone ein billigerer Ausnahmetarif anzuwenden sei, da dieser Tarif nur in der sowjet., nicht auch in der brit. Zone aufgehoben worden sei.

Die zunächst in Anspruch genommene Reichsbahndirektion in der sowjet. Zone beruft sich auf die in der sowjet. Zone eingetretene Verjährung der Ansprüche. Die Kl. nimmt jetzt unter Berufung auf ihr Wahlrecht gemäß § 96 III EVO die bekl. Reichsbahndirektion in der brit. Zone in Anspruch. Das LG gab der Klage statt.

Aus den Gründen:

„Das durch § 96 III EVO eingeräumte Wahlrecht ist nicht durch die Zonentrennung in Deutschland beseitigt worden. Es kann für die Entscheidung dieser Frage dahingestellt bleiben, ob die Deutsche Reichsbahn durch die Zonentrennung in verschiedene Rechtssubjekte zerfallen ist oder nicht. Die Nichtanwendung von § 96 III EVO wäre dann zu erwägen, wenn § 96 III EVO stillschweigend voraussetzte, daß die in Anspruch genommene absendende Bahn bei der Empfangsbahn, die die Frachtgebühren erhoben hat, Rückgriff nehmen könne und der Bekl. ein solches Rückgriffsrecht nicht zustünde. § 96 III EVO setzt aber ein solches Rückgriffsrecht nicht voraus, was § 96 IV S. 3 EVO beweist, wonach die gemäß § 96 nebeneinander haftenden Eisenbahnen über den Rückgriff Vereinbarungen treffen können, also auch gegenseitig darauf verzichten können. Außerdem hat die Bekl. in entsprechender Anwendung von § 96 IV EVO gegen die für die Empfangsbahnhöfe zuständige Reichsbahndirektion in der russ. Zone ein Rückgriffsrecht, demgegenüber diese sich nicht auf die Verjährung berufen kann (§ 96 VI S. 2 EVO) . . .

Auf Verjährung der Klageansprüche kann die Bekl. sich nicht berufen, da in der brit. Besatzungszone im Gegensatz zur russ. der Lauf der Verjährungsfristen durch die VO v. 16. 12. 1946 (VOBl brit. Zone 1947, 9) in Verbindung mit der VO v. 17. 1. 1947 (VOBl 1947, 174) bis zur Klageerhebung gehemmt war.

Auf die für die Geltendmachung der Klageansprüche in der russ. Zone eingetretene Verjährung kann die Bekl. sich nicht berufen, da gemäß

§ 245 BGB die Verjährung gegenüber jedem Gesamtschuldner getrennt zu prüfen ist.

Die Frage, nach welchem Recht die Verjährung der Klageansprüche zu beurteilen ist, muß, wie der Vorderrichter zutreffend ausführt, mangels gesetzlicher Regelung des internationalen [gemeint ist wohl: interlokalen] Privatrechts in entsprechender Anwendung der Regeln des internationalen Privatrechts entschieden werden. Die Kammer kann jedoch dem Vorderrichter nicht darin folgen, daß hiernach das Recht der russ. Besatzungszone als das für die Erfüllungsorte der Frachtverträge maßgebende Recht zur Anwendung kommen müsse. Es handelt sich zwar bei den Klageansprüchen um Ansprüche aus dem Frachtvertrag und nicht um Bereicherungsansprüche (vgl. *Kittel-Friebe-Hay*, § 70 EVO, Anm. 3 und Amtliche Begründung zur EVO, Reichs- und Preuß. Staatsanzeiger v. 3. 10. 1938), so daß für die Beurteilung der Verjährung das für den Frachtvertrag maßgebliche Recht Anwendung findet (*Wolff*, IPR § 23); auch ist dem Vorderrichter darin zu folgen, daß das Schuldstatut sich in der Regel nach dem Erfüllungsort richtet, wie das RG wiederholt erkannt hat. Aber die Anknüpfung an den Erfüllungsort hat nicht allgemein zu erfolgen, wenn die Parteien über das für den Vertrag maßgebende Recht keine Vereinbarung getroffen haben, sondern in einem solchen Falle ist durch Interessenabwägung der Wille der Parteien zu ermitteln (vgl. *Raape*, IPR § 40). Diese Interessenabwägung wird zwar in der Regel bei Forderungen dazu führen, daß das Recht des Erfüllungsortes maßgebend ist. Etwas anderes muß aber für den Frachtvertrag gelten. Parteien des Frachtvertrages sind, auch wenn die Fracht vom Empfänger zu zahlen ist, der Absender und die Versandbahn, und nicht der Empfänger und die Empfangsbahn. Der Absender kann lediglich die Zahlung der Frachtgebühren gemäß § 69 EVO auf den Empfänger überweisen, haftet aber weiter auf Zahlung, wenn der Frachtbrief vom Empfänger eingelöst wird (§ 70 III EVO). Wohl wird gemäß § 432 II HGB die Empfangsbahn als Unterfrachtführer Vertragspartei. Diese tritt aber lediglich in den zwischen dem Absender und der Versandbahn abgeschlossenen Frachtvertrag ein, ohne diesen abändern zu können. Für die Feststellung des mutmaßlichen Parteiwillens sind demnach nur die ursprünglichen Vertragsparteien, d. h. der Absender und die Versandbahn zu betrachten. Haben Absender und Versandbahn im gleichen Rechtsgebiet ihren Sitz und erfolgen Vertragsschluß und Beginn der Versendung auch in diesem Rechtsgebiet, so ist nicht anzunehmen, daß sie für die Beurteilung ihrer Rechtsbeziehungen die Maßgeblichkeit eines anderen Rechts vereinbart haben würden, wenn die Versendung in ein anderes Rechtsgebiet erfolgt. Daraus folgt für die hier zur Entscheidung stehenden Fälle, daß das Recht der brit. Zone für die Beurteilung der Frachtverträge maßgebend ist, so daß die nur in dieser Zone durch die oben erwähnte VO eingetretene Hemmung der Verjährung zu beachten ist.

Aber auch wenn man zur Bestimmung des für den Frachtvertrag maßgeblichen Rechts an den Erfüllungsort anknüpfen würde und demgemäß im vorliegenden Fall das Recht der russ. Zone auf den Frachtvertrag anzuwenden wäre, so müßte doch in entsprechender Anwendung von

Art. 30 EGBGB hinsichtlich der Verjährung das Recht der brit. Zone zur Anwendung kommen, da das Verjährungsrecht der russ. Zone zu dem mit der VO über die Hemmung der Verjährungsfristen in der brit. Zone angestrebten Zweck im Widerspruch steht. Zwar ist bei Anwendung dieser Vorschrift des internationalen Privatrechts auf das internationale [= interlokale?] Privatrecht besondere Vorsicht geboten, da der für das gesamte Staatsgebiet zuständige Gesetzgeber in ihren Zwecken sich widersprechende Gesetze beseitigen könnte (vgl. *Raape* aaO. 195). Jedoch zwingt die besondere verfassungsrechtliche Lage Deutschlands nicht zu einer solchen Vorsicht, da der für ganz Deutschland zuständige Gesetzgeber, der Kontrollrat, nur sehr schwerfällig gearbeitet und seit über einem Jahr keine gesetzgebende Tätigkeit mehr ausgeübt hat. Art. 30 EGBGB gebietet allerdings die Anwendung des am Gerichtsstand des erkennenden Gerichts geltenden Rechts nur insoweit, als der Zweck dieses Rechts eine über das eigene Rechtsgebiet hinausgehende Geltung beansprucht. Dies gilt für alle Vorschriften prozeßpolitischen Charakters; denn hinsichtlich des Prozeßrechts gilt nach allgemein anerkannter Regel des internationalen Privatrechts, daß das im Gebiet des erkennenden Gerichts maßgebliche Recht anzuwenden ist. Zwar ist die Verjährung nach deutschem Recht Anspruchsverjährung und keine Verjährung des Klagerechts, so daß das Verjährungsrecht Teil des materiellen und nicht des Prozeßrechts ist; doch haben gleichwohl zahlreiche Vorschriften des Verjährungsrechts prozeßpolitischen Charakter. Dies gilt insbesondere für die in der brit. Zone erlassene VO über die Hemmung der Verjährungsfristen, die offenbar deshalb erlassen worden ist, weil die Rechtsverfolgung nach der Besetzung aus verschiedenen Gründen erschwert war. Dieser Zweck der Hemmungs-VO gebietet daher ihre Anwendung auf alle in der brit. Zone geltend gemachten Ansprüche (vgl. auch *Raape* aaO. 66). Die Bekl. kann sich demnach nicht auf Verjährung der Klageansprüche berufen."

**140. Nach deutschem internat. Privatrecht beurteilt sich das für einen Wechsel maßgebende Recht nach dem Recht des Zahlungsorts. — Diese Regel kann für das interzonale Recht nur entsprechend angewendet werden, da sich die Willensbestimmung der Parteien zur Zeit des Vertragsschlusses nur auf ein einheitlich geltendes Reichsrecht erstreckte. — Maßgebendes Recht ist daher, unabhängig von der Willensbestimmung, im interzonalen Recht der Wohnsitz des Schuldners im Zeitpunkt der Währungsreform. Das gilt sowohl für das Währungs- als auch für das Schuld- und Verjährungsstatut.**

AG Braunschweig (brit. Zone), Urt. v. 18. 5. 1951 — 13 C 209/51: NJW 1952, 311.

Der Kl. betrieb früher eine Kohlenhandlung in B. (heute: Ostzone). Der Bekl. wohnte ebenfalls dort und bezog für seine dort betriebene Ziegelei vom Kl. Kohlen. Zur Bezahlung dieser Kohlen gab er dem Kl. in der Zeit zwischen 22. 10. 1938 und 10. 2. 1940 acht Wechsel über einen Betrag von insgesamt 8800 RM. Sämtliche Wechsel sind inzwischen fällig geworden. Der Bekl. wohnt jetzt in den Westzonen, während der Kl. 1946 in Bl. in Haft genommen ist und sich noch in Haft befindet. Für ihn ist seine in Br. (Westzonen) lebende Ehefrau als Abwesenheitspfleger bestellt worden.

Mit der Klage verlangt der Kl. durch seine Abwesenheitspflegerin Zahlung der Wechselsumme. Der Bekl. wendet Verjährung des Anspruchs ein. Das AG entsprach dem Klageantrag.

Aus den Gründen:

„Mit Rücksicht auf die verschiedene Regelung der Verjährungshemmung infolge der Kriegsverhältnisse ist darüber Klarheit zu gewinnen, welches Recht auf das Vertragsverhältnis der Parteien anzuwenden ist. Da es sich bei den strittigen Verpflichtungen um Wechselverbindlichkeiten handelt, die Wechsel aber in B. zahlbar gestellt sind, so könnte daran gedacht werden, der Verbindlichkeit der Parteien das dort geltende Recht zugrunde zu legen. Bei unmittelbarer Anwendung der Regeln des internat. Privatrechts wäre an diesem Ergebnis kein Zweifel. Es handelt sich um einen durch Parteiautonomie geschaffenen Schuldort. Auf Rechtsverhältnisse zwischen Deutschen, welche das den Gegenstand ihres Rechtsstreits bildende Rechtsgeschäft an einem Orte abgeschlossen haben, der zur Zeit des Abschlusses dem in ganz Deutschland geltenden Recht unterstand, können aber die Regeln des internat. Privatrechts nicht unmittelbar angewendet werden. Es ist vielmehr davon auszugehen, daß die Parteien niemals daran gedacht haben, daß in Deutschland verschiedenes Recht gelten könne. Da der Bekl. seinen Wohnsitz nach Westdeutschland verlegt hat, ist davon auszugehen, daß er sich der in den Ostzonen geltenden Rechtsordnung entziehen wollte. Es ist daher nicht unbillig, ihn als Schuldner dem an seinem jetzigen Wohnsitz geltenden Recht zu unterstellen und ihn damit so zu behandeln, als ob diese strittige Wechselverpflichtung für jenen Ort begründet wäre; denn z. Z. der Begründung dieser Verpflichtung galt für beide Orte das gleiche Recht. Unter diesen Umständen ist in Anlehnung an die von *Raape* entwickelten Grundsätze (IPR 346ff.) davon auszugehen, daß der Wohnsitz des Schuldners z. Z. der Währungsreform maßgebend ist. Vgl. auch BGH in NJW 1951, 400[1].

Gilt bezüglich der Verbindlichkeit des Bekl. das Recht seines Wohnsitzes, so gilt es für das gesamte Schuldverhältnis und nicht nur in währungsrechtlicher Beziehung. Bezüglich der Verjährung ist daher ebenfalls das in den Westzonen geltende Recht anzuwenden."

**141. Die Verjährung richtet sich nach dem für das Schuldverhältnis maßgebenden Recht. — Rechtskonflikte innerhalb eines im allgemeinen einheitlichen Rechtsgebietes müssen nach den Grundsätzen des internat. Privatrechts gelöst werden. — Das Schuldstatut bestimmt sich in erster Linie nach der Parteivereinbarung, mangels einer solchen nach dem Erfüllungsort.**

LG Lüneburg (brit. Zone), Beschl. v. 29. 4. 1952 — 5 T 240/52: MDR 1952, 622.

Beide Parteien wohnten früher im Gebiet östlich der Oder-Neiße-Linie. Jetzt wohnt der Kl. in West-Berlin, der Bekl. in U. (brit.). Der Kl. klagt eine im Jahre 1944 entstandene Kaufpreisforderung ein. Der Bekl. wendet u. a. Verjährung dieses Anspruches ein. Das LG wies diese Einrede im Ergebnis zurück.

---

[1] Siehe unten Nr. 232.

Aus den Gründen:

„Die Parteien streiten darüber, welches Gesetz hier zur Anwendung hinsichtlich der Verjährung zu kommen hat. Denn nach § 1 des Gesetzes über den Ablauf der durch Kriegs- oder Nachkriegsvorschriften gehemmten Fristen v. 28. 12. 1950 (BGBl 821) ist die Verjährung nicht vor dem Ablauf des 31. 3. 1951 eingetreten. Nach § 1 des für Berlin erlassenen Gesetzes über den Ablauf der durch Kriegsvorschriften gehemmten Fristen v. 26. 4. 1951 (Sammelblatt 1951, 576) war die Verjährung bis zum 30. 9. 1951 gehemmt, so daß nach § 496 III ZPO durch rechtzeitigen Eingang der Klageschrift, nämlich am 29. 9. 1951, die Verjährung unterbrochen wäre.

Bei Verschiedenheit der Gesetze für die Wohnorte der Parteien richtet sich ihre Anwendbarkeit nach der zutreffenden herrschenden Rechtslehre im Schuldrecht nach dem Schuldstatut (*Palandt*, 5b vor Art. 12 EGBGB; *Staudinger*, 9 vor § 194 BGB; RGZ 118, 142).

Es ist also das Gesetz maßgebend, dem das Rechtsverhältnis unterliegt, das durch die Verjährung beeinflußt wird. Nun kann zwar kein Zweifel daran bestehen, daß West-Berlin und die Bundesrepublik ein einheitliches Rechtsgebiet sind. Bestehen aber, wie im vorliegenden Falle, doch einmal voneinander abweichende gesetzliche Bestimmungen, so müssen die Grundsätze des IPR angewandt werden. Danach ist im Schuldrecht im Falle des Fehlens einer Parteivereinbarung das Recht des Erfüllungsortes maßgebend (vgl. DRsp. I [113] 46g; *Palandt*, 2a, 4, 6 zu 269 BGB). Im vorliegenden Falle entscheidet, da eine Parteivereinbarung von keiner Seite behauptet ist, der Wohnort des Schuldners nach § 269 BGB. Obwohl die hier eingeklagte Verpflichtung eine Geldschuld ist und nach § 270 I BGB Geld im Zweifel von dem Schuldner an den Wohnsitz des Gläubigers zu übermitteln ist, bleiben durch diese Bestimmung nach § 270 IV BGB die Vorschriften über den Leistungsort doch unberührt."

[Das Gericht hält jedoch die Berufung des Bekl. auf die Verjährung des Anspruchs für arglistig, da der heimatvertriebene Kl. die Anschrift des ebenfalls heimatvertriebenen Bekl. vor der Klageerhebung nicht gekannt hatte.]

**142. Auf das interlokale Privatrecht sind die Grundsätze des internat. Privatrechts entsprechend anzuwenden, soweit das sinngemäß möglich ist. — Die Verjährung bestimmt sich nach dem Schuldstatut. — Das Schuldstatut richtet sich nach dem ausdrücklichen, hilfsweise nach dem mutmaßlichen Parteiwillen und notfalls nach dem Erfüllungsort.**

OLG München (amerik. Zone), Urteil v. 15. 4. 1953 — 6 U 769/52: *unveröff.

Die Kl. ist eine Gesellschaft mit Sitz in Berlin, deren alleiniger Gesellschafter das Deutsche Reich ist. Sie verkaufte im Jahr 1943 der Bekl., einer Firma mit Sitz in M. (Bayern), verschiedene Gegenstände, die der Bekl. durch Firmen in M. geliefert wurden, und verlangt nunmehr den Kaufpreis. LG und OLG wiesen die Einrede der Verjährung zurück.

Aus den Gründen:

„Die Entscheidung über die Einrede der Verjährung hängt demnach davon ab, welche Rechtsordnung für die Verjährung des Anspruches der Kl. maßgebend ist.

Dabei kann für eine interlokalrechtliche Kollision von Vorschriften über die Hemmung der Verjährung nichts anderes gelten wie für eine Kollision der Verjährungsvorschriften selbst. Bei der Verjährung handelt es sich nach deutscher Auffassung nicht um ein prozeßrechtliches, sondern um ein materiellrechtliches Institut. Wegen der Wesensverwandtschaft des interlokalen Privatrechts mit dem internationalen sind mangels besonderer Bestimmungen die Grundsätze des letzteren, soweit nicht ihr Sinn dagegen spricht, auf das interlokale Recht entsprechend anzuwenden. Daraus folgt, daß sich im vorliegenden Falle die Gestaltung der Verjährung, auch ihre Hemmung oder Unterbrechung, nach dem Schuldstatut richtet (vgl. RGR-Komm.¹⁰, Vorbem. 12 vor § 104 BGB; *Palandt*⁹, Vorbem. 5b vor Art. 12 EGBGB).

Das Schuldstatut bestimmt sich in erster Linie nach dem ausdrücklichen oder stillschweigenden Parteiwillen, gegebenenfalls nach dem sogenannten mutmaßlichen (hypothetischen) Parteiwillen und notfalls nach dem Erfüllungsort (BGH, NJW 1953, 340[1] unter II 2; ferner BGH NJW 1952, 540[2] mit Nachweisen).

Die Parteien dieses Rechtsstreits haben ihre Rechtsbeziehungen für den Fall einer Spaltung der Vorschriften über die Verjährung weder ausdrücklich noch stillschweigend der Rechtsordnung eines bestimmten Gebietes unterstellt. Als Anknüpfungspunkt ist daher der hypothetische Parteiwille heranzuziehen. Dieser kann in einem subjektiven und in einem objektiven Sinn verstanden werden. Legt man (mit BGH, V. Senat, BGHZ 1, 109[3] und IV. Senat, NJW 1952, 741[4], ferner mit *E. Wolff*, Festschrift für *Raape*, S. 189) das Gewicht auf die subjektiven Vorstellungen der Parteien, so ergeben sich im vorliegenden Falle keine Anhaltspunkte für einen hypothetischen Parteiwillen. Die Parteien können bei der Begründung des Schuldverhältnisses nicht daran gedacht haben, daß die Rechtseinheit bezüglich der Verjährungsvorschriften einmal ihr Ende finden werde. Demnach könnte auch nicht an einen Erfüllungsort angeknüpft werden, der auf Parteivereinbarung beruht.

Man gelangt aber auch dann nicht zu einer Anwendung der Berliner Vorschriften, wenn man der Auffassung folgt, daß es sich beim hypothetischen Parteiwillen in Wirklichkeit nicht um die Ermittlung subjektiver, hypothetischer Vorstellungen der Parteien, sondern um ein Aufsuchen des nächsten Anknüpfungspunktes im Wege einer vernünftigen Interessenabwägung auf rein objektiver Grundlage handelt (BGH I. Zivilsenat, NJW 1952, 540[5] und 1953, 339[6]; *Raape*, IPR 291 ff.; *Palandt*⁹, Vorbemerkung 2a vor Art. 12 EGBGB). Ein solcher nächster Anknüpfungspunkt ist im vorliegenden Falle nicht mit der erforderlichen Eindeutigkeit festzustellen. Dafür, daß der Schwerpunkt des Schuld-

[1] Siehe unten Nr. 213 b. [2] Siehe unten Nr. 402 b. [3] Siehe unten Nr. 232.
[4] Siehe unten Nr. 216. [5] Siehe unten Nr. 402 b. [6] Siehe unten Nr. 213 b.

verhältnisses in Berlin lag, könnte sprechen, daß die Kl., deren alleiniger Gesellschafter das Reich war, dort ihren Sitz hatte und daß die Bekl. die in Frage stehenden Baracken samt Einrichtungsgegenständen nur von der Kl. kaufen konnte. Auf der anderen Seite ist aber zu berücksichtigen, daß die Bekl. ihren Sitz in M. hat und daß die Baracken von Firmen in M. an die Bekl. geliefert wurden.

Versagt — wie hier — die Betrachtung unter dem Gesichtspunkt des hypothetischen Parteiwillens, so ist das Schuldstatut nach dem Erfüllungsort zu bestimmen. Das LG hat mit zutreffender Begründung ausgeführt, daß eine wirksame Vereinbarung des Erfüllungsorts fehlt. Die Kl. handelt nicht gegen Treu und Glauben, wenn sie sich bei dieser Rechtslage nicht auf den Standpunkt stellt, daß Berlin Erfüllungsort sei. Da auch die Umstände des Falles nicht für einen für beide Parteien gemeinsamen Erfüllungsort sprechen, so hat die Leistung der Bekl. in M. zu erfolgen (§§ 269, 270 Abs. 4 BGB). Ist aber M. Erfüllungsort, so ist die Frage der Hemmung der Verjährung nach den für Bayern und später für die Bundesrepublik erlassenen Vorschriften zu beurteilen."

## 2. Schadensersatz

**143. Sollte die von dem Käufer mit Sitz in der Ostzone vom Verkäufer mit Sitz in der Westzone gekaufte Ware in der Ostzone abgesetzt werden, so ist bei Nichterfüllung des Vertrages der Schaden in DM-Ost zu berechnen. — § 244 BGB ist im interzonalen Recht anwendbar, auch wenn nur ein üblicher und kein amtlicher Umrechnungskurs besteht.**

OLG Hamburg (brit. Zone), Urt. v. 23. 11. 1950 — 3 U 285/50: MDR 1951, 109.

Die Kl., eine Firma mit Sitz in F. (sowjet.), hatte vor der Währungsreform von der Gemeinschuldnerin, die in H. (brit.) wohnte, Waren gekauft und in RM bezahlt. Die Gemeinschuldnerin hatte nicht geliefert und war später in Konkurs geraten. Streitig ist die Berechnung des Betrages, wegen dessen die Kl. Schadensersatz wegen Nichterfüllung verlangen kann.

Aus den Gründen:

„Selbst wenn zugunsten der Kl. davon ausgegangen wird, daß die gesamte Partie erst nach der Währungsreform verkauft worden wäre, muß die Kl. bei ihrer Schadensberechnung berücksichtigen, daß sie nur DM-Ost, nicht aber DM-West für die Ware erlöst haben würde. Denn es besteht Einverständnis zwischen den Parteien darüber, daß die Kl., die ihren Sitz in der Ostzone hat, die Ware, die ihr von der Gemeinschuldnerin geliefert werden sollte, in der Ostzone abgesetzt haben würde.

Die Kl. kann hiernach, wenn sie nunmehr diesen ihr erwachsenen Schaden von dem Bekl. als dem Konkursverwalter der Verkäuferin fordert, auch nur verlangen, so gestellt zu werden, wie sie bei rechtzeitiger Belieferung seitens der Gemeinschuldnerin gestanden haben würde. Dabei ist es in den Fällen der vorliegenden Art, in denen der Schaden selbst in DM-Ost erwachsen ist, unabweislich, ihn, soweit er in westlicher Währung geltend gemacht wird, nach der allgemeinen Regel, die für die Umrechnung einer in ausländischer Währung ausgedrückten Zahlungsverbindlichkeit gilt (§ 244 BGB), zu berechnen; vgl. *Kühne*, NJW 1950, 729. Der gleiche Erfolg würde dann eintreten, wenn die Kl. ihren in DM-Ost erwachsenen Schaden in dieser Währung einklagt und sodann bei der Vollstreckung des obsiegenden Titels entsprechend der vorgenannten Regelung eine Umrechnung in westliche Währung erfolgen muß.

Die Kl. kann demgegenüber auch nicht geltend machen, daß es an einem offiziellen Umrechnungskurs für die Ostmark fehle und daher die Vorschriften, die für die Berechnung eines in ausländischer Währung erwachsenen Geldschadens gelten, nicht zur Anwendung gelangen könnten. Denn für die Anwendung des § 244 BGB ist es, wie das LG Braunschweig (NJW 1950, 751[1]) zutreffend ausgeführt hat, nicht erforderlich, daß ein amtlicher Umrechnungskurs festgesetzt ist. Die Umrechnung hat vielmehr auch dann zu erfolgen, wenn sich, wie im Verhältnis zwischen Ost- und Westwährung, ein üblicher Kurs entwickelt hat. Die Umwechslung zu diesem üblichen Kurs kann auch jederzeit dadurch bewirkt werden, daß der in deutscher Westwährung gezahlte Betrag in einer öffentlichen Wechselstube in Ostwährung umgetauscht wird (vgl. *Seeger-Kelbe*, NJW 1950, 750)."

**144.** **a) Auf das interzonale Privatrecht sind die Grundsätze des deutschen internat. Privatrechts analog anzuwenden. — Statut der unerlaubten Handlung ist das Recht des Tatorts. — Das Statut der unerlaubten Handlung bestimmt nicht schon das maßgebende Währungsrecht. — Währungsstatut der Schadensersatzansprüche aus unerlaubter Handlung ist in der Regel das Währungsrecht am Sitz des Gläubigers im Zeitpunkt der Währungsreform oder der letzten mündlichen Verhandlung. — Weder das jetzige Währungsrecht des Tatorts noch der Sitz des Gläubigers zur Zeit der Tat sind erheblich.**

KG Berlin (West), nicht rechtskr. Urt. v. 12. 3. 1951 — 4 U 2416/50: NJW 1951, 486.

Anläßlich einer Beschlagnahme von Sachen des Vermieters des Kl. im russ. Sektor von Berlin im August 1945 beschlagnahmten Beamte des Bekl. auch Sachen des Kl. Dieser verzog 1947 nach Westdeutschland, 1948 verlegte der Bekl. seinen Amtssitz nach West-Berlin. Die Kl. verlangt von dem Bekl. Schadensersatz in DM-West. LG, KG und BGH gaben der Klage statt.

Aus den Gründen:

„Soweit es sich um die Frage handelt, in welcher Währung der Bekl. die Kl. zu entschädigen habe, führen die Grundsätze des internat. Privatrechts, auf die sich der Bekl. zur Begründung der von ihm vertretenen Ansicht beruft, nicht weiter. Es trifft zu, daß nach internat. Privatrecht bei einer im Ausland begangenen unerlaubten Handlung das Recht des Tatortes maßgebend ist. Diesen Grundsatz analog im interzonalen Privatrecht in Deutschland anzuwenden, bestehen keine

[1] Siehe unten Nr. 200.

Bedenken. Doch heißt dies lediglich, daß für den Tatbestand und die Wirkungen der unerlaubten Handlung das Recht des Tatortes maßgebend ist (so auch *M. Wolff*, IPR², § 31 II, S. 140/141). Es gibt keinen Rechtsgrundsatz, daß im internat. Privatrecht auch das Währungsstatut des Tatortes gelte. Das Währungsstatut folgt dem Statut des Tatortes nicht (so auch *Raape*, IPR³, § 50 III 334). Zu Unrecht beruft sich der Bekl. auf die Ausführungen *Wolffs*, aaO.; *Wolff* vertritt die Ansicht, daß bei unerlaubten Handlungen das Währungsstatut dem Schuldstatut folge und, soweit sich der Bekl. auf die Ausführungen *Wolffs*, aaO. zu §§ 28 und 30 beruft, geht er schon deswegen fehl, weil sich diese Ausführungen nicht auf Deliktsschulden beziehen, die hier allein in Frage stehen.

Auch aus Art. 12 EGBGB ergibt sich nicht, daß das Währungsstatut dem Recht des Tatortes folge. Art. 12 besagt nur, daß gegen einen Deutschen aus einer im Ausland begangenen unerlaubten Handlung nicht weitergehende Ansprüche gestellt werden können, als nach dem deutschen Recht begründet sind, und wenn der 3. ZS des KG in seinem Urteil v. 27. 8. 1949[1] erkannt hat, daß bei im Ostsektor Berlins begangenen unerlaubten Handlungen in entsprechender Anwendung des Art. 12 EGBGB das Währungsrecht des Tatortes maßgebend sei, so kann ihm nicht gefolgt werden. Aus dem in bezug gebrachten Urteil des RG (RGZ 96, 96) läßt sich nur folgern, daß das RG die Ansicht, bei unerlaubten Handlungen folge das Währungsstatut dem Schuldstatut, nicht vertreten hat. Dort klagte der Kl. gegen einen Deutschen wegen einer in Belgien angeblich begangenen unerlaubten Handlung nicht auf Zahlung belgischer Franken, sondern auf Zahlung deutscher Mark, und das RG hat den Anspruch aus währungsrechtlichen Gesichtspunkten nicht beanstandet. Durch Zahlung welcher Währung im interzonalen Privatrecht der Deliktsschuldner dem Gläubiger Schadensersatz zu leisten habe, kann sich nur aus dem Wesen des Schadensersatzes und damit aus dem berechtigten Interesse des Gläubigers ergeben, soweit dem nicht das Gesetz oder Treu und Glauben entgegenstehen. Im allgemeinen wird daher der Deliktsschuldner dem Gläubiger Schadensersatz in der Währung geben müssen, die an dem gewöhnlichen Sitz des Gläubigers gilt. Das Wesen des Schadensersatzes liegt in der Herstellung des früheren Zustandes oder — soweit dies nicht mehr möglich ist — in der Schaffung einer Lage, die der früheren am nächsten kommt. Da bei der Sachentziehung und der Unmöglichkeit zur Rückgabe der Geldersatz den Gläubiger in den Stand setzen soll, gleichwertige Dinge erstehen zu können, muß der Schuldner dem Gläubiger auch Geld derjenigen Währung geben, mit dem er gleichwertige Sachen an seinem Wohnsitz kaufen kann. Inwieweit dieser Gedanke im einzelnen Fall durch Gesetze durchbrochen wird, ist eine andere Frage. Sie zwingt sich bei den Deliktsschuldverhältnissen auf, bei denen Gläubiger und Schuldner in verschiedenen Währungsgebieten wohnen, insbesondere bei deutschen Schuldnern des ostdeutschen Währungsgebietes, weil

[1] Siehe unten Nr. 228.

hnen der Besitz von Westmark und die Begründung von Westmarkverbindlichkeiten verboten sind und die Gerichte dieses Gebietes nur zur Zahlung von Ostmark verurteilen dürfen. Ob hieraus folgt, daß westdeutsche Gerichte und die Gerichte der westlichen Sektoren Berlins Bewohner des ostdeutschen Währungsgebietes wegen Deliktsschulden in analoger Anwendung des Art. 12 EGBGB nur zur Zahlung von Ostmark verurteilen dürfen, kann indes hier auf sich beruhen. Eine Verurteilung zur Zahlung von Ostmark wäre in den westlichen Sektoren Berlins jedenfalls an sich bedenkenfrei, weil hier nach Ziff. 1b der WährungsergänzungsVO v. 20. 3. 1949 (VOBl I 86) ausdrücklich gestattet ist, Verbindlichkeiten in Ostmark zu begründen und die von *Raape*, aaO. § 50 VII 1, S. 344/345, geäußerten Bedenken nicht auftreten können, so daß dahingestellt bleiben kann, ob ihnen gefolgt werden könnte. Denn selbst wenn anzunehmen wäre, daß Schuldner, die im ostdeutschen Währungsgebiet wohnen, nur zur Zahlung von Ostmark verurteilt werden dürfen, könnte der Bekl. hieraus für sich doch keine Rechte herleiten. Er unterliegt nicht dem Währungsrecht der Ostzone Deutschlands, und ihn so zu stellen wie einen Schuldner jenes Währungsgebietes, weil die Handlung in dem Teil Berlins begangen wurde, in dem heute ostzonales Währungsrecht gilt, fehlt jede Rechtfertigung. Auch die Tatsache, daß die Kl. zur Zeit der Tat ihren Wohnsitz in dem Gebiete Berlins hatte, das seit der Umstellung dem Währungsrecht der Ostzone untersteht, rechtfertigt nicht, sie auf Ostmark zu verweisen. Sie hatte ihren Wohnsitz schon vor der Währungsreform in die westlichen Gebiete verlegt. Die Kl. kann daher vom Bekl. Entschädigung durch Zahlung von Westmark verlangen. Das Gesetz steht dem nicht entgegen, und auch aus Treu und Glauben ergibt sich nichts anderes.“

Der BGH änderte dieses Urteil im Ergebnis nur unwesentlich ab:

**b) Für Ersatzansprüche auf Grund einer vor der Währungsreform ausgeführten unerlaubten Handlung stellt sich nur dann die Frage nach dem anwendbaren Währungsrecht, wenn Aufwendungen des Geschädigten aus der Zeit vor der Währungsreform zu ersetzen sind; der Ersatz von Aufwendungen des Geschädigten aus der Zeit nach der Währungsreform wird dagegen durch das für die unerlaubte Handlung selbst maßgebende Recht geregelt. — Tatbestand und Wirkungen einer unerlaubten Handlung beurteilen sich nach dem Recht des Tatortes. — Die Verurteilung zur Leistung eines Betrages bestimmter Währung ist jedenfalls dann unbedenklich, wenn diese Währung die gesetzliche Währung des Leistungsortes ist.**

BGH, Urt. v. 14. 2. 1952 — III ZR 126/51: NJW 1952, 618; BGHZ 5, 138; LM, Nr. 3 zu § 249 BGB (Ga).

Aus den Gründen:

„Entgegen den Ausführungen des Berufungsgerichts handelt es sich nicht so sehr um die Frage, in welcher Währung zu entschädigen ist, denn auch die in DM-Ost zugebilligten Beträge können jederzeit in

DM-West umgetauscht werden. Noch weniger geht es darum, nach welchem Währungsstatut, dem des Tatortes oder dem des Wohnsitzes der Gläubigerin oder dem des Schuldners, zu entschädigen ist. Wo es sich nicht um die Erstattung der für die Wiederbeschaffung der durch unerlaubte Handlung entzogenen Gegenstände bereits vor der Währungsreform aufgewandten Beträge, sondern um die für die erst noch zu bewirkende Wiederbeschaffung erforderlichen Beträge handelt, geht es nicht um die Umstellung einer Geldforderung von RM in DM-Ost oder DM-West, sondern um die Festsetzung des Betrages, der erforderlich ist, um den Zustand wiederherzustellen, der bestehen würde, wenn der zum Ersatz verpflichtende Umstand nicht eingetreten wäre (BGHZ 1, 34 [39] = NJW 1951, 188, 230 = LM Nr. 1 zu § 14 UmstG). Entscheidend ist dabei keinesfalls der Betrag, der zur Zeit der unerlaubten Handlung, sondern der, der zur Zeit der letzten mündlichen Verhandlung benötigt wird. Der Streit der Parteien geht also allein darum, ob der Geldbetrag zuzubilligen ist, der im Augenblick der letzten Verhandlung der Tatsacheninstanz zur Wiederherstellung jenes Zustandes in der sowjet. Besatzungszone oder der, der in den Westsektoren Berlins, oder der, der in der Bundesrepublik erforderlich ist.

Es handelt sich also ganz eindeutig um die Wirkungen der unerlaubten Handlung. Maßgebend für den Tatbestand und die Wirkung der unerlaubten Handlung ist das Recht des Ortes, wo die unerlaubte Handlung begangen ist (RGZ 96, 96 [98]; *M. Wolff*, IPR², 141). Da im übrigen über den Grund des Anspruches bereits rechtskräftig entschieden ist, bedarf es nur der Prüfung, nach welchen Grundsätzen der entstandene Schaden der Höhe nach wiedergutzumachen ist. Insoweit gilt aber am Tatort (Ost-Berlin) wie am Wohnsitz des Schuldners (West-Berlin) wie am Wohnsitz der Kl. (Bundesrepublik) das gleiche Recht, nämlich das BGB. Dieses bestimmt in § 249, daß der Zustand herzustellen ist, der bestehen würde, wenn der zum Ersatz verpflichtende Umstand nicht eingetreten wäre. Gerade aus diesem Grundsatz ergibt sich, daß Ersatz an dem Ort zu leisten ist, wo die entzogenen Sachen ohne den zum Ersatz verpflichtenden Umstand den Interessen des Gläubigers gedient hätten, also gegebenenfalls auch der Ort, an den der Geschädigte sie verbracht hätte (vgl. *Planck*, BGB⁴, § 249 Anm. 8; *Palandt*, BGB⁹, § 269 Anm. 5; *Staudinger*, BGB⁹, § 269 Anm. II 1b). Ist aber der Leistungsort für den Anspruch auf Wiederherstellung der Ort, an den der Gläubiger die Sachen ohne die schädigende Handlung verbracht hätte, so muß, soweit ein Ersatz in Natur nicht erfolgt oder nicht erfolgen kann, der zu zahlende Geldbetrag sich danach bemessen, welche Beträge der Gläubiger an diesem Ort aufwenden muß, um sich gleichwertige Sachen zu beschaffen. Die etwa ersparten Transportkosten muß der Gläubiger sich allerdings aus dem Rechtsgrund der Vorteilsausgleichung anrechnen lassen (*Planck* aaO.). Da das BGB insoweit auch im Ostsektor Berlins nicht abgeändert ist, gilt dieser Rechtssatz in gleicher Weise am Tatort, am Wohnort des Schuldners und am Wohnort der Gläubigerin. Dieser Rechtssatz hat im vorliegenden Falle zur Folge, daß der Wiederbeschaffungspreis nach den in der Bundesrepublik aufzuwendenden Beträgen zu bemessen ist. Eine Frage des interzonalen Privatrechts besteht insofern im vorliegenden Falle mithin überhaupt nicht . . .

Im Ergebnis zu Recht ist daher das Berufungsgericht von den in der Bundesrepublik für die Wiederbeschaffung gleichwertiger Sachen erforderlichen Beträgen ausgegangen. Jedoch hat das Berufungsgericht die von der Kl. etwa ersparten Transportkosten nicht abgesetzt . . .

Gegen die Verurteilung der Bekl. zu einer Zahlung in DM-West bestehen keine rechtlichen Bedenken, weil der Schadensersatzanspruch dazu dienen soll, die Wiederherstellung im Sinne des § 249 BGB an einem Ort zu gewährleisten, an dem DM-West gesetzliche Zahlungsmittel sind.“

**145. Schuld- und Währungsstatut eines Versicherungsvertrages ist das westdeutsche Recht, wenn der Versicherer seinen Sitz in Westdeutschland hat und der Versicherte zwar in der Ostzone wohnt, aber seine Beiträge in Westdeutschland in westdeutscher Währung leistet. — Die Anwendung des § 244 BGB setzt nicht das Bestehen eines amtlichen Kursverhältnisses voraus. — § 244 BGB ist dagegen nicht anwendbar, wenn die Realisierung eines Kursverhältnisses durch Überweisung nach dem Recht des Absendungs- oder des Bestimmungslandes unzulässig ist. — § 244 BGB ist nicht anwendbar, wenn der Anspruch in der Währung der lex fori entstanden ist und nur die Bemessung von einem in fremder Währung ausgedrückten Schaden abhängt. — Ein in fremder Währung entstandener, aber in inländischer Währung im Inland zu ersetzender Schaden ist bei Fehlen eines realisierbaren Wechselkurses im Verhältnis der Kaufkraft beider Währungen umzurechnen.**

LG Kassel (amerik. Zone), Urt. v. 18. 12. 1952 — 1 S 34/52: VersR 1953, 178; MDR 1953, 298; AZGB Nr. 169, No. 766.

Der Kl., der in der Ostzone lebt, ist bei der Bekl., einer Versicherungsgesellschaft mit Sitz in Westdeutschland, gegen Krankheit versichert. Seinen Beitrag entrichtet er von einem westdeutschen Konto in DM (West). Er verlangt von der Bekl. die Erstattung seiner Auslagen für Arztrechnungen, die er in DM (Ost) beglichen hat. Die Bekl. will die Erstattungsbeträge zwar in DM (West), aber nur unter Umrechnung nach dem derzeitigen Wechselstubenkurs zahlen. Das LG setzte einen Umrechnungskurs von 3 DM (Ost) zu 2 DM (West) fest.

Aus den Gründen:

„Es ist richtig, daß die Verpflichtungen des Bekl. gegenüber dem Kl. in DM (West) zu erfüllen sind, d. h. in der Währung, auf der sowohl die Versicherungsbedingungen und Tarife der Bekl. aufbauen, als auch der Kl. seine Prämien laufend bezahlt. Insoweit kann auf die durchaus zutreffenden Ausführungen des ersten Richters verwiesen werden. Die Parteien gehen auch selbst beide davon aus, daß die Erstattung hier in DM (West) zu erfolgen hat.

Zu Recht hat das AG aber auch die Anwendung des Wechselstubenkurses für den vorliegenden Ersatzanspruch abgelehnt. Dem steht zwar nicht entgegen, daß es einen amtlichen Kurs zwischen Ost- und Westmark nicht gibt, denn § 244 BGB setzt bekanntlich nur einen legal gebildeten Kurs voraus, und der jeweilige, wenngleich private örtliche Wechselstubenkurs wird in Westdeutschland allgemein anerkannt. Seine Anwendung im vorliegenden Falle setzt aber voraus, daß für den Kl. die gesetzliche Möglichkeit gegeben ist, den von dem Bekl. erstatteten Betrag dann wertmäßig tatsächlich zu erlangen, um damit seinen Schaden decken zu können. Nach der Auskunft der Landeszentralbank können nun zwar auch Bewohner der Ostzone im Bundesgebiet Westmark in Ostmark umtauschen, es gibt jedoch keine gesetzliche Möglichkeit der Überweisung der so (nach dem Wechselstubenkurs) umgetauschten Beträge in die Ostzone. Lediglich Reisende dürfen gewisse Beträge mitnehmen. Insbesondere aber stehen die gesetzlichen Vorschriften der Ostzone jeglicher Überführung von Ost- oder Westmark (außer im Verhältnis 1 : 1) entgegen. Der Wechselstubenkurs ist daher keine geeignete Grundlage für die Umrechnung des geltend gemachten Anspruchs.

Inhalt des Versicherungsvertrages ist der Ersatz des durch Krankheit erlittenen Vermögensschadens im Rahmen der vereinbarten Tarife. Dieser Vermögensschaden ist in DM (Ost) entstanden und soll in DM (West) ersetzt werden. Es bedarf daher allerdings eines Vergleichs, in welchem Wertverhältnis die aufgewandte DM (Ost) zu der zu erstattenden DM (West) steht. Eine geeignete Grundlage dafür bietet aber vorliegend, da der Kl. den hier geltenden Wechselstubenkurs tatsächlich gar nicht zu seinen Gunsten ausnutzen kann, nur ein Vergleich der realen Kaufkraft der beiden Währungen. Der entstandene und zu ersetzende Vermögensschaden drückt sich wertmäßig am deutlichsten im Kaufkraftverlust des Versicherungsnehmers aus. Es ist also festzustellen, welcher Kaufkraftverlust eines Versicherungsnehmers in der Westzone dem vorliegenden Kaufkraftverlust des Kl. (durch seine Aufwendungen aus Anlaß der Erkrankungen) in der Ostzone entspricht. Unter Zugrundelegung dieses Verhältnisses ist es nach Überzeugung der Kammer allein möglich, den in Ostmark entstandenen (‚effektiven‘) Schaden des Versicherten einwandfrei in DM (West) auszudrücken und danach seinen tariflichen Erstattungsanspruch gemäß den Bedingungen des VersVertrages zu errechnen. Der Kl. kann sich dann, wenn er in die Westzone kommt, von dem hier ausgezahlten Westmarkbetrag im Westen dasselbe kaufen, was er in der Ostzone infolge seines Schadens nicht erlangen konnte, oder er kann sich diesen Betrag mit Devisengenehmigung gegebenenfalls im Wege der Verrechnung — 1 : 1 — in DM (Ost) in der Ostzone verschaffen und dort dafür die gleichen Werte nachträglich beschaffen, die er durch die Krankenkosten eingebüßt hat.

Die Einwendungen des Bekl. gegen diese Verrechnungsgrundlage gehen von falschen Voraussetzungen aus. Zwischen den Parteien ist unstreitig, daß dem Kl. der entstandene Schaden im Rahmen der Tarifbedingungen voll zu ersetzen ist und daß das Vertragsverhältnis dem westdeutschen Schuld- und Währungsrecht unterliegt. Dann steht aber eine unmittelbare Anwendung des § 244 BGB gar nicht in Frage, denn die Schuld des Bekl. ist von vornherein in DM (West) entstanden und zu errechnen, nur die Schadenshöhe des Kl. bemißt sich hier nach einem Ostmarkbetrag, den er in der Ostzone hat aufwenden müssen, und ist daher nach dem realen Wert dieser Ostmark, ausgedrückt in DM (West) zu ermitteln. Daß diese Ermittlung auf der Grundlage der Kaufkraft im Einzelfall schwierig sein kann, folgt nur aus den interzonalen Schwierigkeiten, wie sie heute im allgemeinen bestehen und auch bei der Feststellung des örtlichen Tages-Wechselstubenkurses mangels amtlicher Kurse häufig auftreten. Die Feststellung der Lebenshaltungsstufe des Versicherten, die die Kaufkraft seines Einkommens teilweise mitbestimmt, ist jeweils nur eine Beweisfrage, für die er im übrigen die Beweislast hat, sofern er ein günstigeres Verhältnis als im Regelfalle geltend machen will. Auch der Hinweis auf das internationale Privat- und Handelsrecht, das im interzonalen Rechtsverkehr nur entsprechend anzuwenden ist, geht vorliegend fehl. Denn im internationalen Verkehr kann der Schaden eines ausländischen Versicherten — falls das Vertragsverhältnis ebenfalls wie hier auf DM (West) beruht — in der Regel unbedenklich nach dem normalen, beiderseits anerkannten Wechselkurs der DM bemessen werden, zumal der Versicherte dann mit Hilfe der gegebenen beiderseitigen Umtausch- und Überweisungsmöglickkeiten sich regelmäßig auch den vollen Erstattungsbetrag unter Ausnutzung der Kursverhältnisse in seiner Heimat verschaffen kann. All dies ist bei den Ausnahmeverhältnissen, wie sie zur Zeit im innerdeutschen West-Ost-Verkehr und zudem in einem Sonderfall wie hier gegeben sind, nicht möglich. Ein Gutachten der Bank Deutscher Länder darüber einzuholen, in welchem Verhältnis ein westdeutscher Schuldner die Forderungen eines Ostzonengläubigers zu erfüllen habe, geht schon deshalb nicht an, weil es sich dabei nicht um eine Beweis-, sondern um eine Rechtsfrage handelt, die für jede Art von Schuldverhältnissen anders zu beantworten sein kann und die das Gericht selbst zu beantworten hat. Die Frage der effektiven Ausnutzungsmöglichkeit des Kursverhältnisses ist auch keine rein devisenrechtliche Frage, sondern hier eine Frage der Höhe des Schadens, der ‚effektiv' zu ersetzen ist (vgl. § 1 der Versicherungsbedingungen, § 249 BGB). Der Beurteilung der Kammer widersprechen keineswegs die vom Bekl. angeführten Entscheidungen und ebensowenig die vorgelegte gutachtliche Stellungnahme, die einen wesentlich anderen Fall betrifft. Denn in jenem Falle wohnte der Versicherte an der Zonengrenze in Westdeutschland, er kann also den vollen Wert der DM (West) ausnutzen und ist seinerseits keineswegs verpflichtet, dem in der Ostzone ansässigen Arzt den vollen Rechnungsbetrag in DM (West) zukommen zu lassen. Sofern er dies tut, handelt es sich allerdings nur um eine ‚freiwillige Zuwendung' seinerseits, für die die Versicherung nicht aufzukommen braucht. Jedenfalls hat der Arzt dann nur einen Anspruch auf Zahlung des Rechnungsbetrages in DM (Ost) (im Verhältnis 1 : 1), den sich der Versicherte vorher durch Umtausch seiner DM (West) gemäß dem hiesigen Kursverhältnis beschaffen kann. Seinem Erstattungsanspruch der Versicherungsunternehmung gegenüber kann daher ebenfalls unbedenklich dieses Kursverhältnis zugrundegelegt werden, weil eben sein ‚tatsächlicher Schaden' entsprechend geringer ist.

Vorliegend hat die Kammer aus den vom Kl. dargelegten und vom Bekl. nicht ausdrücklich bestrittenen tatsächlichen Verhältnissen entnommen, daß der Kl. — er ist ‚freier Bauunternehmer' der Ostzone mit großer Familie und arbeitet im Einmannbetrieb unter schwierigen Umständen — zu der Einkommens- und Verbrauchergruppe mit mittlerer Lebenshaltung gehört. Nach den von der Kammer festgestellten Kaufkraftverhältnissen ist deshalb davon auszugehen, daß für ihn zur Zeit 3 DM (Ost) wertmäßig ebensoviel bedeuten wie 2 DM (West). In diesem Verhältnis ist daher der ihm in DM (Ost) entstandene versicherte Schaden in DM (West) auszudrücken. Demgemäß waren die von ihm vorgelegten Einzelrechnungen zunächst dem Nennbetrag nach im Verhältnis 3 : 2 in DM (West) umzurechnen und dann gemäß den tariflichen Bedingungen zu vergüten."

## 3. Haftung für Ostverbindlichkeiten

*Vorbemerkung: Eine Haftung für „Ostverbindlichkeiten" ist in den Fällen Nr. 146—149 bejaht, bei Nr. 150—153 verneint worden. Das Problem ist jetzt gesetzlich geregelt für Banken durch die 35. DVO zum UG, für allgemeine Schuldner durch die §§ 82-89 des Bundesvertriebenengesetzes v. 19. 5. 1953 (BGBl I, 201) mit Änderungsgesetz v. 3. 8. 1954 (BGBl I 231).*

**146. Eine in der sowjet. Zone ausgesprochene Vermögensbeschlagnahme steht der Durchführung eines Zivilprozesses in der brit. Zone über dieses Vermögen nicht entgegen, sondern wird gegebenenfalls nur im Stadium der Zwangsvollstreckung von Bedeutung. — Die Tatsache, daß das Vermögen eines Kaufmanns in der sowjet. Zone beschlagnahmt worden ist, läßt die Geltendmachung von früher begründeten Geschäftsverbindlichkeiten gegen den Schuldner statt gegen den Treuhänder insoweit nicht als unbillig und untragbar erscheinen, als der Schuldner früher begründete Geschäftsforderungen in der brit. Zone hat einziehen können.**

LG Göttingen (brit. Zone), Urt. v. 6. 2. 1947 — 1 S 283/46: MDR 1947, 95 (*Würdinger*); BB 1947, 157.

Der Bekl. betrieb bei der Besetzung in einem Ort der heutigen sowjet. Besatzungszone als Einzelkaufmann ein Geschäft. Mit der im Gebiet der heutigen brit. Besatzungszone wohnhaften Kl. stand er seit langer Zeit bis zur Besetzung in Geschäftsbeziehungen. Nach der Besetzung flüchtete der Bekl. in die brit. Zone, um sich hier einen neuen Wirkungskreis zu schaffen. Über sein Vermögen in der sowjet. Zone wurde dort die Beschlagnahme ausgesprochen und ein Treuhänder eingesetzt. Dagegen hat der Bekl. nach seiner Flucht die in der brit. Zone liegenden Aktiven seines Geschäftsvermögens zu seinen Gunsten eingezogen.

Die Kl. verlangt von dem Bekl. die Bezahlung der Waren, die sie ihm vor der Besetzung für sein Geschäft geliefert hat. AG und LG haben der Klage stattgegeben.

Aus den Gründen:

„Die Tatsache, daß das Geschäftsunternehmen des Bekl. beschlagnahmt worden ist, steht der Durchführung der Klage nicht entgegen. Dabei mag es dahingestellt bleiben, . . . ob die in der russ. Besatzungszone ausgesprochene Beschlagnahme auch im Bereich der brit. Besatzungszone Gültigkeit hat, da in jedem Falle eine solche Beschlagnahme der Durchführung eines Zivilprozesses nicht entgegensteht, sondern gegebenenfalls nur im Stadium der Zwangsvollstreckung von Bedeutung wird (vgl. dazu HannRpfl. 1946, 148)...

Auch allgemeine Erwägungen unter Berücksichtigung der Grundsätze von Treu und Glauben können gegen die Geltendmachung des begründeten Anspruchs der Kl. gegen den Bekl. nicht ausgeführt werden. Die Tatsache, daß das Vermögen des Bekl., insbesondere sein Geschäftsvermögen, beschlagnahmt worden ist und von einem Treuhänder verwaltet wird, läßt bei den vorliegenden Umständen die Geltendmachung des Anspruchs gegen ihn nicht als unbillig und untragbar erscheinen.

Es kann sich allerdings im allgemeinen bei einem solchen Sachverhalt die Frage erheben, ob nicht der Gläubiger einer Geschäftsforderung nach Treu und Glauben zunächst versuchen muß, eine solche Forderung gegen den Treuhänder geltend zu machen, weil dieser als Verwalter des Geschäftsvermögens auch in erster Linie dazu berufen ist, die Geschäftsschulden zu berichtigen. Eine solche Betrachtung liegt um so näher, weil die Parteien in langjährigen Geschäftsbeziehungen gestanden haben und daher in einem solchen Fall von dem Gläubiger erwartet werden kann, daß er nach Möglichkeit schutzwerte Interessen seines in Not geratenen Geschäftsfreundes beachtet, die durch eine in der russ. Zone erfolgte und in der brit. Zone nicht wirksame Beschlagnahme hervorgerufen sind. Es kann daher in einem solchen Fall durchaus in Betracht kommen, daß der Gläubiger nach Treu und Glauben verpflichtet ist, in erster Linie Befriedigung bei dem eingesetzten Treuhänder zu suchen.

Diese Grundsätze können jedoch dann nicht zur Anwendung gebracht werden, wenn der Schuldner, wie im vorliegenden Fall, die in der brit. Zone befindlichen Aktiven seines Geschäftsvermögens eingezogen hat und er in der Lage ist, mit diesen auch die Forderungen seiner in der brit. Zone befindlichen Gläubiger zu befriedigen. In einem solchen Fall muß man jedenfalls verlangen, daß der Schuldner zumindestens in dieser Höhe seine Verpflichtungen erfüllt, weil es nach Treu und Glauben nicht angängig erscheint, wenn er zwar seine Aktiven in der brit. Zone geltend macht und einzieht, dagegen nicht für seine Passiven einstehen will. In einem solchen Falle besteht nach Treu und Glauben keine Veranlassung, den Gläubiger bei der Geltendmachung seiner Forderung in erster Linie an den Treuhänder in der russ. Zone zu verweisen, vielmehr muß es sich in diesem Falle der Schuldner gefallen lassen, wenn er unmittelbar von seinem Gläubiger in Anspruch genommen wird."

**147. Durch die Beschlagnahme und Enteignung des in der Ostzone befindlichen Vermögens einer Gesellschaft mit Sitz in den Westzonen tritt nicht eine Spaltung der Vermögensmassen und der Rechtspersönlichkeit der Gesellschaft ein. — Daher besteht trotz der Enteignung die Haftung für die in der Ostzone begründeten Verbindlichkeiten fort.**

LG Berlin (West), Urt. v. 19. 4. 1951 — 50 O 25/51:* unveröff.

Die Kl. verlangt Zahlung für die Lieferung von Maschinen in den Jahren 1944 bis 1945 an die bekl. H-J-AG. mit Sitz in Berlin-West. Die Maschinen wurden von dem Betrieb L. (sowjet.) aus bestellt und wurden auch nach L. geliefert. In L. befand sich auch die Hauptverwaltung der Gesellschaft, bis im Jahre 1946 dieser Betrieb in Volkseigentum überführt wurde. Die Kl. hatte zunächst den volkseigenen Nachfolgebetrieb in L. in Anspruch genommen. Nachdem dieser Zahlung abgelehnt hatte, da er nicht Rechtsnachfolger der H-J-AG. sei, macht die Kl. nunmehr ihren Anspruch gegen die H-J-AG. in Berlin-West geltend. Diese bestreitet ihre Passivlegitimation u. a. mit dem Hinweis auf den Rechtsgedanken der 35. DVO zum Umstellungsgesetz. Das LG gab der Klage statt.

Aus den Gründen:

„Kraft des Schuldverhältnisses ist der Gläubiger berechtigt, von dem Schuldner eine Leistung zu fordern (§ 241 BGB). Das Schuldverhältnis ist also eine Rechtsbeziehung von Person zu Person. Das Vermögen als die natürliche Kreditunterlage wird im Sinne des Gläubigerschutzes derart beachtet, daß der Gläubiger seine Befriedigung auch da suchen kann, wo das Vermögen geblieben ist (§ 419 BGB). Eine Schuld erlischt, wenn die juristische Persönlichkeit des Schuldners ohne Rechtsnachfolge oder Liquidation wegfällt.

Hier ist die Rechtsbeziehung zwischen der Kl. und der H-J-AG. begründet worden. Die Rechtspersönlichkeit der Letztgenannten besteht noch; die Bekl. ist mit ihr identisch.

Der rechtlichen Konstruktion einer — gegebenenfalls nur zeitweisen — Spaltung der Vermögensmassen und der Rechtspersönlichkeit infolge der Beschlagnahme und Enteignung des im Ostsektor befindlichen Vermögens der H-J-AG. hat die Kammer sich nicht anzuschließen vermocht. Auch das Urteil des KG [v. 22. 12. 1950[1]] geht davon aus, daß diese Konstruktion im geschriebenen Recht keine Unterlage hat. Die von der Bekl. vorgetragene Bestätigung des Gesetzgebers in der Bundesrepublik ergibt dessen Willen, der neuen Sachlage im Wege entsprechender Änderung und Ergänzung des gesetzten Rechtes Genüge zu tun, wie es auch der grundsätzlichen Teilung der Aufgaben zwischen Gesetzgeber und Gericht entspricht. Inzwischen gestatten die Möglichkeiten des Schuldnerschutzes im Vollstreckungsverfahren die erforderliche Berücksichtigung des im Osten erfolgten Vermögensentzuges."

**148. Wird der Gesellschafter einer Offenen Handelsgesellschaft auf Grund seiner persönlichen Haftung für die Gesellschaftsverbindlichkeiten in Anspruch genommen, so wird seine Haftung nicht dadurch ausgeschlossen, daß die Verbindlichkeit hinsichtlich des im Osten enteigneten Teils des Betriebsvermögens entstanden war.**

LG Berlin (West), Urt. v. 2. 11. 1951 — 20 S 469/51: AZGB Nr. 160, No. 724.

Der Bekl. ist Gesellschafter der OHG N. in Berlin-West. Der im Osten gelegene Teil des Betriebsvermögens der Gesellschaft wurde entschädigungslos enteignet. Der Bekl. wird nach § 128 HGB für die Verbindlichkeiten der OHG in Anspruch genommen. Das LG gab der Klage statt.

Aus den Gründen:

„Eine gesetzliche Regelung dieser Fälle steht trotz ihrer Häufung infolge der von den sowjetzonalen Behörden verfügten Enteignungen

[1] Siehe unten Nr. 150.

bisher noch aus; das Gericht hat auch nicht feststellen können, daß eine solche vorbereitet würde. Es bleibt demnach, um untragbare, mit Recht und Gerechtigkeit unvereinbare Ergebnisse zu vermeiden, nur noch die Möglichkeit, zu prüfen, ob die geforderte Leistung etwa unter dem Gesichtspunkte des § 242 BGB wegen Veränderung der Geschäftsgrundlage unzumutbar ist. Diese Prüfung liegt dem Prozeßgericht ob.

Das KG ist in einer neueren Entscheidung (NJW 1951, 486[1]) einen anderen Weg gegangen. Es hat aus dem Umstand, daß die im sowjet. Bereich liegenden Vermögenswerte einer auch im Westen domizilierenden GmbH beschlagnahmt und der Verwaltung eines Treuhänders unterstellt wurden, gefolgert, daß hierdurch zwei neue Rechtspersönlichkeiten entstanden seien, die Spaltung aber für die Dauer dieses Zustandes auch zu einer Trennung der rechtlichen Beziehungen des früher einheitlichen Unternehmens geführt habe, dergestalt, daß die mit ihrem wirtschaftlichen Schwerpunkt im Osten belegenen Rechtsverhältnisse der abgespaltenen östlichen Vermögensmasse gefolgt seien, so daß die hieraus entstehenden Verpflichtungen nicht dem im Westen verbliebenen Unternehmen gegenüber geltend gemacht werden könnten. Dieser Ansicht kann sich die Kammer nicht anschließen. Die auch z. T. im Schrifttum vertretene Spaltungstheorie, der das KG folgt, ist, wie *Würdinger* (SJZ 1950, 89) mit Recht ausführt, de lege lata unbegründet, weil das deutsche Recht bei einer obligatorischen Verpflichtung eine Sonderhaftung einzelner Vermögensgegenstände für bestimmte Schulden nicht kennt, aber auch de lege ferenda untragbar, da sie das Risiko des zufälligen Vermögensverlustes entgegen dem eindeutigen Grundgedanken des § 279 BGB dem Gläubiger aufbürdet. Vielmehr muß grundsätzlich davon ausgegangen werden, daß auch unverschuldeter Vermögensverlust — durch Feindeinwirkung, Demontage, Restitution und Enteignung — keine Befreiung des Schuldners bewirkt. Dies gilt um so mehr, als der Bekl. gemäß § 128 HGB als persönlich haftender Gesellschafter in Anspruch genommen wird, eine ‚Spaltung' des Schuldners mithin begrifflich unmöglich ist. Lediglich der das gesamte Schuldrecht beherrschende Grundgedanke des § 242 BGB kann, wenn dem Schuldner die geforderte Leistung nach Treu und Glauben nicht zumutbar ist, zu einer Beschränkung des Anspruchsinhalts führen."

**149. Trotz der Bankenschließung in der Ostzone und der Dezentralisierungsmaßnahmen in den Westzonen sind die Großbanken als einheitliche Rechtspersönlichkeit bestehen geblieben. — Die Westfilialen einer Großbank haften daher für eine in der Hauptniederlassung der Bank in Berlin begründete Pensionsverpflichtung.**

LAG Düsseldorf (brit. Zone), Urt. v. 14. 11. 1949 — 1 Sa 169/49: *unveröff.

Der Kl. ist ein pensionierter Angestellter des Bankhauses M. & Co. in Berlin, das im Jahre 1938 von der D.-Bank in Berlin übernommen wurde. Die D.-Bank übernahm auch die Verpflichtung zur Zahlung der Pensionen an die in den Ruhestand

[1] Siehe unten Nr. 150.

**getretenen Angestellten dieses Bankhauses. Sie zahlte die Pension an den Kl., bis ihre im Ostsektor von Berlin gelegene Hauptniederlassung nach dem Einmarsch sowjet. Truppen geschlossen wurde. Der Kl. verlegte 1947 seinen Wohnsitz in die Westzonen. Er verlangt mit der Klage von der R.-W.-Bank als Filiale der D.-Bank, Berlin, die Zahlung seiner rückständigen Pension. Das LAG gab der Klage statt.**

Aus den Gründen:

„Die Bekl. ist zur Zahlung der Pension verpflichtet. Entgegen der Ansicht des erstinstanzlichen Gerichts gehört die Bekl. noch zum Filialnetz der D.-Bank. Vor dem Zusammenbruch im Jahre 1945 bestand die D.-Bank als AG. mit dem Sitz in Berlin. Sie unterhielt ein großes Filialnetz in ganz Deutschland. Diese Filialbetriebe waren rechtlich unselbständig. Rechtsträger aus allen Geschäften der D.-Bank, die mit ihr über ihre Filialen geschlossen wurden, war die D.-Bank als solche mit ihrem Hauptsitz in Berlin. Alle durch die Filiale oder die Hauptniederlassung eingegangenen Verbindlichkeiten trafen die D.-Bank als solche und nicht eine Filiale oder eine Gruppe von ihnen oder nur die Hauptniederlassung.

An diesem Zustand hat sich durch die verschiedenen Maßnahmen der Besatzungsmächte seit dem Jahre 1945 nichts geändert. Durch die Maßnahmen der SMAD, nach denen durch eine Banken- und Kontensperre die Banken in der Sowjetzone ihre Tätigkeit einzustellen und an die neugegründeten Landes- oder Provinzialbanken ihre Aktiven zu übertragen und ihre Einrichtung zur Verfügung zu stellen hatten, ist die Auflösung der D.-Bank als Rechtsperson nicht erfolgt. Vielmehr blieb ihr Charakter als juristische Person unberührt. Auch die brit. Maßnahmen zur Bankdezentralisierung (MilRegVO Nr. 133 — Abl S. 710, VOBl brit. Zone 1948, 97 — und die dazu ergangene Anordnung Nr. 1 — Abl S. 747, VOBl 1948, 101 —) ließen die D.-Bank als solche in ihrer Eigenschaft als juristische Person bestehen. Wenn sie nun für das Land Nordrhein-Westfalen einen anderen Namen, nämlich R.-W. Bank, und einen Custodian erhielt, so wurde damit zwar ihr Geschäftsbetrieb zerlegt, aber weder die AG. mit ihrer Firma vernichtet, noch der Filiale unter dem Namen R.-W. Bank eine eigene Rechtspersönlichkeit verliehen (OLG Hamburg, MDR 1948, 290ff.; OGHZ 1, 293)...

Ansprüche von Gläubigern können sich daher auch heute nicht gegen eine Westfiliale oder eine Gruppe von Westfilialen richten, sondern lediglich gegen die ‚D.-Bank' als juristische Person in ihrer Gesamtheit.

Durch die nach 1945 von den MilReg.en angeordneten Maßnahmen gegenüber den ehemaligen Großbanken ist entgegen der Ansicht des erstinstanzlichen Gerichts kein Auseinanderfallen des Vermögens der ehemaligen Großbanken in ein Ost- und ein Westvermögen erfolgt. Eine solche Ansicht würde dazu führen, daß bei einer Überweisung von Filiale zu Filiale dann eine Gutschrift verweigert werden könnte, wenn der gutschreibenden Filiale keine Deckung zuflösse. Eine solche Möglichkeit kann nicht gutgeheißen werden und findet auch im Bankrecht keine Stütze. Der OGH Köln hat gerade für den mit vorliegendem Fall rechtlich gleichgelagerten Fall der steckengebliebenen Ost-Westüberweisung eindeutig gesagt, daß die Filiale, an die überwiesen wird, nach Erhalt des Überweisungsauftrages gutzuschreiben hat, ohne Rücksicht darauf, ob sie für diese Gutschrift noch eine Deckung ihrer Schwesterfiliale erhalten kann oder nicht (OGH v. 23. 6. 1949 — I ZS 1/49).

Ist die Rechtspersönlichkeit der ‚D.-Bank' aber noch erhalten und hat eine Trennung in ein Ost- und Westvermögen nicht stattgefunden, was ja auch schon rein begrifflich nicht möglich ist, da dann der gemeinsame Organismus hätte aufgelöst werden müssen, so muß die Bekl. mit ihrem in den Westzonen befindlichen Vermögen für die Erfüllung der Pension des Kl. einstehen. Unstreitig hat die Hauptverwaltung der Bekl. in Berlin die Pensionsverpflichtung des Kl. übernommen und die Pension auch bis 1945 regelmäßig gezahlt. Damit ist eine Verpflichtung für die gesamte Bank begründet worden. Nach vorstehenden Ausführungen wurde durch die Übernahme der Pensionsverpflichtung nicht lediglich die Hauptniederlassung in Berlin verpflichtet. Dies war rechtlich unmöglich, da diese gar keine Rechtspersönlichkeit wie alle Filialen besaß, sondern lediglich die ‚D.-Bank' als Ganzes, da nur sie als juristische Person Träger von Rechten und Pflichten sein konnte. Der Kl. kann daher auch aus der Pensionsverpflichtung die D.-Bank nur als Gesamtheit in Anspruch nehmen, da die Pensionsverpflichtung eine ihrer Verbindlichkeiten ist ... Unerheblich ist, ob die Bekl. noch die von der Firma M. & Co. erhaltenen Deckungsmittel hat bzw. ob sie in der Ostzone blockiert sind oder nicht. Diese Deckungsmittel flossen nicht der Hauptniederlassung zu, sondern der Gesamtheit der D.-Bank. Sie erwarb insgesamt diese Mittel. Sie muß daher auch mit ihrem gesamten Vermögen, auch den in den Westzonen belegenen Teilen, für die Verbindlichkeiten einstehen, für deren Eingehung sie die Deckungskapitalien und andere Vermögenswerte erhalten hat. Ob die Bekl. durch die sowjet. Maßnahmen in der Ostzone Verluste erlitten hat oder nicht, befreit sie nicht von ihren eingegangenen Verpflichtungen. Sie muß vielmehr trotzdem mit dem in den Westzonen belegenen Vermögen für ihre Schulden einstehen, da Geschäftsverluste kein Grund zur Befreiung von Verbindlichkeiten sind.

Der Anspruch des Kl. ist auch nicht durch die 35. DVO zum UG vernichtet worden. Zwar heißt es im § 6 I dieser VO, der nach § 12 auf die bekl. ‚D.-Bank' Anwendung findet, daß Geldinstitute im Währungsgebiet nur für solche Verbindlichkeiten in Anspruch genommen werden können, die im Geschäftsbetrieb einer am 21. 6. 1948 im Währungsgebiet, also in den Westzonen, gelegenen Haupt- oder Zweigniederlassung begründet worden sind. Die hier in Frage stehende Verbindlichkeit ist zwar unstreitig nicht in einer solchen im Währungsgebiet liegenden Niederlassung der Bekl. begründet worden. Aber § 6 I kann deshalb keine Anwendung finden, weil diese Pensionsverpflichtung nicht im ‚Geschäftsbetrieb' der Bekl. begründet worden ist. Unter ‚Geschäftsbetrieb' ist die Abwicklung des normalen Bankgeschäfts der Bekl. mit ihren Kunden zu verstehen. In diesem Bereich ist aber die Pensionsverpflichtung der Bekl. unstreitig nicht entstanden. Der Abschluß oder die Übernahme solcher Verpflichtungen gehören nicht zu jenen Geschäften, die eine Großbank üblicherweise abschließt, auch nicht mit ihren Angestellten, sondern ist etwas Außergewöhnliches."

**150.** **Sind für eine GmbH Treuhänder sowohl für das in Ost-Berlin als auch für das in West-Berlin gelegene Vermögen oder ist ein Treuhänder nur für das in Ost-Berlin gelegene Vermögen eingesetzt worden, so entstehen zwei selbständige Vermögensmassen mit eigener Rechtspersönlichkeit. — Die Folge dieser Spaltung der ehemals einheitlichen Rechtspersönlichkeit ist eine Aufteilung aller Rechtsverhältnisse der Gesellschaft nach ihrem Schwerpunkt. — Hat eine Gesellschaft Filialen, so haftet für deren Verbindlichkeiten derjenige Teil des Unternehmens, der die Filiale übernommen hat; die Belegenheit des dem früheren Gesamtunternehmen zugeflossenen Gegenwerts dagegen ist unerheblich.**

KG Berlin (West), Urt. v. 22. 12. 1950 — 5 U 1645/50: JR 1951, 627; NJW 1951, 486.

Die Filialen und das sonstige Vermögen der bekl. GmbH mit Sitz in West-Berlin wurden durch einen von der amerik. MilReg. eingesetzten Treuhänder für das Gebiet von West-Berlin, durch einen von der russ. MilReg. eingesetzten Treuhänder für das Gebiet von Ost-Berlin verwaltet. Im Jahre 1949 wurde die Beschlagnahme des Vermögens der Bekl. in West-Berlin aufgehoben. Im Jahre 1945 hatte der Kl. der Bekl. aus Gefälligkeit Inventarstücke zur Verwendung in einer Ost-Berliner Filiale überlassen. Die Bekl. sagte schriftlich die Lieferung entsprechender neuer Stücke zu. Der Kl. verlangt jetzt die Erfüllung dieser Verpflichtung. Das LG gab der Klage statt, das KG wies sie ab.

Aus den Gründen:

„Der von der MilReg. eingesetzte Treuhänder ist bei Abschluß von Verträgen als Vertreter des beschlagnahmten Vermögens anzusehen. Denn wenn er auch öffentliche Funktionen ausübt, so verpflichtet er doch den Eigentümer des von ihm verwalteten Vermögens privatrechtlich.

Es kann aber an der Tatsache nicht vorübergegangen werden, daß das Vermögen der Bekl. gespalten worden ist. Es sind zwei getrennte Vermögensmassen entstanden, die ab November 1948 von verschiedenen Treuhändern verwaltet werden. Der augenblickliche Zustand ist der, daß im Ostsektor die Beschlagnahme noch fortbesteht, während in den drei Westsektoren die Bekl. wieder frei über das dort befindliche Vermögen verfügen kann. Das früher einheitliche Unternehmen ist somit tatsächlich getrennt. Zwischen den dadurch gebildeten selbständigen Vermögensmassen bestehen keinerlei tatsächliche oder rechtliche Beziehungen mehr. Sie sind für die Dauer der Trennung zu wirtschaftlich selbständigen Gebilden geworden. Ein derartiger Eingriff in die Substanz eines Unternehmens hat aber nicht nur in tatsächlicher, sondern auch in rechtlicher Hinsicht Auswirkungen, denen man mit Anwendung der Vorschriften des BGB allein nicht gerecht wird. Es ist aber auch nicht notwendig, eine gesetzliche Regelung abzuwarten; vielmehr ist es Aufgabe der Rechtsprechung, aus den gegebenen Tatsachen die rechtlichen Folgerungen zu ziehen.

Es bestehen nicht nur zwei selbständige Vermögensmassen, sondern, da die im Westsektor befindliche GmbH mit der im Ostsektor befindlichen Firma gleichen Namens zur Zeit nicht mehr identisch ist, auch zwei selbständige Rechtssubjekte. Eine derartige Trennung, die, wenn auch nur vorübergehend, zu zwei neuen Rechtspersönlichkeiten führt, muß aber für die Dauer dieses Zustandes auch eine Trennung der rechtlichen Beziehungen des früher einheitlichen Unternehmens zur Folge haben, und zwar in der Art, daß diejenigen Rechtsverhältnisse, deren Schwerpunkt im Osten liegt, der Trennung gefolgt sind. Es kommt hierbei auf den wirtschaftlichen Zusammenhang an. Daraus folgt, daß Verbindlichkeiten, die für eine im Ostsektor liegende Filiale eingegangen sind, dem im Westsektor befindlichen Unternehmen gegenüber nicht geltend gemacht werden können.

Diesem Ergebnis steht auch nicht etwa die Erwägung entgegen, daß die Gegenleistung vor der Trennung der im Westsektor befindlichen Hauptverwaltung des ganzen Unternehmens zugeflossen sei. Denn darauf kommt es überhaupt nicht an, da unter entsprechender Anwendung der allgemeinen Grundsätze des Internat. Privatrechts die Teilung der Betriebe unmittelbar eine entsprechende Aufteilung der mit ihnen in wirtschaftlichem Zusammenhang stehenden Rechtsverhältnisse zur Folge gehabt hat, ohne daß eine weitere Prüfung im einzelnen zulässig wäre."

**151. Erfüllt ein Arbeitnehmer seinen Arbeitsvertrag durch ständige Beschäftigung an einem festen Arbeitsplatz und verbleibt der Arbeitnehmer auch nach der entschädigungslosen Enteignung dieses Betriebsteiles an seinem Arbeitsplatz, ohne seine Dienste dem bisherigen Arbeitgeber anzubieten, so wird dadurch der Arbeitsvertrag mit dem bisherigen Arbeitgeber gelöst. — Entscheidend für die Zugehörigkeit eines Arbeitsplatzes ist nicht seine funktionelle Bedeutung im Rahmen des Gesamtbetriebes, sondern allein die räumliche Lage. — (Obiter dictum: Einem Unternehmen mit Sitz in West-Berlin, dessen weit überwiegender Bestand an Betriebsstätten enteignet wurde, ist die Erfüllung sämtlicher vor der Enteignung eingegangenen Pensionsversprechen nicht zumutbar.)**

LAG Berlin (West), Urt. v. 17. 1. 1951 — 1 LAG 761/50: *unveröff.

Aus den Gründen:

„Unbestritten ist zwischen den Parteien, daß der Kl. seit 1919 zuerst als Brauer und später als Laborant bei der Bekl. gewesen ist. Sein Tätigkeitsfeld war der Betrieb in der L.-Allee. Es kann ununtersucht bleiben, ob das Laboratorium, in dem der Kl. tätig war, neben seiner Bestimmung für den Betrieb L.-Allee noch weitere Aufgaben für andere Produktionsstätten zu erfüllen hatte. Jedenfalls war der Betrieb räumlich betrachtet ein Annex des Betriebes L.-Allee. Das letztere ist entscheidend; denn aus diesem Grunde teilt das Zentrallaboratorium auch das Schicksal des Produktionsbetriebes L.-Allee. 1946 wurde dieses Laboratorium mit dem Produktionsbetrieb L.-Allee beschlagnahmt. Das Bezirksamt F. übernahm die treuhänderische Verwaltung. Mag vielleicht in dieser Zeit dem Kl. noch nicht die Bedeutung dieses Vorganges klar geworden sein, so mußte er doch in Verfolg der immer weiter und deutlicher erkennbaren politischen Trennung des Ostsektors von den Westsektoren erkennen, daß damit auch eine Trennung in wirtschaftlicher Beziehung eintreten muß. Als dann die endgültige Spaltung Groß-Berlins spätestens im Dezember 1948 vollzogen wurde und dies jedem erkennbar war, mußte der Kl. sich entscheiden, ob er auf seiner alten Betriebsstätte verbleiben wollte oder nicht. Denn er mußte nunmehr auch erkennen, daß für die Hauptverwaltung der Bekl. im Westsektor keine Möglichkeit mehr bestand, über den Ostbetrieb zu verfügen. Der Kl. mußte auf jeden Fall aber im Januar 1949, als der Betrieb zum volkseigenen Betrieb erklärt wurde und somit ein neues selbständiges Rechtssubjekt mit eigener Rechtspersönlichkeit entstand, erkennen, daß der alte Arbeitgeber nunmehr ersetzt worden ist durch einen neuen Arbeitgeber. Wenn er trotz dieser Kenntnis weiter in dem Betrieb verblieb, dann gab er zweifellos zu erkennen, daß er sein Dienstvertragsverhältnis mit seinem alten Arbeitgeber, der Bekl., lösen und nur noch mit dem neuen Arbeitgeber, dem volkseigenen Betrieb, zu tun haben wollte. Wollte er dies nicht, hätte er seine Arbeit im volkseigenen Betrieb aufgeben und sich der Bekl. zur Verfügung stellen müssen. Die Ansicht des Kl., daß die Bekl. den Kl. zum Wiederantritt seines Dienstes im Westsektor hätte auffordern müssen, widerspricht nicht nur der gesetzlichen Bestimmung, daß die Dienste vom Dienstverpflichteten in tatsächlicher Form anzubieten sind (§ 611 BGB), sondern gerade unter den hier gegebenen Umständen jeder Lebenserfahrung. Es ist auch nicht möglich, daß zwei Dienstverträge über ein und dieselbe Dienstleistung nebenher bestehen können. Daß dem Kl. dies alles bewußt sein mußte, geht auch aus der Tatsache hervor, daß er sein vom volkseigenen Betrieb in DM-Ost bezogenes Gehalt, da er im amerik. Sektor wohnt, bei der Lohnausgleichskasse zu dem gesetzlich vorgeschriebenen Prozentsatz in DM-West umgetauscht hat.

Die Bekl. erkennt zwar die Beschlagnahme und die neue Rechtsgestaltung ihres Betriebes Nordost nicht an, weil sie den Ostmagistrat nicht für befugt hält, rechtswirksam derartige Verfügungen zu treffen. Dieser Gesichtspunkt macht aber die angeführten Erwägungen nicht zunichte, da man im vorliegenden Fall von einem de-facto-Zustand ausgehen muß.

Der Kl. hat durch sein Verhalten zu erkennen gegeben, daß er die dienstvertraglichen Beziehungen zu der Bekl. lösen wollte. Er ist somit aus dem Betrieb der Bekl. als ausgeschieden anzusehen ... Die Bekl. ist mithin nicht als passiv legitimiert anzusehen.

Der Kl. muß vielmehr seinen Pensionsanspruch gegen den volkseigenen Betrieb L.-Allee geltend machen, der ihn ja auch zum 1. 1. 1950 in den Ruhestand versetzt hat.

Zu den fundamentalen Rechtsgrundsätzen gehört die Übernahme von Verbindlichkeiten, die auf der Vermögensmasse ruhen, sofern die Vermögensmasse, sei es derivativ oder auch originär, übernommen wird, insbesondere, wenn die Übernahme entschädigungslos für den Schuldner erfolgt (analoge Anwendung des § 419 BGB). Aus dieser Erwägung heraus hat der volkseigene Betrieb auch das Ruhegeld versprochen. Daß der volkseigene Betrieb den Kl. auch als seinen Arbeitnehmer betrachtet, geht auch aus der Tatsache hervor, daß er das Arbeitsbuch des Kl. bei der Pensionierung abgeschlossen hat. Der Kl. kann sich daher nur an den volkseigenen Betrieb halten. Über diesen die Entscheidung allein tragenden Grund hinaus sei auf Folgendes hingewiesen:

Für die Bekl. muß es auch als untragbar angesehen werden, nachdem ihr von 18 Produktionsbetrieben 14 genommen worden sind und sie von 100 Niederlagen keine mehr ihr eigen nennt, daß sie die Ruhegelder für alle früheren Arbeitnehmer tragen soll. Das würde den wirtschaftlichen Zusammenbruch der Bekl. bedeuten und somit die jetzt wieder beschäftigten etwa 1000 Mitarbeiter um ihre Arbeitsstätte bringen. Durch diese unvorhergesehene wirtschaftliche Änderung der Lebensverhältnisse ist den Ruhegeldbestimmungen der Bekl. die Grundlage entzogen, von der die Beteiligten bei der Schaffung der Bestimmungen ausgegangen waren, und zwar in einem Maße, daß der Bekl. die Einhaltung nicht mehr zugemutet werden kann."

**152. Hat ein Unternehmen mit Sitz in der Ostzone vor seiner Enteignung sein in den Westzonen belegenes Vermögen in eine neugegründete Gesellschaft in den Westzonen eingebracht, so haftet nach Enteignung des ostzonalen Vermögens des Unternehmens nicht etwa jene neu gegründete Gesellschaft für einen Pensionsanspruch gegen das enteignete Unternehmen.**

LAG Hannover (brit. Zone), Urt. v. 5. 7. 1951 — Sa 529/50: BB 1951, 590.

Der Kl. hatte einen Pensionsanspruch gegen die P.-AG. mit Sitz in H. (sowjet.); die Pension wurde bis zum 1. 5. 1949 durch einen insoweit mit der Geschäftsführung beauftragten „Stützpunkt", das in der brit. Zone belegene Überlandwerk F. der P.-AG., ausgezahlt. Am 14. 10. 1948 haben die P.-AG. und ein gewisser M. eine neue GmbH gegründet (M. ist kurze Zeit nach der Gründung als Gesellschafter ausgeschieden). Die neue GmbH hat am 22. 12. 1948 durch Kaufvertrag das gesamte in den Westzonen belegene Vermögen der P.-AG, darunter das Überlandwerk übernommen; das Westvermögen betrug nach den Behauptungen des Kl. 20% des Gesamtvermögens der P.-AG. In dem Kaufvertrag heißt es, daß gleichzeitig mit der Übergabe die Rechte, Verbindlichkeiten, Abgaben, Nutzungen und Lasten auf die GmbH übergegangen sind.

Durch VO des Landes Sachsen ist die P.-AG. am 26. 2. 1949 in einer Vereinigung volkseigener Betriebe aufgegangen. Im März 1949 teilte diese Vereinigung dem Kl. mit, daß die Zahlung seiner Bezüge in Westmark ab 1. 5. 1949 eingestellt werde, da der Kl. außerhalb der sowjet. Besatzungszone Deutschlands wohne. Eine Weiterzahlung in Ostmark wäre jedoch möglich.

Das LAG hat dem Kl. einen Anspruch gegen die GmbH auf Zahlung seiner Pension in Westmark nicht zuerkannt.

Aus den Gründen:

„1. Ansprüche aus Vertrag sind nicht erkennbar. Das Überlandwerk F. konnte als ‚Stützpunkt' nicht selbständiger Träger einer Verbindlichkeit dem Kl. gegenüber werden; daher kann eine solche Verbindlichkeit auch nach § 3 des Kaufvertrages nicht übergegangen sein.

2. Der Tatbestand des § 419 BGB scheidet gleichfalls aus. Es ist zwar zutreffend, daß die neue GmbH durch Kaufvertrag das Vermögen der P.-AG. übernommen hat. § 419 BGB hat aber zur Voraussetzung, daß wenigstens nahezu das ganze Vermögen übertragen wird. Selbst wenn das in den Westzonen belegene Vermögen der P.-AG. 20% ausmacht, so

reichen 20% des Gesamtvermögens bei weitem nicht aus, um die Haftung aus § 419 BGB zu bejahen. Hier sind nämlich nicht einzelne Teile herausgenommen, sondern es ist nur etwa $^1/_5$ des Gesamtvermögens überhaupt Gegenstand des Kaufvertrages gewesen.

Der Kl. hat nun die Ansicht vertreten, daß infolge der Zonentrennung das in den Westzonen belegene Vermögen als ein Sondervermögen für sich allein betrachtet werden müsse. Er meint also, daß das gesamte Westvermögen als einheitliches Ganzes gesehen werden muß (vgl. *Beuck*, Zonenprobleme [1948] 76ff.).

Es darf nicht übersehen werden, daß zum Zeitpunkt des Kaufvertrages die P.-AG. noch das gesamte Vermögen in Händen gehabt hat ... Sie hatte zu dieser Zeit noch eigene Rechtspersönlichkeit und war daher berechtigt, über ihr Vermögen zu verfügen. Sie war also auch in die Lage gesetzt, einen Teil ihres Vermögens auf eine von ihr gegründete GmbH zu übertragen. Das deutsche Handelsrecht läßt derartige Gesellschaftsgründungen zu. Eine AG. kann mit anderen gemeinsam eine neue Gesellschaft mit eigener Rechtspersönlichkeit errichten und kann auch mit dieser neugegründeten Gesellschaft Kaufverträge schließen. Solange solche Maßnahmen nicht in der Absicht geschehen, eine Gläubigerbenachteiligung vorzunehmen, ist hiergegen nichts einzuwenden. Der Kl. wird vielleicht Recht haben, wenn er vermutet, daß die GmbH nur deshalb errichtet worden sei, um zu verhindern, daß der spätere volkseigene Betrieb Grundbesitz in den Westzonen haben sollte. Selbst aus dieser Vermutung ist nicht die Notwendigkeit einzusehen, das Vermögen in West- und Ostvermögen zu trennen. Es kommt ausschließlich auf den Zeitpunkt des Kaufvertrages an. Zum Zeitpunkt des Kaufvertrages hat die P.-AG. nur einen Teil ihres Vermögens veräußert."

**153. Wird infolge der Zonenaufteilung Deutschlands ein Unternehmen in derjenigen Zone, in der sich der Sitz der Gesellschaft befindet, unter gleicher Firma fortgeführt, während der Betrieb und die Vermögenswerte in den anderen Zonen in eine neue Gesellschaft mit neuer Firma eingebracht werden, so liegt eine Identität der Rechtspersönlichkeit nur hinsichtlich der ersten Zone vor. — Die Feststellung des anzuwendenden Rechts erübrigt sich im interlokalen Privatrecht, wenn das Ergebnis nach den beiden in Frage kommenden Rechten das gleiche ist. — Bei Teilbetriebsnachfolge kann ein Altersrenten-Anspruch nur gegenüber derjenigen Gesellschaft geltend gemacht werden, die die Dienststelle übernommen hat, in der der Bezugsberechtigte seine Dienste geleistet hatte.**

LAG Groß-Berlin (West), Urt. v. 15. 2. 1952 — 3 (4) LAG 329/51: RdA 1952, 194 (*Hoffmann-Walldorf*).

Der Kl. war Kellner bei der Dienststelle A.-Bahnhof der Mitropa AG. Er wohnt in West-Berlin. Nach 42jähriger Dienstzeit bewilligte ihm die Mitropa eine Altersrente, die auch bis zum Zusammenbruch gezahlt wurde. Die Mitropa AG. hat seit jeher ihren Sitz im heutigen Ost-Berlin, wo sie jetzt noch besteht. Seit dem Zusammenbruch beschränkt sich ihr Geschäftsbereich auf die Sowjetzone, da die westlichen Besatzungsmächte die Dienststellen und Vermögenswerte der Mitropa in der amerik. und französ. Zone der Mitropa-Direktion-West und in der brit. Zone dem Eisenbahn-Schlafwagen- und Speisewagenbetrieb übertrugen. 1949 brachte der

**Generaldirektor der Deutschen Bundesbahn die Vermögenswerte dieser beiden Gesellschaften in die neu gegründete Deutsche Schlafwagen- und Speisewagen GmbH mit Sitz in F. (amerik.) ein. Von dieser Gesellschaft verlangt der Kl. die Zahlung der ihm von der Mitropa AG. seit 1945 nicht mehr bezahlten Rentenbeträge. Das ArbG gab der Klage statt, das LAG wies sie ab.**

Aus den Gründen:

„Eine Identität zwischen der Mitropa AG. und der Bekl. besteht nicht, wenn man dem Begriff der Identität keine Gewalt antun will. Schon die unterschiedliche Firma und Rechtsform verbieten die Annahme der Gleichheit des Rechtssubjektes auf der Beklagtenseite. Eine ‚alte‘ und eine ‚neue‘ Mitropa AG. in einem anderen Sinne als dem der Mitropa AG. vor und nach dem Zusammenbruch gibt es nicht. Die Rechtsidentität der ‚alten‘ mit der ‚neuen‘ Mitropa AG. besteht fort, wiewohl nicht zu leugnen ist, daß die Mitropa AG. nach der Kapitulation mehr als die Hälfte ihres Aktivvermögens eingebüßt haben dürfte. Ein Unternehmen des Wirtschaftslebens, aus dem Stücke herausgerissen werden, die sich selbständig machen und neben dem fortexistierenden Torso eine eigene Rechtspersönlichkeit annehmen, kann nicht, auch nicht in gedachter Zusammenfügung der Bruchstücke mit dem Torso, als mit dem Mutterbetrieb identisch bezeichnet werden.

Ebensowenig läßt sich die Klageforderung aus einer Gesamtrechtsnachfolge rechtsgeschäftlicher oder gesetzlicher Entstehung begründen. Hierfür sind ebensowenig Umstände ersichtlich wie für die Annahme des Vorliegens einer vertraglich befreienden oder kumulativen Schuldübernahme. Vielmehr haben ausschließlich außervertragliche Faktoren allenfalls zu einer Haftung der Bekl. für die klägerischen Ansprüche geführt. Hierher gehören die Regelungen der §§ 25 HGB, 419 BGB einerseits sowie die Betriebsnachfolge andererseits.

[Das Gericht führt aus, daß § 25 HGB nicht anwendbar sei, da weder ein rechtsgeschäftlicher Erwerb eines Handelsgeschäfts unter Lebenden noch ein Wechsel der Inhaberschaft eines Handelsgeschäfts noch die Fortführung der Firma vorliege.]

Die Überlegung, ob der § 419 BGB dem Kl. zur Seite steht, wirft die Frage nach dem anzuwendenden Recht auf. Was die Auswirkungen des zur Zeit nur im Bundesgebiet geltenden GVVB auf die Regelung des § 419 BGB anbetrifft, billigt die erkennende Kammer den Standpunkt der Bekl., der dem GVVB als lex specialis den Vorrang gibt. Trotz mancher Übereinstimmung zwischen den beiden Bestimmungen ist festzustellen, daß der hier vor allem in Betracht kommende Inhalt des § 3 aaO. der engere ist gegenüber dem § 419 BGB. § 3 V aaO. schafft abweichend von der allgemeinen Regel je nach Erfüllung bestimmter Voraussetzungen in ihrem Umfang abgegrenzte Ansprüche für die alten Gläubiger der von der Bundesbahn ‚übernommenen‘ Tochtergesellschaften. Es wäre deshalb an und für sich nach den Grundsätzen des interlokalen Privatrechts zu prüfen, welche der beiden Gesetzesbestimmungen anzuwenden sind, wenn nicht augenscheinlich die klägerischen Ansprüche sowohl nach der einen wie nach der anderen Vorschrift unbegründet wären [wird ausgeführt].

Endlich bietet auch der Gesichtspunkt der Betriebsnachfolge keine Möglichkeit, den klägerischen Anträgen zu entsprechen ... Es könnte nur eine Teilbetriebsnachfolge in Betracht kommen, in welchem Falle jedoch eine Haftung der Bekl. für den Klageanspruch an dem Mangel der Übernahme der Dienststelle A. Bahnhof ebenfalls scheitern würde."

## 4. Versicherungsrecht

*Vorbemerkung: Die Rechtsprechung hat fast einhellig eine Haftung für „Ostverbindlichkeiten" abgelehnt (mit Ausnahme der Entscheidung Nr. 164). Diese z. T. auf Zahlungsverbote der Aufsichtsbehörden gestützte Haftungsbeschränkung wurde nach der Währungsreform des Jahres 1948 in den westlichen Besatzungszonen in mehreren Bestimmungen gesetzlich verankert (vgl. RabelsZ 19 [1954] 474 Anm. 51).*

**154.** **a) In dem Zahlungsverbot für Privatversicherungen in der Ostzone und in Berlin, das zu einer unterschiedlichen Behandlung des in der Ostzone und des in den Westzonen gelegenen Vermögens einer Versicherungsgesellschaft führt, muß eine Haftungsbeschränkung gesehen werden derart, daß eine Versicherungsgesellschaft mit dem freien Vermögensteil nicht für Ansprüche haftet, die in dem Gebiet entstehen, für das ein Zahlungsverbot gilt. — (Implicite: Zu dem gesperrten „Bestand" gehört der Anspruch eines Versicherten, der mit der Berliner Filiale einer Versicherungsgesellschaft abgeschlossen hat und dessen versichertes Objekt ebenfalls in Berlin liegt.)**

AG Berlin-Charlottenburg (Berlin-West), nicht rechtskr. Urt. v. 11. 7. 1947 — 5 C 909/46: DRZ 1948, 63 (*Prölß*).

Der Kl. hatte ein Objekt in Berlin bei der bekl. Filiale Berlin einer Versicherungsgesellschaft mit Sitz in L. (jetzt: brit.) gegen Einbruch-Diebstahl versichert. Seit Kriegsende hat er eine Prämie nicht mehr bezahlt. Er macht mit der Klage Ansprüche aus einem Versicherungsfall am 7. 8. 1945 geltend. Die Bekl. beruft sich dagegen auf eine AO des Versicherungsausschusses Berlin v. 15. 11. 1946, wonach auf Grund eines Befehls der All. Kommandantur Berlin vom September 1945 Zahlungen auf Ansprüche aus Versicherungen aus der Vorbesetzungszeit verboten seien. AG und LG wiesen die Klage ab.

Aus den Gründen:

„Der Kl. hat vorgetragen, daß selbst bei Wirksamkeit des Zahlungsverbots in Berlin dennoch eine Verurteilung zur Zahlung erfolgen müsse; und zwar habe dann die Versicherung an ihrem Sitz in L. zu zahlen, da sie ja mit ihrem ganzen Vermögen hafte.

Auch hier kann das Gericht dem Kl. nicht folgen. Es trifft zwar zu, daß die Bekl. grundsätzlich mit ihrem ganzen Vermögen haftet. Doch ist auch hier, trotz grundsätzlichem Inkraftbleiben des Reichsrechts z. Zt. durch Maßnahmen politisch-militärischer Natur, nämlich die Anordnungen der Besatzungsmächte, ein veränderter Zustand eingetreten. Tatsächlich ist das Vermögen der Bekl. z. Zt. als in zwei Teile aufgespalten zu betrachten, über deren einen ihr die Verfügung zusteht, während sie aus dem anderen keine Leistungen durchführen darf. Die Rechtswirksamkeit einer solchen Anordnung ist ... nicht weiter zu prüfen; sie ist jedenfalls de facto beachtlich.

Wenn nun der Kl. Befriedigung aus demjenigen Teil des Vermögens verlangt, über den die Bekl. weiterhin frei verfügen kann, so steht dem folgendes entgegen: Das Zahlungsverbot für Versicherungen besteht nicht nur in Berlin, sondern in der gesamten Ostzone, wo den Privatversicherungen jede geschäftliche Tätigkeit überhaupt versagt ist. Es wäre aber unbillig und der Bekl. nicht zuzumuten, wenn sie alle Ansprüche, die in der Ostzone und in Berlin gegen sie erwachsen sind, aus dem ihr noch frei zur Verfügung stehenden Teil ihres Vermögens befriedigen sollte.

In den Anordnungen, die die verschiedene Behandlung der beiden Vermögensteile herbeigeführt haben, muß daher in richtiger Auslegung zugleich eine Haftungsbeschränkung der Bekl. derart gefunden werden, daß sie mit dem freien Vermögensteil nicht für solche Ansprüche haftet, die in den durch das Zahlungsverbot betroffenen Teilen Deutschlands bestehen.

Eine solche Auffassung entspricht zweifellos auch dem Willen der Besatzungsmächte. Sie findet ihre Parallele im Bankwesen; auch hier ist es nicht möglich, die in der Ostzone und in Berlin eingefrorenen Ansprüche durch Geltendmachung bei einer Niederlassung der Bank in einer Westzone zu realisieren."

Die Berufung gegen dieses Urteil wurde zurückgewiesen.

**b)** LG Berlin, Urt. v. 15. 3. 1948 — 1 S 610/47: VersW 1948, 150; VA 1948, 67.

Aus den Gründen:

[Das LG stützt sich auf die Anordnung des Versicherungsaufsichtsamtes v. 15. 11. 1946.] „Selbst wenn der Bekl. ein behördliches Verbot nicht zur Seite stände, wäre sehr zweifelhaft, ob sie die außerhalb von Berlin vereinnahmten Prämien zugunsten eines in Berlin Versicherten verwenden könnte, von dem sie seit dem Zusammenbruch eine Prämie nicht erhielt."

**155. Nach interlokalem Recht ist für einen Versicherungsvertrag maßgebend das am Erfüllungsort geltende Recht. — Ein gesetzliches Zahlungsverbot des danach anzuwendenden Rechtes der Ostzone verstößt nicht gegen den ordre public (Art. 30 EGBGB) der Westzonen. — Das für einen Versicherungsvertrag maßgebende Recht des Erfüllungsortes kann nicht durch die prozessuale Einlassung auf die Zuständigkeit eines anderen Gerichtes als das des Erfüllungsortes umgangen werden.**

OLG Köln (brit. Zone), Beschl. v. 11. 9. 1947 — 1 W 89/47: DRZ 1948, 62 (*Prölß*).

Aus den Gründen:

„Entscheidend ist der Umstand, daß in der Ostzone ein gesetzlich begründetes Zahlungsverbot aus Versicherungsverträgen aus der Zeit vor dem 8. 5. 1945 ergangen ist. Die ASt. verkennt nicht, daß nach Grundsätzen des interlokalen Rechtes für ihre Ansprüche aus den in der Ostzone abgeschlossenen Versicherungen die dort als am Erfüllungsort geltenden gesetzlichen Bestimmungen anwendbar sind. Ihre Auffassung, daß ein gesetzliches Zahlungsverbot der Ostzone gegen den ‚ordre public' i. S. des § 30 EGBGB der Rechtsanschauung der Westzonen verstoßen würde, trifft nicht zu. Sie verkennt den Umfang der Gesetzgebungsbefugnis einer Besatzungsmacht zumal hier, da zugleich mit dem Zahlungsverbot aus alten Versicherungsverträgen das Vermögen der Versicherungsgesellschaften beschlagnahmt worden ist, also keine einseitige, nur den Versicherungsnehmer treffende Enteignung vorliegt. Wenn die Bekl. auch die Zuständigkeit des Kölner Gerichts nicht angreift, so kann doch die Inanspruchnahme der Zweigstelle Köln der Bekl. seitens der Kl. nicht zu einer Umgehung des für Berlin bestehenden Zahlungsverbots führen."

**156. Es ist streitig, ob für Versicherungsverträge das am Sitz des Versicherungsunternehmers oder das am Erfüllungsort geltende Recht maßgebend ist. — Nach ostzonalem Recht ist ein Versicherungsvertrag jedenfalls dann zu beurteilen, wenn sich der Sitz des Versicherungsnehmers, das versicherte Objekt sowie der Erfüllungsort des Versicherungsvertrages in der Ostzone befinden; dabei ist Erfüllungsort eines Versicherungsvertrages, wenn er mit der Generalagentur einer Gesellschaft abgeschlossen und von dieser selbständig verwaltet wurde und wenn diese einen eigenen Prämienbestand hatte, aus welchem sie Verpflichtungen erfüllte, der Ort der Generalagentur und nicht die Hauptniederlassung der Gesellschaft.**

LG Meiningen (sowjet. Zone), Urt. v. 9. 1. 1948 — 2 O 19/46: VA 1948, 24; AGZB Nr. 76, No. 285 (nur Leitsatz).

Die Kl. hat ihren Sitz in S. (jetzt: sowjet.); sie ist bei mehreren Versicherungsgesellschaften, die unter Führung der Bekl. mit Sitz in H. (brit.) stehen, gegen Brandschaden für ihre in S. gelegenen Fabrikgrundstücke versichert. Nach der Besetzung von S. trat infolge von Brandstiftung ein Großschaden ein.

Aus den Gründen:

I. [Das Gericht verneint die Passivlegitimation der Bekl., da dieser nach § 6 des thür. Ges. v. 22.9. 1945 jede Betätigung in Thüringen verboten sei und nach § 7 des Ges. die sich auf das Land Thüringen erstreckenden Versicherungsverträge auf die neue Landesversicherungs-Anstalt Thüringen zu übertragen seien. Ferner befänden sich nach § 2 der DVO v. 1. 11. 1945 die privaten Versicherungsunternehmen in Liquidation, die von einer Treuhandstelle der Landesversicherungs-Anstalt durchgeführt werde.]

II. „Auch der zweite Einwand der Bekl., daß sie nicht verpflichtet ist, einen Versicherungsschaden aus der Zeit vor dem 9. 5. 1945 zu regulieren, muß durchgreifen. Nach § 2 IV der vorgenannten DVO v. 1. 11. 1945 ist in der Sachversicherung die Zahlung von Schäden, die vor dem 9. 5. 1945 eingetreten sind, in Thüringen verboten. Wenn demgegenüber die Kl. einwendet, daß diese Bestimmung nicht Anwendung finden könne, weil die Bekl. ihren Sitz in Hamburg, also in der engl. Zone habe, und daß in der engl. Zone eine Zahlung von Versicherungsschäden aus der Zeit vor dem 9. 5. 1945 nicht verboten sei, so kann sie schon nach dem unter I Gesagten damit nicht gehört werden. Ebenso können die Ausführungen der Kl., daß der vorliegende Fall nach dem internat. Privatrecht zu beurteilen sei, den Einwand der Bekl. nicht entkräftigen, zumal es streitig ist, ob nach internat. Privatrecht das Recht am Sitz des Versicherers oder das Recht des Erfüllungsortes für die Regulierung eines Schadenfalles zu gelten hat. Im vorliegenden Falle haben das Versicherungsobjekt und der Versicherungsnehmer ihren Sitz in Thüringen, so daß auch der Versicherungsvertrag zweifellos zu dem Ostzonenbestand des Versicherers gehört. Daraus ergibt sich, daß der Versicherungsvertrag hier nur nach dem Recht der Ostzone und hier insbesondere nur nach dem thüringischen Recht beurteilt werden kann. Wenn man nun weiterhin berücksichtigt, daß nach § 269 BGB als Erfüllungsort der Sitz des Schuldners bzw. der gewerblichen Niederlassung in Frage kommt, so ergibt sich auch hier heraus, daß nur das Recht in der Ostzone anzuwenden ist. Denn im vorliegenden Fall ist der Versicherungsvertrag mit der Bekl. unstreitig durch die Generalagentur Bock in H. [sowjet.] abgeschlossen worden. Diese Generalagentur hat auch den Versicherungsvertrag selbständig verwaltet. An sie sind nach der Bekundung des Zeugen auch stets die Prämien gezahlt worden. Nach den von der Bekl. vorgelegten Nachweisen hat diese Generalagentur die Prämienbestände selbständig verwaltet, aus diesem Bestande Verpflichtungen aus den Versicherungsverträgen erfüllt und dann allmonatlich mit der Bekl. in Hamburg in der Weise abgerechnet, daß sie nur die Überschüsse abgeliefert hat. Die Generalagentur in ... steht damit zu der Hauptverwaltung ... im Verhältnis von Zweigniederlassung zur Hauptniederlassung. Demgemäß ist der gesetzliche Erfüllungsort bei derjenigen Niederlassung begründet, in deren Betrieb die Verpflichtung entstanden ist. Dies ist hiernach der Sitz der Generalagentur. Damit ist das für die Ostzone und insbesondere für das Land Thüringen nach dem § 2 der DVO v. 1. 11. 1945 zu dem Gesetz v. 22. 9. 1945 geltende Verbot der Zahlungen für Schäden, die vor dem 9. 5. 1945 eingetreten sind, im vorliegenden Falle zu beachten, so daß auch hiernach der Klaganspruch nicht berechtigt ist."

**157.** **Statut eines Versicherungsvertrages ist das am Erfüllungsort oder am Sitz des Unternehmens geltende Recht. — Die sich daraus ergebende Anwendung eines in einer anderen Zone bestehenden gesetzlichen Leistungsverbotes verstößt nicht gegen den ordre public der lex fori. — Auch durch Inanspruchnahme einer Zweigniederlassung einer Versicherungsgesellschaft kann ein gesetzliches Leistungsverbot nicht umgangen werden, das für die in einer anderen Zone belegene Hauptniederlassung der Gesellschaft verbindlich ist.**

LG Köln (brit.Zone), Urt. v. 19. 4. 1948 — 3 O 360/47: JMBl NRW 1948, 184 (*Kleinrahm*).

Aus den Gründen:

„Die Ehefrau des Kl. hat am 27. 10. 1944 bei der Gepäckaufbewahrung des Hauptbahnhofs in D. [jetzt: brit.] einen Koffer zur Beförderung nach K. [jetzt: französ.] aufgegeben und darüber eine Reisegepäckversicherung in Höhe von 2000.— RM abgeschlossen. Der Koffer ist am Bestimmungsort nicht angekommen. Der Kl. beabsichtigt, die Bekl. auf Grund des Versicherungsvertrages für den entstandenen Schaden in Anspruch zu nehmen, und beantragt zur Erhebung der Klage die Bewilligung des Armenrechts. Die beabsichtigte Rechtsverfolgung verspricht indessen keinen Erfolg.

Der Kl. kann aus dem Versicherungsvertrag irgendwelche Rechte gegen die Bekl. nicht geltend machen. Die Bekl. ist lediglich eine Zweigniederlassung der Europäischen Güter- und Reisegepäckversicherungs-AG. in Berlin. Eine Zweigniederlassung ist kein selbständiges Rechtssubjekt. Unter der Firma einer Zweigniederlassung kann eine AG. nach anerkannter Rechtsprechung nur wegen solcher Ansprüche verklagt werden, die im Geschäftsbetriebe der Zweigniederlassung entstanden sind. Das ist bei dem mit der Klage erhobenen Anspruch nicht der Fall. Die Bekl. hat durch Vorlage von eidesstattlichen Versicherungen und einer innerbetrieblichen Anweisung hinreichend glaubhaft gemacht, daß vor der Kapitulation sämtliche Reisegepäckversicherungen innerhalb von Deutschland durch den betreffenden Gepäckabfertigungsbeamten im Auftrage der Europäischen Güter- und Reisegepäckversicherungs-AG. in Berlin auf Grund eines mit der deutschen Reichsbahn zentral getroffenen Abkommens abgeschlossen worden seien. Auch über die eingegangenen Prämien sei ausschließlich mit der Hauptniederlassung in Berlin abgerechnet worden. Die Zweigniederlassungen seien lediglich als unselbständige Schadenregulierungsstellen nach den Weisungen der Hauptniederlassung mit der Bearbeitung der Schadenfälle bis zur Entscheidungsreife betraut worden. Danach ist Vertragsgegner des Kl. allein die Hauptniederlassung in Berlin, in deren Geschäftsbetrieb ein Versicherungsanspruch allenfalls entstanden sein könnte. . . Vertragsgegnerin und in diesem Rechtsstreit passiv legitimiert ist nach alledem allein die Hauptniederlassung in Berlin. Die Klage gegen die Zweigniederlassung in Köln wäre abzuweisen.

Dieses Ergebnis entspricht um so mehr einem praktischen Bedürfnis und der Billigkeit. als das Deckungskapital aus der Zeit vor dem 8. 5. 1945, das allein der Hauptniederlassung aus den vereinnahmten Prämien zugeflossen ist, durch Beschlagnahme seitens der sowjet. MilReg. festgelegt ist. Zudem ist der Hauptniederlassung durch VO des Magistrats der Stadt Berlin v. 12. 11. 1945 — veranlaßt durch entsprechende Anordnungen der MilReg. — eine Erfüllung von Verbindlichkeiten aus der Vorbesetzungszeit untersagt. Es geht aber nicht an, unter Umgehung dieses Leistungsverbotes Befriedigung bei einer Zweigniederlassung zu suchen, die selbst am Vertrage nicht beteiligt ist und auch über die entsprechende Deckung nicht verfügt.

Auf Grund der VO des Magistrats der Stadt Berlin v. 12. 11. 1945, die rechtlich als gesetzliches Leistungsverbot anzusehen ist, würde auch eine Leistungsklage gegen die Hauptniederlassung Berlin, mit deren Durchführung beim LG Köln als örtlichem Gerichtsstand diese sich einverstanden erklärt hat, wenigstens als z. Z. unbegründet abgewiesen werden müssen, da die Verurteilung zu einer gesetzlich verbotenen Leistung nicht möglich ist. Die VO kann in vorstehendem Falle auch für die Rechtsanwendung in der brit. Zone nicht übergangen werden. Denn maßgebend für die Beurteilung des Rechtsverhältnisses ist das Recht, das am Erfüllungsort Berlin gilt. Es ist ferner ein auch international anerkannter Grundsatz, daß für Versicherungsverträge das Recht des Sitzes der Versicherungs-Unternehmung gilt.

Versicherungsrecht ist zwar Reichsrecht, und Landesgesetze und -verordnungen, die dem entgegenstehen, sind grundsätzlich rechtsunwirksam. Die Magistrats-VO kann jedoch nicht in diesem Sinne als Landesrecht angesehen werden. Das durch die militärische Besetzung Deutschlands neu entstandene Recht verlangt vielmehr eine andere Beurteilung. An Stelle des früheren Reichsgesetzgebers ist der Kontrollrat als oberstes gesetzgebendes Organ getreten. Er hat einen Teil seiner gesetzgebenden Gewalt auf die Zonenbefehlshaber — insoweit als Organe der im Kontrollrat zusammengefaßten alliierten Regierungen — übertragen, und zwar aus Gründen, die nicht mit denen verglichen werden können, welche vordem für die Kompetenzverteilung zwischen Reichs- und Landesrecht maßgebend waren. Die hiernach durch die Gesetzgebungsbefugnis der einzelnen MilReg. bedingte Verschiedenheit der Rechtsentwicklung in den vier Besatzungszonen selbst auf Gebieten, deren Regelung früher dem Reichsrecht vorbehalten war, muß auch in der brit. Zone in Kauf genommen werden, soweit und solange sie vom Kontrollrat gedeckt wird.

Unter diesen Umständen sind auch die Voraussetzungen des Art. 30 EGBGB, dessen entsprechende Anwendung in Erwägung gezogen werden könnte, nicht gegeben. Denn die Magistrats-VO, die sich als notwendige Folge der von der sowjet. MilReg. im Rahmen ihrer Gesetzgebungsbefugnis angeordneten Vermögenssperre darstellt, kann unter Berücksichtigung der erwähnten, durch den Ausgang des Krieges geschaffenen staatsrechtlichen Verhältnisse in Deutschland weder als unsittlich noch als unvereinbar mit dem Zwecke der in der brit. Zone geltenden Gesetze angesehen werden.

Es besteht danach kein Grund, der VO des Magistrats der Stadt Berlin in einer Klage gegen die Europäische Güter- und Reisegepäckversicherungs-AG., Berlin, vor einem Gericht der brit. Zone die verbindliche Kraft zu versagen, zumal sich die Versicherungsgesellschaft nur unter diesen Bedingungen auf die Verhandlung vor dem angerufenen, an sich örtlich unzuständigen Gericht einlassen würde.“

**158. Durch die Gesetze über den Neuaufbau des Versicherungswesens in Thüringen wurden lediglich die in Thüringen selbst ansässigen Versicherungsunternehmungen sowie die dortigen Geschäftsstellen auswärtiger Unternehmen aufgelöst; die außerhalb des Landes ansässigen Versicherungsunternehmen bestehen dagegen weiter. — Statut eines Versicherungsvertrages ist im interzonalen Recht das am Ort des Versicherungsunternehmens geltende Recht. — Ein nach diesem Recht bestehendes Auszahlungsverbot ist auch in einer anderen Zone zu beachten. — An-**

**sprüche aus einer Vertragsverletzung sind nicht selbständig, sondern finden ihre Grundlage in dem Vertrage selbst und unterstehen daher auch dessen Statut.**

OLG Gera (sowjet.Zone), Urt. v. 22. 6. 1948 — 5 U 13/48: VA 1948, 74; VersW 1948, 323.

Die Kl., die ihren Wohnsitz in der sowjet. Zone hat, macht den Anspruch aus einen Versicherungsvertrag sowie Schadensersatz wegen Vertragsverletzung gegen die bekl. Versicherungsgesellschaft mit Sitz in M. (amerik.) geltend. Die Bekl. hat zwar an sich den Anspruch aus dem Versicherungsvertrag anerkannt, beruft sich aber u. a. nach Auflösung ihrer Geschäftsstelle in Thüringen auf den Mangel der Passivlegitimation und auf ein vom Versicherungsaufsichtsamt in den Westzonen erlassenes Auszahlungsverbot. Das OLG hat die Klage abgewiesen.

Aus den Gründen:

„Zu prüfen ist zunächst die Frage der — von der Verkl. bestrittenen — passiven Klagelegitimation. Der Senat kann sich der Ansicht der Verkl., daß nur die Treuhandstelle der LVA in Gotha für die Geltendmachung des Anspruchs zuständig wäre, nicht anschließen. Vertragsgegnerin war zweifellos die Verkl., die in der Westzone ihren Sitz hat. Durch das Gesetz über den Neuaufbau des privaten und öffentlich-rechtlichen Versicherungswesens in Thüringen v. 22. 9. 1945 (RegBl I, 35) und die DVO zu diesem Gesetz v. 1. 11. 1945 (RegBl I, 66) wurden lediglich die in Thüringen ansässigen Versicherungsunternehmungen, also hier nur die in Weimar befindliche Geschäftsstelle der Verkl., aufgelöst und abgewickelt. Die B.-Versicherungs-Anstalt in M. (Verkl.), gegen die die Klage gerichtet ist, besteht weiter und ist durch die obigen Gesetze in keiner Weise berührt. Auch aus der Bestimmung des § 6 I des Gesetzes v. 26. 2. 1948 (RegBl I, 39), wonach Verbindlichkeiten der nicht mehr zugelassenen privaten und öffentlich-rechtlichen Versicherungsunternehmen im Rahmen der ergangenen Bestimmungen der Abwicklung durch die Landesversicherungsanstalt Thüringen unterliegen, kann nicht der Schluß gezogen werden, daß für die Verbindlichkeiten der im Westen ansässigen Versicherungsgesellschaften nur die Treuhandstelle in Thüringen haftbar wäre. Ob der Kl. Ansprüche aus der Versicherung gegen die Treuhandstelle in Thüringen zustehen, braucht im vorliegenden Rechtsstreit nicht gestreift zu werden.

Für die Frage der Berechtigung des geltend gemachten Anspruchs muß daran festgehalten werden, daß die Verkl. die Berechtigung der Kl. aus dem zugunsten der Braut des verstorbenen Ehegatten der Kl. abgeschlossenen Versicherungsvertrage nicht bestritten hat, vielmehr durch die Überweisung des Geldes sogar anerkannt hat, so daß sich in dieser Frage eine jede weitere Prüfung der Anspruchsberechtigung erübrigt. Weiter muß daran festgehalten werden, daß die Kl. zunächst ihren Anspruch aus dem Versicherungsvertrag selbst ableitet. Der Versicherungsvertrag ist mit der nicht in Thüringen ansässigen Verkl. geschlossen worden, und der Zahlungsanspruch wird auch nur gegen die Verkl. mit dem Sitze in M. erhoben. Das Gesetz über den Neuaufbau des privaten und öffentlich-rechtlichen Versicherungswesens v. 22. 9. 1945 beschränkt in keiner Weise die Zahlungsverpflichtung der in der westlichen Zone ansässigen Versicherungsunternehmen. Diese bleibt weiter bestehen, worüber sich die herrschende Meinung einig ist (siehe *Roesch*, Erfurt in NJW 1947/48, 290). Zu einem ähnlichen Ergebnis gelangt auch Oberregierungsrat *Dr. Finke*, Hamburg, in seinen Ausführungen aaO. S. 292. Es kann also von diesem Gesichtspunkte aus gegen die Zahlungspflicht der Verkl. (aus dem Versicherungsvertrage selbst) kein Anstand obwalten. RegRat *Roesch* hat in seinen Ausführungen schon darauf hingewiesen, daß im einzelnen Falle die Möglichkeit der Befreiung von der Erfüllung solcher Verpflichtungen im Wege aufsichtsamtlicher Auszahlungsverbote besteht, aber auch grundsätzlich die Möglichkeit genereller Zahlungsverbote durch gesetzgeberische Akte gegeben sei. Eine solche Beschränkung ist tatsächlich erfolgt. Das Zonenamt des Reichsaufsichtsamtes für das Versicherungswesen hat in der 2. ErgänzungsVO zur Auszahlungsanordnung für die Lebensversicherung (abgedruckt VersW 1948, 124) im Punkt I 3 ausgesprochen, daß Leistungen aus Lebensversicherungsverträgen zu bewirken sind, wenn der Berechtigte am 8. 5. 1945 seinen Wohnsitz in den Westzonen hatte und der Versicherungsfall bis zu diesem Zeitpunkte eingetreten ist, ebenso wenn der Versicherungsnehmer seinen Wohnsitz nach dem 8. 5. 1945 außerhalb der Westzonen beibehalten hat, der Berechtigte aber am 8. 5. 1945 seinen Wohnsitz in den Westzonen hatte oder ihn nach diesem Zeitpunkte, spätestens bis zum 31. 12. 1947 dorthin verlegt hat und die Versicherung unter Zahlung der Beiträge fortgesetzt worden ist. Der Punkt IIa bestimmt, daß die Versicherungsunternehmen berechtigt sind, die Leistung einstweilen zu verweigern, wenn die Voraussetzungen zu Abs. 1 nicht vorliegen. Da im interzonalen Verkehr das Privatrecht, das am Sitz des Versicherers gilt, anzuwenden ist, wie dies bereits das hiesige OLG in einer Entscheidung 3 U 15/47 ausgesprochen hat, und deshalb eine am Sitz der Versicherungsgesellschaft bestehende Beschränkung der Zahlungspflicht auch in den anderen Zonen, insbesondere in der Ostzone, wirksam ist, ist der Verkl. auf Grund der obigen Bestimmung berechtigt, die Zahlung einstweilen zu verweigern, weil die Kl. in der Ostzone wohnte und wohnt. Es ist daher die Klage, soweit der Anspruch aus dem Versicherungsvertrage geltend gemacht wird, zur Zeit nicht begründet.

Soweit es um die Ansprüche der Kl. aus der Verletzung der Vertragspflicht geht (Schadenersatzanspruch), gilt die Erwägung, daß diese Ansprüche keine selbständigen Ansprüche sind, sondern ihre Grundlage in dem Versicherungsvertrage selbst haben und in letzter Linie nur aus diesem abgeleitet werden können, daß daher, wenn die Versicherungsunternehmung ihre Leistungen aus dem Vertragsverhältnis einstweilen verweigern darf, sie auch nicht gehalten werden kann, Ansprüche, die aus der Verletzung der Vertragspflicht abgeleitet sind, zu befriedigen, daß sie also auch die Bezahlung dieser Ansprüche verweigern darf. Bei dieser Sachlage erübrigt sich daher die Erörterung der Frage des Verschuldens der Verkl."

**159.** **Ein Gericht in der brit. Zone braucht die Rechtsgültigkeit der in der Ostzone gegen Versicherungsgesellschaften angeordneten Maßnahmen nicht nachzuprüfen. — Statut eines Versicherungsvertrages ist das an der Hauptniederlassung des Versicherungsunternehmens geltende Recht; Zwangsmaßnahmen am Ort des versicherten Risikos sind daher unbeachtlich.**

LG Hamburg (brit. Zone), Urt. v. 6. 1. 1949 — 2 O 204/48: VersW 1949, 368.

Der Kl. ist Besitzer eines Landgutes, das zum kleineren Teil in der sowjet. Besatzungszone, zum größeren Teil in der brit. Besatzungszone liegt. Der Kl. selbst hat seinen Wohnsitz auf brit. Besatzungsgebiet. Er hat sein Landgut bei der in der brit. Zone liegenden Verwaltungsstelle der bekl. Versicherungsgesellschaft mit Sitz in der brit. Zone gegen Feuer versichert. Im Jahre 1947 sind zwei auf sowjet. Besatzungsgebiet gelegene Gebäude des Landgutes abgebrannt. Die Bekl. beruft sich auf Anordnungen der SMA in der sowjet. Zone über die Aufhebung von Versicherungsverträgen. Das LG gab der Klage statt.

Aus den Gründen:

„Die Anführungen der Bekl., der Versicherungsvertrag sei durch die Anordnungen der SMA teilweise aufgehoben, treffen nicht zu. Es mag dahingestellt bleiben, ob die Anordnungen überhaupt Rechtsgültigkeit besitzen, was im Hinblick darauf, daß sie gegen die Potsdamer Beschlüsse verstoßen, in der Literatur zum Teil bezweifelt wird. Auf keinen Fall sind sie für das unter den Parteien bestehende Vertragsverhältnis maßgebend. Zu Unrecht beruft sich die Bekl. darauf, daß nach den im interzonalen Rechtsverkehr anzuwendenden interlokalprivatrechtlichen Grundsätzen das am Ort des versicherten Risikos geltende Recht, hier also sowjet. Besatzungsrecht, maßgeblich sei. Richtig ist vielmehr, daß sowohl nach internat. wie nach interlokalem Privatrecht für Versicherungsverträge das am Ort der Hauptniederlassung des Versicherers geltende Recht maßgebend ist (vgl. *Prölss*, DRZ 1948, 64 mit weiteren Nachweisen). Unstreitig hat aber im vorliegenden Fall die Bekl. ihre Hauptniederlassung in den Westzonen; deren Recht, und nicht das der Ostzone ist daher auf das zwischen den Parteien bestehende Vertragsverhältnis anzuwenden. . . Es bestehen daher keine Bedenken, die oben erwähnten Grundsätze anzuwenden, nach denen unter den Parteien ausschließlich Westzonenrecht gilt. Nach diesem ist aber der Versicherungsvertrag, auch soweit er sich auf das Risiko [in der sowjet. Besatzungszone] bezieht, nach wie vor rechtsgültig. Den Anordnungen der SMA kommt mithin insoweit nur territoriale Bedeutung zu (vgl. auch *Prölss*, Versicherungsvertragsgesetz$^{5}$, Vorbem. VI 1 a), was auch im Hinblick darauf der Interessenlage entspricht, als der Kl. seinen Wohnsitz in der brit. Zone hat, auch für ihn als Einzelperson die Anordnungen der Ostzone daher unverbindlich sind.“

**160.** **Nach gesetzlicher Vorschrift am Sitze einer Versicherungsgesellschaft können Gläubiger mit Wohnsitz in einem Gebiet, in dem das Vermögen einer Versicherungsgesellschaft beschlagnahmt oder enteignet wurde, Forderungen gegen das Unternehmen solange nicht geltend**

**machen, als den Versicherungsgesellschaften die Verfügungsbefugnis über ihr Vermögen in jenem Gebiet entzogen bleibt.**

AG Berlin-Charlottenburg (Berlin-West), Urt. v. 22. 2. 1949 — 3 C 428/48: *unveröff.

Der Kl. mit Wohnsitz in R. (sowjet.) macht aus seinem Versicherungsvertrag einen Anspruch gegen die bekl. Versicherungsgesellschaft mit Sitz in West-Berlin geltend. Das AG wies die Klage ab.

„Die Bekl. hat ihren Sitz in dem Gebiet, für welches die Umstellungs-VO gilt, nämlich im brit. Sektor von Groß-Berlin. Sie hat durch Gesetz, welches außerhalb dieses Gebietes erlassen worden ist, nämlich auf Grund des Befehls Nr. 247 des Marschalls Sokolowski und des Gesetzes des Landes Brandenburg v. 11. 9. 1947 (GVOBl 1947, 21) in Verbindung mit den dazu erlassenen Ausführungsbestimmungen v. 28. 10. 1947 die Verfügung über Aktiven verloren, die sie im Lande Brandenburg besitzt. Gemäß Art. 21 Ziff. 54 letzter Satz der Umstellungs-VO kann der Kl., der ebenfalls im Gebiet außerhalb der brit. Besatzungszone, nämlich in der sowjet. Zone wohnt, Forderungen gegen die Bekl. nicht geltend machen."

**161. Statut eines Versicherungsvertrages ist mit Rücksicht auf den Charakter als Massenvertrag mit geringem individuellem Einschlag das am Sitz des Versicherungsunternehmens geltende Recht. — Landesgesetze können die rechtliche Existenz und das Vermögen einer Gesellschaft außerhalb der Landesgrenzen nicht berühren. — Auf Grund der in der Ostzone erlassenen Auszahlungsverbote für Versicherungsunternehmen beschränkt sich die Haftung des Westvermögens auf die Verbindlichkeiten, die sich auf diesen „Bestand" beziehen. — Da die in den Westzonen gelegene Zweigniederlassung eines Berliner Unternehmens keinen Sitz des Unternehmens in den Westzonen begründet, das versicherte Risiko außerhalb dieser Zone lag und die Prämienzahlungen außerhalb der Westzonen geleistet wurden, hat die Verbindlichkeit keine Beziehung zur Westzone und ist der Versicherungsvertrag nicht nach dem Recht des Westbestandes der Versicherungsgesellschaft zu beurteilen.**

OLG Celle (brit. Zone), Urt. v. 11. 4. 1949 — 1 U 135/48: MDR 1949, 489; AZGB Nr. 105, No. 440.

Die Kl. mit Sitz in West-Berlin und einer Zweigniederlassung in H. (brit.) war bei der bekl. Versicherungsgesellschaft gegen Feuerschaden versichert. Der Versicherungsvertrag war mit der Berliner Bezirksdirektion der Bekl. mit dem Erfüllungsort Berlin abgeschlossen. Bei einem der versicherten Objekte, das im Gebiet der heutigen Tschechoslowakei lag, entstand 1944 ein Feuerschaden. Die Bekl. versuchte noch vor dem Zusammenbruch, den größten Teil der Versicherungssumme zu überweisen; infolge der Kriegsereignisse ging jedoch der Betrag an die Bekl. zurück.

Die bekl. Versicherungsgesellschaft verlegte nach der zwangsweisen Einstellung ihres Geschäftsbetriebes und der Beschlagnahme ihres Vermögens in der sowjet. Zone im Jahre 1946 ihren Sitz in die brit. Zone. LG und OLG wiesen die Klage auf Zahlung der Versicherungssumme ab.

Aus den Gründen:

„Das ursprünglich unter einheitlichem deutschem Recht stehende Vertragsverhältnis der Parteien berührte nach der alliierten Besetzung infolge der damit eintretenden Rechtszersplitterung mehrere Rechtsgebiete. Für die Frage des nunmehr anzuwendenden Rechtes scheidet eine vertragliche Vereinbarung aus, weil die Parteien bei dem vor dem Zusammenbruch erfolgten Vertragsabschluß an zonenrechtliche Unterschiede nicht denken konnten und eine nachträgliche Vereinbarung nicht vorgetragen ist.

Nach Ansicht des Senats ist entsprechend der herrschenden Meinung (*Bruck*, Privatversicherungsrecht [1930] 39/49 und *Prölss*, DRZ 1948, 64) mit Rücksicht auf den besonderen Charakter der Versicherungsverträge als typische Massenverträge mit möglichst geringem individuellem Einschlag zunächst das an dem Sitz des Versicherungsunternehmens geltende Recht als maßgeblich anzusehen.

Nach dem für Thüringen, dem damaligen Sitz der Bekl., geltenden Recht werden in der Schadenversicherung Zahlungen für vor dem 9. 5. 1945 entstandene Schäden nicht geleistet . . .

Es ist aber nicht frei von Bedenken, ob die Bekl. sich auf diese Bestimmung unmittelbar berufen kann. Zur Zeit des Erlasses dieser DVO war sie in Thüringen bereits aufgelöst. Durch das Gesetz v. 22. 9. 1945 wurden nämlich die in Thüringen ansässigen privaten Versicherungsunternehmen aufgelöst (§ 6). Der Zeitpunkt der Liquidation wurde durch die DVO auf den 1. 11. 1945 festgestellt (§ 2).

Weiter waren die genannten Bestimmungen als Landesgesetze nur in dem Lande Thüringen wirksam. Die rechtliche Existenz und das Vermögen der Bekl. außerhalb dieses Gebietes konnten sie infolgedessen nicht berühren. Sie wollten es offensichtlich auch nicht. Entsprechend ist durch die VO v. 31. 3. 1947 (RegBl Thüringen 1947 I 45) nur das im Lande Thüringen befindliche Vermögen der Bekl. enteignet worden. Weiter sind durch § 7 des Gesetzes v. 22. 9. 1945 nur diejenigen Verträge der aufgelösten Privatversicherungsunternehmen auf die öffentliche Versicherungsanstalt in Thüringen übertragen worden, die sich auf das Land Thüringen erstreckt haben.

Für die übrigen Länder der Ostzone und Berlin sind allerdings auf Grund des Befehls OL der SMAD v. 23./25. 7. 1945 ebenfalls Zahlungsverbote aus Versicherungsschäden aus der Zeit vor dem 8. 5. 1945 ergangen, für Berlin auf Grund eines Befehls der All. Kommandantur v. 26. 9. 1945 . . .

Alle diese Gesetze und Anordnungen haben sich darauf beschränkt, in der Ostzone und Berlin ansässigen Versicherungsunternehmen ein Leistungsverweigerungsrecht bezüglich der bezeichneten Ansprüche zu gewähren. Es könnten zwar Bedenken geäußert werden, aus diesen ostzonalen Regelungen, wenn auch nur beschränkt auf die außerhalb der Westzonen ansässigen Versicherungsnehmer, ein Leistungsverweigerungsrecht auch für solche Unternehmen, deren rechtlicher Bestand in der Westzone nicht betroffen worden ist, unmittelbar herzuleiten; denn eine Anordnung der ostzonalen Stellen an diese Unternehmen würde deren

Kompetenz überschreiten und ist auch nach dem Ausgeführten nicht erfolgt.

Der Senat vermag jedoch aus dieser Rechtsansicht nicht zu folgern, daß der Bekl. auf Grund der in den Ostgebieten getroffenen Maßnahmen ein Leistungsverweigerungsrecht zustehen würde. Ein solches Recht ist vielmehr im vorliegenden Falle aus dem hier zutreffenden Gesichtspunkt der Haftungstrennung abzuleiten, d.h. aus der Beschränkung der Haftung des Westvermögens der Bekl. für die Westversicherten. Es kann dahingestellt bleiben, in welchem Umfange allgemein eine derartige Beschränkung gerechtfertigt ist. Dieses wird nur von Fall zu Fall entschieden werden können.

Im vorliegenden Falle hat das Vertragsverhältnis weder durch das Versicherungsobjekt, noch durch Prämienzahlung oder den Sitz der Kl. eine Beziehung zu den Westzonen. Bei dieser besonderen Sachlage ist es billig, die Bekl. nicht mit ihren Westvermögenswerten haften zu lassen.

Mit der Aufspaltung Deutschlands in mehrere wirtschaftlich nahezu völlig voneinander getrennte Gebiete hat sich auch der Versicherungsbestand der Bekl. aufgespalten. Diese Tatsache rechtfertigt es, die Haftung der in dem jeweiligen Gebiet befindlichen Vermögenswerte auf die sich auf dieses Gebiet beziehenden Verbindlichkeiten zu beschränken. Diese Beschränkung ist um so mehr geboten, als die in den Westzonen befindlichen Werte der Bekl. in erheblichem Maße aus laufenden Prämienaufkommen der Westversicherten bestehen. Es kann daher den Westversicherten nicht zugemutet werden, daß ihre Prämien zur Deckung von Schäden in der Ostzone verwendet werden.

Der Senat schließt sich der in den zitierten Urteilen des AG Charlottenburg und des LG Berlin[1] vertretenen Ansicht an, daß es unbillig und der Bekl. nicht zuzumuten ist, wenn sie alle Ansprüche, die in der Ostzone und in Berlin gegen sie erwachsen sind, aus dem ihr noch frei zur Verfügung stehenden Teil ihres Vermögens befriedigen soll. In den Anordnungen, die die verschiedene Behandlung der beiden Vermögensteile herbeigeführt haben, muß daher zugleich eine Haftungsbeschränkung der Bekl. derart gefunden werden, daß sie mit dem freien Vermögensanteil nicht für solche Ansprüche haftet, die in den durch das Zahlungsverbot betroffenen Teilen Deutschlands bestehen ...

Auch der Gesetzgeber in den Westzonen ist zu den dargelegten Schlußfolgerungen gekommen. Nach der zum Schutze der neuen Währung und der Wirtschaft in den Westzonen erlassenen 3. VO über die Schadens-pp-Versicherung v. 27. 7. 1948 (VOBl brit. 48, 255) gelten alle Verbindlichkeiten aus einem Versicherungsverhältnis mit Wirkung v. 20. 6. 1948 als erloschen, wenn der Versicherungsnehmer am 20. 6. 1948 seinen Wohnsitz (Sitz) in einem Gebiet von Deutschland nach dem Stande v. 31. 12. 1937 außerhalb des Währungsgebietes hatte und das versicherte Wagnis außerhalb des Währungsgebietes lag.

Nach dieser Bestimmung ist die Forderung der Kl. mit Wirkung v. 21. 6. 1948 erloschen.

---

[1] Siehe oben Nr. 154 a und b.

Der Sitz der Kl. am Stichtag lag außerhalb des Währungsgebietes. Der Begriff des Währungsgebietes ist im Gesetz Nr. 63 (UG) § 1 Abs. I Ziff. 5 festgelegt und umfaßt das Gebiet von Berlin nicht ...

Auch die Zweigniederlassung der Kl. in Bad Harzburg vermag einen Sitz im Währungsgebiet nicht zu begründen. Es kann dahingestellt bleiben, ob dieser bisher einhellig vertretene Standpunkt unter den heutigen veränderten Verhältnissen, wo viele Niederlassungen durch die Zonengrenzen weitgehend voneinander getrennt sind, in vollem Umfange aufrecht erhalten werden kann; denn die Kl. hat nichts darüber vorgetragen, daß sie einen wesentlichen Teil ihres Geschäftsbetriebes durch ihre Zweigniederlassungen abwickelt.

Das versicherte Wagnis lag auch außerhalb des Währungsgebietes. Dieses Gebiet lediglich auf die Ostzone [zu] beschränken, wie es die Kl. möchte, besteht keine Veranlassung; denn weder aus dem Wortlaut noch dem Zweck der VO, die Ansprüche nur solcher Ostgläubiger zu erhalten, die eine besondere Beziehung zu den Westzonen durch ihren Wohnsitz oder die Lage des Wagnisses haben, ergeben irgendwelche Anhaltspunkte in dieser Richtung ...

Die Klageforderung ist auch auf Grund des § 13 der (1.) VO über die Schadens-pp-Versicherung v. 5. 7. 1948 (VOBl brit. 48, 254) erloschen. Nach dieser VO gelten alle Verbindlichkeiten der im Währungsgebiet zum Geschäftsbetrieb zugelassenen Versicherungsunternehmen aus Schadensversicherung als erloschen, wenn dem Unternehmen der Weiterbetrieb des Versicherungsgeschäfts in einem Gebiet von Deutschland nach dem Stande v. 31. 12. 1937 außerhalb des Währungsgebietes untersagt oder unmöglich gemacht worden ist und die Verbindlichkeiten als für dieses Gebiet ausstehend anzusehen sind.

Die Bekl. ist im Währungsgebiet zum Geschäftsbetrieb zugelassen. Der Weiterbetrieb ihres Versicherungsgeschäfts in dem genannten ostdeutschen Gebiet ist ihr, wie bereits ausgeführt, unmöglich gemacht. Endlich ist die Forderung auch in diesem Gebiet entstanden und als dort ausstehend anzusehen.

Für die Entscheidung des vorliegenden Rechtsstreites kann es dahingestellt bleiben, ob mit der am 20. 3. 1949 erfolgten Einführung der Westmark als alleinigem Zahlungsmittel in den Berliner Westsektoren dieses Gebiet mit diesem Tage zum Währungsgebiet geworden ist. Selbst wenn ..., würde das aus dem Gesichtspunkt der Haftungsbeschränkung entwickelte Leistungsverweigerungsrecht der Bekl. unberührt bleiben."

**162. Das interzonale Versicherungsrecht ist nach den Grundsätzen des internat. Versicherungsprivatrechts zu behandeln. — Mangels ausdrücklicher Parteivereinbarung ist daher Statut eines Versicherungsvertrages das am Sitz des Unternehmens geltende Recht. — Als Betriebsstatut wird das Recht am jetzigen, nicht das am früheren, z. Z. des Vertragsabschlusses bestehenden Sitz des Versicherungsunternehmens betrachtet, vor allem wenn die Parteien im Prozeß sich darüber einig sind. — Setzt das maßgebende Recht Haftungsbeschränkungen fest, so entscheidet bei einem Lebensversicherungsvertrag für die Zuweisung des Versicherungsverhält-**

**nisses zu einem bestimmten „Bestand“ nicht der Wohnsitz des Versicherungsnehmers, sondern die Lage des Deckungskapitals für dieses Vertragsverhältnis, bestimmt durch den Ort der Prämienzahlung.**

LG Köln (brit. Zone), Urt. v. 29. 6. 1949 — 2 O 15/48: VersW 1949, 410 (*Hartmann* und *Meisch*); DRsp. II (226) 29c.

Der Ehemann der Kl. hat im Jahre 1934 mit der Bekl. durch Vermittlung ihrer Kölner Agentur zugunsten der Kl. einen Lebensversicherungsvertrag abgeschlossen. Zu Beginn des Krieges siedelte der Versicherungsnehmer mit seiner Familie nach Berlin über. Vor der geplanten Rückübersiedlung nach Köln starb er nach der Besetzung Berlins dort. Die Kl. kehrte nach dem Tode des Ehemannes nach Köln zurück. Die Prämie für den Versicherungsvertrag wurde vereinbarungsgemäß laufend an die Kölner Agentur der Bekl. gezahlt. Nach der Kapitulation ist keine Prämie mehr fällig geworden. Das LG gab der Klage auf Zahlung statt.

Aus den Gründen:

„A. Das dem Klageantrag zugrunde liegende Versicherungsverhältnis ist nach Ansicht des Gerichts grundsätzlich nach dem Recht der brit. Zone zu beurteilen. Rechtsprechung und Rechtslehre wenden auf die neu entstandenen Rechtsprobleme des Interzonalen Versicherungsrechts weitgehend die für das Deutsche Internat. Versicherungsprivatrecht herausgearbeiteten Rechtsgrundsätze an. Nach der hier herrschenden Meinung ist mangels einer ausdrücklichen Parteivereinbarung über das anzuwendende Recht das Recht am Sitze des Unternehmens (Betriebsstatut) maßgebend. Darüber, daß als solches hier nicht das Recht der Ostzone, insbesondere sächsisches Recht als dasjenige des früheren Hauptsitzes der Bekl. anzunehmen ist, sondern das Recht der brit. Zone, in der die Bekl. heute ihren Hauptsitz hat, sind sich die Parteien offenbar einig.

B. . . . Für die Entscheidung des Rechtsstreits kommt es hiernach wesentlich darauf an, ob die Bekl. dem auf § 2 II Nr. 3 der 2. Anordnung über die Lebens- und Rentenversicherung . . . v. 27. 7. 1948 gestützten Klageanspruch entgegenhalten kann, daß die Kl. gem. § 6 Ansprüche im Währungsgebiet nicht geltend machen könne, da das streitige Versicherungsverhältnis zum ‚Berliner Bestand‘ i. S. des § 6 gehöre.

Das Zonenamt lehnt sich bei seiner gutachtlichen Äußerung an die tatsächlichen Voraussetzungen des § 1 II an, die es schlechthin auf den Wohnsitz des Versicherungsnehmers im Zeitpunkt des Versicherungsfalles bzw. am 20. 6. 1948 abstellen.

Diese Auslegung ist für den Regelfall eines von einem Berliner Versicherungsnehmer abgeschlossenen oder in Berlin vor Eintritt des Vers.-Falls auch bearbeiteten Vers.-Verhältnisses durchaus überzeugend. Sie muß jedoch in dem vorliegenden Falle versagen, wo der Wohnsitz des Versicherungsnehmers bei Eintritt des Versicherungsfalles in Berlin nur ein zufälliger war und in keinem inneren Zusammenhang mit Begründung und Führung des Versicherungsverhältnisses stand, die ausschließlich im Westen erfolgten. Die Einbegreifung auch solcher Fälle unter den sog. ‚Berliner Bestand‘ würde dem Bestandsbegriffe, wie ihn die Entwicklung des Versicherungsrechts nach dem Kriege und dem Zerfall Deutschlands in mehrere Zonen fortgebildet hat, widersprechen.

Sowohl das Zonenamt als auch die Ausführungen der Bekl. lassen bei der Erörterung der Anwendung des § 6 auf den vorliegenden Fall unberücksichtigt, daß das zur Rede stehende Versicherungsverhältnis im Westgebiet abgeschlossen worden ist, daß sämtliche Prämien bis zum Eintritt des Vers.-Falls über eine Westagentur der Bekl. gezahlt worden sind und die Berliner Bezirksdirektion der Bekl. im Zeitpunkt des Versicherungsfalles von dem streitigen Versicherungsverhältnis noch nicht einmal Kenntnis hatte. Diese Umstände erscheinen jedoch für die Frage, zu welchem ‚Bestand' das zur Rede stehende Versicherungsverhältnis gehört, nach der Entstehungsgeschichte der Lehre von den mehreren Beständen ausschlaggebend.

Die unterschiedliche Entwicklung des Versicherungsrechts in der russ. Zone, in Berlin und in den Westzonen und die Verschiedenheit der rechtlichen Schicksale des Vermögens der Versicherer in den verschiedenen Zonen führten notwendig zu einer Spaltung des Gesamtbestandes der Versicherer in verschiedene zonale Bestände. Hierbei spielt für die Lebensversicherung im Hinblick auf die Verpflichtung zur Schaffung der Deckungsreserven der Gesichtspunkt eine ausschlaggebende Rolle, daß die jeweiligen Bestände durch die in der Zone angesammelten Vermögenswerte gedeckt sein sollten. Der entstehungsgeschichtliche Sinn des Begriffs ‚Bestand' geht daher in Übereinstimmung mit der wörtlichen Bedeutung primär von den Verhältnissen des Versicherten aus. Die Auslegung des Zonenamtes — wenn auch nicht der Wortlaut des § 6 und ebenso die Anordnung des Groß-Berliner Aufsichtsamtes v. 19. 5. 1947 (R I 47) — stellen es dagegen nur auf den Wohnsitz des Versicherungsnehmers bei Eintritt des Versicherungsfalles ab, der dafür maßgebend sein soll, ob ein Versicherungsverhältnis ‚den Anordnungen der Berliner Aufsichtsbehörde unterliegt'. Die Auslegung des Zonenamtes verlegt demnach das Schwergewicht des Begriffs ‚Bestand' i. S. des § 6 aus der Sphäre des Versicherers in diejenige des Versicherungsnehmers. Dies mag seinen wohlüberlegten Grund darin haben, daß in der überwiegenden Mehrzahl der Fälle der Versicherungsnehmer seine Prämie an seinem Wohnsitz bezahlt, das Versicherungsverhältnis dementsprechend in der Regel auch von dem Versicherer durch die für den Wohnsitz des Versicherungsnehmers zuständige Agentur bearbeitet wird und insbesondere, daß in der Regel auch die am Wohnort des Versicherungsnehmers gezahlten Prämien in die dort angesammelten Deckungsreserven fließen. Doch kann dem Wohnsitz des Versicherungsnehmers z. Z. des Versicherungsfalles als Unterscheidungsmerkmal für die Frage der Zuteilung des Versicherungsverhältnisses zu dem einen oder anderen Versicherungsbestand im Grunde nur sekundäre Bedeutung zukommen.

Das Unterscheidungsmerkmal des Wohnsitzes muß jedenfalls für das Gebiet der Lebensversicherung versagen, wo Wohnsitz des Versicherungsnehmers einerseits, Bearbeitung des Versicherungsverhältnisses und Zahlungsort der Prämien zonal auseinanderfallen." [Das Gericht weist zur Bestätigung auf die Auslegung des § 6 im Schrifttum hin. *Sachs* insbesondere (VersW 1948, 270) führe aus, daß ein Versicherungsverhältnis nicht einfach durch Wohnsitzverlegung seinen Rechtscharakter ändere und daß entscheidendes Gewicht auf die Lage des Deckungskapitals der einzelnen Versicherung zu legen sei.]

**163.** **Statut eines Versicherungsvertrages ist das Recht am Sitze des Versicherers. — Hat sich nach Vertragsschluß dieses Recht geändert, so ist dieses neue Recht für den Vertrag nur dann maßgebend, wenn beide Parteien der Herrschaft des neuen Rechts unterstehen oder sich ihm unterwerfen wollen.**

OLG Düsseldorf (brit. Zone), Urt. v. 19. 7. 1949 — 4 U 59/49: VersW 1949, 434.

Der Ehemann der Kl. hatte mit der bekl. Versicherungsgesellschaft, deren Sitz sich in Berlin befindet, einen Lebensversicherungsvertrag abgeschlossen. Nach Eintritt des Versicherungsfalles überwies die Bekl. die Versicherungssumme an die Kl.; das Geld ging jedoch infolge der Kriegsereignisse bei dieser nicht ein. Die Kl., deren Wohnsitz sich in der brit. Zone befindet, verlangt Zahlung der Versicherungssumme. Das OLG verurteilte antragsgemäß.

Aus den Gründen:

„Der Geltendmachung des Anspruchs der Kl. steht die VO des Magistrats der Stadt Berlin v. 12. 11. 1945 nicht entgegen. Diese VO, die mit Rücksicht auf die besonderen Verhältnisse in Berlin erlassen wurde, verbietet die Erfüllung von Versicherungsverbindlichkeiten aus der Vorbesatzungszeit. Auf das vorliegende Vertragsverhältnis findet grundsätzlich Berliner Recht als das Recht des Betriebsstatuts Anwendung. Da sich dieses Recht jedoch seit Vertragsschluß durch die Magistrats-VO verändert hat, kann es nur angewandt werden, wenn beide Parteien sich dem neuen Recht unterwerfen wollen oder wenn beide Parteien der Herrschaft des neuen Rechts unterstehen (RGZ 107, 123). An dieser Voraussetzung fehlt es hier, so daß es bei dem Recht zur Zeit des Vertragsschlusses verbleiben muß. Der VO des Berliner Magistrats kann also nur eine beschränkte Bedeutung — und zwar hauptsächlich für den Zahlungsverkehr innerhalb Berlins — zukommen, was wohl auch dem Sinn und Zweck der VO entspricht (s. auch *Kleinrahm*, JMBl NRW 1948, 185ff.). Dieses Ergebnis erscheint im vorliegenden Fall auch billig, da die Bekl. in den Westzonen Zweigniederlassungen unterhält, die im Hinblick auf die Schwierigkeiten beim Interzonenverkehr gegenüber früher eine größere wirtschaftliche Selbständigkeit besitzen. Die Bekl. ist demnach zur Zahlung der Versicherungssumme verpflichtet."

**164.** **In der Sachversicherung ist eine Haftungsbeschränkung des Versicherers auf den „Bestand", dem die Prämie für das versicherte Risiko zugeflossen ist, abzulehnen.**

KG Berlin (West), Urt. v. 8. 12. 1949 — 4 U 3086/49: VersR 1950, 101.

Die Wohnung des Kl. in L. (sowjet.) wurde am 1. 11. 1945 durch einen Brand beschädigt. Der Kl. beansprucht Ersatz auf Grund seines 1938 abgeschlossenen Versicherungsvertrages mit der Bekl. Das KG verurteilte antragsgemäß.

Aus den Gründen:

„Daß das Betätigungsverbot für das Land Mecklenburg-Vorpommern (sowjet.) die Bekl., die ihren Sitz in Berlin hat, nicht von allen Verpflichtungen befreien kann, die ihr aus bereits eingetretenen Schadensfällen obliegen, hat das LG mit Recht angenommen. Auch die spätere Übernahme der Versicherungsverträge durch die in Mecklenburg-Vorpommern gebildete Sach- und Personenversicherungsanstalt kann die Bekl. nicht von der Haftung für frühere Versicherungsfälle befreien, gleichviel ob diese Verbindlichkeiten in den Westzonen oder in der Ostzone entstanden sind (vgl. *Roesch*, NJW 1947/48, 290). Bei der Sachversicherung ist, anders als bei der Lebensversicherung, keine unmittelbare Beziehung zwischen den Ansprüchen des Versicherungsnehmers und einzelnen Vermögensstücken des Versicherers als Haftungsgrundlage gegeben; diese Vermögensstücke dienen nicht, wie in der Lebensversicherung die Werte des Deckungsstockes, ausdrücklich zur Deckung solcher Ansprüche. Etwaige Enteignungen in der Ostzone bewirken in solchen Fällen nicht das Erlöschen der Forderungen der Versicherungsnehmer, eine Haftungsbeschränkung des Versicherers auf das Ostvermögen ist abzulehnen (vgl. *Prölss*, DRZ 1948, 64). Im Einzelfall wird hier nach § 242 BGB ein billiger Interessenausgleich gefunden werden müssen."

**165. Die Enteignung des Vermögens der Versicherungsgesellschaften in der Ostzone hat die Spaltung des Vermögens der Gesellschaften in einen Ost- und in einen Westbestand zur Folge. — Die Zugehörigkeit eines Versicherungsvertrages zu einem dieser Bestände richtet sich nach dem Wohnsitz des Versicherungsnehmers. — Durch die Abtretung von Versicherungsansprüchen nach der Aufteilung der Bestände konnte nur noch ein Anspruch gegen den jeweiligen zonalen Bestand der Gesellschaft übertragen werden.**

LG Berlin (West), Urt. v. 31. 10. 1950 — 25 S 496/50: VersR 1951, 157.

Der bis zu seinem Tode in D. (heute: sowjet.) lebende Versicherungsnehmer hatte im Jahre 1931 mit der bekl. Versicherungsgesellschaft mit Sitz in Berlin-West einen Lebensversicherungsvertrag abgeschlossen. Seine Prämien zahlte er bis zum Mai 1945, und zwar an die Filiale L. (sowjet.). Die im Todesfall bezugsberechtigte Ehefrau des Versicherungsnehmers trat im Februar 1945 alle künftigen Ansprüche aus dem Vertrag an den Kl., ihren Sohn, ab, der seit 1945 seinen Wohnsitz in M. (amerik.) hat. Im April 1946 starb der Versicherungsnehmer. Das LG wies die Klage auf Zahlung aus dem Lebensversicherungsvertrag ab.

Aus den Gründen:

„Im § 15 der ALB ist zwar bestimmt, daß Erfüllungsort Berlin sein soll, dennoch kann aber die Bekl., auch wenn sie eine AG. mit dem Hauptsitz Berlin ist, nicht mehr als einheitliches Ganzes angesehen werden. Die Einwirkungen der Besatzungsmächte auf die ihrer Kontrolle unterliegenden Teile Deutschlands, die die Aufspaltung in drei völlig getrennte Gebiete, nämlich Westdeutschland, die Ostzone und Berlin mit sich brachten, können nicht unberücksichtigt bleiben. Die im Oktober 1945 erfolgte Enteignung der privaten Versicherungsunternehmen in der Ostzone und die Überführung ihres Vermögens in die neugebildeten Landesversicherungsanstalten hatte die Trennung des Versicherungsvermögens in einen Ost- und einen Westbestand zur Folge. Die Bekl. kann heute, trotz ihres Berliner Hauptsitzes, nicht mehr verpflichtet sein, die gesamten Verträge aus ganz Deutschland einschl. der Ostzone zu erfüllen. Als der Versicherungsfall am 28. 4. 1946 eintrat, war die Aufspaltung des Versicherungsbestandes schon durchgeführt. Die Ansprüche aus den beiden Versicherungsverträgen mußten daher auch gegenüber dem ostzonalen Nachfolgeinstitut, also der Landesversicherungsanstalt Sachsen, geltend gemacht werden ...

Da somit der in der Ostzone verbliebene Versicherungsbestand der Bekl., d. h. alle Versicherungen der in der Ostzone ansässigen Versicherungsnehmer, durch Beschlagnahme der Verfügung der Bekl. entzogen und auf die Nachfolgeinstitute übergegangen ist, können Ansprüche aus solchen Ostversicherungen nur noch gegen die Nachfolgeinstitute, nicht mehr gegen die Bekl., geltend gemacht werden.

An dem Charakter der hier streitigen Versicherungsverträge als Ostversicherungen ändert auch die Abtretungserklärung der Ehefrau des Versicherungsnehmers als Bezugsberechtigte nichts ...

Es konnte die Abtretung nur den Übergang der Versicherungsansprüche als Ostansprüche gegen die Nachfolgeinstitute der Ostzone bewirken. Denn, wie dargelegt, war bis zum Eintritt des Versicherungsfalles ein Übergang der Versicherungsansprüche mangels Abtretung durch den Versicherungsnehmer nicht bewirkt, im Zeitpunkt der Realisierung des Anwartschaftsrechts der Mutter des Kl. zu einem vollwertigen Anspruch gem. § 328 BGB durch den Eintritt des Versicherungsfalles jedoch der Ostbestand der Bekl. nicht mehr als zu deren Vermögen gehörend anzusehen. Der Kl. hat daher durch die Abtretung der Anwartschaftsrechte nur einen bei Eintritt des Versicherungsfalles gegen die Nachfolgeinstitute der Bekl. in der Ostzone gerichteten Anspruch erworben. Die Bekl. kann aus den nicht mehr zu ihrem Bestande gehörenden Versicherungsverträgen also auch nicht in Anspruch genommen werden.“

**166. Ein Unfallversicherungsvertrag gehört zum Ost-Berliner Versicherungsbestand, wenn der Versicherungsnehmer im Zeitpunkt der Währungsreform und der Berechtigte am 30. 4. 1949 ihren Wohnsitz in Ost-Berlin hatten und der Vertrag seit Kriegsende nicht mehr fortgesetzt wurde. — Eine Gesellschaft schließt die Haftung ihres West-Berliner Vermögens aus bei Hingabe eines auf DM-Ost lautenden, auf ein beschlagnahmtes Guthaben in Ost-Berlin gezogenen Schecks.**

AG Berlin-Charlottenburg (West-Berlin), Urt. v. 24. 4. 1951 — 40 C 1798/50: VersR 1951, 205.

Am 7. 3. 1949 einigten sich die Parteien eines Unfallversicherungs-Vertrages anläßlich eines Versicherungsfalles über eine an die Gläubigerin und Kl. zu zahlende Abfindung von 2200 DM-Ost. Am 28. 6. 1950 stellte die Bekl. der Kl. einen Scheck über diesen Betrag auf ihr im Ostsektor Berlins befindliches und dort beschlagnahmtes Guthaben aus. Der Scheck wurde nicht eingelöst. Das AG wies die Klage ab.

Aus den Gründen:

„Aus dem Versicherungsvertrage kann die Kl. keine Ansprüche geltend machen, weil ihre Rechte durch die spätere Gesetzgebung beseitigt worden sind. Der fragliche Versicherungsvertrag gehört, da der Versicherungsnehmer am Währungsstichtag und die Kl. am 30. 4. 1949 ihren Wohnsitz im Ostsektor Berlins hatten, zum sog. Ost-Berliner Versicherungsbestand. Er ist unstreitig nach dem Jahre 1945 nicht mehr fortgesetzt worden. Damit findet auf den Entschädigungsanspruch aus diesem Vertrage die Regelung des Art. 15, 1 in Verbindung mit Art. 7, 4 der DVO Nr. 3 zur 3. VO zur Neuordnung des Geldwesens v. 20. 1. 1950 (VOBl 1950, 42ff.), ergänzt durch die AO des Aufsichtsamts für das Versicherungswesen v. 25. 1. 1950 (VOBl 1950, 105ff.), Anwendung. Nach diesen Gesetzesbestimmungen ist der Entschädigungsanspruch mit Wirkung v. 1. 5. 1949 als erloschen zu betrachten. (§ 2, 3; § 4 der AO des Aufsichtsamts für das Versicherungswesen v. 25. 1. 1950.)

An dieser Tatsache ändern auch nichts ... und die Hingabe des Schecks ... Der mangelnde Wille, aus eigenen nicht beschlagnahmten Mitteln der Kl. einen Betrag zu zahlen, geht einwandfrei aus dem Schreiben der Bekl. v. 26. 6. 1950, das der Übergabe des Schecks voranging, hervor. In ihm teilt die Bekl. der Kl. mit, daß sie einen Scheck auf ihr im Ostsektor Berlins beschlagnahmtes Postscheckkonto übergeben wolle. Durch die Aufnahme dieser Sätze schließt sie eine Haftung mit ihrem in West-Berlin gelegenen Vermögen aus."

**167. Partielles Leistungsverweigerungsrecht der Versicherungsgesellschaften, soweit der in einer ostdeutschen Todeserklärung festgestellte Todeszeitpunkt von dem nach westdeutschem Recht festzustellenden Todeszeitpunkt abweicht (Art. 4 § 3 Verschollenheitsänderungsgesetz von 1951).**

LG Köln (brit. Zone), Beschl. v. 9. 3. 1951 — 9 OH 7/51: VersR 1951, 113 (zust. *Stelkens*).

Aus den Gründen:

„Der Ehemann der ASt., der seit Anfang 1943 in Rußland vermißt ist, ist durch ein ostzonales Gericht, nämlich das AG O., durch Beschluß v. 24. 6. 1950 für tot erklärt worden. Der Zeitpunkt des Todes wurde vom AG O. auf den 31. 7. 1949 festgesetzt. Nach Art. 2 § 2 II und III, S. 1 des VerschÄndG v. 15. 1. 1951 konnte der Todeszeitpunkt in einem solchen Fall aber nur für Anfang 1943 oder Ende 1945 festgestellt werden.

Das Gesetz zur Änderung von Vorschriften des Verschollenheitsrechts will eine einheitliche Regelung treffen. Es will nicht nur die Fälle erfassen, in denen die Todeserklärung zukünftig erfolgt, sondern auch solche, bei denen diese Todeserklärung bereits erfolgt ist. Dies geht eindeutig aus der Fassung ‚für tot erklärt worden ist' hervor. Der AGg., der sich auf Art. 4 § 3 des Gesetzes berufen hat und die Auszahlung der Versicherungssumme insoweit verweigert, als der Anspruch der ASt. den Betrag übersteigt, der sich ergeben würde, wenn der Zeitpunkt des Todes des Verschollenen nach den Vorschriften dieses Gesetzes festgestellt worden ist, macht nur von dem ihm zustehenden Recht Gebrauch."

**168.** **Eine westdeutsche Versicherungsgesellschaft kann die Leistung insoweit verweigern, als der Todeszeitpunkt, der in einer ostzonalen Todeserklärung festgestellt ist, von dem nach westdeutschem Recht festzustellenden Todeszeitpunkt abweicht (Art. 4 § 3 Verschollenheitsänderungsgesetz von 1951).**

LG Karlsruhe (amerik. Zone), Beschl. v. 23. 5. 1952 — 2 OH 10/52: VersR 1952, 256.

Aus den Gründen:

„Die beabsichtigte Rechtsverfolgung bietet keine hinreichende Aussicht auf Erfolg. Die AGg. beruft sich mit Recht auf Art. 4 § 3 des VerschÄndG v. 15. 1. 1951 (BGBl I 59) in Verbindung mit Art. 2 §§ 1 und 2 dieses Gesetzes. Der Ehemann der ASt. ist vom AG L. (sowjet.) nach den für die Ostzone geltenden Bestimmungen für tot erklärt worden. Die AGg. ist daher nur verpflichtet, jene Beträge als Versicherungsleistung auszuzahlen, die sich ergeben würden, wenn der Todeszeitpunkt nach den in der Bundesrepublik geltenden Bestimmungen festgesetzt worden wäre. Nach hiesigem Recht wäre das der 31. 12. 1945 gewesen, denn es ist nicht ersichtlich, daß ein anderer Zeitpunkt als wahrscheinlichster Todeszeitpunkt in Betracht käme. Die ASt. selbst hat keine Umstände behauptet, die einen bestimmten (wahrscheinlichsten) Zeitpunkt des Todes ergäben, so daß die allgemeine Regelung des Art. 2 § 2 III VerschÄndG zur Anwendung gelangen müßte, wenn ein Gericht im Geltungsgebiet dieses Gesetzes die Todeserklärung auszusprechen hätte."

**169.** **a) Eine juristische Person, deren Vermögen im Rechtsgebiet ihres Sitzes enteignet wurde, ist aufgelöst, sofern sie nicht ihren Geschäftsbetrieb außerhalb des enteignenden Landes fortsetzt. — Eine solche Gesellschaft bleibt jedoch insoweit, als außerhalb des enteignenden Landes nichtenteignetes Vermögen vorhanden ist, rechtsfähig. — Eine Forderung ist am Sitz des Schuldners belegen. — Eine Enteignung hat auf Grund der Vorbehaltsklausel des Art. 30 EBGBG und nach dem Prinzip der Territorialität von Enteignungsmaßnahmen Wirkung nur innerhalb des enteignenden Landes. — Hat der Schuldner im Zeitpunkt der Enteignung seinen Sitz im enteignenden Lande und verlegt er ihn nachträglich in ein anderes Land, so gelten diese Grundsätze jedenfalls dann, wenn der Schuldner nicht einwendet, daß er von seiner Verbindlichkeit frei geworden sei.**

OLG Hamm (brit. Zone), nicht rechtskr. Urt. v. 3. 7. 1952 — 7 U 37/52: BB 1952, 814.

Eine AG. mit Sitz im Gebiet östlich der Oder-Neiße-Linie hatte mit einer Versicherungsgesellschaft mit Sitz ebenfalls östlich der Oder-Neiße-Linie einen Vertrag abgeschlossen. In diesem war u. a. für den Fall der Auflösung der AG. vorgesehen, daß die Versicherungsgesellschaft 95% des am Auflösungstag vorhandenen Dekkungskapitals zurückzuzahlen habe. Im Jahre 1946 wurde das Vermögen der AG. durch den polnischen Staat enteignet. Nach diesem Zeitpunkt verlegte die Versicherungsgesellschaft ihren Sitz in die brit. Zone. Der Kl., ein früheres Vorstandsmitglied der AG., ließ sich von dem für die AG. eingesetzten Pfleger die Forderung der AG. gegen die Versicherungsgesellschaft abtreten und klagt sie nunmehr ein. Das LG wies die Klage ab, das OLG gab ihr statt, der BGH wies sie endgültig ab.

Aus den Gründen:

„Nach dem Versicherungsvertrag sollte der AG. bei ihrer Auflösung ein Anspruch gegen die Versicherungsgesellschaft auf Rückzahlung von 95% des vorhandenen Deckungskapitals zustehen. Dieser Fall ist eingetreten, da die AG. durch die Enteignung aufgelöst ist.

In der Literatur und Rechtsprechung wird die Frage nicht einheitlich beantwortet, wie sich eine Enteignung auf den Bestand einer juristischen Person auswirkt. Während nach der einen Auffassung die Enteignung im Osten den Bestand einer Kapitalgesellschaft im Westen überhaupt nicht berühren soll, sofern die Gesellschaft im Westen noch Vermögen hat und ihre Geschäfte fortführt, soll sich — der anderen Ansicht zufolge — die Gesellschaft infolge der Enteignung im Auflösungszustande befinden (für die erste Ansicht: OLG Nürnberg v. 7. 9. 1949 ..., *Würdinger*, SJZ 1950, 84, wohl auch *Raiser*, SJZ 1950, 279. Für die zweite Ansicht: OLG Düsseldorf v. 20. 12. 1949[1] ...; *Beitzke*, MDR 1949, 761 und BB 1949, 519f. Der BGH, NJW 1952, 540[2], läßt diese Frage dahingestellt). Doch nehmen auch die Vertreter der zuerst angeführten Ansicht an, daß eine enteignete juristische Person aufgelöst ist, wenn sie ihren Geschäftsbetrieb im Westen nicht fortführt, und daß sie nur noch insoweit fortbesteht, wie sie Vermögen hat. Dem schließt der Senat sich an. Unstreitig hat die AG. ihren Geschäftsbetrieb im Westen nicht fortgeführt. Sie befand sich mithin vom Zeitpunkt der Enteignung (spätestens im Jahre 1946) im Auflösungszustande. Damit stand ihr nach dem Versicherungsvertrag zu dieser Zeit die Forderung auf Auszahlung des Deckungskapitals zu.

Das Liquidationsstadium der Aktiengesellschaft ist noch nicht in den Zustand der Vollbeendigung infolge Vermögenslosigkeit übergegangen; denn die Forderung gegen die Versicherungsgesellschaft steht der — insoweit fortbestehenden — AG. nach wie vor zu. Diese Forderung ist das im Westen belegene Vermögen der Aktiengesellschaft, da eine Forderung immer dort ‚belegen' ist, wo der Schuldner seinen Wohnsitz hat (BGH, NJW 1952, 540[3]).

Die Enteignung der AG. durch den polnischen Staat kann in der Bundesrepublik nicht mit der Folge geltend gemacht werden, daß nunmehr die Versicherungsgesellschaft diesem neuen Gläubiger gegenüber zur Zahlung verpflichtet wäre. Die Enteignung ist in Deutschland als unwirksam anzusehen, weil sie völkerrechtswidrig ist und gegen die guten Sitten verstößt, Art. 30 EGBGB (*Laun*, MDR 1949, 164; OLG München v. 14. 6. 1951[4] ...). Zum mindesten wirkt sie nach dem Grundsatz der Territorialität nur innerhalb der Grenzen des enteignenden Staates selbst (RGZ 102, 253; BGH, NJW 1952, 540[5]). Befindet sich die enteignete Forderung infolge nachträglicher Übersiedlung des Schuldners in die Westzonen nicht mehr in dem Machtbereiche des enteignenden Staates, so hat die räumlich beschränkte Wirkung der Enteignung zur Folge, daß die enteignete Forderung wieder dem alten — insoweit fort-

[1] Siehe unten Nr. 418a. [2] Siehe unten Nr. 402 b. [3] Siehe unten Nr. 402b.
[4] Siehe IPRspr. 1950—1951, Nr. 5. [5] Siehe unten Nr. 402b.

bestehenden — Gläubiger zusteht (mit dem gleichen Ergebnisse, allerdings gestützt auf Art. 30 EGBGB, schon KG, JW 1928, 1232, und neuerdings OLG Nürnberg, SJZ 1950, 277[1]). Das muß wenigstens dann gelten, wenn die Schuldnerin nicht geltend macht, daß sie von ihrer Verbindlichkeit freigeworden sei."

Der BGH hob dieses Urteil auf:

**b) Sitz einer Handelsgesellschaft ist allein der in der Satzung bestimmte Sitz; eine Sitzverlegung ist nicht darin zu erblicken, daß nach der Enteignung des Vermögens einer Handelsgesellschaft und nach ihrem Untergang im Gebiet ihres satzungsmäßigen Sitzes sich noch Vermögenswerte der Gesellschaft außerhalb des enteignenden Landes befinden. — (Eine Forderung ist am Sitz des Schuldners belegen. — Eine im Gebiet ihres Sitzes enteignete und dort untergegangene juristische Person besteht außerhalb dieses Gebietes nur dann fort, wenn sich hier noch Vermögenswerte der Gesellschaft befinden. —) Eine Versicherungsgesellschaft haftet für ihre Verpflichtungen aus einem Gruppenversicherungsvertrag denjenigen Gruppenmitgliedern, die am 20. 6. 1948 ihren Wohnsitz im Währungsgebiet hatten, auch dann, wenn die Gruppe, die den Versicherungsvertrag abgeschlossen hatte, ihren Sitz zu diesem Zeitpunkt außerhalb des Währungsgebietes hatte. — Diese Regel gilt jedoch nicht bei dem Rückdeckungsvertrag eines Arbeitgebers, der der Sicherung seiner Pensionsverpflichtungen dient.**

BGH, Urt. v. 13. 5. 1953 — II ZR 197/52: *VersR 1953, 249; LM, Nr. 1 zur 2. VOLRV; Leitsätze: BB 1953, 488.

Aus den Gründen:

„Das Berufungsgericht stützt seine Entscheidung darauf, daß der AG. nach den Punkten 7 und 8 des Gruppenversicherungsvertrages ein Anspruch auf Rückzahlung von 95% des Deckungskapitals zustehe und daß sie diesen Anspruch durch den für sie bestellten Pfleger rechtswirksam an den Kl. abgetreten habe. Es hat hierbei aber übersehen, daß es sich um eine Versicherung aus dem jetzt unter polnischer Verwaltung stehenden deutschen Ostgebiet handelt und daß alle Verbindlichkeiten der Bekl. aus ihr mit Wirkung v. 21. 6. 1948 als erloschen gelten. Die hierfür maßgebende Regelung ist in der 2. VO über die Lebens- und Rentenversicherung aus Anlaß der Neuordnung des Geldwesens (2. VOLRV) v. 27. 7. 1948 (VA 1948, 51) enthalten. Von ihren Bestimmungen greift hier nicht die Vorschrift des § 2 über die Versicherungen ein, bei denen der Versicherungsfall bis zum 20. 6. 1948 eingetreten ist, sondern § 1; denn da die Versicherung nach den Punkten 7 und 8 des Gruppenversicherungsvertrages mit der Auflösung der AG. und dem Ausscheiden des Kl. aus ihr schon vor dem Eintritt des Versicherungsfalles ihr Ende gefunden hatte, kommt hier ein Eintritt des Versicherungsfalles bis zum 20. 6. 1948 nicht in Betracht. § 1 der VOLRV stellt es darauf ab, wo der Versicherungsnehmer am 20. 6. 1948 seinen Wohnsitz hatte. Nach dieser Bestimmung gelten alle Verbindlichkeiten des Versicherers aus dem Ver-

[1] Siehe oben Nr. 5.

sicherungsverhältnis dann mit Wirkung v. 21. 6. 1948 ab als erloschen, wenn der Wohnsitz des Versicherungsnehmers am 20. 6. 1948 in dem dort bezeichneten Ausschlußgebiet lag, nämlich in einem Gebiet von Deutschland nach dem Stand v. 31. 12. 1937 außerhalb des Währungsgebietes. Der innere Grund dieser Regelung liegt in folgendem: Da die Versicherer wegen der großen Vermögensverluste, die sie durch die Kriegs- und Nachkriegsereignisse insbesondere in Mittel- und Ostdeutschland erlitten hatten und auf Grund der Neuordnung des Geldwesens nicht mehr die erforderlichen Vermögenswerte zur Deckung ihrer Verpflichtungen aus den Versicherungen hatten, mußten ihnen hierfür durch § 24 II UG Ausgleichsforderungen gegen die Länder aus dem öffentlichen Steueraufkommen des Währungsgebiets zugeteilt werden. Angesichts der beschränkten Steuerkraft des Währungsgebiets konnte dies aber nicht auch für solche Versicherungen geschehen, deren Versicherungsnehmer am Währungsstichtag ihren Wohnsitz in dem bezeichneten Ausschlußgebiet hatten, also in keiner Beziehung zum Währungsgebiet standen. Die ihnen in anderen Zonen Deutschlands entstandenen Verluste konnten nicht mit Hilfe des beschränkten Steueraufkommens des Währungsgebiets ausgeglichen werden, und deshalb mußten die Verbindlichkeiten der Versicherer aus solchen Versicherungen im Währungsgebiet mit Wirkung v. 21. 6. 1948 ab als erloschen erklärt werden (*Hartmann-Meisch*, Lebensversicherungsverträge in der Währungsumstellung 75/76; dieselben in Wille, Wege und Wandlungen im Versicherungswesen Heft 6, S. 67 und in VW 1949, 111; *Hartmann*, VersR 1950, 112; *Harmening-Duden*, Währungsgesetze I, 296).

In dem hier zur Entscheidung stehenden Fall fehlt es an einem Anknüpfungspunkt an das Währungsgebiet. Versicherungsnehmer des Gruppenversicherungsvertrages war allein die AG., weil nur sie diese Versicherung beantragt hatte (§ 1 der Normativ-Bedingungen für die Lebensversicherung). Dies ist in dem Versicherungsvertrag selbst auch ausdrücklich klargestellt. Da es sich bei der AG. um eine Handelsgesellschaft handelt, tritt bei ihr an die Stelle des Wohnsitzes ihr Sitz (*Hartmann-Meisch*, Lebensversicherungsverträge aaO., S. 73). Maßgebend ist für ihn allein der in der Satzung bestimmte und im Handelsregister eingetragene Sitz (§§ 5, 32 AktG). Dieser war hier B. Der Sitz der AG. lag also in dem in § 1 der 2. VOLRV bezeichneten Ausschlußgebiet. Eine Verlegung des Sitzes der AG. in das Währungsgebiet hat nicht stattgefunden. Ob die AG. am 20. 6. 1948 noch Gläubigerin der hier streitigen Forderung gegen die im Währungsgebiet ansässige Bekl. war und damit noch Vermögen im Währungsgebiet hatte, ist für die Frage ihres Sitzes unerheblich; denn entgegen der Auffassung des Kl. wurde auch dann, wenn sie im Währungsgebiet Vermögen besaß, hierdurch noch nicht ihr Sitz in diesem Gebiet begründet. Hierzu hätte es vielmehr einer Sitzverlegung nach § 38 AktG bedurft, die unstreitig nicht erfolgt ist. Von der vom Berufungsgericht angeschnittenen, aber nicht entschiedenen Frage, ob auch die hier streitige Forderung von der Enteignung des Vermögens der AG., die durch das polnische Enteignungsgesetz v. 30. 1. 1946 erfolgte (vgl. *Würdinger*, SJZ 1950, 81), erfaßt wurde, oder ob die Bekl. als Schuldnerin ihren Sitz schon vor der Enteignung in die brit. Zone, also außerhalb des Herrschaftsgebiets des enteignenden Staates verlegt hatte und dadurch die Forderung der Enteignung entging, hängt es allerdings ab, ob die AG. am 20. 6. 1948 überhaupt noch Vermögen hatte und damals auch noch ihre Rechtspersönlichkeit besaß (BGH, NJW 1952, 540[1]), oder ob sie damals bereits wegen des vollständigen Verlustes ihrer gesamten wirtschaftlichen Unterlagen erloschen war und damit auch in B. keinen Sitz mehr hatte. Einer Entscheidung dieser Frage bedarf es aber nicht, weil es im letzteren Fall erst recht an der nach § 1 der 2. VOLRV erforderlichen Beziehung des Versicherungsnehmers zum Währungsgebiet fehlt und deshalb auch in diesem Fall alle Verbindlichkeiten aus dem Versicherungsverhältnis mit Wirkung vom 21. 6. 1948 als erloschen gelten müssen ...

Die Gruppenversicherung bezweckt in der Regel die Sicherstellung der versicherten Gruppenmitglieder. Dieser wirtschaftliche Zweck könnte bei unmittelbarer Anwendung des § 1 der 2. VOLRV dann nicht verwirklicht werden, wenn zwar das versicherte Gruppenmitglied seinen Wohnsitz am Währungsstichtag im Währungsgebiet hatte, aber die Gruppe oder der Betrieb, die die Versicherung abgeschlossen haben und damit als Versicherungsnehmer anzusehen sind, ihren Sitz im Ausschlußgebiet hatten; denn dann müßten nach § 1 alle Ansprüche aus der Versicherung als erloschen gelten. Nach der Verlautbarung der Versicherungsaufsichtsbehörden eröffnet aber § 5 der 2. VOLRV hier die Möglichkeit, dem wirtschaftlichen Zweck dieser Gruppenversicherungen durch eine sinngemäße Anwendung des § 1 in der Weise Rechnung zu tragen, daß diese Gruppenmitglieder so angesehen werden, als wären sie Versicherungsnehmer im Sinne der 2. VOLRV, so daß für sie die Ansprüche aus der Gruppenversicherung bestehen bleiben (Ziff. I 2b und II 1 der Verlautbarung). Dies gilt aber nach Ziff. II 2 der Verlautbarung dann nicht, wenn der Gruppenversicherungsvertrag lediglich einen Rückdeckungsvertrag des Arbeitgebers darstellt, den er auf das Leben der Betriebsangehörigen genommen hat, um die Erfüllung seiner diesen gegebenen Versorgungszusagen sicherzustellen. Der wirtschaftliche Zweck solcher Verträge erschöpft sich in der Sicherung der vom Arbeitgeber selbst übernommenen rechtlichen Verpflichtungen zur Altersversorgung der betreffenden Betriebsangehörigen. Diese stehen ihrerseits zu dem Versicherungsverhältnis in keinerlei unmittelbarer wirtschaftlicher oder rechtlicher Beziehung, außer der, daß die Versicherung auf ihr Leben genommen ist und deshalb nach § 159 VVG ihrer Einwilligung bedarf. Deshalb muß es in diesen Fällen bei der Regel des § 1 der 2. VOLRV bleiben, daß alle Ansprüche aus dem Versicherungsverhältnis als erloschen gelten, wenn die Gesellschaft, die den Vertrag abgeschlossen hat, also Versicherungsnehmer ist, am 20. 6. 1948 ihren Sitz im Ausschlußgebiet hatte. Ein solcher Fall eines reinen Rückdeckungsvertrages liegt auch hier vor" [wird ausgeführt].

---

[1] Siehe unten Nr. 402 b.

# 5. Eisenbahnrecht

*Vorbemerkung: Eine Haftung für die „Ostverbindlichkeiten" von Reichsbahn und Reichspost, beide früher Sondervermögen des Deutschen Reiches, ist in allen Entscheidungen verneint worden (Reichsbahn Nr. 170 bis 174, Reichspost Nr. 175). Diese Auffassung hat der Gesetzgeber hinsichtlich der Reichsbahn in dem Gesetz v. 2. 3. 1951 (GVVB) ausdrücklich bestätigt.*

**170. Eine Forderung ist am Wohnsitz des Schuldners belegen. — Sind Verfügungen über das in den Westzonen belegene Vermögen von Berechtigten mit Sitz außerhalb dieses Gebietes genehmigungsbedürftig, so fällt auch die Abtretung der Forderung eines Ostzonengläubigers gegen einen Westzonenschuldner an einen westzonalen Zessionar unter die Genehmigungspflicht. — Auch wenn die Bahnunternehmen in der Ost- und in den Westzonen weiterhin im Eigentum der ehemaligen Deutschen Reichsbahn stehen, sind sie infolge der Zonentrennung als verschiedene Bahnunternehmen anzusehen. Auf die gegenseitigen Beziehungen dieser Unternehmen ist die Eisenbahnverkehrsordnung nicht mehr anwendbar. — Wegen der Trennung der beiden deutschen Bahnunternehmen entfällt sowohl eine vertragliche wie auch eine deliktische Haftung der Reichsbahn in der Westzone für die Handlungen von Beamten der Reichsbahn in der Ostzone.**

LG Essen (brit. Zone), Urt. v. 21. 11. 1949 — 4 O 89/49: VRS 1952, 70; z. T. DRsp. I (181) 27b.

Im ersten Halbjahr 1946 wurden im Bereich der bekl. Reichsbahndirektion in der brit. Zone Kohlen zum Transport in die sowjet. Zone aufgegeben. Die Sendungen waren zunächst an die SMA in V. (brit.) adressiert und wurden von dieser unter Abänderung der Frachtbriefe an den Endempfänger in der Ostzone weitergeleitet. Diesen Endempfängern berechneten die Empfangsbahnhöfe der Deutschen Reichsbahn in der sowjet. Zone die Fracht für die gesamte Strecke nach einem einheitlichen Tarif, ohne den niedrigen Tarif zu berücksichtigen, der zwischen den Absendebahnhöfen und V. gilt.

Die Empfänger in der Ostzone traten ihre Rückzahlungsansprüche an die Kl., eine Frachtprüfungsstelle in K. (brit.), ab. Die Klage der Frachtprüfungsstelle wurde abgewiesen.

Aus den Gründen:

„Nach Art. I Abs. 1f des MilRegGes. Nr. 52 über die Sperre und Beaufsichtigung von Vermögen in der brit. Zone unterliegen auch diejenigen Vermögen der Beschlagnahme, Weisung, Verwaltung, Aufsicht und sonstigen Kontrolle durch die MilReg., deren Eigentümer außerhalb des Kontrollgebietes des Befehlshabers wohnen. Die Abtretung der Ostzonen-Gläubiger an die in der brit. Zone wohnende Kl. bedurfte daher nach Art. II des MilRegGes. Nr. 52 der Genehmigung durch die brit. MilReg. (jetzt die Filiale der Landeszentralbank, die für den Wohnort der Zessionarin zuständig ist). Mangels Vorlage solcher Genehmigungen sind die Abtretungen gemäß Art. V des MilRegGes. Nr. 52 nichtig.

Die Klageforderung ist aber auch sachlich nicht begründet. Sie stützt sich auf §§ 70 (bes. Abs. 2 und 7) und 96 (bes. Abs. 3) EVO. § 96 III

EVO setzt voraus, daß mehrere Eisenbahnen auf Grund einheitlichen Frachtvertrages tätig geworden sind. Beide Voraussetzungen fehlen hier. Allerdings stehen die Bahnen der West- wie der Ostzone im Eigentum der ehemaligen Deutschen Reichsbahn. Die verwaltungsmäßige Einheit ist jedoch aufgehoben durch Aufsicht und Befehlsgewalt verschiedener Besatzungsmächte. Beide sind daher als verschiedene Bahnunternehmungen anzusehen. Die EVO ist auf die Beziehungen der beiden Bahnorganisationen untereinander nicht anwendbar. Namentlich ist die Ausübung des Rückgriffsrechts nach § 96 IV EVO ohne Zustimmung der beteiligten Militärregierungen nicht möglich. Ein Abkommen zwischen den Befehlshabern der beiderseitigen Besatzungsmächte ähnlich dem IÜG ist bisher nicht getroffen. Die Entscheidung über die Rückgriffsansprüche ist damit den deutschen Gerichten entzogen. Dadurch ist § 96 IV EVO im Verhältnis zwischen der Bekl. und der Eisenbahn der Ostzone außer Kraft gesetzt. Damit entfällt auch die Ausübung des Wahlrechts des Forderungsberechtigten nach § 96 IV S. 2 EVO.

Ebenso fehlt es an einem für die Anwendung des § 96 EVO erforderlichen einheitlichen Frachtvertrag."

[Hierzu stellt das Gericht fest, daß wegen der Unzulässigkeit von Frachtbriefen „an Order" die Bestimmung der Empfänger nicht der SMA überlassen werden konnte, sondern diese selbst Empfängerin gewesen sei.]

„Der ursprüngliche Frachtvertrag war sonach mit Auslieferung an die SMA erfüllt. Die Umänderung auf die neuen Empfänger bedeutete sonach den Abschluß eines neuen Vertrages zwischen SMA und Eisenbahn der Ostzone. Auch aus diesem Grunde scheidet die Anwendung des § 96 EVO, der einen durchgehenden Frachtvertrag voraussetzt, aus. Ein Wahlrecht der Empfänger hinsichtlich der Inanspruchnahme der einen oder der anderen Eisenbahn bestand daher nicht. Ansprüche konnten nur gegen die Eisenbahn erhoben werden, mit der die Empfänger in vertraglichen Beziehungen standen, also allein die Eisenbahn der Ostzone. Mögen deren Beamten auch die Fracht für die erste Beförderungsstrecke eingezogen haben, so kann ihr Verschulden bei Anwendung unrichtigen Frachttarifs die Bekl. nicht verantwortlich machen.

Da die Eisenbahnen der Ost- und der Westzone kein einheitliches Bahnunternehmen sind, sind die Ostzonen-Beamten keine Bediensteten der Bekl. Sie gehören auch nicht zu den ‚anderen Personen, deren sie sich bei Ausführung der von ihr übernommenen Beförderung bedient' (§ 4 EVO); denn auch diese müssen in einem Unterordnungs- oder Abhängigkeitsverhältnis zur haftenden Bahn stehen (vgl. *Eger*, Anm. 3 u. 5 a. F.). An solchem Verhältnis fehlt es hier. Eine Haftung der Bekl. für die Ostzonen-Beamten besteht also nicht. Auch aus § 278 BGB ist keine Haftung herzuleiten. Die Ostbahn-Beamten waren beim Einziehen der Frachten keine Erfüllungsgehilfen der Bekl., weil diese keine Vertragsbeziehungen zu den Empfängern hatte und von ihnen keine Fracht fordern konnte. Sie hatte ihnen gegenüber also auch keine Verpflichtung, die Fracht richtig zu berechnen. Die Klage war deshalb abzuweisen."

**171. Die „Deutsche Reichsbahn" ist infolge der Aufteilung des Reichsgebietes in Besatzungszonen ebenfalls aufgespalten; die „Bundesbahn" ist in territorialer Beschränkung auf das Bundesgebiet mit der „Deutschen Reichsbahn" personengleich. — Die Bundesbahn hat die im Bundesgebiet belegenen Vermögenswerte der „Deutschen Reichsbahn" übernommen und erfüllt deren im Bundesgebiet belegene Verbindlichkeiten. — Die Schadensersatzpflicht infolge eines Eisenbahnunfalls im Gebiet der heutigen brit. Zone gegenüber einem Bewohner der heutigen brit. Zone ist in der brit. Zone belegen.**

LG Kiel (brit. Zone), Urt. v. 14. 3. 1950 — 2 O 608/49: *unveröff.

Bei einem Eisenbahnunfall im Jahre 1941 im Gebiet der heutigen brit. Zone wurde der Sohn des Kl. getötet. Die deutsche Reichsbahn teilte dem Kl. 1942 mit, daß sie ihre Schadensersatzpflicht gemäß § 3 Reichshaftpflichtgesetz anerkenne. Das Gericht verurteilte die Deutsche Bundesbahn, vertreten durch die Eisenbahndirektion H. (brit.), zur Zahlung einer monatlichen Rente.

Aus den Gründen:

„Betriebsunternehmer zur Zeit des Unfalls war die Deutsche Reichsbahn. Diese hat ihre Verpflichtung zum Schadensersatz nach § 3 II HaftpflG auch anerkannt. Die Bekl. als jetziger Betriebsunternehmer haftet in gleichem Umfang wie die Deutsche Reichsbahn. Die Deutsche Reichsbahn ist durch die Aufspaltung des Reichsgebietes ebenfalls in verschiedene Teile aufgespalten. Die Bahn im Bundesgebiet — Bundesbahn — ist somit ein Teil der früheren Deutschen Reichsbahn. Die Bundesbahn hat den im Bundesgebiet gelegenen Teil des Vermögens der Deutschen Reichsbahn übernommen und erfüllt die im Bundesgebiet zu erfüllenden Verbindlichkeiten der Deutschen Reichsbahn. Sie ist daher insoweit nach Ansicht der Kammer nicht nur Rechtsnachfolgerin der Deutschen Reichsbahn, sondern mit dieser, allerdings territorial beschränkt, personengleich."

**172. Eine Rechtsnachfolge des Bundes hinsichtlich der Verbindlichkeiten eines Sondervermögens des Deutschen Reiches wie der „Deutschen Reichsbahn" hat höchstens hinsichtlich der im Bundesgebiet entstandenen Verbindlichkeiten stattgefunden. (— Eine Schadensersatzverpflichtung, der Deutschen Reichsbahn, die vor 1945 durch einen Unfall auf einer Eisenbahnstrecke östlich der Oder-Neiße-Linie begründet wurde, ist nicht im Bundesgebiet belegen.)**

LG Hamburg (brit. Zone), Urt. v. 23. 6. 1950 — 3 O 177/48: * unveröff.

Der erste Ehemann der Kl. verunglückte 1942 in Pommern (östlich der Oder-Neiße-Linie) bei einem Eisenbahnunglück. Die Deutsche Reichsbahn, vertreten durch die Direktion St. an der Oder, anerkannte 1943 in einem außergerichtlichen Vergleich mit der damals in Pommern wohnhaften Kl. ihre Verpflichtung zur Zahlung einer Rente. Nach ihrer Flucht aus Pommern begab sich die Kl. nach U. (brit.). Von der für diesen Ort zuständigen Eisenbahndirektion H. (brit.) erhielt sie kurz vor der Währungsreform die rückständigen Rentenbeträge für die Zeit von der Flucht bis zum September 1946 ausgezahlt. Das LG wies die Klage auf Weiterzahlung der Rente ab.

Aus den Gründen:

„Das Gericht ist der Ansicht, daß die Bekl. nicht passiv legitimiert ist.

Die Deutsche Reichsbahn war bis zum 8. 5. 1945 in reichseigener Verwaltung. Die Eisenbahnhoheit lag beim Reich, ihr Vermögen war Sondervermögen des Reichs. Nach dem Zusammenbruch übernahmen die Alliierten die Eisenbahnhoheit in ihrer Zone. Nach und nach ging die Verwaltung der Eisenbahn wieder in deutsche Hände über. Es entstand damit eine ganz neue Eisenbahnverwaltung, die sich von der Deutschen Reichsbahn schon dadurch unterschied, daß sie der Befehlsgewalt und Kontrolle der Besatzungsbehörde unterstand. Nach Weisung der Besatzungsmächte bauten die Zonen unabhängig voneinander ihre eigenen Verwaltungen aus. Im Zuge der allgemeinen politischen Entwicklung entstand später die Hauptverwaltung der Deutschen Reichsbahn im Vereinigten Wirtschaftsgebiet, aus welcher schließlich die Deutsche Bundesbahn in bundeseigener Verwaltung und mit eigenem Verwaltungsunterbau (Art. 87 GG) hervorgegangen ist.

Diesen gegenwärtigen Rechtszustand hat das Gericht seiner Entscheidung zugrunde zu legen. Die Frage, ob die Deutsche Bundesbahn Rechtsnachfolgerin der Deutschen Reichsbahn ist, ist durchaus zweifelhaft. Nach Art. 133 GG tritt der Bund in die Rechte und Pflichten der Verwaltung der Vereinigten Wirtschaftsgebiete ein. Nach Art. 134 GG wird das Vermögen des Reiches grundsätzlich Bundesvermögen. Während hiernach die Rechtsnachfolge des Bundes in die Rechte und Pflichten des Vereinigten Wirtschaftsgebietes eindeutig geregelt ist, fehlt es an einer ebenso eindeutigen Regelung der Rechtsnachfolge des Bundes, soweit es sich um Verbindlichkeiten des Deutschen Reiches oder einer Sondervermögensmasse wie der Deutschen Reichsbahn handelt. Denn unter Vermögen ist jedenfalls das Aktivvermögen zu verstehen, während es zweifelhaft ist, ob darunter auch das Passivvermögen, d. h. die Verbindlichkeiten des Reichs und seiner Sonderverwaltungen zu verstehen sind. Selbst wenn man eine Rechtsnachfolge hinsichtlich der Verbindlichkeiten annehmen würde, so könnte diese nur raumbezogen sein, d. h. sie kann sich nur auf Verbindlichkeiten erstrecken, die im Raum der jetzigen Bundesrepublik entstanden sind. Das ergibt sich zwingend aus der verschiedenartigen Entwicklung der Eisenbahnverwaltungen in den einzelnen Zonen."

**173.** **Nach einem allgemeinen Rechtsgrundsatz haftet die juristische Person, die einen räumlich begrenzten Teil des Aktivvermögens einer anderen Rechtspersönlichkeit übernimmt, für die auf dem übernommenen Vermögen lastenden Verbindlichkeiten. — Die räumliche Zuordnung einer Verbindlichkeit bestimmt sich nach dem Ort, an dem die Verbindlichkeit entstanden ist.**

OLG Saarbrücken (Saargebiet), Urt. v. 3. 7. 1952 — 2 U 47/50: SaarldRuStZ 1952, 75.

Der Ehemann der Kl. verunglückte im Jahre 1940 tödlich, als er mit seinem Lastwagen den Eisenbahndamm bei N. (Saargebiet) überquerte. Die Kl. verlangt von

**der Bekl., der saarländischen Eisenbahn, als Rechtsnachfolgerin der Deutschen Reichsbahn Ersatz des ihr durch den Tod ihres Ehemannes entstandenen Schadens. LG und OLG bejahten die Passivlegitimation der Bekl.**

Aus den Gründen:

„Das LG hat mit Recht die Passivlegitimation der Bekl. bejaht. Die Anordnung 116 der Militärbehörde v. 22. 12. 1946 besagt, daß die Eisenbahnen des Saarlandes künftig von einem mit Rechtspersönlichkeit und finanzieller Unabhängigkeit ausgestatteten Eigenorganismus betrieben werde, der nicht mehr zur deutschen Reichsbahn gehört. Es heißt dann wörtlich weiter: ‚Dieser Organismus erhält die Verfügung über alle festen Einrichtungen, über das Gelände, Grundstücke, Vorräte usw., die sich am Tage der Inkraftsetzung im Saarland befinden.' Es mag sein, daß diese Anordnung noch nicht endgültig über das damalige Eigentum der deutschen Reichsbahn im Saarland entscheidet, es kann aber nicht übersehen werden, daß die Bekl. durch diese Anordnung ermächtigt wird, über das ihr zugeteilte Vermögen wie ein Eigentümer zu eigenem Nutzen zu verfügen. Sie ist in den gesamten Aufgabenbereich der früheren Reichsbahn im Saarland eingetreten, sie hat den gesamten Vermögenswert übernommen und hat, selbst wenn sie noch nicht Eigentümer geworden sein sollte, de facto doch die unumschränkte Verfügungsgewalt über das Vermögen. Die Bekl. hat also auf der Rechtsbasis der Anordnung 116 eine Gesamtrechtsnachfolge angetreten, derzufolge sie gemäß § 418 BGB[1], der im Privatrecht unmittelbar Anwendung findet, dessen Grundgedanke aber als allgemein gültiges, den Forderungen der Billigkeit und Gerechtigkeit entsprechendes Rechtsprinzip auch im Bereich des öffentlichen Rechts anerkannt ist, die auf dem übernommenen Vermögen lastenden Verpflichtungen erfüllen muß. Die Haftung der Bekl. für die bei der Übernahme des Vermögens vorhandenen Schulden der Reichsbahn besteht allerdings nicht schlechthin, sondern findet ihre sinnvolle Beschränkung auf solche Verpflichtungen, die im Bereich des übernommenen Vermögens, insbesondere im Zusammenhang mit den dort bestehenden Einrichtungen entstanden sind. Letzteres trifft im vorliegenden Falle zu, denn es handelt sich um die Schadensersatzpflicht aus einem Unfall, der sich bei dem Betrieb der Eisenbahn im Gelände des Bahnhofs N. ereignet hat."

**174. Trotz formalrechtlicher Einheit ist die Reichsbahn seit dem 8. 5. 1945 kein einheitlicher Eisenbahnbetrieb mehr. — Die Haftung aus dem Reichshaftpflichtgesetz trifft auch im interlokalen Recht diejenige Eisenbahnverwaltung, die die Eisenbahn auf eigene Rechnung betreibt und die tatsächliche Verfügungsgewalt über den Bahnbetrieb hat. — An diesem Grundsatz vermag auch eine nicht erhebliche Mitwirkung der Eisenbahnverwaltung einer Zone an dem Betrieb in der anderen Zone nichts zu ändern. — Auch im interzonalen Verkehr wird bei durchgehender Beförderung und Teilung des Fahrpreises zwischen den beteiligten Bahnverwaltungen der Beförderungsvertrag durch die Bahnverwaltung des Abgangsortes nur**

---

[1] Gemeint ist wohl § 419 BGB.

**für deren eigenes Gebiet im eigenen Namen, dagegen für das Gebiet der anderen Bahnverwaltung in deren Namen abgeschlossen. — Für eine Vertragsverletzung in dem Gebiet einer anderen Bahnverwaltung kann jedoch eine vertragliche Haftung der Bahnverwaltung des Abgangsortes bestehen, wenn diese sich auch auf fremdem Betriebsgebiet eigenen Personals bedient, um außerhalb der Transportleistung den Reisenden besondere Dienste zu erbringen.**

BGH, Urteil v. 29. 4. 1953 — VI ZR 24/52: BGHZ 9, 311; VersR 1953, 286; VRS 5 (1953) 425; NJW 1953, 1102; BB 1953, 487; z.T. DRsp. I (181) 37c; Leitsatz: LM, Nr. 7 zu § 1 HaftpflG (*Delbrück*).

Der Kl. nahm im Februar 1948 an einer von der Bekl., der Reichsbahndirektion W. (brit.), veranstalteten Messe-Sonderfahrt von D. (brit.) nach Leipzig (Sowjetzone) teil. Den Fahrtteilnehmern wurde für die gesamte Fahrt ein bestimmter Platz angewiesen. Die Reichsbahndirektion W. stellte für die ganze Reise die Wagen, das Zugbegleitpersonal und einen Reisebegleiter. Die Lokomotive und das Lokomotivpersonal wechselten dagegen an der Zonengrenze. Die Fahrpläne waren bis zur Zonengrenze von der Reichsbahndirektion W., von da ab von der Reichsbahndirektion H. (Sowjetzone) ausgearbeitet, die für die sowjet. Zone auch alle sonstigen Anweisungen für den Sonderzugverkehr gab. Für diese Leistungen erhielt die Verwaltung der Deutschen Reichsbahn der Sowjetzone die Hälfte der Einnahmen aus den Fahrpreisen.

Als der Kl. in Leipzig die Rückreise antreten wollte, verletzte er sich beim Einsteigen in den Sonderzug. Nunmehr nimmt er die Bekl. auf Grund des Reichshaftpflichtgesetzes (RHG) aus unerlaubter Handlung und aus dem Beförderungsvertrag in Anspruch. Das LG gab der Klage statt, das OLG wies sie ab, der BGH verwies zu weiterer Aufklärung an das LG zurück.

Aus den Gründen:

„Das Berufungsgericht hat die Klage abgewiesen, weil sie nicht gegen die Bekl., sondern nur gegen die deutsche Reichsbahn der sowjet. Zone gerichtet werden könne.

1. Es hat ausgeführt, die Bekl. könne nach dem RHG für die dem Kl. aus seinem Unfall entstandenen Schäden nicht verantwortlich gemacht werden, weil sie nicht Inhaberin des in Betracht kommenden Eisenbahnbetriebs im Sinne des § 1 RHG gewesen sei.

2. Die hiergegen gerichteten Angriffe der Revision sind nicht gerechtfertigt. Es trifft zwar zu, daß die Bekl. nach § 3 II des Bundesbahngesetzes v. 13. 12. 1951 (BGBl I 955) auch für Verpflichtungen haftet, die nach dem 8. 5. 1945 bei dem Betrieb von Eisenbahnen entstanden sind, die Bundeseisenbahnvermögen im Sinne des § 1 dieses Gesetzes sind. Hierzu gehört aber die Reichsbahn der sowjet. Besatzungszone nicht. Wenn sich also der Unfall des Kl. beim Betrieb dieser Eisenbahn ereignet hat und gegen sie Ersatzansprüche entstanden sind, so haftet die Bekl. hierfür nicht.

Nach § 1 RHG trifft die Haftung für Eisenbahnbetriebsunfälle den Betriebsunternehmer. Nach der ständigen Rechtsprechung des RG (RGZ 75, 7; 146, 341), von der abzuweichen kein Anlaß besteht, ist Betriebsunternehmer derjenige, der die Bahn auf eigene Rechnung benutzt und die Verfügungsgewalt über den Bahnbetrieb hat. Der Unfall des Kl. hat aber nicht im Betrieb der Reichsbahn der brit. Zone, sondern im Betrieb der Reichsbahn der sowjet. Besatzungszone stattgefunden. Wie das Berufungsgericht rechtlich einwandfrei festgestellt hat, war die Reichsbahn seit dem 8. 5. 1945 trotz formalrechtlicher Einheit kein einheitlicher Eisenbahnbetrieb mehr. Das Vermögen, die Verwaltung und der Betrieb unterstanden vielmehr für die einzelnen Zonen allein der zuständigen MilReg. (*Goltermann*, Haftbarkeitsansprüche gegen die Deutsche Bundesbahn: VersR 1, 161). Diese Zonenverwaltung führte den Eisenbahnbetrieb für eigene Rechnung und hatte auch allein die Verfügungsgewalt darüber.

Eine rechtliche Grundlage für eine Haftung der Reichsbahn der westlichen Besatzungszonen für den Unfall des Kl. ist auch nicht durch die besonderen Umstände zustande gekommen, unter denen der Sonderreiseverkehr nach Leipzig im Jahre 1948 stattfand. Der Umstand, daß die Reichsbahn der brit. Besatzungszone unter hälftiger Beteiligung am Erlös die Fahrscheine ausgegeben hat, daß die Wagen, aus denen der Messesonderzug bestand, ihr gehörten und daß das Begleitpersonal von ihr gestellt war und seinen Dienst auch jenseits der Zonengrenze ausübte, ändert nichts daran, daß die Verfügungsgewalt über den Eisenbahnbetrieb als solchen in der sowjet. Besatzungszone allein der dortigen Reichsbahnverwaltung zustand. Hierauf kommt es aber für die Haftung aus dem RHG entscheidend an. Dagegen sind die von dem Kl. in diesem Zusammenhang angeführten Gesichtspunkte, daß das Begleitpersonal im Dienste der Reichsbahn der brit. Besatzungszone stand, daß für diese Beamten und Angestellten deren Beamten- und Sozialversicherungsrecht galt und daß u. U. gemäß § 831 BGB aus rechtswidrigen Handlungen des Begleitpersonals Schadensersatzansprüche gegen die Reichsbahn der brit. Besatzungszone entstehen könnten, rechtlich unerheblich.

Für die Anwendung des RHG ist allein von Bedeutung, wer die tatsächliche Verfügungsgewalt über den Betrieb im ganzen, d. h. über die gesamten Bahnanlagen und den technischen Betrieb hat (RGZ 66, 376; 75, 7; 96, 209; 146, 341). Dadurch, daß das Begleitpersonal im Einvernehmen mit der Verwaltung der Reichsbahn der sowjet. Besatzungszone auch dort in dem Sonderzug seinen Dienst tat, wurde die Voraussetzung für eine Haftung der Bekl. nach dem RHG nicht erfüllt. Das RG und der BGH haben zwar in Einzelfällen auch zwei oder mehrere Eisenbahnverwaltungen gleichzeitig als Betriebsinhaber einer Eisenbahn angesehen, sofern sie den Betrieb auf gemeinsame Rechnung führten und jede selbständig die Herrschaft mindestens über einen Teil des Betriebes durch Einwirkung auf das Material und Personal ausübte (BGH VRS 3, 217; RG DR 1944, 36). In einem solchen Gemeinschaftsverhältnis standen die beteiligten Bahnen aber nicht, denn die Reichsbahn der sowjet. Zone behielt trotz einer gewissen Mitwirkung des ihr nicht unterstehenden Zugbegleitpersonals die alleinige Herrschaft über den Eisenbahnbetrieb jenseits der Zonengrenze, und zwar auch hinsichtlich der Messesonderzüge. Es kann nun, wie das RG (RGZ 146, 341) ausgeführt hat, vorkommen, daß nicht beide Merkmale der Betriebsunternehmerschaft, nämlich die Betriebsführung auf eigene Rechnung und die Verfügungsgewalt über den Betrieb, in einer Person zusammentreffen. Dann ist zu prüfen, welchen Merkmalen mit Rücksicht auf die besonderen Umstände die ausschlaggebende Bedeutung zukommt. Auch für diese Betrachtungsweise fehlt es jedoch an den nötigen tatsächlichen Voraussetzungen; denn die Reichsbahn der sowjet. Besatzungszone, der die ganze Bahnanlage gehörte, die den Fahrplan bestimmte, die Bahnhofsaufsicht führte, sowie die Lokomotive mit Führer und Heizer stellte, verfügte nicht nur über den Betrieb, sondern sie benutzte ihn auch allein für eigene Rechnung. Der besondere Inhalt der zwischen den beiden Eisenbahnverwaltungen getroffenen Abmachungen kann daher ebenfalls nicht zu dem Ergebnis führen, daß beide gleichzeitig Betriebsinhaber waren.

3. Das Berufungsgericht hat weiter ausgeführt, die Bekl. könne auch auf Grund des mit dem Kl. geschlossenen Beförderungsvertrages für den Unfall nicht verantwortlich gemacht werden. Der Reichsbahnverwaltung der brit. Besatzungszone sei es nicht möglich gewesen, eine Beförderungsverpflichtung jenseits der Zonengrenze zu übernehmen. Dies sei auch in der Art der Durchführung des Sonderzuges anläßlich der Leipziger Messe deutlich in Erscheinung getreten. Die Reichsbahn der brit. Besatzungszone habe den Vertrag daher nur für dieses Gebiet im eigenen Namen, für das Gebiet der sowjet. Besatzungszone aber im Namen der Reichsbahn jener Zone geschlossen, ohne dort eigene Verpflichtungen zu übernehmen. Dies ergebe sich aus der Verkehrssitte und der allen Reisenden bekannten Trennung und Selbständigkeit der beiden Eisenbahnverwaltungen.

4. Diese im wesentlichen auf tatrichterlichem Gebiet liegende Auslegung des Vertrages unterliegt der Nachprüfung durch das Revisionsgericht nur nach der Richtung, ob sie denkgesetzlich möglich ist ... Da die Eisenbahnverwaltung der sowjet. Besatzungszone jenseits der Zonengrenze die alleinige Verfügungsgewalt nicht nur über die Bahnanlage, sondern auch über die Messezüge selbst hatte und andererseits vereinbarungsgemäß an dem Fahrpreis hälftig beteiligt war, entsprach es der Sachlage, daß sie jenseits der Zonengrenze auch allein als Vertragsgegner den Reisenden gegenübertrat. Auf Grund der zwischen den beiden Eisenbahnverwaltungen getroffenen Vereinbarungen, wonach die Reichsbahn der brit. Zone allein die Fahrscheine verkaufte, die Hälfte des Erlöses aber an die Reichsbahn der sowjet. Besatzungszone abführen mußte, lag die Folgerung nahe, daß diese bei dem Abschluß des Beförderungsvertrages durch die Reichsbahn der brit. Zone vertreten wurde. Das entsprach auch mangels ausdrücklicher abweichender Vereinbarungen der für die Durchfahrt durch Gebiete verschiedener Eisenbahn- und Hoheitsverwaltungen verkehrsüblichen Regelung. Ein derartiges Abkommen war z. B. in dem deutsch-polnischen Vertrag v. 21. 4. 1921 über den Durchgangsverkehr durch den sog. Korridor getroffen (RGBl 1921, 1069), in welchem für die Durchfahrt durch polnisches Gebiet nur eine Verpflichtung der polnischen Eisenbahn vorgesehen war, obwohl die Fahrkarten von deutschen Stationen ausgegeben wurden (RGZ 124, 209). Die Verwendung durchgehender Züge und deutschen Personals war für diese Regelung des Beförderungsvertrages ohne Bedeutung. Derselbe Gedanke liegt dem internationalen Übereinkommen über den Eisenbahn-

personen- und Gepäckverkehr (IÜP) in der Neufassung v. 23. 11. 1933 (RGBl II 599), in Kraft getreten am 1. 10. 1938 (RGBl II 101), zugrunde. Nach Art. 28 dieses Abkommens haftet den Reisenden für erlittene Schäden nur diejenige der beteiligten Eisenbahnen, in deren Gebiet die beförderte Person verletzt wird. Eine gemeinsame Haftung der beteiligten Eisenbahnen ist nach dieser Bestimmung ausgeschlossen. Das Berufungsgericht konnte daher ohne Verletzung einer gesetzlichen Auslegungsvorschrift aus der bestehenden Verkehrssitte den Inhalt der Beförderungsverträge für die Messe-Sonderfahrten dahin ergänzen, daß der Beförderungsvertrag für das Gebiet der brit. Zone von dem selbständigen Teil der Reichsbahn dieser Zone und für das Gebiet der sowjet. Besatzungszone von dem dortigen Teil geschlossen sei. Der sonstige Inhalt der Verträge steht einer solchen Auslegung nicht im Wege.

5. . . . Der Kl. hat zutreffend darauf hingewiesen, daß die bei den Messefahrten von der Reichsbahndirektion W. übernommenen Leistungen eine Sonderbeurteilung des mit ihr geschlossenen Beförderungsvertrages erforderten. Die Reichsbahndirektion W. hatte nämlich, wie der von ihr herausgegebene Messefahrplan zeigt, ausdrücklich die Mitgabe eines Reiseleiters zugesagt. Außerdem hat der Kl. vorgetragen, daß das von der Reichsbahndirektion W. gestellte Zugbegleitpersonal auch in L. mit der Betreuung der Reisenden beauftragt gewesen sei und sich in diesem Sinne betätigt habe; daß insbes. der dem Zuge beigegebene Reichsbahnrat K. auf dem Bahnhof L. durch Lautsprecher die nötigen Anweisungen beim Einsteigen der Reisenden gegeben habe.

Wenn auch dieses Vorbringen nicht geeignet ist, die grundsätzliche Rechtsauffassung des Berufungsgerichts von der Selbständigkeit der von dem Kl. mit den beiden Eisenbahnverwaltungen geschlossenen Beförderungsvertrages zu erschüttern, so bleibt doch jedenfalls die Möglichkeit offen, dem mit der Reichsbahn der brit. Zone geschlossenen Vertrag einen erweiterten Inhalt zu geben. Es erscheint nicht ausgeschlossen, hierin außer dem auf das Gebiet der brit. Zone beschränkten eigentlichen Beförderungsvertrag noch eine zusätzliche Vereinbarung zu erblicken, die auch in der sowjet. Besatzungszone die persönliche Betreuung der Reisenden zum Inhalt hatte."

**174a. Das Eisenbahnsondervermögen in West-Berlin ist im Eigentum des Deutschen Reiches geblieben, wenn es auch von der „Deutschen Reichsbahn" der Sowjetzone mitverwaltet wird. — Das Mitverwaltungsrecht der „Deutschen Reichsbahn" ist nur aus währungsrechtlichen Gründen durch die Bestellung eines Verwalters für das Vorratsvermögen in West-Berlin beschränkt. — Eine Aufrechnung mit einer auf DM-Ost lautenden Forderung gegen eine auf DM-West lautende Forderung ist nicht zulässig.**

KG Berlin (West), Urt. v. 17. 12. 1953 — 8 U 1342/53: * unveröff.

Der Bekl. wurde nach Kriegsende von der Reichsbahnverwaltung des sowjet. Besatzungsgebietes beschäftigt und mietete auf Grund dieses Dienstverhältnisses eine in West-Berlin gelegene Dienstwohnung der Reichsbahn. Im Herbst 1948 wurde das Beschäftigungsverhältnis mit dem Bekl. gekündigt. Der Bekl. erwirkte jedoch zwei rechtskräftig gewordene Versäumnisurteile gegen die Generaldirektion Reichsbahn, in denen festgestellt wurde, daß die Kündigung unwirksam sei, und die Reichsbahn zur Lohnzahlung für die Jahre 1949 und 1950 verurteilt wurde. Unter Berufung auf seine in diesen Urteilen zugesprochenen Forderungen gegen die Reichsbahn in Höhe von rund 17000 DM-Ost hat der Bekl. seit Herbst 1949 längere Zeit seine Wohnungsmiete nicht bezahlt. Inzwischen ist auf Grund der DfBest. Nr. 14 zur UmstVO in West-Berlin ein Treuhänder für die Grundstücke der Reichsbahn bestellt worden. Dieser klagt auf Aufhebung des Mietverhältnisses und Zahlung eines Teilbetrages der rund 3000 DM-West betragenden Mietzinsrückstände. Das LG gab der Klage statt. Der Bekl. beschränkt seine Berufung darauf, ihn nur Zug um Zug gegen Zahlung von 17 ... DM-Ost zu verurteilen. Das KG gab der Berufung statt.

Aus den Gründen:

„Im Streit verblieben ist im Berufungsrechtszug ausschließlich das Zurückbehaltungsrecht des Bekl. Zu seiner Erörterung bedarf es eines näheren Eingehens auf das Rechtsschicksal des Eisenbahnvermögens in den westlichen Sektoren Berlin.

Die ursprünglich völlig selbständige Reichsbahn-Gesellschaft ist erstmalig durch das Gesetz zur Neuregelung der Verhältnisse der Reichsbank und der Deutschen Reichsbahn v. 10. 2. 1937 (RGBl II 47) wieder in die Reichsverwaltung eingegliedert worden. Durch Gesetz vom 4. 7. 1939 (RGBl I 1205) sind die Rechts- und Vermögensverhältnisse der Deutschen Reichsbahn neu geordnet und diese als selbständig rechts- und prozeßfähiges Sondervermögen des Reichs ausgestaltet worden (vgl. insbes. §§ 1—3 und 17).

Nach dem Zusammenbruch des Reichs hat das Eisenbahnsondervermögen eine in den verschiedenen Besetzungsgebieten gesonderte Entwicklung genommen. In der Bundesrepublik sind das Eigentum und alle sonstigen Vermögensrechte des Deutschen Reiches, die zum bisherigen Sondervermögen Deutsche Reichsbahn gehören, mit Wirkung vom 24. 5. 1949 als Sondervermögen Deutsche Bundesbahn Vermögen des Bundes geworden (GVVB v. 2. 3. 1951, BGBl I 155). Der Versuch des Landes Berlin, dieses Gesetz auch für West-Berlin zu übernehmen, ‚mit der Maßgabe, daß die in Berlin belegenen unmittelbar dem Eisenbahnbetriebe dienenden Vermögenswerte von dem Übergang in das Sondervermögen „Deutsche Bundesbahn“ ausgeschlossen sind‘, also unter Beschränkung auf das sog. Vorratsvermögen, ist am Widerspruch der MilReg. gescheitert, die das Übernahmegesetz vom 21. 12. 1951 (GVOBl 1190) mit rückwirkender Kraft aufgehoben hat (BK/O [51] 72 vom 29. 12. 1951, GVOBl 1952, 53).

Wie auf Grund des Parteivortrages bereits im Tatbestand dargelegt worden ist, hat die MilReg. auch die Rechtsansicht des damaligen Magistrats abgelehnt, daß das Eisenbahnvermögen auf Grund der dort angeführten MilRegGes.e treuhänderisches Eigentum des Landes Berlin geworden sei. Die authentische Auslegung der MilRegGes.e steht im Einklang mit Art. XIV des amerik. Gesetzes Nr. 19 (VOBl 1949 I 143), Art. 3 der französ. VO v. 31. 8. 1949 (VOBl I 319) und Art. 2 (i) der brit. VO Nr. 202 (VOBl 1950 I 15), sowie der Handhabung auf Grund der DfBest. Nr. 14, welch letztere bei Annahme treuhänderischen Eigentums des Landes Berlin fehl am Platze wäre . . .

Abschließend ist festzustellen, daß auch das Bundesgesetz zur vorläufigen Regelung der Rechtsverhältnisse des Reichsvermögens und der preußischen Beteiligungen v. 21. 7. 1951, von Berlin übernommen durch das sog. Dritte Überleitungsgesetz v. 12. 6. 1952 (GVOBl. 393, Anhang Nr. 5 S. 411), nicht zur Anwendung gelangt. Das Bundesgesetz erwähnt das frühere Reichsbahnsondervermögen nicht, weil es bereits durch das GVVB v. 2. 3. 1951 geregelt war. Es erfaßt daher dieses Vermögen überhaupt nicht mehr. Es kann auch im Lande Berlin keine weitergehende Geltung beanspruchen als im Bundesgebiet.

Für Berlin ist es daher bei derjenigen Regelung verblieben, die durch den SMAD-Befehl Nr. 8 v. 11. 2. 1945 (Abschrift Bl. 119) eingeleitet worden ist, nämlich der Mitverwaltung auch des in den westlichen Sektoren Berlins belegenen früheren Reichsbahnsondervermögens durch die von der sowjet. Besatzungsmacht in ihrem Gebiet unter dem alten Namen neu gebildete Deutsche Reichsbahn. Es handelt sich insoweit nach wie vor um eine im Einvernehmen der vier Besatzungsmächte Berlins durch die sowjet. MilReg. kontrollierte Auftragsverwaltung der von ihr in ihrem Besatzungsgebiet neu gebildeten Deutschen Reichsbahn. Es kann dabei dahingestellt bleiben, welche Rechtsform der neuen Deutschen Reichsbahn im sowjet. besetzten Gebiet zukommt und wie die Rechtsverhältnisse des dort belegenen früheren Reichsbahnsondervermögens geregelt worden sind. Über das in den westlichen Sektoren belegene Eisenbahnsondervermögen des Deutschen Reiches konnten jedenfalls das Eigentum des Reiches verändernde Verfügungen ohne Zustimmung der drei westlichen Besatzungsmächte nicht getroffen werden, da die Recht setzende Gewalt an der politischen Grenze endet. Daß dies auch der Auffassung der MilReg. entspricht, beweist die Aufhebung des für Berlin übernommenen Bundesbahngesetzes auch nur für das Vorratsvermögen und die grundsätzliche Abwehr jeden Eingriffs in das der sowjet. Besatzungsmacht übertragene und ihr weiterhin vorbehaltene Verwaltungsrecht hinsichtlich des in den westlichen Sektoren Berlins belegenen Eisenbahnsondervermögens des Deutschen Reiches, das bisher nur aus währungsrechtlichen Gründen mit Zustimmung der MilReg. hinsichtlich des Vorratsvermögens auf Grund der DfBest. Nr. 14 gelockert worden ist. Gleichgültig, wer Träger des Eisenbahnsondervermögens im sowjet. besetzten Teil des Deutschen Reiches geworden ist — etwa ähnlich wie im Bundesgebiet die Deutsche Bundesbahn dort die mit der früheren Trägerin des Vermögens namensgleiche Deutsche Reichsbahn —, so ist jedenfalls für den Bereich des Reichseisenbahnvermögens in den westlichen Sektoren das Deutsche Reich Eigentümer geblieben, mag es auch von der neuen Deutschen Reichsbahn des sowjet. besetzten Gebietes mitverwaltet werden. Diese ist daher keinesfalls Eigentümerin, sondern nur Auftragsverwalterin der sowjet. Besatzungsmacht, die ihrerseits wiederum im Auftrage der vier Besatzungsmächte Berlins handelt. Das Eigentumsrecht des Deutschen Reiches am Eisenbahnsondervermögen der westlichen Sektoren Berlins ist daher, ungeachtet der eigentumsrechtlichen Entwicklung in den übrigen Besatzungsgebieten, ungeordnet geblieben und lediglich verwaltungsrechtlich geordnet.

Die neue Deutsche Reichsbahn nimmt daher eine Doppelstellung ein. Neben ihrer Eigenschaft als Inhaberin des Eigenbetriebes der Eisenbahn im sowjet. besetzten Teil Deutschlands ist sie Auftragsverwalterin des Eisenbahnvermögens des Deutschen Reiches in den Westsektoren Berlins. Als letztere ist sie Berechtigte i. S. der Ziffer 3 c der DfBest. Nr. 14 mit eigenem, durch Besatzungsrecht geschaffenen Verwaltungsrecht für den Eigentümer (Deutsches Reich). Dieses besatzungsrechtlich geordnete Recht ist ihr auch durch die Bestellung eines Verwalters für das Vorratsvermögen in West-Berlin gemäß DfBest. Nr. 14 nicht genommen worden. Der hiernach bestellte Verwalter wird weder Eigentümer noch Berechtigter des von ihm zu verwaltenden Vermögens. Er ist vielmehr nur berechtigt und verpflichtet, die Belange des Eigentümers oder des Berechtigten nach den Weisungen der Währungskontrollstelle zu vertreten. Er ist also im Rahmen seiner Bestellung gesetzlich bevollmächtigter Vertreter des Eigentümers (Deutsches Reich) an Stelle der zur Zeit insoweit ruhenden Verwaltungsberechtigung der Deutschen Reichsbahn, die aber jeder Zeit durch eine Aufhebung der Verwaltung nach DfBest. Nr. 14 voll wieder aufleben könnte. Der Verwalter handelt daher auch für die Berechtigte als Vertreter ihrer verwaltungsmäßigen Belange.

Aus dem über die Doppelstellung der neuen Deutschen Reichsbahn Ausgeführten würde zu folgern sein, daß sie den Mietvertrag mit dem Bekl., wie sich aus den Umständen ergibt (vgl. § 164 I BGB), als verwaltungsrechtlich befugte Vertreterin des Deutschen Reiches (Eisenbahnsondervermögen) in den westlichen Sektoren Berlins geschlossen und damit dieses Vermögen berechtigt und verpflichtet hat, während sie den Arbeitsvertrag mit dem Bekl. möglicherweise (vgl. § 164 II BGB) in ihrer Eigenschaft als Eigenbetrieb der sowjet. Besatzungszone für ihre eigenen Belange im eigenen Namen geschlossen hat. Es würden dann allerdings der Berechtigte der Mietzinsforderungen (Deutsches Reich) und der Verpflichtete der Lohnforderungen (Deutsche Reichsbahn des sowjet. Besatzungsgebietes) verschiedene Personens ein und es an denselben Vertragspartnern fehlen, wie es für das Zurückbehaltungsrecht grundsätzlich erforderlich ist (§ 273 BGB). Jedoch bedarf es einer näheren Aufklärung zu diesem Punkte nicht. Es steht nach dem Grundsatz der Vertragsfreiheit rechtlich nichts im Wege, daß der berechtigte Verwalter eines fremden Vermögens mit einem anderen mehrere Verträge einmal im eigenen Namen, ein andermal im Namen des Vertretenen schließt und diese schuldrechtlich so miteinander verknüpft, daß dem Vertragspartner aus der Nichterfüllung des einen Vertrages ein Aufrechnungs- oder Zurückbehaltungsrecht gegenüber den Forderungen aus dem anderen Vertrage erwächst. Das ist im vorliegenden Falle dadurch geschehen, daß die Deutsche Reichsbahn sich dem Bekl. gegenüber das Recht vorbehalten hat, den Mietzins bei der Auszahlung der Dienstbezüge einzubehalten, während dem Bekl. unter hier nicht streitigen Voraussetzungen gleichfalls ein Aufrechnungs- und Zurückbehaltungsrecht zugestanden worden ist, das dem Bekl. nach § 157 BGB im gleichen Umfang zustehen muß. Einer Klage der Deutschen Reichsbahn auf Zahlung von Mietzinsen gegenüber würde sich daher der Bekl. ungeachtet ihrer Zugehörigkeit zum Reichsvermögen bei ihrem Gegenstand nach gleichartigen Gegenforderungen auf ein Aufrechnungsrecht, im anderen Fall auf ein Zurückbehaltungsrecht berufen können. Der Verwalter nach DfBest. Nr. 14 muß sich grundsätzlich alle Einwendungen und Einreden entgegensetzen lassen, die dem Eigentümer oder Berechtigten entgegengehalten werden können. Infolge der rechtlich zulässigen Verknüpfung des an sich für das Reichsvermögen geschlossenen Mietvertrages mit dem Dienstvertrag des Bekl. bei der Deutschen Reichsbahn ist dem Bekl. auch gegenüber dem Deutschen Reich ein Zurückbehaltungsrecht erwachsen. Dem Verwalter stehen nur die gleichen Rechte wie dem von ihm vertretenen Gläubiger zu.

Wie der Senat bereits in seinem Beschwerdebeschluß v. 10. 7. 1952 im Armenrechtsverfahren ausgeführt hat, ist eine Aufrechnung mit Forderungen auf DM-Ost gegen Forderungen auf DM-West wegen Verschiedenartigkeit des Gegenstandes i. S. des § 387 BGB nicht möglich. Die Voraussetzungen einer (entsprechenden) Anwendung des § 244 BGB liegen nicht vor. Ebensowenig wie etwa mit Dollarforderungen kann mit Ostmarkforderungen aufgerechnet werden, wohl aber ist, wie im gleichen Fall, ein Zurückbehaltungsrecht möglich, das zu einer Verurteilung zur Erfüllung Zug um Zug führt (§ 274 BGB). Es kann daher auch nicht von einer unzulässigen Umgehung einer Aufrechnung die Rede sein."

## 6. Postrecht

**175. Die „Deutsche Bundespost" ist mit der „Deutschen Reichspost" unter räumlicher Beschränkung auf das Gebiet der Bundesrepublik personengleich. — Die Bestimmung eines ausschließlichen Gerichtsstandes für Rechtsstreitigkeiten mit der Postverwaltung setzt voraus, daß sich auch noch im Zeitpunkt der gerichtlichen Geltendmachung von Ansprüchen an diesem Gerichtsstand eine Verwaltungsstelle der in Anspruch genommenen Postverwaltung befindet. — Eine derartige Gerichtsstandsbestimmung ist für die Frage der räumlichen Belegenheit einer Verbindlichkeit unerheblich. — Eine Verbindlichkeit ist an ihrem Erfüllungsort belegen. — Bei einer steckengebliebenen Postschecküberweisung von einem Konto auf ein anderes Konto des gleichen Kunden entsteht mit der Abbuchung des Überweisungsbetrages bei dem einen Konto ein Anspruch auf Gutschrift auf dem anderen Konto; dieser Anspruch ist an dem Ort zu erfüllen, an dem das zweite Konto geführt wird.**

BGH, Urt. v. 6. 2. 1953 — I ZR 80/52: NJW 1953, 660; BGHZ 9,13; JZ 1953, 382; Leitsatz: LM, Nr. 1 zu § 13 PostG (*Wilde*).

Die Kl. unterhielt bei den Postscheckämtern Berlin und M. (jetzt: amerik.) je ein Postscheckkonto. Anfang April 1945 erteilte sie dem — im späteren Ostsektor Berlins gelegenen — Postscheckamt Berlin den Auftrag, zu Lasten ihres dortigen Kontos den Betrag von 118 500 RM auf ihr Konto beim Postscheckamt München zu überweisen. Daraufhin belastete das Postscheckamt Berlin das Konto der Kl. am 6. 4. 1945 mit diesem Betrage und sandte ihr den üblichen, diese Lastschrift ausweisenden Kontoauszug, den die Kl. am 7. 4. 1945 erhielt. Das Postscheckamt M. erteilte jedoch der Kl. keine Gutschrift, da es vom Postscheckamt Berlin keine Mit-

**teilung von der Überweisung erhalten habe. Die Kl. verlangt von der Deutschen Bundespost, vertreten durch die Oberpostdirektion in M., Auszahlung des Überweisungsbetrages. Das LG hat die Bekl. antragsgemäß zur Zahlung verurteilt, das Berufungsgericht hat jedoch die Klage abgewiesen. Der BGH stellte das Urt. des LG wieder her.**

Aus den Gründen:

„II. Der Kl. hatte den Überweisungsauftrag der Deutschen Reichspost erteilt, verlangt jetzt aber Ausführung des Auftrages von der Deutschen Bundespost. Eine Inanspruchnahme der Bundespost aus Verbindlichkeiten der ehem. Deutschen Reichspost ist aber nur möglich, wenn entweder die Bundespost mit der Reichspost — beschränkt auf das Gebiet der Bundesrepublik — identisch wäre, oder wenn die Verbindlichkeiten der Reichspost auf die Bundespost durch Gesetz oder aus einem sonstigen Rechtsgrunde übergegangen wären. Das Berufungsgericht nimmt an, die Bundespost in der Bundesrepublik sei mit der Deutschen Reichspost unter räumlicher Beschränkung auf dieses Gebiet personengleich, also nur deren Fortsetzung. Dieser Auffassung ist zuzustimmen.

Das dem Post- und Telegrafenbetrieb gewidmete Vermögen des Deutschen Reiches war... durch das ReichspostfinanzG v. 28. 2. 1924 (RGBl 287) zu einem selbständigen Unternehmen ausgestaltet worden, das als Sondervermögen von dem übrigen Vermögen des Reiches getrennt zu halten war (§ 1 aaO.). Diese Regelung ist im § 2 Ges. zur Vereinfachung und Verbilligung der Verwaltung v. 27. 2. 1934 (RGBl I 130) bestätigt worden. Durch die Zonentrennung nach der Kapitulation wurde dieses Sondervermögen zwar aufgespalten, ohne daß sich aber an der zweckgebundenen Zusammenfassung und Selbständigkeit der in den einzelnen Gebieten belegenen Bestandteile des bisherigen einheitlichen Sondervermögens etwas änderte. Eine Vermischung des Postvermögens mit anderen fiskalischen Vermögen fand nicht statt, nur die Verwaltung der Post verlor die einheitliche Spitze und ging auf verschiedene Dienststellen in den Zonen und Ländern über (vgl. im einzelnen die Darstellung bei *Giess*, Arch. f. Post- u. Fernmeldewesen 1949, 75 ff.). Nach Errichtung des Vereinigten Wirtschaftsgebietes wurde die Verwaltung für Post- und Fernmeldewesen im Vereinigten Wirtschaftsgebiet errichtet (§ 1 Ges. über den vorl. Aufbau der Verwaltung des Vereinigten Wirtschaftsgebietes i. d. F. v. 28. 7. 1948 — WiGBl 1948, 94), die die Verwaltung des Postvermögens für das betreffende Gebiet übernahm, bis auf Grund der VO der Bundesregierung zur Überführung der Verwaltungen des Post- und Fernmeldewesens v. 31. 3. 1950 (BGBl 94) die Zusammenfassung aller Postverwaltungen der Bundesrepublik in der Deutschen Bundespost stattfand (Art. 130 GG). Das Sondervermögen der Post besteht hiernach im Gebiet der Bundesrepublik unberührt fort und wird nunmehr von der Bundespostverwaltung einheitlich verwaltet. Dieses Sondervermögen ist ebenso wie früher das unter der Bezeichnung ‚Deutsche Reichspost' verwaltete Sondervermögen des Reiches parteifähig (RG WarnRspr. 1926 Nr. 168). Für das Verhältnis der Deutschen Bundesbahn zur Deutschen Reichsbahn hat der III. ZS des BGH in BGHZ 1, 35 in gleichem Sinne entschieden. Danach ist die Deutsche

Bundespost die richtige Bekl., vorausgesetzt, daß die Verbindlichkeit, wegen der sie in Anspruch genommen wird, zu dem im Bundesgebiet belegenen Teil des Sondervermögens gehört. Das trifft, wie noch zu erörtern sein wird, hier zu.

III. Der Kl. stützt seinen Anspruch auf den mit der Deutschen Reichspost geschlossenen Postscheckvertrag. . .

Die Bekl. ist der Auffassung, daß sie aus diesem Vertrage nicht in Anspruch genommen werden könne, weil es an dem erforderlichen räumlichen Zusammenhang zwischen dem Klageanspruch und dem Bundesgebiet fehle und weil außerdem § 13 PostG entgegenstehe.

1. Nach dieser Vorschrift sind Ansprüche auf Schadloshaltung gegen die Postverwaltung in allen Fällen gegen diejenige Oberpostdirektion zu richten, in deren Bezirk ‚der Ort der Einlieferung der Sendung' liegt. An und für sich wird § 13 PostG sinngemäß auch auf Ansprüche aus dem Postscheckvertrag zu erstrecken sein. . . Dennoch kommt ihr nicht die Bedeutung zu, die ihr die Bekl. beimessen will. Denn die Bestimmung des § 13 PostG ist lediglich eine aus Ordnungsgründen getroffene Zuständigkeitsregelung, bei der als selbstverständlich vorausgesetzt wird, daß am ‚Ort der Einlieferung der Sendung' sich auch im Zeitpunkt der gerichtlichen Geltendmachung von Ansprüchen noch eine Oberpostdirektion befindet, die zu der in Anspruch genommenen Postverwaltung gehört. Eine Begrenzung des Umfanges der materiellrechtlichen Haftung der Post kann einer solchen Ordnungsvorschrift nicht entnommen werden. Es können aus ihr aber auch keine Folgerungen für die Frage der räumlichen Belegenheit der streitigen Verbindlichkeit gezogen werden. Diese Frage ist vielmehr unabhängig von der bloßen Festlegung eines Gerichtsstandes nach allgemeinen Grundsätzen zu beantworten.

2. Der für die Inanspruchnahme der Bundespost notwendige räumliche Zusammenhang des Klageanspruchs mit dem Bundesgebiet ist vorhanden. Ebenso wie im Giroverkehr zwischen Bankkunden und Großbanken den Kunden nicht die einzelne Bankfiliale, sondern die Bank als Gesamtunternehmen als Vertragsgegnerin gegenübersteht, richtet sich der Anspruch des Postscheckkunden nicht gegen einzelne Postscheckämter, sondern gegen das unter dem Namen Deutsche Reichspost, jetzt Deutsche Bundespost zusammengefaßte Sondervermögen. Das geht deutlich aus dem PostscheckG hervor, wonach die ‚Postverwaltung', d. h. also die — spätere — Deutsche Reichspost, dem Kontoinhaber für ordnungsgemäße Ausführung der Postscheckaufträge haftet (§ 9 PostscheckG). Die Einheitlichkeit der Vertragsbeziehung zwischen Postscheckkunden und dem Geldinstitut tritt hier noch stärker hervor als beim Bankgirovertrag mit einer Großbank, weil die Postscheckämter lediglich Dienststellen der Reichspost oder Bundespost sind und nicht einmal die den Bankfilialen in gewissen Beziehungen zugewiesene Selbständigkeit (z. B. § 21 ZPO, Art. 15 V ScheckG) besitzen. Die Deutsche Reichspost als Unternehmen war also verpflichtet, den Überweisungsauftrag der Kl. durch ihre dafür vorgesehene Dienststelle auszuführen. Nachdem das Postscheckamt in Berlin am 6. 4. 1945 das Konto der Kl.

mit dem Überweisungsbetrag belastet hatte, mußte nunmehr die Überweisung durch entspr. Gutschrift auf dem Konto der Kl. beim Postscheckamt in M. zu Ende geführt werden. Diese Verpflichtung der Post war zugleich mit der Lastschrifterteilung in Berlin entstanden, ohne daß es darauf ankommt, ob das Postscheckamt in M. eine Gutschrift oder Mitteilung erhalten hat oder ob die Unterlagen verloren gegangen sind. Denn die Postverwaltung blieb vertraglich in jedem Falle verpflichtet, den von ihr angenommenen und in üblicher Weise durch Abbuchung und entsprechende Benachrichtigung des Postscheckkunden zu bearbeitenden Überweisungsauftrag weiter auszuführen.

Die Kl. hatte deshalb einen in M. zu erfüllenden entsprechenden Anspruch gegen die Deutsche Reichspost. Diese Verpflichtung zur Gutschrift verblieb auch nach der Kapitulation und der vorübergehenden Auflösung der einheitlichen Verwaltung des Sondervermögens ‚Deutsche Reichspost' Bestandteil desjenigen räumlich begrenzten Teiles dieses Sondervermögens, das nunmehr unter der Bezeichnung ‚Deutsche Bundespost' im Gebiet der Bundesrepublik belegen ist und dort verwaltet wird. Die räumliche Bezogenheit auf das Gebiet der Bundesrepublik ergibt sich zwangsläufig daraus, daß die Verpflichtung zur Gutschrift auf dem Konto M. der Kl. ausschließlich beim Postscheckamt in M. erfüllt werden kann.

3. Das Berufungsgericht hat sich diesen Gedankengängen verschlossen, weil es der Meinung ist, daß nach den für den Postscheckverkehr ergangenen besonderen Vorschriften eine Überweisung immer erst mit der Gutschrift selbst in den räumlichen Bereich des Bestimmungspostscheckamtes gelangen könne. Es erachtet allein den Zeitpunkt für wesentlich, in welchem der Überweisungsempfänger über den ihm überwiesenen Betrag Verfügungsgewalt erlangt. Als solchen bezeichnet das Berufungsgericht die effektive Gutschrift auf dem Konto des Überweisungsempfängers. Im Verkehr zwischen den Postscheckämtern werde erst nach der Gutschrift abgerechnet. Deshalb habe, so sagte das BerGer. weiter, die Postverwaltung der Westzone für steckengebliebene Überweisungsbeträge zwischen Postscheckämtern der Ost- und Westzone den ‚Gegenwert' erst erhalten, wenn die Gutschrift auf dem Bestimmungspostscheckamt durchgeführt sei. Hierin will das BerGer. einen grundsätzlichen Unterschied gegenüber dem Giroverkehr der Banken erblicken. Diesen Ausführungen kann jedoch nicht beigetreten werden.

Irrig ist zunächst die Auffassung, daß es für die Frage, unter welchen Voraussetzungen bei einer Überweisung, die nicht zu Ende geführt worden ist, eine Verpflichtung zur Gutschrift bei einem westdeutschen Postscheckamt begründet wird, auf den Übergang eines ‚Gegenwertes' vom östlichen Lastschriftpostscheckamt auf das westliche Gutschriftpostscheckamt ankommen könne. In der ständigen Rechtsprechung über die mißglückte Ost-West-Banküberweisung haben der OGH Köln und der erkennende Senat an dem Grundsatz festgehalten, daß es sich bei Überweisungen zwischen Filialen ein und desselben Geldinstituts, wenn Überweisender und Überweisungsempfänger personengleich sind, rechtlich um nichts anderes als um eine Zuständigkeitsverlagerung für die Kontenführung handle und daß daher für ihre Durchführung irgendein buchmäßiger oder realer Gegenwert im Sinne eines Vermögensüberganges zwischen den Filialen rechtlich überhaupt nicht in Betracht komme. Soweit es sich aber bei dem sog. Gegenwert um die Abrechnung der einzelnen Filialen untereinander im Sinne einer organisatorischen Verteilung der zur Disposition der einzelnen Filialen stehenden Vermögensteile des Gesamtunternehmens handelt, stellt dieser Vorgang eine rein innerbetriebliche Maßnahme des Geldinstituts dar, die das Rechtsverhältnis des Kunden zur Bank unberührt läßt.

Für den Postscheckverkehr müssen diese Grundsätze mit noch stärkerer Berechtigung gelten, weil die einzelnen Postscheckämter, wie erwähnt, nichts anderes als Dienststellen der Postverwaltung sind. Es ist deshalb auch ganz unerheblich, daß, wie das Berufungsgericht hervorhebt, im Verkehr zwischen den Postscheckämtern erst nach der Leistung der Gutschrift beim Bestimmungspostscheckamt abgerechnet wird. Die besonderen Betriebsvorschriften für den Postscheckverkehr rechtfertigen keine andere Beurteilung. Die Bekl. hat sich insoweit auf § 7 VIII PostscheckO berufen, wonach der Postscheckkunde einen von ihm an das Postscheckamt gesandten Überweisungsauftrag zurücknehmen kann, solange der Betrag auf dem Konto des Empfängers noch nicht gutgeschrieben ist. Diese Bestimmung, die in ähnlicher Form in den Allgemeinen Geschäftsbedingungen der Banken enthalten ist, wurde den Bankkunden bereits in den Streitigkeiten über die steckengebliebene Ost-West-Überweisung erfolglos entgegengehalten. Das Berufungsgericht will aus der Zulässigkeit des Widerrufs bis zur Gutschrifterteilung schließen, daß ein Guthaben beim Bestimmungspostscheckamt bis zum gleichen Zeitpunkt noch nicht vorhanden sein kann, weil ja der Überweisungsempfänger bis dahin über den Überweisungsbetrag nicht verfügen könne. Bei diesen Überlegungen unterscheidet das Berufungsgericht aber nicht genügend zwischen der Frage, wann der Empfänger Ansprüche aus der Gutschrift geltend machen kann, und der anderen Frage, unter welchen Voraussetzungen ein Anspruch auf Durchführung der Gutschrift gegen das Bestimmungspostscheckamt entsteht. Die Gutschrift hat, da sie nur eine Verlagerung der Kontenführung bedeutet, keine konstitutive Wirkung. Das Guthaben als solches besteht immer. Aus der Gutschrift als formellem Buchungsvorgang kann der Postscheckkunde Ansprüche naturgemäß nicht herleiten, solange die Gutschrift nicht erteilt ist. Davon unabhängig kann aber ein Anspruch auf Erteilung der Gutschrift bei dem Bestimmungspostscheckamt entstehen und solange fortbestehen, als der Überweisungsauftrag nicht widerrufen wird. Der Anspruch des Kunden entsteht dann unter der auflösenden Bedingung des Widerrufs. Danach gelangt mindestens in Fällen, in denen, wie hier, Übersender und Überweisungsempfänger dieselbe Person sind, der Anspruch auf vollständige Ausführung der Überweisung bereits mit der Erfüllung der formellen Voraussetzungen, unter denen die Reichspost die Durchführung der Überweisung ihren Kunden zugesagt hat, d. h. mit der Erteilung eines ordnungsgemäßen Überweisungsauftrages, zur Entstehung. Dieser Anspruch ist, soweit es sich um die Gutschrift handelt, zweifelsfrei beim Postscheckamt in München zu erfüllen und damit in den räumlichen Bereich dieses Scheckamtes gelangt, ohne daß es hierzu des Eingangs entsprechender schriftlicher Unterlagen bei diesem Scheckamt bedarf. Die im Postscheckverkehr geltende weitere Vorschrift, wonach bei Verlust einer Überweisung beim Lastschriftpostscheckamt die Ausstellung eines Doppels verlangt werden muß, ist nur eine aus organisatorischen Gründen gegebene Ordnungsvorschrift, die die Rechtsstellung des Postscheckkunden und insbesondere die Frage, wann der Anspruch auf Gutschrift in den Bereich des Bestimmungspostscheckamtes gelangt ist, nicht beeinflussen kann."

---

# V. ARBEITSRECHT

**176. Eine Kollision des allgemeinen deutschen Arbeitsrechts in einer Zone mit besonderen Anordnungen einer Besatzungsmacht in einer anderen Zone kann nicht nach den Grundsätzen des IPR beurteilt werden, da das Deutsche Reich ein einheitliches Hoheitsgebiet geblieben ist. — Zonale Rechtskonflikte können auch nicht entsprechend dem Verhältnis von Landes- zu Reichsrecht oder von allgemeinem zu speziellem Recht entschieden werden. — Die Lösung interzonaler Rechtskonflikte muß, den Ausnahmeverhältnissen entsprechend, nach besonderen Erwägungen erfolgen. — Danach ist bei interzonalen Rechtskollisionen für Schuldverhältnisse in erster Linie die Parteiautonomie maßgebend. — Hat ein Schuldverhältnis auch nur einen Anknüpfungspunkt an eine Zone, in der das allgemeine deutsche Vertragsrecht weitergilt, so findet bei einer Kollision mit besonderen Anordnungen der Besatzungsmacht einer anderen Zone dieses allgemeine deutsche Vertragsrecht auf einen Vertrag aus der Zeit vor dem Zusammenbruch Anwendung, weil der Wille der Parteien von vornherein nur auf die Unterwerfung unter dieses Recht gerichtet war. — Solche Anknüpfungspunkte sind bei dem Vertrage eines kaufmännischen Angestellten mit seinem Unternehmen der Abschlußort, der Sitz eines der Beteiligten sowie der Sitz des Unternehmens, dessen Inhaber dem Angestellten Prokura erteilt, auch wenn diese auf die Zweigniederlassung der Firma in einer anderen Zone beschränkt war. — Auf einen in der brit. Zone am Sitz des Unternehmens abgeschlossenen arbeitsrechtlichen Vertrag finden daher die nach der Besetzung erlassenen arbeitsrechtlichen Sondervorschriften einer Besatzungsmacht in Berlin keine Anwendung.**

LAG Hamburg (brit. Zone), Urt. v. 22. 3. 1947 — 20 Sa 5/47: MDR 1947, 97 (*Beitzke*); RdA 1948, 144 (*Nikisch*).

Der Kl. war bis zum Jahre 1942 als kaufmännischer Angestellter bei der Filiale der Bekl. in Berlin mit Prokura für diese Zweigniederlassung angestellt. Als der Kl. im Jahre 1942 aus dem Unternehmen ausschied, schloß er mit dem allein berechtigten Vorsitzer des Vorstandes der Bekl. in Hamburg eine Vereinbarung etwa folgenden Inhalts: „Die Bekl. gibt den Kl. während der Restdauer des Krieges frei. Die Wiederaufnahme seiner Tätigkeit bei der Bekl. nach Kriegsende wird ihm garantiert

**Ein Mindestverdienst wird dem Kl. von der Bekl. erstattet. Eine seit langem laufende Pensionsversicherung, deren Prämien die Bekl. zahlt, wird unverändert weitergeführt. Alle sonstigen Ansprüche, insbesondere regelmäßige Lieferung von Naturalien, bleiben dem Kl. erhalten." Als sich der Kl. im Juli 1945 der Bekl. wieder zur Verfügung stellte, lehnte diese das Angebot zur Mitarbeit unter Hinweis auf die Demontagen der sämtlich in der sowjet. Zone gelegenen Betriebsstätten ab.**

**Der Kl. verlangt, gestützt auf den Vertrag von 1942, die Zahlung seiner Gehaltsdifferenz vom 1.4.1946 an. Die Bekl. beruft sich demgegenüber auf eine Vorschrift der sowjet. Besatzungsmacht, wonach sämtliche Arbeitsverträge mit dem Zusammenbruch hinfällig geworden seien und in jedem Fall neu abzuschließen seien.**

**Das ArbG hat die Kl. abgewiesen, das LAG gab ihr statt.**

Aus den Gründen:

„Für die Frage, inwieweit in Berlin in Hinsicht auf Arbeitsverträge etwa ergangene Befehle der russ. Besatzungsmacht auf die Vertragsbeziehungen der in Hamburg klagenden Parteien einwirken, kann nicht der ursprüngliche Dienstvertrag, dessen Erfüllungsort (und ‚sedes materiae') Berlin gewesen sein mag, sondern nur die mit der Hauptverwaltung in Hamburg geschlossene Vereinbarung v. 27. 2. 1942 in Betracht gezogen werden.

Die Bekl. führt dazu aus, daß der Kl. aus dem genannten ‚Garantievertrag' nicht mehr Rechte herleiten könne, als ihm zustehen würden, wenn er fortlaufend bei ihr in Berlin beschäftigt gewesen wäre. In diesem Falle aber sei das Dienstverhältnis durch die Anordnung der russ. Besatzungsmacht gelöst gewesen und es habe — auch im Hinblick auf den Garantievertrag — einer Neueinstellung des Kl. bedurft, die mit Schreiben v. 20. 7. 1945 abgelehnt sei.

Es mag unterstellt werden, daß durch die russ. Besatzungsmacht verfügt worden sei: sämtliche Arbeitsverträge seien mit dem Zusammenbruch hinfällig geworden, es bedürfe in jedem Falle des Abschlusses eines neuen Vertrages. Diese Verfügung kann Beachtung zunächst nur für das Gebiet der russ. Besatzungszone beanspruchen. Sie wird allerdings — wenn vorhanden — auch für den brit. Sektor Berlins zu gelten haben, weil sie zu einer Zeit erlassen sein soll, als die russ. Besatzungsmacht noch die ausschließliche in Berlin war und eine Aufhebung der Verfügung für den brit. Sektor nicht behauptet ist. Ob sie darüber hinaus aber von dem in Hamburg angerufenen Gericht angewandt werden kann, wo diese Verfügung anderes Recht schaffen würde, als es auf Grund des allgemeinen deutschen Arbeitsrechts in der brit. Zone besteht, damit also eine Kollision von Rechtsnormen herbeiführt, kann nicht etwa nach Grundsätzen des sogenannten internat. Privatrechts beurteilt werden, denn das Deutsche Reich ist ein einheitliches Hoheitsgebiet geblieben; auch nicht entsprechend dem Verhältnis von Landes- und Reichsrecht oder von allgemeinem zu speziellem Recht entschieden werden, denn die Zonen sind keine Länder und die Rechtsquellen zu verschieden; sondern nur nach den folgenden, den Ausnahmeverhältnissen entsprechenden, besonderen Erwägungen: Im Falle einer Kollision von Rechtsnormen richtet sich die Auswirkung von Schuldverhältnissen jedenfalls in erster Linie nach demjenigen Recht, dem die Parteien ihr Schuldverhältnis ausdrücklich oder stillschweigend haben unterwerfen wollen. Es bedarf keiner näheren Begründung, daß die Parteien bei ihrer Vereinbarung v. 27. 2. 1942 überhaupt nur an deutsches Gesetzrecht und nicht an Befehle einer Besatzungsmacht gedacht haben. Verträge sind ferner so zu erfüllen, wie Treue und Vertrauen im Rechtsverkehr es erfordern. Daraus ergibt sich, daß in der brit. Zone geltendes allgemeines deutsches Vertragsrecht aus früher begründeten Schuldverhältnissen hier gegenüber besonderen Bestimmungen der Besatzungsmacht einer anderen Zone im Kollisionsfalle immer dann Anwendung zu finden hat, wenn das Schuldverhältnis in auch nur einer Beziehung als über die Grenzen jener anderen hinaus wirkend angesehen werden kann. Als solche Bindungen kommen u. a. in Betracht: sowohl der Wohnsitz auch nur eines der Beteiligten, als auch der Entstehungsort oder der Erfüllungsort. Wenn auch nur eine dieser Beziehungen gegeben ist, rechtfertigt sich im Falle einer Kollision mit besonderen Bestimmungen der Besatzungsmacht einer anderen Zone die Anwendung des in der brit. Zone geltenden allgemeinen deutschen Vertragsrechtes, weil der Wille der Parteien von vornherein nur darauf gerichtet war, das Schuldverhältnis diesem Rechte zu unterwerfen. Jedenfalls würde dann die Berufung auf eine durch die andere Zone begrenzte Vorschrift ein Verhalten bedeuten, das dem selbstverständlichen, ursprünglichen Willen der Parteien einseitig entgegensteht, und damit einen groben Verstoß gegen Treue und Vertrauen im Rechtsverkehr, d. h. eine unrichtige und deshalb nicht zuzulassende Ausübung eines Rechtsstandpunktes darstellen. Auf dieser Grundlage betrachtet, stellt der erste Richter es zu Unrecht nur auf den Erfüllungsort — übrigens auch nur des ursprünglichen Dienstvertrages — ab. Die Sondervereinbarung der Parteien v. 27. 2. 1942 steht in mehr als einer Beziehung zu dem in Hamburg anzuwendenden Recht insofern, als hier zum mindesten der Entstehungsort dieses Schuldverhältnisses, sowie der Sitz eines der Beteiligten sich befindet und der Prokurist eines Handelsunternehmens, auch wenn im Innenverhältnis seine Vertretungsbefugnis auf eine Zweigniederlassung beschränkt ist, doch kraft des gesetzlichen Umfanges seiner Vertretungsmacht und nach allgemeinen kaufmännischen Gepflogenheiten als in unmittelbarer Beziehung zu dem Stammsitz stehend angesehen wird, zumal die Prokura nur von dem Inhaber selbst erteilt werden kann. Unter diesen Umständen und Erwägungen kann der Vertrag v. 27. 2. 1942 allein nach dem in der brit. Zone geltenden allgemeinen deutschen Vertragsrecht beurteilt werden. Selbst wenn eine Bestimmung der von der Bekl. behaupteten Art in der russ. Besatzungszone bestehen sollte, so kann sie doch keine Anwendung auf den hier der Entscheidung unterliegenden Fall finden."

**177.** **a) Da im deutschen internat. Privatrecht das Statut schuldrechtlicher Verträge von der Parteiautonomie bestimmt wird, muß die gleiche Regel grundsätzlich auch im interlokalen und interzonalen Recht angewendet werden. — Jedoch darf dieser Grundsatz bei Verträgen, die vor der Besetzung Deutschlands abgeschlossen wurden, nicht dazu führen, daß die zwingenden Regeln des später gesetzten Besatzungsrechts überhaupt nicht berücksichtigt werden. — Die Einwirkung dieses späteren**

**zwingenden Besatzungsrechts auf Verträge ist daher nach objektiven Gesichtspunkten zu beurteilen. — Danach ist das am Erfüllungsort geltende Recht für einen vor der Besetzung Deutschlands abgeschlossenen Leibrentenvertrag maßgebend. — Hat ein Angestellter seine Arbeitsleistung ständig in dem Zweigwerk eines Unternehmens erbracht und ist ihm dort das Gehalt aus seinem Arbeitsvertrag und die Rente seines auf Grund dieses Arbeitsverhältnisses abgeschlossenen Leibrentenvertrages ausgezahlt worden, so ist als Erfüllungsort des Leibrentenvertrages der Sitz dieses Zweigwerkes zu betrachten.**

ArbG Braunschweig (brit. Zone), nicht rechtskr. Urt. v. 18. 7. 1947 — 3 Ca 163/46: *Leitsätze RuWirtP, Gruppe 11 Teil D, Rechtspr. Nr. 2.

Der Kl. ist seit 1906 in einem Unternehmen in M. (sowjet.) angestellt gewesen, das 1932 im Wege der Rechtsnachfolge auf die Bekl. überging. 1941 schlossen die Parteien einen Pensionsvertrag ab, der die Ortsbezeichnungen Br. (jetzt: brit.) und M. (jetzt: sowjet.) trägt. Der Vertrag ist außer von dem Kl. von einem Direktor des Hauptwerkes der Bekl. in Br. und von einem Direktor der Zweigniederlassung M. unterzeichnet. Nach der Besetzung Deutschlands wurde die Zweigniederlassung der Bekl. in M. enteignet. Der Bekl. hat auch heute noch seinen Wohnsitz in M. und verlangt Zahlung. Das ArbG wies die Klage ab.

Aus den Gründen:

„Der zwischen den Parteien geschlossene Vertrag stellt einen Leibrentenvertrag gemäß § 759ff. BGB dar.

Bei Abfassung dieses Vertrages haben die Parteien noch nicht ahnen können, daß eines Tages auf Grund verschiedenen zonalen Rechts sich einschneidende Änderungen für die Rechtsstruktur der Bekl. ergeben würden. Es muß daher auch untersucht werden, welches Recht — ob das Recht der brit. oder der russ. Zone — auf den Vertrag Anwendung finden muß.

Der Leistungsort ist nicht nur für die Frage des Gerichtsstandes des Erfüllungsortes maßgebend, sondern auch auf dem Gebiete des internat. Privatrechts für die Frage, welches Recht Anwendung finden muß (RGZ 53, 140; 54, 316; 55, 117; 58, 367).

Es kann davon ausgegangen werden, daß im Verhältnis der Zonen zueinander für das Schuldrecht in erster Linie die Parteiautonomie maßgebend ist. Die Parteiautonomie beherrscht das deutsche internat. Privatrecht; sie läßt sich auf das lokale und interzonale Recht übertragen, ohne daß es einer besonderen Begründung hierfür bedürfte.

Bei vor dem Zusammenbruch geschlossenen Verträgen haben die Parteien aber an zonenmäßige Rechtsunterschiede regelmäßig nicht gedacht und auch gar nicht denken können. Daraus folgt dann notwendig, daß der Parteiwille für das anzuwendende Recht nichts ergibt und dieses nach objektiven Anknüpfungspunkten bestimmt werden muß.

Wenn die Parteien bei Vertragsschluß an zonenmäßig verschiedenes Recht und an Anforderungen einer Besatzungsmacht nicht gedacht haben, so kann deshalb noch nicht der Vertrag ohne Rücksicht auf dieses neue Recht abgewickelt werden. Dieser Gedanke würde, folgerichtig zu Ende gedacht, dazu führen müssen, daß alte Schuldverträge nicht nur dem Recht der Besatzungsmacht einer Zone, sondern aller Zonen entzogen wären. Soweit es sich um Normen zwingenden Rechts handelt, können sich die Parteien diesem weder durch Berufung auf den ursprünglichen Parteiwillen noch durch Berufung auf Treu und Glauben entziehen. Es muß nämlich davon ausgegangen werden, daß ein in einer Zone geltendes Recht nicht gegen Treu und Glauben verstößt. Es bedarf vielmehr der Abgrenzung der Tragweite des zwingenden Besatzungsrechts und der Prüfung, auf welche Verträge es nach objektiven Anknüpfungspunkten Anwendung findet (ebenso LAG Hamburg 20 SA 5/47[1]).

Der von den Parteien geschlossene Leibrentenvertrag läßt erkennen, daß die Parteien als Ort des Vertragsschlusses sowohl Br. als auch M. eingesetzt haben. Der Ort des Vertragsschlusses ist aber von dem Leistungsort grundsätzlich zu unterscheiden. Über den Ort, wo die Leistung aus dem Leibrentenvertrage zu erbringen ist, besagt der Vertrag nichts. Verschiedene Umstände aus dem Dienstverhältnis zwischen den Parteien, welches der Ursprung zu dem Leibrentenvertrage ist, geben aber Anknüpfungspunkte dafür, daß Erfüllungsort nicht Br., sondern M. war.

Unstreitig ist Kl. seit dem Jahre 1906 in dem Zweigbetriebe in M. beschäftigt gewesen. Auch nach der Übernahme dieses Werkes in das Hauptwerk der Bekl. hat der Kl. weiterhin seine Arbeitsleistung in M. erbracht. Sämtliche an ihn geleisteten Rentenzahlungen sind genau so wie sein Gehalt in M. erfüllt worden. Wenn auch nach der Fusion des Jahres 1932 die Arbeitsleistung des Kl. in ihrer Gesamtheit dem gemeinsamen Werke zugeflossen ist, so muß doch festgestellt werden, daß Arbeitskraft und gesamte Tätigkeit des Kl. in erster Linie der örtlichen Zweigniederlassung in M. zugute gekommen sind.

Sowohl persönlich als auch wirtschaftlich war der Kl. dem Zweigwerk in M. fest verhaftet.

Aus der Würdigung des gesamten Schuldverhältnisses ergibt sich also, daß aus den Umständen dieses Schuldverhältnisses zu entnehmen ist, daß die Leistung sowohl aus dem Dienst- als auch aus dem Pensionsvertrage an dem Ort zu erbringen war, an welchem der Kl. seine Arbeitsleistung erbracht hat (§ 269 I BGB).

Somit muß nach oben dargelegten Grundsätzen das Recht der russ. Besatzungszone ausschließlich Anwendung finden, weil die weitaus meisten Anknüpfungspunkte Bindungen an das Werk M. aufzeigen.

Da Kl. arbeitsrechtlich aufs engste mit dem Werk M. verbunden war, folgt er mit allen seinen vertraglichen Ansprüchen dem rechtlichen Schicksale der Zweigniederlassung M. Diese ist landeseigener Betrieb geworden und hat eigene Rechtspersönlichkeit erlangt. Das unter neuer Firma neu erstandene Werk ist somit Rechtsnachfolgerin der Bekl. für alle rechtlichen Folgerungen, die sich aus dieser Loslösung ergeben haben.

Die Hauptfolge hieraus war das Selbständigwerden des Zweigwerkes M., so daß es für die Bekl. ein Zweigwerk M. nicht mehr gibt. Es ist eine neue Firma geworden, die nach dem in der russ. Zone geltenden Recht sowohl wirtschaftlich, finanziell und rechtlich eigene Rechts-

[1] Siehe oben Nr. 176.

persönlichkeit erlangt hat. Diese Entwicklung ist eine Folge der in der Ostzone durchgeführten Sozialisierungsmaßnahmen, die auf Grund dort erlassener Gesetze zur Anwendung kommen.

Wenn auch die neue Firma kraft gesetzlicher Anordnung keine Passiven, sondern nur die Aktiven übernommen haben soll, so bedeutet das noch nicht, daß nun alle Gläubiger, die Leistungen für das ehemalige Zweigwerk erbracht haben, sich in jedem Falle nur an die Bekl. halten können. Es müssen vielmehr die Anknüpfungspunkte aus dem Vertrage endgültig ergeben, welche Bindungen überwiegen. Für den vorliegenden Fall ist dargetan worden, daß Kl. fast nur in persönlicher und wirtschaftlicher Hinsicht dem Werk M. verbunden war. Das Schicksal des Werkes M. ist daher arbeitsrechtlich gesehen auch sein Schicksal, genau so wie auch alle zur Zeit dort noch tätigen Angestellten und Arbeiter durch die Lösung des Werkes M. von der Bekl. nunmehr nur noch vertragliche Beziehungen mit dem neu erstandenen Werk haben. Die alten Verträge mit der Bekl. müssen auf Grund dieser gesetzlichen Maßgabe als nicht mehr bestehend betrachtet werden. Diese Folgerung ergibt sich aber nicht aus Treu und Glauben mit Rücksicht auf eine veränderte Geschäftsgrundlage, sondern allein schon daraus, daß das Werk M. kraft Gesetzes in vollem Umfang mit allen Verträgen, die sich auf es beziehen, selbständig geworden ist."

Der Berufung gegen dieses Urteil gab das LAG statt:

**b) Ist ein „Pensionsvertrag" Ausfluß eines früheren Dienstverhältnisses, so ist er nach dem für den Dienstvertrag maßgebenden Recht zu beurteilen. — Wenn auch der Leistungsort eines Dienstverhältnisses der jeweilige Tätigkeitsort eines Angestellten ist, so muß doch als Erfüllungsort der Sitz des Hauptunternehmens gelten, da sich jener Leistungsort nach den Weisungen des Unternehmers jederzeit ändern kann.**

LAG Hannover (brit. Zone), Urt. v. 17. 10. 1947 — Sa 191/47: *unveröff.

„Das Berufungsgericht hat der ausführlichen Begründung des ArbG nicht beitreten können. Es ist auf Grund des Wortlauts des Vertrages von 1941 zu der Überzeugung gelangt, daß die Zahlung des Ruhegehalts nicht etwa nur aus den Mitteln des Zweigwerkes M. geleistet werden sollte, sondern daß sich als Vertragsgegnerin des Kl. die Bekl., und zwar die ‚Br.-AG., Werk Br.' fühlte . . .

Es kann dem Kl. nicht zum Nachteil gereichen, daß er während der ganzen Zeit seiner Tätigkeit, und zwar auch noch nach der im Jahre 1932 erfolgten Fusion, immer in M. beschäftigt worden ist. Es wäre sehr wohl denkbar gewesen, daß der Kl. von dem Bekl. an eine andere Stelle hätte versetzt werden können. Es ist aber anzunehmen, daß die Bekl. ihn auf seinem Posten in M. deshalb belassen hat, weil der Kl. die Verhältnisse dieses Zweigwerkes genau kannte, und weil sie aus seiner Kenntnis dieser Verhältnisse besondere Vorteile sich versprach. Würde der Kl. nach der Fusion einmal nach Br. versetzt worden sein, dann würde ihm auch nach Ansicht der Bekl., wie aus deren Schriftsätzen hervorgeht, der Pensionsanspruch ohne weiteres zustehen. Es kann also nicht darauf abgestellt werden, an welchen Orten und in welchem Werk der Bekl. der Kl. beschäftigt worden ist, so daß auch der Umstand, daß nunmehr das Werk M. selbständig geworden und der Verfügungsgewalt der Bekl. entzogen worden ist, für die Ansprüche des Kl., die ihm die Bekl. zugesichert hat, keine Bedeutung haben kann.

Das Berufungsgericht steht im übrigen auf dem Standpunkt, daß es sich bei dem vorliegenden Vertrage nicht um einen Leibrentenvertrag im Sinne des § 759 BGB handelt, sondern um einen Ausfluß des zwischen den Parteien früher bestandenen Dienstverhältnisses, und daß die Pension sich lediglich als eine Gegenleistung für die bisherigen Dienste des Kl. darstelle. Bei Unternehmen größeren Umfanges, die an verschiedenen Orten ihre Zweigniederlassungen haben, ist wohl Leistungsort für den Angestellten der Ort seiner jeweiligen Tätigkeit; da diese sich aber je nach den Weisungen des Unternehmers jederzeit ändern und an einen andern Ort verlegt werden kann, muß als Erfüllungsort der Sitz des Unternehmers, im vorliegenden Falle Br., gelten. Hier hat die Bekl. ihre Leistungen vorzunehmen."

**178. Bei Kollision des Rechtes verschiedener Zonen, Länder oder örtlicher Gebiete ist auch für das Arbeitsrecht das internat. Privatrecht entsprechend anwendbar. — Danach ist für das anzuwendende Recht in erster Linie der ausdrückliche, der stillschweigende oder der mutmaßliche Parteiwille maßgebend, hilfsweise der Erfüllungsort; dieses ist bei Arbeitsverhältnissen regelmäßig der Ort, an dem der Betrieb seinen Sitz hat. — Das Statut des Arbeitsvertrages ändert sich nicht bei einer späteren Versetzung des Arbeitnehmers an ein auswärtiges Tochterunternehmen; selbst wenn sich dadurch der Erfüllungsort des Arbeitsverhältnisses verändert, ist nach dem mutmaßlichen Parteiwillen die Beibehaltung des alten Vertragsstatutes hinsichtlich seines privatrechtlichen Inhalts anzunehmen.**

LAG Stuttgart (amerik. Zone) Urt. v. 16. 12. 1947 — Sa 1/47: *RdA 1950, 116 (*Beitzke*); Leitsatz: AP 1950, Nr. 84.

Aus den Gründen:

„Die Parteien streiten darüber, ob die vom Landesarbeitsamt Württemberg erlassenen ‚Richtlinien für die Lösung von Dienstverträgen' v. 21. 6. 1945 für ihr Arbeitsverhältnis Geltung haben.

1. Die Richtlinien des Landesarbeitsamtes Württemberg v. 21. 6. 1945 wurden seinerzeit nur für den im Zeitpunkt ihres Erlasses von den Franzosen besetzten Teil Württembergs ‚angeordnet', d. h. zwangsweise in Geltung gesetzt. Ihre Anwendung wurde in der Folge zwar von der die französ. Besatzungsmacht ablösenden amerik. MilReg. ‚empfohlen'. Eine zwangsweise Einführung der Richtlinien seitens der amerik. MilReg. auf die gesamte US-Zone Württembergs ist jedoch nicht erfolgt. Da Schorndorf im Gegensatz zu Stuttgart von Anfang an amerikanisch besetzt war, gelten die Richtlinien hiernach örtlich kraft Anordnung zwar für Stuttgart, nicht aber für Schorndorf.

2. Für das Arbeitsverhältnis der Parteien ist hiernach zu prüfen, ob ‚Stuttgarter' oder ‚Schorndorfer' Recht zur Anwendung zu kommen hat. Bei der Kollision von Rechtssätzen verschiedener Zonen, Länder oder örtlicher Gebiete bestehen keine Bedenken, die Grundsätze des internationalen Privatrechts sinngemäß heranzuziehen, auch wenn das Deutsche Reich trotz der Besetzung ein einheitliches Hoheitsgebiet geblieben ist, eine unmittelbare Anwendung des internationalen Privatrechts daher nicht in Betracht kommt. Nach diesen Grundsätzen ist aber für das anzuwendende Recht in erster Linie die sog. Parteiautonomie maßgebend, d. h. der Grundsatz, daß die Parteien ihr Rechtsverhältnis einem bestimmten Recht unterstellen können. Hierbei ist zunächst der ausdrückliche oder stillschweigende Parteiwillen und, falls dies nicht möglich ist, im Wege ergänzender Vertragsauslegung gemäß §§ 157, 242 BGB der mutmaßliche oder hypothetische Parteiwillen festzustellen, wobei zu berücksichtigen ist, ob der Schwerpunkt des Rechtsverhältnisses auf eine bestimmte Rechtsordnung weist, die verschiedenen räumlichen Beziehungen des Vertrags also ein so verschiedenes Gewicht haben, daß eine den Ausschlag gibt (vgl. RGZ 81, 275). Führt der Grundsatz der Parteiautonomie zu keiner Feststellung des anzuwendenden Rechts, so gilt nach den Grundsätzen des deutschen internationalen Privatrechts subsidiär das Recht des Erfüllungsorts. Dies ist bei Arbeitsverhältnissen im allgemeinen das Recht des Ortes, an dem der Betrieb ständig seinen Sitz hat (vgl. OLGE 14, 345).

3. Nach diesen Rechtsgrundsätzen kann im vorliegenden Falle kein Zweifel bestehen, daß für das Arbeitsverhältnis der Parteien Stuttgarter Recht zur Anwendung kommen muß. Wesentlich ist hierbei von vornherein, daß der Kl. mit der Bekl. als einem Stuttgarter Unternehmen im Arbeitsverhältnis steht, woran sich, wie bereits im Urteil des AG in zutreffender Weise näher ausgeführt ist, dadurch nichts geändert hat, daß der Kl. im Jahre 1944 Leiter des der Bekl. unterstehenden Tochterunternehmens X-KG. in Schorndorf geworden ist. Bei Abschluß des Arbeitsvertrages hat hiernach für das Arbeitsverhältnis der Parteien sowohl nach dem Grundsatz der Parteiautonomie, als nach dem objektiven Rechtsstatut des Erfüllungsortes das in Stuttgart bestehende Recht gegolten. Es sind nun aber keinerlei Anhaltspunkte dafür ersichtlich, daß die Parteien an diesem Rechtszustand etwas geändert haben oder geändert hätten, wenn sie mit einer Rechtsspaltung gerechnet haben würden. Selbst wenn man aber annimmt, daß die Parteien bei dem vor dem Zusammenbruch abgeschlossenen Arbeitsvertrag an einen lokalen Rechtsunterschied nicht gedacht haben und gar nicht denken konnten, irgendein ausdrücklicher, stillschweigender oder mutmaßlicher Parteiwille für das anzuwendende Recht also nichts ergibt, hat sich auch objektiv durch die Tätigkeit des Kl. in Schorndorf an dem Gebietsstatut nichts geändert. Erfüllungsort war bei Begründung des Arbeitsverhältnisses unstreitig für sämtliche aus dem Vertrag bestehenden Verpflichtungen Stuttgart als Sitz des bekl. Unternehmens. Es ist nicht anzunehmen, daß dieser Erfüllungsort durch die Abordnung des Kl. nach Schorndorf sich geändert hat. Auch wenn man aber unterstellt, daß

durch die Übersiedlung des Kl. nach Schorndorf der Erfüllungsort für die aus dem Arbeitsverhältnis sich ergebenden Verpflichtungen sich ändern sollte, so erscheint es durchaus unwahrscheinlich, daß die Parteien damit das Arbeitsverhältnis auch einem anderen Recht unterstellt hätten. Ob hierbei die Richtlinien v. 21. 6. 1945, also das Stuttgarter Recht, in einzelnen für den Rechtsstreit maßgebenden Beziehungen für den Kl. ungünstiger sind, ist für die Frage, ob die Parteien eine Änderung des anzuwenden Rechts vereinbart hätten, nicht entscheidend. Wesentlich ist lediglich, ob sie eine solche Änderung vereinbart haben oder ob sie eine entsprechende Vereinbarung getroffen hätten, wenn sie allgemein die Aufspaltung des Rechts bei der Abordnung des Kl. nach Schorndorf vorausgesehen hätten. Die Lage ist nicht anders als wie bei einem in einem deutschen Betrieb eingestellten und beschäftigten Angestellten, der in der Folge zu einer Tätigkeit im Ausland verwendet wird. Hier ist von der Rechtsprechung allgemein anerkannt, daß das Arbeitsverhältnis des Angestellten — jedenfalls nach seiner privatrechtlichen Seite — nach wie vor den deutschen Gesetzen untersteht und daß die deutschen Gesetze nur insoweit auf Auslandsbeschäftigte keine Anwendung finden, als es sich um öffentlich-rechtliche und zwingende Vorschriften handelt, deren Durchführung im Ausland nicht möglich ist (z. B. Kündigungsschutz der Betriebsvertretungsmitglieder nach § 96 BRG 1920, Kündigungsschutz der Schwerbeschädigten nach § 13 SchwBeschGes.); vgl. RAG 8, 195 und 9, 40. Um öffentlich-rechtliche zwingende Vorschriften in diesem letzten Sinne kann es sich aber bei den Richtlinien v. 21. 6. 1945 nicht handeln."

**179. Auf das interlokale Privatrecht sind die Regeln des deutschen internat. Privatrechts analog anwendbar. — Jedoch bestimmt sich das Statut eines Arbeitsvertrages in Anbetracht der regelmäßigen Begleitumstände bei seinem Abschluß nicht nach dem ausdrücklichen oder hypothetischen Willen der Parteien. — Statut des Arbeitsvertrages ist das Recht des Erfüllungsortes. — Aus der Natur des Arbeitsverhältnisses als einer personenrechtlichen Beziehung folgt, daß es nur einen einheitlichen Erfüllungsort für Arbeitsleistung und Arbeitsentgelt geben kann. — Der „Sitz des Arbeitsverhältnisses" ist in der Regel der Ort, an dem die Arbeitsleistung erbracht wird; unerheblich ist in diesemFall der handelsrechtliche Sitz des Arbeitgebers. — Grundsätzlich ändern sich Erfüllungsort des Arbeitsverhältnisses und damit auch das maßgebende Recht nicht durch eine spätere Abordnung des Arbeitnehmers in ein anderes Rechtsgebiet. — Wird jedoch der Arbeitsplatz kraft der Anweisungen der zentralen Geschäftsleitung wiederholt gewechselt, so ist in einem solchen Fall ausnahmsweise „Sitz des Arbeitsverhältnisses" nicht der jeweilige Erfüllungsort der Arbeitsleistung, sondern der Sitz des Unternehmens selbst.**

LAG Bremen (amerik. Zone), Urt. v. 18. 4. 1951 — Sa 15/51: *AP 1951, Nr. 273 (*Beitzke*); Leitsätze in ARSt. VIII, Nr. 143; BB 1951, 643.

Der in Niedersachsen wohnhafte Kl. war als Bauarbeiter bei der Firma der Bekl. mit Sitz in Bremen beschäftigt. Eingestellt wurde er auf einer Baustelle in O. (Niedersachsen). Nach fünf Wochen wurde er auf einer Baustelle in B. (Bremen), nach

**weiteren fünf Wochen auf einer Baustelle in L. (Niedersachsen) eingesetzt. Der Kl. macht Urlaubsansprüche nach bremischem Recht geltend, während sich die Bekl. auf niedersächsisches Urlaubsrecht beruft. Das LAG entschied nach dem Klageantrag.**

Aus den Gründen:

„Die Berechtigung des Klaganspruchs auf Gewährung von weiteren acht Tagen Urlaub bzw. auf Zahlung der Urlaubsvergütung für diese Zeit hängt ausschließlich davon ab, ob auf die Rechtsbeziehungen der Parteien das Bremische Urlaubsgesetz v. 4. 5. 1948 oder das Urlaubsgesetz v. 10. 12. 1948 für das Land Niedersachsen Anwendung zu finden hat. Es handelt sich somit um eine Streitfrage des sog. interlokalen Privatrechts. Seit dem Außerkrafttreten des älteren deutschen interlokalen Privatrechts am 1. 1. 1900 besteht eine gesetzliche Regelung dieser Materie nicht mehr. Insbesondere fehlt es unter Berücksichtigung der Bestimmungen in Art. 7 — 31 EGBGB an jeder Rechtsnorm für die Beurteilung der Konkurrenz arbeitsrechtlicher Landesgesetze. Rechtsprechung und Rechtslehre stehen daher vor der Aufgabe, durch ein behutsam differenzierendes Fallrecht eine gerechte und zweckentsprechende Abgrenzung der jeweils anzuwendenden Rechtsnormen zu finden. Dabei besteht Übereinstimmung darüber, daß für die Lösung der dabei auftauchenden Probleme zwar die Regeln und Normen des internat. Privatrechts maßgebend heranzuziehen sind, jedoch nur einer analogen und keineswegs schematischen Anwendung zugänglich bleiben (vgl. *Marquordt*, MDR 1949, 5ff. insbes. 7; LAG Stuttgart v. 16. 12. 1947[1]; LAG Hessen v. 13. 4. 1948[2]; *Bertermann*, Blätter für Steuerrecht . . . 1949, 228; *Beitzke*, RdA 1950, 117f.).

Von nur geringer Bedeutung kann danach für die Abgrenzung des Geltungsbereichs arbeitsrechtlicher Landesnormen die sog. Parteiautonomie sein, d. h. die Bestimmung des vom Gericht zu ermittelnden Parteiwillens hinsichtlich des anzuwendenden Rechts. Bei dem Wesen des Arbeitsvertrages und der Art und Weise seines regelmäßigen Zustandekommens wird in den seltensten Fällen den Parteien überhaupt bewußt werden, daß für ihre Rechtsbeziehungen möglicherweise verschiedene Landesgesetze Geltung beanspruchen können. Bei Vertragsschlüssen zwischen Kaufleuten liegen Überlegungen und Erörterungen dieser Art sehr viel näher als bei der Eingehung von Arbeitsverhältnissen. Bedenklich erscheint es daher auch, die Rechtsanwendung von einem hypothetischen Parteiwillen abhängig zu machen, d. h. von der Beantwortung der Frage, welche Rechtsordnung die Parteien vernünftigerweise gewählt haben würden, wenn sie sich über das für ihre Rechtsbeziehungen geltende Recht überhaupt Gedanken gemacht hätten. Es ist hierbei, wie von *Marquordt* (MDR 1949, 7) zutreffend ausgeführt worden ist, außerdem noch zu bedenken, daß im deutschen Volk immer noch die Vorstellung vom Bestehen einer Rechtseinheit sehr stark nachwirkt und die Kenntnis der tatsächlich bereits eingetretenen Rechtszersplitterung kaum erst über die beteiligten Fachkreise hinausgedrungen ist. Das LAG sieht daher auch im vorliegenden Falle keine Möglichkeit,

[1] Siehe oben Nr. 178. [2] Siehe unten Nr. 180.

Feststellungen darüber zu treffen, welches Recht nach dem Willen der Parteien auf das zwischen einem bremischen Bauunternehmer und einem niedersächs. Bauarbeiter auf einer niedersächs. Baustelle begründete, jedoch teils auf niedersächs. Gebiet und teils auf bremischem Gebiet abgewickelte Arbeitsverhältnis anzuwenden sein soll. Die Parteien haben irgendwelche Behauptungen in dieser Richtung nicht aufgestellt. Das LAG ist aber auch überzeugt davon, daß sie sich über die Frage der Rechtsanwendung keinerlei Gedanken gemacht haben und erst nach der Auflösung des Arbeitsvertrages und bei der Erörterung der möglicherweise bestehenden Urlaubsansprüche des Kl. zu ihrem Erstaunen bemerkt haben werden, daß diese Urlaubsansprüche im Lande Bremen und im Lande Niedersachsen durchaus verschieden geregelt sind. Aus dem Willen der Parteien läßt sich daher im vorliegenden Fall kein Schluß auf das anzuwendende Recht ziehen.

Die Praxis des früheren internat. Privatrechts hat für schuldrechtliche Verhältnisse in solchen Fällen regelmäßig an den Erfüllungsort angeknüpft, wobei sich jedoch die Schwierigkeit ergibt, daß für die Leistungen der Vertragsparteien verschiedene Erfüllungsorte gesetzlich festgelegt sein können. Es erscheint dem LAG nicht sachdienlich und gerecht zu sein, wenn diese Lehre auch auf arbeitsrechtliche Verhältnisse uneingeschränkt angewendet würde, wie der Kl. dies will. Das Arbeitsverhältnis ist nach seiner Entwicklung im letzten halben Jahrhundert nicht mehr als ein ausschließlich schuldrechtliches Rechtsverhältnis anzusehen, sondern wird daneben wesentlich und vielleicht sogar überwiegend durch die gleichzeitig zur Entstehung gelangenden personenrechtlichen und sozialen Beziehungen bestimmt. Es erscheint nicht tragbar und ist auch mit dem Wesen eines einheitlichen sozialen Rechtsverhältnisses nicht vereinbar, wenn für Arbeitsleistung und Arbeitsentgelt verschiedene Rechtsordnungen sollten Anwendung finden. Es erscheint sogar bedenklich, für die Leistungen und Gegenleistungen aus dem Arbeitsvertrage zwei verschiedene Erfüllungsorte anzunehmen. Der Erfüllungsort der Arbeitsleistung prägt das Wesen des ganzen Vertrages (*Beitzke*, RdA 1950, 117), so daß für das Arbeitsverhältnis ein einheitlicher Erfüllungsort anzunehmen ist. Nach diesem einheitlichen Erfüllungsort bestimmt sich auch das anzuwendende Recht. Zutreffend hat hierzu das LAG Bayern in seinem Urteil v. 16. 5. 1950[1] darauf hingewiesen, daß die Tätigkeit des arbeitenden Menschen dem Recht des Ortes unterworfen sei, an dem er sie räumlich ausübt, so daß für das Arbeitsrecht das Territorialitätsprinzip eine besondere Bedeutung gewinnt. Dies bedeutet, daß der ‚Sitz des Arbeitsverhältnisses' für das anzuwendende Landesrecht entscheidend ist (LAG Hessen v. 1. 6. 1949 — II Sa 33/49), dagegen nicht der nur handelsrechtlich bedeutsame Sitz des Betriebs bzw. Unternehmens (LAG Stuttgart v. 16. 12. 1947[2]). Für das Territorialitätsprinzip im Arbeitsrecht spricht übrigens auch die Fassung des § 1 des Bremischen Urlaubsgesetzes, wenn dort der Geltungsbereich des Gesetzes für alle Betriebe und Verwaltungen bestimmt wird, die ihren Sitz im

[1] IPRspr. 1950—1951 Nr. 21. [2] Siehe oben Nr. 178.

Lande Bremen haben oder im Lande Bremen tätig sind. Es kann nicht angenommen werden, daß der bremische Gesetzgeber das Territorialitätsprinzip zwar für die Geltung seiner eigenen Gesetze in Anspruch nehmen wollte und dadurch Arbeitsverhältnisse auswärtiger Unternehmungen dem bremischen Urlaubsrecht unterstellen wollte, soweit sie im bremischen Gebiet abgewickelt werden, andererseits aber für die Geltung nachbarlicher Landesgesetze dasselbe Territorialitätsprinzip nicht anzuerkennen beabsichtigt habe. Mit Recht hat auch der Bekl. in der Berufungsinstanz darauf hingewiesen, daß die Gesetzgebungsbefugnis eines jeden Landesgesetzgebers grundsätzlich an den Landesgrenzen ende. Es erscheint auch unerträglich, daß innerhalb des Gebietes der Bundesrepublik die einzelnen Länder sich gegenseitig in der Ausübung ihrer Territorialhoheit beschränken und daß etwa die Anwendbarkeit des Rechts davon abhängig sein sollte, ob ein Gericht des einen oder anderen Nachbarlandes zuerst mit dem Rechtsstreit befaßt wird.

Maßgebend ist danach für die Rechtsanwendung grundsätzlich der Arbeitsort (LAG Hessen v. 13. 4. 1948[1]), der sehr häufig mit dem Betriebsort und auch mit dem Sitz des Betriebes zusammenfallen wird, jedoch keineswegs immer zusammenfallen muß. Vom Arbeitsort zu unterscheiden ist auch der jeweilige Wohnsitz und Aufenthaltsort des Arbeitnehmers, der für die Erfüllung der arbeitsvertraglichen Leistungen und Gegenleistungen ebensowenig von Bedeutung sein kann wie der handelsrechtliche Sitz des Unternehmens. Es ist daher dem Bekl. zuzugeben, daß sehr wohl auch eine Baustelle oder eine andere unselbständige Niederlassung als Sitz des Arbeitsverhältnisses anzusehen ist, auch wenn diese Baustelle oder Niederlassung im Sinne des Betriebsverfassungsrechts nicht als ein ‚Betrieb' in der eigentlichen Bedeutung dieses Begriffs bezeichnet werden kann. Dies wird sogar in der Regel der Fall sein, jedenfalls dann, wenn an dem betreffenden Arbeitsort die Einstellung des Arbeitnehmers erfolgt ist und gleichzeitig auch die vereinbarte Arbeit geleistet wird. Maßgebend ist also der wirtschaftlich-technische Mittelpunkt des Arbeitsverhältnisses.

Wäre der Kl. somit nach seiner Einstellung auf der Baustelle des Bekl. in O. auch weiterhin auf dieser Baustelle beschäftigt worden, so wäre als Mittelpunkt des Arbeitsverhältnisses O. anzusehen gewesen und dementsprechend hätte das für O. geltende niedersächs. Urlaubsrecht zur Anwendung gelangen müssen. Tatsächlich aber liegen die Verhältnisse im vorliegenden Fall anders. Der Kl. ist zwar in O. auf einer Baustelle des Bekl. von dem dortigen Baustellenleiter, wie angenommen werden muß, eingestellt worden. Es mag auch unterstellt werden, daß diese Baustelle eine gewisse Selbständigkeit besessen hat, jedenfalls hinsichtlich der Lohnberechnung und Lohnzahlung sowie hinsichtlich der Einstellung und Entlassung. Der Kl. ist aber auf dieser Baustelle nicht verblieben, sondern bereits nach fünf oder sechs Wochen auf eine andere Baustelle des Bekl. in B. und somit im bremischen Gebiet versetzt worden. Von B. aus kam er dann wiederum nach einigen weiteren Wochen zusammen

[1] Siehe unten Nr. 180.

mit einem erheblichen Teil der dortigen Belegschaft auf eine dritte Baustelle des Bekl. in L., das wiederum im niedersächs. Raum gelegen ist. Nun wird man zwar mit dem LAG Stuttgart (Urt. 16. 12. 1947[1]) davon ausgehen müssen, daß sich Erfüllungsort und anzuwendendes Landesrecht durch eine spätere Abordnung des Arbeitnehmers an einen anderen Arbeitsort nicht ohne weiteres ändern. Anders aber liegen die Dinge, wenn sich aus dem Charakter des in Frage stehenden Arbeitsverhältnisses ergibt, daß der jeweilige Einsatz des Arbeitnehmers vom Sitz des Unternehmens aus zentral gelenkt und geleitet wird. Dies ist im vorliegenden Fall offensichtlich geschehen. Der Kl. ist nicht von der Baustelle O. aus zunächst nach B. und dann nach L. versetzt worden, sondern sein Arbeitsverhältnis stand von vornherein unter der unmittelbaren Einwirkung der zentralen Geschäftsleitung des Bekl., in deren Bereich sich der Kl. auch schon nach seiner Einstellung in O. befand. In einem solchen Falle kann nicht der zufällige erste Arbeitsort für die Rechtsbeziehungen der Parteien in aller Zukunft ausschlaggebend sein, sondern der wirtschaftlich-technische Mittelpunkt des Arbeitsverhältnisses befindet sich hier am Sitz des Unternehmens selbst, von dem aus der jeweilige und räumlich verschiedene Einsatz des Arbeitnehmers erfolgt. Es handelt sich hier um einen Fall, der analog dem Arbeitsverhältnis eines Monteurs zu beurteilen ist, der von seinem Heimatbetrieb einmal hierhin und einmal dorthin entsandt wird, ohne daß die rechtliche, tatsächliche und technische Bindung an den betrieblichen Mittelpunkt am Sitz des Unternehmens beseitigt wird (vgl. *Beitzke*, RdA 1950, 118). Der vorliegende Fall unterscheidet sich somit in einem entscheidenden Punkte von dem Stuttgarter Fall, wenn man diesen unter dem Gesichtspunkt der späteren Versetzung vom ursprünglichen Einstellungsort aus betrachtet, entspricht dem Stuttgarter Fall dagegen, wenn man letzteren mit *Beitzke* (RdA 1950, 117) als einen Fall der zeitweiligen Entsendung eines Arbeitnehmers (RAG 8, 195) betrachtet. Er stellt damit eine Ausnahme gegenüber der vom LAG in diesem Urteil aufgestellten allgemeinen Regel dar. Auf das Arbeitsverhältnis der Parteien ist somit bremisches Urlaubsrecht anzuwenden."

**180. Erstreckt sich ein Arbeitsverhältnis über zwei verschiedene Länder Deutschlands, so kommen die dem internat. Privatrecht entsprechenden Grundsätze des interlokalen Rechtes zur Anwendung. — Danach gilt hinsichtlich des schuldrechtlichen Teils des Arbeitsverhältnisses der Grundsatz der Parteiautonomie. — Wohnt ein Arbeitnehmer außerhalb des Landes, in dem sich der Betriebssitz befindet, wird er dort auch eingestellt, beschäftigt und bezahlt, so ist dieser Arbeitsplatz als vereinbarter Erfüllungsort zu betrachten. — Urlaubsansprüche beurteilen sich nach dem Statut des Arbeitsvertrages.**

LAG Frankfurt a. M. (amerik. Zone), Urt. v. 13. 4. 1948 — II LA 11/48: *WestdtArbRsp. 1948, 61; ARSt. II, Nr. 40.

---

[1] Siehe oben Nr. 178.

**Der Kl. stand im Arbeitsverhältnis zu der Bekl., welche ihren Sitz in S. (Nordrhein-Westfalen) hat. Er war während dieser Zeit auf einer Baustelle in W. (Hessen) tätig und macht Urlaubsansprüche nach hessischem Recht geltend. Das LAG hat ihm diese zuerkannt.**

Aus den Gründen:

„Grundsätzlich ist der Bekl. darin zuzustimmen, daß ein Arbeitsverhältnis dort seinen Sitz hat, wo sich der Sitz des Betriebes befindet, und demgemäß im Bezug auf die Gesetzes- und Tarifordnungen nach denjenigen Vorschriften zu beurteilen ist, die am Sitz des Betriebes gelten. Im vorliegenden Fall erstreckt sich nun das Arbeitsverhätnis der Parteien nicht auf den Sitz des Betriebes, sondern über dessen Rechtsgebiet hinaus, indem nämlich die Bekl. ihren Sitz in Nordrhein-Westfalen, der Kl. aber seinen Wohnsitz in W. hat und sein Beschäftigungsort auch in W. liegt. Somit erstreckt sich in seinen Auswirkungen das Arbeitsverhältnis auf zwei verschiedene Rechtsgebiete. Die Frage, welches Recht nun auf dieses Arbeitsverhältnis Anwendung zu finden hat, kann nur nach den Grundsätzen des interlokalen Privatrechts gelöst werden. Das interlokale Recht, d. h. das Recht verschiedener Länder innerhalb des Reichsgebiets, kann nur nach den Grundsätzen des internat. Privatrechts beurteilt werden. Im internat. Schuldrecht herrscht das Prinzip der Parteiautonomie. Soweit also das Arbeitsverhältnis im wesentlichen schuldrechtlichen Inhalt hat (im Gegensatz zu dem öffentlich-rechtlichen Inhalt, insbesondere bezüglich des Arbeitsschutzes), kommt es für das anzuwendende Recht in erster Linie darauf an, welchem Recht die Parteien in dem Arbeitsvertrag das Arbeitsverhältnis unterworfen haben. Mangels einer ausdrücklichen Regelung in dem Vertrag, die hier nicht vorhanden ist, muß aus den Umständen entnommen werden, welche Regelung nach dem Parteiwillen getroffen werden sollte. (Vgl. hierzu *Staudinger*[9], EGBGB Einleitung H 1 vor Art. 7 und Anm. I 2 zu Art. 11.)

Die Umstände sprechen nun im vorliegenden Fall für die Anwendung des Hessischen Urlaubsgesetzes. Denn wie zwischen den Parteien unstreitig ist, ist das Arbeitsverhältnis mit dem Kl., der seinen Wohnsitz schon im Zeitpunkt des Abschlusses in W. hatte, von Anfang an für die Baustelle in W. eingegangen worden. Dort ist der Kl. eingestellt worden; dort hat er . . . während der ganzen Zeit seines Arbeitsverhältnisses gearbeitet. Dorthin ist ihm auch sein Arbeitslohn überwiesen und ausgezahlt worden. Aus diesen Umständen entnimmt das Gericht, daß als Erfüllungsort nicht nur für die vom Kl. zu erbringende Dienstleistung, sondern auch für die von der Bekl. zu gewährende Gegenleistung nach § 269 I BGB aus der Natur des Schuldverhältnisses W. anzusehen ist, denn der Erfüllungsort ist bei einem Arbeitsverhältnis jedenfalls dann nicht der Ort des Betriebssitzes, wenn ein Arbeitnehmer in einem Ort außerhalb des Betriebssitzes eingestellt ist, und zwar für eine Arbeit, die nach dem Inhalt des Arbeitsvertrags an diesem Ort zu leisten ist (vgl. *Hueck-Nipperdey*, Lehrbuch des Arbeitsrechts 3/5, 203).

Da es sich bei der Arbeit nicht nur um eine vorübergehende Beschäftigung, sondern um die ausdrücklich für eine bestimmte Montage bei der Firma B. zu leistende Arbeit im Sinne des Begriffes der Montagezeitarbeiter (§ 2 IV RTO v. 15. 4. 1940) handelt, muß als Erfüllungsort für die Verpflichtung der Bekl. W. angesehen werden. Ergibt sich sonach der Erfüllungsort W., so ist auch das an diesem Ort anzuwendende Recht auf das Arbeitsverhältnis anzuwenden. Hieraus folgt, daß für den Urlaubsanspruch das Hessische Urlaubsgesetz maßgebend ist."

**180 a. Der Anspruch auf Bezahlung von Feiertagen richtet sich nicht nach dem Recht am Betriebssitz, sondern nach dem Recht des Ortes, an dem der Arbeitnehmer seine Leistung erbringt.**

ArbG Bremerhaven (amerik. Zone), Urt. v. 24. 6. 1949 — Ca 349, 350/49: *unveröff.

Zwei Bauarbeiter, die im Baugeschäft des Bekl. eingestellt waren, welches seinen Sitz in Niedersachsen hat, die aber ihre Arbeit ständig im Gebiet des Landes Bremen verrichteten, verlangen Bezahlung für die beiden gesetzlichen Feiertage Karfreitag und Himmelfahrt auf Grund des bremischen Rechts. Der Bekl. verweigert die Bezahlung unter Berufung auf niedersächsisches Recht. Das ArbG entsprach dem Klageantrag.

Aus den Gründen:

„Die Forderung der Kl. war gerechtfertigt. Für Ansprüche aus einem Arbeitsverhältnis auf Bezahlung von Feiertagen ist grundsätzlich der Ort maßgebend, an dem die Arbeit verrichtet wurde, sofern der Arbeitnehmer vor und nach diesen Feiertagen an demselben Ort gearbeitet hat. Die Kl. waren aber unstreitig längere Zeit vor und nach den Feiertagen in B. beschäftigt. Es mußten ihnen daher die Feiertage Karfreitag und Himmelfahrt ebenso bezahlt werden, wie sie die übrigen Arbeitnehmer an diesem Arbeitsort auch bezahlt bekommen haben. Der Bekl. konnte deshalb auch nicht mit seiner Behauptung durchdringen, daß sich sein Geschäft im Lande Niedersachsen befände und demzufolge die bei seiner Firma beschäftigten Arbeitnehmer nur Anspruch auf Bezahlung der Feiertage hätten, die nach den gesetzlichen Bestimmungen des Landes Niedersachsen Gültigkeit haben. Das Land Niedersachsen sehe aber die Bezahlung der Feiertage Karfreitag und Himmelfahrt nicht vor.

Nach Artikel 55 der Landesverfassung der Freien Hansestadt Bremen, der folgenden Wortlaut hat:

‚ . . . Alle Sonn- und gesetzlichen Feiertage sind arbeitsfrei. . . .
Das Arbeitsentgelt für die in die Arbeitszeit fallenden gesetzlichen Feiertage wird weitergezahlt.'

ist das Arbeitsentgelt für alle in die Arbeitszeit fallenden gesetzlichen Feiertage weiterzuzahlen. Daraus folgt, daß auch die Arbeitgeber, die ihren Sitz außerhalb des Landes Bremen haben, den Arbeitnehmern, die von ihnen im Lande Bremen beschäftigt werden, für die Feiertage Karfreitag und Himmelfahrt das Arbeitsentgelt weiter zu zahlen haben. Im entgegengesetzten Falle würde sich eine Rechtsunsicherheit herausbilden, wenn für einen und denselben Arbeitsplatz verschiedene Rechte in Anwendung gebracht werden. Das würde besonders kraß zum Ausdruck kommen, wenn von den im Lande Bremen beschäftigten verschiedenen bremischen und niedersächsischen Baufirmen die einen Bauarbeiter die Feiertage bezahlt bekommen, die anderen jedoch nicht. Daraus müßte folgen, daß ein Teil der Arbeitnehmer, um keinen Lohnausfall zu haben, an diesen streitigen Tagen arbeiten müßte, der andere Teil aber feiern könnte, ohne einen Verdienstausfall zu erleiden."

**181. Statut eines Arbeitsvertrages ist grundsätzlich das Recht am Sitz des Unternehmens. — Wird jedoch ein Arbeiter an einer bestimmten Baustelle als Zeitarbeiter und ausschließlich für diese Baustelle eingestellt, so ist Erfüllungsort des Arbeitsverhältnisses diese Baustelle. — Liegt eine Baustelle auf der Grenze zweier Rechtsgebiete, so ist auf den Ort des betrieblichen Schwergewichts abzustellen, nicht aber auf den täglich wechselnden Arbeitsplatz. — Die Lage des Büros und des Magazins als des betrieblichen Schwergewichts entscheidet daher über das anzuwendende Recht bei einer Baustelle, die sich auf der Grenze zweier Rechtsgebiete befindet.**

ArbG Göttingen (brit. Zone), Urt. v. 5. 8. 1949 — Ca 11 134/49: WestdtArbRsp. 1949, 139.

Der Kl. ist Arbeitnehmer der Bekl. Diese hat ihren Hauptsitz in R. (Nordrhein-Westfalen) und einen Betrieb genau auf der Grenze zwischen den Ländern Hessen und Niedersachsen. Der Kl. beansprucht seinen Arbeitslohn nach hessischem Recht, während die Bekl. sich auf das niedersächsische Recht beruft, da das Büro des Betriebes auf niedersächsischem Gebiet liege. Das ArbG wies die Klage ab.

Aus den Gründen:

„Im allgemeinen wird davon auszugehen sein, daß ein Arbeitsverhältnis dort seinen Sitz hat, wo sich der Sitz des Betriebes befindet. Der Erfüllungsort für das Arbeitsverhältnis ist die Baustelle X. Hier wurde der Kl. als Zeitarbeiter eingestellt, und zwar ausschließlich für die Baustelle. Hier hat er seine Dienstleistung zu erbringen. Unter diesen Umständen ist das Arbeitsverhältnis des Kl. nach den Rechtsnormen zu beurteilen, die für die Baustelle X gelten ... Während die Hälfte der Baustelle im engeren Sinne in Hessen liegt, befindet sich ihr betriebliches Schwergewicht mit dem Büro, Magazin usw. in Niedersachsen. Nach Auffassung des ArbG kann als Erfüllungsort des Arbeitsverhältnisses nur die Baustelle als solche in Betracht kommen, nicht aber der möglicherweise täglich wechselnde Arbeitsplatz als die Stelle, an der die Arbeit in handwerklicher Art oder in technisch hoch entwickelter Weise mit Hilfe von Maschinen ausgeführt wird. Ebensowenig wie bei einem Bauernhof, dessen Acker in verschiedenen Ländern liegen, der Erfüllungsort der jeweils zu bearbeitende Acker ist, sondern der Sitz des Bauernhofes, welcher durch Wohngebäude, Stallungen usw. repräsentiert wird, kann hier der auf hessischem Gebiet liegende Brückenteil in seiner Eigenschaft als Teilarbeitsplatz nicht als Erfüllungsort des Arbeitsverhältnisses in Betracht kommen. Hieraus folgt, daß das Arbeitsverhältnis des Kl. dem niedersächsischen Recht unterworfen ist und daß die hess. VO keine Anwendung findet."

**182. Ein Arbeitsverhältnis, das durch Beschäftigung in einer bestimmten Filiale erfüllt wird, ist am Ort dieser Filiale und nicht am Sitz des Arbeitgebers belegen.**

LAG Freiburg i. Br. (französ. Zone), Urt. v. 15. 11. 1950 — Sa 123/50: *Leitsatz in ARSt. VII, Nr. 143.

Aus den Gründen:

„Eine Anwendung des Lohntarifvertrags v. 1. 7. 1949 für Nordrhein-Westfalen ist aber auf das vorliegende Arbeitsverhältnis nicht möglich. V. liegt nicht im Tarifgebiet des Tarifvertrages v. 1. 7. 1949 . . . Der Hauptsitz der Bekl. liegt allerdings im Tarifgebiet. Die Bekl. bestreitet auch nicht, Mitglied einer Tarifpartei zu sein. Die in V. wohnhafte Kl. wurde aber nur für die Filiale der Bekl. in V. eingestellt. Sie war auch immer nur dort tätig. V. war daher ‚Sitz' und ‚betriebliche Grundlage' des Arbeitsverhältnisses (vgl. dazu *Hueck-Nipperdey*, Tarifvertragsgesetz, § 4 Anm. 15 und die dort zitierte Rechtsprechung des früheren RAG)."

**183. Mangels einer Parteivereinbarung ist für ein Einzelarbeitsverhältnis das Recht des Betriebsortes maßgebend. — Wird ein Bauarbeiter von einer im Handelsregister eingetragenen Zweigniederlassung, die in verhältnismäßig großer Entfernung von der Hauptniederlassung des Unternehmens zur Erreichung eines eigenen wirtschaftlichen Zweckes selbständig organisiert ist, eingestellt und bezahlt, so ist hinsichtlich dieses Arbeitsverhältnisses die Zweigniederlassung der Betriebsort.**

LAG Stuttgart (amerik. Zone), Urt. v. 19. 3. 1952 — II Sa 254/51: *AP 1952, Nr. 130 (*Beitzke*); Leitsatz in RdA 1952, 198 und BB 1952, 690.

Der Kl. war als Bauarbeiter durch die Zweigniederlassung T. (Südwürttemberg-Hohenzollern) der bekl. Bauunternehmung mit Sitz in St. (Württemberg-Baden) angestellt worden. Die Zweigniederlassung T. ist im Handelsregister eingetragen und wird von einem Angestellten geleitet, der jedoch weder Handlungsvollmacht noch Prokura hat, sondern nach Weisung der Geschäftsleitung in St. handelt. Am 5. 12. 1950 hat die Zweigniederlassung T. dem Kl. unter Einhaltung der vereinbarten Kündigungsfrist gekündigt. Am 8. 12. 1950 genehmigte das Arbeitsamt T. diese Kündigung „zum nächstzulässigen Kündigungstermin". Der Kl. ist der Auffassung, daß die Kündigungsfrist erst am 8. 12. zu laufen begonnen habe, da nach dem Recht von Südwürttemberg-Hohenzollern zur Kündigung eines Arbeitnehmers die vorherige Zustimmung des Arbeitsamtes erforderlich sei. Dem Klageantrag des Kl. wurde in beiden Instanzen entsprochen.

Aus den Gründen:

„Der Kl. stützt seinen Anspruch auf die für Südwürttemberg-Hohenzollern erlassene Rechtsanordnung über den Arbeitseinsatz v. 27. 8. 1946 (ABl f. Württ.-Hohenz. 1946, 176), während der Bekl. der gerichtlichen Entscheidung das in Nordwürttemberg-Baden geltende Recht und die auf diesem Recht fußende Rechtsprechung zugrunde legen will.

1. Die Frage, welches Recht bei Kollision von Rechtssätzen verschiedener Länder oder Zonen innerhalb des früheren deutschen Reichs zur Anwendung kommt, ist nicht unbestritten. Nach den Urteilen des LAG

Hamburg v. 22. 3. 1947[1] und des LAG Stuttgart v. 16. 2. 1947[2] ist unter sinngemäßer Heranziehung der Grundsätze des internat. Privatrechts für das anzuwendende Recht in erster Linie die Parteiautonomie maßgebend, nach der der ausdrückliche, stillschweigende oder mutmaßliche Parteiwille bestimmt, welchem Recht das Arbeitsverhältnis unterstellt werden soll. Demgegenüber kann nach *Beitzke* (AR-Blattei, Bl. ‚Rechtsquellen III') die Vereinbarung eines bestimmten Rechts nicht maßgebend sein, anzuwenden ist vielmehr für das Einzelarbeitsverhältnis regelmäßig das am Ort des Betriebssitzes geltende Recht. Für den vorliegenden Fall kann die Entscheidung dieser Streitfrage dahingestellt bleiben. Denn ein ausdrücklicher, stillschweigender oder auch nur mutmaßlicher Wille der Parteien in Beziehung auf die Anwendung eines bestimmten Länder- oder Zonenrechts läßt sich bei dem zwischen den Parteien am 1. 8. 1950 begründeten Arbeitsverhältnis nicht feststellen. Maßgebend ist hiernach — sei es ohne weiteres primär oder subsidiär mangels einer feststellbaren Parteivereinbarung — das am Ort des Betriebssitzes geltende Recht.

Dieses Ergebnis entspricht am meisten den Bedürfnissen der Praxis, da der Betriebsort auch die zur Anwendung kommenden zwingenden arbeitsrechtlichen Normen, bezüglich deren eine Parteivereinbarung nicht getroffen werden kann, also insbesondere die öffentlichrechtlichen Vorschriften über den Arbeitsschutz und die Betriebsverfassung, bestimmt und damit die Anwendung eines einheitlichen Rechts auf das gesamte Arbeitsverhältnis gewährleistet ist.

2. Das Parteivorbringen hat einwandfrei ergeben, daß der Sitz des Betriebs, in dem der Kl. beschäftigt war, T. gewesen ist. In T. befand sich die selbständige, im Handelsregister eingetragene Zweigniederlassung der in St. ansässigen Firma J. & Co. Diese Zweigniederlassung wurde von einem in T. befindlichen Baubüro aus betrieben, dem die im Bezirk T. befindlichen Baustellen unterstellt waren. Von diesem Baubüro wurde auch der Kl. eingestellt und in der Folge bezahlt. Daß der mit der Führung dieses Baubüros beauftragte Angestellte keine Prokura oder Handlungsvollmacht besaß, sondern nach jeweiligen Weisungen der Geschäftsleitung in St. gehandelt hat, ist rechtlich unerheblich. Denn der Betrieb der Fa. J. & Co. in T. konnte auch von St. aus geleitet werden. Wesentlich allein ist, daß die in der Zweigniederlassung T. unter einem besonderen Baubüro vereinigten Baustellen zur Erreichung eines eigenen wirtschaftlichen Zwecks selbständig organisiert waren. Die Zweigniederlassung T. war also nicht nur ein unselbständiger Betriebsbestandteil des in St. befindlichen Hauptbetriebs der Fa. J. & Co., sondern verfolgte als Nebenbetrieb des Hauptbetriebs eigene wirtschaftliche Zwecke. Dies ergibt sich auch daraus, daß die Zweigniederlassung räumlich von dem Sitz des Unternehmens in St. verhältnismäßig weit entfernt war (vgl. auch § 9 BRG 1920 und § 4 AOG 1934). Für das Arbeitsverhältnis der Parteien kommt hiernach das in T. geltende Recht des Landes Südwürttemberg-Hohenzollern zur Anwendung."

[1] Siehe oben Nr. 176. [2] Gemeint 16, 12. 1947, oben Nr. 178.

**184. Ein westzonaler Schuldner kann eine auf DM-Ost lautende Forderung nicht erfüllen, da die DM-Ost in den Westzonen als Zahlungsmittel nicht anerkannt ist. — Mangels eines amtlichen Umrechnungskurses bestehen Bedenken, die Bestimmung des § 244 BGB im interzonalen Recht analog anzuwenden. — Für die Umstellung einer RM-Forderung ist das Währungsrecht am Sitz des Schuldners und Erfüllungsort maßgebend. — Die Enteignung des Vermögens einer OHG mit Sitz in der Ostzone erfaßt nicht die Vermögenswerte der Gesellschaft in den Westzonen. — Setzt eine OHG nach der Enteignung ihrer Vermögenswerte in der Zone, in der sie ihren Sitz hatte, ihren Betrieb mit den nichtenteigneten Vermögenswerten in der Westzone fort, so besteht die OHG für den Bereich der Westzonen fort und haftet für die alten Verbindlichkeiten. — Ein Dienstvertrag mit einer OHG erlischt nicht schon dadurch, daß der Dienstverpflichtete nach der Enteignung des Vermögens der OHG in der Ostzone mit dem landeseigenen Nachfolgebetrieb einen Vergleich schließt „zur Abfindung aller seiner Ansprüche".**

LAG Hamm (brit. Zone), Urt. v. 24. 6. 1950 — 2 Sa 71/50: AP 1951, Nr. 59.

Die Bekl. zu 2. sind die Gesellschafter einer OHG, die bis zur Enteignung ihrer Vermögenswerte in der Ostzone ihren Sitz und Betrieb in C. (sowjet.) hatte und über eine Filiale in H. (Westzonen) verfügte. 1945 schloß die OHG, um die Gefahr einer Sequestrierung der Betriebsstätte in der Ostzone abzuwenden, mit dem Kl. als einer politisch unbelasteten Persönlichkeit einen Dienstvertrag, durch den der Kl. als Prokurist mit der Leitung des Gesamtunternehmens betraut wurde. 1948 wurde das Vermögen der OHG in der Ostzone jedoch enteignet. Die Betriebsstätte in der Ostzone wurde der „Vereinigung volkseigener Betriebe Sapotex" unterstellt. Diese zahlte dem Kl. noch ein Monatsgehalt und teilte ihm dann mit, daß sein Dienstvertrag ab 1. 7. 1948 erloschen sei. Daraufhin schloß der Kl. mit der „Sapotex" einen Vergleich „zur Abfindung aller seiner Ansprüche."

Die Kl. beruft sich auf die mit der OHG vereinbarte lange Kündigungsfrist und beansprucht daher mit der Klage von der Bekl. zu 1., der OHG, und den Bekl. zu 2., ihren Gesellschaftern, als Gesamtschuldnern die Zahlung seines Gehalts bis zum 31. 8. 1949. Das LAG wies die Klage ab.

Aus den Gründen:

„Das ArbG hat richtig erkannt, daß die Bekl. in der Westzone eine Forderung in DM-Ost nicht erfüllen können, da die DM-Ost in den Westzonen als Zahlungsmittel nicht anerkannt ist. Wenn die Parteien auf Anregung des ArbG übereingekommen sind, den Forderungsbetrag in einem angenommenen Verhältnis in entsprechender Anwendung des § 244 BGB auf DM-West umzustellen, so unterliegt dieses Verfahren erheblichen Bedenken. Einmal steht ein amtlicher Kurswert für die Umrechnung nicht fest, zum anderen ergibt sich aus dem Vortrag des Kl., daß er in Wahrheit keine auf DM-Ost lautende Forderung geltend machen will, sondern er trägt nur der Tatsache Rechnung, daß seine in RM vereinbarte Gehaltsforderung nunmehr entsprechend in DM zu zahlen ist. Da er behauptet, daß die Bekl. in der Westzone fortbestehen und dort seinen Vertrag erfüllen müßten, ist sein ursprünglich in RM festgesetztes Gehalt dort nach den Währungsgesetzen der Westzone in DM-West 1 : 1 umzustellen, so daß der Kl. aus diesem Grunde seine Forderung in DM-

West geltend machen kann. Der eingeklagte Betrag ist daher als Teilbetrag seiner Gesamtforderung in DM-West anzusehen, denn er ist sich selbst im klaren darüber, daß er gegen die alte, in den Ostgebieten bestandene Firma Ansprüche nicht einklagen kann oder jedenfalls damit abgewiesen werden würde.

Voraussetzung für das Bestehen des Anspruchs des Kl. ist aber, daß das Arbeitsverhältnis unter den Parteien fortbesteht. Das ist aber nicht der Fall. Die Meinung der Bekl., daß der Kl. gegen die Bekl. zu 1. in ihrer jetzigen Form keine Ansprüche geltend machen könne, weil diese mit seiner Vertragspartnerin nicht identisch sei, ist allerdings irrig. Zwar wird von den Gerichten der Ostzone (vgl. OLG Gera v. 4. 6. 1948[1]) die Ansicht vertreten, daß mit der Überführung der Bekl. zu 1. in einen landeseigenen Betrieb der Ostzone die OHG erlischt und diese als auch die Gesellschafter von deren Schulden befreit werden. Aber auch das OLG ist übereinstimmend mit den Gerichten der Westzone (vgl. u. a. OGH Köln v. 31. 3. 1949 — I ZS 125/48[2]) der Ansicht, daß die Enteignungsmaßnahmen nur territorial wirksam sind, also keine Rechtswirkung in den Westzonen haben. Soweit daher die Bekl. zu 1. mit ihrer in der Westzone verbliebenen Vermögenssubstanz ihren Betrieb in Br. erneuert und fortgesetzt hat, ist sie existent geblieben und dieselbe, die mit dem Kl. den Dienstvertrag abgeschlossen hat. Das führt auch das ArbG richtig zu seinen Feststellungen über die Passivlegitimation der Bekl. aus, indem es sagt, daß die Bekl. zu 1. eine Filiale in H. besaß und selbst durch den Zusatz ‚vorm. Chemnitz' zu erkennen gegeben habe, daß sie in Br., wenn auch in verkleinertem Umfang, die alte Firma mit denselben Gesellschaftern fortführen wolle. Maßgeblich ist auch nicht, daß die Filiale der Bekl. in H. von diesen stillgelegt worden ist, vielmehr spricht dieser Umstand dafür, daß die Bekl. lediglich eine Umorganisation vorgenommen und sich insoweit auch als die ursprüngliche OHG betätigt haben. Die OHG ist daher für den Bereich der Westzonen nach herrschender Meinung noch als existent zu betrachten und die Bekl. zu 2. würden neben der Bekl. zu 1. gemäß § 128 HGB, jedenfalls mit den in der Westzone verbliebenen Vermögenswerten haften.

Es kann allerdings zweifelhaft sein, ob der Vertrag der Kl. allein schon dadurch hinfällig geworden ist, daß er mit der ‚Sapotex' den Vergleich abgeschlossen hat. In dem Verfahren vor dem LAG Erfurt war zwischen dem Kl. und der ‚Sapotex' streitig, ob diese noch das Recht hatte, die Übernahme des Vertrags des Kl. unter Berufung auf die Richtlinie Nr. 1 zum Befehl Nr. 64 v. 28. 4. 1948 abzulehnen, weil der Vertrag nicht im normalen Geschäftsverkehr entstanden sei. Gewiß hat sich der Kl. den Standpunkt des Urteils des ArbG Gera zu eigen gemacht, wonach die ‚Sapotex' Nachfolgerin der Bekl. zu 1. sei und seinen Vertrag übernehmen müsse. Wenn das der Kl. aus der Ungewißheit der Rechtslage auch auf Empfehlung des Gesellschafters Sch. tat und sich in den Vergleich einließ, so kann hieraus allein nicht geschlossen werden, daß er damit seine Ansprüche gegen die Bekl. aufgegeben habe. Das ArbG

[1] Siehe oben Nr. 134. [2] Siehe oben Nr. 95b.

meint, daß dies in der Form des Schuldübernahmevertrags gemäß § 414 BGB geschehen sei. Dabei übersieht es, daß dies nur eine Seite des Arbeitsverhältnisses betrifft und daß nach den gesamten Umständen die ‚Sapotex' sich durch den Vergleich lediglich von ihren möglicherweise gegen sie bestehenden Ansprüchen des Kl. befreien und nicht gleichzeitig auch die Verpflichtungen der Bekl. übernehmen wollte. Zudem ist aus dem Umstand allein, daß es in dem Vergleich mit der ‚Sapotex' heißt ‚zur Abfindung aller seiner Ansprüche' nicht ohne weiteres zu folgern, daß der Kl. auch die Bekl. von ihren Verbindlichkeiten ihm gegenüber befreien wollte."

[Das Gericht führt aus, daß der Vertrag infolge der Enteignung seinen Zweck verloren habe und durch den Wegfall seiner Voraussetzungen hinfällig geworden sei. Auch sei den Bekl. ein Festhalten an dem Vertrag nicht zumutbar.]

**185. Für das Dienstverhältnis eines Angestellten des Öffentlichen Dienstes sind nach seiner Entnazifizierung die Wiedereinstellungsvorschriften des Landes maßgebend, in dem sich der Wohnsitz des Angestellten und der Erfüllungsort und Sitz seines früheren Dienstverhältnisses befinden. — Erfüllungsort des Dienstverhältnisses eines Angestellten des Öffentlichen Dienstes ist der Ort, an dem der Angestellte seine Arbeitsleistung tatsächlich erbringt, auch wenn dieser Ort nicht mit dem Dienstsitz der Behörde zusammenfällt.**

LAG Hamburg (brit. Zone), Urt. v. 11. 8. 1951 — 20 Sa 313/50: AP 1952, Nr. 98 (*Beitzke*).

Der Kl. war bei der Landesversicherungsanstalt H. mit Sitz in Hamburg angestellt. Seit über 20 Jahren wurde er in einem Erholungsheim dieser Anstalt in E. (Schleswig-Holstein) als Gärtner und Hauswart beschäftigt. Auf Anweisung der brit. MilReg. in Hamburg wurde er 1945 von der Bekl. fristlos entlassen; seine Beschwerde gegen diese Entlassung wies die brit. MilReg. in Hamburg im Jahre 1946 zurück. Später wurde der Kl. auf Grund des schleswig-holsteinischen Gesetzes über den Abschluß der Entnazifizierung vom 10. 2. 1948 entlastet und in die Gruppe V eingestuft. Der Kl. behauptet, ihm sei von der Bekl. die Wiedereinstellung zugesagt worden. Seiner Klage auf Gehaltszahlung gab das LAG statt.

Aus den Gründen:

„Nachdem der Kl. im Jahre 1945 auf Grund einer ‚notice of removal' der brit. MilReg. in Hamburg von der Bekl. entlassen, auch seine ‚Berufung' dagegen im August 1946 von der MilReg. hier zurückgewiesen war, hat der erste Richter das Dienstverhältnis als beendet und darum vermeintliche Ansprüche des Kl. daraus für unbegründet erachtet. Dabei hat der erste Richter aber nicht das Schlesw.-Holst. Gesetz zur Durchführung und zum Abschluß der Entnazifizierung v. 10. 2. 1948 in den Kreis seiner Erwägungen gezogen. Dieses Gesetz fordert jedoch Beachtung, weil der Kl. nicht nur seinen Wohnsitz in Schleswig-Holstein hat, sondern auch der Erfüllungsort und Sitz des früheren Dienstverhältnisses der Parteien dort liegt, und weiter der Kl. einerseits streitlos bei der Bekl. im öffentlichen Dienst stand und durch einen schlesw.-holst. Ausschuß zur Kategorie V entlastet wurde, andererseits das Gesetz in § 48 II aber bestimmt, daß Angestellte des öffentlichen Dienstes, die zur Kategorie V entlastet sind, auf Antrag Anspruch auf Wiedereinstellung haben."

**186. Auf das interzonale Recht sind die Grundsätze des internat. Privatrechts entsprechend anzuwenden. — Das für einen Dienstvertrag maßgebende Recht bestimmt sich, wenn der Beschäftigungsort nicht mit dem Sitz des Unternehmens zusammenfällt, mangels ausdrücklicher Parteivereinbarung nach dem Sitz des Arbeitgebers. — In der Vereinbarung eines Gerichtsstandes liegt zugleich die Vereinbarung des anzuwendenden Rechts. — Mangels einer Parteivereinbarung ist das Recht des Erfüllungsortes maßgebend. — Erfüllungsort des Dienstvertrages eines Angestellten ist nicht der Beschäftigungsort, sondern der Sitz des Unternehmens.**

LAG Groß-Berlin (West-Berlin), Urt. v. 27. 9. 1951 — 5 LAG 214/51: AP 1952, Nr. 97 (*Beitzke*).

**Der Kl. war seit 1934 bei der Bekl., einer Anstalt mit Sitz in Berlin, angestellt und war zuletzt Leiter der Verwaltungsstelle der Bekl. in Hamburg. Nach § 7 des Anstellungsvertrages war Berlin als Gerichtsstand vereinbart. Auf Grund der Berliner Entnazifizierungsbestimmungen kündigte die Bekl. dem Kl. im Oktober 1945. Der Kl. verlangt unter Berufung auf das Hamburger Entnazifizierungsrecht seine Wiedereinstellung. Die Klage auf Gehaltszahlung wurde in beiden Instanzen abgewiesen.**

Aus den Gründen:

„Durch die AO 101a der All. Kommandantur v. 26. 2. 1946 wurde die fristlose Kündigung der politisch Belasteten nachträglich gesetzlich sanktioniert. Auf Grund der Einlassung des Kl. war zu prüfen, ob das Hamburger bzw. Schleswig-Holsteiner Entnazifizierungsrecht oder das Berliner Entnazifizierungsrecht zur Anwendung kommt oder nicht. Es ist unstreitig, daß der Kl. seit langen Jahren ausschließlich in Hamburg tätig war. Der Schwerpunkt des Arbeitsverhältnisses läge damit nach der Auffassung des Kl. in Hamburg. Für die Kammer waren folgende Gesichtspunkte entgegen der Auffassung des Kl. maßgeblich.

Nach den Grundsätzen des internat. Privatrechts, die auf die verschiedenen Besatzungszonen analog anzuwenden sind, ist das Berliner Recht ebenfalls entscheidend, denn mangels einer ausdrücklichen anderweitigen Vereinbarung ist das Recht am Geschäftssitz des Unternehmens für das Arbeitsverhältnis maßgebend, wenn der Beschäftigungsort außerhalb des Landes liegt. Wenn der Kl. insgesamt seine Klage auf den oben angegebenen Dienstvertrag stützt, so muß dieser Vertrag in vollem Umfang Anwendung finden, auch der in dem Dienstvertrag enthaltene § 7. Im § 7 heißt es: ‚Über alle aus diesem Vertrage entstehenden Streitigkeiten entscheiden die Gerichte am Sitz der Anstalt.' Dieser Vereinbarung über den Gerichtsstand kommt nach der Auffassung der Kammer nicht nur eine prozeßrechtliche Bedeutung zu. Dies wäre beispielsweise der Fall, wenn in einem Vertrag, wie dem vorliegenden, am Schluß der Vermerk stünde: Erfüllungsort B., oder Gerichtsstand: B. Bei einer so weitgehenden Formulierung, daß über alle aus diesem Vertrage entstehenden Streitigkeiten die Gerichte am Sitz der Anstalt, dies ist unstreitig B., zuständig sein sollen, ist gleichzeitig eine materiellrechtliche Regelung zu sehen. Es ist mit den Grundsätzen über Vertragsauslegung gemäß §§ 138, 242 BGB nicht vereinbar, daß der Kl. sich auf einzelne Bestimmungen dieses Vertrages beruft, die anderen aber nicht gegen sich gelten lassen will. Das LAG hat den Vertrag in vollem Umfange angewendet. Daraus ergibt sich als Folgerung, daß trotz der kläger. Tätigkeit im Hamburger bzw. Schleswig-Holsteiner Gebiet das Schwergewicht des Dienstverhältnisses in B. liegt. Sitz des Unternehmens war B. Von hier ergingen die Anordnungen und außerdem spricht dafür der bereits genannte § 7 des Vertrages vom 16./25. 1. 1935. Nach den Grundsätzen des internat. Privatrechts gilt, wenn die Parteiautonomie zu keiner Feststellung des anzuwendenden Rechts kommt, subsidiär das Recht des Erfüllungsortes. Dies ist bei Arbeitsverhältnissen im allgemeinen das Recht des Orts, an dem der Betrieb ständig seinen Sitz hat (vgl. hierzu LAG Stuttgart v. 16. 12. 1947[1] . . . und OLGE 14, 345 Anm. zu Nr. 12)."

**187. Für das interlokale Recht ist grundsätzlich auf die Vorschriften des deutschen internat. Privatrechts zurückzugreifen, jedoch ist eine starre Anwendung der Artt. 7—31 EGBGB zu vermeiden. — Nach deutschem internat. Privatrecht bestimmt sich das Statut eines Schuldverhältnisses in erster Linie nach dem ausdrücklichen, hilfsweise nach dem mutmaßlichen Parteiwillen, sonst nach dem Erfüllungsort. — Für ein Arbeitsverhältnis der vorliegenden Art ist die Anknüpfung an einen mutmaßlichen Parteiwillen abzulehnen, die Anknüpfung an den Erfüllungsort bedenklich. — Statut eines Arbeitsverhältnisses ist das Recht am Ort seines Schwerpunktes; Schwerpunkt ist der Sitz des Betriebes, in dem tatsächlich die Arbeitsleistung erbracht wird. — Der Sitz des Unternehmens, zu dem der Betrieb gehört, ist unerheblich. — Betriebsverfassungsrechtliche Normen wirken, unabhängig von dem Statut eines Arbeitsverhältnisses, nur für diejenigen Betriebe, die ihren Sitz im Geltungsbereich des fraglichen Gesetzes haben.**

LG Hamburg (brit. Zone), Urt. v. 24. 4. 1952 — 4 O 253 a/51: *BB 1952, 690; Leitsätze in ARSt. IX, Nr. 17.

Der Kl. war als Angestellter von einer Behörde in B. (Niedersachsen) eingestellt worden und arbeitete dort auch. Später wurde diese Behörde der „Verwaltung für Wirtschaft" mit dem Sitz in F. (Hessen) unterstellt. In dem Rechtsstreit beruft sich der Kl. auf hessisches Recht; nach dem hessischen Betriebsrätegesetz sind Kündigungswiderrufsklagen zulässig, während das niedersächsische Recht eine solche Klage nicht kennt. Das LG legte seiner Entscheidung niedersächsisches Recht zugrunde.

Aus den Gründen:

„Das anwendbare Recht ist nach den Grundsätzen des interlokalen Rechts zu ermitteln. Dabei ist grundsätzlich auf die Vorschriften des deutschen internat. Privatrechtes zurückzugreifen; doch ist eine starre und schematische Anwendung der Vorschriften der Art. 7—31 EGBGB

[1] Siehe oben Nr. 178.

in Anbetracht des zwar in vieler Hinsicht ähnlichen, seinem Zwecke nach aber unterschiedlichen Rechtsgebietes zu vermeiden (vgl. *Raape*, IPR[3], 105f.; *Marquordt*, MDR 1949, 7; *Wengler*, NJW 1951, 51; *Palandt-Lauterbach*[9], Vorbem. 14 vor Art. 7 EGBGB). Wenn ein ausdrücklicher Parteiwille fehlt, knüpft das deutsche internat. Privatrecht zur Ermittlung des maßgebenden Statuts an den mutmaßlichen Parteiwillen an. Nachträglich von einem mutmaßlichen Parteiwillen ausgehen zu wollen, erscheint aber gekünstelt, zumal es sich um eine Statutenkollision handelt, an die die Parteien nicht nur nicht gedacht, sondern die sie wahrscheinlich nicht einmal für möglich gehalten haben.

Für den Fall, daß ein ausdrücklicher Parteiwille fehlt und ein hypothetischer nicht bestimmbar ist, knüpft das deutsche internat. Privatrecht bei schuldrechtlichen Kollisionsfällen an das Recht des Erfüllungsortes an. Die Anwendung dieser Regel wird grundsätzlich auch im interlokalen Recht zu billigen Ergebnissen führen. Eine rein schuldrechtliche Betrachtungsweise ist im Falle eines Arbeitsverhältnisses aber nicht möglich; denn der Begriff des Arbeitsverhältnisses ist eine Verbindung von schuldrechtlichen und personenrechtlichen Elementen.

Da es darauf ankommt, für das Arbeitsverhältnis in seiner Gesamtheit ein einheitlich anzuwendendes Recht zu finden, würde in vielen Fällen eine Anknüpfung an den Erfüllungsort schon dadurch zu Schwierigkeiten führen, daß die Parteien ihre Leistungen an verschiedenen Erfüllungsorten zu erbringen haben. Anknüpfungspunkt muß also der Sitz des Arbeitsverhältnisses sein. Dabei ist von dem Ort auszugehen, an dem das Arbeitsverhältnis die stärksten Wirkungen äußert, also von dessen Schwerpunkt (vgl. ArbG Göttingen, RdA 1950, 117). Dies kann nur der Arbeitsplatz sein, mithin der Betrieb.

Bei Begründung des Arbeitsverhältnisses des Kl. war der Betriebssitz in B. (Niedersachsen) belegen. Die Vorverhandlungen sind ausschließlich mit dem Präsidenten der Dienststelle in B. geführt worden. Auch wurden die Lohnberechnungen für den Kl. in B. gefertigt und die Zahlungen dort vorgenommen. Das Arbeitsverhältnis unterstand ursprünglich zweifellos niedersächsischem Recht. Daran hat sich auch dadurch nichts geändert, daß die Dienststelle weisungsgemäß der Verwaltung für Wirtschaft unterstellt wurde. Sie blieb nach dem Anschluß eine organisatorische Einheit. Die neugeschaffene Bindung hat auch keine Veränderung des Anstaltszweckes zur Folge gehabt. Zwar mag die Verwaltung für Wirtschaft die Rolle des Unternehmens — und zwar hier in der bei Verwaltungen üblichen Erscheinungsform — übernommen haben; Unternehmen und Betrieb fallen hier aber nicht zusammen. Auch der für den Betriebsbegriff entscheidend wirkende ‚selbständige Lebensbereich' (vgl. *Nikisch*, Arbeitsrecht [1951] 69) ist erhalten geblieben.

Selbst wenn man entgegen dem hier vertretenen Standpunkt der Weisungsbefugnis der Verwaltung für Wirtschaft eine stärkere Bedeutung beimessen wollte und dadurch zu dem Ergebnis käme, daß sich der Schwerpunkt des Arbeitsverhältnisses in den hessischen Raum verlagert und demzufolge auch das interlokalrechtlich ermittelte Arbeitsstatut eine Wandlung erfahren habe, so wäre doch eine solche Auffassung für die Entscheidung dieses Streitfalles ohne Belang, weil es dem Kl. lediglich auf die Anwendbarkeit betriebsverfassungsrechtlicher Normen ankommt. Diese lassen sich aber allein nach dem räumlichen Standort der Arbeitsstätte bestimmen (vgl. *Hessel*, RdA 1951, 452).

Maßgebend ist demnach ausschließlich niedersächsisches Recht."

# VI. WÄHRUNGSRECHT

## 1. Fremdwährungsklausel

**188. Eine vertragliche Abrede, die die Währung von Versicherungsleistungen von der Währung der Prämienzahlungen abhängig macht, ist in Berlin-West rechtswirksam.**

LG Berlin (West), Urt. v. 21. 8. 1950 — 1 S 367/50: *unveröff.

Der Kl. ist bei der Bekl. seit 1932 gegen Unfall versichert. Nach der 1. Währungsumstellung im Jahre 1948 hat er die Versicherungsprämien auf eigenen Wunsch in DM-Ost entrichtet und der Bekl. im September 1948 bestätigt, daß ihm bekannt sei, daß die Leistungen der Bekl. in der gleichen Währung erfolgen, in der die Prämien gezahlt werden. Die erste nach der 2. Währungsumstellung vom 20. 3. 1949 am 1. 6. 1949 fällige Prämie hat der Bekl. auf Anforderung in DM-West bezahlt.

Am 19. 4. 1949 erlitt der Kl. einen Unfall. Die Bekl. zahlte die Versicherungssumme in DM-Ost an den Kl., der sie unter Vorbehalt annahm. Seine Klage auf Zahlung in DM-West wurde in beiden Instanzen abgewiesen.

Aus den Gründen:

„Der Kl. war am Unfalltage nur gegen Ostmark versichert. Die Bekl. ist daher auch nur verpflichtet, die ihr obliegenden Versicherungsleistungen in Ostmark zu erbringen.

Durchaus zutreffend hat sich der Vorderrichter auf den Standpunkt gestellt, daß Ausgangspunkt für die Beurteilung der Rechtslage die zwischen den Parteien getroffene und damit zum Bestandteil des Versicherungsvertrages gemachte Währungsabrede ist, nach der die Versicherungsleistungen währungsmäßig von der Art der Prämienzahlung abhängig gemacht sind. Diese Vereinbarung hatte für die Zeit vor, aber auch für die Zeit nach der zweiten Währungsumstellung Bedeutung und Bestand, denn gemäß Art. 1 der WährungsergänzungsVO blieben auch nach dem 20. 3. 1949 Ostmarkverbindlichkeiten im West-Berliner Währungsgebiet erlaubt, und auch heute ist es noch möglich, unter gewissen Voraussetzungen bei West-Berliner Versicherungsgesellschaften Ostmarkversicherungen einzugehen. Dabei hatte das Gericht bei der Beurteilung der Wirksamkeit dieser Vereinbarung um so mehr keine Bedenken, als dem Kl. seit der ersten Währungsumstellung durch die Bekl. Gelegenheit gegeben war, die Versicherung auf Westmark abzuschließen. Da der Kl. erst die am 1. 6. 1949 fällige Prämie in Westmark bezahlt hat, war er bis einschließlich 31. 5. 1949 — also auch am 19. 4. 1949 als Unfalltag — nur gegen Ostmark versichert. Er hätte sich mit der Bekl. wegen einer Nachzahlung in Verbindung setzen müssen, wenn er sich von einem früheren Zeitpunkt an hätte für Westgeld versichern lassen wollen.

Die Ansicht des Kl., daß vom Stichtage der Währungsumstellung im März 1949 die Versicherungsleistungen als kraft Gesetzes auf Westmark umgestellt anzusehen sind, findet in den geltenden Währungsvorschriften keine Stütze."

[Das Urteil führt aus, daß eine entsprechende Anwendung der bei der 1. Währungsreform erlassenen DurchfBest. Nr. 13 grundsätzlich unzulässig und wegen der andersartigen Voraussetzungen unmöglich sei. Auch eine Deckung der nach dem 1. 6. 1949 eingetretenen Schadensfolgen in DM-West könne der Kl. nicht verlangen, da bei der Unfallversicherung als einer Risikoversicherung maßgebend für Art und Umfang der Versicherungsleistung nur die Prämienzahlung für den Zeitabschnitt sein könne, in dem der Unfall sich ereignet.]

## 2. Eintragungen in fremder Währung

**189. Eintragungen im Grundbuch müssen in derjenigen Währung erfolgen, die am Ort des Grundstücks gilt.**

LG Berlin, Beschl. v. 10. 9. 1948 — 24 T 1483/48: HuW 1948, 316.

Aus den Gründen:

„Maßgebend für die Eintragung im Grundbuch muß diejenige Währung sein, die von der zuständigen MilReg. für das Gebiet geschaffen ist, in dem das Grundstück gelegen ist, auf dessen Grundbuchblatt die Eintragung zu erfolgen hat . . . Dem Grundbuchamt Ch. muß zugegeben werden, daß Mißverständnisse bei dem Gebrauch der Bezeichnung ‚Deutsche Mark' möglich sind, weil sowohl die von der Bank Deutscher Länder als auch die von der Deutschen Notenbank ausgegebene Währung die gleiche Bezeichnung trägt. Um die erforderliche Klarheit des Grundbuchs sicherzustellen, ist deshalb der Bezeichnung ‚Deutsche Mark' die Angabe hinzuzufügen, um welche der beiden Währungen es sich handelt."

**190. Bestehen am Ort des Grundbuchamtes praktisch zwei gesetzliche Währungen, so sind Eintragungen in das Grundbuch in beiden Währungen zulässig.**

LG Berlin, Beschl. v. 3. 12. 1948 — 24 T 1945/48: *unveröff.

Aus den Gründen:

„In den Vorschriften über die Grundpfandrechte im BGB ist keine Bestimmung enthalten, in welcher Währung Grundpfandrechte im Grundbuch eingetragen werden können. Lediglich für das formelle Grundbuchrecht enthält § 28 GBO die Ordnungsvorschrift, welche Angaben die Eintragungsbewilligung zu enthalten hat. Satz 2 der vorerwähnten Bestimmung fährt dann fort: ‚Einzutragende Geldbeträge sind in Reichswährung anzugeben.‘ Dieser Satz betrifft insofern auch mittelbar den Inhalt der Eintragung, weil die Eintragung sich mit dem Antrage, dieser aber mit der Eintragungsbewilligung decken muß.

Dem Grundbuchamt ist zunächst zuzustimmen, wenn es feststellt, daß wir nach den Währungsreformen eine Reichswährung nicht mehr haben. Für die Westsektoren Berlins ist für das Gebiet des Währungsrechtes die WährungsVO v. 24. 6. 1948 in Verbindung mit der Umstellungs-VO v. 4. 7. 1948 und den hierzu ergangenen Durchführungsbestimmungen maßgebend. Hiernach gilt grundsätzlich als Währungseinheit in den Westsektoren Berlins die DM der Bank der Deutschen Länder. Daneben läßt aber Ziffer 4 (a) der Währungs-VO für die Abgeltung bestimmter Leistungen auch diejenige Währung zu, die als gesetzliches Zahlungsmittel im sowjet. Sektor von Berlin gilt. Darüber hinaus bestimmt die Durchführungsanweisung Nr. 1, daß ein Angestellter, der berechtigt ist, Löhne oder Gehälter unter den Bestimmungen der Ziffer 17 (a) der Währungsreform zu erhalten, nicht mehr als 25% seiner Löhne und Gehälter in DM verlangen darf. Außerdem ist es gemäß Ziffer 4 (a) aaO. zulässig, auch für das Gebiet der Westsektoren Zahlung in DM (Ost) zu vereinbaren. Diese einschneidenden Bestimmungen haben dazu geführt, daß sich tatsächlich der Geldverkehr in den Westsektoren Berlins zum weit überwiegenden Teil in DM der Deutschen Notenbank abwickelt. Dieses Ergebnis ist, um den Umlauf der DM der Bank der Deutschen Länder möglichst gering zu halten, von den Alliierten . . . auch beabsichtigt worden. Dem muß die Rechtsanwendung auch Rechnung tragen. Zwar ist der Grundbuchrichter hier nicht an den Inhalt der einstweiligen Verfügung gebunden, da er über die Frage, was eintragungsfähig ist, allein nach den Vorschriften des Grundbuchrechts unter eigener Verantwortung zu befinden hat. Dem Grundbuchamt kann im vorliegenden Fall jedoch nicht gefolgt werden, wenn es der Auffassung ist, daß lediglich die Westwährung im Bereich der Westsektoren Berlins an die Stelle der früheren Reichswährung im Sinne von § 28 GBO getreten ist. Nicht nur tatsächlich, sondern auch rechtlich ist die DM der Deutschen Notenbank in den Westsektoren Berlins als gesetzliches Zahlungsmittel durch die Vorschriften der Währungs-VO und die oben erwähnte Durchführungsanweisung Nr. 1 v. 4. 7. 1948 zugelassen worden. Wenn sich der weit überwiegende Teil des Geldverkehrs in den Westsektoren Berlins in Ostwährung abwickelt, besteht auch ein dringendes praktisches Bedürfnis dafür, daß Ostmarkforderungen in den Westsektoren grundbuchlich gesichert werden können. Auf die anderenfalls bei der Kreditgewährung entstehenden Schwierigkeiten braucht nicht näher eingegangen zu werden. Zu welchen Unbilligkeiten die Unmöglichkeit grundbuchlicher Sicherung führen würde, zeigt gerade der vorliegende Fall. Der Gläubiger hat gegen die Grundstückseigentümerin eine erhebliche Forderung in DM (Ost). Der Möglichkeit, diese Forderung sich grundbuchlich durch eine Bauhandwerker-Sicherungshypothek sichern zu lassen, würde er verlustig gehen. Solange die grundlegenden Vorschriften der Währungs-VO, Ziffer 4, weiter bestehen und damit praktisch eine Doppelwährung gesetzlich eingeführt worden ist, müssen beide Währungen als Nachfolger der in § 28 GBO erwähnten Reichswährung in den Westsektoren Berlins anerkannt werden. Die Ostwährung in den Westsektoren Berlins als Auslandsdevise zu betrachten, ist im Hinblick auf die Bestimmung der WährungsVO v. 24. 6. 1948 nicht angängig. Da der Zahlungsempfänger in den in der WährungsVO vorgesehenen Fällen zur Annahme der Ostwährung verpflichtet ist, muß die DM der Deutschen Notenbank in den Westsektoren Berlins als zweite gesetzliche Währungseinheit betrachtet werden, die auch im Grundbuch eingetragen werden kann.

Es mag sein, daß sich durch die Eintragung zweier Währungseinheiten im Grundbuch künftig gewisse Schwierigkeiten ergeben können, insbesondere z. B. bei einer Zwangsversteigerung des Grundstücks. Nach der allgemeinen Rechtsanschauung sind jedoch beide Währungseinheiten nicht als die endgültige Währung des künftigen Deutschen Staates anzusehen, sondern lediglich Zwischenlösungen, bis dieses einheitliche deutsche Staatsgebilde Wirklichkeit geworden ist. Es muß dann von dem Gesetzgeber erwartet werden, daß er das Verhältnis dieser beiden Währungseinheiten durch ins einzelne gehende Vorschriften regelt. Nach der früher vom Kammergericht gegenüber der Rentenmark eingenommenen ablehnenden Stellungnahme wäre weder die DM (West) noch die DM (Ost) eintragungsfähig, da sie beide, wie gesagt, nur Zwischenlösungen sind.“

[In Begründung und Ergebnis fast wörtlich übereinstimmend: LG Berlin, Beschl. v. 8. 12. 1948 — 24 T 2015/48: JR 1949, 60.]

**191. Seit Inkrafttreten der WährungsergänzungsVO v. 21. 3. 1949 können Hypotheken in die Grundbücher West-Berlins nur noch in DM-West eingetragen werden.**

LG Berlin (West), Beschl. v. 29. 6. 1949 — 24 T 808/49: JR 1950, 27; HuW 1949, 365.

**Der Antrag des Beschwerdeführers, eine Sicherungshypothek von 45000 DM-Ost einzutragen, wurde abgelehnt.**

Aus den Gründen:

„Die in den genannten Beschlüssen der Beschwerdekammer (vom 3. und 8. 12. 1948[1]) zum Ausdruck gebrachte Rechtsauffassung trifft jedoch nach dem Erlaß der WEVO v. 21. 3. 1949 nicht mehr zu. In dieser ist bestimmt, daß in den Westsektoren vom Tage des Inkrafttretens dieser Verordnung an die DM-West alleiniges gesetzliches Zahlungsmittel ist. Für die Westsektoren von Berlin muß daher seit dem 21. 3. 1949 die Westmark als die ‚Reichswährung‘ im Sinne des § 28 S. 2 GBO angesehen werden, so daß Eintragungen im Grundbuch nur noch in dieser Währung erfolgen dürfen. Der Umstand, daß nach der WEVO weiterhin Verpflichtungen, die eine Bezahlung in Ostmark vorsehen, erlaubt sind, steht dem nicht entgegen, da durch die weitere Bestimmung, wonach sich der Schuldner einer Ostmarkverpflichtung durch

1 Siehe die vorhergehende Nr. 190.

Zahlung eines dem Wechselkurs am Tage der Zahlung entsprechenden Westmarkbetrages befreien kann, klargestellt ist, daß die Ostmark nicht gesetzliches Zahlungsmittel, sondern nur ein Wertmesser ist."

## 3. Urteile auf Leistung in fremder Währung

*Vorbemerkung: Wegen des Fehlens eines amtlichen Umrechnungskurses zwischen DM-Ost und DM-West lehnten es die Gerichte zunächst ab, die Erfüllung einer in DM-Ost ausgedrückten Verbindlichkeit durch Zahlung von DM-West in den Westzonen in Analogie zu § 244 BGB zuzulassen (Nr. 192—197). Heute wird die Anwendbarkeit des § 244 BGB einmütig anerkannt (Nr. 198—201). Die Lösungen zu der umgekehrten Frage, ob westdeutsche Gerichte die Erfüllung einer in DM-West ausgedrückten Verbindlichkeit durch Zahlung von DM-Ost in der Ostzone anerkennen können, sind unter dem Stichwort „Ersetzungsbefugnis in fremder Währung" zu finden.*

**192. Die Haftung im Osten ansässiger und dort enteigneter Unternehmen für ihre dort begründeten Verbindlichkeiten läßt sich mangels gesetzlicher Regelung allein nach § 242 BGB entscheiden. — Da die West- und die Ostzone Deutschlands währungsrechtlich im gegenseitigen Verhältnis Devisenausland sind, können auf ein Schuldverhältnis, das beide Währungsgebiete überschneidet, die Grundsätze des internationalen Privatrechts entsprechend angewendet werden. — Die Währung eines in RM begründeten Schuldverhältnisses ist nach seinem Schuldstatut zu beurteilen. — Das Schuldstatut bestimmt sich nach dem erklärten, hilfsweise dem mutmaßlichen Parteiwillen oder nach dem Erfüllungsort. — Nach dem mutmaßlichen Parteiwillen ist als Sitz einer Forderung der Schwerpunkt eines Schuldverhältnisses anzusehen. — Schwerpunkt eines Arbeitsverhältnisses ist der Ort, an dem die Arbeit geleistet wird auch dann, wenn der Sitz des Unternehmens selbst an einem anderen Ort sich befindet. — § 244 BGB ist auf interzonale Verbindlichkeiten nicht anwendbar, da ein Kurswert zwischen den beiden deutschen Währungen nicht besteht; daher ist eine Verurteilung zur Zahlung eines die Ostmarkschuld tilgenden Westmarkbetrages unmöglich. — Auch eine Verurteilung zur Zahlung in Ostmark ist in den Westzonen unzulässig, da die Ostmark auf legalem Wege in den Westzonen nicht erhältlich ist. — Möglich ist lediglich die Klage auf Feststellung des Bestehens einer Ostmarkforderung.**

LAG Hessen (amerik. Zone), Urt. v. 12. 5. 1949 — III LA 60/49: *AZGB Nr. 113, Nr. 483 (Teilabdruck).

Die in Berlin-Neukölln ständig wohnhafte Kl. war bis zur Kapitulation in der Firma H.-Werke AG. in Sch. (heute: sowjet.) beschäftigt. Am 20. 4. 1945 wurde Sch. von russ. Truppen besetzt und der Betrieb der H.-Werke eingestellt. Die Kl. erhielt für den Monat April nur eine Abschlagzahlung. — Das Werk Sch. wurde inzwischen von der sowjet. MilReg. sozialisiert, enteignet und demontiert. Der H.-Werke AG. verblieben lediglich geringfügige Vermögensstücke in den westlichen Sektoren Berlins und eine hohe Forderung gegen eine westdeutsche Gesellschaft erhalten. Im übrigen wurde die Fa. liquidiert und wurden die genannten Vermögensstücke auf die Bekl. als Rechtsnachfolgerin übertragen.

**Die Kl. klagt auf Zahlung des ihr zustehenden Tariflohns für den Monat April 1945. Das ArbG hat entsprechend verurteilt. Auf die Berufung der Bekl. hat das LAG die Klage abgewiesen.**

Aus den Gründen:

„II. Die Frage der Haftung von im Osten enteigneten Unternehmen für ihre dort begründeten Verbindlichkeiten ist problematisch. Gesetzliche Bestimmungen zur Regelung des Tatbestandes, die dringend erforderlich wären, sind bis jetzt noch nicht erlassen. Es muß daher versucht werden, auf Grund der allgemeinen Vorschriften des bürgerlichen Rechts eine Lösung zu finden. Die alleinige gesetzliche Handhabe für eine Entscheidung ist die Generalklausel des § 242 BGB.

[Dazu wird ausgeführt, daß die Erfüllung der Ostschulden nach Treu und Glauben zu verlangen sei, solange die Bekl. nicht nachweise, daß die Befriedigung der Ostschulden ihre wirtschaftliche Vernichtung bedeute.]

III. Die Gehaltsforderung der Kl. lautete jedoch ursprünglich auf RM. Es fragt sich nun, welches Schicksal diese Forderung durch die im Juni 1948 eingetretene Währungsreform erfahren hat. Diese Frage ist von Bedeutung, weil seit dem 20. 6. 1948 in den Ost- und Westgebieten des ehemaligen Deutschen Reiches ein verschiedenes Währungsrecht gilt. In den Westzonen ... wäre im vorliegenden Fall die Forderung der Kl., wenn sie eine Westmarkforderung wäre, im Verhältnis 1 : 10 auf DM-West umgewertet. Handelt es sich dagegen um eine auf die Ostzone beschränkte RM-Forderung, dann wäre ... die Forderung im Verhältnis 1 : 1 auf DM-Ost umgestellt.

Die Entscheidung des Rechtsstreits hängt also ausschlaggebend davon ab, ob für die frühere RM-Forderung seit der Währungsumstellung ostdeutsches oder westdeutsches Währungsrecht gilt.

Die Währung eines Schuldverhältnisses ist grundsätzlich, wenn das Schuldverhältnis zwei Währungsgebiete überschneidet, nach dem Schuldstatut zu beurteilen. Die Grundsätze des internationalen Privatrechts können hierbei analog angewandt werden, da ja währungsrechtlich gesehen die Ostzone für die Westzone und die Westzone für die Ostzone Devisenausland darstellt. Danach wird bei der Beurteilung der Folgen der beiden Währungsänderungen die Frage aufzuwerfen sein, nach welchem Recht die Schuldverpflichtung der Bekl. zu beurteilen ist, nach Ostrecht oder nach Westrecht.

Nach allgemeinen Gesichtspunkten ist als Sitz einer Forderung regelmäßig der Ort anzusehen, an dem sich der Schwerpunkt dieser Forderung befindet. Grundsätzlich hierfür maßgebend ist der Wille der Parteien; wenn es an einem solchen Willen fehlt, ist der hypothetische Parteiwille heranzuziehen, und als letztes verbleibt das Kriterium des Erfüllungsortes.

Da es an einem klaren Parteiwillen fehlt, scheidet der Parteiwille als Maßstab für das anzuwendende Recht aus. Es verbleibt nur der mutmaßliche Parteiwille, der sich in der Regel dann ermitteln läßt, wenn man von der Theorie des Schwerpunktes des Schuldverhältnisses ausgeht. Der natürliche Schwerpunkt eines Schuldverhältnisses ist gerade bei dem Arbeitsvertrag und dem Arbeitsverhältnis leicht zu ermitteln. Der natürliche Schwerpunkt eines Arbeitsverhältnisses ist der Ort, an dem die Dienste geleistet werden. Ähnliches gilt für Miet- und Pachtforderungen bei beweglichen und unbeweglichen Sachen. Auch hier wird im allgemeinen das Recht am Orte des belegenen Mietobjektes Schuldstatut sein. Der Einwohner der Ostzone, der Eigentümer eines in der Westzone belegenen Hauses ist, kann somit die Umstellung von Mietforderungen nach Westrecht und Zahlung der Miete in DM-West verlangen. Umgekehrt wird der Bewohner der Westzone, der Eigentümer eines in der Ostzone gelegenen Mietobjektes ist, sich dem Währungs- und Umstellungsrecht der Ostzone bezüglich seiner Mietforderungen unterwerfen müssen.

Genau so liegt der Sachverhalt bezüglich der Forderung aus dem Lohn- und Arbeitsverhältnis. Auch hier wird der Sitz des Betriebes maßgebend sein, in dem die Arbeit geleistet wurde. Ein Unternehmen, das im westlichen Währungsgebiet seinen Sitz hat, aber im östlichen Währungsgebiet einen Betrieb unterhält, muß sich bezüglich aller Lohn- und Gehaltsforderungen nach Ostrecht richten, sowohl was das Währungsrecht als auch was das Sozialrecht im übrigen anlangt. Dasselbe gilt im umgekehrten Falle. Man kann somit als hypothetischen Parteiwillen unterstellen, daß grundsätzlich dasjenige Währungsrecht anzuwenden ist, das für den Sitz des Betriebes maßgebend ist.

Zu dem gleichen Ergebnis gelangt man, wenn man von dem Kriterium des Erfüllungsortes ausgeht. Man hat vielfach sogar den Erfüllungsort ausschließlich als maßgebend für den Sitz eines Schuldverhältnisses angesehen, weil eine Forderung regelmäßig als an dem Ort befindlich anzusehen ist, wo der Schuldner von der Staatsgewalt erreicht werden kann (vgl. OGH Köln v. 31. 3. 1949, BB 1949, 258[1]). Daß Gehaltsanforderungen auch an dem Betriebssitz zu erfüllen sind, ist für das Gebiet des Arbeitsrechts unbestritten. Es ergibt sich diese Rechtsfolge eindeutig aus § 269 BGB, wonach in erster Linie die Natur des Schuldverhältnisses für den Leistungs- und Erfüllungsort maßgeblich ist. Bei der Konkurrenz zwischen Ostwährung und Westwährung ist somit nach der Natur und dem Schwerpunkt des Schuldverhältnisses, nach dem mutmaßlichen Parteiwillen und nach dem Kriterium des Erfüllungsortes zu entscheiden, welches Währungsrecht für die Umstellung von Reichsmarkverbindlichkeiten maßgebend ist (vgl. *Benkard*, BB 1948, 365; *Bücher*, DRZ 1948, 415; *Jakobsohn*, NJW 1948, 679).

Nach den Grundsätzen sowohl des hypothetischen Parteiwillens wie auch des Schwerpunktes des Schuldverhältnisses und des Erfüllungsortes ergibt sich im vorliegenden Falle somit die Anwendung des Ostrechtes . . .

IV. Es fragt sich nun, welche Möglichkeit der Kl. gegeben sind, ihre in Ostmark umgewandelte Lohnforderung gegenüber der Bekl. durchzusetzen. Diese Möglichkeiten sind außerordentlich beschränkt. § 244 gewährt allerdings Möglichkeit, die Ostmarkschuld in Westmark zu tilgen, da effektive Zahlung in Ostmark wohl kaum als Inhalt des Schuldverhältnisses bedungen sein wird. Aber die Zahlung der Ostmarkschuld in Westmark hätte die Existenz eines Kurswertes zwischen den beiden Wäh-

---

[1] Siehe unten Nr. 358b.

rungen zur Voraussetzung. Ein solcher Kurswert besteht aber nicht. Infolgedessen gestattet der § 244 auch nicht die Verurteilung der Bekl. zur Zahlung eines die Ostmarkschuld tilgenden Westmarkbetrages.

Eine Verurteilung zur Zahlung von Ostmark ist aber ebenfalls unmöglich. Für die Ostzone ist es selbstverständlich, daß ein Urteil auf Zahlung von Westmark dort nicht ergehen darf, da die Zahlung in Westmark . . . in der Ostzone ausdrücklich verboten und unter Strafe gestellt sind. Im Westen aber ist zwar eine Zahlung in Ostmark nicht verboten, aber eine Verurteilung zur Zahlung in Ostmark ist unmöglich, da Ostmark auf legalem Wege in den Westzonen nicht zu beschaffen ist. In den Westzonen hat die Bank der Deutschen Länder ausdrücklich bekanntgegeben, daß sie Anforderungen auf Ostmark nicht erfüllen könne. Die rechtliche Situation ist somit genau dieselbe, wie sie durch die Devisengesetzgebung geschaffen wurde. Es ist infolgedessen — rein devisenmäßig gesehen — ein Urteil, das auf Ostwährung lautet, gegenwärtig in den Westzonen unmöglich, und diese Unmöglichkeit, die allerdings eine zeitige Unmöglichkeit ist, müßte zur Klageabweisung führen, wie dies in der Rechtsprechung des RG für den Geltungsbereich der Devisengesetzgebung auch als herrschende Ansicht anerkannt ist (RGZ 151, 38; 153, 387). Diese Rechtsprechung entspricht auch der herrschenden Meinung im Schrifttum, wie sie sich unter dem Geltungsbereich der Devisengesetzgebung gebildet hat.

Eine Klage der Kl. auf Zahlung eines Ostmarkbetrages müßte infolgedessen, wenn sie erhoben worden wäre, als zur Zeit unbegründet abgewiesen werden, ohne daß allerdings durch eine solche Entscheidung der Bestand der Ostmark-Forderung irgendwie angezweifelt werden könnte. Die Kl. hatte daher nur die Möglichkeit einer Feststellungsklage bezüglich des Bestehens ihrer Ostmarkforderung. Da die Kl. der Anregung des Gerichts, insoweit den Klageantrag zu ändern, nicht nachkam, konnte eine Verurteilung zur Feststellung der Ostmarkforderung nicht stattfinden.

Die Klage auf Zahlung eines Westmarkbetrages war aber, wie bereits erwähnt, unmöglich, da einmal eine Westmarkforderung der Kl. nicht besteht, sodann aber auch, weil keine Möglichkeit gegeben ist, gemäß § 244 BGB die Ostmarkforderung der Kl. in Westmark zu befriedigen."

**193. Ein Gericht in den Westzonen darf nur zur Zahlung in DM-West verurteilen. — Obwohl direkte Zahlungen in die Ostzone devisenrechtlich unzulässig sind, besteht ein Rechtsschutzinteresse an dem Erlaß einer einstweiligen Anordnung, die dem westzonalen Schuldner die Zahlung von Unterhaltsbeträgen zugunsten der ostzonalen Berechtigten auf ein westdeutsches Sperrkonto aufgibt.**

OLG Hamburg (brit. Zone), Beschl. v. 12. 10. 1950 — 2 W 245/50: MDR 1951, 40; Auszug in DRsp. II (250) 19c.

Die in der Ostzone ansässige ASt. beantragte in dem Ehescheidungsstreit der Parteien den Erlaß einer einstweiligen Anordnung gemäß § 627 ZPO, um den in den Westzonen wohnhaften AGg. zu Unterhaltszahlungen auf ein Sperrkonto zu verpflichten. Das OLG wies die dagegen erhobene Beschwerde des AGg. zurück.

Aus den Gründen:

„Es ist einerseits davon auszugehen, daß ein Gericht der Bundesrepublik unter den geltenden devisenrechtlichen Bestimmungen nur zur Zahlung in der Währung des eigenen Gebietes, also in Westmark, verurteilen kann (vgl. *Marquordt*, MDR 1950, 8ff., 11 und OLG Schleswig, MDR 1950, 235[1]). Grundsätzlich ist andererseits direkte Zahlung aus einem Währungsgebiet in das andere verboten.

Dennoch ist die Ansicht, daß der Berechtigte an der Erlassung eines solchen Titels kein Rechtsschutzinteresse hat, abzulehnen. Denn für das West-DM-Gebiet ist eine Generalgenehmigung zur Begleichung von Geldschulden gegenüber ostzonalen Gläubigern durch die 19. DVO zum UG in der Form erteilt, daß die Zahlung auf ein Sperrkonto bei einer Bank oder Postscheckamt im Währungsgebiet erfolgen muß (OLG Oldenburg, MDR 1950, 430). Diese Möglichkeit übersieht die daher abzulehnende Entscheidung des OLG Stuttgart, MDR 1950, 554[2]. Es ist aber das Rechtsschutzinteresse der ASt., die Unterhaltsbeiträge auf ein Sperrkonto im Währungsgebiet der Westzonen zu erhalten, durchaus zu bejahen, denn die ASt. führt zutreffend aus, daß ihr mit Hilfe eines solchen Sperrkontos die Möglichkeit gegeben wird, in der Ostzone Darlehen zu erhalten. Abgesehen davon könnten mit dem D-Mark-Betrag nach Weisung des ASt. in der Westzone Ge- und Verbrauchsgüter gekauft und ihr in die Ostzone geschickt werden."

## 4. Ersetzungsbefugnis in westdeutscher Währung (§ 244 BGB)

**194. Die Vollstreckung eines ostzonalen Titels auf DM-Ost kann mangels eines amtlichen Umrechnungskurses in den Westzonen nicht durchgeführt werden.**

LG Bremen (amerik. Zone), Beschl. v. 16. 8. 1949 — 3 T 216/49: Rpfl. 1949, 616.

„Die sofortige Beschwerde ist unbegründet, denn die Vollstreckung aus einem auf DM-Ost lautenden Schuldtitel in Forderungen, die auf DM-West lauten, ist zur Zeit unmöglich.

Seit der Währungsreform gelten in beiden Währungsgebieten verschiedene Währungen. Es kann dahingestellt bleiben, in welchem tatsächlichen Wertverhältnis beide Währungen zueinander stehen; denn eine Umrechnung kann nur nach einem amtlichen Kurs erfolgen. Solange ein solches Kursverhältnis nicht besteht, können Vollstreckungen nicht durchgeführt werden (vgl. *Harmening-Duden*, Währungsgesetze S. 163)."

**195. § 244 BGB ist im interzonalen Recht mangels eines amtlichen Kurswertes zwischen DM-West und DM-Ost nicht anwendbar. — Ein Gericht der Westzonen kann nicht zur Leistung von DM-Ost verurteilen, da die Beschaffung von DM-Ost auf legalem Wege in den Westzonen nicht möglich ist.**

---

[1] Siehe unten Nr. 203a. [2] Siehe unten Nr. 339.

AG Frankfurt a. M. (amerik. Zone), Urt. v. 24. 10. 1949 — 3/12 C 229/49: NJW 1950, 750 (abl. *Seeger-Kelbe*).

Aus den Gründen:

„Nach § 244 BGB kann die Zahlung einer in einer fremden Währung ausgedrückten Geldschuld in der Währung des Zahlungsortes erfolgen. Aber die Zahlung einer Ostmarkschuld in Westmark hätte die Existenz eines Kurswertes zwischen den beiden Währungen zur Voraussetzung. Ein solcher Kurswert besteht nicht. Das in der Öffentlichkeit genannte Umrechnungsverhältnis von 1 : 5,8 hat keinerlei amtlichen Charakter. Der Vorschlag der Kl., den Bekl. zur Hinterlegung eines Betrages zu verurteilen, der ‚etwa' dem üblichen Berliner Wechselkurs entspricht, ist schon deshalb abzulehnen, weil er der Forderung des § 253 I Ziff. 2 ZPO (bestimmte Angabe des Gegenstandes) nicht gerecht würde. Aber auch eine Verurteilung zur Zahlung in Ostmark ist unmöglich. In der Westzone ist zwar eine Zahlung in Ostmark nicht verboten, aber eine Verurteilung zur Zahlung in Ostmark unmöglich, da Ostmark auf legalem Wege nicht zu beschaffen sind. Die rechtliche Situation ist somit genau die gleiche, wie wenn ein deutscher Gläubiger gegen einen ausländischen Schuldner eine Forderung in einer ausländischen Valuta hat. Das Urteil eines Westzonengerichts auf Zahlung in Ostmark würde daher auf eine unmögliche Leistung lauten (vgl. RGZ 151, 38; 153, 387)."

**196. Die 19. DVO zum Umstellungsgesetz ist nur auf einen über DM-West lautenden Titel anwendbar. — Im Zweifel bestimmt sich die Währung eines gerichtlichen Titels nach dem Ort des erlassenden Gerichts. — § 244 BGB ist zwar grundsätzlich im interzonalen Recht entsprechend anwendbar; jedoch scheitert seine Anwendbarkeit praktisch an dem Fehlen eines amtlichen Umrechnungskurses; der Kurs der Wechselstuben kann diesen nicht ersetzen. — Daher ist die Vollstreckung aus einem auf DM-Ost lautenden Titel nicht möglich.**

LG München I (amerik. Zone), Beschl. v. 16. 6. 1950 — 1 T 540/50: BB 1950, 602.

Aus den Gründen:

„Daran hat auch § 1 der 19. DVO zum UG v. 1. 3. 1949 nichts geändert, nach welcher Bestimmung nunmehr Verbindlichkeiten in DM, die eine Person im Währungsgebiet gegenüber einer Person mit Wohnsitz in der sowjetisch besetzten Zone Deutschlands oder im sowjet. Sektor von Groß-Berlin hat, in der Weise beglichen werden dürfen, daß der geschuldete Betrag auf ein nach § 26 II UG gesperrtes Konto des Gläubigers bei einem Geldinstitut oder Postscheckamt im Währungsgebiet gezahlt oder überwiesen wird ... Hierbei ist jedoch vorausgesetzt, daß es sich um einen auf DM-West lautenden Titel handelt. Der Titel, aus welchem die Gläubigerin vollstrecken will, lautet auf ‚DM'. Der Umstand jedoch, daß er vom AG B., also von einem im Ostsektor von Groß-Berlin gelegenen Gericht stammt, beweist klar, daß hierbei nur ‚DM-Ost' gemeint sein konnte. Da aber mit der Währungsumstellung in den beiden Währungsgebieten verschiedene Währungen in Kraft getreten sind, könnte die Zahlung, und damit auch die Zwangsvollstreckung, nur in entsprechender Anwendung des § 244 BGB ermöglicht werden. Hierzu wäre aber wiederum eine Umrechnung von DM-West in DM-Ost erforderlich, die nach § 244 BGB nach dem Kurswerte zu erfolgen hätte, der zur Zeit der Zahlung für den Zahlungsort maßgebend ist. Die Möglichkeit einer ordnungsgemäßen Umrechnung scheitert aber an dem Fehlen eines amtlichen Kurswertes. Nun bestehen zwar in den größeren Städten sog. Wechselstuben, in denen der Umtausch von DM-Ost gegen DM-West und umgekehrt vorgenommen wird. Es hat sich auch ein gewisses Umrechnungsverhältnis herausgebildet, mit welchem sich die Beteiligten auf Grund der geschaffenen tatsächlichen Verhältnisse in der Regel abfinden. Die Bank deutscher Länder hat in einem Schreiben vom 4. 5. 1950 (Nr. 11/6b/3547/50) den Standpunkt vertreten, daß dieses tatsächliche Umrechnungsverhältnis genügen dürfte, um Zwangsvollstreckungsmaßnahmen nunmehr durchführen zu können.

Dieser Auffassung vermag sich die Beschwerdekammer jedoch nicht anzuschließen. Zweck dieser Zwangsvollstreckung ist es gerade, einerseits dem Gläubiger zur restlosen Befriedigung wegen seiner Ansprüche zu verhelfen, auf der anderen Seite aber auch den Schuldner restlos von der Schuld zu befreien. Dieses letztere gilt natürlich auch dort, wo ein Drittschuldner, wie hier, in das Vollstreckungsverfahren verwickelt wird. Auch dieser hat Anspruch darauf, genau festgestellt zu wissen, welchen Betrag er einzubehalten und dem Gläubiger zu überweisen hat, wenn er den ihm im Pfändungs- und Überweisungsbeschluß auferlegten Geboten und Verboten nachkommen soll. Für alle drei Beteiligten ist aber dann, wenn ein amtlicher Umrechnungskurs nicht vorhanden ist, eine solche Gewähr nicht gegeben. Die Gläubigerin unterliegt der Gefahr, weniger zu erhalten als ihr zusteht; der Schuldner weiß nicht, ob er von seiner Schuld befreit wird, und der Drittschuldner muß damit rechnen, daß er wegen zu viel oder zu wenig einbehaltener Beträge von der einen oder von der anderen Seite in Anspruch genommen wird. Eine Stelle aber, die solche möglicherweise auftretenden Differenzen beilegen könnte, ist nicht vorhanden, weil es eben einen jeden Zweifel ausschließenden, amtlichen Kurswert nicht gibt. Abgesehen davon würde es auch für den Drittschuldner eine kaum zumutbare Belastung darstellen, wenn er sich am jeweiligen Zahlungstage erst nach dem in den Wechselstuben gerade gezahlten Betrage erkundigen müßte, besonders dann, wenn er seinen Sitz nicht an einem Orte hat, an dem sich eine solche Wechselstube befindet.

In Übereinstimmung mit der bisherigen Rechtsprechung anderer Gerichte (vgl. LG Frankfurt, BB 1950, 34[1]; LG Bremen, Rpfl. 1949, 615[2]) gelangt daher die Beschwerdekammer zu der Überzeugung, daß im vorliegenden Falle die Durchführung der Zwangsvollstreckung nicht möglich ist."

**197. Das Urteil eines ostzonalen Gerichts ist in den Westzonen anzuerkennen. — Die Vollstreckung eines auf DM-Ost lautenden Titels in den Westzonen ist zur Zeit nicht möglich. — Die 19. DVO zum Umstellungs-Gesetz ist nur auf Verbindlichkeiten in DM-West anwendbar. — § 244**

[1] Siehe unten Nr. 313. [2] Gemeint Rpfl. 1949, 616, oben Nr. 194.

**BGB ist im interzonalen Recht mangels eines amtlichen Umrechnungskurses nicht anwendbar. — Da die Vollstreckung eines auf DM-Ost lautenden Titels zur Zeit in den Westzonen unmöglich ist, kann der ostzonale Gläubiger von dem westdeutschen Schuldner die Leistung des Offenbarungseides nur hinsichtlich seines Vermögens in der Ostzone verlangen.**

LG Paderborn (brit. Zone), Beschl. v. 3. 7. 1950 — 1 T 98/50: MDR 1950, 557.

Nach Erlaß des auf DM-Ost lautenden Titels des AG A. (sowjet.) ist die Schuldnerin in die Westzonen verzogen. Nach einem fruchtlosen Vollstreckungsversuch hat der in der Ostzone wohnhafte Gläubiger die Leistung des Offenbarungseides am jetzigen Wohnsitz der Schuldnerin beantragt. Das AG X. (brit.) verwarf den Widerspruch der Schuldnerin, das LG gab ihm auf Beschwerde der Schuldnerin teilweise statt.

Aus den Gründen:

„Wenngleich es sich bei dem von einem deutschen Gericht in der russ. Zone ausgefertigten Urteil um ein Urteil eines ordentlichen deutschen Gerichts i. S. von § 704 ZPO handelt und seiner Anerkennung in den Westzonen nichts im Wege steht, so kann aus ihm zur Zeit dennoch nicht vollstreckt werden. Es besteht kein legaler Weg, den Gläubiger wegen seines in DM-Ost entstandenen Anspruches aus dem Vermögen des Schuldners in den Westzonen zu befriedigen. Der Transfer von Westmark in die Ostzone ist nach Ziff. 3 des Aufrufes des Marschalls Sokolowski v. 19. 6. 1948 verboten und unter Strafe gestellt. Andererseits unterliegt die Ausfuhr von Westmark aus dem vereinigten Wirtschaftsgebiet nach MilRegGes. Nr. 53 der Genehmigungspflicht. Eine Einzahlung auf ein Sperrkonto ist schon deswegen nicht möglich, weil die 19. DVO zum UG nur auf Verbindlichkeiten in Westmark anzuwenden ist. Hier handelt es sich aber um eine Ostmarkverbindlichkeit. Selbst wenn aber eine solche Zahlungsmöglichkeit bestünde, so stünde immer noch nicht die Höhe des zu zahlenden Betrages fest. In Ermangelung eines amtlichen Umrechnungskurses ist daher eine Vollstreckung aus einem Ostmarktitel in den Westzonen auf jeden Fall unmöglich (so auch LG Hannover, NdsRpfl. 1949, 154).

Ist aber die Vollstreckung in das Westzonenvermögen der Schuldnerin nicht möglich, so ist sie auch nicht zur Offenbarung dieses Vermögens verpflichtet.

Dagegen kann die Schuldnerin zur Leistung des Offenbarungseides über ihr Ostzonenvermögen geladen werden.

Zwar hat die Schuldnerin nach § 807 ZPO ihr gesamtes Vermögen anzugeben, jedoch nur insoweit, als es dem Titel nach der Zwangsvollstreckung unterworfen ist (*Baumbach*, § 807, Anm. 3A) . . . Die Vollstreckung aus dem auf DM-Ost lautenden Titel des Gläubigers erfaßt zwangsläufig nur einen Teil des Vermögens der Schuldnerin, und zwar nur das Ostzonenvermögen. Zu dessen Offenbarung ist aber die Schuldnerin verpflichtet."

[Der Gläubiger braucht in diesem Fall eine Unpfändbarkeitsbescheinigung nach § 807 ZPO nicht vorzulegen: LG Paderborn, Beschl. v. 6. 11. 1950 — 1 T 340/50: MDR 1951, 172.]

**198. Urteile ostdeutscher Gerichte können in den Westzonen vollstreckt werden ohne Rücksicht darauf, ob die Gegenseitigkeit hinsichtlich der Vollstreckung von westdeutschen Titeln verbürgt ist. — In Einzelfällen kann ostdeutschen Zivilurteilen die Anerkennung analog § 328 I Ziff. 4 ZPO in Westdeutschland versagt werden; dies gilt jedoch nicht für die vor einem ostdeutschen Notar errichteten vollstreckbaren Urkunden. — Die Vollstreckung eines ostdeutschen, auf DM-Ost lautenden Titels erfolgt in Westdeutschland unter entsprechender Anwendung des § 244 BGB auf Grund des Wechselstubenkurses.**

OLG Celle (brit. Zone), Beschl. v. 20. 3. 1951 — 8 W 66/51: *NdsRpfl. 1951, 157; MDR 1951, 619; DAVorm. 24 (1951/52) 93; AZGB Nr. 153, No. 686; BB 1951, 513.

Der Beschwerdeführer hatte sich in einer vor einem ostdeutschen Notar errichteten Urkunde wegen einer Darlehensverbindlichkeit von 22000 DM (damit sind unstreitig DM-Ost gemeint) der sofortigen Zwangsvollstreckung in sein gesamtes Vermögen unterworfen. Seine Beschwerde gegen die Vollstreckung wurde zurückgewiesen.

Aus den Gründen:

„Soweit der Schuldner ganz allgemein die Auffassung vertritt, aus ostzonalen Titeln könne im westdeutschen Bundesgebiet allein schon deshalb nicht mehr vollstreckt werden, weil es sich um einen Ostzonentitel handele und weil in der Ostzone die Gegenseitigkeit nicht mehr verbürgt wäre, vermag der Senat ihm keinesfalls zu folgen. Wenn man die Möglichkeit einer Zwangsvollstreckung mit dieser Begründung ablehnen wollte, so würde das zur Voraussetzung haben, daß man die russisch besetzten Gebiete nicht mehr zu Deutschland rechnen könnte. Das ist unmöglich. Es braucht deshalb nicht geprüft zu werden, ob und inwieweit sogenannte Westtitel in der Ostzone vollstreckt werden, insbesondere, ob auf Grund solcher Titel dort, auch wenn sie ausdrücklich auf DM-West lauten, nur DM-Ost-Beträge in gleicher Höhe beigetrieben werden, womit an sich zu rechnen ist.

Wenn hier ausgesprochen wird, daß ostzonalen Titeln nicht allein mit Rücksicht auf diese Eigenschaft die Vollstreckbarkeit im westdeutschen Bundesgebiet abgesprochen werden kann, so bedeutet das noch nicht, wie auch das LG zutreffend betont hat, daß Zivilurteile ostzonaler Justizbehörden in jedem Fall in den Westzonen bedenkenlos vollstreckt werden können. Es braucht aber hier nicht abschließend entschieden zu werden, ob solchen Urteilen in Einzelfällen in sinngemäßer Anwendung von § 328 I Ziff. 4 ZPO die Anerkennung versagt werden könnte und versagt werden müßte. Eine solche Versagung kommt jedenfalls bei einer vollstreckbaren Urkunde eines Notars aus der Ostzone nicht in Betracht.

Daß die Tatsache, daß die Forderung in Ostmark ausgedrückt ist, für die ein amtlicher Kurs nicht besteht, bei der Vollstreckung gewisse Schwierigkeiten macht, ist nicht zu verkennen. Diese Schwierigkeiten sind jedoch nicht unüberwindlich und dürfen nicht dazu führen, eine Vollstreckung deswegen zu versagen. Der vom AG angedeutete Ausweg, ein Gläubiger, der nur eine Ostmarkforderung habe, müsse entweder vor einem westdeutschen Gericht klagen oder versuchen, bei einem ostzonalen Gericht ein auf Westmark gerichtetes Urteil zu erwirken, macht den Parteien nicht nur unnötige Kosten, sondern ist auch weder ohne weiteres gangbar, noch liegt er sonst im Interesse der Parteien. Das vom Gläubiger angegangene westdeutsche Gericht würde zwar das Rechtsschutzbedürfnis für eine solche Klage trotz Vorliegens eines Vollstrekkungstitels in Ostmark bejahen müssen, wenn tatsächlich aus diesem im Westwährungsgebiet nicht vollstreckt werden könnte. Die erneute Verurteilung in Westmark könnte auch von der Rückgabe des Osttitels abhängig gemacht werden. Das Westgericht hätte aber bei der Ermittlung des Wertes der Ostmarkforderung in Westmark genau dieselben Schwierigkeiten wie der Gerichtsvollzieher bei der Vollstreckung des Ostmarktitels. Das etwa angegangene ostdeutsche Gericht andererseits kann zur Zeit auch nur zur Zahlung von DM-Ost verurteilen. Es besteht aber die Gefahr, daß die ostdeutschen Gerichte, wenn sie die Erfahrung machen müßten, daß ihre auf Ostmark lautenden Urteile gegen Westschuldner in den Westzonen überhaupt nicht vollstreckt werden könnten, einfach dazu übergehen, Westschuldner statt zu DM-Ost einfach zu DM-West in gleicher Höhe zu verurteilen, weil in der Ostzone ein unterschiedlicher Kurs der DM-Ost zu DM-West nicht anerkannt wird, sondern ein Zwangskurs 1 DM-Ost = 1 DM-West aufrechterhalten wird. Ein solches Ergebnis wäre für den Westschuldner ebensowenig tragbar wie für den Ostmarkgläubiger die Tatsache, daß er sich erst noch einen weiteren Titel verschaffen müßte, was auf jedem Fall mit großem Zeitverlust verbunden ist. Wollte man andererseits wieder Osturteile in DM-West in gleicher Höhe statt DM-Ost insoweit nicht anerkennen, dann hätte man wieder genau dieselben Schwierigkeiten bei der Ermittlung des Ostmarkwertes bei der Vollstreckung.

Mit Recht hat deshalb das LG unter Hinweis auf die Entscheidungen des LG Braunschweig in NJW 1950, 751[1] und des OLG Hamburg in MDR 1951, 109[2], den Aufsatz von *Kühne*, NJW 1950, 729, und die Stellungnahme der Bank Deutscher Länder v. 1. 12. 1949 (NJW 1950, 750 zu der dort veröffentlichten abweichenden Entscheidung des AG Frankfurt a. M.[3]) in sinngemäßer Anwendung von § 244 BGB (zu vergleichen auch *Staudinger* Anm. 45 dazu) die Beitreibung von Westmark auf Grund des Ostmarktitels nach dem Kurs, wie er sich bei den amtlich zugelassenen (etwa 70) Wechselstuben in den Westzonen tatsächlich gebildet hat, für zulässig erachtet. Dieser Kurs, der sich praktisch im Verkehr zwischen Ost- und Westdeutschland ergeben und eingebürgert hat, muß als legaler Kurs angesehen werden.

Mit Recht hat das LG dabei darauf hingewiesen, daß nicht einzusehen wäre, warum ein Gläubiger, der einen Titel auf Pfund oder Dollar hat, besser gestellt sein sollte, als der Besitzer eines auf Ostmark lautenden Vollstreckungstitels. Die Kursschwankungen der Ostmark zur Westmark nach dem Wechselstubenkurs sind auch kaum wesentlicher als bei den genannten Devisen; sie sind jedenfalls für den Schuldner nicht unzumut-

[1] Siehe unten Nr. 200. [2] Siehe oben Nr. 143. [3] Siehe oben Nr. 195.

bar hoch. Unerheblich ist auch, daß der Kurs nicht bei allen Wechselstuben gleich sein mag, wie der Schuldner behauptet hat.

Zutreffend hat auch das LG schon ausgeführt, daß die vom Schuldner oder vom AG für ihre gegenteilige Ansicht angeführten Entscheidungen des AG Lüdenscheid in NJW 1949, 721[1] (dazu *Krech* in NJW 1949, 872), LG Frankfurt a. M., NJW 1950, 610[2], LG Hannover, NdsRpfl. 1949, 154, und LG Kassel, MDR 1950, 741[3] sich entweder mit der hier zur Entscheidung stehenden Frage gar nicht befassen (so AG Lüdenscheid) oder sogar positiv die Vollstreckbarkeit von DM-Osttiteln in Westdeutschland bejahen (so LG Kassel aaO. Leitsatz 3) oder (so die übrigen Entscheidungen und *Krech* aaO.) das Fehlen eines amtlichen Umrechnungskurses zu stark überbetonen. Schließlich hebt auch das LG richtig hervor, daß die Entscheidung des AG Frankfurt[4], die danach im wesentlichen allein als wirklich abweichende Entscheidung übrig bleibt, sich, ganz abgesehen davon, daß sie ohne hinreichende Klärung der Möglichkeiten der Beschaffung von Ostmark auf legalem Wege ergangen zu sein scheint (zu vgl. die Stellungnahme der Bank Deutscher Länder aaO. zu dieser Entscheidung), auch zu Unrecht zur Rechtfertigung seiner Ansicht auf die Entscheidungen RGZ 151, 38 und 153, 387 bezieht. Beide Entscheidungen befassen sich mit sogenannten effektiven Währungsschulden und deren Schicksal unter Berücksichtigung der damals in Kraft befindlichen Devisenbestimmungen. Eine solche effektive Währungsschuld liegt aber hier nicht vor. Der Gläubiger will gar keine Ostmark beitreiben, sondern nur Westmark nach dem Wechselstubenkurs der Ostmark im Bundesgebiet. Eine Zwangsvollstreckung mit diesem Ziel hält der Senat nach allem mit dem LG in dem angefochtenen Beschluß für zulässig (ebenso jetzt auch *Leidgens* gegen das AG Frankfurt in seiner Anm. MDR 1951, 173 und *Wälde*, NJW 1951, 213)."

**199. Die in der Ostzone getroffenen Verwaltungsmaßnahmen wirken nicht über die Grenze dieser Zone hinaus; sie sind jedoch in den Westzonen als Rechtstatsache zu beachten. — Daher ist eine Aufrechnung mit einer Forderung gegen eine Bankniederlassung, deren Vermögen beschlagnahmt ist, unwirksam. — Sind die Geschäftsräume der kontoführenden Stelle einer Bank als Erfüllungsort und das an diesem Ort geltende Recht als Statut vereinbart, so umfaßt diese Rechtswahl auch das anzuwendende Währungsrecht. — Auf eine Kollision zonaler Währungsvorschriften kann § 244 BGB entsprechend angewendet werden; danach kann die Zahlung einer in der Währung einer anderen Zone ausgedrückten Geldschuld in der Währung der lex fori erfolgen, wenn nicht Zahlung in der fremden Währung ausdrücklich bedungen ist. — Bei einem vor der Währungsreform abgeschlossenen Vertrag entfällt eine ausdrückliche Vereinbarung effektiver Zahlung in Fremdwährung. Vermutlich hätte jedoch die Schuldnerin nicht darauf verzichten wollen, ihre Verpflichtung durch Zahlung in der an ihrem Sitz geltenden Währung zu erfüllen. — Die Be-**

[1] Siehe unten Nr. 206. [2] Siehe unten Nr. 313. [3] Siehe unten Nr. 246.
[4] Siehe oben Nr. 195.

**rufung auf das erst infolge der Währungsreform für einen Vertrag maßgeblich gewordene fremde Währungsstatut ist dann rechtsmißbräuchlich, wenn der Schuldner dadurch eine rechtliche Unmöglichkeit der Leistung in jener Währung geltend machen will; befinden sich der Sitz des Schuldners und der des Gläubigers in der gleichen Zone, so ist die Forderung in der Währung dieser Zone zu erfüllen. (— Durch die Anwendung des Rechtsgrundsatzes des § 244 BGB wird zugleich das für die Forderung maßgebende Umstellungsverhältnis bestimmt [!].)**

OLG Braunschweig (brit. Zone), Urt. v. 22. 3. 1949 — 1 U 224/48: MDR 1949, 624; BB 1949, 279.

Die Bekl. mit Sitz in den Westzonen stand mit der Kl., einer Bank-AG., in Geschäftsverbindung und schuldete der Bank einen Geldbetrag. Die Firma H., ebenfalls mit Sitz in den Westzonen, hatte bei der Zentrale der Bank in Berlin, deren Vermögen infolge der Sperrmaßnahmen der sowjet. Besatzungsmacht beschlagnahmt war, ein Guthaben etwa in gleicher Höhe. Die beiden Firmen traten daher in Verbindung, um die beiden Beträge zu verrechnen. Gemäß dieser Abrede erklärte die Firma H. gegenüber der Bankzentrale in Berlin, im Auftrage der Bekl. mit der eigenen Forderung gegen die Forderung der Bank gegen die Bekl. aufzurechnen. Die Bankzentrale bat demgegenüber um Überweisung des entsprechenden Betrages.

Die Kl. drang mit ihrer Klage auf Zahlung des geschuldeten Betrages gegen die Bekl. durch.

Aus den Gründen:

„Nach der Darstellung der Bekl. hat die Firma H. ihre Forderung gegen die Bank an die Bekl. abgetreten und dann in deren Auftrag die Aufrechnung erklärt. Wenn eine solche Abtretung auch nicht mit ausdrücklichen Worten erklärt ist, so verfolgten die Firma H. und die Bekl. doch von vornherein das Ziel, die Gegenseitigkeit der beiden Forderungen herzustellen, und dieses Ziel konnte nach der ablehnenden Verhaltung der Bank rechtswirksam nur auf dem Wege der Abtretung der Forderung der Firma H. gegen die Bank an die Bekl. herbeigeführt werden. Die zwischen ihnen getroffenen Vereinbarungen können deshalb dahin ausgelegt werden, daß die Firma H. ihre Forderung an die Bekl. abgetreten und diese ihr gleichzeitig den Auftrag zur Aufrechnung erteilt hat. Der wirksamen Vollziehung der Aufrechnung stand aber entgegen, daß die an die Bekl. abgetretene Forderung der Firma H. zur Aufrechnung ungeeignet war. Unbedingtes Erfordernis einer wirksamen Aufrechnung nach § 383 BGB ist die Fälligkeit der eigenen Forderung, mit welcher der Erklärende aufrechnen will. Diese Voraussetzung war hier nicht gegeben. Die Sowjet. Mil.-Reg. hat die sogenannten Altgeldguthaben blockiert, und die Bank durfte nach dem erlassenen gesetzlichen Zahlungsverbot an die Firma H. nicht mehr zahlen. Ihre Forderung war daher nicht nur nicht fällig, sondern auch gemäß § 390 BGB mit einer verzögerlichen Einrede behaftet. Diese gegen die Firma H. begründete Einrede konnte nach erfolgter Abtretung der Bekl. als Abtretungsempfängerin entgegengehalten werden (§ 404 BGB). Inzwischen ist durch die Währungsreform in der Ostzone die Schuldverbindlichkeit der Bank gegen die Firma H. vollständig erloschen, so daß eine Forderung, mit der aufgerechnet werden könnte, überhaupt nicht mehr vorhanden ist. Die Bekl. hat ferner das Bestehen eines eigentlichen Kontokorrentverhältnisses im Sinne des § 355 HGB zwischen der G.-Bank und der Firma H. nicht dargetan. Abgesehen hiervon hat das LG zutreffend ausgeführt, daß die Aufnahme der streitigen Verbindlichkeit in die laufende Rechnung nach Verhängung der Bankensperre gegen den wiederholt erklärten Widerspruch der Bank unstatthaft war. Denn der Kontokorrent ist ein Abrechnungsvertrag, setzt also eine Willensübereinstimmung der Beteiligten voraus. Nach der Rechtsprechung des Senats (Urteil v. 3. 6. 1947[1]) wirken die Verwaltungsmaßnahmen der Ostzone über die Zonengrenze nicht hinaus. Die Geltung der in der Ostzone getroffenen Sperrmaßnahmen kann aber nicht in Frage gezogen werden. Der Umstand, daß die Banken in der Ostzone nach Maßgabe der dort getroffenen Anordnungen zur Auszahlung der Altgeldguthaben nicht in der Lage sind, ist auch in den Westzonen als Rechtstatsache anzuerkennen. Hiernach hat die von der Firma H. im Auftrage der Bekl. erklärte Aufrechnung die Klageforderung nicht zum Erlöschen gebracht.

Im zweiten Rechtsgange hat sich die Bekl. auf die Bankbedingungen bezogen, die unstreitig den Geschäftsbedingungen zwischen ihr und der G.-Bank zugrunde lagen. Danach sind die in der Ostzone Berlins belegenen Geschäftsräume der kontoführenden Stelle der Bank für beide Teile Erfüllungsort und ist für alle Rechtsbeziehungen zwischen dem Kunden und der Bank das am Erfüllungsort geltende Recht maßgebend. Die Geschäftsbeziehungen der Bekl. und der Bank unterstehen somit dem Recht der Ostzone, insbesondere dem dort geltenden Währungsrecht . . . Da das Schuldverhältnis nach den Bankbedingungen dem östlichen Währungsrecht untersteht, müßte die Bekl. grundsätzlich ihre Schuld in Ostmark zahlen. Daran vermag auch der Umstand nichts zu ändern, daß die Forderung nicht von der Bank, sondern von dem Kl. als dem von der brit. MilReg. eingesetzten Treuhänder geltend gemacht wird. Denn die Forderung kann von dem Vertrage, auf dem sie beruht, nicht gelöst werden und untersteht weiter den Bestimmungen dieses Vertrages. Zur Zahlung in Ostmark ist die Bekl. aber nicht in der Lage, da für sie noch keine Möglichkeit besteht, sich auf legalem Wege dieses Zahlungsmittel zu beschaffen. Eine Verurteilung zur Zahlung in Ostmark ist auch nicht möglich, da eine Zwangsvollstreckung aus einem solchen Urteil nach den derzeitigen Währungsverhältnissen nicht durchgeführt werden könnte. Es würde hiernach zumindest eine zeitweilige Unmöglichkeit der Leistung bestehen, die dem Schuldner das Recht geben würde, die Erfüllung zur Zeit abzulehnen (vgl. RGZ 151, 37). Eine Abweisung der Klage wegen zeitweiliger Unmöglichkeit läßt sich jedoch bei billiger und vernünftiger Berücksichtigung aller Umstände nicht rechtfertigen. Nach § 244 BGB kann die Zahlung einer in ausländischer Währung ausgedrückten Geldschuld in Reichswährung erfolgen, es sei denn, daß Zahlung in ausländischer Währung ausdrücklich bedungen ist. Diese Vorschrift kann auf den hier zur Beurteilung stehenden rechtsähnlichen Fall einer Kollision zonaler

---

[1] Siehe oben Nr. 11.

Währungsvorschriften entsprechend angewendet werden (vgl. *Jacobsohn*, NJW 1948, 679). Dafür, daß eine effektive Zahlung in Ostmark als vereinbart anzusehen wäre, bieten weder der wirkliche, noch der im Wege einer ergänzenden Vertragsauslegung zu berücksichtigende mutmaßliche Wille der Vertragschließenden einen Anhaltspunkt. Sie haben bei Vornahme des Geschäfts sicherlich nicht an die Möglichkeit einer Währungsaufspaltung in Deutschland gedacht, und die Bekl. würde bei Voraussicht der eingetretenen Entwicklung schwerlich auf die Möglichkeit verzichtet haben, sich von ihrer Verpflichtung durch Zahlung in Westmark zu befreien. Ein weiterer grundlegender Unterschied zwischen den Währungsreformen in den Westzonen und der Ostzone besteht in dem verschiedenen Umwertungsmaßstab für Verbindlichkeiten. Der Kl. hat die Klageforderung gemäß § 16 UmstG im Verhältnis von 10:1 von RM auf DM umgestellt. Dagegen bestimmt Ziff. 17 der VO der Deutschen Wirtschaftskommission v. 21. 6. 1948 für die Ostzone, daß die ‚innerdeutschen Schuld- und Vertragsverpflichtungen, die vor der Durchführung der Währungsreform entstanden sind, unverändert bleiben'. Die Bekl. müßte also, wenn sie sich auf die Geschäftsbedingungen der G.-Bank und somit auf das in der Ostzone geltende Währungsrecht bezieht, Ostmark an den Kl. zahlen. Wenn auch z. Z. noch ein fester Clearing-Kurs der beiden Währungen fehlt, so kann doch davon ausgegangen werden, daß die Klageforderung bei Anwendung des Westrechts wesentlich geringer sein würde, als bei der Anwendung der Rechtsgrundsätze der Ostwährung. Selbst wenn man eine Westmark gleich zehn Ostmark setzen würde, brauchte die Bekl. bei Anwendung des westlichen Währungsrechts nicht mehr zu zahlen als bei Anwendung des östlichen Währungsrechts. Tatsächlich wird, wie gerichtsbekannt ist, die Westmark im Tauschhandel z. Z. zu etwa 4—5 Ostmark gehandelt. Die Anwendung des westzonalen Währungsrechts bildet für die Bekl. somit keine Beschwerung, sondern im Gegenteil eine Erleichterung. Es war weiter zu berücksichtigen, daß beide Parteien ihren Wohnsitz in der brit. Zone haben. Die Schuld kann unter den gegebenen Verhältnissen nur in Westmark gezahlt werden. Unter diesen Umständen verstößt die Bekl. gegen Treu und Glauben, wenn sie von der sich aus § 244 BGB ergebenden Möglichkeit, ihre Schuld in Westmark zu erfüllen, keinen Gebrauch macht und in der Absicht, sich ihrer Erfüllungspflicht zu entziehen, sich nunmehr auf die seiner Zeit lediglich im Interesse der Gläubigerin vereinbarte Bestimmung des Erfüllungsortes und auf ihr gegenwärtiges Unvermögen, sich Ostmark zu beschaffen, beruft. Die Ausübung des ihr vertraglich eingeräumten Rechts ist bei dieser Sachlage mißbräuchlich und deshalb unzulässig."

**200. Eine Anrechnung von Zahlungen in fremder Währung kann auch bei Fehlen eines amtlichen Umrechnungskurses erfolgen. — Maßgebend ist der Umrechnungskurs am Wohnsitz des Schuldners.**

LG Braunschweig (brit. Zone), Urt. v. 9. 5. 1950 — 8 S 59/50: NJW 1950, 751.

Aus den Gründen:

„Eine Anrechnung der gezahlten Ostmarkbeträge ist, entgegen der Meinung des AG, auch dann möglich, wenn ein fester amtlicher Kurs nicht festgesetzt ist. Der von einem Gericht angewendete Umrechnungskurs braucht kein amtlicher Kurs zu sein. Auch ein faktisch im Verkehr zwischen zwei Nationen herausgebildeter legaler Kurs kann von der Rechtsprechung zur Umrechnung von Devisen als maßgebend anerkannt werden (*Staudinger*, Anm. 45 zu § 244 BGB). Dieser Grundsatz kann auch auf die internationale Bewertung von DM-West und DM-Ost sinngemäß angewendet werden. Das Gericht hat daher bei der Anrechnung der vom Bekl. bereits gezahlten Ostmarkbeträge den in B. (brit.), dem Wohnsitz des Schuldners, im Durchschnitt der hier in Betracht kommenden Zeit üblichen Umrechnungskurs von 5 Ostmark = 1 Westmark zugrunde gelegt."

**201. Die Vollstreckung eines in West-Berlin erlassenen Titels auf Zahlung von DM-Ost ist im Bundesgebiet zulässig. — § 244 BGB ist im interzonalen Recht entsprechend anwendbar, auch ohne daß ein amtlicher Umrechnungskurs besteht. — Maßgebend ist der Umrechnungskurs im Zeitpunkt der Leistung.**

LG Bremen (amerik. Zone), Beschl. v. 13. 6. 1951 — 4 T 301/51: JR 1952, 280; MDR 1951, 748; Auszug in DRsp. II (250) 22b.

Die vom Konkursverwalter einer Genossenschaft mit Sitz in West-Berlin, deren Genossenschaftsanteile auf DM-Ost lauten, aufgestellte Vorschußberechnung war vom AG Berlin-Ch. (Berlin-West) im Juli 1949 für vollstreckbar erklärt worden. Der Konkursverwalter will auf Grund seines vollstreckbaren Titels gegen den in B. (amerik.) wohnhaften Schuldner, der mit vier Anteilen haftet, vollstrecken lassen. Der Gerichtsvollzieher lehnte die Vollstreckung ab, das LG wies ihn an, die Vollstreckung vorzunehmen.

Aus den Gründen:

„Die Zwangsvollstreckung aus dem hier in Frage stehenden West-Berliner Titel ist nicht deswegen unzulässig, weil der Titel auf DM-Ost lautet. Zwar ist die Ostmark als gesetzliches Zahlungsmittel in Westdeutschland nicht zugelassen, jedoch wird dadurch allein noch nicht die Vollstreckung eines Ostmarktitels ausgeschlossen. Daß eine Forderung auf eine andere als die gesetzliche Landeswährung lautet, steht an sich der Vollstreckung aus einem derartigen Urteil nicht entgegen. Zwar handelt es sich bei der DM-Ost nicht um eine fremde Währung. Es ist jedoch in entsprechender Anwendung des § 244 BGB zu verfahren. Ein Verbot für die Ostmark besteht im Bundesgebiet nicht. Weder die Annahme noch der Erwerb von Ostmarknoten, noch die Verwendung bzw. Veräußerung dieses Zahlungsmittels ist devisenrechtlich beschränkt (vgl. *Kühne*, NJW 1950, 729). Es trifft auch nicht zu, daß die Ostmark eine in Westdeutschland nicht vorhandene Währung sei. Ostmarkgeld befindet sich vielmehr in erheblichen Mengen im westdeutschen Bundesgebiet.

Die Einfuhr von Ostmarkbeträgen über die Zonengrenzen im Reiseverkehr ist auch nach den im Bundesgebiet bestehenden Gesetzen erlaubt. Dasselbe gilt auch für die Ausfuhr von Ostmarkbeträgen aus

Westdeutschland im Reiseverkehr nach der Ostzone. Die Verbote der Ostzonenregierung sind jedenfalls für die Beurteilung des hier vorliegenden Falles unbeachtlich.

Der Schuldner kann sich daher nicht darauf berufen, daß Ostmark in der Bundesrepublik nicht zu erhalten sei und er seine Schuld daher nicht begleichen könne. Außerdem ist der Schuldner in entsprechender Anwendung des § 244 berechtigt, seine Schulden in DM-West zu begleichen. Er kann sich nicht darauf berufen, daß eine Umrechnung nach einem Kurswert nicht möglich sei. Es sind nämlich für den Umtausch von Ostmark in Westmark und umgekehrt im gesamten Bundesgebiet Wechselstuben zugelassen, bei denen sich ein Kurs für das Verhältnis DM-Ost und DM-West gebildet hat. Diese Wechselstuben haben allerdings keinen amtlichen Charakter. Die Kursbildung in den Wechselstuben vollzieht sich frei von behördlichen Beschränkungen. Angebot und Nachfrage und Kurs liegen aber in allen Teilen des Bundesgebietes auf annähernd gleicher Höhe. Nur der Kurs der West-Berliner Wechselstuben gilt dort als amtlich. Ein amtlich festgesetzter Kurswert ist jedoch nicht Voraussetzung des § 244 BGB. Wie das LG Braunschweig (vgl. NJW 1950, 751[1]) zutreffend ausgeführt hat, genügt es, daß für den Umtausch zweier Währungen ein legal gebildeter Kurs besteht. Es ist nicht erforderlich, daß ein fester amtlicher Kurs besteht, es genügt ein im Verkehr herausgebildeter legaler Kurs. — Nach alledem ist festzustellen, daß eine auch für gerichtliche Maßnahmen geeignete Kursbildung stattfindet. Im vorliegenden Falle ist daher die Zwangsvollstreckung aus dem Titel der Gläubigerin gegen den Schuldner zulässig und möglich.

Es ist auch eine Vollstreckung durch den Gerichtsvollzieher gemäß § 803ff. ZPO zulässig (vgl. *Wälde* in NJW 1951, 213). Maßgebend für die Umrechnung von DM-Ost in DM-West ist das Umrechnungsverhältnis im Zeitpunkt der Erfüllung. Das Vollstreckungsorgan wird an Hand des ohne weiteres in Erfahrung zu bringenden Umtauschkurses im Zeitpunkt der Vollstreckung dann die Pfändung oder Forderungspfändung vornehmen können, wobei die Vollstreckung einfach auf Beitreibung des Wertes in DM-West nicht auf Beitreibung in DM-Ost-Währung erfolgt (vgl. *Wälde*, aaO.; *Planck*, Anm. 1 zu BGB § 244)."

**202.** **a) Das Währungsstatut richtet sich nicht nach dem Schuldstatut, sondern ist unabhängig von den sonstigen Regeln des internat. Privatrechts zu bestimmen. — Das Währungsstatut einer Unterhaltsrente beurteilt sich nach dem gewöhnlichen Aufenthalt des Unterhaltsberechtigten. — Nach § 244 BGB kann zur Zahlung einer Schuld in fremder Währung, zahlbar in ausländischer Währung verurteilt werden, auch wenn mangels eines amtlichen nur ein faktischer Umrechnungskurs besteht.**

AG Saarbrücken (Saargebiet), Urt. v. 25. 8. 1951 — 3 C 201/50: *unveröff.

[1] Siehe oben Nr. 200.

**Die Kl. ist das eheliche Kind des Bekl. und hat ihren Wohnsitz in der Ostzone. Der Kl. wohnt im Saargebiet und hat seit dem Jahr 1946 keine Unterhaltszahlungen mehr an die Kl. geleistet. Das AG verurteilte ihn antragsgemäß.**

Aus den Gründen:

„Gemäß Art. 19 EGBGB ist auf das zwischen den Parteien bestehende Rechtsverhältnis inländisches, d. h. saarländisches Recht anzuwenden. Unabhängig von dieser klaren Regelung hinsichtlich des Schuldstatuts ist jedoch die Frage zu beurteilen, welches Währungsstatut anzuwenden ist, d. h. durch Zahlung in welcher Währung der Bekl. seiner nach saarländischem Recht zu beurteilenden Unterhaltspflicht nachzukommen hat.

Der Ansicht, daß sich das Währungsstatut nach dem Schuldstatut richtet, also die Kl. einen direkten Anspruch auf Zahlung in Franken hätte (s. *Palandt* 1950, Vorbem. 14g cc vor Art. 7 EGBGB), kann hier nicht gefolgt werden. Vielmehr ist in Übereinstimmung mit *Raape* (IPR³, 334) davon auszugehen, daß die Ermittlung des Währungsstatuts unabhängig von den sonstigen Bestimmungen des internat. Privatrechts zu erfolgen habe.

Die Frage nach dem Währungsstatut ist die Frage danach, nach welcher der beiden Währungen — Franken oder Ostmark — sich die Zahlung der Unterhaltsrente richtet. Es muß hier auf das Währungsgebiet ankommen, in dem sich die Unterhaltsberechtigte gewöhnlich aufhält und ihre Lebensbedürfnisse zu decken hat. Da im vorliegenden Fall der durch die Unterhaltsleistung zu deckende Bedarf in der Ostzone entsteht, richtet sich das Währungsstatut nach den dortigen Verhältnissen. Die Kl. hat also zunächst einen nach saarländischem Recht zu beurteilenden Anspruch gegen den Bekl. auf Zahlung einer Unterhaltsrente in Ostmark.

Aus dem sogenannten ‚Vorrang der inländischen Währung‘ (*Raape*, aaO.) ergibt sich, daß auch bei Bestehen einer Fremdwährungsschuld dem Klageantrag auf Verurteilung in Franken entsprochen werden kann; die Vorschrift des § 244 BGB spricht nicht gegen diese Auffassung; die vorwiegenden Währungsbelange des inländischen Staates bestimmten den Erlaß des § 244 BGB, wonach sich der Schuldner fremder Währungen durch Zahlung in Inlandsvaluta befreien kann. Daß wesentliche Belange des Bekl. einer Verurteilung auf Zahlung von französ. Franken entgegenstehen, ließ sich dem Sachverhalt nicht entnehmen.

Daß zwischen Franken- und Ostmarkwährung ein amtlicher Kurs nicht besteht, steht einer Verurteilung zur ‚Zahlung von Ostmark, zahlbar in Franken‘ nicht entgegen. Auch nach *Raape* (aaO. 345) muß es genügen, daß ein faktischer, leicht zu ermittelnder Kurs zwischen den beiden Währungen besteht. Der faktische Kurs läßt sich mit ausreichender Bestimmtheit aus Presse- und Rundfunkmeldungen (Sender Rias-Berlin — Schluß der 22-Uhr-Nachrichten) feststellen; diese Kurse beziehen sich auf das Verhältnis der Ostmark zur DM-West, und vom französ. Franken zur letzteren besteht wiederum ein amtlicher Umrechnungskurs.

Da auch im Falle des § 244 II BGB ein tatsächlicher Kurs als Umrechnungsgrundlage für ausreichend angesehen wird, können sich insoweit Bedenken gegen die Zulässigkeit einer Tenorierung mit faktischem Umrechnungskurs Ostmark—Franken nicht erheben."

**b)** Auf Grund des vorstehenden Urteils hat die Gläubigerin Erlaß eines Pfändungs- und Überweisungsbeschlusses gegen einen Drittschuldner mit Sitz im Saargebiet beantragt. Das AG lehnte den Antrag ab, das LG gab ihm statt.

LG Saarbrücken (Saargebiet), Beschl. v. 30. 1. 1952 — 5 T 545/51: SaarlRuStZ 1952, 15.

Aus den Gründen:

„Dem AG ist zuzugeben, daß dem Drittschuldner nicht zugemutet werden könne, sich jeweils durch Abhören des Rias-Senders und durch Zeitungsangaben über den jeweiligen faktischen Kurs der Ost-DM zur West-DM, zumal diese dauernd schwanken, zu informieren. Andererseits hat aber die Gläubigerin ein berechtigtes Interesse daran, daß die ihr gerichtlich zuerkannte Forderung mangels freiwilliger Zahlung durch den Schuldner im Wege der Zwangsvollstreckung durch eine Lohnpfändung beigetrieben wird. Die Berufungskammer des hiesigen LG hat dem in einem gleichgelagerten Falle — dort hatte sich der Schuldner durch Vergleich vor einem saarländischen Gericht zu einer Unterhaltszahlung in Höhe eines dem Betrage von 80 Ost-DM entsprechenden Frankenbetrages verpflichtet und hatte der Gläubiger, weil ihm eine Vollstreckung dieses Vergleiches nicht gelungen war, eine neue Klage auf Unterhaltszahlung in Franken erhoben — in der Weise Rechnung getragen, daß es den Schuldner zur Zahlung von so viel französischen Franken verurteilte, wie nach dem jeweiligen amtlichen Kurse eine Summe von 40 West-Mark, die damals dem Betrage von 80 Ost-DM entsprachen, am Zahlungstage ergab. Entsprechend kann im vorliegenden Vollstreckungsverfahren nach dem derzeitigen faktischen Umrechnungskurs von 4 Ostmark = 1 Westmark der von dem Schuldner beizutreibende Betrag in Westmark festgesetzt werden, wie auch die deutschen Gerichte verfahren (vgl. NJW 1951, 965[1]) und dann der Westmarkbetrag nach dem amtlichen Kurs in Franken umgerechnet werden. Die vorherige Durchführung eines zweiten Rechtsstreits, um durch ihn eine Verurteilung des Schuldners auf Westmarkbasis zu erreichen, erscheint zur Einsparung überflüssiger Prozesse entbehrlich."

## 5. Ersetzungsbefugnis in fremder Währung

**203. Weder im Umstellungsverfahren nach der 16. Durchführungsverordnung zum Umstellungsgesetz noch im Zwangsvollstreckungsverfahren kann dem Schuldner mit Wohnsitz in den Westzonen nachgelassen werden, sich durch Zahlungen in DM-Ost von seiner DM-West-Verbindlichkeit gegenüber einem Gläubiger in der Ostzone zu befreien.**

OLG Stuttgart (amerik. Zone), Beschl. v. 22. 8. 1952 — 2/4 W 73/52: EJF 1953, 37 (*Meindl*).

Das LG hatte die auf RM lautende Verpflichtungsurkunde des AGg., der zur Zeit der Währungsreform seinen Wohnsitz in den Westzonen hatte, im

[1] Siehe unten Nr. 262.

**Verhältnis 1:1 auf DM-West umgestellt, ihm aber nachgelassen, sich durch Zahlung von DM-Ost an die in der Ostzone wohnhafte Gläubigerin zu befreien. Diesen Zusatz hob das OLG auf die Beschwerde der ASt. hin auf.**

Aus den Gründen:

„Die Beschwerde richtet sich nicht gegen die Umstellung des auf RM lautenden Schuldtitels auf DM-West, die das LG gegenüber dem z. Z. der Währungsreform in der Westzone lebenden Schuldner festgesetzt hat . . .

Die 16. DVO zum UG kann begrifflich als DVO sich nur auf eine Umstellung beziehen, die im UG vorgesehen ist. Das UG kennt aber nur die Umstellung im Verhältnis 1:10 (§ 16 UG) oder im Verhältnis 1:1 (§ 18 UG). Eine andere Umstellung ist daher in dem Umstellungsverfahren nach der 16. DVO nicht zulässig (ebenso: OLG Braunschweig, JR 1950, 667[1], und LG Stuttgart, NJW 1951, 241[2]). Die gegenteilige Ansicht von *Beitzke* in NJW 1950, 930 kann aus den angeführten Gründen nicht gebilligt werden. Das LG hat in seinem Beschluß durch den Zusatz, wonach dem AGg. nachgelassen wird, durch Zahlungen in DM-Ost sich von seiner Schuldverbindlichkeit zu befreien, eine Umstellung vorgenommen, für die in dem Umstellungsverfahren nach der 16. DVO kein Raum war. Es liegt eine im Zwangsvollstreckungsverfahren ergangene Entscheidung vor, die nicht nach dem Verfahrensrecht der 16. DVO zum UG zu beurteilen ist, die in § 5 II eine weitere Beschwerde nicht zuläßt. Vielmehr sind auf diesen Beschluß die Verfahrensbestimmungen der ZPO für die Zwangsvollstreckung anzuwenden, die in § 793 ZPO gegen Entscheidungen im Zwangsvollstreckungsverfahren die sofortige Beschwerde und in § 568 ZPO gegen Entscheidungen des Beschwerdegerichts die weitere Beschwerde vorsieht.

Das LG hat mit der Ermächtigung des Schuldners zur Erfüllung seiner Schuldverbindlichkeit in DM-Ost eine Entscheidung über den materiellen Anspruch getroffen. Eine solche ist auch im Zwangsvollstreckungsverfahren der ZPO nicht vorgesehen. Sofern der Schuldner geltend machen will, daß der auf DM-West umgestellte Titel der Gläubigerin einen zu hohen Anspruch verschaffe, hat er diese Einwendung nicht im Zwangsvollstreckungsverfahren, sondern im Wege einer Abänderungsklage nach § 323 ZPO oder einer Vollstreckungsgegenklage nach § 767 ZPO geltend zu machen. Wählt er den Weg der Vollstreckungsgegenklage, so hat er die Möglichkeit, beim Gericht seines allgemeinen Gerichtsstandes zu klagen; vgl. § 797 V ZPO. (Ebenso *Mellwitz* in JZ 1951, 581 und im Ergebnis u. a. KG West, JR 1950, 666[3]; OLG Braunschweig, JR 1950, 667[4]; LG Stuttgart, MDR 1951, 367[5]; a. A. *Beitzke*, aaO., der eine Berücksichtigung der verschiedenen Kurswerte von DM-West und DM-Ost und der Lebenshaltungskosten von Schuldner und Gläubiger schon im Umstellungsverfahren zulassen will, weil er entgegen der hier vertretenen Auffassung davon ausgeht, daß nach der 16. DVO zum UG auch in einem anderen Verhältnis als 1:10 oder 1:1 umgestellt werden könne.)“

---

[1] Siehe unten Nr. 240. [2] Siehe unten Nr. 256. [3] Siehe unten Nr. 243.
[4] Siehe unten Nr. 240. [5] Siehe unten Nr. 319.

**203 a. (Ein westdeutsches Gericht kann nur zur Zahlung von Inlandswährung verurteilen. —) Die Grundsätze des internat. Privatrechts sind auf das interzonale Privatrecht entsprechend anzuwenden; dabei tritt an die Stelle der Anknüpfung an die Staatsangehörigkeit diejenige an den Wohnsitz. — Währungsstatut und Höhe des Unterhaltsanspruchs eines getrennt lebenden Ehegatten bestimmen sich nach dem Recht am Wohnsitz des Ehemannes bzw. mangels einer Parteivereinbarung nach dem Recht am Erfüllungsort. (— Ein westdeutscher Schuldner kann sich von seiner auf DM-West lautenden Unterhaltsverpflichtung gegenüber einem Gläubiger in der Ostzone nicht durch Zahlung von DM-Ost befreien.)**

Schleswig-Holsteinisches OLG (brit. Zone), Beschl. v. 6. 2. 1950 — 4 W 49/50: MDR 1950, 235.

Der in W. (brit.) wohnhafte Kl. ist gemäß einer einstweiligen Anordnung des LG F. (brit.) verpflichtet, seiner in W. (sowjet.) lebenden geschiedenen Ehefrau Unterhalt in „DM“ zu zahlen. Die Bekl. vollstreckt aus diesem Titel. Der Kl. verlangt die einstweilige Einstellung der Zwangsvollstreckung, da er seine Zahlungsverpflichtung in DM-Ost erfüllt habe. Das OLG wies den Antrag zurück.

Aus den Gründen:

„Der Kl. ist seiner durch die einstweilige Anordnung geregelten Unterhaltspflicht insofern nur scheinbar nachgekommen, als er die auf DM lautende Anordnung in DM erfüllt hat, während das Gericht in Wahrheit den Unterhalt in Westmark festgesetzt hat und angesichts der Devisengesetzgebung auch nur so festsetzen konnte, der Kl. aber in Ostmark gezahlt hat. Schon aus diesem Gesichtspunkt ist der Rechtsstandpunkt des Beschwerdeführers nicht gerechtfertigt.

Hinzu kommt aber auch, daß für die Beurteilung des Grundes wie aber auch der Höhe der Unterhaltspflicht eines getrennt lebenden Ehegatten unter entsprechender Anwendung der im internat. Privatrecht zu Art. 14 EGBGB entwickelten Grundsätze (vgl. *Raape* bei *Staudinger* Anm. II zu Art. 14) auf interzonales Recht nach richtiger Ansicht das Heimatrecht des Ehemannes anzunehmen ist, wobei man angesichts der besonderen staatsrechtlichen Struktur des heutigen Deutschlands an den Wohnsitz statt an die Staatsangehörigkeit anzuknüpfen haben wird (vgl. *Marquordt*, MDR 1950, 8). Zu demselben Ergebnis kommt man schließlich auch dann, wenn man die Verpflichtung des Kl. als ein zwar aus dem Familienrecht fließendes, aber im übrigen selbständiges Schuldverhältnis ansieht. In diesem Falle würde das Währungsstatut mangels anderweitiger Abreden der Parteien nach dem Erfüllungsort zu beurteilen sein und der Kl. gleichfalls in Westmark zu erfüllen haben.“

**204. Dem in Westdeutschland wohnhaften Schuldner eines ostdeutschen Unterhaltsgläubigers kann nicht nachgelassen werden, sich durch Zahlung des Nennbetrages in DM-Ost von seiner auf DM-West lautenden Verbindlichkeit zu befreien.**

LG Ellwangen (amerik. Zone), Beschl. v. 15. 5. 1953 — 5 T 27/53: *NJW 1953, 1183 (zust. *Beitzke*).

Aus den Gründen:

„Das OLG Stuttgart hat durch Beschluß v. 22. 8. 1952[1] einen in einer gleichgelagerten Umstellungssache ergangenen Beschluß der Kammer v. 6. 3. 1952 (5 T 60/52) abgeändert und den im Tenor des Beschlusses gemachten Zusatz, wonach dem Schuldner nachgelassen wurde, sich durch Zahlung in DM-Ost im gleichen Nennbetrag von seiner Schuldverbindlichkeit zu befreien, aufgehoben. In der Begründung seines Beschlusses führte das OLG aus ... [folgt die Wiedergabe der Gründe].

Die Kammer hat ihre Ansicht, daß in diesen Fällen dem Schuldner nachzulassen sei, seine Verbindlichkeit zum Nennbetrag in DM-Ost bzw. in DM-West zum Umrechnungskurs der nächstgelegenen Wechselstube am Tage der Zahlung zu begleichen (so nicht wenige Gerichte, wie z. B. OLG Hamburg 23. 11. 1950[2]; LG Bremen 13. 6. 1951[3]; LG Bochum 27. 11. 1951[4]; LG Aachen 10. 1. 1952[5]) aus folgenden Erwägungen aufgegeben:

Nach dem Rundschreiben der Bank Deutscher Länder v. 16. 6. 1951 (ABlJustMin. Württ.-Bad. 1951, 92) ist die kostenmäßige Verrechnung gesetzlicher Unterhaltsansprüche außerehelicher Kinder durch die Jugendämter in West- und Ostdeutschland im Verhältnis 1 : 1 zulässig. Diese Regelung gilt nach dem Schreiben der Landeszentralbank Stuttgart v. 23. 10. 1952 auch heute noch. Nach dem Schreiben der Landeszentralbank Stuttgart v. 24. 2. 1953 hat die Bank keine Bedenken gegen dasselbe Verrechnungsverfahren bei gesetzlichen Unterhaltsansprüchen ehelicher Kinder und erwachsener Personen, im letzteren Falle allerdings mit dem Hinweis, daß der Bank kein Fall einer Genehmigung der Verrechnung von Unterhaltsbeträgen Erwachsener durch die Behörden der DDR bekannt geworden ist. Dieser Verrechnungsweg ist also immer noch der einzige, der dem Unterhaltsgläubiger in Ostdeutschland eine gewisse Aussicht auf regelmäßige Befriedigung seiner Unterhaltsansprüche gibt. Solange noch keine legale Möglichkeit zur Überweisung von Ostmarkbeträgen besteht, ist die Zahlung eines Westmarkbetrages unter Berücksichtigung des nur innerhalb Westdeutschlands anerkannten Wechselstubenkurses ungeeignet, die Unterhaltsverpflichtung des Unterhaltsschuldners zu erfüllen. Der Gläubiger würde bei Zulassung des Wechselstubenkurses erheblich geschädigt werden, da ihm durch die Verrechnung nur der durch den Wechselstubenkurs verkürzte Barbetrag in DM-Ost zur Verfügung gestellt würde. Unterhaltsansprüche haben als zweckgebundene Ansprüche den Unterhalt des Gläubigers sicherzustellen. Dies kann bei den gegenwärtigen Transferverhältnissen nur bei voller Zahlung des geschuldeten Betrages in DM-West erreicht werden. Infolge des Verrechnungsverfahrens fließen dem Gläubiger auch keine erhöhten, seinen Unterhaltsanspruch übersteigenden Beträge zu, er erhält nur das, worauf er nach seinen Lebensverhältnissen im gegebenen Falle Anspruch hat, der Schuldner hat seinerseits nicht mehr zu leisten, als er leisten müßte, wenn der Gläubiger im Westen

[1] Siehe oben Nr. 203. [2] Siehe oben Nr. 143. [3] Siehe oben Nr. 201.
[4] Siehe unten Nr. 272. [5] Siehe unten Nr. 273.

lebte. Die Rechtsprechung, daß die Umrechnungsklausel in Wegfall kommen müsse, wird u. a. vertreten durch LG München 3. 7. 1952[1]; LG Bochum 29. 7. 1952[2]; LG Hildesheim 14. 5. 1952[3]; LG Düsseldorf 1. 2. 1952[4]; LG Kassel 30. 10. 1952[5]."

## 5a. Aufrechnung

**204a. Die Aufrechnung mit einer auf DM-Ost lautenden Forderung gegen eine auf DM-West lautende Forderung ist nicht zulässig.**

KG Berlin (West), Beschl. v. 10. 7. 1952 — 8 W 955/52: *unveröff.

Der Kl., ein früherer Angestellter der bekl. Reichsbahn, hatte 1946 im Zusammenhang mit seinem Anstellungsverhältnis eine in West-Berlin gelegene Dienstwohnung der Bekl. gemietet. Seit dem Jahre 1949 hat er die in DM-West fälligen Mietzinszahlungen nicht mehr geleistet. Gegenüber der ursprünglichen Klage auf Mietzinszahlung im Teilbetrage von 1000,— DM-West rechnete der Kl. mit Gehaltsforderungen in Höhe von 20000,— DM-Ost auf, die ihm durch rechtskräftige Versäumnisurteile eines Arbeitsgerichts in West-Berlin gegen die Bekl. zuerkannt waren. Der Kl. erhob Widerklage mit dem Antrag, das Nichtbestehen der Forderung von 1000,— DM-West festzustellen. Die Widerklage wurde abgetrennt und das Verfahren insoweit an das LG verwiesen. Das Armenrechtsgesuch des Kl. für seine Widerklage war vom LG Berlin (West) abgewiesen worden, wurde aber vom KG wegen eines dem Kl. zugebilligten, hier nicht interessierenden Zurückbehaltungsrechts bewilligt[6].

Aus den Gründen:

„Die gemäß § 387 BGB notwendige Gegenseitigkeit der Forderungen ist . . . gegeben, dagegen ist die Gleichartigkeit zu verneinen. Beides sind zwar Geldforderungen, jedoch lautet die eine auf Ostmark, die andere auf Westmark. Nach durchaus herrschender Ansicht sind Geldschulden in ausländischer Währung nicht gleichartig mit solchen, die in inländischer Währung ausgedrückt sind, es sei denn, der Valuta-Schuldner kann von der ihm nach § 244 I BGB zustehenden Befugnis, seine Schulden in Inlandswährung zu zahlen, Gebrauch machen und somit die Gleichartigkeit mit einer ihm zustehenden Gegenforderung in Inlandswährung herstellen (*Palandt*[10], BGB § 287 Anm. 5; *Staudinger*[9], BGB § 287 Anm. I, 2b; RGZ 106/99, 167/62). Der Fall des § 244 I BGB liegt hier aber nicht vor, denn der ASt. schuldet Inlandswährung, nämlich Westmark, und will demgegenüber mit einer Forderung in Ostmark aufrechnen. Die Ostmark ist zwar nicht als Auslandswährung anzusehen. Es sei hierzu zunächst auf die ständige höchstrichterliche Rechtsprechung (vgl. erst kürzlich wieder BGH im MDR 1952, 99[7]) hingewiesen, nach der das Gebiet der DDR und des Ostsektors nicht Ausland sind. Die prozeßrichterliche Vereinigung im Berliner Richterverein hat das bei der Frage der Sicherheitsleistung gemäß § 110 ZPO in ihrem Leitsatz Nr. 24 noch ausdrücklich ausgesprochen. Abgesehen davon stellt die Ostmark auch keinen Devisenwert im Sinne des MilRegGes. Nr. 53 (abgedruckt in *Palandt*[10], S. 2192ff.) dar (vgl. auch *Kühne*

[1] Siehe unten Nr. 281. [2] Siehe unten Nr. 282. [3] Siehe oben Nr. 53. [4] Siehe unten Nr. 273a. [5] Vgl. unten Nr. 284. [6] Die Entscheidung im Hauptverfahren bestätigt die Rechtsausführungen dieses Beschlusses, s. oben Nr. 174a. [7] Siehe unten Nr. 467.

in NJW 1950, 729; *Wälde* in NJW 1951, 213; LG Stuttgart, MDR 1951, 559[1]; LG Bremen, MDR 1951, 748[2]). In Art. X Buchst. i) dieses Gesetzes werden nämlich unter dem Begriff ‚Deutsche Währung' ausdrücklich alle Zahlungsmittel genannt, die als gesetzliche Zahlungsmittel in den einzeln aufgeführten west- und ostdeutschen Ländern gelten oder gegolten haben. Seit Erlaß der WEVO v. 20. 3. 1949 ist gesetzliches Zahlungsmittel in Berlin die Westmark. Gemäß § 1b der WEVO sind aber nicht nur Besitz und Verwendung von Ostmark in den Westsektoren, sondern auch Verpflichtungen, die die Zahlung in Ostmark vorsehen, erlaubt (vgl. dazu auch KG, NJW 1951, 487[3]). Trotzdem sind beide Währungen nicht gleichartig. In Abs. 1 der Währungsergänzungsverordnung in der Fassung der Änderungsbestimmung Nr. 4 v. 23. 4. 1951 (GVOBl S. 360) ist nur vorgesehen, daß sich ein Schuldner einer Ostmarkverbindlichkeit durch Zahlung eines entsprechenden Westmarkbetrages zum Kurse am Zahlungstage befreien kann. Damit sind beide Währungen aber nicht gleichgestellt, sondern dem Schuldner nur ein Wahlrecht eingeräumt. Im vorliegenden Fall schuldet der ASt. aber Westmark und kann seinerseits Ostmark fordern. Einem Ostmarkgläubiger ist aber eine Befugnis, diese Forderung in Westmark umzustellen und den Westmarkbetrag zu verlangen, nicht eingeräumt worden. Daran ändert auch nichts der Umstand, daß sich das Wertverhältnis zwischen West- und Ostmark nach dem jeweils geltenden Kursverhältnis berechnen läßt. Der Senat kann sich daher dem vom 6. Senat in seinem Urteil v. 30. 5. 1952 (6 U 705/52) ohne nähere Begründung vertretenen Standpunkt, eine Aufrechnung mit einer Ostmarkforderung gegen eine Westmarkforderung könne nicht versagt werden, nicht anschließen. Mit seinem Antrage auf Feststellung der Berechtigung zur Aufrechnung kann der ASt. mithin nicht durchdringen."

## 6. Umstellung und Währungsstatut von Forderungen

**205. Die Umstellung einer RM-Forderung richtet sich nach dem Erfüllungsort.**

KG Berlin, Urt. v. 21. 12. 1948 — 4 U 611/48: JR 1949, 58 (zust. *Krien*); DRsp. II (250) 5d.

Der Kl., dessen geschäftliche Niederlassung sich in West-Berlin befindet, macht gegen den Bekl. einen Anspruch aus einem Umzugsvertrag geltend. Dieser wurde während des Krieges abgeschlossen im jetzigen Gebiet von West-Berlin, wo sich auch damals die Niederlassung des Kl. befand. Die Wohnung des Bekl. befand sich ebenfalls in dem jetzigen Gebiet von West-Berlin.

Das KG stellte die RM-Forderung des Kl. nach Westberliner Recht um.

Aus den Gründen:

„Seit Erlaß des erstinstanzlichen Urteils hat die Rechtslage in währungsrechtlicher Hinsicht eine Änderung erfahren. Inzwischen ist Groß-Berlin infolge verschiedenartiger Währungsanordnungen in zwei Währungsgebiete zerfallen. Im Ostsektor ist lediglich die DM der

[1] Siehe unten Nr. 212. [2] Siehe oben Nr. 201. [3] Siehe oben Nr. 144a.

Deutschen Notenbank gesetzliche Währung. Dagegen gilt in den Westsektoren grundsätzlich die Währung der Deutschen Länderbank, während die DM der Deutschen Notenbank vom Gläubiger lediglich in besonderen Fällen angenommen werden muß und sonstige Schuldverhältnisse nur im beiderseitigen Einverständnis in Ostmark abgewickelt werden können. Da diese Währungslage seit längerem besteht, kann der Senat nunmehr bei der Entscheidung der Frage, welche Währungsbestimmungen anzuwenden sind, von ihr als gegeben ausgehen.

In dieser Beziehung hat der Senat unter Berücksichtigung des sog. Obligationsstatuts im Rahmen des einschlägigen § 269 BGB in seinem Auflagenbeschluß den Parteien aufgegeben, sich zur Frage des Erfüllungsortes, in Sonderheit des Ortes der Niederlassung des Kl. und des Wohnsitzes des Bekl. zur Zeit der Begründung des Schuldverhältnisses zu äußern. Der Kl. erklärte hierzu, der Umzugsvertrag sei seinerzeit in der Wohnung des Bekl. in Berlin (-West) abgeschlossen worden; sein Geschäftslokal habe sich damals in Berlin(-West) befunden; ein Erfüllungsort sei nicht vereinbart worden; dieser sei hiernach das Gebiet des jetzigen brit. Sektors von Berlin. Der Bekl., der sich nach wie vor darauf beruft, daß ein Schuldverhältnis zwischen den Parteien überhaupt nicht zustande gekommen sei, ist diesen Angaben des Kl. im übrigen nicht entgegengetreten, hat jedoch ergänzend geltend gemacht, daß die seinerzeit auf ihn ausgestellte Rechnung des Kl. mit der Anschrift ‚Klausenburg (Ungarn)' versehen worden sei, wo er ‚mit der Versetzungsorder dienstlich Wohnort' gehabt habe. Angesichts dieser beiderseitigen Erklärungen der Parteien zur Auflage des Senats rechtfertigt sich die bedenkenfreie Feststellung, daß das Schuldverhältnis der Parteien in den Westsektoren von Groß-Berlin ruht (vgl. hierzu u. a. *Buder*, DRZ 1948, 415). Somit kommt vorliegend die Umstellungs-VO v. 4. 7. 1948 (VOBl S. 374) zur Anwendung. Gemäß Art. 14, Ziff. 32 daselbst war daher die RM-Forderung des Kl. in DM (West) zu einem Satz von 10:1 umzuwandeln."

**206.** **Die infolge der unterschiedlichen Währungsumstellungen in den Westzonen und in der Ostzone erforderliche interzonale Rechtsanwendung beurteilt sich nach interlokalem Privatrecht, auf das die Normen des internationalen Privatrechts entsprechend anwendbar sind. — Die Umstellung eines Schuldverhältnisses richtet sich nach dem Schuldstatut. — Das Schuldstatut bestimmt sich nach dem Parteiwillen, hilfsweise nach dem hypothetischen Parteiwillen oder nach dem Erfüllungsort. — Bei Fehlen eines ausdrücklichen kann die Bestimmung des hypothetischen Parteiwillens unterbleiben, wenn sich der Erfüllungsort eindeutig festlegen läßt. — Die Anwendung des danach ermittelten Schuldstatuts ist nach Art. 30 EGBGB ausgeschlossen, wenn das Umstellungsverhältnis des anzuwendenden fremden Währungsrechts von dem Umstellungsverhältnis des eigenen Währungsrechts abweicht. — Danach muß der Antrag, auf einem RM-Titel aus der Ostzone, der nach ostzonalem Recht auf DM-Ost umgestellt ist, die Zahlung des Schuldbetrages in voller Höhe in DM-West zu vermerken, zurückgewiesen werden.**

AG Lüdenscheid (brit. Zone), Beschl. v. 5. 4. 1949 — C 496/49: NJW 1949, 721 (zust. *Krech*, S. 872).

**Durch rechtskräftiges, vor der Währungsreform ergangenes Urteil eines Gerichtes der sowjet. Zone ist die in den Westzonen wohnende Schuldnerin zur Zahlung eines RM-Betrages an die in der Ostzone ansässige Gläubigerin verurteilt worden. Der Anspruch aus diesem Urteil wurde nach der Währungsreform durch das gleiche ostzonale Gericht in voller Höhe auf DM-Ost umgestellt. Auch die Kosten wurden in DM-Ost festgesetzt. Die beiden Forderungen hat die Gläubigerin an den in den Westzonen wohnhaften ASt. abgetreten. Dieser beantragt, auf dem vollstreckbaren Endurteil des ostzonalen Gerichts einen Vermerk des Inhalts aufzunehmen, daß die in diesen Schuldtiteln aufgeführten Geldbeträge in voller Höhe in DM-West zu zahlen sind. Der Antrag wurde zurückgewiesen.**

Aus den Gründen:

„I. Der ASt. ist nicht aktiv legitimiert. [Es wird ausgeführt, daß die Abtretung wegen § 26 II UG in Verbindung mit den MilRegGes. Nr. 52 und 53 nichtig oder wenigstens schwebend unwirksam sie.]

II. Aber auch sachlich ist der gestellte Antrag unbegründet. Durch die unterschiedlichen Währungsumstellungen in den Westzonen und der Ostzone ist Deutschland in zwei Währungsgebiete und damit insoweit auch in zwei Gebiete unterschiedlichen Rechts geteilt worden. Die Anwendungsmöglichkeit der in einer Zone geltenden Rechtsnormen in dem Gebiete der anderen Zone beurteilt sich nach interlokalem Privatrecht, auf das die Normen des internationalen Privatrechts entsprechende Anwendung finden (vgl. *Jacobsohn*, Getrennte Währungsreform in Ost und West, NJW 1948, 681). Nach der RG-Rechtsprechung aus der Aufwertungszeit (zitiert bei *Jacobson* aaO.) sind Fragen der Aufwertung nach dem Schuldstatut zu beantworten, das unter Anwendung der allgemeinen Regeln des internationalen Privatrechts ermittelt werden muß. Das internationale Privatrecht bestimmt das Schuldstatut nach deutscher Auffassung bei Schuldverhältnissen in der Reihenfolge: Parteiwille, hypothetischer Parteiwille, Erfüllungsort. Es kann hier dahingestellt bleiben, ob nicht schon auf Grund zumindest des hypothetischen Parteiwillens sich das Schuldstatut bestimmen ließe, denn der Erfüllungsort dürfte einwandfrei bestimmbar sein. Das Urteil ist vom LG L. (sowjet.) erlassen, dessen Zuständigkeit nur dann begründet war, wenn L. Gerichtsstand des Erfüllungsortes oder vereinbarter Gerichtsstand war. Da erfahrungsgemäß angenommen werden kann, daß die Schuldnerin bei den heutigen interzonalen Verkehrsbeschränkungen L. nicht nachträglich als Gerichtsstand vereinbart hat und nach Möglichkeit die Unzuständigkeit des ostzonalen Gerichts gerügt hätte, dies aber jedenfalls nach dem vorliegenden Urteil nicht getan hat, so ergibt sich daraus, daß L. Erfüllungsort war. Somit würde sich das Schuldstatut nach ostzonalem Recht beurteilen, sofern nicht aus einem anderen Grunde die Anwendung ostzonalen Währungsrechts in den Westzonen ausgeschlossen ist.

Ein solcher Ausschließungsgrund ergibt sich jedoch aus dem in Art. 30 EGBGB verankerten Grundsatz des ‚ordre public', also aus dem Gesichtspunkt der Zweckwidrigkeit gegenüber den in den Westzonen geltenden Währungsvorschriften. Während noch bei der Aufwertung im

Jahre 1924 der Gedanke des Privateigentums im Vordergrund stand, überwiegen bei der jetzigen Währungsreform eindeutig steuerliche, fiskalische und überindividuelle Gesichtspunkte. Aus diesen Gründen ist die nur durch wenige Ausnahmen durchbrochene grundsätzliche Abwertung alter Schuldverhältnisse im Verhältnis 10:1 erfolgt. Der mit der Währungsreform eng verknüpfte Lastenausgleich ist noch nicht Wirklichkeit geworden; seine Auswirkungen, insbesondere im Hinblick auf die entstandenen Währungsgewinne, lassen sich noch nicht übersehen. Aber schon auf einem bereits geregelten Teilgebiet läßt sich erkennen, daß die Umstellung alter Schuldverbindlichkeiten entsprechend der ostzonalen Regelung im Verhältnis 1:1 im westdeutschen Währungsgebiet zu unhaltbaren Ergebnissen führen kann. Ein Hypothekenschuldner würde die Hypothek eines ostzonalen Gläubigers, sofern das Schuldstatut der persönlichen Forderung sich nach ostzonalem Recht richtet, diese im Verhältnis 1:1 umzustellen haben. Andererseits gälte für das dingliche Schuldstatut westdeutsches Währungsrecht, nach dem die Hypothek im Verhältnis 10:1 umzustellen wäre, aber 90 Prozent des früheren Nennbetrages durch das LAGes. erfaßt würde. Auch bei normalen Schuldverhältnissen sind möglicherweise nach Durchführung des Lastenausgleichs ähnliche Komplikationen denkbar. Bei der Vielzahl der trotz zonaler Trennung noch vorhandenen vermögensrechtlichen Beziehungen zwischen der Ostzone und den Westzonen kann daher eine Anerkennung der ostzonalen Regelung im westlichen Währungsgebiet zu einer Gefährdung des mit den Währungsgesetzen erstrebten Zwecks führen. Die Anerkennung des ostzonalen Umstellungsmaßstabes erscheint daher mit dem Zweck des UmstG unvereinbar, zumal die DM-Ost trotz ihrer gleichlautenden Bezeichnung einen völlig anderen Wert besitzt als die DM-West. Da demnach das ostzonale Umstellungsverhältnis auf das vorliegende Schuldverhältnis keine Anwendung finden kann, war der gestellte Antrag zurückzuweisen."

**207. Rückständige Arbeitslöhne aus der Zeit vor dem 20. 3. 1949 können nur zu einem von Fall zu Fall zu bestimmenden Teil in Westwährung gefordert werden.**

LAG Groß-Berlin (West), Urt. v. 16. 8. 1949 — 3 LAG 69/49: JR 1949, 481.

„Das LAG von Groß-Berlin, Kammer 4, hat im Urteil v. 12. 4. 1949 (4 LAG 60/49) bei der Klage auf Zahlung von Gehalt für die Zeit von Juni bis Oktober 1948 es offengelassen, ob nach der WEVO v. 20. 3. 1949 in jedem Falle rückständiger Lohn in Westmark zu begleichen ist, der angestellten Kl. jedoch volle Westmarkzahlung anstatt Ostmark aus dem Verzuge des Bekl. zugesprochen. Es hat ausgeführt, daß jetzt alle Bedürfnisse des täglichen Lebens, wie Wohnung, Essen, Gebühren, Straßenbahnfahrgelder und Kleidung in DM-West zu bezahlen sind und das Gehalt der Kl. so gering ist, daß es ausschließlich zur Befriedigung dieser dringenden Bedürfnisse ausgegeben werden muß. Infolgedessen sei die Angestellte in die Lage zu versetzen, mit dem Einkommen den gleichen Erfolg zu erzielen, wie früher mit dem Einkommen in DM-Ost.

Die erkennende Kammer kann sich jedoch dieser allgemeinen Regelung nicht anschließen. Gegenüber Kammer 4 ist darauf hinzuweisen, daß auch früher schon Textilien in den Westsektoren Berlins teilweise mit Westmark bezahlt werden mußten und auch die Handwerker seit Juni 1948 bis März 1949 immer mehr und mehr dazu übergegangen waren, die Bezahlung eines Teils ihrer Forderung vielfach mit 50 Prozent in Westmark zu verlangen. Es war ferner zu erwägen, daß vor allem nach der Aufhebung der Blockade Berlins insbesondere die Westmarkpreise für Textilien und Lebensmittel im freien Handel seit September 1948 sehr erheblich gefallen sind. Bezüglich der Kläger erscheint es auch nicht ausgeschlossen, daß sie zur Bezahlung der notwendigen Ausgaben für Miete und Lebensunterhalt Darlehen in Ostmark aufgenommen haben, und diese Darlehen auch nach der VO v. 20. 3. 49 nur in Ostmark und nicht etwa jetzt in Westmark zurückzuzahlen.

Sodann war weiter zugunsten des Bekl. zu berücksichtigen, daß, wenn nunmehr nach der VO v. 20. 3. 49 der Inhaber eines Betriebes den Ostmarkanteil der Löhne voll in Westmark zu bezahlen hat, er zur Zeit etwa das 5,5- bis 6fache aufwenden muß.

Daß diese Beträge von vielen Betrieben, die früher nur Ostmarkeinnahmen hatten, nur mit den größten Schwierigkeiten oder vielleicht überhaupt nicht aufgebracht werden können, bedarf keiner weiteren Ausführung. Es kann daher auch nach der VO v. 20. 3. 1949 der Westmarkanteil der Belegschaft bezüglich der vor dem 20. 3. 1949 fälligen rückständigen Löhne und Gehälter nur nach Treu und Glauben und nach billigem Ermessen von Fall zu Fall bestimmt werden. Dabei ist insbesondere auch zu berücksichtigen, daß der Kurs der Westmark von etwa 4 im September auf etwa 6 Ostmark für die jetzige Zeit gestiegen ist.“

**208. Ein Gericht der Westzonen kann nicht auf Zahlung in DM-Ost an den Gläubiger in den Westzonen verurteilen, wohl aber auf Zahlung in DM-Ost an die Niederlassung des Gläubigers in der Ostzone. — Befinden sich der Schuldner und die Zahlstelle des Gläubigers in der gleichen Zone, so ist nur das Währungsrecht dieser Zone anwendbar; dieses Währungsrecht bestimmt auch das Umstellungsverhältnis.**

LG Hannover (brit. Zone), Urt. v. 2. 2. 1950 — 16 S 7/49: NJW 1950, 750.

Ein in den Westzonen wohnhafter Gläubiger klagte eine Geldschuld gegen den in der Ostzone ansässigen Schuldner ein. Der Gläubiger beantragte entweder Zahlung an sich selbst oder, hilfsweise, Zahlung an seine in der Ostzone gelegene Niederassung. Das LG gab diesem Hilfsantrag statt.

Aus den Gründen:

„a) Der Hauptantrag der Kl. geht dahin, den Bekl. zur Zahlung von DM-Ost an die Kl. zu verurteilen. Diesem Antrag steht entgegen, daß in der Westzone die DM der Deutschen Notenbank, kurz DM-Ost genannt, keine zum Zahlungsverkehr zugelassene Währung ist und das Urteil dieses Inhalts praktisch nicht vollstreckt werden könnte. — Die Behauptung des Bekl., es gäbe nur eine einheitliche DM und keinen Unterschied zwischen DM-West und DM-Ost, ist im Hinblick auf die eindeutige rechtliche und wirtschaftliche Lage nicht ernst zu nehmen und bedarf keiner ausdrücklichen Widerlegung.

b) Dem Hilfsantrage der Kl. auf Verurteilung des Bekl. zur Zahlung an ihre Niederlassung in C. stehen durchschlagende Bedenken nicht entgegen. Nach diesem Antrage soll eine Zahlung lediglich von einem in der Ostzone wohnenden Schuldner an eine ebenfalls in der Ostzone befindliche Zahlstelle erfolgen. Für eine solche Zahlung kommt allein die DM-Ost in Betracht. In dem Antrage auf Zahlung an die Niederlassung in C. liegt keinesfalls eine Abtretung der Forderung an die Filiale in C. Diese erlangt dadurch in keiner Weise das Recht, über die Forderung oder das darauf eingegangene Geld zu verfügen, sondern sie ist nichts anderes als ein Empfangsbote der Kl. Das alleinige Recht zur Verfügung über Forderung und Geld bleibt nach wie vor bei der Kl. In dem Antrage auf Zahlung nach C. liegt also keine Rechtshandlung, die wie eine Abtretung der Forderung an einen Zessionar im anderen Währungsgebiet der Genehmigung seitens der MilReg. unterliegt, da die Forderung nicht aus dem westlichen Währungsgebiet in das östliche übertragen wird. Ebensowenig wird durch den Antrag auf Zahlung an die Niederlassung in C. eine Übertragung von Geld aus dem östlichen Währungsgebiet in das westliche verlangt. Auch insoweit liegt also kein Rechtsvorgang vor, der ohne Genehmigung der MilReg. unzulässig wäre. Die Frage, ob eine spätere Verfügung der Kl. über das bei der Niederlassung in C. eingegangene Geld der Genehmigung der MilReg. bedarf, braucht in diesem Rechtsstreit nicht geklärt zu werden. Der Entscheidung kann also der erste Hilfsantrag der Kl. zugrunde gelegt werden ...

Der Bekl. ist an sich zur Zahlung an die Kl. verpflichtet, da ihr die Forderung abgetreten worden ist. Zur Zahlung an einen Dritten (hier an die Niederlassung in C.) ist der Schuldner an sich nicht verpflichtet. Im vorliegenden Falle liegen die Dinge jedoch anders. Eine Zahlung an die Kl. ist dem Bekl. aus währungsrechtlichen Gründen verwehrt, und zwar sowohl in DM-Ost wie auch in DM-West. Die Bestimmung eines Zahlungsempfängers in der Ostzone ist daher der einzige geeignete Weg, auf dem der Bekl. seine Schuld tilgen kann. Durch die Angabe der Niederlassung in C. als Zahlstelle ist der Bekl. in keiner Weise belastet, die Überweisung des Betrages dorthin ist für ihn mit keinen größeren Kosten oder Schwierigkeiten verbunden als eine Überweisung nach Hannover (falls diese zulässig wäre).

Der Vortrag des Bekl., er sei zur Zahlung an die Niederlassung in C. als Zahlungsempfängerin nicht verpflichtet, läuft nach seinem eindeutigen Vortrag darauf hinaus, ihm den einzigen Weg zu verlegen, auf dem seine Zahlung unter den gegebenen Umständen möglich ist. Mit dem Einwand will er sich selbst die Erfüllung seiner Zahlungspflicht unmöglich machen. Unter diesen besonderen Umständen verstößt sein

Verhalten gegen Treu und Glauben (§ 242 BGB); seine Einwendung, er sei zur Zahlung an die Zahlstelle nicht verpflichtet, kann daher keinen Erfolg haben.

Bei der aus der Ostzone in die Ostzone zu leistenden Zahlung kommt allein das Währungsrecht der Ostzone als anwendbar in Betracht. Nach diesem Ostzonen-Währungsrecht bleiben die innerdeutschen Altgeldforderungen (anders als bei der Währungsreform in der Westzone) unverändert, die Forderung ist also von RM in ebensoviel DM-Ost umzustellen."

**209. Die Währungsumstellung einer persönlichen Forderung, die nur unter der Bedingung des Ausfalls eines dinglichen Rechtes entstanden war, richtet sich nicht nach dem Grundstücksort, sondern nach dem Sitz des Schuldners.**

KG Berlin (West), Urt. v. 24. 10. 1950 — 5 U 111/50: JR 1951, 537.

Aus den Gründen:

„Es ist fraglich, ob auf die in RM begründete Verpflichtung die östliche oder westliche Währungsreform Anwendung findet . . . Nach dem Vergleich v. 4. 7. 1932 wurden die Grundschulden endgültig an den Kl. abgetreten und sollten in erster Linie zu seiner Befriedigung dienen. Nur für den Fall, daß der Kl. aus den Grundschulden den Betrag von 100000 RM nicht erhalten sollte, übernahm die Bekl. die persönliche Verpflichtung. Dieser Fall trat ein, nachdem die beiden Grundschulden bei der Zwangsversteigerung der Grundstücke im Jahre 1933 ausgefallen waren. Die Verpflichtung der Bekl. ist also erst nach Erlöschen der Grundschulden zur Entstehung gelangt.

Dieser Sachverhalt läßt erkennen, daß der jetzige Anspruch mit den im Osten gelegenen Grundstücken nichts mehr zu tun hat, so daß die östliche Währungsumstellung nicht zur Anwendung kommen kann. Vielmehr ist, da die Bekl. im Westsektor von Berlin wohnt, die westliche Währungsumstellung anzuwenden."

**210. In bestimmten Fällen darf die Bestimmung des Umstellungsstatuts auch dann nicht dahingestellt bleiben, wenn eines der beiden in Betracht kommenden Rechte zur Anwendung kommen muß und die Umstellung nach beiden Währungsrechten zu dem gleichen Ergebnis führt. — Umstellungsstatut nicht gerichtlich zugesprochener Forderungen ist das Recht am Sitz des Schuldners; Umstellungsstatut gerichtlicher Titel ist das Recht am Sitz des Gerichtes. — Im Verfahren nach der westdeutschen 16. DVO zum Umstellungsgesetz ist eine Umstellung nur nach westdeutschem Währungsrecht möglich. — Eine devisenrechtlich verbotene Verfügung stellt nicht die Umstellung eines RM-Titels dar, wohl aber die Erteilung der Vollstreckungsklausel.**

OLG Frankfurt a. M. (amerik. Zone), Beschl. v. 20. 1. 1951 — 1 W 309/50: VersR 1951, 113.

Die in der Ostzone wohnhafte ASt. macht Ansprüche aus einem auf RM lautenden, vor dem LG F. (heute: Westzonen) im Jahre 1926 geschlossenen Vergleich

**geltend, der ihr einen Anspruch auf Zahlung einer Rente gegen die AGg. gibt. Diese hatte damals ihren Sitz in F., verlegte ihn aber noch vor Kriegsende nach West-Berlin. Die Zahlungen erfolgten bis November 1945 durch die Zweigniederlassung F., seit 1946 durch die Pensionsverwaltung der AGg. in Berlin, und zwar seit der Währungsumstellung in DM-Ost. — Das LG F. hatte den gerichtlichen Vergleich im Verhältnis 1:1 auf DM-West umgestellt. Das OLG wies die Beschwerde zurück.**

Aus den Gründen:

„Dem LG ist darin beizupflichten, daß für die Umstellung des RM-Titels des Prozeßvergleichs v. 30. 3. 1926 nur westzonales oder West-Berliner Währungsrecht zur Anwendung kommen kann, da der Schuldner, auf den es hierbei allein ankommt, zunächst seinen Sitz in F. und später im Westsektor von Berlin gehabt hat. Es ist auch richtig, daß das West Berliner und das westzonale Währungsrecht für den vorliegenden Pensionsvertrag übereinstimmend eine Umstellung 1 : 1 vorschreiben (Art. 16, Ziff. 36 I 1 UVO West-Berlin; § 18 I 1 UG). Beide Währungsgesetze sehen auch entgegen der Darstellung der AGg. nicht vor, daß die hier in Rede stehenden Ansprüche gegen eine Versicherungsgesellschaft unter bestimmten Voraussetzungen erlöschen, so daß es für eine Umstellung des Titels an einem Rechtsschutzinteresse fehlt . . . Da endlich auch die Währungen der Westzonen und des Westsektors Berlin durch die VO Nr. 3 zum MilRegGes. Nr. 61 (Währungsgesetz) (abgedruckt *Duden-Harmening* 16) einander gleichgesetzt sind und deren Geldzeichen in beiden Währungsgebieten als gleichberechtigte Zahlungsmittel gelten, ist an sich auch der Ausgangspunkt des LG zutreffend, daß es für die Art der Umstellung des gerichtlichen Vergleichs v. 30. 3. 1926 gleichgültig sein kann, ob man westzonales oder West-Berliner Währungsrecht zugrundelegt, da eines hier bestimmt zur Anwendung kommen muß und beide die gleiche Umstellung 1 : 1 ergeben.

Es bedarf aber doch einer Klarstellung, ob nun westzonales oder West-Berliner Währungsrecht in Anwendung kommt; je nachdem nämlich West-Berliner Währungsrecht oder solches der Westzonen zur Anwendung kommt, bestimmt sich auch die Zuständigkeit des Gerichts für die Umstellung des Titels nach den für beide Währungsgebiete fast gleichlautend getroffenen UVO. Unterliegt der Vergleich dem West-Berliner Währungsstatut, so bestimmt sich auch das Verfahren für die Umstellung nach der DfBest. Nr. 13 zur II. VO zur Neuordnung des Geldwesens für West-Berlin v. 4. 7. 1948, nach dessen Art. 3 Ziff. 6, der dem § 3 der westzonalen 16. DVO entspricht, Berlin für die Umstellung zuständig sein würde, da dort die AGg. ihren Sitz als AG. und damit auch ihren allgemeinen Gerichtsstand nach § 17 ZPO hat. Kommt aber westzonales Währungsrecht zur Anwendung, so ergibt sich die Zuständigkeit des LG F. aus § 3 der 16. DVO, da es sich um einen Vollstreckungstitel des LG F. handelt.

Im vorliegenden Falle braucht nicht zu der Streitfrage grundsätzlich Stellung genommen werden, ob zur Ermittlung des Währungsstatutes für solche Schuldverbindlichkeiten, die sich über mehrere Währungsgebiete erstrecken, im wesentlichen auf den Erfüllungsort oder auf den Wohnsitz des Schuldners zur Zeit der Begründung des Schuldverhältnisses abzustellen ist (*Jacobsohn* NJW 1948, 681; *Lüders*, MDR 1948, 385; *Duden-Harmening* S. 161 Anm. 5; KG JR 1949, 59[1] und 90[2]; JR 1950, 151[3]) oder auf den Wohnsitz des Schuldners zur Zeit des Eintritts der Währungsreform, welchen Standpunkt nunmehr der OGH Köln eingenommen hat (vgl. OGH Köln, NJW 1950, 644[4]; *Blau*, SJZ 1949, 154ff.; *Krech*, JR 1950, 151; NJW 1949, 872; *Beitzke*, NJW 1950, 930).

Denn für die Umstellung der im Währungsgebiet der Westzonen selbst ergangenen Urteile und der diesen gleichstehenden vollstreckbaren Vergleiche und vollstreckbaren Urkunden ergibt sich die Anwendbarkeit des westzonalen Währungsrechts unmittelbar aus dem Gesetz. Ausgehend davon, daß durch den in einem Währungsgebiet vorgenommenen Währungsschnitt nur solche Forderungen und Vermögenswerte erfaßt werden können, die auch dem Herrschaftsgebiet dieses Währungsgebietes unterliegen, so mag hierfür für nicht ausgeklagte Forderungen in Anwendung des § 23 S. 2 ZPO der Wohnsitz des Schuldners entscheidend sein (so OGH Köln, NJW 1950, 644[5]). Bei einer durch Machtspruch eines Gerichts der Westzone rechtskräftig als bestehend festgestellten Forderung ergibt sich aber schon damit die Unterworfenheit dieser Forderung unter die währungsrechtlichen Bestimmungen der Westzonen. Das hat bereits in § 2 des Währungsgesetzes seinen klaren Ausdruck gefunden, wo ganz allgemein gesagt ist, daß ‚in Gesetzen, VO, Verwaltungsakten', die in den Westzonen erlassen sind, ganz automatisch an Stelle der RM der Wert DM tritt, ‚vorbehaltlich besonderer Vorschriften für bestimmte Fälle', die in den §§ 16, 18 UG enthalten sind. Es bestand auch niemals ein Zweifel, daß unter die Verwaltungsakte des § 2 WG auch die gerichtlichen Vergleiche fallen (vgl. *Binder-Wetter*, WG § 2 Anm. 10). Vor Erlaß der 16. DVO bestand auch kein Zweifel darüber, daß alle in den Westzonen erlassenen Vollstreckungstitel automatisch nach dem § 2 WG in Verbindung mit dem UG umgestellt waren. Streit herrscht nur darüber, in welcher Form die Frage nachzuprüfen war, ob nun nach § 16 UG 10 : 1 oder nach § 18 UG 1 : 1 umzustellen war (vgl. *Bettermann*, NJW 1948, 447; *Thomas*, NJW 1948, 578). Diese Unsicherheit hatte dann die erst seit dem 31. 1. 1949 in Kraft getretene 16. DVO beseitigt, indem sie bestimmte, daß alte RM-Titel ohne weiteres 10 : 1 vollstreckbar waren und daß nur bei Beanspruchung einer Umstellung nach § 18 UG eine gerichtliche Entscheidung erforderlich sein sollte. Die 16. DVO war also nichts anderes, als eine nähere Regelung der in § 2 des WG ganz allgemein angeordneten Umstellung aller im Währungsgebiet erlassenen Vollstreckungstitel, wenn man nicht in der 16. DVO selbst auch eine materielle rechtliche Regelung sehen will. Hätte die 16. DVO nur das Verfahren regeln wollen, in dem alle vollstreckbaren RM-Titel erst auf die Anwendung des maßgeblichen Währungsrechtes hätten überprüft werden müssen, wie OLG Braunschweig (NdsRpfl. 1950, 141[6]) und auch *Beitzke* (NJW 1950, 930) annehmen, so hätte die gesamte Nachprüfung aller RM-Titel dem Gericht überlassen bleiben müssen. Die 16. DVO geht aber davon aus, daß alle RM-Titel — soweit sie in den Westzonen ergangen sind — in Höhe von

[1] Siehe oben Nr. 205. [2] Siehe unten Nr. 226. [3] Siehe unten Nr. 221.
[4] Siehe unten Nr. 371. [5] Siehe unten Nr. 371. [6] Siehe unten Nr. 240.

10 : 1 ohne besondere Nachprüfung sofort vollstreckt werden können und daß nur eine höhere Umstellung einer gerichtlichen Festsetzung bedarf. So ist auch nach der 16. DVO nur eine Umstellung auf Grund des § 16 oder des § 18 des westzonalen UG möglich.

Eine andere Umstellungsmöglichkeit, etwa nach den Grundsätzen der Ostzone, ist weder vorgesehen, noch möglich. Der auch von dem LG Göttingen in NdsRpfl. 1949, 53, vertretenen Auffassung, daß ein in den Westzonen erlassener RM-Titel ohne weiteres auf Grund der 16. DVO umzustellen ist, muß daher beigetreten werden. Hier war demgemäß die Umstellung nach § 18 I Ziff. 1 UG 1 : 1 auszusprechen. Die Verfügungsbeschränkung des § 26 II UG steht der bloßen Umstellung des RM-Titels, die nichts anderes als eine Klarstellung ist, nicht entgegen, da es sich hierbei nicht um eine Verfügung handelt, wie das LG zutreffend ausgeführt hat (vgl. hierzu OLG Braunschweig, NdsRpfl. 1950, 141[1], auch *Stein-Jonas* § 724 Anm. II 3). Lediglich für die Erteilung der Vollstrekkungsklausel, die auch von der ASt. beantragt ist, über die aber das LG noch nach § 727 ZPO eine Entscheidung zu treffen hat, ist das Verfügungsverbot nach § 26 II UG zu beachten (vgl. *Dölle-Zweigert*, MilRegGes. Nr. 52, Anm. 154), wozu aber auch die 19. DVO/UG die Zahlung auf ein Sperrkonto der Gläubigerin bei einem Geldinstitut oder Postscheckamt im westzonalen Währungsgebiet zuläßt."

**211. Die Rechtsfragen um interzonale Geldverbindlichkeiten sind als interlokales Privatrecht unter entsprechender Anwendung der Grundsätze des deutschen internat. Privatrechts zu lösen. — Das Währungsstatut ist in erster Linie nach dem ausdrücklichen oder stillschweigenden Parteiwillen zu ermitteln. — Fehlt ein Parteiwille, so fallen Währungsstatut und Obligationsstatut zusammen. — Obligationsstatut ist, mangels eines ausdrücklichen oder mutmaßlichen Parteiwillens, das Recht des Erfüllungsortes. — Eine auf DM-Ost lautende Forderung kann vor einem westdeutschen Gericht geltend gemacht werden. — § 244 BGB ist auch mangels eines amtlichen Umrechnungskurses im interzonalen Recht entsprechend anwendbar. — Die 19. DVO/UG ist nur auf Forderungen mit westdeutschem Währungsstatut anwendbar.**

OLG Köln (brit. Zone), Beschl. v. 26. 1. 1951 — 4 W 232/50: JMBl NRW 1951, 90; Leitsatz: JZ 1951, 309.

Der Kl. gab dem Bekl. zwei Darlehen, eines am 14. 6. 1948, das andere im Januar 1949. Beide Parteien wohnten damals in R. (Ostzone). Inzwischen ist der Bekl. in die Westzonen verzogen. Der Kl. beantragt das Armenrecht, um den Darlehensbetrag in DM-West einzuklagen. LG und OLG wiesen den Antrag zurück.

Aus den Gründen:

„Die Probleme interzonaler Verbindlichkeiten sind unter Heranziehung der entsprechenden Normen des internat. Privatrechts als interlokales Privatrecht zu lösen. Danach ist für die Ermittlung des Währungsstatuts

---

[1] Siehe unten Nr. 240.

in erster Linie entsprechend dem Grundsatz der Vertragsfreiheit der Parteiwille maßgebend (*Raape*, IPR², § 39 S. 276; *Lüders*, MDR 1948, 384). An einem ausdrücklich oder stillschweigend erklärten Parteiwillen fehlt es im vorliegenden Falle. Die Parteien haben im Zeitpunkt der ersten Darlehensgewährung am 14. 6. 1948 die in Deutschland später eingetretene Währungsspaltung nicht vorausgesehen. Auch bei der zweiten Darlehensgewährung ist weder ein ausdrücklicher noch ein hypothetischer Parteiwille in bezug auf das Währungsstatut zu ermitteln, da die Parteien mit einer Wohnsitzverlegung durch den Bekl. nicht gerechnet haben. Der Senat folgt der herrschenden Meinung, wonach im Zweifel Geldschulden in der Währung des Staates entstehen, dessen Recht für die Geldschuld maßgebend ist, Währungsstatut und Obligationsstatut also zusammenfallen (*Neumeyer*, JW 1928, 143; *Lüders* aaO.; *Buder*, DRZ 1948, 415). Das Obligationsstatut richtet sich, wo ein ausdrücklicher oder mutmaßlicher Parteiwille nicht zu ermitteln ist, nach dem Erfüllungsort (RGZ 95, 165; 96, 272; 103, 261; 108, 243). Der Erfüllungsort wiederum ergibt sich entweder aus der Bestimmung der Parteien oder aus den Umständen. Letztlich kommt es auf den Schuldnerwohnsitz zur Zeit der Entstehung des Schuldverhältnisses an (§ 269 BGB). Der Bekl. hatte zur Zeit der Entstehung der vom Kl. behaupteten Ansprüche seinen Wohnsitz in R. R. ist demnach Erfüllungsort, und als Währungsstatut ist das [Recht] der Ostzone maßgebend.

Da nach Artikel VI Nr. 18 der VO über die Währungsreform in der sowjet. Besatzungszone Deutschlands der DWK v. 21. 6. 1948 innerdeutsche Schuldverpflichtungen unverändert bleiben, somit das dem Bekl. am 14. 6. 1948 gewährte Darlehen von 5000 RM in Höhe von 5000 DM-Ost bestehen bleibt, ergäbe sich dem Klagevorbringen zufolge ein Anspruch des Kl. gegen den Bekl. auf Zahlung des geltend gemachten Betrages, jedoch in Ostmark.

Der Geltendmachung einer Ostmarkforderung vor westdeutschen Gerichten stehen Bedenken nicht entgegen. Allerdings ist die Ansicht, es gäbe nur eine einheitliche DM und keinen Unterschied zwischen DM-West und DM-Ost, im Hinblick auf die Verschiedenheit der Währungsumstellung sowie der politischen und wirtschaftlichen Entwicklung in den beiden Währungsgebieten, abwegig. Der teilweise vertretenen Meinung (so OLG Düsseldorf, MDR 1950, 296[1]), daß die Gerichte nur zur Zahlung in der im Währungsgebiet geltenden Landeswährung verurteilen könnten, tritt der Senat nicht bei. Zwar ist die DM-Ost in Westdeutschland nach den Bestimmungen des WährungsG nicht als gesetzliches Zahlungsmittel zugelassen, jedoch besteht keine Norm, die bei einer auf eine andere als die gesetzliche Landeswährung lautenden Forderung dem Erlaß eines entsprechenden Urteils entgegensteht, soweit etwa erforderliche devisenrechtliche Genehmigungen vorliegen. Zudem sieht § 244 BGB für nicht effektiv bedungene Fremdwährungsschulden eine Umrechnung in die Landeswährung zur Zeit der Zahlung vor. Auch besteht kein Verbot der Ostmark im westdeutschen Bundesgebiet. Die Ostmark gilt nach

---

[1] Siehe unten Nr. 337.

Art. X i) MilRegGes. Nr. 53 (Neufassung) als deutsche Währung und ist keine Devise. Wenn auch durch Art. I Ziff. 2 MilRegGes. Nr. 53 die Einfuhr jeglicher Vermögenswerte einschließlich Zahlungsmittel aller Art verboten ist, ist jedoch durch die Allgemeine Genehmigung Nr. 12 der Bank deutscher Länder für deutsche Zahlungsmittel eine allgemeine Ausnahme geschaffen worden. Die Einfuhr von Ostmarkbeträgen über die Zonengrenzen im Reiseverkehr ist also erlaubt. Es ist somit festzustellen, daß ein Ostmarkverbot im westdeutschen Bundesgebiet nicht besteht und die Ostmark hier erlaubterweise gehandelt wird (*Kühne*, NJW 1950, 730).

Eine Ostmarkforderung ist demnach im Bundesgebiet in DM-Ost erfüllbar. Ferner bietet die Regelung des § 244 BGB eine geeignete Art der Umrechnung von DM-Ost auf DM-West für die Bezahlung einer Ostmarkschuld in DM-West. § 244 BGB setzt nicht die Existenz eines staatlich festgesetzten Kurses voraus, sondern es genügt für die Umrechnung zweier Währungen ein faktisch im Verkehr herausgebildeter legaler Kurs (RGZ 101, 312; *Staudinger* § 244 BGB Anm. 6a). Ein derartiger legaler Kurs für den Ostmark-Westmark-Umtausch besteht in dem täglich in West-Berlin bekanntgegebenen Kurs, der durch § 1b S. 2 der West-Berliner Währungsergänzungs-VO für West-Berlin sogar amtliche Bedeutung erhalten hat. In Westdeutschland sind mit Genehmigung der westdeutschen Bankaufsichtsbehörden an den meisten größeren Plätzen insgesamt etwa 70 Wechselstuben eingerichtet, die eine Umrechnung von DM-Ost in DM-West nach dem freigebildeten Wechselkurs vornehmen. Die aufgezeigte Kursbildung ist auch für gerichtliche Maßnahmen geeignet. Es können also auch Urteile auf Zahlung von DM-Ost erlassen werden, deren Vollstreckung unter entsprechender Anwendung des § 244 BGB möglich ist. Allerdings bedarf es für den Erlaß eines auf Zahlung von Ostmark gerichteten Titels einer devisenrechtlichen Sondergenehmigung . . . Die 19. DVO zum UG . . . ist zwar nach der Allgemeinen Genehmigung Nr. 27/49 v. 19. 9. 1949 (Öff. Anz. 1949 Nr. 87) als allgemeine Genehmigung im Sinne des Devisenrechts anzusehen, bezieht sich aber nur auf Verbindlichkeiten in DM-West (*Kraemer*, NJW 1949, 816 und 1950, 60; LG Verden, MDR 1950, 430). Nach alledem steht dem Kl. nach seinem eigenen Klagevorbringen ein — auch vor westdeutschen Gerichten durchsetzbarer — Anspruch in DM-Ost, nicht aber in DM-West zu. . . .

Ob etwa, da nach § 244 BGB sich der Bekl. als Schuldner von einer Schuld in fremder Währung durch Zahlung in der gesetzlichen Landeswährung befreien kann, auch dem Kl. als Gläubiger seinerseits zuzubilligen wäre, von vornherein Zahlung seiner in ostzonaler Währung bemessenen Forderung in der am Wohnsitz des Schuldners geltenden Währung zu verlangen, kann dahingestellt bleiben. Denn bei Anwendung des in Betracht kommenden Umrechnungskurses von Ostmark in Westmark würde sich die Klageforderung auf jeden Fall auf einen Betrag von weniger als 1000 DM-West belaufen und somit die Zuständigkeit des AG, nicht aber des LG begründet sein."

**212. Ob ein Rechtsgeschäft wegen Verstoßes gegen ein gesetzliches Verbot nichtig ist, beurteilt sich auch im interlokalen Recht nach dem Recht des Abschlußortes. — Verlegen beide Vertragsparteien nach Abschluß eines Vergleiches ihren Wohnsitz in die Westzonen, so kann das zur Änderung des bisherigen Erfüllungsortes führen. — Weder die nachträgliche Änderung des Erfüllungsortes noch der gemeinsame Wechsel des Personalstatuts der Parteien verändert das Währungsstatut einer Forderung. — Ein westdeutsches Gericht kann zur Zahlung von DM-Ost verurteilen. — § 244 BGB ist im interzonalen Recht entsprechend anwendbar, da „Inland" im währungsrechtlichen Sinn nur das Gebiet der DM-West ist. — Maßgebender Zeitpunkt für die Umrechnung nach § 244 BGB ist der Zeitpunkt der Leistung.**

LG Stuttgart (amerik. Zone), Urt. v. 7. 6. 1951 — 2 S 22/51: *Teilabdruck in MDR 1951, 559; AZGB Nr. 153, No. 685; DRsp. II (250) 20 b—d.

Im Mai 1949, als beide Parteien noch in der Ostzone wohnten, gab der Kl. dem Bekl. einen DM-Ost-Betrag, damit dieser dem Kl. Strümpfe unter Umgehung der Bewirtschaftungsbestimmungen verschaffe. Da der Bekl. für einen Teil des Betrages keine Ware beschaffen konnte, unterschrieb er im September 1949 eine in D. (sowjet) ausgestellte Bescheinigung, wonach er dem Kl. diesen Restbetrag in Höhe von 453 DM als Darlehen schulde. Nach Fälligkeit des Betrages verzogen beide Parteien unabhängig voneinander in die Westzonen. Der Kl. mahnte hier mehrmals die Zahlung an, ehe er Klage erhob mit dem Antrag, den Bekl. zur Zahlung des Darlehensbetrages in DM-West zu verurteilen. Das AG gab der Klage statt, das LG änderte dieses Urteil ab.

Aus den Gründen:

1. „Das ursprünglich von den Parteien vereinbarte Vertragsverhältnis ist wegen Verstoßes gegen gesetzliche Bestimmungen nichtig (§ 134 BGB); dies gilt auch für Auftragsverhältnisse (vgl. *Staudinger-Nipperdey*[10] Anm. 25 zu § 662 BGB; RGZ 42, 134); denn Gegenstand eines Auftrags kann nur ein rechtlich zulässiger Akt sein (RG aaO.) . . .

Maßgebend für die Frage, ob das Auftragsverhältnis nichtig ist, sind die in der Ostzone zur Zeit des Abschlusses des Auftrags bestehenden Bestimmungen, die ohne Rücksicht darauf, ob in der Bundesrepublik das Geschäft erlaubt oder verboten gewesen wäre, zugrundezulegen sind; denn die Parteien waren den Verboten der Rechtsordnung unterworfen, in deren Bereich sie das Geschäft abschlossen (*Nußbaum*, IPR 244; vgl. auch *Enneccerus-Lehmann*, Schuldrecht [1950] 370 oben; *Schnitzer*, IPR 88f.).

Dieser Grundsatz muß auch für das interlokale Privatrecht gelten (vgl. z. B. OLG Braunschweig, HEZ 1, 145/6[1]).

2. [Das Gericht beurteilt die Vereinbarung v. 28. 9. 1949 als Vergleich, der auch rechtswirksam sei.]

3. Der Bekl. ist hiernach zur Rückzahlung des Betrags von 453 DM-Ost verpflichtet.

a) Nach der Bescheinigung v. 28. 9. 1949 muß, da grundsätzlich der Zeitpunkt der Entstehung des Schuldverhältnisses maßgebend ist (*Ennec-*

[1] Siehe unten Nr. 357.

*cerus-Lehmann* aaO. 375), davon ausgegangen werden, daß der ursprüngliche Schuldort D. war, d. h. der Wohnsitz des Schuldners als der Ort, an dem die Forderung belegen war (vgl. OGH Köln, NJW 1949, 503[1]). Allein dadurch, daß beide Parteien die Ostzone verließen und einen neuen festen Wohnsitz in der Bundesrepublik begründeten, änderte sich der Leistungsort für die Schuld des Bekl. (§ 269 BGB) an sich nicht. Indessen muß im vorliegenden Fall aus den Umständen eine mindestens stillschweigende Parteivereinbarung (vgl. § 305 BGB) dahingehend angenommen werden, daß die Schuld nun in der Bundesrepublik erfüllt werden soll. Dies ergibt sich einmal daraus, daß keine der Parteien ein Interesse an der Zahlung in der Ostzone, abgesehen von den damit verbundenen Schwierigkeiten, haben kann, zum andern aus den Mahnungen des Kl., aus denen hervorgeht, daß der Kl. die Zahlung in der Bundesrepublik verlangt.

b) Indessen bleibt die Forderung des Kl. gegen den Bekl. durch den Wohnsitzwechsel in ihrem Bestand und in der Höhe unberührt. Die Forderung bleibt eine Ostmarkforderung und verwandelt sich nicht in eine DM-West-Forderung gleicher Höhe. Der Wohnsitzwechsel des Schuldners oder beider Parteien kann keine solche Wirkung haben. Wären die Parteien in irgendein anderes Land übergesiedelt oder ausgewandert, so bliebe die Forderung des Kl. gegen den Bekl. mit 453 DM-Ost selbstverständlich unberührt.

Dieser Wohnsitzwechsel der Parteien kann nicht infolge Wegfalls der Geschäftsgrundlage dazu führen, daß das Währungsstatut ein anderes geworden sei.

Unerheblich ist auch die Frage, in welchem Verhältnis die DM-Ost und die DM-West, gemessen an der inländischen Kaufkraft, stehen.

Der vorliegende Fall unterscheidet sich wesentlich von den Fällen, die sich auf die Umstellung von RM-Forderungen beziehen, etwa von dem Fall, daß eine Forderung vor der Währungsreform in der Ostzone entstand und der Schuldner im Zeitpunkt der Währungsreform im Westen ansässig war (OLG Hamburg, MDR 1951, 41[2]). Im vorliegendem Falle handelt es sich nicht um eine RM-, sondern von vornherein um eine DM-Ost-Forderung.

c) Es erhebt sich jedoch die Frage, ob der Bekl. zur Zahlung in DM-Ost verurteilt werden kann oder zur Zahlung in DM-West entsprechend dem Kurs der Wechselstuben verurteilt werden muß.

Hierüber besteht in Rechtsprechung und Literatur noch keine einheitliche Meinung. Für zulässig halten z. B. eine Verurteilung durch ein Gericht der Bundesrepublik zur Zahlung in DM-Ost: *Kühne*, NJW 1950, 729; LG Braunschweig, NJW 1950, 751[3]; Bank Deutscher Länder, NJW 1950, 750. Dagegen hielt das LG Hannover, NJW 1950, 750[4], die DM-Ost in den Westzonen als eine nicht zum Zahlungsverkehr zugelassene Währung, weshalb ein auf DM-Ost lautendes Urteil hier nicht vollstreckt werden könnte, ebenso AG Frankfurt/M., NJW 1950, 750[5] u. a.

[1] Siehe unten Nr. 365. [2] Siehe unten Nr. 402a. [3] Siehe oben Nr. 200.
[4] Siehe oben Nr. 208. [5] Siehe oben Nr. 195.

Der ersteren Auffassung muß deshalb beigetreten werden, weil die DM-Ost keine Devise im Sinne der Devisenbestimmungen darstellt (MilRegGes. 53); wie die Bank Deutscher Länder darlegt, unterliegt die DM-Ost keiner devisenrechtlichen Erwerbs- oder Verfügungsbeschränkung; dies ergibt sich aus Art. I Ziff. 1 des Ges. Nr. 53 und Art. X (d) Nr. 2 aaO., dasselbe gilt für auf Ostmark lautende Ansprüche zwischen Personen im Währungsgebiet — wie im vorliegenden Falle — (Art. X (d) Ziff. 3 [ii]). Dies wird auch dadurch bestätigt, daß es in verschiedenen Großstädten der Bundesrepublik Wechselstuben gibt und die Kurse — die zwar keine amtlichen Kurse sind — laufend in den Tageszeitungeu veröffentlicht werden.

Zur Zahlung in DM-Ost kann ohne devisenrechtliche Genehmigung verurteilt werden, da beide Parteien hier ansässig sind und die DM-Ost keinen Devisenwert i. S. des Ges. Nr. 53 darstellt (vgl. *Kühne* aaO. 731).

Der Bekl. hat jedoch die Befugnis, sich gemäß § 244 BGB von der Zahlung in Ostmark durch Zahlung in Westmark im entsprechenden Kurswert zu befreien:

a) Die Vorschrift des § 244 BGB ist auf den vorliegenden Fall sinngemäß anzuwenden; als eine in ausländischer Währung ausgedrückte Geldschuld i. S. dieser Bestimmung ist die DM-Ost ebenfalls anzusehen, auch wenn sie keine Devise ist. Als Inland muß das Währungsgebiet der DM-West betrachtet werden.

Nach dem klaren Wortlaut des 1. Teilsatzes des Abs. 1 kommt es nur darauf an, daß eine in fremder Währung ausgedrückte Geldschuld im Inland zu zahlen ist, also der Erfüllungs- bzw. Schuldort im Inland, d. h. in der Bundesrepublik liegt. Ebenso unerheblich ist es auch, ob der Gläubiger Interesse an einer Zahlung in DM-Ost hätte oder noch hat, wenngleich der Gesetzgeber mit der Bestimmung des § 244 I BGB an sich die Absicht verfolgte, daß der Gläubiger gerade in dem durch die Umrechnung ermittelten (D-)Mark-(West-)Betrag ein zur sofortigen Beschaffung der fremden Valuta hinreichendes Äquivalent in inländischer Währung in die Hand bekommen soll (vgl. Beschluß der Vereinigten Zivilsenate des RG, RGZ 101, 313).

Eine darauf abzielende stillschweigende Parteivereinbarung, daß nur in DM-West bezahlt werden soll, kann nicht angenommen werden, da es an Anhaltspunkten für einen entsprechenden Willen des Bekl. fehlt; dieser lehnt grundsätzlich jede Zahlung ab und erklärt, daß es sich allenfalls nur um eine DM-Ost-Forderung handle. Indessen kann aber auch nicht angenommen werden, daß nur in DM-Ost bezahlt werden sollte. Denn es fehlt an einer ausdrücklichen Parteivereinbarung darüber n a c h dem beiderseitigen Wohnsitzwechsel. Vor diesem aber konnte an diese Fragen gar nicht gedacht worden sein.

b) Die Vorschrift des § 244 BGB gibt dem Schuldner eine sog. Ersetzungsbefugnis (facultas alternativa); vgl. *Staudinger-Werner*[9] Anm. 4; *Esser*, Schuldrecht (1949), S. 58.

c) Dieses Recht des Bekl. gemäß § 244 BGB war im Urteilstenor zum Ausdruck zu bringen. Dabei ist von Bedeutung, daß es bezüglich des

Zeitpunkts der Zahlung (§ 244 II BGB) und des Kurswerts auf den Tag der effektiven Zahlung, nicht der Fälligkeit ankommt (RGZ 101, 313), oder auf den Zeitpunkt einer Aufrechnung — z. B. mit Prozeßkosten —."

**213.** **a) Ein westdeutsches Gericht kann zur Zahlung in DM-Ost verurteilen. — Eine in der Rechtsordnung am Sitz des Schuldners in der Ostzone ständig geübte Rechtsprechung hinsichtlich der Nichtigkeit von Verträgen über bestimmte Gegenstände ist für ein westdeutsches Gericht unbeachtlich. — Die Umstellung einer RM-Forderung richtet sich im interzonalen Recht nicht nach dem Parteiwillen; die Vereinbarung eines Erfüllungsortes in einem vor Kriegsende abgeschlossenen Vertrag ist daher für die Bestimmung des anwendbaren Rechts unerheblich. — Umstellungsstatut ist das Recht am Sitz des Schuldners. — Wie im deutschen internat. Privatrecht, so braucht auch im interzonalen Recht in bestimmten Fällen auf ein Rechtsverhältnis nicht einheitlich ein bestimmtes Recht anwendbar zu sein, vielmehr sind abweichende Sonderanknüpfungen zulässig. — Auf die in einem westdeutschen Währungsgesetz vorgesehene Möglichkeit, Vertragshilfe zu beanspruchen, kann sich ein Schuldner vor einem westdeutschen Gericht auch dann berufen, wenn auf das Rechtsverhältnis im übrigen nicht westdeutsches Währungsrecht anwendbar ist.**

OLG Celle (brit. Zone), nicht rechtskr. Urt. v. 21. 12. 1951 — 4 U 68/51: NJW 1952, 473 (abl. *Beitzke*).

Die Bekl. zu 1. betreibt als OHG eine Fabrik an ihrem Sitz in Z. (sowjet.), die Bekl. zu 2. sind ihre persönlich haftenden Gesellschafter mit Wohnsitz ebenfalls in Z. Während des letzten Krieges stellte die Bekl. zu 1. im Auftrage des Reichsluftfahrtministeriums sog. Volksgasmasken her. Die Bezahlung erfolgte durch die NSV. Die dazu erforderlichen Maskenkörper lieferte eine Verkaufsgesellschaft der Kl. auf Grund der Lieferungsbedingungen der Vereinigung deutscher Kautschukfabriken. Darin wurde als Gerichtsstand und Zahlungsort H. (jetzt: brit.) vereinbart. Mit der Klage beansprucht die Kl. aus abgetretenem Recht Bezahlung der letzten vor dem Zusammenbruch vorgenommenen Lieferungen. Die Bekl. hat aus Gasmaskenlieferungen an die NSV noch Forderungen etwa in vierfacher Höhe des eingeklagten Betrages. Die Klage wurde in allen Instanzen abgewiesen.

Aus den Gründen:

„Es bestehen auch grundsätzlich keine Bedenken, eine Verurteilung zur Zahlung in DM-Ost zuzulassen, wobei der jetzt als herrschend anzusehenden Rechtsprechung und Rechtslehre zu folgen ist (*Truckenbrodt*, MDR 1951, 83; *Wälde*, NJW 1951, 213; LG Bochum, NJW 1951, 239[1]; LG Stuttgart, NJW 1951, 241[2]). Die Bekl. können auch nicht mit der Nichtigkeit des Vertrages gemäß §§ 134, 138 BGB durchdringen. Der Rechtsprechung der ostzonalen Gerichte, nach der sämtliche Rechtsgeschäfte, die die Lieferung von Kriegsmaterial für den letzten Weltkrieg zum Gegenstand hatten, nichtig seien, da sie gegen ein gesetzliches Verbot (internationale Kriegsächtung) und gegen die guten Sitten verstießen (so AG Berlin-Wedding, NJ 1951, 218; OG, NJ 1951, 26), kann nicht gefolgt werden (vgl. *Palandt*, § 138 Anm. 1; OLG Kassel, NJW 1949, 583; LG Hamburg, MDR 1950, 285). Ist dies schon bezüglich echten Kriegs-

[1] Siehe unten Nr. 258. [2] Siehe unten Nr. 256.

materials sehr zweifelhaft, da sich mit Sicherheit kaum feststellen läßt, ob dieses zu Zwecken eines Angriffskrieges oder zu Verteidigungszwecken hergestellt und geliefert wurde, so wird dies keinesfalls hinsichtlich der Lieferung von Volksgasmasken gesagt werden können, wenn und soweit sie ausschließlich dem Schutz der Zivilbevölkerung vor völkerrechtswidrigen Gasangriffen dienen sollten.

Die Bekl. können sich aber mit Recht auf ein ihnen zustehendes Leistungsverweigerungsrecht berufen. Dabei ist zwar grundsätzlich davon auszugehen, daß sich die Umstellung der geltend gemachten Forderung der Kl. nach dem am Wohnsitz der Bekl. geltenden Recht richtet. Nach den Regeln des internat. [gemeint wohl: interzonalen] Privatrechts läßt sich ein Anknüpfungspunkt für die Bestimmung des Währungsstatuts nicht in einem feststellbaren oder hypothetischen Parteiwillen finden, da die Parteien bei Begründung des Vertragsverhältnisses nicht voraussehen konnten, daß innerhalb des deutschen Staates einmal verschiedene Währungen gelten würden. Deshalb kann auch der Vereinbarung eines Erfüllungsortes nicht die Absicht der Vertragspartner entnommen werden, sich einem in der Zeit nach Vertragsabschluß eingeführten Währungsrecht zu unterwerfen. Die Rechtsprechung steht daher auf dem Standpunkt, daß ohne Rücksicht auf frühere Vereinbarungen ein neuer Anknüpfungspunkt gefunden werden muß, und daß dies nur der Wohnsitz des Schuldners sein kann. Denn nur dieser Anknüpfungspunkt trägt dem Umstande Rechnung, daß währungsrechtliche Eingriffe ein Ausfluß der staatlichen Währungshoheit und nur gegenüber denjenigen Rechts- und Schuldverhältnissen durchsetzbar sind, die der Gesetzgebungs- und Zwangsgewalt des anordnenden Staates ausgesetzt sind (OGHZ 4, 51[1]; BGH in MDR 1951, 288[2]). Deshalb hat sich mit Recht die Schuldnerwohnsitztheorie gegenüber der Erfüllungsorttheorie durchgesetzt (vgl. *Beuck*, Interzonales Privatrecht [1951] 68).

Ist danach grundsätzlich davon auszugehen, daß sich die Umstellung der Verbindlichkeit der Bekl. nach dem Währungsrecht der Ostzone richtet, so ist damit dennoch nicht ausgeschlossen, daß sich die Bekl. hinsichtlich besonderer zugunsten der Schuldner alter RM-Forderungen erlassener Schutzbestimmungen des westzonalen Währungsrechts auf diese berufen können. Dies führt genau zu einer Aufspaltung des Vertrages hinsichtlich seiner verschiedenen Verpflichtungen und Auswirkungen und damit zu einer Anwendung verschiedener Rechtsordnungen. Eine solche ist aber dem internat. Privatrecht nicht fremd (*Palandt*, Vorbem. vor EGBGB Anm. 2b und 6a) und daher auch im Interzonenrecht anwendbar. Die Bekl., die infolge der Vereinbarung des Gerichtsstandes Hannover gezwungen sind, sich vor einem westzonalen Gericht gegen den Klageanspruch zu verteidigen, dürfen hierdurch nicht schutzlos gestellt werden. Das wäre aber der Fall, wenn sie einerseits gehindert sind, sich auf die ostzonale Rechtsprechung zu berufen, die den vorliegenden Vertrag unter Umständen für nichtig erklären würde, andererseits aber auch nicht von dem Leistungsverweigerungsrecht Gebrauch machen

---

[1] Siehe unten Nr. 371. [2] Siehe unten Nr. 232.

könnten, das der westzonale Gesetzgeber in Fällen der vorliegenden Art gewährt. Um dieses unbillige Ergebnis zu vermeiden, erscheint es notwendig, trotz grundsätzlicher Bejahung der Schuldnerwohnsitztheorie doch hinsichtlich der Bestimmungen, die zum Schutze der Schuldner alter Forderungen erlassen sind, das Recht des vereinbarten und in Anspruch genommenen Gerichtsstandes zur Anerkennung zu bringen. Dies widerspricht auch nicht dem Gedanken, daß währungsrechtliche Eingriffe als Ausfluß staatlicher Währungshoheit nicht auf die Schuldverhältnisse einwirken dürfen, deren Schuldner ihren Wohnsitz in einer Zone mit anderem Währungsrecht haben. Denn es handelt sich bei dem Leistungsverweigerungsrecht des § 21 IV UG nicht um einen Währungseingriff, sondern um eine Schutzbestimmung, durch die gerade ein solcher Eingriff verhindert oder gemildert werden soll. Das LG hat daher mit Recht die Anwendbarkeit des § 21 IV UG auf das vorliegende Rechtsverhältnis bejaht ...

Aber auch dann, wenn eine unmittelbare Anwendbarkeit des § 21 IV UG auf das vorliegende Rechtsverhältnis zu verneinen wäre, und selbst dann, wenn nach dem Währungsrecht der Ostzone und der dortigen Rechtsprechung die Bekl. vor einem ostzonalen Gericht zur Zahlung verurteilt würden, weil die Nichtigkeit des Vertrages ausnahmsweise nicht anerkannt würde, müßte dem Bekl. ein Leistungsverweigerungsrecht eingeräumt werden. Die Bestimmung des § 21 IV UG beruht auf dem allgemeinen, das gesamte Recht beherrschenden Gedanken, daß die Ausübung von Rechten im Einklang mit den Gesichtspunkten von Treu und Glauben zu stehen hat. Ebenso wie das Leistungsverweigerungsrecht des § 320 BGB oder das Zurückbehaltungsrecht des § 273 BGB nur besondere Ausprägungen des § 242 BGB sind (*Palandt*, § 320 Anm. 1), so ist dies auch bei dem Leistungsverweigerungsrecht des UG der Fall.

Es wäre aber mit dem Grundgedanken des § 242 BGB unvereinbar, wenn die Kl. hier die Bekl. uneingeschränkt in Anspruch nehmen könnte. Sie würde damit in den Genuß von Rechten kommen, die ihr die in den Westzonen gültige Rechtsordnung zur Zeit versagen müßte, wenn ihr Schuldner hier seinen Wohnsitz hätte. Sie würde damit unbilligerweise Vorteile aus der Zonentrennung ziehen, die durch sachliche Gründe nicht gerechtfertigt erscheinen. Andererseits würden die Bekl. aus eben diesem ohne Wollen und Zutun der Parteien geschaffenen Zustand Nachteile erleiden, indem sie für Verbindlichkeiten einzutreten hätten, die unter völlig anderen Verhältnissen eingegangen und unter Voraussetzungen übernommen sind, die durch den Zusammenbruch des Reiches fortgefallen sind. Einem solchen Anspruch können die Bekl. ein unmittelbar dem § 242 BGB entnommenes Leistungsverweigerungsrecht entgegensetzen. Die Klage erweist sich daher auch unter diesem Gesichtspunkt als unbegründet."

Der BGH bestätigte dieses Urteil im Ergebnis:

**b) Ein westdeutsches Gericht kann zur Zahlung in DM-Ost verurteilen. — (Eine in der Rechtsordnung am Sitz des Schuldners ständig geübte Rechtsprechung hinsichtlich der Nichtigkeit von Verträgen über bestimmte**

**Gegenstände ist für ein westdeutsches Gericht unbeachtlich. —) Im interzonalen Privatrecht bestimmt sich das Schuldstatut eines Vertrages in erster Linie nach dem Parteiwillen, hilfsweise nach dem sog. mutmaßlichen Parteiwillen, notfalls nach dem Erfüllungsort. — Im interzonalen Recht bestimmt sich das Währungsstatut eines vor der Währungsspaltung Deutschlands abgeschlossenen Vertrages infolge des nachträglichen Wegfalls des bis dahin einheitlichen Währungsrechts nach der Rechtsordnung, zu der der Vertrag die engsten Anknüpfungspunkte hat. — Bei Fehlen einer ausdrücklich für den Fall einer späteren Währungsaufspaltung getroffenen Parteivereinbarung ist nicht grundsätzlich das Währungsrecht am Sitz des Schuldners oder etwa das am Erfüllungsort anzuwenden; vielmehr ist für den konkreten Fall durch objektive Abwägung der berechtigten Interessen beider Parteien unter Berücksichtigung der Eigenheiten des Falles sowie des Erfordernisses der Rechtssicherheit ein Anknüpfungspunkt zu suchen. — Eine solche Anknüpfung deckt sich begrifflich mit dem Aufsuchen eines hypothetischen Parteiwillens. — Für die Frage, ob eine Vorschrift währungsrechtlichen Charakter hat, kommt es nicht auf die äußere Stellung in einem Währungsgesetz, sondern auf den Zweck der Vorschrift an. — Das Leistungsverweigerungsrecht des § 21 IV UG kann auch ein Schuldner mit Sitz in der Ostzone in Anspruch nehmen.**

BGH, Urt. v. 30. 9. 1952 — I ZR 31/52: *BGHZ 7, 231; JZ 1952, 720 (abl. *Beitzke*); JR 1953, 59; DAVorm. 25, 187; LM, Nr. 13 zu § 21UmstG; BB 1952, 867 (Leitsatz); MDR 1952, 734; Betrieb 1952, 928; NJW 1953, 339 (zust. *Harmening*).

Aus den Gründen:

„I. Die Kl. hat ihre Klageanträge auf Zahlung von Ostmark . . . gerichtet. Die Frage, ob die Gerichte der Westzonen und der Westsektoren von Berlin zur Zahlung von Ostmark verurteilen können, war in der ersten Zeit nach der Währungsumstellung in der Rechtsprechung und im Schrifttum stark umstritten. Insbesondere haben das OLG Düsseldorf (MDR 1950, 298[1]) und *Raape* (IPR[3] 344) die Frage verneint. Das OLG Düsseldorf hat ausgeführt, die Gerichte in den verschiedenen Besatzungszonen könnten nur zur Zahlung in eigener Währung verurteilen. Das ergebe sich aus den geltenden Währungs- und Devisenbestimmungen. Die Ostmark wie die Westmark seien reine Binnenwährungen, die Ausfuhr in das Ausland und über die Grenzen des jeweiligen Währungsgebietes sei nicht gestattet. Auch dürften nach § 3 des Währungsgesetzes Geldschulden nur mit der für die Erteilung von Devisengenehmigungen zuständigen Stelle in anderer Währung als in DM-West eingegangen werden. *Raape* führt zur Begründung seiner Auffassung ebenfalls an, die Ostmark und die Westmark seien reine Binnenwährungen, die Währungsgesetze der verschiedenen Zonen machten stillschweigend den Gerichten Verurteilungen ausschließlich in den Währungen ihres Gebiets zur Pflicht. Diese Rechtsauffassung trifft indessen nicht zu. Die Ostmark ist zwar als gesetzliches Zahlungsmittel in den Westzonen und in den Westsektoren Berlins nicht zugelassen. Es ist aber weder in den West-

---

[1] Siehe unten Nr. 337.

zonen noch in den Westsektoren Berlins durch die Währungs- und die Devisengesetze verboten, Ostmark zu erwerben. Es besteht ferner keine gesetzliche Bestimmung, die eine Verurteilung zur Begleichung einer Schuld in einer anderen als der gesetzlichen Landeswährung und zur Zahlung von Ostmark verbietet. Ein solches Verbot läßt sich auch nicht dem Sinn und Zweck der Währungs- und der Devisengesetze entnehmen. Desgleichen ist auch die Vollstreckung eines auf Zahlung von Ostmark gerichteten Urteils rechtsgrundsätzlich nicht untersagt. Daß Forderungen eines in den Westzonen oder in den Westsektoren Berlins wohnhaften Gläubigers gegen einen in der sowjet. Zone ansässigen Schuldner, und zwar auch solche, die auf Zahlung von Ostmark gerichtet sind, Devisen im Sinne der Art. I u. X MilRegGes. Nr. 53 und der diesem Gesetz entsprechenden VO der Kommandanten der amerik., brit. und französ. Sektoren von Berlin über Devisenbewirtschaftung und Kontrolle des Güterverkehrs v. 15. 7. 1950 sind, spielt in diesem Zusammenhange keine Rolle, ganz abgesehen davon, daß, sofern die erforderliche Devisengenehmigung vorliegt, auch zur Leistung von Devisenwerten verurteilt werden kann. Die Rechtsauffassung, daß die Gerichte der Westzonen und der Westsektoren von Berlin zur Zahlung von DM-Ost verurteilen können, wird jetzt auch überwiegend im Schrifttum (*Kühne*, NJW 1950, 729; *Marquordt*, MDR 1952, 394; *Beitzke*, NJW 1952, 473; *Truckenbrodt*, MDR 1951, 83) vertreten. Sie entspricht auch der Rechtsprechung des OLG Köln (JMBl NRW 1951, 90[1]) und des KG. Der III. Zivilsenat des BGH hat durch Erkenntnis v. 16. 6. 1952 (III ZR 215/51) die Revision gegen ein Urteil des KG, das zur Zahlung von Ostmark verurteilt hatte, als unbegründet zurückgewiesen.

Der Auffassung der Bekl., die Klage müsse bereits deshalb abgewiesen werden, weil die Gerichte der Westzonen grundsätzlich nicht zur Zahlung von Ostmark verurteilen könnten, ist nach alledem unrichtig.

II. 1. Die Kaufverträge, aus denen die Kl. ihre Ansprüche herleitet, sind vor dem Zusammenbruch zwischen der Rechtsvorgängerin der Kl., die ihren Sitz ebenso wie die Kl. selbst in H. hat, und der Bekl. zu 1, deren Sitz Z. ist, getätigt worden. Im Gebiet der Westzonen und im Gebiet der sowjet. Zone gilt weithin dasselbe Privatrecht, insbesondere gelten in beiden Gebieten die Bestimmungen des 2. Titels des 1. Buches des BGB und die des 2. Buches des BGB, also die Vorschriften über die Willenserklärungen und über die Schuldverhältnisse. Die Frage, ob die zwischen der Rechtsvorgängerin der Kl. und der Bekl. zu 1 geschlossenen Verträge rechtsgültig oder ob sie nichtig sind, wie die Bekl. geltend machen, ist somit nach den Bestimmungen des 2. Titels des 1. Buches des BGB zu entscheiden. Die Bekl. zu 1 hat die in Betracht kommenden Waren, deren Zahlung mit der Klage begehrt wird, von der Rechtsvorgängerin der Kl. bezogen, um aus ihnen Gasmasken herzustellen. Diese sollten im Kriege zum Schutze der Zivilbevölkerung gegen Schäden aus Gasangriffen, die damals befürchtet wurden, dienen. Kaufverträge über Waren, die zu einem solchen Zweck verwendet werden sollten, verletzten, darin ist dem

[1] Siehe oben Nr. 211.

Berufungsgericht beizutreten, kein gesetzliches Verbot im Sinne von § 134 BGB. Sie waren ferner, auch darin ist dem Berufungsgericht zu folgen, nicht sittenwidrig im Sinne von § 138 BGB. Ihr Abschluß verstieß weder nach den Anschauungen, die im Kriege galten, noch nach den gegenwärtigen gegen das Rechtsgefühl der billig Denkenden. Die Verträge sind somit rechtsgültig. Die Bekl. schulden daher der Rechtsvorgängerin der Kl. an sich den Kaufpreis für die an sie abgesandten Waren gemäß § 433 BGB.

2. Die Entscheidung darüber, welche Forderung die Kl. an sich gegen die Bekl. noch besitzt, hängt davon ab, in welcher Weise die Währungsspaltung auf die Schuld der Bekl. eingewirkt hat. Die Frage ist nach dem interzonalen Privatrecht zu beurteilen. Nach anerkannter Rechtsauffassung (Urteil des erkennenden Senats v. 1. 2. 1952 — I ZR 123/50[1]) bestimmt sich das Schuldstatut, das nicht mit dem Währungsstatut wesensgleich ist, nach interzonalem Privatrecht in erster Linie nach dem ausdrücklichen oder stillschweigenden Parteiwillen, gegebenenfalls nach dem sogenannten mutmaßlichen (hypothetischen) Parteiwillen und notfalls nach dem Erfüllungsort. Für das Währungsstatut lassen sich, darin stimmen die Entscheidungen des I., IV. und V. Zivilsenats, die sich mit diesen Fragen näher befaßt haben, (BGHZ 1, 109[2] [112]; 5, 303ff.[3] [309]; NJW 1952, 540[4]) überein, die für das Schuldstatut in der Rechtsprechung entwickelten Grundsätze nicht unverändert anwenden. Denn, wie der erkennende Senat in seinem Urteil vom 1. 2. 1952[4] dargelegt hat, ist mit der Ausschaltung der bis dahin im ganzen Gebiet Deutschlands einheitlich gültig gewesenen Reichsmarkwährung und der gleichzeitigen Aufspaltung dieses einheitlichen Währungsgebietes in zwei verschiedene Währungsgebiete diejenige Rechtsordnung, die bisher die Währung bestimmte, weggefallen. Die Vertragsbeziehungen der Parteien wirken sich seit der Währungsspaltung nunmehr in zwei Rechtsgebieten aus, in denen verschiedene Währungsordnungen gelten und in denen auch die Umstellung der alten Währung in die neue voneinander abweichend geregelt worden ist. Für die Entscheidung der Frage, welche Rechtsbestimmungen in einem solchen Falle anzuwenden sind, fehlt es an einem gesetzten Recht. Das Gesetzesrecht enthält hier eine Lücke (vgl. *Meilicke*, Kommentar DMBilGes. § 7 Anm. 3, S. 93). Sie ist im Wege der ergänzenden Rechtsfindung auszufüllen. Zu dem Zwecke ist zu untersuchen, zu welcher der verschiedenen Rechtsnormen der zu entscheidende Fall die engsten Anknüpfungspunkte besitzt. Soweit Parteien ausdrücklich oder stillschweigend ihre Rechtsbeziehungen für den Fall einer Währungsspaltung der Rechtsordnung eines bestimmten Gebietes unterstellen wollten, bietet dieser Parteiwille den maßgeblichen Anknüpfungspunkt. Mangelt es, wie hier, an einem solchen Willen, so ist, bevor auf allgemeine Anknüpfungspunkte, wie z. B. den Wohnsitz des Schuldners oder etwa den Erfüllungsort zurückgegriffen werden kann, zu prüfen, ob der zu entscheidende Fall nicht in sich nach seiner Eigenart und nach der

[1] Siehe unten Nr. 402b. [2] Siehe unten Nr. 232. [3] Siehe unten Nr. 216.
[4] Siehe unten Nr. 402b.

sich ergebenden individuellen Interessenlage, sowie eines etwa zu berücksichtigenden Allgemeininteresses einen besonderen Anknüpfungspunkt zu den Bestimmungen einer der beiden in Betracht kommenden Rechtsordnungen besitzt. In solchem Falle ist diese anzuwenden. Der erkennende Senat hat in seiner Entscheidung v. 1. 2. 1952 (NJW 1952, 540ff.[1]) in Übereinstimmung mit der Rechtsprechung des RG (RGZ 74, 174; 126, 206) und dem Schrifttum (*M. Wolff*, IPR² 121; *Raape*, IPR³ 343) ausgeführt, es müsse, wenn der ausdrückliche oder stillschweigende Parteiwille nicht zu ermitteln sei, als Anknüpfungspunkt der sogenannte hypothetische Parteiwille herangezogen werden. Bei ihm handle es sich in Wirklichkeit nicht um die Ermittlung hypothetischer subjektiver Vorstellungen der Parteien, sondern um eine vernünftige Interessenabwägung auf rein objektiver Grundlage, die an der Hand der im Zeitpunkt der Währungsumstellung bestehenden tatsächlichen Verhältnisse vom Richter vorzunehmen ist. Die Ermittlung des in jener Entscheidung gekennzeichneten, unter Berücksichtigung objektiver Gesichtspunkte und nicht subjektiver Vorstellungen zu findenden hypothetischen Parteiwillens bedeutet nichts anderes als das Suchen des nächsten Anknüpfungspunktes in dem oben dargelegten Sinne. Diese Rechtsauffassung des erkennenden Senats steht auch nicht im Widerspruch mit der Rechtsansicht, die den oben erwähnten Entscheidungen des IV. und des V. Zivilsenats zugrunde liegt. Sie berührt die Grundlagen jener Entscheidungen nicht. Aus der erörterten Rechtslage ergibt sich für den hier zur Entscheidung stehenden Fall zusammenfassend folgendes: Welche Bestimmungen der beiden in Betracht kommenden Währungsrechte hier anzuwenden sind, ist an Hand einer objektiven, verständigen und gerechten Abwägung der berechtigten — zu ermittelnden — Interessen beider Parteien unter besonderer Berücksichtigung der Eigenheiten des Falles und unter Wahrung der Erfordernisse der Rechtssicherheit festzustellen. Die Bekl. hatten hier zur Zeit der Kaufabschlüsse, der Lieferungen und der Währungsspaltung ihren Sitz bzw. Wohnsitz in Z., das jetzt im Gebiet der sowjet. Besatzungszone liegt. Dort gilt die VO über die Währungsreform in der sowjet. Besatzungszone Deutschlands v. 21. 6. 1948. Sie schreibt unter VI Ziff. 18 vor: ‚Die innerdeutschen Schulden und Vertragsverpflichtungen, die vor Durchführung der Währungsreform entstanden sind, bleiben unverändert und unterliegen nicht der Umwertung mit Ausnahme . . .‘. (Es folgen dann an sich wichtige, aber hier nicht einschlägige Ausnahmen.) Im Gegensatz zu dieser Verordnung sind im Gebiet der Westzonen durch § 16 I UG die Reichsmarkforderungen grundsätzlich mit der Wirkung auf Deutsche Mark umgestellt worden, daß der Schuldner an den Gläubiger für je 10 RM 1 DM zu zahlen hat. Die erwähnte VO ermöglicht es den Bekl. also, — von hier nicht interessierenden Sonderfällen abgesehen —, rechtlich ihre in der sowjet. Zone belegenen Außenstände dort in voller Höhe in Deutscher Mark der Deutschen Notenbank geltend zu machen. Ist dem aber so, so müssen die Bekl. sich auch, soweit sie Schuldner sind, insoweit entsprechend behandeln

[1] Siehe unten Nr. 402b.

lassen. Daher ist die Kaufpreisforderung der Kl. gegen die Bekl. ebenfalls dem Recht des Abschnitts VI Ziff. 18 der erwähnten Verordnung v. 21. 6. 1948 an sich zu unterstellen. Daraus ergibt sich, daß die Kaufpreisforderung der Kl. an sich weiter in voller Höhe besteht, und zwar nunmehr gerichtet auf Zahlung in DM-Ost.

III. Diesem Anspruch gegenüber können die Bekl. sich jedoch mit Erfolg auf das Leistungsverweigerungsrecht des § 21 IV UG berufen. Das hat das Berufungsgericht im Ergebnis zutreffend dargelegt, wenn auch seiner Begründung nicht in allem gefolgt werden kann. Die Revision führt gegenüber dem Erkenntnis des Berufungsgerichts in diesem Zusammenhange aus, § 21 IV UG scheide bereits rechtsgrundsätzlich aus, da die Bekl. ihren Sitz bezw. Wohnsitz in der sowjet. Zone hätten, dort aber das Umstellungsgesetz nicht gelte. Überdies seien auch die sachlichen Voraussetzungen der Bestimmung, wenn sie entgegen der Auffassung der Revision grundsätzlich anwendbar sein sollte, nicht festgestellt. Die Angriffe der Revision gehen fehl.

1. Die oben zu II 2) erörterten Fragen des Währungsstatuts, die die Revision auch im Rahmen des § 21 IV UG in den Vordergrund stellt, spielen in ihm, das verkennt die Kl., keine Rolle. Das in Rede stehende Leistungsverweigerungsrecht, auf das die Bekl. sich stützen, ist zwar im UG geregelt. Dieses Gesetz steht auch mit dem 1. Gesetz zur Neuordnung des Geldwesens, dem Währungsgesetz, an sich in einem engen Zusammenhange. Die Sondervorschrift des § 21 IV UG hat jedoch in Wirklichkeit keinen währungsrechtlichen Charakter. Zwischen der Umstellung der Währung und der Bestimmung des § 21 IV UG besteht auch kein innerer Zusammenhang. Zwar ist die Vorschrift gesetzestechnisch durch die Verweisung auf § 14 UG äußerlich mit der Umstellung der Währung verknüpft worden. Ihr Wesen wird jedoch dadurch nicht berührt. Der Erlaß der Bestimmung des § 21 IV UG erklärt sich aus folgendem: [Der BGH führt aus, daß infolge des Zusammenbruches die Hauptlieferanten des Reiches und der aufgelösten Organisationen ihre Ansprüche praktisch nicht mehr durchsetzen konnten, ihrerseits aber von ihren Unterlieferanten auf Zahlung gedrängt wurden. Diesem Mißstand abzuhelfen, sei der Zweck des § 21 IV UG gewesen.] Die Vorschrift sollte also einen Mißstand beseitigen, der bereits lange vor der Umstellung der Währung zu Tage getreten war und mit ihr nicht zusammenhing. Nach dem Wortlaut wie nach dem Sinn und Zweck der Gesetzesbestimmung kommt es nicht darauf an, in welchem Gebiet die Schuldner ihren Sitz bzw. Wohnsitz zur Zeit der Währungsumstellung hatten und nach welchem Währungsstatut sich die gegen sie bestehenden Forderungen richten. § 21 IV UG gewährt allen Schuldnern ein Leistungsverweigerungsrecht für diejenigen Schulden, bei denen die in ihm bestimmten Voraussetzungen vorliegen. Die Vorschrift gehört rechtsdogmatisch, wie schon angedeutet, nicht in das UG. Sie hätte durch ein besonderes Gesetz erlassen werden können. Daß sie in das UG mit aufgenommen wurde und nicht getrennt davon erging, kann ihren Charakter als allgemeine Schutzbestimmung nicht ändern. Es fehlt auch an einem inneren Grunde, die Hauptlieferanten, die infolge der durch die Militärregierungen angeordneten der-

zeitigen Einteilung Deutschlands in verschiedenen Zonen ihren Sitz bzw. Wohnsitz in der sowjet. Zone haben, ungünstiger zu behandeln, als Hauptlieferanten aus den Westzonen, zumal da die zur Zeit bestehende Einteilung Deutschlands in verschiedene Zonen erst nach Abschluß der Verträge und der Lieferungen erfolgt ist. Eine ungleiche Behandlung der Schuldner danach, ob sie ihren Sitz in den Westzonen oder in der sowjet. Zone haben, würde auch der Billigkeit grob widersprechen. Sie läßt sich nach dem Sinn und Zweck des § 21 IV UG nicht rechtfertigen. Vielmehr ist die Bestimmung auch zugunsten von Schuldnern anzuwenden, die zur Zeit der Währungsumstellung ihren Sitz bzw. Wohnsitz in der sowjet. Zone hatten, wie die Bekl."

**214. Für die Umstellung einer RM-Forderung ist nicht das Währungsrecht des Erfüllungsortes, sondern das Währungsrecht am Sitz des Schuldners im Zeitpunkt der Währungsreform maßgebend. — Es bleibt dahingestellt, ob diese Regel auch für dinglich gesicherte Forderungen gilt.**

BGH, Urt. v. 31. 1. 1952 — IV ZR 70/51:* LM, Nr. 3 zu Art. 7 EGBGB; Leitsatz in NJW 1952, 871; BB 1952, 237.

Im Oktober 1937 setzten sich drei Geschwister hinsichtlich eines zu ihrer Erbschaft gehörenden Grundstücks in St. (jetzt: sowjet.) auseinander. Der Bekl. übernahm das Grundstück und sollte dafür an den Kl. rund 13000 RM zahlen. Diese Summe wurde ihm nach der schriftlichen Vereinbarung der Parteien zunächst als „unkündbares Darlehen" gestundet. Der Bekl. siedelte 1946 von St. nach Fr. (amerik.) über. Die Kl. verlangt Rückzahlung des Darlehens in DM-West. Der BGH entsprach dem Klageantrag.

Aus den Gründen:

„Die Parteien streiten im wesentlichen nur noch um die Frage, ob die Forderung dem Währungsrecht der Westzone oder der Ostzone unterliegt. Das LG hat das Umstellungsgesetz der Westzone angewandt, weil Gläubigerin und Schuldner bei seinem Inkrafttreten ihren Wohnsitz in der Westzone gehabt haben. Das Berufungsgericht hält dagegen den Erfüllungsort für den maßgeblichen Anknüpfungspunkt; da im vorliegenden Falle der Wohnsitz des Schuldners zur Zeit der Entstehung des Schuldverhältnisses, also St., der gesetzliche Erfüllungsort ist, hält es das westdeutsche Umstellungsgesetz nicht für anwendbar. Die Streitfrage, welches Währungsrecht anzuwenden ist, hat der V. Zivilsenat des BGH mit Urteil v. 26. 1. 1951[1] im Anschluß an die Entscheidung des OGH Köln, OGHZ 4, 51[2], für eine Darlehensforderung dahin entschieden, daß die Umstellung einer vor der Währungsumstellung entstandenen Forderung gegen einen im westdeutschen Währungsgebiet wohnenden Schuldner sich nach dem westdeutschen Umstellungsgesetz richte, da nur der Wohnsitz des Schuldners im Zeitpunkt der Währungsreform als Anknüpfungspunkt in Betracht komme. Dieser Rechtsprechung schließt der erkennende Senat sich an. Dem Wohnsitz des Schuldners im Zeitpunkt der Währungsreform ist — als einem objektiven Anknüpfungspunkt — bei Forderungen schon deshalb in der Regel der Vorzug vor dem verein-

[1] Siehe unten Nr. 232. [2] Siehe unten Nr. 371.

barten oder gesetzlichen Erfüllungsort zu geben, weil die Erfüllung an dem in § 269 BGB vorgesehenen Ort infolge der Entwicklung in der Ostzone und den ostdeutschen Gebieten seit 1945 in weitem Umfange unmöglich geworden ist. Auch bei der hier geltend gemachten Forderung aus dem Erbauseinandersetzungsvertrag v. 8./17. 10. 1937 handelt es sich — wie bei einer Darlehensforderung — um eine rein persönliche Verpflichtung des Schuldners, für die eine etwaige Ausnahme wegen einer engen Verbindung mit einer dinglichen Sicherung (vgl. BGHZ 1, 109[1] [114]) nicht in Frage steht. Die Tatsache, daß der Bekl. die Zahlungsverpflichtung als Ausgleich dafür eingegangen ist, daß er den in St. belegenen Grundbesitz aus dem Nachlaß übernommen hat, und daß er infolge der Entwicklung seit 1945 in der Möglichkeit beschränkt ist, den Grundbesitz zu verwerten, ist insoweit nicht erheblich. Denn die Erbauseinandersetzungsforderung war von ihrer Entstehung an eine von dem Schicksal des Grundbesitzes unabhängige persönliche Forderung. Das ergibt sich schon daraus, daß es ihren Bestand nicht beeinflußt hätte, wenn der Grundbesitz verkauft oder wenn er etwa durch Kriegsschäden entwertet worden wäre. . ."

**215.** **Die Umstellung einer Forderung richtet sich nach dem Währungsrecht am Wohnsitz des Schuldners zur Zeit der Währungsreform.**

LG Berlin (West), Beschl. v. 18. 2. 1952 — 29 T 33/52: DA Vorm. 25 (1952/53) 6.

Ein in der sowjet. Zone wohnhafter Gläubiger hatte einen Unterhaltstitel gegen den in West-Berlin wohnhaften Schuldner erwirkt. Das AG hatte den Antrag, den Titel hinsichtlich der nach der Währungsreform fällig gewordenen Raten nach westdeutschem Währungsrecht auf DM-West umzustellen, abgelehnt, da sich der Gläubiger in der Ostzone aufhalte. Das LG gab dagegen dem Antrag statt.

Aus den Gründen:

„Für die Frage der Umstellung ist der Wohnsitz des Gläubigers belanglos. Vielmehr kommt es hierfür nur darauf an, ob der Schuldner zur Zeit der Währungsreform im Westwährungsgebiet gewohnt hat. Das ist hier der Fall. . . Diese Grundsätze entsprechen ständiger Rechtsprechung."

**216.** **Bei der Geltendmachung einer vor der Währungsreform in RM begründeten Forderung ist nicht zu entscheiden, in welcher Währung diese Forderung entstanden ist, sondern nach welchem Recht die schon entstandenen Ansprüche umzustellen sind. — Mangels eines hypothetischen Parteiwillens richtet sich die Umstellung einer vertraglich vor der Währungsreform begründeten Forderung nach dem Recht am Wohnsitz des Schuldners zur Zeit der Währungsreform. — Verbindlichkeiten gegenüber Gläubigern mit Wohnsitz in der Ostzone können bei Fehlen einer devisenrechtlichen Genehmigung nur durch Zahlung auf ein Sperrkonto des Gläubigers im Währungsgebiet erfüllt werden. — Eine derartige Zahlung auf Sperrkonto ist bei vertraglich anerkannten Ansprüchen, auch**

---

[1] Siehe unten Nr. 232.

**wenn sie der Befriedigung des Unterhalts einer Person dienen sollen, jedenfalls dann nicht sinnwidrig, wenn der Gläubiger die Möglichkeit zu Verfügungen über sein gesperrtes Konto hat.**

BGH, Urt. v. 3. 4. 1952 — IV ZR 136/51: MDR 1952, 350; BGHZ 5, 302; NJW 1952, 741; JZ 1952, 654 *(Kegel)*; EJF 1952, 109; Betrieb 1952, 391; Leitsatz: LM, Nr. 4 zu Art. 7ff. EGBGB *(Ascher)*; *Clunet* 81 (1954) 990; Auszug in DRsp II (250) 24c.

Obwohl beide Parteien verheiratet waren, hatten sie einen Liebesbund geschlossen und beabsichtigten, nach Scheidung ihrer Ehen sich zu verheiraten. Im November 1944 gebar die im Gebiet der heutigen Ostzone lebende Kl. ein Kind. Im Januar 1945 gab darauf der Bekl. eine schriftliche Erklärung ab, in der er an Eides Statt versicherte, der leibliche Vater des Kindes zu sein, und sich zu einer monatlichen Unterhaltszahlung verpflichtete. Nach seiner Rückkehr aus russ. Kriegsgefangenschaft söhnte sich der Bekl. mit seiner Ehefrau aus und lebt mit seiner Familie in der Westzone. Die Kl. verlangt Unterhaltszahlung in DM-West. OLG und BHG erkannten entsprechend dem Klageantrag.

Aus den Gründen:

„Das Berufungsgericht hat auch nicht die Grundsätze des interzonalen Währungsrechts verletzt. Die Forderung, die die Kl. geltend macht, ist vor der Währungsreform in RM begründet worden. Zu entscheiden ist somit nicht die Frage, in welcher Währung die geltend gemachten Ansprüche entstanden sind, sondern wie die vertraglich begründete Forderung umzustellen ist. Wenn auch der Anspruch dazu dient, den Unterhalt des Sohnes der Kl. sicherzustellen, so folgt daraus doch nicht, daß der hier geltend gemachte Anspruch die Rechtsnatur des gesetzlichen Unterhaltsanspruches eines unehelichen Kindes hat. Denn der Rechtsgrund, auf dem die eingeklagte Forderung beruht, ist nicht nur die Tatsache, daß der Bekl. der Erzeuger des Kindes ist. Er beruht vielmehr wesentlich mit auf den besonderen, engen Beziehungen, die zwischen der Kl. und dem Bekl. bestanden, als die Forderung begründet wurde. Dieser Umstand gibt auch der Forderung selbst ihren eigentlichen Charakter, durch den sie sich von gewöhnlichen Unterhaltsforderungen unterscheidet. Der V. Zivilsenat hat in BGHZ 1, 112[1] allgemein ausgesprochen, daß Forderungen, die vor der Währungsreform durch Vertrag begründet worden sind, nach dem Recht umgestellt werden, das an dem Ort gilt, an dem der Schuldner zur Zeit der Währungsreform seinen Wohnsitz hatte. Nur dieser Anknüpfungspunkt trägt nach den Ausführungen des V. Senats dem Umstand Rechnung, daß währungsrechtliche Eingriffe ein Ausfluß der staatlichen Währungshoheit sind und daß sie nur gegenüber denjenigen Rechts- und Schuldverhältnissen durchgesetzt werden können, die der Gesetzgebungs- und Zwangsgewalt des über das Währungsrecht bestimmenden Hoheitsträgers unterliegen. Dies ist der Hoheitsträger, in dessen Gebiet der Schuldner seinen Wohnsitz hat.

Für Fälle, in denen Gläubiger und Schuldner zur Zeit der Währungsreform ihren Wohnsitz im westlichen Gebiet hatten, hat der I. Zivilsenat in seinem Urteil v. 1. 2. 1952[2] die Frage, nach welchem Währungsrecht die Forderung umzustellen sei, nach dem hypothetischen

---

[1] Siehe unten Nr. 232. [2] Siehe unten Nr. 402b.

Parteiwillen entschieden. Dabei handelt es sich, wie der Senat ausgeführt hat, nicht um die Ermittlung hypothetisch subjektiver Vorstellungen der Parteien, sondern um eine vernünftige Interessenabwägung auf rein objektiver Grundlage, die an Hand der im Zeitpunkt der Währungsreform bestehenden tatsächlichen Verhältnisse vom Richter vorzunehmen ist. Diese führt nach Ansicht des I. Zivilsenats zur Anwendung der westlichen Währungsordnung, da Gläubiger und Schuldner dieser Rechtsordnung unterstehen und vernünftigerweise anzunehmen ist, daß sie sich derjenigen Währungsregelung unterwerfen wollen, die in dem für sie beide maßgebenden Währungsgebiet getroffen wird.

Für denselben Fall, wo Gläubiger und Schuldner im Zeitpunkt der Währungsreform ihren Wohnsitz im westlichen Gebiet hatten, hatte der erkennende Senat sich in seinem Urteil v. 31. 1. 1952[1] bereits der Rechtsansicht des V. Zivilsenats angeschlossen. Auch in dem vorliegenden Rechtsstreit, wo im Zeitpunkt der Währungsreform der Schuldner seinen Wohnsitz im westlichen Währungsgebiet, die Gläubigerin ihren Wohnsitz in der Ostzone hatte, sieht der Senat keinen Anlaß, den bisher eingenommenen Standpunkt aufzugeben. Der Wohnsitz des Schuldners im Zeitpunkt der Währungsreform bietet in diesem Fall den allein brauchbaren Anknüpfungspunkt für die Umstellung.

Ein bestimmter hypothetischer Parteiwille, wie ihn der I. Zivilsenat für die von ihm erörterte Fallgruppe als Anknüpfungspunkt angenommen hat, kann in dem vorliegenden Falle überhaupt nicht ermittelt werden. Wenn daher auch der hypothetische Parteiwille als Anknüpfungspunkt entfällt, kann nur an den Wohnsitz des Schuldners zur Zeit der Währungsreform angeknüpft werden. Die Währungsreform stellt sich als ein staatlicher Eingriff in das Vermögen der von ihr betroffenen Personen dar. Betroffen werden Gläubiger und Schuldner. Unterstanden sie im Zeitpunkt der Währungsreform verschiedenen staatlichen Hoheitsgewalten, dann muß, wenn, wie hier, ein anderer Anknüpfungspunkt nicht gegeben ist, auf das Recht derjenigen Gewalt abgestellt werden, der der Schuldner angehört. Denn nur dieses Hoheitsrecht kann kraft der ihm eigenen Gewalt gegen den Schuldner wirken. Die Machtbefugnisse der fremden, am Wohnsitz der Gläubiger herrschenden Staatsgewalt enden an ihren Landesgrenzen. Sie kann den Schuldner, der seinen Wohnsitz außerhalb ihrer Gebietshoheit hat, nicht erfassen. Wenn sich durch diese Art der Umstellung Unbilligkeiten für die Vertragsparteien ergeben sollten, so müssen diese im Vertragshilfeverfahren ausgeglichen werden. Sie würden keineswegs ausgeschlossen sein, wenn für die Umstellung an andere Punkte angeknüpft würde. Jeder denkbare Anknüpfungspunkt kann, wenn sich die Verhältnisse ändern, indem die eine oder andere Partei ihren Wohnsitz in ein anderes Währungsgebiet verlegt, zu Unbilligkeiten führen. Demnach hat das BerG den Bekl. zu Recht zur Zahlung in DM-West verurteilt.

Auf Grund der allgemeinen Genehmigung der BdL Nr. 27/48 (Mittlg. BdL 1949, 628) ist den Schuldnern nur gestattet, Verbindlichkeiten

---

[1] Siehe oben Nr. 214.

gegenüber Gläubigern, die ihren Wohnsitz in der Ostzone haben, in der Weise zu erfüllen, daß der Betrag auf ein gesperrtes Konto des Gläubigers bei einem Geldinstitut im Währungsgebiet gezahlt oder überwiesen wird. Mangels einer dahingehenden Genehmigung konnte daher der Bekl. keinesfalls zur Zahlung des geschuldeten Betrages zur freien Verfügung an die Kl. verurteilt werden.

Die Ansicht der Revision, daß die Zahlung von Unterhaltsforderungen auf ein gesperrtes Konto nicht verlangt werden könne, da Unterhaltszahlungen ihrem Wesen nach zum Verbrauch bestimmt seien und nicht dazu dienen könnten, Ersparnisse und Vermögensansammlungen zu ermöglichen, kann hier nicht durchgreifen. Die geschuldeten Beträge sollen zwar zur Bestreitung des Unterhalts des Kindes der Parteien dienen. Die Forderung selbst hat aber ihren Rechtsgrund nicht in der gesetzlichen Unterhaltspflicht des Bekl., sondern in den zwischen den Parteien getroffenen vertraglichen Abmachungen, die auf den engen, persönlichen Beziehungen, die damals zwischen ihnen bestanden, beruhen. Abgesehen davon war der Sachverhalt, der der Entscheidung (RGZ 165, 219 [221]), auf die die Revision sich beruft, zugrundelag, auch in anderen Punkten wesentlich anders gelagert. Anders als in dem vom RG entschiedenen Fall hat der Ostzonen-Gläubiger verschiedene Möglichkeiten, über seine gesperrten Konten im Währungsgebiet zu verfügen und die Beträge für die Bestreitung des Unterhalts zu verwerten."

**217. Auf das interzonale Recht sind die Regeln des deutschen internat. Privatrechts anzuwenden. — Das Währungsstatut eines vertraglichen Schuldverhältnisses bestimmt sich nach dem ausdrücklichen oder mutmaßlichen Parteiwillen. — Bei Verträgen aus der Zeit vor der Währungsreform kann das maßgebende Recht nicht nach einem hypothetischen Parteiwillen bestimmt werden. — Mangels eines ausdrücklichen Parteiwillens ist Währungsstatut das Recht am Wohnsitz des Schuldners im Zeitpunkt der Währungsreform.**

OLG Stuttgart, Nebensitz Karlsruhe (amerik. Zone), Beschl. v. 7. 6. 1952 — 3 W 178/52:* Leitsatz in BB 1952, 730.

Die in den Westzonen wohnhaften Bekl. schulden der in der Ostzone wohnhaften Kl. auf Grund eines im Jahre 1930 abgeschlossenen Vergleichs eine monatliche Unterhaltsrente. Die Kl. beantragte die Umstellung des Titels nach westdeutschem Währungsrecht. LG und OLG gaben dem Antrag statt.

Aus den Gründen:

„Da die Gläubigerin eine höhere Umstellung als 1:10 für sich in Anspruch nimmt, bedarf sie nach § 1 der 16. DVO zum UG zum Zwecke der Zwangsvollstreckung der Erteilung eines Umstellungsvermerkes zu dem auf RM lautenden gerichtlichen Vergleich vom 27. 5. 1930. Da die Gläubigerin jedoch in der Ostzone wohnt, der frühere Schuldner und auch die heutigen ihren Wohnsitz dagegen in der Bundesrepublik hatten und haben, erhebt sich die Frage, welches Währungsrecht für solche sich über das westdeutsche Währungsgebiet hinaus erstreckenden Rechtsverhältnisse maßgebend ist. Diese Frage beantwortet sich nach dem interzonalen Privatrecht, das den Regeln des internat. Privatrechts angelehnt ist (BGHZ 1, 109[1] [111 ff.]).

Das Schuldrecht des internat. und damit auch des interzonalen Privatrechts wird weitgehend vom Parteiwillen beherrscht. Da es sich auch in dem hier zu entscheidenden Falle um eine Frage des Schuldrechts (vertragliche Unterhaltsrente) handelt, hätten die Parteien beim Vertragsabschluß das auf ihr Schuldverhältnis anzuwendende Statut bestimmen können. Dies ist weder ausdrücklich geschehen, noch kann dem Vergleich v. 27. 5. 1930 ein bestimmter Wille in dieser Richtung entnommen werden. Dies ist auch deshalb verständlich und natürlich, weil die Vertragschließenden damals nicht wissen konnten, daß Deutschland einmal in zwei getrennte Währungsgebiete gespalten werden würde. Bei dieser Sachlage ist auch für die Annahme eines in zweiter Linie in Betracht kommenden hypothetischen Parteiwillens kein Raum (BGHZ 1, 109 [111][2]; OGHZ 1, 386 [391][3]; 4, 51 [56][4]).

Alleiniger Anknüpfungspunkt für die Bestimmung des anzuwendenden Währungsstatutes kann vielmehr nur der Wohnsitz der Schuldner im Zeitpunkt der Währungsreform sein. Dies ist auch die in der Rechtsprechung der höheren Gerichte heute durchaus herrschende Meinung (vgl. BGHZ 1, 109[5]; BGH in BB 1952, 237[6]; OLG Schleswig, MDR 1951, 172; OLG Hamburg, MDR 1951, 41[7]; OGHZ 1, 386[8]; 4, 51[9]; OLG Düsseldorf, MDR 1951, 491[10]; KG-West, DRsp. II (250) 12 g[11]). Die von den Schuldnern zitierten abweichenden Entscheidungen unterer Gerichte vermögen demgegenüber nicht zu überzeugen. Sie liegen auch größtenteils zeitlich früher und sind daher durch die spätere Rechtsprechung der höheren Gerichte, insbesondere durch die neuere Entscheidung des BGH v. 31. 1. 1952[6] überholt.

Zu dem gleichen Ergebnis gelangt man aber auch, wenn man für das anzuwendende Währungsstatut den Erfüllungsort, d. h. ebenfalls den Wohnsitz des Schuldners (§ 269 BGB) oder den Schwerpunkt des Schuldverhältnisses maßgebend sein läßt (vgl. OLG Braunschweig, JR 1950, 667[12]; *Wolff*, IPR², 121); denn das Schuldverhältnis hat seinen Schwerpunkt ebenfalls am Wohnsitz der Schuldner bzw. ihres Rechtsvorgängers, da deren wirtschaftliche Verhältnisse für die Bemessung der Unterhaltsrente der Gläubigerin maßgebend sind und waren, nicht jedoch der Lebensbedarf der heute 86jährigen Gläubigerin, der eine monatliche Unterhaltsrente von 350 DM allein nicht rechtfertigen könnte.

Maßgebend ist danach das in der Deutschen Bundesrepublik geltende Währungsrecht. Nur diese Rechtsansicht trägt auch den allgemein anerkannten staatsrechtlichen und währungsrechtlichen Gesichtspunkten Rechnung (vgl. BGHZ 1, 109[1], insbesondere 112)."

---

[1] Siehe unten Nr. 232. [2] Siehe unten Nr. 232. [3] Siehe unten Nr. 365.
[4] Siehe unten Nr. 371. [5] Siehe unten Nr. 232. [6] Siehe oben Nr. 214.
[7] Siehe unten Nr. 402a. [8] Siehe unten Nr. 365. [9] Siehe unten Nr. 371.
[10] Siehe unten Nr. 320. [11] Siehe unten Nr. 243. [12] Siehe unten Nr. 240.

**218.** **Ein Schuldner mit Wohnsitz in Westdeutschland ist nicht beschwert, wenn der Betrag der nach westdeutschem Währungsrecht umgestellten Forderung geringer ist als der Betrag der nach ostdeutschem Währungsrecht umgestellten und nach dem Wechselkurs in die Währung am Wohnsitz des Schuldners umgerechneten Forderung.**

BGH, Urt. v. 14. 1. 1953 — VI ZR 9/52: NJW 1953, 499; BGHZ 8, 288; Leitsatz: LM, Nr. 2 zu § 823 BGB (*Delbrück*).

Die Kl., die ihren Wohnsitz in L. (sowjet.) haben, verlangen von dem in Westdeutschland ansässigen Bekl. Schadensersatz für eine Unterschlagung von Vermögenswerten im Jahre 1945. Die Revision des Bekl. gegen die verurteilenden Erkenntnisse der Vorinstanzen war erfolglos.

Aus den Gründen:

„Es bedarf nicht der Entscheidung, ob die Forderung der Kl. dem Währungsrecht der Bundesrepublik oder dem Währungsrecht der sowjet. Besatzungszone unterliegt, denn der Bekl. ist dadurch, daß die Kl. den Betrag gefordert und zugesprochen erhalten haben, der ihnen nach der Umstellungsgesetzgebung der Bundesrepublik zusteht, nicht beschwert, da sie nach dem Währungsrecht der sowjet. Besatzungszone keinen dem Wert nach geringeren Betrag zu beanspruchen hätten als nach den westdeutschen Bestimmungen...

Nach dem Währungsrecht der sowjet. Besatzungszone hätten also die Kl. an Stelle der 133 649,03 RM nunmehr 133 649,03 DM-Ost von dem Bekl. zu verlangen. Da das Umrechnungsverhältnis der DM-Ost zur DM-West zur Zeit etwa 1:4,5 beträgt, würde somit der Wert des den Kl. bei Zugrundelegung des in der sowjet. Besatzungszone geltenden Umstellungsrechts zustehenden Betrages in DM-Ost sogar wesentlich höher sein als der ihnen zuerkannte Betrag."

**219.** **Ist Anknüpfungspunkt eines Gesetzes der Wohnsitz des Gläubigers in einem bestimmten Zeitpunkt, so stellt es eine nichtige Abänderung des Gesetzes dar, wenn in einer Ausführungsvorschrift bei vermißten Personen der Wohnsitz von Eltern oder Kindern des Vermißten für maßgebend erklärt wird. — Der Wohnsitz einer Person wird nicht dadurch aufgehoben, daß die Person verhaftet wird und ihr Aufenthalt unbekannt ist.**

Prüfungsausschuß für Uraltkonten, Berlin (West), Beschl. v. 31. 10. 1952 — II PA 6698: JR 1953, 60.

Kurz nach der Kapitulation war W. von der sowjet. Besatzungsmacht verhaftet worden und ist seitdem verschollen. Das AG X., in dessen Bezirk W. seinen Wohnsitz hatte, bestellte den Rechtsanwalt K. zum Abwesenheitspfleger. Der Abwesenheitspfleger beantragte die Umstellung eines Kontos von W. bei der Sparkasse der Stadt Berlin.

Aus den Gründen:

„Die Ausführungsvorschrift Nr. 11 zur Uraltkonten-Bestimmung v. 25. 8. 1950 und Ziff. 10 S. 1 (wirtschaftlicher Wohnsitz) der Richtl. Nr. 1 zur Uraltkonten-Bestimmung v. 27. 1. 1950[1] gehen nach ständiger

[1] Nach diesen Bestimmungen kann eine Umstellung bei Vermißten nur dann erfolgen, wenn Eltern oder Kinder vorhanden sind, die am 1. 10. 1949 ihren Wohnsitz in den Westsektoren von Berlin gehabt haben.

Rechtsprechung der Kammer über die der Berliner Zentralbank erteilte Ermächtigung hinaus, da beide Vorschriften sowohl eine das Gesetz abändernde als auch eine das Gesetz einschränkende Vorschrift darstellen. Ihre typische Fehlerfolge ist ihre Nichtigkeit (*Anschütz-Thoma*, Hdb. d. Dt. Staatsrechts [1932] 254; *Landsberg*, Verfassung von Berlin 48; *Peters*, Lehrbuch der Verwaltung [1949] 75, und *Forsthoff*, Lehrbuch des Verwaltungsrechts [1950] 110). Die Kammer muß daher die Ausführungsvorschrift Nr. 11 und Ziff. 10, S. 1, der Richtl. Nr. 1 im konkreten Fall als nichtig betrachten und den konkreten Fall so entscheiden, als ob die Ausführungsvorschrift Nr. 11 und die Bestimmung der Ziff. 10, S. 1 der Richtl. Nr. 1, überhaupt nicht ergangen wären.

Nach Ziff. 1 (1)a der Uraltkonten-Bestimmung v. 23. 12. 1949 nehmen Guthaben aus der Zeit vor dem 9. 5. 1945 an der West-Berliner Umstellung teil, wenn der Gläubiger am 1. 10. 1949 seinen Wohnsitz in West-Berlin gehabt hat. Diese Voraussetzung ist für den Kontoinhaber, obwohl er bis heute nicht wieder nach West-Berlin zurückgekehrt ist, gegeben, da er seit vielen Jahren seinen juristischen Wohnsitz in West-Berlin gehabt und bis zu seiner Inhaftnahme durch die sowjet. Besatzungsmacht auch dort gewohnt hat. Er hat diesen seinen West-Berliner Wohnsitz nicht aufgegeben. Nach § 7 III BGB wird der Wohnsitz aufgehoben, wenn die Niederlassung mit dem Willen aufgehoben wird, sie aufzugeben. Wenn schon nach einhelliger Auffassung in Schrifttum und in der Rechtsprechung durch längeren Aufenthalt in einer Heilanstalt oder durch den zur Erfüllung der Wehrpflicht genommenen Aufenthalt, da es hier an der Absicht der ständigen Niederlassung fehlt, oder durch den Aufenthalt in einer Gefangenenanstalt, der ein unfreiwilliger ist, und wenn weiterhin auch bei zeitweiliger Entfernung in der Absicht der Rückkehr kein Wohnsitz begründet wird (RGRK zu § 7 BGB; *Staudinger* § 7 BGB und *Endemann*, Lehrbuch des bürgerl. Rechts zu § 7 BGB), so ist der Wohnsitz keinesfalls aufgehoben, wenn Personen — im vorliegenden Fall der Kontoinhaber — infolge Verhaftung durch die sowjet. Besatzungsmacht nicht wieder zurückgekehrt sind und ihr derzeitiger Aufenthalt unbekannt ist. Für diese von der Kammer vertretene Auffassung spricht auch die Tatsache, daß das AG, weil der Abwesende seinen Wohnsitz im Bezirk des AG nicht aufgegeben hat, für den vermißten Kontoinhaber RA K. zum Abwesenheitspfleger mit dem Wirkungskreis bestellt hat, die vermögensrechtlichen Angelegenheiten des Abwesenden wahrzunehmen. Da also der Kontoinhaber am 1. 10. 1949 gemäß Ziff. 1 (1)a der Uraltkonten-Bestimmung seinen juristischen Wohnsitz in West-Berlin gehabt hat, hat die Kammer keine Bedenken getragen, der Beschwerde und dem Antrag auf Umstellung auf den Kontoinhaber stattzugeben."

**220. Eine Erbengemeinschaft hat als Gläubiger einer Forderung ihren „Sitz" am letzten Wohnsitz des Erblassers.**

LG Saarbrücken (Saargebiet), Beschl. v. 30. 1. 1952 — AR 108/51: SaarlRuStZ 1952, 62.

Aus den Gründen:

„Es ist zwar zutreffend, daß eine Umstellung nach dem Erlaß Nr. 47/2170 über den Währungsumtausch im Saarland nur erfolgt, wenn Gläubiger und Schuldner am 20. 11. 1947 ihren Wohnsitz im Saarland hatten. Dieses Erfordernis steht aber vorliegend der Umstellung nicht entgegen. Denn es handelt sich hier nicht um die Forderung eines nicht im Saarland wohnenden Gläubigers, sondern um die Forderung einer Erbengemeinschaft. Wenn diese auch keine Rechtspersönlichkeit ist, so nimmt sie doch als eine Gemeinschaft zur gesamten Hand nach den erbrechtlichen Bestimmungen der §§ 2032 ff. BGB eine gewisse Sonderstellung ein, die ihren Charakter dem einer Rechtspersönlichkeit annähert. Dementsprechend muß das rechtliche Schicksal einer Gesamthandsforderung naturnotwendig einheitlich sein. Es ist daher sinngemäß bei der Anwendung des Währungsumtauscherlasses nicht auf den Wohnsitz des einzelnen Erben abzustellen, da dieser rein zufällig und nicht dem Wesen der Erbschaft immanent erscheint. Maßgebend kann vielmehr nur das Recht desjenigen Ortes sein, an dem der Erblasser zur Zeit seines Todes seinen Wohnsitz gehabt hat. Dort hatte zu seinen Lebzeiten sein Vermögen den natürlichen Mittelpunkt und es behält ihn auch bis zur Auseinandersetzung. Für die Richtigkeit dieser Auffassung sprechen auch die Bestimmungen der §§ 27, 28 ZPO und Art. 24 II EGBGB. Nachdem die Erblasserin ihren letzten Wohnsitz im Saarland hatte, ist demnach das Schuldverhältnis ein rein saarländisches und mithin nach dem Erlaß Nr. 47/2170 in Franken umgestellt."

## 7. Besondere Schuldverhältnisse

**221.** **Das Währungsrecht für eine vor Kriegsende entstandene Forderung aus einem Kaufvertrag kann nicht durch ausdrückliche Parteivereinbarung bestimmt worden sein; aber auch die Ermittlung eines mutmaßlichen Parteiwillens scheidet aus, wenn das Schuldverhältnis vor dem Zerfall des einheitlichen Währungsrechtes begründet wurde. — Maßgebend für die Umstellung ist vielmehr die Zugehörigkeit des Schuldverhältnisses zu einem der Währungsbereiche in dem Augenblick, in dem die verschiedenen Währungsreformen in Deutschland erfolgten. — Anknüpfungspunkt für das Umstellungsstatut ist daher der Erfüllungsort. — Da Rechtsverschiedenheiten nur hinsichtlich des Währungsrechts, nicht auch des sonstigen bürgerlichen Rechts bestehen, braucht für die Anknüpfung des Umstellungsstatuts nicht ein einheitlicher Anknüpfungspunkt für den gesamten Vertrag gesucht zu werden, sondern es genügt als Anknüpfungspunkt der Erfüllungsort der Kaufpreisschuld. — Maßgebend ist danach als Erfüllungsort der Wohnsitz des Schuldners der Kaufpreisforderung.**

KG Berlin (West), Urt. v. 10. 6. 1949 — 5 U 1057/49: JR 1950, 151 (*Krech*).

Die bekl. Firma mit Sitz in West-Berlin kaufte kurz vor Kriegsende bei der in Berlin-Ost ansässigen Kl. Holz und holte es selbst von dem jetzt im Ostsektor ge-

**legenen Lagerplatz ab. Die Parteien streiten sich über die Umstellung der an sich unstreitigen RM-Kaufpreisschuld. Das LG wandte das Währungsrecht am Erfüllungsort der Warenlieferung an, das KG dagegen das Währungsrecht am Erfüllungsort der Kaufpreisschuld.**

Aus den Gründen:

„Zwar ist die Kaufpreisforderung unstreitig, jedoch ist deren Bezahlung im Verhältnis 1 : 1 in Ostmark nicht gerechtfertigt.

In erster Linie ist ein rechtsgeschäftliches Schuldverhältnis gemäß dem erklärten Parteiwillen zu erfüllen, in zweiter Linie nach dem Gesichtspunkt von Treu und Glauben, der mit Rücksicht auf die Verkehrssitte ergänzend zur ersteren hinzutritt. Eine Vereinbarung darüber, nach welchem Währungsrecht die Kaufpreisschuld der Bekl. zu bezahlen war, ist von den Parteien nicht getroffen worden.

Sie war aber auch nicht aus den sonstigen Umständen zu interpretieren, weil der Kaufvertrag bereits vor der Kapitulation geschlossen war und daher niemand voraussehen konnte, daß dieser einmal einer verschiedenen währungsrechtlichen Beurteilung unterliegen könnte.

Hierüber enthalten auch die Währungsrechte selbst keinerlei Bestimmung. Zwar hat das RG in Fällen, in denen es an einer ausdrücklichen Vereinbarung fehlt, den Grundsatz eines mutmaßlichen (hypothetischen) Parteiwillens entsprechend den Regeln des interlokalen Privatrechts entwickelt (RGZ 126/206, 120/72) und hierbei den Ort als bestimmend für das anzuwendende Währungsrecht angesehen, bei dem der ‚Schwerpunkt' des Schuldverhältnisses liegt. Voraussetzung für die Anwendung dieses Grundsatzes ist aber, daß das Schuldverhältnis trotz Bestehen verschiedener Währungsbereiche begründet wurde. Demgegenüber fehlt es hier deshalb an einer Vereinbarung, weil verschiedene Währungsrechte noch nicht existierten, so daß auch von einem mutmaßlichen Parteiwillen nicht gesprochen werden kann.

Es handelt sich vielmehr um die Frage, welchem Währungsbereich die bestehenden Schuldverhältnisse in dem Augenblick unterlagen, als die dem Alliierten Kontrollrat angehörenden Mächte die bestehende Währungseinheit auflösten und in den ihrer Besetzung unterliegenden Gebieten separate Währungsreformen durchführten. Nun ist trotz des verschiedenartigen Inhalts der östlichen und westlichen Währungsbestimmungen deren Erlaß auf beiden Seiten nicht ohne alle Rücksicht auf die der Einheit Deutschlands zugrundeliegenden Verhältnisse erfolgt. Insbesondere sind die Bestimmungen des BGB, die in beiden Währungsgebieten nach wie vor gelten, soweit sie für die vorliegende Frage Anwendung finden können, unberührt geblieben. Der Senat ist daher der Ansicht, daß es einer Anwendung interlokaler Rechtsregeln, insbesondere des Territorialitätsprinzips, nicht bedarf, das Schuldverhältnis vielmehr einfach nach dem jetzt am Erfüllungsort gemäß § 269 BGB geltenden Währungsrecht zu erfüllen ist, da ein Anhaltspunkt für eine von den Parteien nach ihrem erkennbaren oder vermuteten Willen gewollte anderweitige Regelung nicht vorhanden ist. Erfüllungsort ist mangels eines Parteiwillens sowie sonstiger Umstände gemäß § 269 I BGB der Wohnsitz des Schuldners. Daß sich die Bekl.

das Holz bei dem im Ostsektor gelegenen Lager der Kl. abgeholt hat, mag für den Erfüllungsort der Warenschuld von Einfluß sein, jedoch nicht für die Kaufpreisschuld. Denn diese Tatsache rechtfertigt bei einem Kaufvertrage noch nicht den Schluß, daß beide Parteien das Lager der Kl. für beide Vertragsverpflichtungen in örtlicher Beziehung als entscheidend haben ansehen wollen. Dann aber unterlag entgegen der Ansicht des Vorderrichters jede Verpflichtung einer gesonderten Beurteilung des Erfüllungsortes, und zwar in Übereinstimmung mit der vom RG nach anfänglichem Schwanken schließlich in RGZ 140/69 vertretenen Ansicht. Da die Bekl., die ihren Sitz in den Westsektoren hat, Schuldnerin der Kaufpreisforderung war, unterlag diese Westwährungsrecht und war daher gemäß Art. 14 UmstVO im Verhältnis 10 : 1 in DM-West umzustellen."

**222. Das Währungsstatut eines obligatorischen Vertrages bestimmt sich, auch für die Rückzahlungsverpflichtungen nach Rücktritt vom Vertrage, in erster Linie nach dem ausdrücklichen, hilfsweise nach dem mutmaßlichen Parteiwillen, mangels eines solchen nach dem Erfüllungsort. — Das Währungsstatut bestimmt das Umstellungsverhältnis eines RM-Betrages.**

LG Berlin (West), Urt. v. 21. 4. 1950 — 20 S 11/50: JR 1950, 668.

Die Kl. mit Sitz in Berlin-West schloß vor der 1. Berliner Währungsreform mit der Bekl., die damals ihren Sitz in der Ostzone hatte, einen Vertrag über die Herstellung von Möbeln. Als Anzahlung übergab sie der Bekl. in ihrem Büro einen RM-Betrag. Da die Bekl. die Bestellung nicht ausführte, verlangte die Kl. Rückzahlung der Anzahlung in DM-Ost im Verhältnis 1:1. Das AG sah auf Grund der Anzahlung Berlin-West als Erfüllungsort des Vertrages an und verurteilte daher zur Rückzahlung in DM-West im Verhältnis 1:10. Auf die Berufung der Kl. gab das LG dem Klageantrag statt.

Aus den Gründen:

„Die Frage, in welcher Währung der Schuldner seine Schuldverpflichtung zu erfüllen hat, bestimmt sich in erster Linie danach, was hierüber zwischen den Parteien vereinbart ist. Eine Vereinbarung hierüber ist jedoch zwischen den Parteien nicht getroffen, konnte es auch gar nicht, weil der Vertragsabschluß zwischen den Parteien vor der Währungsreform liegt. Andererseits entbehren Rückschlüsse dahingehend, daß die Parteien den Umständen nach auf ihre Geschäftsbeziehungen die Bestimmungen der West-Berliner Währungsgesetzgebung als vereinbart ansehen wollten, jeder Grundlage. Infolgedessen beantwortet sich die Frage, welche Währungsbestimmungen im vorliegenden Fall zur Anwendung zu kommen haben, ausschließlich danach, an welchem Ort die Bekl. die streitige Verpflichtung zu erfüllen hatte. Welcher Ort das für die Rückzahlung des Geldes durch die Bekl. ist, richtet sich wiederum gemäß § 269 BGB zunächst nach der Vereinbarung der Parteien, hilfsweise nach den Umständen, insbesondere der Natur des Schuldverhältnisses, und falls sich hieraus nichts ergibt, nach dem Sitz der Bekl. zur Zeit des Abschlusses des Werklieferungsvertrages. Eine Vereinbarung darüber, wo die Bekl. zur Erfüllung des Vertrages verpflichtet sein sollte, ist nicht getroffen worden. Aus der Tatsache, daß die Kl. die Anzahlung in West-Berlin geleistet und die Bekl. sie hier entgegengenommen hat, ist nicht zu entnehmen, daß die Parteien West-Berlin als Erfüllungsort vereinbart hätten, weil für die Zahlung des Preises Berlin auch gesetzlicher Erfüllungsort war (§§ 269, 270 IV BGB). Aus den Umständen, die zum Abschluß des Vertrages zwischen den Parteien geführt haben, läßt sich ebenfalls nichts in der Richtung entnehmen, welcher Erfüllungsort hier zu gelten hat. Da also weder ein vereinbarter noch ein aus den Umständen ersichtlicher Erfüllungsort für die Verpflichtung der Bekl. aus dem Vertrage gegeben ist, richtet sich der Erfüllungsort nach ihrem Firmensitz zur Zeit des Vertragsabschlusses. Unstreitig war der Sitz der Bekl. im Zeitpunkt des Abschlusses des ursprünglichen Vertrages in D. (Ostzone). Dieser Ort kommt demnach gemäß § 269 BGB allein als Erfüllungsort für die der Bekl. aus dem Vertrage obliegenden Verpflichtungen auf Herstellung und Versendung der bestellten Büromöbel in Betracht.

Liegt die Sache aber so, dann ist nach späterer Auflösung des Vertrages D. auch Erfüllungsort für die Verpflichtung der Bekl. zur Rückzahlung des erhaltenen Vorschusses. Wollte man aber annehmen, daß durch die einverständliche Aufhebung des Vertragsverhältnisses ein völlig neues Schuldverhältnis (das sogenannte Rückgewährschuldverhältnis) entstanden ist, dann sind auch die Erfüllungsorte für die hieraus folgenden Schuldverpflichtungen der Parteien völlig selbständig zu bestimmen. Das führt aber dazu, auch in diesem Falle für die Rückzahlungsverpflichtung der Bekl. von D. als Erfüllungsort auszugehen. Maßgebend ist in dieser Hinsicht nicht etwa der alte Erfüllungsort, wo die Kaufpreisforderung zu erfüllen war, sondern der Erfüllungsort, wo der Rückerstattungsanspruch zu erfüllen ist.

Ob die Bekl. neuerdings ihren Sitz nach West-Berlin verlegt hat, kann dahingestellt bleiben, weil nach der ausdrücklichen Vorschrift des § 269 BGB Erfüllungsort der Wohnsitz des Schuldners im Zeitpunkt der Entstehung der Schuldverpflichtung ist. Dieser Zeitpunkt richtet sich nach der Entstehung des Rückzahlungsanspruches, der mit der einverständlichen Aufhebung des ursprünglichen Vertrages zusammenfällt. Daß die Bekl. schon zu diesem Zeitpunkt eine Sitzverlegung nach West-Berlin vorgenommen hatte, hat sie aber unter Beweisantritt nicht dargetan.

Erfüllungsort und maßgebend für das Währungsstatut der Rückzahlungsverpflichtung der Bekl. ist daher die Ostzone, so daß die Bekl. nach den dort geltenden Währungsvorschriften den empfangenen Vorschuß in voller Höhe, wie von der Kl. verlangt, in Ostwährung zurückzuzahlen hat."

**223. Auf Konflikte des interlokalen Rechts sind die Regeln des deutschen internat. Privatrechts entsprechend anzuwenden. — Das Währungsstatut eines Werkvertrags bestimmt sich nach dem Schuldstatut. — Das Schuldstatut eines Vertrages wird in erster Linie durch den ausdrücklich oder stillschweigend erklärten, hilfsweise durch den**

**hypothetischen Parteiwillen, sonst nach dem Sitz des Schuldners bestimmt. — Liegt der bei Vertragsabschluß vereinbarte Erfüllungsort jetzt in dem polnisch verwalteten Gebiet Deutschlands und sind beide Parteien dort nicht mehr ansässig, so ist nach dem hypothetischen Parteiwillen Schuldstatut das Recht an dem „angemessenen neuen Erfüllungsort".**

LG Hamburg (brit. Zone), Urt. v. 10. 1. 1952 — 9 S 545/51: *unveröff.

Der Kl. war Handwerksmeister in L. (östlich der Oder-Neiße-Linie) und führte dort zwischen 1943 und 45 Reparaturarbeiten für die Bekl. aus. Im Jahre 1945 flüchtete der Kl. aus L. und wohnt jetzt in der sowjet. Zone. Die Bekl. ist eine Einzelfirma, die früher ihren Sitz in G. (jetzt: sowjet.) und Zweigniederlassungen in H. (jetzt: brit.) und L. hatte. Nach Enteignung des Betriebes in G. wurde 1946 der Sitz der Firma von G. nach H. an den Ort der bisherigen Zweigniederlassung verlegt. Der Kl. beantragt, die Bekl. zur Zahlung des Werklohnes für die Reparaturarbeiten zu verurteilen. AG und LG gaben der Klage statt.

Aus den Gründen:

„Das Gericht hatte zunächst die Frage zu entscheiden, welches Recht auf den Werkvertrag der Parteien anzuwenden ist, das der Bundesrepublik, der Ostzone oder gar das jetzt in L. gültige Recht. Diese Frage nach dem Schuldstatut ist vor allem für das anzuwendende Währungsrecht von Bedeutung.

Diese Frage kann nur durch entsprechende Anwendung der Grundsätze des internat. Privatrechts entschieden werden. Insoweit muß jedoch, da die Materie im EGBGB nur lückenhaft geregelt ist, auf die in der Wissenschaft und Rechtsprechung herausgearbeiteten Grundsätze zurückgegriffen werden. Danach ist bei Schuldverhältnissen entsprechend dem Grundsatz der Vertragsfreiheit in erster Linie für das anzuwendende Recht der ausdrücklich oder stillschweigend erklärte Parteiwille maßgebend (*Raape*, IPR[3] 280ff.). Damit kommt man hier nicht weiter, da nach dem ursprünglichen Parteiwillen L. Erfüllungsort sein sollte und bei Vertragsschluß keine der Parteien die heutige Lage voraussehen konnte, die eine Erfüllung in L. unmöglich macht und eine Veränderung der Währungen mit sich gebracht hat.

In zweiter Linie kommt es auf den hypothetischen Parteiwillen an (*Raape* 291). Welche Regelung würden die Parteien redlicher- und vernünftigerweise getroffen haben, wenn sie bei Vertragsschluß über den Fortfall des ursprünglich vereinbarten Erfüllungsortes und die Aufspaltung der damals einheitlichen RM-Währung nachgedacht hätten? Zu dem hypothetischen Parteiwillen führt nach *Raape* die Interessenabwägung, die Frage nach dem, was bonum et aequum ist. Das RG hat in ähnlicher Weise insbesondere in RGZ 107, 121ff. den Standpunkt vertreten, daß es nicht angängig ist, nur wegen der Unbestimmbarkeit des Erfüllungsortes die Forderung sozusagen einfrieren zu lassen. In solchem Falle ist die Verpflichtung dann an einem anderen, der Sachlage angemessenen Orte zu erfüllen (angemessener Erfüllungsort). Der OGH Köln hat in seinem Urteil v. 2. 6. 1949 (MDR 1949, 615) gleichfalls ausgeführt, daß es das Ziel der Rechtsprechung über den neuen angemessenen Erfüllungsort ist, die Erfüllung keinesfalls am Mangel eines

Erfüllungsortes scheitern zu lassen. Eine Interessenabwägung beider Parteien ergibt im vorliegenden Falle, daß einzig H. als angemessener neuer Erfüllungsort in Frage kommt. Erstens hat die Bekl. nach hier ihren Hauptgewerbesitz verlegt, zweitens hat sie, wie sie selbst zugibt, Maschinen und andere Werte aus dem Osten nach hier gerettet, drittens verfügt die Bekl. hier über ein beträchtliches Vermögen und viertens hat nur hier die Durchsetzung eines bestehenden Anspruches Aussicht auf Erfolg. Demnach muß H. als angemessener neuer Erfüllungsort für die Forderung des Kl. angesehen werden. Dann ist auch das sonst in H. gültige Recht maßgebend.

Dem steht nicht entgegen, daß die Parteien hier ursprünglich L. als Erfüllungsort vereinbart hatten, weil die Erfüllung dort unmöglich ist und die Frage der Währung damals noch gar nicht akut war. Andererseits kann hier auch über § 269 BGB nicht die Frage nach dem Schuldstatut beantwortet werden, obwohl an sich bei fehlendem wirklichen oder hypothetischem Parteiwillen teilweise die hilfsweise Anknüpfung an den vereinbarten oder sich aus dem materiellen Recht ergebenden Erfüllungsort vertreten wird (*Palandt*, Vorbem. vor Art. 12 EGBGB; *Raape* aaO. 297).

Die Anwendung des § 269 BGB scheitert jedoch an der Tatsache, daß im vorliegenden Falle ein Ort für die Leistung bestimmt war, nämlich L. Nur wenn gar kein Leistungsort bestimmt ist und aus den Umständen nichts zu entnehmen ist, kann § 269 BGB angewandt werden (so OGH Köln, Urt. v. 10. 3. 1949[1]). Deshalb kommt es für das Schuldstatut hier nicht auf den Schuldnerwohnsitz zur Zeit der Entstehung des Schuldverhältnisses an. Die Frage nach dem Schuldstatut beantwortet sich auch nicht aus der Feststellung des AG, H. sei von Anfang an Erfüllungsort für die streitige Forderung gewesen, weil nach ständiger Praxis die Hauptniederlassung für Schulden der Zweigniederlassung hafte (*Soergel*, Anm. 1 zu § 269 BGB). Ganz davon abgesehen, daß hier an sich in L. zu erfüllen war, steht auch gar nicht fest, daß die Sitzverlegung der Hauptniederlassung von G. nach H. tatsächlich bereits im Februar 1945 erfolgt war.

Im übrigen lehnt die herrschende Lehre die hilfsweise Anknüpfung an den Erfüllungsort ab und befürwortet im Zweifelsfalle die Anknüpfung an den gegenwärtigen Wohn- bzw. Gewerbesitz des Schuldners (Festschrift für *Raape*: *Ernst Wolff*, S. 196; *Vogel*, S. 218; *Beitzke*, S. 102 ff.; *Petersen*, Godesberger Tagung 137; *Friedrich*, SJZ 1948, 24 ff.; *Jakobsohn*, BB 1948, 219; *Rommert*, NJW 1949, 81 ff.; *Schreiber*, DRZ 1948, 127 ff.; *Benkard* ebenda; *Ulmer*, SJZ 1948, 674; RGZ 77, 251; 107, 46; 108, 265; 130, 23; 132, 128; 140, 344; 145, 16; RGSeuff. Arch. 63, 411 unter ausdrücklicher Ablehnung des ‚Erfüllungsortes'). Dieser h. M. hat sich auch der OGH Köln in seinem Urteil v. 31. 3. 1949[2] angeschlossen mit der Begründung, daß insbesondere die Frage der machtpolitischen Durchsetzbarkeit eines Anspruchs entscheidend dafür sein muß, ob an den gegenwärtigen Wohnsitz des Schuldners oder einen vielfach imagi-

[1] Siehe unten Nr. 538. [2] Aktenzeichen I ZS 169/48, siehe unten Nr. 365.

nären Erfüllungsort anzuknüpfen ist. Selbst *Raape* (aaO. 297), der zunächst auch die hilfsweise Anknüpfung an den Erfüllungsort für richtig hält, meint schließlich, daß dieser ja vereinbart werden könne, womit wieder die Frage nach dem Parteiwillen auftauche.

Die Frage nach der Belegenheit einer Forderung und damit nach dem maßgebenden Schuldstatut für sie ist demnach dahin zu beantworten, daß sie als an dem Wohn- bzw. Gewerbesitz des Schuldners belegen anzusehen ist (so auch: OLG Hamburg, Urt. v. 10. 11. 1950, Der Betrieb 1951, 15; OGH Köln, Urt. v. 31. 3. 1949[1]), wenn ein erklärter oder hypothetischer Parteiwille für das Schuldstatut nicht zu ermitteln ist. Auch unter diesem Gesichtspunkt wäre also das in H., dem Sitz der Bekl., gültige Recht anzuwenden. Damit steht auch fest, daß die hier geltend gemachte Forderung nach dem Währungsrecht der Bundesrepublik zu behandeln ist. Selbst wenn man der nach Ansicht des Gerichts unzutreffenden Meinung wäre, daß das Währungsstatut nicht dem Schuldstatut folgt, sondern nach öffentlichem internat. bzw. interzonalen Recht zu beurteilen ist, ändert sich im Ergebnis nichts. Die Möglichkeit der währungsrechtlichen Änderung und Durchsetzung eines solchen Anspruchs hat nur der Schuldnerstaat (so OGH Köln, Urt. v. 4. 5. 1950[2]; vgl. auch OLG Hamburg in NJW 1950, 76[3] und OLG Hamburg in MDR 1951, 41[4]).

Der Kl. hat deshalb mit Recht auf DM-West, umgestellt im Verhältnis 10:1 (§ 16 UG) geklagt."

**224. Auf das interzonale Privatrecht ist das internationale Privatrecht entsprechend anzuwenden. — Das Währungsstatut eines Schuldverhältnisses richtet sich in erster Linie nach dem erklärten, dann nach dem hypothetischen Parteiwillen; hilfsweise ist an den Erfüllungsort anzuknüpfen oder bei Miet- und Pachtverhältnissen über Grundstücke an die lex rei sitae. — Danach bestimmt sich die Umstellung rückständiger Geldforderungen aus einem Mietvertrag über ein Grundstück in der brit. Zone nach dem Recht dieser Zone.**

LG Hamburg (brit. Zone), Urt. v. 29. 7. 1948 — 7 O 18/47: DRZ 1948, 443; DRsp. II (250) 2 e.

Die Kl. sind Eigentümer eines Hauses in H. (brit.), die bekl. Firma mit Sitz in D. (sowjet.) ist Mieterin eines Ladens in diesem Haus. Mit der Klage verlangen die Kl. Zahlung rückständigen Mietzinses in Höhe von 2167,— RM, später umgestellt auf DM 216,70. Das LG hat der Klage stattgegeben.

Aus den Gründen:

„Die Anwendung des Währungsrechts der Westzonen ergibt sich aus dem interzonalen Privatrecht unter entsprechender Anwendung des einschlägigen Internat. Privatrechts. Insoweit muß, da die Materie im EGBGB nur lückenhaft geregelt worden ist (Art. 12 EGBGB für unerlaubte Handlungen), auf die in der Wissenschaft und Rechtsprechung

---

[1] Siehe unten Nr. 365. [2] Siehe unten Nr. 371. [3] Siehe unten Nr. 364.
[4] Siehe unten Nr. 402a.

herausgearbeiteten Grundsätze zurückgegriffen werden. Danach ist bei Schuldverhältnissen entsprechend dem Grundsatz der Vertragsfreiheit in erster Linie für das anzuwendende Recht der ausdrücklich oder stillschweigend erklärte Parteiwille maßgebend (*Raape*, IPR² § 39 S. 276). Damit kommt man hier nicht weiter, da bei Abschluß des Mietvertrages keine der Parteien geahnt hat, daß Deutschland später einmal zwei verschiedene Währungen bekommen würde. In zweiter Linie kommt es auf den hypothetischen Parteiwillen an. *Raape* (S. 234) fragt, welche Rechtsordnung die Parteien redlicher- u. vernünftigerweise gewählt haben würden, wenn sie bei Vertragsabschluß über das Schuldstatut nachgedacht hätten (vgl. auch *Palandt* Anm. 2a vor Art. 12 EGBGB). Diese Frage ist hier dahin zu beantworten, daß das in H. geltende Recht maßgebend sein sollte. In H. ist das Mietgrundstück belegen. Von den Mieteinnahmen muß der Grundeigentümer in der örtlich gültigen Währung die Grundsteuern, Hypothekenzinsen, öffentlichen Abgaben, Reparaturkosten usw. bezahlen. Dem hätte sich die Bekl. nicht verschließen können, zumal sie auch über Vermögen in diesem Währungsgebiet verfügt. Hinzu kommt, daß die Parteien den Gerichtsstand H. im Mietvertrag vereinbart und dadurch schon selbst die örtliche Bindung des Schuldverhältnisses verstärkt haben. Überdies würde auch die hilfsweise Anknüpfung an den Erfüllungsort (*Raape* § 41 S. 288) hier zu dem gleichen Ergebnis führen, da zwar nach § 270 IV BGB an sich der Wohnsitz des Schuldners (hier D.) Erfüllungsort für die Geldschuld bleibt, hier aber aus der Vereinbarung des Gerichtsstandes H. geschlossen werden kann, daß H. einheitlicher Erfüllungsort für beide Parteien sein sollte. Endlich ist auch auf Miet- und Pachtverhältnisse über Grundstücke die lex rei sitae angewandt worden (*Palandt* Anm. 6b vor Art. 12 EGBGB mit Verweisungen; für Verträge, die sich auf Grundstücke beziehen, auch Ziff. 2 des als gesetzlicher Niederschlag von Ansichten der internat. Wissenschaft gewerteten Art. 8 des polnischen Gesetzes v. 2. 8. 1926 — vgl. hierzu *Raape* S. 234 —; für die Viersektoren-Stadt Berlin wird das Problem angeschnitten von *Cranz*, HuW 1948, 196 unter V). Nach allem war die Bekl. zur Zahlung in Westzonen-DMark zu verurteilen.“

**225. Miet- und Pachtzinsrückstände aus der Zeit vor Inkrafttreten der Währungsergänzungs-VO v. 20. 3. 1949 können in West-Berlin in Ostmark bezahlt werden.**

KG Berlin (West), Urt. v. 28. 11. 1949 — 4 U 2575/49: JR 1950, 153; HuW 1950, 93.

„Der Senat steht auf dem Standpunkt, daß rückständige Grundstücksmieten und -pachten aus der Zeit zwischen WVO und WEVO noch in Ostmark gezahlt werden können. Den gegenteiligen Ausführungen in der Literatur (u. a. *Krech*, JR 1949, 111; *Prothmann*, HuW 1949, 196; *Trost*, HuW 1950, 21; *Werthauer*, JR 1949, 148) und von einigen Berliner Gerichten, die sich auf den vermeintlichen Rechtscharakter der Ziff. 4a WVO als facultas alternativa des Mietschuldners und ihre durch Ziff. 2 der WEVO bestimmte Aufhebung stützen, vermag sich der Senat nicht anzuschließen.

Die Ziff. 4a der WVO v. 24. 6. 1948 ordnete an, daß bestimmte Güter und Leistungen, die von lebenswichtiger Bedeutung für das tägliche Leben sind (darunter Grundstücksmieten und somit auch Grundstückspachten), in Deutscher Mark und Deutschen Pfennigen bezahlt werden dürfen, jedoch mit der Maßgabe, daß der Zahlende nach seiner Wahl zahlen darf und der Zahlungsempfänger die Bezahlung annehmen muß, auch in derjenigen Währung, die als gesetzliches Zahlungsmittel im sowjet. Sektor von Berlin gilt, und zwar in demjenigen Betrage, der für dieselben Güter und Leistungen nach den geltenden Vorschriften im sowjet. Sektor zu zahlen wäre. Nach dem Wortlaut dieser Ziff. 4a (der Mieter darf in West- oder Ostmark zahlen) könnte man angesichts der Gleichstellung beider Währungen dazu neigen, eine Wahlschuld mit Wahlrecht des Mieters (§ 262 BGB) anzunehmen. Das würde bedeuten, daß Grundstücksmieten und -pachten von vornherein in West- oder Ostmark geschuldet werden mit dem Recht des Mieters oder Pächters, zu bestimmen, ob er der West- oder Ostmarkverpflichtung nachkommen will. Läge hier eine solche Wahlschuld vor, so würde sich schon aus der Ziff. 1b WEVO ergeben, daß rückständige Mieten und Pachten in Ostmark gezahlt werden könnten. Denn Ziff. 1 b WEVO bestimmt, daß trotz der in Ziff. 1 a ebenda erfolgten Einführung der Westmark als alleiniges gesetzliches Zahlungsmittel in West-Berlin bisherige Ostmarkverpflichtungen bestehen bleiben.

Die UmstVO v. 4. 7. 1948 ordnete dann einige Tage später durch ihren Art. 16 Ziff. 36 (a) 1 II abweichend von ihrem Art. 14 Ziff. 32, wonach Reichsmarkverbindlichkeiten grundsätzlich im Verhältnis 10:1 auf DM (= DM West) umzuwandeln sind, an, daß die nach dem 25. 6. 1945 fälligen Miet- und Pachtzinsen (also für bewegliche und unbewegliche Sachen) im Verhältnis von 1 RM = 1 DMW umgestellt werden, unbeschadet der Bestimmung der — oben wiedergegebenen, sich auf Grundstücksmieten und -Pachten beziehenden — Ziff. 4a der WVO v. 24. 6. 1948. Hierauf gründet sich die in der Literatur und von einigen Berliner Gerichten vertretene Auffassung, es handele sich bei den Grundstücksmieten gemäß Ziff. 4a WVO um Westmarkverbindlichkeiten, von denen sich der Mieter aber nach seiner Wahl auch in Ostmark befreien konnte.

Der Rechtscharakter dieser Ziff. 4a WVO ist also nicht zweifelsfrei. Es handelt sich bei den Währungsbestimmungen um ein Gesetzeswerk der westlichen Militärregierungen. An die gewählten Formulierungen können nicht die Maßstäbe angelegt werden, die bei Auslegung deutscher Gesetze üblich und zulässig sind (*Harmening-Duden*, Währungsgesetze, S. 80).

In der Praxis haben sich die Dinge angesichts des Kursverhältnisses zwischen beiden Währungen so gestaltet, daß Mietschulden tatsächlich als Ostmarkverbindlichkeiten angesehen wurden. Der Vermieter nahm etwaige Westmarkzahlungen nicht als — selbstverständliche — Erfüllung seiner Mietforderungen entgegen, sondern wertete sie als besonderes Entgegenkommen seines Schuldners. Er verklagte auch den säumigen Mieter auf Ostmark und nicht, wie es bei Westmarkverbindlichkeiten mit Ostmarklösungsbefugnis des Mieters geboten gewesen wäre, auf Westmark, oder wie es eine Wahlschuld erfordert hätte, auf Ostmark oder Westmark. Die Gerichte erließen Ostmarkurteile und setzten auch den Streitwert selbst dann in dieser Währung fest, wenn unter Westparteien sonstige Mietstreitigkeiten — die nicht auf Mietzahlung gingen — ausgefochten wurden. Dem Senat ist kein Fall bekannt geworden, daß ein Vermieter unter der Herrschaft der Ziff. 4a WVO seinen Mieter auf Westmark verklagt und ein Westmarkurteil erlangt hätte.

Aber selbst wenn zugunsten des Vermieters unterstellt würde, es handele sich bei Ziff. 4a WVO um eine Westmarkverbindlichkeit des Mieters mit Lösungsbefugnis in Ostmark, so kann der Senat an die ab Inkrafttreten der WEVO (20. 3. 1949) wirksame Aufhebung dieser Bestimmungen und damit den Fortfall der Ersetzungsmöglichkeit nicht die Rechtsfolge knüpfen, daß rückständige Mieten jetzt in Westmark bezahlt werden müssen, da dem Mieter mit Aufhebung der Ziff. 4a WVO die bisherige Möglichkeit genommen sei, sich durch tatsächliche Zahlung in Ostmark seiner Westmarkverpflichtung zu entledigen. Es war zu prüfen, ob der Währungsgesetzgeber mit der Aufhebung der Ziff. 4a WVO dem Mieter schon für die bereits fällig gewordenen Mietschulden die Möglichkeit nehmen wollte, sie noch in Ostmark zu begleichen, oder ob er nicht nur für die nach dem Inkrafttreten der WEVO fällig werdenden Mieten die Lösungsbefugnis beseitigen wollte. Bei dem Fehlen einer Begründung zu den Währungsgesetzen und mangels sonstiger Materialien kann dieser Wille des Gesetzgebers nicht allein der fraglichen Aufhebungsbestimmung entnommen, sondern muß unter Heranziehung der übrigen Vorschriften der WEVO festgestellt werden.

Vorweg sei bemerkt, daß der Währungsgesetzgeber durch die WEVO im Gegensatz zur WVO nicht durch Währungsumstellung in schwebende Schuldverhältnisse eingreift. Obwohl er durch Ziff. 1 a der WEVO mit dem Tage des Inkrafttretens dieser Verordnung die Westmark zum alleinigen gesetzlichen Zahlungsmittel in West-Berlin erklärt, sagt er in dieser VO nicht, daß die Westmark an Stelle der Ostmark zu treten habe. Die Ostmark bleibt nicht nur weiter im Umlauf, Besitz und Verwendung von Ostmark bleiben erlaubt (Ziff. 1 b WEVO), sondern es können neue Ostmarkverbindlichkeiten eingegangen werden (Arbeitsverträge allerdings nur mit Zustimmung des Arbeitsamtes: Ziff. 1 c WEVO); alte Ostmarkschulden bleiben als solche bestehen; Zahlungsverpflichtungen, die teils in Ostmark, teils in Westmark zu erfüllen sind, werden durch die WEVO nicht berührt. Angesichts dieser Zurückhaltung des Währungsgesetzgebers gegenüber schwebenden Schuldverhältnissen hätte es nach Auffassung des Senats einer ausdrücklichen Bestimmung bedurft, wenn die Aufhebung der Lösungsbefugnis von so einschneidender Tragweite sein und nicht erst für die fällig werdenden, sondern auch schon für die bereits mit dieser Möglichkeit erwachsenen rückständigen Mieten Geltung haben sollte. Eine derartige ausdrückliche Bestimmung fehlt. Die WEVO sagt nicht, wie rückständige Mieten zu behandeln sind.

Nach Ansicht des Senats hat der Gesetzgeber trotz der — irreführenden — Aufhebung der Ziff. 4a WVO gar nicht gewollt, daß rückständige Mieten in Westmark gezahlt werden sollten.

Gegen einen solchen Willen des Gesetzgebers spricht die Bestimmung der Ziff. 4a WEVO. Hier wird den Mietern sogar gestattet, auch nach Inkrafttreten der die Westmark zum alleinigen gesetzlichen Zahlungsmittel erklärenden WEVO noch innerhalb von 30 Tagen nach Inkrafttreten 50% der in dieser Zeit fällig werdenden Grundstücksmieten, jedoch höchstens 50% des auf einen Monat entfallenden Betrages in Ostmark zu zahlen. Der gesetzgeberische Grund ist klar: Der Mieter sollte in der Übergangszeit noch geschont werden, und weil die Westmark zum alleinigen gesetzlichen Zahlungsmittel erklärt war, wurde dem Vermieter zum Ausgleich für den sich aus der Ziff. 4a WEVO für ihn ergebenden Ostmark-Annahmezwang das Umtauschrecht der Ziff. 4b WEVO gewährt. Es wäre nun nicht zu verstehen und geradezu widersinnig, wenn der Währungsgesetzgeber den Mieter auf der einen Seite in der ersten Übergangszeit, obwohl dieser nun schon seine Einnahmen in Westmark erhielt, noch schonen wollte, ihm dagegen auf der anderen Seite hinsichtlich rückständiger Mieten aus einer Zeit, wo er seine Einnahmen nur zum geringen Teil in Westmark bezog, so unbillig mit der Verpflichtung voller Westmarkzahlung belasten würde. Denn die Lösungsbefugnis der Ziff. 4a WVO wurde ja gerade für die notwendigen Ausgaben des täglichen Lebens geschaffen, um dem Umstand Rechnung zu tragen, daß die Mehrzahl der arbeitenden Bevölkerung West-Berlins nach Einführung der WVO nur zu einem geringen Teil Westmark verdiente. War es somit schon nach der in Ziff. 4a WEVO zum Ausdruck gekommenen Auffassung des Währungsgesetzgebers für den Mieter trotz voller Westmarkeinnahmen schwer, die nach dem 19. 3. 1949 fällig werdende Miete ganz in Westmark zu zahlen, so muß er es für den Mieter erst recht für untragbar gehalten haben, daneben etwa noch rückständige Mieten voll in Westmark zu entrichten. Es würde also jeder vernünftigen Regelung widersprechen, wollte man die durch Ziff. 2 WEVO angeordnete Aufhebung der Ziff. 4a WVO dahin auslegen, der Gesetzgeber habe nicht nur für die künftig fällig werdenden Mietschulden die Lösungsbefugnis abgeschafft, sondern dem Mieter auch für die bereits mit dieser Lösungsbefugnis erwachsenen und fällig gewordenen rückständigen Mieten die Möglichkeit nehmen wollen, sich von seiner Westmarkmietschuld durch Zahlung in Ostmark zu befreien. Die Absicht einer derartig unvernünftigen Regelung kann dem Währungsgesetzgeber nicht gut unterstellt werden.

Bemerkenswert ist, daß die auf Westmark lautenden Urteile die Unbilligkeit ihres Ergebnisses in Fällen unverschuldeter Nichtzahlung zugeben, aber meinen, diese müsse vom Mieter in Kauf genommen werden. Es ist richtig, daß, wie *Krech* sagt, Währungsgesetze keine Sozialgesetze sind. Aus währungswirtschaftlichen Gründen müssen die davon Betroffenen Währungsschnitte hinnehmen. Eine währungspolitische Notwendigkeit, dem Mieter auch für die rückständigen Mieten die ihm seinerzeit angesichts seiner wirtschaftlichen Lage gewährte Rechtswohltat der Ostmark-Lösungsbefugnis zu nehmen, lag jedoch nicht vor.

Bezeichnenderweise sagt kein Ostmarkurteil, sein Spruch bedeute für den Vermieter eine unbillige Härte. Die Zahlung rückständiger Mieten in Westmark würde dagegen für den Vermieter, der seinen auf das Grundstück bezüglichen Verpflichtungen in der Zeit zwischen WVO und WEVO zum größten Teil in Ostmark nachkommen konnte und auch wohl meist nachgekommen ist, angesichts des Kursverhältnisses zwischen Ost- und Westwährung von großem, den Mieter unbillig belastendem Gewinn sein. Fast ausnahmslos werden die Vermieter mit einem gewissen Ostmark-Überhang in die Zeit nach der WEVO gegangen sein. Die verspätete Zahlung der rückständigen Miete in Ostmark wird sie regelmäßig nicht schlechter stellen, als wenn der Mieter seiner Verpflichtung bei Fälligkeit nachgekommen wäre. War der Mieter in Verzug, d. h. hat er die Mietzahlung schuldhaft verzögert, und weist der Vermieter nach, daß ihm durch die verspätete Ostmarkzahlung ein Verlust entstanden ist, so bleibt es ihm unbenommen, diesen nachzuweisenden Schaden dem Mieter gegenüber geltend zu machen."

**226. Statut eines Bereicherungsanspruches ist das am Erfüllungsort für die Rückzahlungsverpflichtung geltende Recht; dieses Recht entscheidet auch über das Umstellungsverhältnis. — Ist die Annahme eines Geldbetrages in der Währung des Schuldstatuts dem Gläubiger in seiner Zone untersagt, so muß die Festsetzung des zu zahlenden Geldbetrages unter entsprechender Heranziehung des § 244 II BGB erfolgen.**

KG Berlin, (West), Urt. 7. 2. 1949 — 2 U 320/47: JR 1949, 90; DRsp. II (250) 5e.

Der Kl. hatte dem Bekl. auf Grund eines später nicht genehmigten Kaufvertrages einen Betrag von 11500.— in RM angezahlt. Er verlangt Rückzahlung in Ostmark nach dem an seinem Wohnsitz in der Ostzone geltenden Umstellungsverhältnis von 1:1, während der Bekl. mit Wohnsitz in West-Berlin nur den nach Westberliner Recht auf 10:1 umgestellten Betrag zahlen will. Das KG sprach dem Kl. den auf $^1/_{10}$ des Nennbetrages umgestellten Betrag in DM-West zu, zahlbar in DM-Ost nach dem Kurs des Zahlungstages.

Aus den Gründen:

„Zur Ermittlung der in Anwendung zu bringenden Währungsvorschriften war zunächst der Erfüllungsort für die Verpflichtung des Bekl. zur Rückzahlung der angezahlten Restkaufgelder festzustellen. Erfüllungsort für diesen sich aus der Nichtgenehmigung des Kaufvertrages ergebenden Bereicherungsanspruch war der Wohnsitz des Bekl. zur Zeit der Entstehung des Schuldverhältnisses (RGZ 49, 421, bes. 424; 96, 345). Wohnsitz des Bekl. war aber — sowohl bei Abschluß dieses Vertrages wie auch später bei der Versagung seiner Genehmigung — Berlin SO 36. Danach ist die 2. VO der amer. MilReg. zur Neuordnung des Geldwesens v. 4. 7. 1948 in Anwendung zu bringen, deren Art. 14 Ziff. 32 eine Umwandlung von Reichsmarkforderungen im Verhältnis 10:1 vorsieht. Somit ist die Forderung des Kl. auf 1150 Westmark abgewertet worden. Nun ist aber dem in der Ostzone wohnenden Kl. die Annahme von

Westgeld in dieser Zone sowie seine Verbringung dorthin gemäß dem Aufruf der sowjet. MilReg. in Deutschland v. 19. 6. 1948 und dem Befehl Nr. 111 des Obersten Chefs der SMA v. 23. 6. 1948 verboten, und der Kl. beansprucht demgemäß auch Zahlung in Ostmark. Wenn der Bekl. auch gegenüber der Ostmarkforderung den Abwertungsmaßstab von 10:1 in Anspruch nimmt, so übersieht er, daß dieser Maßstab nur für in Westwährung zu zahlende Schulden eingeführt worden ist. Nach Ansicht des Senats kann im vorliegenden Fall ein billiger Ausgleich der beiderseitigen Parteiinteressen nur unter entsprechender Heranziehung der devisenrechtlichen Vorschriften des BGB, insbesondere des § 244 II erfolgen. Dieser aus § 244 II BGB in der Urteilsformel übernommene Umrechnungsmaßstab sichert dem Kl. ein den jeweiligen tatsächlichen Verhältnissen angepaßtes Äquivalent der Westmarkforderung, deren Einziehung ihm mit Rücksicht auf die an seinem Wohnsitz geltenden Währungsvorschriften dort nicht möglich ist. Der darüber hinausgehende Antrag des Kl. . . . auf Zahlung eines Nennbetrages von 11 500 Ostmark berücksichtigt nicht die inzwischen nach Art. 14 Ziff. 32 der Umstellungs-VO vollzogene Umwandlung seiner Forderung und konnte keinen Erfolg haben.“

**227.** **Das Währungsstatut eines Anspruchs bestimmt sich nach dem Schwerpunkt des Schuldverhältnisses. — Währungsstatut eines Anspruchs aus einem Grundstückskaufvertrag ist das Recht am Ort des Grundstücks. — Währungsstatut eines Anspruchs aus ungerechtfertigter Bereicherung ist das Recht am Erfüllungsort dieses Anspruchs.**

KG Berlin (West), Urteil v. 10. 4. 1951 — 5 U 828/50: JR 1951, 538.

Die Parteien hatten in ihrem vor der Währungsreform abgeschlossenen Kaufvertrag über ein in der Ostzone liegendes Grundstück einen den zulässigen Höchstpreis um 3000 RM übersteigenden Kaufpreis vereinbart. Der Kl. fordert nunmehr die Rückzahlung dieses Betrages. Das KG stellte den Anspruch nach westdeutschem Währungsrecht um.

Aus den Gründen:

„Bei Ansprüchen aus dem Kaufvertrage wäre die östliche Währungsreform anzuwenden, da das Grundstück in der Ostzone liegt und das Vertragsverhältnis aus diesem Grunde seinen Schwerpunkt im östlichen Währungsgebiet hat. Um einen Anspruch auf Grund des Kaufvertrages handelt es sich aber in vorliegendem Falle nicht . . .

Bei der Umstellung des Bereicherungsanspruches kann aber der Schwerpunkt des Vertrages keine Berücksichtigung finden; vielmehr kommt es auf den Leistungsort für die Erfüllung des Bereicherungsanspruches an. Leistungsort ist gemäß § 269 I BGB der Wohnsitz des Bekl. Da dieser zur Zeit der Währungsreform im Westsektor von Berlin wohnte, war die westliche Währungsreform anzuwenden.“

**228. Auf das interzonale Recht sind die Regeln des internationalen Privatrechts entsprechend anzuwenden. — Das Währungsstatut eines Anspruches aus unerlaubter Handlung richtet sich daher nicht nach dem Recht am Wohnsitz des Schuldners, sondern nach der lex loci delicti commissi.**

KG Berlin (West), Urt. v. 27. 8. 1949 — 3 U 915/49: VersW 1950, 107; JR 1950, 152; Auszug in DRsp II (260) 13b.

Aus den Gründen:

„Das LG hat sich mit der Frage, welches Währungsstatut maßgebend ist, im einzelnen nicht auseinandergesetzt, sondern ohne nähere Begründung den Wohnsitz des Schuldners als maßgebend für das anzuwendende Währungsrecht zugrundegelegt. Im vorliegenden Falle wohnen die Kl. im Ostsektor, während der Bekl. seinen Wohnsitz im Westsektor von Berlin hat. Es wirft sich daher mit Rücksicht auf die innerhalb Berlins differierenden Währungsbestimmungen die Frage auf, welches Währungsrecht auf den vorliegenden Fall zur Anwendung zu gelangen hat. Die Währungsgesetze selbst äußern sich zur Frage der Kollisionsnormen nicht. Es ist deshalb in Rechtsprechung und Schrifttum auf die Grundsätze des internat. Privatrechts zurückgegriffen worden, die zwar nicht direkt anwendbar sind, wohl aber entsprechend. (Vgl. *Jacobson*, NJW 1948, 679ff.; *Lüders*, MDR 1948, 384; *Mandel* JR 1949, 30; KG in JR 1949, 90[1]; *Meilicke*, *Nehlert*, HuW 1948, 321, während sich dagegen *Krech* in SJZ 1949, 296, *Hüssener* JR 1949, 18 dahin aussprechen, daß grundsätzlich der Wohnsitz des Schuldners entscheidend sei, und zwar mit Rücksicht auf den öffentlich-rechtlichen Charakter der Währungsgesetze.)

Nach Ansicht des Senats ist die von den letztgenannten Autoren herangezogene Schlußfertigung jedoch nicht zwingend, zumal der Wohnsitz der Beteiligten zur Zeit der Begründung des Schuldverhältnisses oder nach der Einführung der Währungsgesetze infolge der durch die Zeitverhältnisse bedingten, überaus zahlreichen Wohnsitzverlegungen häufig in einem Gebiet liegt, in dem möglicherweise beide Parteien zur Zeit der Erfüllung nicht mehr ansässig sind. Der Senat sieht daher keine Veranlassung, von dem bisher vom KG eingenommenen Standpunkt der entsprechenden Anwendung des internat. Privatrechts abzugehen. Nach Art. 12 EGBGB ist, soweit ein Schadensersatzanspruch auf die Vorschriften über unerlaubte Handlung, wie im vorliegenden Fall, gestützt wird, für die hieraus hergeleiteten Rechtsfolgen das Gesetz des Ortes maßgebend, an dem die unerlaubte Handlung begangen wurde (vgl. RGZ 96, 98). Da im vorliegenden Falle der Unfall sich Unter den Linden, also im Ostsektor von Berlin, zutrug, würde unter entsprechender Anwendung dieses Grundsatzes auch das gesetzliche Schuldverhältnis des in der Ostzone geltenden Währungsrechts zur Anwendung gelangen. Auch eine andere Erwägung spricht im vorliegenden Fall für die Anwendung des ostsektoralen Währungsrechts. Bei Schadensersatzansprüchen ist grundsätzlich Naturalrestitution zu leisten, an

[1] Siehe oben Nr. 226.

deren Stelle jedoch häufig Ersatz in Geld tritt. Zweck der Leistung des Schadensersatzes ist, den Zustand wieder herzustellen, der ohne das schädigende Ereignis bestanden haben würde. Hat der Verletzte Aufwendungen gehabt, so muß er durch die Schadensersatzleistung in die Lage versetzt werden, diese wieder auszugleichen. Im vorliegenden Falle wohnen die Geschädigten im Ostsektor. Ihr durch Aufwendungen entstandener Schaden kann daher nur durch eine Zahlung ausgeglichen werden, die den im Ostsektor entstandenen Aufwendungen entspricht. Die Erfüllung des Schadensersatzanspruches hat dort in dem Maße zu erfolgen, wo sie den gewünschten Erfolg bringt, und in der Weise, daß sie dem Geschädigten vollen Ausgleich für seinen Schaden gewährt. Soweit Geldersatz zulässig ist, muß daher die Entschädigungssumme denjenigen Wertbestimmungen unterliegen, die am Orte des Gläubigers gelten. Auch unter diesem Gesichtspunkt ist im vorliegenden Falle das im Ostsektor Berlins geltende Währungsrecht anzuwenden.“

**229. Das Währungsstatut einer Hypothek bestimmt sich nach dem Währungsrecht am Ort des belasteten Grundstücks. — Die Umstellung einer dinglich gesicherten Forderung auf eine andere Währung als die Währung der Hypothek würde zu einem Erlöschen der Hypothek führen.— Die Umstellung einer hypothekarisch gesicherten RM-Forderung richtet sich daher nach dem Währungsrecht am Ort des belasteten Grundstücks, auch wenn Schuldner und Gläubiger ihren Wohnsitz in einer anderen Zone haben; das gilt insbesondere für eine Restkaufgeldhypothek.**

KG Berlin (West), Beschl. v. 29. 11. 1949 — 2 W 1845/49: NJW 1950, 648; HuW 1950, 252; JR 1950, 441; BB 1950, 331; DNotZ 1950, 435.

Aus den Gründen:

„Die Kl. begehrt die Zahlung einer Zinsforderung in Westmark, die auf einem im Ostsektor belegenen Grundstück hypothekarisch gesichert ist. Es ist also bei der rechtlichen Beurteilung davon auszugehen, daß die dingliche Sicherung sich nach der Ostwährung bemißt. Würde nunmehr die persönliche Forderung auf Zahlung in Westwährung gerichtet sein, so würde sich eine Divergenz zwischen persönlicher Forderung und hypothekarischer Sicherung ergeben, die mit dem Wesen der Hypothek nicht mehr vereinbar erscheint.

Es ist ein Grundsatz des deutschen Hypothekenrechts, daß eine hypothekarische Belastung nur zur Sicherung einer bestimmten Geldforderung erfolgen darf (§ 1113 BGB). Diesem Bestimmtheitsgrundsatz ist nur dann genügt, wenn die Höhe der Forderung und der Umfang der Grundstückshaftung nach gleichem Maßstab zu berechnen sind (KG JW 1932, 1565 Nr. 3; JW 1933, 1262 Nr. 2). So ist eine wertbeständige Hypothek nur für eine wertbeständige Forderung mit demselben Wertmesser für zulässig erachtet worden (RGZ 149, 4; JW 1932, 1566). Im vorliegenden Fall würde sich daher bei Annahme einer persönlichen Westmarkforderung die dingliche und persönliche Haftung nach gänzlich verschiedenen Maßstäben berechnen. Zudem stehen Ost- und Westmark in einem täglich schwankenden Kursverhältnis. Würde die persönliche Forderung eine Westmarkforderung sein, so würde die hypothekarische Belastung des Grundstücks — sofern man sie nicht auf einen festen Ostmarkbetrag und damit auf einen Bruchteil der persönlichen Forderung beschränken will — ständig wechseln. Es bedarf keiner Erörterung, welche Unsicherheit dies bei den im Range nachfolgenden Grundstücksgläubigern auslösen würde und welche Schwierigkeiten sich hierbei bei der Zwangsversteigerung des Grundstücks ergeben würden.

Darüber hinaus erscheint aber das Schicksal der Hypothek bei Annahme einer Verschiedenartigkeit der Währung für die persönliche Forderung und das hypothekarische Recht überhaupt in Frage gestellt. Das belastete Grundstück haftet für eine Hypothekenforderung nur dann, wenn diese eingetragen ist. So konnte z. B. für eine Forderung von 1000 Goldmark keine Verkehrshypothek von 1000 RM bestellt werden (vgl. *M. Wolff*, Sachenrecht[22], § 134 II 1 Anm. 6a S. 472). Eine Westmarkforderung ist aber für die Kl. nicht im Grundbuch des AG Berlin-Mitte (Ostsektor) eingetragen worden und kann dort auch nicht eingetragen werden. Eingetragen steht dort vielmehr eine auf RM bzw. DM-Ost lautende Forderung. Nimmt man also an, daß die persönliche Forderung unter Westrecht steht, so würde dies das Erlöschen der hypothekarischen Belastung bedeuten.

Ob man dieser Folgerung dadurch ausweichen kann, daß man annimmt, die Hypothek sei in eine Grundschuld oder in eine Höchstbetraghypothek umgewandelt worden (vgl. *Harmening-Duden*, Währungsgesetze 163; s. auch *M. Wolff*, IPR[2] § 35 VI), kann dahingestellt bleiben. Die angestellten Erwägungen zeigen bereits, daß eine währungsmäßig getrennte Behandlung der persönlichen Forderung und der dinglichen Haftung unnatürlich ist und mit dem dem Hypothekenrecht des BGB zugrundeliegenden Gedanken der Schicksalsgemeinschaft zwischen persönlicher Forderung und Hypothek, wie er insbes. in den §§ 1153, 1154 BGB zum Ausdruck kommt, in Widerspruch steht. Aus ihnen ergibt sich auch, daß für die anzuwendende Währung nicht der Wohnsitz des Schuldners, sondern nur der Ort maßgebend sein kann, an dem sich das Grundstück befindet. Dies muß im vorliegenden Fall um so mehr gelten, als die Klageforderung aus dem Kauf des Grundstücks resultiert, also mit dem Grundstück in engem Zusammenhang steht. Die hier vertretene Auffassung entspricht auch der h. A., die — insbes. unter Hinzuziehung der These von dem ‚Schwerpunkt des Schuldverhältnisses' (*M. Wolff*, IPR[1] 85) — Schuldverhältnisse über unbewegliche Sachen grundsätzlich dem Recht des Orts unterstellt, an dem die Sache sich befindet (vgl. LG Hamburg v. 29. 7. 1948[1]; *Harmening-Duden* aaO. 162ff.; *Henning-Götze*, Währungsumstellung in Berlin und in den Zonen 64; *Bögelsack*, HuW 1949, 212; *Zellner*, ebd. 245)."

**230.** **a) Bei einem Rechtsstreit West-Berliner Parteien über ein in Ost-Berlin gelegenes Grundstück ist der ausschließliche Gerichtsstand des § 24 ZPO unbeachtlich und begründet der allgemeine Gerichtsstand der Parteien die Zuständigkeit der West-Berliner Gerichte. — Währungs-**

[1] Siehe oben Nr. 224.

**statut einer Forderung, die an einem Ost-Berliner Grundstück hypothekarisch gesichert ist, ist das ostzonale Recht.**

AG Berlin-Charlottenburg (Berlin-West), Urt. v. 17. 3. 1950 — 7 D 15/49: *unveröff.

Die Kl. ist Hypotheken-Gläubigerin und macht mit der Klage gegen den bekl. Grundstückseigentümer Hypothekenzinsen geltend. Beide Parteien wohnen in West-Berlin, das belastete Grundstück befindet sich dagegen in Ost-Berlin. Das AG sprach der Kl. die Zinsen in DM-Ost zu.

Aus den Gründen:

„Die hier erhobene Klage macht den Zinsanspruch für eine Hypothek geltend, so daß § 24 ZPO Anwendung finden müßte (*Stein-Jonas* § 24 Anm. III 2 b). Trotzdem hat das AG Ch. sich für zuständig erachtet. Zwar kann nach bisheriger Auffassung der ausschließliche Gerichtsstand durch eine Parteivereinbarung nicht durchbrochen werden (*Stein-Jonas* Anm. IV). Doch ist hier in Berlin zu berücksichtigen, daß die tatsächlichen Verhältnisse derart sind, daß viele stillschweigende Voraussetzungen der ZPO nicht mehr zutreffen. Berlin ist auch in rechtlicher Hinsicht nicht mehr ein einheitliches Wirtschaftsgebiet. Im Ostsektor wird die Westmark und die Währungsreform des Westens nicht [als] gesetzmäßig angesehen. Im Westen sind sie Grundlage der Wirtschaft und Grundlage auch der Rechtsbeziehungen der Parteien zueinander. Die östlichen Gerichte erkennen den Zweijahresplan als Gesetz an, und es wird von ihnen gefordert, daß sie entsprechend der dortigen politischen Doktrin die Rechtslage beurteilen. Die Voraussetzung eines einheitlichen Rechtsgebietes ist also wirtschaftlich nicht mehr gegeben. Bei Nichtbeachtung der tatsächlichen Verhältnisse würden die Parteien gezwungen sein, in zweiter Instanz bei einem Gericht Recht zu suchen, das von der Staatsgewalt, der sie unterstehen, als illegal bezeichnet wird. In erster Instanz würde der Prozeß bei einem Gericht schweben, das die Westmark als gesetzliches Zahlungsmittel in Berlin nicht anerkennt.

Es war ferner zu erwägen, daß die frühere Rechtsprechung zu den Fragen der Zuständigkeit regelmäßig von dem Grundsatz der gleichbleibenden Befugnis der Gerichte ausging (BayObLG in JW 1926, 2451). Für Berlin wird man jedoch jetzt umgekehrt von dem Gedanken ausgehen müssen, daß sich gerade die zugewiesenen Befugnisse geändert haben, denn das LG Berlin C 2 kann keinerlei Rechte mehr von dem Willen der drei westlichen Besatzungsmächte herleiten, während umgekehrt dem LG Berlin-Zehlendorf die ihm von der sowjet. Besatzungsmacht übertragenen Befugnisse entzogen sind. Dies alles schafft für die Frage der Zuständigkeit einen völlig neuartigen Status, der nicht nach den bisherigen Gesichtspunkten beurteilt werden kann. Eine Verweisung gemäß § 24 ZPO würde daher unter diesen Umständen den Grundprinzipien der westlichen Rechtsordnung widersprechen. Sie hatte daher zu unterbleiben. Vielmehr muß die Zuständigkeit in erster und zweiter Instanz als etwas einheitliches angesehen werden, daß nicht in erster Instanz ein Gericht entscheiden kann, das die Existenz des in zweiter Instanz zuständigen LG Berlin bestreitet, da sonst die Gerichtshoheit der Westmächte und des Magistrats von Groß-Berlin verletzt würden. Die ZPO hat hier gegenüber den Grundsätzen des Staats- und Völkerrechts für die niedrigere Rechtsordnung zu gelten, die im Zweifel weichen muß. . . . Wenn daher, wie es hier der Fall sein würde, die Anwendung der Bestimmungen der ZPO zu einer Verletzung der Anordnungen der Alliierten dem Sinne nach führen müßte, so hat sie zu unterbleiben. Wie bereits oben ausgeführt wurde, würde dies aber geschehen, wenn beide Parteien durch eine Verweisung der für sie zuständigen Gerichtsbarkeit in der zweiten Instanz entzogen würden. Nach dem allgemeinen Gerichtsstand ist das AG Ch. zuständig. Es hat sich deshalb zur Entscheidung in dem vorliegenden Rechtsstreit für befugt erachtet.

In der Sache selbst ist die Klage schlüssig erhoben, da die Kl. zutreffend darauf hinweist, daß für die Frage der Hypothekenzinsen die östliche Währungsgesetzgebung maßgebend sei. Der Einwand des Bekl., daß der beiderseitige Wohnsitz berücksichtigt werden müsse, entfällt mit Rücksicht auf das aus § 1153 BGB herzuleitende Akzessorietätsprinzip zwischen Hypothek und Forderung. Wenn die Hypothek auf einem östlichen Grundstück ruht und dementsprechend nach östlichem Recht zu behandeln ist, so darf für die Forderung nicht eine getrennte Behandlung in West-Berlin erfolgen.

Die Kl. ist daher grundsätzlich berechtigt, die Hypothekenzinsen in vollem Umfange von dem Bekl. in Ostmark zu verlangen. Der Bekl. kann sich auch nicht darauf berufen, daß er enteignet sei, und daß er deshalb die Forderung nicht zu erfüllen brauche, da unstreitig eine formelle Enteignung nicht vorliegt."

Das LG Berlin-West hob die Entscheidung zum Teil auf:

**b) Währungsstatut einer Forderung, deren Gläubiger und Schuldner ihren Wohnsitz in West-Berlin haben, die aber dinglich an einem Ost-Berliner Grundstück gesichert ist, ist West-Berliner Recht.**

LG Berlin (West), Urt. v. 31. 7. 1950 — 1 S 324/50: *unveröff.

Aus den Gründen:

„Auf die Berufung war . . . dem vom Kl. gestellten Hilfsantrage, die Forderung im Verhältnis 10 : 1 in DM-West umzustellen, stattzugeben, da beide Parteien ihren Wohnsitz im Westsektor haben und der Bestand der Hypothek grundsätzlich von der Forderung abhängig ist (JR 1949, 18)."

**231. Im Verfahren nach der West-Berliner DfBest. Nr. 13 v. 23. 5. 1949 kann ein RM-Titel nur auf DM-West umgestellt werden. — Eine RM-Forderung ist nach dem am Wohnsitz des Schuldners geltenden Währungsrecht umzustellen. — Eine Hypothek unterliegt dem Währungsrecht des Grundstücksortes. — Eine dinglich gesicherte Forderung ist zufolge der Einheit von Hypothek und Forderung mit dem Schwergewicht auf der dinglichen Seite ebenfalls nach dem Währungsrecht am**

**Grundstücksort umzustellen. — Auch für die Beurteilung von Enteignungsmaßnahmen liegt das Schwergewicht einer hypothekarisch gesicherten Forderung am Grundstücksort, schon um den Schuldner vor der Gefahr doppelter Inanspruchnahme zu schützen.**

KG Berlin (West), Urt. v. 6. 6. 1950 — 6 U 4028/49: *unveröff.

Der in West-Berlin wohnhaft Kl. ist Gläubiger einer Forderung gegen den ebenfalls in West-Berlin wohnhaften Bekl., die an einem Grundstück des Bekl. in Ost-Berlin dinglich gesichert ist. Der Grundstückseigentümer hatte sich in der Schuldurkunde der Zwangsvollstreckung in sein Vermögen unterworfen. Der Bekl. hat die Hypothek zum 1. 7. 1948 gekündigt, jedoch keine Zahlung geleistet.

Das LG wies die Klage mangels Rechtsschutzbedürfnisses ab, da der Kl. bereits einen vollstreckbaren Titel i. S. des § 794 Ziff. 5 ZPO besitze und dieser Titel in dem Verfahren nach der West-Berliner DfBest. Nr. 13 v. 23. 5. 1949 zum Umstellungsgesetz auf DM-West oder DM-Ost umgestellt werden könnte. Das KG sprach dem Kl. die Hypothekenforderung in DM-Ost zu, umgestellt nach ostzonalem Währungsrecht.

Aus den Gründen:

„Zu Unrecht hat das LG das Rechtsschutzbedürfnis des Kl. verneint. Die DfBest. Nr. 13 v. 23. 5. 1949 — VOBl I 163 — ist erlassen ‚zur Durchführung und Ergänzung' der UmstVO v. 4. 7. 1948 — VOBl I 374 —, die sich nur auf die Umstellung von RM auf DM-West bezieht. Auch Art. 7 DfBest. meint mit ‚Deutscher Mark' nur die Westmark. Ein RM-Titel kann daher nach der DfBest. Nr. 13 nur auf DM-West, nicht aber auf DM-Ost umgestellt werden. Daraus folgt, daß die Frage, nach welchem Währungsrecht die Klageforderung umzustellen sei, nicht in dem Verfahren nach der DfBest. Nr. 13, sondern nur im ordentlichen Verfahren entschieden werden kann....

Der Bekl. hat im gegenwärtigen Rechtszuge geltend gemacht, über die Frage, in welcher Währung und in welcher Höhe zu zahlen sei, habe das AG Neukölln als Vollstreckungsgericht auf seine Erinnerung gegen die vom Kl. wegen 20000,— DM-Ost betriebene Vollstreckung rechtskräftig entschieden, indem es den Gerichtsvollzieher angewiesen habe, nur in Höhe von einem Zehntel der RM-Forderung in Westwährung zu vollstrecken; auch daraus ergebe sich der Mangel des Rechtsschutzbedürfnisses des Kl. Dem kann der Senat ebenfalls nicht beitreten. Das Vollstreckungsgericht hatte lediglich zu entscheiden, ob der Kl. aus der vollstreckbaren Urkunde ohne weiteres wegen einer Forderung von 20000,— DM-Ost vollstrecken darf und hat dies zutreffend verneint. Es unterlag aber nicht seiner Entscheidung, welchen Betrag der Bekl. dem Kl. schuldet. Darüber hat das Vollstreckungsgericht weder entscheiden wollen noch befinden können. Vielmehr ist im vorliegenden Rechtsstreit zu prüfen, ob die hier geltend gemachte Darlehnsforderung von ehemals 20000,— RM nach der UmstVO v. 4. 7. 1948 auf 2000,—DM-West oder im Hinblick auf die für die Forderung auf dem Ost-Berliner Grundstück des Bekl. lastenden Hypotheken nach der VO der Deutschen Wirtschaftskommission über die Währungsreform in der sowjet. Besatzungszone v. 21. 6. 1948 — VOBl I 383 — auf 20000,— DM-Ost umzustellen ist.

Diese Frage ist im Schrifttum überwiegend in letzterem Sinne beantwortet worden, so von *Meilicke*, Der Wirtschaftsprüfer, 1948, 195; *Meilicke*, *Nehlert*, *Trost*, HuW 1948, 321; *Krech*, JR 1949, 274; NJW 1949, 297; *Zellner*, HuW 1949, 245; *Bögelsack*, HuW 1949, 210 und *Schaeffer*, HuW 1950, 245; der 2. Zivilsenat des KG hat sich in seinem Beschluß v. 29. 11. 1949[1] dieser Ansicht angeschlossen. Der Senat hat keinen Anlaß gefunden, von dieser als herrschend zu bezeichnenden Auffassung abzuweichen.

Es ist zweifellos richtig, daß eine nicht hypothekarisch gesicherte Darlehnsforderung, wenn Schuldner und Gläubiger im westlichen Währungsgebiet wohnen, im Verhältnis 10 : 1 auf Westmark umzustellen ist, und zwar ganz gleich, ob das sog. Schuld- oder das sog. Währungsstatut zugrundegelegt wird. Ebenso zweifellos unterliegt eine Hypothek, also das dingliche Recht, auf Grund dessen eine bestimmte Geldsumme zur Befriedigung einer Forderung aus dem belasteten Grundstück zu zahlen ist (§ 1113 BGB), dem Währungsrecht des Grundstücksortes. Wohnt der Schuldner einer Darlehnshypothek im westlichen Währungsgebiet, während das belastete Grundstück im östlichen belegen ist, so würde die Umstellung der persönlichen Darlehnsforderung auf Westwährung im Verhältnis 10 : 1 zu einem Zwiespalt zwischen Hypothek und Forderung führen, der mit Recht von den obengenannten Verfassern wie auch vom 2. Zivilsenat des KG als mit dem Wesen der Hypothek unvereinbar abgelehnt worden ist. Die verschiedene währungsrechtliche Beurteilung von Hypothek und Forderung würde zu Schwierigkeiten führen, die eine auf vernünftige wirtschaftliche Ergebnisse bedachte Rechtsprechung zu vermeiden suchen muß. Die Verkehrshypothek ist wirtschaftlich eine Einheit und wird auch allgemein als solche empfunden und angesehen. Da der Hypothekenschuldner in erster Reihe für die Forderung mit dem belasteten Grundstück haftet, liegt der Schwerpunkt des Schuldverhältnisses auf dinglichem Gebiet, mag es auch dem Gläubiger unbenommen sein, den Schuldner zunächst nur aus dem Darlehn in Anspruch zu nehmen und Befriedigung aus seinem sonstigen Vermögen zu suchen. Die natürliche Einheit von Hypothek und Forderung mit dem Schwergewicht auf der dinglichen Seite rechtfertigt die Unterstellung der Forderung unter das Währungsstatut des Grundstücks.

Wenn auch bei der Darlehnshypothek die persönliche Forderung das Hauptrecht und die Hypothek das angelehnte, die Befriedigung der Forderung sichernde Nebenrecht ist — vgl. u. a. RGZ 81, 268 —, so ist daraus doch nicht mit *Hüssener* (JR 1949, 18) zwingend zu folgern, daß die Forderung stets und nur nach dem am Wohnsitz des Schuldners geltenden Währungsrecht umzustellen sei, ganz gleich, wo das Grundstück belegen ist. *Hüssener* geht davon aus, daß das Währungsrecht zwingendes öffentliches Recht sei, das unabänderlich alle Forderungen gegen einen im betreffenden Währungsgebiet wohnenden Schuldner erfasse. Das aber schließt die Anwendung des am Orte des belasteten

[1] Siehe oben Nr. 229.

Grundstücks geltenden Währungsrechts auf die hypothekarisch gesicherte Darlehnsforderung nicht notwendig aus. Wenn für die währungsrechtliche Beurteilung einer Forderung der Wohnsitz des Schuldners maßgebend sein soll, so hat das seinen tieferen Grund darin, daß dort die Leistung erzwungen werden kann. Die Forderung wird deshalb regelmäßig als am Wohnort des Schuldners befindlich oder belegen angesehen. Die Rückzahlung eines hypothekarisch gesicherten Darlehns aber soll regelmäßig am Orte des belasteten Grundstücks erzwungen werden. Die durch Hypothek gesicherte Forderung wird deshalb als am Orte des Grundstücks belegen angesehen — vgl. Beschluß des 1. Zivilsenats v. 19. 8. 1948[1]. *Schaeffer* (HuW 1950, 245) spricht in diesem Zusammenhang von dem dinglichen Wohnsitz des Schuldners und erachtet ihn, ebenfalls von der öffentlichrechtlichen Natur der Währungsbestimmungen ausgehend, im Hinblick auf den engen Zusammenhang zwischen Hypothek und Forderung mit Recht auch für die währungsrechtliche Beurteilung der persönlichen Forderung als maßgebend. Der abweichenden Ansicht von *Palandt*[7], Anm. vor Art. 13 EGBGB, vermag sich der Senat aus den dargelegten Gründen nicht anzuschließen, ebensowenig anzuerkennen, daß die Umstellung der persönlichen Forderung nach dem für die Hypothek geltenden Währungsstatut dem wirtschaftlichen Zweck der westlichen Währungsreform zuwiderlaufe, wie der Bekl. ausgeführt hat. Da die durch Hypothek gesicherte Forderung als am Ort des belasteten Grundstücks belegen anzusehen ist, unterlag die hier erhobene Forderung gegen den Bekl. niemals den für West-Berlin erlassenen Währungsvorschriften.

Zu welchen unbefriedigenden Ergebnissen eine unterschiedliche rechtliche Behandlung von Hypothek und Forderung führen würde, haben *Bögelsack* und *Zellner* (aaO.) zutreffend dargelegt. Es handelt sich um die Fälle, in denen die Hypothekengläubigerin eine in der Ostzone enteignete Hypothekenbank ist, die in Westdeutschland fortbesteht. Bei der getrennten und unterschiedlichen Behandlung von Hypothek und Forderung würde der Schuldner der Gefahr einer doppelten Inanspruchnahme ausgesetzt sein. Selbst wenn der in West-Berlin wohnende Schuldner an und für sich bereit wäre, an die in Westdeutschland sitzende Gläubigerin Zahlung in Westmark zu leisten, müßte er doch an die in der Ostzone sitzende Rechtsnachfolgerin der dort enteigneten Hypothekenbank Zahlung leisten, um die Inanspruchnahme aus dem Grundstück zu vermeiden und sich das Grundstück in Ost-Berlin zu erhalten, das auf Grund der nach östlichem Währungsrecht umgestellten Hypothek haftet.“

**232.** **§ 15 des westdeutschen Umstellungsgesetzes enthält keine Kollisionsnorm. — Auf das interzonale Währungsrecht sind grundsätzlich die Regeln des deutschen internat. Privatrechts anzuwenden, aber unter Ausschluß derjenigen, die auf den Parteiwillen abstellen. — Das Umstellungsstatut von RM-Forderungen beurteilt sich im inter-**

[1] Siehe unten Nr. 376.

**zonalen Recht nach dem Sitz des Schuldners im Zeitpunkt der Währungsreform. — Grundstücke und Rechte an Grundstücken unterstehen dem Recht der belegenen Sache. — Das Währungsstatut einer dinglich gesicherten Forderung folgt in der Regel nicht dem Währungsrecht des Grundstücksortes, sondern dem einer persönlichen, ungesicherten Forderung; das gilt insbesondere dann, wenn noch vor der Währungsreform die Hypothek im Grundbuch gelöscht wurde.**

BGH, Urt. v. 26. 1. 1951 — V ZR 43/50: DNotZ 1951, 178; BGHZ 1, 109; JZ 1951, 302; LM, Nr. 2 zu § 16 UmstG; DRsp. II (250) 1001; NJW 1951, 400; MDR 1951, 288; Clunet 81 (1954) 976.

Der Bekl. war Eigentümer eines Hauses in der sowjet. Zone, das mit einer Darlehenshypothek der Stadtsparkasse N. belastet war. Im Herbst 1947 zog der bis dahin in der sowjet. Zone wohnende Bekl. in die brit. Zone. Von dort aus verkaufte er das Grundstück an den Kl. In dem Kaufvertrag erklärte er, dafür einstehen zu wollen, daß das Grundstück nicht mit Hypotheken belastet sei. Nachträglich stellte sich heraus, daß ein Teilbetrag des Darlehens noch nicht zurückbezahlt worden war. Der Kl. löste am 23. 3. 1948 die Darlehenshypothek durch Zahlung des Restbetrages ab; er verlangt Erstattung dieses Betrages in voller Höhe in DM. Der Bekl. erkennt nur $^1/_{10}$ in DM(West) an. Der Kl. unterlag in allen Rechtszügen.

Aus den Gründen:

„Das Berufungsgericht geht richtig davon aus, daß das UG eine ausdrückliche Abgrenzung seines Geltungsbereiches gegenüber dem ostzonalen Währungsrecht nicht enthalte. Es entnimmt aber den §§ 13 und 15 UG eine solche Kollisionsnorm: Nach § 12 UG finde das Gesetz auf alle vor dem 21. 6. 1948 begründeten Schuldverhältnisse Anwendung, die auf RM lauteten oder nach den vor dem Zeitpunkt der Währungsreform geltenden Vorschriften in RM zu erfüllen gewesen seien. Wenn § 15 UG eine Sonderregelung zugunsten der Angehörigen der Vereinten Nationen treffe, so gehe daraus durch Umkehrschluß hervor, daß es im übrigen uneingeschränkt auf alle Schuldverhältnisse Anwendung finden solle, bei denen der Schuldner seinen Wohnsitz im Währungsgebiet habe. Das müsse auch im Verhältnis zu Gläubigern gelten, deren Wohnsitz in der Ostzone liege. Diese Kollisionsnorm schließe die Anwendung der Grundsätze des internat. Privatrechts aus.

Diese Begründung des Berufungsurteils setzt in Wahrheit voraus, was begründet werden soll, daß nämlich westdeutsches Währungsrecht stets Anwendung findet, wenn der Schuldner im Währungsgebiet seinen Wohnsitz hat. Das UG enthält nicht nur keine ausdrückliche Kollisionsnorm, es ist auch unmöglich, eine solche aus den §§ 13 und 15 UG zu entnehmen. Beide Bestimmungen greifen erst dann ein, wenn feststeht, daß das UG überhaupt zur Anwendung kommt.

Die sonst für das internat. Privatrecht anerkannten Grundsätze können auf das interzonale Währungsrecht nicht ohne weiteres angewendet werden. Der Parteiwille scheidet aus, da bei Begründung der Darlehensforderung Deutschland ein einheitliches Währungsgebiet bildete und die Parteien nicht daran denken konnten, daß diese Rechtseinheit einmal ihr Ende finden könne. Auch für einen hypothetischen Parteiwillen ist bei dieser Sachlage kein Anhaltspunkt gegeben (OGHZ 1,

391[1]; 4, 56[2]). Dieselben Erwägungen machen es auch unmöglich, an den Erfüllungsort anzuknüpfen, wenn dieser, wie im vorliegenden Falle, auf Parteivereinbarung beruht.

Bei dieser Sachlage muß ohne Rücksicht auf frühere Vereinbarungen aus den Verhältnissen, wie sie im Augenblick der Währungsreform bestanden, ein neuer Anknüpfungspunkt gefunden werden (*Raape*, IPR[3] 346f.). Dies kann im vorliegenden Falle nur der Wohnsitz des Schuldners sein. Nur dieser Anknüpfungspunkt trägt dem Umstand Rechnung, daß währungsrechtliche Eingriffe ein Ausfluß der staatlichen Währungshoheit sind, und daß sie nur gegenüber denjenigen Rechts- und Schuldverhältnissen durchgesetzt werden können, die der Gesetzgebungs- und Zwangsgewalt des über das Währungsrecht bestimmenden Hoheitsträgers unterliegen. Dies ist der Hoheitsträger, in dessen Gebiet der Schuldner seinen Wohnsitz hat.

Da es auf die Verhältnisse im Augenblick der Währungsreform ankommt, ist der Wohnsitz des Schuldners in diesem Zeitpunkt maßgebend. In diesem Zeitpunkt wohnte der Bekl. bereits im westdeutschen Währungsgebiet. Das westdeutsche UG ist daher auf den Anspruch des Kl. anzuwenden, soweit er sich auf den Darlehensvertrag stützt (so auch *Raape* 347f.).

II. Daran ändert sich auch nichts dadurch, daß die Darlehensforderung ursprünglich durch eine Hypothek auf einem in der Ostzone belegenen Grundstück gesichert war.

Außer Frage ist, daß nach den Regeln des internat. Privatrechts Grundstücke und Rechte an Grundstücken dem Rechte der belegenen Sache unterstehen. Das gilt auch für Grundpfandrechte, aber nicht notwendig für die durch das Grundpfandrecht gesicherte Forderung. Im Schrifttum wird zwar vereinzelt die Auffassung vertreten, daß bei der Verkehrshypothek — im Gegensatz zur Sicherungs- und Höchstbetragshypothek — die Verbindung zwischen Forderung und dinglichem Recht so eng sei, daß die bei Anwendung verschiedenen Währungsrechts sich ergebende Zerschlagung des einheitlichen Rechtsverhältnisses untragbar sei (*Friedrich*, SJZ 1948, 25; *Blau*, SJZ 1949, 162; *Krech*, NJW 1949, 296f.; KG NJW 1950, 648[3]; im Ergebnis ebenso *Buder*, DRZ 1948, 420). Die herrschende Auffassung geht aber dahin, daß gerade für die Anwendung des Währungsrechts eine einheitliche Behandlung nicht zwingend geboten sei, sondern Forderung und dingliches Recht verschieden behandelt werden könnten (*Harmening-Duden*, Währungsgesetze 162; *Raape* 407ff.; *Nussbaum*, IPR 86; *M. Wolff*, IPR[2] § 35 VI; *Jacobson*, NJW 1948, 681f.; vgl. OLG Celle, NdsRpfl. 1949, 107[4]; zweifelnd *Lüders*, MDR 1948, 386). Für das Gebiet der Aufwertung hat der Gesetzgeber diese Auffassung in § 4 des Aufwertungsgesetzes und § 4 der hierzu ergangenen Novelle v. 9. 7. 1927 (RGBl I 171) anerkannt. Das RG hat gerade für den Fall der Einführung einer neuen Währung in den früheren deutschen Schutzgebieten die persönliche

[1] Siehe unten Nr. 365. [2] Siehe unten Nr. 371. [3] Siehe oben Nr. 229.
[4] Siehe unten Nr. 378.

Forderung nach deutschem Recht behandelt, obwohl das die Forderung sichernde Grundpfandrecht dem im Bereich des belasteten Grundstücks neu eingeführten fremden Währungsrecht unterworfen war (RGZ 152, 53 [64]). Der Senat schließt sich dieser Auffassung an.

Es kann dahinstehen, ob unter Umständen die wirtschaftliche Verbindung der persönlichen Forderung mit der dinglichen Sicherung so eng sein kann, daß die Forderung dem Recht unterstellt werden muß, das für die Hypothek gilt. Im vorliegenden Falle kommt es nicht darauf an. Denn wenn auch eine solche enge wirtschaftliche Verbindung zwischen Forderung und Hypothek hier anfangs bestanden haben mag, so ist sie doch noch vor der Währungsreform jedenfalls dadurch beseitigt worden, daß der Kl. nach Ablösung der Stadtsparkasse die Löschung der Hypothek veranlaßt hat. Damit hat er selbst diese wirtschaftliche Verbindung gelöst. Das rechtfertigt, die Forderung jetzt nicht mehr dem Recht der belegenen Sache zu unterwerfen."

**233. Nach der Rechtsprechung des BGH ist Währungsstatut einer dinglich gesicherten Forderung auch bei objektiver Anknüpfung nicht unbedingt der Sitz des Schuldners; die enge wirtschaftliche Verbindung mit einer Forderung, wie etwa mit einer Restkaufgeldforderung, kann den Schwerpunkt des Schuldverhältnisses an den Grundstücksort verschieben. — Auch bei einer subjektiven Anknüpfung des Währungsstatuts an den mutmaßlichen Parteiwillen ist eine vernünftige Interessenabwägung auf objektiver Grundlage vorzunehmen.**

KG Berlin (West), Beschl. v. 22. 9. 1952 — 4 W 2305/52: JR 1953, 61; HuW 1953, 53; NJW 1953, 29.

Die ASt. hatte ein in West-Berlin liegendes Grundstück gekauft und zur Sicherung der Restkaufgeldforderung zugunsten der Verkäufer, der AGg., mit einer Hypothek belastet. AGg. und ASt. wohnten damals in West-Berlin, die ASt. verzog aber schon vor der Währungsreform nach Westdeutschland. Die ASt. meint, die Hypothek sei nach der westdeutschen 40. DVO zum Umstellungsgesetz im Verhältnis 10:1 umzustellen, während die AGg. unter Berufung auf das West-Berliner Gesetz v. 9. 1. 1951 (VOBl I 71) eine Umstellung in Höhe von 1:1 für sich in Anspruch nehmen. Die ASt. hat zur Erhebung einer Feststellungsklage um Bewilligung des Armenrechts gebeten. Das LG lehnte den Antrag ab, das KG gab ihm statt.

Aus den Gründen:

„Zu der Frage, nach welchem Währungsrecht die Umstellung der streitigen, dinglich gesicherten Restkaufgeldforderung vorzunehmen ist, hat sich bisher eine einheitliche Rechtsprechung nicht entwickelt. Die Fragen dazu sind bislang nur gestellt, aber noch nicht abschließend beantwortet. In BGHZ 1, 109[1] wird für das anzuwendende Währungsrecht für eine vor der Währungsreform entstandene Forderung unter Bezug auf die Rechtsprechung des OGH (OGHZ 1, 386 [392][2]; 4, 51 [56][3]) der Wohnsitz des Schuldners für maßgebend angesehen und auch ausgesprochen, daß Grundstücke und Rechte an Grundstücken nach den Regeln des internationalen Privatrechts, die für das interlokale Privat-

[1] Siehe oben Nr. 232. [2] Siehe unten Nr. 365. [3] Siehe unten Nr. 371.

recht entsprechend gelten, dem Recht der belegenen Sache unterstehen. Es wird aber in diesem Urteil des BGH entgegen der in der Literatur vertretenen Auffassung — *Friedrich* in SJZ 1948, 25; *Blau* in SJZ 1949, 162; *Krech* in NJW 1949, 296; KG in NJW 1950, 648[1]; *Buder* in DRZ 1948, 420 — gerade die Frage, die im vorliegenden Fall zu entscheiden ist, mit den Worten offen gelassen: ‚Es kann dahinstehen, ob unter Umständen die wirtschaftliche Verbindung der persönlichen Forderung mit der dinglichen Sicherung so eng sein kann, daß die Forderung dem Recht unterstellt werden muß, das für die Hypothek gilt', weil es in dem dort zu entscheidenden Fall darauf nicht ankomme. In dem hier gegebenen Fall könnte eine solche enge wirtschaftliche Verbindung durchaus zu bejahen sein, was gleichbedeutend damit wäre, als Schwerpunkt des Rechtsverhältnisses die dingliche Sicherung anzunehmen. Es ist dazu zu bedenken, daß das Grundstück in West-Berlin liegt und der wirtschaftliche Wert der ganzen Forderung wesentlich von diesem Grundstück abhängt. Dazu wird auch nicht außer acht bleiben können, daß die Vertragsparteien bei Vertragsabschluß in Berlin wohnten und der gesetzliche Erfüllungsort für die Verbindlichkeit ebenfalls Berlin ist. Es erhebt sich somit die bedeutungsvolle Frage, ob die Verbindung zwischen Forderung und dinglichem Recht nicht so eng ist, daß, worauf gerade vom Schrifttum besonders hingewiesen worden ist, die bei Anwendung verschiedenen Währungsrechts sich ergebende Zerschlagung des einheitlichen Rechtsverhältnisses untragbar erscheint. Wenn man danach entsprechend der vom BGH offen gelassenen Möglichkeit die Verbindung von persönlicher Forderung und dinglichem Recht als so eng ansieht, daß die Forderung dem Recht unterstellt werden muß, das für die Hypothek gilt, so ist die Forderung nach Berliner Recht 1:1 umzustellen. Wird die Forderung demgemäß 1:1 umgestellt, so ist das kein Eingriff in eine etwaige westdeutsche Währungshoheit; auch in Westdeutschland müßte für die Umstellung der Forderung nach diesen Ausführungen West-Berliner Währungsrecht angewendet werden; und es ist nicht zu ersehen, warum das nicht geschehen dürfte. Dabei richtet sich auch die Umstellung der Forderung nicht nach der Umstellung der Hypothek, was gegen § 1 GUG verstoßen würde, sondern die Umstellung der persönlichen Forderung würde sich wegen des Übergewichts der dinglichen Sicherung nach Berliner Recht richten, das in § 6 GUG die Umstellung der Forderung auf 1:1 bestimmt. Nach dieser Umstellung der Forderung würde sich dann erst nach § 1 aaO. die Umstellung der dinglichen Sicherung bestimmen.

Ist also schon nach BGHZ 1, 109 ff. der Wohnsitz des Schuldners bei der Währungsreform nicht geradezu für unbedingt maßgebend erklärt worden, so führt der BGH in seinem Urteil v. 1. 2. 1952 — I ZR 123/50[2] — aus, es komme dazu, welcher Währungsregelung ein Schuldverhältnis unterworfen sei, auf den ‚hypothetischen Parteiwillen' an. Dieser ergebe sich aber nicht aus mutmaßlichen subjektiven Vorstellungen der Parteien, sondern aus vernünftiger Interessenabwägung auf objektiver

[1] Siehe oben Nr. 229. [2] Siehe unten Nr. 402 b.

Grundlage. Im gleichen Sinn nimmt *Raape*, IPR[3] 347, Stellung, der der Ansicht ist, diese Abwägung sei gleichbedeutend mit der Ermittlung des ‚Schwerpunktes' des Schuldverhältnisses."

**234. Auf das interzonale Privatrecht sind die Grundsätze des deutschen internat. Privatrechts entsprechend anzuwenden. — Anknüpfungspunkt für das Personalstatut ist im interlokalen Recht der Wohnsitz einer Person. — Währungsstatut eines Pflichtteilsanspruchs ist weder das Recht des Lageortes der Nachlaßgegenstände noch der letzte Wohnsitz des Erblassers. — Wohnen Gläubiger und Schuldner einer Forderung zur Zeit der Währungsreform in dem gleichen Währungsgebiet, so ist das Währungsrecht dieses Gebietes maßgebend. — Eine Ausnahme wäre nur dann gerechtfertigt, wenn die Geldforderung und ihre Befriedigung keine Beziehung zu dem Gebiet des gemeinsamen Wohnsitzes der Parteien hätte.**

BGH, Urteil v. 26. 3. 1953 — IV ZR 128/52: *z. T. BGHZ 9, 151; NJW 1953,860; JR 1953, 427; LM, Nr. 1 zu Interzonales Währungsrecht (*Ascher*).

Die in West-Berlin wohnhaften Parteien sind Abkömmlinge der im Jahre 1943 verstorbenen Erblasserin. Die Bekl. ist Erbin, während der Kl. durch letztwillige Verfügung von der Erbfolge ausgeschlossen und nur mit einem Vermächtnis bedacht wurde. Der wertvollste Teil des Nachlasses besteht aus Grundstücken und Hypotheken auf Grundstücken in der Ostzone. Der Kl. macht nunmehr seinen Pflichtteilsergänzungsanspruch geltend. Die Bekl. meint, der Anspruch müsse nach ostzonalem Währungsrecht umgestellt werden. Das Berufungsgericht hat den Anspruch nach West-Berliner Währungsrecht umgestellt, aber bei der Berechnung die in der Ostzone belegenen Teile des Nachlasses als unverwertbar nicht berücksichtigt. Der BGH hob das Berufungsurteil auf.

Aus den Gründen:

„Ebenso wie das westdeutsche UG enthält die Berliner Umstellungs-VO v. 4. 7. 1948 (BerlVOBl S. 374) keine Bestimmung darüber, welche Geldschuldverhältnisse von ihr erfaßt werden, wenn es sich um Verbindlichkeiten handelt, die sich in mehreren Zonen auswirken. Die Ermittlung des in solchen Fällen maßgebenden Währungsrechts ist Gegenstand von Urteilen des I., des IV. und des V. Zivilsenats des BGH gewesen (vgl. BGHZ 1, 109[1]; 5, 35[2]; 5, 303[3] und 7, 231[4] sowie *Lindenmaier-Möhring* Nr. 3 zu Art. 7 EGBGB[5]). Diese Entscheidungen betreffen die Feststellung des maßgebenden Währungsrechts für vertraglich begründete Geldforderungen. Über die Frage des auf gesetzliche Ansprüche, wie den Pflichtteilsanspruch, anzuwendenden Währungsrechts hat sich, soweit ersichtlich, der Bundesgerichtshof noch nicht ausgesprochen.

Der V. Zivilsenat hat sich allgemein in dem Urteil v. 26. 1. 1951 (BGHZ 1, 109 [112][6]) für den Wohnsitz des Schuldners zur Zeit der Währungsreform als den maßgebenden Anknüpfungspunkt entschieden, weil nur er dem Umstand Rechnung trage, daß währungsrechtliche Eingriffe ein Ausfluß der staatlichen Währungshoheit seien, und daß

[1] Siehe oben Nr. 232. [2] Siehe unten Nr. 402b. [3] Siehe oben Nr. 216.
[4] Siehe oben Nr. 213b. [5] Siehe oben Nr. 214. [6] Siehe oben Nr. 232.

sie nur gegenüber denjenigen Rechts- und Schuldverhältnissen durchgesetzt werden könnten, die der Gesetzgebungs- und Zwangsgewalt des über das Währungsrecht bestimmenden Hoheitsträgers unterlägen. Der I. Zivilsenat will die Gesetzeslücke so schließen, daß zu untersuchen sei, zu welcher der verschiedenen Rechtsordnungen der zu entscheidende Fall die engsten Anknüpfungspunkte besitze. Maßgebend sei, wenn ein ausdrücklicher oder stillschweigender Parteiwille als Anknüpfungspunkt fehle, zunächst der sog. hypothetische Parteiwille (NJW 1952, 540 [541][1]). Hierunter seien aber nicht hypothetische subjektive Vorstellungen der Parteien, sondern eine vernünftige Interessenabwägung auf rein objektiver Grundlage zu verstehen, die an Hand der im Zeitpunkt der Währungsumstellung bestehenden tatsächlichen Verhältnisse zu ermitteln sei. Erst wenn es an einem in diesem Sinne zu verstehenden hypothetischen Parteiwillen mangele, sei auf allgemeine Anknüpfungspunkte wie den Wohnsitz des Schuldners oder den Erfüllungsort zurückzugreifen. Der IV. Zivilsenat hat sich in dem ersten von ihm entschiedenen Fall (*Lindenmaier-Möhring* Nr. 3 zu Art. 7 EGBGB[2]), in dem Gläubiger und Schuldner im Zeitpunkt der Währungsreform ihren Wohnsitz im westlichen Besatzungsgebiet hatten, der Ansicht des V. Zivilsenats angeschlossen. Die Tatsache, daß in diesem Falle der Schuldner die Zahlungsverpflichtung in einem Auseinandersetzungsvertrag unter Miterben als Ausgleich dafür eingegangen war, daß er in der Ostzone belegenen Grundbesitz aus dem Nachlaß übernommen hatte und daß er infolge der Entwicklung seit 1945 in der Möglichkeit beschränkt war, den Grundbesitz zu verwerten, hat der Senat nicht als ausreichend erachtet, um ostzonales Währungsrecht anzuwenden. Auch in dem Urteil v. 3. 4. 1952 (BGHZ 5, 302 [311][3]) hat sich der Senat für den Wohnsitz des Schuldners als maßgebenden Anknüpfungspunkt ausgesprochen, da es an der Möglichkeit der Feststellung eines hypothetischen Parteiwillens in der vom I. Zivilsenat verstandenen Bedeutung fehle.

In dem hier zu entscheidenden Fall kann es nach Lage der Sache auf einen wirklichen oder vermeintlichen Parteiwillen als Anknüpfungspunkt für das anzuwendende Währungsrecht nicht ankommen, weil es sich nicht um eine aus einem Vertrag entstandene Geldforderung, sondern um den gesetzlichen Pflichtteilsanspruch nach §§ 2303ff. BGB handelt. Unter den für einen solchen Anspruch in Frage kommenden Anknüpfungspunkten ist der Belegenheit der Nachlaßgegenstände keine Bedeutung beizumessen. Es widerspricht den Grundsätzen des deutschen internat. Privatrechts, die auf das hier anzuwendende interzonale Privatrecht zu übertragen sind, eine Anknüpfung an das ostzonale Währungsrecht daraus herzuleiten, daß die wesentlichsten Bestandteile des Nachlasses, dessen Miterbin die Bekl. ist, sich in der Ostzone befinden oder dort befunden haben. Die Belegenheit der Nachlaßgegenstände ist nach deutschem internat. Privatrecht für das auf den Nachlaß und die an ihm bestehenden Rechtsverhältnisse anwendbare Recht ohne Einfluß. Für die Beerbung eines Deutschen gilt nach Art. 24 I

[1] Siehe unten Nr. 402b. [2] Siehe oben Nr. 214. [3] Siehe oben Nr. 216.

EGBGB, auch wenn er im Ausland seinen Wohnsitz hat, grundsätzlich das deutsche Recht. Der Nachlaß wird auch internationalrechtlich als Einheit behandelt. Nach dem maßgebenden Erbstatut richtet sich nicht nur die Nachfolge in die Nachlaßrechte, sondern grundsätzlich auch die Haftung der Erben für die Nachlaßverbindlichkeiten und nicht zuletzt das Pflichtteilsrecht der Verwandten und des Ehegatten. Auf die Währung, in der der Pflichtteilsanspruch zu berechnen und zu erfüllen ist, ist die Belegenheit der Nachlaßgegenstände notwendig ohne Einfluß. Eher ist vielmehr der letzte Wohnsitz der Erblasserin, der sich nach der unbestrittenen Behauptung der Bekl. in der Ostzone Deutschlands befand, als möglicher Anknüpfungspunkt für das Währungsstatut in Betracht zu ziehen. Für das deutsche interlokale Privatrecht tritt er an die Stelle der Staatsangehörigkeit, die als Anknüpfungspunkt nicht in Frage kommen kann, weil sie in allen Besatzungszonen dieselbe ist. Überall da, wo nach deutschem internat. Privatrecht die (deutsche) Staatsangehörigkeit Anknüpfungspunkt ist, muß sie für das interlokale durch den Wohnsitz ersetzt werden.

Gegen die Maßgeblichkeit des letzten Wohnsitzes der Erblasserin sprechen jedoch gewichtige Bedenken, die dem Wesen oder der Bedeutung der Rechtsnormen entspringen, die hier anzuwenden sind. Nicht um das Recht handelt es sich, das die sich aus dem Pflichtteilsrecht des Kl. ergebende Verbindlichkeit der Bekl. bei ihrer Entstehung bestimmt, sondern um die Einwirkung der Währungsgesetzgebung auf ein zur Zeit ihres Inkrafttretens bestehendes Geldschuldverhältnis. Es kann für die hier zu entscheidende Frage dahingestellt bleiben, ob die Vorschriften über die Umstellung von Reichsmarkverbindlichkeiten auf die neue Währung Bestandteile der neuen Währungsordnung im eigentlichen Sinne sind oder ob sie den Rechtsvorschriften zuzurechnen sind, die die umgestellten Schuldverbindlichkeiten in allen übrigen Beziehungen regeln, wie z. B. das Vertrags- oder das Erbstatut. Die Vorschriften des Umstellungsrechts stehen im engsten Zusammenhang mit der Neuordnung der Währung durch die Währungsgesetzgebung des Jahres 1948. Sie sind mit Rücksicht auf diese erlassen. Nur wegen dieses Zusammenhangs mit der Währungsneuordnung greift der Gesetzgeber in die bestehenden Schuldverhältnisse ein, indem er sie der neuen Währung, die an die Stelle der alten, außer Kraft gesetzten tritt, anpaßt. So verstanden ist die Umstellungsgesetzgebung ein notwendiger und untrennbarer Bestandteil der Währungsordnung. Die eigentlichen Währungsvorschriften sind aber ein Bestandteil der öffentlichen Ordnung des sie regelnden Gemeinwesens und gehören zu den Vorschriften des öffentlichen Rechts. Wie der Senat in dem in BGHZ 5, 302 (316)[1] abgedruckten Urteil ausgesprochen hat, ist die Währungsreform ein staatlicher Eingriff in das Vermögen der von ihr betroffenen Personen, seien sie als Gläubiger oder als Schuldner an dem von der Währungsgesetzgebung erfaßten Schuldverhältnis beteiligt. Gehören Gläubiger und Schuldner im Zeitpunkt der Währungsreform verschiedenen Staatsgewalten an, dann kann und

[1] Siehe oben Nr. 216.

muß im Hinblick auf die Gleichberechtigung oder schon das bloße Nebeneinander-Bestehen verschiedener Währungsordnungen die Frage gelöst werden, ob die in einem Währungsgebiet vollzogene Währungsreform auch diejenigen Schuldverhältnisse ergreift, die mit Rücksicht auf einen einer anderen Staatsgewalt unterworfenen Beteiligten oder die Natur des Schuldverhältnisses auch eine Beziehung zu einem anderen Staatsgebiet haben. Nur in solchen Fällen können Zweifel auftauchen, zu welchen der konkurrierenden Gebietskörperschaften das Schuldverhältnis so enge Beziehungen aufweist, daß es seiner Währungsordnung unterworfen ist. Die Gesichtspunkte, die hierbei zu beachten sind, sind in den obengenannten Entscheidungen des BGH erörtert worden. Unterstehen aber die Beteiligten eines Schuldverhältnisses ein und derselben Staatsgewalt wie im vorliegenden Fall, dann ist deren Währungsordnung grundsätzlich die allein anwendbare. Alle anderen Beziehungen zu einem anderen staatlichen Hoheitsträger haben dann zurückzutreten. In diesem Sinne hat der hier erkennende Senat in dem Urteil v. 31. 1. 1952 (*Lindenmaier-Möhring* Art. 7 EGBGB Nr. 3[1]) die Beziehung der umgestellten Forderung auf einen in der östlichen Besatzungszone belegenen Gegenstand als für die Bestimmung des maßgebenden Währungsrechts unbeachtlich gehalten, wenn Gläubiger und Schuldner im Zeitpunkt der Währungsreform ihren Wohnsitz im westlichen Gebiet hatten. Auch der I. Zivilsenat scheint auf diesem Standpunkt zu stehen. In dem in der amtlichen Sammlung nicht abgedruckten Teil seines Urteils v. 1. 2. 1952 (BGHZ 5, 35[2]) wird ausgeführt, daß, wenn beide Parteien bei Eintritt der Währungsspaltung der westlichen Rechtsordnung unterstanden, schon aus diesem Grunde den dort geltenden Währungsbestimmungen der Vorzug zu geben sei. Diese Ansicht wird auch im Schrifttum vertreten. So führt *Bucher*, der für die Bestimmung des maßgebenden Währungsstatuts grundsätzlich darauf abstellt, in welchem Währungsgebiet das Geldschuldverhältnis seinen Schwerpunkt hat, in DRZ 1948, 420 unter Berufung auf die in RGZ 131, 4 abgedruckte Entscheidung des RG aus, daß das Währungsstatut das Problem (der Bestimmung der maßgebenden Währungsordnung) allein nur dann zu lösen vermag, wenn Gläubiger und Schuldner sich dem neuen Recht unterworfen haben oder wenn sie dem örtlichen Herrschaftsbereich des neuen Gesetzgebers unterstehen, d. h. also Gläubiger und Schuldner in demselben Währungsgebiet ihren Wohnsitz haben.

Es kann dahinstehen, ob die alleinige Maßgeblichkeit des Währungsstatuts, wenn Gläubiger und Schuldner in seinem Gebiete wohnen, Ausnahmen duldet. Dies könnte, wenn überhaupt, nur dann in Betracht kommen, wenn die umzustellende Geldforderung und ihre Befriedigung keine Beziehung zu dem betreffenden Gebiet und seiner Währung hat. Eine solche Ausnahme liegt in dem hier zu entscheidenden Fall nicht vor. Die Pflichtteilsverbindlichkeit der Bekl. ist eine Nachlaßverbindlichkeit (§ 1967 II BGB). Die Bekl. haftet für sie neben den anderen Miterben als Gesamtschuldnerin (§ 2058 aaO.). Die Haftung erstreckt

[1] Siehe oben Nr. 214. [2] Siehe unten Nr. 402b.

sich auf ihr gesamtes Vermögen. Daß sie auf den Nachlaß beschränkt sei, wird von keiner der Parteien behauptet. Da beide in West-Berlin wohnen, vollzieht sich die Erfüllung der Forderung in diesem Währungsgebiet, selbst wenn der gesetzliche Erfüllungsort, was hier auf sich beruhen kann, nicht in West-Berlin wäre. Von einer Verbindlichkeit, die dieses Währungsgebiet und die dort geltende Währungsordnung unberührt läßt, kann nicht gesprochen werden.

Aus diesen Gründen ist die Anwendbarkeit der Berliner Umstellungs-VO zu bejahen. . . .

Aus den oben (unter II) angeführten Gründen kann dem Berufungsrichter nicht gefolgt werden, wenn er die unter Nr. 23 aufgeführten Rückstände an Zinsen aus der Hypothek Nr. 5 deswegen nicht berücksichtigt, weil das mit der Hypothek belastete Grundstück in der Ostzone belegen ist. . . .

Der Kl. hat den Pflichtteilsergänzungsanspruch auch nach § 2325 BGB darauf gestützt, daß die Erblasserin der Bekl. ein Drittel des Grundstücks Bismarckstraße 56 in L. (Ostzone) geschenkt habe. Soweit das Berufungsgericht den Ansatz dieses Postens in der Berechnung des Pflichtteilsanspruchs streicht, weil das Grundstück in der sowjet. Zone liege, kann ihm nach dem oben Ausgeführten nicht gefolgt werden."

## 8. Unterhaltsansprüche

*Vorbemerkung: Unterhaltsansprüche, die bis zur Währungsreform in RM fällig geworden waren, sind überwiegend — der allgemeinen Regel für Forderungen entsprechend — nach dem am Wohnsitz des Schuldners geltenden Währungsrecht umgestellt worden: dieses „Umstellungsstatut" bestimmt das Umstellungsverhältnis und die neue Währung des Anspruchs (so die Nrn. 235, 236, 238, 243, 253, 262, 264, 274); abweichend die Fälle 240 und 246.*

*Währung und Höhe der nach der Währungsreform fällig gewordenen Unterhaltsansprüche (ihr „Währungsstatut") ist teilweise ebenfalls nach dem Recht am Wohnsitz des Schuldners bestimmt worden (Nrn. 237, 239, 251, 263, 266, 283), häufiger aber nach dem Recht am Wohnsitz des Unterhaltsberechtigten (Nrn. 249, 252, 254, 258, 267, 268, 270, 275, 278, 280). Diese zweite Ansicht wurde später, da sie bei den von westdeutschen Gerichten entschiedenen Fällen fast stets zur Maßgeblichkeit des sowjetzonalen Rechtes führte, wegen der devisenrechtlichen Transferbeschränkungen dahin abgeändert, daß der in DM-Ost entstandene Anspruch durch Zahlung des nominellen Betrages in DM-West auf ein Sperrkonto zu erfüllen sei (Nrn. 261, 265, 281, 282, 284, 285, 287). Eine dritte Auffassung über die Bestimmung des Währungsstatuts hält dieses mit dem Schuldstatut für identisch und führt damit bei den Unterhaltsansprüchen unehelicher Kinder über Art. 21 EGBGB ebenfalls zum Währungsrecht am Wohnsitz des Unterhaltsberechtigten (Nrn. 241, 244, 247, 248, 273); anders aber Nrn. 255, 271 für Unterhaltsansprüche des Ehegatten und ehelicher Kinder. Eine vierte Ansicht endlich stellte wegen der devisenrechtlichen Beschränkungen von vornherein den Unterhaltsanspruch in der Währung der lex fori, d. h. in DM-West fest (so die Fälle Nr. 260, 269, 276, 279).*

*Die Frage, ob ein westdeutscher Unterhaltsschuldner sich von seiner entweder unmittelbar auf DM-West lautenden oder seiner zwar in DM-Ost entstandenen, aber grundsätzlich durch Sperrkontozahlung in DM-West zu erfüllenden Unterhaltsverpflichtung durch Zahlung von DM-Ost befreien kann („Ersetzungsbefugnis“), ist überwiegend von den Gerichten bejaht (Nrn. 239, 242, 249, 251, 254, 257, 268, 273, 280, 281, 283, 284, 285, 287), in den Fällen 241, 252, 255, 261, 266, 271 dagegen verneint worden.*

**235. Die Grundsätze des internat. Privatrechts gelten auch für das interzonale Recht. — Ein Schuldverhältnis ist nach dem am Erfüllungsort, d. h. am Wohnsitz des Schuldners geltenden Recht zu beurteilen; dieses Recht entscheidet auch über das währungsrechtliche Umstellungsverhältnis.**

LG Bochum (brit. Zone), Beschl. v. 7. 1. 1949 — 5 S 637/48: NJW 1949, 426 (zust. *Kaap*); Auszug in DRsp. II (250) 6b.

Der Kl. ist ein uneheliches Kind mit Wohnsitz in der Ostzone, der Bekl., sein Erzeuger, hat seinen Wohnsitz in den Westzonen. Das AG hat die bis zum 30. 6. 1948 in RM aufgelaufenen Unterhaltsansprüche nach westzonalem Recht im Verhältnis 10:1 umgestellt; der Kl. begehrt Umstellung nach ostzonalem Recht im Verhältnis 1:1. Das LG hat dem Kl. das Armenrecht versagt.

Aus den Gründen:

„Ausschlaggebend für die Anwendung des in Frage kommenden Währungsgesetzes ist der Erfüllungsort, d. h. der Wohnsitz des Bekl. Nach allgemein anerkannten Grundsätzen des internat. Privatrechts, die auch im interlokalen Recht gelten, finden auf Schuldverhältnisse die Gesetze desjenigen Landes Anwendung, wo das Schuldverhältnis seinen Sitz hat, m. a. W. die am Wohnsitz des Schuldners geltenden Währungsgesetze. Das ist u. a. das in der brit. Zone erlassene Umstellungsgesetz.“

**236 Für die Umstellung eines Unterhaltsanspruches ist das am Wohnsitz des Schuldners geltende Währungsrecht maßgebend.**

LG Berlin, Beschl. v. 10. 1. 1949 — 24 T 28/49: HuW 1949, 364.

Der Gläubigerin steht gegen den Schuldner ein Unterhaltsanspruch von monatlich 30,– RM zu. Die Gläubigerin betrieb Vollstreckung in DM-West.

Aus den Gründen:

„Auf das Schuldverhältnis finden entsprechend dem Wohnsitz des Schuldners die Währungsbestimmungen des Westsektors von Berlin Anwendung.“

**236a. Unterhaltsansprüche der Personen, die ihren Wohnsitz im Westwährungsgebiet haben, sind auch dann voll in Westmark zu erfüllen, wenn der Schuldner als Grenzgänger nach der WEVO nur 10 Prozent seiner Bezüge in Westmark ausgezahlt erhält.**

LG Berlin (West), Urt. v. 19. 4. 1949 — 26 S 64/49: JR 1949, 417.

Die Parteien sind geschiedene Eheleute, der Bekl. ist für allein schuldig erklärt. Er wohnt im Ostsektor, arbeitet aber bei einem Unternehmen in den Westsektoren. Die Kl. wohnt in den Westzonen. Sie verlangt Unterhaltszahlungen in Westmark vom Bekl. Das LG gab der Klage statt.

Aus den Gründen:

„Die Kl. kann gem. § 58 EheG die Zahlung eines monatlichen Unterhalts von 42,— DM-West verlangen. Gem. Ziff. IXb der WEVO vom 20. 3. 49 erhält der Bekl. zwar nur 10% seines Lohnes in DM-West ausgezahlt. Diese Bestimmung kann aber nicht zuungunsten der Kl. berücksichtigt werden. Gem. Ziff. VII a 2 derselben VO sind nämlich Löhne nach Inkrafttreten der VO in DM-West zu zahlen. Der Arbeitgeber ist auch im Falle des Bekl. verpflichtet, den vollen Nennbetrag des Lohnes in DM-West auszugeben. Ziff. IX b schreibt lediglich vor, daß der Arbeitgeber dem Bekl. nicht mehr als 10% des Lohnes in DM-West auszahlen darf, die übrigen 90% muß er an die Lohnausgleichskasse zahlen. Die Lohnforderung des Bekl. besteht also in voller Höhe in DM-West. Lediglich für die Auszahlung sind Modifikationen bestimmt. Demnach kann die Kl., die in den Westzonen ansässig ist, ihren Unterhalt in DM-West in voller Höhe verlangen. Der Unterhalt ist im Wege der Lohnpfändung von dem vollen Lohn des Bekl. in Abzug zu bringen. Der Arbeitgeber des Bekl. kann also nach erfolgter Pfändung nur einen geringeren Betrag als 90% des Lohnes an die Lohnausgleichskasse abführen. Diese Regelung wird immer dann bei Unterhaltsforderungen gelten müssen, wenn der Arbeitnehmer nicht mit dem Unterhaltsberechtigten in häuslicher Gemeinschaft wohnt und der Unterhaltsberechtigte in den Westsektoren oder Westzonen ansässig ist und dort die Lebensmittelkarten bezieht."

**237. Mangels eines anderen Anknüpfungspunktes bestimmt sich das Währungsstatut eines Unterhaltsanspruches nach dem Erfüllungsort, d. h. dem Wohnsitz des Schuldners. — Die unterschiedliche Kaufkraft der beiden deutschen Währungen ist jedenfalls dann unerheblich, wenn der Schuldner infolge devisenrechtlicher Vorschriften nur auf ein Sperrkonto des Gläubigers in seinem Gebiet Zahlungen leisten darf.**

LG Göttingen (brit. Zone), Beschl. v. 2. 8. 1949 — 1 S 412/49: MDR 1949, 757 (abl. *Beitzke*); Rdbf. 23 (1950/51) 14 (abl. *Beitzke*); DRsp. II (250) 10d.

Die beiden Klägerinnen, die geschiedene Ehefrau und die Tochter des Bekl., leben in der Ostzone. Der Bekl. hat seinen Wohnsitz in Westdeutschland. Das AG sprach den Kl. einen Westmarkbetrag zu. Mit der Berufung macht der Bekl. geltend, daß dieser Betrag angesichts eines Wechselkurses von 1 DM-West: 5 DM-Ost die Bedürfnisse der Kl. übersteige. Das LG bestätigte jedoch das Urteil des AG.

Aus den Gründen:

„Nach § 269 BGB hat die Leistung grundsätzlich an dem Orte zu erfolgen, an dem der Schuldner zur Zeit der Entstehung des Schuldverhältnisses seinen Wohnsitz hat. Dieser Ort ist der Erfüllungsort. Nach § 270 BGB hat der Schuldner allerdings Geld im Zweifel auf seine Gefahr und seine Kosten dem Gläubiger an dessen Wohnsitz zu übermitteln. Das gilt aber nicht im Verhältnis zwischen einem Schuldner in den Westzonen und einem Gläubiger in der Ostzone hinsichtlich einer Westmarkverbindlichkeit. Für die Frage, ob der Bekl. den Unterhalt in Ostmark oder Westmark zu zahlen hat, ist mangels eines anderen Anknüpfungspunktes der Erfüllungsort, also der Wohnsitz des Bekl., maßgebend. Da dieser in der brit. Zone liegt, so ist der Bekl. zur Zahlung von Westmark verpflichtet. Nach § 26 II UG dürfen Gläubiger, die ihren Wohnsitz außerhalb des Währungsgebietes haben, über ihre Westmarkforderungen nur mit Genehmigung verfügen. Eine derartige Verfügungsgenehmigung wird zur Zeit Gläubigern in der Ostzone, auch soweit es sich um Unterhaltsforderungen handelt, nicht erteilt. Vielmehr kann der Westmarkschuldner nach der 19. DVO z. UG (VOBl brit. Zone 1949, 66) seine Verbindlichkeit nur in der Weise erfüllen, daß er den Schuldbetrag auf ein gesperrtes Konto des Gläubigers bei einem Geldinstitut oder einem Postscheckamt im Währungsgebiet zahlt. Danach kommt zur Zeit eine Übermittlung der Unterhaltsbeträge an den Wohnsitz der Kl., wie sie § 270 BGB auch nur ‚im Zweifel' vorsieht, nicht in Betracht. Infolgedessen ist es auch unerheblich, ob sich bei einer Umrechnung des verlangten Westmarkbetrages in Ostmark ein Unterhaltsbetrag ergeben würde, der die Bedürfnisse der Kl. übersteigt. Ein Transfer aus dem Westen in die Ostzone ist zur Zeit jedenfalls auf legalem Wege unmöglich. Für den Fall, daß später ein Verrechnungsabkommen mit der Ostzone zustandekommen sollte, ist kaum anzunehmen, daß der Umrechnungskurs 1:5 festgelegt werden würde.

Mit der Einzahlung auf ein Sperrkonto sind die Kl. einverstanden. Sie haben auch ein berechtigtes Interesse daran, daß der Bekl. die Unterhaltsbeträge laufend auf ein Sperrkonto einzahlt. Würde das nicht geschehen, so würden die Unterhaltsansprüche der Kl. aller Voraussicht nach nicht befriedigt werden, weil der Bekl. seinen Lohn inzwischen anderweitig ausgegeben hätte."

**238. Die Umstellung von RM-Forderungen bestimmt sich nach dem Währungsrecht am Wohnsitz des Schuldners im Zeitpunkt der Währungsreform in den Westzonen.**

LG Göttingen (brit. Zone), Beschl. v. 29. 9. 1949 — 1 T 369/49: *unveröff. (Leitsatz: NdsRpfl. 1949, 203).

Der Schuldner hatte sich in einer vor dem AG Z. (sowjet.) aufgenommenen vollstreckbaren Urkunde im Jahre 1947 zu einer monatlichen Unterhaltszahlung in RM an die in der Ostzone lebende Gläubigerin verpflichtet. Im gleichen Jahr verlegte der Schuldner seinen Wohnsitz in die Westzonen. Das AG H. (brit.) am jetzigen Wohnsitz des Schuldners hat auf Antrag der Gläubigerin den Vollstreckungstitel gemäß der 16. DVO zum UG im Verhältnis 1 : 1 auf DM-West umgestellt. Das LG wies die hiergegen eingelegte Beschwerde zurück.

Aus den Gründen:

„Der Umstellung im Verhältnis 1:1 steht nicht entgegen, daß die Gläubigerin in der Ostzone wohnt und die vollstreckbare Urkunde in der Ostzone in dem damaligen Wohnort des Schuldners aufgenommen worden ist. Allerdings ist die Frage, welche Währung für internationale Geldschulden maßgebend ist, streitig. In Anknüpfung an die Regeln des internat. Privatrechts, die nach der in Rechtslehre und Rechtsprechung übereinstimmenden Auffassung auch auf die Probleme des interlokalen Privatrechts Anwendung finden (vgl. *E. Wolff*: Festschrift *Raape* S. 181, OGH Köln v. 31. 3. 1949[1]), wird von einer Ansicht, die sich auf die Rechtsprechung des RG stützen kann (vgl. RGZ 120, 70/72), von dem Parteiwillen ausgegangen und subsidiär auf das Recht des Erfüllungsortes abgestellt (vgl. RG JW 1938, 1175; *Lüders*, MDR 1948, 487). Da die Parteien die Möglichkeit einer Spaltung des Währungsgebietes in den Jahren vor der Währungsreform nicht in das Auge gefaßt haben werden, läuft diese Auffassung darauf hinaus, ganz allgemein das Recht des Erfüllungsortes Anwendung finden zu lassen. Die Fiktion eines hypothetischen Parteiwillens versagt in diesem Falle ganz (vgl. *E. Wolff* 188). Nach § 269 BGB würde daher im vorliegenden Falle Z. als der Wohnsitz des Schuldners zur Zeit der Entstehung des Schuldverhältnisses der Erfüllungsort sein. *Lüders* nimmt auch in einem Beispiel gleicher Art an, daß in den Fällen, in denen beide Parteien bei Abschluß des Vertrages 1946 ihren Wohnsitz in der Ostzone hatten, der Geldschuldner dann aber 1947 in eine Westzone übergesiedelt ist, Erfüllungsort, Obligationsstatut und Währungsstatut nach dem Wohnsitz von 1946 zu beurteilen sei. Demgegenüber hat eine andere Auffassung in der Wissenschaft des internat. Privatrechts den Prinzipat des Währungsrechts bekämpft und die Auffassung vertreten, daß auf den Schwerpunkt des Rechtsverhältnisses abgestellt werden müsse (vgl. *M. Wolff*, IPR$^2$ 116). Für das Währungsrecht wird insbesondere hervorgehoben, daß die Auffassung, die den Parteiwillen für maßgebend ansieht, dem öffentlich-rechtlichen Charakter des Währungsrechts nicht entspricht (vgl. *Blau*, SJZ 1949, 160 im Anschluß an Mitteilungen der Bank Deutscher Länder). Vielmehr soll der Wohnsitz im Zeitpunkt des Eintritts der Währungsreform maßgebend sein. Das Gericht schließt sich dieser Auffassung, wonach Forderungen jedenfalls dann von dem Währungsrecht der Westzonen erfaßt werden, wenn der Schuldner im Zeitpunkt der Währungsreform in der Westzone seinen Wohnsitz hatte, an. Allein durch eine solche Regelung wird eine gleichmäßige Behandlung aller Forderungen ermöglicht und jede Individualisierung, die in der Währungsgesetzgebung bewußt vermieden ist, ausgeschaltet. Es ist daher auch nicht gerechtfertigt, auf den jeweiligen Wohnsitz der Gläubiger abzustellen. Für diese Auffassung spricht auch die Regelung in den §§ 1 und 3 III der 16. DVO, wonach ganz allgemein Vollstreckungstitel über Reichsmarkforderungen der Umstellung unterliegen und bei Vollstreckungstiteln über Reichsmarkforderungen, die von einer außerhalb des Währungsgebietes befindlichen Stelle erteilt worden sind, das Amtsgericht, an dem der Schuldner seinen allgemeinen Gerichtsstand hat, zuständig ist."

---

[1] Siehe unten Nr. 365.

**239. Währungsstatut interzonaler Unterhaltsforderungen ist das Recht des Erfüllungsortes, also der Wohnsitz des Unterhaltsschuldners. — Trotz devisenrechtlicher Zahlungshindernisse besteht ein Rechtsschutzbedürfnis für eine Klage auf Unterhaltsleistungen. — Die Erfüllung einer in DM-West erwachsenen Unterhaltsforderung durch Zahlung in DM-Ost ist möglich. — Eine derartige Tilgung der Forderung eines ostdeutschen Gläubigers ist auch nach westdeutschem Devisenrecht zulässig.**

LG Göttingen (brit. Zone), Beschl. v. 16. 10./10. 11. 1949 — 1 T 488/49: NJW 1950, 602 (zust. *Truckenbrodt*); Rdbf. 23 (1950/51) 100; NdsRpfl. 1950, 123; Auszug in DRsp. II (250) 10 e—g.

Die Parteien sind Eheleute. Die Kl. wohnt in der sowjet. Zone, der Bekl. in Westdeutschland. Die Kl. verlangt Unterhalt in DM-West, wogegen der Bekl. geltend gemacht hat, daß er der Kl. Unterhalt in Ostmark zukommen lasse. Das AG verweigerte der Kl. das Armenrecht für ihre Klage, das LG gewährte es.

Aus den Gründen:

„Bei Ost-West-Verbindlichkeiten, die Unterhaltsverpflichtungen zum Gegenstand haben, ist allerdings, wie die 1. ZK bereits in dem Beschl. v. 2. 8. 1949[1] ausgeführt hat, davon auszugehen, daß der in der Westzone befindliche Unterhaltsschuldner den Unterhalt in Westmark zu zahlen habe, weil mangels eines anderen Anknüpfungspunktes der Erfüllungsort, also der Wohnsitz des Bekl., maßgebend sei. Der Westmarkschuldner kann zwar nach der in der 19. DVO z. UG getroffenen Regelung (VOBl brit. Zone 1949, 66) seine Verbindlichkeit nur in der Weise erfüllen, daß er den Schuldbetrag auf ein gesperrtes Konto des Gläubigers bei einem Geldinstitut oder einem Postscheckamt im Währungsgebiet zahlt. Kann der Unterhaltsgläubiger in der Ostzone somit z. Z. nicht die Auszahlung des Westmarkbetrages erreichen, so ergibt sich die Frage, ob für die Unterhaltsklage überhaupt das Rechtsschutzbedürfnis gegeben ist. Das RG hat in einer Entscheidung, der die damalige deutsche Devisengesetzgebung zugrunde lag, ausgesprochen, daß mit Rücksicht auf die Zweckgebundenheit der Unterhaltsforderungen eine Klage auf Zahlung von Unterhaltsforderungen auf Sperrkonto nicht zulässig sei (vgl. RGZ 165, 219). Diese Rechtsprechung kann jedoch nicht auf die zwischen der Ost- und der Westzone bestehenden Zahlungshemmnisse übertragen werden. Einmal besteht die Möglichkeit, daß in Kürze ein Verrechnungsverkehr mit der Ostzone zumindest hinsichtlich der Unterhaltsforderungen in Gang kommt, zum anderen kann die in der Ostzone befindliche Unterhaltsgläubigerin jederzeit ihren Wohnsitz in eine der Westzonen verlegen und alsdann die Entsperrung ihres Kontos betreiben. Allein unter Berücksichtigung dieser Gesichtspunkte erscheint es nicht gerechtfertigt, der angeführten Rechtsprechung des früheren RG für den vorliegenden Fall zu folgen.

Bestehen somit grundsätzlich keine Bedenken, daß der in der Ostzone wohnhafte Unterhaltsgläubiger den in der Westzone befindlichen Schuldner auf Zahlung von Unterhaltsbeträgen in Westmark verklagt, so ergibt sich die weitere Frage, ob der in der Ostzone befindliche

[1] Siehe oben Nr. 237.

Gläubiger sich mit einer Zahlung in Ostmark befriedigt erklären muß. Diese Frage muß aber jedenfalls für die Unterhaltsforderungen bejaht werden. Hierfür ist der Gesichtspunkt maßgebend, daß Unterhaltsforderungen der Ehegatten und ehelichen Kinder zweckgebunden sind (vgl. RGZ 165, 219 u. ö.). Daß der Gesetzgeber diese Zweckgebundenheit ausdrücklich berücksichtigt hat, ergibt sich u. a. aus den Vorschriften der §§ 1613, 1614 BGB, die nach § 1360 II BGB auch auf die Unterhaltspflicht der Eheleute Anwendung finden, indem für die Vergangenheit nur unter den besonderen Voraussetzungen des Verzuges oder der Rechtshängigkeit Unterhalt verlangt werden kann und ein Verzicht auf den Unterhalt für die Zukunft nicht möglich ist. Aus der Zweckgebundenheit folgt aber auch, daß der Unterhaltsgläubiger Unterhaltszahlungen in der Währung annehmen muß, die in seinem derzeitigen Wohnort gilt und mit denen er daher seinen Unterhalt auch tatsächlich bestreiten kann. Schuldet der Schuldner somit auch Westmark, so steht ihm doch die Möglichkeit zu, sich von seinen Verbindlichkeiten durch Zahlung in Ostmark zu befreien. Diese Befreiungsmöglichkeit in der rechtlichen Form einer Ersetzungsbefugnis wird auch im entscheidenden Teil des Urteils zum Ausdruck kommen müssen. Es bestehen gegen eine derartige Verurteilung auch nicht unter Berücksichtigung der MilRegGes. 52 und 53 Bedenken. Über eine Forderung in Westmark wird nicht verfügt, und der Zahlungsverkehr in Westmark wird durch die Tilgung der Unterhaltsforderung in der Ostzone in Ostmark auch in keiner Weise berührt. Unter Berücksichtigung dieser Gesichtspunkte bietet die beabsichtigte Rechtsverteidigung des Bekl. hinreichende Aussicht auf Erfolg, so daß das Armenrecht nicht aus den Gründen des angefochtenen Beschlusses versagt werden durfte."

**240. Die Regeln des interlokalen Privatrechts entsprechen denen des internat. Privatrechts. — Die Umstellung einer Forderung richtet sich nach deren Währungsstatut. — Das Umstellungsverfahren der 16. DVO zum Umstellungsgesetz setzt voraus, daß westdeutsches Recht für die Forderung maßgebend ist. — Währungsstatut einer Forderung ist nicht das Recht des Gerichts, das einen Titel über die Forderung erlassen hat. — Das Währungsstatut des Unterhaltsanspruchs eines ehelichen Kindes richtet sich nach dem für das Kindschaftsrecht maßgebenden Recht (Art. 19 EGBGB). — Im interlokalen Recht tritt als Anknüpfungspunkt an Stelle der Staatsangehörigkeit der Wohnsitz oder der gewöhnliche Aufenthalt. — Das Währungsstatut des Unterhaltsanspruches eines ehelichen Kindes kann aber auch nach dem Schwerpunkt dieses Rechtsverhältnisses bestimmt werden; das ist in concreto der Wohnsitz des Vaters.**

OLG Braunschweig (brit. Zone), Beschl. v. 9. 12. 1949 — 1 W 129/49: NdsRpfl. 1950, 140; JZ 1951, 81 (*Kegel*); JR 1950, 667; Auszug in DRsp. II (250) 9 b.

Das LG B. (brit.) hatte dem in Westdeutschland wohnenden AGg. im Februar 1948 gemäß § 627 ZPO die Zahlung einer Unterhaltsrente an den ehelichen Sohn der Parteien für die Dauer des Ehescheidungsstreites aufgegeben. Die ASt., die in

**der Ostzone wohnt, hat die Umstellung dieses Vollstreckungstitels auf Grund der 16. DVO zum UG begehrt. LG und OLG stellten den Titel im Verhältnis 1 : 1 auf DM-West um.**

Aus den Gründen:

„Der Beschwerdeführer, der in der Westzone wohnt, begehrt die Umstellung des Schuldtitels im Verhältnis 1:1 auf DM-Ost. Eine derartige Umstellung ist unzulässig. Die Währungsspaltung hat, wenn Schuldner und Gläubiger in verschiedenen Währungsgebieten wohnen, für die Vollstreckung von RM-Titeln zwei Fragen aufgeworfen, nämlich in welcher der beiden Währungen nunmehr eine Schuld geschuldet wird und in welchem Verhältnis die Schuld alsdann von RM in die geschuldete Währung umzustellen ist. Unabhängig davon erhebt sich eine weitere Frage, wie die so festgestellte Schuld alsdann tatsächlich gezahlt werden soll. Die Frage, in welcher Währung die Schuld geschuldet wird, beantwortet sich nach den Regeln des interlokalen Privatrechts, das sich im allgemeinen an die Regeln des internat. Privatrechts anschließt. Die Frage, in welchem Verhältnis eine Forderung umzustellen ist, löst sich dann nach den Bestimmungen desjenigen Währungsrechts, das für die Schuld maßgebend ist. So befaßt sich die 16. DVO zum UG, durch die die Vollstreckung der auf RM lautenden Schuldtitel geregelt wird, als ein Gesetz des westlichen Währungsgebietes auch nur mit der zweiten Frage. Die 16. DVO setzt als Währung die Deutsche Westmark voraus. Wenn im § 1 davon gesprochen wird, daß RM-Titel in DM zu 10 v. H. ihres RM-Betrages zu vollstrecken sind, so sind nur Deutsche Westmark gemeint, da die Deutsche Ostmark trotz der gleichen Bezeichnung als ‚Deutsche Mark' eine andere Währung ist, auf die sich das Umstellungsgesetz und die 16. DVO nicht beziehen. Wäre die Unterhaltsverpflichtung, wie der Beschwerdeführer meint, nunmehr in Ostmark zu erfüllen, so würde deshalb nicht der RM-Titel auf Grund der 16. DVO auf Ostmark umzustellen sein, vielmehr wäre der Antrag der Gläubigerin auf Erteilung des Umstellungsvermerkes abzuweisen. Wie alsdann die Vollstreckung durchzuführen wäre, kann dahingestellt bleiben, da die Forderung der Gläubigerin tatsächlich nicht in einen Ostmarkanspruch übergegangen ist, sondern als Westmarkforderung besteht.

Entscheidend dafür, daß die Unterhaltsforderung eine Westmarkforderung bildet, ist allerdings nicht der Umstand, daß der Schuldtitel von einem Gericht der Westzone erlassen ist. Das Währungsrecht richtet sich nicht nach dem Recht des Gerichtsortes. Wäre das Recht des Gerichtsortes maßgebend, so würde das Währungsrecht häufig von dem rein äußerlichen Umstande abhängig sein, welches Gericht angerufen worden ist. Der zufällige Gerichtsort kann aber keinen Maßstab für die Gestaltung einer Schuld abgeben. So sieht auch § 3 III der 16. DVO eine Umstellung von Vollstreckungstiteln vor, die von einer Stelle erteilt worden sind, die sich nicht im Währungsgebiet befindet. Für die Entscheidung der Frage, welches Währungsrecht anzuwenden ist, ist vielmehr das Recht maßgebend, das auf den Unterhaltsanspruch des ehelichen Kindes, den die Gläubigerin im vorliegenden Falle geltend macht, Anwendung findet. Der Unterhaltsanspruch ergibt sich aus der ehelichen Kindschaft. Daher gilt für den Unterhaltsanspruch das gleiche Recht, wie für das sonstige Kindschaftsrecht (*Raape*, IPR² 224; *M. Wolff*, IPR² 185). Das Kindschaftsrecht wird nach internat. Recht gemäß Art. 19 EGBGB nach dem Recht der Staatsangehörigkeit des Vaters beurteilt. Die Vorschriften des internat. Privatrechts sind auf das interlokale Recht entsprechend anwendbar. Wo das internat. Privatrecht es aber auf die Staatsangehörigkeit abstellt, ist für das interlokale Recht auf das Recht des Wohnsitzes oder wenigstens des gewöhnlichen Aufenthaltsortes abzustellen (*Raape* aaO. 104; *E. Wolff*, Probleme des interlokalen Privatrechts in Deutschland, Festschrift für Raape 186; *Dölle*, Betrachtungen zum ausländischen, internat. und interzonalen Privatrecht im besetzten Deutschland, Festschrift für Raape 178). Seinen Wohnsitz hat der Beschwerdeführer in der Westzone. Seine Unterhaltsverpflichtung lautet daher auf Westmark.

Zu dem gleichen Ergebnis gelangte man im übrigen, wenn man die Unterhaltsrente als ein von den familienrechtlichen Beziehungen gelöstes Schuldverhältnis ansähe. Alsdann wäre an das Recht des Ortes anzuknüpfen, an dem sich der Schwerpunkt des Rechtsverhältnisses befindet (*M. Wolff* aaO. 121). Das ist aber der Wohnsitz des Vaters, dessen Verhältnisse für die Bemessung des Unterhalts maßgebend sind. So im Ergebnis auch das LG Göttingen, NdsRpfl. 1949, 93[1]."

**241. Auf das interzonale Recht sind die Normen des deutschen internat. Privatrechts entsprechend anzuwenden. — Geldschulden entstehen in der Währung des Schuldstatuts. — Statut vertraglicher Schuldverhältnisse ist das Recht des Erfüllungsortes. — Der Unterhaltsanspruch eines unehelichen Kindes bestimmt sich nach Art. 21 EGBGB. — Anknüpfungspunkt ist im interlokalen Recht an Stelle der Staatsangehörigkeit der Wohnsitz der Mutter zur Zeit der Geburt des Kindes. — Ein Schuldner mit Wohnsitz in den Westzonen kann den in DM-Ost erwachsenen Anspruch eines ostdeutschen Gläubigers nach ost- und westdeutschem Devisenrecht in dieser Währung nicht rechtswirksam erfüllen. — Die Möglichkeit einer Erfüllung in DM-West wird dadurch zu einer Verpflichtung für den Schuldner. — Die Umrechnung von Ostmarkbeträgen in Westmarkbeträge kann mangels eines amtlichen Umrechnungskurses nicht nach § 244 BGB erfolgen. — Der Wechselstubenkurs gilt nicht als amtlicher Kurs. — Die Umrechnung erfolgt daher im Verhältnis 1:1.**

LG Dortmund (brit. Zone), Urt. v. 23. 12. 1949 — 1 S 855/49: *MDR 1950, 552; Rdbf. 23 (1950/51) 99; Auszug in DRsp. II (250) 9 c—d.

Der Kl. ist das uneheliche Kind des Bekl. Der Kl. wurde 1939 in Schlesien geboren, lebt aber seit 1947 mit seiner Mutter in S. (sowjet.). Der Bekl. wohnt seit seiner Entlassung aus der Kriegsgefangenschaft in D. (brit.). Das AG verurteilte den Bekl. zur Zahlung von monatlich 25 DM-West. Das LG bestätigte dieses Urteil.

---

[1] Siehe unten Nr. 310.

Aus den Gründen:

„Wenn auch für interzonale Verbindlichkeiten nach herrschender Ansicht das internat. Privatrecht nicht unmittelbar angewendet werden kann (so *Wolff*, Probleme des interlokalen Privatrechts in Deutschland: Festschrift für Raape 181, 185; *Lüders*, Das Währungsstatut interzonaler Währungsverbindlichkeiten: MDR 1948, 384ff.), so läßt sich dieses Problem des interlokalen Privatrechts, d. h. die Frage nach dem anzuwendenden Währungsrecht nur nach den Grundsätzen des deutschen internat. Privatrechts lösen (so *Wolff* aaO.; *Lüders* aaO.; *Mampel*, JR 1949, 30), dessen Normen im Verhältnis zwischen den einzelnen Währungsgebieten entsprechend anzuwenden sind.

Geldschulden entstehen nach der herrschenden Meinung (so *Neumeyer*, JW 1928, 143; *Lüders* aaO. 386) in der Währung des Schuldstatuts. Es ist daher zu prüfen, welches Schuldstatut hier zur Anwendung zu kommen hat. An sich hat sich durch die nach der Kapitulation eingetretene Gebietsaufteilung in West- und Ostdeutschland der Rechtszustand des Obligationsstatuts, wie er schon vorher bestanden hat, nicht geändert; nur das Währungsstatut ist durch die beiderseitigen Währungsgesetze aufgespalten worden. Bei Verträgen kommt mangels einer ausdrücklichen oder stillschweigenden Vereinbarung für das auf den Vertrag anzuwendende Recht das Personalstatut des Schuldners oder das Recht des Erfüllungsortes in Frage. Während sich der 6. Zivilsenat des RG für die Anwendung des Rechts des Personalstatuts des Schuldners ausgesprochen hat (vgl. RGZ 61, 343; 62, 38), steht die überwiegende Rechtsprechung des RG und auch des Reichsarbeitsgerichts auf dem Standpunkt, daß das Recht des Erfüllungsortes maßgebend ist (vgl. RGZ 66, 78; 73, 387; 81, 164; 95, 164; 101, 214; 103, 261; 107, 46; 145, 16; JW 1938, 1175; RAG 15, 247ff.). Die hier in Frage stehende Unterhaltsverpflichtung beruht aber nicht auf einer vertraglichen Vereinbarung, für die das Recht des Erfüllungsortes maßgebend sein würde, sondern ergibt sich unmittelbar aus dem Gesetz (§ 1708 BGB). Soweit die gesetzliche Unterhaltspflicht des Vaters gegenüber dem unehelichen Kinde in Betracht kommt, bestimmt aber Art. 21 EGBGB, daß diese Verpflichtung nach dem Gesetz des Staates beurteilt wird, dem die Mutter zur Zeit der Geburt des Kindes angehört, mit der sich aus dem zweiten Halbsatz dieses Artikels ergebenden Einschränkung, daß das uneheliche Kind nicht weitergehende Ansprüche geltend machen kann, als nach den deutschen Gesetzen begründet sind. Durch diesen Artikel des EGBGB wird also für das Gebiet des internat. Privatrechts der Grundsatz aufgestellt, daß für das anzuwendende Recht das Personalstatut der Mutter maßgebend ist, wobei das Gesetz für die Wahl des Personalstatuts nicht an den Wohnsitz der Person (also der Mutter), sondern an deren Heimatrecht anknüpft. Bei entsprechender Anwendung dieses Art. 21 auf das interlokale Recht erscheint es jedoch nicht möglich, für die hier zu entscheidende Frage, welches Recht anzuwenden ist, den Grundsatz des Heimatrechts oder der Staatsangehörigkeit als maßgebend anzuerkennen, sondern als maßgebliches Personalstatut der Mutter kann nach Art. 21 EGBGB nur das Recht ihres Wohnortes zur Zeit der Geburt des Kindes anerkannt werden.

Da der Wohnsitz der Mutter zur Zeit der Geburt des Kindes in dem jetzt polnisch verwalteten Gebiet Schlesiens lag und damals dort das deutsche Recht galt, so sind die Rechtsbeziehungen der Parteien unter Berücksichtigung der sich aus Art. 21 EGBGB ergebenden Familienrechtsverpflichtung nach deutschem Recht zu beurteilen und die Unterhaltsverpflichtung des Bekl. ist somit zunächst in RM entstanden. Daran hat sich durch die am 1. 7. 1947 erfolgte Verlegung des Wohnsitzes der Mutter von Schlesien in die jetzt sowjetisch besetzte Zone nichts geändert, da in dieser Zone zu jener Zeit noch die RM gesetzliches Zahlungsmittel war.

Folgt man aber der herrschenden Meinung, wonach Schuldstatut bzw. hier Familienrechtsstatut und Währungsstatut im Zweifel zusammenfallen — denn nach der überwiegend vertretenen Ansicht (vgl. *Neumeyer*, JW 1928, 143; *Lüders*, MDR 1948, 386; *Beitzke*, MDR 1949, 758) entstehen Geldschulden im Zweifel in der Währung des Staates, dessen Recht für die Geldschuld maßgebend ist —, so ergibt sich daraus, daß für die Unterhaltsverpflichtung des Bekl., für die nach dem Familienrechtsstatut das jetzt in Sachsen, also im russisch besetzten Gebiet Deutschlands, geltende Recht maßgebend ist, seit der Währungsaufspaltung auch das dort geltende Währungsrecht zur Anwendung zu kommen hat. Danach wäre seit diesem Zeitpunkte die Unterhaltsschuld grundsätzlich in der dort geltenden Währung zu erfüllen. Dieser Ansicht ist auch *Beitzke*, der anführt, in einem Falle, wo beide Parteien verschiedenen Währungsgebieten angehörten, müsse Zweck und Inhalt der gesetzlichen Schuldverpflichtung den Ausschlag geben. Die Unterhaltspflicht solle den gesamten Lebensbedarf des Kindes sichern. Der Bedarf lasse sich aber nur da feststellen und währungsmäßig festlegen, wo das Kind wohne (vgl. *Beitzke* aaO.). Zu dem gleichen Ergebnis kommt neuerdings *Marquordt* in MDR 1950, 8ff., der ebenfalls, ausgehend vom Familienrechtsstatut, der Ansicht ist, daß der Wohn- und Aufenthaltsort des Unterhaltsberechtigten maßgebend für den Unterhaltsanspruch des unehelichen Kindes ... ist, und der infolgedessen zu dem Schluß kommt, daß das Währungsstatut bei Unterhaltsansprüchen dem dem Anspruch zugrundeliegenden Familienrechtsstatut folgt.

Indessen hat der Bekl. keine Möglichkeit, seine Verpflichtung in DM-Ost zu erfüllen. Denn eine Übermittlung der geschuldeten Unterhaltsbeträge in Ost-Währung (DM-Ost) ist rechtlich nicht zulässig, weil durch die Anordnung über die Ein- und Ausfuhr von Zahlungsmitteln der sowjet. Besatzungszone Deutschlands und von ausländischen Zahlungsmitteln aus und nach den westlichen Besatzungszonen Deutschlands und dem Auslande vom 23. 3. 1949 (erlassen durch die DWK zur Regelung der Devisenwirtschaft ZVOBl I 1949, 211) die DM-Ost in ihrem Währungsgebiet zur Binnenwährung erklärt worden ist und es nach der Devisenanordnung der DWK vom 26. 11. 1948 (ZVOBl 1948, 561) verboten ist, DM-Ost oder andere Zahlungsmittel dieser Währung aus der sowjet. Besatzungszone Deutschlands in andere Besatzungszonen oder ins Ausland auszuführen und aus anderen Besatzungszonen Deutschlands oder dem Auslande in die sowjet. Besatzungszone einzuführen. Der Bekl. hat daher nur die rechtliche Möglichkeit, seine Schuld in DM-West zu begleichen, und ist unter den hier obwaltenden besonderen Umständen hierzu auch rechtlich verpflichtet. Zwar ist auch die DM-West eine reine Binnenwährung. Nach der 19. DVO zum UG v. 1. 3. 1949 dürfen aber Verbindlichkeiten in DM-West, die eine Person im Währungsgebiet gegenüber einer Person mit Wohnsitz, Sitz oder Ort der Niederlassung in der sowjet. besetzten Zone Deutschlands oder im sowjet. Sektor von Groß-Berlin hat, in der Weise beglichen werden, daß der geschuldete Betrag auf ein nach § 26 II UG gesperrtes Konto des Gläubigers bei einem Geldinstitut oder Postscheckamt im Währungsgebiet gezahlt oder überwiesen wird, und der Inhaber eines solchen Kontos darf auch nach der 37. DVO zum UG (VOBl brit. Zone 1949, 502) über die darauf befindlichen Guthaben mit Genehmigung der zuständigen Landeszentralbank verfügen. Der Bekl. ist also in der Lage, seinen Gläubiger in der Ostzone durch Zahlung auf ein von diesem eingerichtetes Sperrkonto zu befriedigen (so auch *Beitzke* aaO. S. 758).

Bei dieser Rechtslage ist auch der Einwand des Bekl., daß er in der Lage sei, dem Kl. durch einen Verwandten in der Ostzone den ihm zuzuerkennenden Unterhaltsbetrag in Ost-Mark zu zahlen, unbeachtlich. Denn da der § 26 II UG eine Zahlung in die Ostzone ohne Genehmigung der MilReg. verbietet und auf Verbindlichkeiten zwischen beiden Währungsgebieten die Gesetze Nr. 52 und 53 der MilReg. Anwendung finden, so würde sich der Bekl. hierdurch einer verbotenen Handlung schuldig und strafbar machen. Infolgedessen ist eine Verurteilung des Bekl. zur Zahlung in DM-Ost in jedem Falle unzulässig.

Hiernach bleibt nur noch zu prüfen, in welcher Höhe der Bekl. Zahlung in DM-West zu leisten hat. Der Bekl. kann sich in dieser Beziehung nicht auf den § 244 BGB berufen und geltend machen, daß der Kl. zur Bestreitung seines gesamten Lebensbedarfs in der sowjet. besetzten Zone nur 30 DM-Ost benötige und er, da der Wert einer DM-West dem Werte von 4 DM-Ost entspreche, nur 7,50 DM-West zu zahlen brauche. Nach § 244 I BGB kann allerdings, falls eine in ausländischer Währung ausgedrückte Geldschuld im Inland zu zahlen ist, die Zahlung in Reichswährung erfolgen, sofern nicht Zahlung in ausländischer Währung ausdrücklich bedungen ist. Die Anwendung dieser Vorschrift setzt nach § 244 II BGB einen festen Kurswert zwischen beiden Währungen voraus. Zu Unrecht beruft sich der Bekl. aber auf die Kurse, die in den in den Westsektoren von Berlin eingerichteten Wechselstuben notiert werden. Bei diesen Wechselstuben handelt es sich nicht um einen amtlichen Kurs, sondern um einen Kurs, der, weil in Groß-Berlin zwei verschiedene Währungen als gesetzliche Zahlungsmittel eingeführt und in Geltung sind, lediglich in Berlin-West im Freiverkehr durch die mit Lizenz der westlichen Militärregierungen eröffneten Wechselstuben gebildet wird. Diese Berliner Wechselkurse können als Kursgrundlage für ganz Deutschland um so weniger anerkannt und daher auch nicht benutzt werden, weil ein Wechselkurs in der Ostzone oder auch in dem Ostsektor von Groß-Berlin für die Berliner DM-West wegen ihrer Behandlung als dort verbotene Währung überhaupt nicht gebildet werden kann (vgl. hierzu *Lüders* aaO. und *Jacobsohn*, NJW 1948, 679). Zwar ist seitens der ostzonalen Behörde für die DM-Ost und die in den Westzonen ausgegebene DM-West ein solcher amtlicher Kurs für den Reiseverkehr ausdrücklich festgesetzt worden. In der oben genannten Devisenanordnung v. 26. 11. 1948 ist nämlich bestimmt, daß die DM-West von jeder Person, die ihren ständigen Wohnsitz in Deutschland — außer in Berlin, da hier der Besitz der DM-West nicht rechtmäßig ist — hat, bei der Einreise in die sowjet. Besatzungszone an den Kontrollpunkten zum Kurse von 1 DM-Ost zu 1,25 DM-West bis zur Höhe von 500 Mark in DM-Ost umgetauscht werden kann. Indessen gilt diese Anordnung nur für den Reiseverkehr und es erscheint nicht angängig, sie auf den sonstigen Zahlungs- und Verrechnungsverkehr auszudehnen. Für diesen ist vielmehr mangels einer amtlichen Kursrelation ein Umtauschverhältnis von 1:1, wie dies auch aus der von der Landeszentralbank Dortmund eingeholten Auskunft hervorgeht, festzusetzen. Der Bekl. ist daher zur Zahlung in DM-West im Verhältnis 1:1 verpflichtet."

**242. Mit der Bezeichnung „DM" in einem gerichtlichen Titel ist im Zweifel die am Sitz des erlassenden Gerichts geltende Währung gemeint. — Währungsstatut eines Unterhaltsanspruchs ist das Recht am Wohnsitz des Schuldners. — Solange der Gläubiger seinen Wohnsitz in der Ostzone hat, ist die Tilgung einer auf DM-West lautenden Unterhaltsforderung durch Zahlung des Nennbetrages in DM-Ost möglich. — Diese Ersetzungsbefugnis kann jedoch bei der Umstellung eines RM-Titels nicht berücksichtigt werden.**

LG Göttingen (brit. Zone), Beschl. v. 18. 1. 1950 — 1 T 25/50: NdsRpfl. 1950, 90; Rdbf. 23 (1950/51) 100.

Der ASt. hat seinen Wohnsitz in der Ostzone, der AGg. lebt in Westdeutschland. Der ASt. hat den auf Grund seines Unterhaltsanspruches gegen den AGg. ergangenen RM-Titel im Verhältnis 1 : 1 auf DM umstellen lassen. Eine Berücksichtigung tatsächlicher Zahlungen des Schuldners in DM-Ost lehnte das LG bei dieser Umstellung ab.

Aus den Gründen:

„Das AG hat in seinem Beschluß zwar nicht ausdrücklich zum Ausdruck gebracht, daß es sich bei dem umgestellten Betrag um DM-West handelt; trifft jedoch ein AG der Westzone eine Entscheidung über einen Geldbetrag in DM ohne besonderen Zusatz, so muß bei verständiger Auslegung davon ausgegangen werden, daß damit die in den Westzonen geltende Währung gemeint ist. Diese Auffassung wird auch dadurch bestätigt, daß in sämtlichen Entscheidungen, in denen von DM-Ost die Rede ist, der ausdrückliche Zusatz ‚Ost' erfolgt. Es kann somit keinem Zweifel unterliegen und auch nicht irgendeine Verwirrung hervorrufen, wenn im Umstellungsbeschluß lediglich von DM die Rede ist.

Wie die Kammer bereits in mehreren Beschlüssen zum Ausdruck gebracht hat (vgl. Beschluß v. 2. 8. 1949[1]) ist davon auszugehen, daß der in der Westzone befindliche Unterhaltsschuldner den Unterhalt in Westmark zu zahlen hat. Er kann sich jedoch, solange der Gläubiger im Währungsgebiet der Ostzone seinen Wohnsitz hat, durch Zahlung von Ostmark in gleicher Höhe befreien (vgl. Beschluß der 1. Zivilkammer v. 16. 10. 1949[2]). Im Umstellungsverfahren kann aber diese Ersetzungsbefugnis, die dem ASt. [gemeint wohl: AGg.] nach der Rechtsprechung der Kammer zugebilligt wird, nicht Berücksichtigung finden, denn im Umstellungsverfahren ist lediglich zu prüfen, ob ein Titel im Verhältnis 1:1 oder 10:1 auf DM umzustellen ist. Sollte der AGg. jedoch Zahlung in Ostmark geleistet haben, so würde er, wenn nunmehr eine Zwangsvollstreckung gegen ihn betrieben würde, die Tilgung im Wege einer Vollstreckungsgegenklage gemäß § 767 ZPO geltend machen können. Im Umstellungsverfahren können jedoch derartige Einwendungen, die den dem Titel zugrundeliegenden Anspruch selbst betreffen, nicht einer Prüfung unterzogen werden."

**243. Die Umstellung einer RM-Verbindlichkeit richtet sich nach dem Währungsrecht am Sitz des Schuldners.**

KG Berlin (West), Beschl. v. 23. 1. 1950 — 1 UH 589/49: JR 1950, 666; DRsp. II (250) 12g.

Die Parteien schlossen im Verlauf ihres Scheidungsprozesses eine Vereinbarung über die Zahlung des Unterhalts in RM. Der Schuldner wohnt in West-Berlin, die Gläubigerin in Ost-Berlin. Das KG stellte den Titel nach West-Berliner Währungsrecht um.

Aus den Gründen:

„Da es sich um eine Unterhaltsrente handelt, ergab sich aus Ziff. 36a (3) UmstVO für die Zeit nach dem 25. 6. 1948 die Umstellung im Verhältnis 1:1 in Westmark, da es allein entscheidend für das Umstellungsverfahren auf den Wohnsitz des Schuldners ankommt."

**244. Das Währungsstatut interzonaler Unterhaltsansprüche ist mit deren Schuldstatut identisch. — Das Schuldstatut bestimmt sich nach den Grundsätzen des internat. Privatrechts. — Anknüpfungspunkt ist an Stelle der Staatsangehörigkeit der Wohnsitz. — Auch der 2. Halbsatz von Art. 21 EGBGB ist analog anwendbar. — In Analogie zu Art. 21, 2. Halbsatz EGBGB ist ein RM-Unterhaltsbetrag dann nach westdeutschem Währungsrecht umzustellen, wenn sich bei Umstellung nach dem an sich anwendbaren ostdeutschen Währungsrecht ziffernmäßig ein höherer Betrag ergeben würde.**

LG Berlin (West), Urt. v. 24. 1. 1950 — 20 S 516/48: JR 1950, 667.

Der Kl. ist das uneheliche Kind des Bekl. und lebt bei seiner Mutter im Ostsektor von Berlin. Der Bekl. lebt in West-Berlin. Das LG sprach die Unterhaltsraten für die Zeit vor der Währungsreform unter Anwendung des westdeutschen Umstellungsverhältnisses in DM-West, die Raten seit der Währungsreform dagegen in DM-Ost zu.

---

[1] Siehe oben Nr. 237. [2] Siehe oben Nr. 239.

Aus den Gründen:

„Die Frage, in welcher Währung der Unterhalt bei interzonaler bzw. intersektoraler Währungsverschiedenheit zu zahlen ist, ist den Grundsätzen des internat. Privatrechtes entsprechend zu entscheiden, da die Währungsumstellungs-VOen hierüber keine Bestimmungen enthalten. Nach Art. 21 EGBGB richten sich die Unterhaltsansprüche eines unehelichen Kindes nach den Bestimmungen des Ortes, an dem die Mutter zur Zeit der Geburt wohnt. Dieser Ort, Berlin-O, gehört aber zum Währungsgebiet der sowjet. besetzten Zone. Der Unterhalt ist also in DM-Ost zu entrichten, soweit er für die Zeit nach der Währungsreform geschuldet wird. Rückstände aus der Zeit vor der Währungsreform sind nach der ostzonalen Regelung im Verhältnis 1:1, nach der westzonalen Regelung dagegen im Verhältnis 10:1 umzuwerten. In sinngemäßer Anwendung des Art. 21 Halbs. 2 EGBGB können gegen den Bekl. aber nicht weitergehende Ansprüche geltend gemacht werden, als sie nach den westzonalen Währungsbestimmungen begründet sind. Das führt dazu, daß die Rückstände aus der Zeit vor der Währungsreform im Verhältnis 10:1 auf Westmark abzuwerten sind, weil die Umwertung im Verhältnis 1:1 auf Ostmark einen höheren Anspruch des Kl. zur Folge hätte als eine solche im Verhältnis 10:1 auf Westmark.“

**245. Der Unterhaltsanspruch in Ost-Berlin wohnender ehelicher Kinder gegen den in West-Berlin wohnhaften Schuldner ist in DM-West so festzusetzen, daß die Unterhaltsberechtigten unter Berücksichtigung des Wechselstubenkurses den Betrag in DM-Ost erhalten, den sie zur Bestreitung des den Berechtigten angemessenen Lebensunterhalts in Ost-Berlin benötigen. — Jedoch ist ihnen mindestens das dem Verpflichteten zuerkannte Kindergeld in DM-West zuzusprechen.**

AG Berlin-Charlottenburg (Berlin-West), Urt. v. 24. 2. 1950 — 7 C 938: NdsRpfl. 1950, 176; Auszug in DRsp. II (260) 19f.

Die Kl., die in Ost-Berlin wohnhaften ehelichen Kinder des in West-Berlin wohnenden Bekl., nehmen diesen auf Unterhaltszahlung in Anspruch. Das AG sprach den Kl. einen Betrag von 40 DM-West zu.

Aus den Gründen:

„Die Zuerkennung der bisher üblichen Unterhaltssätze in Ost oder West kann als standesgemäßer Unterhalt nicht anerkannt werden, dies würde vielmehr zu Ergebnissen führen, die das allgemeine Billigkeitsgefühl verletzen würden. Eine volle Unterhaltsleistung in Westgeld würde gerade bei höheren Unterhaltszahlungen dem Unterhaltsberechtigten praktisch mehr zusprechen, als ihm zustände, denn er kann wesentliche Teile seines Lebensbedarfs im Ostsektor mit Ostmark bezahlen.

Umgekehrt aber würde der Unterhaltspflichtige, wenn er nur Ostgeld zu zahlen hätte, für einen geringen Betrag seine Unterhaltspflicht erfüllen können, und der Berechtigte erhielte nicht das, was wir als standesgemäßen Unterhalt bezeichnen. Das Gericht würde in diesem Falle auch anerkennen, daß der östliche Lebenszuschnitt als standesgemäß und angemessen anzusehen wäre. Dies kann aber nicht geschehen, da die Bestrebungen der Bundesregierung deutlich darauf abzielen, Deutschland auch in seinem Lebensniveau weiterhin dem europäischen Kulturkreis anzupassen. Zu einem standesgemäßen Unterhalt nach europäischem Maßstabe reichen jedoch die entsprechenden Ostmarkbeträge nicht aus. Beide Extreme, die in diesem Falle den Anträgen der Parteien entsprechen, müssen daher ausscheiden.

Das Gericht sah es daher als eine Aufgabe an, hier neue Grundsätze für den standesgemäßen Unterhalt zu ermitteln. Hierbei konnten der bisherigen Rechtslehre und Rechtsprechung irgendwelche Anhaltspunkte nicht entnommen werden, da sie diese Frage der Währungsspaltung nicht behandeln. Es gehen vielmehr sämtliche Kommentare und auch die früheren höchstrichterlichen Entscheidungen davon aus, daß in Deutschland dieselbe Währung gilt. Es war daher notwendig, wesentlich weiter zurückzugehen und die Rechtsgedanken, die auf den vorliegenden Fall anzuwenden sind, aus einer Zeit zu entnehmen, in der in Deutschland noch verschiedene Währungen mit verschiedener Kaufkraft galten. Die Gedanken Savignys zu seiner Kurswerttheorie (Obligationsrecht I, 423ff. und 443) können hier verwandt werden, da keine positive Regelung des Gesetzgebers etwas anderes vorschreibt. Der Gedanke, daß die Nichtberücksichtigung des tatsächlichen Wertes zu einem Zwangskurs durch Richterspruch führen würde, ist heute ebenso zutreffend wie zur Zeit Savignys. Auch der Hinweis darauf, daß die Anerkennung eines Nennwertes die tatsächlich vorhandene Trennung der Gebiete in bezug auf die Staatshoheit unberücksichtigt ließe, und daher zu unbilligem Ergebnis führe, gilt heute in gewissem Umfange auch noch für das in der Währung uneinheitliche Berlin. Das Gericht glaubt, in derartigen Fällen den Betrag als angemessen anerkennen zu sollen, der dem Unterhaltsberechtigten in dem Ostsektor den Lebenszuschnitt ermöglicht, den er im Westen haben würde, wenn er den Unterhalt voll in West erhielte. Es ist mit anderen Worten der volkswirtschaftliche Kurswert des Unterhalts zu ermitteln. Hierbei ist dann allerdings bei den geringeren Unterhaltsbeträgen die Grenze nach unten zu ziehen, daß unter allen Umständen der Betrag des Kindergeldes zu zahlen ist, auch dann, wenn sich mit diesem Betrage ein besseres Leben erzielen läßt, als es im Westen mit dem vollen Unterhaltsbetrag in West möglich wäre. Denn gerade für die unbedingt notwendigen Lebensbedürfnisse ist die Kaufkraft der Ostmark höher als für Dinge eines Lebensstandards, der aus politischen Gründen im Osten für die Allgemeinheit nicht gewünscht wird. Es entspricht jedoch der Billigkeit, daß die Beträge, die der Bekl. für die Kinder erhält, unter allen Umständen für diese aufgewandt werden. Das Gericht hat im vorliegenden Fall aus der Überlegung, daß bei einem Kursstand von 1:6 bis 1:7 die Kl. für 40 DM-West einen derartigen Betrag erhalten, der ihnen in der Ostzone ein Leben ermöglicht, das als standesgemäß anzusehen ist, es als ausreichend erachtet, wenn der Bekl. das Kindergeld, das er für seine Kinder erhält, an diese weiterzahlt. Die Kl. können mit diesem Gelde sich über die Ausnutzung der Lebensmittelkarten und der Punktkarten hinaus sogar noch zusätzliche Vergünstigungen leisten, ja sie sind sogar imstande, gelegentlich zusätzliche Kulturbedürfnisse in West-Berlin zu befriedigen. Der Unterhalt ist daher unter den hier angeführten Gesichtspunkten als standesgemäß anzusehen (vgl. *Palandt*, Anm. I zu § 1610 BGB). Eine Zuerkennung eines höheren Betrages würde dazu führen, daß die Kinder aus dem verhältnismäßig geringen Einkommen des Bekl. einen Unterhalt zugebilligt erhielten, der bereits über dem liegen würde, was als standesgemäß anzusehen ist, wenn er in Ostmark umgewechselt ist."

**246. Eine nach ostdeutschem Währungsrecht umzustellende Forderung kann nicht auf Grund der 16. DVO zum Umstellungsgesetz in DM-West umgestellt werden. — Auf das interlokale Recht sind die Regeln des internat. Privatrechts in vorsichtiger Analogie anzuwenden. — Das Währungsstatut des Unterhaltsanspruchs einer Ehefrau ist nicht nach dem Familienrechtsstatut, sondern wie bei einer selbständigen schuldrechtlichen Verpflichtung zu bestimmen. — Danach richtet sich das maßgebende Währungsrecht in erster Linie nach dem erklärten, hilfsweise nach dem mutmaßlichen Parteiwillen bzw. dem Schwerpunkt des Schuldverhältnisses; sonst nach dem Recht des Erfüllungsortes. — Im interzonalen Recht wird die Anknüpfung an einen erklärten Parteiwillen kaum, die an den mutmaßlichen Parteiwillen dagegen sehr wohl möglich sein. — Nach mutmaßlichem Parteiwillen untersteht eine vor der Währungsreform begründete Unterhaltsforderung eines Ehegatten dem Währungsrecht am Wohnsitz des Berechtigten. — Die Belegenheit einer Forderung besagt nichts über das ihren Inhalt bestimmende Schuld- und Währungsstatut. — Der Wohnsitz des Berechtigten ist bei Unterhaltsforderungen nach der Natur der Sache auch Erfüllungsort. — Eine grundsätzliche Anknüpfung an den Wohnsitz des Schuldners oder an die lex fori kommt nicht in Betracht. — Die Vorbehaltsklausel ist im interzonalen Recht grundsätzlich nicht anwendbar.**

LG Kassel (amerik. Zone), Beschl. v. 6. 3. 1950 — 1 T 370/49: MDR 1950, 741; Auszug in DRsp. II (250) 13a.

Die ASt. ist die Ehefrau des AGg. und lebt von diesem getrennt in der Ostzone. Der AGg. lebt in der Westzone. Er war 1946 zu einer Unterhaltsleistung von monatlich 30 RM verurteilt worden. Dem Antrag der ASt., den Titel gemäß der 16. DVO zum UG auf 30 DM-West umzustellen, gab das AG statt. Das LG lehnte den Antrag ab.

Aus den Gründen:

„Eine Entscheidung nach der Art des angefochtenen Beschlusses durfte hier nicht ergehen, weil nach der Auffassung der Kammer die nach der Währungsreform entstandenen Unterhaltsforderungen der Gläubigerin inhaltlich Ost-DM-Ansprüche darstellen, die nur dem in der Ostzone geltenden Währungs- und Umstellungsrecht unterliegen....

Die Frage, welchem ‚Währungsstatut' Geldforderungen und vor allem Unterhaltsforderungen aus der Zeit vor wie nach der Währungsreform unterliegen, wenn beide Teile in verschiedenen Zonen (Währungsgebieten) wohnen, ist sehr umstritten. Allgemeine Meinung in Schrifttum und Rechtsprechung ist, daß auf diese Kollisionsfragen des ‚interlokalen' (interzonalen) Privatrechts die Regeln des internat. (zwischenstaatlichen) Privatrechts möglichst entsprechend anzuwenden sind, allerdings mit der gebotenen Vorsicht unter Berücksichtigung der besonderen staats- wie privatrechtlichen innerdeutschen Verhältnisse wie der Besonderheiten des gerade in Frage stehenden Rechtsgebiets. Maßgebend ist, welche Rechtsordnung das der Schuld zugrundeliegende Rechtsverhältnis zwischen den Beteiligten beherrscht. In Betracht kommt dabei für Unterhaltsansprüche die Anknüpfung an die zwischenstaatlichen Regeln über die zugrundeliegenden familienrechtlichen Beziehungen (Familienrechtsstatut) oder an die zwischenstaatlichen Regeln über das im Unterhaltsanspruch sich ausdrückende selbständige schuldrechtliche Verhältnis (Schuldstatut) oder schließlich einfach an den Wohnsitz eines Beteiligten (besonders des Schuldners) bzw. an das Recht, das für das in Anspruch genommene Gericht gilt (Recht des Gerichtsstandes).

Die Anknüpfung an die zugrundeliegenden familienrechtlichen Beziehungen (Familienrechtsstatut) geht nach Auffassung der Kammer fehl. Sie wird vor allem befürwortet von *Marquordt*, MDR 1950, 8ff., dessen Gründe aber nicht stichhaltig erscheinen und dessen Standpunkt zu widerspruchsvollen und unhaltbaren Ergebnissen führen muß. Schon sein Ausgangspunkt erscheint zweifelhaft: Er geht davon aus, daß in den Art. 14, 17, 19 und 21 EGBGB bereits die nach deutscher Auffassung vom staats- und verwaltungsrechtlichen Interesse getroffenen Entscheidungen enthalten seien, welche die zwischenstaatlichen Familienrechtsverhältnisse und damit auch die daraus folgenden Unterhaltsansprüche betreffen. Tatsächlich enthalten diese Artikel gar keine Regelung von Unterhaltsansprüchen — abgesehen von Art. 21 EG, weil sich nach §§ 1708ff. BGB die Beziehungen zwischen dem Erzeuger und dem unehelichen Kind in Unterhaltsansprüchen erschöpfen; vielmehr haben erst Rechtsprechung und Lehre auch die Unterhaltsansprüche den ‚persönlichen' Beziehungen der Ehegatten (Art. 14), dem ‚Scheidungsrecht' (Art. 17) oder dem ‚Rechtsverhältnis zwischen Eltern und Kindern' (Art. 19) unterstellt. Die dort getroffenen gesetzgeberischen Entscheidungen gehen also in erster Linie nur von den persönlichen Beziehungen der Beteiligten aus, nicht von ihren Unterhaltsansprüchen, und im einzigen Fall, in welchem allein der Unterhaltsanspruch in Frage steht (Art. 21), stellen sie gerade allein auf das Heimatrecht des Berechtigten ab. Im übrigen handelt es sich dabei um Entscheidungen des gesamtdeutschen Gesetzgebers gegenüber fremden Staats- und Familienrechtsordnungen. *Marquordt* gibt selbst zu, daß die danach maßgebliche Anknüpfung an die ‚Staatsangehörigkeit' angesichts unserer gesamten innerdeutschen Rechtslage für die Beurteilung dieser Frage nicht verwandt werden kann, er will stattdessen einfach an den Wohnsitz oder Aufenthaltsort anknüpfen. Das erscheint aber als eine bedenkliche Vereinfachung. Tatsächlich sind die staats- und verwaltungsrechtlichen Interessen, die zu den Bestimmungen der

Art. 14—21 EG geführt haben, im innerdeutschen Recht vorerst bedeutungslos, da einerseits — auch nach der staats- und verwaltungsrechtlichen Spaltung zwischen Ost- und Westdeutschland — die gesamtdeutsche Einheit nach wie vor als fortbestehend anerkannt oder erstrebt wird, andererseits sich gerade die familienrechtlichen Beziehungen der Beteiligten in beiden Teilen Deutschlands noch grundsätzlich nach gemeinem deutschem Recht richten. Nur das Währungsrecht ist in beiden Teilen Deutschlands verschieden geregelt worden, und nur die sich daraus ergebenden (also währungs- und schuldrechtlichen) Beziehungen sind hier entscheidend.

... Jedenfalls ergibt sich aus den eigenen Darlegungen *Marquordts*, daß nach seinem Ergebnis trotz des einheitlichen innerdeutschen Rechts und trotz der notwendig einheitlichen Beurteilung und Behandlung der Unterhaltsansprüche zwischen den beiden Währungsgebieten und auch zwischen den gleichen Beteiligten bald das westdeutsche, bald das ostdeutsche Währungsrecht angewandt werden müßte, was zu verwirrenden und unverständlichen Widersprüchen führen müßte.... Auch *Beitzke* (MDR 49/757) lehnt mit Recht die Anwendung des Familienrechtsstatuts ab.

Demnach bleibt die Beurteilung der Frage entsprechend den Regeln über die Behandlung zwischenstaatlicher Schuldverhältnisse (Schuldstatut), jedoch weniger, weil der Unterhaltsanspruch selber ein ‚verselbständigtes Schuldverhältnis' sei, also weil er an familienrechtliche Beziehungen zwar in der Regel, jedoch nicht notwendig gebunden ist, und weil in Ost- und Westdeutschland bisher im wesentlichen nur hinsichtlich des Währungs- und Wirtschaftsrechts verschiedene ‚Rechtsordnungen' bestehen, nicht aber hinsichtlich der staatlichen Zugehörigkeit und des sachlichen Familienrechts. Insofern rechtfertigt sich daher auch die entsprechende Anwendung des internat. Privatrechts auf diese interlokal-rechtliche Frage und zugleich die Gleichstellung des Währungsstatuts mit dem Schuldstatut, zumal die Währung, in der zu erfüllen ist, ein Teil des Schuldinhalts ist (vgl. *Lüders*, MDR 1948, 384ff.; *Jacobsohn*, NJW 1948, 686 und RG in der Aufwertungszeit). Die grundlegende Verschiedenheit der beiden deutschen Währungsordnungen wirkt sich auf jedes einzelne Schuldverhältnis ebenso entscheidend zwischen den Zonen (Währungsgebieten) aus wie zwischen Staaten, die verschiedenen Währungsgebieten angehören. Die danach maßgebenden Regeln sind von der herrschenden Rechtsprechung und Lehre entwickelt worden dahin, daß der Reihe nach maßgeblich sind: der ausdrücklich oder stillschweigend erklärte Parteiwille und, wenn ein solcher nicht feststellbar ist, der unterstellte (mutmaßliche, hypothetische) Parteiwille bzw. der sachliche (natürliche) Schwerpunkt des betreffenden Schuldverhältnisses, und letztlich der Erfüllungsort im Sinne des § 269 BGB (vgl. *Buder*, DRZ 1948, 415; *Marquordt*, MDR 1949, 7). Ein erklärter Parteiwille darüber, welche Währungsart auf den Anspruch nach der deutschen Währungsumstellung vom Juni 1948 angewendet werden sollte, wird bei gesetzlichen Unterhaltsansprüchen nie, bei vertraglichen kaum in Betracht kommen. Der unterstellte Parteiwille kann von Bedeutung sein bei vertraglichen Ansprüchen, besonders bei Unterhaltsvergleichen vor der Währungsreform. Hier ist danach zu fragen, welches Schuld- und Währungsstatut die Beteiligten nach ihrer Absicht und ihren Interessen redlicher und vernünftiger Weise gewählt hätten, wenn sie vor die Frage gestellt worden wären, oder aber auf welche Rechtsordnung (Schuld- bzw. Währungsstatut) der natürliche Schwerpunkt des Schuldverhältnisses hinweist, sofern ein solcher nach sachlichen Gesichtspunkten unschwer erkennbar ist. Die Meinung, auch eine Anknüpfung an den hypothetischen Parteiwillen sei grundsätzlich unmöglich, weil die Beteiligten sich vor dem Stichtag einfach keine Gedanken über das Schuldstatut machen konnten (vgl. *Marquordt*, MDR 1949, 7; OLG Hamburg, NJW 1950, 76), geht jedenfalls hier fehl. Wie immer ist allerdings zur Vermeidung von Willkür dieser Maßstab mit Vorsicht und Zurückhaltung zu gebrauchen (vgl. *Jacobsohn*, NJW 1948, 681). Erst recht bestehen keine Bedenken, wenn man dabei allein den nach sachlichen Gesichtspunkten zu beurteilenden natürlichen Schwerpunkt des Schuldverhältnisses entscheidend sein läßt. Allgemein anerkannt erscheint insoweit, daß für Ansprüche aus Miet- und Pachtverhältnissen der Ort der Belegenheit der Sache maßgebend ist (vgl. *Jacobsohn* aaO.; LG Hamburg, DRZ 1948, 443[1]). Die gleiche Beurteilung muß bei Unterhaltsansprüchen Platz greifen. Wenn jemand vor 1948 eine Unterhaltsverpflichtung einging, so konnte er zwar die Spaltung der einheitlichen RM-Währung nicht voraussehen. Hätten beide Teile die Spaltung aber in Erwägung gezogen, so hätten sie redlicher- und vernünftigerweise das Schuldverhältnis derjenigen neuen Währung unterstellt, in welcher der Unterhaltsberechtigte seit der Währungsreform allein seine laufenden Unterhaltsbedürfnisse bestreiten kann und darf, also dem Währungsstatut des Wohnortes des Unterhaltsberechtigten ...

Ebenso sind offenbar auch Entscheidungen des OGH Köln insofern mißverstanden worden, in welchen dieser aus dem internat. Privatrecht als allgemeine Auffassung folgert, daß eine Geldforderung an dem Wohnsitz des Schuldners grundsätzlich ‚belegen' sei (so OGH in NJW 1949, 503[2], ähnlich MDR 1949, 351[3]; vgl. dazu *Krech*, NJW 1949, 873), denn der Gerichtshof meint dies offensichtlich nur in dem Sinn, daß die Forderung dem machtpolitischen Zugriff des Staates zu Zwecken der Enteignung usw. unterlegen sei, ohne damit etwas über das seinen Inhalt bestimmende Schuld- und Währungsstatut auszusprechen. In diesem Sinne führt die Beurteilung nach dem unterstellten (ergänzten) Parteiwillen oder dem Schwerpunkt des Unterhalts- und Schuldverhältnisses ‚leicht und zwingend' zu dem Wohn- oder Aufenthaltsort des Unterhaltsberechtigten als maßgebende Anknüpfung, weil die Unterhaltsgewährung den Sinn hat, dem Gläubiger dort den tatsächlichen Unterhalt zu gewährleisten (so auch *Marquordt*, MDR 1950, 9). Allein Zweck und Inhalt der Unterhaltsverpflichtung, die den Lebensbedarf des Berechtigten sichern soll, kann das maßgebende Währungsstatut bestimmen, der Lebensbedarf läßt sich aber nur da feststellen und währungsmäßig festlegen, wo der Berechtigte lebt (*Beitzke*, MDR 1949, 758).

---

[1] Siehe oben Nr. 224. [2] Siehe unten Nr. 365. [3] Siehe unten Nr. 358b.

Zum selben Ergebnis führt es bei näherer Betrachtung, wenn man den Erfüllungsort als maßgeblich betrachtet. Bedenken erscheinen vor allem berechtigt, soweit es sich um den früher vereinbarten Erfüllungsort handelt, zumal wenn inzwischen beide Teile außerhalb des Währungsgebiets wohnen, in welchem sich derselbe befindet, oder der Erfüllungsort gar außerhalb beider Währungsgebiete liegt. Nach wohl herrschender Meinung tritt aber in letzteren Fällen der heutige Wohnsitz bzw. der ‚Ersatzerfüllungsort' an die Stelle.

Für Unterhaltsansprüche wird ein vereinbarter Erfüllungsort kaum in Betracht kommen. Wenn beide Teile ihren Wohnsitz in verschiedenen Währungsgebieten haben, führt aber die ‚Zauberformel des Erfüllungsortes' (*Beitzke*, MDR 1949, 757) hier ebenfalls wieder nicht zum Schuldnerwohnsitz als Anknüpfungspunkt. Vielmehr ist mit Nachdruck darauf hinzuweisen, daß § 269 BGB den Schuldnerwohnsitz (z. Z. der Entstehung des Schuldverhältnisses) erst an letzter Stelle für die Bestimmung des Erfüllungsortes als maßgeblich bezeichnet (*Lüders*, MDR 1948, 387; *Buder*, DRZ 1948, 419). Beim Fehlen einer Parteivereinbarung ist danach zunächst ‚aus den Umständen, insbesondere aus der Natur des Schuldverhältnisses' der Leistungs- bzw. Erfüllungsort zu entnehmen. Ebenso wie aber u. U. bei der Bezahlung von Gasthausrechnungen der Hotelort, kann als Erfüllungsort für Unterhaltsverpflichtungen aus der Natur dieses Schuldverhältnisses der jeweilige Wohnsitz bzw. ständige Aufenthaltsort des Unterhaltsberechtigten als Erfüllungsort betrachtet werden. Jede andere Lösung führt zu einem unbilligen Ergebnis. Denn abgesehen davon, daß der Unterhalt gerade in der benötigten Währung zu gewährleisten ist, würde z. B. die Zugrundelegung des Schuldnerwohnsitzes bei dem heutigen tatsächlichen Wechselkurs zwischen West- und Ost-DM von 1:5 dazu führen, daß ein Unterhaltsberechtigter in den Westzonen mit einem Nennbetragsanspruch von z. B. 100 DM monatlich mit 100 Ost-DM nicht leben könnte, während ein Unterhaltsberechtigter in der Ostzone, dem ein gleicher Westmarkanspruch zuerkannt wird, den hier wohnenden Schuldner ‚kahlpfänden' könnte, um dann wertmäßig den fünffachen Betrag dessen zu erhalten, was er für seinen Unterhalt braucht.

Daß schließlich nicht ungeachtet aller vorstehenden Darlegungen im interlokalen deutschen Privatrecht einfach an den Wohnsitz des Schuldners anzuknüpfen ist, wie dies gelegentlich vertreten wird (vgl. bei *Lüders*, MDR 1948, 384ff., und OLG Hamburg, MDR 1950, 76), dürfte heute mit Recht herrschende Meinung sein. Ebensowenig kann hier das Recht des mehr oder weniger zufälligen Gerichtsstandes maßgeblich sein, wenngleich die Unterhaltsklage regelmäßig im allgemeinen Gerichtsstand des Schuldners erhoben wird (vgl. *Marquordt*, MDR 1950, 10). Daß trotz der sich ergebenden Schwierigkeiten die zwischenstaatliche Vorbehaltsklausel (Art. 30) im innerdeutschen Rechtsverkehr grundsätzlich nicht in Betracht zu ziehen ist, wurde mit Recht wiederholt hervorgehoben (*Marquordt*, MDR 1949, 135; 1950, 10; *Krech*, NJW 1949, 873 zu AG Lüdenscheid daselbst, S. 721[1]).

[1] Siehe oben Nr. 206.

**247. Auf das interlokale Recht sind die Regeln des internat. Privatrechts entsprechend anzuwenden. — Das Währungsstatut des Unterhaltsanspruches eines unehelichen Kindes bestimmt sich nach Art. 21 EGBGB. — Anknüpfungspunkt für das Personalstatut ist im interzonalen Recht der Wohnsitz. — Ein westdeutsches Gericht darf nicht zur Zahlung von DM-Ost verurteilen. — § 244 BGB ist im interlokalen Recht auch mangels eines amtlichen Umrechnungskurses anwendbar. — Ist devisenrechtlich die Zahlung einer Unterhaltsrente nur auf ein Sperrkonto möglich, so ist der Schuldner noch nicht wegen Unmöglichkeit der Unterhaltsleistung befreit.**

AG Wunsiedel (amerik. Zone), Urt. v. 4. 4. 1950 — C 326/48: Rdbf. 23 (1950/51) 100.

Die Kl. ist ein uneheliches Kind des Bekl. und lebt in der Ostzone. Der Bekl. hat seinen Wohnsitz in Westdeutschland. Er wurde zur monatlichen Zahlung des einem Betrag von 28 DM-Ost entsprechenden Westmarkbetrages verurteilt.

Aus den Gründen:

„Eine gesetzliche Regelung des interlokalen Rechts gibt es nicht, die Sätze des internat. Privatrechts sind nach einhelliger Praxis und Theorie darauf anzuwenden (statt aller: *Staudinger-Raape*, Einleitung zum internat. Privatrecht HV). Daher ist für diesen Fall Art. 21 EGBGB anzuwenden und damit das Währungsstatut der Ostzone maßgebend, da die Kindesmutter in der Ostzone lebte, dort die Kl. geboren ist und noch lebt.

Art. 21 EGBGB kann für das interlokale Recht, die Rechtsbeziehungen zwischen Personen von Teilgebieten eines Ganzen (mag dies Einheitsstaat, Bundesstaat oder nur eine unorganisierte völkische Einheit mit der Tendenz zum Einheitsstaat sein), nicht wörtlich angewendet werden, weil die Angehörigen der Teilgebiete die gleiche Staatsangehörigkeit des Ganzen haben, sondern nur entsprechend, wobei es auf die Zugehörigkeit der Parteien bzw. Kindesmutter zu einem der Teilgebiete ankommt. D. h. es tritt an die Stelle der Staatsangehörigkeit der Wohnsitz in einer Zone als Anknüpfungspunkt; vgl. *Marquordt*, MDR 1950, 9.

Bei entsprechender Anwendung des Art. 21 EGBGB hat der Bekl. einen monatlichen Unterhaltsbetrag von 28 DM-Ost von der Geburt bis zur Vollendung des 16. Lebensjahres zu zahlen.

Die Verurteilung zu Ostmark kann in den Westzonen nicht erfolgen, da die Westzonenwährung eine reine Binnenwährung ist. Die Ausfuhr der Westmark ist verboten. Nach § 3 des Währungsgesetzes ist es verboten, Verbindlichkeiten in anderer als Westmarkwährung einzugehen. Die Verurteilung kann daher nur gemäß § 244 BGB zu dem Westmarkbetrag erfolgen, der 28 DM-Ost entspricht. Daß ein amtlicher Umrechnungskurs nicht besteht, ist gleichgültig, weil bei Fehlen einer amtlichen Notiz der tatsächliche Kurs maßgebend ist (*Staudinger*, § 244 Anm. 6a und die dort zitierten Entscheidungen). Einen tatsächlichen Kurs gibt es aber nicht nur in Berlin, sondern auch an anderen Grenzübergangsstellen.

Es mag erwähnt sein, daß wegen der Verfügungsbeschränkung des § 26 II UG, der Unmöglichkeit der Zahlung von der Westzone, die Klage nicht etwa abzuweisen ist. Es ist richtig, daß der Bekl. hier das Geld nur auf Sperrkonto einzahlen kann. Daraus ist aber noch keine Unmöglichkeit der Leistung herzuleiten."

**248. Die Eingehung einer auf DM-Ost lautenden Verbindlichkeit durch einen westdeutschen Schuldner ist nicht rechtswirksam. — Aus einem auf DM-Ost lautenden Titel kann mangels eines Umrechnungskurses in Westdeutschland nicht vollstreckt werden. — Ein deutsches Gericht kann nicht auf Zahlung in fremder Währung erkennen. — Das Währungsstatut richtet sich im interzonalen Recht nach dem Schuldstatut. — Mangels eines amtlichen Umrechnungskurses kann der unterschiedliche innere Wert der deutschen Währungen nicht berücksichtigt werden. — Als Umrechnungskurs wird daher das Verhältnis 1:1 festgelegt.**

AG Brakel (brit. Zone), Urt. v. 12. 5. 1950 — C 152/50: *Rdbf. 23 (1950/51) 101.

In einer vollstreckbaren Urkunde v. 26. 10. 1949 hatte der in Westdeutschland lebende Bekl. anerkannt, dem Kl., seinem unehelichen Kind, das in der Ostzone wohnt, monatlich 30 DM-Ost als Unterhalt zahlen zu wollen. Der Kl. wünscht sich einen neuen Titel zu verschaffen, da er aus der vollstreckbaren Urkunde nicht vollstrecken könne. Das AG gab der Klage auf Zahlung von monatlich 30 DM-West statt.

Aus den Gründen:

„Die auf §§ 1708 ff. BGB gestützte Unterhaltsklage ist begründet. Zwar hat sich der Bekl. in der vollstreckbaren Urkunde v. 26. 10. 1949 zur Unterhaltszahlung verpflichtet. Mit diesem Titel kann aber der Kl. nichts anfangen, da er auf DM-Ost lautet und aus ihm in der hiesigen Zone mangels eines Umrechnungskurses nicht vollstreckt werden kann. Außerdem ist es heute gemäß § 3 des Währungsgesetzes (Gesetz Nr. 61) grundsätzlich jedermann verwehrt, Verbindlichkeiten in anderer als der eigenen Währung einzugehen. Nur in Ausnahmefällen ist eine Abweichung von dieser Gesetzesvorschrift mit Zustimmung einer Dienststelle der Besatzungsmacht zulässig. Eine diesbezügliche Genehmigung hat aber der Bekl. nicht vorgelegt, so daß die in der Schuldurkunde v. 26. 10. 1949 eingegangene Verbindlichkeit nicht rechtswirksam ist. Demnach kann ein Rechtsschutzbedürfnis für die Klage nicht verneint werden.

Infolge der geltenden Währungs- und Devisengesetzgebung können die Gerichte in den verschiedenen Besatzungszonen nur zur Zahlung in eigener Währung verurteilen. Auch ist interzonal davon auszugehen, daß die Geldschulden in der Währung des Staates entstehen, dessen Recht für die Geldschuld maßgebend ist. Das Währungsstatut richtet sich also nach dem Schuldstatut. In entsprechender Anwendung des § 269 BGB ist daher für alle Modalitäten der Leistung der Wohnsitz des Schuldners maßgebend. Da der Bekl. in der Westzone wohnt, kann er nur zur Zahlung von DM-West verurteilt werden.

Nach § 1708 BGB kann das uneheliche Kind den Unterhalt entsprechend der Lebensstellung seiner Mutter verlangen. Nach der bisherigen Rechtsprechung der Gerichte hat es immer Anspruch auf den Mindestsatz. Dieser beträgt vierteljährlich 90 DM. Der Bekl. kann demgegenüber nicht einwenden, die DM-West habe zur Zeit den vielfachen Wert der DM-Ost. Zu berücksichtigen ist nämlich, daß ein amtlicher Umrechnungskurs nicht besteht, da Ostmark wie Westmark reine Binnenwährungen sind und die Ausfuhr über die Grenzen des jeweiligen Währungsgebietes grundsätzlich nicht gestattet ist (§ 26 II UG und MilRegGes. Nr. 53). Ausnahmsweise (vgl. die 19. DVO zum UG) können Geldschulden gegenüber Gläubigern in der Ostzone dadurch beglichen werden, daß der geschuldete Betrag auf ein gemäß § 26 II UG gesperrtes Konto des Gläubigers bei einem Geldinstitut oder Postscheckamt im Währungsgebiet eingezahlt oder diesem überwiesen wird. Ferner besteht für den Unterhaltsberechtigten in der Ostzone insofern eine Verwertungsmöglichkeit des Sperrkontos, als sich ein Dritter bereitfinden mag, im Hinblick auf das in der Westzone beigetriebene Geld dem Berechtigten Mittel zur Verfügung zu stellen. Demgemäß sind die Jugendämter der Ostzone und der hiesigen Zone nunmehr dazu übergegangen, die auf Sperrkonten eingezahlten Unterhaltsbeträge ihrer Zone im Verhältnis 1 DM-Ost = 1 DM-West zur Aufrechnung gegenüberzustellen. Zur Zeit können die Mündel nur auf diese Weise zu ihren berechtigten Unterhaltsforderungen kommen. Der Kl. erhält daher nur vierteljährlich 90 DM-Ost, wenn der Bekl. 90 DM-West auf ein Sperrkonto einzahlt. Ebenso erhält ein in der hiesigen Zone wohnender Unterhaltsberechtigter vierteljährlich 90 DM-West, wenn der Verpflichtete in der Ostzone 90 DM-Ost auf ein Sperrkonto einzahlt."

**249. Währung und Höhe des Unterhaltsanspruches eines unehelichen Kindes gegen seinen Erzeuger richten sich nach dem Recht am Wohnsitz des Kindes. — Eine gegen einen westdeutschen Unterhaltsschuldner entstandene, auf DM-Ost lautende Unterhaltsforderung kann der Schuldner wirksam in DM-Ost erfüllen.**

LG Wiesbaden (amerik. Zone), Urt. v. 2. 6. 1950 — 3 S 102/50: Rdbf. 23 (1950/51) 54; MDR 1950, 553 (zust. *Beitzke*); Auszug in DRsp. II (250) 10 h.

Aus den Gründen:

„Nach dem Vorbringen der Parteien lebt der Kl. in der Kleinstadt P. in der Ostzone. Demnach ist für das Maß des Unterhalts der dortige Lebensstandard und die dortige Währung maßgebend ... Wenn nun im vorliegenden Fall der Bekl. unstreitig 40 DM-Ost monatlich an den Kl. zahlt und der Kl. andererseits Zahlung von 40 DM-West an Stelle dieser Summe verlangt, so ist dieses Begehren nicht gerechtfertigt, ungeachtet des Transfers von DM-West in die Ostzone. Denn der Kl. hat lediglich Anspruch darauf, daß er durch die Zahlung der Unterhaltsrente so gestellt wird, daß er nach seinem Stande seinen Lebensbedarf in P. befriedigen kann, d. h. nach den dortigen Sätzen und in der dortigen Währung, und mit 40 DM-Ost ist dem Standesunterschied des Kl. gegenüber einem Kinde einfachsten Standes nach Auffassung der Kammer bereits hinlänglich Rechnung getragen."

**250. Bei der Zahlung von Unterhaltsbeiträgen und der Vollstreckung darauf gerichteter Titel ist maßgebend das Umrechnungsverhältnis am Wohnsitz des Schuldners.**

Schleswig-Holsteinisches OLG (brit. Zone), Beschl. v. 29. 7. 1950 — 1 W 42/50: SchlHolAnz. 1950, 301; Auszug in DRsp. II (250) 23 d.

Zwischen den Parteien schwebt ein Ehescheidungsstreit. Das Prozeßgericht gab in einer einstweiligen Anordnung gemäß § 627 ZPO dem in der Ostzone lebenden AGg. auf, monatlich 50 DM an seine in Westdeutschland lebende Ehefrau zu zahlen. Mit seiner Beschwerde wendet der AGg. ein, daß er außerstande sei, bei einem Monatsverdienst von 150 DM-Ost monatlich 50 DM-West an die ASt. zu zahlen. Das OLG wies die Beschwerde zurück.

Aus den Gründen:

„Bei Berücksichtigung der gesamten Umstände des Falles erscheint es angemessen, daß der AGg. von seinem monatlichen Einkommen in Höhe von 150 DM-Ost der ASt. 50 DM-Ost als Unterhaltsbeitrag monatlich zur Verfügung stellt. Mehr besagt in seiner praktischen Auswirkung der landgerichtliche Beschluß nicht. Es ist zwar richtig, daß in der Westzone die dort im Umlauf befindliche DM erheblich höher bewertet wird als die DM der Ostzone. Hierauf kommt es jedoch im vorliegenden Falle nicht an, denn der AGg. hat seinen Wohnsitz in der Ostzone. Maßgebend für die Entscheidung der Frage, welcher Unterhaltsbeitrag im Sinne der §§ 1360, 1603 BGB bei Berücksichtigung der verschiedenen Zonenwährungen angemessen ist, muß deshalb auch der Bewertungsgrundsatz der Ostzone sein. Hiernach ist es aber so, daß dort eine DM-Ost gleich einer DM-West bewertet wird, und daß dementsprechend auch Vollstreckungstitel von Westzonengerichten, die auf DM, d. h. auf DM-West lauten, zu dem gleichen Betrage in DM-Ost, also im Umrechnungsverhältnis 1:1 vollstreckt werden.

Im vorliegenden Falle würde demnach der auf 50 DM lautende Beschluß des LG bei dem AGg. in Höhe von 50 DM-Ost vollstreckt werden. Daraus ergibt sich, daß der angefochtene Beschluß den AGg. nicht über Gebühr belastet. Dieser wird vielmehr durch ihn lediglich angehalten, der ASt. den ihr unter Berücksichtigung der Grundsätze des BGB gebührenden Unterhaltsbeitrag zu leisten. Dem kann nicht der Einwand entgegengehalten werden, daß die ASt. den vorliegenden Titel bei einem Wohnungswechsel des AGg. auch in der Westzone vollstrecken könne, und daß in diesem Falle in ‚Westmark' vollstreckt werden würde. Dieser Fall steht nicht zur Entscheidung. Entscheidungen der vorliegenden Art beziehen sich ihrem Sinn und Zwecke nach nur auf eine bestimmte, verhältnismäßig kurze Zeit. Für sie können nur die tatsächlichen Verhältnisse zur Zeit der Entscheidung als Grundlage dienen."

**251. Der Umstellungsvermerk, den ein westdeutsches Gericht nach der 16. DVO zum Umstellungsgesetz für einen ostzonalen RM-Titel erteilt, bestimmt nur das ziffernmäßige Umstellungsverhältnis, nicht aber die Währung, in der der Titel zu vollstrecken ist. — Bei einmaligen Forderungen bestimmt sich das Währungsstatut nach dem Wohnsitz des Schuldners im Zeitpunkt der Währungsreform; das Währungsstatut von Dauerschuldverhältnissen, insbesondere Unterhaltsverpflichtungen, richtet sich nach dem jeweiligen Wohnsitz des Schuldners bei Fälligkeit einer Rate. — Der in der Westzone wohnhafte Schuldner einer auf DM-West lautenden Forderung seines in der Ostzone wohnhaften Gläubigers kann schuldbefreiend in DM-Ost leisten. — Auch die Annahme eines DM-Ost-Betrages als Erfüllung einer Forderung auf Zahlung in DM-West ist eine „Verfügung" über diese Forderung im Sinne der MilRegGes. Nr. 52 und 53.**

LG Hannover (brit. Zone), Beschl. v. 15. 8. 1950 — 1 T 693/50: Nds-Rpfl. 1950, 158; Auszug in DRsp. II (250) 13b.

Der Schuldner wohnte bis Anfang 1949 in der Ostzone und ist danach in die Westzonen verzogen. Er ist seinem in der Ostzone wohnhaften Gläubiger kraft eines ostzonalen RM-Titels zur Unterhaltszahlung in vierteljährlichen Raten verpflichtet. Durch Umstellungsvermerk des AG H. (brit.) wurde der Titel für die Zeit seit der Währungsreform im Verhältnis 1 : 1 umgestellt. Der Schuldner hat sich zu Zahlungen in DM-Ost erboten.

Aus den Gründen:

„Zwar ist die Ansicht des Gläubigers, der Schuldner habe infolge der Umstellung des Titels durch das AG H. v. 3. 3. 1950 nunmehr seit dem 1. 7. 1948 alle Zahlungen in DM-West zu leisten, unzutreffend. Durch die Erteilung des Umstellungsvermerks wird nicht mit irgendwie bindender Kraft darüber entschieden, ob die auf RM lautende Vollstreckungsforderung in DM-Ost oder DM-West zu erfüllen ist. Nach § 1 der 16. DVO zum UG kann grundsätzlich jeder auf RM lautende Titel ohne besondere Umstellung in DM-West vollstreckt werden, wenn auch nur im Verhältnis 10:1. Eines Umstellungsvermerks bedarf es nur, wenn der Gläubiger in einem anderen Umstellungsverhältnis aus dem Titel vollstrecken will. Die in Ausführung der 16. DVO zum UG vom AG vorgenommene Umstellung des Titels im Verhältnis 1:1 besagt daher nichts über das Währungsstatut als solches, sondern stellt lediglich fest, daß nicht die in § 16 UG angeordnete grundsätzliche Umstellung im Verhältnis 10:1, sondern die Sonderregelung des § 18 Ziff. 1 UG Platz greift. Das Umstellungsverhältnis ist insoweit damit das gleiche wie in der Ostzone nach den dort geltenden Währungsgesetzen. Die Frage, in welcher Währung zu leisten ist, ergibt sich vielmehr allein aus der Feststellung des anzuwendenden Währungsstatuts, da dieses sowohl nach den Grundsätzen des internat. wie des interzonalen Rechts darüber entscheidet, in welcher Währung Geldzahlungen zu erfolgen haben. Da der Schuldner nach der Durchführung der Währungsreform noch bis zum Anfang des Jahres 1949 in der Ostzone gewohnt hat, kann keinem Zweifel unterliegen, daß er jedenfalls bis zu diesem Zeitpunkt berechtigt war, die ihm obliegenden Zahlungen in DM-Ost, 1:1 umgestellt, zu entrichten. Erfüllungsort und Wohnsitz des Schuldners unterstanden bis dahin dem gleichen Währungsrecht der Ostzone. Die Zahlung in der an diesen Orten geltenden Währung entspricht daher den bestehenden Gesetzen. Da die Sitzverlegung in die Westzonen erst im Laufe des beginnenden Jahres 1949 erfolgte, konnte mithin die am 1. 1. 1949 fällige erste Vierteljahresrente mit schuldtilgender Wirkung noch in DM-Ost beglichen werden.

Hinsichtlich der am 1. 4. 1949 fälligen und der folgenden Unterhaltszahlungen trat jedoch insofern eine Änderung der Lage ein, als der Schuldner seinen Wohnsitz nunmehr in den Westzonen hatte. Nach ständiger Rechtsprechung — vgl. u. a. OGHZ 1, 386[1] — ist davon auszugehen, daß eine Forderung dort belegen ist, wo der Schuldner seinen Wohnsitz hat. Über die Umstellung einer RM-Forderung entscheidet also das für den Wohnsitz des Schuldners maßgebende Währungsstatut; eine RM-Forderung gegen einen in dem Westwährungsgebiet wohnhaften Schuldner ist demgemäß auf DM-West umgestellt. Zugleich kann bei gewöhnlichen Geldforderungen (z. B. aus Kaufverträgen) nur der Zeitpunkt maßgebend sein, auf den der Gesetzgeber das Wirksamwerden der währungsrechtlichen Anordnungen abgestellt hat. Entscheidend ist also für das anzuwendende Währungsstatut grundsätzlich der Ort, an dem der Schuldner am Währungsstichtage seinen Wohnsitz oder ständigen gewöhnlichen Aufenthaltsort hatte; vgl. *Krech* in: Probleme der Währungsreform 8. Es wird mithin bei nachträglichem Wohnsitzwechsel des Schuldners zwischen Ost- und Westzonen, solange die Forderung als solche noch besteht, nicht davon gesprochen werden können, daß mit dem jeweiligen Wechsel auch die für die Forderung gültige Währungsordnung wechselte. Anders liegt jedoch der Fall dann, wenn es sich, wie hier, um eine Unterhaltsforderung handelt. Denn der Tatbestand einer derartigen Forderung erschöpft sich nicht in einem einmaligen Geschehen, sondern erneuert sich bei Vorliegen der gesetzlichen Voraussetzungen dauernd. Derartige Unterhaltsansprüche entstehen damit fort und fort auf der Grundlage familienrechtlicher Angehörigkeit oder eines gleichstehenden Sachverhalts und unter der Voraussetzung der Bedürftigkeit auf der einen und der Leistungsfähigkeit auf der anderen Seite jeweils von neuem (vgl. *Jaeger*, KO Anm. 34 zu § 3; *Soergel*, Vorbem. vor § 1001 BGB). Daraus aber folgt, daß bei Sitzverlegung des Schuldners von einem Währungsgebiet in das andere die einzelnen Teilabschnitte einer Unterhaltsforderung, die ursprünglich die Währungsordnung des gesamten Reichsgebiets zur Grundlage hatte und in RM festgesetzt war, nunmehr bei Fälligkeit jeweils in der Währung entstehen, die an dem Ort gilt, wo der Schuldner zur Zeit der Fälligkeit seinen Wohnsitz oder ständigen Aufenthaltsort hat. Für die einzelnen, zeitlich nach der Umsiedlung des Schuldners in das Westwährungsgebiet fällig gewordenen Teilabschnitte der geltend gemachten Unterhaltsforderung gelangt aber das Währungsstatut der Westzonen zur Geltung. Dem steht auch nicht entgegen, daß die Forderungen aus dem auf RM lautenden Vollstrek-

[1] Siehe unten Nr. 365.

kungstitel zunächst kraft der ostzonalen Währungsgesetzgebung ohne weiteres und ohne daß es einer Umschreibung des Titels bedürfte, auf Ostmark umgestellt waren, weil der Schuldner damals seinen Wohnsitz im Ostwährungsgebiet hatte und die Urteilsforderung daher zunächst den ostzonalen Währungsgesetzen unterstand. Eine Umstellung des Titels selbst von RM auf Ostmark mit Wirkung auch für alle zukünftig zur Entstehung gelangenden und fällig werdenden Unterhaltsraten hat dadurch nicht stattgefunden. Denn das ostzonale Währungsstatut kann nur diejenigen Rechtsverhältnisse ergreifen, die territorial seinem Macht- und Geltungsbereich unterliegen, nicht aber Forderungen, die, wie es hier nach dem Obenausgeführten der Fall ist, erst zur Entstehung und Wirksamkeit gelangen, nachdem der Schuldner seinen Wohnsitz in das Währungsgebiet verlegt hat, die also territorial der ostzonalen Gesetzgebung nicht mehr unterworfen sind. Solche Forderungen unterliegen vielmehr allein dem Statut des Westwährungsgebiets, mögen sie auch aus einem ursprünglich im Ostwährungsgebiet belegenen Rechtsverhältnis erwachsen sein. Zwar mögen nunmehr das Recht des Erfüllungsortes und das des Wohnsitzes auseinanderfallen. Die Kammer folgt jedoch insoweit den bereits zitierten Gedankengängen des OGH, nach denen in derartigen Fällen ebenfalls hinsichtlich der Frage des anzuwendenden Währungsrechts dem Wohnsitz des Schuldners der Vorzug zu geben ist. Der Schuldner war daher hinsichtlich der am 1. 4. 1949 fälligen und der folgenden Unterhaltszahlungen zur Zahlung des Unterhalts in DM-West verpflichtet, der Gläubiger konnte ab diesem Zeitpunkt Zahlung in DM-West verlangen und demgemäß nach Umstellung des Titels gegen den Schuldner die Zwangsvollstreckung betreiben.

Entschieden ist damit allerdings noch nicht, ob der Schuldner nicht gleichwohl berechtigt war, sich durch Verwendung seiner in der Ostzone belegenen Vermögenswerte durch Zahlung in DM-Ost seiner Schuld zu entledigen, da der Gläubiger in der Ostzone wohnt und der Satz von vierteljährlich 90 Mark auch heute noch der durchschnittlichen Höhe derartiger Zahlungen entspricht. Das LG Göttingen hat in seinem Beschluß v. 10. 11. 1949[1] unter Hinweis auf RGZ 165, 219 diese Frage bejaht und zur Begründung insoweit zutreffend ausgeführt, daß die Unterhaltsforderungen von Ehegatten und ehelichen Kindern als solche zweckgebunden sind. Dasselbe muß für die Unterhaltsansprüche unehelicher Kinder gelten. Zwar kann bei unehelichen Kindern entgegen der sonst gegebenen gesetzlichen Regelung auch für die Vergangenheit Zahlung von Unterhalt verlangt werden. Die Kammer hat jedoch gleichwohl keine Bedenken, auch in diesen Fällen zu einer Feststellung der Zweckgebundenheit der Forderungen zu gelangen, da die Zahlungen im wesentlichen und in erster Linie der unmittelbaren Ernährung des Kindes dienen sollen und zumindest ein unentgeltlicher Verzicht auf Unterhalt für die Zukunft nichtig ist. Demgemäß erklärt auch die Vorschrift des § 1708 I S. 2 BGB den Zweck der Zahlungen eindeutig dahin, daß sie den gesamten Lebensbedarf wie die Kosten der Erziehung

---

[1] Siehe oben Nr. 239.

und Ausbildung zu einem Berufe erfassen. Hieraus folgt aber in gleicher Weise wie bei ehelichen Kindern, daß dem Zwecke der Unterhaltszahlung an den Gläubiger mit einer Zahlung auf das Sperrkonto, auch wenn die eingezahlten Beträge in den Westzonen verbraucht werden können, nicht gedient ist, da bestimmte Aufwendungen nur in der Währung des Wohnortes des Gläubigers geleistet werden können (wie z. B. Miete, Schuldgeld, Verkehrsmittel u. dgl.) und die Kontinuierlichkeit der Zahlungen als solche nicht gewährleistet ist. Ist die Forderung somit zweckgebunden, so muß dem Grundsatze nach gefolgert werden, daß der Unterhaltsgläubiger Zahlungen in der Währung annehmen muß, die an seinem derzeitigen Wohnort gilt und mit der er seinen tatsächlichen Unterhalt auch bestreiten kann, so daß damit die Forderung auch durch Zahlung in Ostmark getilgt wird.

Diese Form der Zahlung in Ostmark ist allerdings entgegen der in dem angeführten Beschlusse des LG Göttingen vertretenen Ansicht erst seit dem 10. 7. 1950, dem Zeitpunkt des Inkrafttretens der Allgemeinen Genehmigung Nr. 41/50 zu den MilRegGes. Nr. 52 und 53 zulässig, da sie zuvor gegen die genannten Gesetze (Art. I 1c des Gesetzes Nr. 53) und insbesondere auch gegen § 26 II UG verstieß und damit infolge der dem Zahlungsakte anhaftenden Nichtigkeit eine wirksame Tilgung der Forderung nicht herbeiführen konnte. Gerade durch die letztgenannte Vorschrift waren alle Verfügungen über Forderungen in DM und der Altgeldguthaben verboten, deren Gläubiger — oder Schuldner — ihren Wohnsitz außerhalb des Währungsgebietes hatten. Wird aber der Zahlung in Ostmark hinsichtlich der Westmarkforderung schuldtilgende Wirkung beigemessen, so wird, da auch die Annahme als Erfüllung eine Verfügung im Sinne der Gesetze Nr. 52 und 53 darstellt, dadurch über die Forderung in Westmark als solche verfügt. Die Gesetze Nr. 52 und 53 wurden daher sehr wohl durch die Tilgung in Ostmark berührt. Der Schuldner war damit mangels Vorliegens einer Sondergenehmigung in dieser Zeit nicht zur Zahlung in DM-Ost mit forderungstilgender Wirkung berechtigt. Diese Befugnis ergibt sich erstmalig aus der angeführten Allgemeinen Genehmigung Nr. 41/50 v. 10. 7. 1950, nach deren Ziffer b) 2 dem Schuldner die Genehmigung erteilt ist, zu Zahlungen von Unterhaltsbeiträgen an Personen im Währungsgebiete der Ostmark bis zur Höhe von 300 Ostmark je Monat über Forderungen und Guthaben in Ostmark zu verfügen, und nach deren Ziffer 3 gleichzeitig insoweit Befreiung von den Verfügungsbeschränkungen des § 26 II UG gegeben wird, so daß damit auch der in der Ostzone wohnhafte Gläubiger die Zahlung mit schuldtilgender Wirkung annehmen kann und zu ihrer Annahme mit dieser Wirkung verpflichtet ist."

**252.** **Auf das interlokale Währungsrecht sind die Regeln des internat. Privatrechts entsprechend anzuwenden. — Danach richtet sich das Währungsstatut von Unterhaltsforderungen mangels Parteivereinbarung nach dem Zweck des Schuldverhältnisses. — Der Zweck der Unterhaltsleistung an einen Unterhaltsberechtigten in der Ostzone erfordert eine Bemessung der Unterhaltsrente in DM-Ost. — Ein Urteil auf Zahlung in DM-Ost**

**würde jedoch wegen Verstoßes gegen das westdeutsche Devisenrecht dem ordre public widersprechen. — Eine Befreiung durch Zahlung von DM-Ost ist nicht möglich. — Trotz Leistung der Unterhaltsbeträge auf ein Sperrkonto ist die Erfüllung der Unterhaltsverpflichtung nicht unmöglich.**

AG Fritzlar (amerik. Zone), Urt. v. 2. 11. 1950 — C 46/50: Rdbf. 23 (1950/51) 103.

Der Kl. ist ein uneheliches Kind des Bekl. und lebt in der Ostzone. Der Bekl. wohnt in Westdeutschland. Das AG verurteilte ihn zur Unterhaltsleistung in DM-West.

Aus den Gründen:

„Die Frage, in welcher Währung der sich in den Westzonen aufhaltende Unterhaltsschuldner den in der Ostzone lebenden Gläubiger zu befriedigen habe, ist allerdings umstritten. Nach den Regeln des internat. Privatrechts, die auf das interlokale Währungsrecht entsprechend anzuwenden seien, gilt, daß mangels Parteivereinbarungen bei gesetzlichen Schuldverhältnissen Inhalt und Zweck des gesetzlichen Schuldverhältnisses ausschlaggebend ist. Danach wäre freilich die Unterhaltspflicht des Bekl. in Ostmark zu bemessen, denn die Unterhaltsleistung soll den gesamten Lebensbedarf des Kindes sichern (§ 1708 BGB). Dieser Bedarf ließe sich nur da feststellen, wo das Kind lebt (vgl. Art. 21 EGBGB). So auch *Beitzke* in Rdbf. 23, 15. Andererseits darf der Bekl. aber nach den MilRegGes. 52 und 53 und der 19. DVO zum UG seine Ostmarkverbindlichkeiten nur in der Weise erfüllen, daß er die Unterhaltsrente auf ein gesperrtes Konto der Kl. zahlt. Eine Verurteilung zur Zahlung in DM-Ost würde daher gegen den Ordre-Public verstoßen; Art. 30 EGBGB. Die Auslegungsregel des § 270 BGB wird hierdurch ausgeschlossen. Es ist infolgedessen auch unbeachtlich, ob sich bei einer Umrechnung des verlangten Westmarkbetrages in Ostmark ein Unterhaltsbetrag ergeben würde, der die Bedürfnisse der Kl. übersteigt (LG Göttingen, Beschl. v. 2. 8. 1949[1]). Mag auch im übrigen der Bekl. tatsächlich die Möglichkeit haben, durch Umtausch in den konzessionierten Wechselstuben den Gläubiger zu befriedigen, so steht doch diese Möglichkeit nur zum Zweck der Förderung des Reiseverkehrs zur Verfügung. Ein anderweitiger Transfer aus dem Westen in die Ostzone ist z. Z. jedenfalls auf legalem Wege unmöglich (so *Truckenbrodt* in NJW 1950, 604 gegen LG Göttingen, Beschl. v. 10. 11. 49[2]). Der Bekl. kann deswegen aber nicht einwenden, die Leistung sei ihm ohne sein Verschulden unmöglich geworden (§§ 270, 279 BGB, vgl. OLG Düsseldorf, Rdbf. 23, 13[3]). Vielmehr hat die Kl. ein Interesse an Zahlung auf Sperrkonto."

**253.** **Umstellungsstatut einer RM-Forderung ist das Währungsrecht am Sitz des Schuldners.**

LG Frankfurt/Main (amerik. Zone), Beschl. v. 15. 12. 1950 — 2/9 T 1393/50: NJW 1951, 240; Auszug in DRsp. II (250) 16e.

[1] Siehe oben Nr. 237. [2] Siehe oben Nr. 239. [3] Siehe unten Nr. 337.

Aus den Gründen:

„Die Anwendung des in Westdeutschland geltenden Währungsrechts wird nicht dadurch ausgeschlossen, daß der Unterhaltsgläubiger, ein uneheliches Kind, seinen Wohnsitz in dem Ostsektor von Berlin hat, während der Wohnsitz des Unterhaltsschuldners im Westen gelegen ist... Es handelt sich im vorliegenden Falle um die Umstellung eines bereits am Stichtag der Währungsreform bestehenden RM-Titels, so daß lediglich die Frage nach dem für die Umstellung maßgebenden Währungsrecht zu beantworten ist.

Diese Entscheidung kann aber trotz Art. 21 EGBGB nur zugunsten des im Westen geltenden Rechts getroffen werden. Dies folgt aus dem besonderen Charakter des Währungsrechts, das nur gegenüber denjenigen Rechts- und Schuldverhältnissen durchsetzbar ist, die der Gesetzgebungs- und Zwangsgewalt des anordnenden Hoheitsträgers ausgesetzt sind (vgl. OGH Köln NJW 1950, 644[1]). Das aber sind diejenigen Rechtsverhältnisse, deren Schuldner in dem betreffenden Gebiet ihren Wohnsitz haben. Dort vollzieht sich hinsichtlich des Aktivvermögens des Schuldners die Geldumstellung, dort erhält dieser das neue Geld und dort erfolgt auch die Heranziehung zum Lastenausgleich. Die Umrechnungsnorm hinsichtlich der Umwandlung von Altgeld in Neugeld entspricht im Währungsgebiet grundsätzlich der Umwertung der Schuldverhältnisse. Dieser aufeinander abgestimmte Gesamtkomplex währungsrechtlicher Maßnahmen weist auf Grund seines zwingenden Charakters auf die Anwendung nur dieses Rechtes hin.

Schuldverhältnissen gegenüber, deren Schuldner im Zeitpunkt der Währungsumstellung ihren Wohnsitz im Währungsgebiet haben, kann daher das für den Wohnsitz des Gläubigers maßgebende Währungsrecht, im vorliegenden Falle also das Währungsrecht der Ostzone, nicht die Wirkung haben, daß eine Umstellung auf DM-Ost eingetreten ist."

**254. Bei interzonalen Unterhaltsverpflichtungen ist das Währungsstatut nicht mit dem Schuldstatut identisch. — Das Währungsstatut bestimmt sich vielmehr nach dem Währungsrecht am gewöhnlichen Aufenthaltsort des Unterhaltsberechtigten. — Ein westdeutsches Gericht kann auf Zahlung von DM-Ost erkennen. — Einem westdeutschen Schuldner einer auf DM-West lautenden Unterhaltsforderung steht eine Ersetzungsbefugnis in Form der Zahlung von DM-Ost zu. — Bei Unterhaltsforderungen ist dabei ein Umrechnungsverhältnis von 1 : 1 festzulegen.**

LG Göttingen (brit. Zone), Urt. v. 21. 12. 1950 — 1 S 646/50: NdsRpfl. 1951, 101; Auszug in DRsp. II (250) 19 a—b.

Aus den Gründen:

„Die Kammer hält auch weiterhin an ihrer Rechtsprechung fest, wie sie in der Entscheidung v. 10. 11. 1949[2] ihren Niederschlag gefunden hat, ohne Unterschied, ob es sich um den Unterhaltsanspruch eines

[1] Siehe unten Nr. 371. [2] Siehe oben Nr. 239.

Ehegatten, eines ehelichen oder eines unehelichen Kindes handelt. Im Gegensatz zu der neuerdings von *Marquordt* (MDR 1950, 8) und dem OLG Braunschweig (MDR 1950, 140)[1] vertretenen Auffassung, wonach für das Währungsstatut die Regeln des Internat. Privatrechts maßgebend sein sollen, hält die Kammer den von *Raape* (IPR[3] 345) und *Beitzke* (MDR 1949, 758 und NJW 1950, 928) vertretenen Standpunkt für richtig, daß zwischen Währungsstatut und Schuldstatut zu unterscheiden ist und bei interzonalen Unterhaltsverpflichtungen das Währungsstatut nicht nach dem Schuldstatut bestimmt werden kann. Wäre das Schuldstatut auch für das Währungsstatut maßgebend, so würde dies bei interzonalen Unterhaltsverpflichtungen, wenn man mit der herrschenden Lehre den Unterhaltsanspruch nicht von seiner familienrechtlichen Grundlage lösen will, zu Unzuträglichkeiten insbesondere dann führen, wenn es sich um den Unterhaltsanspruch eines unehelichen Kindes handelt und dieses ebenso wie der Erzeuger in einem anderen Währungsgebiet als zur Zeit der Geburt wohnt (vgl. *Beitzke* und *Raape* aaO.). Die Heranziehung des Art. 21 EGBGB, wonach an den gewöhnlichen Aufenthalt der Mutter zur Zeit der Geburt des Kindes anzuknüpfen wäre, versucht auch *Truckenbrodt* in seiner Besprechung der Entscheidung v. 10. 11. 1949 (NJW 1950, 602) zu vermeiden, ohne allerdings eine nähere Begründung dafür geben zu können, weshalb an den jeweiligen gewöhnlichen Aufenthalt der Mutter angeknüpft werden soll und ohne den Hinweis *Beitzkes* zu berücksichtigen, daß mit der Feststellung des Schuldstatuts noch nicht die Währung festliegt, auf welche die Schuld lautet. Für die Bestimmung des Währungsstatutes muß vielmehr der schon vom RG hervorgehobene Gesichtspunkt der Zweckbindung der Unterhaltsforderung maßgebend sein. Daraus folgt, daß diejenige Währung als maßgebend anzusehen ist, in der der Unterhaltsgläubiger die Geldbeträge zur Verfügung haben muß, um seinen Lebensunterhalt bestreiten zu können (vgl. *Beitzke* aaO.).

Einer Verurteilung zur Zahlung in DM-Ost steht, solange der Unterhaltsgläubiger seinen gewöhnlichen Aufenthalt im Währungsgebiet der Ostmark hat, auch nicht das Bedenken entgegen, daß eine Verurteilung zur Zahlung in Ostmark einem gesetzlichen Verbot zuwiderläuft und daher unzulässig ist. Die Kammer hat bereits in ihrer Entscheidung v. 22. 12. 1949 — 1 S 433/49 — den Standpunkt vertreten, daß auch in Westdeutschland eine Verurteilung zur Zahlung in Ostmark zulässig ist, weil ein Ostmarkverbot im westdeutschen Bundesgebiet nicht besteht (vgl. ebenso *Kühne* NJW 1950, 729 und die Stellungnahme der Bank Deutscher Länder NJW 1950, 750, ferner *Beitzke* NJW 1950, 928). Im vorliegenden Falle kann allerdings eine Abänderung der Entscheidung dahingehend, daß der Bekl. lediglich Unterhalt in Ostmark zu gewähren hat, schon deshalb nicht erfolgen, weil hier die Berufung lediglich von der Kl. eingelegt worden ist. Die Kammer ist aber auch grundsätzlich der Auffassung, daß die von ihr gewählte Form der Verurteilung in DM-West verbunden mit der Ersetzungsbefugnis zur Zahlung in Ost-

[1] Gemeint ist NdsRpfl. 1950, 140, oben Nr. 240.

Mark am besten der Besonderheit der interzonalen Unterhaltsforderungen gerecht wird. Diese Abweichung von der Auffassung *Beitzkes* erscheint mit Rücksicht auf den besonders gelagerten Umstand, daß es sich um zwei Binnenwährungen handelt, gerechtfertigt. Es wird dadurch auch die Schwierigkeit ausgeräumt, die bei einer Veränderung der wirtschaftspolitischen Situation dann entstehen könnte, wenn ein Ostmarkverbot in Westdeutschland ergehen würde, und zum anderen bereitet auch der Fall keine Schwierigkeiten und macht einen neuen Rechtsstreit nicht erforderlich, daß der Unterhaltsgläubiger seinen Wohnsitz ebenfalls in die Westzone verlegt. Die Kammer hält auch die Bedenken nicht für durchgreifend, die gegen die bisherige Rechtsprechung in der Richtung erhoben worden sind, daß die Ersetzungsbefugnis den Schuldner dazu anreizen könne, auf illegale Weise sich Ostmark zu beschaffen, um dadurch seine Schuld zu tilgen. Diese Gefahr besteht in gleicher Weise, wenn der Schuldner unmittelbar zur Zahlung in Ostmark verurteilt wird. Wie die Erfahrung gezeigt hat, verfügen aber zahlreiche Schuldner noch über Konten, oder aber sie erhalten auch schenkweise den Betrag von ihren in der Ostzone wohnenden Angehörigen, um auf diese Weise ihre Schuld tilgen zu können. Schließlich sind dem Gericht zahlreiche Fälle bekannt, in denen auf Grund der in einem Urteil dem Schuldner zugebilligten Ersetzungsbefugnis eine Einigung zwischen den Parteien dahingehend zustandekommt, daß der Schuldner Sachwerte, insbesondere Lebensmittel und Textilien, an Erfüllungsstatt leistet. Durch die Annahme des Ostmarkbetrages verfügt der in der Ostzone wohnende Gläubiger zwar über seine Forderung in Westmark. Diese hat aber dadurch bereits eine Abwandlung erfahren, daß die Ersetzungsbefugnis in Ostmark ausgesprochen worden ist. Die Kammer hat daher Bedenken getragen, ob die frühere Rechtsprechung des RG über den sehr weiten Begriff der devisenrechtlichen Verfügung (vgl. RGSt. 67, 137) auch für das Gesetz Nr. 52 und 53 der MilReg. zutrifft und nach dem Zweck dieser Gesetzbestimmung Zahlungen aus einem Ostmarkkonto in der Ostzone unter Art. I 1c des Gesetzes Nr. 53 fallen, wie das LG Hannover meint (vgl. NdsRpfl. 1950, 15[1]). Ebenso hat die Kammer es als zweifelhaft angesehen, ob bei der Tilgung der auf gesetzlicher Grundlage beruhenden Unterhaltsforderungen von einem Geschäft im Sinne von Art. I 1d des Gesetzes Nr. 53 gesprochen werden konnte. Inzwischen hat der Ausdruck ‚Geschäft' durch die 3. DVO zum Gesetz Nr. 53 v. 31. 10. 50 (Amtsblatt der Hohen Kommission S. 663) eine gesetzliche Auslegung erhalten. Danach fällt bereits der Erlaß eines Urteils zugunsten einer Person außerhalb des Währungsgebietes unter den Ausdruck ‚Geschäft' im Sinne des Gesetzes Nr. 52. Der nach dieser VO erforderlichen Genehmigung bedurfte es im vorliegenden Falle jedoch deshalb nicht, weil nach der Allgemeinen Genehmigung Nr. 41/50 der Bank Deutscher Länder v. 10. 7. 1950 Unterhaltszahlungen aus einem dem Schuldner zustehenden Ostmarkguthaben an einen in der Ostzone wohnenden Unterhaltsgläubiger nunmehr zulässig sind. Im

---

[1] Gemeint ist NdsRpfl. 1950, 158, oben Nr. 251.

Rahmen dieser Genehmigung sind daher auch die bisher erhobenen Einwendungen behoben.

Das Urteil des Vorderrichters bedurfte aber dahin einer Klarstellung, daß dem Bekl. nachgelassen wird, sich durch Zahlung in Ostmark in gleicher Höhe zu befreien. Zu Unrecht macht die Kl. geltend, daß der Bekl. zumindest einen Ostmarkbetrag zahlen müsse, der dem Werte von 30 DM-West entspreche. Aus dem Gesichtspunkt der Zweckbindung ergibt sich, daß dem Gläubiger keine größeren Ostmarkbeträge zukommen sollen, als er zur Bestreitung seines Unterhalts benötigt. Es muß daher bei der Umstellung beim Verhältnis 1 : 1 verbleiben. Schließlich war entsprechend der ständigen Praxis der Kammer die Beschränkung aufzunehmen, daß die Ersetzungsbefugnis dem Bekl. nur solange zustehen soll, als die Kl. im Währungsgebiet der Ostmark ihren ständigen Aufenthalt hat."

**255.** **Höhe und maßgebende Währung der Unterhaltsansprüche des Ehegatten und der ehelichen Kinder richten sich in Entsprechung zu den Art. 14, 19 EGBGB nach dem Recht am Wohnsitz des Verpflichteten. — Wenn man die Unterhaltsverpflichtung ohne Rücksicht auf das Familienrechtsstatut als selbständiges Schuldverhältnis betrachtet, ist ihr Währungsstatut das Recht des Erfüllungsortes. — Ungeachtet des anzuwendenden Währungsrechts hat der Unterhaltsanspruch aber eine obere Grenze an dem standesgemäßen Lebensunterhalt des Berechtigten. — Dem Unterhaltspflichtigen darf im Urteil nicht das Recht vorbehalten werden, sich von seiner auf DM-West lautenden Verbindlicheit durch Zahlung von DM-Ost im Nennbetrage zu befreien.**

LG Braunschweig (brit. Zone), Urt. v. 16. 1. 1951 — 8 S 327/50: MDR 1951, 238; NdsRpfl. 1951, 71; Auszug in DRsp. II (250) 14c—d.

Kl. sind die in der Ostzone lebende Ehefrau und die ehelichen Kinder des in Westdeutschland wohnhaften Bekl. Der Bekl. wurde zur Zahlung von monatlich 20 DM-West je unterhaltsberechtigte Person verurteilt.

„Dem Vorbringen des Bekl., die Kl. könnten nur Zahlung von Unterhalt in DM-Ost entsprechend den in der Ostzone üblichen Sätzen verlangen, kann die Kammer nicht beitreten. Die Frage, in welcher Währung ein in der Westzone lebender Unterhaltspflichtiger seine Verpflichtung gegenüber dem in der Ostzone lebenden Ehegatten und ehelichen Kindern zu erfüllen hat, ist in der Rechtslehre nicht unbestritten. Sie ist von der Kammer wiederholt dahin entschieden worden, daß die im internat. Privatrechte mit Rücksicht auf die Art. 14, 19 EGBGB geltenden Grundsätze entsprechend anzuwenden sind, demgemäß das Recht des Wohnsitzes des Verpflichteten maßgebend und die Verpflichtung zur Leistung in Westmark begründet ist. Zu dem gleichen Ergebnis gelangt man, wenn man die Unterhaltsverpflichtung des Ehegatten und des Vaters als ein selbständiges, wenn auch auf familienrechtlicher Grundlage bestehendes Schuldverhältnis betrachtet, da dann das Währungsstatut sich nach dem Recht des Erfüllungsortes richtet (vgl. OLG Kiel, MDR 1950, 235[1]).

---

[1] Siehe oben Nr. 203a.

Danach schuldet der Bekl. den Unterhalt in Westmark, er kann ihn auch angesichts der devisenrechtlichen Bestimmungen nur in dieser Form, und zwar grundsätzlich auf ein Sperrkonto zugunsten der Kl. leisten.

Nicht durchgreifen kann der Einwand des Bekl., die Ansprüche der Kl. müßten auf alle Fälle ihre obere Grenze in dem in der Ostzone für sie geltenden standesmäßigen Lebensbedarf finden, dieser bestehe in höchstens je 50 DM-Ost, der Bekl. sei freiwillig bereit und in der Lage, den Kl. diesen Betrag an Stelle der im Teilanerkenntnisurteil zugesprochenen je 10 DM-West zu übermitteln. Zwar muß ungeachtet des zur Anwendung kommenden Währungsstatutes der Unterhaltsanspruch der Kl. nach seinem Inhalt und Zweck die obere Begrenzung in dem wirklichen standesgemäßen Lebensbedarf finden. Welches aber der standesmäßige Lebensunterhalt ist, entscheidet sich wiederum nach den Lebensverhältnissen des Verpflichteten. Dieser kann sich deshalb nicht darauf berufen, daß an dem Aufenthaltsorte des Berechtigten ein niedrigerer Lebensstandard herrsche, als er ihn selbst innehat. Er muß vielmehr seinem Ehegatten und seinen ehelichen Kindern im wesentlichen dieselbe Lebenshaltung ermöglichen, die er für sich selbst in Anspruch nimmt. Wie allgemein bekannt ist, können zur Zeit in der Ostzone gewisse über den notwendigsten Lebensbedarf hinausgehende Anschaffungen vor allem an Kleidung, Wäsche und Schuhen, aber auch zusätzliche Einkäufe gewisser Lebensmittel, besonders von Fleisch und Fett, fast durchweg nur zu stark erhöhten Preisen vorgenommen werden. Während der Zeit, auf welche sich die Verurteilung des Bekl. bezieht, war dies in noch stärkerem Maße der Fall. Ohne Zweifel würde den Kl. mit den ihnen angebotenen Unterhaltsbeträgen von je 50 DM-Ost nicht entfernt eine angemessene Lebenshaltung gewährleistet sein. Dazu kommt, daß es bei Aufrechterhaltung der Verurteilung des Bekl. zur Zahlung lediglich der anerkannten je 10 DM-West bei dem augenblicklichen Rechtszustande von seinem guten Willen abhängen würde, ob er diese Beträge auf ein Sperrkonto in Westmark einzahlen oder den Gegenwert — wie er versichert — unter Ausnutzung etwaiger ostzonaler Guthaben oder tatsächlicher Überbringungsmöglichkeiten den Kl. entsprechend dem derzeitigen Wechselkurse, d. h. mit etwa dem Fünffachen in Ostmark effektiv zukommen lassen würde. Da der Bekl. nach seinem Einkommen bis zum 1. 9. 1950 zur Zahlung von je 20 DM-West an die Kl. imstande war, ist er deshalb mit Recht für diese Zeit über die anerkannten je 10 DM-West hinaus zur Zahlung weiterer je 10 DM-West verurteilt worden.

Sein Einwand, es müsse ihm bei einer Verurteilung zur Zahlung der zweiten je 10 DM-West im Urteil das Recht vorbehalten werden, sich durch Zahlung von DM-Ost zum Nennbetrage zu befreien, kann ebenfalls nicht durchgreifen.

In den Entscheidungen des LG Göttingen v. 10. 11. 1949[1] und des LG Hannover v. 15. 2. 1950[2] wird zwar die Auffassung vertreten, daß

[1] Siehe oben Nr. 239. [2] Gemeint ist 15. 8. 1950, oben Nr. 251.

bei grundsätzlicher Verurteilung zur Zahlung in DM-West dem Unterhaltspflichtigen mit Rücksicht auf den Zweck des Unterhaltes, den wirklichen Lebensbedarf zu decken, gestattet werden müsse, sich durch Leistung in Ostmark zum Nennwerte zu befreien. Dieser Auffassung kann die Kammer nicht beitreten. Bei ihr ist der oben erörterte Gesichtspunkt nicht genügend berücksichtigt, daß die Frage nach dem Maß des wirklichen Lebensbedarfes bei Ehegatten und ehelichen Kindern grundsätzlich nur nach den Lebensverhältnissen des Verpflichteten beantwortet werden kann. Die Ansicht von *Truckenbrodt* in der Anmerkung zu der oben zitierten Entscheidung des LG Göttingen, der Unterhaltsberechtigte verstoße durch die Weigerung, den Unterhalt in Ostmark anzunehmen, gegen Treu und Glauben, ist nach Auffassung der Kammer durchaus abzulehnen. Dieser Einwand könnte vielmehr dem Ehegatten oder ehelichen Vater entgegengehalten werden, der unter Ausnutzung etwaiger ostzonaler Guthaben oder Übertragungsmöglichkeiten die Unterhaltsberechtigten mit einem Betrage in Ostmark abspeisen will, der nicht entfernt seiner wirtschaftlichen Leistungsfähigkeit und seiner eigenen Lebensführung in der Westzone entspricht. Besonders augenfällig wird die Unbilligkeit der Gegenmeinung in Fällen wie dem vorliegenden, wo der unterhaltsverpflichtete Ehegatte und Vater mit Rücksicht auf sein bescheidenes Einkommen und die größere Zahl der in der Ostzone lebenden Unterhaltsberechtigten nur zur Leistung eines Teiles des angemessenen Unterhaltes in Westmark verurteilt werden kann. Nach der Gegenmeinung müßte es ihm auch dann gestattet sein, wegen einer auf jeden Unterhaltsberechtigten entfallenden Schuld von beispielsweise monatlich nur 15 oder 20 DM-West sich durch Zahlung von Ostmark zum Nennwerte zu befreien. Damit würden die Berechtigten in den meisten Fällen einer ausgesprochenen Not preisgegeben, der Verpflichtete selbst brauchte hingegen bei dem augenblicklichen Wechselkurse nur den Gegenwert von 3 bis 5 DM-West für jeden Unterhaltsberechtigten aufzuwenden. Gerade unter dem Gesichtspunkte von Treu und Glauben und bei genügendem Verantwortungsbewußtsein müßte aber von ihm — wenn er schon über Zahlungsmöglichkeiten in Ostmark verfügt — erwartet werden, daß er die Unterhaltsberechtigten nicht mit dem Nennwerte der Urteilssumme abfindet, sondern ihnen deren Kurswert zukommen läßt oder sich wenigstens mit ihnen auf einer vermittelnden, den Preisverhältnissen in der Ostzone im wesentlichen Rechnung tragenden Basis eignet. Auf Grund der Gegenmeinung würde auch der Anreiz zu einer angemessenen vergleichsweisen Regulierung der Schuld entfallen.

Zuzugeben ist dem LG Hannover aaO., daß bei der Verurteilung zur Zahlung von DM-West auf Sperrkonto die Kontinuität der Leistungen nicht völlig gewahrt ist, da über das Sperrkonto nur mit Genehmigung verfügt werden kann. Die Genehmigung ist aber bei gesetzlichen Unterhaltsansprüchen ohne Beschränkung zulässig. Außerdem wird die Kontinuität der Zahlungen durch die Ermächtigung, in DM-Ost zum Nominalbetrage zu zahlen, ebenfalls nicht voll gewährleistet. Wie die Erfahrung zeigt, lassen die Unterhaltsschuldner oft größere Rückstände anwachsen, ehe sie wieder einmal Gelegenheit nehmen, dem Gläubiger der Ostzone den Unterhalt auf mehr oder weniger legale Weise zukommen zu lassen."

**256.** **In dem Verfahren nach der 16. DVO zum Umstellungsgesetz kann ein Titel nicht auf DM-Ost umgestellt werden. — Eine Umstellung ist auch nicht in der Form möglich, daß der Titel auf denjenigen Westmarkbetrag umgestellt wird, der nach § 244 BGB jeweils am Zahlungstag dem umgestellten DM-Ostbetrag entspricht. — Eine Forderung ist am Wohnsitz des Schuldners belegen. — Währungsstatut des Unterhaltsanspruchs eines unehelichen Kindes gegenüber seinem Erzeuger ist das Recht am Wohnsitz der Mutter zur Zeit der Währungsreform. — Auch Art. 21, 2. Halbsatz EGBGB ist interzonal anwendbar. — Ein westdeutsches Gericht kann zur Zahlung in ausländischer Währung verurteilen. — § 244 BGB ist auch interzonal anwendbar. — Die Umstellung einer Forderung richtet sich nicht nach dem Recht des Ortes, an dem sie belegen ist, sondern nach dem für sie maßgebenden Währungsrecht.**

LG Stuttgart (amerik. Zone), Beschl. v. 16. 1. 1951 — 6 T 33/51: NJW 1951, 241; Auszug in DRsp. II (250) 18c—d.

Die ASt. ist ein uneheliches Kind des AGg. und lebt in Ost-Berlin. In einer vollstreckbaren Urkunde verpflichtete sich der AGg. im Jahre 1947 zur Unterhaltszahlung im Betrage von monatlich 33 RM. Das AG stellte den Titel 1 : 1 auf DM-West um; der AGg. beantragte daraufhin die Umstellung auf den DM-West-Betrag, der am Zahlungstag dem in der Urkunde genannten RM-Betrag entspreche. Das LG lehnte die Umstellung des Titels ab.

Aus den Gründen:

„Möglich ist nur die Umstellung 1 : 1 oder 1 : 10 oder die Ablehnung des Antrags. Wenn sich daher die Beschwerde gegen die Umstellung 1 : 1 wendet und dabei gleichzeitig eine veränderliche derzeit höhere Umstellung als 1 : 10 anbietet, so ist dies weder gegenüber der Umstellung 1 : 1 ein Weniger noch gegenüber der Umstellung 10 : 1 ein Mehr, sondern etwas völlig anderes, nämlich die Umstellung auf DM-Ost unter gleichzeitiger Berücksichtigung des § 244 BGB ... Soweit aber der Titel nicht auf DM-West, sondern nach dem Recht der DDR auf DM-Ost umstellt, handelt es sich nicht um eine Umstellung im Sinne der westzonalen Währungsgesetze, sondern um eine Neufestsetzung auf Grund von Rechtsverhältnissen, die außerhalb des Hoheitsbereiches der Bundesrepublik Deutschland eingetreten sind. Für diese Neufestsetzung ist aber das Verfahren der 16. DVO z. UG nicht eröffnet ...

Zutreffend nimmt auch der Vorderrichter an, daß die fragliche Forderung am Wohnsitz des Schuldners belegen sei. Nicht beigetreten werden kann jedoch der daraus gezogenen Folgerung, daß deshalb der Titel nach den westdeutschen Währungsgesetzen auf DM-West umstelle. Die Entscheidung des OGH Köln (NJW 1949, 502[1]), auf welche diese Auffassung zumeist gestützt wird, spricht sich lediglich dahin aus, daß Beschlagnahmehandlungen eines Staates nur die Gegenstände ergreifen

[1] Siehe unten Nr. 365.

können, welche in diesen belegen sind, und daß Forderungen am Wohnsitz des Schuldners belegen seien. Mag daraus die weitere Folgerung abgeleitet werden können, daß sie schlechthin dem Recht des Wohnsitzes des Schuldners — hier also westdeutschem — Recht folgen, so wäre damit dieses Recht auch in seinem vollen Umfang anzuwenden. Daher gelten hier nicht nur die westdeutschen Währungsgesetze, sondern insbesondere auch die westdeutschen Kollisionsnormen. Diese verweisen aber auf das Währungsrecht der Ostzone.

Würde es sich um die erstmalige Geltendmachung des Unterhalts handeln, so wäre dieser — auch von westdeutschen Gerichten — in DM-Ost festzusetzen, unbeschadet der Befugnis des Schuldners, gemäß § 244 BGB in DM-West zu erfüllen. Nach § 1708 BGB ist der Vater verpflichtet, dem Kind bis zur Vollendung des 16. Lebensjahres den der Lebenshaltung der Kindsmutter entsprechenden Unterhalt zu gewähren. Sämtliche Bemessungsgrundlagen für die Höhe des Unterhalts liegen somit — anders als für den Unterhalt der Frau (§ 1361 II BGB), der geschiedenen Frau (§ 59 EheG), der ehelichen Kinder (§ 1603 II BGB) oder Verwandten (§ 1603 I BGB) — im Lebensbereich der Mutter. Der der Lebensstellung der Kindsmutter entsprechende Unterhalt kann daher nur in Ostmark oder durch Bezugnahme auf Ostmark (der 33,— Ostmark entsprechende Westmarkbetrag) bestimmt werden. Nur die Verurteilung in Ostmark entspräche aber dem Gesetz: es besteht für die Gerichte der Bundesrepublik keine Notwendigkeit, nur in eigener Währung zu verurteilen; der Schuldner aber kann zwar seiner Leistungspflicht in Westmark genügen, ist dazu aber nach § 244 BGB nur berechtigt, nicht verpflichtet.

Dies gilt auch für die Umstellung. Zwar ist die Forderung am Wohnsitz des Schuldners belegen; sie hat aber ihren rechtlichen Schwerpunkt am Wohnsitz der Gläubigerin und stellt deshalb auf Ostmark um. Auf die Belegenheit der Forderung kommt es dabei nicht an. Es bleibt sich dabei gleich, ob die vom Schuldner eingegangene Unterhaltsverpflichtung als gesetzliche oder, da sie nicht in einem Urteil enthalten ist, als vertragliche anzusehen wäre. Was im letztgenannten Fall aus dem Parteiwillen folgt, ergibt sich im erstgenannten aus dem Rechtsgedanken des Art. 21 EGBGB.

Die Kammer verkennt nicht, daß § 21 EGBGB sich nicht über die Währung ausspricht, in der zu zahlen ist, und daß die Vorschrift des § 1708 BGB in beiden Rechtsgebieten gleichermaßen gilt. Indessen ist in Art. 21 EGBGB die allgemeine Rechtsfolge enthalten, daß sich die Höhe des vom unehelichen Vater geschuldeten Unterhalts nach dem Statut der Mutter richtet, daß aber der westdeutsche Vater nicht mehr schuldet, als wozu er nach den — jetzt — westdeutschen Gesetzen verpflichtet ist. Daraus ergibt sich wenigstens soviel, daß, wenn die Höhe der im Titel verbrieften Unterhaltsansprüche davon abhängt, welche Währungsgesetze zur Anwendung gelangen, es sich nur um die Währungsgesetze handeln kann, die für den Status der Mutter maßgebend sind. Abzustellen ist dabei auf den Wohnsitz der Mutter im Zeitpunkt der Währungsreform, nicht auf die Staatsangehörigkeit im Zeitpunkt der Geburt, denn diese bildet in dem zuvor einheitlichen Rechtsgebiet des Deutschen Reiches kein Unterscheidungsmerkmal.

Damit ist auch wenigstens für die Unterhaltsansprüche unehelicher Kinder das wichtige Ergebnis erzielt, daß die Tatsache der Währungsreform die Erhebung einer Abänderungsklage (§ 323 ZPO) für sich allein nicht erforderlich macht. Die Währungsgesetze beider Rechtsgebiete gehen davon aus, daß unmittelbar nach der Währungsreform die Kaufkraft einer Mark neuer Währung der Kaufkraft der früheren Reichsmark entspricht. Eine Abänderungsklage (§ 323 ZPO) kann daher, soweit der Titel im Zeitpunkt der Währungsreform noch richtig war, nur insoweit in Frage kommen, als nach der Währungsreform sich die Lebenshaltungskosten erhöht haben, eine Vollstreckungsgegenklage (§ 767 ZPO) auf Grund der Währungsverhältnisse höchstens insoweit, als die Umstellung auf Ostwährung bei den Rückständen den Schuldner schlechter stellt als die Umstellung auf Westwährung. Dies kann auf sich beruhen. Daß sich dieses einfache Ergebnis nicht auf die Neufestsetzung der übrigen Unterhaltsansprüche ausdehnen läßt, da diese auf die Verhältnisse beider Beteiligter abstellen, ist ohne Belang."

**257.** **a) Eine in DM-West bestehende Unterhaltsforderung einer ostdeutschen Unterhaltsberechtigten gegen einen westdeutschen Schuldner kann dieser durch Zahlung von DM-Ost erfüllen. — Maßgebend für diese Ersetzungsbefugnis ist der ständige Wohnsitz des Berechtigten, nicht sein jeweiliger Aufenthaltsort. — Die Höhe von Unterhaltsansprüchen in der Ostzone wohnender unehelicher Kinder richtet sich nach den Lebensverhältnissen der dort wohnenden Mutter. — Auch wenn dieser Unterhaltsanspruch in DM-West entsteht, kann er durch Zahlung des nominellen DM-Ost-Betrages erfüllt werden. — Die Höhe des Unterhaltsanspruches von Ehegatten und ehelichen Kindern ist dagegen nach den Aufwendungen zu bemessen, die zur Erreichung des dem Unterhaltsberechtigten zustehenden Unterhalts an seinem Wohnsitz erforderlich wären. — Macht daher ein solcher Unterhaltsverpflichteter von seiner Ersetzungsbefugnis durch Zahlung von DM-Ost Gebrauch, so ist für die Umrechnung nicht der Wechselstubenkurs, sondern das Verhältnis der inneren Kaufkraft beider Währungen maßgebend; danach werden Zahlungen von DM-Ost im Verhältnis 2 : 1 auf die Erfüllung einer DM-West-Schuld angerechnet.**

LG Hannover (brit. Zone), nicht rechtskr. Beschl. v. 30. 1. 1951 — 1 T 42/51: NJW 1951, 240; NdsRpfl. 1951, 48; Auszug in DRsp. II (250) 14e.

Die Gläubigerin ist die in der Ostzone wohnende Ehefrau des westdeutschen Schuldners. Sie hat ein auf DM-West lautendes Unterhaltsurteil erwirkt und betreibt daraus wegen Unterhaltsrückständen das Offenbarungseidverfahren. Der Schuldner bestreitet seine Verpflichtung zur Leistung des Offenbarungseides unter Überreichung von Postabschnitten, nach denen er den gesamten rückständigen Betrag voll in DM-Ost an die Gläubigerin überwiesen hat. Das AG erkannte den Widerspruch des Schuldners an; das LG rechnete dagegen die geleisteten Zahlungen nur zur Hälfte auf die Unterhaltsforderung an. Nunmehr stimmte die Gläubigerin dieser Verrechnung zu. Daher kam das OLG für diesen Fall sachlich zu dem gleichen Ergebnis wie das LG.

Aus den Gründen:

„Zwar ist der zur Zahlung in DM-West verpflichtete Unterhaltsschuldner auf Grund der allgemeinen Genehmigung Nr. 41/50 zur Zahlung von Ostmark aus seinem in der Ostzone befindlichen Vermögen gegenüber seiner in der Ostzone wohnenden Gläubigerin grundsätzlich berechtigt. Die Gläubigerin darf wegen der Zweckgebundenheit ihrer Unterhaltsforderung Zahlungen in Ostmark, die ihr den ihr zustehenden Unterhalt tatsächlich gewähren, auch dann nicht zurückweisen, wenn sie einen auf DM-West lautenden Titel besitzt (vgl. LG Hannover, NdsRpfl. 1950, 158[1]). Anderes gilt auch nicht, wenn sich die Gläubigerin einige Monate im Jahre in Westdeutschland aufhält. Dafür, ob sich der Schuldner in Ostmark befreien kann, ist, wie das AG zutreffend ausführt, maßgeblich der ständige Wohnsitz der Gläubigerin, nicht ihr jeweiliger Aufenthaltsort. Eine andere Beurteilung würde zu dem unerträglichen Zustand führen, daß die Art der Unterhaltsleistungen einer fortwährenden Änderung unterworfen wäre, die zu immer neuem Streit zwischen den Parteien Anlaß gäbe.

Indessen konnte der Ansicht des AG, daß Unterhaltsleistungen des Schuldners in Ostmark an seine geschiedene Ehefrau eine Befreiung in nomineller Höhe des Betrages bewirken, nicht beigetreten werden. Der Standpunkt, daß Zahlungen in Ostmark in nomineller Höhe des Titels als Erfüllung anzusehen seien, mag berechtigt sein, wenn es sich um die Erfüllung von Unterhaltsansprüchen eines unehelichen Kindes handelt. Denn für die Höhe von Unterhaltsansprüchen unehelicher Kinder sind die Lebensverhältnisse der (in der Ostzone wohnenden) Mutter maßgebend, so daß der Unterhaltspflicht durch Leistung der in der Ostzone als ausreichend anerkannten Sätze genügt werden kann, die den Nennbeträgen der hiesigen Sätze entsprechen. Für Ehegatten und eheliche Abkömmlinge bestehen derartige Sätze jedoch nicht. Hier kann nur eine Zahlung die Erfüllung der Unterhaltsschuld herbeiführen, die dem Unterhaltsberechtigten tatsächlich den ihm zustehenden Unterhalt gewährt. Der Unterhaltsberechtigte muß also in Ostmark soviel erhalten, daß er sich damit in der Ostzone den gleichen Unterhalt beschaffen kann, den er mit der ihm zustehenden Urteilssumme in DM-West im Währungsgebiet erhalten würde. Eine Anrechnung des geleisteten Ostmarkbetrages auf die Unterhaltsschuld kann daher mit Rücksicht auf den unterschiedlichen Wert der beiden Währungen nicht im Verhältnis 1 : 1 erfolgen. Die Zahlung in Ostmark befreit demgemäß nicht in ihrer nominellen Höhe, sondern nur insoweit, als sie die Befriedigung des Urteilsanspruchs nach den oben festgestellten Gründen tatsächlich gewährleistet.

Der Prüfung, ob und inwieweit das der Fall ist, kann nicht der jeweilige Wechselstubenkurs zugrunde gelegt werden. Dieser ist kein amtlicher Kurs. Er bestimmt sich nach Angebot und Nachfrage im außengeschäftlichen Geldverkehr der beiden Zonen, jedoch nicht nach dem hier allein maßgeblichen Innenwert beider Währungen, insbeson-

[1] Siehe oben Nr. 251.

dere nicht nach ihrer inneren Kaufkraft. Vielmehr ist von dem tatsächlichen Verhältnis der Lebenshaltungskosten in den beiden Währungsgebieten und von dem sich daraus ergebenden Unterschied in der Kaufkraft der DM-Ost gegenüber der DM-West auszugehen. Nach einem von dem Deutschen Institut für Wirtschaftsforschung in Berlin kürzlich veröffentlichten sog. ‚Warenkorbvergleich' (abgedr. in der HAZ[1], 2. Jahrg. Nr. 392 v. 15. 12. 1950) muß eine vierköpfige Arbeiterfamilie in der Ostzone zur Zeit rund das Doppelte in Ostmark ausgeben, wie eine gleiche Familie in der Westzone in DM-West, um die gleiche Lebenshaltung führen zu können. Die DM-Ost hat also tatsächlich nur die halbe Kaufkraft der DM-West. Dieses Verhältnis auf die Anrechnung der Unterhaltszahlungen in Ostmark angerechnet, führt zu dem Ergebnis, daß diese die auf DM-West lautende Unterhaltsschuld nur zur Hälfte des Nominalbetrages der Zahlung tilgen können, die vom Schuldner geleisteten Ostmarkzahlungen also nur im Verhältnis 2 Ostmark = 1 Westmark auf seine Schuld anzurechnen sind."

**b) Auf Grund eines auf DM-West lautenden Titels kann ein westdeutscher Gerichtsvollzieher Beträge nur in Westmark beitreiben. — Die Vollstreckung eines auf DM-Ost lautenden Titels erfolgt im Bundesgebiet in DM-West nach dem jeweiligen Wechselstubenkurs. — Aus der Zweckgebundenheit von Unterhaltsansprüchen zwischen Verwandten und Ehegatten kann ein abweichender Umrechnungsmaßstab nicht abgeleitet werden, es sei denn, der Berechtigte erklärt sich mit einem solchen einverstanden.**

OLG Celle (brit. Zone), Beschl. v. 20. 3. 1951 — 8 W 49/51: NJW 1951, 484; NdsRpfl. 1951, 69; EJF 1951, 3; Auszug in DRsp. II (250) 18e.

Aus den Gründen:

„Es unterliegt keinem Zweifel, daß der Gerichtsvollzieher, der ein von einem in der Ostzone ansässigen Gläubiger in Westmark erwirktes Urteil bei einem Schuldner im westdeutschen Bundesgebiet vollstrecken muß, nur Westmark beitreiben kann und in voller Höhe beitreiben muß. Daß es dem Gerichtsvollzieher nicht möglich ist, die Westmark in die Ostzone zu überweisen, und daß er genötigt sein wird, die beigetriebenen Westmark auf ein Sperrkonto zu belegen, soweit der Ostgläubiger keine sonst zulässige Verfügung (z. B. Auszahlung an eine dritte Person in der Westzone, der er selbst unterhaltspflichtig ist) darüber treffen kann, ist gleichgültig. Ebensowenig kann bezweifelt werden, daß die Ost- und die Westmark, wie sich die Dinge nun einmal entwickelt haben, verschiedene Währungen sind, für die sich in dem Westwährungsgebiet bei den dort zugelassenen Wechselstuben ein zwar nicht amtlicher, aber doch ein legaler Kurs gebildet hat, den der Gerichtsvollzieher, wie der Senat in seinem Beschluß v. 20. 3. 1951 (8 W 66/51) ausgesprochen hat, bei der Vollstreckung von Ostmarktiteln im westdeutschen Bundesgebiet — gleichgültig, wo der Gläubiger seinen Wohnsitz hat — zugrundelegen muß, so daß er also diese Titel nur zu dem entsprechenden Bruchteil, den die Ostmark im Verhältnis

[1] Hannoversche Allgemeine Zeitung.

zur Westmark gerade wert ist, in Westmark vollstrecken kann. Umgekehrt muß man auch davon ausgehen, daß ein in der Ostzone wohnender Gläubiger, der einen Westmarktitel erzielt hat, sich nicht gegen seinen Willen in Ostmark, jedenfalls nicht zum Kurs 1 : 1, sondern höchstens zum Wechselstubenkurs abfinden zu lassen braucht. Es ist allein seine Sache, wie er seine Westmarkforderungen — Einhaltung der devisenrechtlichen Bestimmungen vorausgesetzt — verwerten will. Darüber besteht auch, soweit ersichtlich, kein Streit, wenn es sich um eine gewöhnliche Westmarkforderung, z. B. eine Schadensersatzforderung, eine Forderung aus Versicherungsvertrag oder sonst, handelt. In der Ostzone ansässige Gläubiger legen vielfach — aus leicht begreiflichen Gründen — besonderen Wert darauf, ihr Westvermögen in Gestalt von Guthaben zu erhalten, und lassen ihre Westforderungen, auch bei freiwilliger Zahlung, durch Einzahlung auf ein Konto im westdeutschen Bundesgebiet begleichen, indem sie dabei in Kauf nehmen, daß die Konten Sperrkonten sind.

Nur für Unterhaltsforderungen wird z. T. eine abweichende Ansicht vertreten, und zwar insbesondere von den LGen Göttingen (NJW 1950, 602[1]) und Hannover (NdsRpfl. 1950, 158[2]).

Nach Auffassung des Senats ist nun, für die hier zu entscheidende Frage, ob der Schuldner berechtigt ist, eine in DM-West ausdrückte Unterhaltsforderung in Ostmark zu zahlen, und ob umgekehrt der Gläubiger verpflichtet ist, eine Zahlung in dieser Währung anzunehmen, noch nicht entscheidend, daß nach der allgemeinen Genehmigung Nr. 41/50 betr. Vermögenswerte in deutschen Gebieten außerhalb des Bundesgebietes (BAnz. Nr. 133 v. 14. 7. 1950 S. 1 und Sammelblatt 1950, 705) mit Wirkung v. 10. 7. 1950 im Bundesgebiet ansässigen Personen allgemein erlaubt ist, über Guthaben und Forderungen, die in DM der Deutschen Notenbank (Ostmark) ausgedrückt sind, zur Zahlung an Personen mit gewöhnlichem Aufenthalt im Währungsgebiet der Ostmark bis zum Betrage von 300 Ostmark im Monat zu verfügen. Es ist ebenfalls unerheblich, daß auch jemand, der über keine solche Forderungen oder Guthaben in Ostmark verfügen kann, auf dem Wege über die in vielen Orten eingerichteten Wechselstuben Zahlungen in die Ostzone auch auf Unterhaltsforderungen tatsächlich leisten kann. Die vielfach mit Reisebüros verbundenen Wechselstuben erbieten sich jedenfalls zum Teil in öffentlichen Anzeigen zu solchen Überweisungen — nach ihrem jeweiligen Kurs unter Berechnung mäßiger Gebühren —, so daß der Senat davon ausgehen muß, daß auch solche Zahlungen von den zuständigen Stellen mindestens stillschweigend geduldet werden. Das ist jedoch nur die devisenrechtliche Seite der Angelegenheit, die lediglich bedeuten kann, daß die Zahlungen vom devisenrechtlichen Gesichtspunkte aus nicht zu beanstanden sind. Auch damit ist aber nicht gesagt, daß der Gläubiger die Zahlungen annehmen muß, und zwar weder, ob überhaupt, noch zu welchem Kurs. Es ist oben schon ausgeführt, daß bei gewöhnlichen Westmarkforderungen ostzonaler Gläubiger wohl nie-

[1] Siehe oben Nr. 239. [2] Siehe oben Nr. 251.

mand auf den Gedanken gekommen ist, der Gläubiger könnte verpflichtet sein, Ostmark für Westmark überhaupt oder gar im Verhältnis 1 : 1 als Erfüllung anzunehmen. Die Zwangsvollstreckung hinsichtlich solcher Forderungen könnte daher bei einer Zahlung in Ostmark, wenn überhaupt, nur dann gemäß § 775 I Ziff. 5 ZPO eingestellt oder eingeschränkt werden, wenn Zahlung in Ostmark dem jeweiligen Wechselstubenkurs der Westmark entsprechend nachgewiesen wäre.

Für Unterhaltsforderungen zieht das LG Göttingen und ihm folgend das LG Hannover (aaO.) einen anderen Schluß aus der Zweckgebundenheit dieser Forderungen, aus welcher folge, daß der Unterhaltsgläubiger Unterhaltszahlungen in der Währung annehmen müsse, die in seinem derzeitigen Wohnort gilt und mit denen er daher seinen Unterhalt auch tatsächlich bestreiten könne. Gegen diese Auffassung bestehen jedoch, soweit damit allgemein gesagt werden sollte, daß jeder Ostzonen-Unterhaltsgläubiger sich von seinem Westzonen-Unterhaltsschuldner in DM-Ost statt DM-West im Verhältnis 1 : 1 abfinden lassen muß, erhebliche Bedenken. Der Senat muß sie jedenfalls in dieser Allgemeinheit für die Unterhaltsansprüche zwischen Verwandten nach §§ 1601ff. BGB und Ehegatten nach §§ 58ff. EheG ablehnen (ebenso OLG Kiel, MDR 1950, 235[1]).

Für die Unterhaltsansprüche unehelicher Kinder, für die im allgemeinen feste Sätze gelten und bei denen die Leistungsfähigkeit des außerehelichen Erzeugers unberücksichtigt zu bleiben hat, könnte unter Umständen etwas anderes gelten. Sie sollen deshalb hier absichtlich aus dem Kreis der Erörterungen gehalten werden. Bei den übrigen Unterhaltsansprüchen kommt es aber bei der Bemessung ihrer Höhe gerade auf die Leistungsfähigkeit des Unterhaltsschuldners an. Diese kann so gering sein, daß dem Unterhaltsgläubiger nur ein so geringer Unterhaltssatz in DM-West zugesprochen werden kann, daß dieser Betrag weder in der Westzone noch in der Ostzone und in letzterer nicht einmal umgerechnet auf Ostmark zum günstigen Kurs gegenüber der Westmark zur Bestreitung der Lebensbedürfnisse des Berechtigten auch nur im entferntesten ausreicht. Es wäre in solchen Fällen eine große Ungerechtigkeit und grobe Unbilligkeit gegenüber dem ostzonalen Unterhaltsberechtigten, wenn er nicht in die Lage versetzt werden würde, wenigstens durch Ausnützung des günstigsten Kurses seine Lage etwas zu verbessern, und eine ebenso unbillige und ungerechtfertigte Bevorzugung des westzonalen Unterhaltsverpflichteten, wenn er sich von der Bezahlung der Summe, die voll in Westmark zu zahlen er als in der Lage angesehen ist, durch Zahlung eines nur unverhältnismäßig geringen Bruchteils befreien könnte. Das hat die Vorinstanz an sich zutreffend erkannt.

Der von ihr als Lösung vorgeschlagene Ausweg, nach dem sog. ‚Warenkorbvergleich' den Wert einer DM-West auf dem Unterhaltssektor mit 2 DM-Ost anzunehmen, ist aber nach Ansicht des Senats nur im Erkenntnisverfahren selbst und in diesem auch nur bedingt brauchbar.

[1] Siehe oben Nr. 203a.

Im Vollstreckungsverfahren kann eine entsprechende Regelung allenfalls im Vergleichswege erfolgen, aber nicht gegen den Willen des jeweiligen Gläubigers angewendet werden. Die in diesem Verfahren nur mögliche Anwendung des Grundsatzes 2 DM-Ost = 1 DM-West könnte, was das LG offensichtlich allgemein und für den gegenwärtigen Fall auch noch im besonderen übersehen hat, nur dann zu einem jeweils tragbaren Ergebnis führen, wenn in dem vorangegangenen Erkenntnisverfahren dem Unterhaltsgläubiger gerade der Betrag in Westmark zugesprochen wäre, den er nach den Lebensverhältnissen des Verpflichteten in der Westzone für seinen Unterhalt in DM-West brauchen würde, und wenn die Lebensverhältnisse in der Ostzone auch überall, wenigstens annähernd, gleich wären. Beides trifft aber nicht zu. Hier hat das LG insbesondere übersehen, daß der Gläubigerin im Erkenntnisverfahren nur ein Bruchteil ihrer Forderung zugesprochen ist; sie hatte 150 DM monatlich verlangt, während nur auf 30 DM erkannt ist. Es steht fest, daß der erkennende Richter keinesfalls davon ausgegangen sein kann, daß die Gläubigerin mit 30 DM-West in den Westgebieten ihren Unterhalt wirklich würde bestreiten können. Es ist auch ausgeschlossen, daß er etwa nur 30 DM-Ost hat zusprechen wollen. Zu einer Verurteilung zu nur 30 DM-West monatlich ist er vielmehr, wie die Gründe des Urteils überzeugend ergeben, nur deshalb gekommen, weil er den Schuldner für nicht in der Lage hielt, mehr als diese Summe in Westmark zu zahlen. Diese Summe sollte er aber zu zahlen verpflichtet sein.

Bei dieser Sachlage ist es, wie oben schon ausgeführt, ausgeschlossen, die Gläubigerin zu zwingen, sich mit DM-Ost in gleicher Höhe abfinden zu lassen, aber auch nicht möglich, sie zu zwingen, sich gegen ihren Willen mit einer Zahlung von 2 DM-Ost für 1 DM-West zufrieden zu geben. Nachdem sie jedoch — jedenfalls für die hier streitigen Rückstände — sich mit dieser Verrechnung einverstanden erklärt hat, bestehen insoweit keine Bedenken gegen die Entscheidung des LG, als es das AG angewiesen hat, dem Offenbarungseidverfahren Fortgang zu geben.

Der Schuldner kann auch nicht etwa einwenden, das Verhalten der Gläubigerin verstieße, wenn sie Ostmark nicht annehmen wolle, deshalb gegen Treu und Glauben und liefe auf reine Schikane hinaus, weil sie nur mit Ostmark ihren Unterhalt tatsächlich bestreiten könne, während ihr mit Westmark, die nicht überwiesen werden könnte, sondern auf ein Sperrkonto belegt werden müßte, überhaupt nicht gedient sein könnte, und weil er selbst nicht gezwungen werden könnte, in Ostmark nach dem Wechselstubenkurs oder auch nur nach dem vom LG angenommenen Verhältnis 2 DM-Ost zu 1 DM-West zu zahlen.

Letzteres trifft zwar zu; ersteres ist aber nicht richtig. Ursprünglich war zwar eine Verwendung der auf Sperrkonto belegten Gelder nur für Reisekosten im Währungsgebiet (in diesem will sich die Gläubigerin übrigens auch zeitweilig aufhalten) und zur Erfüllung gesetzlicher Unterhaltspflichten des Kontoinhabers im Währungsgebiet möglich. Neuerdings kann aber auch nach einer dem Senat in anderer Sache erteilten Auskunft des Vorstandes der Landeszentralbank von Niedersachsen bei der Landeszentralbank eine Genehmigung auf Freigabe der Gelder zur Beschaffung von Lebensmitteln und Versendung derselben in die Ostzone erwirkt werden, allerdings zur Zeit auf einen Betrag von 25 DM-West monatlich beschränkt. Es mag sein, daß diese beschränkten Verwendungsmöglichkeiten für die Gläubigerin unbequem sind und daß ihr auch besondere Unkosten, insbesondere Portokosten und sonstige Aufwendungen für die Mittelsperson, deren sie sich für den Einkauf und die Versendung der Lebensmittel bedienen müßte, erwachsen und daß ihr diese Umstände Anlaß geben können, sich nach Vereinbarung mit dem Schuldner auch mit einem geringeren Ostmarkbetrag, den sie vielleicht günstiger verwenden kann, zufrieden zu geben. Das ist aber ganz ihre Angelegenheit und kann dem Schuldner nicht zum Vorteil gereichen; letzteres gilt auch von der schon angedeuteten Unmöglichkeit, ihn unmittelbar zu zwingen, höhere Ostmarkbeträge zu zahlen."

**258. Das Währungsstatut von Unterhaltsforderungen kann nicht nach dem sonst für Unterhaltsansprüche maßgebenden Recht bestimmt werden; insoweit ist eine Analogie zum internat. Privatrecht abzulehnen. — Währungsstatut ist das Recht des gewöhnlichen Aufenthaltsortes des Unterhaltsberechtigten, aber nicht etwa dessen gesetzlich fingierter Wohnsitz. — Die Höhe der Unterhaltsforderung eines ehelichen Kindes ist nach den Aufwendungen zu bemessen, die der Unterhaltsberechtigte an seinem Aufenthaltsort treffen muß, um einen der Lebenshaltung des Unterhaltsschuldners entsprechenden Lebensstandard zu erreichen. — Deutsche Gerichte können auf Zahlung in fremder Währung erkennen. — Die Regelung der 19. DVO zum Umstellungsgesetz erstreckt sich auch auf Verbindlichkeiten, die nicht auf DM-West lauten. — § 244 BGB ist trotz Fehlens eines amtlichen Umrechnungsverhältnisses im interzonalen Recht anwendbar.**

LG Bochum (brit. Zone), Urt. v. 2. 2. 1951 — 8 S 27/51: NJW 1951, 239; Auszug in DRsp. II (250) 14 a-b.

Die Kl. ist ein eheliches Kind des Bekl. und hat ihren Wohnsitz in der Ostzone; der Bekl. wohnt in Westdeutschland. Das LG erkannte der Kl. einen Unterhaltsbetrag von 100 DM-Ost zu.

Aus den Gründen:

„Hinsichtlich der Frage, in welcher Währung die Unterhaltsforderung der im Währungsgebiet der DM-Ost wohnenden Kl. entsteht, ist in Rechtsprechung und Schrifttum vielfach die Auffassung vertreten worden, die Frage sei nach interlokalem Privatrecht unter entsprechender Anwendung der Grundsätze des internat. Privatrechts zu entscheiden (vgl. LG Göttingen, MDR 1949, 757[1]; OLG Schleswig, MDR 1950, 235[2]; LG Dortmund, MDR 1950, 552[3]; *Marquordt*, MDR 1950, 8). Ganz abgesehen davon, daß die in Betracht kommenden Sachnormen des Zivilrechts in beiden Währungsgebieten gleich sind und die Abweichungen im vorliegenden Fall erst mit den Währungsvorschriften öffentlich-rechtlichen Charakters beginnen, spricht entscheidend gegen

[1] Siehe oben Nr. 237. [2] Siehe oben Nr. 203a. [3] Siehe oben Nr. 241.

die Möglichkeit einer solchen Lösung, daß sich bei Unterhaltsansprüchen eines in der Ostzone von einer dort wohnenden Mutter geborenen unehelichen Kindes aus dieser rechtlichen Beurteilung Folgerungen ergeben, die klar erkennen lassen, daß die für ganz andere Verhältnisse geschaffenen Vorschriften des internat. Privatrechts einer entsprechenden Anwendung auf die hier in Frage stehenden Fälle nicht fähig sind. Dieser Ausgangspunkt kann deshalb zur Lösung der Frage nicht gewählt werden (so auch *Beitzke*, NJW 1950, 929).

Bei der Beurteilung der Frage, ob die Unterhaltsrente der Kl. in DM-West oder in DM-Ost festzusetzen ist, ist vielmehr vom Sinn und Zweck der gesetzlichen Unterhaltspflicht auszugehen. Die Rente ist zur Sicherung des Lebensbedarfes der Kl. bestimmt. Der Umfang dieses Bedarfes läßt sich aber nur in der Währung bemessen, in der die Aufwendungen für den Unterhalt tatsächlich zu bestreiten sind. Das ist für die Kl. die DM-Ost. Im Gebiete dieser Währung lebt sie. Sie muß DM-Ost aufwenden, wenn sie ihre tatsächlichen Lebensbedürfnisse befriedigen will. Die Kl. kann ihren Lebensbedarf in der Ostzone auch nur in DM-Ost bestreiten, da dieses Geld das ausschließliche gesetzliche Zahlungsmittel in ihrem Währungsgebiet ist. Danach ist davon auszugehen, daß der Unterhaltsanspruch der Kl. jeweils in DM-Ost entsteht, solange sie im Gebiete dieser Währung ihren gewöhnlichen Aufenthalt hat (vgl. *Beitzke* aaO.; *Raape*, IPR[3] 344; *Palandt*[8], Vorbem. 14 g, cc vor Art. 7 EGBGB). Die Meinung der Kl., sie teile auf Grund gesetzlicher Fiktion den Wohnsitz des Bekl. und deshalb entstehe ihr Unterhaltsanspruch in DM-West, ist irrig. Ein fiktiver Wohnsitz kann für die Frage, in welcher Währung der Unterhaltsanspruch entsteht, nicht maßgeblich sein, ganz abgesehen davon, daß die Kl. heute nicht mehr den gleichen Wohnsitz mit dem Bekl. hat.

Ist mithin davon auszugehen, daß der Unterhaltsanspruch der Kl. in DM-Ost entstanden ist bzw. fortlaufend entsteht, so erhebt sich die weitere Frage, in welcher Höhe der Anspruch jeweils erwächst. Diese Frage läßt sich nach der Überzeugung der Kammer nicht, wie *Beitzke* aaO. vorschlägt, generell dahin beantworten, daß der Unterhaltsgläubiger in der Ostzone nur Unterhaltsansprüche in Höhe der dort üblichen Unterhaltssätze hat. Nach § 1610 BGB bestimmt sich das Maß des zu gewährenden Unterhaltes nach der Lebensstellung des Bedürftigen (standesgemäßer Unterhalt). Was für die Kl. als eheliches Kind des Bekl. standesgemäß ist, bemißt sich grundsätzlich nach der Lebensstellung des Bekl. (vgl. *Palandt*, Anm. 2 zu § 1610 BGB), auch wenn er in einem anderen Währungsgebiet mit einer Lebenshaltung wohnt, die teurer oder weniger teuer ist. Andererseits wird die Unterhaltsverpflichtung des Bekl. gemäß § 1603 BGB durch seine eigene Leistungsfähigkeit begrenzt. Bei Berücksichtigung dieser Gesichtspunkte und der Höhe des vom Bekl. in seinem Armutszeugnis mitgeteilten monatlichen Nettoeinkommens von z. Z. 380 DM sowie unter Beachtung der Tatsache, daß der Bekl. noch für den Unterhalt seiner zweiten Ehefrau aufzukommen hat, könnte der Anspruch eines im Gebiet der Bundesrepublik wohnhaften 7jährigen ehelichen Kindes mit etwa 50 DM bewertet werden, zumal einem unehelichen Kinde einer Mutter mit einfachsten Lebensverhältnissen im allgemeinen bereits 35 DM monatlich zugebilligt werden. Damit ist aber nicht gesagt, daß die Kl. nunmehr auch nur einen Betrag von 50 DM-Ost beanspruchen könnte. Ihre Unterhaltsrente in DM-Ost muß vielmehr so bemessen werden, daß sie an dem Lebensstandard des Bekl. entsprechend teilnimmt. Der Lebensstandard wird entscheidend durch das Realeinkommen, d. h. den Umfang der Güter und Leistungen bestimmt, die für das Einkommen zu erhalten sind. Die Kl. hat also Anspruch auf den Betrag, der zur Beschaffung der ihr nach dem Realeinkommen des Bekl. zustehenden Güter erforderlich ist. Zwar ist ein gewisser Mindestlebensbedarf in beiden Währungsgebieten zu annähernd gleichen Preisen zu bestreiten. Da die Kl. als eheliches Kind nach den Lebensverhältnissen des Bekl. aber Anspruch auf weitere Güter als den Mindestbedarf hat und diese unbewirtschafteten Waren im freien Handel in der Ostzone einen wesentlich höheren Ostmarkbetrag als die gleichen Güter hier Westmark erfordern, erscheint die Unterhaltsrente mit 100 DM (Ost) monatlich angemessen bewertet.

Die mehrfach vertretene Meinung (vgl. *Raape* aaO. 344; OLG Düsseldorf, MDR 1950, 296[1]; *Marquordt* aaO. 10), daß die westdeutschen Gerichte nicht auf Zahlung in DM-Ost erkennen dürften, findet in den Währungsgesetzen und Devisenbestimmungen keine Stütze. Zwar bestimmt § 3 WährungsG, daß Geldschulden nur mit Genehmigung der für die Erteilung von Devisengenehmigungen zuständigen Stelle in anderer Währung als DM-West eingegangen werden dürfen. Dies kann sich aber nach dem eindeutigen Wortlaut nur auf vertragliche Verbindlichkeiten beziehen und hindert nicht, daß auf Gesetz beruhende Verbindlichkeiten in fremder Währung entstehen können. Auch die Tatsache, daß die Währungsgesetze unter maßgeblicher Beteiligung der anglo-amerik. Besatzungsmächte zustande gekommen sind und diese in ihrem eigenen Rechtsgebiet grundsätzlich auf Zahlung in der eigenen Währung erkennen (vgl. *Raape* aaO., *Marquordt* aaO.), rechtfertigt nicht den Schluß, daß auch ohne spezielles Verbot dem deutschen Gericht eine Verurteilung in anderer als der Gebietswährung nicht gestattet ist . . .

Der Bekl. darf nach der allgemeinen Genehmigung Nr. 41/50 der Bank deutscher Länder zu den WilkegGes. 52 und 53 (BAnz. Nr. 133/50 v. 14. 7. 1950) über Guthaben und Forderungen, die in DM der Deutschen Notenbank ausgedrückt sind, zur Zahlung von Unterhaltsbeträgen und freiwilligen Unterstützungen in angemessener Höhe an Personen mit gewöhnlichem Aufenthalt im Währungsgebiet der Ostmark bis zum Betrage von 300 Ostmark je Monat verfügen. Auch der ostzonale Gesetzgeber hat in den Richtlinien v. 30. 12. 1950 zu dem Gesetz zur Regelung des innerdeutschen Zahlungsverkehrs v. 15. 12. 1950 Verfügungen über die Guthaben auf den in seinem Gebiet gelegenen Bankkonten der Westzonenbewohner u. a. gestattet zur Zahlung von Unterhaltsgeldern an jedes versorgungsberechtigte Kind des Kontoinhabers bis zur Höhe

---

[1] Siehe unten Nr. 337.

von 100 DM-Ost monatlich. Wenn der Bekl. danach in der Lage ist, der Kl. Ostmark zu zahlen — vorausgesetzt, daß er ein Ostmarkguthaben in der Ostzone hat —, so kann er auch zur Zahlung von Ostmark verurteilt werden. Die Art der Zahlung hat dann im Rahmen der erteilten Ausnahmegenehmigung zu erfolgen.

Als weitere Ausnahmegenehmigung von Art. I 1 d MilRegGes. 53 hat der Gesetzgeber in der 19. DV zum UG bestimmt: Verbindlichkeiten in Deutscher Mark, die eine Person im Währungsgebiet gegenüber einer Person mit Wohnsitz in der sowjetisch-besetzten Zone Deutschlands hat, dürfen in der Weise beglichen werden, daß der geschuldete Betrag auf ein nach § 26 II UG gesperrtes Konto des Gläubigers bei einem Geldinstitut oder Postscheckamt im Währungsgebiet gezahlt oder überwiesen wird. Damit hat der Schuldner eine Befreiungsmöglichkeit in DM-West, während ihm die Überweisung von Westmark oder auch Ostmark nicht erlaubt ist. Diese Regelung der 19. DVO bezieht sich ihrem Wortlaut nach zwar ausdrücklich auf Verbindlichkeiten in DM-West. Es besteht aber keine Schwierigkeit, eine Forderung bzw. Verbindlichkeit, die auf eine andere als die gesetzliche Landeswährung lautet, nach § 244 BGBumzurechnen. Der Zweck der devisenrechtlichen Bestimmungen steht hier nicht entgegen. Diese Vorschriften wollen lediglich die nichtgenehmigte Ausfuhr der DM-West aus deren Währungsgebiet verhindern. Eine Umrechnung der in Ostmark geschuldeten Unterhaltsrente in DM-West nach § 244 BGB ist nicht deshalb ausgeschlossen, weil ein amtliches Kursverhältnis zwischen beiden Währungen nicht besteht. Das Erfordernis eines amtlichen Kurses stellt § 244 BGB nicht auf. Vielmehr läßt diese Bestimmung die im Verkehr gebildete Währungsrelation genügen (vgl. *Staudinger*, Anm. zu § 244 BGB). Maßgeblich ist nach § 244 BGB für die Umrechnung der Kurswert, der z. Z. der Zahlung am Zahlungsort besteht. Der Zahlungsort ist, wenn der Bekl. nicht durch Leistung aus einem ostzonalen Guthaben zahlen kann, jedenfalls im Zahlungsgebiet der DM-West belegen, da ihm eine Überweisung nicht möglich ist. Daher ist der Erfüllungsort (Wohnsitz des Bekl.) bei Einzahlung auf ein Sperrkonto jedenfalls mit dem Zahlungsort identisch. Der Kurs der Ostmark der diesem Ort nächstliegenden Wechselstube muß daher maßgeblich sein (*Marquordt* aaO. 11). Bei der Erfüllung durch Einzahlung auf Sperrkonto hat danach eine Umrechnung zu dem am Zahlungsort notierten Kurs stattzufinden."

**259. Eine Befugnis des Unterhaltsschuldners, einen in DM-West erwachsenen Unterhaltsanspruch durch Zahlung des Nennbetrages in DM-Ost zu erfüllen, kann für Unterhaltsrückstände aus der Zeit vor der Währungsreform nicht anerkannt werden.**

LG Göttingen (brit. Zone), Urt. v. 26. 2. 1951 — 1 S 22/51: *NdsRpfl. 1951, 87.

Die Entscheidung entspricht nach ihrem Tatbestand dem Urteil des gleichen Gerichts v. 21. 12. 1950, s. oben Nr. 254. In den Gründen wird Bezug genommen auf die Entscheidungen v. 10. 11. 1949 (s. oben Nr. 239) und v. 21. 12. 1950 (s. oben Nr. 254). Ergänzend führt das Gericht zu der im Leitsatz angeschnittenen Frage aus:

„Für die Zeit vor der Währungsreform hat die Kammer dem Bekl. die gleiche Lösungsbefugnis durch Zahlung in Ostmark im Verhältnis 1:1 nicht zusprechen können. Die Währungsreform ist in der Ostzone und in der Westzone nach verschiedenen Grundsätzen durchgeführt worden, so daß es schon aus diesem Grund bedenklich erscheint, ob Unterhaltsschulden, die für die Zeit vor der Währungsreform in Reichsmark geschuldet wurden und die in DM umgestellt sind, durch Zahlung eines dem umgestellten DM-Betrage gleichen Betrages in Ostmark abgedeckt werden können. Abgesehen hiervon widerspricht aber auch die Zweckgebundenheit der Unterhaltszahlungen einer Lösungsbefugnis bezüglich der für die Zeit vor der Währungsreform geschuldeten Beträge. Diese Beträge sind bereits durch die Bestimmungen über die Währungsreform in der Westzone im Verhältnis 1 : 10 in DM umgestellt. Wollte man dem Unterhaltsschuldner nachlassen, auch diesen bereits auf $^1/_{10}$ verringerten Betrag durch Zahlung eines gleichen Ostmarkbetrages abzugelten, so würde die dem Unterhaltsgläubiger hiernach zufließende Summe nicht mehr ausreichen, um seinen Lebensbedarf entsprechend dem Zweck des Unterhaltsurteils zu befriedigen.“

**260. Höhe und Währung des Unterhaltsanspruches eines Unterhaltsberechtigten in der Ostzone gegen den Unterhaltspflichtigen in Westdeutschland richten sich in erster Linie nach den tatsächlichen Erfüllungsmöglichkeiten und nicht nach dem Währungsstatut. — Der Unterhaltspflichtige darf sich gegenüber einer dem Unterhaltszweck entsprechenden Zahlungsmöglichkeit nicht auf ein entgegenstehendes Währungsstatut berufen. — Eine Zahlung der Unterhaltsbeträge auf ein vollständig gesperrtes Konto würde dem Unterhaltszweck nicht genügen; die Klage auf eine solche Leistung müßte wegen Unmöglichkeit abgewiesen werden. — Die westdeutschen devisenrechtlichen Genehmigungen gestatten jedoch eine (wenn auch erschwerte) Erfüllung des Unterhaltszwecks trotz Zahlung auf Sperrkonto. — Da die Erfüllung des Unterhaltsanspruchs allein durch Zahlung von DM-West auf ein westdeutsches Sperrkonto möglich ist, ist der Unterhaltsanspruch in westdeutscher Währung und nach den westdeutschen Richtsätzen zu bemessen, ohne Rücksicht auf das Kursverhältnis zwischen Ost- und Westmark.**

LG Essen (brit. Zone), Urt. v. 13. 4. 1951 — 1 S 21/50: Rpfl. 1951, 375.

Die Kl. ist ein in der Ostzone wohnhaftes uneheliches Kind des Bekl. Dieser hat seinen Wohnsitz in Westdeutschland. AG und LG verurteilten ihn zur Zahlung einer Unterhaltsrente in DM-West.

Aus den Gründen:

„Was die Frage anlangt, ob und in welcher Währung und in welcher Höhe ein Unterhaltsberechtigter in der Ostzone einen in den Westzonen wohnenden Unterhaltspflichtigen in Anspruch nehmen kann, so kann weder der vom ersten Richter, noch den vom Bekl. vertretenen Ansichten gefolgt werden. Für die Beantwortung dieser in Rechtsprechung und Schrifttum außerordentlich umstrittenen Frage, bei der alle denkmöglichen Ergebnisse vertreten werden, kommt es in erster Linie entscheidend darauf an, ob eine und gegebenenfalls welche Erfüllungsmöglichkeit auf Grund der durch Zonen- und Währungstrennung in Deutschland geschaffenen Lage besteht, die die Erreichung des Unterhaltszwecks — nämlich die Befriedigung des konkreten Lebensbedarfs an Nahrung, Kleidung, Wohnung usw. — gewährleistet. Demgegenüber ist die von Rechtsprechung und Schrifttum in den Vordergrund gerückte Frage nach dem auf Unterhaltsansprüche der hier fraglichen Art anzuwendenden Währungsstatut von zweitrangiger Bedeutung und erst dann zu prüfen, wenn eine dem Zweck des Unterhaltsanspruchs entsprechende Erfüllungsmöglichkeit besteht, die den Transfer der Unterhaltsrenten von den Westzonen in die Ostzone gestattet.

Die familienrechtlichen Unterhaltsansprüche, zu denen auch der hier in Frage stehende Unterhaltsanspruch des unehelichen Kindes gehört (vgl. Mot. BGB IV, 864), sind nach der ihnen im BGB gegebenen Ausgestaltung nicht wesensgleich mit den Ansprüchen aus Schuldverhältnissen i. S. des zweiten Buches des BGB, sondern Ansprüche aus einem Schuldverhältnis eigener Art. Sie unterscheiden sich von rein schuldrechtlichen Ansprüchen dadurch, daß der Zweck der Leistung, der bei den rein schuldrechtlichen Ansprüchen nicht zum Inhalt der Leistungspflicht gehört, sondern nur mittelbar diese zu beeinflussen vermag, bei den Unterhaltsansprüchen zum Leistungsinhalt erhoben ist. Die Leistung dient bei den Unterhaltsansprüchen der Erreichung des Unterhaltszwecks und erschöpft sich nicht in der Übertragung von Vermögenswerten (vgl. Mot. BGB IV, 497 und 705). Es kann daher für die Verurteilung des Bekl. nur eine solche Zahlungsmöglichkeit in Betracht gezogen werden, die die Erreichung des Zwecks der Unterhaltszahlung gewährleistet. Könnte der Zweck durch eine Zahlungsmöglichkeit nicht erreicht werden, was bei der Zahlung auf ein Sperrkonto ohne die Möglichkeit für den Unterhaltsberechtigten, über dieses Konto zur Deckung seines Lebensbedarfs zu verfügen, zutreffen würde, so müßte die Klage wegen Unmöglichkeit der Leistung abgewiesen werden (vgl. RGZ 165, 219). Besteht aber eine solche Möglichkeit, so ist der Bekl. dementsprechend zu verurteilen ohne Rücksicht darauf, ob nach dem auf [den] Unterhaltsanspruch anzuwendenden Währungsstatut die Zahlung einer anderen Währung geschuldet wird, als sie die bestehende Zahlungsmöglichkeit gestattet. Denn die Erreichung des Zwecks der Unterhaltsleistung gehört zum Inhalt der vom Unterhaltspflichtigen geschuldeten Leistung, und der Unterhaltspflichtige verstieße gegen Treu und Glauben, wenn er sich einer dem Unterhaltszweck entsprechenden Zahlungsmöglichkeit gegenüber auf ein entgegenstehendes Währungsstatut berufen würde.

Nach Art. I, 1d und Art. X des MilRegGes. Nr. 53 ist ein Transfer von Geld aus den Westzonen in die Ostzone verboten. Einzelgenehmigungen zum Transfer von Unterhaltsrenten werden, wie gerichtsbekannt ist, grundsätzlich nicht erteilt. Eine Zahlungsmöglichkeit von Schuldnern in den Westzonen an Gläubiger in der Ostzone ist möglich im Rahmen der Allgemeinen Genehmigung Nr. 41/50 zu den MilRegGes. Nr. 52 u. 53 (BAnz. Nr. 133 v. 14. 7. 1950 — SaBl 1950, 705) durch Verfügung des Schuldners in den Westzonen über ein von ihm in der Ostzone unterhaltenes Konto — eine Möglichkeit, die für den vorliegenden Fall nicht in Betracht kommt — und gemäß § 1 der 19. DVO/UG durch Zahlung auf ein von dem Gläubiger aus der Ostzone bei einem Geldinstitut in den Westzonen errichtetes Sperrkonto. Über dieses Sperrkonto kann der Gläubiger aus der Ostzone auf Grund von Einzelgenehmigungen der Landeszentralbank am Sitz des Geldinstituts, die, wie gerichtsbekannt ist, regelmäßig erteilt zu werden pflegen, in folgender, der Erreichung des Unterhaltszwecks entsprechender Weise verfügen.

1. Zur Finanzierung der Übersendung von Lebensmitteln bis zur Höhe von etwa 25,— DM im Monat.

2. Zur Bestreitung der Reisekosten des Kontoinhabers und seiner Angehörigen in den Westzonen bis zu 600,— DM im Monat.

Hiernach ist die Erreichung des Unterhaltszwecks durch Zahlung auf ein Sperrkonto zwar außerordentlich erschwert, aber nicht gänzlich unmöglich. Denn nicht nur die zuerst genannte Verfügungsmöglichkeit gestattet die Erreichung des Unterhaltszwecks, sondern auch die zweite, da der Unterhaltsberechtigte den ihm aus Anlaß einer Reise in die Westzonen freigegebenen Betrag auch dazu verwenden kann, um sich in den Westzonen einzukleiden.

Auf Grund dieser allein bestehenden Zahlungsmöglichkeit beantwortet sich auch die Frage, in welcher Währung und in welcher Höhe der Bekl. zu verurteilen ist. Die Zahlungen auf das in den Westzonen errichtete Sperrkonto können nur in DM-West erfolgen, da in den Westzonen die DM-West einziges gesetzliches Zahlungsmittel ist. Die Verfügungsmöglichkeiten über das Sperrkonto, die oben angeführt worden sind, gestatten allein den Einkauf von Sachwerten in den Westzonen, wozu ebenfalls DM-West benötigt wird. Die Verurteilung kann daher nur in DM-West erfolgen. Da auch ein Umtausch der auf Sperrkonto gezahlten Beträge in DM-Ost nicht in Betracht kommt, muß auch bei Bemessung der Höhe der Unterhaltsrente der Wechselkurs der DM-West zur DM-Ost unberücksichtigt bleiben und der Unterhaltspflichtige zu den in den Westzonen üblichen Unterhaltssätzen verurteilt werden.

Ob dieser Grundsatz mit Rücksicht auf Art. 21 EGBGB eine Einschränkung in dem Sinne erfahren müßte, daß der Unterhaltspflichtige in den Westzonen nicht schlechter gestellt werden darf, als wenn er an Stelle des Unterhaltsberechtigten aus der Ostzone einen solchen in den Westzonen zu befriedigen hätte, kann dahingestellt bleiben, da er nicht mehr zu zahlen hat, als er auch an einen ähnlichen Unterhaltsberechtigten in den Westzonen zahlen müßte.

Dieses Ergebnis entspricht auch allein der Billigkeit. Es belastet den Bekl. nicht ungebührlich, da er das gleiche zahlt, was er auch an einen in den Westzonen wohnenden Unterhaltsberechtigten zahlen müßte. Die Kl. erlangt keinen über ihren Anspruch hinausgehenden Vorteil, da die bestehenden Verfügungsmöglichkeiten es ihr verwehren, den Wechselkurs zwischen DM-West und DM-Ost zu ihren Gunsten auszunutzen. Jede andere Verurteilung — ganz gleich, wie sie lauten mag — würde ihren Anspruch auf Deckung des konkreten Lebensbedarfs verkürzen.“

**261. Währungsstatut von Unterhaltsansprüchen ist das Recht am Wohnsitz des Unterhaltsberechtigten. — Die Höhe der Unterhaltsansprüche unehelicher Kinder richtet sich nach den Unterhaltssätzen, die an ihrem Wohnsitz gelten. — Ein Schuldner darf nicht zur Erbringung einer devisenrechtlich verbotenen Leistung verurteilt werden. — Daher darf in einem Urteil über eine in DM-Ost erwachsene Unterhaltsforderung dem Schuldner nicht die Befugnis zugesprochen werden, die Forderung durch Zahlung in DM-Ost zu erfüllen. — Angesichts der devisenrechtlichen Verbote, eine auf DM-Ost lautende Forderung in DM-Ost zu erfüllen, wird das Befreiungsrecht des § 244 BGB zu einer Befreiungspflicht für den Schuldner. — Die 19. DVO zum Umstellungsgesetz ist analog auch auf Forderungen anzuwenden, die in fremder Währung entstanden sind, von denen sich der Schuldner aber durch Zahlung von DM-West befreien muß. — Da die Verwendung des schuldbefreiend zu leistenden DM-West-Betrages devisenrechtlich nur in Westdeutschland möglich ist, muß der Umrechnungsmaßstab 1: 1 lauten. — Trotz der devisenrechtlichen Verpflichtung, die Unterhaltsbeträge auf ein Sperrkonto einzuzahlen, besteht ein Rechtsschutzinteresse für die Klage eines ostdeutschen Unterhaltsberechtigten gegen den westdeutschen Unterhaltspflichtigen.**

LG Würzburg (amerik. Zone), Urt. v. 25. 4. 1951 — S 256/50: MDR 1951, 490; Auszug in DRsp. II (250) 21b—d.

Der Kl. ist ein uneheliches Kind, das in der Ostzone lebt. Es nimmt seinen Erzeuger, der in den Westzonen lebt, auf Unterhaltsleistung in Anspruch. AG und LG verurteilten zur Zahlung von monatlich 30 DM-West.

Aus den Gründen:

„Die Frage, in welcher Währung er die Unterhaltspflicht zu erfüllen hat, hängt zunächst davon ab, in welcher Währung sie entstanden ist. Hier ist davon auszugehen, daß die Unterhaltspflicht den gesamten Lebensbedarf des Kindes sichern soll. Dieser läßt sich aber nur da feststellen und währungsmäßig festlegen, wo das Kind wohnt. Darnach entstehen Unterhaltsansprüche von Unterhaltsberechtigten, die in der Ostzone leben, nur in DM-Ost, und zwar in der Höhe der dort üblichen Unterhaltssätze (so auch LG Dortmund MDR 1950, 552[1]; LG Wiesbaden MDR 1950, 553[2]; *Beitzke*, NJW 1950, 928). Damit steht jedoch noch nicht fest, daß der Schuldner den Unterhaltsanspruch des Kl. in DM-Ost zu erfüllen hätte und hierzu durch ein auf DM-Ost lautendes Urteil eines Westzonengerichts angehalten werden könnte. Ob dies der Fall ist, richtet sich in erster Linie nach den in der Westzone geltenden Währungs- und Devisenvorschriften. Darnach sind aber Zahlungen an Gläubiger in der Ostzone ohne Rücksicht darauf, ob sie in DM-West oder DM-Ost zu entrichten sind, unzulässig, es sei denn, der Schuldner leistet auf Grund einer besonders erwirkten oder im Rahmen einer allgemein erteilten Genehmigung (Art. I 1d, X MilRegGes. Nr. 53). Auf eine Einzelgenehmigung hat sich der Schuldner nicht berufen. Eine allgemeine Genehmigung gibt es für zwei Zahlungsweisen:

[1] Siehe oben Nr. 241. [2] Siehe oben Nr. 249.

1. Der Schuldner kann den Unterhalt in DM-Ost aus einem ihm zustehenden ostzonalen Guthaben leisten (allgemeine Genehmigung Nr. 45/50). Diese Möglichkeit hat der Bekl. nicht für sich in Anspruch genommen. Oder

2. der Schuldner kann in DM-West auf ein Sperrkonto des Gläubigers in der Westzone zahlen (19. DVO zum UG). Über dieses darf dann der Gläubiger mit Genehmigung der zuständigen Landeszentralbank verfügen (37. DVO zum UG). Somit hat der Bekl. keine rechtliche Möglichkeit, seine auf DM-Ost lautende Schuld in DM-Ost zu bezahlen. Hinzu kommt, daß ihm dies auch nach den in der Ostzone geltenden Bestimmungen verwehrt ist. Denn die deutsche Wirtschaftskommission für die sowjet. Besatzungszone hat durch eine Anordnung v. 23. 3. 1949 (ZVOBl 1949, 211) die DM-Ost in ihrem Währungsgebiet zur Binnenwährung erklärt mit der Folge, daß es nach der Devisenordnung der deutschen Wirtschaftskommission v. 26. 6. 1948 (ZVOBl 1948, 561)[1] verboten ist, DM-Ost oder andere Zahlungsmittel dieser Währung aus der sowjet. Besatzungszone Deutschlands in andere Besatzungszonen oder ins Ausland auszuführen und aus anderen Besatzungszonen Deutschlands oder dem Ausland in die sowjet. Besatzungszone einzuführen (LG Dortmund, MDR 1950, 552[2]; *Kühne*, NJW 1950, 730; *Kegel*, JZ 1951, 83). Aus alledem folgt, daß im vorliegenden Fall der Schuldner also nicht zu DM-Ost verurteilt werden kann, denn dies würde die Erzwingung einer währungs- und devisenrechtlich verbotenen Leistung bedeuten.

Damit erweist sich auch der vom LG Göttingen (NdsRpfl. 1950, 90[3] und 123[4]) beschrittene Weg, den Schuldner auf Zahlung in DM-West zu verurteilen, ihm aber freizustellen, sich durch Zahlung in gleicher Höhe in DM-Ost zu befreien, als ungangbar. Dem Schuldner kann eine Befreiungsmöglichkeit nur dann eingeräumt werden, wenn er erwiesenermaßen über ein Guthaben in der Ostzone verfügt, aus dem er zahlen kann. Andernfalls gibt ein Urteil dieser Art dem Schuldner lediglich den Anreiz, auf verbotenem Weg seiner Zahlungspflicht in DM-Ost nachzukommen (vgl. *Beitzke* aaO.; *Kegel* aaO.). Das Urteil kann deshalb nur auf DM-West lauten.

Dem steht nicht entgegen, daß an sich DM-Ost geschuldet sind. Denn entsprechend § 244 BGB könnte sich der Schuldner in DM-West befreien, selbst wenn er in der Lage sein sollte, in DM-Ost zu zahlen. Weil er indes rechtlich gehindert ist, die Schuld in DM-Ost zu begleichen, muß er sich nach Treu und Glauben der Möglichkeit, die Schuld in Westwährung zu tilgen, bedienen und sich demgemäß auch eine Verurteilung in DM-West gefallen lassen (vgl. *Beitzke* aaO.). Schließlich sind auch keine Bedenken daraus herzuleiten, daß die 19. DVO an sich nur für Schulden gedacht ist, die ursprünglich auf DM-West lauten, denn sie ist sinngemäß auch auf die Fälle anzuwenden, wo das Befreiungsrecht des § 244 BGB zu einer Befreiungspflicht wird (vgl. *Beitzke* aaO.).

Sonach ist nur noch zu prüfen, in welcher Höhe der Bekl. den Unterhalt in DM-West zu leisten hat. Hier liegt der Gedanke nahe, ihn zur

[1] Gemeint ist die Anordnung vom 16. 11. 1948, aaO. [2] Siehe oben Nr. 241.
[3] Siehe oben Nr. 242. [4] Siehe oben Nr. 239.

Einzahlung des dem geschuldeten DM-Ost-Betrages nach dem Kurs des Zahlungstages entsprechenden DM-West-Betrages auf ein Sperrkonto des Kl. zu verurteilen (so *Beitzke* aaO.). Dieser Auffassung wäre zuzustimmen, wenn es dem Gläubiger gestattet wäre, vom Sperrkonto ordnungsmäßig abgehobenes Geld auf rechtlich zulässige Weise in DM-Ost umzutauschen und in die Ostzone zu verbringen oder aber anderweit legal zu transferieren. Nach der eingeholten Auskunft der Landeszentralbank von Bayern besteht jedoch diese Möglichkeit nicht. Nur im Reiseverkehr können deutsche Geldsorten über die Zonengrenze mitgenommen werden. Nach den geltenden Bestimmungen darf vielmehr vom Sperrkonto Geld nur zum Kauf von Lebensmitteln in der Westzone und deren Versendung an das minderjährige Kind, sowie bei einem Besuch des Kindes im Bundesgebiet zur Bestreitung der Reise- und Aufenthaltskosten freigegeben werden. Hieraus ergibt sich, daß als Maßstab für die Unterhaltszahlung im Ergebnis der Lebensbedarf eines entsprechenden, in der Westzone lebenden Kindes in Betracht kommt, der sich nur unwesentlich von den Lebenshaltungskosten in der Ostzone unterscheiden mag.

Wenngleich somit der Unterhalt infolge des Zwanges, die einzelnen fällig werdenden Beträge zunächst auf ein Sperrkonto einzuzahlen, dem Berechtigten nicht unmittelbar zufließt, besteht doch ein Rechtsinteresse des Kl., von dem Bekl. auf diese Weise Zahlung zu erlangen, schon um das Aufkommen nicht einzuholender Rückstände zu vermeiden (vgl. OLG Düsseldorf, MDR 1950, 297[1]; OLG Oldenburg, MDR 1950, 430[2]; *Beitzke* aaO.), vor allem aber, weil das Kind auf dem von der Landeszentralbank gewiesenen Weg in den Genuß dringend notwendiger Gebrauchs- und Verbrauchsgüter gelangen kann (vgl. HansOLG Hamburg, MDR 1951, 40[3]). Fürs andere wird hierdurch der Schuldner in den Stand gesetzt, mit befreiender Wirkung seinen Gläubiger zu befriedigen, woran er ein rechtliches Interesse haben kann."

**262. Auf Grund der 16. DVO zum Umstellungsgesetz kann nur die Umstellung einer dem westdeutschen Währungsrecht unterstehenden RM-Forderung in DM-West erfolgen. — Entscheidend für das Währungsstatut ist das Währungsrecht am Sitz des Schuldners im Zeitpunkt der Währungsreform. — Währungsstatut für Unterhaltsansprüche ist das Währungsrecht am Sitz des Schuldners. — Zahlungen eines westdeutschen Unterhaltsschuldners in DM-Ost sind bei Verstoß gegen devisenrechtliche Bestimmungen ohne Erfüllungswirkung. — Zahlungen in DM-Ost durch einen subsidiär unterhaltspflichtigen Verwandten in der Ostzone haben jedoch Erfüllungswirkung, weil die Rechtsverfolgung gegen einen westdeutschen Schuldner in der Ostzone als ausgeschlossen oder erheblich erschwert im Sinne des § 1607 II, S. 1 BGB anzusehen ist. — Ein gesetzlicher Forderungsübergang auf Grund einer solchen Zahlung ist nach westdeutschem Devisenrecht wirksam. — Die Anrechnung einer Zahlung in DM-Ost auf eine in DM-West entstandene Schuld erfolgt nach der Kaufkraft der Ostwährung im Verhältnis 2:1.**

---

[1] Siehe unten Nr. 337. [2] Siehe unten Nr. 338. [3] Siehe oben Nr. 193.

LG Osnabrück (brit. Zone), Beschl. v. 31. 5. 1951 — 7 T 266/51: MDR 1951, 745; z. T. in NJW 1951, 965; Auszug in DRsp. II (250) 22c—e.

**Die in der Ostzone wohnhafte Gläubigerin ist ein uneheliches Kind des Schuldners. Dieser hat seinen Wohnsitz in Westdeutschland. Der Schuldner hatte sich im Jahre 1947 durch Prozeßvergleich vor einem westdeutschen Gericht zur Zahlung von monatlich 25 RM verpflichtet. Durch Beschluß v. 20. 2. 1950 wurden die seit der Währungsreform fälligen Raten in voller Höhe auf DM umgestellt. Auf Grund der Beschwerde des Schuldners rechnete das LG Unterhaltszahlungen an, die dessen in der Ostzone wohnende Mutter in DM-Ost an die Gläubigerin geleistet hatte.**

Aus den Gründen:

„Unrichtig ist die Auffassung des Schuldners, daß er der Gläubigerin den Unterhalt in DM-Ost schulde. Der Unterhaltsanspruch der Gläubigerin gegen den Schuldner geht vielmehr sowohl nach dem Schuldtitel, aus dem sie den Anspruch geltend macht, als auch nach sachlichem Recht auf DM-West. Wenn die RM-Beträge des Vergleichs v. 18. 12. 1947 in voller Höhe auf DM umgestellt worden sind, so kann das nur die Umstellung auf DM-West bedeuten. Denn die 16. DVO zum UG, auf Grund deren der Beschluß v. 20. 2. 1950 ergangen ist, ist eine Vorschrift des westdeutschen Umstellungsrechts, bei dem der Ausdruck ‚Deutsche Mark' die Währung des Bundesgebietes, also die DM-West, meint . . .

Es hängt allein von dem Wohnsitz des Schuldners im Zeitpunkt der Währungsumstellung ab, ob ein gegen ihn vorliegender RM-Schuldtitel nach den Bestimmungen der 16. DVO zum UG zu behandeln und auf DM-West umzustellen ist oder nicht. Das wird bis zu einem gewissen Grade bestätigt durch die Zuständigkeitsvorschrift des § 3 III der 16. DVO und folgt im übrigen aus der Natur einer Währungsumstellung, die als hoheitliche Maßnahme alle Rechtsverhältnisse erfaßt, die der Gesetzgebungs- und Zwangsgewalt des über das Währungsrecht bestimmenden Hoheitsträgers unterliegen (vgl. dazu Urt. des BGH v. 26. 1. 1951[1]). Da der Schuldner seinen Wohnsitz am Währungsstichtag im westdeutschen Währungsgebiet gehabt hat, ist der Vergleich daher schon aus umstellungsrechtlichen Gesichtspunkten mit Recht auf DM-West umgestellt worden. Aber auch abgesehen von diesen prozessualen Gründen, geht der Unterhaltsanspruch der Gläubigerin schließlich auch nach materiellem Recht seinem Inhalt nach auf DM-West. Zu der umstrittenen Frage, ob Unterhaltsansprüche von Gläubigern aus der Ostzone gegen ihre Schuldner im Westen in DM-West oder in DM-Ost erwachsen, hat das LG Osnabrück bereits mehrfach Stellung genommen und sich dabei unter eingehender Begründung dafür entschieden, daß die Ansprüche in voller Höhe in DM-West erwachsen. Für diese Entscheidung sind vor allem die Erwägungen maßgebend gewesen, daß auf die West-Ost-Verbindlichkeiten nach § 26 II UG die Vorschriften der Gesetze Nr. 52 und 53 der MilReg. Anwendung finden, daß demnach eine gesetzlich zulässige Erfüllung einer West-Ost-Verbindlichkeit, wenn sie durch Zahlung im Westen erfolgen soll, zur Zeit nur nach Maßgabe der 19. DVO zum UG, also durch Einzahlung auf ein Sperrkonto, erfolgen kann, und daß

[1] Siehe oben Nr. 232.

diese Einzahlung, wenn sie den Unterhalt des Gläubigers sichern soll, in voller Höhe in DM-West erfolgen muß, weil der Kurs einer künftigen Überweisung aus dem Sperrkonto in die Ostzone noch nicht abzusehen ist und weil alle derzeit bereits zugelassenen Verfügungen über das Sperrkonto stets auf eine Verwendung des abgehobenen Betrages im Westen, also in DM-West, hinauslaufen. Das LG Osnabrück befindet sich bei seinem Ergebnis in Übereinstimmung mit der Mehrzahl der westdeutschen Gerichte, insbesondere auch der OLGe. Trotz anders lautender neuerer Entscheidungen einiger Gerichte sieht das LG keine Veranlassung, von seiner bisherigen Auffassung abzugehen.

Obwohl demnach die Unterhaltspflicht des Schuldners in DM-West begründet ist, so können doch die von seiner Mutter in der Ostzone geleisteten Zahlungen in DM-Ost nicht unberücksichtigt bleiben. Im allgemeinen werden zwar DM-Ost-Zahlungen des Schuldners selbst oder dritter Personen auf die Unterhaltsschuld nicht anzurechnen sein, weil sie — von dem Fall der Allgemeinen Genehmigung Nr. 41/50 abgesehen — devisenrechtlich nicht zulässig sind und deshalb auch keine Erfüllungswirkung haben können. Anders liegt es, wenn — wie hier — ein sonstiger unterhaltspflichtiger Verwandter des Gläubigers in der Ostzone den Unterhalt leistet. Die Mutter des Schuldners und Großmutter der Gläubigerin ist selbst nach § 1601 BGB der Gläubigerin unterhaltspflichtig. Ihre Unterhaltspflicht, die an sich nach § 1606 II S. 1 durch die Unterhaltspflicht des Schuldners verdrängt wird, kommt hier nach § 1607 II S. 1 doch zum Zuge, weil die Rechtsverfolgung gegen den Schuldner als in der Ostzone ausgeschlossen oder erheblich erschwert anzusehen ist. Soweit die Großmutter in Erfüllung dieser ihrer eigenen Unterhaltspflicht der Gläubigerin Unterhalt leistet, geht nach § 1607 II S. 2 auf sie der Anspruch der Gläubigerin gegen den Schuldner über, so daß er von der Gläubigerin gegen den Schuldner nicht mehr geltend gemacht werden kann. Dieser Forderungsübergang muß auch im Herrschaftsbereich des westdeutschen Devisenrechts beachtet werden, weil er sich außerhalb dieses Herrschaftsbereichs und nach einem in beiden Gebieten geltenden Gesetz, dem BGB, vollzieht.

In welcher Höhe Zahlungen in DM-Ost auf Unterhaltsverbindlichkeiten in DM-West anzurechnen sind, ist ebenfalls sehr umstritten. Eine Anrechnung nur im Verhältnis 5:1 ist nicht gerechtfertigt, weil sie auf eine in Wahrheit gar nicht vorgekommene Überweisung zum derzeitigen Wechselstubenkurs abstellen und nicht berücksichtigen würde, daß die Preise des allgemeinen Lebensbedarfs im Durchschnitt in der Ostzone keinesfalls das Fünffache der Preise in der Bundesrepublik ausmachen. Es ist vielmehr darauf abzustellen, was die Gläubigerin in der Ostzone an DM-West ausgeben muß, wenn sie dort ihren Lebensbedarf in dem gleichen Umfang decken will, wie sie das mit DM-West in der Bundesrepublik tun könnte. Dazu benötigt sie bei den derzeitigen Preisverhältnissen in DM-Ost etwa das Doppelte eines Betrages in DM-West (vgl. dazu AG Charlottenburg, NdsRpfl. 1950, 176[1],

[1] Siehe oben Nr. 245.

und LG Hannover, NJW 1951, 240, 16[1], dem sich das Gericht trotz der Entscheidung des OLG Celle in NdsRpfl. 1951, 69[2] anschließt). Es wäre allerdings nicht richtig, die Zahlungen in DM-Ost schematisch nach einem festen Betrag auf einen Schuldtitel in DM-West anzurechnen, weil der Titel nicht nur auf den Bedarf des Gläubigers, sondern auch auf die Leistungsfähigkeit des Schuldners abgestellt ist und deshalb unter Umständen unter dem Bedarf der Gläubigerin liegt."

**263. Währungsstatut eines Unterhaltsanspruchs ist das Recht am Wohnsitz des Schuldners im Zeitpunkt der Währungsreform.**

LG Passau (amerik. Zone), Urt. v. 7. 6. 1951 — S 150/50: MDR 1952, 169.

Der in der Ostzone wohnhafte Kl. ist ein uneheliches Kind des Bekl. Dieser lebt in den Westzonen. Der Kl. macht Unterhaltsansprüche aus der Zeit vor und nach der Währungsreform geltend. AG und LG verurteilten den Bekl. dazu, die vor der Währungsreform in RM fällig gewordenen Raten im Verhältnis 10 : 1, die späteren Beträge in voller Höhe in DM-West zu zahlen.

Aus den Gründen:

„Die Entscheidung des Rechtsstreites hängt ... davon ab, nach welchem Währungsstatut der vor der Währungsreform zur Entstehung gelangte Unterhaltsanspruch in Höhe von 25 RM auf DM umzustellen ist. Der BGH hat diese Frage in BGZ 1, 112[3] dahin entschieden, daß der Wohnsitz des Schuldners zur Zeit der Währungsumstellung für die Frage des anzuwendenden Währungsrechts maßgeblich ist."

**264. Das für die Umstellung einer RM-Forderung, die einem gerichtlichen Titel zugrunde liegt, maßgebende Währungsrecht ist unabhängig vom Wohnsitz des Gläubigers und von dem Sitz der Stelle, die den Titel erteilt hat. — Für die Umstellung ist das Währungsrecht am Wohnsitz des Schuldners zur Zeit der Währungsreform maßgebend. — Der Unterhaltsanspruch eines unehelichen Kindes entsteht in der am Wohnsitz des Berechtigten maßgebenden Höhe und Währung. — Eine infolge der Währungsreform eingetretene Veränderung der für die Unterhaltsbemessung erheblichen Umstände ist nach § 323 ZPO geltend zu machen. — Im Verfahren nach der 16. DVO zum Umstellungsgesetz kann ein Schuldtitel nicht auf DM-Ost umgestellt werden. — Ein westdeutsches Gericht kann zur Zahlung in fremder Währung verurteilen. — Die in der 19. DVO zum Umstellungsgesetz erteilte allgemeine Genehmigung erstreckt sich auch auf die Zwangsvollstreckung.**

LG Oldenburg (brit. Zone), Beschl. v. 13. 6. 1951 — T 346/51: MDR 1952, 107.

Der AGg. hatte sich durch vollstreckbare Urkunde eines deutschen Feldgerichts im Jahre 1942 verpflichtet, der ASt., seinem unehelichen Kinde, vierteljährlich 84 RM zu zahlen. Die ASt. wohnt jetzt in der Ostzone, der AGg. in der Westzone. AG und LG stellten den Titel im Verhältnis 1 : 1 auf DM-West um.

[1] Siehe oben Nr. 257a. [2] Siehe oben Nr. 257b. [3] Siehe oben Nr. 232.

Aus den Gründen:

„Zu prüfen ist, ob dem Schuldtitel eine Forderung zugrunde liegt, die nach § 18 UG umgestellt ist. Dafür ist es, wie sich aus § 3 III der 16. DVO/UG klar ergibt, bedeutungslos, daß der Titel von einer Stelle erteilt ist, die nicht mehr besteht und die ihren Sitz nicht im Währungsgebiet hatte. Ebenso aber ist es ohne Bedeutung, daß die Gläubigerin nicht im Währungsgebiet wohnt, denn es handelt sich ja nur um die Frage, in welcher Höhe aus einem auf RM lautenden Vollstreckungstitel die Zwangsvollstreckung gegen einen im Währungsgebiet wohnenden Schuldner zulässig sein soll, und die Frage, wie diese RM-Forderung umgestellt ist, kann nur nach dem Recht des Ortes entschieden werden, an dem der Schuldner zur Zeit der Währungsumstellung wohnte (vgl. BGH, JZ 1951, 302[1]) . . .

Nun ist es allerdings richtig, daß die Gläubigerin seit der Währungsumstellung auch in der Ostzone an sich nur noch einen Anspruch auf Zahlung desjenigen Betrages hat, der erforderlich ist, um die Kosten ihres der Lebensstellung ihrer Mutter entsprechenden Unterhalts zu decken, und das kann, da diese Kosten in ostdeutscher Währung entstehen, nur ein Betrag in ostdeutscher Währung sein. Es handelt sich hierbei allerdings nicht, wie vielfach irrtümlich angenommen wird, um eine Frage des interzonalen Privatrechts oder der anzuwendenden Rechtsordnung. Es ist hier im Ergebnis gleichgültig, ob man das Recht des Erzeugers oder das Recht der Mutter des unehelichen Kindes für anwendbar hält, denn beide Rechte stimmen darin überein, daß sich der Unterhaltsanspruch des unehelichen Kindes nach § 1708 BGB bemißt, und beide Rechte bestimmen nichts darüber, in welcher Währung der Anspruch entsteht. Diese Frage ist vielmehr aus dem Zweck der Unterhaltsrente, die Kosten des Lebensbedarfs zu decken, für beide Rechte gleichmäßig dahin zu entscheiden, daß der Anspruch entsteht in der Währung des Ortes, an dem der Berechtigte lebt. Das ist für den Fall, daß der Berechtigte seinen Wohnort ins Ausland verlegte, noch niemals zweifelhaft gewesen; das muß aber notwendig ebenso gelten, wenn am Wohnort des Berechtigten eine andere Währung eingeführt wird. Die im UG vorgeschriebene Umstellung des Unterhaltsanspruches billigt also der Gläubigerin mehr zu, als ihr zusteht, seit auch in der Ostzone eine neue Währung eingeführt worden ist. Diese Tatsache aber, die den Anspruch der Gläubigerin minderte, ist eine nachträgliche Veränderung der für die Bemessung des Unterhalts maßgebenden Verhältnisse, die der Schuldner nicht in dem begrifflich zur Zwangsvollstreckung gehörenden Verfahren nach der 16. DVO/UG, sondern nur im Wege der Klage nach § 323 ZPO geltend machen kann. Sie steht also der Erteilung des Umstellungsvermerks nicht entgegen.

Eine Umstellung eines Schuldtitels auf DM-Ost kommt in diesem Verfahren überhaupt nicht in Betracht. Zwar ist eine Verurteilung zur Zahlung in ostdeutscher Währung durch ein Gericht der Bundesrepublik ohne weiteres zulässig, denn Verurteilungen zur Zahlung in auslän-

[1] Siehe oben Nr. 232.

discher Währung sind durch keine gesetzlichen Bestimmungen verboten, und die Währung der Ostzone ist währungsrechtlich eine Fremdwährung wie jede andere. Aber wenn, wie hier, das westdeutsche Umstellungsrecht anzuwenden ist, weil der Schuldner zur Zeit der Währungsumstellung in Westdeutschland wohnte, dann ist die Forderung in DM-West umgestellt, und wenn für die Umstellung das Recht der Ostzone anwendbar wäre, weil der Schuldner zur Zeit der Umstellung dort wohnte, dann wäre auch die — nur zum westdeutschen Umstellungsgesetz ergangene — 16. DVO unanwendbar. Es wäre dann Sache des Gläubigers, Abänderungsklage gemäß § 323 ZPO zu erheben, wenn er mehr als 10 v. H. des Nennbetrages des RM-Schuldtitels beitreiben wollte.

Der Erteilung des Umstellungsvermerks steht auch der Umstand nicht entgegen, daß die Gläubigerin keine besondere Genehmigung der Landeszentralbank zur Durchführung der Zwangsvollstreckung beigebracht hat. Nach der 3. DVO zu MilRegGes. Nr. 52 und Nr. 53 bedarf es zwar zur Vollstreckung von Titeln einer Stelle außerhalb des Währungsgebietes und zur Vollstreckung von Zahlungsansprüchen eines Gläubigers außerhalb des Währungsgebiets einer Genehmigung, diese Genehmigung ist aber für Zahlungen an die Bewohner der Ostzone durch die 19. DVO/UG allgemein erteilt — allerdings mit der Maßgabe, daß Zahlungen nur auf ein Sperrkonto erfolgen dürfen. Diese allgemeine Genehmigung erstreckt sich nicht, wie vereinzelt angenommen worden ist, nur auf die freiwilligen Zahlungen, sondern auch auf Zwangsvollstreckungen."

**265. Art. 21 EGBGB ist für den Unterhaltsanspruch eines unehelichen Kindes im interzonalen Recht entsprechend anzuwenden. — An die Stelle der Anknüpfung an die Staatsangehörigkeit tritt im interzonalen Recht die Anknüpfung an den Wohnsitz der Mutter. — Das Unterhaltsstatut bestimmt auch das Währungsstatut. — Ein westdeutsches Gericht kann nicht zur Zahlung in fremder Währung verurteilen. — Die Höhe des Unterhaltsanspruches bemißt sich nach den Richtsätzen am Wohnsitz der Mutter und ist begrenzt durch die Möglichkeit eines Transfers. — Der Umrechnungskurs für die Erfüllung einer in DM-Ost begründeten Unterhaltsforderung durch Zahlung von DM-West muß danach bestimmt werden, welche Verwertungsmöglichkeiten der Berechtigte für die auf Sperrkonto geleisteten Zahlungen des Verpflichteten tatsächlich verfügen kann.**

AG Plön (brit. Zone), Urt. v. 18. 9. 1951 — C 338/50: MDR 1952, 42.

Das AG verurteilte den westdeutschen Erzeuger eines in der Ostzone wohnhaften unehelichen Kindes zur Unterhaltszahlung in Höhe von 25 DM-West monatlich.

Aus den Gründen:

„Nach Art. 21 EGBGB wird die Unterhaltspflicht eines außerehelichen Erzeugers nach den Gesetzen des Staates beurteilt, dem die Mutter zur Zeit der Geburt des Kindes angehört. Diese für das internat. Privatrecht geltende Vorschrift ist entsprechend im interzonalen Recht anzuwenden. Hieraus ergibt sich, daß der Unterhaltsanspruch des Kl. in der am Wohnsitz seiner Mutter geltenden Währung entstanden ist.

Sein Anspruch geht also auf Zahlung einer Unterhaltsrente in DM-Ost (so auch *Marquordt*, MDR 1950, 8; LG Dortmund, MDR 1950, 552[1]). Nach dem geltenden Währungs- und Devisenrecht kann aber im Währungsgebiet, das ist das Geltungsgebiet des GG, ein Urteil nur auf Zahlung von DM-West ergehen (OLG Schleswig, MDR 1950, 552[2]).

Für die Frage der Höhe des dem Bekl. geschuldeten Unterhalts ist daher von entscheidender Bedeutung, wie hoch der Unterhaltsanspruch eines außerehelichen Kindes gleicher Lebensstellung wie der der Mutter des Kl. in der Ostzone in DM-Ost bemessen ist, und wie hoch dieser in DM-West zu bewerten ist, m. a. W. in welchem Verhältnis der Wert der DM-Ost zum Wert der DM-West steht.

Nach § 1 der 19. DVO z. UG dürfen Verbindlichkeiten gegenüber Gläubigern in der Ostzone und Ost-Berlin in der Weise beglichen werden, daß der geschuldete Betrag auf ein gesperrtes Konto des Gläubigers bei einem Geldinstitut oder Postscheckamt im Währungsgebiet gezahlt oder überwiesen wird ... Die Bestimmung des § 1 aaO. hat die Bedeutung, daß Verbindlichkeiten gegenüber Ostgläubigern nur durch Zahlung oder Überweisung auf ein Sperrkonto erfüllt werden können.

Die Frage, in welchem Verhältnis die DM-Ost zur DM-West steht, ist also zugleich eine Frage danach, welche Möglichkeit der Kl. hat, die vom Bekl. auf ein Sperrkonto gezahlten Unterhaltsbeträge für sich nutzbar zu machen ...

Die Möglichkeit des Kl., über ein solches Konto zu verfügen, ist sehr beschränkt. Es sind aber die Landeszentralbanken ermächtigt, in Härtefällen Genehmigungen zur Verfügung über gesperrte Konten von Ostzonenbewohnern bis zum Betrage von zur Zeit monatlich 25 DM zur Beschaffung und Versendung von Lebensmitteln und Kleidung für die Konteninhaber zu erteilen. Der Kl. kann daher eine vom Bekl. gezahlte Unterhaltsrente in Höhe von 25 DM (West) zur Bestreitung seines Lebensunterhaltes in dieser Weise verwenden. Sein Unterhaltsanspruch gegen den Bekl. ist also in Höhe von vierteljährlich 75 DM begründet. Der weitergehende Anspruch dagegen ist unbegründet, da insoweit die Möglichkeit des Transfers in die Ostzone nicht besteht."

**266. Währungsstatut des Unterhaltsanspruches einer Ehefrau und der ehelichen Kinder ist das Währungsrecht am Wohnsitz des Schuldners. — Gerichte des Bundesgebiets können nur zur Zahlung in DM-West verurteilen. — Eine in DM-West begründete Forderung kann nicht durch Zahlung eines nach dem Wechselstubenkurs umgerechneten Betrages von DM-Ost erfüllt werden.**

LG Bielefeld (brit. Zone), Urt. v. 19. 9. 1951 — 1 S 663/51: MDR 1952, 108; Auszug in DRsp II (250) 23b—c.

Kl. sind die in der Ostzone lebende Ehefrau und die ehelichen Kinder des in der Westzone wohnhaften Bekl. Das LG verurteilte zur Zahlung von monatlich insgesamt 110,— DM-West. Mit gleichem Ergebnis und ähnlicher Begründung in einem entsprechend gelagerten Fall: LG Bielefeld, Urt. v. 25. 10. 1950 — 1 S 581/50: Rdbf. 23 (1950/51) 102.

---

[1] Siehe oben Nr. 241. [2] Gemeint ist wohl die Entscheidung Nr. 203a.

Aus den Gründen:

„Der Bekl. kann nicht mit dem Einwand gehört werden, daß 50 DM-West ausreichen würden, um sich von seiner Unterhaltspflicht gegenüber den Kl. insgesamt zu befreien, indem auf Grund einer Einzahlung dieses Betrages bei einer Wechselstube durch diese ein angemessener Betrag in DM-Ost an die Kl. überwiesen würde. Denn Erfüllungsort der Unterhaltsleistung ist der Wohnsitz des Schuldners, also des Bekl. Damit entsteht aber der Anspruch der Kl. nach den Grundsätzen des interlokalen Privatrechts in DM-West (vgl. LG Dortmund, MDR 1950, 552[1], und OLG Düsseldorf, MDR 1950, 296[2]). Die Gerichte im Bundesgebiet können aber nach den bestehenden Devisengesetzen nur zur Zahlung der innerhalb des Bundesgebietes geltenden Währung verurteilen. Denn die Ausfuhr der DM-West ist nach dem MilRegGes. Nr. 53 in Verbindung mit § 26 II UG verboten. Darüber hinaus ist es nach § 3 des Währungsgesetzes verboten, Verbindlichkeiten in einer anderen Währung als der DM-West einzugehen. Das Gericht kann aber nicht den Parteien etwas zusprechen, was zu vereinbaren ihnen nach dem Gesetz verboten ist. Entsteht aber der Anspruch in DM-West, so können die Kl. den vollen Unterhalt in DM-West verlangen. Sie brauchen sich nicht mit einem Teilbetrag, der unter Ausnutzung des jeweiligen Kurswertes einem angemessenen Betrage in DM-Ost entspricht, begnügen. Im übrigen kann der Bekl. auch nach den gesetzlichen Vorschriften seine Leistung in DM-Ost gar nicht bewirken. Denn der Bekl. würde sich damit einer verbotenen Handlung schuldig und strafbar machen, weil nach § 26 II UG in Verbindung mit dem MilRegGes. Nr. 52 und 53 eine Zahlung in die DDR ohne Genehmigung der MilReg. verboten ist. Vielmehr kann der Bekl. sich von seiner Schuld den Kl. gegenüber nur befreien, wenn er auf ein Sperrkonto bei einem Geldinstitut oder einem Postscheckamt zahlt. Das ergibt sich aus der 19. DVO i. V. mit § 26 II UG. Aus diesen Gründen ist auch durch die Zahlungen, die der Bekl. durch die Wechselstuben hat vornehmen lassen, keine Erfüllung eingetreten, selbst wenn die Kl. das Geld angenommen hätten. Denn die Erfüllung wäre gem. § 134 BGB nichtig, weil die Zahlung gegen ein gesetzliches Verbot verstößt."

**267. Auf das interlokale Privatrecht finden die Bestimmungen des internat. Privatrechts sinngemäß Anwendung. — Währungsstatut von Unterhaltsforderungen ist das Währungsrecht am Wohnsitz des Unterhaltsberechtigten, nicht aber das für den Unterhaltsanspruch selbst maßgebende Recht oder das Recht des Erfüllungsortes zur Zeit der Entstehung des Unterhaltsanspruchs. — Ist die Höhe des Unterhaltsanspruchs nach den beiden in Betracht kommenden Rechten gleich, so kann es dahingestellt bleiben, welche Rechtsordnung angewendet wird. — Deutsche Gerichte können zur Zahlung in fremder Währung verurteilen. — § 244 BGB ist interzonal anwendbar.**

---

[1] Siehe oben Nr. 241. [2] Siehe unten Nr. 337.

LG Lüneburg (brit. Zone), Urt. v. 21. 9. 1951 — 5 S 98/50: MDR 1951, 746; Auszug in DRsp. II (250) 26a—b.

Die Kl. mit Wohnsitz in C. (sowjet.) ist ein uneheliches Kind des Bekl. Dieser hat seinen Wohnsitz im Bundesgebiet. Das LG verurteilte den Bekl. für die Zeit seit der Währungsreform zur Zahlung von jährlich 351 DM-Ost.

Aus den Gründen:

„Nach dem die Rechtsprechung des OGH Köln ausdrücklich bestätigenden Urteil des BGH v. 26. 1. 1951[1] ist davon auszugehen, daß die Frage nach der Währung (DM-Ost oder DM-West), in welcher eine Forderung entsteht, eine Frage des interlokalen Privatrechts, auf welches wiederum die Bestimmungen des internat. Privatrechts sinngemäß Anwendung zu finden haben, ist.

Bei der Wahl des Anknüpfungspunktes schließt sich das Gericht im Ergebnis dem von *Raape* (IPR³ 344) und *Beitzke* (NJW 1950, 928) vertretenen Standpunkt an, daß es ankommt auf den Wohnsitz des Berechtigten. Diese Auffassung scheint aus mehrfachen Gründen gerechtfertigt. Einmal läßt sich nur am Wohnsitz des Berechtigten dessen Bedarf feststellen. Und gerade bei den unehelichen Kindern richtet sich deren Unterhaltsanspruch nach der Lebensstellung ihrer Mutter, ohne daß es auf die Frage der Leistungsfähigkeit des Erzeugers, als Unterhaltsverpflichteten, ankäme. Ferner ist der Unterhaltsberechtigte zur Bestreitung seines Unterhalts darauf angewiesen, Geld gerade in der Währung zur Verfügung zu haben, welche an seinem Wohnsitz Geltung hat. Schließlich aber liegt der ganze Schwerpunkt dieses Schuldverhältnisses am Wohnsitz des Unterhaltsberechtigten, denn auf die dort herrschenden Verhältnisse kommt es für die Frage einer eventuellen Erhöhung oder Ermäßigung des Unterhaltsanspruches an, wie ja anerkannten Rechtes ist, daß zum Beispiel eine Übersiedlung des Unterhaltsberechtigten vom flachen Lande in eine Großstadt unter Umständen hinreichenden Grund für eine Abänderungsklage darstellen kann.

In der Literatur ist teilweise das Familienrechtsstatut für die Frage der Währung als entscheidend angesehen worden. Allein dieser Auffassung kann nicht beigetreten werden. Nach Art. 21 EGBGB wäre maßgebend das Recht, in dessen Geltungsbereich die Mutter im Zeitpunkt der Geburt ihren Wohnsitz hatte. Mit Recht weist schon *Beitzke* (NJW 1950, 490) darauf hin, daß dies zu Unzuträglichkeiten führt. Für den Unterhaltsanspruch als Dauerschuldverhältnis kann jedenfalls bezüglich der Frage nach der Währung ein Anknüpfungspunkt an ein zurückliegendes Ereignis nicht maßgeblich sein.

Auch das Schuldstatut als solches, wenn damit gesagt sein soll, daß es für die Frage nach der Währung auf den Erfüllungsort ankomme, kann für die Frage nach der Währung nicht von entscheidender Bedeutung sein, jedenfalls nicht insoweit, als damit gesagt sein soll, daß es im konkreten Falle auf einen im Zeitpunkt der Entstehung des Anspruchs (also Geburt des unehelichen Kindes) maßgebenden Umstand abgestellt werden soll. Dies verbietet sich schon mit Rücksicht auf die

---

[1] Siehe oben Nr. 232.

Eigenschaft der Unterhaltsansprüche als Dauerschuldverhältnisse. Zu einem tragbaren und der oben genannten Lösung entsprechenden Anknüpfungspunkt kommt man allerdings dann, wenn man als Erfüllungsort den aus den Umständen, insbesondere aus der Natur des Schuldverhältnisses zu entnehmenden Ort als Erfüllungsort ansieht (§ 269 BGB). Dies entspräche nach dem oben Gesagten dem Ort, an welchem der Schwerpunkt des Schuldverhältnisses liegt, also dem Wohnsitz des Unterhaltsberechtigten.

Steht demnach fest, daß bei den in der Ostzone lebenden unehelichen Kindern der Unterhaltsanspruch in DM-Ost entsteht, richtet sich die weitere Frage nach der Höhe des Unterhaltsanspruches gemäß § 1708 BGB nach der Lebensstellung der Mutter des unehelichen Kindes. Dabei kann im vorliegenden Falle außer Betracht bleiben, ob das Gesetz der Ostzone über den Mutter- und Kinderschutz und die Rechte der Frau v. 27. 9. 1950 Anwendung zu finden hat oder nicht; denn auch der den Prozeß im Armenrecht führende Bekl. lebt in den einfachsten Verhältnissen, so daß die Vermögensverhältnisse der Mutter der Kl. und des Bekl. annähernd die gleichen sind. Die Kl. selbst hält eine Unterhaltsrente von jährlich 351 DM-Ost für erforderlich und ausreichend . . .

Zur Zahlung dieses Betrages, und zwar in DM-Ost, ist der Bekl. zu verurteilen. Es ist in der Literatur vielfach bestritten, ob ein Gericht in den Westzonen ein Urteil auf Zahlung von Ostmark erlassen darf. Ein Verbot zur Verurteilung in einer fremden Währung besteht nicht. So hat auch das RG zum wiederholten Male die Verurteilung durch deutsche Gerichte in ausländischer Währung für zulässig erklärt. Wie ferner *Kühne* (NJW 1950, 729) zutreffend ausführt, ist die Ost-Mark nicht als Devisenmittel im Sinne der Devisengesetzgebung anzusehen und auch der Besitz von Ostmark in den Westzonen erlaubt. Unbestritten sind aber Ostmark und Westmark, wie sich die Verhältnisse nun einmal zwangsläufig entwickelt haben, zwei voneinander verschiedene Währungen (NJW 1951, 484[1]). Genau so wenig, wie ein in der Ostzone wohnender Schuldner sich seinem Westzonengläubiger gegenüber, welcher gegen jenen eine Forderung in DM-West hat, durch Zahlung in ziffernmäßig gleicher Höhe in DM-Ost befreien kann, kann von einem in den Westzonen lebenden Schuldner verlangt werden, daß er den seinem Ostzonengläubiger in Ostmark zustehenden Anspruch in ziffernmäßiger Höhe in Westmark erfülle.

Auf der anderen Seite aber ist durch das Gesetz Nr. 53 der MilReg. eine Zahlung eines im Währungsgebiet lebenden Schuldners an seinen in der Ostzone lebenden Gläubiger verboten. Von diesem Verbot bestehen aber gerade für Unterhaltszahlungen zwei bedeutsame Ausnahmen. Einmal kann der Westzonengläubiger nach der allgemeinen Genehmigung Nr. 41/50 die Zahlung aus einem ihm zustehenden Ostkonto bewirken, zum anderen aber kann er nach der 19. DVO zum UG und der dieser entsprechenden allgemeinen Genehmigung Nr. 27/49 sich durch Einzahlung von DM-West auf ein Sperrkonto bei einem Geld-

[1] Siehe oben Nr. 257b.

institut innerhalb des Währungsgebietes befreien. Wählt der Westzonenschuldner den letzteren Weg, so hat er gemäß § 244 BGB Zahlungen nach dem jeweiligen Wechselstubenkurs zu leisten. Daß dieser Kurs ein legaler Kurs im Sinne von § 244 II BGB ist, hat schon *Kühne* in NJW 1950, 728 zutreffend ausgeführt, diese Auffassung ist aber auch durch die Rechtsprechung mehrerer Gerichte (insbesondere OLG Celle in NJW 1951, 484[1]) als richtig anerkannt und bestätigt worden."

**268. Währung und Höhe des Unterhaltsanspruches eines unehelichen Kindes gegen seinen Erzeuger bestimmen sich nach dem Recht am Wohnsitz der Mutter. — Ein auf DM-Ost lautender Unterhaltsanspruch kann auch in DM-West geltend gemacht werden. — In diesem Fall errechnet sich die Höhe des Anspruches nach dem jeweiligen Umrechnungskurs. — Bei Verurteilung zur Leistung von DM-West hat der Schuldner die Befugnis, die in DM-Ost bestehende Forderung durch Zahlungen in dieser Währung zu erfüllen.**

AG Oberhausen (brit. Zone), Urt. v. 14. 11. 1951 — 2b C 643/50: DAVorm. 25 (1952/53) 17.

Die Kl. ist ein uneheliches Kind des Bekl. und lebt in Ost-Berlin. Der Bekl. hat seinen Wohnsitz in Westdeutschland. Das AG verurteilte den Bekl. zur monatlichen Zahlung desjenigen Westmarkbetrages, der für die Zeit bis zum 31. 3. 1949 einem Betrag von 35 DM-Ost und seit diesem Zeitpunkt einem Betrag von 80 DM-Ost entspricht.

Aus den Gründen:

„Im Anschluß an die Regelung des § 1708 BGB, bei der an die Lebensstellung der Mutter angeknüpft wird, welche genau so wie die Kl. im Ostsektor von Berlin lebt, errechnet sich der Unterhaltsanspruch grundsätzlich nach der dort geltenden Währung, der DM-Ost. Denn, wie *Beitzke* in NJW 1950, 929 ausgeführt hat, entstehen, da der Lebensbedarf sicherzustellen ist, die Unterhaltsansprüche von allen Unterhaltsgläubigern, die in der Ostzone leben, nur in DM-Ost, und zwar in Höhe der dort üblichen Unterhaltssätze. Dies gilt nach Ansicht des Gerichts jedenfalls für die Ansprüche unehelicher Kinder, die nicht (wie ein eheliches Kind nach § 1610 BGB) ihren Stand an den des Vaters in Westdeutschland anknüpfen können, weil sich ihr Unterhaltsanspruch, wie ausgeführt, nur nach der Lebensstellung ihrer Mutter richtet. Der gleichen Ansicht sind neben den bei *Beitzke* aaO. Zitierten auch das LG Stuttgart. Dieses führt in einem Beschluß v. 16. 1. 1951[2] aus, daß in Art. 21 EGBGB die allgemeine Rechtsfolge enthalten ist, daß sich die Höhe des vom unehelichen Vater geschuldeten Unterhalts nach dem Statut der Mutter richtet, daß aber der westdeutsche Vater nicht mehr schuldet, als wozu er nach den — jetzt — westdeutschen Gesetzen verpflichtet ist. Daraus ergebe sich wenigstens so viel, daß, wenn die Höhe der im Titel verbrieften Unterhaltsansprüche davon abhängt, welche Währungsgesetze zur Anwendung gelangen, es sich

[1] Siehe oben Nr. 257b. [2] Siehe oben Nr. 256

nur um die Währungsgesetze handeln kann, die für den Status der Mutter maßgebend sind ... Dabei bedeutet die Benennung des Anspruchs in Höhe von 39 DM aber nicht dessen Begrenzung in dieser Höhe auch in Ostwährung. Dies läßt der Schriftsatz v. ... erkennen, der ja gerade Zahlung in DM-West wünscht, welche unstreitig eine erheblich größere Kaufkraft und einen höheren Wert als die DM-Ost besitzt. Nun sind zwar die Ansichten darüber, ob der Anspruch, der grundsätzlich in DM-Ost entsteht, auch nur in DM-Ost geltend gemacht werden kann oder gar muß oder ob Zahlung von DM-West verlangt werden kann oder muß, wenn der Schuldner in Westdeutschland wohnt, geteilt. Das erkennende Gericht hält die Geltendmachung des Anspruchs in beiden Währungen für zulässig. In Ostmark deshalb, weil die Forderung so entstanden ist und nicht nur nach den Ausführungen von *Beitzke* aaO. Zahlungen in Ostmark in verschiedenen Fällen auch zulässig sind, sondern auch, wie es gerichtsbekannt ist, mit mindestens stillschweigender Duldung der hiesigen Landeszentralbank auf verschiedenen Wegen tatsächlich erfolgen. Welche dieser Wege erlaubt sind und welche nicht, braucht hier nicht erörtert zu werden. Denn die Kl. hat Zahlung in DM-West begehrt und Zahlungen in dieser Währung auf ein hiesiges Sperrkonto sind unstreitig zulässig. Das Verlangen auf Zahlung in DM-West kann der Kl. auch nach Treu und Glauben gemäß § 242 BGB nicht verwehrt werden, weil sie selbst dann, wenn die Vollstreckung in DM-Ost hier zulässig sein sollte, wie *Beitzke* ausführt, diese jedoch bei dem Fehlen amtlicher Wechselkurse und gleichartiger Wechselstuben und bei den Transferschwierigkeiten insbesondere infolge etwa erforderlicher Devisenbewilligungen nach Art. I des Gesetzes Nr. 53 die Vollstreckung sehr erschwert sein wird. Daher muß der Kl. die Vollstreckungsmöglichkeit und demnach auch die Klagemöglichkeit in Westmark zugestanden werden (siehe auch *Wälde*, NJW 1951, 213ff.). Allerdings kann die Kl. nicht schlechthin den gleichen Betrag in DM-West verlangen, den sie in DM-Ost für ihren Unterhalt zu beanspruchen hat. Denn die Möglichkeiten der Erfüllung und auch des Umwechselns der beiden Währungen sind so vielgestaltig, unterliegen auch ständig abändernden Vorschriften amtlicher Stellen, daß hierauf Rücksicht genommen werden muß. Der Klageanspruch kann daher nicht auf einen festen Westmarkbetrag, sondern nur auf den — veränderlichen — Westmarkbetrag festgelegt werden, der jeweils zur Erfüllung des Ostmarkanspruches am Tage der Zahlung erforderlich ist, um mit diesem in gesetzlich zulässiger Weise den geschuldeten Ostmarkbetrag zu erwerben ...

Schließlich war zur Vermeidung von Zweifeln darauf hinzuweisen, daß der Bekl., der eine Vollstreckung ja nicht abzuwarten braucht, auch berechtigt ist, den in Ost-Mark entstandenen Anspruch unmittelbar in dieser Währung im dortigen Währungsgebiet zu erfüllen, wenn er z. B. Gelegenheit hat, die Schuld durch dort lebende Angehörige, die sie ihm abnehmen, oder aus ihm dort zustehenden Guthaben gemäß der allgemeinen Genehmigung Nr. 41/50 v. 10. 7. 1950 zu erfüllen. Vgl. auch hierzu *Beitzke*, aaO. 929, Ziff. 2, und *Wälde*, aaO. 216."

**269. Schuldstatut und Währungsstatut sind getrennt zu bestimmen. — Interzonale Rechtsfragen sind mit Hilfe des interlokalen Privatrechts zu lösen; auf dieses sind die Grundsätze des deutschen internat. Privatrechts entsprechend anzuwenden. — Im Fall des Art. 21 EGBGB tritt dabei an Stelle der Anknüpfung an die Staatsangehörigkeit der Mutter zur Zeit der Geburt des Kindes die Anknüpfung an den jetzigen Wohnsitz oder Aufenthaltsort der Mutter. — Die Vorbehaltsklausel des Art. 21, 2. Halbsatz EGBGB ist auch im interzonalen Recht anwendbar. — Der Vergleich mit der Unterhaltsverpflichtung eines westdeutschen Schuldners bezieht sich nicht nur auf den Umfang, sondern auch auf die Voraussetzungen des Unterhaltsanspruchs. — Bei Anwendung von Art. 21, 2. Halbsatz EGBGB ist der gesamte Unterhaltsanspruch nach westdeutschem Recht zu beurteilen. — Das Währungsstatut bestimmt sich nach den Regeln des internat. Privatrechts, sofern nicht das öffentliche Recht eine zwingende Regelung trifft. — Nach westdeutschem Recht ist eine Verurteilung zur Zahlung in fremder Währung zulässig. — Die Anwendung der Bestimmungen des ostzonalen Devisenrechts, die einem ostdeutschen Gläubiger die Annahme von DM-Ost-Beträgen eines westdeutschen Unterhaltsschuldners untersagen, verstößt nicht gegen den westdeutschen ordre public. — Das Währungsstatut der nach der Währungsreform fällig gewordenen Unterhaltsbeträge ist nicht durch Feststellung des für die Umstellung des Anspruchs maßgebenden Währungsrechts zu bestimmen, sondern durch Feststellung des Währungsrechts, in dem diese Ansprüche neu entstehen. — Der Unterhaltsanspruch eines in der Ostzone lebenden unehelichen Kindes gegen seinen in der Bundesrepublik lebenden Vater ist auf Zahlung von DM-West gerichtet. — Die Höhe des Unterhaltsanspruchs muß ohne Rücksicht auf die unterschiedliche Kaufkraft und den Wechselstubenkurs der deutschen Währungen nach den westdeutschen Richtsätzen festgesetzt werden.**

LG Hamburg (brit. Zone), Urt. v. 1. 11. 1951 — 9 S 704/50: *z. T. in MDR 1952, 423.

Der Kl. ist ein uneheliches Kind des Bekl. und lebt in der Ostzone. Der Bekl. hat seinen Wohnsitz in Westdeutschland. Das LG verurteilte ihn zur Zahlung von monatlich 30 DM-West bis zur Vollendung des 16. Lebensjahrs, zahlbar auf ein Sperrkonto des Kl. in den Westzonen.

Aus den Gründen:

„II. Bei der Frage, welches Recht auf die vorliegende Unterhaltsklage anzuwenden ist, das der Ostzone oder das der Bundesrepublik, ist das anzuwendende Grundlagenrecht und das Währungsrecht gesondert zu betrachten.

A. Mit der herrschenden Meinung (vgl. *Marquordt*, MDR 1951, 391 unt. I.) ist für die Ermittlung des maßgeblichen Unterhaltsrechts davon auszugehen, daß interzonale Rechtsfragen nur mit Hilfe des interlokalen Privatrechts gelöst werden können, das wiederum auf einer entsprechenden Anwendung des deutschen internat. Privatrechts beruht.

Art. 21 EGBGB bestimmt nun, daß die Unterhaltspflicht des Vaters gegenüber einem unehelichen Kinde sich nach den Gesetzen des Staates beurteilt, dem die Mutter zur Zeit der Geburt des Kindes angehört. *Beitzke* (NJW 1950, 929 unter I 1) hat an sich mit Recht darauf hingewiesen, daß die genaue Befolgung dieses Grundsatzes für die hier interessierenden Unterhaltsstreitigkeiten zu absurden Ergebnissen führen würde, etwa wenn die Geburt im Ausland erfolgt ist oder zwar in der Ostzone, Vater und Kind jetzt aber in der Bundesrepublik ihren Wohnsitz oder dauernden Aufenthalt haben. Demgegenüber steht die jetzt herrschende Meinung aber auf dem Standpunkt, daß bei der entsprechenden Anwendung der Vorschriften des internat. Privatrechts auf interzonale Rechtsstreitigkeiten an die Stelle der Anknüpfung an die Staatsangehörigkeit die Anknüpfung an den Wohnsitz oder gewöhnlichen Aufenthaltsort der maßgeblichen Person tritt (*Marquordt*, MDR 1951, 391 zu N. 6; OLG Braunschweig, JZ 1951, 82[1]).

Danach wäre hier also, da die Mutter des Kl. in der Ostzone wohnt, das dortige Unterhaltsrecht maßgebend. [Das Gericht führt aus, daß nach Art. 33 der Verfassung der DDR in Verbindung mit § 17 des Mutterschutzgesetzes v. 27. 9. 1950 (MKSchG — GBl 1037) nichteheliche Kinder den ehelichen praktisch gleichgestellt seien.]

Damit unterscheidet sich das Unterhaltsrecht unehelicher Kinder der Ostzone von dem der Bundesrepublik nicht nur hinsichtlich der Bemessung, sondern auch hinsichtlich der Dauer. Dies zeigt ein Vergleich der §§ 1613 und 1711 für Unterhaltsrückstände und der §§ 1601 und 1708 BGB für die zeitliche Endbegrenzung der Ansprüche. Soweit aber der westdeutsche Unterhaltsschuldner durch das ostzonale Recht gegenüber dem hier gültigen schlechter gestellt wird, greift die Vorbehaltsklausel des Art. 21, 2. Halbsatz EGBGB ein (*Schlichting*, MDR 1951, 141 unter 10; *Schöne*, NJW 1951, 697; *Marquordt*, MDR 1951, 392 unter II 2). Der in solchen Fällen anzustellende Vergleich bezieht sich nicht nur auf den Umfang, sondern auch auf die Voraussetzungen des Anspruchs (vgl. *Staudinger-Raape*, EGBGB [1931], Art. 21 V I). Der Vergleich ist in concreto anzustellen. Hier kann nicht daran gezweifelt werden, daß der Bekl. sich nach dem Recht der Bundesrepublik besser steht. Der Bekl. würde seiner Lebensstellung nach einem ehelichen Kinde einen höheren Unterhalt als den nach § 1708 BGB geschuldeten zahlen müssen. Schwerwiegend ist auch die zeitliche Begrenzung des § 1708 BGB (Vollendung des 16. Lebensjahres; Ausnahme nach Abs. 2 nur bei körperlichen oder geistigen Gebrechen, nicht also bei Arbeitslosigkeit wegen Arbeitsmangels). Demgegenüber fällt nicht wesentlich ins Gewicht, daß uneheliche Kinder auch ohne Verzug des Vaters für die Vergangenheit Unterhalt beanspruchen können. Die Zeit bis zur Währungsreform interessiert wegen der Abwertung ohnehin nicht besonders. Im Endergebnis ist also festzustellen, daß der Verurteilung des Bekl. hier § 1708 BGB zugrundezulegen ist. Dagegen kann sich der Unterhaltsschuldner nach Art. 21 EGBGB nicht etwa jeweils die günstigste Rechtsordnung in einzelnen Punkten heraussuchen. Der Bekl. könnte hier also nicht verlangen, daß erst ab Klageerhebung, weil früherer Ver-

---

[1] Siehe oben Nr. 240.

zug nicht dargetan ist, Verurteilung zur Unterhaltszahlung zu erfolgen hätte und daß etwa bei späterer Arbeitslosigkeit unter Berufung auf § 17 II MKSchG die Verurteilung nach § 323 ZPO aufzuheben wäre. Dies würde die Rechte des unehelichen Kindes über Gebühr verkürzen und ist auch von der Kammer im Verhältnis zu einem österreichischen unehelichen Kind abgelehnt worden (9 S 427/50, Urteil v. 13. 3. 1952).

B. Zu prüfen bleibt, ob der Bekl. zur Zahlung von Unterhalt in West- oder Ostmarkwährung zu verurteilen ist. Der Kl. hat auf Zahlung von DM-West geklagt und es abgelehnt, auch nur hilfsweise einen Antrag auf Zahlung von DM-Ost zu stellen.

Diese Frage ist sehr umstritten. Das erkennende Gericht hat durch Urteil v. 27. 7. 1950 (9 S 161/50) einem unehelichen Kind mit Wohnsitz in der Ostzone monatlich 30 DM-West zugesprochen. Im Ergebnis kann daran festgehalten werden, wenn auch die Begründung zum Teil überholt ist.

Die Frage, ob sich das Währungsstatut nach internat. privaten oder öffentlichen (Verwaltungs-) Recht richtet, ist schon in dem Urteil [der erkennenden Kammer] v. 15. 11. 1951[1] behandelt worden. [Das Gericht gibt seine Ausführungen zu II B 1 dieser Entscheidung wieder.]

Wenn man mit der h. M. das IPR darüber entscheiden läßt, in welcher Währung bei Unterhaltsforderungen zu erkennen ist, so ergibt sich gleichfalls, daß zur Zahlung von DM-West zu verurteilen ist.

Falls man an das Schuldstatut anknüpft, weil es sich bei der Unterhaltsverbindlichkeit um ein verselbständigtes Schuldverhältnis handele (vgl. dazu das vorerwähnte Urteil der Kammer), so gelangt man über den Schuldnerwohnsitz zur Westwährung (so auch LG Göttingen, MDR 1949, 757[2]). Jedenfalls das Unterhaltsrecht der §§ 1708ff. hat stark schuldrechtlichen Charakter; das uneheliche Kind ist nach § 1705 BGB nicht mit seinem Vater verwandt.

Art. 21 EGBGB verweist allerdings zunächst auf das Recht der Ostzone. Dieses hat die Stellung des unehelichen Kindes dem des ehelichen angeglichen. Danach käme die Anknüpfung an das Familienrechtsstatut in Betracht (vgl. allgemein *Marquordt*, MDR 1951, 393 unter III 2). Auch auf diesem Wege gelangt man aber nicht zur Anwendung der Ostmarkwährung, weil *Marquordt* selbst die Einschränkung macht, daß das öffentliche Recht maßgeblich ist, wenn dieses zwingend vorschreibt, in welcher Währung Forderungen geltend zu machen sind. In gleichem Zusammenhang wurde darauf hingewiesen, daß die Einfuhr von Ostmark in die Ostzone verboten ist, während in bezug auf Westmarkbeträge eine Anbietungspflicht besteht (vgl. *Wälde*, NJW 1951, 864). Schon aus diesem Grunde kommt daher hier eine Anknüpfung an das Familienrechtsstatut für die Frage der Währung nicht in Betracht. In diesem Punkt widersprechen die früher erwähnten ostzonalen Devisenvorschriften auch nicht dem ordre public der Bundesrepublik, weil nach unserem Devisenrecht auf diesem Gebiet keine zwingenden Vorschriften bestehen. Lediglich die freie Transferierung von Westmark

---

[1] Siehe unten Nr. 271. [2] Siehe oben Nr. 237.

in die Ostzone ist verboten. Das berührt wegen der Möglichkeit, Westmark auf Sperrkonto einzuzahlen, aber nicht die Frage, in welcher Währung zu erkennen ist.

Auch wenn man darauf abstellt, daß das Währungsrecht des Staates maßgeblich sei, der das betr. Rechtsverhältnis beherrsche (vgl. dazu Urteil der Kammer v. 15. 11. 1951[1]), käme man hier nicht notwendig zur Ostmarkwährung. Die tatsächliche Beherrschung übt immer der Schuldnerstaat aus (vgl. *Kegel*, JZ 1951, 83; BGH, MDR 1951, 228[2]). Dieser hat aber auch über die Vorbehaltsklausel des Art. 30 EGBGB und im vorliegenden Falle über Art. 21, 2. Halbsatz EGBGB hinsichtlich des anzuwendenden privaten Rechts das letzte Wort.

Dagegen kommt es auf die Natur der Unterhaltsforderung als Wertanspruch für die Frage der Währung nicht entscheidend an (vgl. dazu näher Urteil der Kammer v. 15. 11. 1951[3]).

Auch erscheint die Begründung des Urteils des LG Passau (MDR 1952, 169[4]), bei einem vor der Währungsreform in RM entstandenen Unterhaltsanspruch sei auch für die Zeit nach dem Stichtag gemäß § 18 Nr. 1 UG i. V. mit dem Wohnsitz des Schuldners im Gebiet der Bundesrepublik 1:1 in DM-West umzustellen, unzutreffend, weil hier weder ein alter Titel vorliegt, auf den die 16. DVO zum UG anwendbar wäre, noch genügend berücksichtigt ist, daß es bei den nach der Währungsreform fällig gewordenen Unterhaltsraten überhaupt nicht um Umstellung, sondern um die Frage geht, in welcher Währung diese Unterhaltsansprüche überhaupt entstehen (insoweit richtig *Beitzke*, NJW 1950, 929 zu N. 9).

Nach allem gelangt die Kammer auch für den Unterhaltsanspruch eines in der Ostzone lebenden unehelichen Kindes gegen einen in der Bundesrepublik wohnenden Vater zu dem Ergebnis, daß er auf Zahlung von DM-West gerichtet ist (im Ergebnis ebenso LG Dortmund, MDR 1950, 553[5]; LG Würzburg, MDR 1951, 491[6]; AG Plön, MDR 1952, 42[7]; LG Passau, MDR 1952, 169[8]; *Wälde*, NJW 1951, 216; wegen der Gegenmeinung vgl. den Aufsatz von *Marquordt*, MDR 1951, 390ff., besonders 393 unter III 2, der jedoch für den Fall, daß Vater und Kind in der Bundesrepublik, die Mutter dagegen in der Ostzone wohnen, keine überzeugende Begründung zu geben vermag).

III. Zu entscheiden bleibt, in welcher Höhe der Bekl. dem Kl. Unterhalt zu gewähren hat.

Es wurde bereits oben unter II A darauf hingewiesen, daß über Art. 21 EGBGB (2. Halbsatz) für den Anspruch des Kl. § 1708 BGB maßgeblich ist. Danach kann er den der Lebensstellung seiner Mutter entsprechenden Unterhalt verlangen. Es bestehen keine Bedenken, ihm die beantragten 30 DM-West monatlich zuzusprechen. Zwar ist dem Gericht bekannt, daß die Westmark gegenüber der Ostmark etwa die doppelte Kaufkraft hat. Gleichwohl geht es nicht an, dem Kl. nur die Hälfte der Unterhaltsrente zuzubilligen, die in Westdeutschland lebende

---

[1] Siehe unten Nr. 271. [2] Gemeint ist wohl die Entscheidung Nr. 232.
[3] Siehe unten Nr. 271. [4] Siehe oben Nr. 263. [5] Siehe oben Nr. 241.
[6] Siehe oben Nr. 261. [7] Siehe oben Nr. 265. [8] Siehe oben Nr. 263.

uneheliche Kinder beanspruchen können. Zwar ist auch nach § 1708 BGB im vorliegenden Fall auf die Lebensverhältnisse der Mutter des Kl. Rücksicht zu nehmen, die im Falle der freien Umwechslung von Westmark in Ostmark bei einem durchschnittlichen Wechselstubenkurs von 1 Westmark = 4 Ostmark den Unterhalt des Kl. mit dem doppelten Ostmarkbetrag bestreiten könnte, den ein uneheliches Kind bei gleicher Lebensstellung der Mutter hier einmal in Westmark erhält. Die Kammer hat aber bereits in dem Urteil v. 15. 11. 1951 im einzelnen nachgewiesen, daß unter den gegenwärtigen Verhältnissen auf legalem Wege der Umwechslungskurs nicht erzielt werden kann. Grundsätzlich sind die geschuldeten Beträge auf Sperrkonto einzuzahlen. Bei der neuerdings generell erlaubten und schon früher vielfach gehandhabten Verrechnung von Sperrkonten wird im Verhältnis von 1:1 an die örtlichen Unterhaltsgläubiger ausgezahlt. Das ostzonale uneheliche Kind bekäme auf diese Weise für 1 Westmark aus einem ostzonalen Sperrkonto 1 Ostmark. Würde man unter diesen Umständen im Erkenntnisverfahren den Westmarkbetrag im Hinblick auf die unterschiedliche Kaufkraft oder den Wechselstubenkurs bereits reduzieren, dann bekäme das in der Ostzone lebende uneheliche Kind auf diesem Wege weniger Ostmark, als es zu einer Zeit von einem in der Ostzone lebenden Vater bekommen hätte, in der auch dort noch der im Vergleich zu § 17 II MKSchG ungünstigere § 1708 BGB gegolten hat. Man käme zu Renten, die u. U. 10 DM-Ost monatlich noch unterschreiten würden. Die Kammer hat in ihrer mehrfach erwähnten Parallelentscheidung weiter nachgewiesen, daß auch auf sonstige Weise legal keine nennenswerten Vorteile aus dem Kursunterschied herausgeholt werden können. Bei Reisen des Kindes in die Bundesrepublik werden zwar gewisse Beträge freigegeben. Dann muß das Geld aber auch hier ausgegeben werden, so daß ein Umtausch entfällt. Wird er dennoch vorgenommen, ist dies nicht nur illegal, sondern es besteht auch die Gefahr der Beschlagnahme des gesamten Geldes durch die Ostzonenbehörden. Dabei ist noch nicht berücksichtigt, daß die Reisekosten auch bestritten sein wollen.

Soweit das Kind die Möglichkeiten ausnutzt, sich für z. Z. monatlich 25 DM freigegebener Beträge bestimmungsgemäß Pakete in die Ostzone schicken zu lassen, kommt ein Vorteil nur für solche Güter in Betracht, die drüben den vierfachen oder einen ähnlich hohen Preis haben. Das Kind kann aber nicht auf den Weg verwiesen werden, sich auf solche Güter zu konzentrieren und einen Teil davon in der Ostzone zu veräußern, um dadurch seinen gesamten Lebensunterhalt bestreiten zu können. Ganz davon abgesehen, daß dem praktische und rechtliche Hindernisse im Weg stehen, ist mit solchen Paketaktionen immer ein erhebliches Transportrisiko verbunden (Diebstahl, Beschlagnahme, Verderb usw.). Die Transferierung derart zweckgebundener Freibeträge ist andererseits wieder illegal. Sicherlich wird einigen Gläubigern über Berliner Mittelsleute vielfach gleichwohl ein Transfer glücken. Ein Gericht kann aber nur von dem gesetzlich zulässigen Zustand ausgehen. Der Unzulänglichkeit politischer Zustände, die Vereinbarungen zwischen der Bundesrepublik und der Ostzone verhindern, wie sie im Verhältnis zu vielen westeuropäischen Staaten bestehen, vermag das Gericht unter Sanktionierung illegaler Wege nicht abzuhelfen. Deshalb bleibt auch hinsichtlich der Unterhaltsansprüche unehelicher Kinder in der Ostzone z. Z. ebenso wie bei sonstigen Unterhaltsforderungen nichts anderes übrig, als ihnen annähernd den Westmarkbetrag zuzubilligen, den sie auch bekommen würden, wenn sie in der Bundesrepublik wohnten. Nur so ist der ihnen gebührende Unterhalt auf den gegenwärtig zugelassenen Wegen zu befriedigen. Es muß in solchen Fällen den Vätern überlassen bleiben, nach § 323 ZPO auf Abänderung zu klagen, wenn in der Zukunft einmal der Kursunterschied auch auf legale Weise sollte verwirklicht werden können."

**270. Das Währungsstatut von Unterhaltsansprüchen richtet sich nicht nach den gesetzlichen Regeln über das für diese Ansprüche selbst maßgebende Recht. — Währungsstatut ist das Recht des Ortes, an dem der Unterhaltsbedarf gedeckt werden muß. — Die Höhe des Unterhaltsbetrages für ein eheliches Kind ist nach den Aufwendungen zu bemessen, die der Unterhaltsschuldner für ein bei ihm wohnendes eheliches Kind treffen müßte; dieser Betrag ist sodann nach der Kaufkraft der Währungen in die am Wohnsitz des Unterhaltsberechtigten geltende Währung umzurechnen. — Ein deutsches Gericht kann zur Zahlung in ausländischer Währung verurteilen. — Bei einer in ausländischer Währung entstandenen Forderung kann die Verurteilung zur Zahlung in deutscher Währung erfolgen, wenn dies devisenrechtlich zulässig ist und berechtigte Interessen des Schuldners nicht entgegenstehen. — Bei einer derartigen Umrechnung müssen geringe Schwankungen im Kursverhältnis der beiden Währungen sowie in den Lebenshaltungskosten in beiden Währungsgebieten in Kauf genommen werden.**

LG Bochum (brit. Zone), Urt. v. 13. 11. 1951 — 8 S 226/51: NJW 1952, 471; Clunet 81 (1954) 1002.

Der Kl. ist ein eheliches Kind des Bekl. und wohnt im Saargebiet. Der Bekl. lebt in Westdeutschland. Das LG verurteilte zur Zahlung einer Unterhaltsrente von 55 DM-West monatlich.

Aus den Gründen:

„Die Frage, in welcher Währung der Unterhaltsanspruch des Kl. entsteht, wird jedoch nicht von den im EGBGB normierten Vorschriften des internat. Privatrechts entschieden. Nach Auffassung des Gerichts (NJW 1951, 239[1]) erwächst der Unterhaltsanspruch in der Währung, in welcher der Unterhaltsbedarf gedeckt werden muß. In dieser Währung ist er auch zu bemessen. Das ist hier die Frankenwährung. Die Frage, ob auch in dieser Währung zu verurteilen ist, hängt einerseits von den devisenrechtlich gewährten Erfüllungsmöglichkeiten, andererseits auch von dem Willen und den Anträgen der Parteien ab und soll weiter unten noch erörtert werden.

Die Höhe des dem Kl. zustehenden Frankenbetrages richtet sich nicht nach den im Saargebiet üblichen Unterhaltsrichtsätzen für den ehelichen Sohn eines Ingenieurs, sondern ist unter Berücksichtigung der

[1] Siehe oben Nr. 258.

Einkommens- und Lebensverhältnisse des Bekl. an seinem Wohnsitz zu berechnen, da der standesgemäße Unterhalt des Kl. sich nach der Lebensstellung des Bekl. bemißt (vgl. *Palandt*, Anm. 2 zu § 1610 BGB). Diese Lebensstellung des Bekl. wird nun nicht für alle Zeit durch den von ihm gewählten Beruf oder auch die Tätigkeit in einem bestimmten Berufsstand bestimmt, sondern wird wesentlich beeinflußt von dem im Durchschnitt erzielten Realeinkommen des Bekl. speziell wie auch seines Berufsstandes im allgemeinen, das aber für den Berufsstand gesehen in den einzelnen Ländern und selbst den Gebieten eines einzelnen Landes durchaus verschieden sein kann.

Der Kl. hat danach Anspruch auf denjenigen Frankenbetrag, der erforderlich ist, um die Güter und Leistungen an seinem Wohnort zu beschaffen, die ihm der Bekl. gewähren müßte, wenn der Kl. im gleichen Gebiet wie der Bekl. wohnte ...

Da die Kaufkraft von 8500 Franken im wesentlichen der Kaufkraft von 100 DM entspricht, was sich aus dem börsenmäßig gebildeten Kursverhältnis beider Währungen und der Vergleichung des Preisniveaus für die einzelnen Bedarfsgüter in beiden Währungsgebieten ergibt, würde der Kl. Anspruch auf Zahlung von etwa 7650 Franken im Monat haben ...

Wenn auch der Unterhaltsanspruch des Kl. in Franken entstanden und bemessen worden ist, so besagt dies nicht, daß auch eine Verurteilung des Bekl. zur Zahlung in Franken erfolgen müßte. Möglich ist eine derartige Verurteilung. Weder die Normen und Regeln des IPR noch devisenrechtliche Vorschriften oder Bestimmungen der Besatzungsmächte stehen dem entgegen (vgl. auch insoweit das Urt. des erkennenden Gerichtes in NJW 1951, 239[1], und *Raape*, IPR³ 334). Andererseits muß aber auch der als Devisenausländer geltende Kl. für berechtigt gehalten werden, auf Verurteilung in DM zu klagen, wenn eine Erfüllungsmöglichkeit in dieser Währung gegeben ist, devisenrechtliche Belange und auch das berechtigte Interesse des Bekl. nicht entgegenstehen (so auch *Raape* aaO. und sein dort zitiertes Beispiel).

Der Bekl. hat offenbar kein Interesse an einer Verurteilung in Frankenwährung, da er selbst den Antrag des Kl. auf Verurteilung zur Zahlung von DM angeregt hat. Auch Währungsvorschriften hindern weder eine Verurteilung in Franken noch in DM. Der zu zahlende Unterhalt ist zum Saargebiet transferierbar, da nach Vorweisung des Unterhaltstitels die Transfergenehmigung erteilt wird, so daß der Kl. durch Vermittlung einer Außenhandelsbank in den Besitz des Geldes gelangen kann. Da der Kl. nun in erster Linie Verurteilung des Bekl. in DM und nur hilfsweise in Franken verlangt, so war seinem Hauptantrage zu entsprechen. Der Betrag, den der Bekl. in DM schuldet, war entsprechend dem Kursverhältnis beider Währungen auf 55 DM monatlich festzusetzen.

Geringe Schwankungen im Kursverhältnis müssen die Parteien in Kauf nehmen, solange sich die Relation der Kaufkraft von Franken und DM sowie der Lebenshaltungskosten in beiden Währungsgebieten oder die Währungen selbst nicht von Grund auf ändern."

---

[1] Siehe oben Nr. 258.

**271. Für die Klage eines ostdeutschen Unterhaltsgläubigers gegen einen westdeutschen Schuldner besteht trotz der Unmöglichkeit eines Transfers ein Rechtsschutzbedürfnis. — Interzonale Rechtsfragen sind mit Hilfe des interlokalen Privatrechts zu lösen; auf dieses sind die Regeln des deutschen internat. Privatrechts entsprechend anzuwenden. — Das Währungsstatut bestimmt sich nach den Regeln des internat. Privatrechts, falls nicht das öffentliche Recht eine zwingende Regelung gibt. — Westdeutsche Gerichte können auf Zahlung in fremder Währung erkennen. — Mangels zwingender Regeln des öffentlichen Rechts der lex fori ist das Währungsstatut des Unterhaltsanspruchs einer geschiedenen Ehefrau nicht nach einem verselbständigten Schuldstatut (Wohnsitz des Schuldners), sondern nach dem Familienrechtsstatut zu beurteilen. — Bei der entsprechenden Anwendung von Art. 17 EGBGB ist an den Wohnsitz oder den gewöhnlichen Aufenthaltsort des geschiedenen Ehemannes im Zeitpunkt der Entscheidung des Rechtsstreits anzuknüpfen. — Die Höhe des Unterhaltsanspruchs muß ohne Rücksicht auf die unterschiedliche Kaufkraft und den Wechselstubenkurs der deutschen Währungen festgesetzt werden, da diese Wertunterschiede legal nicht ausgenutzt werden können. — Verfügt ein westdeutscher Schuldner über Vermögen in der Ostzone, so muß auch auf Zahlung in DM-Ost erkannt werden. — Ein westdeutsches Gericht darf bei einem nach westdeutschem Recht zu beurteilenden Anspruch nicht zu einer Leistung verurteilen, die nach dem Devisenrecht des Gläubigers in der Ostzone verboten ist. — Dem westdeutschen Unterhaltsschuldner steht wegen der Vorschriften des westdeutschen Devisenrechtes nicht die Befugnis zu, die auf DM-West lautende Unterhaltsforderung eines ostdeutschen Gläubigers durch Zahlung in DM-Ost zu erfüllen. — Zahlungsbeschränkungen nach dem Devisenrecht der lex fori sind in den Urteilstenor aufzunehmen.**

LG Hamburg (brit. Zone), Urt. v. 15. 11. 1951 — 9 S 634/50: *MDR 1952, 301.

Die Kl. ist die geschiedene Ehefrau des Bekl.; sie lebt in St. (sowjet.). Der Bekl. hat seinen Wohnsitz in H. (brit.). Das LG gab der Klage auf Zahlung eines Unterhaltsbetrages von 45 DM-West, zahlbar auf ein Sperrkonto der Kl. in der Bundesrepublik, statt.

Aus den Gründen:

„I. Nicht zweifelhaft kann sein, daß für die vorliegende Klage überhaupt ein Rechtsschutzbedürfnis besteht, obwohl zur Zeit legale Überweisungsmöglichkeiten von DM-West oder DM-Ost von hier nach der Ostzone noch nicht bestehen. Die jetzt durchaus herrschende Meinung (vgl. die Nachweise bei *Wälde*, NJW 1951, 215 unter V I; a. A. unter anderen Verhältnissen RGZ 165, 221 und OLG Stuttgart, MDR 1950, 554[1]) weist mit Recht darauf hin, daß der Unterhaltsberechtigte mit Genehmigung der Landeszentralbank bei Reisen in das Gebiet der Bundesrepublik für seinen Lebensunterhalt Abhebungen machen darf, daß auch mit Genehmigung Beträge abgehoben werden dürfen, um Lebensmittelpakate in die Ostzone zu schicken und daß überhaupt die

[1] Siehe unten Nr. 339.

Möglichkeit einer späteren allgemeinen Freigabe der Sperrkonten nicht ausgeschlossen werden kann und deshalb schon jetzt sichergestellt werden muß, daß von dem laufenden Einkommen des Schuldners Beträge abgezweigt werden, die bei einer späteren Klage mit Wirkung für die Vergangenheit meist nicht mehr beigetrieben werden könnten.

II. Davon abgesehen ist die Frage zu entscheiden, welches Recht auf solche Unterhaltsklagen anzuwenden ist, das der Ostzone oder das der Bundesrepublik. Dabei interessiert nicht nur das maßgebliche private Unterhaltsrecht, sondern auch etwa voneinander abweichendes Währungsrecht.

A. Mit der herrschenden Meinung (vgl. *Marquordt*, MDR 1951, 391 unter I) ist für die Ermittlung des maßgeblichen Unterhaltsrechts davon auszugehen, daß interzonale Rechtsfragen nur mit Hilfe des interlokalen Privatrechts gelöst werden können, das wiederum auf einer entsprechenden Anwendung des deutschen internat. Privatrechts beruht. Über die Art der Anknüpfung erübrigen sich an dieser Stelle nähere Ausführungen, weil das Unterhaltsrecht für Ansprüche der (geschiedenen) Ehefrau (und auch ehelicher Kinder) in den beiden Teilen Deutschlands noch einheitlich geblieben ist ...

B. Zu prüfen bleibt, ob der Bekl. zur Zahlung von Unterhalt in West- oder Ostwährung zu verurteilen ist. Die Kl. hat in erster Linie DM-West verlangt, mit ihrem Hilfsantrag aber auch die zweite Möglichkeit berücksichtigt.

Diese Frage ist in Literatur und Rechtsprechung heftig umstritten. Das erkennende Gericht hat durch Urteil v. 27. 7. 1950 (9 S 161/50) entschieden, daß nur zur Zahlung von DM-West verurteilt werden könne. Die Begründung dieser Entscheidung ist teilweise überholt, am Ergebnis ist aber auch heute noch grundsätzlich festzuhalten. Dies soll hier für die Unterhaltsansprüche geschiedener Ehefrauen (entsprechendes gilt für die Ansprüche getrennt lebender Ehefrauen und ehelicher Kinder) näher begründet werden. In einer gleichzeitig entschiedenen Sache (9 S 704/50[1]) ist dies auch für die Ansprüche unehelicher Kinder angenommen worden.

1. Streit herrscht schon darüber, ob die Frage, in welcher Währung zu verurteilen ist, nach internat. Verwaltungs- oder Privatrecht zu beurteilen ist. Die vorwiegende Meinung nimmt Letzteres an (vgl. *Marquordt*, MDR 1951, 392 unter III 1; auch BGH, MDR 1951, 288[2]). *Raape* (IPR[3] 344), *Beitzke* (NJW 1950, 928) und *Wälde* (NJW 1951, 216) sind der Meinung, daß sich das Währungsstatut nach internat. öffentlichem (Verwaltungs-)Recht richte. Die Kammer hält die Ansicht von *Marquordt* für richtig, daß das Währungsrecht nicht nur dem öffentlichen, sondern auch dem Privatrecht angehöre und dieses für das hier zu entscheidende Problem maßgeblich sei, falls das öffentliche Recht keine zwingende Regelung enthält. Diese Streitfrage kann hier aber auch dahingestellt bleiben, weil weder das internat. öffentliche Recht noch das internat.

[1] Siehe oben Nr. 269. [2] Siehe oben Nr. 232.

Privatrecht hier dazu zwingen, den Bekl. zur Zahlung von DM-Ost zu verurteilen.

a) Die in dem früheren Urteil der Kammer im Anschluß an *Raape* (aaO. 344) und die ursprüngliche Auffassung von *Marquordt* (MDR 1950, 10; jetzt aber MDR 1951, 394 zu N. 35) vertretene Meinung, daß den westdeutschen Gerichten aus devisenrechtlichen Gründen eine Verurteilung zu DM-Ostzahlungen schlechthin verboten sei, ist überholt. Dies beweist schon die Allgemeine Genehmigung 41/50 (Bundesanzeiger v. 14. 7. 1950), nach der der Westschuldner aus Vermögen in der Ostzone Unterhaltszahlungen bis zu 300 DM-Ost monatlich bewirken darf. Dann muß er auch zu entsprechenden Leistungen verurteilt werden können. Devisenrechtliche Hindernisse bestehen auch nicht, wenn Gläubiger und Schuldner einer in Ostwährung eingegangenen Verbindlichkeit zur Zeit der Entscheidung im Gebiet der Bundesrepublik wohnen. Wenn einer dieser beiden Fälle nicht vorliegt, würde die Verurteilung zu DM-Ost allerdings nur mit der Maßgabe in Betracht kommen, daß ein nach dem Wechselstubenkurs des Zahlungstages entsprechender DM-West-Betrag auf ein Sperrkonto einzuzahlen ist. Die Errichtung eines solchen Titels wäre auf alle Fälle mit Genehmigung der zuständigen Landeszentralbank zulässig. Daß devisenrechtliche Gründe eine Verurteilung zu DM-Ost-Zahlungen nicht ausschließen, ist jetzt durchaus herrschende Meinung (*Kühne*, NJW 1950, 729; *Wälde*, NJW 1951, 213; Schreiben der Bank deutscher Länder an den Bundesminister der Justiz vom 28. 8. 1951 unter Ziffer 3 und 4 a. E., mitgeteilt durch Schreiben des LG-Präsidenten v. 26. 9. 1951, — 72 — 29. 9. 1951, 374 — 24. 9. 1951; Bank deutscher Länder, NJW 1950, 75 in der Anm. zu AG Frankfurt; ausdrücklich auch noch einmal in der zu 9 S 704/50[1] eingeholten besonderen Stellungnahme).

Daß im Gegensatz zum angelsächsischen Recht deutschen Gerichten auch sonst nicht Verurteilung zur Zahlung in fremder Währung schlechthin verboten ist, wenn die erforderlichen devisenrechtlichen Genehmigungen vorliegen, gibt auch *Raape* (aaO. 334, 344 unten unter Hinweis auf den sonst überflüssigen § 244 BGB) zu (unrichtig also nach allem OLG Hamburg, MDR 1951, 41[2]; LG Bielefeld, MDR 1952, 108[3]).

b) Andererseits ist Ostzonenunterhaltsgläubigern nach dortigem Recht verboten, Ostzonenmarkbeträge von Unterhaltsschuldnern in der Bundesrepublik in das Gebiet der Ostzone einzuführen (AO der Deutschen Wirtschaftskommission v. 23. 3. 1949 — ZVOBl I 1949, 211 — und v. 26. 11. 1949 — ZVOBl 1949, 561[4]). Darauf haben mit Recht einige Gerichte, die auf DM-West erkannt haben, hingewiesen (LG Dortmund, MDR 1950, 552[5]; LG Würzburg, MDR 1951, 490[6]; LG Lüneburg, MDR 1951, 303[7]; ebenso *Kegel* in der Anm. zu OLG Braunschweig, JZ 1951, 83; vgl. auch *Wälde*, NJW 1951, 864). Diesen Gesichtspunkt übersehen alle diejenigen, die aus den verschiedensten Gründen an das für den Unterhaltsberechtigten gültige Recht anknüpfen und deshalb den Unter-

[1] Siehe oben Nr. 269. [2] Siehe oben Nr. 193. [3] Siehe oben Nr. 266.
[4] Gemeint ist die Anordnung vom 26. 11. 1948, ZVOBl 1948, 561.
[5] Siehe oben Nr. 241. [6] Siehe oben Nr. 261. [7] Siehe unten Nr. 347.

haltsanspruch in DM-Ost zuerkennen wollen. Dem könnte zwar entgegengehalten werden, daß bei Einzahlung eines nach dem Wechselstubenkurs des Zahlungstages zu errechnenden DM-West-Betrages kein Konflikt mit den angeführten Ostzonenbestimmungen zu befürchten sei. Diese sich aus dem gegenwärtigen Recht der Bundesrepublik ergebende Einschränkung des primär auf Zahlung von DM-Ost lautenden Titels kann aber jederzeit durch eine Maßnahme des hiesigen Gesetzgebers gegenstandslos werden. Schon jetzt ist die Zahl der Vollstreckungsmöglichkeiten laufend vermehrt worden.

c) Die vorstehenden Ausführungen zeigen, daß das internat. Währungsrecht der Bundesrepublik für das hier zu entscheidende Problem keine zwingenden Vorschriften enthält, während nach dem entsprechenden Ostzonenrecht sogar eine Verurteilung zu DM-West geboten wäre.

2. Auch wenn man mit der herrschenden Meinung dem Währungsrecht auch privatrechtlichen Charakter beimißt und das internat. Privatrecht darüber entscheiden läßt, in welcher Währungseinheit bei Unterhaltsforderungen zu erkennen ist, ergibt sich jedenfalls für die Unterhaltsansprüche der (geschiedenen) Ehefrau und ehelicher Kinder mit gewöhnlichem Aufenthaltsort in der Ostzone gegen Unterhaltspflichtige im Gebiet der Bundesrepublik, daß auf Zahlung von DM-West zu erkennen ist. Insoweit ist wiederum streitig, ob an das Schuld- oder an das Familienrechtsstatut anzuknüpfen ist.

a) Die Anknüpfung an das Schuldstatut wird teilweise damit gerechtfertigt, daß es sich bei der Unterhaltsverbindlichkeit immerhin um ein verselbständigtes gesetzliches Schuldverhältnis handele (vgl. die Nachweise bei *Beitzke*, MDR 1949, 758 und *Marquordt*, MDR 1951, 392 N. 16). Maßgeblich für das Schuldstatut ist nun nach herrschender Meinung der Parteiwille, beim Fehlen eines solchen der hypothetische Parteiwille oder damit zusammenhängend der Schwerpunkt des Schuldverhältnisses, evtl. der Schuldnerwohnsitz (unmittelbar oder über § 269 BGB). Hinsichtlich des Währungsstatutes fehlt bei Unterhaltsverpflichtungen durchweg ein vereinbarter Parteiwille. Auch ein hypothetischer Parteiwille wird bei gesetzlichen Unterhaltsansprüchen der Ehefrau oder ehelicher Kinder nicht zu ermitteln sein. Bei solchen Ansprüchen sind nämlich sowohl die Verhältnisse des Berechtigten als auch die des Verpflichteten zu berücksichtigen. Die Bemessung hängt sowohl von der Unterhaltsbedürftigkeit als auch von der Unterhaltsleistungsfähigkeit ab. Unter diesem Gesichtspunkt bleibt es gleich, ob in DM-Ost oder in DM-West erkannt wird, weil wesentliche Veränderungen in jedem Falle über § 323 ZPO zu einer Neubemessung führen müssen. Auf die entscheidende Bedeutung, die der Leistungsfähigkeit des Verpflichteten zukommt, hat auch neuerdings *Marquordt* (MDR 1951, 393 unter III 2) hingewiesen. Andererseits hat der BGH (MDR 1951, 288[1]) allgemein ausgesprochen, daß für die Bestimmung des Währungsstatuts mit dem Begriff des hypothetischen Parteiwillens meist nichts anzufangen sei. Gleiches gilt auch für die damit verwandte Schwerpunkttheorie. Aus der Tatsache, daß sowohl die Ver-

[1] Siehe oben Nr. 232.

hältnisse des Berechtigten als auch die des Verpflichteten maßgeblich sind, folgt nämlich, daß ein eindeutiger Schwerpunkt bei solchen Unterhaltsansprüchen nicht zu ermitteln ist.

Die vielfach vertretene Anknüpfung an den Schuldnerwohnsitz im Zeitpunkt der Entscheidung würde dazu führen, auf DM-West zu erkennen (so auch LG Göttingen, MDR 1949, 757[1]; für vertragliche Schuldverhältnisse BGH, MDR 1951, 288[2]), wenn auch unmittelbar nur für vor dem Stichtag entstandene Ansprüche.

b) Richtig würde man aber an das Familienrechtsstatut anknüpfen müssen. Der Unterhaltsanspruch ist auch hinsichtlich der Höhe und der Art der Erfüllung ein Teil des gesamten familienrechtlichen Bandes zwischen dem Unterhaltsberechtigten und dem Unterhaltsverpflichteten (*Marquordt*, MDR 1951, 393 unter III 2). Bezeichnenderweise sind denn auch die Unterhaltsansprüche der geschiedenen Ehefrau im Ehegesetz, die der getrennt lebenden Ehefrau und der ehelichen Kinder im Familienrecht des BGB geregelt. Für die Scheidung der Ehe und die sich daraus ergebenden Rechtsfolgen enthält nun das EGBGB in Art. 17 eine Kollisionsnorm, die es auf das Recht des Staates abstellt, dem der Ehemann zur Zeit der Erhebung der Klage angehört. Aus der entsprechenden Anwendung dieser Vorschrift folgt, daß das Recht maßgeblich ist, das im Zeitpunkt der Entscheidung über den Unterhaltsstreit am Wohnsitz oder gewöhnlichen Aufenthaltsort des geschiedenen Ehemannes gilt; denn es ist anerkannt, daß an die Stelle der Anknüpfung an die Staatsangehörigkeit bei den Kollisionsnormen der Art. 7, 13, 14, 15, 17 usw. EGBGB die Anknüpfung an den Wohnsitz oder gewöhnlichen Aufenthaltsort der maßgeblichen Person tritt (*Marquordt*, MDR 1951, 391 zu N. 6; LG Lüneburg, MDR 1951, 303[3] für den Unterhaltsanspruch der getrennt lebenden Ehefrau über Art. 14 EGBGB; OLG Braunschweig, JZ 1951, 82[4] für den Unterhaltsanspruch des ehelichen Kindes über Art. 19 EGBGB; vgl. weiter auch allgemein für die Maßgeblichkeit des Familienrechtsstatuts die Nachweise bei *Marquordt* aaO. zu N. 18 und 24).

3. Die Auffassung *Neumeyers* (JW 1928, 143 rechts; Internat. Verwaltungsrecht III, 2. Abt. § 95, 2 — S. 158f.), der das Währungsrecht grundsätzlich dem internat. Verwaltungsrecht zurechnet, würde hier zum gleichen Ergebnis führen; denn nach seiner Meinung ist im Zweifel die Rechtsordnung, die das maßgebliche Rechtsverhältnis beherrscht, auch für das anzuwendende Währungsrecht entscheidend. Das Währungsstatut folgt — um einen von *Neumeyer* geprägten Begriff zu gebrauchen — der lex causae. Ähnliche Gedankengänge klingen auch in den Entscheidungen des BGH (MDR 1951, 288[5]) und in OGHZ 4, 56[6] an. Daß hier aber über Art. 17 EGBGB an das Recht der Bundesrepublik anzuknüpfen ist, wurde oben ausgeführt. Ebenso wäre zu entscheiden, wenn man nicht die rechtliche, sondern die tatsächliche Beherrschung für maßgeblich halten würde (vgl. *Kegel*, JZ 1951, 83, der mit Recht darauf hinweist, daß eine Meinung, die im Gegensatz zur rechtlichen oder

[1] Siehe oben Nr. 237. [2] Siehe oben Nr. 232. [3] Siehe unten Nr. 347.
[4] Siehe oben Nr. 240. [5] Siehe oben Nr. 232. [6] Siehe unten Nr. 371.

tatsächlichen Herrschaft über ein Schuldverhältnis ein fremdes Währungsstatut für maßgeblich hält, an den tatsächlichen Gegebenheiten vorbeigeht).

4. Dagegen kann aus der Natur der Unterhaltsforderung, die auf Erfüllung einer Wertschuld gerichtet ist, nichts für das maßgebliche Währungsstatut gewonnen werden (so allerdings *Raape* und *Beitzke* aaO. zur Begründung ihrer Ansicht, daß die Unterhaltsforderungen in DM-Ost entstünden). Der Charakter als Wertschuld bedeutet nur, daß die Rechtsordnung eine weitgehende Sicherheit gegen Geldwertschwankungen gewährt. Auf das anzuwendende Währungsrecht hat dies aber nicht ohne weiteres Einfluß. Derselbe Wert kann dem Berechtigten auch mittels einer anderen Währung zufließen als der, die an seinem gewöhnlichen Aufenthaltsort gilt (*Marquordt*, MDR 1951, 393 unter III 1 a. E.; *Wälde*, NJW 1951, 216 zu N. 52).

Unter allen erwägenswerten Gesichtspunkten kommt hier also nur eine Verurteilung zur Zahlung von DM-West in Betracht.

III. Zu entscheiden bleibt, in welcher Höhe der Bekl. der Kl. Unterhalt zu leisten hat.

A. 1. Jedenfalls bei Unterhaltsrenten von normaler Höhe spielt bei Verurteilung zu DM-West auf Sperrkonto der Wechselstubenkurs für den Umtausch von Westmark in Ostmark und umgekehrt und die geringere Kaufkraft der Ostmark (im Verhältnis von etwa 2 : 1, vgl. die Nachweise bei *Marquordt*, MDR 1951, 393 zu N. 30) keine nennenswerte Rolle. Die Verfechter der gegenteiligen Meinung, mögen sie nun auf DM-Ost (so *Beitzke* aaO.) oder auf DM-West (so *Marquordt* aaO. 393 unter IV mit Ausnahme der Ansprüche unehel. Kinder) erkennen wollen, übersehen, daß gegenwärtig für den Unterhaltsberechtigten keine praktisch ins Gewicht fallende l e g a l e Möglichkeit besteht, durch Umtausch oder auf sonstige Weise die bessere Kaufkraft der DM-West auszunutzen.

a) Auf Grund der Allgemeinen Genehmigung Nr. 27/49 (MinBl d. Bundesministeriums der Finanzen Nr. 1 v. 21. 12. 1949, S. 29) zu den Gesetzen Nr. 52, 53 in Verbindung mit der 19. DVO zum UG sind grundsätzlich die geschuldeten Beträge auf ein nach § 26 II des UG gesperrtes Konto des Gläubigers bei einem Geldinstitut oder Postscheckamt im Bundesgebiet einzuzahlen. Ob sie später allgemein zum Wechselstubenkurs freigegeben werden, ist unwahrscheinlich.

b) Zahlung von Ostmarkvermögen nach der Allgemeinen Genehmigung Nr. 41/51 kommt hier nicht in Betracht, weil der Bekl. nicht über Ostvermögen verfügt. Sonst hätte auch auf DM-Ost erkannt werden müssen. Die Bemessung wäre dann natürlich anders vorzunehmen gewesen.

c) Auch eine Freigabe zur Unterstützung von Verwandten in den Westzonen nach der Allgemeinen Genehmigung Nr. 16/49 kommt hier nicht in Frage.

d) Nach der Allgemeinen Genehmigung Nr. 19/49 könnte die Kl. bei einem Besuch in den Westzonen täglich 35 DM abheben. Wenn sie sich aber in der Bundesrepublik aufhält, muß sie ihren Lebensbedarf auch zu hiesigen Preisen bestreiten. Eine Mitnahme von DM-West oder Umtausch in DM-Ost ist illegal und kann deshalb vom Gericht bei seiner Entscheidung nicht zugrundegelegt werden.

e) Auch soweit auf Grund besonderer Genehmigung monatliche geringe Beträge (z. Z. 25 DM) freigegeben werden, damit davon dem Unterhaltsberechtigten Lebensmittelpakete in die Ostzone geschickt werden können, muß zu hiesigen Preisen eingekauft werden. Soweit dies für einzelne Waren immer noch vorteilhaft ist, muß doch bedacht werden, daß eine solche Verschickung nicht nur Unkosten verursacht, sondern auch mit einem Transportrisiko einschließlich der Möglichkeit der Beschlagnahme verbunden ist. Daß der Transfer solcher Beträge verboten ist, wurde bereits oben gesagt.

f) Neuerdings hat die Bank Deutscher Länder mit Rundschreiben v. 16. 6. 1951 — 116/51 — (6b — Akt VII) — Richtlinien für eine Verrechnung von Sperrkonten im Gebiet der Bundesrepublik und der Ostzone bekanntgegeben. Danach können bis zu 300 DM-West monatlich aus hiesigen Sperrkonten von Ostzonengläubigern an Unterhaltsberechtigte in der Bundesrepublik ausgezahlt werden, wenn diese ihrerseits im gegenseitigen Einvernehmen ihr Sperrkonto in der Ostzone dem dort wohnhaften Inhaber des Westsperrkontos zur Verfügung stellen. Mangels einer anderen Regelung kommt dabei aber nur eine Verrechnung im Verhältnis 1 : 1 in Betracht (auf diese Schwierigkeiten weist auch *Wälde* NJW 51, 867 hin).

Es ist nicht anzunehmen, daß die Deutsche Notenbank der Ostzone ihre Genehmigung zu einer Verrechnung erteilen wird, die die DM-West günstiger bewertet.

2. Unter diesen Umständen ist es für die Bemessung der Unterhaltsrenten unmöglich, den Wechselstubenkurs heranzuziehen. Auch der sog. Warenkorbvergleich, der etwa von der doppelten Kaufkraft einer Westmark gegenüber einer Ostmark ausgeht, setzt die z. Z. rechtlich nicht vorhandene Möglichkeit voraus, die Unterhaltsbeträge in die Ostzone zu transferieren. Daran ändert auch der Umstand nichts, daß der Wechselstubenkurs als solcher nicht illegal ist. Die sonst deshalb mögliche Anwendung des § 244 BGB steht hier nicht zur Erörterung, weil nicht auf DM-Ost, sondern auf DM-West zu erkennen ist. Es bleibt also nichts anderes übrig, soweit keine gesetzliche Regelung erfolgt oder keine brauchbaren Vereinbarungen mit der Ostzone getroffen werden, die einen Transfer ermöglichen, dem Unterhaltsberechtigten in der Ostzone annähernd den Betrag in DM-West zuzubilligen, den er beanspruchen könnte, wenn er in der Bundesrepublik lebte. Dabei mag nicht nur die Möglichkeit vorübergehender Reisen in die Bundesrepublik, sondern auch die einer dauernden Übersiedlung bedacht werden, die zu einer völligen Freigabe der auf Sperrkonto angesammelten Beträge führen könnte. Deshalb ist insoweit den Entscheidungen der LGe Dortmund (MDR 1950, 553[1]), Würzburg (MDR 1951, 491[2]) und Bielefeld (MDR 1952, 109[3]), die gleichfalls für die Bemessung der Unterhaltsrente die Verhältnisse

[1] Siehe oben Nr. 241. [2] Siehe oben Nr. 261. [3] Siehe oben Nr. 266.

im Gebiet der Bundesrepublik zugrunde legen wollen, beizupflichten. Das schließt nicht aus, im Rahmen des noch sonst vorhandenen richterlichen Ermessens besonders bei höheren Unterhaltsrenten eher von der unteren als der oberen Grenze dessen auszugehen, was der Unterhaltsschuldner zahlen müßte, wenn der Berechtigte gleichfalls in der Bundesrepublik wohnte.

IV. Hinsichtlich der Fassung des Urteilstenors war noch folgendes zu beachten.

A. Irgendeine Ersetzungsbefugnis in dem Sinne, daß der Bekl. die Zahlung der Westmarkbeträge durch Ostmarkzahlungen in bestimmter Höhe abwenden kann (so allerdings LG Göttingen, NJW 1950, 602[1]), ist unzulässig, weil sie nicht mit dem Verbot der Bundesrepublik, DM-West nach der Ostzone zu transferieren, vereinbar ist (vgl. *Kegel*, JZ 1951, 83 unter 3; LG Würzburg, MDR 1951, 490[2]).

B. Vielmehr mußte im Tenor und nicht etwa nur in den Entscheidungsgründen zum Ausdruck gebracht werden, daß die geschuldeten Unterhaltsbeträge auf ein Sperrkonto der Kl. im Gebiet der Bundesrepublik einzuzahlen sind ...

Für den Inhalt einer Entscheidung ist in erster Linie der Urteilstenor maßgeblich, der allein in Rechtskraft erwächst und deshalb auch für die Vollstreckung maßgeblich ist. Dies ist auch die Auffassung der Bank Deutscher Länder in der besonderen Stellungnahme in dem Berufungsverfahren der Kammer 9 S 704/50 und des Senators der Justiz für West-Berlin in seinem Schreiben v. 26. 2. 1951 (7200 — III A. 1, 51 unter IV)."

**272.** **In welcher Währung ein in fremder Währung entstandener Anspruch zu erfüllen ist, unterliegt im Rahmen der devisenrechtlichen Bestimmungen der Parteivereinbarung. — § 244 BGB ist interzonal anwendbar.**

LG Bochum (brit. Zone), Urt. v. 27. 11. 1951 — 8 S 271/51: MDR 1952, 169; Auszug in DRsp. II (250) 23e.

Tatbestand und Entscheidungsgründe decken sich mit dem unter Nr. 258 abgedruckten Urteil des gleichen Gerichts v. 2. 2. 1951. Zu den in den Leitsätzen berührten Fragen äußerte sich das Gericht wie folgt:

„Es ist nicht gesagt, daß in jedem Falle eine Verurteilung in DM-Ost erfolgen müsse, wenn der Unterhaltsberechtigte im Gebiet dieser Währung wohnt. Vielmehr unterliegt die Frage, in welcher Währung die Zahlungen zu leisten sind, der Parteivereinbarung. Eine solche Abrede ist rechtsverbindlich, solange sie nicht wegen Verstoßes gegen devisenrechtliche Bestimmungen ungültig ist. Da aber die 19. DVO/UG bestimmt, daß Verbindlichkeiten in DM-West, die eine Person im Währungsgebiet gegenüber einer Person mit Wohnsitz in der sowjet. Zone Deutschlands hat, in der Weise beglichen werden dürfen, daß der geschuldete Betrag auf ein nach § 26 II UG gesperrtes Konto des Gläubigers bei einem Geldinstitut oder Postscheckamt im Währungsgebiet

[1] Siehe oben Nr. 239. [2] Siehe oben Nr. 261.

gezahlt oder überwiesen wird, ist eine Vereinbarung der Unterhaltszahlungen in DM-West rechtsgültig, wenn der Gläubiger in der Ostzone mit der Überweisung auf ein Sperrkonto einverstanden ist. Daß vorliegend eine, wenn auch möglicherweise stillschweigende Abmachung getroffen ist, ergibt sich daraus, daß der Bekl. einen monatl. Teilbetrag von 15 DM für jeden der Kl. anerkannt hat und demgemäß Anerkenntnisurteil ergangen ist. Unstreitig hat der Bekl. auch bereits in den Monaten August, September und Oktober 1951 Beträge von insgesamt 140 DM-West auf ein von den Kl. eingerichtetes Sperrkonto bei der Berliner Volksbank eingezahlt. Die Einrichtung dieses Kontos durch die Kl. beweist andererseits, daß sie mit der Zahlung in dieser Weise einverstanden sind und diese als Erfüllung annehmen. Aus diesen Gründen muß im vorliegenden Fall die Verurteilung des Bekl. in DM-West erfolgen mit der Einschränkung der Überweisung auf ein Sperrkonto.

Infolgedessen ist der ermittelte Unterhaltsbetrag von 80 bis 100 DM-Ost je Kl. für die Zeit bis zum 30. 4. 1951 und 100 bis 120 DM-Ost ab 1. 5. 1951 wiederum in DM-West umzurechnen. Wenn auch ein amtl. Umrechnungskurs nicht besteht, so genügt gem. § 244 II BGB für die Umrechnung der Kurswert, d. h. die im Verkehr gebildete Währungsrelation, die z. Z. der Zahlung am Zahlungsort besteht. Zahlungsort ist gemäß §§ 269, 270 IV BGB der Wohnsitz des Bekl. Infolgedessen entspricht der Betrag von 80 bis 100 DM-Ost einem Westmarkbetrag von 25 DM, und der Betrag von 100 bis 120 DM-Ost etwa 30 DM-West. Bei dieser Umrechnung hat das Berufungsgericht Kursschwankungen der einen oder anderen Währung in einem nicht zu engen Rahmen berücksichtigt, so daß nur künftige Schwankungen erheblicher Natur eine Abänderungsklage gem. § 323 ZPO rechtfertigen können."

**273. Auf das interzonale Recht sind die Vorschriften des internat. Privatrechts entsprechend anzuwenden. — Für den Unterhaltsanspruch eines unehelichen Kindes gilt daher Art. 21 EGBGB analog. — Der Schuldner einer auf DM-West lautenden Forderung kann sich gegenüber einem ostdeutschen Gläubiger durch Zahlung von DM-Ost befreien. — Ein deutsches Gericht kann einen Schuldner des Bundesgebietes nur zur Zahlung in Inlandswährung verurteilen, auch wenn die Forderung selbst auf Zahlung in fremder Währung geht. — Ziffernmäßig hat der Unterhaltsanspruch eines Gläubigers aus der Ostzone die gleiche Höhe wie die entsprechenden westdeutschen Richtsätze. — Zur Zahlung eines ziffernmäßig höheren Betrages könnte ein westdeutscher Schuldner gemäß Art. 21, 2. Halbsatz EGBGB nicht verurteilt werden. — Die Umstellung einer Forderung richtet sich nach dem für sie maßgebenden Währungsrecht. — Die Erfüllung eines auf Ostmark lautenden Anspruchs durch Zahlung von DM-West erfolgt gemäß § 244 BGB. Maßgebend ist der Umrechnungskurs am Wohnsitz des Schuldners. — Würde ein westdeutscher Unterhaltsschuldner infolge eines ungünstigen Kursverhältnisses zur Erfüllung seiner Ostmarkschuld eine Westmarkzahlung über den Nennbetrag des westdeutschen Unterhaltsrichtsatzes hinaus leisten müssen, so würde einem solchen Anspruch Art. 21, 2. Halbsatz EGBGB**

**entgegenstehen. — Auch die Geltendmachung eines an sich maßgebenden Umstellungsverhältnisses, das jedoch den westdeutschen Verpflichteten ungünstiger stellt als das westdeutsche Währungsrecht, verstößt insoweit, als nicht ein Ausgleich durch den Umrechnungskurs erfolgt, gegen Art. 21, 2. Halbsatz EGBGB.**

LG Aachen (brit. Zone), Urt. v. 10. 1. 1952 — 7 S 182/50: NJW 1952, 471; DAVorm. 25 (1952/53) 15; Auszug in DRsp. II (250) 26c—d.

**Der Kl. ist ein in der Ostzone wohnhaftes uneheliches Kind. Er macht Unterhaltsansprüche für die Zeit seit 1946 gegen seinen in Westdeutschland wohnenden Erzeuger geltend. Das LG verurteilte zur Zahlung von 3 DM-West für die Zeit bis zur Währungsreform und zur Zahlung eines monatlich nach dem Wechselstubenkurs zu bestimmenden Betrages von DM-West, der dem Wert von jeweils 30 bzw. 40 DM-Ost entspricht, für die Zeit seit der Währungsreform.**

Aus den Gründen:

„Nach der in Literatur und Rechtsprechung einhelligen Meinung müssen für das interzonale Recht die Vorschriften des Internat. Privatrechts entsprechend angewandt werden (*Marquordt*, MDR 1950, 8ff.; OLG Düsseldorf, NJW 1951, 717[1]). Dieser Grundsatz führt zu entsprechender Anwendung des Art. 21 EGBGB in der Weise, daß sich die Unterhaltspflicht des Vaters gegenüber dem unehelichen Kinde nach den Gesetzen des Teiles Deutschlands beurteilt, in dem die Kindesmutter zur Zeit der Geburt des Kindes ihren Wohnsitz hatte (*Marquordt* aaO.; *Kaap*, NJW 1949, 426; *Lüders*, MDR 1948, 384; OLG Düsseldorf aaO.[2]; LG Bochum, NJW 1951, 239[3]). Die Unterhaltsforderung des nach der Währungsreform geborenen ostzonalen unehelichen Kindes entsteht daher in DM-Ost.

1. Die Kammer hat nunmehr die Frage zu entscheiden, in welcher Währung der Bekl. zu verurteilen ist. Es ist nicht zu verkennen, daß diese Frage trotz der Vielzahl der veröffentlichten Entscheidungen noch nicht abschließend geklärt und noch in der Entwicklung begriffen ist (vgl. vor allem *Kühne*, NJW 1950, 729f.; *Wälde*, NJW 1951, 214ff.). Hiernach wird in letzter Zeit auch eine Verurteilung zu DM-Ost für zulässig erachtet (*Kühne* aaO.). Es ist richtig, daß die DM-Ost für die Bundesrepublik keine Devise i. S. der Devisengesetzgebung des Ges. 53 ist (*Kühne* aaO., Ziff. 2, S. 729). Nach Art. X Ziff. 1 Abs. 2 Ges. 53 (Neufassung) sind keine Devisen ‚deutsche Zahlungsmittel'. Das sind aber sowohl DM-West wie DM-Ost. Im Bundesgebiet ist weder der Erwerb von DM-Ost verboten noch deren Besitz anmeldepflichtig. Die im Bundesgebiet eingerichteten Wechselstuben (Zweigstellen der Deutschen Verkehrs-Kreditbank) haben nach Auskunft der Landeszentralbank, Zweigstelle Aachen, Genehmigung des An- und Verkaufes von DM-Ost an jedermann. Es ist auch beizupflichten, daß eine von einem DM-West-Schuldner erbrachte tatsächliche DM-Ost-Zahlung befreiende Wirkung hat, da der DM-Ost-Gläubiger nur DM-Ost zu bekommen hat und sich nicht wehren kann, wenn er das bekommt, was ihm zusteht (*Kühne* aaO.; *Wälde* aaO.; *Beitzke*, NJW 1950, 930; LG Bochum, NJW 1951, 239[4]).

[1] Siehe oben Nr. 35. [2] Siehe oben Nr. 35. [3] Siehe oben Nr. 258.
[4] Siehe oben Nr. 258.

All dies macht aber die DM-Ost noch nicht zu einem im Bundesgebiet gleichwertigen Zahlungsmittel. Sie ist vielmehr für den DM-West-Schuldner praktisch ein ausländisches Zahlungsmittel (Devise). Denn wenn er sie sich beschaffen will, muß er sie ebenso wie jedes andere ausländische Zahlungsmittel bei einer Bank oder Wechselstube kaufen. Die DM-Ost-Forderung kann er nur mit Devisengenehmigung tilgen (§ 26 UG; Art. X Ziff. 6 Ges. 53 [Neufassung]), wenn er nicht die Einzahlung gemäß der 19. DVO z. UG auf ein Sperrkonto des Ostgläubigers bei einer Bank oder Postscheckamt vornehmen will. Aber selbst bei einer solchen Einzahlung auf ein Sperrkonto besteht bei den derzeitigen Vorschriften noch keine Transfermöglichkeit in die Ostzone. Diese Beträge können vielmehr z. Z. nur für eine innergebietliche Verrechnung herangezogen werden (Rundbriefe der BdL Nr. 116/51 v. 16. 6. 1951, Nr. 216/51 v. 15. 10. 1951). Wenn auch zur Zeit im Bundesgebiet durch Reisebüros Zahlungen in die Ostzone vermittelt werden, so handelt es sich hier noch nicht um eine gesetzlich sanktionierte Transfermöglichkeit, die einem Urteilsspruch zugrunde gelegt werden könnte. Die Kammer teilt deshalb die in Literatur und Rechtsprechung überwiegend vertretene Meinung, daß — unter entsprechender Anwendung des im Internat. Privatrecht anerkannten Grundsatzes — ein Schuldner im Bundesgebiet nur zu der Währung seines Besatzungsgebietes zu verurteilen ist (*Marquordt*, MDR 1950, 8; OLG Düsseldorf, JMBl NRW 1950, 84[1]; LG Dortmund, MDR 1950, 552[2]). Ungeachtet der Tatsache, daß die Forderung des Kl. auf DM-Ost gerichtet ist, kann daher vorliegend die Verurteilung des Bekl. nur zu DM-West erfolgen.

2. Die Frage, in welcher Höhe die DM-West-Verurteilung des Bekl. zu erfolgen hat, richtet sich nach der Höhe der DM-Ost-Unterhaltsforderung des Kl. Dieser hat zur Höhe keine besonderen Ausführungen gemacht, sondern diejenigen Sätze, die in der Bundesrepublik üblich sind, zugrunde gelegt. Das kann für die vorliegende Entscheidung unbedenklich zum Ausgangspunkt genommen werden. Denn daß sie[3] geringer sind als die westzonalen Sätze, ist nicht anzunehmen und auch von dem Bekl. nicht dargetan. Das LG Wiesbaden hat eine Auskunft der Ostzone eingeholt und mitgeteilt erhalten, daß die Höhe derjenigen der Westzonen entspreche (Urt. v. 26. 5. 1950[4]). Die Frage, ob sie höher sind als diejenigen der Westzonen, kann außer Betracht bleiben, da eine Verurteilung zu höheren Sätzen als in der Westzone gemäß Art. 21 Halbsatz 2 EGBGB nicht zulässig sein würde.

Hiernach sind entsprechend der feststehenden Rechtsprechung der Kammer die folgenden Unterhaltssätze für den Kl. anzusetzen [für die Zeit v. 30. 1. 1946 — 30. 7. 1951: monatlich 30 DM-Ost, für die spätere Zeit: monatlich 40 DM-Ost]. Für die Ansprüche aus der Zeit vor der Währungsreform ist hervorzuheben, daß diese, im Gegensatz zu den entsprechenden Ansprüchen in den Westzonen, nicht abgewertet, sondern

---

[1] Siehe unten Nr. 337. [2] Siehe oben Nr. 241.

[3] Gemeint sind die ziffernmäßigen Beträge der in der Ostzone zuerkannten Unterhaltssätze. [4] Gemeint ist 2. 6. 1950, oben Nr. 249.

gemäß Ziff. 18 I der VO der DWK über die Währungsreform v. 21. 6. 1948 in voller Höhe in DM-Ost umgewertet worden sind.

Diese vorstehend in DM-Ost aufgeführten Beträge hat der Bekl. in DM-West zu entrichten, und zwar gemäß § 244 BGB in der Höhe, die am Tage der Zahlung den Ostmarkbeträgen nach dem in der Bundesrepublik geltenden Tageskurs entspricht. Die in der Rechtsprechung anfänglich aufgetauchten Bedenken, eine Anwendung des § 244 BGB müsse aus dem Grunde ausscheiden, da es einen amtlichen Umrechnungskurs im Sinne der Vorschrift des § 244 BGB nicht gebe, sind inzwischen z. T. in Anlehnung an *Staudinger*, Anm. 6a zu § 244, daß bei Fehlen eines amtlichen Umrechnungskurses ein etwa vorhandener tatsächlicher Tageskurs maßgebend sein müsse, in Literatur und Rechtsprechung allgemein aufgegeben. Es wird vielmehr nahezu einhellig der inoffizielle Tageskurs der Wechselstuben zugrunde gelegt (*Marquordt*, MDR 1950, 11; *Beitzke*, MDR 1950, 757; *Kühne*, NJW 1950, 730; LG Braunschweig, NJW 1950, 751[1]). Zweifel können hierbei nicht entstehen. Leistet der Schuldner freiwillig auf Sperrkonto oder bedarf es einer Zwangsvollstreckung, so ist der jeweilige Tageskurs der Zahlung oder Vollstreckung maßgebend.

Zu Unrecht setzt der Kl. diesem Ergebnis gegenüber die Unterhaltsbeträge nach einer Umrechnung 1 : 1 = 30 DM-West an. Das kann er auch nicht aus ostzonalen Bestimmungen herleiten. Denn die Ostzone kennt im Gegensatz zu den Westzonen einen Umrechnungskurs von DM-Ost/DM-West überhaupt nicht. Nach der AO der DWK über den Umtausch von Geldzeichen der westlichen Besatzungszonen v. 26. 11. 1948 ist lediglich für den Reiseverkehr ein Umrechnungskurs von 1 DM-Ost = 1,25 DM-West festgesetzt (§ 4 aaO.). Das würde bedeuten, daß der Bekl., um 30 DM-Ost aufzubringen, 37,50 DM-West zu zahlen hätte. Damit würde er aber mehr zahlen, als in den Westzonen geschuldet wird, und könnte hierzu nicht verurteilt werden (Art. 21 Halbsatz 2 EGBGB). 30 DM-West wären nach diesem Umrechnungskurs aber nur 24 DM-Ost. Der nur für den Reiseverkehr vorgesehene Umrechnungskurs der Ostzone kann daher vorliegend nicht herangezogen werden.

Daß die von dem Kl. gewünschte Umstellung 1 : 1 unbegründet ist, ergibt sich auch noch aus einer anderen Erwägung. Geldschulden sind von dem Schuldner an den Wohnsitz des Gläubigers zu übermitteln (§ 270 BGB). Das wäre vorliegend die Ostzone. Eine solche Übermittlung ist aber z. Z. infolge Fehlens jeglicher Transfermöglichkeiten ausgeschlossen. Für die Feststellung der Verbindlichkeit des Schuldners (Kl.) muß es daher bei der Bestimmung des § 269 BGB bleiben. Maßgebend sind daher diejenigen Vorschriften, die an seinem Wohnsitz gelten, d. h. diejenigen des Bundesgebietes. Damit ist für den Bekl. auch nur der Wechselkurs maßgebend, der an seinem Wohnsitz, d. h. im Bundesgebiet, gilt. Die Umrechnung hat daher nach dem im Bundesgebiet geltenden Tageskurs (§ 244 BGB) zu erfolgen.

---

[1] Siehe oben Nr. 200.

Eine Besonderheit gilt vorliegend für die vor der Währungsreform entstandenen Unterhaltsbeträge. Da sie in der Ostzone im Gegensatz zu den Westzonen nicht abgewertet sind, würde der Bekl. in jedem Falle zu einem höheren DM-West-Betrage verpflichtet sein, als sich für ein westzonales Kind ergeben würde. Denn der Unterhaltsbetrag von 30 RM beträgt für dieses infolge der Abwertung 10 : 1 nur 3 DM. Das würde für einen Unterhaltsbeitrag in DM-Ost nur dann zutreffen, wenn der Wechselkurs 1 DM-West = 10 DM-Ost ausmachen würde. Bei jedem geringeren Verhältnis (z. B. 1 : 5) würden daher hier höhere Unterhaltssätze bestehen, die mit Art. 21 Halbsatz 2 EGBGB unvereinbar sein würden. Wenn deshalb der Kl. für die Zeit vor der Währungsreform vorliegend nur die für ein westzonales Kind üblichen Unterhaltssätze, nämlich monatlich 3 DM ansetzt, so trägt er diesem Umstand Rechnung, und es bestehen keine Bedenken, den Bekl. insoweit entsprechend dem Antrage des Kl. für die Zeit v. 30. 1. 1946 bis zum 29. 7. 1948 zu festbestimmten DM-West-Beträgen in Höhe von je 3 DM monatlich zu verurteilen."

**273a. Für die Klage eines ostdeutschen Unterhaltsgläubigers gegen den westdeutschen Unterhaltsschuldner besteht trotz der Unmöglichkeit von Geldüberweisungen in die Sowjetzone ein Rechtsschutzbedürfnis. — Auf das interzonale Recht sind die Regeln des internat. Privatrechts entsprechend anzuwenden. — Dabei tritt an Stelle der Anknüpfung an die Staatsangehörigkeit die an den Wohnsitz. — Ein Unterhaltsanspruch entsteht in der Währung, die am Aufenthaltsort des Berechtigten gilt; das Währungsstatut richtet sich dagegen nicht nach dem Schuld- oder Familienstatut. — Ein westdeutsches Gericht kann zur Zahlung in einer fremden Währung verurteilen. — Der Unterhaltsanspruch eines ostdeutschen Unterhaltsgläubigers gegen einen westdeutschen Schuldner ist in erster Linie durch Zahlung von DM-Ost zu erfüllen; nur wenn dem Schuldner diese Zahlungsweise unmöglich ist, hat er einen DM-West-Betrag auf ein Sperrkonto des Gläubigers im Bundesgebiet zu überweisen. — Die Bestimmung der Höhe des ersatzweise zu leistenden DM-West-Betrages hat, da sich infolge der devisenrechtlichen Vorschriften die Unterhaltsgewährung hier praktisch nach Westdeutschland verlagert, so zu erfolgen, als ob der Unterhaltsberechtigte in Westdeutschland lebte.**

LG Düsseldorf (brit. Zone), Teilurteil v. 1. 2. 1952 — 13 S 425/51: *z. T. MDR 1952, 298.

Die Kl. ist ein eheliches Kind des Bekl.; sie lebt bei ihrer Mutter in P. (sowjet.), während der Bekl. in D. (Bundesgebiet) wohnt. Die Ehe der Eltern der Kl. ist geschieden. Die Kl. verlangt monatlich 70,— DM-Ost als Unterhalt vom Bekl. Das LG verurteilte den Bekl. zur Zahlung dieses Betrages „aus einem etwaigen auf DM-Ost lautenden bereitgestellten Guthaben des Bekl. . . ., falls aber eine solche Zahlung nicht möglich ist, an die Kl. eine monatliche Unterhaltsrente . . . von DM 40,— (West) zu zahlen". Da der Bekl. während des Verfahrens erwerbslos wurde, erging nur Teilurteil.

Aus den Gründen:

„I. Aus der Erwägung heraus, daß bei einer Klage auf Leistung dann das Rechtsschutzbedürfnis fehlen müsse, wenn eine Vollstreckung ausgeschlossen sei, haben verschiedene Gerichte das Rechtsschutzbedürfnis des Kl. deswegen verneint, weil es nicht möglich sei, Geldüberweisungen in die Ostzone vorzunehmen (OLG Stuttgart, MDR 1950, 554[1]; OLG Celle NJ 1949, 188). Demgegenüber stehen zahlreiche Entscheidungen, die die Ansicht vertreten, daß die Frage der Transferierung von Geldbeträgen aus der Westzone in die Ostzone lediglich Vollstreckungsschwierigkeiten seien, die das Rechtsschutzbedürfnis nicht in Wegfall brächten (so OLG Düsseldorf, MDR 1950, 296[2]; LG Bochum, NJW 1949, 426[3]; LG Dortmund, MDR 1950, 552[4], 296; LG Würzburg, MDR 1951, 491[5]; *Marquordt*, MDR 1950, 8; *Wälde*, NJW 1951, 213). Diesem Standpunkt schließt sich die Kammer an. Es läßt sich auch nicht dagegen einwenden, daß Transferschwierigkeiten sich auf die materiellrechtliche Leistungsfähigkeit des Schuldners derart auswirkten, daß nach den §§ 275, 279 BGB die Leistung für den Schuldner vorübergehend oder dauernd unmöglich sei. Die Frage der Leistungsfähigkeit des Schuldners ist allein aus der Sphäre des Schuldners zu beantworten. Nur dann, wenn der Schuldner nicht in der Lage wäre, die geschuldete Leistung am Erfüllungsort, d. h. an seinem Wohnsitz (§ 269 BGB) für den Gläubiger bereitzustellen, kann von einer materiellrechtlichen dauernden oder vorübergehenden Unmöglichkeit gesprochen werden. Daran ändert auch § 270 BGB nichts, nach dem der Schuldner Geld im Zweifel auf seine Kosten und Gefahr dem Gläubiger an dessen Wohnsitz zu übermitteln hat. § 270 BGB verlagert nicht den Leistungsort des Schuldners. Die Frage der Transferierung ist vielmehr eine Frage, die das Schicksal der am Wohnsitz des Schuldners zur Verfügung gestellten Leistung betrifft, also im wesentlichen eine Frage der Vollstreckung. Das muß auch für die Unterhaltsansprüche gelten, selbst wenn hier auch die Erreichung des Zweckes der Unterhaltsgewährung schärfer in den Vordergrund gerückt ist als bei rein schuldrechtlichen Ansprüchen.

II. Materiellrechtlich ergibt sich der Anspruch der Kl. in entsprechender Anwendung des internat. Privatrechts als interzonales Privatrecht aus den §§ 1601, 1603 BGB, denn nach Art. 19 EGBGB bestimmt sich das Rechtsverhältnis zwischen den Eltern und den ehelichen Kindern nach den Gesetzen des Staates, dem der Vater, hier also der Bekl., angehört. Im übrigen besteht zwischen der Bundesrepublik und der DDR insoweit auch keine Rechtsverschiedenheit, da auch hier das BGB gilt und das Gesetz der DDR über den Mutter- und Kinderschutz und die Rechte der Frau vom 27. 9. 1950 (GBl DDR 1950, 1039) das Unterhaltsrecht der ehelichen Kinder nicht berührt hat.

Wenn somit auch das Unterhaltsverhältnis zwischen der Kl. und dem Bekl. von den in der Bundesrepublik geltenden Bestimmungen des Bürgerlichen Rechts beherrscht wird, so folgt daraus doch noch nicht ohne weiteres, daß der Bekl. der Kl. Unterhalt in der Währung der Bundesrepublik zu leisten habe; denn die Frage nach dem Währungs-

---

[1] Siehe unten Nr. 339. [2] Siehe unten Nr. 337. [3] Siehe oben Nr. 235.
[4] Siehe oben Nr. 241. [5] Siehe oben Nr. 261.

statut ist von der Frage nach dem anzuwenden Recht zu trennen (*Raape*, IPR 334, 384; *Lüders*, MDR 1948, 385; LG Stuttgart, MDR 1951, 369[1]).

Die Kammer vermag hier nicht den von dem LG Essen — Urt. vom 13. 4. 1951[2] — angenommenen Standpunkt zu teilen, nach dem die Frage nach dem Währungsstatut zweitrangiger Bedeutung und erst dann zu prüfen sei, wenn eine dem Zweck des Unterhaltsanspruches entsprechende Erfüllungsmöglichkeit bestehe. Diese Betrachtungsweise nämlich führt in den Fällen zu unklaren Lösungen, in denen der Unterhaltsanspruch, wie beispielsweise hier, praktisch auf zwei Arten durchgesetzt werden kann, entweder durch Zahlung aus einem Guthaben in der Ostzone oder durch Einzahlung von DM-West auf ein Sperrkonto bei einem Geldinstitut des westdeutschen Währungsgebietes. Es kann doch nicht rechtens sein, daß der Unterhaltsschuldner hier ein Wahlrecht haben soll. Es aber auf die Möglichkeit abzustellen, welche Art der Unterhaltsgewährung dem Zweck des Unterhaltsanspruchs am besten gerecht wird, erscheint schon wegen der damit verbundenen Feststellungsschwierigkeiten im konkreten Fall nicht angängig. Vielmehr bleibt primär die Frage zu entscheiden, in welcher Währung der Unterhaltsanspruch entsteht. Erst dann kann es von Bedeutung sein, ob in dieser Währung der Anspruch erfüllt und somit der Zweck des Unterhaltsanspruchs erreicht werden kann. Für die Bestimmung des Währungsstatuts ist der Gesichtspunkt der Zweckbindung des Unterhaltsanspruchs maßgebend. Das bedeutet jedoch, daß ein Unterhaltsanspruch jeweils in der Währung entsteht und zu erfüllen ist, in der die Geldbeträge dem Unterhaltsgläubiger zu Verfügung stehen müssen, damit er seinen Lebensunterhalt bestreiten kann (so *Raape*, IPR[3] 344; *Truckenbrodt*, MDR 1951, 85; *Kühne*, NJW 1950, 730, MDR 1949, 758; *Wälde*, NJW 1951, 216; *Beitzke*, NJW 1950, 928 mit weiteren Literaturhinweisen; und im Zentralblatt für Jugendrecht und Jugendwohlfahrt 1950, 16; *Buchholz*, Rpfl 1951, 343; LG Würzburg, MDR 1951, 490[3]; LG Dortmund, MDR 1950, 553[4] (teilweise abweichend); LG Wiesbaden, MDR 1950, 553[5] u.a.) LG Bochum, NJW 1951, 239[6], LG Lüneburg, MDR 1951, 746[7].

Demgegenüber wird dagegen in der Rechtsprechung der Standpunkt vertreten — namentlich im Anschluß an den 1. Aufsatz von *Marquordt*, MDR 1950, 8 —, das für den Unterhaltsanspruch entscheidende Währungsstatut sei in entsprechender Anwendung der Regeln des Interzonalen Privatrechts zu bestimmen; maßgebend sei deshalb entweder das Recht des Wohnsitzes des Schuldners (so *Benkard*, BB 1948, 368; *Blau*, SJZ 1949, 160; *Buder*, DRZ 1948, 419); das Recht des Erfüllungsortes (*Benkard* aaO., *Buder* aaO., *Blau* aaO., *Lüders* aaO.; *Jakobssohn*, NJW 1948, 680; *Nathan*, NJ 1948, 230; *Mampel*, JR 1949, 30) oder das Familienstatut (vgl. OLG Braunschweig, NdsRpfl 1950, 140[8]; OLG Schleswig, MDR 1950, 235[9]; OLG Düsseldorf, MDR 1950, 296[10]; LG

[1] Siehe unten Nr. 319. [2] Siehe oben Nr. 260. [3] Siehe oben Nr. 261.
[4] Siehe oben Nr. 241. [5] Siehe oben Nr. 249. [6] Siehe oben Nr. 258.
[7] Siehe oben Nr. 267. [8] Siehe oben Nr. 240. [9] Siehe oben Nr. 203a.
[10] Siehe unten Nr. 337.

Hannover, NdsRpfl 1950, 158[1]; LG Berlin, JR 1949, 545[2] und 1950, 667[3]; LG Stuttgart, Rdbf. 1949/50, 61).

Die Entscheidungen gehen aber in unzutreffender Weise davon aus, das Währungsrecht nach den Bestimmungen des Internat. Privatrechts zu ermitteln. Das Währungsrecht ist öffentliches Recht (*Raape* 384: nicht einfach Zubehör zum Privatrecht). Internationales Währungsrecht ist nämlich im wesentlichen ein Problem des Internationalen Verwaltungsrechts (so *Neumeyer*, Internat. Verwaltungsrecht III [1930], 118 bis 387). Die hiergegen noch immer geäußerten Bedenken *Marquordts* (MDR 1951, 390) greifen nicht durch. *Marquordt* vertritt dabei die Ansicht, Währungsrecht sei nicht allein öffentliches Recht, denn es beständen in der Währungsgesetzgebung, insbesondere in einer Gesetzgebung aus Anlaß einer Währungsreform, auch Teile, die dem Privatrecht angehörten, so z. B. Bestimmungen, die dem Ausgleich zwischen den Betroffenen dienten (so wohl auch *Krech*, Probleme der Währungsreform [1949], 7ff.; *Harmening-Duden*, Währungsgesetz 161).

Das aber sind richtiger Auffassung nach lediglich Ausstrahlungen, Rand- oder Nebenwirkungen, die bei Gesetzen öffentlichen Rechts durchaus möglich, denkbar [sind] und auch häufig vorkommen, ohne damit aber dem Gesetz als solchem den Charakter eines öffentlichen zu nehmen und es zum Gesetz des privaten Rechts zu stempeln. Auf die zumindest überwiegende Rechtsnatur kommt es vielmehr an. Wenn *Marquordt* weiter meint, das Währungsrecht könne in keinem Fall einer Rechtsordnung folgen, die ‚weder rechtlich noch tatsächlich' das Rechtsverhältnis beherrsche, so übersieht *Marquordt* hier, daß das Unterhaltsverhältnis zwischen dem Vater und dem ehelichen Kind sich zwar nach dem Recht der Bundesrepublik richtet, daß es aber tatsächlich nicht allein von diesem Recht bestimmt wird. Denn die Höhe des Unterhaltsanspruchs errechnet sich z. B. nicht nur nach der Lebensstellung des Vaters in der Westzone, sondern auch entscheidend und in erster Linie nach den Lebensbedürfnissen des Kindes, gemessen an den Verhältnissen der Ostzone. Hier aber liegt gerade das tatsächliche Schwergewicht der Unterhaltsverpflichtung. So geht ja auch *Marquordt* bei der Festsetzung der Höhe des zu gewährenden Unterhalts auch selbst von einem Betrag aus, den er in der Ostwährung feststellen will.

Aber auch im praktischen Ergebnis führt die Verbindung des Währungsstatuts mit dem Familienrechtsstatut des Internat. bzw. interzonalen Privatrechts nicht zu stets brauchbaren Lösungen. Die Art. 13ff. EGBGB sprechen von Staatsangehörigkeit; eine entsprechende Zonenangehörigkeit gibt es nicht. Es ist deshalb einleuchtend, insoweit an die Stelle der Frage nach der Staatsangehörigkeit die Frage nach dem Wohnsitz zu stellen. Das heißt somit, daß im Verhältnis des Vaters zum ehelichen Kind das Heimatrecht des Vaters (Art. 19 EGBGB) maßgebend wäre. Klagt also das Kind in der Ostzone gegen den hier wohnenden Vater, so soll westdeutsches Recht gelten. Klagte um-

[1] Siehe oben Nr. 251. [2] Siehe unten Nr. 311. [3] Siehe oben Nr. 244.

gekehrt der Vater in der Ostzone gegen sein hier wohnendes Kind, so müßte *Marquordt* konsequent das Recht der Ostzone anwenden (vgl. *Beitzke*, NJW 1950, 9).

Im Verhältnis des Vaters zum unehelichen Kind wäre das Heimatrecht der Mutter unwandelbar zur Zeit der Geburt des Kindes maßgebend (Art. 21 EGBGB, LG Lüneburg MDR 1951, 747[1]). Wenn *Marquordt* hier noch weitergehen und den derzeitigen Wohnsitz der Mutter entscheidend sein lassen will, so bestehen Bedenken, da auch hier *Marquordt* selbst sich von dem Art. 21 EGBGB loslösen muß, auf den er sich aber doch gerade stützen will.

Die Anwendung des Familienstatuts führt aber besonders bei dem Verhältnis zwischen Vater und unehelichem Kind zu Schwierigkeiten. Entscheidend ist hier das Recht der Mutter (Art. 21 EGBGB). Wenn der Wohnsitz der Mutter zur Zeit der Geburt sich in einem Gebiet befand, das 1945 faktisch von Deutschland losgelöst wurde, kann doch der Unterhaltsanspruch nicht auf ausländische Währung lauten. Wenn ferner die Mutter nach der Geburt den Wohnsitz gewechselt hat, beispielsweise von der Ostzone in die Westzonen verzogen ist, ist es nicht angängig, den Unterhaltsanspruch in DM-Ost festzusetzen. Selbst wenn man es — entgegen Art. 21 EGBGB — auf den derzeitigen Wohnsitz abstellte, erzielte man keine befriedigenden Ergebnisse. Würde z. B. die Mutter eines unehelichen Kindes ihren Wohnsitz in den Westzonen haben, das Kind sich aber in einem Heim oder bei Verwandten in der Ostzone befinden, so kann, so sehr es auf die Lebensstellung der Mutter ankommen mag, ihr Wohnsitz in den Westzonen nicht für die Bestimmung der Bedürfnisse in der Ostzone entscheidend sein. Das Kind selbst aber hat keinen Wohnsitz.

Das gleiche gilt für das eheliche Kind. Auch wenn man mit *Marquordt* noch einen Schritt weitergehen würde und als Anknüpfungspunkt den gewöhnlichen Aufenthalt nähme, vermiede man nicht diese untragbaren Ergebnisse. Mag es auch hier unter dem Druck der Ereignisse nach 1945 und in Übereinstimmung mit den neueren Tendenzen im Internat. Privatrecht nicht so sehr auf den rechtlichen Wohnsitz im Sinne des BGB ankommen, sondern vielmehr darauf, welchen Ort der einzelne tatsächlich zum Mittelpunkt seines Lebens und seiner Tätigkeit macht, so ändert das doch nichts daran, daß bei einem ehelichen Kind nur der Wohnsitz, und sei es auch mit *Marquordt* nur der tatsächliche Wohnsitz, des Vaters (Art. 19 EGBGB), und damit auch ebenso sein Währungsrecht entscheidend sein könnte. Das würde nach *Marquordt* aber bedeuten, daß, wenn ein Vater seinen dauernden Aufenthalt z. B. in der Tschechoslowakei, Jugoslawien oder Ägypten, Persien nehmen würde, er in deren Währung zum Unterhalt für sein in den Westzonen lebendes eheliches Kind verurteilt werden müßte, abgesehen davon, ob solche Klage nicht wegen fehlenden Rechtsschutzinteresses abgewiesen werden müßte. Die Frage, ob deutsche Gerichte zu einer Fremdwährung verurteilen dürfen, sei hier zunächst dahingestellt. Die

[1] Siehe oben Nr. 267.

Verurteilung bzw. Klageabweisung müßte auch dann ergehen, wenn dieser Vater in Deutschland noch beträchtliches Vermögen haben würde, z. B. Grundstücke, die er zur Unterhaltsgewährung heranziehen könnte (§ 23 ZPO). Nach *Marquordt* würde somit, da eine Überweisung oder Verrechnung mit den fremden Währungen in keiner Weise stattfinden kann, das eheliche Kind, obwohl sein Vater Vermögenswerte im Inland hat, leer ausgehen.

Die Anwendung des Familienstatuts im Verhältnis des Vaters zum Kind läßt sich schließlich auch nicht aus dem Grunde rechtfertigen, weil sie zu einer Verschiebung des Schwerpunktes der Unterhaltsverpflichtung führen werde, nämlich vom Berechtigten auf den Verpflichteten.

Das Währungsstatut kann deshalb nicht aus dem internat. bzw. interzonalen Recht bestimmt werden, vielmehr muß die Frage nach dem Währungsstatut aus dem Wesen des Unterhaltsanspruchs bestimmt werden, ganz ähnlich wie bei anderen gesetzlichen Verpflichtungen, z. B. aus Delikt (vgl. KG NJW 1951, 486[1]; *Mampel*, JR 1949, 30; OLG Hamburg, MDR 1951, 109[2]). Der Unterhalt des ehelichen Kindes soll dessen gesamten Lebensbedarf decken. Dieser Lebensbedarf läßt sich währungsmäßig jedoch nur da feststellen, wo das Kind lebt. Infolgedessen ist auch der Aufenthaltsort des Kindes für die Währung maßgebend. Lebt das Kind in der Ostzone, so ist der Unterhalt in DM-Ost, lebt es in den Westzonen, so ist er in DM-West zu berechnen.

Somit entsteht auch hier der Anspruch der Kl. gegen den Bekl. in DM-Ost, wie die herrschende Meinung in Literatur und inzwischen auch in der Rechtsprechung annimmt (ebenso Bank Deutscher Länder in Rdbf XXIII, 124).

III. Die Verurteilung des Bekl. zur Unterhaltszahlung in DM-Ost scheitert auch nicht daran, daß die Gerichte des Bundesgebiets nur die eigene Währung, mithin DM-West ihrem Urteilsspruch zugrunde legen könnten (so u. a. *Raape* 345; *Marquordt* in MDR 1950, 8 — der aber in MDR 1951, 390 seinen Standpunkt aufgibt; OLG Düsseldorf, MDR 1950, 296[3]; OLG Schleswig, MDR 1950, 235[4]; LG Dortmund, MDR 1950, 552[5]; LG Verden, MDR 1950, 431[6]; LG Bayreuth, NJW 1950, 954[7]; LG Hannover, NJW 1950, 750[8]).

Soweit hier von dem im anglo-amerikanischen Recht verankerten Grundsatz ausgegangen wird, Gerichte dürften nur in der Landeswährung erkennen, und der Standpunkt vertreten wird, dieser Grundsatz müsse nunmehr in das Deutsche Recht übertragen werden, so wird hierbei übersehen, daß einmal dieser Grundsatz dem Deutschen Recht bislang fremd war, wie sich ohne weiteres aus § 244 BGB ergibt, und daß zum anderen auch kein sichtbarer Anlaß vorliegt, ihn nunmehr in das deutsche Rechtssystem einzubauen. Schließlich trifft auch die weitere Beweisführung, die Ostmark sei eine reine Binnenwährung, zumindest heute nicht mehr zu. Allerdings ist die DM (Ostmark) im

---

[1] Siehe oben Nr. 144a. [2] Siehe oben Nr. 143. [3] Siehe unten Nr. 337.
[4] Siehe oben Nr. 203a. [5] Siehe oben Nr. 241. [6] Siehe unten Nr. 314.
[7] Siehe unten Nr. 315. [8] Siehe oben Nr. 208.

Währungsgebiet der Bundesrepublik nicht als gesetzliches Zahlungsmittel zugelassen. Jedoch ist hier weder die Annahme noch der Erwerb von DM-Ost verboten. Ebenso ist die Veräußerung und Verwendung der DM-Ost nicht beschränkt, weil sie ausdrücklich keine Devise ist (vgl. Art. I Ziff. 1 des Ges. Nr. 53; Art. X d Nr. 2 Ges.Nr. 53). Wenn auch gemäß § 3, 1 MilRegGes. Nr. 61 die Eingehung von Verbindlichkeiten in DM-Ost einer devisenrechtlichen Genehmigung bedarf, so folgt daraus nicht ein Verbot der DM-Ost für das Bundesgebiet. Es kann auch nicht an der Tatsache vorbeigegangen werden, daß die DM-Ost eine im Bundesgebiet umlaufende Währung ist. Ihre Einführung in das Bundesgebiet ist im Rahmen des interzonalen Reiseverkehrs zulässig (Allg. Genehmigung 12/49, SaBl Sonderheft E 1950, 43).

Schließlich sind im Bundesgebiet von der Bankaufsichtsbehörde weit über 70 Wechselstuben zugelassen (Stand von 1950), bei denen ein Umtausch von DM-Ost in DM-West und umgekehrt vorgenommen werden kann. Insbesondere kann auch in Düsseldorf jeder bei der Wechselstube der ‚Deutschen Verkehrskreditbank' ohne weiteres DM-Ost erwerben. In diesen Wechselstuben vollzieht sich aus Angebot und Nachfrage eine freie, aber legale Kursbildung, die im übrigen für Berlin durch § 1b, 2 der West-Berliner WEVO (zitiert bei *Harmening-Duden*, 480) amtlichen Charakter angenommen hat. Daraus ergibt sich allgemein die Möglichkeit der Anwendung des § 244 BGB, der nach herrschender Ansicht lediglich einen legal gebildeten, nicht aber einen amtlichen Kurs zur Voraussetzung hat (*Staudinger* § 244 A 45). Dies ist jetzt auch ausdrücklich von der BDL in deren Rundschreiben Rdbf. XXIII, 124 anerkannt. Es ist deshalb festzustellen, daß die DM-Ost, die keine Devise, sondern ein deutsches Zahlungsmittel ist, den engen Charakter einer Binnenwährung weitgehend verloren hat. Es lassen sich deshalb aus diesem Gesichtspunkte keine Bedenken gegen eine Verurteilung zu DM-Ost erheben (OLG Köln, JMBl NRW 1951, 91[1]; OLG Celle, BB 1951, 513[2]; LG Wiesbaden, MDR 1950, 553[3]; LG Bochum, NJW 1951, 239[4]; LG Hannover, NJW 1951, 240[5]; LG Stuttgart, MDR 1951, 559[6]; Bank deutscher Länder, NJW 1950, 750; LG Lüneburg, MDR 1951, 747[7]; *Beitzke*, NJW 1950, 929; *Kühne*, NJW 1950, 729; *Wälde*, NJW 1951, 203 u. a. m.). Urteile auf DM-Ost werden auch ohne weiteres im westdeutschen Gebiet vollstreckt (LG Düsseldorf — 6 a T 1446/50 — vom 28. 3. 1951). Letztlich wird die Verurteilung des Bekl. zur Unterhaltszahlung in DM-Ost auch nicht deshalb ausgeschlossen, weil in jedem einzelnen Fall das Urteil als auch die spätere Vollstreckung des Urteils gemäß Art. I, Ziff. 1a und h, Art. X b des MilRegGes. Nr. 53 der devisenrechtlichen Genehmigung bedürfe. Diese Genehmigung ist für Unterhaltszahlungen bis zu DM 300,— monatlich für das Bundesgebiet durch die Allg. Genehmigung 41/50 zu den MilRegGes. Nr. 52 u. 53 v. 10. 7. 1950 (BAnz. Nr. 133) vom 14. 7. 1950 (SaBl v. 20. 7. 1950, 705) erteilt (vgl. Rpfl 1951, 338).

[1] Siehe oben Nr. 211. [2] Siehe oben Nr. 198. [3] Siehe oben Nr. 249.
[4] Siehe oben Nr. 258. [5] Siehe oben Nr. 257a. [6] Siehe oben Nr. 212.
[7] Siehe oben Nr. 267.

Was das Gebiet der DDR anbelangt, so ist eine solche Verurteilung durch die Richtlinien vom 30. 12. 1950 (GBl der DDR 1951, 18; A I Ziff. 6) gedeckt.

Allerdings kann eine uneingeschränkte Verurteilung des Bekl. zur Zahlung in DM-Ost nicht erfolgen. Denn einem im Währungsgebiet der Bundesrepublik wohnenden unterhaltspflichtigen Schuldner ist die Verfügung über DM-Ost zugunsten eines im Währungsgebiet der DDR wohnenden Unterhaltsgläubigers nur gestattet, wenn der Schuldner ein Ostmarkguthaben oder auf Ostmark lautende Forderungen besitzt (Allg. Genehmigung 41/50 zu MilRegGes. Nr. 52 u. 53; VO Nr. 235 der franz. MilReg., BAnz. Nr. 133 v. 14. 7. 1950, SaBl 1950 705; ferner Richtlinien v. 30. 12. 1950, A I Ziff. 6, GBl. der DDR 1951, 18). Eine andere Zahlung in DM-Ost ist nach den augenblicklich geltenden Bestimmungen währungsrechtlich verboten. Es ist, um derartige Zahlungen auszuschließen, deshalb erforderlich, eine solche Beschränkung in den erkennenden Teil des Urteils aufzunehmen (*Buchholz*, Rpfl. 1951, 343). Andernfalls würde das Gericht den Schuldner zur rechtswidrigen Versendung von DM-Ost anreizen, was die Kammer aber nicht tun kann (vgl. *Beitzke*, NJW 1950, 930; LG Würzburg MDR 1951, 490[1]; LG Lüneburg, MDR 1951, 747[2]).

Allerdings hat sich der Bekl. weder im ersten noch im zweiten Rechtszug darauf berufen, ein auf DM-Ost lautendes Konto zu besitzen, aus dem er auf legalem Wege den Unterhaltsanspruch der Kl. befriedigen könne. Jedoch sieht das Gericht, insbesondere mit Rücksicht darauf, daß es sich bei dem Unterhaltsanspruch der Kl. um einen Daueranspruch handelt, der sich über eine Reihe von Jahren erstreckt, hierin keinen Hinderungsgrund, den Bekl. primär zu dieser im Augenblick aus Transferschwierigkeiten noch eingeschränkten Zahlungsmöglichkeit in DM-Ost zu verurteilen. Nach der voraussichtlichen Entwicklung des interzonalen Zahlungsverkehrs ist wohl in Zukunft mit einem Verrechnungsabkommen zwischen der Bank Deutscher Länder und der Deutschen Notenbank zu rechnen. Dann aber würde der lediglich zu Westmark verurteilte Bekl. eine neue Klage aus § 323 ZPO erheben müssen (so *Beiztke*, JR 1950, 21, übersehen von LG Würzburg in MDR 1951, 491[3]).

Soweit aber der Bekl. weder im Augenblick noch in Zukunft die Möglichkeit hat, im Rahmen der gesetzlichen Vorschriften der Kl. Unterhalt in DM-Ost zu gewähren, war er hilfsweise zur Zahlung des Unterhalts in DM-West zu verurteilen, wobei sowohl die Erfüllung als auch die Vollstreckung nur mit der Maßgabe zulässig ist, daß die geschuldeten bzw. gepfändeten Beträge auf ein für die Kl. bei einem Geldinstitut oder Postscheckamt des Währungsgebietes errichtetes Konto einzuzahlen sind (19. DVO z. UG, VOBl brit. 1949, 66; Allg. Genehmigung Nr. 27/49 zu den MilRegGes. Nr. 52 und 53, SaBl. Sonderheft E 1950, 49).

Allerdings gibt grundsätzlich § 244 BGB dem Schuldner [einer] in einer fremden Währung ausgedrückten Schuld nur ein Recht, sich durch

---

[1] Siehe oben Nr. 261. [2] Siehe oben Nr. 267. [3] Siehe oben Nr. 261.

Zahlung in der Währung an seinem Wohnsitz zu befreien, begründet aber noch keine schuldnerische Pflicht. Die Zahlung in Westmark ist also an sich nur eine Zahlungsmöglichkeit des Bekl. im Sinne einer Ersetzungsbefugnis. Das kann aber dann nicht gelten, wenn es dem Bekl. unmöglich ist, den Unterhalt in der geschuldeten Währung zu leisten. Er muß hier von der ihm gebotenen Zahlungsmöglichkeit in DM-West Gebrauch machen (so mit Recht *Beitzke*, ZBlJR 1950, 19, NJW 1950, 929, LG Würzburg, MDR 1951, 490[1]; auch *Raape* 355; *Marquordt*, 1951, 394), wobei sich seine Schuld aber nicht endgültig in eine Schuld in der Währung der Bundesrepublik verwandelt. Nun gilt aber die Zahlungsgenehmigung der 19. DVO zum UG an sich nur für Schulden, die auf DM-West lauten. Es ergeben sich jedoch keine Bedenken, sie auch hier anzuwenden, wo aus dem Befreiungsrecht des § 244 BGB eine Befreiungspflicht wird (*Beitzke*, NJW 1950, 928; LG Würzburg, MDR 1951, 490[2] usw.).

Die Kammer vermag aber nicht dem vom LG Essen in dem Urteil v. 13. 4. 1951, 1 S 21/50[3] eingenommenen Standpunkt zu folgen, nach dem der Unterhaltspflichtige zur Zahlung aus einem Ostmarkguthaben oder von Westmark auf Sperrkonto zu verurteilen war (Rpfl. 1951, 375). Allerdings rechtfertigt sich eine solche Verurteilung aus dem Obersatz, von dem das LG ausgeht, daß Währung und Höhe der Rente danach zu bestimmen seien, welche währungstechnisch erlaubten Zahlungsmöglichkeiten den Zweck des Unterhaltsanspruchs erreichen ließen. Das LG Essen läßt damit jedoch dem Unterhaltsschuldner ein Wahlrecht, wie er den Unterhaltsanspruch zu erfüllen gedenke. Und zwar stehen hier beide Möglichkeiten gleichgeordnet. Gegen eine solche Lösung bestehen rechtliche und auch praktische Bedenken. Der Unterhaltsschuldner ist verpflichtet, den Unterhalt in der Währung zu leisten, in der der Unterhaltsgläubiger seine Lebensbedürfnisse befriedigen kann. Das aber ist die Währung der Ostzone. Nur dann, also sekundär, wenn dem Schuldner im Rahmen der geltenden gesetzlichen Bestimmungen die Zahlung in der Währung des tatsächlichen Wohnsitzes des Gläubigers nicht möglich ist, ist er hilfsweise auf Zahlung in einer anderen Währung zu verweisen. Der Schuldner ist somit primär verpflichtet, den Anspruch des Gläubigers in DM-Ost zu befriedigen, der Gläubiger hat ebenso in erster Linie nur einen Anspruch auf DM-Ost. Ließe man dagegen dem Schuldner ein Wahlrecht zwischen einer Zahlung in DM-Ost und einer Zahlung in DM-West auf ein Sperrkonto, so könnte er unter Umständen aus wirtschaftlichen oder auch aus rein privaten Gründen sein an sich greifbares Guthaben in der Ostzone unangetastet und dem Gläubiger den Unterhalt auf dem umständlichen und für ihn oft erst in Monaten brauchbaren Weg über das Sperrkonto zukommen lassen. Der Gläubiger hätte dazu keine Möglichkeit, die letztere Art der Unterhaltsgewährung zu verhindern und aus seinem Ostmarktitel in Ostmarkguthaben bei einer Ostzonenbank zu vollstrecken, auf das z. B. die Mieten eines Hauses in der Ostzone eingezahlt worden sind. Daher

[1] Siehe oben Nr. 261. [2] Siehe oben Nr. 261. [3] Siehe oben Nr. 260.

kann dem Schuldner weder eine Ersetzungsbefugnis noch ein Wahlrecht zugebilligt werden. Denn ‚nur wegen der Zwangsvollstreckung lautet das Urteil auf Westmark' (*Beitzke*, ZBlJR 1950, 21). Dem steht auch nicht § 244 BGB entgegen. Allerdings kann ein Gläubiger eine Fremdwährungsschuld in eigener Währung tilgen, es sei denn, daß zwischen den Parteien eine Zahlung in fremder Währung ausbedungen wäre. Jedoch kann das hier nicht gelten, wo es praktisch nicht um gleichwertige Zahlungsmöglichkeiten in zwei verschiedenen Währungen geht, sondern um eine Zahlung in nur einer Währung, nämlich DM-Ost; denn die Zahlung in DM-West kommt dem Unterhaltsberechtigten nicht dergestalt zunutzen, daß bares Geld in seine Hand gelangt.

IV. Was nun die Höhe des von dem Bekl. an die Kl. zu leistenden Unterhalts anbelangt, so ist dabei von den Bedürfnissen der Kl. einerseits und der Leistungsfähigkeit des Bekl. andererseits auszugehen ... Es ist hierbei nach Ansicht der Kammer nicht möglich — wie der Bekl. meint —, die Lebensverhältnisse der Ostzone denen der Westzone gleichzustellen. Es mag sein, daß die Preise in den HO-Läden der Ostzone in der letzten Zeit mehrfach gesenkt worden sind. Es ist jedoch gerichtsbekannt — insofern bedarf es keiner weiteren Beweiserhebung mehr —, daß die Preise in den HO-Läden noch erheblich über den in der Westzone geltenden Preisen für die entsprechenden Lebensmittel liegen. Es kann auch keinem Zweifel unterliegen, daß der Lebensstandard in der Ostzone unter dem der Westzone liegt. Daraus folgt aber naturgemäß, daß es erforderlich ist, einen höheren Ostmarkbetrag aufzuwenden, um einen der Westzone angepaßten, annähernd gleichen Lebensstandard zu erreichen. Jedenfalls ist unter Berücksichtigung dieser Umstände der von der Kl. geforderte Betrag von 70.— DM-Ost nicht übersetzt.

Wenn der Bekl. dabei glauben sollte, daß eine Verurteilung zur Unterhaltsleistung in DM-West nur im Verhältnis zu der Kaufkraft der beiden Währungen erfolgen könne, so kann dieser Ansicht nicht gefolgt werden. Die Kammer vertritt vielmehr den Standpunkt, daß das Währungsverhältnis (Kurs- oder Kaufkraftverhältnis) außer Betracht zu bleiben hat. Die Stellungnahme der Rechtsprechung zu dieser Frage ist nicht einheitlich. Teilweise wird die DM-West insoweit der DM-Ost gleichgestellt (vgl. z. B. OLG Schleswig, MDR 1950, 235[1]; LG Würzburg, MDR 1950, 552, MDR 1951, 491[2]; LG Bayreuth, NJW 1950, 953[3]; LG Essen, Rpfl. 1951, 375[4]), teilweise erfolgt die Gegenüberstellung der beiden Währungen zum faktischen Kurswert (*Marquordt*, MDR 1951, 390; Bank Deutscher Länder, Rdbf. XXIII, 124, Schreiben an Bundesjustizminister 6 b/31113/51 v. 28. 8. 1951 u. a. m.; *Beitzke*, NJW 1950, 928; *Raape* 344; LG Lüneburg, MDR 1951, 747[5]), schließlich wird die Ansicht vertreten, daß die Kaufkraft entscheidend sei (*Wälde*, NJW 1951, 213; LG Hannover, NJW 1951, 240[6] u. a. m.). Die auf den tatsächlichen Kurs oder die Kaufkraft abstellenden Lösungen verkennen

---

[1] Siehe oben Nr. 203a. [2] Siehe oben Nr. 261. [3] Siehe unten Nr. 315.
[4] Siehe oben Nr. 260. [5] Siehe oben Nr. 267. [6] Siehe oben Nr. 257a.

jedoch, daß es bei einer Unterhaltszahlung von DM-West auf ein Sperrkonto auf das Verhältnis der beiden Währungen zueinander nicht mehr ankommen kann. Denn eine Verfügung über die auf einem Sperrkonto angesammelten Beträge ist nur möglich auf Grund von Einzelgenehmigungen der Landeszentralbanken, die nur erteilt werden

1. zum Einkauf und zur Versendung von Lebensmitteln im Werte von 25.— DM-West monatlich;
2. zur Durchführung von Reisen des Unterhaltungsberechtigten (Kontoinhaber) oder eines von ihm Bevollmächtigten in den Westzonen bis zu einem Betrag von 600.— DM-West im Monat.

Es erfolgt somit der Einkauf von Sachwerten, Lebensmitteln, Textilien usw. in den Westzonen, ebenso lebt der Unterhaltsberechtigte für die Dauer seiner Reise in den Westzonen. Damit verlagert sich praktisch die Unterhaltsgewährung, die an und für sich in der Ostzone belegen wäre, aus transfertechnischen interzonalen Schwierigkeiten in die Westzonen. Der Unterhaltsschuldner muß deshalb, unter Außerachtlassung jeden Wechselkurses einen solchen DM-West-Betrag aufbringen, den er ebenfalls dann aufzuwenden hätte, wenn der Unterhaltsberechtigte seinen Aufenthalt ständig in den Westzonen hätte. Dieses Ergebnis ist auch nicht unbillig, weil, wie gesagt, es nicht auf den Wechselkurs ankommen kann. Es wäre vielmehr unbillig gewesen, durch die nicht mögliche Einbeziehung irgendeines Währungsvergleichs den Unterhaltsbedarf des Berechtigten zu kürzen und zu beschneiden."

**274. Ein ostzonaler, auf RM lautender Titel über die Leistung von Unterhaltsbeiträgen kann auch dann nach westdeutschem Währungsrecht auf DM-West umgestellt werden, wenn der Schuldner erst nach der Währungsreform seinen Wohnsitz in die Westzonen verlegte. — Diese Umstellung kann aber nur mit Wirkung für die nach dem Wohnsitzwechsel des Schuldners fällig gewordenen Unterhaltsraten erfolgen.**

LG Frankenthal (französ. Zone), Beschl. v. 20. 3. 1952 — 1 T 259/51: NJW 1952, 710 (abl. *Beitzke*).

Die ASt. wohnen in der Ostzone und sind eheliche Kinder des AGg. Dieser ist auf Grund eines Urteils des AG L. (sowjet.) aus dem Jahre 1947 zur Zahlung von Unterhalt an die ASt. verpflichtet. Der AGg. hatte zur Zeit der Währungsreform ebenfalls seinen Wohnsitz in L., wohnt jedoch seit August 1950 in Westdeutschland. Den Antrag, den Titel des AG L. für die ab September 1950 fälligen Unterhaltsbeträge im Verhältnis 1 : 1 auf DM-West umzustellen, wies das AG ab; das LG gab ihm statt.

Aus den Gründen:

„Daß der RM-Titel auch dann nach der 16. DVO zum UG auf DM-West umzustellen ist, wenn der unterhaltspflichtige eheliche Vater erst nach der Währungsreform in die Westzone gezogen ist, ergibt sich aus der Eigenart der gesetzlichen Unterhaltspflicht und aus der währungsrechtlichen Bedeutung der 16. DVO zum UG.

1. Da die gesetzliche Unterhaltspflicht zwischen Verwandten sich nicht in einem einmaligen Geschehen erschöpft, sondern in ihren einzelnen Raten jeweils neu entsteht (RGZ 46, 68), unterliegt die Verpflichtung

des Vaters seit seinem Umzug nach Westdeutschland und mit Wirkung für die erste nach diesem Umzug fällige Rate dem westdeutschen Währungsrecht.

Daß dieses Währungsrecht die beantragte Umstellung gestattet, ergibt jedoch — entgegen der Auffassung *Kegels* (JZ 1951, 83 Ziff. 2) und des LG Hannover (NdsRpfl. 1950, 158[1]) — nicht schon seine Anwendbarkeit als solche, sondern erst eine nähere Betrachtung der währungsrechtlichen Funktion der 16. DVO zum UG.

2. Wenn beide Parteien eines Unterhaltstitels schon am 21. 6. 1948 in Westdeutschland wohnten, führt die 16. DVO zum UG in Verbindung mit § 18 I Ziff. 1 UG mit der 1 : 1-Umstellung des Titels auf DM-West die Übereinstimmung des Titels mit der durch die Währungsreform veränderten materiellen Rechtslage herbei. Die 16. DVO hat allein eine prozessuale Funktion.

Wohnte zur Zeit der Währungsreform nur der Unterhaltspflichtige im Westen, der Berechtigte dagegen im Osten, so gibt ihm die Umstellung des Titels 1 : 1 auf DM-West mehr, als ihm nach den §§ 1610, 1603 BGB materiell-rechtlich zusteht, weil nach dem Wechselstubenkurs 1 DM-West meist 5—6 DM-Ost ergibt, während der Preisunterschied für die wichtigsten Lebensgüter, der ‚Warenkorbvergleich', nur das Verhältnis 1 DM-West zu 2 DM-Ost aufweist. In diesem Falle hat die 16. DVO zum UG danach nicht nur eine prozessuale Bedeutung, sondern — weil die Umstellung 1 : 1 auf DM-West hier von der materiellen Rechtslage abweicht — darüber hinaus noch die Bedeutung einer materiellrechtlichen Faustregel.

Diese Faustregel nimmt dem Unterhaltsgläubiger als dem wirtschaftlich Schwächeren mit Recht die Prozeßlast für die Abänderungsklage ab, die der Gläubiger sonst hätte erheben müssen. Im übrigen gewährt sie ihm in der Regel doch kaum mehr, als ihm mit Rücksicht auf seine Lage und auf die Schwierigkeiten, Unterhaltsbeiträge zu transferieren, zugebilligt werden sollte. Andererseits bürdet sie dem Schuldner keine größere Verpflichtung auf, als ihn gegenüber einem Westgläubiger ohnehin treffen würde. Der Schuldner wird sich deshalb zumeist mit der 1 : 1-Umstellung auf DM-West befrieden. Dies um so mehr, als er eine Abänderungsklage am allgemeinen Gerichtsstand des Bekl., also stets in der Ostzone erheben müßte (*Baumbach*, ZPO[20] § 323 Anm. 3 B S. 585) und eine Vollstreckungsgegenklage jedenfalls dann, wenn das ausschließlich zuständige Prozeßgericht erster Instanz in der Ostzone gelegen ist (§§ 767 I, 802 ZPO). Die Faustregel führt damit zumeist zu billigenswerten Ergebnissen und erspart weitgehend Abänderungsprozesse.

3. Diese Regelung mag in erster Linie für die Verhältnisse gedacht gewesen sein, die im Augenblick der Währungsreform vorlagen. Dies ist jedoch kein Grund, ihre billigenswerte und befriedende Wirksamkeit auf die Fälle zu beschränken, in denen der einem Ostgläubiger verpflichtete Unterhaltsschuldner schon am 21. 6. 1948 im Westen wohnte, und ihre Wirksamkeit da auszuschließen, wo er erst später nach dem Westen ver-

---

[1] Siehe oben Nr. 251.

zogen ist. Denn beide Fälle unterscheiden sich lediglich nach dem Zeitpunkt, an dem das Ost-Westproblem in die Erscheinung tritt. Das Bedürfnis nach einer streitvermeidenden Billigkeitsregelung, wie sie die Faustregel bietet, ist in beiden Fällen gleich groß und in gleichem Maß berechtigt.

Die Beschwerde mußte deshalb Erfolg haben und das AG — entgegen der Auffassung der LGe Stuttgart (MDR 1951, 367[1]), Frankfurt (NJW 1951, 240[2]) und Osnabrück (MDR 1951, 745[3]) und im Ergebnis übereinstimmend mit dem LG Hannover (NdsRpfl. 1950, 158[4]) und mit *Kegel* (JZ 1951, 83) — angewiesen werden, mit Wirkung v. 1. 9. 1950 den beantragten Umstellungsvermerk 1 : 1 auf DM-West zu erteilen."

**275. Währungsstatut einer Unterhaltsforderung ist das Währungsrecht am Wohnsitz des Berechtigten. — Maßgebend für die Höhe des Unterhaltsanspruchs sind nicht die am Wohnsitz des Berechtigten geltenden Richtsätze, sondern die der lex fori. — Eine Neubemessung der Unterhaltsrente infolge einer Wohnsitzverlegung des Unterhaltsberechtigten kann vom Unterhaltsschuldner nur mittels der Abänderungsklage, nicht mittels Vollstreckungsgegenklage geltend gemacht werden.**

LG Bochum (brit. Zone), Urt. v. 28. 3. 1952 — 8 S 10/52: DAVorm. 25 (1952/53) 165.

Der Kl. ist der Erzeuger des Bekl. Dieser hat seinen Wohnsitz aus Westdeutschland in die Ostzone verlegt. Mit der Vollstreckungsgegenklage erstrebt Kl. eine Neufestsetzung der Unterhaltsrente. Das AG gab der Klage statt, das LG wies sie ab.

Aus den Gründen:

„Zu Recht hat der Vorrichter sich auf den Standpunkt gestellt, daß die Unterhaltsrente des Bekl., nachdem dieser mit seiner Mutter in die Ostzone übergesiedelt ist, sich in DM-Ost bemißt, da er im Gebiet dieser Währung lebt und dort seinen Lebensunterhalt bestreiten muß. Insoweit hat der Bekl. das Urteil auch nicht angegriffen. Das Bemessen des Unterhaltsanspruches in der Währung des Wohnortes des Berechtigten kann aber — entgegen der Ansicht des Erstrichters — nicht dazu führen, als maßgebend den Betrag anzusehen, den die Gerichte der Ostzone den dort lebenden unehelichen Kindern im Durchschnitt gewähren. Es entzieht sich der Kenntnis des Berufungsgerichts, ob dies auch für Berlin nur 30 DM-Ost war; das ist im übrigen auch unerheblich. Das Gericht hat vielmehr selbständig zu erkennen, welches der der Lebensstellung der Mutter entsprechende Unterhaltsbetrag für das uneheliche Kind ist, den der Bekl. zu gewähren hat (§ 1708 BGB). Unter Berücksichtigung der hiesigen Anschauungen beträgt aber der Unterhaltsanspruch eines unehelichen Kindes, dessen Mutter in einfachen Verhältnissen lebt, in der Ostzone 40 DM-Ost, jedenfalls dann, wenn es sich um ausgesprochene Großstadtverhältnisse handelt, in denen das uneheliche Kind lebt . . .

[Das Gericht prüft nunmehr das Verhältnis der Abänderungsklage gem. § 323 ZPO zu der Vollstreckungsgegenklage nach § 767 ZPO.

---

[1] Siehe unten Nr. 319. [2] Siehe oben Nr. 253. [3] Siehe oben Nr. 262.
[4] Siehe oben Nr. 251.

Während die Abänderungsklage auf jede wesentliche Veränderung der Verhältnisse gestützt werden könne, setze die Vollstreckungsgegenklage Einwendungen gegen den Anspruch als solchen voraus.]

Durch den Fortzug des Bekl. in die Ostzone ist dessen Unterhaltsanspruch aus § 1708 BGB als Geldwertanspruch nicht berührt worden. Dieser Umstand stellt somit weder eine rechtsvernichtende noch rechtshemmende, noch rechtsverneinende oder rechtshindernde Einwendung gegen den Anspruch selbst dar; vielmehr betrifft er nur infolge des in der Ostzone bestehenden Rationierungssystems und der in diesem Rahmen gebundenen Preise die aus dem sich gleichbleibenden Unterhaltsrecht als solchem fließende Verpflichtung zur Entrichtung bestimmter Unterhaltsleistungen. Daraus folgt, daß im vorliegenden Fall zwar die Voraussetzungen der Abänderungsklage vorliegen, dagegen die Merkmale für die Vollstreckungsgegenklage nicht vorhanden sind."

**276. Eine Unterhaltsforderung entsteht in der Währung, in der sie devisenrechtlich erbracht werden kann. — Da der Zweck einer Unterhaltsleistung trotz Zahlung auf ein beschränkt gesperrtes Sperrkonto noch erfüllt wird, ist der Schuldner nicht wegen Unmöglichkeit der Leistung befreit. — Als Umrechnungsverhältnis darf bei Unterhaltsleistungen nur der tatsächlich dem Berechtigten zugute kommende Wechselkurs von 1: 1 festgelegt werden.**

LG Itzehoe (brit. Zone), Urt. v. 10. 4. 1952 — 1 S 283/51: DAVorm. 25 (1952/53) 123.

Aus den Gründen:

„Der westdeutsche Unterhaltsschuldner kann nach den derzeitigen Devisenbestimmungen, sofern er nicht in der Sowjetzone ein Ostmark-Guthaben besitzt, regelmäßig nur durch Zahlung auf ein von dem Ostgläubiger bei einem westdeutschen Geldinstitut errichtetes Sperrkonto leisten. Die Einzahlung auf das Konto kann nur in DM-West erfolgen. Denn diese ist in Westdeutschland allein gesetzliches Zahlungsmittel. Ein Transfer von Westdeutschland in die Sowjetzone ist gesetzlich verboten und strafbar (Art. I 1d, Art. VIII u. Art. X des MilRegGes. Nr. 53, § 1 der 19. DVO z. UG). Einzelgenehmigungen werden nicht erteilt. Der Ostgläubiger darf Zahlungen auch nur durch Vermittlung der Deutschen Notenbank annehmen (§ 7 der Durchf.-Bestimmungen v. 30. 12. 1950 zum sowjetzonalen Gesetz zur Regelung des innerdeutschen Zahlungsverkehrs v. 15. 12. 1950 [GBl DDR 1950, 1202]). Ein Verstoß dagegen ist für ihn strafbar (vgl. auch BGH, MDR 1952, 350/351[1]).

Da der Bekl. hiernach auf gesetzlich zulässige Weise nur in DM-West leisten kann, ist die DM-West auch die für seine Leistungsverpflichtung maßgebende Währung. Die besondere Natur der Unterhaltsverpflichtung erfordert es nämlich, die Leistung in der Währung zu bestimmen, in der sie erbracht werden kann (so zutreffend *Buchholz*: Unterhaltsleistung und Zonentrennung, Rpfl. 1951, 339). Ob der Bekl. von seiner Ver-

[1] Siehe oben Nr. 216.

pflichtung etwa dann frei wäre, wenn die bestehenden Währungsschwierigkeiten die Erreichung des Leistungszwecks, die Befriedigung des Unterhaltsbedarfs der Kl., ganz unmöglich machen würden (vgl. dazu RGZ 165, 219), kann hier dahingestellt bleiben. Denn die Einzahlung auf ein Sperrkonto dient dem Unterhaltszweck jedenfalls so lange, als der Unterhaltsberechtigte noch über das Konto — wenn auch eingeschränkt — in einer Weise verfügen kann, die ihm die Befriedigung seiner Lebensbedürfnisse gestattet. Eine solche Verfügungsmöglichkeit würde für die Kl. aber bestehen. Denn einmal könnte sie über ihr Sperrguthaben zur Finanzierung von Lebensmittelsendungen an sie oder zum Einkauf von Bedarfsgütern in Westdeutschland bis zum Betrag von 25 DM im Monat verfügen. Sie brauchte dazu allerdings die Genehmigung der Landeszentralbank am Sitz des Geldinstituts. Diese wird aber regelmäßig erteilt. Zum anderen ist auch für uneheliche Kinder diesseits und jenseits der Zonengrenze ein Austausch von Unterhaltszahlungen nach Maßgabe besonderer Vereinbarungen zwischen den westdeutschen Jugendämtern und den Jugendbehörden im sowjet. Besatzungsgebiet zugelassen (vgl. hierzu auch die oben aufgeführte Entscheidung des BGH, MDR 1952, 351[1]).

Die Kl. verlangt auch mit Recht, daß der Bekl. den ihr zustehenden Unterhalt in voller Höhe (1 DM-West für 1 DM-Ost) zahlt. Eine andere Festsetzung der Unterhaltsrente des Ostgläubigers unter Zugrundelegung des schwankenden inoffiziellen Wechselkurses der DM-West im Verhältnis zur DM-Ost oder nach Maßgabe der unterschiedlichen Kaufkraft der beiden Währungen, wie sie der Bekl. erstrebt, findet nicht statt. Ein solches Verfahren wäre nur dann vertretbar, wenn der Unterhaltsberechtigte in der Lage wäre, den unterschiedlichen Wechselkurs auf gesetzlich zulässige Weise zu seinen Gunsten auszunutzen. Diese Möglichkeit besteht für die Kl. aber nicht. Denn sie erhält für jede DM-West, die der Bekl. auf das Sperrkonto einzahlt, über die sowjet. Deutsche Notenbank und ihre zuständige Jugendbehörde auch nur 1 DM-Ost. Da sie hiernach aus dem inoffiziellen Umrechnungsverhältnis zwischen der DM-West und der DM-Ost keinen Vorteil hat, muß es dabei verbleiben, daß der Bekl. die Unterhaltsrente ungekürzt in DM-West zahlt. Eine niedrigere Bemessung der Rente unter Zugrundelegung des an sich günstigen Kurses der DM-West würde letzten Endes zu einer unbilligen Verkürzung des Unterhaltsanspruchs führen. Sie kann daher nicht rechtens sein. Der Schuldner wird dabei auch nicht unbillig belastet. Denn er hätte keinesfalls weniger zu zahlen, wenn der Unterhaltsberechtigte in Westdeutschland leben würde."

**277.** **Der Unterhaltsanspruch eines unehelichen Kindes gegen seinen Erzeuger bestimmt sich nach Art. 21 EGBGB. — Art. 21 EGBGB bezeichnet nur das maßgebende Privatrecht, nicht auch das anzuwendende Währungsrecht. — Das staatliche Währungsrecht ist öffentliches Recht. — Fremdes öffentliches Recht kann nicht außerhalb der Grenzen des fremden**

[1] Siehe oben Nr. 216.

**Rechtsgebietes angewendet werden. — Vorbehaltlich der devisenrechtlichen Bestimmungen kann ein westdeutsches Gericht zur Zahlung von DM-Ost verurteilen. — Ein Anspruch kann in einer beliebigen Währung geltend gemacht werden, es sei denn, daß die privatrechtlichen Vorschriften des für den Anspruch maßgebenden Rechts die Geltendmachung in einer bestimmten Währung verlangen. — Jedoch ist der unterschiedliche Wert der Währungen bei der Höhe des Unterhaltsanspruches zu berücksichtigen.**

LG Berlin (West), Beschl. v. 17. 5. 1952 — 29 T 93/52: DAVorm. 25 (1952/53) 127.

Aus den Gründen:

„Die Frage, in welcher Währung der im Ostsektor Berlins oder in der Ostzone wohnende Berechtigte von dem im Westsektor Berlins oder in der Westzone wohnenden Verpflichteten seinen Unterhaltsanspruch geltend zu machen hat, wird in der Literatur und Judikatur verschieden beantwortet. Das über diese Frage mittlerweile angewachsene Material ist fast unübersehbar geworden, ohne daß gesagt werden kann, daß eine bestimmte Ansicht die herrschende wäre (vgl. die Übersichten von *Mellwitz*, JR 1951, 135, und 1952, 730f.).

, Das AG wendet in dem angefochtenen Beschluß auf den Anspruch des Kl. den Art. 21 EGBGB an und kommt so dazu, das am Wohnsitz des Kl. geltende ostzonale Recht für maßgeblich zu erklären. Dem mag man beitreten können. Nicht folgen kann man aber dem AG, wenn es ohne alle nähere Begründung meint, Art. 21 EGBGB gebe die ‚ausdrückliche Vorschrift' ‚für die zu entscheidende Frage, welches Währungsrecht Anwendung findet' (vgl. hierzu LG Essen, Rpfl. 1951, 375[1]). Hierzu ist zunächst zu sagen, daß es sich bei Art. 21 EGBGB um Privatrecht handelt, das Währungsrecht aber öffentliches Recht ist. Nach Art. 21 EGBGB würden auf den Anspruch des Kl. die ostzonalen Vorschriften über die Unterhaltspflicht des Vaters gegenüber dem unehelichen Kinde Anwendung finden. Diese Vorschriften besagen aber nicht, daß die Unterhaltspflicht in einer besonderen Währung zu erfüllen ist. Freilich gilt in der Ostzone ausschließlich die Ostmark, dies aber nach öffentlichem Währungsrecht. Mit der Unterhaltspflicht des Vaters hat das nichts zu tun. Das öffentliche Währungsrecht der Ostzone hört an deren Grenze auf und gilt nicht im Westsektor Berlins und in Westdeutschland. Hier kann es deshalb auch nicht angewendet werden . . .

Eine Geldschuld kann in jeder beliebigen Währung ausgedrückt werden. Sie bleibt immer eine Geldschuld, die sie nach den im Osten und im Westen geltenden Vorschriften über die Unterhaltspflicht sein soll. Es fragt sich daher nur, ob irgend eine Vorschrift verlangt, daß die Geldschuld in einer bestimmten Währung ausgedrückt wird oder in einer bestimmten Währung nicht ausgedrückt werden darf. Das ist nicht der Fall.

Wenn ein Bewohner des Ostsektors Berlins oder der Ostzone einen Unterhaltsanspruch geltend macht, so liegt es nahe, daß der Anspruch

[1] Siehe oben Nr. 260.

in der Währung der Ostmark ausgedrückt wird; denn der Berechtigte braucht die Geldzeichen der Ostmark für seinen Unterhalt und kann nur diese brauchen. Er kann seinen Anspruch auch am besten beziffern, wenn er Ostmark verlangt. Keine gesetzliche Bestimmung steht dem entgegen, daß der Anspruch in Ostmark ausgedrückt wird. Die Ostmark ist auch im Westsektor Berlins zugelassen und in Westdeutschland nicht verboten. Auch die Devisenbestimmungen stehen dem nicht entgegen, daß eine Forderung auf Ostmark eingeklagt wird. Nach Erteilung der Devisengenehmigung kann ein entsprechendes Urteil ergehen.

Der Kl. hat nun im vorliegenden Falle seinen Anspruch nicht in Ostmark, wie es nahegelegen hätte, sondern in Westmark ausgedrückt. Auch hier gilt wieder, daß die ostzonalen Bestimmungen über Unterhaltsrecht dem nicht entgegenstehen. Das ostzonale Währungsrecht steht natürlich entgegen. Da dieses aber nur innerhalb der ostzonalen Grenzen gilt, kommt es hierauf nicht an. Daß im Westsektor Berlins und in Westdeutschland keine Bestimmungen vorhanden sind, die es verbieten, die Forderung in Westmark auszudrücken, ist selbstverständlich. Der Verpflichtete ist auch nicht dadurch beschwert, daß seine Schuld in der für ihn maßgebenden gesetzlichen Währung ausgedrückt wird. Nur für den Berechtigten ist es umständlicher; denn er kann die Westmark in seinem Währungsgebiet nicht gebrauchen. Hierauf kann sich aber der Verpflichtete nicht berufen. Im vorliegenden Falle hat er sich sogar bereit erklärt, seine Unterhaltsverpflichtung in Westmark zu erfüllen. Um so weniger angebracht war es, daß das AG trotz des Einverständnisses beider Parteien geglaubt hat, von Amts wegen nicht zulassen zu dürfen, daß der Kl. seine Forderung in der am Sitze des Gerichts geltenden Währung ausdrückt. Die Devisenbestimmungen stehen auch hier nicht entgegen. In West-Berlin genügt es für den Erlaß des Urteils, wenn die Zahlung auf ein Sperrkonto erfolgt.

Zusammenfassend kann gesagt werden, daß der Kl. seinen Anspruch nach seiner Wahl in Ostmark oder Westmark geltend machen kann, wobei es selbstverständlich ist, daß es für die Höhe auf die Verschiedenheit der beiden Währungen ankommt."

**278. Währungsstatut des Unterhaltsanspruchs eines unehelichen Kindes ist das Währungsrecht am Wohnsitz des Berechtigten. — Art. 21, 2. Halbsatz EGBGB ist interzonal anwendbar. — Bei Unterhaltsforderungen eines ostdeutschen Gläubigers darf der westdeutsche Schuldner nur zur Zahlung von DM-West verurteilt werden. — Für die Umrechnung ist nicht der allgemeine Wechselstubenkurs, sondern das besondere, für Unterhaltsforderungen tatsächlich bestehende Umrechnungsverhältnis von 1:1 festzulegen.**

AG Kempten (amerik. Zone), Urt. v. 26. 5. 1952 — 3 C 1570/51: DAVorm. 25 (1952/53) 126.

Aus den Gründen:

„Die Unterhaltsrente ist zur Sicherung des Unterhaltsberechtigten, der Kl., bestimmt. Der Umfang ihres Lebensbedarfes läßt sich nur in der Währung bemessen, in der die Aufwendungen für den Unterhalt tatsächlich zu bestreiten sind. Das ist für die Kl. die DM-Ost; sie kann ihren Unterhalt nur in dieser Währung decken, weil die DM-Ost in der Ostzone das ausschließliche gesetzliche Zahlungsmittel ist. Es ist deshalb davon auszugehen, daß der Unterhaltsanspruch der Kl. jeweils in DM-Ost entsteht, solange sie im Gebiete dieser Währung ihren Wohnsitz hat (vgl. *Beitzke*, NJW 1950, 929; *Raape*, IPR³ 344; *Palandt*, BGB⁸, Vorbem. 14g cc vor Art. 7 EGBGB).

Die Kl. hat zur Höhe ihres Anspruches keine besonderen Ausführungen gemacht. Sie verlangt einen der Sätze in DM, die in der Bundesrepublik üblich sind. Diese ‚DM' sind DM-Ost, weil der Anspruch in DM-Ost entstanden ist. Dieser Satz liegt an der untersten Grenze der heute in der Bundesrepublik zuerkannten Sätze. Dieser Satz kann deshalb auch bei Berücksichtigung des Art. 21 Halbs. 2 EGBGB in jedem Falle begehrt werden . . .

Bestritten ist, in welcher Währung der Bekl. zu verurteilen ist (vgl. *Kühne*, NJW 1950, 729; *Wälde*, NJW 1951, 214); vereinzelt wird eine Verurteilung zur Zahlung in DM-Ost für zulässig gehalten (*Kühne* aaO.; *Beitzke*, NJW 1950, 929; LG Bochum, NJW 1951, 239[1]) . . . Das Gericht folgt der im Schrifttum und Rechtsprechung noch überwiegend vertretenen Meinung, daß bei Unterhaltsforderungen eines Ostzonengläubigers ein Schuldner im Bundesgebiet nur zur Zahlung in der Währung der Bundesrepublik zu verurteilen ist (*Marquordt*, MDR 1950, 8; LG Dortmund, MDR 1950, 552[2]; LG Verden, MDR 1950, 430[3]; OLG Bamberg, BB 1949, 299; OLG Stuttgart, BB 1949, 600; OLG Düsseldorf, MDR 1950, 296[4].)

Dem Bekl. gibt nur die 19. DVO zum UG in Verbindung mit der allgemeinen Genehmigung Nr. 27/49 der Bank Deutscher Länder die gesetzliche und grundsätzlich einzige Möglichkeit, mit befreiender Wirkung an die Kl. in DM-West zu leisten. Nach diesen Bestimmungen muß er den DM-Westbetrag auf ein bei einer Bank oder einem Postscheckamt der Bundesrepublik zugunsten der Kl. anzulegendes Sperrkonto einzahlen.

Seit dem Erlaß des Rundbriefes der Bank Deutscher Länder Nr. 116/51 hat sich für die wechselseitigen Unterhaltsansprüche zwischen Gläubigern der Bundesrepublik und der Ostzone ein gut arbeitendes Ausgleichsververfahren eingespielt. Auf diesem Wege erhält der Ostzonengläubiger auch ohne Vereinbarung eines Verrechnungskurses tatsächlich den ihm zustehenden Unterhalt, und zwar in der Währung seines Währungsgebietes. Es kommt deshalb auch nicht zur Ansammlung eines von dem Gläubiger nicht zu verwertenden Vermögens auf dem Sperrkonto. In geringem Umfange hat der Ostzonengläubiger auch die Möglichkeit, in der Bundesrepublik mit diesen Geldern Waren einzukaufen und sie in die Ostzone zu versenden.

Steht somit fest, daß die Unterhaltsverpflichtung des Bekl. in DM-West zu erfüllen ist, so ist damit noch nichts über die Höhe der von ihm

---

[1] Siehe oben Nr. 258. [2] Siehe oben Nr. 241. [3] Siehe unten Nr. 314.
[4] Siehe unten Nr. 337.

in DM-West zu zahlenden Beträge gesagt ... Für die Umrechnung von DM-Ost auf DM-West gibt es in der Bundesrepublik keinen amtlichen Umrechnungskurs.

Der für die Westzonen halbamtliche Umrechnungskurs der Berliner Wechselstuben scheidet aus, weil seit der in dem Rundbriefe Nr. 116/51 der Bank Deutscher Länder genannten Regelung ein tatsächlicher Umrechnungskurs für Unterhaltsleistungen besteht. Darnach kann wechselseitig in beiden Währungsgebieten die Erfüllung der Unterhaltsverpflichtung dem Gläubiger gegenüber bei Zahlung auf ein Sperrkonto im Austauschwege durch beiderseitige Genehmigung der zentralen Geldinstitute beider Gebiete geschehen, ohne daß es zu einer Transferierung kommt. Durch diesen Austausch wird auch vermieden, daß in beiden Währungsgebieten Schuldner oder Gläubiger unberechtigte Vorteile aus dem Währungsgefälle ziehen. Die Gläubiger jeder der beiden Zonen erhalten jeweils in der Währung ihres Währungsgebietes so viel, wie die Schuldner der anderen Zone in ihrer Währung auf das Sperrkonto einbezahlt haben. Die Kl. erhält also den Betrag in DM-Ost, den der Bekl. in DM-West einbezahlt. Infolge dieser tatsächlichen, speziellen Verrechnungsmöglichkeit entfällt die — gelegentlich ausgesprochene — Befugnis des Bekl., über die Bestimmung der §§ 244, 269, 270 BGB zu erfüllen."

**279.** **Der Unterhaltsanspruch eines ostdeutschen unehelichen Kindes gegen seinen westdeutschen Erzeuger besteht in DM-West. — Die Höhe des Unterhaltsanspruches bemißt sich nach den westdeutschen Richtsätzen, da sich infolge der devisenrechtlichen Vorschriften die Unterhaltsgewährung praktisch nach Westdeutschland verlagert hat. — Das für den Unterhaltsanspruch eines unehelichen Kindes maßgebende Recht ist nach Art. 21 EGBGB zu bestimmen.**

LG Stuttgart (amerik. Zone), Beschl. v. 28. 5. 1952 — 7 S 8/52: DAVorm. 25 (1952/53) 78.

Die Kl. ist ein uneheliches Kind des Bekl. und lebt in der Ostzone. Der Bekl. wohnt in Westdeutschland. AG und LG sprachen der Kl. Unterhalt in DM-West für die Zeit seit ihrer Geburt zu.

Aus den Gründen:

„Der Wohnsitz und Aufenthaltsort des Schuldners und damit zusammenhängend die Umstellung von RM-Forderungen gegen einen westdeutschen Schuldner nach westdeutschen Währungsgesetzen (vgl. BGH, NJW 1951, 400[1]) spricht dafür, daß die Unterhaltsforderung der Kl. in DM-West entsteht. Andererseits spricht für eine Entstehung der Forderung in DM-Ost der Status der Mutter und die Tatsache, daß der Schwerpunkt derartiger Forderungen im allgemeinen in der Ostzone liegt (vgl. OLG Braunschweig, JZ 1951, 82[2]; LG Bochum, NJW 1951, 239[3]; LG Stuttgart, NJW 1951, 241[4]). Der Hinweis, daß der in der Ostzone lebende Unterhaltsberechtigte zum Leben DM-Ost benötigt, kann die Streitfrage schon deshalb nicht klären, weil der in der Westzone lebende Schuldner

[1] Siehe oben Nr. 232. [2] Siehe oben Nr. 240. [3] Siehe oben Nr. 258.
[4] Siehe oben Nr. 256.

zwar DM-Ost sich auf legalem Weg verschaffen, diese aber in die Ostzone wegen der Devisenbestimmungen nicht transferieren kann (vgl. *Kegel*, JZ 1951, 82).

Eine Verurteilung des Bekl. zu DM-Ost hat für die Kl. im vorliegenden Fall unmittelbar keinen Wert, weil DM-Ost nicht über die Grenze gebracht werden dürfen und weil der Bekl. kein Vermögen in der Ostzone hat. Das Ziel, dem Kind tatsächlich einen Unterhaltsbeitrag zufließen zu lassen, kann also nur erreicht werden, wenn der Bekl. DM-West zahlt. Zwar erhält das Kind dann nicht die ihm vom Gesetzgeber zugedachte Geldrente, weil die Zahlung auf Sperrkonto gehen muß. Hierüber kann aber in gewissem Umfang zugunsten der Kl. verfügt werden.

Die Höhe der Unterhaltsrente ist auch angemessen. Das Währungsverhältnis (Kurs- oder Kaufkraftverhältnis) muß außer Betracht bleiben. Die Stellungnahme der Rechtsprechung zu dieser Frage ist nicht einheitlich. Die auf den tatsächlichen Kurs oder die Kaufkraft abstellenden Lösungen verkennen jedoch, daß es bei einer Unterhaltszahlung von DM-West auf ein Sperrkonto auf das Verhältnis der beiden Währungen zueinander nicht ankommen kann, weil eine Verfügung über die auf ein Sperrkonto angesammelten Beträge nur auf Grund von Einzelgenehmigungen der Landeszentralbanken möglich ist, die nur erteilt werden zum Einkauf und zur Versendung von Lebensmitteln im Werte von 25 DM-West monatlich und zur Durchführung von Reisen des Unterhaltsberechtigten oder eines von ihm Bevollmächtigten in die Westzonen. Es erfolgt somit der Einkauf von Sachwerten in den Westzonen, womit sich faktisch die Unterhaltsgewährung in die Westzonen verlagert. Der Unterhaltsberechtigte muß die Lebensmittel, Textilien und anderen Sachwerte zum DM-West-Preis einkaufen und hat daher keine Möglichkeit, den gegenüber dem DM-Ost-Kurs günstigeren DM-West-Kurs auszunützen ...

Zweifelhaft kann lediglich sein, ob der Bekl. die Unterhaltsrente schon vom Tag der Geburt der Kl. an oder erst seit Klageerhebung zahlen muß. Nach Art. 21 EGBGB ist hierfür das Recht der Ostzone maßgebend. Art. 33 der Verfassung der DDR bestimmt: ‚Außereheliche Geburt darf weder dem Kinde noch seinen Eltern zum Nachteil gereichen. Entgegenstehende Gesetze und Bestimmungen sind aufgehoben.‘ Im Gegensatz zu Art. 6 V des GG der Bundesrepublik ... ist diese Vorschrift unmittelbar geltendes Recht ...

Gegen eine Unterhaltsleistung erst seit Verzug spricht vor allem auch folgendes: Durch die Verfassung sollte dem unehelichen Kind, wie sich aus der Fassung des Art. 33 zweifelsfrei ergibt, eine Angleichung an die Rechtsstellung des ehelichen Kindes, damit rechtlich eine bessere Stellung eingeräumt werden, niemals aber sollte dadurch eine Minderung seiner Rechtsansprüche eintreten. Die Gewährung des Unterhalts erst vom Verzug an würde aber für das uneheliche Kind eine schlechtere Rechtsposition darstellen. § 1711 BGB wird daher als Sondervorschrift für die nichteheliche Kindschaft weiter angewandt werden müssen. Das AG hat daher den Bekl. mit Recht zur Unterhaltsleistung vom Tage der Geburt der Kl. an verurteilt."

**280. Die Frage, welches der in Deutschland geltenden abweichenden Gesetze über das Unterhaltsrecht unehelicher Kinder anzuwenden ist, beantwortet das interlokale (interzonale) Recht. — Auf das deutsche interlokale Recht sind die Grundsätze des internationalen Privatrechts grundsätzlich entsprechend anzuwenden. — Spätere Änderungen des maßgeblichen Rechts sind zu berücksichtigen. — An Stelle der Staatsangehörigkeit ist im interlokalen Recht an den Wohnsitz einer Person anzuknüpfen. — Aus dem Wesen der Unterhaltsleistung und nach dem Schuldstatut ergibt sich, daß Währungsstatut des Unterhaltsanspruchs das Währungsrecht am Wohnsitz des Berechtigten ist. — Devisenrechtlich zulässig ist die Leistung des Unterhaltsbetrages an einen ostdeutschen Unterhaltsberechtigten nur durch Zahlung aus einem Ostmarkguthaben des westdeutschen Unterhaltsverpflichteten oder durch Zahlung eines DM-West-Betrages auf ein westdeutsches Sperrkonto des Unterhaltsberechtigten. — Bei Einzahlung auf ein westdeutsches Sperrkonto ist der Unterhaltsbetrag so zu bemessen, als ob der Unterhaltsberechtigte im Bundesgebiet lebte. — Bestimmt sich der Unterhaltsanspruch eines unehelichen Kindes nach ostzonalem Recht, so braucht die Anwendbarkeit der Vorbehaltsklausel des 2. Halbsatzes des Art. 21 EGBGB dann nicht geprüft zu werden, wenn der tatsächlich beanspruchte Unterhaltsbetrag dem in Westdeutschland üblichen Unterhaltssatz entspricht.**

LG Köln (brit. Zone), Urt. v. 29. 5. 1952 — 1 S 156/51: NJW 1953, 629.

Die Kl. wurde im August 1944 in G. (heute sowjet.) geboren und ist ein uneheliches Kind des Bekl., dessen Wohnsitz sich in K. (Bundesgebiet) befindet. Ihrer Klage auf Unterhaltszahlung gaben AG und LG statt.

Aus den Gründen:

„Der von der Kl. geltend gemachte Unterhaltsanspruch gründet sich auf die §§ 1708 I und 1710 BGB in Verbindung mit § 17 II des Ges. über den Mutter- und Kinderschutz und die Rechte der Frau v. 27. 9. 1950 (GBl der DDR 1037). Die Anwendbarkeit auch der letztgenannten Vorschrift auf den Unterhaltsanspruch der Kl. kann nicht ernstlich in Zweifel gezogen werden.

Am Wohnort der Kl. und am Wohnort des Bekl. gilt für die Unterhaltsansprüche unehelicher Kinder seit dem Erlaß des Ges. über den Mutter- und Kinderschutz nicht mehr gleiches Recht. Da beide Orte aber noch zum Gebiet des de jure nach wie vor bestehenden Deutschen Reiches gehören, beantwortet sich die Frage, welches der beiden Rechte auf den hier geltend gemachten Unterhaltsanspruch anzuwenden ist, nach interlokalem (interzonalem) Privatrecht. Auf das deutsche interlokale Recht sind wegen seiner Wesensverwandtschaft mit dem zwischenstaatlichen (internationalen) Privatrecht dessen Vorschriften grundsätzlich anwendbar. Das hat schon das RG ausgesprochen (RGZ 170, 198 [202]) und ist heute wohl allgemein anerkannt (vgl. *Raape*, IPR § 17 I 1). Die hiernach gebotene entsprechende Anwendung des Art. 21 EGBGB führt zu dem Ergebnis, daß sich die Unterhaltspflicht des Bekl. nach den Gesetzen des Staates beurteilt, dem die Mutter zur Zeit der Geburt des Kindes angehörte. Da die Kl. am 12. 8. 1944 in G. (Thüringen) geboren wurde, ist also grundsätzlich deutsches Reichsrecht anzuwenden. Spätere

Änderungen des maßgeblichen Unterhaltsstatuts können jedoch nicht unberücksichtigt bleiben. Bei Beantwortung der Frage, nach welcher der beiden heute nicht mehr übereinstimmenden Rechtsordnungen auf deutschem Reichsgebiet sich der Unterhaltsanspruch der Kl. bestimmt, bietet deren Staatsangehörigkeit keine Stütze. Sie besitzt nur die deutsche Staatsangehörigkeit. Eine besondere, auf das Gebiet der sowjet. Besatzungszone beschränkte Staatsangehörigkeit der DDR gibt es nicht. Da der Anknüpfungspunkt der Staatsangehörigkeit versagt, muß hier als Anknüpfungsmittel zweiter Ordnung ergänzend der Wohnsitz der Kl. herangezogen werden, um das anwendbare Recht zu ermitteln (*Staudinger-Raape*, Einl. z. IPR, Anm. H III; vgl. auch RG, Gr. Sen., ZAKDR 1944, 707, und *Raape*, aaO. § 17 I 6 und § 31 B VI). Wohnsitz der Kl. ist aber seit ihrer Geburt Gr. Dieser Ort liegt auf dem Gebiet der heutigen DDR. Der von der Kl. zur Begründung ihres Unterhaltsanspruches herangezogene § 17 II Ges. über den Mutter- und Kinderschutz ist somit anzuwenden. Der Bekl. schuldet der Kl. hiernach abweichend von § 1708 I BGB den der wirtschaftlichen Lage beider Eltern entsprechenden Unterhalt. Da der Unterhalt nach § 1708 I S. 2 BGB den gesamten Lebensbedarf des Kindes sowie die Kosten der Erziehung und der Vorbildung zu einem Beruf umfaßt, muß der Bekl. die Kl. durch seine Unterhaltsleistung so stellen, daß sie in der Lage ist, an ihrem derzeitigen Wohnsitz, also unter Verhältnissen der Ostzone, ihren Lebensunterhalt zu befriedigen. Aus der Zweckbestimmung der Unterhaltsleistung ist daher zu folgern, daß der Bekl. grundsätzlich verpflichtet ist, die Unterhaltsrente in DM der Deutschen Notenbank (Ostmark), die die am Wohnsitz der Kl. gültige Währung ist, zu leisten. Zu dem gleichen Ergebnis führt die Anwendung des allgemein anerkannten internat. privatrechtlichen Grundsatzes, daß sich aus dem Schuldstatut, in diesem Falle aus dem für den Unterhaltsanspruch der Kl. maßgeblichen Unterhaltsstatut, auch ergibt, in welcher Währung Geld geschuldet wird (ebenso *Beitzke*, MDR 1949, 758; LG Dortmund, MDR 1950, 552[1]; LG Würzburg, MDR 1951, 490[2]; LG Lüneburg, MDR 1951, 746[3]; a. M. hier, jedoch nicht im Endergebnis, *Kegel*, JZ 1951, 83).

Obwohl der Bekl. die Unterhaltsrente ursprünglich in Ostmark schuldet, kann aber seine Berufung dennoch keinen Erfolg haben, da er der Kl. weder nach dem Devisenrecht des Bundes noch nach dem in der Ostzone geltenden Devisenrecht Ostmarkbeträge durch Barzahlung oder unmittelbare Überweisung verschaffen kann. Im Bundesgebiet bedürfte eine Ostmarkzahlung des Bekl. an die Kl. der Genehmigung nach Art. I 1f des MilRegGes. Nr. 52 und nach Art. I 1d und h MilRegGes. Nr. 53. Da die Unterhaltsverpflichtung des Bekl. nicht unter ein Interzonenhandelsabkommen fällt, würde die Genehmigung jedoch grundsätzlich nur mit der Maßgabe erteilt werden, daß der Bekl. den Ostmarkbetrag oder einen dem geschuldeten DM-Ost-Betrag unter Anwendung des Wechselstubenkurses entsprechenden DM-West-Betrag auf ein Sperrkonto der Kl. einzuzahlen hätte. Eine Möglichkeit, solche gesperrten Ostmarkbeträge der

[1] Siehe oben Nr. 241. [2] Siehe oben Nr. 261. [3] Siehe oben Nr. 267.

Kl. zugute kommen zu lassen, besteht nach der heutigen Rechtslage nicht, da Banknoten der Deutschen Notenbank in die Ostzone nicht eingeführt werden dürfen und auch auf Ostmark lautende Überweisungen in der Ostzone nicht angenommen werden (vgl. hierzu für das Devisenrecht der DDR die Anordnung über Ein- und Ausfuhr von Zahlungsmitteln der sowjet. Besatzungszone v. 23. 3. 1949, ZVOBl I 211, das Ges. zur Regelung des innerdeutschen Zahlungsverkehrs v. 15. 12. 1950, GBl 1202, die dazu ergangenen Richtlinien v. 30. 12. 1950, GBl 1951, 18, und die 2. Durchführungsbestimmung v. 1. 10. 1951, GBl 897).

Mit einer Zahlung, die ihr wirtschaftlich nicht zugute kommt, braucht sich die Kl. aber nicht abspeisen zu lassen. Sie kann verlangen, daß der Bekl. ihr den Unterhalt so gewährt, daß sie ihn tatsächlich auch erhält. Der Bekl. muß nach Treu und Glauben jeden Weg einschlagen, der ihm die Erfüllung seiner Unterhaltspflicht möglich macht. Zwei Wege stehen ihm nach der Devisengesetzgebung des Bundesgebietes wie in der Ostzone hierfür praktisch nur offen, die beide voraussetzen, daß der Bekl. den Unterhalt in DM-West auf ein Sperrkonto bei einem Geldinstitut des Bundesgebietes einzahlt. Die dritte Möglichkeit, aus einem Ostzonenguthaben in Ostmark unmittelbar an die Kl. zu zahlen (Allg. Genehmigung der BdL Nr. 41/50), kommt hier nicht in Betracht, da der Bekl. selbst nicht behauptet, ein Ostmark-Konto in der Ostzone zu besitzen.

Hat der Bekl. DM-West-Beträge auf ein Sperrkonto im Bundesgebiet gezahlt, so kann die Kl. durch Vermittlung des als Beistand ihrer Mutter handelnden Kreisrates auf dem Wege der Verrechnung in den Genuß dieser Unterhaltsbeträge kommen. Sie braucht dazu nur dem westdeutschen Geldinstitut den Auftrag geben, einen bestimmten Betrag an einen im Bundesgebiet ansässigen Unterhaltsberechtigten auszuzahlen, der seinerseits ein aus Unterhaltszahlungen herrührendes und auf Ostmark lautendes Sperrguthaben bei einem Geldinstitut in der Ostzone besitzt. Dafür erklärt sich dieser im Bundesgebiet ansässige Unterhaltsberechtigte mit der Auszahlung eines entsprechenden Betrages in Ostmark aus seinem Sperrguthaben in der Ostzone an die dort wohnende Kl. einverstanden. Dieses Verfahren wird im allgemeinen von den Devisenbehörden beider Gebiete genehmigt (DRiZ 1952, 73 Anm. 26, vgl. auch die zu § 26 II UG ergangene 37. DVO/UG).

Die Kl. kann aber auch den Antrag stellen, daß ihr aus ihrem Sperrkonto, auf das der Bekl. seine Unterhaltsleistungen in DM-West einzahlt, Beträge zu Anschaffungen im Bundesgebiet freigegeben werden. Bis zur Höhe von 300 DM monatlich werden auch solche Anträge von der Landeszentralbank genehmigt. Der Bekl. ist unter diesen Umständen nach § 242 BGB rechtlich verpflichtet, der Kl. die Möglichkeit zu eröffnen, von einem der beiden vorerwähnten Wege Gebrauch zu machen, indem er den Unterhalt jeweils in DM-West auf ein Sperrkonto der Kl. einzahlt. Hierbei kann er die Höhe seiner Leistung aber nicht nach dem bei den Wechselstuben geltenden Wechselkurs zwischen DM-Ost und DM-West bestimmen (a. M. LG Lüneburg, MDR 1951, 746[1]). Denn es ist gerichtsbekannt, daß

[1] Siehe oben Nr. 267.

die Verrechnung von Unterhaltsforderungen in der dargestellten Form jedenfalls von der Deutschen Notenbank nur zum Kurse von 1 : 1 genehmigt zu werden pflegt. Wenn der Bekl. daher seine Unterhaltszahlungen nach dem ihm günstigeren Wechselstubenkurse bemessen würde, erhielte die Kl. nicht den notwendigen Lebensbedarf, dessen Höhe in Ostmark — von der mit der Anschlußberufung geforderten weiteren Erhöhung abgesehen — auch der Bekl. anerkennt. Ebenso erhielte die Kl. zu wenig, wenn sie den Weg wählt, sich durch Anschaffungen im Bundesgebiet in den Besitz der Unterhaltsleistungen des Bekl. zu setzen. Denn diese Anschaffungen können nur zu westdeutschen Preisen gemacht werden. Daraus folgt, daß die Kl. bei der Bemessung des zur Deckung ihres Lebensbedarfs erforderlichen Betrages so zu stellen ist, als ob sie ständig im Bundesgebiet lebte (im Ergebnis ebenso LG Dortmund, MDR 1950, 552[1]; LG Würzburg, MDR 1951, 490[2]; LG Osnabrück, MDR 1951, 745[3] [ehel. Kind]; LG Düsseldorf, MDR 1952, 298[4]).

Die mit der Klage geforderten Unterhaltsbeträge entsprechen den wirtschaftlichen Verhältnissen des Bekl. wie der Mutter der Kl. (§ 17 II Ges. über den Mutter- und Kinderschutz). Der Bekl. ist Arbeiter in den Farbenfabriken von Bayer, die Mutter der Kl. ist ebenfalls Arbeiterin. Diesen einfachen Lebensverhältnissen entspricht die Höhe des geforderten Unterhalts, die den üblichen Satz für Kinder von Müttern einfachster Lebensstellung im Bundesgebiet nicht übersteigt. Das gilt auch von der mit der Anschlußberufung geforderten Erhöhung der Unterhaltsrente für die Zeit v. 12. 2. 1951 an. Der Bekl. wehrt sich zu Unrecht gegen diese Erhöhung, die nur zu einem kleinen Teil der allgemeinen Steigerung der Lebenshaltungskosten Rechnung trägt. Die gleiche Erhöhung wird in ständiger Rechtsprechung allen unehelichen Kindern im Bezirk des LG Köln zugesprochen. Sie entspricht übrigens auch dem in der Ostzone seit Erlaß des Ges. über den Mutter- und Kinderschutz v. 27. 9. 1950 für uneheliche Kinder aus einfachen Verhältnissen üblichen Satz. Die Anschlußberufung muß daher Erfolg haben, ohne daß es einer Entscheidung bedarf, ob sich der Bekl. überhaupt gegenüber dem Unterhaltsanspruch der Kl. darauf berufen kann, daß gegen ihn nach dem entsprechend anwendbaren Art. 21 EGBGB (letzter Halbsatz) keine weitergehenden Ansprüche geltend gemacht werden können, als nach den im Bundesgebiet geltenden Gesetzen begründet sind (verneinend *Raape*, aaO. § 31 B VI)."

**281.** **Währungsstatut des Unterhaltungsanspruchs eines unehelichen Kindes ist das Währungsrecht an seinem Wohnsitz. — Zur Sicherung der Vollstreckung von Unterhaltsansprüchen ist — ohne Rücksicht auf das Währungsstatut des Anspruchs — die Verurteilung eines westdeutschen Unterhaltsschuldners nur zur Leistung in DM-West zulässig. — Vollzieht sich die Unterhaltsgewährung praktisch in der Westzone, so ist die Höhe des Unterhaltsanspruchs nach dem westdeutschen Richtsatz zu bemessen, und es sind die vor der Währungsreform entstandenen Raten nach westdeutschem Währungsrecht umzustellen. — Einem westdeutschen**

[1] Siehe oben Nr. 241. [2] Siehe oben Nr. 261. [3] Siehe oben Nr. 262.
[4] Siehe oben Nr. 273 a.

**Unterhaltsschuldner ist es nachzulassen, sich von seiner Unterhaltspflicht gegenüber seinem Gläubiger in der Ostzone durch Leistungen in DM-Ost aus einem Guthaben in der Ostzone zu befreien. — Die Höhe und die Umstellung dieser Ansprüche, soweit sie vor der Währungsreform entstanden sind, richten sich nach ostzonalem Recht. Ein Urteil auf DM schlechthin ist im interzonalen Recht unzulässig.**

LG München II (amerik. Zone), Urt. v. 3. 7. 1952 — 1 a S 801/51: NJW 1952, 1179.

Der Kl. ist ein uneheliches Kind mit Wohnsitz in der Ostzone. Er nimmt seinen in Westdeutschland wohnhaften Erzeuger auf Unterhalt in Anspruch. AG und LG gaben der Klage statt.

Aus den Gründen:

„Bei der Bestimmung der Unterhaltsleistung für ein uneheliches Kind ist davon auszugehen, daß diese Schuld als Wertschuld aufgefaßt werden muß (vgl. *Beitzke*, NJW 1950, 929). Ob die geschuldete Unterhaltsrente in DM-West oder DM-Ost zu ermitteln ist, wird in der Rechtsprechung und Literatur auf die verschiedenste Art und Weise beurteilt. Die Frage, in welcher Währung zu leisten ist, muß jedoch nach Ansicht der Kammer davon abgeleitet werden, welchen Sinn und Zweck die Unterhaltspflicht verfolgt. Hierbei ist aber zu beachten, daß die Unterhaltsrente dafür bestimmt ist, den Lebensbedarf des Kl. sicherzustellen. Der Umfang des Bedarfs ergibt sich infolgedessen aus den Aufwendungen, die der Kl. tatsächlich bestreiten muß, um seine Lebensbedürfnisse zu befriedigen; er läßt sich also nur auf dieser Grundlage bemessen, die eben die Ost-Mark-Währung bedeutet, weil der Kl. zur Befriedigung seiner Bedürfnisse Ost-Mark-Beträge zur Verfügung gestellt bekommen muß, solange er seinen gewöhnlichen Aufenthaltsort in der Ostzone hat (vgl. MDR 1951, 85; NJW 1950, 730; 1951, 216). Zum gleichen Ergebnis gelangt man, wenn man der in der Rechtsprechung weit verbreiteten Meinung folgt, daß das für den Unterhaltsanspruch entscheidende Währungsstatut sich in entsprechender Anwendung des interzonalen Privatrechts bestimmen lasse, wobei auf das Recht des Erfüllungsortes oder auf das Familienstatut abgestellt wird (so SJZ 1949, 160; MDR 1950, 296 und 235).

Wenn daher auch die Unterhaltsforderung des Kl. in Ost-DM zu bestimmen ist, so erhebt sich die wichtige Frage, in welcher Währung der Bekl. zu verurteilen ist. Es wird zwar vielfach die Meinung vertreten, daß eine Verurteilung zu DM-Ost durch westdeutsche Gerichte durchaus zulässig sei (so NJW 1950, 729; 1951, 214), weil das deutsche Recht im Gegensatz zum angelsächsischen Rechtskreis auch eine Verurteilung in fremder Währung kenne. Außerdem ist es richtig, daß die DM-Ost für die Bundesrepublik keine Devise bedeutet (Art. X Ziff. 1 Abs. 2 MilRegGes. 53) und die eingerichteten Wechselstuben den genehmigten An- und Verkauf von Ostmark an jeden betreiben können. Aber trotz alledem kann man die Ostmark nicht als gleichwertiges Zahlungsmittel betrachten, sondern sie bildet in der Praxis eben doch ein fremdes Zahlungsmittel. Die bestehenden devisenrechtlichen Vorschriften geben nur geringe Möglichkeiten, dem in der Ostzone lebenden Kl. den geschuldeten Unterhalt zukommen zu lassen . . . Von den erlaubten devisenrechtlichen Möglichkeiten gibt lediglich die Leistung in DM-West auf ein Sperrkonto des Kl. diesem die Handhabe, die Zahlung des Bekl. nötigenfalls im Wege der Zwangsvollstreckung durchzusetzen. Sie bietet allein hinreichende Gewähr dafür, daß er auch wirklich seinen Unterhalt erlangt. Dagegen würde eine Verurteilung zur Zahlung in DM-Ost dem Kl. höchstens eine Vollstreckung bis zu 300 DM-Ost monatlich aus einem dem Bekl. zustehenden Guthaben bei einer Bank der Ostzone ermöglichen. Nach einer Erschöpfung des Kontos wäre die Durchsetzung der Forderung unmöglich gemacht. Das würde im Hinblick auf die beträchtlichen Unterhaltsrückstände eine unangemessene Beschränkung der Rechte des Kl. bedeuten. Aus diesen Erwägungen erscheint dem Gericht eine Verurteilung zu DM-West die einzige zulässige Maßnahme zu sein (so auch im Ergebnis MDR 1950, 8 und 552).

Die Höhe der in DM-West zu bestimmenden Unterhaltsrente kann sich jedoch nicht nach dem Umrechnungswert West-DM zu Ost-DM ergeben, sondern muß wiederum aus der Grundlage des Unterhaltsanspruchs selbst ermittelt werden. Es muß daher von einem Betrag ausgegangen werden, der unter Berücksichtigung der Verwendungsmöglichkeiten des eingezahlten Betrages den Unterhalt des Kl. befriedigen kann. Da der auf ein Sperrkonto eingezahlte Betrag nur für den Einkauf von Gebrauchsgütern bis zu einem Betrag von 25 DM-West monatlich in der Westzone zum Versand nach der Ostzone und für Reisen des Kl. in die Westzone zum Verbrauch bis zu 600 DM monatlich in der Westzone verwendet werden darf und damit lediglich eine Verwendung des Geldes in der Westzone in Frage kommt, sind bei der Bemessung der Höhe des Unterhaltsbetrages die Verhältnisse in der Westzone zugrunde zu legen, die heute nach den üblichen Richtsätzen für uneheliche Kinder in der Bundesrepublik in Höhe von 35 DM angemessen sind (vgl. *Buchholz*, DRiZ 1952, 73). Für die vor der Währungsumstellung geschuldeten Unterhaltsrenten ist das Umrechnungsverhältnis von 10 : 1 anzuwenden. Dieser Festsetzung des Unterhalts kann auch nicht mit dem Hinweis begegnet werden, daß der Bekl. entsprechend Art. 21 EGBGB nicht schlechter gestellt werden darf; dies ist jedoch nicht der Fall, weil er auch zu dem gleichen Unterhalt verurteilt werden müßte, wenn der Kl. in der Westzone wohnen würde.

Trotz der Verurteilung des Bekl. zur Unterhaltsleistung in DM-West hält das Gericht es für erforderlich, dem Bekl. die rechtlich gestattete Leistung des Unterhalts aus einem Bankguthaben der Ostzone zu ermöglichen. Wenn ein Bekl. der Westzone über ein Bankguthaben in der Ostzone verfügt, so lassen sowohl die devisenrechtlichen Vorschriften in der Westzone als auch in der Ostzone (MitteilBl BdL 6005 u. 6007/1951 und GBl DDR 1950, 1202; 1951, 18) zu, daß die Begleichung des Unterhalts aus diesem Konto erfolgen kann. Da der Kl. hierdurch in die Lage versetzt wird, seinen Unterhalt von dem ihm auf diese Weise zur Verfügung gestellten Betrag in DM-Ost zu decken, muß eine solche Möglichkeit dem Bekl. eingeräumt werden, wobei er dann mit schuldbefreiender Wirkung seiner Unterhaltspflicht genügen kann.

Bei der Feststellung der jeweiligen Höhe des Unterhaltsbetrags in DM-Ost sind die wirtschaftlichen Verhältnisse der Ostzone maßgebend. Das LG Wiesbaden hat eine Auskunft der Ostzone eingeholt und mitgeteilt erhalten, daß die Höhe der Unterhaltssätze denen der Westzone entspreche (MDR 1950, 553). Unter Berücksichtigung dieser Auskunft gilt daher der Mindestsatz von 35 DM zugleich auch für die ostzonalen Verhältnisse, so daß die Unterhaltsverpflichtung des Bekl. mit monatlich 35 DM-Ost zu bestimmen ist. Für die Zeit vor der Währungsreform ist jedoch dabei gesondert zu beachten, daß diese Ansprüche im Gegensatz zu den entsprechenden Ansprüchen in der Westzone nicht abgewertet, sondern gemäß Ziff. 18 I VO der DWK über die Währungsreform v. 21. 6. 1948 in voller Höhe in DM-Ost umgewertet worden sind.

Die weiteren Hilfsanträge des Bekl. sind als unbegründet zurückzuweisen. Die beantragte Verurteilung zu einer DM-Zahlung schlechthin ermangelt schon der gemäß § 253 II Ziff. 2 ZPO erforderlichen Bestimmtheit. Ein Urteil kann jedoch nur auf eine genau bestimmte Leistung ergehen. Die Entscheidung über die Frage, welche Währung zu zahlen ist, muß im Erkenntnisverfahren gefällt werden und kann nicht dem Vollstreckungsverfahren überlassen bleiben."

**282. Währungsstatut eines Unterhaltsanspruchs ist das Währungsrecht am ständigen Aufenthaltsort des Unterhaltsberechtigten. — Westdeutsche Gerichte können zur Zahlung von DM-Ost verurteilen. — Ist Währungsstatut eines Unterhaltsanspruchs ostdeutsches Recht, so ist der Schuldner in erster Linie zur Leistung von DM-Ost zu verurteilen. — Für die Bemessung dieses Betrages sind sowohl die Verhältnisse des Berechtigten in der einen als auch die Verhältnisse des Verpflichteten in der anderen Zone zu berücksichtigen. — Auch wenn ein Unterhaltsanspruch in ostdeutscher Währung entstanden und zugesprochen ist, muß für den Fall, daß ein rechtlich erlaubter Transfer der Beträge in die Ostzone nicht möglich ist, eine Verurteilung zur Leistung in DM-West auf ein westdeutsches Sperrkonto erfolgen. — Für die Umrechnung kann in diesem Fall nicht gemäß § 244 BGB der Wechselstubenkurs zugrunde gelegt werden; da sich bei Zahlung auf ein westdeutsches Sperrkonto die Unterhaltsgewährung praktisch in den Westzonen vollzieht, muß der Unterhaltsbetrag dem für einen westdeutschen Unterhaltsberechtigten aufzuwendenden Betrag entsprechen.**

LG Bochum (brit. Zone), Urt. v. 29. 7. 1952 — 8 S 110/52: *z. T. in MDR 1952, 622; Auszug in DRsp. II (250) 28 b—c.

Die 1945 geborene Kl. ist das eheliche Kind des Bekl. und wohnt in D. (sowjet.) bei ihrer Mutter. Der Bekl. hat seinen Wohnsitz in B. (Bundesgebiet). Die Kl. beansprucht Unterhalt von dem Bekl. AG und LG sprachen ihr antragsgemäß 160 DM-Ost aus einem Ostmarkguthaben des Bekl. in der Ostzone zu, hilfsweise 80 DM-West, zahlbar auf ein Sperrkonto der Kl. im Bundesgebiet.

Aus den Gründen:

„Das Berufungsgericht hat seine Entscheidung v. 2. 2. 1951 (NJW 1951, 239[1]), auf die der Bekl. sich u. a. bezieht, unter Berücksichtigung

[1] Siehe oben Nr. 258.

der zwischenzeitlichen Rechtsprechung anderer Gerichte und der Beiträge im Schrifttum zu der sehr umstrittenen Rechtsfrage einer Nachprüfung unterzogen und ist zu folgender Beurteilung gelangt.

Es ist nach der Auffassung des Berufungsgerichts daran festzuhalten, daß der Unterhaltsanspruch eines in der Ostzone lebenden Unterhaltsberechtigten gegen den Unterhaltspflichtigen im Gebiete der westdeutschen Währung in DM-Ost entsteht, solange der Berechtigte in der Ostzone seinen gewöhnlichen Aufenthalt hat. Wie in dem oben zitierten Urteil v. 2. 2. 1951 ausgeführt ist, wird dieser Standpunkt allein dem Sinn und Zweck der gesetzlichen Unterhaltspflicht gerecht. Die Rente soll den Lebensbedarf des Berechtigten sicherstellen. Die Aufwendungen des Berechtigten zu diesem Zweck sind aber im Währungsgebiet der Ostmark in DM-Ost zu bestreiten, da die DM-Ost dort das ausschließliche gesetzliche Zahlungsmittel ist. Dieser Auffassung haben inzwischen auch andere Gerichte beigepflichtet. Es sei lediglich auf das Urteil des LG Düsseldorf v. 1. 2. 1952 (MDR 1952, 298[1]) verwiesen, das weitere Nachweise enthält.

Auch die Frage der Zulässigkeit einer auf DM-Ost lautenden Verurteilung westdeutscher Gerichte ist weiterhin zu bejahen. Auf die Ausführungen in dem früheren Urt. v. 2. 2. 1951 wird auch insoweit verwiesen. *Beitzke* erklärt in seiner Anmerkung zu einem Urteil des OLG Celle v. 21. 12. 1951 (NJW 1952, 473[2]) hierzu: ‚Daß diese Frage mit dem vorliegenden Urteil zu bejahen ist, sollte seit den klärenden Darlegungen eines Devisenfachkaufmanns der Bank Deutscher Länder (*Kühne*, NJW 50, 729; vgl. auch noch OLG Köln, JZ 1951, 309[3]) unzweifelhaft sein. Es ist befremdlich, daß manche Gerichte die Frage immer wieder verneinen, ohne sie eingehender zu prüfen.‘ Diesem Standpunkt pflichtet *Wälde* (NJW 1952, 748) ausdrücklich bei. So auch *Marquordt* in MDR 1951, 394.

Sobald sich demnach für den Unterhaltspflichtigen die Möglichkeit eröffnet, über ein ihm in der Ostzone zustehendes Guthaben zugunsten des Unterhaltsberechtigten zu verfügen, ist er diesem gegenüber verpflichtet, von dieser Erfüllungsmöglichkeit Gebrauch zu machen. Denn damit ist dem Interesse des Berechtigten, worauf es allein ankommen kann, am besten gedient, da dieser dadurch seinen Unterhalt auch tatsächlich erhält, ohne sich auf ein — im allgemeinen schwer realisierbares — Sperrguthaben in DM-West (vgl. unten) verweisen lassen zu müssen. Daß in gewissem Umfange die legale Möglichkeit besteht, einem Westgläubiger zustehende Ostmarkguthaben für Unterhaltszwecke verfügbar zu machen, ist in dem früheren Urt. v. 2. 2. 1951 dargelegt. Insoweit wird auf das Urteil verwiesen.

Bei der Frage, ob zu DM-Ost oder zu DM-West zu verurteilen ist, kann es nach Ansicht des Gerichts nicht darauf ankommen, ob der Verpflichtete zur Zeit der Urteilsverkündung über ein Ostmarkguthaben verfügt. Es ist zu berücksichtigen, daß es sich bei dem Unterhaltsanspruch um eine laufende, sich meist auf Jahre hinaus erstreckende Verpflichtung handelt,

[1] Siehe oben Nr. 273a. [2] Siehe oben Nr. 213a. [3] Siehe oben Nr. 211.

so daß es verfehlt erscheint, nur auf den Zeitpunkt der Urteilsverkündung abzustellen, ohne die Möglichkeit eines späteren Erwerbs eines solchen Guthabens in Betracht zu ziehen. Diese Möglichkeit kann in den meisten Fällen nicht von vornherein mit Sicherheit verneint werden. Denn es ist immerhin zu beachten, daß die weitaus überwiegende Zahl der westlichen Unterhaltsverpflichteten aus den deutschen Ostgebieten stammt und zu diesen Gebieten noch in Beziehungen verwandtschaftlicher oder vermögensrechtlicher Art steht. Tritt beispielsweise zugunsten eines westdeutschen Unterhaltsverpflichteten in der Ostzone ein Erbfall ein, so kann schon ein Ostmarkguthaben für ihn zur Entstehung gelangen, aus dem er — sei es auch nur zeitweise — seiner Unterhaltspflicht genügen kann. So ergeben sich legale Möglichkeiten — nur solche hat das Gericht im Auge —, die nicht generell unbeachtet bleiben können.

Daraus folgt, daß in jedem Falle dieser Art in erster Linie auf eine Unterhaltsrente in DM-Ost zu erkennen ist.

Was die Höhe des zuzuerkennenden DM-Ost-Betrages angeht, so hält die Kammer an der in dem früheren Urteil vertretenen Auffassung fest, daß dieser Ostmarkbetrag bei ehelichen Kindern nicht einfach in Höhe des Betrages bemessen werden kann, den der Unterhaltspflichtige hierfür zur Verfügung stellen müßte, wenn er etwa in der Ostzone lebte. Das eheliche Kind hat vielmehr Anspruch darauf, an den Lebensverhältnissen seines in der Bundesrepublik lebenden Vaters teilzunehmen. Wie in dem früheren Urteil v. 2. 2. 1951 näher ausgeführt ist, muß die Unterhaltsrente entsprechend höher bemessen werden, um das genannte Ziel möglichst zu erreichen. Unter Berücksichtigung der in dem früheren Urteil erwähnten Umstände und der hier vorliegenden Verhältnisse des Unterhaltspflichtigen, des Bekl., die unten in anderem Zusammenhang noch erwähnt sind, hält die Kammer den hilfsweise beanspruchten Betrag von 160,— DM-Ost nicht für zu hoch, vielmehr, soweit die Verhältnisse von hier aus beurteilt werden können, für angemessen.

Es war deshalb — dem hilfsweise gestellten Antrage entsprechend —, soweit die Erfüllungsmöglichkeit in DM-Ost in Frage steht, auf monatlich 160,— DM-Ost zu erkennen.

Solange der Unterhaltspflichtige über kein Ostmarkguthaben verfügt und damit keine legale Möglichkeit hat, der Kl. den Unterhaltsbetrag in DM-Ost zur Verfügung zu stellen, verbleibt ihm nach den zur Zeit bestehenden Bestimmungen nur die Möglichkeit, einen entsprechenden Westmarkbetrag auf ein zugunsten der Kl. errichtetes Sperrkonto in der Bundesrepublik einzuzahlen. Es erhebt sich hier die entscheidende Frage, wie die Umrechnung der Rente von 160,— DM-Ost in DM-West zu erfolgen hat. Die Kammer hat in dem früheren Urteil v. 2. 2. 1951 für den damals entschiedenen Fall die Auffassung vertreten, daß der am jeweiligen Zahlungstage maßgebliche Wechselstubenkurs zugrunde zu legen und auf dieser Grundlage der Betrag gemäß § 244 BGB zu errechnen sei. Diesen Standpunkt vermag das Gericht aber, nachdem die Frage zwischenzeitlich in Rechtsprechung und Schrifttum eine gewisse Klärung erhalten hat, insbesondere auch unter Berücksichtigung des eingangs herausgestellten Zwecks der Unterhaltsverpflichtung nicht aufrechtzuerhalten.

Die Bestimmung des § 244 BGB erscheint nur bei sog. Geldsummenschulden anwendbar. Bei Unterhaltsverpflichtungen handelt es sich aber nicht um solche Verbindlichkeiten. Wie oben schon dargelegt ist, bezweckt der Unterhaltsanspruch, der seinem Wesen nach nicht rein schuldrechtlicher Natur ist, sondern dem Familienrecht entspringt, den Lebensunterhalt des Berechtigten, soweit möglich, sicherzustellen. Normalerweise wird der Unterhalt im Verhältnis zwischen Eltern und ehelichen Kindern in natura gewährt. Die Zahlung einer bestimmten Geldsumme stellt sich nur als Ersatz für den Fall dar, daß eine Naturalleistung nicht möglich ist. In diesem Fall soll eine Geldrente den Unterhalt sicherstellen. In erster Linie geht es also um die Gewährleistung des Unterhalts. Unterhaltsverpflichtungen sind deshalb nicht Geldsummenschulden im üblichen Sinne. Wie *Wälde* (NJW 1951, 213 ff.) zutreffend ausführt, handelt es sich vielmehr dabei um Wertschulden. Demgemäß ist der Schuldner, wenn er mangels eines Ostmarkguthabens nicht in DM-Ost erfüllen kann, verpflichtet, von sich aus auf einem anderen legalen Wege alles zu tun, um dem Berechtigten möglichst zukommen zu lassen, worauf dieser Anspruch hat. Der Unterhaltsberechtigte soll auch in diesem Falle wirtschaftlich so gestellt werden, wie er sich bei Empfang der unmittelbar verwertbaren DM-Ost gestanden hätte.

Wenn die Erfüllungsmöglichkeit in DM-Ost entfällt, besteht, wie oben schon erwähnt, zur Zeit nur die Möglichkeit, einen Westmarkbetrag zugunsten des Berechtigten auf ein von diesem errichtetes Sperrkonto im Gebiet der DM-West einzuzahlen. Die auf das Sperrkonto eingezahlten Beträge können nach den hier geltenden und für das Gericht maßgeblichen Vorschriften in gewissem Umfange mit ihrer vollen wesentlichen Kaufkraft dem Unterhaltsberechtigten nutzbar gemacht werden. So können zum Einkauf und zur Versendung von Lebensmitteln monatliche Abhebungen bis zu 25,— DM genehmigt werden. Auf diese Weise besteht nach den hiesigen Vorschriften die Möglichkeit, dem Berechtigten monatlich den vollen Wert von 25,— DM zukommen zu lassen. Darüber hinaus kann ihm zur Durchführung von Reisen in das Gebiet der Bundesrepublik die Genehmigung zur Abhebung bis zu 600,— DM monatlich erteilt werden, so daß ihm ein weiterer erheblicher Betrag des Sperrguthabens in seinem vollen Wert verfügbar gemacht werden kann. Diese in der Bundesrepublik geschaffenen Möglichkeiten würden bei einer Umrechnung des geschuldeten Ostmarkbetrages gemäß § 244 BGB nach dem jeweiligen Kursverhältnis unter Umständen erheblich eingeschränkt werden mit dem Erfolge, daß der Unterhaltszweck mit den Einzahlungen nur zum Teil erreicht werden könnte.

Aus diesen Gründen erscheint es nicht richtig, die erforderliche Umrechnung unter Zugrundelegung des jeweiligen Kursverhältnisses der beiden Währungen vorzunehmen. Dabei ist auch in Betracht zu ziehen, daß bei Vergleich des Ostmark- und Westmarkbetrages, der jeweils zur Erreichung des Unterhaltszwecks — sei es bei Erfüllung in der Ostzone, sei es bei Erfüllung in der Bundesrepublik — erforderlich ist, das Kursverhältnis nicht der richtige Maßstab ist. Denn ein gewisser Teil des Unterhalts ist in den beiden Währungsgebieten zu einem annähernd gleichen Nennbetrag zu bestreiten und die verschiedene Kaufkraft der beiden Währungen wirkt sich im allgemeinen erst aus, soweit über dieses Mindestmaß des Unterhalts hinausgegangen wird. Dieser Gesichtspunkt ist auch bei der oben vorgenommenen Schätzung des Betrages von 160,— DM-Ost mitberücksichtigt worden.

Wiederum ausgehend von dem Grundsatz, daß das eheliche Kind an den Lebensverhältnissen des Vaters teilnimmt, kann die Umrechnung oder Umwertung bei Ausschaltung des § 244 BGB nur in der Weise erfolgen, daß nunmehr für diese Maßnahme festgestellt wird, was das Kind zu beanspruchen hätte, wenn es im Gebiet der Bundesrepublik lebte."

**283. Währungsstatut der Unterhaltsforderung eines Gläubigers in der Sowjetzone gegen einen Schuldner in Westdeutschland ist das westdeutsche Währungsrecht. — Die Höhe des Unterhalts bemißt sich nach dem im Bundesgebiet geltenden Richtsatz, da der westdeutsche Schuldner durch einen fiktiven Umrechnungskurs nicht benachteiligt werden darf. — Der westdeutsche Schuldner kann sich von seiner Verpflichtung durch Zahlung in der am Wohnsitz des Kindes geltenden Währung und in Höhe des dort geltenden Unterhaltsrichtsatzes befreien.**

LG Frankenthal (französ. Zone), Beschl. v. 6. 9. 1952 — 1 T 225/52: *unveröff.

Dem ASt., einem 1950 geborenen unehelichen Kind mit Wohnsitz in der Sowjetzone, hatte das AG hinsichtlich eines Betrages von 36 DM-Ost das Armenrecht für die Unterhaltsklage gegen seinen in Westdeutschland wohnhaften Erzeuger bewilligt. Mit der Beschwerde erstrebt der ASt. die Bewilligung des Armenrechts für eine Unterhaltsklage in Höhe von monatlich 45 DM-West. Das LG gab der Beschwerde hinsichtlich eines Betrages von 36 DM-West statt und wies sie im übrigen zurück.

Aus den Gründen:

„Es ist ständige Rechtsprechung der Kammer, daß auch der in der Bundesrepublik wohnende Unterhaltsschuldner eines Ostzonengläubigers allein zu DM-West-Zahlungen verurteilt werden kann. Dabei darf der Westschuldner durch den politisch beeinflußten 1:1 Transfer zwischen DM-West und DM-Ost nicht benachteiligt werden. Der Westschuldner ist deshalb auch gegenüber dem in der Ostzone wohnenden unehelichen Kinde nur verpflichtet, den im Westen im allgemeinen üblichen Unterhaltssatz von 36 DM-West zu zahlen. Doch darf er sich durch DM-Ost-Zahlung nur in Höhe des am Wohnsitz des Kindes üblichen Unterhaltssatzes, hier des Satzes von 45 DM-Ost, befreien.

Die Beschwerde konnte deshalb nur in Höhe von 36 DM-West Erfolg haben; im übrigen mußte sie zurückgewiesen werden."

**284. Auf das interzonale Recht sind im allgemeinen die Grundsätze des deutschen internationalen Privatrechts entsprechend anzuwenden. — Danach ist für alle gesetzlichen Unterhaltsansprüche das Recht am Wohnsitz oder ständigen Aufenthaltsort des Unterhaltsberechtigten maßgebend, weil hier der Schwerpunkt des Schuldverhältnisses liegt; unerheblich ist dagegen das für den Schuldgrund maßgebende Recht. — Die Anwendung**

**des in der Ostzone geltenden Grundsatzes der Gleichstellung von Mann und Frau durch ein westdeutsches Gericht verstößt nicht gegen den westdeutschen ordre public, da dieses Prinzip einem Programmsatz der westdeutschen Verfassung entspricht. — Schuldstatut und Währungsstatut fallen grundsätzlich zusammen. — Für die Bemessung von Unterhaltsansprüchen muß der Wechselstubenkurs außer Betracht bleiben, solange es rechtlich nicht möglich ist, diesen Wechselkurs durch Überweisungen in die Ostzone zu realisieren. — Ein in Ostmark entstandener Unterhaltsanspruch ist nach dem Kaufkraftverhältnis der beiden deutschen Währungen in DM-West umzurechnen. — Ein westdeutsches Gericht kann zur Zahlung von DM-Ost verurteilen. — Bei Verurteilung zur Leistung von DM-West ist einem Unterhaltsschuldner auf Antrag eine Ersetzungsbefugnis durch Leistung von DM-Ost zu gewähren, und zwar bei Zahlung in der Ostzone zum Nennbetrag und bei Leistung in der Westzone unter Umrechnung nach dem Wechselstubenkurs.**

LG Kassel (amerik. Zone), Urt. v. 13. 11. 1952 — 1 S 110/52: * z. T. in MDR 1953, 237; Auszug in DRsp. II (250) 30d.

Die Kl. sind die in der Ostzone lebenden ehelichen Kinder des Bekl.; sie fordern von diesem Unterhalt. Der Bekl. lebt in den Westzonen. Das LG sprach den Kl. je einen Unterhaltsbetrag von 15 DM-West zu, zahlbar auf ein westdeutsches Sperrkonto der Kl.

Aus den Gründen:

„Die Kammer hat in der grundlegenden Entscheidung v. 30. 10. 1952 — 1 S 246/52 — in Übereinstimmung mit der hiesigen Beschwerdekammer bereits dargelegt, daß für die Frage, welchem Privatrecht eine Schuldverpflichtung nach der teilweisen Spaltung der Deutschen Rechtsordnung seit 1945 unterstehe, im allgemeinen die Regeln des internat. (zwischenstaatlichen) Privatrechts entsprechend anwendbar sind und daß für die Entstehung gesetzlicher Unterhaltsansprüche gemäß dem im deutschen zwischenstaatlichen Privatrecht geltenden ‚Schuldstatut' in jedem Fall das Recht am Wohnsitz oder jeweiligen ständigen Aufenthaltsort des Unterhaltsberechtigten maßgebend sei, weil dort der Schwerpunkt des Schuldverhältnisses liegt. Bei Unterhaltsgläubigern, die z. Z. der Entstehung ihres Anspruchs gegenüber einem westdeutschen Schuldner in der Ostzone wohnen, richten sich also Grund und Höhe des Anspruchs nach dem in der Ostzone geltenden bürgerlichen Recht. Das gilt auch für eheliche Kinder, denn auch deren Unterhaltsansprüche bestimmen sich in erster Linie nach dem Unterhaltsbedarf am Orte ihres Wohnsitzes oder ständigen Aufenthaltes, und an diesem Orte müssen sie ihren Lebensunterhalt decken. Demgegenüber ist unmaßgeblich, daß nach dem internationalen ‚Familienrechtsstatut' in Anlehnung an die Art. 19ff. EGBGB hier möglicherweise das Recht am Wohnsitz des Vaters anzuwenden wäre; denn einmal ist das für die Frage gerade der Unterhaltspflicht in den Art. 19ff. selbst gar nicht unmittelbar ausgesprochen, zum anderen würde deren folgerichtige Anwendung im deutschen interzonalen Recht vielfach zu bedenklichen und widerspruchsvollen Ergebnissen im Einzelfall führen (vgl. LG Kassel, MDR 1951,

741[1]; ebenso im Ergebnis LG Wiesbaden, MDR 1950, 553[2]; LG Hannover, NJW 1951, 240[3]; LG Lüneburg, MDR 1951, 746[4]; LG Bochum, NJW 1951, 239[5], MDR 1952, 170[6] u. 622[7]).

Von Bedeutung ist für den vorliegenden Fall, daß nach Art. 7 in Verbindung mit Art. 144 der Verfassung der DDR seit deren Inkrafttreten im Herbst 1949 in der Ostzone die grundsätzliche Gleichstellung von Mann und Frau unmittelbar geltendes Recht ist. Diese Tatsache ist auch in Westdeutschland bei westzonalen Rechtsverhältnissen zu beachten, zumal das Bonner Grundgesetz in Art. 3 II in Verbindung mit Art. 117 II GG die gleiche, für den Bundesgesetzgeber schon verbindliche Regelung vorsieht (vgl. Beschluß der hiesigen Beschwerdekammer v. 17. 5. 1952[8]). Daraus folgt einmal, daß die in der Ostzone lebende Mutter ehelicher wie unehelicher Kinder zur Geltendmachung der Unterhaltsansprüche auch vor westdeutschen Gerichten — anders als nach der hier noch geltenden Rechtslage — weder eines Unterhaltspflegers noch eines sonstigen Vertreters bedarf, da sie selbst unmittelbar gesetzliche Vertreterin ihrer Kinder gem. §§ 1684, 1686, 1627, 1620 BGB ist. Zum andern folgt daraus, daß für den auf §§ 1602ff. BGB gestützten Unterhaltsanspruch in der Ostzone lebender Kinder die vorhergehende Haftung des Vaters nach § 1606 II 2 BGB entfällt. Vielmehr sind danach nunmehr beide Elternteile ihren Kindern gleicherweise unterhaltspflichtig, wie dies bisher nur bei Groß- und Voreltern der Fall war. Nach Auffassung der Kammer besagt das allerdings nicht, wie der Bekl. (im Anschluß an *Eichel*, NJW 1952, 450) meint, daß die Kinder gegenüber jedem Elternteil stets nur den halben Unterhaltsanspruch hätten oder geltend machen könnten. Vielmehr haften beide Elternteile gemäß § 1606 II 1 BGB für den Unterhaltsanspruch ihrer Kinder bei Leistungsfähigkeit nur zu gleichen Teilen (vgl. *Palandt*, Anm. 3 zu § 1606 BGB). Das heißt beide Elternteile sind zwar nicht Gesamtschuldner im Sinne des § 427 BGB, aber auch nicht ohne weiteres Teilschuldner i. S. des § 420 BGB, sondern jeder schuldet den Kindern den ihnen zustehenden Unterhalt entsprechend seiner Leistungsfähigkeit zunächst voll. Der von ihnen in Anspruch genommene Elternteil kann lediglich seine Haftung bis zur Hälfte des Gesamtanspruches der Kinder beschränken, wenn und soweit er die entsprechende Leistungsfähigkeit des anderen Teiles dartut und nachweist. Eine andere Auffassung wäre schon sachlich-rechtlich nicht vertretbar. Denn sonst würden, falls von getrennt lebenden Eltern der eine Teil in wirtschaftlich sehr bedrängten, der andere in sehr wohlhabenden Verhältnissen lebte, möglicherweise jeder von ihnen gleichwohl den gleichen Unterhaltsbetrag für die Kinder zu erbringen haben. Falls aber die Mutter z. B. völlig leistungsunfähig wäre, würde die Gleichstellung von Mann und Frau dazu führen, daß die Kinder auch eines reichen Vaters nunmehr nur noch halb soviel Unterhalt verlangen könnten als bisher. Auch verfahrensrechtlich ist die vorstehende Auslegung des Gesetzes allein tragbar, weil sie dem beklagten Elternteil,

[1] Siehe oben Nr. 246. [2] Siehe oben Nr. 249. [3] Siehe oben Nr. 257a.
[4] Siehe oben Nr. 267. [5] Siehe oben Nr. 258. [6] Siehe oben Nr. 272.
[7] Siehe oben Nr. 282. [8] Siehe oben Nr. 40.

regelmäßig dem Vater, die Darlegungs- und Beweislast für eine gleiche oder mindestens teilweise Leistungsfähigkeit auch des andern Teils auferlegt. — Der Bekl. hat nicht dargetan, daß die Mutter der Kl. nach ihren wirtschaftlichen Verhältnissen ebenfalls zur Unterhaltsleistung an sie in der Lage und daher ebenso wie er unterhaltspflichtig sei. Einer Beweisaufnahme darüber bedarf es aber hier deshalb nicht, weil er selber nach seinen wirtschaftlichen und persönlichen Verhältnissen nicht einmal in der Lage ist, die ihm mindestens zur Last fallende Hälfte des notwendigen Unterhaltsbedarfs der Kläger zu decken. Das Maß des zu gewährenden Unterhalts bestimmt sich gemäß § 1610 BGB nach der Lebensstellung des Bedürftigen. Der Unterhalt umfaßt den gesamten Lebensbedarf einschließlich der Kosten der Erziehung und Berufsausbildung. Insoweit gilt für das Recht der DDR nichts Abweichendes.

Wie die Kammer im Urteil v. 30. 10. 1952 bereits dargelegt hat, ist für den Unterhaltsanspruch der in der Ostzone wohnenden Kl. gegenüber dem westdeutschen Unterhaltsschuldner aber auch das (öffentlich-rechtliche) Währungsrecht der DDR maßgebend, weil Schuldstatut und Währungsstatut eines Anspruchs grundsätzlich einheitlich zu bestimmen sind (ebenso, mit anderer Begründung, besonders LG Düsseldorf, MDR 1952, 298[1]). Der Unterhaltsanspruch auch der ehelichen Kinder entsteht deshalb in der Währung ihres Heimatortes am Tage der Fälligkeit und ist daher gemäß § 1610 BGB zunächst in DM-Ost zu bestimmen und zu berechnen.

Soweit dabei eine Umrechnung von DM-Ost in DM-West oder umgekehrt in Betracht kommt, hat die Kammer aaO. in Übereinstimmung mit der jetzt wohl herrschenden Rechtsprechung schließlich näher dargelegt, daß im Rahmen von Unterhaltsansprüchen der jeweilige Wechselstubenkurs unbeachtlich ist, solange für den Unterhaltsberechtigten keine gesetzliche Möglichkeit besteht, den etwa in Westdeutschland eingezahlten oder umgewechselten DM-Betrag unter Ausnutzung des Kursverhältnisses auch in die Ostzone zu überführen. Aus dem Wesen des Unterhaltsanspruchs folgt, daß dem unterhaltsbedürftigen Gläubiger der Wert auch tatsächlich zugeführt werden muß, zu dessen Leistung der Schuldner nach seinen Verhältnissen verpflichtet und in der Lage ist. Das ist aber nach den derzeitigen devisenrechtlichen Bestimmungen auf beiden Seiten z. Z. dann nicht der Fall, wenn die Zahlungen des Bekl. unter Berücksichtigung des nur in Westdeutschland anerkannten Wechselstubenkurses herabgesetzt werden, da der zugunsten des Kl. auf Sperrkonto eingezahlte Betrag im Westen wie im Osten nur den Wert des Nennbetrages hat. Hieran ändert weder die Bestimmung des § 244 BGB etwas, die, wenn sie überhaupt hier anwendbar ist, die Erfüllbarkeit in der fremden Währung unter Aufwertung des Kurses zugunsten des Gläubigers voraussetzt, noch eine etwa bestehende ungesetzliche Möglichkeit zur Überführung von West- oder Ostmarkbeträgen in die Ostzone, die der Bekl. nicht näher dargetan hat, und die die Gerichte ohnehin nicht zu beachten hätten. Der Wechselkurs spielt daher höchstens dann eine Rolle, wenn

---

[1] Siehe oben Nr. 273a.

der Bekl. sich etwa durch Zahlung von DM-Ost innerhalb Westdeutschlands von seiner Zahlungspflicht in DM-West befreien will, weil hier allerdings auch für die Kl. die DM-Ost nur etwa ein Viertel der DM-West wert ist.

Von Bedeutung für den Unterhaltsanspruch der Kl. ist allerdings das wirkliche (innere) Kaufkraftverhältnis beider Währungen, da bei verschiedener Kaufkraft der gleiche Nennbetrag in West- oder Ostmark für die Kl. als Verbraucher tatsächlich einen verschiedenen Wert verkörpern könnte. Solche Geldwertunterschiede dürfen weder dem Kl. noch dem Bekl. zum Vorteil oder Nachteil gereichen. Indessen hat das von der Kammer eingeholte Gutachten in Verbindung mit weiteren Veröffentlichungen des Deutschen Instituts für Wirtschaftsforschung in Berlin ergeben, daß die Kaufkraft der beiden DM-Währungen für die durchschnittlichen Bedürfnisse des einzelnen Verbrauchers sich seit 1951 weitgehend ausgeglichen hat. Danach ist nämlich das Kaufkraftverhältnis der DM-West zur DM-Ost bei einer Lebenshaltung auf der Stufe des Existenzminimums (verbrauchbares monatliches Einkommen bis zu etwa 175 DM) praktisch gleich 1:1 zu setzen, auf der Stufe einer mittleren Lebenshaltung (verbrauchbares monatliches Einkommen der vierköpfigen Durchschnittsfamilie von etwa 200 bis 500 DM) für das Gesamteinkommen durchschnittlich gleich 1:1,5 oder 2:3. Für den Unterhaltsanspruch eines einzelnen Angehörigen dieser Durchschnittsfamilie bedeutet dies also, daß im Rahmen eines Monatsbetrages bis zu etwa 50 DM die Kaufkraft in DM-West wie in DM-Ost die gleiche ist. Erst wenn auf einen höheren Unterhaltsbetrag erkannt werden soll, sind bei der Umrechnung die in der Ostzone erheblich höheren Preise bei Käufen in HO-Läden usw. für den zusätzlichen Lebensbedarf zu berücksichtigen, die den Real-Wert der DM-Ost für den einzelnen Verbraucher dann mit steigendem Nennbetrag zunehmend verringern. Praktisch wird also bei einem Unterhaltsnennbetrag für den einzelnen Unterhaltsberechtigten in Höhe bis zu 50 DM monatlich regelmäßig einfach das Umrechnungsverhältnis 1:1 und für den 50 DM übersteigenden Betrag ein Umrechnungsverhältnis von 1 Westmark gleich 2 Ostmark zugrundezulegen sein, was dann für den Gesamtbetrag zunehmend sich dem durchschnittlichen Wertverhältnis 1:1,5 bezw. 2:3 nähert.

Zur Frage, in welcher Währung der Unterhaltsschuldner in Westdeutschland verklagt und verurteilt werden kann, hat die Kammer aaO. festgestellt, daß einer Verurteilung und Vollstreckung in DM-Ost, in der der Unterhaltsanspruch ursprünglich entsteht und daher zu erfüllen wäre, nach dem westdeutschen Verfahrens- und Devisenrecht an sich nichts im Wege steht, sofern der Kl. dies beantragt und von vornherein eine besondere Devisengenehmigung dafür beibringt. Der Bekl. kann nach Auffassung der Kammer eine dahingehende Verurteilung (bezw. mangels entsprechenden Klageantrags Abweisung) nur dann verlangen, wenn er ein erhebliches Interesse daran, insbesondere eine laufende volle Erfüllungsmöglichkeit in DM-Ost zum Nennbetrage innerhalb der Ostzone aus einem dortigen Guthaben nachweist. Andernfalls kommt auf Antrag des Kl. nur eine Verurteilung in DM-West in Frage (ohne besondere Devisengenehmigung, nur unter Beachtung der Allgemeinen Devisengenehmigungen der Bank Deutscher Länder), falls der Bekl. damit einverstanden ist bezw. beachtliche sachliche Interessen seinerseits dem nicht entgegenstehen (vgl. LG Bochum, MDR 1952, 170[1] und NJW 1952, 471[2]). Hierbei ist jedoch dem Schuldner auf Antrag stets nachzulassen, sich durch Zahlung eines entsprechenden Betrages in DM-Ost (bei Auszahlung im Osten zum Nennbetrag, bei Zahlung im Westen erhöht gemäß dem Wechselkurs) im Sinne einer Ersetzungsbefugnis zu befreien, soweit er dazu wirksam in der Lage sein sollte (vgl. LG München, NJW 1952, 1179[3]). — Da die Kl. Verurteilung in DM-West beantragt haben und der Bekl. dagegen an sich nichts einzuwenden, nach seinem Vorbringen auch keinerlei andere Erfüllungsmöglichkeit hat, war die Berechnung des den Kl. zustehenden Unterhaltsanspruchs darauf abzustellen.

Bei der Berechnung der Höhe im einzelnen ist mit dem ersten Richter regelmäßig von dem Mindestunterhalt auszugehen, den die Kl. als eheliche Kinder für ihre notwendigen Bedürfnisse in der Ostzone in Ostmark brauchen. Allerdings können sie auch beanspruchen, an dem etwa höheren Lebensstandard des Vaters im Westen angemessen beteiligt zu werden. Umgekehrt kann der Bekl. seine gegenüber jenem Mindestunterhalt etwa noch geringere Leistungsfähigkeit wegen ungünstiger wirtschaftlicher oder persönlicher Verhältnisse einwenden. Insoweit sind dann jeweils auch seine hiesigen Verhältnisse zu berücksichtigen, d. h. also der notwendige Mindestbedarf der Kl. ist mit der Höchstgrenze der Leistungsfähigkeit des Bekl. in Vergleich zu setzen. Das wird im Ergebnis regelmäßig darauf hinauskommen, daß bei ehelichen Kindern festzustellen und zuzuerkennen ist, was der Bekl. zu leisten verpflichtet wäre, wenn die Kinder in Westdeutschland wohnten und unmittelbar an den hiesigen Lebensverhältnissen des Vaters teilnähmen. — Irrig sind demgegenüber jedoch die Erwägungen des ersten Richters, soweit er den Bedarf der Kl. nach der Lebensstellung eines dem Bekl. gleichgestellten Arbeiters in der Ostzone bemißt und zudem dabei nur die in der Ostzone lebenden Unterhaltsberechtigten berücksichtigt, denn nicht eine gedachte, sondern die tatsächliche Lebensstellung der Kl. im Osten einerseits, des Bekl. im Westen andererseits (§§ 1610, 1603 BGB) unter Berücksichtigung jeweils aller nach § 1609 BGB ihm gegenüber gleicherweise Unterhaltsberechtigten, ist für die Feststellung seiner Unterhaltspflicht maßgebend.

Die Feststellung des notwendigen Mindestbedarfs der Kl. in der Ostzone kann allerdings praktisch Schwierigkeiten machen. Jedoch kann angesichts der gerichtsbekannten allgemeinen wirtschaftlichen Verhältnisse auf beiden Seiten in Verbindung mit den obigen Darlegungen über die Kaufkraftverhältnisse hier unbedenklich von dem Mindestunterhaltsbedarf ausgegangen werden, den ein Kind in gleicher Lebensstellung in Westdeutschland heute hat. Der danach festzustellende monatliche Unterhaltsbedarf eines solchen Kindes in DM-West in Westdeutschland

---

[1] Siehe oben Nr. 272. [2] Siehe oben Nr. 270. [3] Siehe oben Nr. 281.

kann dann bis zum Nennbetrag von 50 DM im Verhältnis 1:1 in DM-Ost angesetzt werden, während ein übersteigender Betrag, wie dargelegt, im Verhältnis 1:2 umzurechnen wäre, um den Bedarf des gleichen Kindes in DM-Ost in der Ostzone zu ermitteln.“

**285. Das interzonale Recht ist nach den Grundsätzen des internat. Privatrechts zu behandeln. — Die Vertretungsbefugnis einer Mutter für ihr uneheliches Kind bestimmt sich nach Art. 20 EGBGB. — An die Stelle des Anknüpfungspunktes der Staatsangehörigkeit tritt der gewöhnliche Aufenthalt. — Der Unterhaltsanspruch eines vor Kriegsende geborenen unehelichen Kindes bestimmt sich gemäß Art. 21 EGBGB nach dem Recht des Staates, dem die Mutter zur Zeit der Geburt des Kindes angehörte. — Die Auslegung einer Vorschrift fremden Rechts richtet sich nach diesem Recht. — Auch Art. 21 Halbs. 2 EGBGB ist im interzonalen Recht anwendbar. — Bei Anwendung von Art. 21 Halbs. 2 EGBGB kommt es nicht auf einen Vergleich der Rechtsordnungen in einem einzelnen Punkt, sondern auf einen Gesamtvergleich im Hinblick auf den vorliegenden Fall an. — Währungsstatut des Unterhaltsanspruchs eines unehelichen Kindes ist das Recht an seinem Wohnsitz jedenfalls dann, wenn dieser mit dem Wohnsitz seiner Mutter zusammenfällt. — Die Form, in der ein in fremder Währung entstandener Anspruch erfüllt werden kann, bestimmt sich nach den Währungs- und Devisenvorschriften der lex fori. — Die Höhe des von einem westdeutschen Unterhaltsschuldner an einen ostdeutschen Gläubiger durch Zahlung von DM-West auf ein westdeutsches Sperrkonto zu leistenden Unterhaltsbetrages ist so zu bemessen, daß der Gläubiger auf legalem Wege die zur Bestreitung seines Lebensunterhalts erforderliche Summe erhält; der Schuldner braucht jedoch nicht mehr zu leisten, als er gegenüber einem Gläubiger mit Wohnsitz in Westdeutschland leisten müßte. — Einem westdeutschen Unterhaltsgläubiger ist auf Antrag nachzulassen, sich durch Zahlungen in DM-Ost aus einem ihm zustehenden ostzonalen Guthaben zu befreien.**

LG Dortmund (brit. Zone), Urt. v. 17. 2. 1953 — 2 S 286/52: *z. T. MDR 1953, 367.

Die 1944 geborene Kl. lebt bei ihrer Mutter im Ostsektor Berlins. Sie ist ein uneheliches Kind des Bekl., der seinen Wohnsitz in Westdeutschland hat, und verlangt von diesem Unterhalt. AG und LG gaben der Klage statt.

Aus den Gründen:

„Gegen die Ordnungsmäßigkeit der Vertretung der Kl. durch ihre Mutter und das ‚Amt Mutter und Kind‘ des Bezirksamts Berlin-Mitte sind keine Bedenken zu erheben. Denn ihre Vertretungsbefugnis ergibt sich aus dem am Wohnsitz der Mutter der Kl., nämlich im Ostsektor Berlins, geltenden Recht der DDR. Dieses Recht ist für die Frage der (materiellrechtlichen) Vertretungsbefugnis nach Art. 20 EGBGB maßgebend. Denn interzonale Konfliktsfälle sind nach der jetzt fast einhelligen Meinung in Rechtsprechung und Wissenschaft nach den Grundsätzen des Internat. Privatrechts zu lösen (vgl. *Marquordt*, MDR 1951, 391; *Schlichting*, MDR 1951, 139; *Beitzke*, JR 1952, 141 und die dort zitierte Rechtsprechung).

Anknüpfungspunkt ist allerdings nicht die Staatsangehörigkeit der Mutter bzw. des Kindes, sondern der gewöhnliche Aufenthaltsort der Mutter. Dieser ist Ost-Berlin. Nach dem in der Ostzone geltenden Recht (§ 17 MKSchG) wird über uneheliche Kinder keine Vormundschaft geführt, sondern die Mutter übt die elterliche Gewalt aus, und die untere Verwaltungsbehörde, die nach der justizministeriellen Rundverfügung Nr. 156/50 insofern die Stellung eines Pflegers (§ 1693 BGB) hat, kann und soll ihr bei der Geltendmachung des Unterhaltsanspruches behilflich sein. Die gegen die Ordnungsmäßigkeit der Vertretung des Kindes durch die untere Verwaltungsbehörde erhobenen Bedenken (vgl. *Beitzke* JR 1952, 144 Note 80) sind nicht gerechtfertigt, weil — worauf *Beitzke* (aaO.) mit Recht hinweist — derartige Unterhaltspflegschaften gesetzlich generell angeordnet werden können (vgl. auch *Schlichting*, MDR 1951, 141, der allerdings hinsichtlich der Klagebefugnis der Mutter die Art. 20 und 21 EGBGB verwechselt; *Marquordt*, MDR 1951, 395).

Ob der geltend gemachte Unterhaltsanspruch dem Grunde nach gerechtfertigt ist, ist nach den §§ 1708, 1717 BGB zu beurteilen. Denn die Kl. ist im Jahre 1944 von einer deutschen Staatsangehörigen in Berlin geboren worden. Überdies besteht auch zur Zeit in diesem Punkte kein sachlicher Unterschied zwischen dem in der Bundesrepublik und in der DDR geltenden Recht . . .

Hinsichtlich des Umfangs und der Dauer der Unterhaltspflicht des unehelichen Vaters weicht das zur Zeit in der Ostzone geltende Recht erheblich von dem der Bundesrepublik ab. Nach § 17 I MKSchG stehen der Mutter in der DDR die vollen elterlichen Rechte über das Kind zu und nach § 17 II MKSchG soll der Unterhalt für das Kind nach der wirtschaftlichen Lage beider Eltern bemessen werden . . . Obgleich § 17 II MKSchG nur eine Sollvorschrift ist, wird man unter Berücksichtigung der Art. 7 und 30 der Verfassung der DDR (vgl. die Zitate bei *Schlichting*, MDR 1951, 139 Note 11) annehmen müssen, daß er in der sowjet. Besatzungszone — und darauf kommt es entscheidend an — als geltendes Recht angesehen wird (vgl. *Marquordt* aaO.; *Schlichting* aaO.; LG Düsseldorf, MDR 1952, 556[1]). Der Unterhaltsanspruch des unehelichen Kindes würde sich deshalb bei Anwendung des ostzonalen Rechts nach den §§ 1601 ff. BGB richten.

Falls diese Vorschriften hier anzuwenden wären, wäre der Anspruch der Kl. mangels Verzuges des Bekl. insoweit unbegründet, als sie für die Zeit vor der Erhebung der Klage eine Unterhaltsrente verlangt (§ 1613 BGB). Das Gericht ist jedoch der Auffassung, daß im vorliegenden Falle das Recht der Bundesrepublik, also die §§ 1708 ff. BGB, anzuwenden ist.

Die Frage, nach welchem Recht der Unterhaltsanspruch des unehelichen Kindes zu beurteilen ist, ist im Verhältnis zur Ostzone nach den Regeln des interlokalen Privatrechts, auf das wiederum die Bestimmungen des Internat. Privatrechts sinngemäß Anwendung finden, zu beantworten. Danach (Art. 21 EGBGB) sind für den Unterhaltsanspruch die

[1] Siehe oben Nr. 54.

Gesetze des Staates (bzw. der Zone) maßgebend, dem die Mutter zur Zeit der Geburt des Kindes angehört. Zur Zeit der Geburt der Kl. bestand die derzeitige Rechtsverschiedenheit noch nicht. Selbst wenn man aber statt an die Staatsangehörigkeit der Mutter zur Zeit der Geburt des Kindes mit der herrschenden Meinung an den jeweiligen Wohnsitz oder gewöhnlichen Aufenthaltsort der Mutter anknüpft, so ist doch das in der Bundesrepublik geltende Recht anzuwenden, weil der Bekl. dadurch begünstigt ist (Art. 21 Halbs. 2 EGBGB). Der nach dieser Vorschrift im vorliegenden Falle (‚in concreto' vgl. *Staudinger-Raape* Art. 21 EGBGB Anm. C V 5b) anzustellende Vergleich zwischen der Unterhaltspflicht nach den §§ 1601 ff. BGB und der nach den §§ 1708 ff. BGB ergibt eindeutig, daß der Bekl. bei Anwendung der §§ 1601 ff. BGB erheblich mehr beschwert ist als bei Anwendung der §§ 1708 ff. BGB. Diese Feststellung mag zunächst eigenartig anmuten, weil im vorliegenden Falle nur über die Anwendung des § 1616 BGB zu befinden ist und der Bekl., würde § 1613 BGB anzuwenden sein, damit im Augenblick besser gestellt wäre, als bei Anwendung des § 1711 BGB. Maßgebend für die getroffene Feststellung kann aber nicht ein Vergleich des ost- und westzonalen Unterhaltsrechts in einem Punkte sein, sondern nur ein Gesamtvergleich, bezogen auf den hier vorliegenden Fall (vgl. *Staudinger-Raape*, Art. 21 EGBGB Anm. G V 5b; *Beitzke*, JR 1952, 145).

Nach dem ostzonalen Recht würde der Bekl. entsprechend seiner Lebensstellung der Kl. einen erheblich höheren als den hier streitigen Unterhalt ohne die zeitliche Begrenzung des § 1708 BGB zahlen müssen. Demgegenüber fällt kaum ins Gewicht, daß er ab Januar 1947 bis zur Klageerhebung im August 1951 den Unterhalt, der überdies noch für die Zeit vor der Währungsreform im Verhältnis 10 : 1 abgewertet ist, zahlt, zumal er den Rückstand bis zum Inkrafttreten des MKSchG ohnehin zahlen mußte (vgl. dazu LG Hamburg, MDR 1952, 424). Deshalb ist der Anspruch der Kl. nach den §§ 1708 ff. BGB zu beurteilen . . .

Der Unterhaltsanspruch der Kl. für die Zeit vor der Währungsreform ist — wie keiner weiteren Erörterung bedarf — in Reichsmark, für die Zeit nach der Währungsreform in DM-Ost entstanden. Diese Auffassung entspricht der zur Zeit fast einhelligen Meinung der Rechtsprechung und Wissenschaft (vgl. *Beitzke*, JR 1952, 422 Note 54). Der Meinungsstreit, ob der Unterhaltsanspruch infolge der Zweckbindung jeweils in der Währung erwächst, in der die Geldbeträge dem Unterhaltsberechtigten zur Deckung seines Lebensbedarfs zur Verfügung stehen müssen (so *Raape*, IPR³ 344; *Beitzke*, JR 1952, 421; LG Düsseldorf, MDR 1952, 299[1]; LG Kassel, MDR 1953, 105[2]) oder ob das Währungsstatut sich nach dem Familienrechtsstatut bestimmt (so *Marquordt*, MDR 1951, 393; OLG Schleswig, MDR 1950, 235[3] — vgl. die Übersichten bei *Beitzke* aaO. und *Marquordt* aaO.) kann dahingestellt bleiben. Denn im vorliegenden Falle ist der Meinungsstreit gegenstandslos, weil sowohl die Kl. als auch ihre Mutter im Ostsektor Berlins ihren Wohnsitz und gewöhnlichen Aufenthalt haben.

---

[1] Siehe oben Nr. 273a. [2] Vgl. oben Nr. 284. [3] Siehe oben Nr. 203a.

Von dieser Frage, welche Währung geschuldet ist, muß die Frage, wie und in welcher Währung der Anspruch zu erfüllen und der Schuldner zu verurteilen ist, scharf getrennt werden (vgl. *Beitzke*, JR 1952, 419, der mit Recht darauf hinweist, daß die Verschiedenheit der Rechtsauffassungen vielfach auf dem Mangel an scharfer Trennung zwischen Inhalt der Schuld und Erfüllungsmodus beruht).

Wie und in welcher Währung der in DM-Ost entstandene Unterhaltsanspruch zu erfüllen ist, richtet sich nach den in der Bundesrepublik geltenden Währungs- und Devisenvorschriften . . .

Die Frage, welchen Betrag der Schuldner für das uneheliche Kind auf das Sperrkonto einzuzahlen hat, ist in Rechtsprechung und Wissenschaft sowohl im Ergebnis als auch in der Begründung verschieden beantwortet worden (vgl. die Übersichten bei *Beitzke*, JR 1952, 421 und LG Düsseldorf, MDR 1952, 300[1]).

Nach der Ansicht des Gerichts muß der Schuldner einen solchen Betrag in DM-West auf das Sperrkonto einzahlen, daß der Unterhaltsberechtigte in der Ostzone auf rechtlich einwandfreiem Wege in den Genuß der Summe kommt, deren er zur Bestreitung seines Lebensunterhalts bedarf; jedoch braucht der Schuldner nicht mehr zu leisten, als er zu leisten verpflichtet wäre, wenn der Unterhaltsgläubiger in der Bundesrepublik wohnte und dort seinen Lebensbedarf befriedigte.

Maßgebend für diese Auffassungen waren folgende Erwägungen:

Die Frage, wer den durch die Zonentrennung und die Währungsverschiedenheit etwa entstehenden Nachteil zu tragen hat oder wem der etwaige Vorteil aus diesem Zustande zugute kommen soll, kann nur auf Grund einer Interessenabwägung, bei der die Natur des Anspruchs nicht unberücksichtigt bleiben darf, beantwortet werden. Das wesentliche Merkmal aller Unterhaltsansprüche, die durch Zahlung einer Geldrente zu befriedigen sind, ist die Tatsache, daß die Rente nur das nach den Umständen gegebene Mittel ist, mit dessen Hilfe der Gläubiger in die Lage versetzt wird, seinen Unterhaltsbedarf selbst zu decken. Die Höhe der Rente richtet sich deshalb, falls der Schuldner für den Unterhalt des Gläubigers grundsätzlich voll einzustehen hat, einmal danach, welche Mittel der Gläubiger im konkreten Falle braucht, um seinen Lebensbedarf zu befriedigen, und zum anderen in den meisten Fällen danach, ob der Schuldner zur Leistung dieser Mittel wirtschaftlich in der Lage ist. Beim Unterhaltsanspruch des unehelichen Kindes ist der (sich nach der Lebensstellung der Mutter richtende) Bedarf des Kindes der einzige Gesichtspunkt, dessen Beachtung der Gesetzgeber für die Bemessung der Rente der Höhe nach vorschreibt. Die Leistungsfähigkeit des Verpflichteten hat außer Betracht zu bleiben. Aus dem Grundgedanken dieser gesetzgeberischen Regelung, durch die erkennbar wird, daß der Gesetzgeber das Interesse des Kindes an der Erlangung des vollen Unterhalts höher bewertet als das gegensätzliche Interesse des Schuldners, ergibt sich doch zumindest, daß im Verhältnis des Kindes zum unehelichen Vater das Kind grundsätzlich nicht durch Umstände benachteiligt werden

---

[1] Siehe oben Nr. 273a.

darf, die ohne sein Zutun eingetreten und von Einfluß auf die Höhe der Unterhaltsrente sind. Die von der Auffassung der Kammer abweichenden Entscheidungen anderer Gerichte, wonach der Schuldner nur einen Betrag in DM-West nach dem jeweiligen Wechselstubenkurs (so LG Lüneburg, MDR 1951, 747[1]) oder nach dem inneren Kaufkraftverhältnis der beiden Währungen (sog. Warenkorbvergleich — LG Kassel, MDR 1953, 106[2]) auf das Sperrkonto einzuzahlen hat, haben eine solche Benachteiligung des Kindes zur Folge. Denn das in der Ostzone wohnende Kind ist nicht in der Lage, vom Sperrkonto ordnungsmäßig abgehobenes und in DM-Ost umgewechseltes Geld auf rechtlich zulässigem Wege (abgesehen von der geringen Möglichkeit des Reiseverkehrs) in die Ostzone einzuführen (AO der DWK v. 26. 11. 1948 — ZVOBl 1948, 561). Bei dem nach Feststellungen des Gerichts bestehenden Zustand erhält das Kind in der Ostzone aber auch nicht den in DM-West eingezahlten Betrag, umgewechselt in DM-Ost nach dem jeweiligen Wechselstubenkurs oder dem inneren Kaufkraftverhältnis beider Währungen, sondern nur eine Summe in DM-Ost, die dem Nennbetrag in DM-West, den der Schuldner auf das Sperrkonto eingezahlt hat, entspricht, also beispielsweise für 40 DM-West = 40 DM-Ost. Wenn das Kind nicht benachteiligt werden soll, muß daher der Schuldner denselben Betrag in DM-West auf das Sperrkonto einzahlen, den das Kind in DM-Ost zur Bestreitung seines Unterhalts braucht. Die obere Grenze dieser Verpflichtung des Schuldners ist dem Grundgedanken des Art. 21 Halbs. 2 EGBGB zu entnehmen: Der Schuldner braucht in keinem Falle mehr zu leisten, als er leisten müßte, wenn das Kind in der Bundesrepublik wohnte und dort seinen Lebensbedarf befriedigte . . .

Das Gericht hat es dem Bekl. auf seinen Hilfsantrag nachgelassen, sich durch Zahlung in DM-Ost aus einem ihm zustehenden Ostzonenguthaben zu befreien. Auch insoweit war zu beachten, daß nach den geltenden Währungs- und Devisenvorschriften die Zahlung in DM-Ost nur aus einem dem Schuldner zustehenden Ostzonenguthaben zulässig ist."

**286. Jede einzelne Rate eines Unterhaltsanspruches entsteht in der jeweils maßgebenden Währung. — Die Umstellung von Unterhaltsrückständen aus der Zeit vor der Währungsreform richtet sich nach ostdeutschem Währungsrecht, wenn beide Parteien zur Zeit der Währungsreform in der Ostzone wohnten und ein gerichtlicher Titel über den Unterhaltsanspruch dort errichtet worden ist. — Ein westdeutsches Gericht ist für die Umstellung eines gerichtlichen Titels auf DM-Ost nicht zuständig.**

LG Stuttgart (amerik. Zone), Beschl. v. 17. 3. 1953 — 1 T 132/53: *unveröff.

Die Parteien sind geschiedene Eheleute; sie wohnten bis 1950 beide in der Ostzone. Durch einen gerichtlichen Vergleich vor dem AG W. (sowjet.) verpflichtete sich der AGg. zur Unterhaltsleistung an die ASt. Im Jahre 1950 verlegte der AGg. seinen Wohnsitz nach Westdeutschland. Den Antrag der ASt. auf Umstellung des Titels von RM auf DM lehnten AG und LG ab.

[1] Siehe oben Nr. 267. [2] Vgl. oben Nr. 284.

Aus den Gründen:

„Im vorliegenden Verfahren handelt es sich nicht darum, wie der materiellrechtliche Unterhaltsanspruch der ASt. zu erfüllen ist, sondern es geht nur um die Umstellung des Vollstreckungstitels. Beim materiellrechtlichen Unterhaltsanspruch können nur die Rückstände vor dem 20. 6. 1948 umgestellt werden, wobei es hier dahingestellt bleiben kann, ob diese zu einer Verpflichtung in DM-West oder in DM-Ost führt. Der laufende Unterhaltsanspruch ist dagegen überhaupt nicht umzustellen, sondern er entsteht stets neu und geht unmittelbar auf die jeweils geltende Währung (vgl. LG Stuttgart, NJW 1951, 241[1]; LG Stuttgart, MDR 1951, 367[2]). Der Unterhaltsanspruch muß nicht notwendig auf Zahlung in Reichswährung gehen; in besonderen Fällen (z. B. wenn der Unterhaltsberechtigte im Ausland wohnt) kann auch Zahlung in fremder Währung erforderlich werden. Unbeschadet der Devisenvorschriften sind die Gerichte der Bundesrepublik nicht genötigt, unter allen Umständen in DM-West zu verurteilen (vgl. BGHZ 7, 232[3]; *Kühne*, NJW 1950, 729); die Befugnis des Schuldners, seinerseits in der Währung der Bundesrepublik zu erfüllen (§ 244 BGB), bleibt unberührt.

Für die Umstellung des Vollstreckungstitels können nur die Verhältnisse des 20. 6. 1948 maßgebend sein, weil nur einmal und an diesem Tag die Währungsumstellung stattgefunden hat . . . Am 20. 6. 1948 befanden sich beide Parteien nach Wohnsitz und Aufenthaltsort im Gebiet der DDR; dort ist auch der vorgelegte Titel errichtet worden. Es kann daher keinem Zweifel unterliegen, daß der Titel nicht auf DM-West, sondern allenfalls auf DM-Ost umzustellen ist.

Die entgegenstehende Auffassung des LG Frankenthal, NJW 1952, 710[4] übersieht letzten Endes ihren eigenen Ausgangspunkt, daß die 16. DVO zum UG allein eine prozessuale Funktion habe (vgl. dazu *Beitzke*, NJW 1952, 708). Das spezielle Umstellungsverfahren berührt nur den Vollstreckungsanspruch, nicht aber den vollstreckbaren Anspruch. (Über den Unterschied vgl. *Rosenberg*, Zivilprozeßrecht[3] [1949] § 172.) Der Vollstreckungsanspruch aber bleibt von sämtlichen späteren Veränderungen unberührt (vgl. §§ 767, 323 ZPO). Die 16. DVO zum UG schafft davon nur die eine Ausnahme, daß dem Einfluß der Währungsumstellung auf den Vollstreckungsanspruch Rechnung getragen werden kann. Die Umstellung der Schuldverhältnisse hat aber nur einmal, nämlich am 20. 6. 1948 stattgefunden. Wenn später Unterhalt in anderer Währung zu leisten ist als in der, in welche zunächst umgestellt wurde, so nicht auf Grund einer neuen Bemessung. Für diese ist aber das vorliegende Verfahren nicht eröffnet.

Für eine Umstellung in DM-Ost fehlt dem angerufenen Gericht jede Zuständigkeit. Das für die Umstellung von Vollstreckungsmitteln maßgebliche Verfahren ist in der 16. DVO zum westdeutschen UG geregelt. Eine solche DVO hat mit innerer Notwendigkeit nur die Umstellung regeln können und geregelt, welche aus den Bestimmungen des UG der

---

[1] Siehe oben Nr. 256. [2] Siehe unten Nr. 319. [3] Siehe oben Nr. 213b.
[4] Siehe oben Nr. 274.

MilReg.en des amerik., brit. und französ. Kontrollgebiets folgt. Diesem Standpunkt des LG Stuttgart (vgl. NJW 1951, 241[1]; MDR 1951, 367[2]) hat sich inzwischen auch das OLG Stuttgart (Beschl. v. 22. 8. 1952 — 2/4 W 78/52[3]) angeschlossen. Soweit LG Ellwangen, NJW 1952, 708[4] (710) eine andere Auffassung vertritt, kann ihm nicht gefolgt werden, da die vorgeschlagene ‚Feststellung', daß der Titel nach Ostrecht umstelle, von der Prozeßordnung nicht vorgesehen ist."

**287. Das Währungsstatut eines Unterhaltsanspruchs bestimmt sich nicht in Analogie zu den Regeln des internat. Privatrechts, sondern nach denen des internat. Verwaltungsrechts. — Danach ist Währungsstatut das Recht am Wohnsitz des Unterhaltsgläubigers. — Infolge der währungsrechtlichen Transferverbote ist jedoch der Unterhaltsbetrag für einen ostdeutschen Gläubiger durch Zahlungen des westdeutschen Schuldners in DM-West auf ein Sperrkonto des Gläubigers in Westdeutschland zu leisten. — Die Höhe dieses Zahlungsanspruchs ist durch Umstellung im Verhältnis 1: 1 zu dem ursprünglichen DM-Ost-Unterhaltsbetrag zu ermitteln, da sich infolge der devisenrechtlichen Verwendungsverbote die Unterhaltsgewährung insoweit praktisch nach Westdeutschland verlagert. — Dem westdeutschen Gläubiger ist jedoch nachzulassen, sich durch Zahlung in DM-Ost aus Guthaben in der Ostzone in devisenrechtlich zulässiger Weise zu befreien.**

LG Oldenburg (brit. Zone), Urt. v. 15. 4. 1953 — 4 S 312/52: NJW 1953, 1183.

Der Kl. ist das eheliche Kind des Bekl. und wohnt bei seiner Mutter in N. (sowjet.); der Bekl. wohnt in O. (Westdeutschland). Das LG gab der Unterhaltsklage in Höhe von monatlich 35,— DM-West statt.

Aus den Gründen:

„Ob der Bekl. die geschuldete Unterhaltsrente in DM-West oder DM-Ost zu erfüllen hat, ist in Rechtsprechung und Literatur streitig. Die Kammer vermag sich der zum Teil vertretenen Ansicht nicht anzuschließen, daß das für den Unterhaltsanspruch entscheidende Währungsstatut sich in entsprechender Anwendung der Regeln des internat. Privatrechtes bestimmen lasse. Die Frage, in welcher Währung zu leisten ist, muß vielmehr nach dem Sinn und Zweck der Unterhaltspflicht beantwortet werden; denn Währungsrecht ist öffentliches Recht, und die Regeln des internat. Verwaltungsrechts sind weitgehend andere als die des internat. Privatrechts (*Beitzke*, NJW 1950, 928). Hierbei ist davon auszugehen, daß die Unterhaltsrente dazu bestimmt ist, den Lebensbedarf des Kl. sicherzustellen. Der Lebensbedarf umfaßt aber alles, was der Kl. tatsächlich aufwenden muß, um seine Bedürfnisse zu befriedigen; er läßt sich als Wertschuld daher nur in Ostmark bemessen; denn solange der Kl. in der Ostzone lebt, benötigt er hierfür Ostmarkbeträge.

Wenn aber auch die Unterhaltsforderung in DM-Ost zu bestimmen ist, so fragt es sich doch, in welcher Währung der Bekl. zu verurteilen ist. Es

[1] Siehe oben Nr. 256. [2] Siehe unten Nr. 319. [3] Siehe oben Nr. 203.
[4] Siehe unten Nr. 322.

ist zwar richtig, daß die DM-Ost für die Bundesrepublik keine Devise ist (Art. X Ziff. 1 Abs. 2 MilRegGes. Nr. 33) und die Wechselstuben in der Bundesrepublik an jeden den genehmigten An- und Verkauf von Ostmark betreiben dürfen. Dennoch ist aber die DM-Ost nicht als gleichwertiges Zahlungsmittel zu betrachten, sie bildet vielmehr in der Praxis des Interzonenverkehrs eben doch eine andere Währung. Nach den währungs- und devisenrechtlichen Vorschriften der Bundesrepublik ist nämlich die unmittelbare Zahlung von DM-West mit DM-Ost an einen in der Ostzone lebenden Gläubiger verboten (Art. 1 d u. X d MilRegGes. Nr. 53). Der Bekl. bedarf danach entweder einer Devisengenehmigung im einzelnen, die nicht vorliegt, oder er konnte entsprechend 19. DVO zum UG i. allg. Genehmigung Nr. 27/49 des Ges. 52/53 Zahlungen auf ein Sperrkonto des Kl. bei einem Bankinstitut der Bundesrepublik leisten. Für diese Beträge, die auf Sperrkonto eingezahlt werden, besteht aber zur Zeit keine allgemeine Transfermöglichkeit, sondern sie können nur für eine innergebietliche Verrechnung herangezogen werden. Die devisenrechtlichen Bestimmungen geben dem Bekl. zur Zeit noch die Möglichkeit, aus einem ihm zustehenden Bankkonto der Ostzone Unterhaltszahlungen bis zu 300 DM-Ost monatlich zu leisten (Allg. Genehmigung 41/50 in MilRegGes. Nr. 53).

Da ein allgemeiner Transfer in Ostmark zur Zeit nicht möglich ist, kann eine Verurteilung nur insoweit erfolgen, als sie devisenrechtlichen Vorschriften nicht entgegensteht; denn das Urteil darf nicht auf eine rechtlich verbotene Leistung gerichtet sein. Von den zulässigen Möglichkeiten, die der Bekl. hat, bietet lediglich die Leistung in DM-West auf ein Sperrkonto dem Kl. die Handhabe, die Zahlung des Bekl. notfalls im Wege der Zwangsvollstreckung durchzusetzen. Sie bietet allein hinreichende Gewähr dafür, daß der Kl. auch wirklich seinen Unterhalt erlangt. Die Verurteilung zur Zahlung in DM-Ost dagegen würde dem Kl. höchstens eine begrenzte Vollstreckung aus einem ostzonalen Bankguthaben des Bekl. ermöglichen. Nach einer Erschöpfung des Kontos wäre dem Kl. die weitere Vollstreckung unmöglich gemacht. Das würde aber eine unzulässige Beschränkung des Unterhaltsrechtes des Kl. bedeuten. Deshalb ist die Verurteilung zur Zahlung in DM-West auf ein Sperrkonto die einzige zulässige Möglichkeit, den Unterhalt des Kl. sicherzustellen.

Die Höhe der in DM-West zu bestimmenden Unterhaltsrente kann auch nicht nach dem Umrechnungskurs festgesetzt werden. Abgesehen davon, daß der Umrechnungskurs zeitlich erheblich schwankt und einen starken Unsicherheitsfaktor darstellen würde, muß von den tatsächlichen Verwendungsmöglichkeiten der auf Sperrkonto eingezahlten Beträge ausgegangen werden. Eine ordnungsmäßige Verrechnung dieser Westmarkbeträge in DM-Ost ist aber nur im Verhältnis 1 : 1 zulässig und der Kl. würde bei Anwendung des Umrechnungskurses im Ergebnis nur einen Bruchteil der ihm zustehenden Unterhaltsmittel erhalten (vgl. Rund. d. Landeszentralbank Nieders. Nr. 115/51). Der Kl. hat aber Anspruch darauf, daß er die ihm zustehenden Unterhaltsbeträge in zulässiger Weise voll bekommt.

Trotz der Verurteilung des Bekl. zu vollen Unterhaltsleistungen in DM-West erscheint es aber geboten, dem Bekl. die rechtlich gestattete

Leistung in DM-Ost aus einem Bankkonto in der Ostzone zu ermöglichen. Wenn der Bekl. über ein solches Bankguthaben verfügt, so lassen sowohl die devisenrechtlichen Bestimmungen in der Bundesrepublik als auch in der Ostzone (BDLW 6005/51 und 6007/51) zu, daß die Begleichung des Unterhalts aus diesem Konto erfolgen kann. Da die devisenrechtlichen Bestimmungen im interzonalen Verkehr durchaus wandlungsfähig sind und eine Lockerung des Transferverbots möglich ist, erschien es zweckmäßig, dem Bekl. die Leistung in DM-Ost in jeder devisenrechtlich zulässigen Weise nachzulassen."

## 9. Gerichtskosten und Gebührenforderungen

*Vorbemerkung: Die Rechtsprechung der Berliner Gerichte ist nach starkem Schwanken durch die unter Nr. 301 wiedergegebene Entscheidung des Kammergerichts dahin bestimmt worden, daß alle Gerichtskosten und Anwaltsgebühren einheitlich in der Währung entstehen, in welcher der Streitwert festgesetzt wird. Die westdeutschen Entscheidungen, die die Erstattung der Kosten für einen Verkehrsanwalt mit Sitz in der Ostzone betreffen, sind dagegen noch sehr uneinheitlich.*

**288. Währungsstatut der Gebührenforderung eines Notars ist das Währungsrecht an seinem Amtssitz. — Das Währungsstatut bestimmt auch das Umstellungsverhältnis einer vor der Währungsreform entstandenen Forderung.**

LG Berlin, Beschl. v. 13. 10. 1948 — 24 T 1653/48: HuW 1948, 380.

Das Notariatsbüro des Beschwerdegegners liegt in Ost-Berlin, während der Beschwerdeführer in West-Berlin wohnt. Das AG hat eine vor der Währungsreform entstandene Gebührenforderung des Notars nach ostzonalem Recht umgewertet. Das LG wies die Beschwerde des Schuldners zurück.

Aus den Gründen:

„Maßgebend für die Frage, welche Währungsgesetzgebung Anwendung zu finden hat, ist der Erfüllungsort . . . Der Entscheidung ist § 269 BGB zugrunde zu legen. Grundsätzlich ist danach Leistungsort derjenige Ort, an welchem der Schuldner zur Zeit der Entstehung des Schuldverhältnisses seinen Wohnsitz hatte. Dieser Grundsatz gilt jedoch nur insoweit, als ein Ort für die Leistung weder bestimmt noch aus den Umständen, insbesondere aus der Natur der Schuldverhältnisse, zu entnehmen ist. Aus der Natur der Notariatsgebühren ergibt sich jedoch, daß sie am Sitze des Notars entstehen. Da dieser seinen Sitz im sowjet. Sektor gehabt hat und anscheinend noch jetzt dort ein Büro unterhält, ist im Ergebnis der Entscheidung des AG beizupflichten, daß der Gläubiger Zahlung in voller Höhe in DM-Ost verlangen kann, weil nach den für den sowjet. Sektor maßgebenden Währungsbestimmungen eine Abwertung der vor der Währungsreform begründeten Schulden nicht stattfindet."

**289. Gerichtsgebühren entstehen vor West-Berliner Gerichten grundsätzlich in DM-West, es sei denn, daß der Streitwert in DM-Ost zu berechnen ist.**

LG Berlin, Beschl. v. 26. 10. 1948 — 26 T 120/48: HuW 1948, 364.

Aus den Gründen:

„Zwar ist mit dem AG davon auszugehen, daß grundsätzlich in den Westsektoren die Gerichtsgebühren in DM-West als dem gesetzlichen Zahlungsmittel anzufordern sind. Das ergibt sich daraus, daß die Gerichtskosten nicht in der WährungsVO der westlichen Militärgouverneure v. 24. 6. 1948 unter Ziff. 4 (a) erwähnt sind, wo diejenigen Fälle aufgezählt sind, in denen auch Zahlung in Ostwährung gestattet ist ... Eine Ausnahme von diesem Grundsatze muß aber für die Fälle anerkannt werden, in welchen der Wert des Streitgegenstandes, nach dem gemäß § 8 GKG die Gerichtsgebühren erhoben werden, in DM-Ost zu berechnen ist. Mietzinsen können nach Ziff. 4 (a) Nr. 2 WährungsVO in Ostwährung gezahlt werden und werden allgemein in DM-Ost gezahlt. Bei Mietaufhebungs- und Räumungsklagen ist für die Wertberechnung gemäß § 13 IV MSchG und § 10 I GKG der Betrag des für die Dauer eines Vierteljahres zu entrichtenden Mietzinses maßgebend. Hiernach hat in allen Fällen der Berechnung des Streitwerts nach der in DM-Ost zu zahlenden Grundstücksmiete die Wertberechnung in DM-Ost zu erfolgen. Und nach dem in DM-Ost berechneten Streitwert sind die Gerichtsgebühren auch nur in DM-Ost einzufordern. Eine Einforderung in DM-West würde bei der zur Zeit bestehenden Höherbewertung dieses Zahlungsmittels dem § 8 GKG widersprechen. Die Einforderung in DM-Ost ist auch durch Ziff. 2 (b) WährungsVO ausdrücklich erlaubt."

**290. Für die Rechtsfragen des interlokalen Privatrechts werden im wesentlichen die Grundsätze des internat. Privatrechts befolgt. — Danach richtet sich das Währungsstatut einer Forderung nach dem Wohnsitz des Schuldners. — Für die Festsetzung des Streitwertes eines Prozesses und für die Umstellung der Kostenschuld ist daher das Währungsrecht am Wohnsitz des Kostenschuldners maßgebend.**

LG Berlin, Beschl. v. 27. 11. 1948 — 15 T 125/48: JR 1949, 61.

Die in Ost-Berlin wohnhafte Kl. hatte im März 1948 Klage auf Zahlung von 300,— RM gegen die in West-Berlin wohnhafte Bekl. erhoben; diesen Antrag hielt die Kl. auch noch im Termin v. 7. 7. 1948 (also nach der Währungsreform) aufrecht. Die Klage wurde jedoch durch Urteil des AG Neukölln v. 4. 8. 1948 abgewiesen, durch das zugleich der Kl. die Kosten des Rechtsstreites auferlegt wurden. Der Streitwert wurde zunächst auf RM 300,—, dann auf DM-West 30,— festgesetzt. Dagegen richtet sich die Beschwerde der Kostenschuldnerin, der das LG stattgab.

Aus den Gründen:

„Bei der Festsetzung des Streitwertes durch das Prozeßgericht nach § 18 GKG ist nach dem Zerfall Berlins in zwei Währungsgebiete das Währungsstatut der Parteien zu beachten. Nach den im internat. Privatrecht entwickelten Grundsätzen, denen die Rechtsprechung des LG im wesentlichen bei der Lösung der durch die Verschiedenheiten der Währungsbestimmungen innerhalb Berlins entstandenen Rechtsfragen gefolgt ist, kommt es dabei maßgeblich auf das Währungsstatut des Schuldners an. Als solcher kommt im vorliegenden Fall, da die Klage abgewiesen und der Kl. die gesamten Prozeßkosten auferlegt worden sind, nur die Kl. selbst in Betracht als Schuldnerin des Kostenerstattungsanspruchs. Da die Kl. aber im Ostsektor Berlins ihren Wonsitz hat, sind für die Frage, in welcher Währung der Streitwert festzusetzen und welche Rechtsvorschriften für die Beurteilung des Einflusses der Währungsumstellung auf den vorliegenden Rechtsstreit anzuwenden sind, ausschließlich die dort geltenden Bestimmungen maßgebend."

**291. Die Gebühren des Armenanwalts sind in der Währung festzusetzen, die den Streitwert bestimmt. — Auslagen sind in der Währung zu ersetzen, in der sie tatsächlich entstanden sind.**

LG Berlin, Beschl. v. 6. 12. 1948 — 24 Gen. 263/48: JR 1949, 61.

Rechtsanwalt X war dem Bekl. zur Wahrnehmung seiner Rechte beigeordnet worden. In dem rechtskräftigen Urteil des LG Berlin v. 10. 8. 1948 wurden dem Bekl. die Kosten des Rechtsstreits auferlegt. Die an Rechtsanwalt X zu erstattenden Gebühren wurden antragsgemäß festgesetzt, dagegen wurde in der Auszahlungsanweisung angeordnet, daß ein Teil der Gebühren in DM-West, der Rest in DM-Ost auszuzahlen sei. Dagegen richtet sich die Erinnerung, der das LG teilweise entsprach.

Aus den Gründen:

„Der Urkundsbeamte der Geschäftsstelle hatte sich darüber schlüssig zu machen, ob die Gebühren und Auslagen in Westwährung oder in Ostwährung festzusetzen waren. Da der Streitwert im vorliegenden Falle auf DM-West hätte festgesetzt werden müssen, kann nur eine Festsetzung der Armenanwaltsgebühren in Westwährung in Frage kommen und nur für die Auslagen eine solche in DM-Ost."

**292. Die Umstellung von Gerichtskostenforderungen, die auf RM lauten, richtet sich nach dem am Sitz des Schuldners maßgebenden Währungsrecht.**

LG Berlin, Beschl. v. 8. 12. 1948 — 24 T 2100/48: JR 1949, 60.

Das AG Berlin-Mitte (sowjet.), das die Handelsregisterangelegenheiten für ganz Berlin bearbeitete, hatte im Jahre 1947 drei Eintragungen für eine Firma mit Sitz in West-Berlin vorgenommen. Die Kostenrechnungen für die ersten beiden Eintragungen wurden vor, die für die letzte Eintragung nach der Währungsreform ausgefertigt.

Das AG hat die Umstellung der Rechnungen nach West-Berliner Recht abgelehnt. Das LG gab der Beschwerde gegen diesen Beschluß statt.

Aus den Gründen:

„Der Auffassung des AG, daß es lediglich die Ostwährungsbestimmungen anwenden könne, kann nicht beigetreten werden. Die Registerabteilungen des AG Berlin-Mitte bearbeiten die Handelsregisterangelegenheiten für ganz Groß-Berlin. Maßgebend dafür, welches Währungsrecht im Einzelfall anzuwenden ist, kann lediglich der Sitz der jeweiligen Firma sein. Der Hinweis, daß die Registerabteilungen Bestandteil des AG Berlin-Mitte seien, trifft zwar zu, jedoch hindert das den Urkundsbeamten nicht, die Währungsbestimmungen anzuwenden, die an dem Sitz der einzelnen Firmen Geltung haben ... Grundsätzlich kann hiernach die Beschwerdeführerin für sich die Vergünstigung der Ziff. 32 der Umstellung-VO v. 4. 7. 1948 in Anspruch nehmen, da die sämtlichen Tätigkeiten des Gerichts, die hier den drei angefochtenen Kostenrechnungen zugrundeliegen, sämtlich vor der Währungsreform erfolgt sind und sie ihren Sitz im Westsektor Berlins hat."

**293. Hinsichtlich der Währung, in der die Gebühren des Gerichtsvollziehers entstehen, kann der Gerichtsvollzieher nicht anders gestellt werden als der Rechtsanwalt; ein Wahlrecht des Schuldners wegen der Währung, in der er zahlen will, wird nicht anerkannt. — Auslagen können nur in der Währung zurückgefordert werden, in der sie tatsächlich entstanden sind.**

LG Berlin, Beschl. v. 28. 1. 1949 — 24 T 2294/48: JR 1949, 89.

Der Beschwerdeführer wendet sich dagegen, daß der von ihm beauftragte Gerichtsvollzieher seine Gebühren in DM-West einfordere. Er meint, gemäß Ziff. 4a der WährungsVO seien die Gerichtsvollziehergebühren ebenso wie die Gerichtskosten in DM-West oder in DM-Ost nach Wahl des Schuldners zu zahlen. Das LG wies jedoch die Beschwerde zurück.

Aus den Gründen:

„Erst durch die Anordnung v. 29. 12. 1948 hat das Rechtskomitee für die Gerichtskosten bestimmt, daß diese unter § 4a VI der VO über die Geldreform v. 26. 6. 1948 fallen. Nicht dagegen gilt dies für die Gebühren des Gerichtsvollziehers ... Es handelt sich bei den Gebühren des Gerichtsvollziehers nicht um Steuern oder städtische Abgaben, sondern um die Gebühren eines Gebührenbeamten, bei denen es keine Rolle spielt, ob er sie in gewisser Höhe an die betreffende Behörde abzuführen hat. Es kann auch nicht mit Erfolg darauf hingewiesen werden, daß in anderen Teilen Deutschlands ein Gerichtsvollziehereiamt besteht oder daß die Gebührenbeamten behördlicher Aufsicht und behördlichen Weisungen unterstellt sind. Der Gerichtsvollzieher kann in dieser Beziehung nicht anders als der Rechtsanwalt und Notar gestellt werden.

Lediglich die in der Gebührenrechnung enthaltenen Postauslagen können nur in DM-Ost gefordert werden. Der Restbetrag ist in DM-West zu bezahlen."

**294. Wohnen die Prozeßparteien in West-Berlin und war der Rechtsstreit vor einem West-Berliner Gericht anhängig, so sind die von der unterlegenen Partei zu erstattenden Kosten grundsätzlich und unabhängig von der zugrundeliegenden Forderung in der Währung der lex fori zu entrichten.**

AG Berlin-Charlottenburg, Beschl. v. 31. 1. 1949 — 6 C 1056/48: JR 1949, 90.

Kl. und Bekl. wohnen in West-Berlin und haben wegen einer Mietpreisforderung vor einem Gericht in den Westsektoren gestritten. Der Bekl., der verurteilt wurde, weigert sich, die Kosten des Verfahrens in DM-West zu bezahlen, da in den Westsektoren Mieten auch in DM-Ost beglichen werden könnten. Das AG wies die Erinnerung zurück.

Aus den Gründen:

„Die Bekl. wohnt in einem der Westsektoren Berlins. Geldschulden sind daher von ihr grundsätzlich in DM-West zu begleichen. Daß sie über keine Einnahmen in DM-West verfügt, entbindet sie nicht von ihrer Zahlungsverpflichtung. Auch, daß Mieten in DM-Ost bezahlt werden können, kommt ihr nicht zustatten, zumal auch bei Mietezahlungen die grundsätzliche Verpflichtung besteht, DM-West zu zahlen, und nur der Mieter das Recht hat, seine Mietverpflichtungen durch Zahlung von DM-Ost im gleichen Nennwert abzutragen."

**295. Für die Währung, in der Rechtsanwaltsgebühren in Armensachen zu erstatten sind, ist das Rechtsverhältnis zwischen dem Anwalt und der von ihm vertretenen Partei maßgebend. — Die Gebühren des Rechtsanwalts sind daher in der Währung zu erfüllen, die am Wohnsitz der von ihm vertretenen Partei gilt. — Auslagen sind jedoch in der Währung zu erstatten, in der sie entstanden sind.**

KG Berlin (West), Beschl. v. 24. 3. 1949 — 1 W 522/49: JR 1949, 157.

Aus den Gründen:

„Nach § 1 des Gesetzes betreffend die Erstattung von Rechtsanwaltsgebühren in Armensachen v. 20. 12. 1928 werden dem der armen Partei bestellten Rechtsanwalt die Gebühren und Auslagen nach Maßgabe der RAGebO in dem im Gesetz der Höhe nach begrenzten Umfang ersetzt. Dem Rechtsanwalt steht gegen die Stadtkasse ein Erstattungsanspruch insoweit zu, als er einen Gebührenanspruch gegen eine von ihm als Wahlanwalt vertretene Partei besitzen würde . . . Für die Währung, in der der Erstattungsanspruch zu erfüllen ist, ist ebenfalls das Rechtsverhältnis maßgebend, das zwischen dem Rechtsanwalt und einer von ihm als Wahlanwalt vertretenen Partei besteht. Eine Ausnahme von diesem Grundsatz ergeben weder die Vorschriften der Währungsreformen noch andere gesetzliche Bestimmungen. Durch die Bestellung zum Armenanwalt wird die Justizverwaltung nicht Auftraggeber des Rechtsanwalts. Die Beiordnung als Armenanwalt hat nur die Wirkung, daß er auf Grund seiner Berufspflichten gehalten ist, die Vertretung der armen Partei zu übernehmen. Ein Vertragsverhältnis entsteht nur zwischen dem Rechtsanwalt und der armen Partei.

Hiernach sind, abgesehen von der im Gesetz angeordneten Begrenzung der Höhe nach, die dem Armenanwalt zu erstattenden Gebühren und Auslagen ebenso zu berechnen wie die Gebühren und Auslagen eines Wahlanwalts. Nach ständiger Praxis des Senats ist für die Frage, in welcher Währung der Anspruch des Rechtsanwalts auf Zahlung seiner Gebühren zu erfüllen ist, das Währungsstatut des Wohnsitzes der von ihm vertretenen Partei entscheidend. Hat die Partei ihren Wohnsitz in einem der Westsektoren, so hat der Rechtsanwalt einen gesetzlichen Anspruch auf Zahlung der Gebühren in Westwährung. Die Bestimmung der Ziff. 4a der VO zur Neuordnung des Geldwesens v. 24. 6. 1948, wonach der Schuldner für gewisse Güter und Leistungen von lebenswichtiger Bedeutung für das tägliche Leben nach seiner Wahl Zahlungen in West- oder Ostwährung leisten darf, kommt hier nicht in Betracht, da die Tätigkeit des Rechtsanwalts nicht zu den dort aufgeführten Leistungen gehört. Der Beschwerdeführer kann sich auch nicht auf die Durchführungsanweisung Nr. 1 zur Währungsreform v. 4. 7. 1948 berufen, nach der Angestellte, die berechtigt sind, Löhne oder Gehälter unter den Bestimmungen der Ziff. 17a der WährungsVO zu erhalten, nicht mehr als 25% ihrer Löhne und Gehälter in Westmark verlangen dürfen. Durch die Beiordnung als Armenanwalt wird der Rechtsanwalt nicht Angestellter der Justizverwaltung. Auch das für den Erstattungsanspruch maßgebende Rechtsverhältnis des Rechtsanwalts zu der von ihm vertretenen Partei ist nicht das eines Angestellten. Der Rechtsanwalt steht in keinem vertragsmäßigen Abhängigkeitsverhältnis zu seiner Partei wie ein Lohn- oder Gehaltsempfänger, sondern übt als Angehöriger eines freien Berufs eine selbständige Tätigkeit im Interesse seines Auftraggebers aus, die nach einhelliger Meinung den Bestimmungen des § 675 BGB über den Dienstvertrag, der eine Geschäftsbesorgung zum Gegenstand hat, unterliegt. Eine ausdehnende Anwendung der Durchführungsanweisung Nr. 1 ist wegen ihrer Begrenzung auf den Kreis der Lohn- oder Gehaltsempfänger nicht zulässig. Für eine analoge Anwendung fehlt insbesondere eine hinreichende Rechtsähnlichkeit.

Nach alledem ist, da vorliegend die arme Partei ihren Wohnsitz im engl. Sektor der Stadt Berlin hat, vom LG Berlin mit Recht die Festsetzungsverfügung der Urkundsbeamten dahin ergänzt worden, daß die zu erstattenden Gebühren voll in Westmark festzusetzen sind. Anders liegt es jedoch hinsichtlich der Auslagen. Da diese nur in Ostmark entstanden sind, kann der Rechtsanwalt sie auch nur in Ostmark erstattet verlangen."

In der Begründung fast wörtlich übereinstimmend:

LG Berlin (West), Beschl. v. 15. 6. 1949 — 24 Gen. 132/49 Kost: JR 1949, 422.

**296. Die von der unterliegenden Partei zu zahlenden, vor der Währungsreform in RM erwachsenen Prozeßkosten sind nach dem am Wohnsitz des Schuldners geltenden Währungsrecht umzustellen und in der dort geltenden Währung zu erstatten. — Die von der unterliegenden Partei zu zahlenden, nach der Währungsreform erwachsenen Prozeßkosten sind in der Währung zu erstatten, in der sie entstanden sind, insbesondere in der die obsiegende Partei ihren Prozeßbevollmächtigten zu bezahlen hat. — Infolge des gesetzlichen Verbotes der Annahme und des Besitzes von DM-West in der sowjet. Zone erwächst der Anspruch eines dort ansässigen Prozeßbevollmächtigten gegen seinen Mandanten in West-Berlin in DM-Ost.**

KG Berlin (West), Beschl. v. 4. 4. 1949 — 1 W 690/49: JR 1949, 390 (zust. *Bach*).

Aus den Gründen:

„Maßgeblich für die Beurteilung der Erstattungspflicht ist § 91 ZPO, der besagt, daß die unterliegende Partei die dem Gegner erwachsenen Kosten zu erstatten habe. Dies gilt auch für den vorliegend anzuwendenden § 92 ZPO entsprechend. Es kommt mithin nicht lediglich auf den Wohnsitz einer oder beider Parteien an, sondern darauf, in welcher Höhe und in welcher Währung die obsiegende Partei ihren Prozeßbevollmächtigten bezahlen muß. Die Bezahlung hat nach Ansicht des Senats hier jedoch für die Zeit nach der Währungsreform in Ostwährung zu erfolgen, da die Prozeßbevollmächtigten der Bekl. im Ostsektor ansässig sind und ihnen, obwohl die Bekl. selbst als Schuldner im Westsektor wohnen, kein Anspruch in Westwährung erwächst, da sie aus besonderen für sie geltenden Bestimmungen des Ostsektors, nämlich wegen der Anordnungen des sowjet. Oberbefehlshabers, Westgeld nicht fordern und in Empfang nehmen dürfen.

Soweit den Bekl. selbst keine Kosten in Westwährung erwachsen sind, so können sie somit auch von dem Kl. solche Währung nicht beanspruchen.

Etwas anderes ergibt sich jedoch für die Zeit vor der Währungsreform, im vorliegenden Falle für die gesamte erste Instanz, die vor der Währungsreform beendet war. Hier muß davon ausgegangen werden, daß die Bekl. ihren Anwälten damals RM schuldeten. Dann schuldet der Kl. ihnen allerdings jetzt DM-West, jedoch im Verhältnis 10 : 1.“

**297. Gerichtsgebühren werden in der Währung der lex fori festgesetzt. — Der Streitwert einer Fremdwährungsforderung ist durch Umrechnung nach dem Kurswert im Zeitpunkt der Umrechnung zu ermitteln.**

LG Berlin (West), Beschl. v. 29. 7. 1949 — 24 T 1405/49: JR 1950, 58.

Die Gebühr für einen Zahlungsbefehl wegen eines Wechsels über 2500 DM-Ost war nach einem Streitwert von 2500 DM-West berechnet worden. Die Gläubigerin beantragte, die Gebühr nach dem auf 625 DM-West umgerechneten Streitwert festzusetzen. Der Beschwerde gegen den ablehnenden Beschluß des AG gab das LG statt.

Aus den Gründen:

„Die Auffassung des AG, daß es angängig sei, ohne Umstellung des Ostmarkstreitwertes auf Westmark im Westsektor Berlins Gerichtsgebühren zu berechnen, widerspricht dem Sinne und Inhalt der Währungsverordnungen. Mit Recht verweist insoweit die Gläubigerin auf die VO v. 20. 3. 1949 (VOBl [Berlin-West] S. 86), wo unter I. B. bestimmt ist, daß Verpflichtungen, die eine Bezahlung in Ostmark vorsehen, erlaubt sind, daß sich jedoch der Schuldner von einer solchen Verpflichtung durch Zahlung in Westmark befreien kann, und zwar mit einem Betrage, der dem Westmarkkurse am Tage der Zahlung entspricht. Danach ist es also einerlei, ob die Mahnforderung auf Ostmark lautet oder auf Westmark. Lautet sie auf Ostmark, so ist die Gebühr für das Mahnverfahren, die in jedem Falle in DM-West zu zahlen ist, nach einem Streitwert zu errechnen, den die Ostmark gegenüber der Westmark hat, also nach dem umgerechneten Westmarkstreitwerte, wobei der amtliche Wechselkurs maßgebend ist. Diese Handhabung der Umrechnung des Ostmarkstreitwertes in einen Westmarkstreitwert trägt gerade der Rechtssicherheit Rechnung, sie entspricht der Umrechnung und Behandlung aller fremden Valutaforderungen, bei denen nach ständiger Übung und feststehender Rechtsprechung des KG diese Umrechnung und Errechnung der Gebühr auf Grund der umgerechneten deutschen Valuta gang und gäbe ist. (Vgl. auch den § 9 II GKG, der in ähnlicher Richtung liegt.)"

**298. Der Anspruch des Rechtsanwalts auf Bezahlung seiner Gebühren ist in der Währung zu erfüllen, die am Wohnsitz der von ihm vertretenen Partei gilt, zumal wenn auch der Streitwert in dieser Währung festgesetzt wird.**

LG Berlin (West), Beschl. v. 27. 4. 1949 — 24 T 757/49: JR 1949, 390 (abl. *Bach*).

Aus den Gründen:

„Die Beschwerde ist sachlich begründet. Nach der ständigen Praxis des KG (vgl. Beschl. 1 W 523/49 v. 24. 3. 1949[1]) ist für die Frage, in welcher Währung der Anspruch des Rechtsanwalts auf Zahlung seiner Gebühren zu erfüllen ist, das Währungsstatut des Wohnsitzes der von ihm vertretenen Partei entscheidend. Da die Bekl. im französ. Sektor wohnt, hat sie ihrem Anwalt (der im Ostsektor seinen Wohnsitz hat) die Gebühren in Westwährung zu zahlen. Im übrigen ist auch der Streitwert für die Berufungsinstanz in DM-West festgesetzt, deshalb rechtfertigt sich die getroffene Entscheidung."

**299. Die Währung des Gebührenanspruchs eines Armenanwalts bestimmt sich nicht nach dem Wohnsitz der vertretenen Partei, sondern nach dem Berufssitz des Anwalts.**

KG Berlin (West), Beschl. v. 9. 6. 1949 — 1 W 1073/49: JR 1949, 422.

Aus den Gründen:

„Der Anspruch des beigeordneten Anwalts auf Erstattung der Armenkosten aus der Stadtkasse steht nach § 124 ZPO ihm in seiner Person zu. Es ist daher bei Prüfung der Frage, in welcher Währung der zahlenmäßig feststehende Anspruch zu erfüllen ist, gleichgültig, in welchem Sektor die Prozeßparteien ihren Sitz haben. Ebenso unerheblich ist die persönliche Wohnung des erstattungsberechtigten Anwalts. Maßgebend ist sein beruflicher Wohnsitz."

**300. Das Währungsstatut des Gebührenanspruches eines Rechtsanwalts gegenüber seinem Mandaten richtet sich nach dem Währungsrecht am Berufssitz des Anwalts. — Jedoch können die Parteien eine abweichende Vereinbarung treffen; eine solche liegt aber noch nicht in der Annahme eines Vorschusses in einer anderen Währung durch den Anwalt.**

KG Berlin (West), Beschl. v. 4. 8. 1949 — 1 W 1595/49: JR 1949, 544.

[1] Vgl. hierzu unten Nr. 301 sowie oben Nr. 295.

Aus den Gründen:

„Das LG hat zutreffend angenommen, daß der Prozeßbevollmächtigte des Kl., der seinen beruflichen Wohnsitz in den Westsektoren hat, gegen den ebenfalls dort wohnenden Kl. grundsätzlich einen Gebührenanspruch in Westmark besitzt. Diese Auffassung entspricht der ständigen Rechtsprechung des Senats. Der Kl. kann demgemäß von der Bekl. die Erstattung der seinem Prozeßbevollmächtigten geschuldeten Gebühren in dem nach der RAGebO gegebenen Umfange, vorliegend also in Westmark, verlangen.

Anders wäre es nur, wenn der Prozeßbevollmächtigte des Kl. sich mit einer Zahlung der Gebühren in Ostmark begnügt und eine entsprechende Vereinbarung mit dem Kl. getroffen hätte. In diesem Falle könnte der Kl. von der Bekl. Erstattung der Gebühren ebenfalls nur in Ostmark verlangen. Auch zu dieser Frage hat das LG in dem angefochtenen Beschluß Stellung genommen und eine solche Vereinbarung nicht für bewiesen erachtet. Sie kann im Gegensatz zu der Auffassung der Bekl. auch nicht daraus hergeleitet werden, daß der Prozeßbevollmächtigte des Kl. Vorschüsse teils in RM und nach der Währungsreform teils in DM-Ost, teils in DM-West entgegengenommen hat. Nach der Praxis des Senats stellen grundsätzlich Vorschußzahlungen keine Tilgung des Gebührenanspruchs dar, sondern lediglich Vorwegleistungen auf die entstandenen Gebühren. Ihre Verrechnung erfolgt bei der endgültigen Gebührenabrechnung. Auch der Umstand, daß der Kl. die Aufforderung zur Zahlung eines Prozeßkostenvorschusses für die Bekl. durch seinen Prozeßbevollmächtigten dahin beantwortet hat, daß er nur Ostmark verdiene und deshalb nur Ostmark zahlen könne, ergibt nichts für die Behauptung der Bekl., daß der Kl. mit seinem Prozeßbevollmächtigten vereinbart habe, daß er die bei ihm entstehenden Gebühren auch nur in Ostmark zu zahlen habe. Wenn die Bekl. sich mit der Zahlung der Prozeßkostenvorschüsse in Ostmark einverstanden erklärt hat, so hat dies für die Rechtsbeziehungen des Kl. zu seinem Prozeßbevollmächtigten keine Bedeutung."

**301.** **Das Währungsstatut einer Forderung entscheidet nur darüber, in welcher Währung der Schuldner zur Zahlung einer Fremdwährungsverbindlichkeit verpflichtet oder berechtigt ist; das Währungsstatut bestimmt dagegen nicht, in welcher Währung die Forderung entstanden ist (!) — Die Gebühren des Prozeßanwalts sind in der Währung zu berechnen und zu bezahlen, in der der Streitwert festgesetzt ist. — Der Streitwert ist je nach der Art und dem Sitz des streitigen Rechtsverhältnisses zu bestimmen. — Der Streitwert ist in der Währung der lex fori festzusetzen. — Der Streitwert ist von dem in einem nicht einheitlichen Währungsgebiet judizierenden Gericht in der Währung des Gebietsteiles festzusetzen, für welchen die Gerichtsbarkeit ausgeübt wird und wo das streitige Rechtsverhältnis belegen ist. — Die Währung, in der der Streitwert festgesetzt wird, ist maßgeblich für die Währung der Gerichts-, der Anwalts-, der Armenanwalts- und der Gerichtsvollziehergebühren. — Für die Festsetzung der Anwalts- und der Armenanwaltsgebühren ist dagegen nicht entscheidend das Währungsrecht am Wohnsitz der Parteien oder am Berufssitz des Anwalts.**

KG Berlin (West), Beschl. v. 29. 8. 1949 — 1 W 1443/49: *JR 1949, 477 (zust. *Tschischgale*, abl. *Skaupy*).

Aus den Gründen:

[Der Senat wiederholt zunächst seine Ausführungen über die Rechtsnatur des Erstattungsanspruchs des Armenanwalts wie im Anfang seines Beschlusses v. 24. 3. 1949[1].]

„Bei dieser rechtlichen Lage der Dinge verbleibt der Senat daher bei dem Grundsatze, daß einem Armenanwalt ein Ersatzanspruch gegen die Stadtkasse (und zwar der Höhe nach in bestimmter Weise beschränkt) nur insoweit zusteht, als er einen Gebührenanspruch gegen eine von ihm als Wahlanwalt vertretene Partei haben würde. Und zwar gilt das auch in währungsrechtlicher Hinsicht.

Der Senat ist in seinen Entscheidungen v. 24. 3. 1949 — 1 W 522[2] und 523/49 — davon ausgegangen, daß für die Gebührenforderung des Rechtsanwalts das Währungsstatut der von ihm vertretenen Partei maßgebend ist. Der Begriff des Währungsstatuts entscheidet jedoch nur darüber, in welcher Währung der Schuldner zur Zahlung einer auf Fremdwährung lautenden Verbindlichkeit berechtigt oder verpflichtet ist. Er erschöpft aber nicht die hier zur Entscheidung stehende Frage, in welcher Währungseinheit unter Zugrundelegung der Gebührensätze der Gebührenordnung die Gebühren entstanden sind. Für die Frage, in welcher Währungseinheit und in welcher Höhe die Anwaltsgebühren entstanden sind, sind die einschlägigen Bestimmungen der RAGebO maßgebend. Nach § 9 I daselbst werden in bürgerlichen Rechtsstreitigkeiten die Anwaltsgebühren nach dem Werte des Streitgegenstandes erhoben. In dem weiteren Absatz dieser Bestimmung sind die Gebührensätze für Werte bis 200 DM einschließlich ausgeworfen, hinsichtlich der höheren Streitwerte ist ausdrücklich angeordnet, daß die Gebühren bestimmte Prozentsätze vom Werte betragen. Nach § 10 der RAGebO finden auf die Wertberechnung die Vorschriften der §§ 9 bis 15 des GKG Anwendung. Damit gelten hier auch die Wertberechnungsbestimmungen der §§ 3 bis 9 der ZPO, die im § 9 des GKG angezogen sind. Endlich heißt es im § 11 der RAGebO, daß die für die Berechnung der Gerichtsgebühren maßgebende Festsetzung des Wertes für die Berechnung der Gebühren der Rechtsanwälte maßgebend ist. Insbesondere aus dieser Bestimmung, wie überhaupt aus der ganzen oben wiedergegebenen Verknüpfung der Anwaltsgebühren mit dem Werte des Streitgegenstandes ergibt sich der Grundsatz, daß die Gebühren der Prozeßanwälte in der Währung zu berechnen und zu zahlen sind, in der der Streitwert festgesetzt ist. Auf die Streitwertfestsetzung allein kommt es danach an.

Richtigerweise ist der Streitwert je nach der Art und dem Sitz des zur Entscheidung stehenden Rechtsverhältnisses entweder in Westmark oder in Ostmark festzusetzen. Vor den Amtsgerichten des gemeinsamen Westsektors erfolgt die Streitwertfestsetzung grundsätzlich in Westmark, vor denen des Ostsektors in Ostmark. Bei der Streitwertfestsetzung durch das LG und das KG kommt es darauf an, für welchen Teil von Berlin die

---

[1] Siehe oben Nr. 295. [2] Siehe oben Nr. 295.

Gerichtsbarkeit ausgeübt wird und wo das zur Entscheidung stehende Rechtsverhältnis seinen Sitz hat. In Westsachen, die wenn man von der sachlichen Zuständigkeit absieht, den westlichen Amtsgerichten unterfallen würden, hat die Streitwertfestsetzung in Westmark zu erfolgen. Unter Umständen hat dies unter Kursumrechnung zu geschehen, nämlich wenn zwischen Westparteien eine Ostmarkschuld im Sinne der Bestimmung 1b der Währungsergänzungsverordnung v. 20. 3. 1949 streitig ist. In den übrigen Sachen handelt es sich bei den festzusetzenden Ostmarkobjekten um solche in ursprünglich reiner Ostmark, die weder aus der Westmark umgerechnet, noch in solche umzurechnen sind. Dies gilt entsprechend auch für Statussachen, die in östliche und westliche zerfallen, je nachdem, wo der Wohnsitz der Parteien oder in Ehesachen auch ihr letzter gemeinsamer Aufenthalt (vgl. § 606 ZPO) liegt.

Nach dem so festgesetzten Wert und nach seiner Währung werden dann jeweils einheitlich alle Gebühren, und zwar Gerichtsgebühren, Anwaltsgebühren, auch die des Armenanwalts, und die Gerichtsvollziehergebühren berechnet. In gleicher Art und Höhe sind sie gemäß § 91 II ZPO auch erstattungsfähig. Ein Auseinanderfallen der Gebühren in westliche und östliche in ein und derselben Sache ist dann nicht mehr möglich, weil es weder auf den Wohnsitz der Parteien, noch auf den Berufssitz der Anwälte ankommt. Soweit der Senat die zuletzt genannten Umstände hat entscheidend sein lassen, hält er an dieser Rechtsprechung nicht fest."

**302. Die Währung der Armenanwaltsgebühren bestimmt sich in einem Eherechtsstreit nach denjenigen Umständen, die für die ausschließliche Zuständigkeit des Gerichts (§ 606 ZPO) maßgebend sind.**

KG Berlin (West), Beschl. v. 14. 11. 1949 — 1 W 2427/49: JR 1950, 152.

Aus den Gründen:

„Auszugehen ist vom Sitz oder Schwerpunkt des der gerichtlichen Beurteilung unterbreiteten Rechtsverhältnisses. Bei vermögensrechtlichen Streitigkeiten beurteilt sich dies gemäß den entsprechend anwendbaren Kollisionsnormen des internationalen Privatrechts nach dem Gesamtinhalt des Rechtsverhältnisses. Für nichtvermögensrechtliche Streitigkeiten geben die Normen des internationalen Privatrechts, insbesondere Art. 17 EGBGB aber keine hinreichenden Aufschlüsse. Der Schwerpunkt des im Prozeß unterbreiteten Rechtsverhältnisses ist in Ehesachen jedoch durch § 606 ZPO bestimmt. Daher richtet sich nach der festen Rechtsprechung des Senats in Ehesachen der fragliche Schwerpunkt nach den Tatsachen, die für die ausschließliche Zuständigkeit des Gerichts von Bedeutung sind.

Richtig ist nun zwar, daß hier die Parteien ihren letzten gemeinsamen gewöhnlichen Aufenthalt im Ostsektor Berlins hatten. Dort wohnt aber seit der Klageerhebung keine der Parteien mehr. Gemäß § 606 I S. 2 ZPO ist deshalb der gewöhnliche Aufenthalt des Ehemannes maßgebend. Dieser liegt aber im gemeinsamen Westsektor von Groß-Berlin. Nur auf

Grund dessen ist vorliegend die Zuständigkeit des LG Berlin gegeben gewesen. Es handelt sich daher um eine Westsache. Infolgedessen kann der Beschwerdeführer seine Armengebühren in Westmark ersetzt verlangen."

**303. Infolge der Währungsunterschiede besteht in Deutschland hinsichtlich des Kostenrechts ein interlokales Privatrecht.—Auf dieses sind die Grundsätze des deutschen internat. Privatrechts entsprechend anzuwenden. — Das Statut für die Ansprüche eines Rechtsanwalts aus seiner Berufstätigkeit ist das Recht am Ort seiner Berufsniederlassung. — Das Währungsstatut des Streitwerts richtet sich nach dem Recht des Prozeßgerichts. — § 244 BGB ist auch trotz Fehlens eines amtlichen Umrechnungskurses im interzonalen Recht anwendbar. — Die Frage nach der Währung, in der ein Anspruch entsteht, ist zu unterscheiden von der Frage, in welcher Währung dieser Anspruch erfüllt werden kann.**

LG Bielefeld (brit. Zone), Beschl. v. 19. 1. 1951 — 4 R 19/49: MDR 1951, 305.

In einem Rechtsstreit vor dem LG B. (Westzonen) hat der in der Ostzone wohnhafte Kl. ein obsiegendes Urteil über die westdeutsche Bekl. erstritten. Der unterlegenen Bekl. wurden die Kosten des Kl. für einen in der Ostzone wohnenden Verkehrsanwalt gemäß § 91 ZPO auferlegt.

Aus den Gründen:

„Eine Entstehung der Schuld einfach in ‚DM' ist nicht möglich, da Wertgleichheit zwischen West- und Ostwährung abzulehnen ist (Anm. v. *Beitzke* in MDR 1949, 758, und *Schulze* in NJW 1949, 99). Vielmehr besteht infolge der zwei in Deutschland vorhandenen Währungsgebiete ein interlokales Privatrecht hinsichtlich des Kostenrechts, auf das insoweit die Grundsätze des internat. Privatrechts entsprechend anzuwenden sind (*Schulze* aaO. und *Marquordt* MDR 1950, 8), da dieses im wesentlichen auf der Verschiedenheit der Währungen in den einzelnen Ländern beruht, soweit es das Kostenrecht betrifft.

Im internat. Privatrecht gilt der Grundsatz, daß die Vergütung des Rechtsanwalts für seine Berufstätigkeit nach dem Recht des Ortes seiner Niederlassung zu beurteilen ist (OLG Königsberg, HHR 1932 Nr. 199; *Willenbücher*, RAGebO Anm. z. Art. 2; LG Hagen, JW 1928, 2802; *Carlebach*, JW 1929, 1599). Das gilt zunächst für das vertragliche Verhältnis zwischen dem Verkehrsanwalt und seinem Mandanten. Somit schuldet die Kl. ihrem Anwalt in H. in Ostmark. Diese vertragliche Schuld der Kl. ist aber Inhalt ihres Erstattungsanspruches nach § 91 ZPO geworden. Der Bekl. hat ihr das zu ersetzen, was sie für ihren Verkehrsanwalt verauslagt hat. Das waren aber Ostmark nach Berechnung der in der Ostzone gültigen RAGebO. Da der Bekl. der Kl. diese Summe, wenn auch nur teilweise, zu erstatten hat, schuldet er Ostmark, nicht Westmark.

Grundlage der Berechnung von Gebühren ist der Streitwert. Dieser ist vom LG auf 2000 DM festgelegt worden. Darunter sind Westmark zu verstehen. Da die RAGebO der Ostzone, die der in den Westzonen geltenden entspricht, auf die Errechnung von Gebühren in Ostmark abgestellt ist, muß der Streitwert in die Valuta der Ostzone umgewandelt werden.

Einen amtlichen Umrechnungskurs gibt es nicht. Jedoch erscheint eine Umwandlung zulässig nach dem jeweiligen Tageskurs der in Berlin und in einigen Orten der Westzonen eingerichteten Wechselstuben, deren Bestehen auf Grund des Gesetzes über das Kreditwesen offiziell anerkannt ist. Der von ihnen ermittelte Kurs wird zwar nur ‚privat' festgesetzt nach den Regeln von Angebot und Nachfrage, bildet aber erfahrungsgemäß einen zuverlässigen Maßstab hinsichtlich des Wertes der beiden Markwährungen zueinander. Daß die durch die Berliner Wechselstuben ermittelten Kurse keinen amtlichen Charakter haben, hindert ihre Anwendbarkeit nicht. Ebenso wie bei § 244 BGB der legal gebildete Kurs eines reellen Handels als ausreichend zur Kursermittlung betrachtet wird (*Staudinger* § 244, Anm. 6; LG Braunschweig, NJW 1950, 751[1]), genügt auch zur Umrechnung des Streitwertes in die Valuta der Ostzone der Kurs der Berliner Wechselstuben. Dieser beträgt schon längere Zeit im Durchschnitt 5,60 DM-Ost zu 1 DM-West. Als Streitwert ergeben sich somit 11200 DM-Ost.

Daß der Streitwert in Ehesachen gemäß § 11 GKG mindestens 2000 DM betragen muß, schließt eine Umrechnung in die Ostzonenwährung nicht aus; denn der grundsätzlich mit 2000 DM angesetzte Maßstab hinsichtlich der Vermögensverhältnisse der Parteien muß einer anderen Bewertung nach der Ostwährung entsprechend dem Umrechnungskurs unterliegen.

Nach § 44 RAGebO, die in der Ostzone grundsätzlich noch Geltung hat, erhält der Verkehrsanwalt eine Gebühr in Höhe der Prozeßgebühr. Diese beträgt bei einem Streitwert von 11200 DM-Ost gemäß § 9 RAGebO 211 DM-Ost. Hinzu kommen Porto und Auslagen und Umsatzsteuer, so ergibt sich ein Gesamtbetrag von 224,71 DM-Ost.

Von der Frage, in welcher Währung die Kostenerstattungspflicht entsteht, ist verschieden die Frage, in welcher Währung sie zu erfüllen ist. Auch dies ist unabhängig vom Leistungsort des § 269 BGB zu entscheiden, denn nach § 244 BGB darf der Schuldner grundsätzlich in der fremden Währung leisten, kann aber auch nach Belieben in der eigenen Währung zahlen.

An sich ist eine Zahlung von DM-Ost durchaus möglich, da ein Umtausch in den Wechselstuben gegeben ist. Auch ist der Besitz von DM-Ost in den Westzonen keineswegs verboten (*Kühne*, NJW 1950, 730). Jedoch sind die auf Grund des Gesetzes über das Kreditwesen geschaffenen Wechselstuben lediglich zur Erleichterung des Reiseverkehrs zwischen Ostzone und Westzonen da, nicht aber dazu, um beliebige Summen Westmark in Ostmark umzutauschen, die Ostmark aber an einen Gläubiger in der Ostzone zu übersenden. Um eine Schuld gegenüber einem Ostzonengläubiger zu tilgen, bedarf es, wie aus § 3 Satz 1 MilRegGes. Nr. 61 und Art. I 1 d, Art. X MilRegGes. Nr. 53 folgt, einer Genehmigung. Diese

[1] Siehe oben Nr. 200.

st allgemein durch die 19. DVO in der Form erteilt worden, daß Geldschulden gegenüber ostzonalen Gläubigern nur durch Zahlung auf ein Sperrkonto bei einer Bank oder einem Postscheckamt im Währungsgebiet der Westzonen erfolgen darf (vgl. HansOLG, MDR 1951, 40[1]). Die Zahlung, die für den Schuldner befreiende Wirkung hat, kann nur in DM-West erfolgen, da von den Banken und Postscheckämtern Ostmark nicht angenommen werden. Da eine Entscheidung des Gerichts sich innerhalb der Generalgenehmigung der 19. DVO halten muß, hat es die zu erstattenden Kosten in Westmark festzusetzen, da es andernfalls den Bekl. zu einer devisenrechtlich unzulässigen Leistung zwingen würde.

Die Festsetzung der der Kl. . . . ihrer durch die Tätigkeit des Verkehrsanwalts entstandenen Kosten in Westmark ist auch zweckmäßig, um nicht eine spätere Umwandlung von Ost- in Westmark dem Bekl. oder der Vollstreckungsbehörde im Rahmen des § 244 BGB zu überlassen.

Unter Zugrundelegung des Umrechnungskurses der Berliner Wechselstuben ergibt sich eine Gebühr des Verkehrsanwalts in H. von ingesamt 40.13 DM-West."

**304. Währungsstatut der Kostenschuld aus einem Rechtsstreit ist das Währungsrecht des Prozeßgerichts, ohne Rücksicht auf den Wohnsitz des Kostenschuldners. — Die Vollstreckung aus einem nach diesem Währungsstatut umgestellten Kostentitel eines auswärtigen Gerichts ist nicht unzulässig.**

KG Berlin (West), Beschl. v. 13. 7. 1951 — 6 WM 1371/51: *unveröff.

Der zur Zeit der Währungsreform in der Ostzone, jetzt aber in West-Berlin wohnhafte ASt. hatte Anfang 1948 eine Klage vor dem AG S. (sowjet.) erhoben. Im Jahre 1951 erhielt er eine Rechnung über 36 DM-Ost Gerichtskosten. Der ASt. bittet, die Zwangsvollstreckung aus der Rechnung der Gerichtskasse für unzulässig zu erklären, da er die Kosten des Rechtsstreits nur nach einem Umstellungsverhältnis von 10 : 1 in DM-West zu erstatten brauche. LG und KG wiesen den Antrag zurück.

Aus den Gründen:

„Die Kostenrechnung verhält sich über gerichtliche Kosten aus einem Rechtsstreit, den der ASt. vor einem AG der Ostzone geführt hat. Dieser Hinweis zeigt, daß das Schwergewicht dieser im öffentlichen Recht wurzelnden Kostenschuld ohne Rücksicht auf den Wohnsitz des ASt. in der Ostzone liegt. Es kann daher nicht beanstandet werden, daß die Kostenrechnung nach den Währungsvorschriften der Ostzone aufgestellt worden ist. Diese können auch nicht als gegen verfassungsmäßige Grundsätze, gegen die guten Sitten oder den Zweck bestehender Rechtsvorschriften verstoßend bezeichnet werden."

**305. Die Gebührenforderung eines Rechtsanwalts mit Sitz in der Ostzone gegen seine ebenfalls in der Ostzone ansässige Mandantin richtet sich auch dann nach ostdeutschem Währungsrecht, wenn der Anwalt für einen Rechtsstreit vor einem westdeutschen Gericht tätig war. — Der Streitwert**

[1] Siehe oben Nr. 193.

**eines Prozesses bestimmt sich grundsätzlich nach dem Währungsrecht der lex fori. — Richtet sich jedoch die Gebührenberechnung in zwei Rechtsgebieten mit verschiedener Währung ziffernmäßig nach dem gleichen Satz, so ist, wenn für das Gebührenverhältnis zwischen einer Partei und ihrem Anwalt nicht das Währungsrecht der lex fori maßgebend ist, insoweit der Streitwert als in der Währung des Gebührenverhältnisses entstanden anzusehen. — Der in DM-Ost erwachsene Gebührenanspruch des ostdeutschen Anwalts gegen eine ostdeutsche Schuldnerin wird nicht dadurch verändert, daß er zum Inhalt des Erstattungsanspruchs der ostdeutschen obsiegenden Partei gegen die unterlegene westdeutsche Prozeßpartei und Auslagenschuldnerin wird. — § 244 BGB ist im interzonalen Recht entsprechend anwendbar, auch bei Fehlen eines amtlichen Umrechnungskurses. — Die Zahlungsgenehmigung der 19. DVO zum Umstellungsgesetz bezieht sich nur auf Verbindlichkeiten in DM-West. — Ist nach der lex fori die Erfüllung einer Verbindlichkeit infolge devisenrechtlicher Vorschriften nur in Inlandswährung möglich, so hat das Gericht eine Fremdwährungsverbindlichkeit unter Anwendung von § 244 BGB in Inlandswährung zuzusprechen.**

OLG Braunschweig (brit. Zone), Beschl. v. 5. 9. 1951 — 2 W 196/51: NdsRpfl. 1952, 27; MDR 1952, 170.

Die in der Ostzone wohnende Kl. hatte gegen ihren in den Westzonen lebenden Ehemann vor dem LG B. (brit.) auf Ehescheidung geklagt und ein obsiegendes Urteil erstritten. Die Kl. beantragt nunmehr die Festsetzung der Kosten, die ihr durch die Inanspruchnahme eines Rechtsbeistandes in I. (sowjet.) entstanden sind. Das OLG gab dem Antrag statt.

Aus den Gründen:

„Sowohl die Kl. als auch der von ihr beauftragte Rechtsbeistand wohnen in der Ostzone. Das zwischen ihnen bestehende Vertragsverhältnis vollzieht sich somit ausschließlich im ostdeutschen Währungsgebiet, wenn auch die Tätigkeit des Rechtsbeistandes der Förderung des bei einem Gericht der Bundesrepublik anhängig gemachten Rechtsstreites diente. Eine Gebührenforderung des Rechtsbeistandes gegenüber der Kl. konnte daher auch nur in Ostwährung entstehen, zumal die Bewohner der Ostzone auf Grund der Anordnungen des sowjet. Oberbefehlshabers nur diese Währung fordern und in Empfang nehmen dürfen (KG, JR 1949, 390[1]). Eine Kollision verschiedener Währungen kommt insoweit nicht in Betracht. Das übersieht dem Anschein nach das LG Bielefeld (MDR 1951, 305[2]), wenn es in einem gleichgelagerten Fall die Frage der Vergütung des ostzonalen Verkehrsanwalts auch im Verhältnis zu seiner gleichfalls in der Ostzone wohnenden Partei nach einem Grundsatz des internat. Privatrechts beurteilen will.

Diese Ostmark-Gebührenschuld der Kl. gegenüber dem Rechtsbeistand wird nicht dadurch verändert, daß sie zum Inhalt des Erstattungsanspruchs der Kl. gegenüber dem in der Bundesrepublik wohnenden Bekl. geworden ist. Der Bekl. schuldet der Kl. nach § 91 ZPO den von ihr für die Inanspruchnahme des Rechtsbeistandes aufgewendeten Betrag, also Ostmark. Hinsichtlich der Höhe dieses Betrages gilt folgendes:

[1] Siehe oben Nr. 296. [2] Siehe oben Nr. 303.

Die Gebühren des Rechtsbeistandes sind nach der auch in der Ostzone gültigen RAGebO zu berechnen. Grundlage dieser Berechnung ist nach §§ 9ff. RAGebO der auch für die Berechnung der Gerichtsgebühren maßgebende Streitwert von 2000 DM. Hierbei handelt es sich allerdings um DM-West, da der Rechtsstreit bei einem im Gebiet der Bundesrepublik gelegenen Gericht anhängig gewesen ist. Dieser Regelstreitwert in Ehesachen (vgl. § 11 GKG) würde aber auch für einen in der Ostzone geführten Eherechtsstreit, dort indessen ausgedrückt in DM-Ost, maßgebend sein. Ein Rechtsanwalt oder Rechtsbeistand, der in einer vor einem ostzonalen Gericht geführten Ehesache tätig wird, hat somit gewöhnlich Anspruch auf Vergütung nach einem Streitwert von 2000 DM-Ost. Es kann aber bei nichtvermögensrechtlichen Streitigkeiten unter solchen Umständen, wie sie hier in diesem Fall vorliegen, für die Vergütung des in der Ostzone tätigen Rechtsanwalts oder Rechtsbeistands keinen Unterschied machen, ob die Sache bei einem ostzonalen Gericht oder bei einem Gericht in den Westzonen anhängig ist. Ein solcher Rechtsanwalt oder Rechtsbeistand kann nämlich von seinem in der Ostzone wohnenden Auftraggeber nach den für ihn maßgebenden Gesetzen stets nur die Gebühr verlangen, die sich nach den in dieser Zone geltenden Bestimmungen, zu denen auch die Währungsvorschriften gehören, berechnet. Wollte man, wie es das LG Bielefeld (aaO.) tut, für die Errechnung einer in Ostmark entstandenen Verkehrsgebühr den in Westmark ausgedrückten Streitwert nach dem in der Bundesrepublik und West-Berlin gültigen Tageskurse der Wechselstuben umrechnen, so käme man zu einer hohen Berechnungsgrundlage, die jedenfalls in nichtvermögensrechtlichen Streitigkeiten nicht gerechtfertigt wäre, da sie dem Rechtsanwalt oder Rechtsbeistand im Verhältnis zu seinem Auftraggeber auf Grund der für beide maßgebenden Gesetze verwehrt ist.

In diesem Zusammenhang ist auch zu beachten, daß die amtlichen Stellen der Ostzone die Ostmark der Westmark wertmäßig gleichsetzen.

Die in Ostmark entstandene Gebühr des Rechtsbeistandes der Kl. ist somit nach einem Streitwert von 2000 DM-Ost zu berechnen. Hiervon unabhängig aber ist die weitere Frage, in welcher Währung diese Gebühr von den Gerichten der Bundesrepublik festzusetzen ist.

Eine Zahlung in DM-Ost wäre dem Bekl. nicht unmöglich, da der Besitz der Ostmark im Bundesgebiet nicht verboten ist und sie bei den amtlich zugelassenen Wechselstuben auch beschafft werden kann. Eine Festsetzung des zu erstattenden Betrages in DM-Ost würde auch nicht etwa an einer fehlenden und für die Zwangsvollstreckung unentbehrlichen Umrechnungsmöglichkeit in DM-West scheitern müssen (*Kühne*, NJW 1950, 729ff.; *Beitzke*, NJW 1950, 929). Die für den Umtausch von Ostmark in Westmark und umgekehrt von den Banken-Aufsichtsbehörden des Bundesgebietes auf Grund des Gesetzes über das Kreditwesen amtlich zugelassenen Wechselstuben setzen den Umtauschkurs täglich entsprechend der Marktlage fest (*Kühne* aaO. unter I 5). Handelt es sich hierbei auch nicht um einen amtlichen Kurs oder um einen allgemein gültigen Wechselkurs, wie er im Verhältnis der DM zu außerdeutschen Währungen besteht, so hindert das doch seine Anwendbarkeit für die

Umrechnung von Forderungen nicht, da jedenfalls eine zulässige Kursbildung im privaten Notenwechselgeschäft stattfindet (*Kühne* aaO.). Auch einer mindestens analogen Anwendung des § 244 BGB auf die Begleichung einer DM-Ostschuld in der Bundesrepublik stände nichts im Wege (vgl. *Beitzke* aaO. S. 929).

Die bisher angeführten Gründe würden für die Festsetzung des Erstattungsbetrages in DM-Ost sprechen. Indessen bedürfen die Eingehung einer Verbindlichkeit in einer anderen Währung als DM-West und Zahlungen an einen Gläubiger in der Ostzone — ohne Rücksicht darauf, ob sie auf Ostmark oder Westmark gerichtet sind — nach Art. I Ziff. 1 d und h, Art. X MilRegGes. Nr. 53 und § 3 MilRegGes. Nr. 61 einer devisenrechtlichen Genehmigung. Mangels einer solchen Genehmigung darf ein auf Zahlung an einen Gläubiger in der Ostzone gerichteter Titel nicht ergehen. Nur im Rahmen der mit der 19. DVO z. UG geschaffenen allgemeinen Ausnahmegenehmigung, wonach die Erfüllung einer Verbindlichkeit in DM-West durch Zahlung auf ein nach § 26 II UG gesperrtes Konto des ostzonalen Gläubigers bei einem Geldinstitut oder einem Postscheckamt im Währungsgebiet der Bundesrepublik vorgenommen werden darf, kann eine Festsetzung der der Kl. vom Bekl. zu erstattenden Kosten erfolgen.

Die Zahlungsgenehmigung der 19. DVO z. UG bezieht sich nur auf Verbindlichkeiten in DM-West (vgl. OLG Oldenburg, MDR 1950, 431[1]). Da eine andere gesetzlich erlaubte Möglichkeit zur Zahlung an einen in der Ostzone wohnenden Gläubiger nicht besteht, ist hier der vom Bekl. der Kl. zu erstattende Ostmark-Betrag also nach dem Wechselstubenkurs am Tage der Kostenfestsetzung in DM-West umzurechnen und danach festzusetzen; zugleich ist auszusprechen, daß dieser Betrag auf ein nach § 26 II UG gesperrtes Konto der Kl. bei einem Geldinstitut oder Postscheckamt im Bundesgebiet einzuzahlen ist."

**306. Bei einem Rechtsstreit vor einem ostdeutschen Gericht sind die von der ostdeutschen Kostenschuldnerin dem ostdeutschen Prozeßgegner zu erstattenden Prozeßkosten in DM-Ost festzusetzen, auch soweit es sich um die in DM-West entstandenen Gebühren eines westdeutschen Korrespondenzanwalts handelt.**

OLG Erfurt (sowjet. Zone), Beschl. v. 21. 12. 1950 — 4 W 273/50: NJ 1951, 189.

Aus den Gründen:

„Kostenschuldnerin ist die Kl., die ihren Wohnsitz in M. [sowjet.] hat. Nach Ziff. 3 des SMAD-Befehls Nr. 111/48 ist als einziges gesetzlich zugelassenes Zahlungsmittel in der sowjet. Besatzungszone, dem jetzigen Gebiet der DDR, die DM-Ost zulässig. Es mag sein, daß die Verkl. auf Grund des zwischen ihnen und dem Korrespondenzanwalt abgeschlossenen Dienstvertrages die Gebühren in DM-West zahlen müssen. Dieser Vertrag hat aber keinen Einfluß auf die vom Gericht auszusprechende

[1] Siehe unten Nr. 338.

Kostenerstattungspflicht. Es ist ausschließlich eine Frage der Zwangsvollstreckung, wie die in DM-Ost den Verkl. zuerkannten Kosten in DM-West realisiert werden können (vgl. *Nathan* in NJ 1949, 118)."

**307.** **Der Kostenerstattungsanspruch bestimmt sich inhaltlich nach dem Recht am Wohnsitz des ersten Kostenschuldners. — Ein westdeutsches Gericht kann zur Zahlung von DM-Ost verurteilen. — Zu den Grundsätzen des deutschen internationalen Privatrechts, die auf das interzonale Privatrecht entsprechend anzuwenden sind, gehört auch die Vorschrift des § 244 BGB. — Da der Kostenerstattungsanspruch kein Geldwert-, sondern ein Geldsummenanspruch ist, kann die Umrechnung eines in DM-Ost ausgedrückten Kostenbetrages nach dem Wechselstubenkurs erfolgen. — Wünscht der Gläubiger des Erstattungsanspruches eine Umrechnung bereits im Vollstreckungstitel, so ist der Kurs des Umrechnungstages und nicht der des Zahltages maßgebend.**

OLG Hamm (brit. Zone), Beschl. v. 17. 1. 1953 — 14 W 189/52: *NJW 1953, 750; BB 1953, 183.

Der Kl. hat nach § 91 I ZPO der Bekl. u. a. die Kosten für die Zuziehung eines in der Ostzone ansässigen Verkehrsanwalts zu ersetzen. Das OLG rechnete die in DM-Ost entstandenen Kosten nach dem Wechselstubenkurs in DM-West um.

Aus den Gründen:

„Was aber die Höhe des Erstattungsanspruchs anlangt, so ist dieser beschränkt auf denjenigen Betrag, den die Bekl. legal, d. h. nach den an ihrem Wohnsitz in der Sowjetzone geltenden Gesetzen, ihrem dortigen Anwalt zu zahlen verpflichtet ist, vgl. OLG Kassel, JW 1924, 718 Nr. 12; *Carlebach* in Anm. zu KG, JW 1929, 1599 Nr. 1; OLG Königsberg, HRR 32, Nr. 199; OLG München, ZZP 52, 308 mit Anm. von *Friedländer*; OLG Dresden, HRR 38 Nr. 1655; *Gerold*, RAGebO § 1 Anm. 84.

Da im ‚innerdeutschen' Geschäftsverkehr zwischen Sowjetzonenbewohnern die DM-Ost das einzige Zahlungsmittel ist, das gefordert, angeboten und angenommen werden darf, ist die Bekl. nur verpflichtet, DM-Ost an ihren Verkehrsanwalt zu zahlen, vgl. auch *Gerold*, § 9 Anm. 15. Da übrigens die Kostenrechnung des Verkehrsanwalts in der Sowjetzone für einen Bewohner dieser Zone ausgestellt ist, lautet sie tatsächlich nur auf DM-Ost, sie kann auf gar keinen anderen Betrag als DM-Ost lauten. Der Kl. hat also nicht mehr als 122,37 DM-Ost zu erstatten, weil er nicht mehr zu erstatten braucht, als die Bekl. legalerweise aufwenden muß, vgl. dazu auch *Beitzke* am Ende seiner Anm. zu Nr. 14 in NJW 1952, 1179.

Es hätte an sich nichts im Wege gestanden, die Kosten demgemäß auf 122,37 DM-Ost festzusetzen, vgl. BGH, BGHZ 7, 231[1]. Praktisch ist aber dem Kl. eine Leistung unmittelbar in DM-Ost offensichtlich unmöglich; etwas Gegenteiliges ist jedenfalls nicht behauptet worden. Außerdem hat die Bekl. spätestens mit ihrer Erinnerung die Festsetzung in DM-West gefordert. Daher war es weder rechtlich noch tatsächlich zu beanstanden, daß der Kostenbeamte den Betrag von 122,37 DM-Ost in DM-West umgerechnet hat.

[1] Siehe oben Nr. 213b.

Was den bei dieser Umrechnung anzuwendenden Maßstab anlangt, so kann dem LG nicht gefolgt werden, wenn es die in der Rechtsprechung für Schadensersatzansprüche entwickelten Grundsätze zur Anwendung bringt. Der Kostenerstattungsanspruch ist kein Schadensersatzanspruch, vielmehr hat die unterlegene Partei nach § 91 ZPO die dem Gegner erwachsenen Kosten zu erstatten. Es handelt sich mithin um eine reine Geldsummenschuld wie beim Schadensersatz oder wie sie in der Rechtsprechung stellenweise auch bei der gesetzlichen Pflicht zur Leistung von Unterhalt angenommen wird, vgl. z. B. LG München, NJW 1952, 1179[1]. Wenn deshalb für Unterhaltsansprüche des in der sowjet. Zone lebenden Kindes gegen seinen im Bundesgebiet ansässigen Vater die westdeutschen Gerichte vielfach die in DM-Ost festgesetzten Unterhaltsbeträge im Verhältnis 1 : 1 in DM-West umgerechnet und demgemäß die Verurteilung des Schuldners ausgesprochen haben, so kann diese — auch insoweit keineswegs allgemein anerkannte Rechtsprechung — hier nicht maßgebend sein.

Es handelt sich hier auch nicht darum, daß, wie das LG meint, die Bekl. gerade ‚in den Genuß eines entsprechenden Betrages von DM-Ost gelangen' müßte. Für die Frage, in welcher Weise sich der Kl. von der in DM-Ost entstandenen Schuld durch Zahlung in DM-West befreien kann, bietet vielmehr allein die Vorschrift des § 244 BGB den Ausgangspunkt. Gewiß handelt es sich bei DM-Ost nicht um eine ‚ausländische Währung' im wörtlichen Sinne. Tatsächlich stellt aber die DM-Ost eine reine Binnenwährung der sowjet. besetzten Zone dar. In Westdeutschland ist die DM-Ost kein gesetzliches Zahlungsmittel, jeder Anspruch eines Ostzonenbewohners gilt überdies als gesperrter Vermögenswert (Art. I 1c Ges. 53 Neufassung). Tatsächlich steht deshalb die DM-Ost für den westdeutschen Schuldner einer ausländischen Währung gleich. Allgemein anerkannt ist auch, daß im interzonalen Rechtsverkehr die Grundsätze des internat. Privatrechts entsprechende Anwendung finden, und zu diesen ist auch die Vorschrift des § 244 BGB zu zählen. Nach Abs. 2 daselbst hat somit bei einer Geldschuld, wie sie hier vorliegt, die Umrechnung von DM-Ost in DM-West nach dem Kurswert zu erfolgen.

Die DM-Ost hat auch wie jede ausländische Valuta im Bundesgebiet einen Wechselkurs; dieser Kurs wird zwar nicht amtlich festgestellt, ist aber konzessioniert und wird nicht nur von den Wechselstuben, sondern auch an den Börsen der Bundesrepublik notiert und in Presse und Rundfunk laufend veröffentlicht, so daß er jedenfalls als legaler Kurs zu gelten hat. Um also 122,37 DM-Ost abzudecken, braucht der Kl. nur denjenigen Betrag in DM-West auf Sperrkonto zu zahlen, der nach dem Wechselstubenkurs des Zahlungstages einen Betrag von 122,37 DM-Ost ergibt. Da der Zahlungstag im vorliegenden Falle noch nicht feststand, die Bekl. aber die Umrechnung bereits im Vollstreckungstitel wünschte, mußte der Kurs des Umrechnungstages an die Stelle des Kurses des Zahlungstages treten. Wenn der Kostenbeamte den Kursunterschied mit 1 : 4 festgestellt hat, so entsprach das der damals allgemeinen Gepflogenheit

---

[1] Siehe oben Nr. 281.

und kann von der Bekl. nicht beanstandet werden, weil es sich keinesfalls zu ihren Ungunsten ausgewirkt hat, indem der tatsächliche Kurs der DM-Ost auch damals schon meist etwas niedriger war. Daß die Bekl. bei der späteren Auszahlung des Betrages einen Kursverlust erleiden kann, ist eine unvermeidliche Folge der Vorausumrechnung von Devisen in Urteilen oder sonstigen Vollstreckungstiteln bei jeder fremden Valuta; mit solchen Folgen müssen Gläubiger und Schuldner, die in einem dem Devisenrecht unterliegenden Rechtsverhältnis stehen, von vornherein immer rechnen; im übrigen ist ein Kursgewinn der Bekl. bei der Auszahlung ebensogut denkbar."

**308. In Berlin sind der Streitwert und die Gebühren in der Währung desjenigen Gebietes festzusetzen, in dem sich der Sitz des streitigen Rechtsverhältnisses befindet. — Ansprüche wegen Nichterfüllung eines Kaufvertrages sind jedenfalls dann, wenn beide Parteien zur Zeit des Vertragsschlusses und auch zur Zeit der Vertragsverletzung ihren Sitz in dem gleichen Währungsgebiet haben, in diesem Gebiet gelegen; eine spätere Verlegung der Geschäftssitze ist unerheblich.**

KG Berlin (West), Beschl. v. 13. 7. 1953 — 1 W 2210/53: NJW 1954, 38 (abl. *Hodes*).

Aus den Gründen:

„Weder erheben die Gerichte und die Gerichtsvollzieher in Ostsachen durchweg ihre Gebühren in Westmark, noch ist für die Gebührenforderung der Rechtsanwälte in West-Berlin die Westmark die allein maßgebende Währung. Wie in der grundlegenden Entscheidung des Senats v. 29. 8. 1949[1] und zahlreichen weiteren Entscheidungen (u. a. in 1 W 1851/49 v. 27. 10. 1949, 1 W 1115/51 v. 31. 5. 1951, 1 W 4432/52 v. 12. 1. 1953, 1 W 571/53 v. 26. 2. 1953, 1 W 1590/53 v. 30. 4. 1953) ausgeführt ist, entscheiden LG Berlin und KG sowohl für das West- wie für das Ostwährungsgebiet von Berlin. Die Geltung der Ostwährung ist auch im westlichen Währungsgebiet von Berlin währungsrechtlich in bestimmtem Umfange zugelassen. Die WEVO v. 20. 3. 1949 (VOBl S. 86 § 1 I Buchst. b) und die diesen Aufsatz aufhebende und durch neue Vorschriften ersetzende Änderungsbestimmung Nr. 4 zur WEVO vom 23. 4. 1951 (GVOBl S. 360) gestatten ausdrücklich Besitz und Verwendung von Ostmark wie den Abschluß von Verträgen, die Zahlungen in Ostmark vorsehen. Die entgegenstehenden Bemerkungen von *Skaupy* zu der erstgenannten Entscheidung aaO. gehen deshalb fehl. Welche Währung im Einzelfall für die Festsetzung des Streitwertes, nach dem sich dann auch in dieser Hinsicht die Gebührenberechnungen zu richten haben, maßgebend ist, entscheidet sich danach, ob es sich um eine West- oder eine Ostsache handelt, und dieses wiederum — anknüpfend an die Grundsätze des internat. Privatrechts — danach, wo sich der ‚Sitz des Rechtsverhältnisses befindet oder die meisten Anknüpfungspunkte gegeben sind'.

[1] Siehe oben Nr. 301.

Im vorliegenden Falle handelt es sich um eine Ostsache, da der Rechtsstreit die Ansprüche aus der Nichterfüllung eines Kaufvertrages zwischen zwei Parteien betrifft, die beide sowohl zur Zeit des Abschlusses des Vertrages wie auch noch im Zeitpunkt der Einstellung der Lieferungen ihren Wohn- und Geschäftssitz im Währungsgebiet oder im späteren Währungsgebiet der Ostmark hatten. Alle Vertragsbeziehungen befanden sich in diesem Gebiete, insbesondere hatte dort Erfüllung der beiderseitigen Leistungen zu erfolgen. Die Rechtsnatur des Rechtsverhältnisses wie die des aus ihm entspringenden Anspruchs hat seitdem keine Veränderung erfahren; insbesondere ist nicht etwa durch Novation ein abweichendes Schuldverhältnis begründet worden. Die Änderung des Wohn- und Geschäftssitzes für sich allein ist nicht geeignet, eine Änderung in der Natur des einmal entstandenen Rechtsverhältnisses herbeizuführen. Es kann daher im vorliegenden Falle nur von einem Streitwert in Ostmark ausgegangen werden."

**308 a. Der in DM-Ost entstandene Gebührenanspruch eines Verkehrsanwalts in der Ostzone kann nicht durch Zahlung eines nach dem Wechselstubenkurs umgerechneten Betrages in DM-West getilgt werden, da ein Transfer dieses Betrages rechtlich nicht möglich ist; die devisenrechtlich gebotene Zahlung auf ein westdeutsches Sperrkonto muß daher im Verhältnis 1:1 erfolgen.**

AG Mainz (französ. Zone), Beschl. v. 14. 11. 1953 — 7 C 3437/51: NJW 1954, 721.

Aus den Gründen:

„Das AG sieht sich nicht in der Lage, der Ansicht des OLG Hamm in der grundlegenden Entscheidung vom 17. 1. 1953 (NJW 1953, 750[1]) zu dieser Frage zu folgen. Die Entscheidung ist widerspruchsvoll, da sie feststellt, die DM-Ost habe wie jede ausländische Währung einen Wechselkurs, der zwar nicht amtlich festgestellt sei, der aber, wie sie dann weiter fortfährt, doch als ‚legaler zu gelten habe'. Tatsache bleibt, daß es keinen amtlichen Kurs gibt und daß der gesetzliche Weg für den Hauptbevollmächtigten des Kl., sich von seiner Schuld gegenüber dem Korrespondenzanwalt in der Ostzone zu befreien, nur der ist, daß er für den Anwalt in der Ostzone das Geld auf das Sperrkonto einer westdeutschen Bank einzahlt. Würde man dem Korrespondenzanwalt in der Ostzone aber nur eine Gebühr im Verhältnis der Wertung im Wechselstubenkurs zubilligen, so würde das Gericht damit dem Anwalt in der Westzone zumuten, einen im Interzonenverkehr ungesetzlichen Weg zu wählen, sich von der Schuld gegenüber dem Ostzonenanwalt zu befreien. Dies ist dem Anwalt in der Westzone aber nicht zuzumuten, und das muß das westdeutsche Gericht auch berücksichtigen und darf sich nicht dieser Entscheidung mit der Begründung entziehen, daß es sich hier um eine Frage der Tilgung der Forderung des Ostzonenanwalts handele, die das Gericht nichts an-

[1] Siehe oben Nr. 307.

gehe. Die Einzahlung auf das Sperrkonto gibt dem Anwalt aus der Ostzone aber nur die Möglichkeit, das Geld hier in der Westzone zu verleben oder das Geld im Kurs 1 : 1 über die ostzonalen Behörden transferieren zu lassen. In keinem Falle hat der Ostzonenanwalt dann einen Währungsgewinn."

**308 b. Die Gebührenforderung eines Rechtsanwalts mit Sitz in der Ostzone gegen seine ebenfalls in der Ostzone ansässige Mandantin entsteht in ostdeutscher Währung, auch wenn der Anwalt für einen Rechtsstreit vor einem westdeutschen Gericht tätig geworden ist. — Kostenfestsetzungsbeschlüsse können ohne devisenrechtliche Genehmigung ergehen. — Der Kostenerstattungsanspruch eines ostdeutschen Verkehrsanwalts gegen die unterlegene westdeutsche Kostenschuldnerin kann von einem westdeutschen Gericht in DM-Ost festgestellt werden.**

LG Göttingen (brit. Zone), Beschl. v. 14. 11. 1953 — 4 R 78/53: Rpfl. 1955, 79; JR 1954, 424 (abl. *Tschischgale*).

Die in der Ostzone wohnhafte Bekl. hatte in dem vor dem LG G. (brit.) anhängigen Rechtsstreit mit ihrem Anwalt in G. über die Korrespondenzanwälte X und Y in S. (sowjet.) verkehrt. Nach dem teilweisen Obsiegen der Bekl. ist der in der Westzone wohnhafte Kl. zur Erstattung von $^3/_4$ der Kosten des Rechtsstreites verpflichtet. Der Urkundsbeamte berechnete die Kosten der Verkehrsanwälte mit 98,69 DM-Ost – nach dem Wechselstubenkurs umgerechnet 17,86 DM-West – und stellte den Erstattungsbetrag auf $^3/_4$ dieses Betrages, nämlich 13,40 DM-West fest. Mit der Erinnerung erstrebt der Anwalt der Bekl. die Festsetzung des Nennbetrages seiner Kosten in DM-West. Das LG setzte den Erstattungsbetrag mit 74,02 DM-Ost fest.

Aus den Gründen:

„Wenn auch der Rechtsstreit vor einem westdeutschen Gericht anhängig gewesen ist, so können doch die Verkehrsanwälte von ihrer in der sowjet. Besatzungszone wohnenden Auftraggeberin nur Ostmark als Honorar verlangen, und zwar, da dort Westmark und Ostmark amtlich im Verhältnis 1 : 1 umgerechnet werden, keinesfalls mehr als 98,69 DM-Ost. Insoweit kann es allein darauf ankommen, daß das Schuldverhältnis zwischen beiden ausschließlich nach dem dortigen Recht zu beurteilen ist (vgl. OLG Braunschweig in NdsRpfl. 1952, 27[1]).

Das OLG Braunschweig meint nun allerdings, weil die Begründung eines auf Ostmark lautenden Schuldtitels in der Bundesrepublik der devisenrechtlichen Genehmigung bedürfe, sei der Kostenerstattungsanspruch gleichwohl in Westmark festzusetzen, denn eine Westmarkverbindlichkeit könne der in der Bundesrepublik wohnende Schuldner auf Grund der 19. DVO zum UG genehmigungsfrei durch Einzahlung auf ein hiesiges Sperrkonto des in der DDR wohnenden Gläubigers erfüllen. Das erscheint jedoch in mehrfacher Hinsicht unzutreffend. Einmal können Kostenfestsetzungsbeschlüsse ganz allgemein ohne Devisengenehmigung ergehen (vgl. *Kühne*, Handbuch des Devisenrechts 1952, 131). Zum andern kann die Entscheidung, ob die Kosten in Ost- oder Westmark festzusetzen sind, nicht davon abhängen, was von beiden genehmigungspflichtig ist. Wäre die Kostenfestsetzung in Ostmark ge-

---

[1] Siehe oben Nr. 305.

nehmigungspflichtig, dann müßte diese Genehmigung beantragt werden. Endlich ist die Ostmark nach dem derzeitigen Devisenrecht der Bundesrepublik keine Devise, sondern eine deutsche Währung (vgl. Art. X d 2 und 3 i des MilRegGes. Nr. 53 und *Kühne*, Handbuch S. 34). Ob eine devisenrechtliche Genehmigungspflicht besteht, hängt deshalb nicht davon ab, ob die Schuldverpflichtung auf Ostmark oder Westmark lautet. Aus diesen Gründen sieht die Kammer zu einer Umrechnung der Ostmarkschuld in DM-West keinen Anlaß (vgl. *Kühne* in NJW 1950, 729). Wenn man auf Ostmarkschulden § 244 BGB entsprechend anwenden will, wie das z. B. *Kühne* und *Beitzke* (NJW 1950, 729 und 929) befürworten, so hat höchstens der Schuldner das Recht, sich durch Zahlung von Westmark an Stelle von Ostmark von seiner Schuld zu befreien.

Ohne Devisengenehmigung kann aus dem Kostenfestsetzungsbeschluß, soweit er die Kosten der Schweriner Verkehrsanwälte betrifft, allerdings nicht vollstreckt werden (vgl. 3. DVO Art. I Ziff. 1 b zum MilRegGes. Nr. 53 und *Kühne*, Handbuch S. 131). Es bleibt aber zunächst abzuwarten, ob der Kostenschuldner etwa freiwillig zahlt, was auf verschiedenen Wegen ohne Devisengenehmigung möglich sein könnte. Sollte er das nicht tun, so wäre es Sache des Gläubigers, die zur Vollstreckung erforderliche Devisengenehmigung einzuholen."

## 10. Gerichtliche Titel

*Vorbemerkung: Die Währungsumstellung auf Reichsmark lautender gerichtlicher Titel wurde in Westdeutschland durch die 16. DVO zum Umstellungsgesetz dahin geregelt, daß grundsätzlich alle Titel im Verhältnis 10 : 1 auf D-Mark abgewertet wurden, es sei denn, daß der Gläubiger in einem besonderen Verfahren eine günstigere Umstellung beanspruchte. Die Mehrheit der Gerichte entschied, daß dieses besondere Umstellungsverfahren nur zulässig sei, wenn die dem Titel zugrunde liegende Forderung dem westdeutschen Währungsrecht unterstehe; so vor allem die Nrn. 317, 319—321, 323, 324; anders die Fälle Nr. 312, 313.*

**309. Bei der Vollstreckung eines RM-Titels hat grundsätzlich der Gläubiger zu bestimmen, in welcher Währung und unter Anwendung welchen Umstellungsverhältnisses vollstreckt werden soll. — Die Autonomie des Gläubigerwillens ist auszuschließen, wenn sich das streitige Währungsstatut aus dem Titel eindeutig ergibt. — Währungsstatut privatrechtlicher Forderungen ist grundsätzlich das Währungsrecht am Wohnsitz des Schuldners. — Diese Währung des Schuldnerwohnsitzes ist auch dann maßgebend, wenn zwar dem Gläubiger an seinem Wohnsitz die Annahme eines Geldbetrages dieser Währung gesetzlich untersagt ist, der Gläubiger selbst aber Zahlung in dieser Währung begehrt. — Der Schuldner kann sich durch Zahlung in der am Wohnsitz des Gläubigers geltenden Währung befreien; in diesem Fall richtet sich jedoch das Umrechnungsverhältnis kraft gesetzlicher Vorschrift des Rechtes des Schuldnerwohnsitzes nicht nach dem Kurswert der beiden DM-Währungen zueinander, sondern nach dem für die Währung des Gläubigerwohnsitzes maßgebenden Umstellungsverhältnis gegenüber der RM-Währung.**

LG Berlin, Beschl. v. 8. 12. 1948 — 24 T 1913/48: HuW 1949, 61; DRsp. II (250) 5c.

**Aus einem auf RM lautenden Zahlungsbefehl des AG Z. (sowjet.) wurde nach der Währungsreform die Zwangsvollstreckung gegen einen Schuldner in West-Berlin betrieben. Der Gerichtsvollzieher lehnte die von dem Schuldner angebotene Zahlung des Schuldbetrages in DM-West, umgestellt auf $^1/_{10}$, ab, forderte Zahlung des vollen Nennbetrages in DM-Ost und pfändete, als der Schuldner diese Zahlung nicht leistete.**

**Das AG wies die Erinnerung des Schuldners zurück, da dem Gläubiger die Annahme einer an seinem Wohnsitz verbotenen Währung nicht zugemutet werden könne. Auf die Beschwerde des Schuldners hob das LG diesen Beschluß auf.**

Aus den Gründen:

„Bei der Vollstreckung eines alten RM-Titels hat grundsätzlich der Gläubiger darüber zu bestimmen, in welcher Währung vollstreckt und ob und in welchem Umfange die dem Titel zugrundeliegende Forderung umgestellt werden soll. Der Gerichtsvollzieher hat sodann die Zwangsvollstreckung entsprechend dem Auftrage durchzuführen. Wenn zwischen den Parteien Streit darüber besteht, welche Währungsvorschriften anzuwenden sind, insbesondere in welcher Weise die Forderung umgestellt ist, so ist dies eine Einwendung, die sich gegen den Anspruch selbst richtet. Über derartige Einwendungen hat weder das Vollstreckungsorgan noch das Vollstreckungsgericht zu entscheiden, sondern sie sind von dem Schuldner im Wege der Klage gemäß § 767 ZPO geltend zu machen. Eine Ausnahme muß aber im Interesse der Prozeßökonomie dann gelten, wenn die Frage, in welcher Währung zu zahlen ist und ob eine Umstellung stattfindet, sich eindeutig und zweifelsfrei aus dem Titel ergibt, so daß das Vollstreckungsorgan bzw. das Vollstreckungsgericht die Entscheidung ohne weiteres treffen kann. Dieser Fall ist hier gegeben. Ein Streit über das anzuwendende Währungsrecht besteht insofern gar nicht, als der Schuldner in DM-West zahlen will und der Gläubiger in seiner Beschwerdeerwiderung auch Zahlung in dieser Währung verlangt hat. Der Schuldner will aber eine Umstellung im Verhältnis 10 : 1 vornehmen, während der Gläubiger Vollumstellung begehrt. Dieses Verlangen ist jedoch nicht gerechtfertigt. Der Vollstreckungstitel lautet über eine aus der Zeit vor der Währungsreform herrührende Reichsmarkforderung. Für Forderu gen auf dem Gebiete des Privatrechts gilt, wenn, wie hier, keine besonderen Umstände für eine Sonderregelung vorliegen, grundsätzlich das Währungsrecht des Wohnsitzes des Schuldners, d. h. die WährungsVO der Westsektoren Berlins v. 24. 6. 1948 und die UmstVO v. 4. 7. 1948. Da es sich um keine privilegierte Forderung handelt, ist sie nach § 32 UmstVO im Verhältnis 10 : 1 auf DM-West umzustellen.

Der Umstand, daß der Gläubiger in der Ostzone wohnt, vermag die Anwendbarkeit der UmstVO nicht auszuschließen. Die Argumentation des AG, daß dem Gläubiger die Annahme von DM-West nicht zugemutet werden könne, geht schon deshalb fehl, weil der Gläubiger selbst Zahlung in DM-West, und zwar sogar in voller Höhe, verlangt hat. Die Übersendungsschwierigkeiten können dadurch behoben werden, daß der Gläubiger eine in Berlin wohnhafte Person zur Empfangnahme des Betrages ermächtigt, wie er es auch später getan hat. Für sein Verlangen nach Zahlung des Schuldbetrages in voller Höhe hat der Gläubiger eine nach der UmstVO gerechtfertigte Begründung nicht gegeben. Wenn er den Unterschied zwischen dem vollen und dem abgewerteten Betrag als Verzugsschaden geltend machen will, so hat dies in einem besonderen Rechtsstreit zu geschehen.

Der Gerichtsvollzieher war daher nicht berechtigt, die Entgegennahme des im Verhältnis 10 : 1 auf DM-West umgestellten Schuldbetrages abzulehnen. Falls der Schuldner es vorziehen sollte, den Schuldbetrag zum Nennbetrag in DM-Ost zu zahlen, so muß der Gerichtsvollzieher nach den DfBest. Nr. 2 zur UmstVO v. 4. 7. 1948 statt des vorgenannten Westmarkbetrages diesen Betrag annehmen."

**310. Umstellungsverhältnis und neue Währung eines vollstreckbaren RM-Titels richten sich im Zweifel nach dem in der Zone des erlassenden Gerichtes geltenden Währungsrecht, insbesondere dann, wenn sich auch der Wohnsitz des Schuldners in dieser Zone befindet. — Eine auf DM-West umgestellte Unterhaltsforderung kann nicht durch Zahlung in DM-Ost erfüllt werden.**

LG Göttingen (brit. Zone), Beschl. v. 3. 2. 1949 — 1 T 360/48: NdsRpfl. 1949, 93.

Der Schuldner mit Wohnsitz in der brit. Zone ist durch Urteil eines Gerichtes der brit. Zone im Januar 1948 verurteilt worden, an die in der Ostzone wohnhaften Gläubigerinnen eine monatliche Unterhaltsrente zu zahlen. Die Beschwerde des Schuldners gegen einen Pfändungs- und Überweisungsbeschluß der Gläubigerinnen wurde zurückgewiesen.

Aus den Gründen:

„Der Schuldner beruft sich auch im Beschwerdeverfahren ohne Recht darauf, daß er seine Schuld den in der Ostzone wohnhaften Gläubigerinnen dadurch abtrage, daß er dort ihm zustehende Ostmarkbeträge den Gläubigerinnen zukommen lasse. Die Gläubigerinnen sind nicht verpflichtet, solche Ostmarkbeträge auf die Schuld in Anrechnung zu bringen. Da das der Vollstreckung zugrundeliegende Urteil v. 28. 1. 1948 in der brit. Zone erlassen worden ist, muß davon ausgegangen werden, daß die in diesem Urteil genannte Währung diejenige ist, welche sich in der brit. Zone in Umlauf befindet. Der in dem genannten Urteil aufgeführte Unterhaltsbetrag ist gemäß § 18 I Ziff. 1 des UG auf Deutsche Mark umgestellt. Die hier genannte Währung betrifft damit ebenfalls alleine das in der brit. Zone gültige Geld. Dieses Ergebnis gilt um so mehr, als auch der Wohnsitz des Schuldners sich in der brit. Zone befindet und dieser Wohnsitz auch bei vertraglichen Leistungen für alle Modalitäten der Leistung entsprechend § 269 BGB maßgebend ist. Eine andere Regelung wäre im vorliegenden Streit auch bei dem stark gefallenen Wert der Währung in der Ostzone und bei der Vollstreckung innerhalb der brit. Zone unbillig."

**311. Bei der Vollstreckung eines RM-Titels hat grundsätzlich der Gläubiger zu bestimmen, in welcher Währung und unter Anwendung welchen Umstellungsverhältnisses vollstreckt werden soll. — Die Autonomie des**

**Gläubigerwillens ist auszuschließen, wenn sich das streitige Währungsstatut aus dem Titel eindeutig ergibt. — Währungsstatut ist das Recht am Wohnsitz des Schuldners.**

LG Berlin (West), Beschl. v. 21. 2. 1949 — 24 T 2008/48: JR 1949, 545.

Die ASt. hatte einen Gerichtsvollzieher auf Grund eines RM-Titels beauftragt, wegen Unterhaltsrückständen für die Zeit vom Juli bis September 1948 beim Schuldner, dessen Wohnsitz sich in West-Berlin befindet, in Höhe des Nennbetrages des Titels in DM-West zu vollstrecken. Der Gerichtsvollzieher hat jedoch den Schuldbetrag in DM-Ost angenommen. AG und LG haben der dagegen eingelegten Erinnerung stattgegeben.

Aus den Gründen:

„Bei der Vollstreckung eines alten RM-Titels hat grundsätzlich der Gläubiger darüber zu bestimmen, in welcher Währung vollstreckt und ob und in welchem Umfange die dem Titel zugrundeliegende Forderung umgestellt werden soll. Der Gerichtsvollzieher hat sodann die Zwangsvollstreckung entsprechend dem Auftrage durchzuführen. Wenn zwischen den Parteien Streit darüber besteht, welche Währungsvorschriften anzuwenden sind, insbesondere in welcher Weise die Forderung umgestellt worden ist, so ist dies eine Einwendung, die sich gegen den Anspruch selbst richtet und über die daher nicht das Vollstreckungsgericht, sondern das Prozeßgericht nach Erhebung der Vollstreckungsgegenklage gemäß § 767 ZPO zu entscheiden hätte. Eine Ausnahme muß aber im Interesse der Prozeßökonomie dann gelten, wenn die Frage, in welcher Währung zu zahlen ist und ob eine Umstellung stattfindet, sich eindeutig und zweifelsfrei aus dem Titel ergibt, so daß das Vollstreckungsorgan bzw. das Vollstreckungsgericht die Entscheidung ohne weiteres treffen kann. Dieser Fall ist hier gegeben.

Auf das Schuldverhältnis finden entsprechend dem Wohnsitz des Schuldners die Währungsbestimmungen der Westsektoren Berlins Anwendung. Gemäß § 16 Ziff. 1 der UmstVO ist daher die Unterhaltsforderung im Verhältnis 1 : 1 in DM-West umgestellt worden. Nach § 4c der WährungsVO v. 26. 6. 1948 ist in den Schuldtitel an Stelle der Reichsmark die Deutsche Mark (West) getreten. Diese Bestimmungen sind zwingender Natur. Die Gläubigerin kann daher verlangen, daß der Gerichtsvollzieher den Schuldtitel wegen eines reinen DM-West-Betrages vollstreckt.

Die Schuldnerin kann sich für ihr Verlangen, bei der Vollstreckung des Unterhaltsurteils nur Ost-Währung zahlen zu wollen, auch nicht auf die DfBest. Nr. 2 v. 4. 7. 1948 zur UmstVO vom gleichen Tage berufen. Nach dieser Bestimmung kann zwar kein Schuldner bei einer gegen ihn gerichteten Zwangsvollstreckung oder Eintreibung seiner Schulden gezwungen werden, für eine Reichsmark mehr zu zahlen als eine Mark der im sowjet. Sektor von Berlin geltenden Währung. Diese Bestimmung kann sich begrifflich aber nur auf Zwangsvollstreckungen beziehen, die wegen einer Forderung betrieben werden, die vor der Währungsreform in RM entstanden und fällig geworden und dann von der Währungsreform erfaßt worden ist. Sie gilt aber nicht für Unterhaltsforderungen, die, wie hier, erst nach der Währungsreform fällig geworden sind. Diese sind zum Fälligkeitszeitpunkte nicht in RM, sondern, weil die Umstellung bereits stattgefunden hatte, in DM-West entstanden. Es fehlt also die innere Rechtfertigung dafür, die Ausnahmebestimmung der DfBest. Nr. 2 zur UmstVO anzuwenden, weil es diesen sofort in neuer Währung entstandenen Forderungen an der Relation zur alten RM mangelt. Das Vollstreckungsgericht hat daher den Gerichtsvollzieher zu Recht angewiesen, in DM-West zu vollstrecken."

**312. Die 16. DVO zum Umstellungsgesetz ist in allen Fällen anwendbar, in denen aus einem RM-Titel in den Westzonen vollstreckt werden soll. — Ein in den Westzonen ansässiger Schuldner kann seine Verbindlichkeit gegenüber einem Gläubiger mit Sitz in der Ostzone nicht durch Leistung eines Ostmarkbetrages wirksam tilgen.**

BayObLG (amerik. Zone), Beschl. v. 9. 5. 1949 — Beschw.Reg. II a 4/48: BayObLGZ 1950/51, 122.

Aus den Gründen:

„Die Frage der Umstellung von Vollstreckungstiteln über RM-Forderungen ist inzwischen durch die 16. DVO zum UG (GVOBl 1949, 56) geregelt worden; diese verfahrensrechtliche Regelung greift in allen Fällen Platz, in denen aus einem RM-Titel im Währungsgebiet der Westzonen (vgl. Vorspruch zum WährungsG) vollstreckt werden soll. Daß der Schuldner derzeit nicht die Einstellung der Zwangsvollstreckung wegen Befriedigung des Gläubigers verlangen kann, läßt sich gleichfalls nicht in Zweifel ziehen; mit der Überweisung von 233 DM-Ost hat er seine Verbindlichkeit nach dem Währungs- und Umstellungsrecht der Westzonen sowenig getilgt wie nach dem der Ostzone (vgl. wegen des Rechts der Ostzone die VO d. DWK v. 21. 6. 1948 Abschn. VI Nr. 18, abgedruckt in den ‚Mitteilungen der Bank Deutscher Länder' 1949 S. 79 ff., besprochen u. a. in NJW 1948, 678, DRZ 1948, 514)."

**313. Die Vollstreckung eines auf DM-Ost lautenden Titels eines ostzonalen Gerichts ist zur Zeit im Währungsgebiet der Westzonen nicht möglich. — (§ 244 BGB ist mangels eines amtlichen Umrechnungskurses im interzonalen Recht nicht anwendbar. —) Der Gläubiger kann jedoch nach seiner Wahl auf die ursprüngliche RM-Forderung zurückgreifen und deren Umstellung nach westzonalem Währungsrecht verlangen. — Die Vollstreckung eines auf RM lautenden ostzonalen Titels kann nach Erteilung des Umstellungsvermerks durch ein westzonales Gericht unter Gutschrift auf ein Sperrkonto erfolgen.**

LG Frankfurt a. M. (amerik. Zone), Beschl. v. 10. 6. 1949 — 2/9 T 182/49: NJW 1950, 610; BB 1950, 34.

Aus den Gründen:

„Die Vollstreckung eines Titels, lautend auf DM-Ost, ist im westlichen Währungsgebiet zur Zeit nicht möglich. Die DM-Ost ist im westlichen Währungsgebiet kein gesetzliches Zahlungsmittel. Es bedarf daher, um feststellen zu können, welchen Betrag in DM-West der Schuldner einer

DM-Ost-Forderung zahlen muß, um seine Verbindlichkeit zu erfüllen, und von welchem Betrag in DM-West die Vollstreckungsorgane bei Vollstreckungsmaßnahmen auszugehen haben, eines amtlichen Bewertungsmaßstabes, der im westlichen Währungsgebiet das Verhältnis von DM-West zu DM-Ost regelt. Einen solchen Bewertungsmaßstab gibt es aber zur Zeit nicht. Da infolgedessen der Umfang der dem Schuldner in DM-West obliegenden Leistung nicht feststellbar ist, kann schon aus diesem Grunde eine Zwangsvollstreckung nicht betrieben werden.

Würde der Gläubiger, um diesen Schwierigkeiten zu entgehen, auf seine ursprüngliche RM-Forderung — die dann nach den Recht der Westzone in eine DM-West-Forderung im Verhältnis 1 : 10 umgewertet wäre — zurückgreifen, oder den Standpunkt vertreten, daß sein auf DM-Ost im Verhältnis 1 : 1 lautender Titel wie ein auf einen gleichen Betrag in RM lautender Titel behandelt werden müßte, so ergäbe sich folgendes Bild:

Eine Umrechnung nach den zur Zeit der Zahlung für den Zahlungsort maßgebenden Kurswert der DM-Ost kann zur Zeit wegen Fehlens eines offiziellen Umrechnungskurses zwischen DM-West und DM-Ost nicht erfolgen.

Nach § 3 III der 16. DVO zum UG würde dieser von einer außerhalb des Währungsgebietes befindlichen Stelle erteilte Vollstreckungstitel über eine RM-Forderung durch einen Umstellungsvermerk des Gerichts des allgemeinen Gerichtsstandes des Schuldners in eine DM-West-Forderung umgestellt werden und der Erlös aus einer etwaigen Vollstreckung dieser DM-Forderung könnte der Gläubigerin mit dem Wohnsitz in einem deutschen Gebiet außerhalb des Währungsgebietes nicht selbst ausgezahlt werden, sondern nur gemäß § 26 II UG einem im Währungsgebiet befindlichen Konto gutgeschrieben werden, das nach MilRegGes. Nr. 52 und 53 gesperrt ist.“

**314. Im Zweifel richtet sich die Währung, in der ein gerichtlicher Titel eine Forderung zuspricht, nach dem Währungsrecht des Ortes, an dem der Titel geschaffen wurde. — Die Vollstreckung eines Titels bestimmt sich nach dem Recht des Ortes, an dem vollstreckt werden soll. — Ein ostzonales Urteil ist in den Westzonen anzuerkennen, jedoch ist eine Vollstreckung nicht ohne Genehmigung zulässig. — Ist die Transferierung gerichtlich zugesprochener Unterhaltsbeträge devisenrechtlich unmöglich, so ist es unerheblich, ob bei einer Umrechnung der zugesprochenen Beträge nach einem nichtamtlichen Umrechnungskurs ein Währungsgewinn des Gläubigers entstehen würde.**

LG Verden (brit. Zone), Beschl. v. 27. 3. 1950 — 2 T 28/50: *MDR 1950, 430 und 682.

Der in Ost-Berlin wohnhafte Gläubiger betreibt gegen den in N. (brit.) wohnhaften Schuldner die Zwangsvollstreckung wegen Unterhaltsbeträgen, und zwar für die Zeit bis zum 31. 4. 1949 auf Grund eines auf RM lautenden gerichtlichen Vergleiches aus dem Jahre 1936 in Verbindung mit dem Umstellungsbeschluß auf DM-West des AG N. (brit.); für die Zeit seit dem 1. 5. 1949 auf Grund eines auf DM lautenden Titels des AG Berlin-W. (Ost-Berlin). Das LG erklärte die Voll-

**streckung aus diesem ostzonalen Titel ohne Genehmigung für unzulässig, während die Vollstreckung auf Grund des Vergleiches nur durch Einzahlung auf ein Sperrkonto des Gläubigers möglich sei.**

Aus den Gründen:

„Es fehlt an einer Verfahrensvoraussetzung, soweit die Gläubiger die Zwangsvollstreckung wegen des ab 1. 5. 1949 laufenden Unterhalts aus dem vollstreckbaren Urteil v. 17. 1./2. 2. 1950 begehren. Dieser Schuldtitel ist ein Ostmark-, d.h. ein Fremd-Währungstitel, die Forderung also, wegen derer vollstreckt wird, eine DM-Ost-Forderung. Das ergibt sich zweifelsfrei aus dem Titel und entspricht den ostzonalen Währungsvorschriften als dem Recht, das für den Ort gilt, an dem der Titel geschaffen ist ... Die hier allein interessierende Frage [ist], in welcher Währung die dem genannten Urteil zugrundeliegende Forderung zu erfüllen bzw. zu vollstrecken ist. Für die Vollstreckung eines Titels gelten die Gesetze des Ortes, an dem die Vollstreckung stattfindet ... Eine Zwangsvollstreckung aus dem ostzonalen Urteil, das im Einklang mit § 1 EGZPO auch in der Westzone anzuerkennen ist und dem auch § 3 des Währungsgesetzes Nr. 61 nicht entgegensteht, kann nämlich schon deswegen nicht erfolgen, weil es an der erforderlichen Genehmigung der MilReg. bzw. des Nieders. Landesamts für die Beaufsichtigung gesperrter Vermögen fehlt. Der Unterhaltsanspruch der außerhalb des (westzonalen) Währungsgebietes wohnenden Gläubiger unterliegt der Sperre gemäß Gesetz Nr. 52 Art. I 1f. und Gesetz Nr. 53 (Neufassung) Art. I. Alle ‚Geschäfte', die diesen auf DM-Ost gehenden Unterhaltsanspruch betreffen, mithin auch seine freiwillige Erfüllung in DM-Ost oder DM-West oder die Vollstreckung aus dem Urteil, sind ohne Genehmigung verboten (Art. Xb Gesetz Nr. 53) ...

3. Hinsichtlich der Zwangsvollstreckung wegen der v. 1. 8. 1946 bis 31. 4. 1949 rückständigen Unterhaltsbeträge ist eine besondere Genehmigung der MilReg. nicht erforderlich. Grundlage der Vollstreckung bilden insoweit die Vergleiche v. 14. 9. 1938 und 7. 10. 1938 in Verbindung mit dem Umstellungsbeschluß v. 9. 12. 1949, durch den die seit der Währungsreform fällig gewordenen Unterhaltsbeträge in DM-West-Forderungen im Verhältnis 1:1 umgestellt worden sind (§ 18 I Ziff. 1 UG, §§ 1, 3 III der 16. DVO). Die Drittschuldnerin hat die deswegen gepfändeten Beträge des Schuldnerlohnes gemäß § 26 II UG, § 1 der 19. DVO, § 1 der 20. DVO in Verbindung mit der Allgemeinen Genehmigung Nr. 27/49 auf ein gemäß den Ges. Nr. 52 und 53 gesperrtes Konto der Gläubiger bei einem Geldinstitut oder Postscheckamt im Währungsgebiet einzuzahlen ...

Eine Transferierung der auf das Sperrkonto eingehenden Beträge in die Ostzone ist zur Zeit devisenrechtlich nicht zulässig (Ges. Nr. 53; SMA Befehl Nr. 111 v. 23. 6. 1948). Es ist daher ohne Bedeutung, ob sich bei einer Umrechnung der Westmarkbeträge in DM-Ost nach einem nichtamtlichen Umrechnungskurs ein Unterhaltsbetrag ergeben würde, der die Bedürfnisse der Gläubiger übersteigt (MDR 1949, 757). Sie handeln daher auch nicht mißbräuchlich, wenn sie entsprechend § 3 III der 16. DVO zum UG die Unterhaltsbeträge in DM-West verlangen. Die

Lösung dieses Problems muß einem Umrechnungsabkommen mit der Ostzone und der Schaffung geordneter Währungsbeziehungen vorbehalten bleiben."

**315. Die infolge der verschiedenen Währungsgesetze Ost- und Westdeutschlands entstehenden Rechtskollisionen müssen in entsprechender Anwendung der Grundsätze des internat. Privatrechts gelöst werden. — Währungsstatut für die Umstellung einer RM-Forderung ist das Recht am Wohnsitz des Schuldners. — Es bleibt dahingestellt, ob in einem Umstellungsbeschluß nach der 16. DVO zum Umstellungsgesetz die bloße zahlenmäßige Festlegung des Umstellungsverhältnisses gegenüber einem RM-Betrag liegt oder auch die Bestimmung der neuen Währung dieses Betrages.**

LG Bayreuth (amerik. Zone), Beschl. v. 31. 5. 1950 — T 198/49: NJW 1950, 953; Auszug in DRsp. II (250) 18b.

Die in der Ostzone wohnhafte Gläubigerin hat in dem Ehescheidungsstreit der Parteien vor dem LG H. (sowjet.) vor der Währungsreform eine auf RM lautende einstweilige Anordnung nach § 627 ZPO gegenüber dem in Westdeutschland wohnhaften Schuldner erwirkt. Durch rechtskräftigen Beschluß des AG B. (amerik.) wurde dieser Titel für die nach der Währungsreform fälligen Beträge im Verhältnis 1 : 1 auf „DM" umgestellt. Die Gläubigerin ließ wegen eines DM-West-Betrages in dieser Höhe vollstrecken, der Schuldner dagegen meint, nur zur Zahlung des Betrages in DM-Ost verpflichtet zu sein. Das LG wies jedoch die Beschwerde des Schuldners zurück.

Aus den Gründen:

„Die Namensübereinstimmung [zwischen DM-West und DM-Ost] ist eine rein äußerliche Erscheinung. In Wirklichkeit sind zwei getrennte Währungen gegeben, die durch verschiedene Hoheitsakte von verschiedenen Besatzungsmächten geschaffen wurden (vgl. auch *Jacobsohn*, NJW 1947/48, 679). Diese Folgerung führt auf dem Gebiete der Währung zu einer Rechtsverschiedenheit zwischen beiden Zonengebieten, die von der Rechtsprechung in Kauf genommen und beachtet werden muß . . .

Wie ausgeführt, stehen sich mit den Währungsgesetzen West- und Ostdeutschlands zwei verschiedene Rechtsgebiete gegenüber. Damit wirken zwei Rechtsordnungen auf das vorliegende Rechtsverhältnis ein. Der Ausgleich zwischen beiden muß durch eigene Kollisionsnormen gefunden werden. Derartige Kollisionsnormen existieren im deutschen Recht zwar teilweise für zwischenstaatliche, nicht aber für interzonale Beziehungen. Da beide Gebiete nach denselben Gesichtspunkten zu beurteilen sind, müssen die Grundsätze des internat. Privatrechts entsprechend auf das interzonale Recht angewandt werden (AG Lüdenscheid, NJW 1949, 872[1] mit Anm.; *Jacobsohn*, NJW 1947/48, 679; LG Bochum, NJW 1949, 426[2]).

Der Vollstreckungstitel der Gläubigerin lautet über ein Forderungsrecht. Nach der h. M. in Literatur und Rechtsprechung ist Anknüpfungspunkt für die Belegenheit der Forderung nach internat. und interzonalem Recht der Wohnsitz des Schuldners (OGH Köln, NJW 1949, 502[3] mit

[1] Siehe oben Nr. 206. [2] Siehe oben Nr. 235. [3] Siehe unten Nr. 365.

Zitaten). Die Umstellung der Forderung ergibt sich somit, da der Schuldner in Westdeutschland wohnt, allein nach Westzonenrecht. Ob bereits die auf Grund der 16. DVO zum UG vom AG Bayreuth ausgesprochene Umstellung der Forderung auf DM im Verhältnis 1 : 1 eine Feststellung darüber enthält, daß diese Umstellung auf DM-West erfolgt sei, oder ob eine solche Umstellungsverfügung die Frage, auf welche Währungseinheit — DM-West oder DM-Ost — die Umstellung erfolgt sei, als nicht zum Inhalt ihrer Entscheidung gehörig offenläßt, kann dahingestellt bleiben. Die 16. DVO selbst besagt jedenfalls zu dieser Frage nichts, da sie für eine Entscheidung, die zufolge dem UG — also einem Gesetz der Westzonen — ergeht, nur voraussetzt, daß der Schuldtitel entweder von einer Stelle innerhalb des Währungsgebietes — also des Westens — erlassen ist oder daß, wenn diese Stelle außerhalb des Währungsgebietes liegt, der Schuldner seinen allgemeinen Gerichtsstand im Währungsgebiet hat (§ 3). Jedenfalls aber wird, wie oben bereits ausgeführt ist, die Währungseinheit des Schuldbetrages durch das Recht der Westzone bestimmt und die Schuld ist somit in DM-West zu erfüllen. Diese Regelung entspricht auch dem allgemeinen Rechtsempfinden. Der Schuldner darf durch die Verschiedenheit der Währungsumstellungen nicht besser gestellt werden. Andererseits erfährt die Gläubigerin durch die Umstellung in Westmark keinen Vorteil. Sie würde zwar, wenn sie den Betrag in die Ostzone transferieren könnte, bei einem Umtausch zahlenmäßig mehr Ostmark erhalten, die jedoch wertmäßig den entsprechenden Betrag DM-West nicht übersteigen."

**316. Die einem ostzonalen Gläubiger durch einen ostzonalen RM-Titel zugesprochene Forderung gegen einen westzonalen Schuldner wird nach dem Währungsrecht der Ostzone umgestellt. — Eine Umstellung dieses Titels gemäß der 16. DVO zum Umstellungsgesetz ist mangels eines amtlichen Umrechnungskurses nicht möglich; der Wechselstubenkurs kann diesen nicht ersetzen.**

AG Plön (brit. Zone), Beschl. v. 20. 6. 1950 — UR II 14/50: MDR 1951, 42; Auszug in DRsp. II (250) 12e.

Der ostzonale Gläubiger, dem auf Grund eines in der Ostzone ergangenen, auf RM lautenden Titels eine Forderung gegen einen westzonalen Schuldner zusteht, hat die Erteilung eines Umstellungsvermerks nach der 16. DVO zum Umstellungsgesetz beantragt. Das AG lehnte den Antrag ab.

Aus den Gründen:

„Nach Ziff. 17 der VO der (ostzonalen) deutschen Wirtschaftskommission v. 21. 6. 1948 sind innerdeutsche Schulden und Vertragsverpflichtungen, die vor der Währungsreform entstanden sind, unverändert geblieben. Das bedeutet grundsätzlich eine Umstellung im Verhältnis 1 : 1, so daß also auch die Forderung des Gläubigers aus dem Urteil des AG in A. [sowjet.] im Verhältnis 1 : 1 auf DM umgestellt worden ist. Der Schuldner schuldet daher auf Grund dieses Urteils eine Unterhaltsrente in DM-Ost.

Diese ist aber eine andere, als die im Gebiet der Bundesrepublik Deutschland geltende Währung. Denn wenn auch die Münzeinheit beider

Währungsgebiete die Deutsche Mark ist, so ist die Ost-DM eine andere als die West-DM ... Eine Ost-DM ist aber nicht nur währungsrechtlich, sondern auch wertmäßig etwas anderes als eine West-DM ... In Wechselstuben hat sich ein Kurswert ... etwa von 1 Ost-DM = 6 West-DM ergeben. Ein amtlicher Umrechnungskurs besteht aber nicht. Es kann daher nicht, jedenfalls nicht zur Zeit, bestimmt werden, welchen Betrag der Schuldner in West-DM dem Gläubiger zu zahlen hat, um seine Verpflichtung in Ost-DM zu erfüllen."

**317. Das Währungsstatut (Umstellungsverhältnis) einer RM-Forderung bestimmt sich nach dem Erfüllungsort, d. h. in der Regel nach dem Wohnsitz des Schuldners. — Falls das Zurückgreifen auf den Schuldgrund zulässig ist, muß für das Währungsstatut eines Schadensersatzanspruches aus unerlaubter Handlung das Recht am Tatort maßgebend sein. — Nach der West-Berliner DfBest. Nr. 13 kann nur eine Umstellung auf DM-West erfolgen.**

KG Berlin (West), Beschl. v. 10. 7. 1950 — 1 W 1096/50: JR 1950, 640.

Der in West-Berlin wohnhafte Gläubiger beantragte unter Vorlage eines RM-Titels des LG Berlin aus dem Jahre 1942 gegen den in Ost-Berlin wohnhaften Gläubiger die Erteilung eines Umstellungsvermerks nach der DfBest. Nr. 13. Das KG lehnte den Antrag ab.

Aus den Gründen:

„Das LG Berlin ist ... örtlich zuständig. Dem LG Berlin mangelt aber die materielle Zuständigkeit im vorliegenden Falle für die Erteilung des begehrten Umstellungsvermerks, weil die von den westlichen Alliierten erlassenen Währungsbestimmungen in ihrer Geltung auf das Gebiet der drei Westsektoren von Berlin beschränkt sind und das Schuldverhältnis des vorliegenden Falles dem Recht und damit auch dem Währungsrecht untersteht, das im Ostsektor von Berlin gilt. Dies ergibt sich daraus, daß nach dem gemäß der Rechtsprechung des Senats in Übereinstimmung mit dem Schrifttum insoweit entsprechend anzuwendenden internat. Privatrecht bei obligatorischen Schuldverhältnissen im Zweifel das Recht des Leistungsortes, d. h. (vgl. § 269 BGB) das Recht am Wohnsitz des Schuldners, anzuwenden ist. Da der Schuldner hier ständig seinen Wohnsitz im Ostsektor von Berlin gehabt hat und hat, kommt die für den Ostsektor erlassene Währungsgesetzgebung für die Umstellung der RM-Rente in Frage. Wenn darüber hinaus auf den Schuldgrund, der dem Rentenvergleich zugrunde liegt, zurückgegangen werden kann, so kommt der Gesichtspunkt der unerlaubten Handlung in Betracht und für die Frage, welche Rechtsfolgen ihr in währungsrechtlicher Hinsicht beizumessen ist, jedenfalls in dem vorliegenden Falle, da der aus ihr hervorgegangene Schadensersatzanspruch in eine Geldsummenforderung übergegangen ist, das Recht des Tatorts, wie unter entsprechender Anwendung des Art. 12 EGBGB in Übereinstimmung mit dem Urteil des 3. ZS des KG v. 27. 8. 1949[1] festzustellen ist. Die unerlaubte Handlung ist aber im Ostsektor erfolgt. Die Hilfsargumentation in dem vorgenannten Urteil des 3. ZS des KG v. 27. 8. 1949, wo ausgeführt ist, daß die Entscheidungssumme denjenigen Wertbestimmungen unterliegen müsse, die am Orte

---

[1] Siehe oben Nr. 228.

des Gläubigers gelten, kann zwar, wie dort, noch nicht rechtskräftig entschiedene Fälle unerlaubter Handlungen aus der Reichsmarkzeit ergreifen und bei der Bemessung der Höhe der zuzuerkennenden Summe berücksichtigen. Sie kann aber dann, wenn der Schadensersatzanspruch bereits in RM rechtskräftig festgestellt ist, zu einer Umkehrung der entsprechend anzuwendenden Grundsätze des internat. Privatrechts in währungsrechtlicher Hinsicht deshalb nicht führen und will ein solches Ergebnis auch offenbar nicht zeitigen, weil dann bereits ein auf RM lautender Geldsummenanspruch vorliegt, der währungsrechtlich lediglich den in Frage kommenden Währungsgesetzen unterfällt."

**318. Die Umstellung eines durch ein Berliner Gericht vor der Währungsreform erlassenen Titels richtet sich nicht nach dem Wohnsitz des Schuldners zur Zeit der Währungsreform, sondern danach, für welchen Teil Berlins bei rückschauender Betrachtung Gerichtsbarkeit bei Erlaß jenes Titels ausgeübt wurde. — Befanden sich der Wohnsitz der an einem Unfall Beteiligten und der Unfallort selbst in dem Gebiet eines einzigen der heutigen Sektoren Berlins, so richtet sich auch die Umstellung des gerichtlichen Titels nach dem heute in diesem Sektor geltenden Währungsrecht.**

KG Berlin (West), Beschl. v. 30.10.1950 — 1 W 1292/50: JR 1951, 538.

Auf Grund eines Unfalls, der sich im Gebiet des jetzigen brit. Sektors von Berlin zutrug, erwirkte die ASt. das Urteil des KG Berlin v. 3. 8. 1935, durch das ihr gegen den AGg. ein Anspruch auf eine monatliche Unterhaltsrente von 100 RM zugesprochen wurde. Beide Parteien wohnten damals ebenfalls im Gebiet des jetzigen brit. Sektors von Berlin; heute hat nur die ASt. dort noch ihren Wohnsitz, während der AGg. in Ost-Berlin lebt. Den Antrag der ASt. auf Umstellung des Titels auf DM-West hatte das LG zurückgewiesen; das KG gab ihm statt.

Aus den Gründen:

„Für die Frage, ob die hier interessierende Rente der Umstellung nach der westlichen oder östlichen Währungsreform unterfällt, ist der jetzige Wohnsitz des Schuldners im Ostsektor von Berlin ohne entscheidende Bedeutung. Maßgeblich ist allein, ob der in Frage stehende Vollstreckungstitel ein eigener Titel eines Gerichts ist, das in diesem Fall die Rechtsprechung für ein Gebiet und für eine Rechtsangelegenheit ausgeübt hat, die jetzt zum Geltungsbereich der westlichen Währungsreform zu rechnen ist. Es ist also zu prüfen, ob rückschauend die zur Entscheidung gebrachte Rechtsangelegenheit sich als eine sog. Westsache oder als eine Ostsache darstellt. Diese Prüfung ist im Hinblick darauf, daß Berlin währungsmäßig geteilt ist, erforderlich, um eine Feststellung dahin treffen zu können, für welchen Teil des jetzt währungsmäßig gespaltenen Gebietes von Berlin das für ganz Berlin früher und auch jetzt die Rechtsprechung ausübende LG Berlin bzw. das KG im einzelnen Falle entschieden hat. Insofern mag auf die Entscheidung des Senats v. 29. 8. 1949, JR 1949, 477[1], verwiesen werden.

Die Prüfung des vorliegenden Falles ergibt, daß die Parteien z. Z. des Anhängigseins des Rechtsstreits, der zu dem hier zur Umstellung ge-

[1] Siehe oben Nr. 301.

stellten KG-Urteil geführt hat, in einem Gebiet gewohnt haben, in welchem auch der den Rechtsstreit auslösende Unfall sich zugetragen hatte, der [gemeint wohl: das] jetzt zum brit. Sektor von Berlin gehört. Das ehem. KG hat mithin das hier in Betracht kommende Urteil v. 3. 8. 1935 in einer nach der heute erforderlichen Unterscheidung sich als sog. Westsache zeigenden Rechtsangelegenheit gefällt. Ein solches Urteil unterfällt aber ohne weiteres als ein zum Bereiche der westlichen Währungsgesetzgebung gehörender eigener Vollstreckungstitel der Umstellung nach der westlichen Währungsumstellung.

Dieses Ergebnis steht nicht im Widerspruch zu den vom Senat in seiner Entscheidung v. 10. 7. 1950, JR 1950, 640[1], niedergelegten Erwägungen. In dem dort entschiedenen Fall hat der Schuldner seinen Wohnsitz z. Z. des Anhängigseins des Rechtsstreites, der zu dem umzustellenden Vollstreckungstitel geführt hatte, in Ost-Berlin gehabt, wo auch der Unfall sich ereignet hatte. Der Fall hatte also die typischen Merkmale einer Ostsache aufzuweisen, für die eine Umstellungsbefugnis des LG Berlin als westliches Gericht darum nicht gegeben war, zumal der Schuldner seinen Wohnsitz in Ost-Berlin unverändert beibehalten hatte, so daß auch eine Umstellungsmöglichkeit nach Art. 3 Ziff. 6 der DfBest. Nr. 13 ausschied."

**319. Ein Unterhaltsanspruch entsteht unter den jeweils maßgebenden Bedingungen im Zeitpunkt der Fälligkeit seiner Raten stets neu. — Der auf Grund eines vollstreckbaren Titels gegenüber dem Staat bestehende Anspruch auf Vollstreckung des Titels ist für die Zeit nach der Währungsreform nach interzonalem Recht umzustellen. — Das interzonale Recht ist dem deutschen internat. Privatrecht nachgebildet. — Die Umstellung eines Titels richtet sich nach dem Recht, das für das zugrunde liegende Schuldverhältnis maßgebend ist. — Die Umstellung eines Titels, der auf dem Unterhaltsanspruch eines unehelichen Kindes gegen seinen Erzeuger beruht, richtet sich im interzonalen Recht gemäß Art. 21 EGBGB nach dem Recht der Mutter des unehelichen Kindes zur Zeit der Währungsreform. — Die Umstellung eines Titels, für dessen Umstellung das sowjetzonale Recht maßgebend ist, kann in Westdeutschland nicht in dem Verfahren der 16. DVO zum UG erfolgen. — Im interzonalen Recht ist für das Personalstatut nicht die Anknüpfung an den Aufenthalt, sondern die an den Wohnsitz maßgebend.**

LG Stuttgart (amerik. Zone), Beschl. v. 16. 11. 1950 — 6 T 953/50: *MDR 1951, 367.

Die ASt., ein 1937 in N. (östlich der Oder-Neiße-Linie) geborenes uneheliches Kind, erwirkte im Jahre 1938 gegen den AGg. einen Unterhaltstitel des AG A. (östlich der Oder-Neiße-Linie). Die ASt. wohnt jetzt bei ihrer Mutter in der Sowjetzone, während der AGg. in Westdeutschland lebt. Die ASt. erstrebt nunmehr die Umstellung dieses Titels. Das AG stellte die seit der Währungsreform fällig gewordenen Leistungen im Verhältnis 1 : 1 auf DM-West um, ließ dem AGg. jedoch nach, sich durch Leistung des Nennbetrages in DM-Ost zu befreien. Das LG wies die Beschwerde der ASt. gegen diese Klausel zurück, hielt aber in einem obiter dictum die Umstellung des Titels im ganzen, die jedoch nicht angefochten war, für unzulässig.

[1] Siehe oben Nr. 317.

Aus den Gründen:

„Der Nachprüfung des Beschwerdegerichts unterliegt die Entscheidung des Vorderrichters nur insoweit, als sie angefochten ist. Zu erörtern ist jedoch das gesamte Umstellungsverhältnis des Titels, da die Beschwerde nur dann Erfolg haben kann, wenn er schlechthin auf Deutsche Mark der Westzonen (Bundesrepublik Deutschland) umstellt. Dies ist aber nicht der Fall.

In einem ähnlich gelagerten Fall hatte die 6. Zivilkammer des LG Stuttgart bereits am 17. 3. 1950 — 6 T 91/50 — entschieden, daß eine Umstellung des Titels auf DM (West) derzeit nicht stattfinde. Diesem Standpunkt glaubte das AG nicht beitreten zu können, weil sie den Interessen der ostzonalen Unterhaltsgläubiger nicht gerecht werde. Es führt des weiteren aus: es sei, da gesetzlich nirgends vorgeschrieben, nicht einzusehen, weshalb im Verhältnis von Westzonendeutschen zu Ostzonendeutschen die Grundsätze des internat. Privatrechts angewendet werden sollten. Die Deutschen der Ostzone seien keine Ausländer, sondern Deutsche, die in einem anderen Währungsgebiet lebten. Ihre Unterstellung unter das internat. Privatrecht bedeute im Ergebnis eine Schlechterstellung gegenüber Ausländern. So könne z. B. ein Däne, dessen Währung in einem festen Verhältnis zur D-Mark stehe, einen Titel gegen einen westdeutschen Schuldner erwirken und auch vollstrecken. Wenn die am 31. 1. 1949, zu einem Zeitpunkt, als das Währungsproblem Ost-West bereits akut gewesen sei, in Kraft getretene 16. DVO z. UG in ihrem § 3 III bestimme, daß die Gerichte der Westzonen über die Umstellung der Titel entscheiden könnten, so sei damit offenbar eine Schlechterstellung der ostzonalen Gläubiger nicht beabsichtigt gewesen. Es sei vielmehr Aufgabe der westzonalen Gerichte, im Wege freier Rechtsschöpfung eine den Interessen beider Teile gerecht werdende Lösung zu finden. Diese sieht das AG in einer Umstellung nach westzonalen Grundsätzen, wobei aber dem Schuldner die Erfüllung in Ostmark freigestellt wird. . .

Der materielle Unterhaltsanspruch unterliegt im eigentlichen Sinn auch keiner Umstellung: sein Bestehen und seine Höhe ergibt sich jeweils im Zeitpunkt der Fälligkeit der einzelnen Raten aus dem dann maßgebenden Sach- und Rechtsstand. . . Die dem Titel zugrundeliegenden Bemessungsgrundlagen sind daher durch die Währungsreform regelmäßig in Wegfall gekommen; wenn in den meisten Fällen der Inhalt der Verpflichtung in anderer Währung der gleiche bleibt, so nur deshalb, weil auch die neuen Bemessungsgrundlagen zu keinem andern Ergebnis führen. Ob im Verhältnis von Ostdeutschland zu Westdeutschland insoweit die Grundsätze des internat. Privatrechts Anwendung finden, ist hier nicht zu untersuchen; über die Art der Währung, in welcher der Schuldner zu leisten hat, ist jedenfalls unmittelbar auch in den Art. 19—21 EGBGB nichts ausgesagt.

Anders verhält es sich mit dem formellen Vollstreckungsanspruch. Er verkörpert sich im Vollstreckungstitel und wird grundsätzlich von den Veränderungen des materiellen Rechts nicht berührt. Er stellt kraft Gesetzes 10:1 von RM auf DM um (§ 1 S. 1 16. DVO z. UG); sofern mehr verlangt wird, ist eine Entscheidung im Verfahren der 16. DVO z. UG und der diesbezügliche Umstellungsvermerk herbeizuführen (§ 1 S. 2 DVO). Mit dieser Entscheidung hat der Vollstreckungsanspruch letztmals Bezug auf das materielle Recht. Er kann dabei aber, wie bereits erwähnt, nicht dessen Veränderungen seit Bestehen des Titels folgen. Seiner Umstellung liegt der Vollstreckungsanspruch zugrunde, wie er entstanden ist, und das Ergebnis der Umstellung ist so, wie wenn die Umstellungslage mit Entstehung des Titels eingetreten wäre.

Nun ist mit der Währungsreform, welche die Umstellungslage geschaffen hat, das zuvor insoweit einheitliche deutsche Rechtsgebiet in zwei Teile zerrissen worden. Der Vollstreckungsanspruch kann begrifflich nur dem einen oder dem anderen Rechte folgen. Wenn das AG glaubt, in dieser Lage aus beiden Rechten Passendes entnehmen zu dürfen, so übersieht es, daß es Recht nur aus der Hoheit des Gesetzgebers sprechen kann, in dessen Namen es handelt. Die Bundesrepublik Deutschland hat aber Bestimmungen über die Umstellung ostzonaler Titel nicht getroffen. Wenn gleichwohl die westdeutschen Gerichte die ostzonale Gesetzgebung zu berücksichtigen haben, so geschieht es auf Grund westzonaler Rechtsgrundsätze des interzonalen Privatrechts, welches zwangsläufig dem internat. Privatrecht nachgebildet ist. Es fragt sich daher nur, ob nach den westdeutschen Kollisionsnormen die Umstellung des Vollstreckungstitels dem Recht der Westzonen oder dem der Ostzone folgt. Trifft die erstgenannte zu, so ist der Titel hinsichtlich der seit 20. 6. 1948 fälligen Leistungen nach § 18 I Ziff. 1 UG im Verhältnis 1:1 auf Westmark umzustellen, folgt aber der Titel dem Recht der Ostzone, so kann eine Umstellung in der Westzone nicht stattfinden, da dafür kein Verfahren eröffnet ist. Eine ausfüllungsbedürftige Gesetzeslücke, wie sie der Vorderrichter annimmt, liegt weder im einen noch im andern Falle vor: so oder so — wie übrigens auch bei der vom AG getroffenen Regelung — entspricht der umgestellte Titel mit hoher Wahrscheinlichkeit nicht voll dem materiellen Recht und kann vom Gläubiger oder Schuldner mit den vorerwähnten Rechtsbehelfen angegriffen oder ergänzt werden.

Bei der Frage, welchem Recht die Umstellung des Vollstreckungstitels unterliegt, ist zunächst von seiner besonderen Eigenart als Verbriefung einer Unterhaltsforderung abzusehen. Im übrigen aber — insbesondere soweit die Titel vertragliche Forderungen verkörpern — kann kein Zweifel darüber bestehen, daß die Umstellung des Titels dem Rechte folgt, nach dem sich das zugrunde liegende Schuldverhältnis umstellt. Welchem Recht dies folgt, kann ohne Willkür nur durch entsprechende Anwendung der Regeln des deutschen internat. Privatrechts gefunden werden. Steht dies aber fest, so ist nicht einzusehen, weshalb für Unterhaltsansprüche ein anderes gelten sollte, zumal anerkannte Rechtsgrundsätze in dieser Richtung nicht einmal andeutungsweise zu erkennen sind. Wie bereits erwähnt, sprechen sich allerdings die Art. 19—21 EGBGB nur über Grund und Höhe des zu gewährenden Unterhalts aus, nicht aber über die Art der Währung, in welcher zu leisten ist. In der Tat ist auch hier in besonders gelagerten Fällen eine Verurteilung in Reichswährung nicht begrifflich notwendig. Durch die Aufspaltung des Reichs in zwei getrennte Währungsgebiete ist jedoch eine Entscheidung darüber erforderlich geworden, welchem Rechtsgebiet die in Reichswährung ausgesprochene Verurteilung folgt. Hier muß aber — wenigstens bei der Umstellung des Vollstreckungsanspruchs — eine klare Linie gefunden werden, welche mangels anderer Grundlagen nur durch entsprechende Anwendung der Art. 19—21 EGBGB auch hierauf möglich ist. Damit aber folgt nach Art. 21 EGBGB der Anspruch des unehelichen Kindes dem Recht seiner Mutter.

Bei der Entscheidung darüber, welcher Zeitpunkt für die Bestimmung des Statuts der Mutter maßgebend ist, sieht sich die Kammer veranlaßt, die im Beschluß v. 17. 3. 1950 — 6 T 91/50 niedergelegte Ansicht aufzugeben. Wie das AG richtig erkennt, sind sowohl die deutschen Bewohner der Bundesrepublik Deutschland wie der DDR deutsche Staatsangehörige. Die Trennung in West-Recht-Unterworfene und Ost-Recht-Unterworfene ist in den hier maßgeblichen Beziehungen erst mit der Währungsreform eingetreten und hat keine Rückwirkung. Maßgebend ist somit nicht der Zeitpunkt der Entstehung des Schuldverhältnisses, sondern der Währungsreform.

Die im Beschluß v. 17. 3. 1950 besorgte Zufälligkeit des Ergebnisses, je nachdem die maßgebende Person sich im Zeitpunkt der Währungsreform im Osten oder Westen befunden habe, besteht in Wahrheit nicht, da es nicht auf den Aufenthalt, sondern auf den naturgemäß dauerhafteren Wohnsitz ankommt. Da die Mutter im Zeitpunkt der Währungsreform ihren Wohnsitz in der Ostzone hatte, folgt die Umstellung des Vollstreckungstitels somit dem Recht der DDR. Demzufolge konnte das Begehren der Beschwerdeführerin, den angefochtenen Beschluß insoweit aufzuheben, als dem AGg. nachgelassen wurde, seine Verpflichtung in Ostmark zu erfüllen, keinen Erfolg haben.“

**320. Das für die Umstellung eines RM-Titels maßgebende Währungsrecht bestimmt sich nach dem Wohnsitz des Schuldners im Zeitpunkt der Begründung des Schuldtitels. — Die Umstellung eines RM-Titels im Verfahren nach der westdeutschen 16. DVO ist nur bei Anwendbarkeit westdeutschen Währungsrechts zulässig.**

OLG Düsseldorf (brit. Zone), Beschl. v. 8. 2. 1951 — 5 W 17/51: MDR 1951, 491; Auszug in DRsp. II (250) 21 a.

Die in der Ostzone wohnhafte Kl. hat auf Grund eines auf RM lautenden Vergleichs aus dem Jahr 1947 gegen den in den Westzonen wohnhaften Bekl. die Erteilung eines Umstellungsvermerks beantragt. Das LG hat den Vergleich im Verhältnis 1 : 1 auf DM-West umgestellt. Das OLG wies die Beschwerde des Bekl. zurück.

Aus den Gründen:

„Obwohl der Bekl. das vom LG festgesetzte Umstellungsverhältnis angreift, wendet er sich damit in Wirklichkeit gegen die in dem Vergleich vereinbarte Unterhaltsrente und deshalb gegen die Vollstreckungsforderung selbst. Unter Hinweis auf die Ausführung des Prof. *Beitzke* in NJW 1950, 928 ff. ist der Bekl. der Ansicht, daß, wenn es sich auch um eine Unterhaltsforderung handele, dennoch für eine Umstellung im Verhältnis 1:1 kein Raum sei, weil dann der Kl. bei einem Vergleich des Wertverhältnisses zwischen DM-West und DM-Ost ein erheblich höherer Unterhaltsbetrag zugewendet würde, als sie bei einer Umstellung der geschuldeten 200 RM auf DM-Ost erhalten würde.

Einer Stellungnahme zu dem von *Beitzke* behandelten Problem bedarf es in vorliegendem Falle nicht, weil im Rahmen des Verfahrens auf Erteilung des Umstellungsvermerks für diese Erörterung kein Anlaß gegeben ist. Denn durch sie würde die in dem Schuldtitel festgesetzte Forderung selbst in den Kreis der Erörterung einbezogen, es müßten Ermittlungen über den jeweiligen Wohnort des Gläubigers angestellt werden und schließlich und vor allem würde das Ergebnis eine Abänderung der Unterhaltsforderung und damit des Schuldtitels sein, worauf *Beitzke* gerade abzielt, indem er selbst zur Begründung anführt, der Gläubiger dürfe daraus keinen Nutzen ziehen, daß der Schuldner in den Westzonen wohne. Auf die Vollstreckungsforderung selbst einzugehen, ist dem Gericht aber in dem Verfahren auf Erteilung des Umstellungsvermerks verwehrt, erst recht darf dieses Verfahren nicht zu einer Abänderung des Schuldtitels führen.

Von maßgeblicher Bedeutung ist vorliegend für die Entscheidung nur, daß der Bekl. als Schuldner bei der Begründung des Schuldtitels einen Wohnsitz in der Westzone hatte und auch heute noch hat. Vergleiche OGHZ 1, 928 (930) [gemeint wohl: OGHZ 1, 386 (391f. unter 4.)[1] sowie *Beitzke*, NJW 1950, 928ff.]. Danach ist für die Frage, ob eine Forderung der Umstellung unterliegt, der Wohnsitz des Schuldners maßgebend. Die Unterhaltsrente wird daher von dem Bekl. in der DM-West-Währung geschuldet, was die Anwendung der 16. DVO zum UG zur Voraussetzung hat. Die Umstellung einer Unterhaltsrente erfolgt aber nach § 18 des für die Westzonen geltenden UG im Verhältnis 1:1. Die Einwendungen, die der Bekl. hiergegen vorgebracht hat, insbesondere auch die Behauptung, daß eine Unterhaltsrente von DM 200 nach den Lebensverhältnissen in der Ostzone gemessen zu hoch sei, können in diesem Verfahren keine Beachtung finden (vgl. auch KG, JR 1950, 666[2], und OLG Braunschweig, ebenda S. 667[3]). Der Umstellung steht nicht entgegen, daß eine unmittelbare Transferierung von DM-West in die Ostzone nicht möglich ist, da nach der 19. DVO z. UG Verbindlichkeiten in DM-West, die gegenüber einer in der sowjet. besetzten Zone wohnenden Person bestehen, durch Einzahlung des Schuldbetrages auf ein Sperrkonto des Gläubigers im Währungsgebiet beglichen werden können und der Inhaber eines solchen Kontos nach der 37. DVO z. UG über das darauf befindliche Guthaben mit Genehmigung der zuständigen Landeszentralbank verfügen kann."

**321. Währungsstatut einer Forderung ist das Recht am allgemeinen Gerichtsstand des Schuldners im Zeitpunkt der Währungsreform. — Ist auf die Forderung, die einem ostzonalen, auf RM lautenden Titel zugrunde liegt, nicht westdeutsches Währungsrecht anwendbar, so kann dieser Titel nicht nach der westdeutschen 16. DVO zum UG auf DM-West umgestellt werden.**

---

[1] Siehe unten Nr. 365. [2] Siehe oben Nr. 243. [3] Siehe oben Nr. 240.

LG Köln (brit. Zone), Beschl. v. 8. 2. 1952 — 1 T 500/51: JMBl NRW 1952, 70; BB 1952, 300.

**Der Schuldner ist durch Urteil des AG S. (sowjet.) v. 17. 7. 1947 verurteilt worden, an den Gläubiger mit Wohnsitz in der Ostzone vierteljährlich einen Unterhaltsbeitrag zu zahlen. Der Schuldner befand sich zur Zeit der Verkündung des Urteils und am Stichtag der Währungsreform in der Ostzone. Er zog später in die Westzonen und ist seit dem 4. 11. 1950 in K. polizeilich gemeldet. Auf Antrag des Gläubigers stellte das AG die nach dem 20. 6. 1948 fälligen Beträge im Verhältnis 1 : 1 auf DM-West um. Das LG hob diesen Beschluß auf.**

Aus den Gründen:

„Bei der Beurteilung der Rechtslage ist in tatsächlicher Hinsicht davon auszugehen, daß am Währungsstichtag beide Parteien im selben Währungsgebiet, nämlich in der Ostzone, gewohnt haben. Damit unterliegt die hier zur Erörterung stehende Forderung ausschließlich ostzonalen Währungsgrundsätzen, und ein westdeutsches Gericht ist nicht zuständig, den vom Gläubiger beantragten Umstellungsvermerk zu erteilen.

Zwar bestimmt § 3 der 16. DVO zum UG, daß bei Vollstreckungstiteln über RM-Forderungen, die von einer Stelle erteilt worden sind, die sich nicht im (westdeutschen) Währungsgebiet befindet, das AG über die Umstellung entscheidet, bei welchem der Schuldner seinen allgemeinen Gerichtsstand hat. Diese Vorschrift betrifft den allgemeinen Gerichtsstand des Schuldners am Währungsstichtag und will nicht den Fall regeln, in dem zu einem späteren Zeitpunkt der Schuldner einen anderen Gerichtsstand begründet hat, der innerhalb des Währungsgebietes der Westzonen liegt.

Diese Auslegung des § 3 der angezogenen VO wird auch nur der Möglichkeit gerecht, daß eine RM-Forderung bereits kraft ostzonalen Rechts umgestellt sein kann. Sie befindet sich auch in Übereinstimmung mit dem heute in Rechtsprechung und Lehre allgemein anerkannten Grundsatz, daß für das anzuwendende Währungsrecht der Wohnsitz des Schuldners am Währungsstichtag auch dann maßgebend ist, wenn Gläubiger oder Schuldner nach der Währungsreform ihren Wohnsitz in anderen Währungsgebieten begründet haben (BGH, MDR 1951, 288[1]; OGH Köln, DRsp. II (224) 1002 b[2]; OLG Kiel, MDR 1951, 172; *Raape*, IPR³ 343ff.).

Hierbei kann vorliegend die Frage dahingestellt bleiben, welche die Kammer bereits in anderen Fällen bejaht hat, ob die vom Gläubiger begehrte Umstellung des RM-Titels auf DM-West dann unmöglich ist, wenn das zuständige ostzonale Gericht die RM-Forderung nach dem geltenden ostzonalen Währungsrecht auf DM-Ost umgestellt hat."

**322. Das für die Umstellung eines RM-Titels maßgebende Währungsrecht bestimmt sich nach dem Wohnsitz des Schuldners zur Zeit der Währungsreform. — Ist ein RM-Titel entgegen dem an sich anzuwendenden Währungsrecht durch eine ostzonale Behörde nach ostzonalem Währungsrecht auf „Deutsche Mark" umgestellt, so kann eine Zwangsvollstreckung aus diesem Titel nicht erfolgen. — Bei Anwendung des westdeutschen Währungsrechts kann ein RM-Titel nur auf DM-West umgestellt werden.**

[1] Siehe oben Nr. 232. [2] Siehe unten Nr. 371.

**— Bei der Feststellung des Umstellungsverhältnisses ist jedoch der unterschiedliche Kurswert zwischen den beiden Währungen derart zu berücksichtigen, daß dem in der Ostzone wohnhaften Gläubiger derjenige DM-West-Betrag zuzusprechen ist, der wertmäßig dem Betrag entspricht, den der Unterhaltsberechtigte nach dem Umstellungsrecht seines Wohnsitzes zu erhalten hätte. — Der westdeutsche Schuldner eines ostdeutschen Unterhaltsgläubigers ist befugt, sich durch Zahlung von DM-Ost zum Nennbetrag von seiner in DM-West erwachsenen Verbindlichkeit zu befreien. — Wenn ein Titel zu Recht nach ostdeutschem Währungsrecht umgestellt wurde, so unterliegt seine Vollstreckung im Bundesgebiet doch den Rechtsvorschriften am Ort der Vollstreckung. — Die Vorschrift, wonach ein RM-Titel bei einer anderen Umstellung als 1:10 eines Umstellungsvermerks bedarf, gilt auch für Titel, die nach ostdeutschem Währungsrecht auf DM-Ost umzustellen sind. — Auf DM-Ost lautende Titel sind in Analogie zu § 244 BGB im Bundesgebiet vollstreckbar.**

LG Ellwangen (amerik. Zone), Beschl. v. 17. 3. 1952 — 5 T 33/52: *z. T. in NJW 1952, 708 (*Beitzke*); Auszug in DRsp. II (250) 27 b—d.

Der in H. (Bundesgebiet) wohnhafte Schuldner ist der Erzeuger des in D. (sowjet.) lebenden Gläubigers und hatte sich diesem in einer vollstreckbaren Urkunde zur Unterhaltsleistung verpflichtet. Diese Urkunde hatte der Rat der Stadt D. im Verhältnis 1 : 1 auf „DM" umgestellt. Auf Grund dieses Umstellungsvermerks erließ das AG einen Pfändungs- und Überweisungsbeschluß wegen der Ansprüche des Schuldners gegen den Drittschuldner. Auf Beschwerde des Schuldners hob das LG diesen Beschluß auf.

Aus den Gründen:

„Bei der Umstellung eines auf RM lautenden Vollstreckungstitels eines in der DDR lebenden Gläubigers gegen einen in der Bundesrepublik wohnenden Schuldner ist zunächst zu klären, nach welchen Währungsvorschriften, den westdeutschen oder den ostdeutschen, umzustellen ist.

Der BGH hat sich in einem Urteil v. 26. 1. 1951[1] mit der Frage beschäftigt, unter welchen Voraussetzungen auf Rechtsverhältnisse, die sich über das Währungsgebiet hinaus erstrecken, westdeutsches Währungsrecht anwendbar ist... Mit der Erwägung, daß währungsrechtliche Eingriffe ein Ausfluß der staatlichen Währungshoheit sind und nur gegenüber d e n Rechts- und Schuldverhältnissen durchgesetzt werden können, die der Gesetzgebung des über das Währungsrecht bestimmenden Hoheitsträgers unterliegen, kam der BGH zu dem Ergebnis, daß dies nur der Hoheitsträger ist, in dessen Gebiet der Schuldner seinen Wohnsitz hat, so daß für die Frage des anzuwendenden Währungsrechts der Wohnsitz des Schuldners im Augenblick der Währungsreform, d. h. am 21. 6. 1948 maßgebend ist. Der BGH berief sich in seiner Entscheidung auf mehrere Urteile des früheren OGH für die Brit. Zone in Köln, so v. 4. 5. 1950[2] und v. 31. 3. 1949, MDR S. 351[3]. Dieselbe Ansicht vertritt auch das LG Osnabrück in einem Beschluß v. 31. 5. 1951[4] und das OLG Hamburg in einem Urteil v. 19. 9. 1950[5], das seine Entscheidung auch auf § 7 Ziff. 2 a der 35. DVO zum UG stützte. Da der Schuldner

[1] Siehe oben Nr. 232. [2] Siehe unten Nr. 371. [3] Siehe unten Nr. 358 b.
[4] Siehe oben Nr. 262. [5] Siehe unten Nr. 402 a.

schon vom 26. 5. 1948 bis zum November 1948 in Heidenheim polizeilich gemeldet war, sind im vorliegenden Fall die westdeutschen Währungsvorschriften anzuwenden. [Das LG gibt den Inhalt der 16. DVO zum UG wieder und fährt fort:]

Angesichts dieser klaren gesetzlichen Regelung ist für die Ansicht des Erstrichters, daß die in der DDR umgestellten Vollstreckungstitel ohne weiteres auch zur Zwangsvollstreckung in der Bundesrepublik geeignet seien, in den Fällen der Anwendbarkeit der westdeutschen Währungsvorschriften kein Raum. Im Gegenteil fehlt es, da die nach den westdeutschen Währungsvorschriften verlangte Umstellung in D-Mark durch den zuständigen Richter nicht vorgenommen und die Zwangsvollstreckung über $^1/_{10}$ des RM-Betrages hinaus ohne Umstellungsvermerk nicht zulässig ist, an einem zur Zwangsvollstreckung geeigneten Titel, so daß nicht nur der angefochtene Beschluß v. 10. 2. 1952, sondern auch der zugrunde liegende Pfändungs- und Überweisungsbeschluß aufgehoben werden mußte (§§ 793, 766 ZPO). Es wird Sache des Gläubigers sein, die erforderliche Umstellung des Vollstreckungstitels bei dem örtlich zuständigen AG zu beantragen.

Für das in diesem Fall anhängig werdende Umstellungsverfahren und für das neuerliche Zwangsvollstreckungsverfahren wird vorsorglich noch auf folgendes hingewiesen:

a) Eine Umstellung des RM-Titels in ‚Deutsche Mark', wie es der gesetzliche Vertreter des Gläubigers vermutlich beantragen wird, ist unmöglich, da es eine einheitliche, in West- wie in Ostdeutschland geltende D-Mark nicht gibt, vielmehr sind die in der Bundesrepublik und die in der DDR geltenden Währungen von verschiedenen Bankinstituten auf Grund getrennter gesetzlicher Vorschriften herausgegeben worden. Demgemäß ist auch die D-Mark-Ost kein gesetzliches Zahlungsmittel in der Bundesrepublik, wie auch der Verkehr mit D-Mark-West in der DDR durch weitgehende gesetzliche Vorschriften gehemmt ist. Da die westdeutschen Währungsbestimmungen Anwendung finden, kann nur in D-Mark-West umgestellt werden.

b) Davon ist die Frage der Berücksichtigung des verschiedenen Kurswertes beider Währungen zu unterscheiden. Für Unterhaltsforderungen hat sich das LG der sowohl in der Rechtsprechung wie in der Literatur vertretenen Auffassung angeschlossen (z. B. das LG Göttingen am 10. 11. 1949[1] und Professor *Beitzke* in MDR 1949, 757), daß es sich bei Unterhaltsforderungen um zweckgebundene Forderungen handelt in der Weise nämlich, daß die Leistung des Schuldners den Zweck hat, dem Unterhaltsberechtigten nach den Lebensverhältnissen an seinem Wohnort den Unterhalt im Rahmen der Leistungspflicht des Schuldners zu gewähren. Ein in der DDR wohnendes außereheliches Kind kann also nur den 1:1 in D-Mark-Ost umgestellten Reichsmarkbetrag fordern, nicht aber einen mehrfach höheren Betrag, den es bei dem völlig verschiedenen Kurswert der beiden Währungen erhalten würde, wenn ihm der RM-Betrag seines Titels in voller Höhe in D-Mark-West bezahlt werden würde. Das unter-

[1] Siehe oben Nr. 239.

haltsberechtigte Kind wird in keiner Weise benachteiligt. Es erhält nämlich das, was es nach seinen Lebensverhältnissen als Unterhalt zu beanspruchen hat. Es hat aber keinen Anspruch auf Währungsgewinne, die sich aus der Zufälligkeit des Wohnsitzes des Unterhaltspflichtigen in der Bundesrepublik ergeben. Bemerkt sei noch, daß die Befugnis des Schuldners, sich durch Zahlung in DM-Ost in gleichem Nennbetrag von seiner Schuldverbindlichkeit zu befreien, von Amts wegen sowohl in den Tenor des Umstellungsbeschlusses und den zugehörigen Umstellungsvermerk, wie in den Pfändungs- und Überweisungsbeschluß aufzunehmen sein wird.

c) Eine Einzahlung der gepfändeten Beträge auf ein Konto bei einem westdeutschen Jugendamt ist nach der klaren gesetzlichen Bestimmung des § 26 II UG i. V. mit der 37. DVO zum UG und dem Rundschreiben der Landeszentralbank v. 8. 5. 1951, veröffentlicht im Amtsblatt des Württ.-Bad. Justizministeriums v. 4. 7. 1951 Nr. 8 nicht zulässig. Die Einzahlung muß vielmehr auf ein Sperrkonto bei einem westdeutschen Bankinstitut oder auf ein gesperrtes Postscheckkonto erfolgen. (Zu vgl. auch Allg. Bekanntmachung des JustMin. v. 24. 8. 1951, Amtsbl d. JustMin. S. 85).

Wenn der Schuldner am Währungsstichtag nicht in Westdeutschland wohnhaft war, sondern erst später zugezogen ist, so können nach der eben erwähnten Entscheidung des BGH v. 26. 1. 1951[1] die westdeutschen Währungsvorschriften keine Anwendung finden. Es müssen also die ostdeutschen Bestimmungen angewendet werden. Dabei sind einzelne westdeutsche Gerichte gelegentlich so verfahren, daß sie RM-Titel aus der DDR ohne weitere Verfahren in DM-West in voller Höhe vollstreckten. Dieses Verfahren ist aber unrichtig. Richtig ist soviel, daß in der DDR eine Umstellung von RM-Titeln in DM unbekannt ist, weil dort eine innerdeutsche Umstellung der Schuldverbindlichkeiten nicht stattgefunden hat. In der DDR ist RM ohne weiteres gleich DM, aber nicht DM-West, sondern DM-Ost. Es ist eine unbestreitbare Tatsache, daß es seit der Außerkraftsetzung der RM eine einheitliche Währung in West- und in Ostdeutschland nicht mehr gibt. Es ist also auch nicht möglich, RM-Titel, auf die die ostdeutschen Währungsvorschriften Anwendung finden, als in d i e Währung umgestellt anzusehen, die durch die westdeutschen Währungsbestimmungen eingeführt wurde. Die gegenteilige Ansicht läßt sich auch nicht mit § 2 des Währungsgesetzes begründen, wie dies vereinzelt versucht wurde. § 2 Währungsgesetz bestimmt zwar, daß RM-Beträge in Gesetzen usw. oder rechtsgeschäftlichen Erklärungen ohne weiteres als entsprechende DM-(West)Beträge zu verstehen sind. Nach *Harmening-Duden* (1949) S. 87 ff. stellt jedoch § 2 WährungsG keine allgemeine Grundregel für die Umstellung von Schuldverhältnissen dar, vielmehr ist die Umstellung von Schuldverbindlichkeiten in den §§ 13 ff. UG speziell geregelt. § 2 WährungsG hat bei Schuldverhältnissen also nur noch da Bedeutung, wo es sich nicht um die Umstellung von Schuldverbindlichkeiten handelt.

[1] Siehe oben Nr. 232.

Trotz der Anwendung der ostdeutschen Währungsvorschriften kann in Westdeutschland ein höherer Betrag als $^1/_{10}$ des RM-Betrages ohne einen höheren Umstellungsvermerk auf dem Titel nicht vollstreckt werden. Die Voraussetzungen der Zwangsvollstreckung bestimmen sich nach den Vorschriften, die am Vollstreckungsort gelten. Die Prüfung, ob ein Vollstreckungsauftrag, der auf mehr als $^1/_{10}$ des RM-Betrages lautet, zulässig ist, gehört nicht zu den Aufgaben des Vollstreckungsorgans. Für die Anbringung eines Umstellungsvermerkes in den Fällen der Anwendbarkeit der ostdeutschen Währungsvorschriften kann selbstverständlich nicht nach der 16. DVO zum UG verfahren werden, vielmehr muß der Titel einen in der DDR angebrachten Umstellungsvermerk tragen. Wer dort die Umstellung vornehmen soll, kann nicht nach westdeutschen Begriffen beantwortet werden, da es in der DDR eine Umstellung der Titel an sich nicht gibt. Man wird sich deshalb bei Behörden, etwa bei Jugendämtern, mit einem entsprechenden Umstellungsvermerk der Behörde selbst zufrieden geben müssen. Bei privaten Gläubigern wird ein entsprechender Vermerk des AG seines Wohnsitzes genügen. Äußerstenfalls müßte der Titel dem westdeutschen Gericht am Schuldnerwohnsitz vorgelegt werden, das dann allerdings nur die Feststellung zu treffen hätte, daß der Titel nach ostdeutschem Währungsstatut 1 : 1 in DM-Ost umgestellt ist.

Die von manchen Entscheidungen vertretene Ansicht, daß auf DM-Ost lautende Titel in der Bundesrepublik nicht vollstreckt werden könnten, weil die DM-Ost kein gesetzliches Zahlungsmittel im Westen ist, ist nicht zutreffend. Vielmehr sind DM-Ost-Titel in analoger Anwendung des § 244 BGB vollstreckbar. Diese Ansicht wird u. a. von *Baumbach*, ZPO § 704, 4 A S. 1015, ferner vom Oberregierungsrat *Kühne* bei der Bank Deutscher Länder in Frankfurt in einem Aufsatz in DRSp. II (250) 12c = NJW 1950, 729 u. a. vertreten. Die Ansicht von *Kühne* stützt sich auf die Überlegung, daß die DM-Ost kein gesetzliches Zahlungsmittel im Westen ist, habe keinen Einfluß auf die Anwendbarkeit des § 244 BGB, da § 244 BGB kein amtliches Kursverhältnis voraussetze. Die DM-Ost sei übrigens keine Devise, so daß ihre Annahme oder Veräußerung nicht nach Art. X MilRegGes. 53 verboten sei. Ihre Einfuhr sei im Rahmen des Reiseverkehrs erlaubt, tatsächlich seien auch erhebliche DM-Ost-Beträge in Westdeutschland vorhanden. Dieselbe Ansicht vertreten die Urteile des LG Bremen v. 25. 4. 1950 und v. 13. 6. 1951[1], das Kammergericht-West in einem Urt. v. 7. 2. 1949[2]. Das KG vertritt ebenfalls die Ansicht, daß der Umrechnungsmaßstab in dem Urteilstenor aufzunehmen ist. Ferner Prof. Dr. *Beitzke* bei der Besprechung einer Entscheidung des LG Göttingen in DRSp. 250, 10d[3], LG Göttingen v. 10. 11. 1949[4] und LG Wiesbaden, Urt. v. 2. 6. 1950[5]."

**323. Die Umstellung eines gerichtlichen Titels nach der 16. DVO zum Umstellungsgesetz ist nur zulässig, soweit westdeutsches Recht Währungsstatut des zugrundeliegenden Anspruchs ist. — Währungsstatut des Unter-**

[1] Siehe oben Nr. 201. [2] Siehe oben Nr. 226. [3] Siehe oben Nr. 237.
[4] Siehe oben Nr. 239. [5] Siehe oben Nr. 249.

**haltsanspruchs eines unehelichen Kindes mit Wohnsitz in der Ostzone gegen seinen in Westdeutschland lebenden Erzeuger ist das ostzonale Recht.**

AG Lüneburg (brit. Zone), Beschl. v. 6. 2. 1953 — 4 H 2/53: DAVorm. 26 (1953/54) 59.

Aus den Gründen:

„Für die Frage der Umstellung der vollstreckbaren Urkunde kommt es nach der von *Beitzke* in NJW 1952, 708 vertretenen Auffassung, welcher sich das AG anschließt, darauf an, in welcher Währung, DM-Ost oder DM-West, der Unterhaltsanspruch der ASt. seit dem Zeitpunkt der Währungsreform entstanden ist und immer wieder neu entsteht. Nach der jetzt wohl überwiegend herrschenden Meinung, welcher sich das AG anschließt, entsteht der Unterhaltsanspruch des unehelichen Kindes in der Ostzone gegen seinen in den Westzonen lebenden Erzeuger aber in DM-Ost, weil der Schwerpunkt des Schuldverhältnisses in der Ostzone liegt, demgemäß auch die währungsrechtlichen Bestimmungen der Ostzone Anwendung finden müssen (*Beitzke*, NJW 1950, 928, und neben vielen anderen LG Würzburg, MDR 1951, 490[1]). Demgemäß ist davon auszugehen, daß mit der Währungsreform der vollstreckbare Titel auf DM-Ost nach den Währungsbestimmungen der Ostzone umgestellt ist, so daß eine Umstellung auf DM-West heute nicht mehr in Frage kommt (so auch LG Ellwangen, NJW 1952, 708[2]).

**324. Ist die Umstellung eines RM-Titels weder in Westdeutschland — weil dem Titel eine Forderung mit ostdeutschem Währungsstatut zugrunde liegt — noch in Ostdeutschland möglich, so steht die Rechtskraft des Titels einer neuen Klage nicht entgegen.**

LG Kassel (amerik. Zone), Beschl. v. 17. 6. 1953 — 1 T 64/53: MDR 1953, 619; DAVorm. 26 (1953/54) 134.

Der in Westdeutschland wohnhafte Bekl. wurde im April 1948 rechtskräftig zur Unterhaltszahlung an den Kl., sein in der Ostzone lebendes uneheliches Kind, verurteilt. Im Jahre 1952 wurde ein Antrag des Kl. auf Erteilung des Umstellungsvermerks für diesen Titel zurückgewiesen, da die dem Titel zugrundeliegende Forderung nach ostdeutschem Währungsrecht umzustellen war. Nunmehr hat der Kl. eine neue Unterhaltsklage erhoben, mit der er die Verurteilung des Bekl. in DM-West erstrebt. Das LG wies die Einrede der Rechtskraft zurück.

Aus den Gründen:

„Die neue Unterhaltsklage ist entgegen der Auffassung des ersten Richters zulässig. Zwar wirkt grundsätzlich die Rechtskraft eines früheren Urteils dahin, daß eine neue Verhandlung und Entscheidung über den rechtskräftig festgestellten Streitpunkt ausgeschlossen ist. Dieser Grundsatz erleidet aber dann eine Ausnahme, wenn für die Erhebung der neuen Klage ein besonderes Rechtsschutzbedürfnis besteht... Der Kl. hat nur einen RM-Titel in der Hand, aus dem er in den Westzonen gegen den Bekl. nur in Höhe von 10 Prozent des RM-Betrages in DM vollstrecken kann (§ 1 der 16. DVO zum UG). Da er für die Zeit bis zur

[1] Siehe oben Nr. 261. [2] Siehe oben Nr. 322.

Währungsreform auch nur 10 Prozent der zuerkannten RM-Summe in DM-West begehrt, kann er allerdings insoweit aus dem alten Titel hier ohne weiteres vollstrecken, so daß für die Erwirkung eines Titels insoweit kein besonderes Rechtschutzinteresse besteht.

Eine Vollstreckung im Verhältnis von 1 DM-West zu 1 RM für die spätere Zeit scheitert aber daran, daß dem Kl. der nach § 3 der 16. DVO zum UG in den Westzonen vorgeschriebene Umstellungsvermerk nicht erteilt werden kann. Es besteht für den Kl. auch keine Möglichkeit, bei einem Gericht der Ostzone einen allgemeinen Vermerk über die Umstellung von RM auf DM-Ost auf dem Titel eintragen zu lassen und dann aus dem auf Ostmark lautenden Titel im westdeutschen Bundesgebiet in DM-West vollstrecken zu lassen, was an sich möglich wäre (vgl. OLG Celle, MDR 1951, 619; HansOLG Hamburg, MDR 1951, 109; *Kühne*, NJW 1950, 729). Denn eine dem § 3 der 16. DVO zum westdeutschen UG entsprechende Regelung ist im Gebiet der DDR nicht gegeben, da das dortige Umstellungsrecht ohnehin für Unterhaltsansprüche vor und nach der Währungsreform nur die Umstellung im Verhältnis 1 : 1 kennt. Danach wäre die Zwangsvollstreckung aus dem auf RM lautenden Unterhaltsurteil des AG v. 22. 4. 1948 in den Westzonen auch für die spätere Zeit lediglich in Höhe von 10 Prozent der Forderung möglich. Hierdurch würde der Kl. aber in Höhe von neun Zehntel seiner Unterhaltsforderung nicht befriedigt. Eine Vollstreckungsmöglichkeit ist daher praktisch nicht gegeben, so daß der Kl. darauf angewiesen ist, wegen der Unterhaltsforderungen seit der Währungsreform gegen den Bekl. einen neuen, auf DM-West lautenden Unterhaltstitel zu erwirken."

**325. Ist die Vollstreckung aus einem auf DM-Ost lautenden Titel eines ostzonalen Gerichts in Westdeutschland nicht zulässig, so besteht ein Rechtsschutzbedürfnis für eine neue Klage in den Westzonen. — Die Bindung an die Rechtskraft des auf DM-Ost lautenden früheren Urteils schließt nicht aus, daß dem Gläubiger ein wirtschaftlich gleichwertiger, aber in DM-West ausgedrückter Anspruch zuerkannt wird. — Die Kaufkraft von DM-Ost und DM-West ist gleich.**

LG München I (amerik. Zone), Urt. v. 14. 7. 1953 — 15 S 51/53: DAVorm. 26 (1953/54) 112.

Aus den Gründen:

„Die Kl. hat unbestritten vorgetragen, daß ihr die Zwangsvollstreckung aus dem rechtskräftigen Urteil des LG D. (sowjet.) nicht möglich sei, weil das Vollstreckungsgericht München es abgelehnt habe, aus einem auf DM-Ost lautenden Titel zu vollstrecken. Damit ist ein Rechtsschutzbedürfnis für die vorliegende Klage, mit der die Kl. einen auf DM-West lautenden Titel erstrebt, zur Genüge dargetan. Ob die Auffassung des Vollstreckungsgerichts, die der Bekl. mit dem Hinweis auf die Rechtsprechung anderer Gerichte bekämpft, richtig ist, kann dahingestellt bleiben. Das LG München I als vorgeordnetes LG hat bereits in anderer Sache mit Beschl. v. 16. 6. 1950 — I T 540/50 (veröffentlicht in BB 1950, 602) den Standpunkt des Vollstreckungsgerichts München gebilligt.

Unter diesen Umständen kann der Kl. nicht zugemutet werden, die Vollstreckung aus dem bisherigen Titel bis zur Erschöpfung des Rechtsweges weiter zu betreiben. Gegen die Zulassung der erneuten Klage bestehen nach all dem keine Bedenken.

Bei der Entscheidung in der Sache selbst war von Amts wegen zu beachten, daß die gleiche Sache bereits rechtskräftig entschieden ist und daß infolgedessen eine vom ersten Urteil abweichende Entscheidung nicht ergehen darf. Das bedeutet jedoch nicht, daß deshalb, wie der Bekl. im ersten Rechtszuge angenommen hat, eine Verurteilung zur Zahlung in DM-West schlechthin ausgeschlossen sei. Eine solche formalistische Auffassung hätte zur Folge, daß die Kl. jeglichen Rechtsschutzes beraubt würde, weil sie aus dem ersten Urteil nicht vollstrecken darf und einen neuen, tatsächlich vollstreckbaren Titel nicht erlangen könnte. Das Verbot abweichender Entscheidung kann vielmehr, vernünftig ausgelegt, nur dahin verstanden werden, daß dem siegreichen Kl. des Vorprozesses in dem neuen Verfahren *wirtschaftlich betrachtet* nicht mehr und nicht weniger zugesprochen werden darf, als ihm durch die erste Entscheidung zuerkannt wurde.

Diesem Grundsatz ist nach Auffassung des Berufungsgerichts Genüge getan, wenn der Kl. eine Unterhaltsrente zugebilligt wird, die wirtschaftlich den gleichen Wert repräsentiert wie in der Ostzone eine solche von vierteljährlich 90 DM-Ost. Das AG hat hierfür einen Betrag von monatlich 30 DM-West angenommen. Das ist nicht zu beanstanden. Allerdings ist nach dem in privaten Wechselstuben herausgebildeten Umrechnungsverhältnis der Kurswert der DM-Ost niedriger als derjenige der DM-West. In Ermangelung eines amtlichen Umrechnungskurses kann es indes darauf nicht ankommen. Maßgebend ist vielmehr die Tatsache, daß die DM-Ost innerhalb der Ostzone bei Berücksichtigung der dortigen Einkommensverhältnisse und Lebenshaltungskosten den gleichen wirtschaftlichen Wert repräsentiert wie die DM-West innerhalb der Bundesrepublik. Daraus erklärt es sich auch, daß das ostzonale Gericht als Unterhalt ziffermäßig den gleichen Betrag zugebilligt hat, wie er auch von westdeutschen Gerichten regelmäßig zugesprochen wird."

## 11. Sowjetzonale Entscheidungen

**326. Ostzonale Gerichte haben ohne Rücksicht auf den Wohnsitz des Schuldners ein Schuldverhältnis nach ostzonalem Währungs- und Umstellungsrecht zu beurteilen.**

AG Radebeul (sowjet. Zone), Beschl. v. 8. 10. 1948 — 1 C 23/48: NJ 1948, 230.

Die auf Grund eines Urteils vom Mai 1948 entstandenen Kosten des Rechtsstreits hat der Urkundsbeamte der Geschäftsstelle durch Beschluß vom Juli 1948 unter Anwendung des ostzonalen Umstellungsrechts festgesetzt. Das AG wies die Erinnerung des Kostenschuldners zurück.

Aus den Gründen:

„Für die sowjet. besetzte Zone ist die VO über die Währungsreform v. 21. 6. 1948, VI Ziff. 18 maßgebend. Nach dieser Gesetzesbestimmung bleiben die innerdeutschen Schuldverhältnisse, die vor der Durchführung der Währungsreform entstanden sind, unverändert und unterliegen nicht der Umwertung. Dies gilt auch für solche Schuldverhältnisse, bei denen der Schuldner in der Westzone bzw. in einem Westsektor Berlins wohnt. Denn die VO über die Währungsreform stellt öffentliches Recht dar, das seinen Zweck, die Geldverhältnisse in der sowjet. besetzten Zone entsprechend den wirtschaftlichen Bedürfnissen dieser Zone zu ordnen, nur dann erfüllen kann, wenn es von den Gerichten der Zone auf alle Schuldverhältnisse angewendet wird, auch wenn der betreffende Schuldner seine Niederlassung in der Westzone bzw. einem Westsektor Berlins hat."

**327. Die Umstellung eines RM-Betrages richtet sich nach dem Schuldstatut. — Nach den Grundsätzen des deutschen internat. Privatrechts bestimmt sich das Schuldstatut nach dem Parteiwillen, hilfsweise nach dem mutmaßlichen Parteiwillen, sonst nach dem Erfüllungsort. — Das Recht des vereinbarten Erfüllungsortes ist jedoch nicht maßgebend, wenn die Parteien bei Abschluß der Vereinbarung nicht an eine Rechtsverschiedenheit innerhalb Deutschlands gedacht haben. — Die Vereinbarung eines bestimmten Erfüllungsortes ist jedoch ein Anzeichen dafür, daß die Parteien vermutlich auch die Anwendung des am vereinbarten Erfüllungsort geltenden Rechts vereinbart haben würden.**

AG Jena (sowjet. Zone), Urt. v. 12. 11. 1948 — 9 C 302/48: NJ 1949, 16; BB 1949, 172 (*Duden*).

Die klagende Firma mit Sitz in J. (sowjet.) macht Ansprüche aus einem im Jahre 1945 abgeschlossenen Vertrag auf Lieferung von Maschinen gegen die in den Westzonen ansässige Bekl. geltend. Als Erfüllungsort war der Sitz der Lieferfirma vereinbart worden.

Aus den Gründen:

„Schließlich ist der Einwand der Bekl. zu prüfen, die Forderung müsse auf Grund der in den Westzonen ergangenen Währungsreform- und Umstellungsgesetzgebung abgewertet werden. Die Entscheidung dieser Frage hängt davon ab, ob die strittige Verbindlichkeit der west- oder ostzonalen Umstellungsgesetzgebung unterliegt. Hier sind wiederum die Grundsätze des internat. Privatrechtes hinsichtlich des Schuldstatutes anzuwenden. Nach der herrschenden und in allen Zonen anerkannten deutschen Lehre (vgl. *Raape* §§ 32ff.) ist für die Beurteilung von Schuldverhältnissen zunächst das Recht maßgebend, das die Parteien ausdrücklich oder stillschweigend vereinbart haben, beim Fehlen einer Vereinbarung das Recht, das die Parteien bei vernünftiger und billiger Berücksichtigung aller Umstände mutmaßlich gewollt haben, und erst in letzter Linie gilt das Recht des Erfüllungsortes. Nun haben die Parteien 1945, als sie auf Grund der Allgemeinen Geschäftsbedingungen der Kl. abschlossen, als Erfüllungsort und Gerichtsstand Jena zugrunde gelegt. Daraus kann jedoch nicht auf eine Vereinbarung über das anzuwendende Schuldstatut geschlossen werden, denn es kann keinem Zweifel unterliegen, daß weder die Parteien damals an eine Währungs- und Rechtsverschiedenheit zwischen ihren Sitzen gedacht haben, noch daß die Geschäftsbedingungen der Kl., die auf innerdeutsche Verhältnisse zugeschnitten waren, entsprechende Hinweise geben könnten. Wenn auch grundsätzlich die Vereinbarung eines Erfüllungsortes zugleich eine solche über die Anwendbarkeit des Schuldstatutes dieses Ortes enthält, so kann im vorliegenden Falle dieser Schluß nicht gezogen werden, da eine solche Anknüpfung des Schuldstatutes an den vereinbarten Erfüllungsort zur Zeit des Vertragsabschlusses gänzlich außerhalb des Bereiches dessen lag, was bei Vertragsabschlüssen dieser und ähnlicher Art überhaupt in Erwägung gezogen zu werden pflegte. Es ist also auf den hypothetischen Parteiwillen abzustellen, wie er bei vernünftiger und billiger Berücksichtigung aller Umstände in Kenntnis der Entwicklung zum Vertragsschluß geführt hätte. Dabei ist nun aus den Geschäftsgepflogenheiten und den Allgemeinen Geschäftsbedingungen der Kl. zu schließen, daß sie sich zur Lieferung von Maschinen nur dann bereit erklärt hätte, wenn sich ihr Geschäftspartner den an ihrem Sitz geltenden Rechte unterworfen hätte. Umgekehrt ist es aus den zur Zeit beachteten Gepflogenheiten des Interzonenhandels ersichtlich, daß auch der Käufer die am Wohnsitz des Verkäufers geltende Rechtsordnung als für das Geschäft maßgeblich anerkennt. Kein Verkäufer würde heute das Risiko eingehen, seine Forderungen gegen den Käufer nach einer ihn im übrigen nicht betreffenden rechtlichen Regelung behandeln zu lassen. Es ist somit berechtigter Anlaß zu der Vermutung gegeben, daß die Bekl. im Jahre 1945 auch für die Anwendung des interzonalen Privatrechtes Jena als Sitz des Schuldverhältnisses vereinbart haben würde.

Danach ist für die Umstellung der alten Forderung auf neue Währung die Gesetzgebung der Ostzone maßgebend."

**328. Umstellungsstatut einer RM-Forderung ist das Recht des Erfüllungsortes.**

LG Torgau (sowjet. Zone), Beschl. v. 18. 12. 1950 — 2 T 167/50: Rdbf. 23 (1950/51) 135.

Der westdeutsche Gläubiger beantragte auf Grund eines RM-Titels aus dem Jahre 1931 gegen seinen in Z. (jetzt: sowjet.) wohnhaften Schuldner den Erlaß eines Pfändungs- und Überweisungsbeschlusses hinsichtlich der in RM erwachsenen Rückstände gegen den Drittschuldner mit Sitz in der Ostzone. Auf eine Erinnerung des Schuldners wertete das AG den Betrag dieser Rückstände im Verhältnis 10:1 um. Das LG gab der Beschwerde des Gläubigers statt.

Aus den Gründen:

„Als Erfüllungsort für den Schuldner bei einer Pfändung aus dem Urteil des AG L. [sowjet.] gilt der Wohnsitz des Schuldners. Da der Schuldner in Z. wohnhaft ist, gelten für ihn die Gesetze der ehemaligen deutschen Wirtschaftsverwaltung bzw. der jetzigen DDR. Nach der VO zur Durchführung der Währungsreform werden Schulden nicht umgewertet. Aus diesem Grunde kann eine Umwertung im Verhältnis 10 : 1, wie im Westen geschehen, nicht Platz greifen."

**329. Das Währungsstatut einer Forderung bestimmt zugleich die Währung, in der diese Forderung erfüllt werden muß. — Währungsstatut ist das Recht des Erfüllungsortes. — Das Währungsstatut einer Forderung bestimmt auch das Umstellungsverhältnis.**

AG Aschersleben (sowjet. Zone), Urt. v. 6. 11. 1951 — 3 C 173/51: DAVorm. 25 (1952/53) 79.

Der in der Westzone wohnhafte Gläubiger einer Unterhaltsforderung vollstreckte gegen den in A. (sowjet.) wohnhaften Schuldner wegen der vor der Währungsreform fällig gewordenen, in RM entstandenen Raten. Der Schuldner erhob Vollstreckungsgegenklage und berief sich darauf, daß die RM-Rückstände nach westdeutschem Recht umzustellen seien. Das AG wies die Klage ab.

Aus den Gründen:

„Kommt man zu der Überzeugung, daß für eine Verbindlichkeit die Bestimmungen der Ostzone gelten, so ist die Verpflichtung auch in DM-Ost zu erfüllen. Ergibt sich dagegen, daß nach den westlichen Währungsgesetzen zu erfüllen ist, so hätte die Zahlung in DM-West zu erfolgen. Die Anwendung eines bestimmten Währungsgesetzes gibt dann gleichzeitig Auskunft über das Umwertungsverhältnis. Es ist daher unmöglich, daß ein Schuldverhältnis nach den in der DDR gelten-Bestimmungen umzuwerten ist, eine Erfüllung aber in DM-West zu erfolgen hätte oder umgekehrt.

Es erhebt sich die Frage, wie die Feststellung des anzuwendenden Währungsrechtes zu erfolgen hat. Nach internat. Privatrecht ist das Recht des Erfüllungsortes maßgebend (so auch früher RGZ 108, 243; 66, 78; 107, 46). Erfüllungs- bzw. Leistungsort ist nach § 269 BGB, falls nicht die Parteien etwas anderes vereinbart haben oder das Gesetz nicht ausdrücklich etwas anderes bestimmt, der Wohnsitz des Schuldners. Dieser ist im vorliegenden Fall A. Hieran ändert auch die Vorschrift des § 270 BGB nichts, wonach Geldschulden dem Gläubiger an dessen Wohnsitz zu übermitteln sind, da Abs. IV der angeführten Bestimmung ausdrücklich betont, daß die Vorschriften über den Leistungsort unberührt bleiben. Damit ist erwiesen, daß die Währungsbestimmungen der DDR anzuwenden sind. Folglich sind auch für das Umwertungsverhältnis diese Vorschriften allein maßgebend."

**330. Bei einem Rechtsstreit, der vor einem Gericht in der sowjet. Zone geführt wird, sind die von der unterlegenen Partei dem Gegner zu erstattenden Prozeßkosten in DM-Ost festzusetzen. Dies gilt auch, wenn es sich um die Gebühren eines in den Westzonen ansässigen Korrespondenzanwaltes der in den Westzonen wohnenden obsiegenden Partei handelt (SMAD-Befehl 124/48, Ziff. 3).**

OLG Erfurt (sowjet. Zone), — Grundsatzrechtsprechung Nr. 434[1]: Leitsatz in RegBl. Thüringen 1951, 43; BB 1951, 346.

---

[1] Der Wortlaut der Entscheidung wurde dem Institut nicht zugänglich gemacht.

# VII. DEVISENRECHT

## 1. Westdeutsches Devisenrecht

**331. Der gewöhnliche Aufenthalt im Sinne des Devisenrechts ist nicht von der wohnungsrechtlichen Legalität des Aufenthaltes abhängig.**

KG Berlin (West), Urt. v. 3. 11. 1952 — 4 U 1338/52: JR 1953, 183.

Der Kl. war Anfang 1951 mit seiner Familie und seinen Möbeln nach West-Berlin geflohen und hatte sich hier im Juli 1951 polizeilich angemeldet, ohne eine wohnungsamtliche Zuzugsgenehmigung zu besitzen. Er bezog in West-Berlin Sozialunterstützung, ein Antrag auf Anerkennung als politischer Flüchtling wurde abgelehnt. Im Juni 1951 begann der Kl. Verhandlungen mit dem Bekl., um dessen Fleischerei zu erwerben; der Kauf wurde auch abgeschlossen. Nunmehr klagt der Kl. auf Rückzahlung des Kaufpreises, da der Kaufvertrag mangels einer devisenrechtlichen Genehmigung unwirksam sei. Die Berliner Landeszentralbank hatte zunächst eine nachträgliche Devisengenehmigung nicht erteilen wollen, dann aber mitgeteilt, daß eine solche nicht erforderlich sei. Das KG wies die Klage ab.

Aus den Gründen:

„Daß der Kl. seinen gewöhnlichen Wohnort i. S. dieser Bestimmungen zur fraglichen Zeit in West-Berlin gehabt hat, ergeben die diesem Fall eigenen besonderen Umstände. Diese und nicht die Legalität des Aufenthaltes schlechthin, Zuzugsgenehmigung, polizeiliche Anmeldung o. ä. sind für die Frage des gewöhnlichen Wohnortes maßgebend, wenn letztere allerdings auch als ‚Umstände' hierfür beachtlich sein können. Es würde zu untragbaren Ergebnissen führen, wenn eine Person, die, wie der Kl., an einem Ort u. U. über längere Zeit hinaus Asylrecht genießt, hier letzten Endes ihren Wohnsitz begründen, hier aber nicht ihren ‚gewöhnlichen Aufenthalt' haben kann. Ob eine Person ihren Wohnraum rechtmäßig benutzt, wird im Einzelfall von den Wohnraumbewirtschaftungsbestimmungen abhängen, ist aber für die Frage des gewöhnlichen Aufenthalts ohne Bedeutung.

Aus den besonderen Umständen, nämlich aus der Tatsache, daß der Kl. sich mindestens bereits einige Wochen vor dem endgültigen Vertragsabschluß mit seiner Familie und seinen Möbeln, und zwar als politischer Flüchtling, gleichviel, ob später eine Anerkennung als solcher erfolgt ist oder nicht, nach West-Berlin abgesetzt hat, daß er hier seit geraumer Zeit wegen Erwerbs einer Fleischerei, die seine Erwerbsgrundlage in West-Berlin hat darstellen sollen, verhandelt und schließlich eine solche erworben hat, geht sowohl hervor, daß er seinen Wohnsitz in West-Berlin begründet hat, als auch, daß mit dem Grenzübertritt sein gewöhnlicher Aufenthalt, d. h. gewöhnlicher Wohnort i. S. Art. 10f. DevisenVO West-Berlin geworden ist."

**332. (Eine Forderung ist am Wohnsitz des Schuldners belegen. —) Die Abtretung einer Forderung ist wirksam, wenn sie den gesetzlichen Vorschriften der lex fori entspricht, in deren Gebiet sowohl der Zessionar als auch der Schuldner wohnhaft sind; Verfügungsbeschränkungen, die das Recht am Sitz des Zedenten enthält, sind unbeachtlich.**

LG Hannover (brit. Zone), Urt. v. 5. 6. 1948 — 4 O 146/47: *unveröff.

Die Firma A. & Co. mit Sitz in der sowjet. Zone hatte Forderungen gegen eine OHG B. mit Sitz in der sowjet. Zone. Nach Kriegsende wurde das Vermögen der Schuldnerin enteignet, und ihr alleiniger Gesellschafter verlegte seinen Wohnsitz in die brit. Zone. Die Firma A. & Co. trat ihre Rechte an die Kl., eine Firma mit Sitz im brit. Sektor von Berlin, mit Genehmigung der brit. Militärregierung ab. Das LG gab der Klage der Zessionarin gegen den bekl. Alleininhaber der OHG B. statt.

Aus den Gründen:

„Die auf §§ 631, 398 BGB gestützte Klage ist begründet. Die Aktivlegitimation ist gegeben. Die Firma A. & Co. hat ihren Sitz in Berlin außerhalb des brit. Besatzungsgebietes. Sie ist daher eine abwesende Gläubigerin im Sinne des Art. I, 1f. des Ges. 52 der MilReg., deren in der brit. Zone gelegenes Vermögen der Sperre dieses Gesetzes unterliegt. Eine Abtretung dieses gesperrten Vermögens stellt eine Verfügung dar, die erst durch ausdrückliche Genehmigung der brit. MilReg. wirksam wird. Diese Genehmigung ist aber erteilt, wie sich aus der vom Kl. vorgelegten Urkunde ergibt. Der Bekl. meint, daß die Abtretung auch durch die russ. MilReg. genehmigt werden müsse, um rechtswirksam zu sein. Es mag jedoch dahingestellt bleiben, ob auch in der russ. Zone entsprechende Vorschriften ergangen sind. Abgesehen davon, daß die Zedentin nach der Behauptung des Kl. im englischen Sektor Berlins ihren Sitz haben und damit der russ. MilReg. nicht unterstehen soll, würde eine Anordnung der russ. Besatzungsmacht nur in deren Zone gelten und über diesen Raum nicht hinauswirken. Die Abtretung der Forderung entspricht danach den gesetzlichen Vorschriften, und der Kl. ist berechtigt, den Anspruch geltend zu machen."

**333. Ist dem in der Ostzone wohnhaften Gläubiger eine Verfügung über seinen Kostenerstattungsanspruch gegen den in West-Berlin wohnhaften Schuldner untersagt, so ist die Abtretung des Anspruches an den in West-Berlin wohnhaften Prozeßbevollmächtigten des Gläubigers und die Bestimmung eines Zahlungsortes in West-Berlin eine unzulässige Umgehung der Verfügungssperre.**

LG Berlin (West), Beschl. v. 25. 4. 1949 — 24 T 238/49: JR 1949, 323.

Ein im Ostsektor von Berlin wohnhafter Gläubiger hatte einen Kostenfestsetzungsbeschluß gegen den in den Westsektoren wohnhaften Schuldner erwirkt und auf Grund dieses Titels in Vermögen des Schuldners vollstreckt. Der Gläubiger behauptet, daß er den Kostenerstattungsanspruch bei Erteilung des Auftrages an seinen in West-Berlin wohnhaften Prozeßbevollmächtigten abgetreten habe. Das AG hielt die Pfändung für zulässig, das LG erklärte sie für unzulässig.

Aus den Gründen:

„Nach Ziff. 57b UmstVO finden die Verfügungsbeschränkungen des Ges. Nr. 52 auf Altgeld-Guthaben und Forderungen und Verbindlichkeiten in DM Anwendung, wenn der Gläubiger oder Schuldner ihren Wohnsitz, Sitz oder Ort der Niederlassung in einem deutschen Gebiet außerhalb des betreffenden Gebietes haben. Unter dem betreffenden Gebiet ist das Gebiet der Westwährung zu verstehen. Diese Sperrbestimmung ist durch die DfBest. Nr. 10 zur UmstVO v. 24. 2. 1949 (VOBl S. 79) zwar dahin eingeschränkt worden, daß sie keine Anwendung findet auf einen Gläubiger, der seinen Wohnsitz in West-Berlin hat und dem eine Forderung gegen einen außerhalb dieses Gebietes wohnenden Schuldner zusteht. Wenn ein Gläubiger aus dem Ostwährungsgebiet eine Forderung gegen einen Schuldner im Westwährungsgebiet geltend machen will, bleibt es jedoch bei der Bestimmung der Ziff. 57b UmstVO. Dies bedeutet, daß nach § 1 Abs. II Ziff. 2 AO des Rechtskomitees der Alliierten Kommandantur v. 28. 3. 47 BKO (47) 74 — vor Beginn des Verfahrens die Ermächtigung der zuständigen MilReg. zur Ausübung der Gerichtsbarkeit einzuholen ist. Die Anwendbarkeit der vorgenannten Bestimmung ergibt sich daraus, daß infolge der Notwendigkeit der Genehmigung der zuständigen MilReg. diese im Sinne der Vorschrift betroffen ist (vgl. Verf. des Chefpräsidenten v. 9. 3. 1949 betr. Ermächtigung zur Ausübung der Gerichtsbarkeit in besonders gelagerten Einzelfällen Ziff. 3a — Gen. 1413 F. 1. 49 [1] —). Die vorgenannten Bestimmungen finden auch auf den Kostenerstattungsanspruch der Gläubigerin Anwendung.

Die Anwendbarkeit dieser Bestimmung kann auch nicht dadurch ausgeschlossen werden, daß die Gläubigerin ihren Kostenerstattungsanspruch gegen den Schuldner angeblich an ihren in West-Berlin wohnenden Prozeßbevollmächtigten abgetreten hat. Abgesehen davon, daß gegen die Rechtsgültigkeit einer solchen Abtretung wegen der damit verbundenen Umgehung der Ziff. 57b UmstVO erhebliche Bedenken bestehen, ist in dem Kostenfestsetzungsbeschluß als Gläubigerin des Erstattungsanspruchs nicht der Prozeßbevollmächtigte der Gläubigerin, sondern diese selbst angegeben worden. Der Beschluß ist auch bisher nicht auf den Prozeßbevollmächtigten umgeschrieben worden. Schließlich ist es auch ohne Bedeutung, ob der Kostenbetrag an die Gläubigerin in der Ostzone oder ihren Prozeßbevollmächtigten in West-Berlin gezahlt werden soll, weil in Ziff. 57b UmstVO nicht auf den Zahlungsort, sondern auf den Wohnsitz der Gläubigerin abgestellt ist und diese Sperrvorschrift auch nicht ohne weiteres dadurch umgangen werden kann, daß ein in dem Ostwährungs-Gebiet wohnender Gläubiger einen Zahlungsort im Westwährungs-Gebiet dem Schuldner angibt."

**334. Die Zwangsvollstreckung wegen einer Forderung eines in der Ostzone wohnenden Gläubigers gegen einen im Währungsgebiet wohnenden Schuldner unterliegt auch dann der Genehmigung der Landeszentralbank, wenn der Gläubiger einen Empfangsberechtigten im Währungsgebiet bestellt hat.**

Schleswig-Holsteinisches OLG (brit. Zone), Beschl. v. 13. 1. 1950 — 5 W 5/50: Schl-HolAnz. 1950, 62.

**335. Für die Beurteilung der durch die Zonentrennung erschwerten Zahlungsverpflichtungen sind die Grundsätze anzuwenden, die von der Rechtsprechung zum Devisenrecht bei einer auf RM lautenden Zahlung an einen Devisenausländer entwickelt wurden. — Danach erfüllt die Hinterlegung, die der Unterhaltsverpflichtete in der brit. Zone zugunsten des in Berlin wohnhaften Unterhaltsberechtigten vornimmt, nicht die geschuldete Leistung.**

KG Berlin, Beschl. v. 1. 9. 1948 — 3 W 794/48: JR 1949, 117; NJ 1949, 39; NJW 1949, 425; DRsp. I (128) 4a.

Der Kl. behauptet, die ihm durch einstweilige Anordnung auferlegte fällige Unterhaltsrente bei der Hinterlegungsstelle des AG L. (brit.) hinterlegt zu haben mit der Begründung, daß er nach dem MilRegGes. Nr. 52 nicht berechtigt sei, von seinem Wohnsitz in L. aus das Geld an die in Berlin wohnende Bekl. zu übersenden oder an einen Bevollmächtigten der Bekl. in den Westzonen auszuzahlen. Auf die vom Kl. erhobene Vollstreckungsgegenklage hat das LG die Zwangsvollstreckung aus der einstweiligen Anordnung einstweilen eingestellt. Das KG hat der hiergegen gerichteten Beschwerde der Bekl. stattgegeben.

Aus den Gründen:

„Auf jeden Fall hat der Kl. kein Recht zur Hinterlegung gemäß § 372 BGB. Hinterlegen darf der Schuldner nach § 372 BGB nur, wenn der Gläubiger in Verzug der Annahme ist oder wenn der Schuldner aus einem anderen in der Person des Gläubigers liegenden Grunde seine Verbindlichkeit nicht erfüllen kann. Nach den Grundsätzen, welche in ähnlichen Fällen unter der Herrschaft der Devisengesetzgebung bei einer auf Reichsmark lautenden Zahlung an einen Devisenausländer in RGZ 151, 116 (121—122) entwickelt worden sind, trifft keine der beiden Voraussetzungen zu.

In Annahmeverzug konnte der Gläubiger nur geraten, wenn der Schuldner die nach dem gesetzlichen Schuldverhältnis des Unterhaltsrechts zu erbringende Geldleistung durch Zahlung an einen nur innerhalb des Gebietes des MilRegGes. Nr. 52 anwesenden Gläubiger zu erfüllen hatte. Das deutsche Recht schreibt eine solche Regelung des Unterhaltsanspruchs gemäß §§ 1361, 269, 270 BGB nicht vor. Danach hat der Schuldner die Geldrente, selbst wenn man als Erfüllungsort nach § 269 BGB den Wohnsitz des Schuldners annimmt, gemäß § 270 I BGB auf seine Gefahr und Kosten dem Gläubiger an dessen Wohnsitz zu übermitteln. Das MilRegGes. Nr. 52 ändert an dem materiellen Inhalt des Unterhaltsverhältnisses hinsichtlich des Erfüllungsortes und des Übermittlungsortes nichts. Es schränkt namentlich die Pflicht des Schuldners zur Leistung nicht dahin ein, daß er nur in dem Sperrgebiet seine Schuldverbindlichkeiten zu erfüllen hätte, auch wenn deren Erfüllung durch Übermittlung an einen Ort außerhalb des Sperrgebietes zu vollenden wäre. Das Sperrgesetz will nur die Ausführung der in seinem Gebiet liegenden Vermögenswerte ohne Genehmigung der MilReg. verhindern. Ob dadurch der Schuldner zivilrechtlich außer Stande gesetzt wird, Verbindlichkeiten außerhalb des Sperrgebietes zu erfüllen, berührt diese Zweckgestaltung nicht. Das MilRegGes. Nr. 52 beschränkt nur die Haftung des Schuldners bezüglich seines im Sperrgebiet befindlichen Vermögens auf den ‚anwesenden Gläubiger'. Dadurch ändert sich nicht der Inhalt der Schuld. Der Schuldner darf und muß mit seinem außerhalb des Sperrgebietes befindlichen Vermögen seine Schuld auch gegenüber dem abwesenden Gläubiger tilgen. Durch das Sperrgesetz wird namentlich nicht etwa seine Übermittlungspflicht gemäß § 270 BGB aufgehoben, so daß er durch eine Übersendung des Geldes außerhalb des Sperrgebietes keine Gefahr und Kosten zu tragen hätte. Das Verbot der Verfügung, namentlich der Einziehung, ergreift dagegen nur das

Vermögen des Schuldners innerhalb des Sperrgebietes. Mit seinem übrigen Vermögen haftet der Schuldner uneingeschränkt.

Soweit der Schuldner durch das Sperrgesetz gehindert ist, aus Mitteln, die er im Sperrgebiet hat, an den Gläubiger außerhalb des Sperrgebietes zu zahlen, beruht dies nicht auf einem Grunde in der Person des Gläubigers. Solche Verfügungsbeschränkung, wie sie beim Arrest über die Forderung gegeben ist, liegt aber hier nach den obigen Darlegungen deshalb nicht vor, weil die Verfügungsbeschränkung des Gläubigers nicht total, sondern nur partiell ist. Vor allem aber hat diese partielle Verfügungsbeschränkung nicht wie beim Arrest ihren Grund in der Person des Gläubigers, dessen ‚Abwesenheit' ist ein relativer Begriff. Das partielle Verfügungshindernis beruht auf der Zonentrennung von Gläubiger und Schuldner. Bei Anwesenheit beider Teile in demselben Bereich innerhalb oder außerhalb des Sperrgebietes beständen keine Übermittlungsschwierigkeiten.

Der Schuldner hat gemäß § 242 BGB seine Verbindlichkeit nach Treu und Glauben zu erfüllen. Im vorliegenden Fall hat er sich — ob verschuldet oder unverschuldet — von dem Bestimmungsort getrennt, an den das Geld zu übersenden ist. Es ist deshalb auch billig, daß er den Gläubiger nicht auf die Hinterlegung verweisen darf. Dazu kommt noch, daß durch Geldrente der Unterhalt der Bekl. befriedigt werden soll, daß die Erfüllung also den Schutz vor physischer Not der Bekl. bezweckt. Wenn der Kl. demgegenüber zur Erfüllung seiner Unterhaltsverbindlichkeit in Berlin kein Geld zur Verfügung haben sollte, wofür er grundsätzlich einzustehen hat, sondern hier vorhandene Sachwerte in Geld umsetzen und dabei Verluste hinnehmen muß, so verdient bei der Interessenabwägung der Schutz gegen physische Not den Vorzug vor der materiellen Einbuße.

Dem Kl. sind in Anbetracht der stärkeren Schutzwürdigkeit der unterhaltsbedürftigen Bekl. solche materiellen Einbußen um so mehr zuzumuten, als er seine Sachwerte in Berlin infolge der Zonentrennung und Zonensperre nicht nutzen kann und sonst noch die Unterhaltsgelder unfruchtbar hinterlegen würde, so daß die doppelten Werte ohne jeden Nutzen für eine der Parteien festlägen."

**336. Der Zweck einer Unterhaltsleistung wird auch dann erreicht, wenn der westdeutsche Schuldner den Unterhaltsbetrag aus devisenrechtlichen Gründen auf ein westdeutsches Sperrkonto des ostdeutschen Gläubigers einzahlen muß.**

OLG Neustadt (französ. Zone), Beschl. v. 8. 6. 1949 — 1 W 54/49: NJ 1949, 195 (zust. *Nathan*).

Die Parteien, von denen sich der Kl. in L. (französ.), die Bekl. in P. (sowjet.) aufhält, leben in Ehescheidung. Das LG hat den Kl. gemäß § 627 ZPO verurteilt, an die Bekl. und die ehelichen Kinder eine monatliche Rente zu zahlen. Der Bekl. bestreitet das Rechtsschutzinteresse für den Antrag der Kl. Das OLG wies jedoch die Beschwerde des Bekl. zurück.

Aus den Gründen:

„Die Beschwerde ist nur zum Teil begründet. Nach dem Bescheid der Landeszentralbank Rheinland-Pfalz hat diese die Genehmigung erteilt, daß der Betrag von 110 DM monatlich an ein Sperrkonto bei einer Devisenbank des Währungsgebietes zugunsten der Bekl. und ihrer Kinder zu Lasten des Kl. gezahlt oder überwiesen werden kann. Hiernach stellt sich die einstweilige Anordnung in dem vom Senat ausgesprochenen Umfange als gerechtfertigt dar. Es trifft zwar zu, daß der Zweck der Unterhaltsregelung nach § 627 ZPO darauf gerichtet ist, den Unterhalt für die Dauer des Rechtsstreites zu regeln und den unterhaltsberechtigten Ehegatten für diese Zeit mit den nötigen Mitteln zum Leben zu versehen. Dieser Zweck bleibt aber bei der getroffenen Regelung erhalten. In dieser Hinsicht sei lediglich auf die Möglichkeit verwiesen, daß die Bekl. auf der Grundlage der Zahlungen auf ein Sperrkonto, das als Sicherheit für einen Kreditgeber dienen kann, in der Ostzone einen Kredit aufnimmt und hiervon ihren gegenwärtigen Unterhalt bestreitet . . ."

**337. Deutsche Gerichte können nicht zur Zahlung in fremder Währung verurteilen. — Transferschwierigkeiten sind Vollstreckungsschwierigkeiten; sie befreien dagegen den Schuldner nicht von seiner Verpflichtung. — Die Leistung einer Unterhaltsrente wird nicht dadurch unmöglich, daß devisenrechtlich nur die Zahlung auf ein Sperrkonto den Schuldner befreit (entgegen RGZ 165, 221).**

OLG Düsseldorf (brit. Zone), Beschl. v. 22. 2. 1950 — 7 U 178/49: JMBl NRW 1950, 84; MDR 1950, 296; Rdbf. 23 (1950/51) 13; DRsp. II (250) 7d—f.

Dem in der brit. Zone wohnhaften Kl. wurde gemäß § 627 ZPO für die Dauer des Scheidungsstreites die Zahlung einer Unterhaltsrente an die in der sowjet. Zone wohnhafte Bekl. aufgegeben. Das OLG bestätigte den Beschluß.

Aus den Gründen:

„Angesichts der geltenden Währungs- und Devisengesetzgebung muß heute davon ausgegangen werden, daß die Gerichte in den verschiedenen Besatzungszonen nur zur Zahlung in eigener Währung verurteilen können. Dieser Grundsatz war im anglo-amerikanischen Rechtskreis schon immer geltendes Recht (vgl. *Raape*, IPR² 327). Er muß jetzt auch in Deutschland, wo er früher sicherlich nicht gegolten hat, für dessen Gerichte als verbindlich angesehen werden.

Einmal sind nämlich die Ostmark wie die Westmark reine Binnenwährungen. Die Ausfuhr in das Ausland und über die Grenzen des jeweiligen Währungsgebietes ist grundsätzlich nicht gestattet (vgl. MilRegGes. Nr. 53; § 26 II des Ges. Nr. 63 [UG]). Zum anderen ist es heute gemäß § 3 des WährungsG (Ges. Nr. 61) grundsätzlich jedermann verwehrt, Verbindlichkeiten in anderer als der eigenen Währung einzugehen. Nur in Ausnahmefällen ist eine Abweichung von dieser Gesetzesvorschrift mit Zustimmung einer Dienststelle der Besatzungsmacht zulässig. Somit haben die Gerichte nur die Möglichkeit, jeweils zur Zahlung in der Währung ihres eigenen Gebietes zu verurteilen.

Aus dieser Verpflichtung der Gerichte und dem Verbot jeder Art von Zahlungen aus einem Währungsgebiet Deutschlands in das andere folgt jedoch nicht, daß eine auf Zahlung gerichtete Klage zwischen Parteien in verschiedenen Währungsgebieten wegen des Fehlens der Erfüllungsmöglichkeit ohne weiteres (a limine) abgewiesen werden müßte. Die Annahme nämlich, daß hier der Fall einer vorübergehenden Unmöglichkeit, die der dauernden Unmöglichkeit gleichgestellt werden müßte, weil der Zeitpunkt der Behebung der Unmöglichkeit nicht abzusehen sei, vorliege mit der Folge der Befreiung des Kl. von seiner Leistungspflicht, da er die Unmöglichkeit nicht zu vertreten habe (§§ 275, 279 BGB), ist nicht gerechtfertigt.

Transferschwierigkeiten sind vielmehr Vollstreckungsschwierigkeiten. Die gerichtliche Feststellung des Bestehens eines Anspruchs ist klar zu trennen von der Frage der späteren Verwirklichung des festgestellten Anspruchs [wird ausgeführt].

Von großer praktischer Bedeutung ist . . . die in der 19. DVO zum UG (VOBl brit. 1949, 66) erteilte generelle Ermächtigung zur Begleichung von Geldschulden gegenüber Gläubigern in der Ostzone und im sowjet. Sektor von Groß-Berlin . . . Die Bekl. kann daher, wenn die Unterhaltsbeträge auf ein Sperrkonto eingezahlt werden, darüber nicht verfügen. Trotzdem kann eine Anordnung, die den Unterhaltsverpflichteten zwingt, die Unterhaltsrenten auf ein Sperrkonto einzuzahlen, nicht deshalb als unzulässig angesehen werden, weil das Anhalten zur Zahlung von Unterhalt auf ein Sperrkonto, wie der Kl. meint, dem Wesen des Unterhalts widerspreche. Die Unterhaltszahlungen, so begründet der Kl. seine Ansicht, seien nämlich zweckgebunden und dazu bestimmt, den jeweiligen Lebensbedarf des Unterhaltsberechtigten laufend zu decken, nicht dagegen sei es ihr Zweck, die Schaffung von Vermögensansammlungen zu ermöglichen. Zwar hat das RG in RGZ 165, 221 in einem Fall, wo es über die Unterhaltsansprüche eines sich im Devisenausland befindlichen Unterhaltsberechtigten, der einen im Deviseninland wohnenden Unterhaltsverpflichteten in Anspruch nehmen wollte, im Hinblick auf die gleichen Erwägungen die Zahlung von Unterhaltsbeträgen auf ein Sperrkonto als dem Zweck des Unterhalts widersprechend angesehen und weiter ausgeführt, daß es sich nach dem Grundsatz von Treu und Glauben nicht rechtfertigen lasse, dem Unterhaltsverpflichteten eine Leistung aufzuerlegen, die ihn belaste, aber ihren Zweck nicht zu erfüllen vermöge.

Die vom RG entwickelten Grundsätze können jedoch auf die Verhältnisse, die sich aus der Geltung von verschiedenen Währungen in den auseinandergerissenen Teilen Deutschlands ergeben, keine Anwendung finden. Das RG konnte damals davon ausgehen, daß die Fälle, wo Unterhaltsberechtigte und -verpflichtete in verschiedenen Währungsgebieten wohnen, verhältnismäßig sehr selten seien. Gegenwärtig sind aber Unterhaltsberechtigte und Unterhaltsverpflichtete im großen Ausmaß durch die innerdeutschen Währungsgrenzen auseinandergerissen. Im Gegensatz zu heute bestand ferner damals auch tatsächlich die Möglichkeit der Überweisung von Unterhaltsrenten in das Ausland, so daß es einer Einzahlung auf ein Sperrkonto nicht bedurfte. Gemäß Abschnitt IV Nr. 61 der Richtlinien für die Devisenbewirtschaftung v. 22. 12. 1938 (RGBl I 1851 ff.) konnten nämlich die Devisenstellen die Überweisung von Unterhaltszahlungen in das Ausland genehmigen, wenn der Empfänger im

Ausland auf die Bezüge für einen bescheidenen Lebensunterhalt dringend angewiesen und diesem eine Rückkehr in das Inland nicht zuzumuten war.

Gegenwärtig rechtfertigen die Interessen des Unterhaltsberechtigten durchaus die Zahlung des Unterhalts auf ein Sperrkonto. Einmal besteht für den Unterhaltsberechtigten in der Ostzone unter Umständen insofern eine Verwertungsmöglichkeit des Sperrkontos, als sich ein Dritter bereitfinden mag, im Hinblick auf das in der Westzone beigetriebene Geld dem Berechtigten Mittel zur Verfügung zu stellen. Zum anderen besteht auch ein Interesse des Unterhaltsberechtigten an der laufenden Zahlung auf das Sperrkonto. Erfolgt nämlich die Zahlung auf das Sperrkonto nicht, so würde in der Regel aller Voraussicht nach der Berechtigte nicht befriedigt werden. Der Pflichtige würde nämlich seine Geldmittel, insbesondere seinen laufenden Lohn, inzwischen anderweitig ausgeben. Schließlich verlangen aber auch die öffentlichen Unterstützungsbehörden in der Ostzone, wie gerichtsbekannt ist, grundsätzlich den Nachweis, daß der Bedürftige zunächst alle Möglichkeiten, von dem Pflichtigen Unterhalt zu erlangen, ausschöpft und insbesondere seine Ansprüche gerichtlich geltend macht. Diesen Interessen des Berechtigten stehen begründete Interessen des Pflichtigen nicht entgegen.

Für den Kl. ist es gleichgültig, ob er die Unterhaltsbeträge in bar überweist oder die Zahlung auf ein Sperrkonto bewirkt.

Auch die Vorschrift des § 627 ZPO rechtfertigt eine andere Beurteilung nicht. Aus der genannten Vorschrift ergibt sich nämlich ebenfalls für das Prozeßgericht nicht die Verpflichtung, vor Erlaß der Anordnung zu prüfen, ob die Verwirklichung des Anspruchs noch während der Rechtsstreites vor sich gehen kann.“

**338.** **Trotz der devisenrechtlichen Vorschrift, nach der Zahlungen an Devisenausländer nur auf Sperrkonto erfolgen dürfen, ist der Zweck einer Unterhaltsleistung an einen Devisenausländer erreichbar, und der Schuldner ist nicht wegen Unmöglichkeit der Leistung befreit.**

OLG Oldenburg (brit. Zone), Beschl. v. 19. 4. 1950 — 1 W 22/50: MDR 1950, 430.

Zwischen den Parteien schwebt ein Ehescheidungsstreit. Der Kl. wohnt in den Westzonen, die Bekl. in der Ostzone. Der Kl. wurde zur Zahlung von Unterhaltsbeträgen an die Bekl. verurteilt.

Aus den Gründen:

„Der Kl. ist der Bekl. gegenüber zur Zahlung von Unterhalt verpflichtet. Eine direkte Zahlung an die in der Ostzone wohnhafte Bekl. ist nicht zulässig. Vielmehr kann nur eine Zahlung auf Sperrkonto erfolgen. Wenn die Bekl. über ein derartiges Sperrkonto auch nur mit Genehmigung der Landeszentralbank zu begrenzten Zwecken verfügen kann und infolgedessen das Geld zu seiner eigentlichen Zweckbestimmung, nämlich der Bestreitung ihres eigenen Unterhalts, zur Zeit nicht in vollem Umfange verwenden kann, so steht das nach Ansicht des Senats dem Erlaß einer einstweiligen Anordnung nicht entgegen. Die vom Kl. angeführte Entscheidung RGZ 165, 219 kann für die jetzt bestehenden außergewöhnlichen Verhältnisse nicht maßgebend sein.“

**339.** **Infolge des Transferverbots zwischen der Ost- und den Westzonen besteht kein rechtliches Interesse an dem Erlaß einer einstweiligen Anordnung für eine Regelung des Unterhalts während des Scheidungsprozesses (§ 627 ZPO) von Parteien mit Wohnsitz in verschiedenen Zonen.**

OLG Stuttgart (amerik. Zone), Beschl. v. 9. 5. 1950 — 1 W 249/50: MDR 1950, 554.

Zwischen dem Kl. mit Wohnsitz in der Ostzone und der Bekl. mit Wohnsitz in den Westzonen schwebt vor dem LG St. (amerik.) ein Ehescheidungsprozeß. Das OLG hat die vom LG gemäß § 627 ZPO erlassene einstweilige Anordnung für die Unterhaltsregelung aufgehoben.

Aus den Gründen:

„Ein Rechtsanspruch für eine Regelung des Unterhalts durch einstweilige Anordnung auf Grund des § 627 ZPO kann nur anerkannt werden, wenn die in einer solchen Entscheidung auferlegte Verpflichtung auch erfüllt werden kann. Wo diese Möglichkeit bei der gegebenen Sachlage nicht besteht, da ist kein Raum für eine einstweilige Anordnung. Da der Kl. in der Ost-, die Bekl. in der Westzone lebt und Überweisungen von Geldbeträgen zwischen diesen beiden Zonen verboten sind, fehlt es für eine den Kl. zur Bezahlung einer Rente verpflichtende gerichtliche Anordnung an der Durchführbarkeit. Ein rechtliches Interesse der Bekl. an der von ihr beantragten einstweiligen Anordnung ist daher zu verneinen."

**340.** **Seit Anfang 1950 ist die Vollstreckung von Urteilen aus der sowjet. Besatzungszone in den Westzonen ohne Einschränkung möglich; dagegen unterliegen Verfügungen über den Erlös aus der Vollstreckung den westdeutschen Devisengesetzen. — Daher ist zugunsten eines ostzonalen Gläubigers, der den Erlaß eines Pfändungs- und Überweisungsbeschlusses zu Lasten seines westzonalen Schuldners gegenüber dem westzonalen Drittschuldner beantragt hat, zwar ein Pfändungs-, nicht aber auch ein Überweisungsbeschluß zulässig.**

LG Braunschweig (brit. Zone), Beschl. v. 29. 4. 1950 — 9 T 186/50: MDR 1950, 555.

Der Gläubiger, ein in der Ostzone wohnendes uneheliches Kind, hat aus einem Unterhaltstitel des LG Braunschweig einen Pfändungs- und Überweisungsbeschluß gegen den Schuldner mit Wohnsitz in den Westzonen erwirkt, wonach die dem Schuldner gegen das Volkswagenwerk in W. (brit.) zustehende Arbeitslohnforderung gepfändet und dem Gläubiger zur Einziehung überwiesen wird. Das LG hat nur den Pfändungsbeschluß aufrechterhalten.

Aus den Gründen:

„Dem Gläubiger ist ... zuzugeben, daß nach der Mitteilung der Rechtsabteilung des Land Commissioner's Office v. 28. 1. 1950 (L N S /5630/ L E G) in der Fassung der Bek. des Nds. Ministers der Justiz v. 3. 3. 1950 (NdsRpfl. 1950, 54) die Rechtslage sich geändert hat und daß nun, wie es in dieser Mitteilung wörtlich heißt, ‚hinsichtlich der Vollstreckung von Urteilen zugunsten von Personen, die in der russischen Zone wohnen, keine Einschränkungen bestehen'.

Allerdings ist auch der Nachsatz zu beachten: ‚wenngleich die Verfügung über den Erlös aus der Vollstreckung dem Währungsgesetz und seinen Durchführungsbestimmungen unterliegt'.

Die Kammer tritt bei dem klaren Wortlaut des Vordersatzes der Ansicht des Gläubigers bei, daß, wie es in der Mitteilung wörtlich heißt, ‚nunmehr' die Vollstreckung zunächst ohne Einschränkung zulässig ist ... Da aber auch der oben zitierte Nachsatz zu beachten ist, hält die Kammer nur solche Vollstreckungsakte für uneingeschränkt zulässig, die in keiner Weise eine Verfügung über den Erlös der Vollstreckung enthalten.

Da ein Pfändungsbeschluß allein weder den Bestand der den Gesetzen Nr. 52 und 53 unterfallenden Forderung des Ostzonengläubigers gegen den Westzonenschuldner verringern oder sonstwie gefährden kann noch die Möglichkeit bietet, irgendwie über den Erlös der Vollstreckung zu verfügen (denn der Gläubiger darf nur alles tun, um sein Pfandrecht zu erhalten, darf aber nicht etwa die gepfändete Forderung abtreten oder mit ihr aufrechnen), bestehen weder nach dem Wortlaut noch nach dem Sinn der oben genannten Mitteilung der Rechtsabteilung des Land Commissioners Bedenken, den Erlaß eines Pfändungsbeschlusses uneingeschränkt auch zugunsten eines Ostzonengläubigers zuzulassen ... Dagegen konnte der Überweisungsbeschluß nicht aufrechterhalten werden, weil hierfür nach Ansicht der Kammer nach wie vor entweder eine Genehmigung der zuständigen Behörden oder die Anordnung erforderlich ist, daß der Erlös auf Sperrkonto zu zahlen ist.

Das ergibt sich aus dem oben zitierten Nachsatz, ‚wenngleich die Verfügung über den Erlös aus der Vollstreckung dem Währungsgesetz und seinen Durchführungsbestimmungen unterliegt'. Aus diesem Nachsatz muß, wenn er nicht sinnlos sein soll, geschlossen werden, daß die Besatzungsbehörden Vollstreckungsakte, die gleichzeitig eine Verfügung über den Erlös bedeuten, nach wie vor dem UG und damit (§ 26 II) den Gesetzen 52 und 53 unterwerfen und genehmigungspflichtig machen wollen, denn es kann keinesfalls angenommen werden, daß durch die Mitteilung der Rechtsabteilung des Land Commissioners die Gültigkeit der Gesetze 52 und 53 in Zweifel gezogen werden soll.

Daß also z. B. eine Überweisung an Zahlungs Statt, die gleichzeitig Vollstreckungsakt und Befriedigung des Gläubigers ist (da sie, wenn die Forderung gegen den Drittschuldner besteht, wie eine Abtretung wirkt und die Forderung des Gläubigers gegen den Schuldner zum Erlöschen bringt), genehmigungspflichtig ist, muß aus dem oben zitierten Nachsatz auf alle Fälle geschlossen werden.

Aber auch für eine Überweisung zur Einziehung muß nach dem Sinn der genannten Mitteilung dasselbe gelten, obwohl sie — im Begriffssinn des deutschen Rechts — keine Verfügung über den Erlös der Vollstreckung erhält [wohl: enthält], vielmehr nur den Gläubiger ermächtigt, das Recht des Schuldners im eigenen Namen geltend zu machen."

**341. Eine devisenrechtlich unzulässige Klage ist zwar zulässig, muß aber als zur Zeit unbegründet abgewiesen werden.**

LAG Frankfurt a. M. (amerik. Zone), Beschl. v. 19. 1. 1951 — A 767/50: AP 1951, Nr. 190.

Die in der Ostzone wohnhafte Kl. beansprucht die Zahlung einer Rente, die ihrem verstorbenen Ehemann ausgesetzt worden war. Der Bekl. wohnt in den Westzonen. Die Kl. hat eine devisenrechtliche Genehmigung nicht vorgelegt. Die Klage wurde daher als zur Zeit unbegründet abgewiesen.

Aus den Gründen:

„Schon in der unter dem alten Devisenrecht (vgl. Devisengesetz v. 12. 12. 1938, RGBl I 1733) entstandenen Rechtsprechung war anerkannt, daß eine Verurteilung zur Leistung ohne Vorliegen der erforderlichen Devisengenehmigung nicht ergehen kann, da die Verurteilung zu einer verbotenen Leistung nicht zulässig ist. Die Leistungsklage war demgemäß in solchen Fällen als zur Zeit unbegründet abzuweisen (vgl. RGZ 143, 328; 151, 35 [38]). Entsprechendes gilt auch im Anwendungsbereich des MilRegGes. Nr. 53. Der Mangel an Devisengenehmigung ist zwar kein Prozeßhindernis, da die Erhebung der Klage nach der ausdrücklichen Bestimmung in Art. 1, Ziff. 2 a der 3. DVO zum MilRegGes. Nr. 53 nicht unter die Genehmigungspflicht fällt, die Klage selbst nach Devisenrecht also zulässig ist, das Fehlen der Genehmigung führt aber zur Abweisung des Anspruchs wegen Unbegründetheit, da dem Forderungsrecht des Gläubigers bei fehlender Devisengenehmigung gemäß Art. VII MilRegGes. Nr. 53 jede Rechtswirkung abgesprochen werden muß."

**342. Die Westmarkforderung eines im Ostsektor von Berlin Beschäftigten gegen die Berliner Lohnausgleichskasse aus dem Lohnumtausch kann gepfändet werden.**

LG Berlin (West), Beschl. v. 22. 7. 1949 — 24 T 1348/49: JR 1949, 481.

Der Gläubigerin steht ein Unterhaltsanspruch in Westmark zu. Wegen dieses Anspruches ist ein Pfändungs- und Überweisungsbeschluß erlassen worden. Die Drittschuldnerin wohnt jedoch im Ostsektor, so daß sie dem Schuldner seinen Arbeitslohn und infolgedessen der Gläubigerin den gepfändeten Teil des Arbeitslohnes nur in Ostmark zahlt. Auf Antrag der Gläubigerin hat daher das AG einen weiteren Pfändungs- und Überweisungsbeschluß erlassen, der den Anspruch des Schuldners gegen die Lohnausgleichskasse auf Umtausch von 60% seines Arbeitslohnes in DM-West betrifft. Das LG bestätigte diesen Beschluß.

Aus den Gründen:

„Der Schuldner hat nach IX C. der WährungsergänzungsVO v. 20. 3. 1949 gegen die Lohnausgleichskasse einen Anspruch auf Umtausch von 60% des Nettolohnes im Verhältnis 1 : 1 in Westmark. Die Gläubigerin kann den ihr zustehenden Westmarkbetrag nur erhalten, wenn der Anspruch des Schuldners gegen die Lohnausgleichskasse auf Umtausch in Höhe ihrer Forderung gepfändet und überwiesen wird. Es handelt sich dabei nicht um eine Doppelpfändung, denn die Gläubigerin erhält nur das, was ihr zusteht, und dem Schuldner wird nur das abgezogen, was er nach dem Schuldtitel leisten muß. Für den Erlaß des beantragten

Beschlusses besteht daher ein praktisches Bedürfnis, und da die WährungsergänzungsVO keine die Pfändung des Umtauschanspruches für unzulässig erklärende Bestimmung enthält, rechtfertigt sich die getroffene Entscheidung."

## 2. Sowjetzonales Devisenrecht

**343. Die Verurteilung eines in der Ostzone wohnhaften Schuldners zur Zahlung eines Unterhaltsbetrages zu Händen eines in der Ostzone wohnhaften Eigentümers von Vermögenswerten in der Westzone, der seinerseits im Austausch für diese Leistungen die Nutzung seiner Vermögenswerte dem in der Westzone wohnhaften Unterhaltsberechtigten überläßt, ist unzulässig, wenn die Existenz der Vermögenswerte nicht nachgewiesen wird.**

OLG Halle (sowjet. Zone), Beschl. v. 14. 1. 1949 — 2 W 128/48: NJ 1949, 118 (abl. *Nathan*); DRZ 1949, 283; DRsp. IV (418) 36b.

Die unterhaltsberechtigte ASt. hat ihren Wohnsitz in den Westzonen, der unterhaltsverpflichtete AGg. wohnt in der Ostzone. Durch den angefochtenen Beschluß wurde dem AGg. die Zahlung einer Unterhaltsrente für die ASt. zu Händen von deren in der Ostzone lebenden Eltern aufgegeben. Das OLG hob diesen Beschluß auf.

Aus den Gründen:

„Es besteht keine erlaubte Möglichkeit, Geld aus der Ostzone in die Westzone zu schicken. Seit der Währungsreform gilt außerdem in den Westzonen eine andere Währung als in der Ostzone. Trotz der gerichtlichen Auflage hat die ASt. nicht glaubhaft gemacht, daß die vom AGg. an ihre Eltern geleisteten Unterhaltsgelder oder ihr Gegenwert auch in absehbarer Zeit tatsächlich in die Hände der ASt. kommen können. Der Beschl. des LG besagt allerdings, daß die Eltern der ASt. im Westen Werte besitzen können, deren Nutzung der ASt. auf dem Wege des Austausches gestattet sei. Diese bloße Vermutung, für die sich in den Akten überdies ein tatsächlicher Anhalt nicht findet, kann nicht zur Aufrechterhaltung des angefochtenen Beschl. führen."

**344. Eine einstweilige Anordnung auf Zahlung von DM-Ost kann ergehen, auch wenn die Überweisung des Betrages an die Gläubigerin in den Westzonen zur Zeit nicht möglich ist.**

OLG Gera (sowjet. Zone), Beschl. v. 20. 7. 1949 — 4 W 332/49: NJ 1950, 23; DRsp. IV (418) 43c.

Aus den Gründen:

„Dem Erlaß einer einstweiligen Anordnung auf Zahlung von Unterhalt in Ostgeld gemäß § 627 ZPO steht der Umstand, daß die Antragstellerin in den Westzonen lebt und eine Überweisung von Ostgeld dorthin nicht möglich ist, nicht entgegen. Es ist Sache der Antragstellerin, den ihr durch Richterspruch gewährten Rechtsschutz mit dem gesetzlich zulässigen Mittel zu verwirklichen. Es geht aber nicht an, die Gewährung des Rechtsschutzes davon abhängig zu machen, ob seine Verwirklichung einfach, schwierig oder zur Zeit gar unmöglich ist. Andernfalls würde das nicht mehr und nicht weniger bedeuten, als eine neue Rechtsschutzvoraussetzung für Zahlungsansprüche aufstellen. Das würde letzten Endes dazu führen, daß jede beliebige Zahlungsklage, bei der Schuldner und Gläubiger in verschiedenen Währungsgebieten wohnen, wegen mangelnden Rechtsschutzbedürfnisses abzuweisen wäre. Dies entspricht aber nicht dem System unseres Verfahrens, nach dem es ausschließlich eine Frage der Zwangsvollstreckung ist, ob und wie weit der vom Gericht gewährte Rechtsschutz realisiert werden kann oder nicht. Das Prozeßgericht hat lediglich den gegenseitigen Unterhalt der Ehegatten zu regeln, es hat sich aber nicht darum zu kümmern, ob und wie der Gläubiger zu seinem Gelde kommt (vgl. hierzu *Nathan*, NJ 1949, 118)."

## 3. Beachtung fremden Devisenrechts

**345. Das Währungsstatut einer Geldforderung bestimmt sich in der besonderen Berliner Währungssituation nicht allein nach den am Wohnsitz des Schuldners oder am Erfüllungsort geltenden Bestimmungen. — Würde nämlich der Gläubiger einer Geldforderung durch die Annahme der danach maßgebenden Währung gegen ein gesetzliches Verbot seiner Besatzungsmacht verstoßen, so hat der Schuldner in der sekundär auch in seinem Sektor geltenden, am Wohnsitz des Gläubigers aber allein zugelassenen Währung zu erfüllen. — (Die Währung, in der eine RM-Forderung nach der Währungsreform zu erfüllen ist [Erfüllungsstatut], bestimmt zugleich das Recht, nach dem die Umwertung dieser RM-Forderung [Umstellungsstatut] zu erfolgen hat [!].)**

LG Berlin, Urt. v. 14. 8. 1948 — 23 O 29/47: NJ 1948, 163.

Der Bekl. mit Wohnsitz in einem der westlichen Sektoren von Berlin schuldete dem Kl. mit Wohnsitz in der sowjet. Zone einen RM-Betrag. Der Bekl. wurde zur Leistung in DM-Ost verurteilt.

Aus den Gründen:

„Die Auffassung der Bekl., daß sie diese Schuld gemäß Ziff. 32 der [Westberliner] UmstellungsVO v. 4. 7. 1948 nur in Höhe von $^1/_{10}$ in Westwährung zu begleichen habe, ist rechtsirrig. Für Personen und Betriebe in den Westsektoren gilt zwar grundsätzlich und primär die gemäß der genannten UmstellungsVO zu behandelnde Westwährung. Bei Beurteilung von Rechtsverhältnissen aber, die über die Sektorengrenzen Berlins hinausgehen, können angesichts der besonderen Berliner Währungssituation nicht allein die am Wohnsitz des Schuldners oder dem Erfüllungsort primär geltenden Bestimmungen in Betracht gezogen werden. Es sind vielmehr die Gesamtverhältnisse zu berücksichtigen, bei denen entscheidet, daß der Gläubiger aus dem Ostbereich — um einen solchen handelt es sich bei der Kl. — gegen ein gesetzliches Verbot seiner Besatzungsmacht verstoßen würde, wenn er Zahlung in Westwährung entgegennähme. Eine dem Gläubiger in dieser Weise verbotene Leistung kann — auch im Hinblick auf § 306 BGB — gerichtlich nicht zugesprochen werden. Es kommt hinzu, daß Geldschulden nach § 270 BGB im Zweifel Schickschulden sind. Die Übermittlung von Westmark an den Wohnsitz der Gläubigerin im Ostbereich ist aber auf legalem Wege nicht möglich. In Fällen der vorliegenden Art kann hiernach Erfüllung nur in der sekundär auch für die Westsektoren Berlins zugelassenen Ostwährung erfolgen, die gemäß dem Befehl Nr. 111 der sowjet. Besatzungsmacht in Verbindung mit der WährungsVO der Deutschen Wirtschaftskommission eine Abwertung alter Schulden nicht vorsieht."

**346.** **Die Regeln des deutschen internat. Privatrechts sind auf das interzonale Recht entsprechend anzuwenden. — Der Anknüpfungspunkt der Staatsangehörigkeit wird durch den des Wohnsitzes ersetzt. — Das Währungsstatut einer Unterhaltsverpflichtung richtet sich nach dem Unterhaltsstatut oder, unabhängig von diesem, nach der Parteivereinbarung, hilfsweise nach dem Wohnsitz des Schuldners. — Dem in einer anderen Zone wohnhaften Schuldner kann keine Verpflichtung auferlegt werden, die nach dem Recht seines Aufenthaltsortes verboten ist.**

OLG Hamm (brit. Zone), Beschl. v. 4. 12. 1950 — 8 W 418/50: JMBl NRW 1951, 56.

Zwischen den Parteien schwebt beim LG B. (brit.) ein Ehescheidungsprozeß. Die Kl. wohnt in der Westzone, der Bekl. in der Ostzone. Die Kl. hat beantragt, dem Bekl. im Wege der einstweiligen Anordnung gemäß § 627 ZPO die Zahlung einer Unterhaltsrente aufzugeben. LG und OLG lehnten den Antrag ab.

Aus den Gründen:

„Da der Bekl. in der Ostzone wohnt, schuldet er den Unterhalt für seine getrennt lebende Ehefrau und die gemeinschaftlichen Kinder gemäß Art. 14 und Art. 19 EGBGB in DM-Ost; denn bei der heutigen staatsrechtlichen Struktur Deutschlands sind die Regeln des Internat. Privatrechts als Interlokales Privatrecht entsprechend anzuwenden, wobei man statt von der Staatsangehörigkeit vom Wohnsitz auszugehen hat (vgl. OLG Schleswig, MDR 1950, 235[1]; LG Dortmund, MDR 1950, 552[2]; *Marquordt*, MDR 1950, 8). Zu dem gleichen Ergebnis kommt man auch, wenn man von der Verpflichtung des Bekl. als einem zwar aus dem Familienrecht fließenden, im übrigen aber selbständigen Schuldverhältnis ausgeht. In diesem Falle würde das Währungsstatut mangels anderweitiger Abreden der Parteien gemäß § 23 S. 2 ZPO nach dem Wohnsitz des Schuldners zu beurteilen sein und dieser gleichfalls in DM-Ost zu erfüllen haben (vgl. OGH Köln, NJW 1949, 503[3]).

Es kann nun dahingestellt bleiben, ob ein Gericht des Bundesgebiets rechtlich in der Lage ist, eine Verurteilung zur Zahlung in DM-Ost auszusprechen (so *Kühne*, NJW 1950, 729; vgl. auch Verlautbarung der Bank deutscher Länder vom 1. 12. 1949, NJW 1950, 750; dagegen OLG Düsseldorf, MDR 1950, 296[4]; OLG Schleswig, MDR 1950, 235[5]; *Marquordt*, MDR 1950, 8; vgl. auch OLG Stuttgart, MDR 1950, 554[6]). Denn es fehlt im vorliegenden Falle zunächst an der für das Bundesgebiet

[1] Siehe oben Nr. 203a. [2] Siehe oben Nr. 241. [3] Siehe unten Nr. 365.
[4] Siehe oben Nr. 337. [5] Siehe oben Nr. 203a. [6] Siehe oben Nr. 339.

erforderlichen Devisengenehmigung. Im Gegensatz zum Ostmarkgeld bildet die Forderung eines westdeutschen Gläubigers gegen einen in der sowjetruss. Besatzungszone, also außerhalb des ‚Gebiets', ansässigen Schuldner einen Devisenwert (vgl. Art. X d 3 i i. V. mit Art. X g des Ges. Nr. 53 [Neufassung] der MilReg. über die Devisenbewirtschaftung usw., VOBl Brit. Z. 1949, 520). Die Einziehung der Unterhaltsforderung der Kl. bedarf daher gemäß Art. I, 1 des genannten Gesetzes der Genehmigung der von der MilReg. bestimmten zuständigen Stelle. Darin hat sich auch nichts nach Inkrafttreten des Besatzungsstatuts geändert. Es kann nun aber auch nicht in Frage kommen, eine Zahlungsverpflichtung des Bekl. unter Vorbehalt der Beibringung der vorstehend erwähnten Genehmigung auszusprechen. Denn dieser unterliegt als Bewohner der sowjetruss. Besatzungszone seinerseits Beschränkungen im Zahlungsverkehr nach dem Bundesgebiet (vgl. z. B. Devisenanordnung der deutschen Wirtschaftskommission v. 26. 11. 1948 und Anordnung der gleichen Stelle über die Ein- und Ausfuhr von Zahlungsmitteln der sowjet. Besatzungszone Deutschlands und von ausländischen Zahlungsmitteln aus und nach den westlichen Besatzungszonen Deutschlands und dem Auslande v. 23. 3. 1949, ZVOBl 1948, 561, I 1949, 211). Dem Bekl. kann daher keine Verpflichtung auferlegt werden, die nach den Gesetzen seines Aufenthaltsortes verboten ist. Vielmehr muß die Kl. zunächst dartun, daß dem Bekl. durch die zuständige Stelle die Befugnis erteilt worden ist, dem Unterhaltsanspruch zu genügen."

**347. Auf das interzonale Recht sind die Grundsätze des deutschen internat. Privatrechts entsprechend anzuwenden. — An die Stelle der Staatsangehörigkeit tritt als Anknüpfungspunkt für das Personalstatut der Wohnsitz. — Unterhaltsstatut und Währungsstatut für Unterhaltszahlungen zwischen Ehegatten ist das Recht am Wohnsitz des Ehemannes. — Das Währungsstatut von Unterhaltszahlungen kann auch nach dem Recht am Erfüllungsort bestimmt werden. — Bei der Erfüllung interzonaler Unterhaltszahlungen wird sowohl das Devisenrecht am Sitz des Gläubigers als auch das am Wohnsitz des Schuldners berücksichtigt. — Nach beiden Devisenrechten darf eine auf DM-West lautende Forderung nicht durch Zahlung in DM-Ost erfüllt werden. — § 244 BGB gilt nur für Zahlungen im Inland. — § 244 BGB ist im interzonalen Recht wegen des Fehlens eines amtlichen Umrechnungskurses nicht anwendbar.**

LG Lüneburg (brit. Zone), Urt. v. 25. 1. 1951 — 1 S 722/50: MDR 1951, 303.

Der in Westdeutschland wohnhafte Kl. war zur Unterhaltsleistung in DM-West an seine in Ostdeutschland wohnhafte Ehefrau verurteilt worden. Er leistete Zahlungen in DM-Ost. Daraufhin vollstreckte die Gläubigerin gegen den Schuldner. Seine Zwangsvollstreckungsgegenklage wurde abgewiesen.

Aus den Gründen:

„Das Urteil lautet auf Zahlung in DM-West. Wenn der Kl. nunmehr in DM-Ost zahlt, so erfüllt er damit nur scheinbar den Urteilsanspruch der Bekl., während er in Wirklichkeit eine ganz andere Leistung vollbringt als diejenige, zu der er verurteilt worden ist (OLG Schleswig, MDR 1950, 235[1]).

Aber auch aus anderen Gründen ist die Auffassung des Kl., er könne die Urteilsforderung in DM-Ost erfüllen, rechtsirrig. Auf die Rechtsverhältnisse, die über die Zonengrenzen hinweg in Ost- und Westzone greifen, sind als interzonales Recht die Grundsätze des internat. Privatrechts entsprechend anzuwenden. Im vorliegenden Falle ergibt sich aus den Grundsätzen, die zu Art. 14 EGBGB entwickelt worden sind, daß das Heimatrecht des Ehemannes für die Unterhaltszahlungen maßgebend ist. Da beide Ehepartner im vorliegenden Falle deutsche Staatsangehörige sind, ist im interzonalen Recht nicht an die Staatsangehörigkeit, sondern an den Wohnsitz anzuknüpfen. Es muß also das Recht des Wohnsitzes des Mannes zur Anwendung kommen, also das Recht der Bundesrepublik.

Zu dem gleichen Ergebnis führt auch die Anwendung des § 269 BGB. Nach dieser Vorschrift ist als Leistungsort grundsätzlich der Wohnsitz des Schuldners anzusehen. Daraus ergibt sich, daß der Kl. an seinem Wohnsitz, d. h. im westlichen Währungsgebiet, seine Schulden zu erfüllen hat (OLG Schleswig aaO.).

Es ist weiter zu berücksichtigen, daß es nach den Währungsbestimmungen sowohl der Bundesrepublik als auch der DDR unzulässig ist, ohne besondere Genehmigung DM-Ost aus der Bundesrepublik in die Ostzone zu bringen. Auf seiten der Ostzone ist durch die Anordnung über die Ein- und Ausfuhr von Zahlungsmitteln der sowjet. Besatzungszone Deutschlands und von ausländischen Zahlungsmitteln aus und nach den westlichen Besatzungszonen Deutschlands und dem Auslande v. 23. 3. 1949 (ZVOBl I, 211) die DM-Ost in ihrem Währungsgebiet zur Binnenwährung erklärt worden. Nach der Devisenanordnung der Deutschen Wirtschaftskommission v. 26. 11. 1948 (ZVOBl 1948, 561) ist es verboten, DM-Ost aus der sowjet. Besatzungszone in andere Besatzungszonen oder ins Ausland auszuführen oder vom Auslande in die sowjet. Besatzungszone einzuführen. Im Gebiete der Bundesrepublik ist diese Frage durch die 19. DVO zum UG dahin geregelt, daß Verbindlichkeiten in DM-West, die eine Person im Währungsgebiet gegenüber einer Person mit Wohnsitz, Sitz oder Ort der Niederlassung in der sowjet. besetzten Zone Deutschlands oder im sowjet. Sektor von Groß-Berlin hat, in der Weise beglichen werden dürfen, daß der geschuldete Betrag auf ein nach § 26 II UG gesperrtes Konto des Gläubigers bei einem Geldinstitut oder Postscheckamt im Währungsgebiet gezahlt oder überwiesen wird. Über dieses Konto kann der Inhaber nach der 37. DVO zum UG mit Genehmigung der zuständigen Landeszentralbank verfügen.

Aus diesen Bestimmungen ergibt sich, daß der Kl. keine rechtliche Möglichkeit hat, ohne ausdrückliche Genehmigung Zahlungen in die Ostzone zu leisten. Es kann aber nicht eine Gesetzesverletzung des Kl., die in seinen Zahlungen liegt, dadurch anerkannt werden, daß die Zwangsvollstreckung aus dem Urteil des AG für unzulässig erklärt wird.

[1] Siehe oben Nr. 235.

Der Kl. kann sich auch nicht auf § 244 BGB berufen. Nach dieser Vorschrift kann eine in ausländischer Währung ausgedrückte Schuld, die im Inland zu zahlen ist, dann in Reichswährung beglichen werden, wenn nicht die Zahlung in ausländischer Währung ausdrücklich bedungen ist. Diese Vorschrift trifft schon deshalb nicht zu, weil der Kl. die Zahlung gerade in der Ostzone, also im Devisenausland vornehmen will. Im übrigen fehlt es auch an dem in § 244 II BGB erforderlichen Kurswerte. Denn entgegen der Meinung von *Kühne* in NJW 1950, 729, kann das Bestehen eines amtlichen Wechselkurses zwischen DM-Ost und DM-West nicht anerkannt werden."

**348. Für einen schuldrechtlichen Vertrag ist maßgebend das Recht des Erfüllungsortes. — Übernimmt jemand eine Verpflichtung, die er nur nach dem Recht seines eigenen Landes nicht erfüllen kann, wohl aber mit Mitteln in einem anderen Lande und gegenüber einem Bewohner dieses anderen Landes, so ist Erfüllungsort der Leistungsort in diesem Lande. — Aus der Anerkennung von Abrechnungen über Beträge von DM-West, unter denen als regelmäßig wiederkehrender Posten eine Provision eingesetzt ist, ergibt sich die stillschweigende Vereinbarung westdeutschen Währungsrechts für die Provionszahlung. — Für ein westzonales Gericht ist ein ostzonales Leistungsverbot (dann) unbeachtlich, (wenn der ostzonale Schuldner seine Verpflichtungen gegenüber dem westzonalen Gläubiger aus Vermögenswerten in den Westzonen erfüllen kann).**

AG Hamburg (brit. Zone), Urt. v. 18. 10. 1950 — 32 C 1883/50: *unveröff.

Der in H. (brit.) wohnhafte Kl. ist Vertreter der bekl. AG. mit Sitz in L. (sowjet.). Er hat Vollmacht zu Verfügungen über ein Bankkonto der Bekl. in H. Nach der Währungsreform erteilte der Kl. der Bekl. am 9. 8. 1948 und verschiedene Male später Spesenabrechnungen, in die er jedesmal einen monatlichen Unkostenbeitrag von 250,— DM einsetzte. Die Bekl. erkannte anfangs 1949 diese Abrechnungen bis auf eine geringfügige Differenz an. Im Mai 1950 teilte die Bekl. mit, daß sie ein Guthaben des Kl. von etwa 700,— DM-West anerkenne, aber diesen Betrag im Augenblick noch nicht überweisen könne. Gegenüber der Klage hat die Bekl., nach deren Ansicht die Provisionsvereinbarung auf DM-Ost geht und zur Zeit infolge eines ostzonalen Leistungsverbotes überhaupt nicht erfüllbar sei, vorab die Einrede der örtlichen Unzuständigkeit erhoben. Das AG wies durch Zwischenurteil diese Einrede zurück.

Aus den Gründen:

„Aus der Sachlage ergibt sich, daß der Erfüllungsort H. stillschweigend vereinbart ist. Gewöhnlich bleibt der Wohnsitz des Schuldners Erfüllungsort, auch wenn der Schuldner geschuldete Geldbeträge dem Gläubiger an dessen Wohnort überweist (§ 270 BGB). Hier haben die Parteien jedoch nach der Währungsreform vereinbart, daß die Bekl. dem Kl. 250 DM-West als Unkostenzuschuß gewährte. Diese Vereinbarung ist dadurch zustande gekommen, daß der Kl. diese Beträge in seine Spesenabrechnungen einsetzte und die Bekl. die Abrechnungen anerkannte. Es kann kein Zweifel darüber bestehen, daß DM-West gemeint waren. Der Kl. teilte am 9. 8. 1948 mit, daß er den Beitrag für Juni und Juli 1948 dem Bankkonto entnommen habe. Der Kl. hatte nur ein Bankkonto in

DM-West zur Verfügung. Die Bekl. kann diese Verpflichtung überhaupt nur in H. erfüllen. In der Ostzone erhält sie keine Genehmigung zur Zahlung von Provisionen. Darunter fällt offenbar auch der Unkostenzuschuß, da die Bekl. nach ihrer Erklärung bis zu einer anderweitigen gesetzlichen Regelung diesen nicht anerkennen kann. Die Bekl. hat demnach eine Verpflichtung übernommen, die sie nach den Gesetzen der Ostzone nicht erfüllen kann, wohl aber nach den Gesetzen der Bundesrepublik. Aus der Natur des Schuldverhältnisses ergibt sich daher, daß die Leistung in H. zu erbringen ist (§ 269 BGB). Das Abkommen der Parteien ist wirksam. Nach dem interlokalen Privatrecht, das sich an das internat. Privatrecht anlehnt, ist für die Beurteilung von Schuldverhältnissen das Recht des Erfüllungsortes maßgebend (*Palandt*, vor Art. 7 EGBGB Anm. 14a g). Da H. Erfüllungsort ist, ist das Recht der Bundesrepublik maßgebend. Nach diesem ist das Abkommen wirksam. Es kommt nicht darauf an, ob es nach dem Recht der Ostzone etwa als unwirksam zu betrachten wäre."

**349. Bei dem Nachweis der Rechte an einem Wertpapier im Rahmen der westdeutschen Wertpapierbereinigung bleiben Verfügungsbeschränkungen, die nach dem Besatzungsrecht am Wohnsitz des Rechtsvorgängers in der Ostzone bestehen, außer Betracht (analog § 21 I Nr. 3 WBG).**

LG Kiel (brit. Zone), Beschl. v. 6. 4. 1951 — KWpR 202: WM 1951 IV B, 248.

Der Rechtsvorgänger des Anmelders, der in der Ostzone wohnhafte K., hatte sein Eigentum an Wertpapieren in Girosammelverwahrung durch Abtretung des Herausgabeanspruchs an den Anmelder übertragen. Das LG bejahte die Rechtswirksamkeit dieser Abtretung.

Aus den Gründen:

„Gegen die Rechtswirksamkeit der ‚Abtretung' bestehen keine Bedenken ... Es brauchte auch nicht geprüft zu werden, ob K. zu dieser Verfügung die Genehmigung der ostzonalen Besatzungsmacht eingeholt hat. Etwaige Verfügungsbeschränkungen auf Grund von Gesetzen, die dem hiesigen Gesetz Nr. 53 entsprechen, haben nach dem Rechtsgedanken, der im § 21 I Nr. 3 WBG seinen Niederschlag gefunden hat, außer Betracht zu bleiben. Eingriffe von hoher Hand in das privatrechtliche Rechtsgefüge sind nur dann zu berücksichtigen, wenn sie von Behörden oder Besatzungsmächten des jetzigen Bundesgebietes ausgegangen sind. Dieser Grundsatz kann seinem Wesen nach nicht nur Geltung haben in bezug auf Beschlagnahmen und Enteignungen, worauf die genannte Gesetzesstelle ihrem Wortlaut nach ausdrücklich abstellt; er muß vielmehr auch Platz greifen im Hinblick auf hoheitliche Verfügungsbeschränkungen. Das ergibt sich durch einen Schluß a maiore ad minus. In einem Falle entzieht der Hoheitsträger Eigentum gegen den Willen des bisherigen Berechtigten, im anderen kann er einen gewollten Eigentumsübergang verhindern. Beides muß rechtlich gleich gewertet werden, da der hoheitliche Eingriff in beiden Fällen der gleiche ist, es bestehen zwischen beiden nur Unterschiede dem Grade nach."

**350. Westdeutsche Gerichte können auf Zahlung in fremder Währung erkennen. — Das Währungsstatut bestimmt sich in erster Linie nach dem ausdrücklichen oder stillschweigenden, hilfsweise nach dem hypothetischen Parteiwillen. — Der hypothetische Parteiwille ist objektiv an Hand der tatsächlichen Verhältnisse des Falles im Zeitpunkt der Währungsumstellung festzustellen. — Die Vorbehaltsklausel des Art. 30 EGBGB ist im interzonalen Recht entsprechend anwendbar. — Der Anwendung des ostzonalen Gesetzes zur Regelung des innerdeutschen Zahlungsverkehrs v. 15. 12. 1950 steht der ordre public der Bundesrepublik nicht entgegen. — Ohne Rücksicht auf das Devisenrecht des Währungsstatuts kann der Schuldner jedenfalls dann zu einer an seinem Sitz verbotenen Zahlung verurteilt werden, wenn der Gläubiger dies ausdrücklich beantragt.**

BGH, Urt. v. 11. 11. 1952 — I ZR 170/51: *Teilabdrucke: BGHZ 7, 397; BB 1952, 957, 958; JR 1953, 100; JZ 1953, 90; NJW 1953, 186; AZGB Nr. 16, No. 767; DRsp. II (250) 30b; Leitsatz: LM, Nr. 1 zu Zahlungsverkehrsgesetz (DDR) (*Schmidt*).

Die Kl., die „Zentrallagergemeinschaft“ mit Sitz im Gebiet des jetzigen brit. Sektors von Berlin, wurde während des Krieges von der Reichsstelle für Kleidung und verwandte Gebiete mit der Verteilung von Bekleidung für die in Deutschland eingesetzten ausländischen Arbeiter beauftragt. In diesem Rahmen gingen größere Lieferungen an die Bekl. zu 1., eine Personalgesellschaft mit Sitz in P. (sowjet.), die als Auslieferungsstelle fungierte. Der Bekl. zu 2. ist persönlich haftender Gesellschafter der Bekl. zu 1. Nach den Behauptungen der Kl. schuldete ihr die Bekl. zu 1. aus diesen Lieferungen noch etwa 600 000 RM. Die Kl. hat einen Teilbetrag von 50 000 RM, umgestellt auf 50 000 DM-Ost, geltend gemacht. Der Klage wurde in allen Instanzen entsprochen.

Aus den Gründen:

„Die Kl. hat ihren Anspruch auf Zahlung von DM-Ost gerichtet. Der erkennende Senat hat in seinem zur Veröffentlichung in der amtlichen Sammlung bestimmten Urteil v. 30. 9. 1952 (I ZR 31/52[1]) dargelegt, daß es den Gerichten in den Westzonen nicht untersagt ist, einen Bekl. zur Zahlung in DM-Ost zu verurteilen. An dieser Rechtsauffassung, die für die Gerichte der Westsektoren Berlins entsprechend gilt, hält der Senat fest. Gegen den Klageantrag bestehen also insoweit keine Bedenken.

Die Kl. hat ihren Sitz im brit. Sektor von Berlin. Ihrer Darstellung nach hatte sie ihn auch bereits dort bei Eingehung der Abmachungen der Parteien, wie auch zur Zeit der Währungsumstellung. Die Bekl. zu 1. hat ihren Sitz seit jeher in P., wo auch der Bekl. zu 2. seinen Wohnsitz hat. P. liegt in der sowjet. Zone. Für die Entscheidung des Rechtsstreits ist es daher wesentlich, ob die in den Westsektoren Berlins geltenden Währungsbestimmungen, also insbesondere die 2. VO zur Neuordnung des Geldwesens (UmstellungsVO) v. 4. 7. 1948 Platz greifen oder die von diesen abweichenden in der sowjet. Zone geltenden Vorschriften, somit insbesondere die VO über die Währungsreform in der sowjet. Besatzungszone Deutschlands v. 21. 6. 1948. Die Kl. ist der Ansicht, es seien die zuletzt erwähnten Bestimmungen anzuwenden, sie

[1] Siehe oben Nr. 213b.

könne daher die ihr ihrer Auffassung nach zustehende Forderung in voller Höhe, nur umgestellt auf DM-Ost beanspruchen und sie nicht etwa nur umgestellt im Verhältnis 10 : 1 in DM-West erheben. Diese Rechtsansicht trifft zu.

Der erkennende Senat hat sich mit der Frage, in welcher Weise die Währungsspaltung auf das Schuldstatut und das Währungsstatut von Forderungen eingewirkt hat, die vor der Währungsspaltung entstanden sind, bereits in seinem Urteil vom 1. 2. 1952 (I ZR 123/50[1]) befaßt. Weiter hat er sich mit der Frage erneut in seinem schon erwähnten, für den Abdruck in der amtlichen Sammlung bestimmten Urteil v. 30. 9. 1952 (I ZR 31/52[2]) eingehend auseinandergesetzt. Die in jenen Entscheidungen, auf die verwiesen wird, entwickelten Rechtsgrundsätze sind auf den vorliegenden Fall entsprechend anwendbar. Der Umstand, daß die Gläubigerin im vorliegenden Fall ihren Sitz nicht in den Westzonen Deutschlands, sondern im Westsektor von Berlin hat, ist für die hier zu erörternde Frage unerheblich, weil die Währungsumstellung in den Westsektoren von Berlin, soweit sie hier interessiert, der in den Westzonen Deutschlands geltenden angeglichen ist. Der Senat hat in den erwähnten beiden Urteilen dargelegt, mit der Ausschaltung der bis dahin im ganzen Gebiet Deutschlands einheitlich gültig gewesenen Reichsmarkwährung und der gleichzeitigen Aufspaltung dieses einheitlichen Währungsgebiets in verschiedene Währungsgebiete sei diejenige Rechtsordnung, die bisher die Währung bestimmte, weggefallen. Die Vertragsbeziehungen der Parteien wirkten sich seit der Währungsspaltung nunmehr in zwei Rechtsgebieten aus, in denen verschiedene Währungsordnungen in Kraft seien und in denen auch die Umstellung der alten Währung in die neue voneinander abweichend geregelt worden seien. Für die Entscheidung der Frage, welche Rechtsbestimmungen in einem solchen Falle anzuwenden seien, mangele es an einem gesetzten Recht. Das Gesetzesrecht enthalte hier eine Lücke (vgl. *Meilicke*, Komm. zum DM-Bilanzgesetz, § 7 Anm. 3 S. 93). Sie sei im Wege der ergänzenden Rechtsfindung auszufüllen. Zu diesem Zwecke sei zu untersuchen, zu welchem der verschiedenen Rechtsnormen der zu entscheidende Fall die engsten Anknüpfungspunkte besitze. Soweit Parteien ausdrücklich oder stillschweigend ihre Rechtsbeziehungen für den Fall einer Währungsspaltung der Rechtsordnung eines bestimmten Gebietes unterstellen wollten, enthalte dieser Parteiwille den maßgeblichen Anknüpfungspunkt. Sei ein solcher ausdrücklicher oder stillschweigender Parteiwille nicht zu ermitteln, so komme es auf den sogenannten hypothetischen Parteiwillen an. Es müsse, bevor auf allgemeine Anknüpfungspunkte, wie z. B. den Wohnsitz des Schuldners oder etwa den Erfüllungsort, zurückgegriffen werden könne, geprüft werden, ob der zu entscheidende Fall nicht in sich nach seiner Eigenart und nach der sich ergebenden individuellen Interessenlage sowie einem etwa zu berücksichtigenden Allgemeininteresse einen besonderen Anknüpfungspunkt zu den Bestimmungen einer der beiden in Betracht kommenden Rechtsordnungen biete. Ergebe die Prüfung einen solchen

[1] Siehe unten Nr. 402 b. [2] Siehe oben Nr. 213 b.

besonderen Anknüpfungspunkt zu einer dieser Rechtsordnungen, so sei diese anzuwenden. Das entspreche dem maßgeblichen sogenannten hypothetischen Parteiwillen. Bei ihm handle es sich in Wirklichkeit nicht um die Ermittlung hypothetischer subjektiver Vorstellungen der Parteien, sondern um eine vernünftige Interessenabwägung auf rein objektiver Grundlage, die an der Hand der im Zeitpunkt der Währungsumstellung bestehenden tatsächlichen Verhältnisse einschließlich der individuellen Umstände des Einzelfalles vom Richter vorzunehmen sei. Die Ermittlung des so gekennzeichneten unter Berücksichtigung objektiver Gesichtspunkte und nicht subjektiver Vorstellungen zu findenden hypothetischen Parteiwillens bedeute nichts anderes als das Suchen des nächsten Anknüpfungspunktes in dem oben dargelegten Sinne. An dieser der erwähnten Entscheidung zugrundeliegenden Rechtsauffassung hält der Senat fest. Sie führt im vorliegenden Fall aus den folgenden Erwägungen dazu, das in der sowjet. Zone geltende Währungsrecht anzuwenden. Die Bekl. hatten zur Zeit der Abmachungen sowie der Lieferungen und der Währungsspaltung ihren Sitz bzw. Wohnsitz in P., das jetzt im Gebiet der sowjet. Besatzungszone liegt. Dort gilt die erwähnte VO über die Währungsreform in der sowjet. Besatzungszone Deutschlands v. 21. 6. 1948. Sie schreibt unter VI Ziff. 18 vor: Die innerdeutschen Schulden und Vertragsverpflichtungen, die vor der Währungsreform entstanden sind, bleiben unverändert und unterliegen nicht der Umwertung mit Ausnahme ... (es folgen dann an sich wichtige, aber hier nicht einschlägige Ausnahmen). Im Gegensatz zu dieser VO sind in den Westsektoren von Berlin nach Art. XIV Nr. 32 der dort geltenden UmstellungsVO v. 4. 7. 1948, die der Bestimmung des § 16 I des in der Deutschen Bundesrepublik geltenden UG entspricht, die RM-Forderungen grundsätzlich mit der Wirkung auf DM umgestellt worden, daß der Schuldner an den Gläubiger für je 10 RM 1 DM-West zu zahlen hat. Die erwähnte, in der sowjet. Zone geltende VO v. 21. 6. 1948 ermöglicht es den Bekl. also rechtlich, von hier nicht in Betracht kommenden Sonderfällen abgesehen, jedenfalls ihre in der sowjet. Zone belegenen Außenstände dort in voller Höhe in DM-Ost geltend zu machen. Ist dem aber so, so müssen sich die Bekl., soweit sie Schuldner sind, grundsätzlich entsprechend behandeln lassen. Daher sind Forderungen der Kl. gegen die Bekl. an sich ebenfalls dem Recht des Abschnitts VI Ziff. 18 der VO v. 21. 6. 1948 zu unterstellen. Daraus ergibt sich, daß die Kl., soweit sie Ansprüche gegen die Bekl. aus der Zeit vor der Währungsspaltung besitzt, diese an sich weiter in voller Höhe geltend machen kann, aber nunmehr gerichtet auf Zahlung in DM-Ost.

[Der Senat kennzeichnet die Rechtsbeziehungen der Parteien als privatrechtliche und lehnt den Einwand des Wegfalls der Geschäftsgrundlage ab.]

Des weiteren stehen auch die Bestimmungen der §§ 1 bis 3 des Gesetzes der DDR zur Regelung des innerdeutschen Zahlungsverkehrs v. 15. 12. 1950 einer Verurteilung der Bekl. gemäß dem Klageantrage nicht entgegen. Gegen die Rechtsgültigkeit des erwähnten Gesetzes bestehen zwar keine grundlegenden Bedenken. Das Gesetz trägt devisenrechtlichen Charakter, es erklärt sich aus der Aufspaltung Deutschlands in verschiedene Zonen. Die Voraussetzungen der Vorbehaltsklausel des Art. 30 EGBGB, der rechtsgrundsätzlich im interzonalen Privatrecht entsprechend anzuwenden ist, liegen nicht vor. Die Urteile der Gerichte der Deutschen Bundesrepublik haben jedoch im ganzen Gebiet des Deutschen Reiches Rechtswirkung, also wenn die Schuldner ihren Sitz bzw. Wohnsitz in der Sowjetzone haben, nicht nur im Gebiet dieser Zone, sondern vor allem auch im Gebiet der Westzonen und, soweit sie vom Ausland anerkannt werden, auch dort. Die Vollstreckungsmöglichkeit aus dem Urteil ist auch gegeben in Vermögen der Bekl., das sich im Gebiet der Westzonen befindet. Auch ist die Vollstreckungsmöglichkeit in Vermögen, das sich im Ausland befindet, nicht ausgeschlossen. Darauf, ob einer Vollstreckung des Urteils in der Sowjetzone Schwierigkeiten entgegentreten können, läßt sich die Entscheidung als solche nicht abstellen. Die Kl. hat, obschon sie der Senat auf das erwähnte Gesetz hingewiesen hat, ihre Anträge absichtlich nicht geändert. Sie ist vielmehr bewußt bei ihren Anträgen verblieben, um die Vollstreckungsmöglichkeiten einer Verurteilung der Bekl. nicht von vornherein zu beschränken. Soweit sich daraus etwa Erschwernisse der Vollstreckung in der Sowjetzone ergeben können, hat die Kl. dies bewußt in Kauf genommen."

**351. Außerhalb des Bundesgebietes getroffene Hoheitsmaßnahmen sind im Wertpapierbereinigungsverfahren für das Bundesgebiet nicht anzuerkennen. — Die Einsetzung eines Testamentsvollstreckers durch den Erblasser stellt keine solche Maßnahme dar. — Die Tatsache, daß in bestimmten Ländern eine devisenrechtliche Ablieferungspflicht für alle innerhalb des Bundesgebietes belegenen Vermögenswerte besteht, berechtigt nicht dazu, den Bewohnern solcher Gebiete die Verfügungsbefugnis über derartige Vermögenswerte abzusprechen.**

OLG Düsseldorf (brit. Zone), Beschl. v. 6. 12. 1952 — 6 W Wp 177/52: *WM 1953 IV B, S. 98.

Die streitigen Wertpapierrechte haben für den Nachlaß M. der in der Ostzone wohnhafte Testamentsvollstrecker F. und die im Bundesgebiet wohnhafte Mitnacherbin P. angemeldet. In dem Testament des im Jahre 1917 verstorbenen Erblassers war das Verwaltungsrecht am Nachlaß den Vorerben und ihren Ehegatten ganz und deren als Nacherben eingesetzten ehelichen Abkömmlingen bis zur Teilung des Nachlasses abgesprochen und auf den Testamentsvollstrecker übertragen worden. Der Nachlaß ist bisher noch nicht geteilt worden. Das OLG lehnte die Anmeldung der Mitnacherbin P. für den Nachlaß zu ihren Händen ab, erkannte aber ihre Anmeldung als Miterbin an. Die Anmeldung des Testamentsvollstreckers für den Nachlaß wurde anerkannt.

Aus den Gründen:

„Im Wertpapierbereinigungsverfahren sind außerhalb des Bundesgebietes getroffene hoheitliche Maßnahmen, welche eine Enteignung oder Verfügungsbeschränkung anordnen, rechtlich nicht anzuerkennen. Die Ernennung eines Testamentsvollstreckers ist jedoch keine hoheitliche Maßnahme, sondern beruht auf der letztwilligen Anordnung des

Erblassers. Der Testamentsvollstrecker hat auch in der sowjet. Besatzungszone kein öffentliches Amt. Seine Hauptaufgabe ist es, die letztwilligen Verfügungen des Erblassers auszuführen. Dabei unterliegt er gesetzlichen Vorschriften und behördlichen Anordnungen nicht anders als die Erben selbst.

Aus dem Testament des Erblassers ist auch nicht durch ergänzende Auslegung zu entnehmen, daß dem Testamentsvollstrecker die Verwaltung der im Bundesgebiet belegenen Nachlaßgegenstände nicht zustehen sollte, weil er über sie nicht frei verfügen könne. Vielmehr ergibt sich aus dem Testament eindeutig der nachdrückliche Wille des Erblassers, daß seinen Töchtern und Vorerben unter keinen Umständen und in keiner Form die Verwaltung des Nachlasses oder ihrer Erbteile zufallen sollte. Das würde aber eintreten, wenn das Verwaltungsrecht des Testamentsvollstreckers für die im Bundesgebiet belegenen Nachlaßgegenstände schlechthin verneint würde, und wäre auch durch die Möglichkeit einer Pflegerbestellung nicht ausgeschlossen. Schließlich dürfte es nicht angängig sein, die Bewohner der sowjet. Besatzungszone und anderer Länder mit Devisenbewirtschaftung und Ablieferungspflicht hinsichtlich der im Bundesgebiet belegenen Vermögenswerte als nichthandlungsfähig anzusehen und sie in der Geschäftsfähigkeit beschränkten Personen gleichzustellen. Keinesfalls kann ihnen das Recht verwehrt werden, die erforderlichen Rechtshandlungen zur Erhaltung der im Bundesgebiet belegenen Vermögenswerte wirksam vorzunehmen. Eine solche Erhaltungsmaßnahme ist die Anmeldung zur Wertpapierbereinigung, welche keine Verfügung über das Recht darstellt.

Hiernach hat der angefochtene Beschluß die Anmeldung des Testamentsvollstreckers mit Recht zugelassen. Ebenfalls war rechtlich nicht zu beanstanden, daß der Testamentsvollstrecker in dem Beschluß aufgeführt ist.

Durch diese Entscheidung wird eine etwa zu besorgende ostzonale Enteignungsmaßnahme, soweit solche nicht schon durch die Sperrvorschriften der Gesetze Nr. 52 und 53 ausgeschaltet sind, weder unmittelbar noch mittelbar gefördert oder erleichtert. Dabei ist hervorzuheben, daß durch die Anführung des Testamentsvollstreckers keineswegs sein Verwaltungsrecht im übrigen und eine entsprechende Verfügungsbeschränkung der Erben hinsichtlich des anerkannten Rechtes festgestellt ist. Wird in dem Anerkennungsbescheid ein Vertreter, Vermögensverwalter u. ä. angeführt, so besagt dies lediglich, daß dessen Befugnis zur Anmeldung bejaht worden ist, nicht aber, daß er über das Recht verfügen kann. Vielmehr hat die Anmeldestelle in eigener Verantwortung zu prüfen, wer zur Verfügung über das gutgeschriebene Recht befugt ist (vgl. die Stellungnahme der Bankaufsichtsbehörden v. 25. 10. 1951 — II 2 — in WM 1951, 799). Soweit sie nicht für den Bestand des Rechtes oder die Befugnis zur Anmeldung von Belang sind, wird über Verfügungsbeschränkungen im Prüfungsverfahren der Wertpapierbereinigung ebensowenig befunden wie über Pfandrechte oder güterrechtliche Einschränkungen. Meinungsverschiedenheiten zwischen den Erben und dem Testamentsvollstrecker über dessen Verwaltungsrecht hinsichtlich der Gutschrift sind außerhalb der Wertpapierbereinigung auszutragen. Dabei könnte auch in Betracht kommen, daß für den ostzonalen Testamentsvollstrecker ein Pfleger bestellt wird, falls die Voraussetzungen hierfür gegeben sind."

**352. Das ostdeutsche Währungs- und Devisenrecht darf bei der Klage eines ostdeutschen Klägers gegen einen westdeutschen Beklagten von einem westdeutschen Gericht angewendet werden. — Eine Ausnahme gilt jedoch, falls infolge einer devisenrechtlichen Anmelde- und Genehmigungspflicht zu befürchten ist, daß der geltend gemachte Anspruch entschädigungslos enteignet werden wird. — Gegen den ordre public verstößt die Beachtung einer ostdeutschen Genehmigungspflicht auch dann, wenn der geltend gemachte Anspruch in Westdeutschland belegen und daher an sich einer befürchteten ostdeutschen Enteignungsmaßnahme entzogen ist. — Wird der Name eines bekannten, in der Ostzone ansässigen und dort enteigneten Radiowerks als Sachfirma einer in Westdeutschland gegründeten GmbH. verwandt, so stellt er einen in Westdeutschland belegenen Vermögenswert der enteigneten Gesellschaft dar. — Eine KG., die an ihrem Sitz in der Ostzone enteignet wurde, besteht auf Grund ihrer nicht enteigneten Vermögenswerte außerhalb Ostdeutschlands in ihrer alten Rechtsform fort.**

LG Bremen (amerik. Zone), Urt. v. 23. 4. 1953 — O 491/52: *unveröff.

Die Parteien sind persönlich haftende Gesellschafter der N.-KG., deren Sitz sich früher in S. (sowjet.) befand. Nach Kriegsende wurden die Vermögenswerte der N.-KG. in der Ostzone entschädigungslos enteignet. Im Jahre 1947 wurde in B. (Westdeutschland) die „West-N.-GmbH." gegründet, als deren Geschäftsführer der Bekl. seit dem Jahre 1949 im Handelsregister eingetragen ist. Die in der Ostzone wohnhafte Kl. verlangt von dem in Westdeutschland ansässigen Bekl. Auskunft und Rechnungslegung über die Verwertung der außerhalb der Ostzone gelegenen Vermögenswerte der N.-KG., insbesondere bei der Gründung der West-N.-GmbH. Das LG gab der Klage statt.

Aus den Gründen:

„Der Bekl. bestreitet zu Unrecht die Prozeßlegitimation der Kl., denn diese bedarf keiner Genehmigung gemäß § 4 der 2. Durchführungsbestimmung v. 10. 1. 1951 zum [ostzonalen] Gesetz zur Regelung des innerdeutschen Zahlungsverkehrs v. 15. 12. 1950. Nach dieser Durchführungsbestimmung ist eine Prozeßhandlung, die auf die Durchsetzung eines Anspruchs gerichtet ist, genehmigungspflichtig. Hierher gehört insbesondere eine Klageerhebung . . .

Zwar hat der BGH in seiner Entscheidung v. 11. 11. 1952[1] die Anwendbarkeit des Gesetzes zur Regelung des innerdeutschen Zahlungsverkehrs bejaht. Er hat ausgeführt, daß gegen die Anwendung dieses Gesetzes keine grundsätzlichen Bedenken bestehen. Dieser Auffassung des BGH kann insoweit beigetreten werden, soweit es sich rein äußerlich um eine Devisen- und Währungsschutzbestimmung handelt, wie sie in den letzten rund 20 Jahren in allen Kultur- und Rechtskreisen zum

[1] Siehe oben Nr. 350.

Schutze der nationalen Volkswirtschaften erlassen worden sind. Derartige Bestimmungen werden demgemäß als zulässige Eigentumsbeschränkungen angesehen.

Mit der rein äußerlichen, gesetzestechnischen Prüfung ist es aber nicht getan. Es ist ebenfalls anerkanntes Prinzip der internat. Rechtsfindung, daß äußerliche Merkmale für die Prüfung fremder Gesetze auf ihre Vereinbarkeit mit dem ordre public nicht allein entscheidend, jedenfalls nicht ausschlaggebend sind. Wollte man aber im vorliegenden Fall von der Kl. die Ostgenehmigung zur Klageerhebung verlangen, so würde sich nach der bisherigen der N.-KG. gegenüber eingenommenen Haltung der Ostzonenstaatsmacht daraus die Folgerung ergeben, daß nach Anmeldung der von der Kl. geltend gemachten Forderung diese entschädigungslos enteignet werden wird, wie dies mit dem übrigen Ostzonenvermögen unstreitig bereits geschehen ist. [Das Gericht führt aus, daß die ostzonalen Enteignungen nach ostzonaler Auffassung auch Vermögenswerte in Westdeutschland ergreifen.]

Es ist anerkannten Rechts (vgl. OGH Köln in OGHZ 1, 386[1]), daß die Enteignung außerhalb des enteignenden Staates nur dann anerkannt werde, wenn die der Enteignung zugrundeliegenden Grundsätze den Staats- und Rechtsgrundsätzen anderer Territorien nicht widersprechen. Die Anerkennung entschädigungsloser Enteignungen, Konfiskation, würden die Grundlagen des staatlichen und wirtschaftlichen Lebens in der Westzone angreifen, sie ist daher ausgeschlossen. Es ist zwar richtig, daß genau wie im internat. Kollisionsrecht, so besonders im interlokalen Recht der ordre public das letzte Hilfsmittel ist.

Die Frage jedoch, ob die Vorbehaltsklausel anzuwenden ist oder nicht, läßt sich nicht allgemein, sondern nur nach den Umständen des Einzelfalles beurteilen. Wollte man im vorliegenden Fall den Art. 30 EGBGB nicht anwenden, so würde das Gericht die Konfiskation des Restvermögens der N.-KG. herbeiführen, die der Rechtsauffassung in der Bundesrepublik widerspricht.

Ob die ostzonalen Behörden Vermögenswerte der Kl., die in der Bundesrepublik belegen sind, tatsächlich mit der Konfiskation in absehbarer Zeit erfassen können, ist eine Frage des von Amts wegen zu prüfenden Rechtsschutzbedürfnisses der Kl. Diesem Bedürfnis könnte entgegengehalten werden, daß die konfiszierende DDR Vermögen, jedenfalls soweit es in der Bundesrepublik belegen ist, nicht unmittelbar erfassen kann. Das ergibt sich daraus, daß kein durch eine Verletzung des bundesrepublikanischen ordre public begründeter und davon zivilrechtlich abgeleiteter Anspruch vor bundesdeutschen Gerichten aus den erläuterten Gründen durchgesetzt werden könnte. Gerade bei Ansprüchen jedoch, die sich aus materiellen und immateriellen Werten herleiten, wie sie bei einem Werke von der fachlich internationalen Bedeutung der N.-KG. vorhanden waren oder sind, kann sich die Überprüfung des letztlich einen solchen Wert in Anspruch Nehmenden der zivilrechtlichen Überprüfung oder dem Machtbereich der Bundesrepublik ent-

[1] Siehe unten Nr. 365.

ziehen. So hat die Anerkennung der russischen Staatsansprüche, die sich auf die Revolutionskonfiskationen gründeten, durch das Litwinow-Abkommen nach Entscheidung des Supreme Court den Betroffenen in den USA den Rechtsweg verschlossen. Daß ähnliche Entwicklungen, sei es durch Friedensvertrag, sei es durch Übergangsregelung bei der Wiedervereinigung Deutschlands, sei es durch den Zwang der Staatsräson auch für die Bundesrepublik in irgendeiner konkreten Form vorstellbar, jedenfalls nicht ausgeschlossen sind, verschafft der Kl. das rechtlich zu billigende Interesse, schon eine bloße Bedrohung ihres oder ihrer Gesellschaft Eigentum in der Entstehung auszuschließen zu versuchen. Dem dient ihre Berufung auf Nichtanwendbarkeit des ostzonalen Gesetzes v. 15. 12. 1950 nebst seinen Durchführungsbestimmungen . . .

Die Möglichkeit allein, daß die Kl. mit der Anwendung dieses Gesetzes um ihre oder ihrer Gesellschaft noch nicht von der Konfiskation erfaßten Vermögenswerte gebracht würde, genügt daher, um auf den vorliegenden Fall die Vorbehaltsklausel anzuwenden.

In der Sache selbst ist die Klage begründet:

Die Parteien sind persönlich haftende Gesellschafter der Firma N.-KG. Die KG. ist zwar in der Ostzone enteignet, besitzt aber, wie die Kl. bewiesen hat, Vermögenswerte in der Bundesrepublik. Einen solchen Vermögenswert stellt insbesondere der Name ‚N.' als Begriff für Radioerzeugnisse dar. Daß dieser zweifelhaft zulässigerweise allenfalls als Sachbezeichnung in der West-N.-GmbH. verwandt wird, ist unstreitig, da der Bekl. nicht zu den gründenden Gesellschaftern gehört hat. Schon der Name N. ist daher vermögenswert. Daß auch good will vorhanden war, ergibt sich aus den von den Kl. vorgelegten Werbeprospekten beider Gesellschaften, die zumindest einmal in Schriftform und sonstiger Ausstattung so ähnlich waren, daß der Gebrauch dieser Ausstattungsmerkmale durch die West-N.-GmbH. ohne Genehmigung nicht vorstellbar ist.

Als Folge der zu verneinenden ostzonalen Konfiskation ist die Rechtspersönlichkeit der von diesen Maßnahmen betroffenen Unternehmungen nur in der Ostzone vernichtet worden. In der Ostzone enteignete Unternehmungen bestehen also außerhalb der DDR in ihrer bisherigen Rechtsstruktur weiter (OLG Düsseldorf, BB 1950, 54).

Das Recht des Gesellschafters auf Ausübung seines Gesellschaftsrechts erlischt mit der Enteignung der Gesellshaft nicht schlechthin (*Beuck*, Zonenprobleme [1948] 31). Für eine anderweitige Auflösung der KG. aber haben die Parteien nichts vorgetragen. Der Bekl. hat, indem er den Namen ‚N.' in die Bremer GmbH. eingebracht hat, über Vermögen der KG. verfügt und mit diesen Vermögenswerten gearbeitet. Ob er der West-N.-GmbH. auch noch andere Vermögenswerte, wie Patente oder Warenzeichen zur Verfügung gestellt hat, kann z. Z. dahingestellt bleiben, da diese Feststellung gerade Ziel der jetzt erhobenen Klage ist."

# NACHTRAG

**68a. Obwohl das Saargebiet völker- und staatsrechtlich noch immer ein Teil Deutschlands ist und eine ausländische Staatsangehörigkeit seiner Einwohner daher nicht anerkannt wird, müssen Rechtsverhältnisse mit diesem Gebiet unter entsprechender Anwendung des Internationalen Privatrechts behandelt werden. — Anknüpfungspunkt für das Unterhaltsstatut eines unehelichen Kindes ist an Stelle der Staatsangehörigkeit der gewöhnliche Aufenthaltsort der Kindesmutter (Art. 21 EGBGB). — Auch der Vorbehalt des Art. 21, Halbs. 2 EGBGB ist grundsätzlich entsprechend anwendbar. — Die Anwendung der Vorschrift setzt jedoch voraus, daß der deutsche Unterhaltsschuldner auf Grund des ausländischen Rechtes ungünstiger gestellt würde als nach deutschem Recht; eine bloße wirtschaftliche Benachteiligung trotz Anwendung der gleichen Rechtsnorm ist dagegen unerheblich. (— Bei Anwendung fremden Unterhaltsrechts sind auch dessen Pfändungsfreigrenzen zu beachten [!].)**

LG Aachen (brit. Zone), Urt. v. 23. 12. 1953 — 5 S 168/53:* unveröff.

Die Kl., ein uneheliches Kind, das bei seiner Mutter im Saargebiet lebt, macht einen Unterhaltsanspruch geltend. Der Bekl., der in der Bundesrepublik wohnt, hat die Vaterschaft anerkannt; er hatte sich in der vollstreckbaren Urkunde des AG J. (Bundesgebiet) vom 4. 9. 1951 zur Zahlung von vierteljährlich 105,— DM verpflichtet. Die Kl. begehrt wegen der allgemeinen Teuerung eine Erhöhung ihrer Unterhaltsrente auf den im Saargebiet üblichen Mindestsatz, der bei Klageerhebung 11466 frs. (über 137,— DM) betrug und inzwischen durch Gesetz auf vierteljährlich 12000 frs. festgesetzt wurde. Die Kl. beantragt eine Erhöhung ihrer Rente auf 135,— DM. Das AG verurteilte den Bekl. unter Anwendung des im Gerichtsbezirk üblichen Unterhaltssatzes zur Zahlung von vierteljährlich 120,— DM. Das LG änderte dieses Urteil ab und erkannte nach dem Klageantrag.

Aus den Gründen:

„Seit dem vollstreckbaren Anerkenntnis vom 4. 9. 1951 haben sich die Verhältnisse, die für die Bestimmung der Höhe der vom Bekl. zu erbringenden Unterhaltsleistungen maßgebend waren, wesentlich geändert (§ 323 in Verbindung mit § 794 Nr. 5 ZPO). Denn die Lebenshaltungskosten am Wohnsitz der Kl. sind seitdem erheblich angestiegen. Dies ergibt sich aus der 4. saarländischen VO über die Erhöhung der Unterhaltsansprüche und sonstigen Beträge in gerichtlichen Angelegenheiten vom 22. 2. 1952 (ABl S. 355) und dem saarländischen Gesetz Nr. 371 über den Mindestbetrag für Unterhaltsansprüche unehelicher Kinder und über die Ergänzung vollstreckbarer Titel vom 10. 4. 1953 (ABl Nr. 21/53). Danach sind die Unterhaltsansprüche unehelicher Kinder auf gesetzlichem Wege mit Wirkung vom 1. 3. 1952 erneut um 30% auf 3822 frs. und mit Wirkung vom 1. 7. 1953 weiter auf 4000 frs. monatlich erhöht worden, nachdem schon vorher ähnliche Verordnungen ergangen waren. Dies ist ein genügender Beweis dafür, daß das allgemeine Preisniveau im Saargebiet in entsprechendem Verhältnis gestiegen ist; denn anders wären die erwähnten Gesetzesbestimmungen nicht zu verstehen ....

Somit rechtfertigt sich der Anspruch der Kl. auf Zahlung einer entsprechend höheren Unterhaltsrente. Nach Mitteilung der Landeszentralbank, Zweigstelle ....., errechnet sich über die Relation zum US-Dollar zur Zeit ein Briefkurs von 100 französische Franken = 1,201 Deutsche Mark. Legt man den bei der Klageerhebung geltenden und den damaligen Lebenshaltungskosten im Saargebiet angeglichenen Unterhaltssatz von vierteljährlich 11466 frs. zugrunde und rechnet ihn in D-Mark um, so kommt man auf einen Betrag von $\frac{1{,}201 \times 11466}{100}$ = 137,70 DM. Eine Unterhaltsrente von 135 DM erscheint daher zumindest angemessen.

Zu Unrecht beruft sich der Bekl. demgegenüber auf Art. 21, Halbs. 2 EGBGB, wonach gegen einen unehelichen Vater keine weitergehenden Ansprüche geltend gemacht werden können als nach den deutschen Gesetzen begründet sind. Zwar steht einer zumindest entsprechenden Anwendung dieser Vorschrift nicht die Tatsache entgegen, daß das Saargebiet völker- und staatsrechtlich noch immer ein Teil von Deutschland ist, seine Einwohner also nach hiesiger Anschauung keine ausländische Staatsangehörigkeit besitzen, sondern Deutsche sind. Denn es müssen hier ähnliche Grundsätze gelten, wie sie von der Rechtslehre für das Verhältnis zwischen West- und Ostdeutschland entwickelt worden sind, d. h. die Regeln des Internationalen Privatrechts sind entsprechend anzuwenden, mit der Besonderheit, daß an Stelle der Staatsangehörigkeit der gewöhnliche Aufenthalt der Kindesmutter als Anknüpfungspunkt zu gelten hat (vgl. *Kegel* NJW 1953, 615; *Schweckendieck* JR 1952, 463ff. mit weiteren Nachweisen).

Im vorliegenden Falle kommt Art. 21 Halbs. 2 EGBGB aber deswegen nicht zum Zuge, weil diese Vorschrift nur den Fall im Auge hat, daß das fremde Rechtssystem für den außerehelichen Erzeuger ungünstiger ist als sein Heimatrecht. Der Schuldner soll also lediglich vor einer rechtlichen Schlechterstellung durch fremde Gesetze geschützt werden. Hier geht es jedoch gar nicht um die Frage des anzuwendenden Rechts, das im Saargebiet, abgesehen von den schon erwähnten Besonderheiten, das gleiche ist wie im Bundesgebiet, sondern vielmehr darum, daß die Kl. infolge der wirtschaftlichen Entwicklung an ihrem Wohnsitz mit der vom Bekl. bisher anerkannten Unterhaltsrente nicht mehr auskommen kann. Wenn der Bekl. diesem Umstand durch höhere Unterhaltsleistungen Rechnung tragen muß, so beruht dies nicht auf einer fremden Rechtsvorschrift, sondern auf der in der Bundesrepublik ebenso wie im Saargebiet geltenden Bestimmung des § 1708 BGB, die dem unehelichen Kinde Anspruch auf denjenigen Unterhaltsbetrag gibt, den es benötigt, um an seinem Wohnort der Lebensstellung der Mutter gemäß leben zu können. Es liegt hier nicht anders, als wenn die

Kl. im Bundesgebiet an einem Ort leben würde, an dem die Lebenshaltung besonders teuer ist (so auch LG Trier, Beschluß vom 13. 3. 1953 — 1 T 1/53). Wie gerichtsbekannt ist, wird der Unterhaltssatz von 45 DM monatlich, den die Kl. fordert, heute auch schon in einigen Gerichtsbezirken der Bundesrepublik unehelichen Kindern zugebilligt. Der Abänderungsanspruch der Kl. unterliegt daher aus dem Gesichtspunkt des Art. 21 Halbs. 2 EGBGB keinen rechtlichen Bedenken. Das Gericht wendet auch nicht etwa die oben erwähnten saarländischen Sonderbestimmungen zu ungunsten des Bekl. an, sondern es würdigt lediglich im Rahmen des § 323 ZPO die tatsächlichen Verhältnisse, die zum Erlaß dieser Rechtsvorschriften geführt haben.

Art. 21 EGBGB könnte jedoch in einem gerade entgegengesetzten Sinne von Bedeutung sein. Wie schon angedeutet, gilt für den Unterhaltsanspruch der Kl. nach den Grundsätzen des ‚Interzonalen Privatrechts' saarländisches Sonderrecht zumindest insoweit, als es für den Bekl. günstiger ist als sein einheimisches Recht. In Betracht kommen hier § 3 der VO vom 22. 2. 1952 und der gleichlautende § 2 des Gesetzes vom 10. 4. 1953. Darin ist bestimmt, daß der Unterhaltspflichtige im Wege der Klage eine Abänderung der Höhe der Leistung verlangen kann, wenn sich durch die generelle Rentenerhöhung unbillige Härten ergeben. Abweichend von § 1708 BGB darf also insoweit unter Umständen auch die wirtschaftliche Lage des Vaters mit berücksichtigt werden. Da das Recht der Bundesrepublik eine Erhöhung von Unterhaltstiteln kraft Gesetzes nicht kennt, sondern hierfür eine Abänderungsklage fordert, können an sich keine grundsätzlichen Einwendungen dagegen erhoben werden, daß der Unterhaltsschuldner sich in einem hier anhängigen Gerichtsverfahren auch einredeweise auf die saarländische Härteklausel beruft.

Im vorliegenden Falle bedeutet es für den Bekl. indessen keine unbillige Härte, wenn er an die Kl. seit dem 1. 11. 1952 eine Unterhaltsrente von vierteljährlich 135,— DM anstatt wie bisher 105,— DM zahlen soll. ... Geht man von einem Mindesteinkommen von monatlich 300,— DM aus und zieht davon 45,— DM ab, so bleibt noch immer so viel übrig, daß die beiden Eheleute davon ihren notwendigen Unterhalt nicht nur in Zukunft bestreiten können, sondern auch zu der Zeit bestreiten konnten, als sie durch Krankheitsfälle größeren Belastungen ausgesetzt waren. Der Restbetrag von mindestens 255,— DM liegt noch immer über den gesetzlichen Pfändungsfreigrenzen des § 850c ZPO in der Fassung des Bundesgesetzes vom 20. 8. 1953 (Sammelblatt S. 1347), die im übrigen nur für unselbständige Lohnempfänger und auch für sie nur bei Pfändungen wegen gewöhnlicher Geldforderungen, nicht aber wegen gesetzlicher Unterhaltsansprüche in Betracht kommen (vgl. § 850d ZPO).

Infolgedessen spielt es hier auch keine Rolle, daß durch die saarländischen Verordnungen vom 2. 3. 1948 (ABl S. 485), vom 7. 3. 1951 (ABl S. 441) und vom 22. 2. 1952 (ABl S. 355) zugleich mit den Unterhaltsrenten auch die Pfändungsfreibeträge im Saarland gegenüber den Sätzen der LohnpfändungsVO vom 30. 10. 1940 (RGBl I 1451) wesentlich erhöht worden sind, und zwar zunächst um 100% bei einem damaligen Umrechnungskurs von 1,— RM = 35 frs., dann um weitere 50% und schließlich noch einmal um weitere 40%. Der Bekl. ist dadurch nicht schlechter gestellt als ein saarländischer Unterhaltsschuldner mit gleichem Einkommen. Denn auch wenn er im Saargebiet wohnen würde und wenigstens für die Zeit, in der er noch kein selbständiges Gewerbe ausgeübt hat, die dort gerichtsüblichen Freibeträge — die jedoch bei bevorrechtigten Unterhaltsforderungen niedriger sind als die allgemeinen Freigrenzen — für sich in Anspruch nehmen könnte, würde er bei einem Verdienst von monatlich 300,— DM kaum daran vorbeikommen, den Unterhalt in der von der Kl. gewünschten Höhe zu leisten. Dabei ist noch zu bedenken, daß der Bekl. mit den ihm verbleibenden 255,— DM im Bundesgebiet besser leben kann als er mit dem zum heutigen Kurs umgerechneten Frankenbetrag im Saargebiet leben könnte, weil wegen der unterschiedlichen Preisentwicklung der amtliche Kurs des Franken im Verhältnis zur Deutschen Mark im Durchschnitt höher liegt als seine wirkliche Kaufkraft."

FSC
www.fsc.org
MIX
Papier | Fördert
gute Waldnutzung
FSC® C083411

Kolibri 360 GmbH
Ferdinand-Jühlke-Straße 7
99095 Erfurt, Deutschland
produktsicherheit@kolibri360.de